2025

한번에 다회독

세무사 행정소송법

기출사용설명서

| 편저자 소개 |

김동현

- 중앙대학교 문과대학(영어영문학) 중퇴
- 독학사 취득(행정학사)
- 경희대학교 법무대학원 석사과정(공법학)

- 행정고등고시 1차 합격
- 7급 공무원 공채(행정직) 합격

| 편저 |

- 「2024 한번에 다회독 세무사 행정소송법 기출사용설명서」
- 「2023 김동현 군무원 OX 기출문제집」
- 「2023 김동현 경찰행정법 실전동형 모의고사 220제」

2025 한번에 다회독 세무사 행정소송법 기출사용설명서

3판 발행일 2024년 10월 10일
초판 발행일 2022년 11월 4일

지은이	김동현		
펴낸이	손형국		
펴낸곳	(주)북랩		
편집인	선일영	편집	김은수, 배진용, 김현아, 김다빈, 김부경
디자인	이현수, 김민하, 임진형, 안유경	제작	박기성, 구성우, 이창영, 배상진
마케팅	김회란, 박진관		
출판등록	2004. 12. 1(제2012-000051호)		
주 소	서울특별시 금천구 가산디지털 1로 168, 우림라이온스밸리 B동 B111호, B113~114호		
홈페이지	www.book.co.kr		
전화번호	(02)2026-5777	팩스	(02)2026-5747

ISBN   979-11-7224-330-2   13360 (종이책)

(주)북랩 성공출판의 파트너

북랩 홈페이지와 패밀리 사이트에서 다양한 출판 솔루션을 만나 보세요!
홈페이지 book.co.kr • **블로그** blog.naver.com/essaybook • **출판문의** text@book.co.kr

---

작가 연락처 문의 ▶ ask.book.co.kr

작가 연락처는 개인정보이므로 북랩에서 알려드릴 수 없습니다.

편저자와 함께 하는 학습 커뮤니티
https://cafe.naver.com/0lawclass

2025

한번에 다회독
세무사 행정소송법
기출사용설명서

김동현 편저

최소시간 투자
고효율 학습

반복출제 경향
대응 전략서

2005-2024 20년간 기출된
4,000여 개 지문

ALL-in-one(기본서+기출+요약)으로 자율적·절약적 학습 최적화!

- 2025년판(제3판) 머리말 -

머리말을 적기에 앞서 「한번에 다회독 세무사 행정소송법」 **초판과 제2판에 보내주신 독자분들의 큰 성원에 감사의 말씀을** 전합니다. 이에 힘입어 **제3판으로서 「2025 한번에 다회독 세무사 행정소송법 기출사용설명서」를 출간**하게 되었습니다.

이번 제3판에서는 제2판의 내용 전반을 면밀히 재검토하여, 형식.편제 등의 기본골격은 유지하면서, 2024년도에 기출된 200여개의 지문들을 반영하고 보충지문과 판례 등을 보다 내실있게 교체.보완하였으며, 최근에 제정된 '행정소송규칙'에 관한 내용들도 함께 수록함으로써 교재의 완성도를 더욱 제고하고자 하였습니다.

2024년 세무사 1차 행정소송법에서는 그간 출제되지 않았던 생소한 논점(최신판례 등)들이 다소 출제되어 **체감난이도가 상당히 올라갔지만**, 사실상 이러한 생소한 논점들이 정답을 결정짓는 지문들로 출제되지는 않았고 **기출된 논점에 대한 충분히 숙지와 지문 소거법의 적용으로도 충분히 정답을 고를 수 있는 문제가 대부분**이었습니다.

따라서 세무사 시험 인기의 상승 추세에 따라, 2025년 시험에서도 최신 판례 등을 토대로 한 새로운 지문들이 출제될 것이지만, 학습범위를 무분별하게 늘리기보다는 **기출된 논점들을 보다 꼼꼼히 학습하고 문제풀이 감각을 익히는 것이 전략적**이라 할 것입니다.

이와 같이 **기출범위에 기반한 필요최소한의 학습만으로도 85점 전후의 득점이 충분히 가능**하다는 관점에서 이번 제3판에서도 기출된 쟁점 외의 **새로운 쟁점들은 추가하지 않았으며**, 다만 불의타 문제의 대비를 위해서 **체감난이도를 올리는 문제들의 풀이요령과 미출제 판례 등을 토대로 한 예상문제**를 네이버 카페(cafe.naver.com/0lawclass)에서 **제공**할 예정이니, 수험 직전에 요긴히 활용하시기 바랍니다.

2024년 세무사 1차 시험에서도 회계학과 세법학이 고난도로 출제되었듯이, 선택과목보다는 세법학 . 회계학 등과 같이 상대적으로 어려운 필수과목들에 대하여 현저히 많은 시간과 노력의 투자가 필요하므로, **선택과목에 대한 학습부담은 최소화되어야 합니다.**

부디 **2025년 세무사시험에서도 행정소송법 시험에 최적화된 본서가 학습과 합격 사이에서 가교(架橋)적 역할**을 함으로써, **보다 많은 수험생들이 좋은 결과를 얻으시기를 바랍니다.**

제3판의 집필에 대해서도 계속하여 동기부여와 응원을 해주신 분들과 세무사 수험생들에게도 감사의 말씀을 드리며, 바쁜 일정 속에서도 최상의 상태로 교재를 출간해주시는 북랩 출판사 관계자분들에게도 감사의 말씀을 드립니다.

2024년 9월 편저자 김동현 올림

- 2025년판(제3판) 머리말 -

I 세무사 행정소송법의 출제경향

1. 기출문제의 중요성

모든 시험공부의 시작은 기출문제입니다. 특히 객관식 법학과목은 중요한 사항을 중심으로 계속하여 반복출제되는 경향이 있고, 세무사 행정소송법의 경우 **출제범위가 행정소송 분야로 제한**되어 있는 특성에 말미암아 반복출제의 경향이 더욱 짙은 탓에, 다른 법학과목보다 기출문제를 정리하는 것이 더욱 필수적입니다. 이러한 현실을 전제로, 세무사 1차 수험생들의 기출문제 학습에 효율적인 도움을 드리고자 이 책을 출간하게 되었습니다.

2. 세무사 행정소송법의 반복출제성

2005년 세무사 1차 시험에서 행정소송법 과목이 도입된 이래, 세무사시험 주관기관에서는 **행정소송법 조문과 리딩판례를 반복되는 형태로 출제**하고 있습니다. 다만 2021년의 경우 다른 선택과목과 마찬가지로 행정소송법도 다소 어렵게 출제됨으로써 수험생들을 당황케 한 적도 있었으나, 당시의 과락율이 지나치게 높았기 때문에 2022년도 시험은 이전과 같이 과거에 빈출되었던 내용들을 중심으로 출제되었고, **이후로도 예년의 출제경향과 유사**할 것입니다.

3. 반복출제성이 가지는 의미

첫째로, 반복출제성은 **출제되는 부분만 학습하면 된다**는 점을 분명히 합니다. 기존의 행정소송법 수험서에서는 이해도모라는 미명 하에 시험에 출제되지 않을 내용까지 포괄하고 있어, 기존 수험서로 공부하는 경우 독자들로서는 **출제될 부분과 출제되지 않을 부분을 구분**할 수가 없기 때문에 불필요한 부분까지 학습하는 우를 범하고 있습니다. 따라서 본서에 있는 내용, 즉 **기출된 부분만을 반복하여 학습하여야** 함을 잊지 말아야 합니다.

둘째로, 특정 내용들이 계속 반복되어 변형지문으로 출제되는 경향에 있어서도, 매년 반복되는 지문은 표현만이 다소 변형될 뿐이고 결국 **지문에서 정·오답여부를 결정짓는 포인트는 동일하게 반복되는 패턴**을 보이고 있습니다.

셋째로, 반복출제성은 **이해와 암기가 조화된 객관식 공부가 중요**함을 나타냅니다. 행정소송법학적인 이해가 필요한 부분도 있고, 문언상의 단순이해만 필요한 부분도 있으며, 단순한 암기가 더 효율적인 부분도 있습니다. 더욱이 세무사 자격증 1차 시험은 절대평가 기준이므로 무리하게 90점대 이상의 고득점을 시도할 실익이 없고 법리에 대한 복합적 사고력을 요하는 문항은 출제되지 않는다는 점에서 **행정소송법적 내지 민사소송법적인 이해를 시도하는 것보다는 반복출제 사항에 대하여 기계적으로 암기하는 것이 오히려 수험효과적**인 경우가 더 많습니다.

Ⅱ 본서의 특징

1. 기존 기출문제집의 한계

기존의 기출문제집은 다른 객관식 법학과목에서의 **천편일률적인 형식과 동일**하게, 문제단위로 기출문제를 나열하고, 그 하단 또는 말미에 지문번호순으로 판례나 조문과 같은 단순근거만을 배치하고 있습니다.

이러한 **기존 기출문제집** 스타일은 **중복된 쟁점, 심지어 빈출되는 쟁점마저 정리해줄 수 있는 역할은 하지 못하기 때문에**, 기존 기출문제집으로만 학습하는 수험생으로서는 페이지를 넘기면서 중복지문이 다른 문제에서 다시 등장할 때에만 단순상기를 할 수밖에 없고, 스스로 정리하면서 학습하는 것도 시간상 벅찬 작업이므로, **세무사 시험의 반복출제성에 대응하기 위한 학습에는 큰 도움이 되지 못합니다.**

2. 본서의 장점과 학습방법

이러한 발상에서, 필자는 **고등고시 2차 수험과정에서 연구·축적한 행정법학 지식과 7급 공무원 공채 수험 과정에서 터득한 객관식 수험요령**을 바탕으로, 보다 테크닉적인 기출문제 학습에 도움을 드리고자 **2005년부터 2022년까지의 18년간 기출된 720문제를 빠짐없이 검토하여, 약 3,600여 개에 가까운 지문들을 해체하고 쟁점별로 재조립**하는 체계로 구성하였습니다.

우선 쟁점별 ① **대표 기출지문을 제시**하고, ② 해설란에는 지문에 대한 **해설(근거 및 보충해설)을 제시**한 후, ③ 그 하단에는 대표 지문과 **동일한 쟁점을 묻는 반복지문들을 배치**하였습니다.

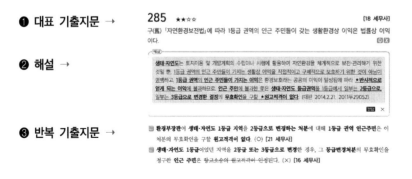

❶ 대표 기출지문 →

❷ 해설 →

❸ 반복 기출지문 →

이런 구성방식은 다음과 같은 장점으로 **수험효율을 극대화**합니다.

(1) 대표 기출지문과 동일한 쟁점의 **반복지문을 빠짐없이 분석·배치**함으로써 **'한번에 다회독'하는 효과**를 거둘 수 있습니다.

① 동일하게 출제된 지문, 유사하게 출제된 지문, 약간 변형되어 출제된 지문 등 **사실상 동일한 기출지문을 일거에 집중하여 학습**할 수 있으므로, **지문이 눈에 발라지는 효과**가 발생하여 **장기기억화에 큰 도움**이 됩니다.

② **반복지문들에서는 포인트를 적시**하여, **출제자들이 어떤 부분을 비틀어서 오지문을 만들어 내는지를 수험생들이 파악**하게 됨으로써 보다 **입체적으로 지문구조를 이해**할 수 있습니다.

③ 기출지문의 개수(중복성)에 따라 **단발성 쟁점인지 아니면 빈출쟁점인지 여부를 수험생들이 스스로 가늠**할 수 있으므로, 수험생들이 스스로 빈출정도에 따라 학습전략을 구상하는 등 **자율적·절약적 학습이 가능**해집니다.

* 필자가 별도로 표시한 **지문별 중요도**를 참고하시면서 학습하는 것이 좋습니다.

(2) 판례를 중심으로 출제되는 주요 시험(변호사 시험, 공무원 시험)에서의 행정소송법 기출 판례 지문도 다수 포함함으로써 '21년도와 같이 **생소한 판례가 불의타로 등장할 수 있는 경우도 대비**할 수 있게끔 구성하였습니다.

(3) 본서의 해설란에는, 지문의 근거인 **행정소송법 조문과 판례를 빠짐없이 제시**하고, 보다 쉬운 이해를 위하여 **보충해설도 풍부히** 곁들여 놓았으며, **개념을 비교해야 하는 부분이나 헷갈리는 부분은 일목요연하게 도표로 정리**해놓음으로써, 독자들이 각자 기본서에서 근거나 내용까지 찾아보아야 하는 불필요한 수고로움을 덜고자 하였습니다. 이에 본서 1권이 **요약서의 역할, 기출문제집의 역할, 최종정리서의 역할을 겸**할 수 있습니다만, 물론 필자는 다음과 같이 **기출지문을 중심으로 한 학습방법을 권장**하고 있습니다.

(4) 권장 학습방법
① **대표 기출지문의 정·오답 여부를 대충 판단**하고, 곧바로 **해설**을 읽는다.
② **해설을 통해 어느 정도 이해**된 바를 기준으로 **다시 대표 기출지문의 정·오답을 판단**해본다.
③ 이후 **반복지문을 출제포인트 표시에 주의**해가면서 읽어나가되, 이해가 잘 안되거나 상대적으로 중요한 것으로 판단되는 반복지문에는 각자만의 **별도의 표시**를 해둔다.
④ 1차 시험을 앞두고는 **대표지문과 별도로 표시해둔 반복지문만을 학습**하는 등 학습분량

을 줄여나간다.

※ 본서를 2~3회독 이상으로 학습하신 독자들은 **24년도에서 19년도 사이의 연도별 기출문제** 중 **2년치를 다운받아 20분 내로 풀어봄으로써 실력을 수시로 테스트**해야 합니다.

✔ 테스트 평균점수가 65점 미만 ➡ ① ~ ③ 반복
✔ 테스트 평균점수 70~75점 이상 ➡ ④ 반복

⑤ 1차 시험을 3~4주 앞둔 시점에서는, 매일 **연도별 기출문제 1~2년치를 15~20분 내로 풀어서 틀린 부분은 본서 해당 부분에 표시**해두고, **시험 전날에는 해당 표시부분을 정리**한다.

3. 마치면서

 필요 최소한의 범위에서 완결도가 높은 학습방법을 취하는 것이 **합격으로의 지름길**입니다. 본서는 **많은 시간을 투자하지 않고도 학습효과성을 극대화**함으로써 수험생들이 **보다 가볍게 합격에의 지름길**로 나아갈 수 있도록 하려는 구상에서 나온 책입니다.

 본서를 통한 학습은 비효율적인 수험서를 힘겹게 회독하는 것보다, **시간절감의 측면에서도 큰 도움**이 되므로, 나아가 세법, 회계학과 같이 상대적으로 **체감난이도가 높은 과목에 절감된 학습시간을 투자**하는 데에도 도움이 될 것입니다.

 본서가 출간되기까지는 많은 분들의 도움이 있었습니다. 본서의 집필에 동기부여와 응원을 해 주신 분들과 세련된 편집과 구성으로 책의 완성도를 높여주신 북랩 관계자분 등, 여러분들에게 감사의 말씀을 드립니다.

 아무쪼록 독자들께서는 본서를 통하여 일익 증진된 행정소송법 실력을 수험장에서 발휘함으로써, 막힘없이 문제를 풀어나가실 수 있기를 바라며, 다른 과목에서도 올바른 수험서를 선택하셔서 소기의 목적을 꼭 이루시기를 바랍니다.

편저자 김동현 올림

┃참고문헌 ┃

• 이상규, 「신행정법론」, 1997
• 김동희, 「행정법1」, 2014
• 김동희, 「행정법 요점정리 및 문제해설」, 2008
• 김남진, 「행정법1」, 2017
• 김남진, 이일세 「객관식 행정법」, 2006
• 이병철, 「행정법강의」, 2002
• 이재화, 「사례연구 행정법연습」, 2003
• 박윤흔, 「최신행정법강의(상)」, 2004
• 정하중, 「행정법개론」, 2020
• 박정훈, 「행정법의 체계와 방법론」, 2005
• 홍정선, 「新 행정법특강」, 2019
• 홍정선, 「행정법원론(상)」, 2017
• 장태주, 「행정법개론」, 2008
• 류지태, 박종수 「행정법신론」, 2016
• 박균성, 「행정법론」, 2004
• 박균성, 「행정법강의」, 2017
• 박균성, 「객관식 행정법총론」, 2012
• 박정훈, 「행정법 사례연습」, 2009
• 박정훈, 「행정법 판례라인」, 2017
• 김향기, 「행정법개론」, 2014
• 김향기, 「사례연구 행정법연습」, 2019
• 강경선, 이계수, 「행정법1」, 2008
• 김남철, 「행정법강론」, 2021
• 하명호, 「행정쟁송법」, 2015
• 최진수, 「행정법 통합사례 연구」, 2023
• 송희성, 「객관식 행정법」, 2010
• 서정욱, 「행정법요론」, 2003
• 사법연수원, 「행정소송법」, 2018
• 법원행정처, 「법원실무제요: 행정」, 2016

• 이시윤, 「신민사소송법」, 2017
• 김홍엽, 「민사소송법」, 2021

Contents

제5절 취소소송

제6절 취소소송의 심리

제11절 소송절차

제12절 보완적 소송절차

제17절 객관적 소송

제18절 추가 지문_611

제19절 준용규정 등 정리_631

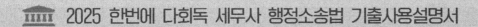

제 1 절

행정소송의 의의

Administrative Litigation Law

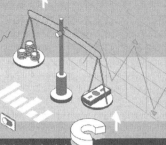

제1항 행정소송의 개념

001 ★★★☆ [08 세무사]

행정소송의 주된 목적은 위법한 행정작용으로 인한 국민의 권리 또는 이익의 침해를 행정소송절차를 통하여 구제함으로써 실질적 법치행정의 원리를 구현하는 데 있다. **O X**

> **해설**
>
> 【행정소송법】 제1조(목적) 이 법은 **행정소송절차**를 통하여 **행정청의 위법한 처분** 그 밖에 공권력의 행사·불행사 등으로 인한 국민의 ★**권리 또는 이익의 침해를 구제**하고, 공법상의 **권리관계 또는 법적용**에 관한 ★**다툼을 적정하게 해결**함을 목적으로 한다.
>
> ☑ '**행정소송**'이란 **행정청의 위법한 행정작용**으로 인하여 국민의 **권익**이 **침해**되었거나, 국민의 **공법상 권리관계 등**에 다툼이 초래되었을 때, **법원**이 ★**재판절차에 따라 판단**하여 ★**국민의 권리를 구제**하거나 **관련된 법적 분쟁을 해결**하는 정식의 **행정쟁송절차**이다.
>
> ➡ 행정소송은 **독립된 지위**에 있는 **법원**이 **구두변론 등의 절차**를 거쳐 판정하는 쟁송이라는 점에서, 약식쟁송인 행정심판과 구별된다. **정답 O**

■ **행정소송**은 **행정청의 위법한 처분** 등으로 인한 **국민의 권리 또는 이익의 침해를 구제**하고 **공법상 권리관계** 또는 **법률 적용**에 관한 **다툼을 적정하게 해결**함을 목적으로 한다. (O) [17 서울7]

002 ★☆☆☆ [08 세무사]

현행 행정소송법이 개괄주의를 채택한다 하더라도 모든 위법한 행정작용에 대하여 소송상 권리보호가 이루어지고 있다고는 할 수 없다. **O X**

> **해설**
>
> • **(열기주의)** 국민이 법률에서 열거하고 있는 **일부의 사안**에 대해서만 **행정소송을 제기할 수 있도록 허용**하는 제도로서, 국민의 **권리구제가 사실상 불가능**
>
> • **(개괄주의)** 극히 예외적인 사안 외에는, **국민이 대부분의 사안**에 대하여 **행정소송을 제기할 수 있도록 허용**하는 제도로서, **소송남발의 우려**가 있음 (우리나라도 채택 중)
>
> ☑ 소송의 가능성이 개방되어 있는 **개괄주의에 있어서도**, 행정소송이 사법작용에 해당하는 이상, **사법작용의 본질적 한계 등**으로 인하여, **모든 행정작용에 대한 권리구제**가 ★**온전히 이루어지지는 않는다.** (다음 문제 참고) **정답 O**

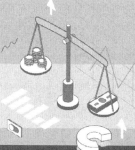

제2항 **행정소송의 한계**

---

1 **구체적 사건성의 한계**

1 추상적 규범통제

003 ★★☆☆ [14 세무사]

행정소송도 사법(司法)작용인 점에서 사법작용의 본질에서 나오는 한계가 있다. **O X**

> 【해설】
>
> ✓ 행정소송도 **사법작용**에 속하는 만큼 법 해석·적용과 같은 **재판을 주된 기능**으로 하기 때문에, ★**법률상 쟁송만을 대상으로** 하는 **본질적인 한계를 내포**하고 있다. **정답** O

🟦 **행정소송**은 **구체적인 법률적 쟁송**에 대하여 법을 해석·적용함으로써 분쟁을 해결하는 법 판단작용으로서 본질적으로 **사법(司法)작용**에 속한다. (O) **[08 세무사]**

004 ★★☆☆ [06 세무사]

법원조직법 제2조는 "법원은 헌법에 특별한 규정이 있는 경우를 제외한 일체의 법률상의 쟁송을 심판하고……"라고 규정하고 있는바, 행정소송 역시 법률상의 쟁송인 경우에만 가능하다. **O X**

> 【해설】
>
> 【법원조직법】 제2조(법원의 권한) ① 법원은 헌법에 특별한 규정이 있는 경우를 제외한 모든 **법률상의 쟁송(爭訟)을 심판**하고, 이 법과 다른 법률에 따라 법원에 속하는 권한을 가진다.
>
> ✓ 법원이 심판하는 여느 소송과 마찬가지로 **행정소송의 원칙적 대상도** ★**법률상의 쟁송**(당사자=권리주체 사이의 권리·의무에 관한 다툼으로서 법령을 해석·적용하여 해결할 수 있는 분쟁)이다. 따라서 법률상 쟁송이 아닌 것은 행정소송의 대상이 되지 못한다. **정답** O

🟦 **법률상 쟁송**이란 **당사자간의 구체적인 권리·의무**에 관한 **법적용상의 분쟁**을 의미한다. (O) **[07 세무사]**
🟦 **행정소송**은 **법원조직법**에 따라 원칙적으로 일체의 **법률상 쟁송을 대상**으로 한다. (O) **[09 세무사]**
🟦 **법률상 분쟁**이 아니면 **행정소송의 대상**이 되지 아니한다. (O) **[14 세무사]**

005 ★★★☆ [07 세무사]

행정법령의 위법여부는 재판의 전제가 된 경우에 소송의 대상이 될 수 있다. OX

> **해설**
>
> **【헌법】제107조** ② **명령·규칙** 또는 처분이 **헌법이나 법률에 위반되는 여부**가 ★**재판의 전제**가 된 경우에는 대법원은 이를 최종적으로 **심사**할 권한을 가진다.
>
> ✓ <u>우리 **헌법**은 어떠한 명령·규칙(법규명령 등)의 위헌·위법 여부가 구체적 사건에 대한 ★재판에서 그 전제가 되었</u>을 때, 즉 ★**구체적 사건에 관한 재판 도중**에 사건의 근거가 된 행정법령(법규명령, 행정규칙, 조례 등)이 헌법이나 법률에 위반되는지 여부가 다투어지는 때에만, 비로소 해당 법원이 행정법령 등의 위헌·위법여부를 심사할 수 있다는 이른바 '**구체적 규범통제**' 원칙을 천명하고 있다. **정답** O

▨ **법원**에 의한 **명령·규칙의 위헌·위법심사**는 그 위헌 또는 위법의 여부가 **재판의 전제**가 된 경우에 비로소 가능하다. (O) [16 국회8]

▨ **법원**이 **법규명령의 위헌.위법 여부를 심사**하려면 그것이 **재판의 전제가 되어야** 한다. (O) [23 세무사]

006 ★★★☆ [14 세무사]

구체적인 법적 분쟁을 전제로 함이 없이 법령의 효력을 직접 다투는 추상적 규범통제는 원칙적으로 인정되지 않는다. OX

> **해설**
>
> ✓ ⓐ 위에서 살펴본 대로 우리 헌법은 '**구체적 규범통제**'를 채택하고 있으므로
>
> ⓑ 구체적 법적 분쟁인 **재판을 전제하지 않고** 법원이 곧바로 법규명령 등의 위헌 여부 또는 위법 여부를 심사할 수 있게 하는 제도인 **추상적 규범통제는** ★**인정되지 않는다**. 따라서 구체적 사건에 관한 재판과 무관하게 **행정법령의 효력을 직접적·독립적으로 다툴 수 없다**. **정답** O

▨ 우리 **헌법**은 **구체적 규범통제를 규정**하고 있다. (O) [07 세무사]

▨ 현행 **헌법**은 **법규명령**에 대한 **구체적인 규범통제만을 인정**하고 **추상적인 규범통제는 허용하고 있지 않다.** (O) [09 국가7]

▨ **법규명령**은 원칙적으로 **구체적 규범통제의 대상**이 된다. (O) [18 행정사]

▨ 현행 제도상 ~~**행정상 입법**에 대해서는 추상적 규범통제가 가능하다.~~ (X) [03 입시]

▨ 현행 행정소송법에서는 ~~구체적 사건과는 무관하게 추상적 법령의 효력을 다투는 추상적 규범통제를 법률상 쟁송의 하나로 규정하고 있다.~~ (X) [08 세무사]

➡ 헌법이 '**구체적 규범통제**'를 채택하고 있는바, 하위법인 행정소송법에서 **추상적 규범통제를 규정**할 수가 없다.

007 ★★★☆

일반적·추상적인 법령의 효력·해석에 관한 분쟁, 즉 추상적 규범통제도 행정소송의 대상이 된다.

> 해설

> **일반적, 추상적**인 **법령이나 규칙** 등은 **그 자체**로서 국민의 구체적인 권리의무에 직접적 변동을 초래케 하는 것이 아니므로 **취소소송의 대상**이 **될 수 없다.** (대판 1992. 3. 10., 91누12639)

> ✓ '**구체적 규범통제**'의 **원칙**에 따라, 일반적·추상적인 법령 등의 그 자체는 직접 **소송으로 다툴 수 없고** 법령을 구체화하는 **처분을 매개로 법령 등의 위헌성·위법성을 다툴 수 있으므로,** ★**일반적·추상적 법령·규칙의 효력 유무나 그 해석**은 행정**소송의 대상이 될 수 없다.** 다만 처분적 성격을 가지는 법령 등은 그 자체가 예외적으로 행정소송의 대상이 된다.   **정답** ✕

▣ **행정소송**은 당사자 사이의 구체적이고 현실적인 **권리·의무에 관한 분쟁을 전제**로 하므로 **추상적인 법령의 효력이나 해석**은 행정**소송의 대상이 되지 않는다.** (O) [07 세무사]

▣ **일반·추상적 법률의 효력 유무**는 직접 행정**소송으로 다툴 수 없다.** (O) [10 세무사]

▣ **대통령령**은 **법령의 효력**을 가진 것으로서 **원칙적으로** 행정소송법상의 처분이라 볼 수 없으므로 행정**소송의 목적물이 될 수 없다.** (O) [04 전북9]

▣ **일반적·추상적인 법령이나 규칙**은 항고소송의 대상이 될 수 없다. (O) [17 행정사]

▣ **추상적 법규명령에 대한 취소소송**은 현행 행정소송법상 인정되는 소송이다. (✕) [05 세무사]

▣ **법령**도 일반적으로 무효등 확인소송의 대상이 된다. (✕) [11 세무사]

'조례'는 집행행위의 개입 없이도 그 자체로서 직접 국민의 구체적인 권리의무에 영향을 미치는 법률상 효과를 발생하는 경우'에도 항고소송의 대상이 되지 아니한다. O X

【해설】

> 조례가 집행행위의 개입 없이도 ★그 자체로서 직접 국민의 구체적인 권리의무나 법적 이익에 영향을 미치는 등의 법률상 효과를 발생하는 경우 그 조례는 ★항고소송의 대상이 되는 행정처분에 해당한다. (대판 1996. 9. 20. 95누8003)

✅ ⓐ 일반적인 법령(조례 포함)은 그 자체로서는 국민의 권리·의무에 직접적으로 영향을 미치지 않기 때문에, 원칙적으로 행정소송의 대상이 될 수 없지만,

ⓑ 법령(조례 포함)이 행정처분과 같은 집행행위를 매개로 하지 않고 그 자체로서 직접 국민의 권리·의무에 영향을 미치는 등 법률적 효과를 발생시키는 경우에는, 이른바 ★'처분적 조례' 내지 '처분적 법규명령'으로서 예외적으로 항고소송(무효확인소송)의 대상이 될 수 있다. 정답 ✕

▶ 대법원은 경기도 소재 '두밀분교 폐지 조례'가 비록 법령의 형식을 취하고 있지만, 실질적으로는 구체성·개별성을 띠는 행정처분으로 보아 무효확인소송의 대상이라고 보았다.

🔲 법규명령 중 국민의 구체적인 권리·의무에 직접적인 변동을 초래하지 않는 것은 행정소송의 대상이 아니다. (○) [09 세무사]

🔲 법규명령이 그에 따른 처분 없이 직접 국민의 권리를 제한하는 경우에도 항고소송의 대상은 될 수 없다. (✕) [16 교행9]

🔲 추상적 법령인 조례라도 그 자체로서 국민의 권리의무에 직접 영향을 미치는 경우에는 항고소송의 대상이 될 수 있다. (○) [12 세무사]

🔲 집행행위 없이도 그 자체로서 직접 국민의 구체적인 권리를 제한하는 조례의 무효확인을 청구하는 소송은 행정소송법상 인정되고 있는 행정소송이다. (○) [17 세무사]

🔲 집행행위의 개입 없이도 그 자체로서 직접 국민의 구체적인 권리의무에 영향을 미치는 조례는 무효확인소송의 대상이 된다. (○) [20 세무사]

🔲 조례는 법규명령이므로 그 자체로 직접 국민의 구체적인 권리의무에 영향을 미치더라도 행정소송의 대상이 아니다. (✕) [07 세무사]

🔲 조례가 집행행위의 개입없이도 그 자체로서 직접 국민의 구체적인 권리·의무나 법적 이익에 영향을 미치는 등의 법률상 효과를 발생하는 경우 항고소송의 대상이 되는 처분에 해당하지 않는다. (✕) [09 세무사]

🔲 국민의 권리·의무에 직접 영향을 미치는 조례라도 항고소송의 대상이 될 수 없다. (✕) [15 세무사]

🔲 처분적 법규명령은 그 자체가 항고소송의 대상이 된다. (○) [11, 19 세무사]

🔲 처분적 법규명령은 무효등 확인소송의 대상이 된다. (○) [23 지방9 수정]

🔲 처분적 조례는 무효확인소송의 대상이 될 수 없다. (✕) [13 세무사]

🔲 두밀분교를 폐교하는 경기도의 조례는 항고소송의 대상이다. (○) [21 행정사]

🔲 두밀분교설치폐지조례는 항고소송의 대상이 되는 처분이 아니다. (✕) [08 세무사]

009 ★★★★

㉠ 고시가 다른 집행행위의 매개없이 그 자체로서 직접 국민의 구체적인 권리·의무나 법률관계를 규율하는 성격을 가지는 경우 항고소송의 대상이 되는 처분에 해당하지 않는다.

[09 세무사] **O X**

㉡ 보건복지부 고시인 약제급여·비급여목록 및 급여상한 금액표는 행정처분으로 인정되지 않는다.

[19 세무사] **O X**

㉢ 항정신병 치료제의 요양급여에 관한 보건복지부 고시는 행정처분에 해당한다.　　[20 세무사] **O X**

> **[해설]**
> - 어떠한 ★고시가 일반적·추상적 성격을 가질 때에는 법규명령 또는 행정규칙에 해당할 것이지만, ★다른 **집행행위의 매개 없이** 그 자체로서 직접 **국민의 구체적인 권리의무나 법률관계를 규율**하는 성격을 가질 때에는 **행정처분에** 해당한다.
> - 보건복지부 ★**고시인 약제급여·비급여목록 및 급여상한금액표**는 다른 **집행행위의 매개 없이** 그 **자체로서** 국민건강보험가입자, 국민건강보험공단, 요양기관 등의 **법률관계를 직접 규율**하는 성격을 가지므로 항고소송의 대상이 되는 ★**행정처분에 해당**한다. (대판 2006. 9. 22., 2005두2506)
> - ★**항정신병 치료제의 요양급여에 관한 보건복지부 고시**가 다른 **집행행위의 매개 없이** 그 **자체로서** 제약회사, 요양기관, 환자 및 국민건강보험공단 사이의 **법률관계를 직접 규율**하는 성격을 가진다는 이유로 항고소송의 대상이 되는 ★**행정처분에 해당**한다. (대결 2003. 10. 9., 자, 2003무23)
>
> ✓ '고시'도 처분적 효과를 가질 때에는 행정처분으로 본다. 두 가지 사례를 암기해둔다.
>
> **[정답]** ㉠ ✕, ㉡ ✕, ㉢ O

- 고시가 **집행행위의 매개 없이** 그 **자체로서 직접 국민의 구체적인 권리의무나 법률관계를 규율**하는 성격을 가질 때에는 **행정처분에 해당**한다. (O) [12 세무사]
- 그 **자체로서 직접 국민의 구체적인 권리를 제한**하는 고시는 항고소송의 대상이다. (O) [14 세무사]
- 고시가 **구체적인 규율의 성격**을 갖더라도 **행정처분에 해당**하지 않는다. (✕) [17 행정사]

- 보건복지부 **고시인 구 약제급여.비급여목록 및 급여상한 금액표**는 그 **자체로서** 국민건강보험가입자, 국민건강보험공단, 요양기관 등의 **법률관계를 직접 규율**하는 성격을 가지므로 항고소송의 대상이 되는 **행정처분에 해당**한다. (O) [18 국가9]
- 보건복지부 **고시인 약제급여·비급여목록 및 급여상한 금액표**는 항고소송의 대상인 **처분**으로 인정된다. (O) [22 세무사]
- 보건복지부 **고시인 제약회사**에 대한 '약제급여· 비급여 목록 및 급여 상한금액표'는 항고소송의 대상인 **처분에 해당**하지 않는다. (✕) [10 국회8]

- **항정신병 치료제의 요양급여 인정기준**에 관한 보건복지부 **고시가** 다른 **집행행위의 매개 없이** 그 **자체로서** 제약회사, 요양기관, 환자 및 국민건강보험공단 사이의 **법률관계를 직접 규율**한다는 이유로 항고소송의 대상이 되는 **행정처분에 해당**한다. (O) [20 군무원9]
- 대법원은 **항정신병 치료제의 요양급여 인정기준**에 관한 보건복지부 **고시가 구체적 집행행위의 개입 없이** 그 자체로서 직접 국민에 대하여 **구체적 효과를 발생**하여 **특정한 권리의무를 형성**하게 하는 경우라 하더라도 **항고소송의 대상**이 될 수 없다고 한다. (✕) [19 변시]

010 ★★★★

행정소송에 대한 (㉠)에 의하여 (㉡)이 헌법 또는 법률에 위반된다는 것이 확정된 경우에는 대법원은 지체없이 그 사유를 (㉢)에게 통보하여야 한다. **O X**

해설

- **【헌법】** 제107조 ② **명령·규칙** 또는 처분이 **헌법이나 법률에 위반되는 여부**가 재판의 전제가 된 경우에는 **대법원**은 이를 ★**최종적으로 심사**할 권한을 가진다.
- **【행정소송법】** 제6조(명령·규칙의 위헌판결등 공고)
  ① 행정소송에 대한 ★**대법원판결**에 의하여 **명령·규칙**이 **헌법 또는 법률에 위반**된다는 것이 **확정된 경우**에는 **대법원**은 지체없이 그 사유를 ★**행정안전부장관**에게 **통보**하여야 한다.
  ② 제1항의 규정에 의한 통보를 받은 **행정안전부장관**은 지체없이 이를 **관보**에 게재하여야 한다.
- **【행정소송규칙】** 제2조(명령·규칙의 위헌판결 등 통보)
  ① **대법원**은 재판의 전제가 된 **명령·규칙**이 **헌법 또는 법률에 위배**된다는 것이 ★**법원의 판결**에 의하여 확정된 경우에는 그 취지를 해당 **명령·규칙**의 ★**소관 행정청에 통보**하여야 한다.

- ⓐ 모든 법원은 재판의 전제로서 **명령·규칙(법규명령)**이 **헌법·법률에 위반되는지** 여부를 판단할 수 있는 권한을 가지지만, 이를 **최종적으로 심사·확정**할 수 있는 권한은 ★**대법원**만 가지고 있으므로,
- ⓑ 어떤 **명령·규칙(법규명령)**이 **헌법·법률에 위반**된다는 것을 대법원이 **최종적으로 심사·확정**한 경우, **대법원**이 ★**행정안전부장관**에게 **통보**하여야 한다.
  - ➤ **행정안전부장관에게 통보**하는 이유는 **행정안전부**가 **관보**(官報, 관청의 소식을 국민에게 알리는 정부의 공식 신문)를 **소관**하는 **부처**이기 때문 (행정소송규칙에서는 통보의 상대방을 **소관 행정청으로 확대함**)

■ '위헌·위법 판결 등의 통보'제도 비교

	행정소송법	행정소송규칙
통보주체	대법원	
통보대상	대법원판결	확정된 1·2심 법원의 판결 ✚ 대법원판결
통보의 상대방	행정안전부장관	소관 행정청

➡ 난이도 조절을 목적으로 '규칙'에 근거하여 출제될 가능성이 있으니, '비교'하여 정리해두는 것이 좋겠다.

정답 ㉠ : 대법원판결, ㉡ : 명령·규칙, ㉢ : 행정안전부장관

■ 정소송에 대한 **대법원판결**에 의하여 **명령·규칙**이 **헌법 또는 법률에 위반**된다는 것이 **확정**된 경우에는 **대법원**은 지체없이 그 사유를 '**행정안전부장관**'에게 **통보하여야** 한다. (O) [06, 10 세무사]

■ 행정소송에 대한 **대법원판결**에 의하여 소득세법**시행규칙**이 **헌법 또는 법률에 위반**된다는 것이 확정된 경우, 행정소송법상 **대법원**이 이를 **통보해야** 하는 기관은 **행정안전부 장관**이다. (O) [16 세무사]

■ 행정소송에 대한 **대법원판결**에 의하여 **명령·규칙**이 **헌법 또는 법률에 위반**된다는 것이 **확정**된 경우에는 **대법원**은 지체없이 그 사유를 ( )에게 **통보하여야** 한다. → (행정안전부장관) [21 세무사]

■ 행정소송에 대한 **대법원판결**에 의하여 **명령·규칙**이 **법률에 위반**된다는 것이 **확정**된 경우, 대법원은 그 사유를 법무부장관에게 **통보하여야** 한다. (✗) [17 세무사]

■ **대법원** 이외의 **각급법원**도 구체적 규범통제의 방법으로 **법규명령 조항에 대한 위헌·위법 판단을 할 수 있다.** (O) [23 지방9]

■ 각급법원 **판결**에 의하여 **명령·규칙**이 **헌법에 위반된다는 것이 확정**된 경우에는 각급법원은 그 사유를 **행정안전부장관**에게 **통보**한다. (✗) [18 세무사] ☑ 각급법원 → 대법원

011 ★★★☆ [20 세무사]

추상적인 법령의 제정 여부에 관한 분쟁은 부작위위법확인소송의 대상이 될 수 있다. **O X**

┌─ 해설 ─

부작위위법확인소송의 대상이 될 수 있는 것은 <u>구체적 권리의무에 관한 분쟁</u>이어야 하고 **추상적인 법령**에 관하여 **제정의 여부** 등은 그 자체로서 국민의 구체적인 권리의무에 직접적 변동을 초래하는 것이 아니어서 그 <u>소송의 대상이 될 수 없다</u>. (대판 1996. 9. 20. 95누8003)

☑ <u>추상적인 법령을 제정하지 않고 있는</u> 행정입법부작위가 개인의 권리를 침해하고 있는 것으로는 보기 어려운바, 이러한 ★행정입법부작위는 부작위위법확인소송으로 다툴 수 없다. **정답** ✕

📋 **추상적인 법령**에 관한 **제정의 여부** 등은 그 자체로서 국민의 구체적인 권리의무에 직접적 변동을 초래하는 것이 아니어서 **부작위위법확인소송의 대상이 될 수 없다.** (O) [22 소방간부]

📋 **부작위위법확인소송의 대상**이 될 수 있는 것은 **구체적 권리의무에 관한 분쟁**이어야 하고 **추상적인 법령에 관하여 제정의 여부** 등은 그 자체로서 국민의 구체적인 권리의무에 직접적 변동을 초래하는 것이 아니어서 그 **소송의 대상이 될 수 없다.** (O) [22 지방7]

📋 **추상적인 법규명령을 제정하지 않은 행정입법부작위**에 대하여 행정소송법상 부작위위법확인소송을 제기하여 다툴 수 있다. (✕) [14 국가7]

📋 **추상적인 법령**에 관하여 **제정의 여부 등**은 그 자체로서 국민의 구체적인 권리의무에 변동을 초래하는 것이어서 행정소송의 대상이 될 수 있다. (✕) [21 서울7]

📋 상위법령의 시행을 위하여 **법규명령을 제정하여야 할 의무**가 인정됨에도 불구하고 **법규명령을 제정하고 있지 않은 경우** 그러한 **부작위**는 부작위위법확인소송을 통하여 다툴 수 있다. (✕) [17 국회8]

📋 **A법률이 해당 법률의 집행에 관한 특정한 사항을 부령에 위임**하고 있음에도 관계 행정기관은 그에 따른 B부령을 제정하고 있지 않다. **B부령을 제정하여야 할 작위의무가 인정**되는 경우에는 **B부령을 제정하지 않은 입법부작위**에 대해 「행정소송법」상 부작위위법확인소송으로 다툴 수 있다. (✕) [23 변시]

📋 **행정입법** 제정의무가 있는 경우 **입법부작위**도 부작위위법확인소송의 대상이 된다. (✕) [24 세무사]

2 객관적 소송

012 ★★★☆

㉠ 행정소송의 공익적 성격으로 인하여 객관소송도 일반적으로 인정된다.   [11 세무사] O X

㉡ 객관소송의 성격을 갖는 행정소송을 인정할 것인가 여부는 입법정책의 문제이다.

[15 세무사] O X

해설

☑ ㉠ 행정소송은 국민의 개인적 권리·이익의 보호나 구제를 목적으로 하는 '주관적 소송'과 **개인의 권리구제와는 무관**하게 행정작용의 적법성 확보와 같은 공익적 목적을 지향하는 '**객관적 소송**'으로 나눌 수 있는데, 이 중 **객관소송은 ★법령에서 특별히 정하고 있는 예외적인 경우에만** 행정소송의 대상으로 인정될 수 있는바, 이를 '객관적소송 법정주의'라 한다.

➤ 우리 **행정소송법**은 객관적 소송으로서 **민중소송과 기관소송** 2가지 유형을 **규정**하고 있다. (후술예정)

㉡ 이러한 **객관소송을 창설(인정)할지 여부**는 논리 필연적인 문제가 아니라 **다분히 ★입법정책적인 선택의 문제**라고 할 수 있다.   정답 ㉠ X, ㉡ O

🔲 행정소송은 **개인의 주관적 권리·이익의 보호**를 위한 **주관적 소송**과 개인의 권리구제가 아닌 **행정작용의 적법성 확보**를 위한 **객관적 소송**으로 구분할 수 있다. (O) [08 세무사]

🔲 행정소송은 원칙적으로 주관적 소송의 성질을 가지므로 **공익목적**을 위한 **객관적 소송**은 **법이 별도로 규정**하는 경우에만 **인정**된다. (O) [07 세무사]

🔲 **객관소송**은 **법률에 특별한 규정**이 없는 한 **인정**되지 않는다. (O) [23 세무사]

🔲 **객관적 소송**은 **객관적인 적법성의 확보**를 구하는 **공익적 소송**이므로 **법률상 명문의 규정** 없어도 제기할 수 있다. (X) [09 세무사]

3 사실행위

013 ★★☆☆ [08 세무사]

통설과 판례는 비권력적 사실행위를 처분개념에 포함시켜 항고소송의 대상으로 본다. O X

> 해설
> ✓ 사실행위 중에서도, '**비권력적 사실행위**'는 개인의 권리·의무에 직접적인 변동을 초래하지 않기 때문에(=개별 당사자의 권리나 의무관계에 관한 분쟁을 발생시키지 않기 때문에) 행정소송의 대상이 되는 ★'**처분**'에 해당할 **수 없다.** 대법원은 **알선, 권유, 사실상의 통지 등**을 행정소송의 대상이 될 수 없는 **비권력적 사실행위**로 보고 있다.   정답 ×

📋 **비권력적 사실행위**는 **직접 법적 효과를 발생시키지 않는다.** (O) [08 관세사 변형]

📋 당사자의 구체적인 **권리·의무에 영향을 주지 않는** 단순한 **사실행위**는 행정소송의 대상이 될 수 없다. (O) [07 세무사]

014 ★★☆☆

㉠ 행정청의 알선, 권유, 사실상의 통지는 처분성이 인정된다.   [09 세무사] O X

㉡ 관할행정청이 전기·전화공급자에게 그 위법건축물에 대한 전기·전화 공급을 하지 말아 줄 것을 요청한 행위는 항고소송의 대상이 되는 처분이 아니다.   [08 세무사] O X

㉢ 재개발조합의 조합원 분양계약에 대한 안내서 발송행위는 처분에 해당한다.   [18 세무사] O X

> 해설
> • 행정권 내부에서의 행위나 ★**알선, 권유, 사실상의 통지** 등과 같이 상대방 또는 기타 관계자들의 법률상 지위에 **직접적인 법률적 변동을 일으키지 아니하는 행위** 등은 **항고소송의 대상이 될 수 없다.**
> • 관할 **구청장**이 한국전력공사에 대하여 건축법 제69조 제2항, 제3항의 규정에 의하여 위 건물에 대한 **전기공급이 불가하다는 내용의 회신**을 하였다면, 그 회신은 ★**권고적 성격의 행위**에 불과한 것으로서 한국전력공사나 특정인의 법률상 지위에 직접적인 변동을 가져오는 것은 아니므로 항고소송의 대상이 되는 행정**처분이라고 볼 수 없다**고 한 사례 (대판 1995. 11. 21., 95누9099)
> • ★**재개발조합이 조합원들에게 한** '조합원 동·호수 추첨결과 통보 및 **분양계약체결 안내**'라는 제목의 **통지** (*안내서 발송)가 조합원들의 구체적인 권리의무에 직접적 변동을 초래하는 행정**처분에 해당한다고 볼 수 없다.**(대판 2002. 12. 10., 2001두6333)
> ✓ ⓐ 대법원은 위법 건축물 관할 행정청이 전기공급자(한전)에 대하여 ★**위법 건축물**에 대한 **단전을 요청**한 행위와 같은 ★'**행정청의 권유(권고)**'라든지,
>   ⓑ 도시재개발법에 따른 재개발조합이 조합원들에게 한 분양계약 ★**안내서 발송** 행위와 같은 ★'**행정청의 사실상의 통지**'의 경우, **비권력적 사실행위**로 보아 **행정소송의 대상이 될 수 없다**고 본다.
>   정답 ㉠ ×, ㉡ O, ㉢ ×

📋 **전기전화의 공급자**에게 **위법 건축물**에 대한 **단전 또는 전화통화 단절조치**의 **요청행위**는 항고소송의 대상인 처분이다. (×) [17 서울9]

015 ★★★★

⊙ 과거의 역사적 사실관계의 존부확인을 구하는 것은 행정소송의 대상이 된다.

[20 세무사] Ⓞ Ⓧ

ⓛ 국가보훈처장이 발행한 책자가 독립운동가의 활동을 잘못 기술하였다며 그 사실관계의 확인을 구하는 항고소송은 인정된다.

[14 세무사] Ⓞ Ⓧ

> **해설**
>
> **국가보훈처장** 등이 발행한 **책자** 등에서 ★**독립운동가 등의 활동상을 잘못 기술**하였다는 등의 이유로 그 **사실관계의 확인**을 구하거나, 국가보훈처장의 **서훈추천권의 행사, 불행사**가 당연무효임의 확인, 또는 그 부작위가 위법함의 확인을 구하는 청구는 ★**과거의 역사적 사실관계의 존부**나 공법상의 구체적인 법률관계가 아닌 **사실관계에 관한 것들을** 확인의 대상으로 하는 것으로서 ★**항고소송의 대상이 되지 아니하는 것**이다. (대판 1990. 11. 23., 90누3553)
>
> ✅ **사회생활 관계** 중에서, 법으로 규율되는 법률관계가 아니라 **단순한 사실관계**에 지나지 않는 경우, 그러한 사실관계의 **존부의 확인**을 구하는 것은 **행정소송의 대상이 될 수 없다**.　　**정답** ⊙ ✕, ⓛ ✕

🔲 공법상의 구체적 법률관계가 아닌 **사실관계에 관한 것들을** 확인의 대상으로 하는 것은 **항고소송의 대상이 되지 않는다**. (○) [01 입시]

🔲 **단순한 사실관계의 존부** 등의 문제는 **행정소송의 대상이 되지 아니한다**. (○) [09 지방9]

🔲 공법상 **사실관계의 확인**을 구하는 **행정소송은 허용되지 않는다**. (○) [10 세무사]

🔲 구체적인 법률관계가 아닌 **단순한 사실관계의 존부**는 **행정소송의 대상이 아니다**. (○) [11 세무사]

🔲 공법상의 구체적인 법률관계가 아닌 **사실관계에 관한 확인**을 구하는 것은 **항고소송의 대상이 되지 아니한다**. (○) [22 세무사]

🔲 **단순한 사실관계의 존부**는 행정소송으로 다툴 수 있다. (✕) [16 세무사]

🔲 **공법상 사실관계**에 대한 **부존재확인소송**은 행정소송법상 허용된다. (✕) [24 세무사]

🔲 판례는 **국가보훈처장이 발행**한 **책자**에서 **독립운동가의 활동상을 잘못 기술**하고 나아가 **서훈추천권을 행사**한 것은 **항고소송의 대상이 아니라고 본다**. (○) [07 세무사]

🔲 판례는 **국가보훈처장 등이 발행**한 **책자** 등에서 **독립운동가 등의 활동상을 잘못 기술**하였다는 등의 이유로 그 **사실관계의 확인**을 구하는 것은 **항고소송의 대상이 되지 않는다**고 한다. (○) [09 세무사]

1 행정상 훈시규정(방침규정)

016 ★★☆☆ [15 세무사]

어떤 법규가 단순히 행정상의 방침만을 정하고 있는 훈시규정인 경우 그 규정의 준수와 실현을 소송으로써 주장할 수 없다. **O X**

> [해설]
>
> > 자동차운수사업법 제31조 등에 관한 처분요령 소정의 행정**처분의 기준**은 **훈시적 규정에 불과**하고 관계**행정청의 재량권 및 법원을 기속하는 것이 아니다.** (대판 1981.04.14 80누172)
>
> ☑ 행정법령 중에서 **행정청**이 **훈시규정**으로서 수립한 **방침**은 행정상 **직무수행의 기준을 제시**하는 것에 불과하므로, 이러한 **훈시규정의 준수** 여부나 **실현** 여부를 **행정소송으로 다툴 수 없다.** **정답** O

▨ **행정상 방침**만을 정하는 **훈시규정의 준수와 실현**을 행정소송으로 주장할 수 있다. (×) [20 세무사]

2 통치행위

017 ★★★☆ [16 세무사]

국회의원에 대한 징계처분은 행정소송으로 다툴 수 있다. **O X**

> [해설]
>
> > **【헌법】 제64조**
> > ② **국회**는 **의원의 자격을 심사**하며, **의원을 징계**할 수 있다.
> > ③ **의원을 제명**하려면 국회재적의원 3분의 2 이상의 찬성이 있어야 한다.
> > ④ 제2항과 제3항의 **처분**에 대하여는 ★**법원에 제소할 수 없다.**
>
> ☑ ⓐ **정부**나 **국회**의 **고도의 정치적 결단**에 근거한 국가작용인 이른바 **'통치행위'**는 법의 잣대로 판단하기 어려운 고도의 정치성으로 인해서, **원칙적으로 사법심사의 대상이 될 수 없는바,**
>
> ⓑ 헌법 제64조 제4항에서는 **국회의 통치행위**에 해당하는 **'국회의원의 자격심사·징계·제명처분'**을 **법원에 제소할 수 없는 사항**으로 규정하고 있다. **정답** ×

▨ **국회의원**에 대한 **징계처분**은 **행정소송으로 다툴 수 없다.** (O) [10 세무사]
▨ **국회의원**에 대한 **징계처분**은 **사법심사의 대상이 아니다.** (O) [12 세무사]
▨ **국회의원**에 대한 **징계처분**은 **행정소송의 대상이 되지 아니한다.** (O) [20 세무사]
▨ **국회의원의 제명처분**은 항고**소송의 대상이 되지 아니한다.** (O) [22 세무사]
▨ **국회의원의 제명**은 행정소송의 대상이 될 수 있다. (×) [21 세무사]

3 특별권력관계

018 ★★★☆

㉠ 특별권력관계에서의 행위가 행정처분의 성질을 갖더라도 전면적으로 사법심사의 대상이 되지 않는다.　[09 세무사] **O X**

㉡ 서울교육대학장의 학생에 대한 퇴학처분은 처분성이 인정되지 않는다.　[05 세무사] **O X**

㉢ 교도소장이 수형자에게 한 접견내용 녹음·녹화 및 접견 시 교도관 참여대상자 지정행위는 항고소송의 대상이 된다.　[21 세무사] **O X**

> 해설
>
> - **국립 교육대학 학생**에 대한 ★**퇴학처분**은, … (중략) … ★**행정처분**임이 명백하다. (대판 1991. 11. 22., 91누2144)
> - **교도소장**이 **수형자** 甲을 ★'**접견내용 녹음·녹화 및 접견 시 교도관 참여대상자**'로 **지정한 행위**는 항고소송의 **대상**이 되는 ★'**처분**'에 **해당**한다. (대판 2014. 2. 13., 2013두20899)
>
> ✎ 종래에는 **특별권력관계 내부에서의 행위**에 대해서는 사법적 통제가 허용될 수 없는 것으로 보는 견해가 지배적이었으나, 근래에는 **일반권력관계와 동일**하게 **사법심사가 가능**하다고 본다.
>
> **정답** ㉠ ✕, ㉡ ✕, ㉢ ○

▢ **특별권력관계 내부의 행위**도 **행정소송의 대상**이 될 수 있다. (O) [11 세무사]

▢ **특별행정법관계 내에서의 행위**는 처분이라도 **사법심사의 대상**이 될 수 없다. (✕) [20 세무사]

▢ **특별권력관계에서의 행위**는 직접 **행정소송으로** 다툴 수 없다. (✕) [10 세무사]

▢ **특별권력관계 내부의 행위**는 행정소송의 대상이 될 수 없다. (✕) [19 세무사]

▢ **국립대학과 재학생 관계**에 대하여 **사법심사가 인정**된다. (O) [07 강원교행9]

▢ 판례에 의하면 **국립교육대학 학생**에 대한 **퇴학처분**은 **사법심사의 대상**이 되는 **행정처분**이다. (O) [13 지방7]

▢ **국립대학교의 재학관계**는 특별권력관계이므로 학내 시위 주도 **학생에 대한 퇴학처분**은 행정쟁송법상의 ~~**처분에 해당**되지 않아 퇴학처분에 대하여 **행정쟁송을 제기**할 수 없다.~~ (✕) [08 국회8]

▢ **교도소장**이 특정 **수형자**를 '**접견내용 녹음 · 녹화 및 접견 시 교도관 참여대상자**'로 **지정한 행위**는 수형자의 **구체적 권리의무에 직접적 변동**을 가져오는 행위로서 **항고소송의 대상**이 되는 **행정처분에 해당**한다. (O) [16 국가9]

▢ **교도소장**이 특정 **수형자**를 '**접견내용 녹음·녹화 및 접견시 교도관 참여대상자**'로 **지정**한 행위는 **항고소송의 대상**으로 인정된다. (O) [20 지방9]

4 행정기관 내부행위

019 ★★★☆ [06 세무사]

세무서장이 행하는 과세표준결정은 조세부과처분에 앞선 행정청의 내부적 절차에 해당되므로 처분성이 부인된다. **O X**

> **해설**
>
> 법인세**과세표준결정**은 조세부과**처분에 앞선** 결정으로서 그로 인하여 바로 과세**처분의 효력이 발생하는 것이 아니고** 또 후일에 이에 의한 법인세부과처분이 있을 때에 그 부과처분을 다툴 수 있는 방법이 없는 것도 아니어서 과세관청의 위 결정을 바로 항고소송의 대상이 되는 ★**행정처분이라고 볼 수는 없다.** (대판 1986. 1. 21. 82누236)
>
> ✓ ⓐ **행정처분**은 행정청이 **사인(국민 등)에 대하여** 행하는 **구체적인 법집행행위**이어야 하는바, 처분을 내리기 전 단계에서 **행정조직** ★**내부적**으로 이루어진 **선행행위**는 행정**처분으로 볼 수 없다.**
>
> ⓑ 대법원은 세무서장의 **과세표준결정**을 과세처분에 앞서 행하는 ★**내부적 절차행위**로 보아 **행정소송의 대상이 될 수 없다**고 보았다. **정답 O**

- 법인세 **과세표준의 결정**은 **처분성이 인정되지 않는다.** (O) **[10 세무사]**
- 법인세 **과세표준결정**은 행정**처분으로 인정되지 않는다.** (O) **[19 세무사]**
- 과세**처분의 선행절차**로서 세무서장이 **내부적으로 행하는 과세표준결정**은 항고소송의 대상으로서의 처분성이 인정된다. (×) **[08 선관위7]**
- 세무서장의 법인세 **과세표준결정행위**는 항고소송의 대상으로 인정된다. (×) **[14 지방7]**

020 ★☆☆☆ [09 세무사]

상급행정기관의 하급행정기관에 대한 승인은 항고소송의 대상이 되는 처분에 해당한다. **O X**

> **해설**
>
> **상급행정기관**의 하급행정기관에 대한 **승인·동의·지시** 등은 행정**기관 상호간의 내부행위**로서 국민의 권리·의무에 직접 영향을 미치는 것이 아니므로 항고소송의 대상이 되는 ★**행정처분에 해당한다고 볼 수 없다.** (대판 2008. 5. 15. 2008두2583)
>
> **정답 ×**

- 하급행정관청의 권한행사에 대한 **상급행정관청의 내부적인 승인·인가**는 행정**처분이 아니다.** (O) **[19 행정사]**
- **상급행정기관의** 하급행정기관에 대한 **승인·동의·지시** 등 행정**기관 상호 간의 내부행위**는 항고소송의 대상이 되는 '처분'이다. (×) **[11 경행]**

021 ★★★☆

㉠ 행정소송에 대하여는 다른 법률에 특별한 규정이 있는 경우를 제외하고는 행정소송법이 정하는 바에 의한다. [08 세무사] O X

㉡ 행정소송규칙은 행정소송에 관하여 적용된다. [24 세무사] O X

> **[해설]**
>
> **【행정소송법】 제8조(법적용예)** ① 행정소송에 대하여는 **다른 법률에 특별한 규정이 ★있는 경우를 제외**하고는 **★이 법이 정하는 바에 의한다.**
>
> **【행정소송규칙】 제1조(목적)** 이 규칙은 「행정소송법」에 따른 **행정소송절차**에 관하여 **필요한 사항**을 규정함을 목적으로 한다.
>
> ⓐ **다른 법률에** 행정소송에 관한 특별한 규정이 **없는 이상 행정소송법을** 따르는 것이 **원칙**이며,
>
> ⓑ 행정소송절차에 관한 사항을 정비·보완하여 최근에 제정한 "**행정소송규칙**"도 행정소송에 **적용**된다.
>
> ⓒ 한편 행정소송에 관한 **규정이 행정소송법에 없는 사항**의 경우 **민사소송법 등을 준용**한다. 이는 행정소송과 민사소송이 소송실무상 심판절차 등에서 크게 다르지 않기 때문이다. **[정답]** ㉠ O, ㉡ O

022 ★★★★ [14 세무사]

행정소송에 관하여 이 법에 특별한 규정이 없는 사항에 대하여는 (㉠)과 (㉡) 및 (㉢)의 규정을 준용한다. O X

> **[해설]**
>
> **【행정소송법】 제8조(법적용예)** ② 행정소송에 관하여 이 법에 **특별한 규정이 ★없는 사항**에 대하여는 **★법원조직법**과 **민사소송법** 및 **민사집행법**의 규정을 **준용**한다.
>
> **[정답]** ㉠ : 법원조직법, ㉡ : 민사소송법, ㉢ : 민사집행법

▪ **행정소송법**에 **특별한 규정이 없으면, 민사소송법 등을 준용**한다. (O) [09 세무사]

▪ 행정소송에 관하여 **행정소송법에 특별한 규정이 없는 사항**에 대하여는 **법원조직법**과 **민사소송법** 및 ( )의 규정을 **준용**한다. → (민사집행법) [10 세무사]

▪ 행정소송에 관하여 「**행정소송법**」에 특별한 규정이 없는 사항에 대하여는 「**법원조직법**」과 「**민사소송법**」 및 「**민사집행법**」의 규정을 **준용**한다. (O) [18, 22, 24 세무사]

▪ **행정소송**에 관하여 **행정소송법에 특별한 규정이 없는 사항**에 대하여는 (㉠)과 **민사소송법** 및 (㉡)의 규정을 **준용**한다. → (㉠: 법원조직법, ㉡: 민사집행법) [23 세무사]

▪ **행정소송법에 특별한 규정이 없는 사항**에 대하여는 **민사소송법**과 비송사건절차법의 규정을 **준용**한다. (×) [08 세무사]

▪ 행정소송법상 행정소송에 관하여 **행정소송법에 특별한 규정이 없는 사항**에 대하여 **준용**되는 법률은 **법원조직법, 민사소송법**, 행정심판법, 행정절차법, **민사집행법**이 있다. (×) [12 세무사]

▪ **법원조직법**, 민사조정법, 행정심판법, 행정절차법, 중재법은 **행정소송법**이 행정소송에 관하여 **명시적으로 준용**하는 **법률**이다. (×) [13 세무사]

제 2 절

행정소송의 종류

- 제1항 법정행정소송(행정소송법상 분류)
- 제2항 비법정행정소송(무명항고소송)
- 제3항 주관적 소송·객관적 소송
- 제4항 시심적 소송·복심적 소송

Administrative Litigation Law

제1항 법정행정소송〔행정소송법상 분류〕

023 ★★★☆   [18 세무사]

의무이행소송, 당사자소송, 기관소송, 민중소송, 항고소송은 행정소송법상 행정소송의 종류에 해당한다. OX

> **해설**
>
> 【행정소송법】 제3조(행정소송의 종류) 행정소송은 다음의 네가지로 구분한다.
> 1. ★항고소송, 2. ★당사자소송, 3. ★민중소송, 4. ★기관소송
>
> 정답 ×

- 당사자소송은 행정소송법상 명시되어 있는 행정소송이다. (O) [22 세무사]
- 항고소송, 당사자소송, 민중소송, 기관소송은 행정소송법상 소송의 종류에 해당한다. (O) [23 세무사]
- 「행정소송법」 제3조에서는 행정소송을 취소소송, 당사자소송, 민중소송, 기관소송으로 구분한다. (×)
  [12 지방9] ☑ 취소소송 → 항고소송

024 ★★★☆

㉠ 취소소송은 항고소송이다.   [06 세무사] OX

㉡ 무효등 확인소송, 부작위위법확인소송은 행정소송법상 명시되어 있는 행정소송이다.
    [22 세무사] OX

> **해설**
>
> 【행정소송법】 제4조(항고소송) ★항고소송은 다음과 같이 구분한다.
> 1. ★취소소송, 2. ★무효등 확인소송, 3. ★부작위위법확인소송
>
> 정답 ㉠ O, ㉡ O

- 다수설에 의하면 취소소송의 법적 성질은 항고소송이다. (O) [09 세무사]
- 무효등 확인소송은 항고소송의 하나(일종)이다. (O) [05, 19 세무사]
- 행정소송법은 무효등 확인소송을 항고소송으로 규정하고 있다. (O) [11 세무사]
- 부작위위법확인소송은 항고소송이다. (O) [06 세무사]
- 부작위위법확인소송은 항고소송의 일종이다. (O) [08 세무사]
- 부작위위법확인소송은 항고소송에 속한다. (O) [09 세무사]
- 「행정소송법」상 항고소송은 취소소송, 무효등 확인소송, 부작위위법확인소송, 당사자소송으로 구분한다. (×) [21 소방]

제2항 **비법정행정소송[무명항고소송]**

1 의무이행소송

025 ★★★★

㉠ 행정청의 작위의무 위반의 부작위에 대하여 당해 작위처분을 하도록 청구하는 이행소송은 행정소 송법상 인정되고 있는 행정소송이다. [17 세무사] **O X**

㉡ 검사에게 압수물 환부를 이행할 것을 청구하는 소송은 현행 행정소송제도에서 허용된다.
[23 세무사] **O X**

㉢ 행정소송법상 행정청으로 하여금 일정한 처분을 하도록 명하는 이행판결을 구하는 소송은 허용되 지 아니한다. [20 세무사] **O X**

> 해설
>
> - **행정청**에 대하여 행정상의 ★**처분의 이행을 구하는 청구**는 특별한 규정이 없는 한 **행정소송의 대상이 될 수 없다.** (대판 1990. 10. 23. 90누5467)
> - **검사**에게 **압수물 환부를 이행하라는 청구**는 행정청의 부작위에 대하여 일정한 처분을 하도록 하는 ★**의무이 행소송**으로 현행 행정소송법상 **허용되지 아니한다.** (대판 1995. 3. 10. 94누14018)
> - 현행 행정소송법상 행정청으로 하여금 ★**일정한 행정처분을 하도록 명**하는 **이행판결**을 구하는 소송은 **허용 되지 아니한다.** (대판 1997. 9. 30. 97누3200)
>
> ☑ 법원이 직접 **행정청**에 대하여 **특정한 행위의 이행을 명령해 줄 것을 청구**하는 '**의무이행소송(=처분 이행판결 청구 소송)**'은 행정소송법상이나 판례상으로도 **허용되지 않는다.** 정답 ㉠ X, ㉡ X, ㉢ O

📋 **판례는 일관되게** 행정청의 부작위에 대하여 **일정한 처분을 하도록 하는 의무이행소송**은 현행 행정소송 법상 **허용되지 않는다고 본다.** (O) [09 세무사]

📋 적극적 **처분을 행하도록 하는 소송**은 현행 행정소송법상 인정되는 소송이다. (X) [05 세무사]

📋 사실행위에 대한 **이행소송**은 현행 행정소송법상 인정되는 소송이다. (X) [05 세무사]

📋 거부처분에 대한 **의무이행소송**은 행정소송법상 허용된다. (X) [24 세무사]

📋 검사에 대한 압수물 환부**이행청구소송**은 행정소송법상 인정되고 있는 **행정소송이 아니다.** (O) [17 세무 사]

📋 **의무이행소송**은 판례상 허용되는 항고소송이다. (X) [10, 22 세무사]

📋 **의무이행소송**에 관한 명문의 규정은 없지만 판례상 인정(허용)되는 소송이다. (X) [22 세무사]

📋 보조금의 지급을 구하는 **의무이행소송**을 제기한 경우 인용판결을 받을 수 있다. (X) [06 세무사]

📋 판례는 **항고소송**에서 이행판결을 인정하고 있다. (X) [09 세무사]

📋 **취소소송**의 **판결의 종류**로서 '이행판결'이 있다. (X) [15 세무사]

📋 **항고소송**에는 이행판결이 존재한다. (X) [18 세무사]

026 ★★★★

㉠ 예방적 부작위청구소송은 행정소송법상 명시되어 있는 행정소송이다.   [22 세무사] **O X**

㉡ 신축 건축물에 대해 준공처분을 하지 말 것을 청구하는 소송은 행정소송법상 인정되고 있는 행정소송이다.   [17 세무사] **O X**

㉢ 국민건강보험공단에 대해 요양급여비용 결정을 하지 말 것을 청구하는 소송은 행정소송법상 인정되고 있는 행정소송이다.   [17 세무사] **O X**

> 해설
>
> - 건축건물의 준공처분을 ★하여서는 아니된다는 내용의 부작위를 구하는 청구는 행정소송에서 허용되지 아니하는 것이므로 부적법하다. (대판 1987. 3. 24. 86누182)
> - 행정소송법상 행정청이 일정한 처분을 ★하지 못하도록 그 부작위를 구하는 청구는 허용되지 않는 부적법한 소송이라 할 것이므로, 국민건강보험공단이 보건복지부 고시를 적용하여 요양급여비용을 ★결정하여서는 아니 된다는 내용의 청구는 부적법하다. (대판 2006. 5. 25. 2003두11988)
>
> ✓ 행정청이 일정한 처분을 하지 못하도록 미리 그 부작위를 법원에 청구하는 ★예방적 부작위청구(=예방적 금지)소송도 현행 행정소송법상이나 판례상으로 허용되지 않는 소송이다.   **정답** ㉠ ✕, ㉡ ✕, ㉢ ✕

▣ 취소처분 예방적 금지소송은 현행법상 인정하고 있지 않은 소송형태이다. (O) [07 세무사]

▣ 예방적 부작위소송과 의무이행소송은 판례상 인정되고 있지 않는 행정소송이다. (O) [08 세무사]

▣ 예방적 부작위청구소송은 허용되지 않는다. (O) [11 세무사]

▣ 의무이행소송과 예방적 금지소송은 인정되지 아니한다. (O) [12 세무사]

▣ 예방적 금지소송, 의무이행소송은 우리나라 행정소송제도에서 인정되지 않는다. (O) [14 세무사]

▣ 침해행위를 미리 막는 소송은 현행 행정소송법상 인정되는 소송이다. (✕) [05 세무사]

▣ 현행 행정소송법에서는 예방적 부작위청구소송이 인정된다. (✕) [09 세무사]

▣ 예방적 금지소송은 판례상 허용되는 항고소송이다. (✕) [10 세무사]

▣ 행정청의 처분에 대하여 예방적으로 금지를 구하는 소송은 행정소송법상 허용되는 행정소송이다. (✕) [16 세무사]

▣ 예방적 부작위청구소송은 행정소송법상 인정되고 있는 행정소송이다. (✕) [17 세무사]

▣ 예방적 부작위청구소송은 행정소송법상 소송의 종류에 해당한다. (✕) [23 세무사]

▣ 신축건물의 준공처분을 하여서는 안 된다는 내용의 부작위청구소송은 허용되지 않는다. (O) [12 사복9]

▣ 건축건물의 준공처분을 하여서는 아니 된다는 내용의 청구는 행정소송에서 허용되지 아니한다. (O) [20 세무사]

▣ 신축건축물에 대해 준공처분을 하지말 것을 청구하는 소송은 현행 행정소송제도에서 허용된다. (✕) [23 세무사]

▣ 국민건강보험공단이 보건복지부고시를 적용하여 요양급여비용을 결정하여서는 아니 된다는 내용의 소송은 허용되지 아니한다. (O) [20 세무사]

027 ★★★☆

㉠ 행정청에게 일정한 처분의 이행을 청구하는 소송은 각하된다. [14 세무사] **O X**

㉡ 행정청에 대하여 특정인의 토지소유권에 불리한 영향을 미치는 도시군·관리계획을 결정하지 말 것을 요구하는 소송은 각하사유에 해당한다. [20 세무사] **O X**

> **해설**
>
> ✓ ㉠ "일정한 **처분의 이행을 청구**하는 소송"은 현행법상 인정되지 않는 '**의무이행청구소송**'이므로 제기될 경우, 그 청구는 당연히 ★**각하**된다.
>
> ㉡ "**하지 말 것을 요구**하는 소송"은 현행법상 인정되지 않는 '**예방적 부작위청구소송**'이므로 제기될 경우, 그 청구는 당연히 ★**각하**된다.
>
> ➤ 판결 중 '각하'판결과 '기각'판결에 대해서는 후술 예정   **정답** ㉠ O, ㉡ O

📓 행정청이 일정한 **처분을 하지 못하도록** 그 **부작위를 청구**하는 소송은 **각하된다.** (O) [14 세무사]

📓 행정청에 대하여 특정인의 토지소유권에 불리한 영향을 미치는 **도시·군관리계획**을 **결정하지 말 것을 요구**하는 소송은 **각하된다.** (O) [14 세무사]

📓 조세부과**처분의 금지를 구하는 소송**을 제기한 경우 인용판결을 받을 수 있다. (X) [06 세무사]

---

3   작위의무확인소송

028 ★★★★   [20 세무사]

부작위의 전제가 되는 작위의무의 확인을 구하는 소송은 항고소송으로서 허용된다. **O X**

> **해설**
>
> ✓ 행정청에게 일정한 **작위적(=적극적)인 처분**을 하여야 할 법적인 **의무가 있음을 확인**해줄 것을 **청구**하는 '**작위의무확인소송**' 또한 **행정소송법상**이나 **판례상**으로 ★**허용되지 않는 소송**이다.   **정답** X

📓 판례에 의하면 **작위의무확인청구**는 현행법상 **인정되지 않는다.** (O) [09 세무사]

📓 부작위위법확인소송은 행정청의 부작위가 위법하다는 것을 확인하는 소송이므로 **부작위위법확인소송으로는 작위의무확인을 구할 수 없다.** (O) [21 세무사]

📓 **행정청**에게 **작위의무가 있다는 확인을 구하는 소송**은 현행 행정소송제도에서 허용된다. (X) [23 세무사]

📓 **작위의무확인소송**은 판례상 허용되는 항고소송이다. (X) [10 세무사]

📓 **행정소송의 종류** 중 법정항고소송에는 의무확인소송이 있다. (X) [10 경북교행9 변형]

📓 부작위위법확인소송에서 작위의무확인청구의 형태도 인정된다. (X) [11 세무사]

📓 부작위위법확인소송에서 작위의무확인청구도 인정된다. (X) [12 세무사]

📓 **작위의무확인소송**은 무효등 확인소송에 포함된다. (X) [16 세무사]

📓 **작위의무확인소송**은 무효등 확인소송의 일종으로 허용된다. (X) [22 세무사]

📓 **처분의 작위의무확인소송**은 무효등 확인소송의 유형으로 허용된다. (X) [24 세무사]

📓 처분의 부작위에 대한 **작위의무확인소송**은 행정소송법상 허용된다. (X) [24 세무사]

029 ★★★☆

국가보훈처장에게 독립운동가들에 대한 서훈추천을 다시 할 의무가 있음의 확인을 구하는 것은 항고소송의 대상이 된다. **O X**

> 해설
>
> - 국가보훈처장 등에게, 독립운동가들에 대한 **서훈추천을 다시 하고**, 독립운동에 관한 **책자 등을 고쳐서 편찬, ★보급할 의무가 있음의 확인을 구하는 청구**는 ★<u>작위의무확인소송으로서 항고소송의 대상이 되지 아니한다.</u>(대판 1990. 11. 23. 90누3553)
> - 국가보훈처장 발행 서적의 **독립투쟁에 관한 내용을 시정하여 관보에 그 뜻을 표명**하여야 할 의무 및 독립운동단체 소속의 독립운동자들에게 법률 소정의 ★보상급여**의무의 확인을 구하는 청구**는 ★작위의무 확인소송으로서 **항고소송의 대상이 되지 아니한다**. (대판 1989. 1. 24. 88누3116 판결)
>
> ☑ (서훈추천을 하여야 하는 또는 보상금을 주어야 하는) **의무가 있음의 확인을 구하는 '작위의무확인소송'**은 실정법상으로나 판례상으로 **인정되지 않는다.** **정답** ✕

- 🔲 **국가보훈처장 발행 서적**의 독립투쟁에 관한 **내용을 시정하여 관보에 그 뜻을 표명**해야 할 **의무의 확인을 구하는 청구**는 항고소송의 대상이 되지 아니한다. (O) [10 국회9]
- 🔲 독립운동자들에 대한 **국가보훈처장**의 보상급여**의무의 확인을 구하는 청구**는 부작위위법확인소송의 대상이 된다. (✕) [18 세무사]

030 ★☆☆☆

부작위의무확인소송을 제기하는 것은 행정소송법상 허용되지 않는다. **O X**

> 해설
>
> ☑ 작위의무확인소송과 반대로, **행정청**에게 일정한 **처분을 하지 말아야 할 의무의 확인을 청구**하는 소송 또한 ★**행정소송법상**이나 **판례상으로도 허용되지 않는 소송**이다. **정답** O
>
> ### ■ 법정소송 vs 비법정소송
>
> | 법정행정소송 | | 비법정행정소송 |
> |---|---|---|
> | 항고소송 | 취 소 소 송 | |
> | | 무효등 확인소송 | · 의무이행확인소송 |
> | | 부작위위법확인소송 | · 예방적 부작위청구소송 |
> | 당 사 자 소 송 | | · (부)작위의무확인소송 |
> | 민 중 소 송 | | |
> | 기 관 소 송 | | |

- 🔲 **부작위의무확인소송**은 ~~판례상 허용되는 항고소송이다.~~ (✕) [10 세무사]

제3항 주관적 소송·객관적 소송

031 ★★☆☆ [14 세무사]

항고소송은 주관소송이다. **O X**

> **해설**
> ✓ **주관적 소송**은 행정청으로부터 침해받은 ★**개인의 주관적인 법적 이익의 구제를 목적**으로 하는바, 각종 **항고소송(취소 ➕ 무효등 확인 ➕ 부작위법확인)**과 **당사자소송**이 이에 해당한다. **정답 O**

- 다수설에 의하면 **취소소송**의 법적 성질은 **주관적 소송**이다. (O) [09 세무사 변형]
- **취소소송**은 개인의 권익구제를 **직접 목적**으로 하는 객관적 **소송**이다. (✕) [11 경북교행9]
- **무효등 확인소송**은 **주관적 소송**이다. (O) [09 세무사]
- **부작위위법확인소송**은 **주관적 소송**에 속한다. (O) [13 서울9]
- **부작위위법확인소송**은 객관적 **소송**의 일종이다. (✕) [06 대구9]

032 ★★☆☆ [09, 14 세무사]

당사자소송은 개인의 권익구제를 직접적인 목적으로 하는 주관적 소송이다. **O X**

> **해설**
> ✓ **당사자소송**도 ★**개인의 권리구제를 목적**으로 하는 **주관적 소송**에 속한다. **정답 O**

- **당사자소송**은 **주관적 소송**이다. (O) [06 세무사]
- **당사자소송**은 개인의 권익구제를 **주된 목적**으로 하는 **주관적 소송**이다. (O) [13 지방9]

033 ★★☆☆

㉠ 민중소송은 주관적 소송이다. [22 세무사] **O X**
㉡ 기관소송은 주관적 소송에 속하지 않는다. [13 서울9] **O X**

> **해설**
> ✓ '**민중소송과 기관소송**'은 개인의 권리구제와는 ★**무관**하게 행정작용의 적법성 확보와 공익실현을 목적으로 하는 점에서 ★**객관적 소송**에 속한다. **정답 ㉠ ✕, ㉡ O**

- **객관적 소송**은 크게 **민중소송**과 **기관소송**으로 나뉜다. (O) [09 세무사]
- **민중소송**은 **객관적 소송**이다(**객관소송의 일종**이다.). (O) [06, 13, 24 세무사]
- **민중소송**은 원고의 권익구제를 **직접 목적**으로 하는 것이 아닌 점에서 **객관소송**에 해당한다. (O) [19 세무사]
- 직접 자기의 **법률상 이익과 관계없이 제기**하는 **민중소송**은 **객관적 소송**이다. (O) [19 세무사]

- **기관쟁송**은 **객관적 쟁송**이다. (O) [95 국가9]

제4항 시심적 소송·복심적 소송

034

㉠ 당사자소송은 공법상 법률관계를 다투는 소송으로 시심적 소송이다.　　　　[23 서울9] O X

㉡ 무효등 확인소송은 시심적(始審的)소송이다.　　　　[06 세무사] O X

> **해설**
>
> ✓ ⓐ '**시심적 쟁송**'이란 공법관계의 형성이나 존재여부에 대한 심사가 쟁송에서 다투면서 이루어지는 경우를 의미하는 쟁송절차로서, 이미 행해진 처분이 아니라 공법상의 **법률관계를 곧바로 다투는 당사자쟁송**이 이에 해당한다.
>
> ⓑ '**복심적 쟁송**'이란 이미 행해진 행정작용의 흠을 시정하기 위한 쟁송절차로서, **이미 행해진 처분의 흠을 다투는 항고쟁송이 대표적**이다.
>
> ⓒ 쟁송에 **앞서** 이미 행해진 **처분이 존재하는지 여부**에 따라 구분하면 되고, 출제여지가 거의 없으므로 아래의 분류표를 보면서 가볍게 이해하는 것으로 충분하다.
>
> ■ '법정항고소송'의 분류
>
> | 항고소송 | 취 소 소 송 | 주관적 소송 | 복심적 소송 |
> |---|---|---|---|
> | | 무효등 확인소송 | | |
> | | 부작위위법확인소송 | | |
> | 당 사 자 소 송 | | | 시심적 소송 |
> | 민 중 소 송 | | 객관적 소송 | 복심적 소송 |
> | 기 관 소 송 | | | |
>
> **정답** ㉠ O, ㉡ ✕

▨ **항고쟁송**은 사심적 쟁송이다. (✕) [95 국가9] [04 서울9]

▨ **취소소송**은 사심적 소송이다. (✕) [07 광주9 변형]

제 3 절

소송의 심리

Administrative Litigation Law

제1항 요건심리

035 ★★★☆ [17 세무사]

제소기간 도과 여부, 원고적격 인정 여부, 대상적격 인정 여부, 소의 이익 유무는 취소소송의 본안판단 사항이다. **O X**

해설

☑ '**소송요건**'이란 '**본안판단의 전제요건**'으로서, 행정소송이 제기되면 법원은 일단 **소송요건들이 충족되었는지** 여부를 따지기 위해 '**요건심리**'를 먼저 한다. **정답** ✕

■ '소송요건'의 종류(요건심리의 대상)

실체적 소송요건(자격, 대상)	형식적 소송요건(절차)
① **원고적격** 충족여부	① **피고적격** 충족여부
② **협의의 소의 이익** 유무(권리보호의 필요)	② **관할법원** 준수여부
③ **대상적격(처분성)** 충족여부	③ (예외적) **행정심판전치** 요건 충족여부
	④ **제소기간** 준수여부
	⑤ 일정한 **형식요건(소장 작성)** 충족여부

☞ 실체적 요건과 형식적 요건의 구별은 수험상 중요치 않다.

🖥 **원고적격, 대상적격, 처분성, 협의의 소의 이익(권리보호의 필요)**은 소송요건(본안판단의 전제요건)이다. (○) [05 세무사]

🖥 항고소송이 갖추어야 할 필요적 **소송요건**으로는 **피고적격, 처분등의 취소 또는 변경을 구할 이익, 관할법원** 등이 있다. (○) [07 세무사 변형]

➡ '처분등의 취소 또는 변경을 구할 이익'이란 '**협의의 소의 이익**'을 뜻한다. (후술 예정)

🖥 **처분성**을 갖추었는지 여부, **원고적격**을 갖추었는지 여부, **관할법원**을 위반하였는지 여부, **제기기간**을 준수하였는지 여부는 **요건심리**에 해당한다.(○) [11 세무사]

🖥 **원고적격, 소의 이익, 처분성** 등은 행정소송의 **소송요건**이다. (○) [19 군무원9]

🖥 무효확인소송에서 **제소기간** 도과 여부, **원고적격** 인정 여부, **대상적격** 인정 여부, **권리보호필요성** 인정 여부는 본안판단 사항이다. (✕) [19 세무사]

036 ★★★☆

소송요건을 엄격하게 요구하면 국민의 재판청구권을 강화하지만 법원의 부담을 가중한다.

[20 세무사] **O X**

> **해설**
>
> ✓ ⓐ **소송요건을 엄격히 요구**하면, ★**법원의 불필요한 소송부담 경감** 및 소송남용 사례 방지 등과 같은 <u>소송경제</u><u>를 도모</u>할 수 있는 장점이 있으나,
>
> ⓑ 반면에 소송요건을 지나치게 강화한다면, 소송각하의 가능성이 높아지므로, 본안판단을 받지 못하게되는 등 ★**국민이 재판청구권을 제대로 행사할 수 없게 되는** 단점도 있다.   **정답** ✕

📋 **소송요건을 너무 엄격히 요구**하면 국민의 **재판받을 권리가 제약**된다. (○) [15 세무사]
📋 **소송요건**은 **불필요한 소송을 배제**하여 **법원의 부담을 경감**하기 위하여 요구된다. (○) [15 세무사]
📋 **소송요건**은 **불필요한 소송을 배제**하고 **법원의 부담을 경감**하는 기능이 있다. (○) [16 세무사]

037 ★★★★

[14 세무사]

(㉠)이라 함은 본안심리를 하기 위하여 갖추어야 하는 요건을 말한다. 이것이 결여된 소송을 부적법한 소송이라 하고, 이 경우 법원은 (㉡)판결을 내리게 된다.   **O X**

> **해설**
>
> ✓ ⓐ 법원이 <u>소송요건의 충족여부를 직권으로 조사</u>하는 '**요건심리**'의 결과,
>
> ⓑ 소송요건을 갖춘 경우에만 본안심리를 하게 되고, **소송요건에 흠결**이 있고 보정도 불가능하여 **부적법한 소**로 확인된 때에는 본안심리로 넘어가지 않고 **소 '각하판결'**을 내리게 되는데,
>
> ⓒ 이러한 <u>소 각하판결</u>을 '<u>소송판결</u>'이라고도 한다.   **정답** ㉠ 소송요건, ㉡ 각하

📋 **요건심리**는 소송요건의 **충족여부**에 관한 **심리**이다. (○) [09 세무사]
📋 **소송요건을 갖추었는지 여부를 심리**하는 것을 **요건심리**라 한다. (○) [19 군무원9]

📋 **취소소송의 판결의 종류**로서 '**각하판결**'이 있다. (○) [15 세무사]
📋 제기된 소가 **소송요건을 갖추지 못한 경우**에는 **각하판결**의 대상이 된다. (○) [07 세무사]
📋 행정소송에서 **소송요건이 결여**된 경우 **각하판결**을 한다. (○) [07 서울9]
📋 **소송요건을 갖추지 못한** 경우 **각하판결**을 내린다. (○) [15 세무사]
📋 사정판결은 **소송요건을 충족하지 못한 경우**에 행하는 **판결**이다. (✕) [09 세무사]
📋 **기각판결**은 **소송요건의 불비**를 이유로 **본안의 심리를 거부**하는 **판결**이다. (✕) [13 서울7]
📋 **소송요건이 흠결**된 경우에도 처분이 위법하면 **기각판결**을 하여야 한다. (✕) [16, 20 세무사]
📋 **부적법한 소**로서 그 흠을 보정할 수 없는 경우에는 **판결**로 청구를 **기각**한다. (✕) [22 세무사]

📋 **소각하판결**은 **소송판결**이다. (○) [18 세무사]
📋 **소송판결**은 소송요건의 **흠결**이 있는 경우 **부적법**하다고 하여 **각하**하는 본안판결이다. (✕) [15 세무사]

038 ★★★☆ [14 세무사]

소의 이익을 갖추지 못한 경우에도 본안소송에서 인용판결을 할 수 있다. **O X**

> **해설**
>
> ✓ 앞에서 보았다시피, **협의의 소의 이익**(= 권리보호의 필요성)을 갖추지 못한 경우와 같이 <u>소송요건에 흠결</u>이 있을 경우에는 ★<u>각하판결</u>의 대상이 되는바, **본안소송에서 심리 자체를 할 수 없으므로**, 당연히 **인용판결은 ★불가능**하다.
>
> ■ 소송제기 ➡ 요건심리 ➡ ┌ **충족** ➡ 본안판단
>   └ **미충족(흠결)** ➡ 각하판결(소송판결)
>
> **정답** ✕

- 📙 **원고적격이 결여**된 경우 **소송**은 **각하**된다. (O) [11 세무사]
- 📙 **원고적격이 결여**된 경우, **처분성이 결여**된 경우, 행정심판전치주의가 적용됨에도 **행정심판을 거치지 않은** 경우, 정당한 사유 없이 **제소기간을 경과**한 경우는 취소**소송의 각하사유**이다. (O) [10 세무사]
- 📙 법령에서 **행정심판전치를 규정**한 경우, **행정심판을 거치지 않고** 행정**소송을 제기**하면 **각하판결**을 하여야 한다. (O) [07 광주9]
- 📙 **취소소송의 계속 중**에 **협의의 소익이 없게 된 때**에는 **소송**은 **각각**된다. (✕) [09 관세사]
- 📙 **권리보호의 필요성을 결여**한 사안에 대해서는 **각각판결**을 하여야 한다. (✕) [14 세무사]
- 📙 **처분 등이 존재하지 아니하는** 취소**소송의 제기**는 **각각**된다. (✕) [98 입시]

039 ★★★★ [07 세무사]

요건심리는 피고의 항변을 기다릴 필요가 없는 법원의 직권조사사항이다. **O X**

> **해설**
>
> ✓ <u>소송요건의 구비 여부</u>는 법원의 **직권조사사항**인바, 원고적격, 대상적격, 처분성, 협의의 소의 이익(권리보호의 필요), 제소기간 등의 <u>소송요건 충족 여부</u>에 대해서는 **법원이 ★직권으로 조사하여 심리**하여야 한다. 따라서 이러한 '<u>요건심리</u>'를 할 때에 법원은 ★**당사자의 주장이나 항변에 구애되지 않는다**.
>
> **정답** O

- 📙 항고소송의 **요건심리**는 **피고의 항변을 기다릴 필요가 없는** 법원의 **직권조사사항**이다. (O) [04 관세사]
- 📙 **소송요건의 구비 여부**는 **직권조사사항**이다. (O) [16 세무사]
- 📙 **소송요건**은 **직권조사사항**이다. (O) [12, 18 세무사]
- 📙 **소송요건의 구비 여부**는 **법원**에 의한 **직권조사사항**이다. (O) [23 세무사]

040 ★★★★

⊙ 권리보호의 필요성(협의의 소익) 여부는 법원의 직권조사사항이다.　　　　[11 세무사] **O X**

© 처분의 존재 여부는 법원의 직권조사사항이다.　　　　　　　　　　　[10 세무사] **O X**

© 제소기간의 준수여부는 법원의 직권조사사항이 아니다.　　　　　　　[15 세무사] **O X**

@ 필요한 행정심판을 거쳤는지의 여부는 법원의 직권조사사항이다.　　[20 세무사] **O X**

> 해설
>
> ☑ 원고적격, 협의의 소의 이익(권리보호의 필요), 대상적격(처분성 존부), 행정심판의 전치여부, 제소기간 준수여부 등과 같은 ★**소송요건의 총족여부**는 **법원**이 **직권으로 조사**하여 **심리**한다.
>
> 　　　　　　　　　　　　　　　　　　　　　　**정답** ⊙ O, © O, © ×, @ O

📋 **원고적격**은 법원의 **직권조사사항**이다. (O) [13, 24 세무사]

📋 행정**처분의 존부**는 법원의 **직권조사사항**이다. (O) [06 국가7 변형]

📋 행정쟁송의 대상이 되는 **행정처분의 존부**는 **소송요건**으로서 **직권조사사항**이다. (O) [16 소방간부]

📋 법원은 **제소기간의 준수여부**를 **직권으로 조사**하여야 한다. (O) [09 세무사]

📋 **제소기간의 준수** 여부는 법원의 **직권조사사항**이다. (O) [12 세무사]

📋 취소소송에 있어서 **제소기간의 도과** 여부는 법원의 **직권조사사항**이다. (O) [12 국회9]

📋 **제소기간의 준수** 여부는 소송요건으로서 법원의 **직권조사사항**이다. (O) [17 세무사]

📋 **제소기간 준수** 여부는 법원의 **직권조사사항**이다. (O) [13, 18, 22 세무사]

📋 **제소기간의 준수여부**는 **당사자가 주장하지 않아도** 법원이 **직권으로 조사**해야 한다. (O) [21 국회9]

> ➡ 제39문에서 다루었듯이, 직권조사사항은 당사자의 주장이나 항변 여부에 구속되지 않는다. (41문도 참조)

📋 취소소송에 있어서 **제소기간의 준수** 여부는 법원의 **직권조사사항**에 **해당**하지 않는다. (×) [17 교행9]

📋 **행정심판의 전치 여부**는 법원이 **직권으로 조사**하여야 한다. (O) [11 세무사]

📋 **필요적 행정심판전치주의**가 적용되는 경우에 **행정심판을 거쳤는지 여부**는 법원의 **직권조사사항**이다. (O) [12 세무사]

📋 **행정심판전치 요건의 총족** 여부는 법원의 **직권조사사항**이다. (O) [13 세무사]

📋 **필요적 행정심판전치**의 경우 그 **요건을 구비하였는지 여부**는 법원의 **직권조사사항**이다. (O) [15 세무사]

📋 **필요적 행정심판전치가 적용**되는 경우 그 **요건을 구비했는가 여부**는 법원의 **직권조사사항**이다. (O) [23 세무사]

📋 임의적 **행정심판전치주의가 적용**되는 경우 **행정심판을 거쳤는지 여부**는 법원의 **직권조사사항**이다. (×) [19 세무사]

> ➡ 행정심판의 전치여부는 '필요적' 전치주의가 적용되는 경우에만 소송요건으로서 **직권조사사항**에 해당한다.

041 ★★☆☆

소송요건은 직권조사사항이고, 당사자의 자백의 대상이 될 수 없다. **O X**

> **해설**
>
> 행정소송에서 쟁송의 대상이 되는 행정처분의 존부는 **소송요건**으로서 **직권조사사항**이고, ★**자백의 대상이 될 수 없는 것**이다. (대판 2004.12.24. 2003두15195)
>
> ✅ **소송요건의 충족여부**는 법원의 직권조사사항으로 **당사자들의 자백에 구속되지 않는다**. 즉 소송요건은 당사자들이 주장 또는 항변으로서 자백할 대상이 아니므로, 법원이 당사자들의 주장에 구애받지 않고 단지 ★**직권으로 조사하여 밝혀야 할 사항**이라는 의미이다.　　　　　　　**정답** O

- 🔲 **소송요건**에는 **자백의 구속력이 미치지 않는다**. (O) [13 세무사]
- 🔲 행정소송에서 쟁송의 대상이 되는 행정**처분의 존부**는 소송요건으로서 **직권조사 사항**이고, **자백의 대상이 될 수 없다**. (O) [21 서울7]
- 🔲 **소송요건의 구비 여부**는 법원에 의한 **직권조사사항**으로 **당사자의 주장에 구속되지 않는다**. (O) [15 교행 9]
- 🔲 **소송요건**은 불필요한 소송을 배제하여 법원의 부담을 경감하기 위하여 요구되는 것이므로, **당사자가** 이를 주장·**입증**하여야 한다. (X) [19 군무원9]
    - ➡ **소송요건**은 자백의 대상이 아니기에, **당사자가 소송요건의 충족여부에 대하여 주장책임을 지지는 않지만**, 다만 소송요건이 되는 사실의 존부 확인이 애매한 경우에는 **원고가 입증책임**을 져야 한다.(즉 '주장' 표현만 틀린 부분이다. 43문 및 입증책임 단원 참고)

042 ★★☆☆

소의 이익은 당사자의 이의가 없더라도 직권으로 조사하여 그 흠결이 밝혀지면 소를 각하하여야 한다. **O X**

> **해설**
>
> ✅ ⓐ **소송요건**은 자백의 대상이 아니므로, 소의 이익과 같은 **소송요건의 충족여부**에 관하여 ★**당사자 사이의 다툼(이의)과 관계없이** 법원이 ★**직권으로 조사**하여 그 여부를 가릴 뿐이다.
>
> ⓑ 다른 예를 들자면, 법원의 요건심리 과정에서 다른 소송요건은 충족되었으나, '**행정처분의 존부**'에만 의심이 있는 경우에 그 존부를 두고 **당사자 주장 사이에 다툼(이의)이 있든지 없든지를** ★**불문**하고 **법원이** ★**직권으로 조사**하여 처분이 존재하는 것으로 확인되면 본안판단으로 나아가고, **처분이 존재하지 않는 것으로 확인**되면 ★**소송요건에 흠**이 있는 경우이므로 **각하판결**을 하게 된다.　**정답** O

- 🔲 **직권조사사항**은 **당사자간에 다툼이 없더라도** 그 **존부에 의심**이 있는 경우에는 **법원이 직권으로 이를 밝혀야 한다**는 것이 판례의 입장이다. (O) [01 입시]
- 🔲 행정소송에서 쟁송의 대상이 되는 행정**처분의 존부**는 자백의 대상이므로 그 존재를 **당사자들이 다투지 아니하는 경우**, 의심이 있어도 그 존부에 대해 **법원이 직권으로 조사**할 권한이 없다. (X) [13 서울7]

043 ★★★★ [13 세무사]

무효확인소송에서 원고적격에 대한 입증책임은 피고에게 있다. [O] [X]

> 해설

직권조사사항에 관하여도 그 **사실의 존부가 불명**한 경우에는 **입증책임의 원칙**이 적용되어야 할 것인바, **본안판결을 받는다**는 것 자체가 **원고에게 유리**하다는 점에 비추어 직권조사사항인 ★**소송요건**에 대한 **입증책임은 원고**에게 있다. (대판 1997. 7. 25., 96다3930)

✓ **소송요건**은 주장책임의 대상은 아니지만, ★**입증책임의 대상**은 될 수 있다. **법원이 소송요건 충족여부를 직권으로 조사하는 과정**에서 해당 요건사실의 존부가 불분명한 경우가 있을 수 있기 때문이다. 이 경우 소제기 효과를 주장하는 ★**원고가 입증책임을 부담**하여야 소의 적법성이 유지되어 **각하판결을 면할** 수 있게 된다. **정답** ✕

📋 **소송요건**은 직권조사사항이나 **원고에게 입증책임**이 있다. (○) [08 세무사]

📋 행정소송에서 **소송요건에 대한 입증책임은 원고가 부담**한다. (○) [19 세무사]

📋 **제소기간의 준수 여부**는 소제기 효과를 주장하는 **원고가 입증책임**을 진다. (○) [20 세무사]

📋 **처분의 존재, 제소기간의 준수 등의 소송 요건**은 취소소송에서의 **직권조사사항**이므로 **원고가 입증책임**을 지지 않는다. (✕) [06 국가9]

📋 **원고적격 여부**는 법원의 **직권조사사항**이므로 **원고가 입증책임**을 지지 않는다. (✕) [07 경남7]

📋 **행정심판전치주의의 예외**가 되는 **사유**는 피고가 이를 **소명**하여야 한다. (✕) [17 세무사]

➡ 행정심판전치가 요구되는 소송이 아니라는 점을 **원고가 소명(입증)**함으로써, 소의 적법성을 유지하여야 한다.

044 ★★★★ [09 세무사]

각하판결에서 소송요건의 충족여부는 판결선고시를 기준으로 한다. [O] [X]

> 해설

✓ 원칙적으로는 소송제기 당시에 소송요건이 충족되어 있어야 하나, '처분 하자의 치유' 역시 사실심 변론종결시를 기준으로 삼는다는 점에서, 대부분의 **소송요건의 충족여부**도 ★**사실심 변론종결시**를 기준으로 판단한다. 따라서 **소송제기 당시**에 **미처 충족하지 못한 소송요건**도 '사실심 변론종결시'까지는 충족하여야 한다. **정답** ✕

📋 **소송요건의 존부**를 판단하는 **시기**는 '**사실심변론종결시**'이다. (○) [01 국가7]

📋 행정소송에 있어서 **소송요건의 존부**는 **사실심 변론종결시**를 기준으로 판단한다. (○) [14 국가9]

📋 소송제기시를 기준으로 소의 이익이 없는 경우 각하판결을 내린다. (✕) [06 세무사]

➡ 사실심변론종결시까지 소의 이익 요건이 충족되지 못하는 경우에 비로소 각하된다.

📋 **소송요건의 충족여부**는 소 제기시를 기준으로 판단한다. (✕) [12 세무사]

📋 모든 **소송요건의 충족여부**는 변론종결시를 기준으로 판단한다. (✕) [14 세무사]

➡ 소송요건 중 '재판관할권의 존부'만은 제소 당시를 기준으로 하는 예외가 있는바, 모든 소송요건의 판단기준 시점이 사실심 변론종결시인 것은 아니라는 점에서 틀린 지문이다. (사실심이라는 표현이 빠져있다는 점에서 틀렸다고 보는 해설은 오류이다.)

045 ★★★★

⑦ 제소 당시 소송요건이 흠결되었으면 사실심의 변론종결시까지 이를 구비하더라도 적법한 소가 되지 않는다. [18 세무사] O X

ⓛ 행정심판전치 요건은 소 제기시에 갖추지 못하였더라도 사실심변론종결시까지 구비하면 충족된 것으로 본다. [11 세무사] O X

ⓒ 제소 당시 소송요건을 충족하였더라도 변론종결시 소송요건이 결여되면 각하사유가 된다. [13 세무사] O X

해설

전심절차를 밟지 아니한 채 증여세부과처분취소소송을 제기하였다면 **제소당시로 보면 전치요건을 구비하지 못한 위법**이 있다 할 것이지만, **소송계속 중** 심사청구 및 심판청구를 하여 각 **기각결정**을 받았다면 **원심(** * 사실심을 의미)★**변론종결일 당시**에는 위와 같은 **전치요건흠결**의 하자는 **치유**되었다고 볼 것이다. (대판 1987. 4. 28., 86누29)

✓ ⓐ 소송제기 당시에는 소송요건의 **흠결**이 있었더라도, '**사실심 변론종결시**'까지 이를 **충족**시키면 **적법한 소**가 된다.

ⓑ 반대로 **소송제기 당시**에는 소송요건이 **충족**되어 있었더라도, ★**사실심변론종결시를 기준**으로 그 요건의 **흠결이 확인**될 때에는, 당해 소는 위법한 소송이므로 ★**각하판결**을 받게 된다. **정답** ⑦ X, ⓛ O, ⓒ O

📋 **제소당시**에는 소송요건이 **흠결**되어도 **사실심의 변론종결시까지 이를 구비**하면 **적법한 소**가 된다. (O) [04 관세사] [07 세무사]

📋 **행정심판제기가 필수적인 전치절차**인 경우 법원은 이 **요건의 존재여부**에 대해 **사실심의 변론종결 전까지 심사**할 수 있다. (O) [99 관세사]

📋 **행정심판전치주의가 적용**되는 경우 행정**소송의 제기시**에는 **전치요건을 구비하지 못하였더라도** 사실심**변론종결시까지 구비**하면 된다. (O) [19 세무사]

📋 **필요적 행정심판전치주의**가 적용되는 경우, **행정심판전치의 요건**은 **사실심 변론종결시까지 충족**하면 된다. (O) [21 세무사]

📋 「국가공무원법」상의 성실의무를 위반하여 **2개월의 정직처분**을 받은 국가공무원 甲은 비위사실에 비해 징계처분이 너무 가혹하다고 생각하여 그 처분에 대해 항고소송을 제기하고자 하는 경우 **소청심사위원회의 심사·결정을 거치지 아니한 채 소송을 제기**하였으나, **소송계속 중 소청을 제기**하여 **기각결정**을 받았다면 **행정심판전치의 요건은 충족**되었다고 볼 것이다. (O) [20 세무사]

📋 **행정심판 전치요건**은 행정소송 제기 이전에 반드시 갖추어야 하는 것은 아니고 **사실심 변론종결시까지** 갖추면 된다. (O) [23 세무사]

📋 제소서까지 **행정심판 전치요건을 구비하지 못한** 경우 **당해 소송은 부적법한 것으로서 각하**된다. (X) [10 세무사] ☑ 제소서 → 사실심변론종결시

📋 **제소 당시 소송요건을 충족**하여도 **사실심의 변론종결시** 그 **요건이 결여**되면 **각하판결**을 한다. (O) [18 세무사]

046 ★★★★　　　　　　　　　　　　　　　　　　　　　　　　[17 세무사]

소송요건은 사실심변론종결시는 물론 상고심에서도 존속하여야 한다.　O X

> **해설**
> ☑ 사실심변론종결시(1심에서 2심)까지 충족한 **소송요건은 ★상고심(3심)에까지 존속되고 있어야** 하는바, 상고심에서 소송요건의 흠결이 있게 되면 **부적법한 소**로서 **각하판결**을 받게 된다.　**정답**　O

■ **소송요건**은 **상고심에서도 존속하여야** 한다. (O) [12 세무사]

■ 행정소송에 있어서 **소송요건**은 사실심변론종결시까지만 존속하면 충분하다. (X) [14 군무원9]

■ 행정**소송의 관할위반여부**는 **소 제기요건**으로서 제1심 법원의 전속심판사항이다. (X) [18 세무사]

　➡ 재판관할도 소송요건으로서 상고심에서까지 존속되어야 하므로, 그 존속여부는 모든 심급(제1·2·3심)에서 심판해야 할 사항이다.

047 ★★★★

㉠ 법률상 이익의 판단시점은 행위시이다.　　　　　　　　　　[07 세무사] O X

㉡ 소의 이익은 사실심 변론 종결시는 물론 상고심에도 존속하여야 한다.　[08 세무사] O X

> **해설**
> ☑ 소송을 제기할 자격에 해당하는 **법률상 이익(소의 이익)의 존부**에 관한 1차적 **★판단시점은 사실심변론종결시**이나, **소송요건**에 해당하는 이상 **★상고심에서까지도 존속되고 있어야** 한다.
> **정답**　㉠ X, ㉡ O

■ **협의의 소익**은 **상고심 계속 중**에도 **존속해야** 한다. (O) [14 서울7]

048 ★★★★　　　　　　　　　　　　　　　　　　　　　　　　[22 세무사]

원고적격은 사실심 변론종결시는 물론 상고심에서도 존속하여야 하고 이를 흠결하면 부적법한 소가 된다.　O X

> **해설**
> 원고적격은 소송요건의 하나이므로 **사실심 변론종결시는 물론 ★상고심에서도 존속하여야** 하고 이를 **★흠결**하면 **부적법한 소**가 된다. (대판 2007. 4. 12., 2004두7924)
> ☑ **소송요건** 중의 하나인 **원고적격**도 **상고심에서까지 존속되고 있어야** 하고, **상고심 도중**에 원고적격을 잃게 된다면 **부적법한 소**가 되어 **★각하판결**을 받게 된다.　**정답**　O

■ 취소소송의 **원고적격**은 **상고심에서도 존속하여야** 한다. (O) [13 세무사]

■ 사실심 단계에서는 원고적격을 구비하였으나 **상고심에서 원고적격이 흠결**된 **취소소송은 각하**된다. (O) [17 국가7]

■ **원고적격**은 **소송요건**의 하나이므로 사실심 변론종결시는 물론 **상고심에서도 존속하여야** 한다. (O) [19 세무사]

■ **원고적격**은 사실심 변론종결시는 물론 **상고심에서도 존속하여야** 한다. (O) [20, 23 세무사]

■ 제소 시에 원고적격을 갖추었다면 소송계속 중에 이를 상실하여도 무방하다. (X) [11 세무사]

049 ★★★☆ [20 세무사]

소송요건의 심사는 본안심리 중에는 할 수 없다. **O X**

> **해설**
>
> ✓ **소송요건**의 구비여부는 **본안심리 전에 조사**하는 것이 **원칙**이지만, **본안심리 중**에서도 **소송요건에 대한 조사**가 **가능**하다. 즉 앞의 문제에서 살펴본 내용인, "사실심변론종결시까지는 물론 ★**상고심에서까지도 소송요건이 존속하여야 한다**"는 것은, 곧 **상고심의 본안심리 도중**에도 **소송요건 유지여부**를 **조사하여 판단**할 수 있음을 의미한다. **정답** ✕

- **본안심리 중**에도 **소송요건에 흠결**이 있는 경우에는 그에 관하여 **판단할 수 있다.** (O) [11 세무사]
- **소송요건의 심사**는 **본안심리 중**에도 이를 **할 수 있다.** (O) [15 세무사]
- **본안심리 중 소송요건의 흠결**이 있는 경우에 법원은 **소송요건에 관하여 판단**할 수 있다. (O) [16 세무사]
- **본안심리 중**에는 **소송요건의 흠결**이 있는 경우에도 **그에 관하여 판단**할 수 없다. (✕) [14 세무사]

050 ★★☆☆ [14 세무사]

사실심 변론종결시까지 당사자가 주장하지 않던 직권조사사항을 상고심에서 주장할 수 있다. **O X**

> **해설**
>
> 행정소송에서 쟁송의 대상이 되는 <u>행정**처분의 존부**는 소송요건</u>으로서 **직권조사사항**이고, 자백의 대상이 될 수 <u>없는 것</u>이므로, 설사 그 존재를 당사자들이 다투지 아니한다 하더라도 그 존부에 관하여 의심이 있는 경우에는 이를 직권으로 밝혀 보아야 할 것이고, **사실심에서 변론종결시까지 당사자가 주장하지 않던 직권조사사항**에 해당하는 사항을 ★**상고심에서 비로소 주장**하는 경우 <u>그</u> 직권조사사항에 해당하는 사항은 ★**상고심의 심판범위에** <u>해당</u>한다. (대판 2004.12.24. 2003두15195)
>
> ✓ 당사자가 사실심에서는 주장하지 않다가 상고심에 이르러 새로이 주장하는 사실은 원칙적으로 적법한 상고이유가 될 수 없기 때문에 상고심에서 판단할 수 없는 것이지만, **상고심에 이르러 새로이 주장**하는 사실이 **직권조사사항**인 경우에는 예외적으로 **상고심에서 판단**할 수 있다는 의미이다. **정답** O

- 사실심의 변론종결시까지 당사자가 주장하지 않던 **직권조사사항**을 **상고심에서 비로소 주장**하는 경우 그 **직권조사사항**은 **상고심의 심판범위에 해당**한다. (O) [13 세무사]
- 행정소송에서 쟁송의 대상이 되는 **행정처분의 존부에 관한 사항**이 **상고심에서 비로소 주장**된 경우에 행정처분의 존부에 관한 사항은 **상고심의 심판범위에 해당**한다. (O) [20 국가9]
- 사실심에서 변론 종결시까지 당사자가 주장하지 않던 **직권조사 사항에 해당하는 사항**을 상고심에서 비로소 주장하는 경우, 그 **직권조사사항**에 해당하는 사항은 **상고심의 심판범위에 해당**~~하지 않는다~~. (✕) [15 지방7] [21 서울7]

051 ★★★☆ [22 세무사]

취소소송은 구술로도 제기할 수 있다. **O X**

> **해설**
>
> 【**민사소송법**】 248조(소제기의 방식) <u>소는 법원에 ★소장을 제출</u>함으로써 **제기**한다.
>
> ✓ **행정소송법**에는 **행정소송의 제기방식**에 관하여 **특별한 규정이 없으므로**, **민사소송법이 준용**된다. 따라서 행정소송은 당사자의 표시, 청구취지 및 청구원인 등 일정한 기재사항이 적힌 **소장을 법원에 제출하는 방식**으로 **제기하여야** 한다.
>
> **정답** ✕

■ **소장**은 항고소송이 갖추어야 할 **필요적 소송요건**이다. (○) **[07 세무사]**

■ 행정**소송을 제기하려는 자**는 **법원에 소장을 제출하여야** 한다. (○) **[18 국가9]**

■ 행정소송법에 **소장**에 관한 특별한 규정이 없으므로 ~~형식에 관계없이 적당한 방법으로~~ **제출**하면 된다. (✕) **[98 입시]**

■ **취소소송**은 ~~형식에 제한이 없기 때문에 구두로 제기할~~ 수 있다. (✕) **[02 관세사]**

답변서의 제출기한 및 기재사항

그동안 행정소송에서는 **소장에 대응하는 답변서**의 제출에 관하여 민사소송법과 민사소송규칙에서의 해당 규정을 준용해왔으나, 이번 '**행정소송규칙**'에서 **답변서의 제출의무**와 행정소송의 특성을 반영한 **답변서 기재사항** 등을 명문화하였는바, 각 소송당사자의 소송능률과 소송편의가 가능하게 되었다.

> 【**행정소송규칙**】 제8조(답변서의 제출)
> ① **피고가 원고의 청구를 다투는 경우**에는 **소장의 ★부본을 송달받은 날부터 ★30일 이내**에 다음 각 호의 사항이 포함된 **답변서**를 제출하여야 한다.
>
> 1. 사건의 표시
> 2. 피고의 명칭과 주소 또는 소재지
> 3. 대리인의 이름과 주소 또는 <u>소송수행자의 이름과 직위</u>
> 4. 청구의 취지에 대한 답변
> 5. <u>처분등에 이른 경위와 그 사유</u>
> 6. <u>관계 법령</u>
> 7. 소장에 기재된 개개의 사실에 대한 인정 여부
> 8. 항변과 이를 뒷받침하는 구체적 사실
> 9. 제7호 및 제8호에 관한 피고의 증거방법과 원고의 증거방법에 대한 의견
> 10. 덧붙인 서류의 표시
> 11. 작성한 날짜
> 12. 법원의 표시

➤ 기재사항 중 밑줄 부분이 행정소송의 특수성이 반영된 사항

제2항 본안심리

052 ★★☆☆

본안심리는 소송요건의 구비를 전제로 청구의 당부에 관한 실체적 사항에 관한 심리이다.

[10 세무사] ⓄⓍ

> **해설**
>
> ✅ ⓐ 제기된 행정소송이 소송요건을 구비하여 적법한 소로 판정될 경우에는 **청구내용의 당부**에 관한 **실체적 심리**, 즉 ★**원고의 주장이 이유가 있는지**에 관하여 **심리**를 하게 되는데, 이를 **본안심리(본안판단)**라고 한다.
>
> ⓑ **본안심리**에서는 요건심리에서와는 달리, **처분의 위법성 내지 적법성**에 관한 **실체적 심리**를 하게 되는데, 즉 ① **처분권한에** 근거한 처분인지, 처분이 ② **절차상 적법**한지, 처분이 ③ **내용상 적법**한지, 일응 위법한 처분일 경우 ④**어느 정도로 위법**한지 등을 판단함으로써, **원고의 청구에 대한 당부를 심리**한다. **정답** Ⓞ

🔲 어떠한 **처분에 법령상 근거**가 있는지, 행정절차법에서 정한 **처분절차를 준수하였는지**는 본안에서 당해 **처분이 적법한가를 판단하는 단계에서 고려할 요소**이지, 소송요건 심사단계에서 고려할 요소가 아니다. (Ⓞ) [21 국회8]

🔲 어떠한 **처분에 법령상 근거**가 있는지, 행정절차법에서 정한 **처분 절차를 준수하였는지**는 소송요건 심사단계에서 **고려**하여야 한다. (Ⓧ) [23 국가9]

053 ★★★★

[14, 17, 19 세무사]

처분청의 처분권한 유무는 직권조사사항이다.

ⓄⓍ

> **해설**
>
> 행정소송에 있어서 **처분청의 처분권한 유무**는 ★**직권조사사항이 아니다.** (대판 전합 1997. 6. 19., 95누8669)
>
> ✅ 행정처분은 **처분을 할 수 있는 적법한 행정청의 권한**에 기하여 이루어져야 한다. 즉 **처분청이 적법한 처분권한을 가지고 있는지**에 관한 것은 **처분의 적법성의 전제**가 되는 내용으로서, ★**본안심리의 대상**이지 소송요건이 아니기 때문에 **직권조사사항으로 볼 수 ★없다.** **정답** Ⓧ

🔲 **처분청의 처분권한 유무**는 직권조사사항이 아니다. (Ⓞ) [18 세무사]

🔲 행정소송에 있어서 **처분청의 처분권한 유무**는 직권조사 사항이 아니다. (Ⓞ) [20 군무원9]

🔲 행정소송의 제기요건은 법원의 직권조사사항이므로 행정소송에 있어서 **처분청의 처분권한 유무**는 직권조사사항이다. (Ⓧ) [17 서울7]

054 ★★★☆

처분이 위법인지 여부는 요건심리에 해당한다.　　　　　　　　　　　　　　　　[11 세무사] **O X**

> **[해설]**
>
> ✓ **처분의 위법성 여부**나 **위법성의 정도**(중대 또는 중대명백)는 요건심리가 아닌, ★**본안심리의 대상**이다.
>
> ■ 본안판단 ➡ ┌ 처분이 **위법**(단순위법 또는 당연무효)　　➡ 청구**인용**판결
> 　　　　　　└ 처분이 **적법**　　　　　　　　　　　　➡ 청구**기각**판결
>
> 　　　　　　　　　　　　　　　　　　　　　　　　　　　　　　　　　**정답** ✕

- **처분 등의 객관적 위법성** 자체는 **소송요건이 아니다.** (O) [98 입시]
- 취소소송에서 **처분의 위법성**은 **소송요건이 아니다.** (O) [16 사복9]
- **행정행위의 위법성**은 ~~항고소송의 제거요건이다.~~ (✕) [99 관세사 변형]
- **위법성**은 ~~소송요건(본안판단의 전제요건)이다.~~ (✕) [05 세무사]
- **처분의 위법성 여부**는 ~~직권조사사항이다.~~ (✕) [14 세무사]
- 무효확인소송에서 중대명백한 **하자의 인정여부**는 **본안판단 사항**이다. (O) [19 세무사]

　　➡ 위법성(하자)의 정도에 대해서는 위법성 단원 참고

055 ★★★☆

재량처분이 부당한 경우는 취소소송의 각하사유이다.　　　　　　　　　　　　[10 세무사] **O X**

> **[해설]**
>
> ✓ ⓐ **재량권을 일탈·남용하여 위법한지**는 처분의 **내용상 적법성 여부**와 관련된 것으로서, 요건심리가 아닌 **본안심리의 대상**이다.
>
> 　ⓑ 따라서 재량처분이 재량권을 일탈·남용한 것인지에 대하여 법원이 심리한 결과, ★**재량권을 일탈·남용하지 않은 경우**로 판단될 때에는 ★**기각판결**을 내리게 된다.
>
> 　　　　　　　　　　　　　　　　　　　　　　　　　　　　　　　　**정답** ✕
>
> ■ 본안판단 ➡ ┌ 재량처분이 **재량권**을 일탈·남용 ○　　➡ 청구**인용**판결
> 　　　　　　└ 재량처분이 **재량권**을 일탈·남용 ✕　　➡ 청구**기각**판결

- **재량남용 여부**는 취소소송의 **본안판단 사항**이다. (O) [17 세무사]
- 재량권을 남용한 위법한 처분이라고 주장하면서 취소를 구하는 경우에는 법원은 **재량권 남용여부를 심리**하여 **본안에 관한 판단**으로서 **청구의 인용여부를 가려야** 한다. (O) [01 입시]
- **재량행위가 위법하다는 이유**로 소송이 제기된 경우에 법원은 **각하할 것이 아니라** 그 **일탈·남용 여부를 심사**하여 그에 **해당하지 않으면** 청구를 **기각**하여야 한다. (O) [14 서울9]

056 ★★★☆ [18 국가7]

행정청이 처분절차를 준수하였는지는 취소소송의 본안에서 고려할 요소이지, 소송요건 심사단계에서 고려할 요소가 아니다. **O X**

> **해설**
>
> > 어떠한 처분에 법령상 근거가 있는지, 행정절차법에서 정한 **처분절차를 준수하였는지**는 ★**본안**에서 당해 처분이 적법한가를 **판단하는 단계에서 고려**할 요소이지, **소송요건 심사단계에서 고려**할 **요소가 아니다**. (대판 2020. 1. 16. 2019다264700)
> >
> > ✔ **처분절차의 적법성 여부** 또한 요건심리가 아닌 **본안판단의 대상**이다. **정답** O
> >
> > ■ 본안판단 ➡ ┌ 처분이 적법한 절차 **위반** ➡ 청구**인용**판결
> >   └ 처분이 적법한 절차 **준수** ➡ 청구**기각**판결

■ **어떠한 처분**이 행정절차법에서 정한 **처분절차를 준수하였는지**는 **본안**에서 당해 **처분이 적법한가를 판단하는 단계에서 고려할 요소**이지, **소송요건 심사단계에서 고려할 요소가 아니다.** (O) [21 국회8 변형]

■ **어떠한 처분**이 행정절차법에서 정한 **처분 절차를 준수하였는지**는 소송요건 심사단계에서 **고려**하여야 한다. (X) [23 국가9 변형]

057 ★★★★ [07 세무사]

본안심리의 결과 원고의 청구가 이유없다고 인정되는 경우에는 기각판결을 한다. **O X**

> **해설**
>
> > ✔ 요건심리에서 소송요건이 충족된 것으로 인정될 경우 본안판단(본안심리)으로 넘어가게 하는데, 본안 심리의 결과, **원고의 주장이 이유있다**고 인정되는 경우에는 '**청구인용판결**'을 하고, **원고의 주장이 이유없다(수용할 수 없다)**고 인정되는 경우에는 '**청구기각판결**'을 내리게 된다. **정답** O
> >
> > ■ 소송제기 ➡ 요건심리 ➡ ┌ 충족 ➡ **본안심리** ➡ ┌ 청구**인용**판결(원고 주장 인정)
> >   └ 청구**기각**판결(원고 주장 불인정)
> >   └ 미충족(흠결) ➡ 각하판결(소송판결)
> >
> > | 원고의 주장이(청구가) 이유 있는 경우 | 처분이 처분권한에 근거하지 않거나, 절차상의 위법 또는 내용상의 위법이 있는 경우 |
> > | --- | --- |
> > | 원고의 주장이(청구가) 이유 없는 경우 | 처분이 처분권한에 근거하고 절차상·내용상으로도 적법한 경우 |

■ **본안판결**은 **청구의 당부에 관한 판결**로서 **청구내용**의 전부 또는 일부를 **기각하거나 인용**하는 것을 내용으로 한다. (O) [07 군무원9]

■ **기각판결**은 **본안판결**에 해당한다. (O) [13 세무사]

■ 취소소송의 판결의 종류로서 '**인용판결, 기각판결**'이 있다. (O) [15 세무사 변형]

■ **본안판결**은 내용에 따라 **인용판결과 기각판결**로 나뉜다. (O) [18 세무사]

제 4 절

행정심판의 전치

Administrative Litigation Law

제1항 **행정심판전치 일반론**

058 ★☆☆☆   [12 세무사]

행정심판전치에 관하여는 헌법상 근거가 있다.   **O X**

> 해설
>
> 【헌법】제107조 ③ ★재판의 전심절차로서 행정심판을 할 수 있다. 행정심판의 절차는 법률로 정하되, 사법절차가 준용되어야 한다.
>
> 정답 O

059 ★★☆☆   [23 세무사]

행정심판전치주의는 행정행위의 특수성, 전문성 등에 비추어 처분행정청으로 하여금 스스로 재고, 시정할 수 있는 기회를 부여하기 위함이다.   **O X**

> 해설
>
> 행정청의 위법한 처분의 취소, 변경, 기타 공법상의 권리관계에 관한 소송인 행정소송에 있어서 실질적으로 초심적 기능을 하고 있는 **행정심판전치주의**는 행정행위의 **특수성, 전문성 등**에 비추어 **처분행정청**으로 하여금 **스스로 재고, 시정할 수 있는 기회**를 부여함에 그 뜻이 있는 것이다. (대판 1994.11.22., 93누11050)
>
> 정답 O

■ **행정심판의 존재이유**로는 **자율적** 행정통제, 행정의 **전문지식 활용**, 법원의 부담경감, **간이.신속**한 권익구제, 구제의 **신속성** 확보 등이 있다 (O) [08 관세사]

060 ★★★★   [09 세무사]

현행 행정소송법은 원칙적으로 임의적 행정심판전치주의를 채택하였다.   **O X**

> 해설
>
> ✓ ⓐ 종래의 행정소송법은 '필요적 행정심판전치주의'를 채택하였으나, 1994년에 개정된 행정소송법에 따라 1998년부터 현재까지 ★'**임의적** 행정심판전치주의'를 채택하고 있는바,
>
> ⓑ 소수의 개별법에서 특별히 필요적 행정심판전치주의를 규정하고 있는 경우에만, 행정심판의 전치여부를 '**필요적 소송요건**'으로 삼고 있다.
>
> 정답 O

■ 일반**행정심판**은 당사자가 선택할 수 있는 **임의절차**이다. (O) [03 입시]
■ **행정소송법**은 **행정심판제기를 임의절차**로 규정하고 있다. (O) [06 관세사]
■ **행정심판전치**는 항고소송이 갖추어야 할 필요적 **소송요건**이다. (X) [07 세무사]

제2항 임의적 행정심판전치

061 ★★★★ [08 세무사]

당해 처분에 대한 행정심판의 재결을 거치지 아니하면 원칙적으로 취소소송을 제기할 수 없다.

O X

해설

【행정소송법】제18조(행정심판과의 관계) ① 취소소송은 법령의 규정에 의하여 당해 처분에 대한 행정심판을 제기할 수 있는 경우에도 ★이를 거치지 아니하고 제기할 수 있다.

☑ 이른바 ★'행정심판 임의주의'가 채택됨에 따라, 대부분의 행정처분(예 식품위생법에 따른 음식점영업허가 취소처분·정지처분 등)에 대해서는 행정심판을 먼저 거치지 않고도 곧바로 행정소송을 제기할 수 있는바, 명시적으로 '필요적 행정심판전치주의'를 규정하고 있는 특정 개별법은 아래와 같이 극히 소수에 그치고 있다.

■ '필요적 행정심판전치주의' 대상(수험 기준)

Ⓐ '도로교통법'에 따른 운전면허관련처분
Ⓑ '국가공무원법·지방공무원법, 교육공무원법'에 따른 공무원·교원 징계 등 불이익처분
Ⓒ '국세기본법, 지방세기본법, 관세법'에 따른 조세·관세 부과처분

정답 X

🔲 당해 처분에 대한 행정심판을 제기할 수 있는 경우에도 원칙적으로 이를 거치지 아니하고 취소소송을 제기할 수 있다. (O) [05 관세사]

🔲 취소소송을 제기하기 위해 행정심판을 반드시 거쳐야 하는 것은 아니다. (O) [05 경기9]

🔲 행정소송법이 정하는 일정한 사유가 있는 경우를 제외하고는 전심절차가 적용되는 것이 원칙이다. (X) [98 입시]

🔲 취소소송을 제기하기 전에 먼저 행정심판을 제기하여야 한다. (X) [05 노동9]

🔲 당해 처분에 대한 행정심판의 재결을 거치지 아니하면 원칙적으로 취소소송을 제기할 수 없다. (X) [08 세무사]

🔲 취소소송을 제기하기 위해서는 행정심판을 거쳐야 하는 것이 원칙이다. (X) [10 세무사]

🔲 단란주점영업정지처분을 다투는 경우는 임의적 행정심판전치가 적용된다. (O) [05 세무사]

🔲 식품위생법에 따른 영업허가취소처분은 필요적 행정심판전치주의 사항에 해당한다. (X) [20 세무사]

🔲 A시장은 청소년에게 주류를 판매하였다는 이유로 식품위생법령에 따라 甲에게 영업정지 2개월에 해당하는 처분을 하였다. 甲은 행정심판을 거치지 아니하고는 이 사건 처분에 대한 취소소송을 제기할 수 없다. (X) [23 세무사]

제3항   필요적 행정심판전치

062 ★★★★

㉠ 지방공무원법에 따른 징계처분은 필요적 행정심판전치주의 사항에 해당한다.

[20 세무사] O X

㉡ 「국가공무원법」에 따른 징계처분에 대하여는 소청심사위원회의 심사 결정을 거치지 않더라도 취소소송을 제기할 수 있다.

[22 세무사] O X

해설

- **【국가공무원법】 제16조(행정소송과의 관계)** ① 제75조에 따른 **처분, 그 밖에 본인의 의사에 반한 불리한 처분이나 부작위(不作爲)**에 관한 **행정소송**은 ★**소청심사위원회의 심사·결정을 거치지 아니하면 제기할 수 없다.**

- **【지방공무원법】 제20조의2(행정소송과의 관계)** 제67조에 따른 **처분, 그 밖에 본인의 의사에 반한 불리한 처분이나 부작위**에 관한 **행정소송**은 ★**소청심사위원회의 심사·결정을 거치지 아니하면 제기할 수 없다.**

☑ 국가공무원법·지방공무원법·교육공무원법에서는 **공무원, 교원에 대한 징계나 기타 불이익처분**을 다투려면 **소청심사위원회의 심사·결정**을 거친 후에야 **행정소송을 제기**할 수 있도록 규정하고 있다. 소청심사제도는 인사(人事)에 관한 특별행정심판제도로 이해하면 된다.

➡ 소청심사위원회·교원소청심사위원회＝특별행정심판위원회

정답 ㉠ O, ㉡ ✕

📋 **공무원파면처분**에 대한 **취소소송**에는 **필요적 행정심판전치주의가 적용**된다. (O) [12 세무사]

📋 **국가공무원법상 징계처분**을 다투는 경우는 임의적 **행정심판전치가 적용**된다. (✕) [05 세무사]

📋 **지방공무원법상 징계처분**을 다투는 경우는 임의적 **행정심판전치가 적용**된다. (✕) [05 세무사]

📋 **공무원파면처분 취소소송**에는 임의적 **행정심판전치주의가 적용**된다. (✕) [19 세무사]

📋 **국가공무원**인 A가 그 의사에 반하는 불리한 **징계처분에 대하여 불복**하고자 하는 경우, A는 행정소송을 제기하기에 앞서 **필요적 전심절차**인 소청심사위원회의 심사·결정을 **반드시 거쳐야** 한다. (O) [04 국가7]

📋 **공무원**이 그에 불리한 처분을 다투는 경우에는 **소청전치주의가 적용**되어 소청심사위원회의 심사·결정을 **거치지 아니하면 행정정소송을 제기할 수 없다.** (O) [13 국회8]

📋 **국가공무원** 甲은 「국가공무원법」상의 성실의무를 위반하여 **2개월의 정직처분**을 받았다. 甲은 이 같은 징계처분이 비위사실에 비해 너무 가혹하다고 생각하여 그 **처분에 대해 항고소송을 제기**하고자 한다. 이 경우 甲은 **소청심사를 거치지 아니하고는 소송을 제기할 수 없다.** (O) [20 세무사]

📋 **공무원에 대한 징계처분**에 대하여는 **행정심판**을 거치자 않고 **취소소송의 제기**가 가능하다. (✕) [10 세무사]

063 ★★★★

㉠ 지방세과세처분취소소송에 있어서 특별 행정심판절차는 필요적 전치절차이다.

[05 세무사] **O X**

㉡ 지방세부과처분에 대한 이의신청은 필요적 전치절차이다.

[17 세무사 변형] **O X**

해설

> **【지방세기본법】 제98조(다른 법률과의 관계)** ③ 제89조에 규정된 **위법한 처분에 대한 행정소송**은 「행정소송법」 제18조 제1항 본문, 같은 조 제2항 및 제3항에도 불구하고 <u>이 법에 따른 ★심판청구와 그에 대한 결정을 거치지 아니하면 제기할 수 없다.</u>

✓ ㉠ **지방세부과처분**에 대한 **특별행정심판**인 '조세심판원장에 의한 **심판청구**'나 '감사원장에 의한 **심사청구**'는 ★ **필요적 전심절차**이므로, **지방세부과처분**에 대하여 **심판청구 또는 심사청구를** 거친 후에만 행정소송을 제기할 수 있다.

㉡ 그러나 **지방세부과처분**에 대한 **이의신청**은 ★**임의적 전심절차**이기 때문에, **지방세부과처분**에 대한 **이의신청**을 거치지 않고도 (심판청구 또는 심사청구를 거친 후에) 행정소송을 제기할 수 있다.

■ '조세·관세 부과처분' **필요적 전치절차**

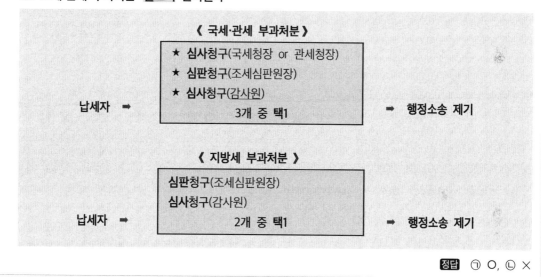

《 국세·관세 부과처분 》
- ★ **심사청구**(국세청장 or 관세청장)
- ★ **심판청구**(조세심판원장)
- ★ **심사청구**(감사원)

납세자 ➡ 3개 중 택1 **➡ 행정소송 제기**

《 지방세 부과처분 》
- 심판청구(조세심판원장)
- 심사청구(감사원)

납세자 ➡ 2개 중 택1 **➡ 행정소송 제기**

정답 ㉠ O, ㉡ ✕

▨ **지방세부과처분**에 대한 **심판청구**는 **필요적 전치절차**이다. (O) [17 세무사 변형]

▨ '**지방세**에 대해서 **조세심판원장에게 심판청구**를 하는 것'은 **법률에서 정하고 있는 행정심판**에 해당한다. (O) [24 세무사]

▨ '**지방세**에 대해서 **감사원에 심판청구**를 하는 것'은 **법률에서 정하고 있는 행정심판**에 해당한다. (O) [24 세무사]

▨ **위법한 지방세 부과처분**에 대한 행정소송은 **지방세기본법**에 따른 **심판청구와 그에 대한 결정**을 거치지 아니하고도 **제기**할 수 있다. (✕) [16 국가7]

▨ '**지방세**에 대해서 시~도지사에게 심사청구를 하는 것'은 **법률에서 정하고 있는 행정심판**에 해당한다. (✕) [24 세무사]

➡ 시·도지사에 대한 심사청구 제도는 폐지되었다.

▨ **지방세**에 대한 **이의신청**은 **임의적** 전치절차이다. (O) [09 국가7 수정]

➡ 국세기본법상이나 지방세기본법상에서의 '**이의신청**'은 **임의적** 전치절차임에 주의

064 ★★★★

㉠ 국세부과처분을 다투는 경우는 임의적 행정심판전치가 적용된다.   [05 세무사] O X

㉡ 관세법에 따른 관세부과처분은 필요적 행정심판전치주의 사항에 해당한다.

    [22 세무사] O X

해설

- **【국세기본법】** 제56조(다른 법률과의 관계) ② 제55조에 규정된 **위법한 처분**에 대한 **행정소송**은 「행정소송법」 제18조 제1항 본문, 제2항 및 제3항에도 불구하고 이 법에 따른 ★**심사청구 또는 심판청구**와 그에 대한 **결정**을 거치지 아니하면 제기할 수 없다.
- **【관세법】** 제120조(행정소송법 등과의 관계) ② 제119조에 따른 **위법한 처분**에 대한 **행정소송**은 「행정소송법」 제18조 제1항 본문, 제2항 및 제3항에도 불구하고 이 법에 따른 ★**심사청구 또는 심판청구**와 그에 대한 **결정**을 거치지 아니하면 제기할 수 없다.

✓ ㉠ **'국세'부과처분**에 대하여는 **특별행정심판**인 **심사청구**(국세청장) 또는 **심판청구**(조세심판원장)를 거친 후에만 **행정소송을 제기할 수 있다.**

㉡ **'관세'부과처분**에 대하여도 **특별행정심판**인 **심사청구**(관세청장) 또는 **심판청구**(조세심판원장)를 거친 후에만 **행정소송을 제기할 수 있다.**

➤ 국세·관세 부과처분에 대한 **감사원의 심사청구**를 거친 경우도 행정심판전치 인정 (65문 참고)

정답 ㉠ ✕, ㉡ O

▨ **조세부과**에 대한 **심사청구와 심판청구**는 **행정심판**의 일종이다. (O) [01 관세사]

▨ **국세기본법**에 의한 **행정심판** 중 **행정소송 제기**를 위하여는 **의무적**으로 **심사청구 또는 심판청구** 중 **하나를 거쳐야** 한다. (O) [00 행시]

▨ 「**국세기본법**」상 **처분의 불복**절차의 경우, **심사청구 또는 심판청구**와 그에 대한 **결정을 거치지 아니하면** 행정소송을 제기할 수 없다. (O) [14 국가7]

▨ 국세기본법에 따른 **국세부과처분**은 **필요적 행정심판전치주의 사항**에 해당한다. (O) [20 세무사]

▨ **'국세에 대해서 국세청장에게 심사청구**를 하는 것'은 **법률에서 정하고 있는 행정심판**에 해당한다. (O) [24 세무사]

▨ **'국세에 대해서 조세심판원장에게 심판청구**를 하는 것'은 **법률에서 정하고 있는 행정심판**에 해당한다. (O) [24 세무사]

▨ **국세부과처분**에 대하여는 **행정심판**을 거치지 않고 **취소소송의 제기가 가능**하다. (✕) [10 세무사]

▨ **국세부과처분 취소소송**에는 임의적 **행정심판전치주의가 적용**된다. (✕) [17 교행9]

▨ 세관장의 **관세처분**에 대한 **심사청구를 거쳐야** 행정소송이 가능하다. (O) [04 국가7 변형]

▨ **관세부과처분**에 대하여는 **행정심판**을 거치지 않고 **취소소송의 제기가 가능**하다. (✕) [10 세무사]

---

065 ★★★☆

국세부과처분에 대하여 감사원에 심사청구를 한 자가 그 심사청구의 결정에 불복하는 경우에는 곧바로 행정소송을 제기할 수 있다. **O X**

> [해설]
>
> · **【국세기본법】**
> **제56조(다른 법률과의 관계)**
> ② 제55조에 규정된 위법한 처분에 대한 행정소송은 「행정소송법」 제18조제1항 본문, 제2항 및 제3항에도 불구하고 이 법에 따른 심사청구 또는 심판청구와 그에 대한 결정을 거치지 아니하면 제기할 수 없다.
> ⑤ **제55조 제1항 제2호의 심사청구**를 거친 경우에는 이 법에 따른 ★**심사청구 또는 심판청구를 거친 것으로 보고** 제2항을 준용한다.
> ➡ 제55조 제1항 제2호: ★「**감사원법**」에 따라 **심사청구**를 한 처분이나 그 심사청구에 대한 처분
> · **【감사원법】**
> **제46조의2(행정소송과의 관계)** 청구인은 제43조 및 제46조에 따른 ★**심사청구 및 결정을 거친** 행정기관의 장의 **처분**에 대하여는 해당 처분청을 당사자로 하여 **해당 결정의 통지를 받은 날부터 90일 이내에** ★**행정소송을 제기할 수 있다.**
>
> ☑ 국세·관세 부과처분에 대한 **감사원의 심사청구를 거친** 경우도 **행정심판을 전치한 것으로** 인정되는바, 감사원 심사청구에 따른 **결정을 통지**받은 경우 **행정소송을 제기할 수 있다.** **정답 O**

066 ★★★★

운전면허정지처분에 대한 취소소송에는 필요적 행정심판전치주의가 적용되지 아니한다. **O X**

> [해설]
>
> **【도로교통법】 제142조(행정소송과의 관계)** 이 법에 따른 **처분**으로서 해당 **처분에 대한 행정소송은** ★**행정심판의 재결(裁決)을 거치지 아니하면 제기할 수 없다.**
>
> ☑ 도로교통법에 따른 **운전면허의 취소나 효력정지** 등에 대해서는 **행정심판을 거친 후에만 행정소송을 제기**할 수 있다. **정답 X**

▣ **도로교통법**은 **면허정지처분**에 대해서 **행정심판제기**를 **필수적인 전치절차**로 규정하고 있다. (O) [99 관세사]

▣ **도로교통법**에 따른 **운전면허취소처분**은 **필요적 행정심판전치주의 사항**에 해당한다. (O) [20 세무사]

▣ **운전면허취소처분**을 다투는 경우는 임의적 **행정심판전치가 적용**된다. (X) [05 세무사]

▣ 자동차**운전면허 취소처분**에 대하여는 **행정심판**을 거치지 않고 **취소소송의 제기**가 가능하다. (X) [10 세무사]

▣ **운전면허정지처분 취소소송**에는 **필요적 행정심판전치주의가 적용**되지 아니한다. (X) [19 세무사]

067 ★☆☆☆

처분청이 행정심판 제기기간을 잘못 알린 경우에는 행정심판전치주의가 적용되는 경우에도 행정심판을 제기함이 없이 바로 소송을 제기할 수 있다. **O X**

> 해설
>
> **【행정심판법】제27조(심판청구의 기간)**
> ① 행정심판은 처분이 있음을 알게 된 날부터 **90일 이내**에 **청구**하여야 한다.
> ⑤ 행정청이 **심판청구 기간을 제1항에 규정된 기간보다 긴 기간으로 잘못 알린 경우** 그 ★**잘못 알린 기간에 심판청구**가 있으면 그 행정심판은 **★제1항에 규정된 기간에 청구된 것으로 본다.**
>
> ✓ (필요적 행정심판전치주의가 적용되는 사안에서) 행정청이 행정심판청구기간을 **90일보다 긴 기간으로 오고지한 경우**에도, 그와 같이 **잘못 알린 기간 내에 행정심판을 청구하여 재결을 거쳐야만 행정소송의 제기가 가능**하다.
>
> **정답** ✕

- 🔲 **행정청**이 **심판청구기간**을 **90일보다 긴 기간으로 잘못 알린 경우**에는 그 **잘못 알린 기간 내에 심판청구**가 있으면 법정기간 내에 **적법하게 제기된 것**으로 본다. (○) **[05 서울9]**
- 🔲 **행정청**이 **심판청구기간**을 **법이 정한 기간보다 길게 고지한 경우**라 하더라도 처분이 있은 날부터 180일 이내에는 제기하여야 한다. (✕) **[02 행시]**

068 ★★★☆

부적법한 행정심판청구가 있었음에도 재결청이 과오로 본안에 대하여 재결한 때에는 행정심판을 거친 것으로 보아야 한다. **O X**

> 해설
>
> 행정처분의 취소를 구하는 항고소송의 전심절차인 **행정심판청구가 기간 도과**로 인하여 ★**부적법한 경우**에는 **행정소송 역시 ★전치의 요건을 충족치 못한 것**이 되어 **부적법 각하**를 면치 못하는 것이고, 이 점은 행정청이 ★**행정심판의 제기기간을 도과한 부적법한 심판**에 대하여 그 **부적법을 간과한 채 ★실질적 재결을 하였다**하더라도 **달라지는 것이 아니다.** (대판 1991.6.25. 90누8091)
>
> ✓ 필요적 행정심판전치주의가 적용되는 행정소송에 앞서 제기한 **행정심판청구가 청구기간을 도과하여 위법한 것**이었다면, 설령 **행정심판위원회가 착오로 그 위법한 청구에 대해서 실제로 재결을 하였더라도, 행정심판전치요건을 ★충족한 것으로 볼 수 없다.**
>
> **정답** ✕

- 🔲 **제기기간을 도과**한 **부적법한 심판청구**이더라도 **재결기관이 본안재결**을 한 경우에는 행정심판전차 요건을 충족한 것으로 본다. (✕) **[11 세무사]**
- 🔲 **국가공무원** 甲은 「국가공무원법」상의 성실의무를 위반하여 **2개월의 정직처분**을 받았다. 이 때 甲이 **소청의 제기기간을 도과하여 소청을 제기**하였으나 **이를 간과**하여 **실질적 재결이 이루어졌다면** 적법하게 행정심판전차의 요건은 충족된다고 본다. (✕) **[20 세무사]**

069 ★★★☆

행정심판 제기기간을 넘긴 것을 이유로 한 각하재결이 있은 후 취소소송을 제기하는 경우에는 행정소송법 제20조 제1항 단서가 적용되지 아니한다. **OX**

> [해설]
>
> · **【행정소송법】**
>   **제18조(행정심판과의 관계)** ① 다만, 다른 법률에 당해 처분에 대한 행정심판의 재결을 거치지 아니하면 취소소송을 제기할 수 없다는 규정이 있는 때에는 그러하지 아니하다.
>   **제20조(제소기간)** ① 취소소송은 처분등이 있음을 안 날부터 **90일 이내**에 제기하여야 한다. 다만, 제18조 제1항 단서에 규정한 경우와 그 밖에 행정심판청구를 할 수 있는 경우 또는 행정청이 행정심판청구를 할 수 있다고 잘못 알린 경우에 **행정심판청구가 있은 때의 기간**은 ★**재결서의 정본을 송달받은 날부터 기산**한다.
>
> · **처분이 있음을 안 날부터 90일을 넘겨 청구**한 **부적법한 행정심판청구에 대한 재결이 있은 후 ★재결서를 송달받은 날부터 90일 이내**에 원래의 처분에 대하여 **취소소송을 제기하였다고 하여** 취소소송이 다시 ★**제소기간을 준수한 것으로 되는 것은 아니다.** (대판 2011. 11. 24. 2011두18786)
>
> ✓ **위법한 행정심판청구**에 대하여 **각하재결**을 받은 경우에는, ★행정소송법 제20조 제1항 단서에 따라 그 **각하재결서의 정본을 송달받은 날로부터 90일 이내**에 소송을 제기하였더라도, 제소기간을 준수한 **적법한 소송으로 볼 수 없다.**(=행정심판 전치요건을 충족한 소송이 ✕) **정답** ○

■ 행정**처분이 있음을 안 날부터 90일을 넘겨 행정심판을 청구**하였다가 **각하재결을 받은 후** 그 재결서를 **송달받은 날부터 90일 내**에 원래의 처분에 대하여 **취소소송을 제기**한 경우, 취소소송의 **제소기간을 준수한 것으로 볼 수 없다.** (○) [17 지방7]

■ 법령에서 규정한 **행정심판청구기간을 도과**한 후에 **행정심판을 청구하여 재결** 받은 후 **재결서 정본을 송달받은 날부터 90일 내에 제기한 취소소송**은 제소기간을 준수한 것으로 본다. (✕) [21 국회9]

070 ★☆☆☆

판례에 의하면 둘 이상의 행정심판절차가 규정된 때라면 특별한 규정이 없는 한, 모든 심판절차를 거쳐야 한다. **OX**

> [해설]
>
> ✓ 특정 법률에서 **행정심판전치에 관한 절차가 2가지 이상으로 규정**되어 있는 경우에도, 2가지 절차를 모두 거쳐야 한다는 명문의 규정이 없는 한, 2 이상의 심판절차 중 **하나만 거치면 된다.** 가령 국세기본법이나 관세법에서도 불복절차로서 '심사청구'와 '심판청구' 2가지를 규정하고 있으나, 이 중 ★**하나만** 거쳐도 행정심판 전치요건이 충족된다. **정답** ✕

■ **둘 이상의 행정심판절차가 존재**하는 경우라면 명문규정이 없어도 그 중 **어느 하나는 거쳐야** 한다. (○) [14 국회8]

071 ★☆☆☆　　　　　　　　　　　　　　　　　　　　　　　　[10 세무사]

국세부과처분에 대해 취소소송을 제기하기 위해서는 심사청구 및 심판청구 절차를 모두 거쳐야 한다.
OX

> 해설
>
> **【국세기본법】 제55조(불복)** ⑨ 동일한 처분에 대해서는 심사청구와 심판청구를 중복하여 제기할 수 없다.
>
> ⊘ 심사청구 또는 심판청구 중 ★하나만 거치면 된다.
>
> ➡ 「행정심판법」 제51조에서는 "심판청구에 대한 **재결이 있으면** 그 재결 및 같은 처분 또는 부작위에 대하여 **다시** 행정**심판을 청구할 수 없다.**"고 규정하고 있고, 국세기본법 및 관세법에서 행정심판법 제51조를 준용하고 있는데, 이는 **동일한 처분**에 대하여 **중복**으로 **행정심판을 제기할 수 없기 때문**이다.
>
> 정답 ✕

🔲 **동일한 처분**에 대하여 국세청장에 대한 **심사청구**와 조세심판원에 대한 **심판청구**를 중복하여 청구할 수 **없다.** (○) [09 국가7]

🔲 **국세의 부과처분에 불복하여 행정소송을 제기**하고자 하는 경우에는 **행정소송 제기 전**에 국세청장에 대한 **심사청구 또는** 조세심판원에 대한 **심판청구를 택일**하여 **청구**하여야 한다. (○) [15 지방7]

🔲 **조세부과처분**에 대하여 **행정소송을 제기**하기 전에 **심사청구** 후 심판청구도 거쳐야 한다. (✕) [01 관세사]

🔲 국세기본법상 **과세처분에 불복**하여 **행정소송을 제기**하기 위해서는 **심사청구와 심판청구 절차**를 모두 거쳐야 한다. (✕) [15 세무사]

072 ★★☆☆　　　　　　　　　　　　　　　　　　　　　　　　[13 세무사]

제3자효 행정행위의 경우 처분의 상대방이 아닌 제3자는 행정심판을 거치지 아니하고 취소소송을 제기할 수 있다.
OX

> 해설
>
> 행정처분의 상대방이 아닌 **제3자**는 일반적으로 **처분이 있는 것을 바로 알 수 없는 처지에 있으므로** 처분이 있은 날로부터 180일이 경과하더라도 특별한 사유가 없는 한 구 행정심판법 제18조 제3항 단서 소정의 정당한 사유가 있는 것으로 보아 심판청구가 가능하나, 그 ★제3자가 어떤 경위로든 행정처분이 있음을 알았거나 쉽게 알 수 있는 등 행정심판법 제18조 제1항 소정의 **심판청구기간 내에 심판청구가 가능하였다는 사정이 있는 경우**에는 그 때로부터 ★60일(* 현행법상 90일) 이내에 행정심판을 청구하여야 한다.(대판 1996. 9. 6., 95누16233)
>
> ⊘ 행정심판전치주의가 적용되는 사안에서, 처분이 있었음을 바로 알 수 없는 제3자가 나중에라도 처분이 있었음을 알게 된 경우에는, 알게 된 날로부터 ★90일 이내에 (필요적) 행정심판을 제기하여야 한다.
>
> 정답 ✕

🔲 행정처분의 상대방에게 **행정심판전치주의가 적용되는 경우**라도, **제3자가 제기하는 행정소송의 경우 제3자**는 행정**처분의 존재를 알지 못하고** 행정심판에 대한 고지도 받지 못하게 되므로 **행정심판전치주의가 적용**되지 않는다. (✕) [14 국회8]

제4항 **필요적 행정심판전치의 예외(완화)**

073 ★★★☆

행정심판전치주의가 적용되는 경우에 행정심판을 제기하고 행정심판의 재결을 거치지 않아도 되는 경우는 현행법상 규정되어 있지 않다. **O X**

해설

> 【행정소송법】 제18조(행정심판과의 관계) ① 취소소송은 법령의 규정에 의하여 당해 처분에 대한 행정심판을 제기할 수 있는 경우에도 이를 거치지 아니하고 제기할 수 있다. 다만, 다른 법률에 당해 처분에 대한 행정심판의 재결을 거치지 아니하면 취소소송을 제기할 수 없다는 규정이 있는 때에는 그러하지 아니하다.
>
> ② 제1항 단서의 경우에도 다음 각호의 1에 해당하는 사유가 있는 때에는 **행정심판의 ★재결을 거치지 아니하고 취소소송을 제기**할 수 있다.
>
> (각호 생략: 아래표 참고)
>
> ③ 제1항 단서의 경우에 다음 각호의 1에 해당하는 사유가 있는 때에는 **행정심판을 ★제기함이 없이 취소소송을 제기**할 수 있다.
>
> (각호 생략: 아래표 참고)

✅ 행정소송법 제18조 제2항 및 제3항에서는 **필요적 행정심판전치주의가 적용되는 때**에도,

  Ⓐ **행정심판**은 **★일단 청구**하되 **재결을 받지 않고도**, **취소소송을 제기**할 수 있는 예외적인 경우와,

  Ⓑ **행정심판**을 **★청구하지 않고**, 곧바로 **취소소송을 제기**할 수 있는 예외적인 경우를 규정하고 있다.

■ **필요적 행정심판전치주의의 예외(완화)**

Ⓐ 행정심판은 일단 제기하되, 재결을 거칠 필요가 없는 경우(제2항)	Ⓑ 행정심판 자체를 제기할 필요가 없는 경우(제3항)
• 행정심판청구가 있는 날로부터 **60일**이 지나도 재결이 없는 때 • **처분**의 **집행** 또는 **절차의 속행**으로 생길 **중대한 손해**를 예방하여야 할 **긴급한 필요**가 있는 때 • 법령의 규정에 의한 행정**심판기관**이 **의결** 또는 **재결**을 하지 **못할 사유**가 있는 때 • 그 밖의 **정당한 사유**가 있는 때 ※ [두문자] **육(6) - 긴 - 못 - 정**	• **동종사건**에 관하여 이미 행정심판의 **기각재결**이 있은 때 • 서로 **내용상 관련**되는 처분 또는 **같은 목적**을 위하여 **단계적으로 진행**되는 처분중 **어느 하나**가 이미 행정심판의 **재결을 거친** 때 • 행정청이 사실심의 변론종결후 **소송의 대상인 처분**을 **변경**하여 당해 **변경된 처분**에 관하여 **소를 제기**하는 때 • 처분을 행한 행정청이 **행정심판을 거칠 필요가 없다고 잘못 알린** 때

정답 ✕

074 ★★★☆　[21 세무사]

필요적 행정심판전치주의하에서 행정심판이 제기된 후 30일이 지나도 재결이 없는 경우 언제든지 취소소송을 제기할 수 있다. **O X**

> **[해설]**
>
> **【행정소송법】 제18조(행정심판과의 관계)**
> ② 제1항 단서의 경우에도 다음 각호의 1에 해당하는 사유가 있는 때에는 행정심판의 **★재결을 거치지 아니하고 취소소송을 제기**할 수 있다.
> 1. 행정심판청구가 있은 날로부터 **★60일이 지나도** 재결이 없는 때
>
> ☑ 행정**심판청구 후 60일이 지나도록 재결이 없는 때**에는, <u>재결을 기다리지 않고</u> 행정소송을 제기할 수 있다. 이는 **재결의 부당한 지연**으로 인한 손해발생 등의 **불이익을 방지**하기 위한 것이다.
>
> [출제포인트] **60일 O / 30일 ✕**　　　　　　　　　[정답] ✕

- 행정심판**청구 후 60일이 지나도 재결이 없는 때**에는 행정심판을 청구한 후 **재결을 기다리지 않고** 행정소송을 제기할 수 있다. (O) [07 세무사]
- 행정**심판의 청구가 있은 날부터 (　　)이 지나도 재결이 없는 때**에는 **행정심판의 재결을 거치지 아니하고 취소소송을 제기할 수 있다.** → (60일) [24 세무사]
- 행정심판전치주의가 적용되는 경우 **행정심판청구가 있은 날로부터 30일이 지나도 재결이 없는 때**에는 행정심판의 **재결을 거치지 아니하고 취소소송을 제기**할 수 있다. (✕) [15 세무사]

075 ★★☆☆　[07 세무사]

행정소송법 제18조 제2항에 의할 때, 그 밖의 정당한 사유가 있는 때에는 행정심판을 청구한 후 재결을 기다리지 않고 행정소송을 제기할 수 있다. **O X**

> **[해설]**
>
> **【행정소송법】 제18조(행정심판과의 관계)**
> ② 제1항 단서의 경우에도 다음 각호의 1에 해당하는 사유가 있는 때에는 행정심판의 **★재결을 거치지 아니하고 취소소송을 제기**할 수 있다.
> 4. 그 밖의 **★정당한 사유**가 있는 때
>
> 구 행정소송법 제2조 제1항 단서의 「**정당한 사유**」는 <u>시기나 기타 사유로 인하여 행정**심판을 거칠 경우** 그 ★청구의 목적을 달성치 못하겠거나 또는 ★현저히 그 목적을 달성키 곤란한 경우</u>를 말한다. (대판 1953.4.15. 4285행상11)
>
> ☑ 행정심판이 걸려 있는 **시기상의 문제**나 그 밖의 사유로 인해 **재결까지 거칠 경우** 소송**청구의 목적달성이 현저히 곤란해지거나 불가능하게 되는 때**에는 행정심판의 **재결을 기다리지 않고** 행정소송을 제기할 수 있다.
>
> [출제포인트] **재결을 거치지 아니하고 O / ~~행정심판을 제거하지 않고·제거함이 없어~~ ✕**　　　[정답] O

- 행정소송과 행정심판의 관계에 관하여 다른 법률에서 **행정심판을 필요적 전치절차로 규정**하고 있음에도 불구하고, **기타 정당한 사유가 있는 때**에는 행정심판을 제거하지 않고도 행정소송을 제거할 수 있다. (✕) [09 국가7]

076 ★★★★

처분의 집행 또는 절차의 속행으로 생길 중대한 손해를 예방하여야 할 긴급한 필요가 있는 때에는 행정심판을 제기함이 없이 취소소송을 제기할 수 있다. **O X**

> **해설**
>
> > 【행정소송법】
> > 제18조(행정심판과의 관계) ② 제1항 단서의 경우에도 다음 각호의 1에 해당하는 사유가 있는 때에는 행정심판의 ★재결을 거치지 아니하고 취소소송을 제기할 수 있다.
> > 　2. ★처분의 집행 또는 절차의 속행으로 생길 ★중대한 손해를 예방하여야 할 긴급한 필요가 있는 때
>
> ☑ 가령 압류처분이나 그 절차의 집행으로 발생할 수 있는 재산적 손해를 긴급히 예방하여야 하는 경우에는 행정심판(심사청구 또는 심판청구)의 재결을 기다리지 않고 행정소송을 제기할 수 있다. **정답** ✕
>
> **출제포인트** 재결을 거치지 아니하고 ○ / 행정심판을 제기하지 않고·제기함이 없어 ✕

▣ 처분의 집행 또는 절차의 속행으로 생길 중대한 손해를 예방하여야 할 긴급한 필요가 있는 때에는 행정심판을 청구한 후 재결을 기다리지 않고 행정소송을 제기할 수 있다. (○) [07 세무사]

▣ 필요적 행정심판전치주의가 적용되는 경우 처분의 집행 또는 절차의 속행으로 생길 중대한 손해를 예방하여야 할 긴급한 필요가 있는 때에는 재결을 거치지 아니하고 취소소송을 제기할 수 있으나, 이 경우에도 행정심판은 제기하여야 한다. (○) [14 사복9]

▣ 행정소송법상 필요적 전치주의가 적용되는 사안에서, 행정심판을 청구하여야 하나, 처분의 집행 또는 절차의 속행으로 생길 중대한 손해를 예방하여야 할 긴급한 필요가 있는 경우에는 당해 처분에 대한 행정심판의 재결을 거치지 아니하고 취소소송을 제기할 수 있다. (○) [17 지방9]

▣ 처분의 집행 또는 절차의 속행으로 생길 중대한 손해를 예방하여야 할 긴급한 필요가 있는 때에는 법률에서 당해 처분에 대한 행정심판의 재결을 거치지 아니하면, 취소소송을 제기할 수 없다는 규정이 있는 경우에도 예외적으로 행정심판을 제기함이 없어 취소소송을 제기할 수 있다. (✕) [09 세무사]

▣ 처분의 집행으로 생길 중대한 손해를 예방하여야 할 긴급한 필요가 있는 때는, 필요적 행정심판전치가 적용됨에도 불구하고 행정심판을 제기하지 않고 바로 취소소송으로 다툴 수 있는 경우이다. (✕) [13 세무사]

▣ 처분의 집행으로 생길 중대한 손해를 예방하여야 할 긴급한 필요가 있는 때에는 필요적 행정심판전치주의가 적용되는 경우에도 행정심판을 제기함이 없어 취소소송을 제기할 수 있다. (✕) [18 세무사]

077 ★★★☆

법령의 규정에 의한 행정심판기관이 재결을 하지 못할 사유가 있는 때는 행정소송법상 행정심판을 반드시 거쳐야 하는 사안에서 행정심판을 제기함이 없이 취소소송을 제기할 수 있는 경우이다.

해설

【행정소송법】제18조(행정심판과의 관계)
② 제1항 단서의 경우에도 다음 각호의 1에 해당하는 사유가 있는 때에는 행정심판의 ★재결을 거치지 아니하고 취소소송을 제기할 수 있다.
3. 법령의 규정에 의한 행정심판기관이 ★의결 또는 재결을 하지 못할 사유가 있는 때

✓ 가령 각종 사고 등으로 **행정심판위원회가 구성되지 못하거나**, 심판위원의 결석 등으로 **의사정족수(위원 과반수)** 에 미달하는 경우는 행정심판기관이 의결이나 재결을 하지 못하는 사유에 해당한다 할 것이므로, 이 경우 행정심판의 재결을 기다리지 않고 행정소송을 제기할 수 있다.   **정답** X

출제포인트 재결을 거치지 아니하고 O / 행정심판을 거치지 않고·제기함이 없어 X

📄 법령의 규정에 의한 **행정심판기관이 의결 또는 재결을 하지 못할 사유가 있는 때**에는 행정심판을 청구한 후 **재결을 기다리지 않고** 행정**소송을 제기**할 수 있다. (O) [07 세무사]

📄 행정소송과 행정심판의 관계에 관하여 다른 법률에서 행정심판을 필요적 전치절차로 규정하고 있음에도 불구하고, 법령의 규정에 의한 **행정심판기관이 의결 또는 재결을 하지 못할 사유가 있는 때**에는 행정심판을 재거하지 않고도 행정소송을 재거할 수 있다. (X) [09 국가7]

📄 필요적 행정심판전치가 요구됨에도 불구하고 '**법령의 규정에 의한 행정심판기관이 의결 또는 재결을 하지 못할 사유가 있는 때**'에는 행정심판을 재거함이 없어 직접 취소소송을 제기할 수 있다. (X) [10 국회 9]

📄 법령의 규정에 의한 **행정심판기관이 의결 또는 재결을 하지 못할 사유가 있는 때**는 필요적 행정심판전치 주의가 적용되는 경우에도 행정심판을 재거함이 없어 **행정소송을 제기**할 수 있는 경우이다. (X) [15 세무사]

📄 '법령의 규정에 의한 **행정심판기관이 의결 또는 재결을 하지 못할 사유가 있는 때**'는 「행정소송법」 제18조 제3항에서 규정하고 있는 행정심판 거칠 필요가 없는 경우이다. (X) [16 서울9]

078 ★★★★

필요적 행정심판전치주의가 적용되는 경우, 동종사건에 관하여 이미 기각재결이 있는 때에도 행정심판을 제기하지 않고 바로 취소소송을 제기할 수는 없다. **O X**

> **해설**
>
> **【행정소송법】 제18조(행정심판과의 관계)**
> ③ 제1항 단서의 경우에 다음 각호의 1에 해당하는 사유가 있는 때에는 **행정심판을 제기함이 없이 취소소송을 제기**할 수 있다.
> 1. **동종사건**에 관하여 **★이미 행정심판의 기각재결**이 있은 때
>
> ⓐ 행정소송법 제18조 제3항부터는 필요적 행정심판전치주의가 적용되는 때에도, **행정심판 자체를 청구하지 않고, 취소소송을 곧바로 제기**할 수 있는 **예외적인 경우**를 열거하고 있으므로, 제18조 제2항과 혼동하지 않도록 주의하여야 한다.
>
> ⓑ 행정소송법 제18조 제3항 제1호의 경우, **동질성이 인정되는 다른 동종사건에서 이미 행정심판의 기각재결**이 있었더라면, **다른 동종사건에서도 또다시 기각재결**이 내려질 것임이 자명하므로, **★무의미한 행정심판전치의 반복을 방지**하기 위한 규정이다.
>
> **출제포인트** 행정심판을 제기함이 없이 O / 행정심판의 재결을 기다리지(거치지) 않고 ✕
> 행정심판을 제기하지 않고 O / 행정심판의 재거(청구)만 있으면 ✕
>
> **정답** ✕

- **동종사건**에 대하여(관하여) **이미 행정심판의 기각재결이 있는 경우(때)**에는 필요적 행정심판전치주의가 적용되는 경우에도 **행정심판을 제기함이 없이 바로 (취소)소송을 제기**할 수 있다. (O) **[05, 08, 18 세무사]**

- **동종사건**에 관하여 **이미 행정심판의 기각재결이 있은 때**에는 법률에서 당해 처분에 대한 행정심판의 재결을 거치지 아니하면, 취소소송을 제기할 수 없다는 규정이 있는 경우에도 예외적으로 **행정심판을 제기함이 없이 취소소송을 제기**할 수 있다. (O) **[09 세무사]**

- **동종사건**에 관하여 **이미 행정심판의 기각재결이 있은 때**는, 필요적 행정심판전치가 적용됨에도 불구하고 **행정심판을 제기하지 않고 바로 취소소송으로 다툴 수 있는 경우**이다. (O) **[13 세무사]**

- **동종사건**에 관하여 **이미 행정심판의 기각재결이 있은 때**는 행정소송법상 행정심판을 반드시 거쳐야 하는 사안에서(필요적 행정심판전치주의가 적용되는 경우에도) **행정심판을 제기함이 없이 취소소송을(행정소송을) 제기**할 수 있는 경우이다. (O) **[14, 15 세무사]**

- 필요적 행정심판전치가 적용되는 경우, **동종사건**에 관하여 **이미 행정심판의 기각재결이 있은 때**에는 **행정심판을 제기함이 없이 취소소송을 제기**할 수 있다. (O) **[16 세무사]**

- 행정소송법상 필요적 전치주의가 적용되는 사안에서, **동종사건**에 관하여 **이미 행정심판의 기각재결이 있는 경우**에는 당해 처분에 대한 행정심판을 청구하여야 하나 행정심판의 재결을 거치지 아니하고 **취소소송을 제기**할 수 있다. (✕) **[17 지방9]**

- 필요적 행정심판전치주의가 적용되는 경우 **동종사건**에 **이미 행정심판의 기각재결이 있은 때**에는 행정심판의 재거만 있으면 **취소소송을 제기**할 수 있다. (✕) **[19 세무사]**

  ➡ 행정소송법 제18조 제3항은 행정**심판 자체를 청구하지 않고**도 취소소송을 제기할 수 있는 예외규정이다.

- **동종사건**에 관하여 **이미 행정심판의 기각재결이 있은 때**에도 행정심판을 거쳐야 한다. (✕) **[23 세무사]**

079 ★★★★

동일한 행정처분에 의하여 여러 사람이 동일한 의무를 부담하는 경우 그 중 한 사람이 행정심판을 제기하여 기각재결을 받은 때 나머지 사람은 행정심판제기 없이 행정소송을 제기할 수 있다.

> **해설**
>
> **동일한 행정처분**에 의하여 **여러 사람이 동일한 의무를 부담**하는 경우 그 중 **한 사람이 적법한 행정심판을 제기**하여 행정처분청으로 하여금 그 행정처분을 시정할 수 있는 기회를 가지게 한 이상 **나머지 사람은 ★행정심판을 거치지 아니하더라도 행정소송을 제기**할 수 있다.(대판 1988. 2. 23. 87누704)
>
> ✓ 위 78문에서 살펴본 행정소송법 제18조 제3항 제1호에 관한 판결이다.　　　　**정답** O

🔲 **공동소송의 원고 중 1인이 행정심판**을 거쳤다면 **나머지 원고는 행정심판을 거치지 않고** 행정소송을 제기할 수 있다. (O) [13 세무사]

> **공동권리자의 1인이 소청**(*현 행정심판을 의미)을 제기하여 행정처분청으로 하여금 그 행정처분을 시정할 기회를 갖게 한 이상, **다른 공동권리자는 소청을 경유함이 없이 행정소송을 제기할 수 있다**고 해석함이 타당하다. (대판 1958. 4. 29. 4291행상6,7)

🔲 청구취지나 청구이유가 **기본적인 면에서 일치하는 동일한 처분**이라면 **행정심판의 청구인과 행정소송의 원고가 일치할 필요는 없다**. (O) [15 세무사]

　➡ 예컨대 **기본적 동질성이 있는 동종처분**을 받은 사람 중 누군가 행정심판을 거친 후 행정소송을 제기하였다면, 나머지 사람은 곧바로 행정소송을 제기할 수 있으므로, **행정심판청구인과 원고들이 서로 다를 수도 있다.**

080 ★★★★

국세의 납세고지처분에 대하여 적법한 전심절차를 거쳤다면 가산금 및 중가산금 징수처분에 대하여 별도로 전심절차를 거치지 않아도 된다.　　**O X**

> **해설**
>
> 국세징수법 제21조, 제22조 규정에 따른 가산금 및 중가산금 징수처분은 국세의 납세고지처분과 별개의 행정처분이라고 볼 수 있다 하더라도,...(중략).... 국세의 **★납세고지처분**에 대하여 **적법한 전심절차를 거친 이상 ★가산금 및 중가산금 징수처분**에 대하여 **★따로이 전심절차를 거치지 않았다 하더라도 행정소송으로 이를 다툴 수 있다.**(대판 1986. 7. 22., 85누297)
>
> ✓ 아래 81문에서 살펴볼 행정소송법 제18조 제3항 제2호에 관한 판례이나, 지면상 80문에 배치하였으니, <u>81문에 대한 학습 선행 필요</u>　　　　**정답** O

🔲 하천구역의 무단 점용을 이유로 **부당이득금 부과처분**과 그 부당이득금 미납으로 인한 **가산금 징수처분**을 받은 사람이 가산금 징수처분에 대하여 행정청이 안내한 전심절차를 밟지 않았다면 **부당이득금 부과처분에 대하여 전심절차**를 거쳤다 하더라도 **가산금 징수처분**에 대하여는 부당이득금 부과처분과 함께 **행정소송**으로 다툴 수 없다. (X) [18 국회8]

> **하천구역의 무단 점용**을 이유로 **부당이득금 부과처분**과 **가산금 징수처분**을 받은 사람이 가산금 징수처분에 대하여 행정청이 안내한 전심절차를 밟지 않았다 하더라도 **부당이득금 부과처분**에 대하여 **전심절차를 거친 이상 가산금 징수처분**에 대하여도 부당이득금 부과처분과 함께 **행정소송으로 다툴 수 있다.** (대판 2006. 9. 8., 2004두947)

081 ★★★★

서로 내용상 관련되는 처분 또는 같은 목적을 위하여 단계적으로 진행되는 처분 중 어느 하나가 이미 행정심판의 재결을 거친 때에는 필요적 행정심판전치주의가 적용되는 경우에도 행정심판을 제기함이 없이 취소소송을 제기할 수 있다. **O X**

┌─ 해설 ─

> **【행정소송법】**
> 제18조(행정심판과의 관계) ③ 제1항 단서의 경우에 다음 각호의 1에 해당하는 사유가 있는 때에는 **행정심판을 ★제기함이 없이** 취소소송을 제기할 수 있다.
> 2. ★서로 내용상 관련되는 처분 또는 ★같은 목적을 위하여 단계적으로 진행되는 처분 중 ★어느 하나가 이미 행정심판의 재결을 거친 때

☑ **별개의 처분들**이라도, **내용상 상호 관련**되거나(⑩ 경원관계에 있는 처분), **하나의 목적을 위하여 선후관계**(⑩ 80문 참조)에 있다면, 그 중 **1개의 처분**에 대하여 **행정심판을 거쳤을 때**에는, 나머지 다른 **처분**에 대해서는 **행정심판 자체를 청구하지 않고**, ★**곧바로 행정소송으로 다툴 수 있다.**

> **출제포인트➡** 행정심판을 제기함이 없이 O / 행정심판의 재결을 기다리지(거치지) 않고 ✕
> 행정심판을 제기하지 않고 O / 행정심판의 재거만 있으면 ✕

정답 O

■ 서로 내용상 관련되는 처분 중 어느 하나가 이미 행정심판의 재결을 거친 때에는 행정심판전치주의가 적용되는 경우에도 행정심판을 제기함이 없이 바로 소송을 제기할 수 있다. (O) [05 세무사]

■ 서로 내용상 관련되는 처분 또는 같은 목적을 위하여 단계적으로 진행되는 처분 중 어느 하나가 이미 행정심판의 재결을 거친 때에는 (법률에서 당해 처분에 대한 행정심판의 재결을 거치지 아니하면, 취소소송을 제기할 수 없다는 규정이 있는 경우에도 예외적으로) 행정심판을 제기함이 없이 취소소송을 제기할 수 있다. (O) [08, 09 세무사]

■ 서로 내용상 관련되는 처분 중 어느 하나가 이미 행정심판의 재결을 거친 때는, 필요적 행정심판전치가 적용됨에도 불구하고 행정심판을 제기하지 않고 바로 취소소송으로 다툴 수 있는 경우이다. (O) [13 세무사]

■ 같은 목적을 위하여 단계적으로 진행되는 처분 중 어느 하나가 이미 행정심판의 재결을 거친 때는 행정소송법상 행정심판을 반드시 거쳐야 하는 사안에서 행정심판을 제기함이 없이 취소소송을 제기할 수 있는 경우이다. (O) [14 세무사]

■ 서로 내용상 관련되는 처분 또는 같은 목적을 위하여 단계적으로 진행되는 처분 중 어느 하나가 이미 행정심판의 재결을 거친 때는 필요적 행정심판전치주의가 적용되는 경우에도 행정심판을 제기함이 없이 행정소송을 제기할 수 있는 경우이다. (O) [15 세무사]

■ 행정소송법상 필요적 전치주의가 적용되는 사안에서, 서로 내용상 관련되는 처분 또는 같은 목적을 위하여 단계적으로 진행되는 처분 중 어느 하나가 이미 행정심판의 재결을 거친 경우에는 당해 처분에 대한 행정심판을 청구하여야 하나 행정심판의 재결을 거치지 아니하고 취소소송을 제기할 수 있다. (✕) [17 지방9]

082 ★★★★

행정청이 사실심의 변론종결 후 소송의 대상인 처분을 변경하여 당해 변경된 처분에 관하여 소를 제기하는 때에는 행정심판을 제기함이 없이 취소소송을 제기할 수 있다. **O X**

> **해설**
>
> **【행정소송법】 제18조(행정심판과의 관계)**
> ③ 제1항 단서의 경우에 다음 각호의 1에 해당하는 사유가 있는 때에는 **행정심판을 ★제기함이 없이 취소소송을 제기**할 수 있다.
> 3. 행정청이 **사실심의 변론종결 후** 소송의 대상인 ★**처분을 변경**하여 당해 **변경된 처분에 관하여 소를 제기하는 때**
>
> ✅ ⓐ 행정소송법 제18조 제3항 제3호의 경우, '행정심판전치 임의주의'를 전제하는 '**처분변경에 따른 소의 변경**(후술 예정, 아래문제 참고)' 제도와의 조화를 도모하고 소송 계속 중에 처분청이 처분을 변경함으로써 발생할 수 있는 **소송절차의 지연을 방지**하고자 함에 그 취지가 있는바,
>
> ⓑ 가령 **운전면허취소처분**에 대한 **취소소송의 사실심변론이 종결된 후**에 **운전면허정지처분으로 변경**하였다면, **운전면허정지처분**에 대해서는 **행정심판을 제기하지 않고 행정소송을 제기**할 수 있다.
>
> **정답** O
>
> **출제포인트** 행정심판을 제기함이 없이 O / 행정심판의 재결을 거다러지(거쳐지) 않고 ✕
> 행정심판을 제기하지 않고 O / 행정심판을 거쳐야 ✕

- 행정청이 **소송 계속 중에 처분을 변경**하여 소가 변경된 경우에는 **행정심판전치주의가 적용되는 경우**에도 **행정심판을 제기함이 없이** 바로 **소송을 제기할 수 있다.** (O) [05 세무사]

- 행정청이 **사실심의 변론종결 후** 소송의 대상인 **처분을 변경**하여 당해 **변경된 처분에 관하여 소를 제기하는 때**에는 법률에서 당해 처분에 대한 행정심판의 재결을 거치지 아니하면, 취소소송을 제기할 수 없다는 규정이 있는 경우에도 예외적으로 **행정심판을 제기함이 없이 취소소송을 제기할 수 있다.** (O) [09 세무사]

- 행정청이 **사실심 변론종결 후** 소송의 대상인 **처분을 변경**하여 당해 **변경된 처분(변경처분)에 대한 소를 제기하는 때**는 행정소송법상 행정심판을 반드시 거쳐야 하는 사안에서 **행정심판을 제기함이 없이 취소소송을 제기**할 수 있는 경우이다. (O) [13, 14 세무사]

- 행정청이 **사실심의 변론종결 후** 소송의 대상인 **처분을 변경**하여 당해 **변경된 처분에 관하여 소를 제기하는 때**는 필요적 행정심판전치주의가 적용되는 경우에도 **행정심판을 제기함이 없이 행정소송을 제기**할 수 있는 경우이다. (O) [15 세무사]

- 행정청이 **사실심의 변론종결 후** 소송의 대상인 **처분을 변경**하여 당해 **변경된 처분에 관하여 소를 제기하는 때**에는 필요적 행정심판전치주의가 적용되는 경우에도 **행정심판을 제기함이 없이 취소소송을 제기**할 수 있다. (O) [18 세무사]

- 행정청이 **사실심의 변론종결 후** 소송의 대상인 **처분을 변경**하여, 당해 **변경된 처분에 관하여 소를 제기하는 때**에도 반드시 행정심판을 거쳐야 한다. (✕) [07 광주9]

083 ★★★★

처분변경으로 인한 소 변경의 요건으로는 "변경되는 청구가 필요적 행정심판전치의 대상인 경우 행정심판을 거칠 것"이 있다. **O X**

> **해설**
>
> **【행정소송법】**
> **제18조(행정심판과의 관계)** 다만, <u>다른 법률</u>에 당해 <u>처분에 대한 행정심판의 재결을 거치지 아니하면 취소소송을 제기할 수 없다</u>는 규정이 있는 때에는 그러하지 아니하다.
>
> **제22조(처분변경으로 인한 소의 변경)**
> ① 법원은 **행정청이 소송의 대상**인 ★**처분을 소가 제기된 후 변경**한 때에는 원고의 신청에 의하여 결정으로써 청구의 취지 또는 원인의 **변경**을 **허가**할 수 있다.
> ③ **제1항**의 규정에 의하여 **변경되는 청구**는 제18조 제1항 ★**단서의 규정에 의한 요건**을 갖춘 것으로 본다.
>
> ✔ ⓐ 행정소송법 제22조 제3항 역시, 제18조 제3항 제3호와 유사하게, **소송의 대상이 되는 처분이 변경되어 소송의 대상이 변경되는 '소의 변경'**에 있어서도 **무용한 절차의 반복을 피하게** 하려는 취지에서, **당초의 청구가**★ **변경 전의 처분**에 대한 **필요적 행정심판절차를 거친 경우**였다면, **새로이 변경된 청구**에서도 **행정심판절차를 거친 것**으로 간주하고 있다
>
> ⓑ 예컨대 甲이 **1억원의 과세처분**에 대한 **행정심판**을 거쳐 제기한 취소소송의 도중에 과세관청이 **5천만원의 과세처분**으로 **변경**한 경우, 甲은 **5천만원의 과세처분**에 대해서는 **별도의 행정심판(심사청구 또는 심판청구)**을 거칠 필요가 없이 소의 변경을 할 수 있다. **정답** ×

🔲 **처분의 변경으로 인한 소의 변경**의 경우, **변경되는 청구**는 **필요적 행정심판전치의 요건을 갖춘 것**으로 **본다.** (○) [16 세무사]

🔲 **처분변경으로 인한 새로운 청구**는 **행정심판의 전치가 요구**되는 경우에도 **행정심판전치요건을 갖춘 것**으로 **본다.** (○) [19 세무사]

🔲 **처분변경으로 인한 소의 변경**의 경우, **변경되는 청구**가 **필요적 행정심판전치의 대상**인 경우에도 행정**심판을 따로 거칠 필요는 없다.** (○) [13 세무사]

🔲 **처분의 변경에 따르는 소의 변경**의 경우에는 행정소송법 제18조 제1항 단서**(예외적 행정심판전치주의)**가 **적용**되는 경우에도 **행정심판을 거칠 필요가 없다.** (○) [20 국회9]

🔲 **국가공무원 甲에 대한 파면처분취소소송**이 **사실심에 계속되고 있는 동안**에 징계권자가 파면처분을 **3월의 정직처분으로 감경**하여서 甲이 **변경된 처분에 맞추어 소를 변경**하는 경우, **변경된 처분에 대하여 새로이 소청심사위원회의 심사·결정을 거쳐야 한다.** (○) [14 변시]

🔲 공무원 **직위면직처분**에 대한 **취소소송의 계속 중**에 처분청이 이를 **감봉처분으로 변경**한 경우, **직위면직처분에 대하여 행정심판절차**를 거쳤더라도 감봉처분에 대한 별도의 전심절차를 거쳐야 한다. (×) [15 세무사]

084 ★★★★

처분을 행한 행정청이 행정심판을 거칠 필요가 없다고 잘못 알린 때에는 행정심판을 청구한 후 재결을 기다리지 않고 행정소송을 제기할 수 있다. **OX**

> 해설
>
> **【행정소송법】제18조(행정심판과의 관계)**
> ③ 제1항 단서의 경우에 다음 각호의 1에 해당하는 사유가 있는 때에는 **행정심판을 ★제기함이 없이 취소소송을 제기**할 수 있다.
> **4. 처분을 행한 행정청이 행정심판을 거칠 필요가 없다고 잘못 알린 때**
>
> ✓ 행정심판을 거쳐야 하는 처분임에도, 처분청이 행정심판을 거치지 않아도 되는 경우로 잘못 고지한 경우, **★행정심판 자체를 청구하지 않고도** 곧바로 행정소송을 제기하여 다툴 수 있다. **정답** ✕
>
> **출제포인트** 행정심판을 **제기함이 없이** ○ / 행정심판의 재결을 **기다리지(거치지) 않고** ✕
> 행정심판을 **제기하지 않고** ○ / 행정심판은 **청구하여야 하지만** ✕

■ 처분을 (행)한 행정청이 행정심판을 거칠 필요가 없다고 잘못 알린 때에는 (필요적 행정심판전치주의가 적용되는 경우에도) 행정심판을 제기함이 없이 (바로) 취소소송을 제기할 수 있다. (○) [05, 08, 18 세무사]

■ 처분을 행한 행정청이 행정심판을 거칠 필요가 없다고 잘못 알린 때에는 법률에서 당해 처분에 대한 행정심판의 재결을 거치지 아니하면, 취소소송을 제기할 수 없다는 규정이 있는 경우에도 **예외적으로 행정심판을 제기함이 없이 취소소송을 제기**할 수 있다. (○) [09 세무사]

■ 필요적 행정심판전치주의가 적용되는 경우에도(행정심판을 반드시 거쳐야 하는 경우에도) **처분청이 행정심판을 거칠 필요가 없다고 잘못 알린 경우(때)에는 행정심판을 제기하지 않고 취소소송을(소를) 제기**할 수 있다. (○) [10, 12 세무사]

■ 처분청이 행정심판을 거칠 필요가 없다고 잘못 알린 때에는 **행정심판을 제기하지 않고 소를 제기**할 수 있다. (○) [11 세무사]

■ 처분을 행한 행정청이 행정심판을 거칠 필요가 없다고 잘못 알린 때에는 행정소송법상 행정심판을 반드시 거쳐야 하는 사안에서 **행정심판을 제기함이 없이 취소소송을 제기할 수 있는 경우**이다. (○) [14 세무사]

■ 처분을 행한 행정청이 행정심판을 거칠 필요가 없다고 잘못 알린 때에는 필요적 행정심판전치주의가 적용되는 경우에도 **행정심판을 제기함이 없이 행정소송을 제기할 수 있는 경우**이다. (○) [15 세무사]

■ 필요적 행정심판전치가 적용되는 경우, **처분을 행한 행정청이 행정심판을 거칠 필요가 없다고 잘못 알린 때에는 행정심판을 제기함이 없이 취소소송을 제기할 수 있다.** (○) [16 세무사]

■ 처분을 행한 행정청이 행정심판을 거칠 필요가 없다고 잘못 알린 때에는 **행정심판을 제기함이 없이 소송을 제기**할 수 있다. (○) [23 세무사]

■ 행정소송법상 **필요적 전치주의가 적용되는** 사안에서, **처분을 행한 행정청이 행정심판을 거칠 필요가 없다고 잘못 알린 경우**에는 당해 처분에 대한 행정심판을 청구하여야 하나 행정심판의 재결을 거치지 아니하고 **취소소송을 제기**할 수 있다. (✕) [17 지방9]

제 5 절

취소소송

Administrative Litigation Law

제1항 취소소송 일반론

085 ★★☆☆

㉠ 성질상 취소소송은 정식쟁송이나, 취소심판은 약식쟁송이다. [07 세무사] O X

㉡ 취소소송 제소기간과 취소심판 청구기간은 다르다. [07 세무사] O X

㉢ 취소소송의 대상은 위법한 처분등이나, 취소심판의 대상은 위법 또는 부당한 처분이다.
[07 세무사] O X

㉣ 심리절차에 있어서 취소소송은 서면심리·공개원칙이나, 취소심판은 구두변론·공개원칙이다.
[07 세무사] O X

㉤ 판정기관에 있어서 취소소송의 경우 법원이 되나, 취소심판의 경우는 일반행정청 또는 특별기관이
된다. [07 세무사] O X

해설

	행정소송	행정심판
쟁송의 성격	정식쟁송	약식쟁송
쟁송의 대상	위법한 처분 및 재결	위법 또는 부당한 처분
심리절차상 원칙	구술심리 원칙, 공개원칙	구술심리 또는 서면심리, 비공개 원칙
심리기관	법원	행정심판위원회
제기기간*	90일 / 1년	90일 / 180일

* **(제기기간)** 처분이 **있음을 안 날로부터** / 처분이 **있은 날로부터**

정답 ㉠ O, ㉡ O, ㉢ O, ㉣ ×, ㉤ O

086 ★★☆☆ [11 세무사]

항고소송은 행정청의 처분등이나 부작위를 직접 불복의 대상으로 하여 제기하는 소송이다.
O X

해설

【행정소송법】 제3조(행정소송의 종류)
1. **항고소송**: 행정청의 ★**처분등**이나 **부작위**에 대하여 제기하는 소송

✓ '**항고소송**'이란 행정청의 **위법한 공권력의 행사**(처분등) **또는 불행사**(부작위)로 **침해된 권익을 구제**받기 위하여 제기하는 소송이다.
정답 O

■ **항고소송**이란 **행정청의 처분등이나 부작위**에 대하여 **제기하는 소송**을 말한다. (O) [01 입시]

■ **항고소송**이란 **행정청의 처분등이나 부작위**에 대하여 **제기하는 소송**이다. (O) [17 경행]

087 ★★☆☆ [15 행정사]

현행 행정소송법은 취소소송중심주의를 취하고 있다. OX

> **해설**
>
> ✓ ⓐ 현행 행정소송법은 총46조로 구성되어 있는데, 재판관할·당사자·제소기간·심리·재판 등 **소송 전반에 관한 사항**을 항고고송의 대표격인 **취소소송 편**(제2장 전체: 제9조부터 제30조까지로 구성)에 우선 규정하고,
>
> ⓑ 그 외의 **항고소송**(무효등 확인소송, 부작위위법확인소송)이나 **당사자소송**은 취소소송의 **해당 규정을 준용**하는 식으로 규정되어 있는 등 조문편제를 보아서도, 이른바 **'취소소송중심주의'**를 취하고 있음을 엿볼 수 있다.
>
> **정답** O

🗨 **취소소송은 대표적인 항고소송**으로 행정소송법에서는 **취소소송에 관하여 규정**하고, 이를 **다른 항고소송에 준용**한다. (O) **[07 광주9]**

088 ★★☆☆ [12 세무사 변형] OX

"제4조 (항고소송) 항고소송은 다음과 같이 구분한다.

1. 취소소송: 행정청의 위법한 처분등을 취소 또는 (   )하는 소송"

> **해설**
>
> **【행정소송법】 제4조(항고소송)** 항고소송은 다음과 같이 구분한다.
> 1. **취소소송**: 행정청의 위법한 **처분등**을 ★**취소** 또는 **변경**하는 소송
>
> ✓ ⓐ '**취소소송**'이란 **위법한 행정처분** 또는 이에 준하는 작용과 재결 등에 의하여 **권익이 침해된 사람**이 이러한 **행위의 위법**을 이유로 그 **취소나 변경**을 구하는 소송이다.
>
> ⓑ **취소소송의 예**로는 구청의 음식점영업허가 취소처분에 대한 **영업허가취소처분 취소**소송, 지방환경청장의 폐기물처리업허가신청 반려처분에 대한 **반려처분 취소**소송, 시청의 지방세부과처분에 대한 **과세처분 일부취소**소송을 제기하는 경우 등이 있다.
>
> **정답** 변경
>
> ➤ 여기서의 변경은 '**일부취소**'를 뜻함(후술예정)

🗨 행정소송법상 행정**처분의 취소청구**가 **인정**된다. (O) **[96 국가9 변형]**

🗨 **취소소송에서의 취소**는 **취소 또는 변경을 모두 포함**한다. (O) **[07 광주9]**

🗨 **취소소송**은 행정청의 **위법한 처분등**을 **취소 또는 변경**하는 소송이다. (O) **[11, 19 세무사]**

🗨 소득세**부과처분의 취소**를 구하는 소송, 건축허가**반려처분의 취소**를 구하는 소송은 **행정소송**으로 다루어진다. (O) **[12 세무사]**

🗨 취소**처분 취소소송**은 ~~현행법상 인정하고 있지 않은~~ **소송형태**이다. (X) **[07 세무사]**

제2항 취소소송의 대상적격(처분성)

1 처분 등의 개념

089 ★★★☆

㉠ 행정소송법상 '처분'이라 함은 행정청이 행하는 구체적 사실에 관한 법집행으로서의 공권력의 행사 또는 그 거부와 그 밖에 이에 준하는 행정작용을 말한다. [13 국가9] O X

㉡ 행정소송법상 '처분등'에는 행정심판에 대한 재결이 포함된다. [17 세무사] O X

> **해설**
>
> **【행정소송법】제2조(정의)** ① 이 법에서 사용하는 용어의 정의는 다음과 같다.
> "**처분등**"이라 함은 행정청이 행하는 **구체적 사실**에 관한 **법집행**으로서의 **공권력의 행사** 또는 그 **거부**와 **그 밖에 이에 준하는 행정작용** 및 행정심판에 대한 **재결**을 말한다.
>
> ✓ 행정소송법은 **취소소송의 대상**을 '**처분등**'으로 규정함으로써, 행정심판의 **재결을 포함**하고 있다.
>   ('처분등' = 처분 ➕ 재결) **정답** ㉠ O, ㉡ O

- 우리나라 **행정소송법**에서는 **처분에 관한 규정**을 두고 있지 않다. (X) [04 경기9]
- **처분**이라 함은 행정청이 행하는 **법적·사실적 행위**로서의 **공권력의 행사** 또는 **그 거부**와 그밖에 이에 **준하는 행정작용**을 말한다. (X) [06 대구9]

- **처분등**이라 함은 행정청이 행하는 **구체적 사실에 관한 법집행**으로서의 **공권력의 행사** 또는 그 **거부**와 그 **밖에 이에 준하는 행정작용** 및 행정심판에 대한 **재결**을 말한다. (O) [15 세무사]
- **취소소송의 대상**은 행정청의 "**처분 등**", 즉 **처분과 재결**이다. (O) [13 국회9]
- 행정소송법상 '**처분**'만이 **취소소송의 대상**이 된다. (X) [04 경기교행9]
- **처분**이란 행정청이 행하는 **구체적 사실에 관한 법집행**으로서의 **공권력의 행사** 또는 그 **거부**와 행정심판의 재결 및 **이에 준하는 행정작용**을 말한다. (X) [08 세무사] ➡ 처분에는 재결이 포함되지 않는다.

090 ★★☆☆

[10 세무사]

취소소송의 대상으로서의 처분의 개념요소로는 행정청의 행위, 구체적 사실에 관한 규율행위, 특정인에 대한 규율행위, 법집행행위, 공권력적 행위가 있다. O X

> **해설**
>
> ✓ 행정소송법 등에서는 '**처분**'을 **행정청이 행하는 구체적 사실에 관한 법집행**으로서의 **공권력의 행사** 또는 그 거부로 규정하고 있는바, ★특정인에 대한 규율행위는 처분의 개념요소에 포함되지 않는다. '**불특정다수인**'을 상대로 하는 소위 '**일반처분**'도 행정처분에 해당하기 때문이다. (191문 참고) **정답** X

- **행정행위의 개념징표**로는 **행정청**이 행한 행위, **권력적** 단독 행위, **구체적 사실**에 대한 **규율**행위, 외부에 대한 직접적 **법적 효과 발생**행위 등이 있다. (O) [04 울산9 변형]

091 ★★☆☆

㉠ 쟁송법상 처분을 실체법상 행정행위와 별개의 것으로 파악하는 이원설에 의하면 실체법상 행정행위 개념보다 쟁송법상 처분 개념을 넓게 파악한다. [08 세무사] O X

㉡ 행정행위는 취소소송의 대상이 될 수 없다. [06 세무사] O X

> **해설**
>
> ✓ ㉠ 강학상(학문상) '**행정행위**'는 원칙적으로 행정소송법상 **취소소송의 대상**이 되는 '**처분**'에 해당한다. 그러나 **권력적 사실행위**와 같이 **행정행위가 아니면서도 행정소송의 대상**이 되는 경우가 존재하는데, 이에 관하여 학문상의 '**행정행위**'가 행정소송법상의 '**처분**'과 **일치하는지**에 관하여 다음과 같이 **견해의 대립**이 있다.
>
> | 일원설(실체법적 처분개념설) | 행정소송법상 '처분'개념 ≒ 학문상 '행정행위' 개념 |
> |---|---|
> | 이원설(쟁송법적 처분개념설) | 행정소송법상 '처분'개념 ≠ 학문상 '행정행위' 개념 |
>
> ➤ 처분과 행정행위가 일치하지 아니하는 것으로 보는 '**이원설**'은 **행정행위보다 처분의 개념을 더 넓게** 보는데(처분 ≫ 행정행위), 이는 **항고소송의 대상범위를 넓히려는 견해**라 할 수 있다.
>
> ㉡ 일원설에 의하든 이원설에 의하든, '**행정행위**'는 행정소송법상 처분에 포함되므로, ★**행정행위는 취소소송의 대상**이 된다. **정답** ㉠ O, ㉡ ×

■ **행정행위의 개념**에 관한 논의는 **행정쟁송의 대상**에 관한 논의와 **밀접한 관련**이 있다. (O) [04 전북9]
■ **현행법상 처분** 개념은 **강학상의 행정행위** 개념과 **반드시 일치한다고 볼 수는 없다.** (O) [07 경북9]
■ **강학상 행정행위 개념**은 **행정소송법상 처분개념**과 그 **내용이나 범위**에 있어 일치한다는데 이론이 없다. (×) [03 관세사]

■ **행정소송법상 처분**의 개념과 **강학상 행정행위**의 개념이 **다르다고 보는 견해**는 **처분의 개념**을 강학상 행정행위의 개념보다 **넓게** 본다. (O) [17 국가9]
■ 실체법상의 **행정행위**와 쟁송법상의 **처분**을 **구분하는 견해**에 따르면 **행정행위가 처분보다** 그 **범위가** 더 넓다고 할 수 있다. (×) [06 국회8]
■ 실체법상의 **행정행위와 쟁송법상의 처분을 구분**하는 견해에 따르면 실체법상 **행정행위**가 쟁송법상 **처분보다** 그 **범위**가 더 넓다고 할 수 있다. (×) [11 경북교행9]

➤ **참고판례**

행정청의 행위가 '처분'에 해당하는지가 **불분명**한 경우에는 그에 대한 **불복방법 선택에 중대한 이해관계를 가지는 ★상대방의 인식가능성**과 **예측가능성**을 중요하게 고려해서 규범적으로 판단해야 한다. (대판 2021. 12. 30. 2018다241458)

092 ★★☆☆ [18 세무사]

처분청이 그 처분에 관하여 행한 행정심판위원회의 인용재결에 대하여 제기한 항고소송은 허용된다.
O X

> 해설
>
> **【행정소송법】 제49조(재결의 기속력 등)** ① 심판청구를 인용하는 재결은 ★피청구인과 그 밖의 ★관계 행정청을 기속(羈束)한다.
>
> ✓ 처분청은 행정심판청구의 인용재결에 기속되는바, 그 인용★재결에 대하여 불복할 수 없으므로, 처분청은 당연히 처분을 취소하는 재결을 대상으로 항고소송을 제기할 수 없다. **정답** ×

■ 판례는 **처분청**이 행정심판의 **재결에 불복할 수는 없다**고 본다. (O) [07 서울9]
■ 행정심판의 피청구인인 **행정청**은 **인용재결**에 대하여 **취소소송을 제기할 수 없다.** (O) [10 세무사]
■ **처분을 취소하는 재결**에 대하여 **처분청**은 **취소소송을 제기할 수 없다.** (O) [13 세무사]
■ **처분청**은 행정심판의 **재결에 대해 불복할 수 없다.** (O) [21 군무원9 변형]

093 ★★☆☆ [07 세무사]

재결처분 취소소송은 현행법상 인정하고 있지 않은 소송형태이다.
O X

> 해설
>
> **【행정소송법】 제19조(취소소송의 대상)** **취소소송**은 **처분등**을 **대상**으로 한다. 다만, **재결취소소송**의 경우에는 ★재결 자체에 고유한 위법이 있음을 이유로 하는 경우에 한한다.
>
> ✓ ⓐ 행정소송법에서는 **취소소송**의 **대상**을 '**처분등**', 즉 **처분과 재결**로 규정하고 있는데
>   ⓑ 다만 행정심판의 '**재결 그 자체에 고유한 위법**'이 있는 경우에만, **재결을 대상으로 행정소송을 제기할 수 있**도록 ★'**재결취소소송**'을 규정하고 있다. **정답** ×

■ 행정심판의 **재결도 취소소송의 대상**이 될 수 있다. (O) [00 국가9]
■ 행정심판의 **재결**은 **행정소송의 대상**이 될 수 없다. (X) [07 국회8]
■ **재결취소소송**은 현행법상 **허용**되지 않는 **행정쟁송수단**이다. (X) [12 경행]
■ 행정심판**재결의 취소**를 구하는 **소송**은 **항고소송에 해당**하지 않는다. (X) [12 세무사]

094 ★★★★

재결취소소송은 재결 자체에 고유한 위법이 있음을 이유로 하는 경우에 한한다. **O X**

> 해설
>
> **【행정소송법】**
> **제19조(취소소송의 대상)** 취소소송은 처분등을 대상으로 한다. 다만, **재결취소소송**의 경우에는 ★**재결 자체에 고유한 위법이 있음**을 이유로 하는 경우에 한한다.
> **제38조(준용규정)**
> ① **제19조**의 규정은 **무효등 확인소송**의 경우에 **준용**한다.
> ② **제19조**의 규정은 **부작위위법확인소송**의 경우에 **준용**한다
>
> ⓐ 행정소송법에서 **재결을 대상**으로 한 **행정소송**의 제기는 **재결 그 자체에 고유한 위법**이 **있는 경우**에만 가능하도록 제한하고 있다.
>
>   ⓑ 한편 제19조는 다른 항고소송(**무효등 확인소송, 부작위위법확인소송**)에서도 **준용**되는바, 사안에 따라 **재결무효등확인소송, 재결부작위위법확인소송**도 제기할 수도 있다. **정답** O

📝 **재결**은 그 **자체에 고유한 위법**이 있을 때만 **취소소송의 대상**이 된다. (O) [02 관세사]

📝 **재결에 고유한 위법**이 있는 경우 **재결**이 **취소소송의 대상**이 된다. (O) [05 세무사]

📝 현행 행정소송법은 "**재결취소소송**의 경우에는 **재결 자체에 고유한 위법이 있음**을 이유로 하는 경우에 **한한다**."고 규정하고 있다. (O) [08 세무사]

📝 **재결취소소송**은 **재결 자체에 고유한 위법이 있음**을 이유로 하는 경우에 **한한다**. (O) [14, 17 세무사]

📝 **재결취소소송**의 경우에는 **재결 자체에 고유한 위법이 있음**을 이유로 하는 경우에 **한한다**. (O) [15 세무사]

📝 **재결에 대한 취소소송**은 **재결 자체에 고유한 위법이 있음**을 이유로 하는 경우에 제기할 수 있다. (O) [22 세무사]

📝 **항고소송**은 원칙적으로 당해 **처분을 대상**으로 하나, 당해 처분에 대한 **재결 자체에 고유한 주체, 절차, 형식 또는 내용상의 위법**이 있는 경우에 **한하여** 그 **재결을 대상**으로 할 수 있다. (O) [23 군무원7]

📝 **재결무효확인소송**은 **재결 자체에 고유한 위법이 있음**을 이유로 하는 경우에 **가능**하다. (O) [13 세무사]

📝 **재결무효등확인소송**의 경우 **재결 자체에 고유한 위법**이 있음을 이유로 하는 경우에 **한한다**. (O) [20 세무사]

095 ★★★☆

㉠ 처분의 위법을 주장하며 기각재결에 불복하는 경우 재결이 취소소송의 대상이 된다.

[05 세무사] **O X**

㉡ 행정심판의 재결에 이유모순의 위법이 있는 경우 원처분의 취소를 구하는 소송에서 위법사유로서 재결 자체의 고유한 하자를 주장할 수 있다.

[19 세무사] **O X**

해설

✓ ㉠ 행정심판을 거쳐 기각재결을 받은 후에 행정소송으로 '**원처분에 존재하는 위법**'을 다투려면, '**원처분주의**'에 따라서 **★원처분을 대상으로** 한 **행정소송에서 그 위법을 주장**해야 하는 것이므로, 원처분에 존재하는 위법을 주장하면서 **재결을 대상으로** 행정소송을 제기할 수 없는 것이다.

> 행정처분에 대한 행정**심판의 재결에 이유모순의 위법**이 있다는 사유는 **재결처분 자체에 고유한 하자**로서 **★재결처분의 취소를 구하는 소송**에서는 그 **위법 사유로서 주장**할 수 있으나, **원처분의 취소를 구하는 소송**에서는 그 취소를 구할 **위법사유로서 주장할 수 없다.** (대판 1996.2.13. 95누8027)

㉡ 반면에 **재결 자체에 고유한 위법이** 있는 경우에는, **★재결취소소송 등을 제기하여** 재결 자체에 위법이 있다는 주장을 펼쳐야 하는 것이므로, 원처분에 대한 취소소송에서 **재결 자체의 고유한 위법사유를 주장할 수 없는 것이다.**

정답 ㉠ × , ㉡ ×

🔲 **원처분의 위법을 이유로 재결에 대해 취소소송을 제기할 수 없는 것**이 원칙이다. (O) [11 세무사]

🔲 **원처분의 위법을 이유로** 행정심판**재결에 대한 취소소송을 제기할 수 없다.** (O) [13 국가9]

🔲 A**국립대학교의 총장**으로부터 **해임처분을** 받은 **교원 甲**은 이에 불복하여 교원소청심사위원회에 **소청심사를 청구**하였으나 **청구가 기각**되었고, 甲은 **교원소청심사위원회의 결정에 고유한 위법이 있다는 이유**로 제기한 **소청심사결정 취소소송**에서는 **원처분인** A국립대학교 총장의 **해임처분의 하자를 주장할 수 없다.** (O) [16 변시 변형]

🔲 **재결에 대한 취소소송**에서 원처분의 위법성을 이유로 **재결의 취소를 주장할 수 있다.** (×) [06 관세사 수정]

🔲 **행정심판청구를 기각한 재결**에 대하여 원처분의 내용상의 위법을 **주장하여 제소**할 수 있다. (×) [14 세무사] ☑ 원처분의 내용상의 위법 → 재결에 고유한 위법

🔲 행정처분에 대한 **행정심판의 재결에 이유모순의 위법**이 있다는 사유는 **재결처분 자체에 고유한 하자**로서 **재결처분의 취소를 구하는 소송**에서는 그 **위법사유로서 주장**할 수 있으나, **원처분의 취소를 구하는 소송에서는** 그 취소를 구할 **위법 사유로서 주장할 수 없다.** (O) [20 군무원9]

🔲 행정처분에 대한 **행정심판의 재결에 이유모순의 위법**이 있다는 사유는 원처분의 취소를 구하는 소송뿐 아니라 **재결처분의 취소를 구하는 소송**에서도 그 **취소를 구할 위법사유로 주장**할 수 있다. (×) [14 지방7]

🔲 행정처분에 대한 **재결에 이유모순의 위법**이 있다는 사유는 **재결 자체에 고유한 하자**로서 **재결의 취소를 구하는 소송에서 이를 주장**할 수 있고, 원처분의 취소를 구하는 소송에서도 그 취소를 구할 위법사유로서 주장할 수 있다. (×) [20 소방간부]

096 ★★★★

재결 자체의 고유한 위법에는 재결 자체의 주체, 절차, 형식상의 위법뿐만 아니라 재결 자체의 내용상 위법도 포함된다. **O X**

> **해설**
>
> 행정소송법 제19조에서 말하는 '**재결 자체에 고유한 위법**'이란 원처분에는 없고 **재결에만 있는** 재결청의 **★권한 또는 구성의 위법**, 재결의 **★절차나 형식의 위법**, **★내용의 위법** 등을 뜻한다. (대판 1997. 9. 12. 96누14661)
>
> ✓ 원처분에는 없으면서 **재결 자체에만 존재하는 위법**은 **★주체·절차·형식·내용**에 관한 **위법**이 포함된다. 여기서 ⒶⒶ **부적법한 행정심판청구**에 대하여 **인용재결**을 내린 경우나, ⒷⒷ **적법한 행정심판청구**에 대하여 **각하재결**을 내린 경우가 '**내용상의 위법**'에 해당한다. **정답** O

- **재결취소소송의 대상**이 되는 **재결의 고유한 위법**에는 **주체·형식·절차상의 위법**은 물론 **내용상의 위법**도 포함된다. (O) [15 교행9]
- 「행정소송법」 제19조에서 말하는 '**재결 자체에 고유한 위법**'이란 원처분에는 없고 재결에만 있는 **재결청의 권한** 또는 **구성의 위법**, 재결의 **절차나 형식의 위법**, **내용의 위법** 등을 뜻한다. (O) [22 국가9]
- **재결 자체의 고유한 위법**은 주체·형식·절차상의 위법을 의미하며, **내용상의 위법은 포함**되지 않는다. (X) [11 세무사]
- **재결 자체의 고유한 위법**에는 **내용상(의) 위법은 포함**되지 않는다. (X) [13, 24 세무사]
- **재결의 내용의 위법**은 재결 자체의 고유한 위법에는 **해당**하지 않는다. (X) [17 세무사]

097 ★★★★

행정심판청구가 부적법하여 각하하여야 함에도 인용재결을 한 경우 재결취소소송이 허용된다. **O X**

> **해설**
>
> 행정청이 골프장 사업계획승인을 얻은 자의 사업시설 착공계획서를 수리한 것에 대하여 인근 주민들이 그 수리처분의 취소를 구하는 행정심판을 청구하자 재결청이 그 청구를 인용하여 수리처분을 취소하는 형성적 재결을 한 경우, 그 수리처분 취소 **심판청구는 행정심판의 대상이 되지 아니하여 ★부적법 각하하여야 함에도** 위 **재결은 그 청구를 인용**하여 수리처분을 취소하였으므로 **재결 자체에 고유한 하자**가 있다. (대판 2001. 5. 29., 99두10292)
>
> ✓ **부적법한 행정심판**의 제기가 있는 때에는 **각하재결**을 내려야 하나, 오히려 **이를 인용하는 재결**을 내린 경우는 **★재결 자체에 고유한 하자**가 있는 셈이므로, **재결취소소송의 대상**이 된다. **정답** O

- 행정**심판청구가 부적법하여 각하하여야 함에도 인용재결**을 한 경우 **재결취소소송이 인정**된다. (O) [20 세무사]
- **처분이 아닌** 자기완결적 신고의 **수리**에 대한 심판청구는 **행정심판의 대상이 되지 아니하여 부적법 각하하여야 함에도 인용재결**한 경우 이는 **재결 자체에 고유한 위법이 있다**고 할 것이다. (O) [20 소방간부]

098 ★★★★

㉠ 행정심판청구가 부적법하지 않음에도 불구하고 각하한 재결의 경우, 재결 자체의 고유한 위법은 인정되지 않는다. [16 세무사] O X

㉡ 행정심판청구가 적법함에도 실체심리를 하지 아니한 채 각하한 재결에 대해서는 취소소송을 제기할 수 있다. [13 세무사] O X

> **해설**
>
> 행정소송법 제19조에 의하면 행정심판에 대한 재결에 대하여도 그 재결 자체에 고유한 위법이 있음을 이유로 하는 경우에는 항고소송을 제기하여 그 취소를 구할 수 있고, 여기에서 말하는 '**재결 자체에 고유한 위법**'이란 그 재결자체에 주체, 절차, 형식 또는 내용상의 위법이 있는 경우를 의미하는데, 행정**심판청구가 ★부적법하지 않음에도 각하한 재결**은 심판청구인의 실체심리를 받을 권리를 박탈한 것으로서 **원처분에 없는 고유한 하자가 있는 경우**에 해당하고, 따라서 위 ★**재결은 취소소송의 대상**이 된다. (대판 2001.7.27., 99두2970)
>
> ✓ 행정심판이 적법하게 청구된 경우에는 청구내용의 당·부당을 판단하는 **인용재결이나 기각재결**을 내려야 함에도, **부적법한 청구로 오인**하여 곧바로 **각하재결**을 내린 경우에는, 재결 자체에 고유한 하자가 있는 것으로 인정되어, **재결취소소송의 대상**이 된다. **정답** ㉠ ✕, ㉡ O

📘 **행정심판청구**가 **부적법하지 않음에도** 불구하고 **각하한 재결**은 '**재결에 고유한 위법이 있는 경우**'로 볼 수 있다. (O) [09 세무사]

📘 **행정심판청구**가 **부적법하지 않음에도 각하한 재결**은 **원처분에 없는 고유한 하자가 있는 경우**에 해당한다. (O) [14, 22 세무사]

📘 **적법한 행정심판청구**에 대한 **각하재결**은 **처분성이 인정**되지 않는다. (✕) [10 세무사]
➡ 재결 자체에 고유한 하자 = 재결취소소송의 대상적격(처분성) 성립

📘 **적법한 행정심판청구를 각하한 재결**에 불복하는 경우 **재결이 취소소송의 대상**이 된다. (O) [05 세무사]

📘 **행정심판청구**가 **부적법하지 않음에도** 실체심리를 하지 아니한 채 **각하한 재결**은 **재결취소소송의 대상**이 된다. (O) [06 세무사]

📘 **적법한 심판청구를 각하하는 재결**에 대해서는 **취소소송을 제기할 수 있다.** (O) [11 세무사]

📘 **행정심판청구**가 **부적법하지 않음에도 각하한 재결**에 대해서는 **취소소송을 제기할 수 있다.** (O) [19 세무사]

📘 **행정심판청구**가 **부적법하지 않음에도 각하한 재결**은 심판청구인의 실체심리를 받을 권리를 박탈한 것으로서 **원처분에 없는 고유한 하자가 있는 경우**에 해당하고, 따라서 위 **재결은 취소소송의 대상**이 된다. (O) [21 국가7]

📘 **적법한 행정심판청구를 각하한 재결**은 **재결에 고유한 위법이 있는 경우**에 해당한다. (O) [24 세무사]

📘 **적법한 행정심판청구를 각하한 재결**에 대하여 **취소소송을 제기**할 수 없다. (✕) [06 경기]

📘 **행정심판청구**가 **부적법하지 않음에도 각하한 재결**은 **취소소송의 대상**이 될 수 없다. (✕) [16 세무사]

099 ★★★☆

⊙ 행정심판위원회의 구성에 위법사유가 있는 상태에서 행한 재결은 '재결에 고유한 위법이 있는 경우'로 볼 수 있다. [09 세무사] **O X**

ⓒ 법령상 심판절차를 준수하지 않은 재결에 대해서는 취소소송을 제기할 수 있다. [11 세무사] **O X**

ⓒ 행정심판의 재결서에 주문만 기재되고 이유의 기재가 없는 경우 재결 자체의 고유한 하자가 인정된다. [19 세무사] **O X**

ⓒ 행정심판에 있어서 원처분보다 청구인에게 불이익하게 행한 재결은 '재결에 고유한 위법이 있는 경우'로 볼 수 있다. [09 세무사] **O X**

해설

■ '재결 자체에 고유한 위법'이 있는 사례

주체상 위법	• 행정심판**위원회의 구성에 위법**이 있는 경우 　예 행정심판위원 중 결격사유가 있는 사람이 포함된 경우 　예 의사정족수(과반수 출석)나 의결정족수(과반수 의결)에 미달된 경우 • **관할** 행정심판위원회가 **아닌 행정심판위원회에서 심판**한 경우
절차상 위법	• 행정심판**절차를 준수하지 않은** 경우 　예 청구인이 구술심리를 신청한 경우에도, 서면심리로 진행한 경우
형식상 위법	• 행정심판의 **재결형식에 흠결**이 있는 경우 　예 서면에 의하지 않고 구두로 재결한 경우 　예 재결서에서 기명날인이나 필요적 내용(주문, 이유, 날짜 등)이 누락된 경우
내용상 위법	• **내용상 하자**가 있는 각하재결, 기각재결, 인용재결 　예 부적법한 심판청구를 인용하거나, 적법한 심판청구를 각하한 경우 　예 처분청의 처분보다 불리한 재결을 한 경우(불이익변경금지의 원칙 위배)

정답 ⊙ O, ⓒ O, ⓒ O, ⓒ O

🔲 **구성원의 결격사유가 있는 행정심판위원회**에 의한 **재결에 대해서는 취소소송을 제기**할 수 있다. (O) [13 세무사]

🔲 **권한이 없는 행정심판위원회**에 의한 **재결**의 경우는 **재결 자체에 고유한 위법이 있는 경우**의 예이다. (O) [20 군무원9]

🔲 **서면에 의하지 않은 재결**의 경우 **형식상 하자**가 있으므로 **재결에 대해서 항고소송을 제기**할 수 있다. (O) [15 서울7]

🔲 **행정심판청구의 대상이 되지 않는 사항**에 대하여 **행한 재결**은 '**재결에 고유한 위법이 있는 경우**'로 볼 수 있다. (O) [09 세무사]　➡ 97문에서 살펴본 경우이다.

🔲 **행정심판의 대상이 아닌 관념의 통지**에 대하여 **행한 인용재결**의 경우, **재결 자체의 고유한 위법은 인정**되지 않는다. (×) [17 세무사]

> 행정처분이 아닌 관념의 통지를 대상으로 한 재결이 행정소송법 제19조 단서 소정의 **재결 자체에 고유한 위법이 있는 경우**에 해당한다.(대판 1993. 8. 24. 92누1865)

🔲 **원처분보다** 청구인에게 **불리하게 변경된 재결**은 **취소소송의 대상**이 될 수 있다. (O) [16 세무사]

100 ★★★☆

㉠ 제3자가 행정심판을 제기하여 처분취소재결이 있는 경우, 그 처분의 상대방이 제기한 재결취소소송은 재결의 고유한 하자를 주장하는 것이다. [14 세무사] **O X**

㉡ 제3자의 권리 또는 이익에 영향을 미치지 않는 인용재결은 '재결에 고유한 위법이 있는 경우'로 볼 수 있다. [09 세무사] **O X**

> **해설**
>
> 이른바 복효적 행정행위, 특히 **제3자효를 수반**하는 행정행위에 대한 **행정심판청구**에 있어서 <u>그 청구를 인용하는 내용의 재결</u>로 인하여 비로소 **권리이익을 침해**받게 되는 **자**는 그 인용재결에 대하여 **다툴 필요**가 있고, 그 **인용재결은 원처분과 내용을 달리하는 것**이므로 그 **인용재결의 취소를 구하는 것**은 ★**원처분에는 없는 재결에 고유한 하자를 주장**하는 셈이어서당연히 **항고소송의 대상**이 된다. (대판 1997. 12. 23., 96누10911)
>
> ✅ ㉠ 가령 **甲이 공장설립허가**를 받았는데, 그 공장부지 이웃 주민 **乙과 丙이** 환경상 이익 침해를 주장하면서 **공장설립허가처분 취소심판을 청구**하여 **인용재결(처분취소재결)**이 내려진다면, 공장설립허가처분의 효력이 사라지게 된다. 이러한 경우 **당초 허가를 받았던 甲**으로서는 그 **인용재결을 대상으로 항고소송을 제기할 수 밖에 없기 때문에**, 이와 같이 제3자효 행정처분에 대한 행정심판 **인용재결에 문제가 있다고 주장하는 것**은 결국 '**재결에 고유한 위법**'을 주장하는 것이다.
>
> 이른바 복효적 행정행위, 특히 **제3자효를 수반**하는 행정행위에 대한 **행정심판청구**에 있어서 <u>그 청구를 인용하는 내용의 재결</u>로 인하여 **새로이 ★어떠한 권리이익도 침해받지 아니하는 자**인 경우에는 <u>그 재결의 취소를 구할 소의 이익이 없다.</u> (대판 1995. 6. 13., 94누15592)
>
> ✅ ㉡ 반대로 **제3자효 행정행위**에 대하여 누군가가 행정심판을 청구하여 **인용재결까지 받았더라도**, 그 재결로 권리나 이익의 침해를 받은 사람이 존재하지 않는 경우에는 재결에 고유한 위법이 있다고 볼 수 없으므로, 그 재결을 다툴 수 없는 것이다.
>
> **정답** ㉠ O, ㉡ ×

🔲 **의약품제조품목허가처분**에 대하여 원처분의 상대방이 아닌 **제3자가 행정심판을 청구**하여 재결청이 원처분을 취소하는 **형성재결**을 한 경우에, 그 **원처분의 상대방**은 그 **재결에 대하여 항고소송을 제기**할 수 밖에 없는데, 이 경우 위 **재결은 원처분과 내용을 달리하는 것**이어서 재결의 취소를 구하는 것은 **원처분에 없는 재결 고유의 위법을 주장**하는 것이 된다. (O) [13 변시]

🔲 **제3자효를 수반하는 행정행위**에 대한 **행정심판청구**에 있어서 그 **청구를 인용하는 내용의 재결**로 인하여 비로소 **권리이익을 침해받게 되는 자**는 그 **인용재결에 대하여 다툴 필요**가 있고, 그 **인용재결은 원처분과 내용을 달리하는 것**이므로 그 **인용재결의 취소를 구하는 것**은 원처분에는 없는 **재결에 고유한 하자를 주장**하는 셈이어서 당연히 **항고소송의 대상**이 된다. (O) [21 국가7]

🔲 원처분의 상대방이 아닌 **제3자가 행정심판을 청구**하여 재결청이 원처분을 취소하는 **형성재결**을 한 경우에 **원처분의 상대방이 그 재결의 취소**를 구하는 것은 **원처분에 없는 재결 고유의 위법을 주장하는 것**이 된다. (O) [22 세무사]

101 ★★★★

행정심판의 인용재결은 제3자가 제기하는 취소소송의 대상이 될 수 있다. OX

> **해설**
> ☑ 앞의 문제에서 살펴보았듯이, **제3자효(복효적) 행정행위**에 대한 **행정심판청구의 인용재결(원처분취소재결 등)**이 내려지면, ★**원처분의 상대방**(* 앞의 문제에서는 제3자로 표현)은 **권리나 이익을 침해받게 되는 자**로서 ★**'인용재결에 문제가 있다'(=재결에 고유한 위법이 있다)**라는 주장을 할 수밖에 없는바, **인용재결 취소소송을 제기할 수 있게 된다.**
> **정답** O

▣ **제3자가 제기**한 **행정심판의 인용재결**에 대해 **처분의 상대방이 불복**하는 경우 **재결이 취소소송의 대상**이 된다. (O) [05 세무사]

▣ **건축허가**를 받은 자의 경우 **자신에 대한 건축허가처분을 취소하는 재결**은 항고소송의 대상이 될 수 있다. (O) [08 관세사 수정]

▣ **제3자효를 수반**하는 **행정행위**에 있어서 **인용재결로 인하여 불이익을 입은 자**는 그 **인용재결**에 대하여 **항고소송을 제기할 수 있다.** (O) [08 세무사]

▣ **원처분의 상대방**은 제3자의 행정심판청구를 인용한 재결에 대하여 **취소소송을 제기할 수 있다.** (O) [13 세무사]

▣ **복효적 행정행위**에 대한 **행정심판의 인용재결로 불이익을 입은 자**는 인용재결의 취소를 구할 수 있다. (O) [19 세무사]

▣ **제3자효를 수반**하는 **행정행위**에 대한 **행정심판청구**에 있어서, 그 **청구를 인용하는 내용의 재결**로 인해 비로소 **권리이익을 침해받게 되는 자**라도 **인용재결에 대해서는 항고소송을 제기**하지 못한다. (×) [15 서울7]

102 ★★★☆

甲과 乙은 관할 행정청 A에게 동일지역을 대상으로 하는 도로점용허가를 신청하였으나, A는 乙에게 허가를 하였다. 甲이 乙에 대한 허가처분의 취소를 구하는 심판을 제기하였고, 이에 대해 인용재결이 행해진 경우, 乙은 그 재결에 대하여 취소소송을 제기할 수 있다. OX

> **해설**
> ☑ 乙과 **경원(競願)관계에 있는 甲**이 행정심판(甲에 대한 도로점용허가 취소심판)을 **청구**하고 그 청구에 대하여 **인용재결(도로점용허가 취소재결)**이 내려지면, **乙에 대한 도로점용허가는 취소될 것이다.** 결국 **乙은 인용재결**로 인하여 ★**권리이익을 침해받게 되는 자**에 해당하게 되므로, **재결취소소송을 제기하여 그 인용재결을 다투어야** 침해된 권익을 구제받을 수 있다.
> **정답** O

▣ **국토교통부장관**은 몰디브 직항 **항공노선 1개의 면허**를 국내항공사에 발급하기로 **결정**하고, 이 사실을 공고하였다. 이에 따라 **A항공사와 B항공사**는 각각 **노선면허취득을 위한 신청**을 하였는데, **국토교통부장관**은 심사를 거쳐 **A항공사에게 노선면허를 발급**하였다. 이 경우 만약 **B항공사**가 이 사건 **노선면허발급처분**에 대한 **행정심판을 청구하여 인용재결**을 받는다면, **A항공사**는 그 **인용재결의 취소를 구하는 소송을 제기**할 수 있다. (O) [17 국가9 下]

103 ★★★★

재결 자체에 고유한 위법이 없는 경우에는 각하판결을 하여야 한다. **O X**

> **해설**
>
> **재결취소소송**의 경우 **재결 자체에 고유한 위법이 있는지 여부를 심리**할 것이고, **재결 자체에 고유한 위법이 없는 경우**에는 원처분의 당부와는 상관없이 당해 재결취소소송은 이를 **★기각하여야** 한다.(대판 1994. 1. 25. 93누16901)
>
> ✓ **재결취소소송**에서 **재결 자체의 고유한 위법 유무**에 대한 심리는 **본안판단의 사항**이므로, 본안심리 결과 **재결 자체의 고유한 위법이 인정되지 않으면 기각판결**을 내리게 된다. **정답** ✕

- 📄 **재결 자체에 고유한 위법이 없음**에도 **재결에 대해 취소소송**을 제기한 경우 판례는 이를 **기각하여야** 한다고 한다. (○) [06 세무사]
- 📄 **재결 자체에 고유한 위법이 없음**에도 **재결취소소송**이 제기된 경우 **기각판결의 대상**이 된다. (○) [11 세무사]
- 📄 **재결에 고유한 위법이 없음**에도 제기된 **재결취소소송**은 **기각의 대상**이다. (○) [13 세무사]
- 📄 **재결 자체에 고유한 위법이 없는 경우**에는 원처분의 당부와는 상관없이 당해 **재결취소소송은 기각**된다. (○) [14 세무사]
- 📄 **재결 자체에 고유한 위법이 없음**에도 제기된 **재결취소소송**은 각하**판결의 대상**이다. (✕) [17 세무사]
- 📄 **재결취소소송**을 제기하였으나 **재결에 고유한 위법이 없는 경우**에는 각하**판결**을 하여야 한다. (✕) [24 세무사]

104 ★★★☆

인용재결의 취소를 구하는 소송에서 법원은 행정심판위원회가 원처분의 취소 근거로 내세운 판단사유의 당부뿐만 아니라, 행정심판위원회가 심판청구인의 심판청구원인 사유를 배척한 판단 부분이 정당한가도 심리·판단하여야 한다. **O X**

> **해설**
>
> **인용재결의 취소를 구하는 당해 소송**은 그 **인용재결의 당부를** 그 **심판대상**으로 하고 있고, 그 점을 가리기 위하여는 행정심판청구인들의 심판청구원인 사유에 대한 재결청의 판단에 관하여도 그 당부를 심리·판단하여야 할 것이므로, 원심으로서는 **재결청**이 **원처분의 취소** 근거로 **★내세운 판단사유**의 당부뿐만 아니라 재결청이 심판청구인의 심판**청구원인 사유**를 **★배척한 판단 부분**이 **정당한가도 심리·판단하여야** 한다.(대판 1997. 12. 23., 96누10911)
>
> ✓ **재결취소소송**에서 **법원**이 **재결의 당·부당을 판단**하기 위해서는, **행정심판위원회**가 행정심판 청구인의 주장을 [1]**'인용'한 판단부분**이 정당한지 여부는 물론, 그 청구인의 주장을 [2]**'배척'한 판단부분**까지도 정당한지를 **같이 심리하여야** 한다는 의미이다. **정답** ○

- 📄 **인용재결의 당부를** 그 **심판대상**으로 하고 있는 **인용재결의 취소를 구하는 당해 소송에서는** 재결청이 심판청구인의 **심판청구원인 사유를 배척한 판단 부분이 정당한가도 심리·판단**하여야 한다. (○) [20 소방간부]

105   ★★☆☆   [12 세무사]

행정심판을 거친 후에는 그 재결만을 대상으로 취소소송을 제기하여야 한다.   O X

> [해설]
>
> **【행정소송법】제19조(취소소송의 대상) 취소소송은 처분등을 대상으로 한다.**
>
> ✅ 행정소송법에서는 **취소소송의 원칙적 대상**을 '**처분등**'으로 규정함으로써, 이른바 '**원처분주의**'를 **선언**하고 있는 바, 행정심판을 거친 경우에도 ★**원처분**'을 대상으로 **행정소송을 제기**하여야 함이 원칙이다.
>
> ■ **원처분주의 vs 재결주의**
>
> | Ⓐ 원처분주의 | 원칙 | 행정청이 행한 '원처분'을 대상으로만 행정소송 제기 가능 |
> | --- | --- | --- |
> | | 예외 | 행정심판을 거친 경우, 재결에 '고유한 위법'이 있는 경우에만 '재결'을 대상으로 행정소송 제기 가능 |
> | Ⓑ 재결주의 | | 행정심판을 거친 경우, '재결'을 대상으로만 행정소송 제기 가능 |
>
>   **정답** ✕

📋 소송의 대상에 있어 **처분과 재결의 관계**에 대해 **취소소송의 대상**은 **원칙적으로 원처분**이다. (○) [06 대구교행9]

📋 **행정심판을 거친 행정소송의 대상**과 관련하여, 현행 **행정소송법**은 **원처분주의**를 취하고 있다. (○) [12 서울9 수정]

📋 **행정소송의 대상**과 관련하여, 행정소송법은 **재결주의**를 취하고 있다. (✕) [08 관세사]

📋 **행정심판을 거쳐 행정소송이 제기**된 경우 소송대상은 재결이다. (✕) [03 입시]

📋 **행정소송**은 원칙적으로 **행정심판이 기각**된 경우 그 거각재결을 대상으로 한다. (✕) [05 국가9]

📋 **행정심판의 재결을 거친 경우**에는 원칙적으로 재결을 **취소소송의 대상**으로 **하여야** 한다. (✕) [24 세무사]

106   ★☆☆☆

㉠ 현행 행정소송법은 원처분주의를 채택하고 있으나, 개별 법률이 원처분주의에 대한 예외로서 재결주의를 택하는 경우가 있다.   [08 세무사] O X

㉡ 재결취소소송에서 원처분주의를 취할 것인가 재결주의를 취할 것인가는 입법정책의 문제이다.   [06 세무사] O X

> [해설]
>
> ✅ ㉠ 행정소송법에서는 **원처분주의**를 취하고 있으나, **특정 개별법**에서는 '**재결주의**'를 취함로써, 예외적으로 원처분이 아닌 '**재결**'을 **취소소송의 대상**으로 **규정**하고 있는 경우가 있는데,
>
>   ㉡ 이는 정책적 사유에 기한 입법, 즉 ★**입법정책**에 따라 특별히 **재결주의를 취하는 것**이다. ★'**감사원법**', '**특허법**', '**노동위원회법**' 등이 그 예이다.   **정답** ㉠ ○, ㉡ ○

📋 **재결주의**에 해당하는 경우 **재결이 취소소송의 대상**이 된다. (○) [05 세무사]

107 ★★★★

감사원의 변상판정에 대한 재심의 판정에 대한 불복은 원처분주의에 의한다. **O X**

> **해설**
>
> **감사원**의 **변상판정처분**에 대하여서는 **행정소송을 제기할 수 없고**, 재결에 해당하는 **★재심의 판정**에 대하여서만 감사원을 피고로 하여 **행정소송을 제기**할 수 있다. (대판 1984. 4. 10., 84누91)
>
> ✓ 감사원의 변상판정처분(원처분)에 대한 감사원의 재심의 판정(재결)이 있는 때에는, 재결주의(감사원법 제40조 제2항)에 따라 **'재심의판정'**이 행정소송의 대상이 된다는 판시이다. **정답** ×

- **감사원의 재심의판정에 대한 불복**은 원처분중심주의의 예외인 **재결주의**를 취하고 있다. (O) [07 세무사 변형]
- **감사원의 변상판정**에 대한 **재심의판정**은 **재결주의**에 해당한다.(O) [15 세무사]
- 취소소송의 대상에 있어, 감사원법상 **감사원의 재심의판정**은 **재결주의**가 적용된다. (O) [21 세무사]
- **감사원의 변상판정처분**에 대하여는 취소소송을 제기할 수 없고, **재결에 해당하는 재심의판정**만이이 소송의 **대상**이 된다. (O) [06 세무사]
- **감사원의 변상판정처분**에 대하여는 항고**소송을 제기할 수 없고**, 그에 대한 **재결에 해당하는 재심의판정**만이 **항고소송의 대상**이 된다. (O) [08 세무사]
- **감사원의 변상판정처분**은 항고**소송의 대상이 아니다**. (O) [11 세무사]

108 ★★★★

특허심판의 심결에 대한 재심 판정은 재결주의에 해당한다. **O X**

> **해설**
>
> **【특허법】 제186조(심결 등에 대한 소)** ⑥ **특허취소**를 신청할 수 있는 사항 또는 심판을 청구할 수 있는 사항에 관한 **소**는 특허취소결정이나 **★심결에 대한 것**이 아니면 제기할 수 없다
>
> ✓ **특허결정** 등의 당부를 다투는 경우에도 **재결주의**가 적용된다. 가령 **특허심사관**이 **특허출원**에 대하여 **특허거절결정**을 한 경우, 그 **거절결정**을 **대상**으로 **특허심판원(특별행정심판기관)**에 **심판청구**를 한 후에 그 청구에 대한 **특허심판원**의 **'★심결(특허법상의 재결 명칭)'**을 **대상**으로 **특허법원**에 **심결취소소송을 제기**하여야 한다. **정답** O

- **특허심판원의 심결에 대한 불복**은 원처분중심주의의 예외인 **재결주의**를 취하고 있다. (O) [07 세무사 변형]
- 취소소송의 대상에 있어, 특허법상 **특허심판원의 심결**은 **재결주의가 적용**된다. (O) [21 세무사]
- **특허출원에 대한 심사관의 거절사정**에 대하여 행정소송을 제기할 수 없고, **특허심판원에 심판청구**를 한 후 그 **심결을 소송대상**으로 하여 **특허법원**에 **심결취소를 요구하는 소를 제기**하여야 한다. (O) [13 서울7 수정]

109 ★★★★

㉠ 지방노동위원회의 처분에 대한 중앙노동위원회의 재심판정에 불복하려면 중앙노동위원회의 재심 판정을 대상으로 취소소송을 제기하여야 한다.　　　　[22 세무사] O X

㉡ 재결에 해당하는 중앙노동위원회의 재심판정에 대하여는 취소소송을 제기할 수 없고, 원처분인 지방노동위원회의 중재재정결정만이 소송의 대상이 된다.　　　　[06 세무사] O X

> **해설**
>
> **┃노동위원회법┃**
> **제26조(중앙노동위원회의 재심권)** ① **중앙노동위원회**는 당사자의 신청이 있**는 경우 지방노동위원회 또는 특별 노동위원회의 처분을 ★재심**하여 이를 인정·취소 또는 변경할 수 있다.
>
> **제27조(중앙노동위원회의 처분에 대한 소송)** ① **중앙노동위원회**의 **★처분**에 대한 소송은 **중앙노동위원회 위원 장**을 피고(被告)로 하여 처분의 송달을 받은 날부터 15일 이내에 **제기**하여야 한다.
>
> **┃노동조합 및 노동관계조정법┃**
> **제85조(구제명령의 확정)** ② 제1항의 규정에 의한 **중앙노동위원회의 ★재심판정**에 대하여 관계 당사자는 그 재 심판정서의 송달을 받은 날부터 15일 이내에 행정소송법이 정하는 바에 의하여 **소를 제기**할 수 있다.
>
> ✓ ⓐ **지방노동위원회의 처분**(구제명령, 중재재정 결정 등)에 대한 **중앙노동위원회의 처분(재심판정)**을 다투는 경 우에도 '재결주의'가 적용되므로,
>
> ⓑ 특별행정심판기관인 **중앙노동위원회에 재심청구**를 한 후에 그 청구에 대하여 내려진 '**처분(재심판정)**'에도 **불복**하는 때에는, 지방노동위원회의 원처분을 대상으로 행정소송을 제기할 수 없고, 그 **★재심판정을 대상으**로 **행정소송을 제기하여야** 한다.　　　　**정답** ㉠ O, ㉡ ×

▨ **중앙노동위원회의 재심판정에 대한 불복**은 원처분중심주의의 예외인 **재결주의**를 취하고 있다. (O) [07 세무사 변형]

▨ **지방노동위원회의 처분**에 대한 **중앙노동위원회의 재심의 판정**은 재결주의에 **해당**한다. (O) [15 세무사]

▨ **노동위원회의 처분**에 대한 **중앙노동위원회의 재심 판정에 대한 불복**은 재결주의에 의한다. (O) [18 세무 사]

▨ **지방노동위원회의 구제명령**에 대해서는 **중앙노동위원회에 재심을 신청**한 후 그 **재심판정에 대하여** 중앙 노동위원회장을 피고로 하여 **재심판정 취소의 소를 제기**하여야 한다. (O) [13 국가7 수정]

▨ **지방노동위원회의 결정에 불복**하여 **중앙노동위원회의 재심판정**이 있는 경우 지방노동위원회의 결정에 대해 **행정소송을 제기**할 수 있다. (×) [21 국회9]

■ '재결주의' 사례 정리

근거법률	원처분	재결(소의 대상)
감 사 원 법	감사원의 변상판정	감사원의 재심의판정
특 허 법	특허심사관의 거절결정	특허심판원의 심결
노 동 위 원 회 법 등	지방노동위원회의 처분	중앙노동위원회의 재심판정

110 ★★★☆

㉠ 취소소송의 대상에 있어, 국가공무원법상 소청심사위원회의 결정은 재결주의가 적용된다.

[21 세무사] O X

㉡ 공무원에 대한 파면처분이 소청절차에서 해임으로 감경된 경우 해당 공무원은 재결주의에 따라 해임으로 감경한 재결을 취소소송의 대상으로 하여야 한다.

[08 세무사] O X

> 해설

✓ ㉠ **공무원에 대한 징계 등 불이익처분**의 경우, 필요적 행정심판전치주의가 적용되어 소청심사위원회의 소청을 거친 후에 행정소송을 제기하여야 하는데, 행정심판의 재결에 해당하는 소청심사위원회의 결정에 고유한 위법이 없는 이상, '**원처분주의**'에 따라서 ★**원처분(당초의 징계처분)을** 대상으로 행정소송을 제기하여야 한다.

㉡ **행정심판에서 처분이 다소 감경**된 경우에도 원처분은 여전히 감경된 상태로 존속하고 있기 때문에, **원처분주의**에 따라 '**감경된 원처분**'을 다투어야 한다. 그러므로 설문과 같이 **파면처분이** 소청절차에서 **해임처분으로 감경**된 경우, 원처분주의에 따라 '**감경된 원처분(=해임처분)**'을 소의 대상으로 다투어야지, '**감경시킨 재결**'을 다툴 수 없다.

> 항고소송은 원칙적으로 해당 처분을 대상으로 하나, 해당 처분에 대한 재결 자체에 고유한 주체, 절차, 형식 또는 내용상의 위법이 있는 경우에 한하여 그 재결을 대상으로 할 수 있다고 해석되므로, 징계혐의자에 대한 **감봉 1월의 징계처분을 견책으로 변경**한 **소청결정** 중 그를 견책에 처한 조치는 재량권의 남용 또는 일탈로서 위법하다는 사유는 **소청결정 자체에 고유한 위법을 주장**하는 것으로 **볼 수 없어 소청결정의 취소사유가 될 수 없다.**(대판 1993. 8. 24, 93누5673)

➤ 징계수위를 감경(감봉 ➜ 견책)한 소청결정을 내린 경우, 소청결정 자체에는 고유한 위법이 있는 것으로 볼 수 없기 때문에, 감경된 견책처분에 불만이 있더라도 소청결정 자체를 취소소송으로 다툴 수 없다는 판시이다.

> 정답 ㉠ X, ㉡ X

■ **소청심사위원회의 결정에 불복하여 행정소송을 제기**하는 경우 행정소송은 원징계처분과 소청결정 중 **원징계처분**을 다투는 것이 원칙이다. (O) [13 국회8]

■ **소송심사위원회**가 징계혐의자에 대한 **감봉 1개월의 징계처분을 견책으로 변경**한 소청결정을 한 경우에 **소청결정자체에 고유한 위법이 없는 한 소청결정을 취소소송의 대상으로 할 수 없다.** (O) [12 서울9]

■ **2015년 3월 5일** 지방경찰청장은 금품수수 사실을 이유로 **甲을 파면처분**하였는데, **2015년 5월 7일 소청심사위원회에서** 재량권 남용, 일탈을 이유로 **해임결정**하였다. 甲이 금품수수사실이 없다는 이유로 취소소송을 제기할 경우 **취소소송의 대상**은 '**2015년 3월 5일 해임**'이다. (O) [16 소방간부 변형]

➡ 감경된 원처분인 2015.3.5.자 해임처분을 대상으로 취소소송을 제기하여야 한다.

■ A시장은 청소년에게 주류를 판매하였다는 이유로 식품위생법령에 따라 **甲에게 영업정지 2개월에 해당**하는 처분을 하였다. **甲이 제기한 행정심판에서** 이 사건 **처분이 1개월로 감경**된 후 취소소송을 제기할 경우 **소송의 대상**은 2개월에 해당하는 처분이다. (X) [23 세무사]

✓ 2개월에 해당하는 처분 → 1개월에 해당하는 처분

➡ **일반적인 불이익처분을 임의적 행정심판을 거쳐 취소소송으로 다투는 경우에도 동일**하다. 따라서 **행정심판에서 '감경된 원처분**(영업정지 2개월 → 영업정지 1개월)'**을 대상**으로 소송을 제기하여야 한다.

111 ★★★☆

㉠ 공립학교교원에 대한 징계에 있어 교원소청심사위원회의 결정에 불복이 있는 경우에 취소소송을 할 수 있고, 이때 원처분을 소송의 대상으로, 원처분청을 상대로 하는 것이 원칙이다.

[12 국회8] Ⓞ Ⓧ

㉡ 국립대학교 교원의 징계처분에 대한 교원소청심사위원회의 결정은 그 결정에 고유한 위법이 있을 때에만 소송의 대상이 될 수 있다.

[21 국회9] Ⓞ Ⓧ

해설

☑ ㉠ **국·공립학교의 교원**은 '**교육공무원**'의 신분을 가지므로, **징계 등 불이익처분**을 받은 경우에는 일반공무원의경우와 동일하게 필요적 행정심판전치주의가 적용되어 '**교원소청심사위원회**'의 소청을 거친 후에야 **행정소송**을 제기할 수 있는데, 이 경우 '**원처분주의**'에 따라서 ★**원처분(당초의 징계처분)을 대상으로 항고소송을 제기하여야** 한다.

㉡ 따라서 교원소청심사위원회의 결정은 행정심판의 재결에 해당하므로, **교원소청결정 그 자체에 고유한 위법이 있을 때에만, 항고소송의 대상**이 된다.

> **국·공립학교 교원**에 대한 징계처분의 경우에는 **원 징계처분 자체가 행정처분**이므로 그에 대하여 교원소청심사위원회에 소청심사를 청구하고 위원회의 결정이 있은 후 그에 불복하는 **행정소송이 제기되더라도** 그 **심판대상은 교육감 등에 의한 원 징계처분**이 되는 것이 원칙이다. 다만 **교원소청심사위원회의 심사절차에 위법사유가 있다는 등 ★고유의 위법이 있는 경우에 한하여 위원회의 결정이 소송에서의 심판대상**이 된다.(대판 2013. 7. 25. 2012두12297)

정답 ㉠ O, ㉡ O

▨ 판례는 **국·공립학교교원의 불이익처분**에 대한 **소의 대상**은 사립학교교원과는 달리 원칙적으로 **원래의 징계처분** 등 불이익처분이고 **교원소청심사위원회의 결정**은 **고유한 위법이 있을 때만 소송의 대상**이 될 수 있다고 함으로써 행정소송법상의 일반원칙인 **원처분주의를 관철**하고 있다. (O) [04 국가7]

▨ **교육공무원**의 경우 교원소청심사위원회의 소청결정을 거쳐 행정소송을 제기하여야 하며 **항고소송의 대상**은 **일반공무원의 경우와 동일**하다. (O) [13 국회8]

▨ **국·공립학교 교원**이 **교원소청결정에 불복**하여 **행정소송을 제기**하는 경우에는 원칙적으로 교원소청심사위원회의 소청심사결정을 **소의 대상**으로 하여야 한다. (X) [02 행시]

▨ **국립대학교 교원 甲**은 소속 대학교의 총장으로부터 **해임처분**을 받았고, 甲은 이에 불복하여 **교원소청심사위원회에 소청심사를 청구**하였으나 **청구가 기각**되자 甲은 **교원소청심사위원회의 결정에 불복하여 취소소송을 제기**하려고 한다. 이 경우 **교원소청심사위원회의 결정**은 **행정심판의 재결의 성격**을 가진다. (O) [16 변시 변형]

▨ **국공립학교 교원**의 경우에는 **원처분주의**에 따라 원처분만어 **소의 대상**이 된다. (X) [18 서울9]

➡ 교원소청결정 자체에 고유한 위법이 있을 경우에는, 교원소청결정도 항고소송의 대상이 된다.

112 ★★★☆

㉠ 사립학교 교원에 대한 학교법인의 징계처분은 취소소송의 대상이다. [21 세무사] Ⓞ Ⓧ

㉡ 학교법인에 의하여 징계처분을 받은 사립학교 교원은 민사소송을 제기하여 권리구제를 받을 수도 있다. [21 세무사] Ⓞ Ⓧ

> **해설**
>
> 사립학교 교원은 학교법인 또는 사립학교 경영자에 의하여 임면되는 것으로서 사립학교 교원과 학교법인의 관계를 공법상의 권력관계라고는 볼 수 없으므로 **사립학교 교원에 대한 학교법인의 해임처분을** ★취소소송의 대상이 되는 행정청의 **처분으로 볼 수 없고**, 따라서 **학교법인을 상대**로 한 **불복**은 행정소송에 의할 수 없고 ★**민사소송절차에** 의할 것이다.(대판 1994. 12. 9. 94누6666).
>
> ☑ 국·공립교원의 경우와는 달리, **사립학교의 교원**은 학교법인과 **사법상 근로관계**에 있는바, **사립학교 교원에 대한 징계처분**은 ★**행정처분에 해당하지 않기 때문에** 징계처분에 대한 불복은 ★**민사소송으로 청구하여야** 한다.
>
> **정답** ㉠ ✕, ㉡ ○

▨ **사립학교 교원**에 대한 학교법인의 **징계**는 항고소송의 대상이 되는 **처분이 아니다.** (○) [18 서울9]

▨ **사립학교 교원**에 대한 학교법인의 **해임처분**은 행정소송의 대상이 되는 **행정처분에 해당한다고 볼 수 없다.** (○) [10 국회9]

▨ **사립학교**법인의 소속 **교직원에 대한 징계**도 행정처분이라 할 수 있다. (✕) [05 노동9]

▨ **사립학교 교원의 징계**는 사립학교의 공적 성격을 고려할 때 행정처분에 해당한다. (✕) [21 국회8]

▨ **사립학교 교원**이 **학교법인을 상대로 소송**을 제기하는 경우에는 **민사소송절차에 의하여야** 한다. (○) [02 행시]

▨ **사립학교 교원**에 대한 **징계소송**은 공법상 당사자소송이다. (✕) [06 군무원9]]

▨ **징계처분**을 받은 **사립학교 교원의 구제방법**은 당사자소송이다. (✕) [11 경북교행9]

▨ **사립학교 교원**에 대한 **학교법인의 해임처분**을 취소소송의 대상이 되는 행정청의 처분으로 볼 수 있으므로 **학교법인을 상대로 한 불복**은 행정소송에 의한다. (✕) [15 국가9]

113 ★★★☆

[21 세무사]

사립학교 교원 징계에 대한 교원소청심사위원회의 결정은 행정심판의 재결에 해당하지 않는다.

O X

> **해설**

> **사립학교 교원**에 대한 **해임처분**에 대한 **구제방법**으로 학교법인을 상대로 한 **민사소송 이외** 교원지위향상을위한 특별법 제7조 내지 10조에 따라 교육부 내에 설치된 **교원징계재심위원회(* 현 교원소청심사위원회)에 재심청구**를 하고 교원징계재심위원회의 결정에 불복하여 **행정소송을 제기**하는 방법도 있으나, 이 경우에도 **행정소송의 대상**이 되는 **행정처분은 ★교원징계재심위원회의 결정**이지 학교법인의 해임처분이 행정처분으로 의제되는 것이 아니며 또한 **교원징계재심위원회의 결정**을 이에 대한 행정심판으로서의 **재결에 해당되는 것으로 볼 수는 없다.** (대판 1993. 2. 12. 92누13707)

✓ ❶ **사립학교의 교원**이 **징계처분에 불복**하는 방법으로는

    Ⓐ 당해 교원이 **징계처분을 대상**으로 곧바로 **★민사소송을 제기**하는 방법과,

    Ⓑ 교원소청심사위원회의 **★소청심사를 거친 후, 행정소송을 제기**하는 방법이 있는데,

  ❷ **사립학교의 교원**에 대한 **징계처분**은 행정처분이 아니므로, 사립학교 교원이 **교원소청심사를 거쳤다** 하더라도, 그에 따른 **★교원소청심사결정이 재결일 수는 없다.**

  ❸ 즉 Ⓐ의 경우(사립학교 교원에 대한 징계관계)까지는 **사법관계**이지만, Ⓑ의 경우처럼 교원소청심사절차를 거치게 되면 **공법관계로 전환**되므로, Ⓑ와 같이 **교원소청심사결정에 불복하여 행정소송을 제기**하는 경우, **★교원소청심사결정은 '원처분'**으로서 **행정소송의 대상**이 된다.

■ **'사립학교 교원'의 징계처분 불복절차**

Ⓐ **민사소송**	사립학교 교원	→	민사소송	
			(소송대상: 학교법인의 징계처분)	
Ⓑ **행정소송**	사립학교 교원	→ 교원소청심사청구 →	행정소송	
			(소송대상: 교원소청심사결정)	

➤ 학교법인에 의하여 징계처분 등을 받은 **사립학교 교원**은 교원지위법에 따른 교원소청심사위원회의 소청절차와 행정소송절차를 밟을 수 있을 뿐만 아니라 종래와 같이 민사소송을 제기하여 권리구제를 받을 수도 있는데, 이 두 **구제절차는 임의적·선택적**이다. (헌재 2003. 12. 18. 2002헌바14 등)

정답 O

🔲 **사립학교 교원**의 경우에는 **교원소청심사위원회의 결정**이 원처분이 된다. (O) **[18 서울9]**

🔲 **사립학교 교원**이 **교원소청결정에 불복**하여 **행정소송을 제기**하는 경우에는 **교원소청심사위원회의 소청심사결정**을 소의 대상으로 하여야 한다. (O) **[02 행시]**

114 ★★★☆

사립학교 교원 징계와 국립학교 교원 징계 모두 취소소송에 있어 원처분주의가 적용된다. ⭕❌

> [해설]
>
> ■ '교원 징계사안에서'의 원처분주의 정리(국·공립 교원 VS 사립교원)
>
> | | | 국·공립 교원 | 사립학교 교원 |
> |---|---|---|---|
> | 징 계 처 분 의 성 격 | | 행정처분 ○ | 행정처분 ✕ |
> | 교원소청심사결정의 성격 | | 행정심판의 **재결** | 행정처분 |
> | 행정소송의 대상(원처분) | 원칙 | 징계**처분** | 교원소청심사결정 |
> | | 예외 | 교원소청심사결정 (고유한 위법이 있을 시) | |
> | 원 처 분 주 의 적 용 여 부 | | 적용 ○ | |
>
> 정답 ○

- **교원징계처분**에 대해 **취소소송을 제기**하는 경우 **사립학교 교원이나 국공립학교 교원 모두 원처분주의**가 적용된다. (○) [18 서울9]
- **교원소청심사위원회의 결정**에 대한 **불복**은 ~~원처분중심주의의 예외인 재결주의~~를 취하고 있다. (✕) [07 세무사 변형]
- **교원소청심사위원회의 결정**에 대한 **불복**은 재결주의에 의한다. (✕) [18 세무사]

115 ★★★☆

취소소송의 대상에 있어, 국세기본법상 심판청구에 대한 결정은 재결주의가 적용된다. ⭕❌

> [해설]
>
> ✓ __과세처분에 대한 항고소송__에서도 재결주의가 아니라 ★**원처분주의가 적용**되는바, 국세기본법에 의한 **심사청구 또는 심판청구**나 감사원법에 의한 **심사청구를 거쳐** 행정소송을 제기하는 경우에도, 심사결정이나 심판결정이 아닌 ★'**원과세처분**'을 대상으로 제기하여야 한다. 정답 ✕

- **조세심판원의 심판결정**에 대해서 심판청구인은 **행정소송을 제기할 수 없다.** (○) [10 세무사]
  - ➡ 원처분주의에 따라 심판결정이 아닌, **과세처분을 대상**으로 **행정소송을 제기**하여야 한다. 예외적으로 심판결정에 고유한 하자가 있을 때에만 심판결정을 대상으로 행정소송을 제기할 수 있다.

116 ★★★☆

㉠ 甲이 중앙토지수용위원회의 수용재결에 대하여 이의신청을 하려는 경우에, 甲은 중앙토지수용위원회에 이의신청을 할 수 있다. **[21 세무사] O X**

㉡ 중앙토지수용위원회의 이의재결에 대한 불복은 원처분주의에 의한다. **[18 세무사] O X**

㉢ 수용재결에 대해 이의재결을 거쳐 취소소송을 제기하는 경우 이의재결을 소송의 대상으로 하여야 한다. **[20 행정사] O X**

해설

‖공익사업을 위한 토지 등의 취득 및 보상에 관한 법률‖ 제83조(이의의 신청) ① 중앙토지수용위원회의 제34조에 따른 **재결에 이의가 있는 자**는 ★**중앙토지수용위원회에 이의를 신청**할 수 있다.
② **지방토지수용위원회**의 제34조에 따른 **재결에 이의**가 있는 자는 해당 지방토지수용위원회를 거쳐 ★**중앙토지수용위원회에 이의를 신청**할 수 있다.

토지소유자 등이 **수용재결에 불복**하여 **이의신청을 거친 후 취소소송을 제기**하는 경우 피고적격은 수용재결을 한 토지수용위원회이고, **소송대상**은 ★**수용재결**이다. 다만 **이의신청에 대한 재결 자체에 고유한 위법이 있음을** 이유로 하는 경우에는 그 **이의재결을 한 중앙토지수용위원회를 피고**로 하여 **이의재결의 취소를 구할 수 있다고** 보아야 한다. (대판 2010. 1. 28. 2008두1504)

✓ ㉠ 토지수용위원회의 **수용재결에 이의**가 있으면, **중앙토지수용위원회**에 ★**이의신청**을 할 수 있는데,

　㉡ **현행법**(공익사업을 위한 토지 등의 취득 및 보상에 관한 법률)은 **수용재결 또는 이의재결에 대한 불복**과 관련하여 '**원처분주의**'를 채택하고 있기 때문에

　㉢ 그 이의신청에 대한 중앙토지수용위원회의 이의재결을 받은 경우에도, '이의재결'이 아닌 ★**당초의 '수용재결'**을 **대상**으로 **취소소송을 제기하여야** 한다. **정답** ㉠ O, ㉡ O, ㉢ X

▨ **중앙토지수용위원회의 재결에 이의가 있는 자**는 중앙토지수용위원회에, **지방토지수용위원회의 재결에 이의가 있는 자**는 해당 지방토지수용위원회를 거쳐 **중앙토지수용위원회에 이의를 신청**할 수 있다. (O) **[15 국회8]**

▨ 지방토지수용위원회의 **수용재결**에 대한 **중앙토지수용위원회의 이의재결에의 불복**은 재결주의에 해당한다. (X) **[15 세무사 수정]**

▨ 공익사업을 위한 토지 등의 취득 및 보상에 관한 법률상 **중앙토지수용위원회의 이의재결에 대한 불복**으로서 **취소소송의 대상**은 재결주의에 따라 이의재결이 된다. (X) **[12 서울9]**

▨ **중앙토지수용위원회의 이의재결에 불복**하여 **취소소송을 제기**하는 경우에는 **원처분인 수용재결을 대상**으로 하여야 한다. (O) **[19 국회8]**

▨ **중앙토지수용위원회의 이의재결을 거쳐 취소소송을 제기**하는 경우에는 **수용재결이 아닌 이의재결을 소의 대상**으로 하여야 한다. (X) **[13 국회8]**

1 각종 위원회·금융감독기관의 행위

117 ★★★☆ [12 세무사]

구 남녀차별금지 및 구제에 관한 법률에 따른 국가인권위원회의 성희롱결정 및 시정조치권고는 항고소송의 대상이 되는 처분이 아니다. **O X**

> 【해설】
>
> 국가인권위원회의 이러한 결정과 시정조치의 권고는 **성희롱 행위자로 결정된 자**의 인격권에 영향을 미침과 동시에 공공기관의 장 또는 사용자에게 일정한 법률상의 의무를 부담시키는 것이므로 **국가인권위원회의 성희롱결정 및 시정조치권고**는 행정소송의 대상이 되는 ★**행정처분에 해당**한다고 보지 않을 수 없다. (대판 2005.7.8. 2005두487)
>
> ✅ 처분성 여부에 관한 수십가지의 사례들은, 이해를 도모하거나 두문자를 통한 단순암기를 시도하는 것보다는, 본서에 있는 **유사·반복 지문들을 동시 다회독**하는 방법이 **장기기억화**에 도움이 된다. **정답** ✕

- 🔲 **국가인권위원회의 성희롱결정 및 시정조치권고는 항고소송의 대상**에 해당한다. (○) [23 세무사]
- 🔲 **국가인권위원회의 성희롱결정과 시정조치의 권고**는 성희롱 행위자와 사용자에게 **법률상의 의무를 부담**시키지만 권고어어서 **처분**이 아니다. (✕) [16 세무사]

118 ★★★★ [22 세무사]

진실·화해를 위한 과거사정리위원회의 진실규명결정은 항고소송의 대상인 처분으로 인정된다. **O X**

> 【해설】
>
> 진실·화해를 위한 과거사정리기본법 제26조에 따른 **진실·화해를 위한 과거사정리위원회의 진실규명결정**은 국민의 권리의무에 직접적으로 영향을 미치는 행위로서 **항고소송의 대상**이 되는 ★**행정처분**이다. (대판 2013. 1. 16, 2010두22856)
>
> **정답** ○

- 🔲 '**진실·화해를 위한 과거사정리위원회**'의 진실규명결정은 **처분으로 인정**하지 않는다. (✕) [14 세무사]
- 🔲 '**진실·화해를 위한 과거사정리위원회**'의 진실규명결정은 **항고소송**으로 다툴 수 없다. (✕) [15 세무사]
- 🔲 '**진실·화해를 위한 과거사정리위원회**'의 진실규명결정은 **행정처분으로 인정**되지 않는다. (✕) [19 세무사]

119 ★★★★

친일반민족행위자재산조사위원회의 재산조사개시결정은 항고소송으로 다툴 수 없다. 〔O〕〔X〕

> 해설
>
> **친일반민족행위자재산조사위원회의 재산조사개시결정**은 조사대상자의 권리·의무에 직접 영향을 미치는 독립한 ★**행정처분**으로서 **항고소송의 대상**이 된다. (대판 2009. 10. 15., 2009두6513)
>
> 정답 ✕

- 🗔 **친일반민족행위자재산조사위원회의 재산조사개시결정**은 **행정처분으로 인정**된다. (O) [19 세무사]
- 🗔 **친일반민족행위자재산조사위원회의 재산조사개시결정**은 **항고소송의 대상**이 되는 **처분**이 아니다. (✕) [12 세무사]
- 🗔 **친일반민족행위자재산조사위원회의 재산조사개시결정**은 행정소송법상 **처분에 해당**하지 않는다. (✕) [13 지방9]

120 ★★★★

공정거래위원회의 '표준약관 사용권장행위'는 처분에 해당한다. 〔O〕〔X〕

> 해설
>
> **공정거래위원회의 '표준약관 사용권장행위'**는 그 통지를 받은 해당 사업자 등에게 표준약관과 다른 약관을 사용할 경우 표준약관과 다르게 정한 주요내용을 고객이 알기 쉽게 표시하여야 할 의무를 부과하고, 그 불이행에 대해서는 과태료에 처하도록 되어 있으므로, 이는 <u>사업자 등의 권리·의무에 직접 영향을 미치는</u> ★**행정처분**으로서 **항고소송의 대상**이 된다. (대판 2010.10.14. 2008두23184)
>
> 정답 O

- 🗔 구 「약관의 규제에 관한 법률」에 따른 **공정거래위원회의 표준약관 사용권장행위**는 항고소송의 대상이 되는 **처분에 해당**한다. (O) [19 서울9]
- 🗔 '**공정거래위원회의 표준약관 사용권장행위**'는 **항고소송의 대상**이 될 수 있다. (O) [21 세무사]
- 🗔 '**공정거래위원회의 표준약관 사용권장행위**'는 항고소송의 대상이 되는 **처분**이 아니다. (✕) [12 세무사]
- 🗔 '**공정거래위원회의 표준약관 사용권장행위**'는 **처분성이 인정**되지 않는다. (✕) [14 경행]
- 🗔 '**공정거래위원회의 표준약관 사용권장행위**'는 **항고소송의 대상에 해당**하지 않는다. (✕) [15, 17 세무사]

121 ★★★☆　　　　　　　　　　　　　　　　　　　　[20 세무사]

부당한 공동행위 자진신고자 등의 과징금 감면신청에 대한 공정거래위원회의 감면 불인정 통지는 행정처분에 해당하지 않는다. 〔O〕〔X〕

> **해설**
>
> 구 부당한 공동행위 자진신고자 등에 대한 시정조치 등 감면제도 운영고시 제14조 제1항에 따른 **부당한 공동행위 자진신고자** 등의 **시정조치** 또는 **과징금 감면신청**에 대한 **공정거래위원회**의 **감면불인정 통지**는 항고소송의 **대상**이 되는 ★**행정처분에 해당**한다. (대판 2012.9.27, 2010두3541)
>
> **정답** ×

🔲 **부당한 공동행위의 자진신고자**가 한 **감면신청**에 대해 **공정거래위원회**가 **감면불인정 통지**를 한 것은 **항고소송의 대상**인 **행정처분**으로 볼 수 없다. (×) [14 국가9]

122 ★★★★　　　　　　　　　　　　　　　　　　　　[22 세무사]

공정거래위원회의 고발조치는 항고소송의 대상이 아니다. 〔O〕〔X〕

> **해설**
>
> 고발은 수사의 단서에 불과할 뿐 그 자체 국민의 권리의무에 어떤 영향을 미치는 것이 아니고, 특히 독점규제및공정거래에관한법률 제71조는 공정거래위원회의 고발을 위 법률위반죄의 소추요건으로 규정하고 있어 **공정거래위원회의 고발조치**는 사직 당국에 대하여 형벌권 행사를 요구하는 **행정기관 상호간의 행위**에 불과하여 항고소송의 대상이 되는 ★**행정처분이라 할 수 없으며**, 더욱이 **공정거래위원회의 고발 의결**은 행정청 내부의 의사결정에 불과할 뿐 최종적인 처분은 아닌 것이므로 이 역시 항고소송의 대상이 되는 ★**행정처분이 되지 못한다**. (대판 1995.5.12. 94누13794)
>
> **정답** ○

🔲 **공정거래위원회의 고발조치 및 고발의결**은 **처분으로 보지 않는다**. (○) [01 입시]

🔲 사직당국에 대하여 형벌권 행사를 요구하는 **공정거래위원회의 고발조치**는 행정처분이 아니다. (○) [12 세무사]

🔲 **공정거래위원회의 고발조치**는 취소소송의 대상이 되지 않는다. (○) [20 세무사]

🔲 독점규제및공정거래에관한법률상 **공정거래위원회의 고발조치**는 항고소송의 대상인 처분이다. (×) [07 세무사]

🔲 **공정거래위원회의 고발조치**는 항고소송의 대상이 되는 처분에 해당한다. (×) [09 세무사]

🔲 **공정거래위원회의 고발조치**는 취소소송의 대상이다. (×) [11 세무사]

🔲 **공정거래위원회의 고발조치**는 행정소송으로 다툴 수 있다. (×) [16 세무사]

🔲 **공정거래위원회의 고발조치**는 항고소송의 대상이 된다. (×) [17 세무사]

123 ★★★☆ [15 세무사]

금융기관 임원에 대한 금융감독원장의 문책경고는 항고소송으로 다툴 수 없다. ⓞⓧ

> **해설**
>
> **금융기관의 임원에 대한 금융감독원장의 문책경고**는 그 상대방에 대한 직업선택의 자유를 직접 제한하는 효과를 발생하게 하는 등 상대방의 권리의무에 직접 영향을 미치는 행위로서 **항고소송의 대상이 되는 ★행정처분에 해당**한다. (대판 2005. 2. 17. 2003두14765).
>
> **정답** ✕

- **금융기관의 임원**에 대한 **금융감독원장의 문책경고**는 항고소송의 대상이 되는 **행정처분에 해당**한다. (O) [08 지방7] [15 경행]
- **금융감독원장의 금융기관의 임원에 대한 문책경고**는 처분성이 인정되지 않는다. (✕) [14 경행]
- **금융기관 임원**에 대한 **금융감독원장의 문책경고**는 상대방의 **권리의무에 직접 영향**을 미치지 않으므로 **행정소송의 대상**이 되는 **처분에 해당**하지 않는다. (✕) [18 지방9]

124 ★★★☆ [19 세무사]

금융감독위원회의 부실금융기관에 대한 파산신청은 행정처분으로 인정되지 않는다. ⓞⓧ

> **해설**
>
> 구 금융산업의 구조개선에 관한 법률 제16조 제1항 및 구 상호저축은행법 제24조의13에 의하여 **금융감독위원회는 부실금융기관에 대하여 파산을 신청**할 수 있는 **권한을 보유**하고 있는바, 위 **파산신청**은 그 성격이 법원에 대한 재판상 청구로서 그 자체가 국민의 권리·의무에 어떤 영향을 미치는 것이 아닐 뿐만 아니라, 위 파산신청으로 인하여 당해 부실금융기관이 파산절차 내에서 여러 가지 법률상 불이익을 입는다 할지라도 파산법원이 관할하는 파산절차 내에서 그 신청의 적법 여부 등을 다투어야 할 것이므로, 위와 같은 **금융감독위원회의 파산신청**은 행정소송법상 취소소송의 대상이 되는 **★행정처분이라 할 수 없다.** (대판 2006. 7. 28., 2004두13219)
>
> **정답** O

- **금융감독위원회의 부실금융기관에 대한 파산신청**은 **항고소송의 대상에 해당하지 않는다.** (O) [23 세무사]
- 구「금융산업의 구조개선에 관한 법률」및 구「상호저축은행법」상 **금융감독위원회의 파산신청**의 법적 성질은 행정처분이다. (✕) [13 지방9]

2 사법적 행위

125 ★★★★   [22 세무사]

검사의 불기소처분은 항고소송의 대상이 될 수 있다.   O X

> **해설**
>
> 행정소송법 제2조의 처분의 개념 정의에는 해당한다고 하더라도 그 처분의 근거 법률에서 행정소송 이외의 다른 절차에 의하여 불복할 것을 예정하고 있는 처분은 항고소송의 대상이 될 수 없다. **검사의 불기소결정**에 대해서는 검찰청법에 의한 항고와 재항고, 형사소송법에 의한 재정신청에 의해서만 불복할 수 있는 것이므로, 이에 대해서는 행정소송법상 ★**항고소송을 제기할 수 없다.** (대판 2018.9.28. 2017두47465)
>
> ✓ [기소결정(공소제기) ⇔ 불기소결정(불기소처분)] ➡ 처분성 불인정   정답 ✕

- 🔲 **검사의 공소제기**는 행정소송으로 다툴 수 없다. (○) [05 서울9]
- 🔲 **검사가 제기한 공소**는 처분에 해당한다. (✕) [17 세무사]
- 🔲 **검사의 불기소처분**은 취소소송의 대상이 되는 처분으로 볼 수 있다. (✕) [08 세무사]
- 🔲 취소소송으로 **검사의 공소**의 취소를 구할 수 있다. (✕) [11 세무사]
- 🔲 형사사건에 대한 **검사의 기소 결정**은 처분성이 인정된다. (✕) [14 사복9]
- 🔲 **검사가 제기한 공소**는 처분에 해당한다. (✕) [17 세무사]
- 🔲 **검사의 불기소결정**은 공권력의 행사에 포함되므로, 검사의 자의적인 수사에 의하여 불기소결정이 이루어진 경우 그 불기소결정은 항고소송의 대상인 처분에 해당한다. (✕) [19 국가9 변형]
- 🔲 **검사의 불기소처분**은 항고소송으로 다툴 수 있다. (✕) [16 세무사]
- 🔲 **검사의 불기소처분**에 대하여 부작위위법확인소송을 제기할 수 있다. (✕) [20 세무사]
- 🔲 **검사의 공소**에 대하여는 행정소송의 방법으로 공소의 취소를 구할 수 있다. (✕) [23 세무사]

126 ★★☆☆   [08 세무사]

통고처분은 취소소송의 대상이 되는 처분으로 볼 수 있다.   O X

> **해설**
>
> 도로교통법 제118조에서 규정하는 경찰서장의 **통고처분**은 행정소송의 대상이 되는 ★**행정처분이 아니다.** (대판 1995. 6. 29., 95누4674).
>
> 정답 ✕

- 🔲 행정형벌의 과벌절차로서의 **통고처분**은 행정소송의 대상이 되는 **행정처분이 아니다.** (○) [17 국회8]
- 🔲 **위법한 통고처분**에 대해서는 제소기간 내에 취소소송을 제기할 수 있다. (✕) [21 국회9]

3 과태료·과징금

127 ★★★★ [21 세무사]

과태료의 부과는 행정소송의 대상이 될 수 있다. O X

해설

수도조례 및 하수도사용조례에 기한 과태료의 부과 여부 및 그 당부는 최종적으로 질서위반행위규제법에 의한 절차에 의하여 판단되어야 한다고 할 것이므로, 그 **과태료 부과처분**은 행정청을 피고로 하는 행정소송의 대상이 되는 **★행정처분이라고 볼 수 없다**. (대판 2012. 10. 11. 2011두19369).

정답 ×

- 도로교통법상의 **과태료처분 등** 근거법률이 행정소송 이외의 **다른 소송절차에 의하여 불복**할 것을 예정하고 있는 경우에는 **항고소송의 대상이 될 수 없다**. (O) [06 세무사]
- 행정청의 **과태료의 부과처분**은 **행정처분으로 인정되지 않는다**. (O) [19 세무사]
- 질서위반행위규제법이 적용되는 **과태료부과처분**은 ~~취소소송의 대상이 되는 처분~~으로 볼 수 있다. (×) [08 세무사]
- 질서위반행위규제법상 **과태료부과행위**는 ~~항고소송의 대상~~이다. (×) [14 세무사]
- **과태료부과처분**에 대한 취소소송은 ~~행정소송법상 허용되는 행정소송~~이다. (×) [16 세무사]
- 「질서위반행위규제법」에 따른 행정청의 **과태료 부과처분**은 **항고소송의 대상에 해당하지 않는다**. (O) [17 세무사]
- 질서위반행위규제법에 따른 **과태료 부과처분**은 ~~처분에 해당~~한다. (×) [18 세무사]

128 ★★☆☆ [12 세무사]

과징금부과처분의 무효확인을 구하는 소송은 행정소송으로 다루어진다. O X

해설

✓ **'과징금'**은 **★행정처분**에 해당하므로 **과징금의 부과·징수에 이의**가 있을 경우, **행정소송을 제기**하여 다툴 수 있는데, 하자의 정도에 따라 **취소소송** 또는 **무효확인소송**을 제기할 수 있다. 정답 O

- **과징금부과행위**의 다툼은 **행정쟁송의 대상**이 된다. (O) [03 국가7] [06 관세사] [06 충남9]
- **과징금 부과·징수**에 하자가 있는 경우, 납부의무자는 **행정쟁송절차에 따라 다툴 수 있다.** (O) [04 충남9] [12 국가9]
- **위법한 과징금의 부과행위**는 **행정소송을 통하여 취소** 등을 구할 수 있다. (O) [13 국회9]
- **과징금은 처분성**이 없~~으므로~~ **행정소송의 대상**~~이 아니다~~. (×) [04 울산9]
- **과징금부과처분**에 대해서는 ~~비송사건절차법에 따라 즉시~~항고 할 수 있다. (×) [11 경북교행9]

4 **임용·징계관련 행위**

129 ★★★☆ [14 세무사]

경찰공무원시험 승진후보자명부에서의 삭제행위는 항고소송의 대상인 처분으로 인정된다. **O X**

> ┌─ 해설 ─
>
> 경찰공무원승진임용규정 제36조 제36조 제3항에 의하면 **시험승진후보자명부에 등재된 자**가 승진임용되기 전에 감봉 이상의 **징계처분을 받은 경우**에는 임용권자 또는 임용제청권자가 위 **징계처분을 받은 자를 시험승진후보자명부에서 삭제**하도록 되어 있는바, 그와 같은 **시험승진후보자명부에서의 삭제행위**는 결국 그 명부에 등재된 자에 대한 승진 여부를 결정하기 위한 **행정청 내부의 준비과정에 불과**하고, 그 자체가 어떠한 권리나 의무를 설정하거나 법률상 이익에 직접적인 변동을 초래하는 별도의 ★**행정처분이 된다고 할 수 없다**. (대판 1997.11.14. 97누7325).
>
> **정답** ✕

■ **임용권자**가 **시험승진후보자명부에서의 등재자 성명을 삭제**한 행위는 **행정처분이 아니다.** (O) [15 경행]
■ **공무원시험승진후보자명부에 등재된 자**에 대하여 이전의 징계처분을 이유로 **시험승진후보자명부에서 삭제하는 행위**는 행정소송의 대상인 행정처분에 해당한다. (✕) [17 국가9 下]

130 ★★★☆ [16 세무사]

임용기간이 만료된 국립대학교 교원의 재임용 제외결정은 항고소송의 대상이 아니다. **O X**

> ┌─ 해설 ─
>
> **기간제**로 임용되어 **임용기간이 만료된 국·공립대학의 조교수**는 재임용 여부에 관하여 합리적인 기준에 의한 공정한 심사를 요구할 **법규상 또는 조리상 신청권**을 가진다고 할 것이니, **임용권자**가 (대학교 본부 인사위원회의 심의결정에 따라 재임용하지 않기로 결정하고) **임용기간이 만료된 조교수**에 대하여 **재임용을 거부하는 취지**로 한 ★**임용기간만료의 통지**는 위와 같은 대학교원의 **법률관계에 영향**을 주는 것으로서 행정소송의 대상이 되는 ★**처분에 해당**한다. (대판 전합 2004. 4. 22. 2000두7735)
>
> ☑ **임용기간이 만료**된 서울대학교 기간제(4년) 조교수에 대한 '**재임용 제외결정 및 임용기간만료 통지**'의 처분성을 인정한 사례
>
> **정답** ✕

■ **기간제로 임용**되어 **임용기간이 만료된 공립대학의 교원**은 **재임용 여부**에 관하여 **심사를 요구할 법규상 또는 조리상의 신청권**을 가진다. (O) [14 서울7]   ➡ 처분성 인정의 논거이다.
■ **대학교원의 임용권자**가 **임용기간이 만료된 조교수**에 대하여 **재임용을 거부하는 취지**로 한 **임용기간만료의 통지**는 대학교원의 법률관계에 영향을 주는 것으로서 **처분에 해당**한다. (O) [09 국가9]
■ **기간제로 임용**되어 **임용기간이 만료된 조교수**에 대하여 **재임용을 거부하는 취지**로 한 **임용기간 만료의 통지**는 항고소송의 대상이 되는 **행정처분에 해당**하지 않는다. (✕) [22 세무사]

131 ★★☆☆

행정규칙에 의한 불문경고조치는 항고소송의 대상이 되는 처분에 해당한다. ⓄⓍ

> **해설**
>
> 징계양정에 관한 **행정규칙에 의한 '불문경고조치'**가 비록 법률상의 징계처분은 아니지만 위 처분을 받지 아니하였다면 차후 다른 징계처분이나 경고를 받게 될 경우 징계감경사유로 사용될 수 있었던 **표창공적의 사용가능성을 소멸**시키는 효과와 1년 동안 인사기록카드에 등재됨으로써 그 동안은 장관**표창**이나 도지사**표창 대상자에서 제외**시키는 효과 등이 있으므로 항고소송의 대상이 되는 ★**행정처분에 해당**한다. (대판 2002. 7. 26. 2001두3532).
>
> **정답** Ⓞ

📘 **행정규칙에 의한 '불문경고조치'**는 차후 징계감경사유로 사용될 수 있었던 표창공적의 사용가능성을 소멸시키는 효과를 가지므로 **항고소송의 대상**이 되는 **행정처분에 해당**한다. (Ⓞ) [08 지방7]

📘 **불문경고조치**는 법률상 징계처분은 아니지만 **항고소송의 대상**이 되는 **행정처분에 해당**한다. (Ⓞ) [11 국회8]

📘 ~~**행정규칙에 의한 불문경고조치**는 **항고소송의 대상**으로서의 **처분**에 속하지 않는다.~~ (Ⓧ) [04 행시]

📘 판례에 의하면, **행정규칙에 의한 불문경고 조치**는 차후 징계감경사유로 작용할 수 있는 표창대상자에서 제외되는 등의 **인사상 불이익**을 줄 수 있다 하여도 ~~이는 간접적 효과에 불과하므로 항고소송의 대상인 **행정처분에 해당**하지 않는다.~~ (Ⓧ) [18 서울7 3월]

132 ★★☆☆

공무원에 대한 감봉처분은 행정소송으로 다툴 수 있다. ⓄⓍ

> **해설**
>
> **【국가공무원법】** 제79조(징계의 종류) 징계는 **파면·해임·강등·정직·감봉·견책(譴責)**으로 구분한다.
>
> ✓ **공무원**에 대한 **각종 징계처분**은 ★**행정소송의 대상**이 되므로, **감봉처분에 불복**하는 경우에는 **행정소송으로 다툴 수 있다.** 다만 필요적 행정심판전치주의가 적용되므로(62문 참고), 소송의 제기에 앞서 소청심사위원회의 **소청심사를 거쳐야만** 행정소송으로 다툴 수 있다.
>
> **정답** Ⓞ

📘 **공무원**에 대한 **견책처분**은 **항고소송의 대상**이 된다. (Ⓞ) [01 행시]

133 ★★★★

㉠ 기존의 권리·의무관계를 단순히 확인·통지하는 단순한 사실행위는 처분에 해당하지 않는다.

[15 세무사] ⭕ ❌

㉡ 당연퇴직사유에 따른 퇴직발령은 처분성이 인정되지 않는다.

[05 세무사] ⭕ ❌

> **해설**
>
> 국가공무원법 제69조에 의하면 공무원이 제33조 각호의 1에 해당할 때에는 당연히 퇴직한다고 규정하고 있으므로, **국가공무원법상 당연퇴직**은 결격사유가 있을 때 **법률상 당연히 퇴직**하는 것이지, 공무원관계를 소멸시키기 위한 별도의 행정처분을 요하는 것이 아니며, **당연퇴직의 인사발령**은 법률상 당연히 발생하는 퇴직사유를 공적으로 확인하여 알려주는 이른바 **관념의 통지**에 불과하고 공무원의 신분을 상실시키는 **새로운 형성적 행위가 아니므로** 행정소송의 대상이 되는 독립한 ★**행정처분이라고 할 수 없다.**(대판 1995.11.14. 95누2036)
>
> ✅ 기존의 법률관계나 일정한 객관적 사실을 확인하여 알려주는 '**관념의 통지(=사실의 통지)'는** ★**처분성이 인정되지 않는바**, 관념의 통지에 해당하는 '**당연퇴직의 인사발령**'은 행정처분으로 볼 수 없다.
>
> **정답** ㉠ ⭕, ㉡ ⭕

📄 **당연퇴직 사유가 발생**한 **공무원에 대한 퇴직의 인사발령**은 **처분이 아니다.** (⭕) [11 세무사]

📄 **「국가공무원법」상 당연퇴직의 인사발령**은 법률상 당연히 발생하는 퇴직사유를 공적으로 확인하여 알려주는 **관념의 통지**에 불과하여 **행정처분이 아니다.** (⭕) [16 국회8]

📄 **공무원의 당연 퇴직발령**은 퇴직된 객관적 사실을 알리는 **관념의 표시**로서 행정소송의 대상이 된다. (❌) [99 국가7]

📄 공무원법상 결격사유로 인한 **당연퇴직의 인사발령**은 **취소소송의 대상이 되지 않는다.** (⭕) [13 세무사]

📄 **공무원**에 대한 **당연퇴직의 인사발령**은 취소소송의 대상이다. (❌) [17 세무사]

📄 **「국가공무원법」**상 결격사유가 있는 자에 대한 **당연퇴직인사발령**은 처분에 해당한다. (❌) [18 세무사]

📄 **「국가공무원법」**상 **당연퇴직의 인사발령**은 취소소송의 대상이다. (❌) [19 세무사]

5 행정계획·도시행정 관련 행위

134 ★★☆☆

㉠ 구「도시계획법」제19조 제1항에서는 도시계획이 도시기본계획에 부합되어야 한다고 규정하고 있으므로, 도시기본계획은 행정청에 대한 직접적 구속력이 있다.　　　　　[20 소방간부] **O** **X**

㉡ 도시기본계획은 장기발전방향을 제시하는 종합계획으로서 처분이다.　　　　　[16 세무사] **O** **X**

> **해설**
>
> · **도시기본계획**은 도시의 기본적인 공간구조와 장기발전방향을 제시하는 종합계획으로서 그 계획에는 토지이용계획, 환경계획, 공원녹지계획 등 장래의 도시개발의 일반적인 방향이 제시되지만, 그 계획은 도시계획입안의 지침이 되는 것에 불과하여 ★**일반 국민에 대한 직접적인 구속력은 없는 것이다.** (대판 2002.10.11., 2000두8226)
>
> · **도시기본계획**은 도시의 장기적 개발방향과 미래상을 제시하는 도시계획 입안의 지침이 되는 장기적·종합적인 개발계획으로서 ★**행정청에 대한 직접적인 구속력은 없다.** (대판 2007. 4. 12. 2005두1893).
>
> ✅ 일반 국민이나 행정청에 대한 구속력이 없는 '**도시기본계획**'은 항고소송의 대상이 되는 **행정처분으로 볼 수 없는 것**이다.　　　　　**정답** ㉠ ✕, ㉡ ✕

📋 구「도시계획법」상 **도시기본계획**은 **일반 국민**에 대한 직접적 구속력을 가진다. (✕) [14 국가9]

📋 위법한 **도시기본계획**에 대하여 제기되는 **취소소송은** 법원에 의하여 **허용되지 아니한다.** (○) [17 지방9]

📋 구「도시계획법」상 **도시기본계획**의 법적 성질은 행정처분이다. (✕) [13 지방9]

135 ★★★☆　　　　　　　　　　　　　　　　　　　　　[22 세무사]

「하수도법」에 의하여 기존의 하수도정비기본계획을 변경하여 광역 하수종말처리시설(공공하수처리시설)을 설치하는 내용으로 수립한 하수도정비기본계획은 항고소송의 대상이 되지 아니한다.　**O** **X**

> **해설**
>
> 구 하수도법 제5조의2에 의한 **하수도정비기본계획**은 항고소송의 대상이 되는 ★**행정처분에 해당하지 아니한다.** (대판 2002. 5. 17., 2001두10578)
>
> ✅ 도시**기본계획**, 하수도정비**기본계획**은 행정**처분이 아닌 것**으로 정리한다.　　　　　**정답** ○

📋 '구 하수도법 제5조의2에 의하여 기존의 하수도 정비기본계획을 변경하여 수립한 **하수도정비기본계획**은 항고소송의 대상이 되는 **행정처분이 아니다.** (○) [19 소방간부]

📋 '**하수도법상 하수도정비기본계획**'은 항고소송의 대상이 되는 행정처분으로 인정된다. (✕) [15 지방9]

136 ★★☆☆

㉠ 도시계획결정은 취소소송의 대상이 될 수 없다. [06 세무사] **O X**

㉡ 도시·군관리계획으로 용도지역을 지정한 행위는 처분으로 인정되지 않는다.

[14 세무사] **O X**

> **[해설]**
>
> > (구) 도시계획법 제12조 소정의 <u>고시된</u> **도시계획결정**은 특정 개인의 **권리** 내지 법률상의 **이익**을 **개별적이고 구체적으로** **규제**하는 효과를 가져오게 하는 ★**행정청의 처분**으로서 **행정소송의 대상**이 된다. (대판 1982. 3. 9, 80누105)
>
> ✅ 「국토의 계획 및 이용에 관한 법률」에 따른 도시·군관리계획으로 결정하는 용도지역·지구·구역, 지구단위계획 등의 계획내용에 의하여, 해당 **주민들의 사적 토지이용**(건축행위시 건폐·용적률, 층수 제한 등) **등이 제한**받게 되므로, ★**도시(관리)계획결정은 행정처분에 해당**한다.
>
> > ➤ '**도시기본계획**'을 ★제외한 도시계획 표현('**도시·군관리계획**', '**도시계획결정**', 도시관리계획, '**도시관리계획결정**', '**도 시계획시설결정**)을 처분성이 인정되는 것으로 정리하면 된다. **정답** ㉠ ✕, ㉡ ✕

📱 도시계획구역 안의 토지나 건물소유자의 행위를 제한하게 되는 '**도시계획결정**'은 **행정소송의 대상**이 된다. (O) [13 국회9]

📱 **도시(관리)계획결정**은 행정소송법상 **처분으로 인정**된다. (O) [06 관세사]

📱 ~~**도시관리계획결정**의 법적 성질을 **행정처분**으로 보지 아니하는 것이 판례의 입장이다.~~ (✕) [09 국회8]

📱 고시된 **도시관리계획**은 특정 개인의 **권리 내지 법률상 이익**을 **개별·구체적으로 규제**하는 효과를 가져오 ~~는 것은 아니므로 **행정처분**이 아니다.~~ (✕) [05 경북9]

137 ★★☆☆ [07 세무사]

판례는 도시계획변경신청권을 법규상 또는 조리상 신청권으로 인정한다. **O X**

> **[해설]**
>
> > 도시계획법상 주민이 행정청에 대하여 **도시계획 및 그 변경**에 대하여 어떤 **신청**을 할 수 있음에 관한 **규정이** **없고**, … (중략) … 그 계획이 일단 확정된 후에 어떤 사정의 변동이 있다고 하여 **지역주민에게 일일이 그 계획** **의 변경을 청구할 권리를 인정해 줄 수도 없는 것**이므로, … (중략) … **도시계획의 변경**을 신청할 ★**조리상의** **권리가 있다고도 볼 수 없다**. (대판 1994.1.28. 93누22029)
>
> ✅ 도시계획이 확정된 이후에 **도시계획의 변경 또는 폐지를 신청**할 **법규상 또는 조리상의 권리**는 원칙적으로 ★**인** **정되지 않는바**, 행정청이 **도시계획의 변경신청 또는 폐지신청**을 **거부한 행위**는 행정처분이 ★**아니다**. 다만 예외 적으로만 인정되는 경우가 있다. (다음 문제 참고) **정답** ✕

📱 판례는 **도시계획변경 청구권**을 **법규상 또는 조리상의 신청권**으로 보지 **않는다**. (O) [05 국회8]

📱 판례는 **도시계획의 변경 또는 폐지를 신청**할 조리상의 권리를 ~~원칙적으로 인정하고 있다.~~ (✕) [10 국가 9]

138 ★★★☆

㉠ 도시계획구역 내 토지를 소유하고 있는 주민의 도시계획입안권자에 대한 도시계획입안 신청에 대한 거부는 항고소송의 대상이 아니다. [16 세무사] O X

㉡ 도시계획구역 내 토지를 소유하고 있는 주민의 도시시설계획결정권자에 대한 도시시설계획변경 신청에 대한 거부는 항고소송의 대상이 아니다. [16 세무사] O X

> 【해설】
>
> **도시계획구역 내 토지 등을 소유**하고 있는 **사람**과 같이 당해 **도시계획시설결정에 이해관계가 있는 주민**으로서는 도시시설**계획의 입안권자 내지 결정권자**에게 도시시설**계획의 입안 내지 변경**을 요구할 수 있는 **법규상 또는 조리상의 신청권**이 있고, 이러한 ★**신청에 대한 거부행위**는 항고소송의 대상이 되는 **행정처분**에 해당한다. (대판 2015.3.26. 2014두42742)
>
> ☑ **도시계획구역 ★내 토지소유자**의 시설계획 '**입안(또는 변경) 신청**'에 대한 ★**거부행위**는 예외적으로 행정처분으로 본다. **정답** ㉠ ✕, ㉡ ✕

■ **도시계획구역 내 토지소유자의 도시계획입안신청**에 대한 **도시계획입안권자의 거부행위**는 처분성이 인정된다. (O) [09 세무사]

■ **도시계획시설결정에 이해관계가 있는 주민**으로서는 **도시시설계획의 입안권자 내지 결정권자**에게 도시시설계획의 **입안 내지 변경을 요구**할 수 있는 **법규상 또는 조리상의 신청권**이 있고, 이러한 **신청에 대한 거부행위**는 항고소송의 대상이 되는 **행정처분에 해당**한다. (O) [19 서울9 2월]

■ **도시계획구역 내 토지 등을 소유하고 있는 주민의 도시시설계획 변경신청에 대한 거부행위**는 처분에 **해당**한다. (O) [22 세무사]

139 ★★☆☆

[16 세무사]

문화재보호구역 내 토지소유자의 문화재보호구역 지정해제 신청에 대한 거부는 항고소송의 대상이다.

O X

> 【해설】
>
> 헌법상 개인의 재산권 보장의 취지에 비추어 보면, **문화재보호구역 내에 있는 토지소유자등**으로서는 위 (문화재)**보호구역의 지정해제를 요구**할 수 있는 **법규상 또는 조리상의 신청권**이 있다고 할 것이고, 이러한 **신청에 대한 ★거부행위**는 항고소송의 대상이 되는 **행정처분에 해당**한다. (대판 2004.4. 27.2003두8821)
>
> ☑ 138문의 사례와 함께 다음과 같이 정리하면 용이하다. **정답** O
>
> | ...구역 내 토지소유자 | ⇒ | '법규상 또는 조리상의 신청권 有 | ⇒ | ∴그 신청에 대한 거부행위는 행정처분 O |

■ **문화재보호구역 내에 토지를 소유하고 있는 자**가 **문화재보호구역의 지정해제를 요구**하였으나 **거부**된 경우, 그 **거부행위는 행정처분에 해당**한다. (O) [18 지방7]

■ **문화재보호구역 내에 있는 토지의 소유자**는 그 **보호구역의 지정해제를 요구**할 수 있는 **법규상 또는 조리상의 신청권**이 있다고 보기 어려우므로 이에 대한 **거부행위**는 항고소송의 대상이 되는 **행정처분**으로 보기 어렵다. (✕) [16 사복9]

140 ★★☆☆ [23 세무사]

5개 중앙부처가 합동으로 발표한 '4대강 살리기 마스터플랜은 항고소송의 대상에 해당한다. **O X**

> **해설**
>
> 국토해양부, 환경부, 문화체육관광부, 농림수산부, 식품부가 합동으로 2009. 6. 8. 발표한 **'4대강 살리기 마스터플랜'** 등은 행정기관 내부에서 사업의 **기본방향을 제시하는 계획**일 뿐 국민의 권리·의무에 직접 영향을 미치는 것이 아니어서, **행정처분에 ★해당하지 않는다.** (대결 전합 2011.4.21. 2010무111)
>
> **정답** ✕

📖 정부가 발표한 **'4대강 살리기 마스터플랜'**은 행정기관 내부에서 사업의 기본방향을 제시하는 것일 뿐 국민의 권리의무에 직접 영향을 미치는 것이 아니어서 행정**처분에 해당하지 않는다.** (○) [13 변시]

📖 **'4대강 살리기 마스터플랜'**은 행정처분에 해당한다. (✕) [17 교행9]

141 ★★★☆ [22 세무사]

강원도지사의 혁신도시 최종입지선정행위는 항고소송의 대상인 처분으로 인정되지 않는다. **O X**

> **해설**
>
> 정부의 수도권 소재 공공기관의 지방이전시책을 추진하는 과정에서 **도지사가** 도 내 특정시를 **공공기관이 이전**할 **혁신도시 최종입지로 선정한 행위**는 항고소송의 대상이 되는 행정**처분이 ★아니다.** (대판 2007. 11. 15., 2007두10198)
>
> **정답** ○

📖 정부의 수도권 소재 공공기관의 지방이전시책을 추진하는 과정에서 **도지사가** 도내 특정시를 **공공기관이 이전**할 **혁신도시 최종입지로 선정한 행위**는 항고소송의 대상이 되는 **처분이 아니다.** (○) [12 세무사]

📖 **도지사가** 도 내 특정시를 **공공기관이 이전**할 **혁신도시 최종입지로 선정한 행위**는 취소소송의 대상이다. (✕) [17 세무사]

142 ★★☆☆ [19 세무사]

해양수산부장관의 항만 명칭결정은 행정처분으로 인정된다. **O X**

> **해설**
>
> **해양수산부장관의 항만 명칭결정**은 국민의 권리의무나 법률상 지위에 직접적인 법률적 변동을 일으키는 행위가 아니므로 항고소송의 대상이 되는 **★행정처분이 아니다.** (대판 2008. 5. 29., 2007두23873)
>
> **정답** ✕

📖 **해양수산항만 명칭결정**은 **처분성이 인정**되지 않는다. (○) [10 군무원9]

143 ★★★☆ [15, 18 세무사]

표준지공시지가결정은 항고소송의 대상에 해당하지 않는다. OX

> 해설
>
> **표준지로 선정**된 토지의 **공시지가에 불복**하기 위하여는 구 지가공시 및 토지평가에 관한 법률 제8조 제1항 소정의 이의절차를 거쳐 처분청을 상대로 그 **공시지가결정의 취소**를 구하는 ★**행정소송을 제기하여야** 하는 것이다. (대판 1988. 3. 24, 96누6851)
>
> 정답 ×

▣ 대법원 판례는 **표준공시지가**와 개별공시지가의 **처분성**을 각각 **인정**하고 있다. (○) [00 행시]

▣ 개별공시지가결정과는 달리 **표준지공시지가의 결정**은 항고소송의 대상인 **처분에 해당**하지 않는다. (×) [08 선관위7]

▣ **표준지공시지가의 결정**은 **항고소송의 대상**인 **처분**으로 볼 수 없다. (×) [16 행정사 변형]

144 ★★★☆ [05 세무사]

개별공시지가는 처분성이 인정되지 않는다. OX

> 해설
>
> **시장·군수 또는 구청장**의 **개별토지가격결정(= 개별공시지가결정)**은 관계법령에 의한 토지초과이득세, 택지초과소유부담금 또는 개발부담금산정의 기준이 되어 국민의 권리나 의무 또는 법률상 이익에 직접적으로 관계되는 것으로서 항고소송의 대상이 되는 ★**행정처분에 해당**한다. (대판 1994. 2. 8. 93누111)
>
> 정답 ×

▣ 부동산 가격공시에 관한 법률상의 **개별공시지가결정**은 **항고소송의 대상성**이 인정된다. (○) [04 국회8]

▣ **개별공시지가결정**은 **취소소송의 대상**이 될 수 없다. (×) [06 세무사]

▣ **시장·군수·구청장**의 **개별토지가격결정**은 **행정처분에 해당**하지 아니한다. (×) [08 선관위9]

▣ **개별공시지가의 결정**은 **처분성이 인정**되지 않는다. (×) [10 세무사]

▣ **개별공시지가결정**은 **항고소송의 대상에 해당**하지 않는다. (×) [17 세무사]

▣ **군수의 개별공시지가의 결정**은 **항고소송의 대상에 해당**하지 않는다. (×) [23 세무사]

6 병역 관련 행위

145 ★★★★   [17 세무사]

군의관에 의한 신체등위판정은 처분에 해당한다.   O X

> **해설**
>
> **병역법상 신체등위판정**은 행정청이라고 볼 수 없는 **군의관**이 하도록 되어 있으며, 그 자체만으로 바로 병역법상의 권리의무가 정하여지는 것이 아니라 그에 따라 지방병무청장이 병역처분을 함으로써 비로소 병역의무의 종류가 정하여지는 것이므로 항고소송의 대상이 되는 ★**행정처분이라 보기 어렵다.** (대판 2008. 5. 29., 2007두23873)
>
> **정답** ×

- 징병검사에서 **군의관의 신체등위판정**은 **취소소송의 대상이 되지 않는다.** (○) [13 세무사]
- **군의관의 신체등위판정**은 행정의 내부행위로서 **사법적 통제의 대상이 되지 않는다.** (○) [15 세무사]
- **군의관이 하는 「병역법」상 신체등위 판정**은 항고소송의 대상이 되는 **처분이 아니다.** (○) [23 세무사]
- 병역처분의 자료로 **군의관이 행한 신체등위판정**은 항고소송의 대상인 처분이다. (×) [07 세무사]
- **군의관이 행한** 병역법상 **신체등위판정**은 항고소송의 대상이 되는 처분에 해당한다. (×) [09 세무사]
- **군의관에 의한 신체등위판정**은 항고소송의 대상인 처분으로 인정된다. (×) [14 세무사]
- **군의관의 신체등위판정**은 이에 근거하여 병역의무의 종류가 정해지므로 항고소송의 대상이 된다. (×) [19 세무사]

146 ★★★☆   [23 국가9] O X

병무청장이 「병역법」에 따라 병역의무 기피자의 인적사항 등을 인터넷 홈페이지에 게시하는 등의 방법으로 공개한 경우 병무청장의 공개결정은 항고소송의 대상이 되는 행정처분이다.

> **해설**
>
> **병무청장**이 병역법에 따라 **병역의무 기피자의 인적사항 등**을 **인터넷 홈페이지에 게시**하는 등의 방법으로 **공개**한 경우 **병무청장의 공개결정**을 **항고소송의 대상**이 되는 ★**행정처분**으로 보아야 한다.....(중략)....**관할 지방병무청장**이 1차로 공개 대상자 **결정**을 하고, 그에 따라 **병무청장**이 같은 내용으로 **최종적 공개결정**을 하였다면, 공개대상자는 **병무청장의 ★최종적 공개결정**만을 **다투는 것으로 충분**하고, 관할 지방병무청장의 공개 대상자 결정을 별도로 다툴 소의 이익은 없어진다. (대판 2019.6.27. 2018두49130)
>
> ✓ 대법원은 병역법에 근거한 **공권력의 행사**인 점, **항고소송의 대상**으로 보아 공개대상자의 **권리구제를 도모할 필요**가 있는 점 등을 병무청장의 공개결정에 대한 **처분성 인정 논거**로 들고 있다.   **정답** ○

- **병무청장**이 병역법에 따라 **병역의무 기피자의 인적사항**을 **인터넷 홈페이지에 공개하는 결정**은 **항고소송의 대상**이 되는 **행정처분**이 아니다. (×) [21 행정사]

7 각종 공부 등재(신청) 관련 행위

147 ★★★★

운전면허 행정처분처리대장상 벌점배점은 항고소송의 대상인 처분으로 인정된다. 〇🅇

> 해설
>
> **운전면허 행정처분처리대장상 벌점의 배점**은 도로교통법규 위반행위를 단속하는 기관이 도로교통법시행규칙 별표 16의 정하는 바에 의하여 도로교통법규 위반의 경중, 피해의 정도 등에 따라 배정하는 점수를 말하는 것으로 자동차운전면허의 취소, 정지**처분의 기초자료**로 제공하기 위한 것이고 그 배점 자체만으로는 아직 국민에 대하여 구체적으로 어떤 권리를 제한하거나 의무를 명하는 등 법률적 규제를 하는 효과를 발생하는 요건을 갖춘 것이 아니어서 그 무효확인 또는 취소를 구하는 소송의 대상이 되는 ★**행정처분이라고 할 수 없다.** (대판 1994. 8. 12., 94누2190)
>
> 정답 ✕

- 📋 **교통법규위반**에 대한 **벌점부과행위**는 취소소송의 대상인 **처분이 아니다.** (〇) [98 입시]
- 📋 **운전면허 행정처분처리대장**에의 **벌점기재행위**는 **취소소송의 대상이 될 수 없다.** (〇) [04 관세사]
- 📋 **운전면허 행정처분처리대장**상의 **벌점의 배점**은 **처분성이 인정되지 않는다.** (〇) [14 경행]
- 📋 **운전면허 행정처분처리대장**상 **벌점의 배점**은 ~~항고소송의 대상이 되는 처분에 해당한다.~~ (✕) [09 세무사]
- 📋 **운전면허 행정처분처리대장**상 **벌점의 배점**은 ~~취소소송의 대상이다.~~ (✕) [17, 19 세무사]

148 ★★☆☆

자동차운전면허대장상 교통사고기록 등재행위는 항고소송의 대상인 처분으로 인정된다. 〇🅇

> 해설
>
> **자동차운전면허대장상 일정한 사항의 등재행위**는 운전면허행정**사무집행의 편의와 사실증명의 자료**로 삼기 위한 것일 뿐 그 등재행위로 인하여 당해 운전면허 취득자에게 새로이 어떠한 권리가 부여되거나 변동 또는 상실되는 효력이 발생하는 것은 아니므로 이는 행정소송의 대상이 되는 독립한 ★**행정처분으로 볼 수 없다.** (대판 1991. 9. 24., 91누1400)
>
> 정답 ✕

- 📋 **자동차운전면허대장상 등재행위**는 ~~처분성이 인정된다.~~ (✕) [18 서울7 3월]
- 📋 **자동차운전면허대장상 일정한 사항의 등재행위**는 ~~행정소송의 대상이 되는 독립한 행정처분으로 볼 수 있다.~~ (✕) [21 국회9]

149 ★★★☆

㉠ 건축물대장 작성신청에 대한 소관 행정청의 거부한 행위는 처분이 아니다. [12 세무사] **O X**

㉡ 건축물대장 소관청의 건축물대장의 용도변경신청 거부행위는 처분성이 인정되지 않는다.
[19 세무사] **O X**

㉢ 행정청이 건축물대장을 직권말소한 행위는 처분으로 인정하지 않는다. [14 세무사] **O X**

> 해설
>
> - 건축물대장의 작성은 건축물의 소유권을 제대로 행사하기 위한 전제요건으로서 건축물 소유자의 실체적 권리관계에 밀접하게 관련되어 있으므로 **건축물대장 소관청의 작성신청 반려행위**는 국민의 권리관계에 영향을 미치는 것으로서 항고소송의 대상이 되는 ★**행정처분에 해당**한다. (대판 2009. 2. 12., 2007두17359)
> - 건축물대장의 용도는 건축물의 소유권을 제대로 행사하기 위한 전제요건으로서 건축물 소유자의 실체적 권리관계에 밀접하게 관련되어 있으므로, **건축물대장 소관청의 용도변경신청 거부행위**는 국민의 권리관계에 영향을 미치는 것으로서 항고소송의 대상이 되는 ★**행정처분에 해당**한다. (대판 2009. 1. 30., 2007두7277)
> - 건축물대장은 건축물의 소유권을 제대로 행사하기 위한 전제요건으로서 건축물 소유자의 실체적 권리관계에 밀접하게 관련되어 있으므로, 이러한 **건축물대장을 직권말소한 행위**는 국민의 권리관계에 영향을 미치는 것으로서 항고소송의 대상이 되는 ★**행정처분에 해당**한다. (대판 2010. 5. 27., 2008두22655)
>
> **정답** ㉠ ✕, ㉡ ✕, ㉢ ✕

☐ **건축물대장 소관청**의 **건축물대장 작성신청 반려행위**는 **항고소송의 대상**이 된다. (O) [19 소방]

☐ **건축물대장의 작성**에 대한 **신청을 반려하는 행위**는 **항고소송의 대상**이 된다. (O) [20 세무사]

☐ **건축물대장작성신청의 반려행위**는 ~~처분성이 인정되지 않는다~~. (✕) [18 서울7 3월]

☐ **건축물대장 소관청**의 **건축물 용도변경신청 거부행위**는 **항고소송의 대상**이다. (O) [13 행정사]

☐ **건축물대장 소관청**의 **용도변경신청 거부행위**는 국민의 **권리관계에 영향**을 미치는 것으로서 항고소송의 대상이 되는 **행정처분에 해당**한다. (O) [23 군무원9]

☐ 행정청이 **건축물대장의 용도변경신청**을 **거부한 행위**는 ~~처분성이 인정되지 않는다~~. (✕) [17 국가7]

☐ 소유권자가 신청한 **건축물 대장의 용도변경신청**을 **거부한 행위**는 ~~항고소송의 대상에 해당하지 않는다~~. (✕) [23 세무사]

☐ **건축물대장 소관 행정청**이 건축물에 관한 **건축물대장을 직권말소한 행위**는 **항고소송의 대상**이 된다. (O) [12 변시]

☐ **건축물대장 소관 행정청**이 건축물에 관한 **건축물대장을 직권말소한 행위**는 ~~항고소송의 대상이 되는 행정처분이 아니다~~. (✕) [12 국회8]

150 ★☆☆☆

건축물대장 등재사항의 정정신청에 대한 소관 행정청의 거부행위는 처분이 아니다. ⓞⓧ

> **해설**
>
> **건축물대장에 일정한 사항을 등재**하거나 **등재된 사항을 변경**하는 행위는 행정사무집행의 편의와 사실증명의 자료로 삼기 위한 것이고 그 등재나 변경등재행위로 인하여 당해 건축물에 대한 실체상의 권리관계에 어떤 변동을 가져오는 것은 아니므로 **소관청이 그 등재사항에 대한 정정신청을 거부한 것을** 가리켜 항고소송의 대상이 되는 **★행정처분이라고 할 수 없다.** (대판 1989. 12. 12. 89누5348)
>
> 정답 ○

🔲 甲은 자신이 소유하는 건물의 면적이 건축물관리대장상의 면적과 다르므로 **건축물관리대장상의 등재사항의 정정을 신청**하였으나, 그 **신청이 반려**되었다. 이러한 경우 甲은 위 **건축물관리대장등재사항의 정정신청반려처분**의 취소를 행정소송으로 청구할 수 있다. (×) [04 행시]

151 ★★★☆

무허가건물관리대장 등재 삭제행위는 처분에 해당한다. ⓞⓧ

> **해설**
>
> 관할관청이 무허가건물의 무허가건물관리대장 등재요건에 관한 오류를 바로잡으면서 당해 **무허가건물을 무허가건물관리대장에서 삭제하는 행위**는 다른 특별한 사정이 없는 한 항고소송의 대상이 되는 **★행정처분이 아니다.** (대판 2009. 3. 12. 2008두11525).
>
> 정답 ×

🔲 건물등재대장 소관청이 **무허가건물을 무허가건물관리대장에서 삭제하는 행위**는 처분성이 인정되지 않는다. (○) [14 서울7]

🔲 **무허가건물등재대장삭제행위**는 무허가건물에 대한 실체상의 권리관계에 변동을 가져오는 것이 아니므로 항고소송의 대상이 되는 **처분이 아니다.** (○) [12 서울9]

🔲 행정청이 **무허가건물관리대장에서 무허가건물을 삭제하는 행위**는 처분성이 인정된다. (×) [17 국가7]

🔲 **무허가건물을 무허가건물관리대장에서 삭제하는 행위**는 다른 특별한 사정이 없는 한 항고소송의 대상이 되는 행정처분에 해당한다. (×) [19 지방7]

152 ★★★★

지목변경신청 거부는 항고소송의 대상이 아니다. O X

> **해설**
>
> 지목은 토지소유권을 제대로 행사하기 위한 전제요건으로서 토지소유자의 실체적 권리관계에 밀접하게 관련되어 있으므로 **지적공부 소관청의 지목변경신청 반려행위**는 국민의 권리관계에 영향을 미치는 것으로서 항고소송의 대상이 되는 ★**행정처분**에 해당한다. (대판 전합 2004. 4. 22. 2003두9015)
>
> **정답** ✕

- 헌법재판소 결정에 이어 대법원도 최근 **지적공부의 지목변경신청 거부행위**를 **처분**으로 보았다. (O) [06 세무사]
- 지적공부상의 **지목변경신청**에 대한 **반려행위**는 **처분성이 인정**된다. (O) [09 세무사]
- **지목변경신청 반려행위**는 **취소소송의 대상**이다. (O) [17 세무사]
- 지적공부상의 **지목변경신청 반려**는 **처분성이 인정**되자 않는다. (✕) [10 세무사]
- **지적공부 소관청**의 **지목변경신청 반려행위**는 **처분**아 아니다. (✕) [12 세무사]
- **지목변경신청 반려행위**는 **처분에 해당**하자 않는다. (✕) [15 세무사]
- 지적공부 소관청의 **지목변경신청 반려행위**는 **처분성이 인정**되자 않는다. (✕) [19 세무사]

- 지적공부상의 **지목변경신청 반려행위를 다투는 소송형식**은 **항고소송**이다. (O) [09 관세사]
- **지목변경신청 반려행위**는 **당사자소송의 대상**이 된다. (✕) [18 세무사]
  - ☑ 당사자소송 → 취소소송 또는 무효등 확인소송

153 ★★★☆

지적 소관청의 토지분할신청에 대한 거부행위는 처분이 아니다. O X

> **해설**
>
> 토지소유자가 <u>지적법</u> 제17조 제1항, 같은법시행규칙 제20조 제1항 제1호의 규정에 의하여 <u>1필지의 일부가 소유자가 다르게 되었음을 이유로 토지분할을 신청하는 경우, … (중략) … **지적 소관청의** 위와 같은 **토지분할신청에 대한 거부행위**는 국민의 권리관계에 영향을 미친다고 할 것이므로 **항고소송의 대상**이 되는 ★**처분으로 보아야 한다.**</u> (대판 1993.3.23., 91누8968)
>
> **정답** ✕

- **지적법령상의 토지분할신청**에 대한 **거부행위**는 행정쟁송의 대상이 되는 **'처분'**이다. (O) [02 행시]
- **지적법령상의 토지분할신청**에 대한 **거부행위**는 **항고소송의 대상**이 되는 **처분**아 아니다. (✕) [08 세무사]
- 1필지의 일부가 소유자가 다르게 되었음을 이유로 한 **지적공부상 토지분할신청**에 대한 **지적 소관청의 거부행위**는 **처분성이 인정**되자 않는다. (✕) [19 세무사]

154 ★★★☆

소관청의 토지대장상의 소유자명의변경신청 거부 행위는 취소소송의 대상이 되지 않는다. **O X**

> 해설
>
> 토지대장에 기재된 일정한 사항을 변경하는 행위는, … (중략) … 행정사무집행의 편의와 사실증명의 자료로 삼기 위한 것일 뿐이어서, 그 소유자 명의가 변경된다고 하여도 이로 인하여 당해 토지에 대한 실체상의 권리관계에 변동을 가져올 수 없고 … (중략) … 따라서 소관청이 **토지대장상의 소유자명의변경신청을 거부한 행위**는 이를 항고소송의 대상이 되는 ★**행정처분이라고 할 수 없다**. (대판 2012.01.12., 2010두12354)
>
> 정답 **O**

🔲 소관청의 **토지대장상의 소유자명의변경신청 거부행위**는 **처분성이 인정되지 않는다.** (○) [19 세무사]

🔲 **토지대장상의 소유자명의변경신청을 거부하는 행위**는 실체적 권리관계에 영향을 미치는 사항으로 행정처분이다. (✕) [19 서울7]

155 ★★☆☆

토지대장을 직권으로 말소한 행위는 항고소송의 대상이 된다. **O X**

> 해설
>
> **토지대장**은 토지의 소유권을 제대로 행사하기 위한 전제요건으로서 토지 소유자의 실체적 권리관계에 밀접하게 관련되어 있으므로, 이러한 **토지대장을 직권으로 말소한 행위**는 국민의 권리관계에 영향을 미치는 것으로서 항고소송의 대상이 되는 ★**행정처분에 해당**한다. (대판 2013. 10. 24., 2011두13286)

■ 건축물대장·토지대장 소관청 행위의 처분성 정리

	건축물대장 관련	토지대장 관련
처분성 인정	건축물대장 **작성**신청 반려	지목변경신청 거부
	건축물대장 **용도변경**신청 거부	토지분할신청 거부
	건출물대장 **직권말소**	토지대장 **직권말소**
	건축물대장 **건축주명의변경** 신고 거부	
처분성 부정	건축물대장 **등재사항** 정정	토지대장 소유자**명의변경** 신청 거부
	무허가건물관리대장 삭제행위	

➡ **처분성**이 **부정된 사례** 위주로 정리하면 용이하다. ※ [두문자] **건-등, 무-삭, 토-명** 정답 **O**

🔲 **지적공부 소관청**의 **토지대장 직권말소행위**는 **항고소송의 대상으로 인정**된다. (○) [14 지방7]

🔲 **지적공부 소관청**이 **토지대장을 직권으로 말소한 행위**는 **처분성이 인정**되지 않는다. (✕) [14 서울7]

156 ★★★☆

㉠ 자기완결적 신고의 거부는 취소소송의 대상이 될 수 없다. [06 세무사] O X

㉡ 「건축법」상 착공신고 반려행위는 취소소송의 대상이다. [19 세무사] O X

> **해설**
>
> **건축주** 등으로서는 **착공신고가 반려**될 경우 당해 건축물의 착공을 개시하면 시정명령, 이행강제금, 벌금의 대상이 되거나 당해 건축물을 사용하여 행할 행위의 허가가 거부될 우려가 있어 **불안정한 지위**에 놓이게 된다. 따라서 **착공신고 반려행위가 이루어진 단계**에서 당사자로 하여금 **반려행위의 적법성을 다투어** 그 법적 불안을 해소한 다음 건축행위에 나아가도록 함으로써 장차 있을지도 모르는 위험에서 미리 벗어날 수 있도록 길을 열어 주고, 위법한 건축물의 양산과 그 철거를 둘러싼 분쟁을 조기에 근본적으로 해결할 수 있게 하는 것이 법치행정의 원리에 부합한다. 그러므로 이 사건 ★**착공신고 반려행위는 항고소송의 대상**이 된다고 보는 것이 옳다. (대판 2011. 6. 10. 2010두7321)

✎ ㉠ 대법원은 **자기완결적 신고**(=자체완성적, 수리를 요하지 않는 신고)의 경우 행정청의 **수리행위 여부**와는 무관하게 **신고의 의사표시**만으로 신고내용의 **법적 효과**가 발생하므로, 원칙적으로 **자기완결적 신고의 거부**는 법률상(국민의 권리·의무상) 영향이 없다는 점에서 **취소소송의 대상이 되지 않는다는 견해**를 견지해왔다.

  ㉡ 그러나 '2010. 11. 18. 2008두167 판례 및 2011. 6. 10. 2010두7321 판례'를 통하여 **자기완결적 신고가** 거부되었음에도 건축주 등이 신고에 따른 행위를 할 경우에 **법적 불이익이 예견**되어 불안정한 지위에 놓이게 될 우려가 있을 때에는 ★**예외적**으로 '**일반적인 건축신고**'와 '**건축물 착공신고**'와 같은 **자기완결적 신고**에 대한 **행정청의 거부행위**가 '**항고소송의 대상(처분)**'이 될 수 있는 것으로 **견해를 변경**하였다. 다만 모든 자기완결적 신고의 거부에 처분성이 인정되는 것은 아니며, 건축(착공)신고, 원격평생교육시설신고 등 일부의 신고에 대한 거부행위가 이에 해당한다.

  정답 ㉠ ×, ㉡ O

▨ **자체완성적 신고**의 **수리를 거부하는 행위**는 **처분**이라고 볼 수 없다. (×) [13 군무원9 변형]

▨ **건축신고**는 **자기완결적 신고**이므로 **신고반려행위 또는 수리거부행위**는 **항고소송의 대상**이 되지 않는다. (×) [19 서울7 2월]

▨ **건축허가거부**에 대한 **취소소송**은 현행 **행정소송법상 인정되는 소송**이다. (O) [05 세무사]

▨ **건축신고**에 대한 **반려행위**는 건축신고가 반려될 경우 **건축주 등의 지위가 불안정**해진다는 점에서 **항고소송의 대상**이 되는 **처분에 해당**한다. (O) [12 변시]

▨ **건축신고 반려행위**는 **처분에 해당**한다. (O) [17 세무사]

▨ 구청장의 **건축물 착공신고 반려행위**는 **처분성이 인정**된다. (O) [17 국가7]

▨ **건축신고**에 대한 **수리거부**는 **항고소송의 대상**이 아니다. (×) [16 세무사]

157 ★★☆☆ [12 세무사] O X

건축법상 인·허가의제 효과를 수반하는 건축신고의 수리거부행위는 행정처분에 해당하지 않는다.

> **해설**
>
> **인·허가의제 효과를 수반**하는 **건축신고**는 일반적인 건축신고와는 달리, 특별한 사정이 없는 한 행정청이 그 **실체적 요건**에 관한 **심사**를 한 후 수리하여야 하는 이른바 ★'**수리를 요하는 신고**'로 보는 것이 옳다. (대판 전합 2011. 1. 20. 2010두14954)
>
> ✓ ⓐ '**수리를 요하는 신고**(=**행위요건적 신고**)'의 경우 행정청의 그 **신고를 수리하여야 법적 효과가 발생**하므로, 그 **거부** 역시 법적 행위로서 **행정소송의 대상**(**행정처분**)에 해당한다.
>
> ⓑ 타법상의 **인·허가의제효과를 수반**하는 **건축신고**의 경우, **의제**(간주)**되는 인·허가**에 관한 요건을 심사한 후에 **수리여부를 결정**하여야 한다는 점에서 '**수리를 요하는 신고**'에 해당하므로, 그 **수리의 거부는 행정처분**에 해당한다.
>
> **정답** ×

🔲 「건축법」상 건축신고가 다른 법률에서 정한 **인·허가 의제효과를 수반**하는 경우에는 일반적인 건축신고와는 달리 **수리를 요하는 신고**에 해당한다. (O) [13 국회8]

🔲 **인·허가의제 효과를 수반하는 건축신고**는 특별한 사정이 없는 한 행정청이 그 **실체적 요건에 관한 심사를 한 후 수리**하여야 하는 이른바 '**수리를 요하는 신고**'에 해당한다. (O) [13 국회8]

🔲 **인·허가의제 효과를 수반하는 건축신고**는 일반적인 건축신고와 같아 자기완결적 신고이다. (×) [15 지방9]

🔲 판례에 따르면, **인 허가의제 효과를 수반하는 건축신고**는 특별한 사정이 없는 한 수리를 요하지 않는 신고이다. (×) [15 교행9]

158 ★★★☆

건축주명의변경신고에 대한 소관 행정청의 수리거부행위는 처분이 아니다. **O X**

[해설]

> **건축주명의변경신고수리거부행위**는 행정청이 허가대상건축물 양수인의 건축주명의변경신고라는 구체적인 사실에 관한 법집행으로서 <u>그 신고를 수리하여야 할 법령상의 의무를 지고 있음에도 불구하고 그 **신고의 수리를 거부함**으로써</u>, 양수인이 건축공사를 계속하기 위하여 또는 건축공사를 완료한 후 자신의 명의로 소유권보존등기를 하기 위하여 가지는 <u>구체적인 **법적 이익을 침해**</u>하는 결과가 되었다고 할 것이므로, … (중략) … 양수인의 **권리의무에 직접 영향**을 미치는 것으로서 ★**취소소송의 대상**이 되는 **처분**이라고 하지 않을 수 없다. (대판 1992. 3. 31., 91누4911)

✓ **건축주명의변경신고**는 이른바 '**행위요건적 신고(=수리를 요하는 신고)**'에 해당하므로, 그 **신고의 거부행위**는 항고소송의 대상이 되는 **처분**이다. **[정답]** ✕

■ **'자기완결적' 신고 vs '행위요건적' 신고**

	자기완결적 신고 (수리를 요하지 않는 신고)		행위요건적 신고 (수리를 요하는 신고)
신고의 효과발생 요건	행정청에 **도달** = 신고 **효과 발생**		행정청에 **도달 ╋** 행정청의 **수리** = 신고 **효과 발생**
수리행위의 성질	**사실상** 행위(법률상 효과 **無**) ↳ 국민의 권리·의무 **영향 無**		**법적** 행위(법률상 효과 **有**) ↳ 국민의 권리·의무 **변동 有**
거부행위의 성질	원칙	처분성 ✕	처분성 ○
	예외	처분성 ○ (행정청의 수리거부로 신고자가 불안정한 법적 지위에 놓일 우려가 있을 경우 등)	

▨ 건축법령상 **건축주명의변경신고**는 ~~자기완결적~~ 신고이다. (✕) [07 국가9]

▨ 건축법령상 **건축주명의변경신고**는 ~~수리를 요하지 않는~~ 신고이다. (✕) [12 경행]

▨ **건축주명의변경신고 수리거부행위**는 **취소소송의 대상이 되는 처분**이라고 하지 않을 수 없다. (○) [15 경행]

▨ 행정청의 건축물대장상 **건축주명의변경신고**에 대한 **수리거부행위**는 **처분성이 인정**~~되지 않는다~~. (✕) [19 세무사]

8 국·공유재산 관련 행위

159 ★★☆☆

㉠ 행정재산의 사용허가는 처분성이 인정되지 않는다. 　　　　　　　　[05 세무사] **O X**

㉡ 국유일반재산에 대한 사용료의 납입고지는 취소소송의 대상인 처분에 해당한다.

　　　　　　　　　　　　　　　　　　　　　　　　　　　　　[11 세무사] **O X**

> **해설**
>
> - 국유재산 등의 관리청이 하는 **행정재산의 사용·수익에 대한 허가**는 … (중략) … 관리청이 공권력을 가진 우월적 지위에서 행하는 **행정처분**으로서 특정인에게 행정재산을 사용할 수 있는 권리를 설정하여 주는 ★강학상 특허에 해당한다. (대판 2006. 3. 9., 2004다31074)
> - **국유일반재산을 대부**하는 행위는 국가가 **사경제 주체**로서 상대방과 대등한 위치에서 행하는 **사법상의 계약**이고, … (중략) … **국유일반재산에 관한 대부료의 납부고지** 역시 ★**사법상의 이행청구**에 해당하고, 이를 행정처분이라고 할 수 없다. (대판 2000. 2. 11. 99다61675)
>
> ■ 국·공유재산의 '사용허가' vs 국·공유재산의 '대부계약'
>
> | | 사용허가 | 대부계약 |
> |---|---|---|
> | 대상 | 행정재산 | 일반재산(구 잡종재산) |
> | 법률관계 | 공법관계 | 사법관계(국고관계) |
> | 법적 성질 | 행정처분(강학상 특허) | 사법상 계약 |
> | 재산이용에 따른 반대급부 | 사용료 | 대부료 |
> | 반대급부 부과(납입고지)의 성질 | 행정처분 | 사법상 (채무)이행청구 |
>
> **정답** ㉠ ✕, ㉡ ✕

▨ **행정재산의 사용·수익허가**는 사법상 임대차계약이라는 것이 판례의 입장이다. (✕) [08 관세사]

────────────────────────

▨ **국유재산의 대부계약**에 따른 **대부료 부과**는 처분성이 있다. (✕) [17 사복9]

160 ★★☆☆　　　　　　　　　　　　　　　　　　　　　　　　　[15 세무사]

행정재산의 무단점유자에 대한 변상금 부과행위는 처분이다. 　　　　　　**O X**

> **해설**
>
> **국유재산**의 관리청이 그 **무단점유자**에 대하여 하는 **변상금부과처분**은 순전히 사경제 주체로서 행하는 사법상의 법률행위라 할 수 없고 이는 관리청이 **공권력을 가진 우월적 지위**에서 행한 것으로서 행정소송의 대상이 되는 ★**행정처분**이라고 보아야 한다. (대판 1988.2.23., 87누1046)
>
> **정답** O

▨ **국유재산 무단점유자**에 대한 **변상금부과처분**은 **항고소송의 대상**이 되는 **처분**이 아니다. (✕) [08 세무사]

▨ **국유재산 무단점유자**에 대한 **변상금 부과처분**은 **취소소송의 대상**이 되지 않는다. (✕) [13 세무사]

9 계약 관련 행위

161 ★★★☆

㉠ 행정청에 의한 공법상 계약상대방의 결정은 당사자소송의 대상이 된다.　　　　　[18 세무사]　**O X**

㉡ 사회기반시설에 대한 민간투자법상 민간투자사업의 사업시행자 지정은 공법상 계약이 아니라 행정처
분에 해당한다.　　　　　　　　　　　　　　　　　　　　　　　　　[16 국가9]　**O X**

> **해설**
>
> - **방산물자**에 관한 **구매계약**은 **공법상 계약**에 해당하고, 이러한 계약의 효력 등과 관련한 공법상 법률관계는 공법상 당사자소송의 대상이 되는 것이나, **행정청**이 그 **계약 체결과정**에서 법에 기한 ★**고권적 지위**에서 **일방적으로 결정**을 하는 **공권력적 행위**를 하고 그에 의하여 국민의 권리의무에 직접 영향을 미치는 경우에는 ★**항고소송의 대상**으로 된다고 할 것이다. (서울고법 2009. 6. 19., 2008누22176)
> - 선행처분인 서울-춘천간 **고속도로 민간투자시설사업**의 **사업시행자 지정처분**의 무효를 이유로 그 후행처분인 도로구역결정처분의 취소를 구하는 소송에서, 선행처분인 ★**사업시행자 지정처분**을 무효로 할 만큼 중대하고 명백한 하자가 없다. (대판 2009. 4. 23., 2007두13159)
>
> ✓ 구매계약, 민간투자에 관한 협약 등은 공법상 계약이라고 할 수 있으나, 그러한 **계약이나 협약을 체결하는 과정** 중에, 행정청이 **일방적인 공권력적 행위**로서 ★'**결정**'(계약상대방 결정, 사업시행자 지정 등)하는 행위는 공법상 계약이 아니라 **행정처분에 해당**하므로 **항고소송의 대상**이 된다는 판시이다.　　　　**정답** ㉠ ✕, ㉡ O

🔲 **구 사회간접자본시설에 대한 민간투자법**에 근거한 서울-춘천간 **고속도로 민간투자시설사업**의 사업시행자 지정은 공법상 계약에 해당한다. (✕) **[20 지방7]**

162 ★★★☆　　　　　　　　　　　　　　　　　　　　　　[20 세무사]

구 「산업집적활성화 및 공장설립에 관한 법률」에 따른 입주계약의 취소를 다투는 소송은 공법상 당사
자소송의 대상이 된다.　　　　　　　　　　　　　　　　　　　　　　　　**O X**

> **해설**
>
> 산업단지관리공단의 구 산업집적활성화 및 공장설립에 관한 법률 제38조 제2항에 따른 **입주변경계약 취소(= 입주계약의 해지통보)**는 행정청인 관리권자로부터 관리업무를 위탁받은 **산업단지관리공단**이 **우월적 지위**에서 입주기업체들에게 일정한 **법률상 효과를 발생**하게 하는 것으로서 **항고소송의 대상**이 되는 ★**행정처분에 해당**한다. (대판 2017. 6. 15. 2014두46843, 대판 2011.6.30., 2010두23859)
>
> ✓ **산업단지 입주계약**은 이른바 '**공법상 계약**'이라고 할 수 있으나, '**입주(변경)계약의 취소** 내지 **입주계약의 해지통보**'는 공법상 계약(당사자소송의 대상)이 아니라 **항고소송의 대상**인 **행정처분에 해당**한다는 판시이다.
>
> 　　　　　　　　　　　　　　　　　　　　　　　　　　　　　**정답** ✕

🔲 구 「산업집적활성화 및 공장설립에 관한 법률」에 따른 **산업단지 입주계약의 해지통보**는 행정청인 관리권자로부터 관리업무를 위탁받은 **한국산업단지공단이 우월적 지위**에서 그 상대방에게 일정한 법률상 효과를 발생하게 하는 것으로서 **항고소송의 대상**이 되는 **행정처분에 해당**한다. (O) **[17 지방7]**

🔲 행정청인 관리권자로부터 관리업무를 **위탁받은 공단**이 **우월적 지위**에서 일정한 법률상 효과를 발생하게 하는 **공단입주 변경계약**은 공법계약으로 **이의 취소**는 공법상 당사자소송으로 해야 한다. (✕) **[20 군무원7]**

163 ★★★☆

조달청이 계약상대자에 대하여 나라장터 종합쇼핑몰에서의 거래를 일정기간 정지하는 조치는 행정처분에 해당한다. [O][X]

> **해설**
>
> 조달청이 계약상대자에 대하여 **나라장터 종합쇼핑몰**에서의 **거래를 일정기간 정지하는 조치**는 … (중략) … 비록 추가특수조건이라는 사법상 계약에 근거한 것이지만 행정청인 조달청이 행하는 구체적 사실에 관한 법집행으로서의 **공권력의 행사**로서 그 상대방인 **甲 회사의 권리·의무에 직접 영향**을 미치므로 항고소송의 대상이 되는 ★ **행정처분에 해당**한다. (대판 2018. 11. 29., 2015두52395).
>
> **[정답]** O

- **조달청**이 물품구매**계약의 상대방**에게 한 **나라장터 종합쇼핑몰 거래정지 조치**는 **항고소송의 대상**이 된다. (O) [21 세무사]
- **조달청장**의 **나라장터 종합쇼핑몰 거래정지조치**는 사법상 계약에 해당하는 물품구매계약 추가특수조건에 근거하여 내려진 것이므로, 이는 구체적 사실에 관한 법집행으로서의 **공권력의 행사**로서 **상대방의 권리·의무에 직접 영향을 미친다** 하더라도 ~~**행정처분에 해당**하지 않는다.~~ (X) [19 국가5 승진]

⑩ 의회 내부 행위

164 ★☆☆☆

㉠ 지방의회의 의장선거는 처분으로 보지 않는다. [O][X]
㉡ 지방의회 의장에 대한 불신임의결은 행정처분이다. [O][X]

> **해설**
>
> - **지방의회의 의장선거**는 ★**행정처분의 일종**으로서 항고소송의 대상이 된다고 할 것이다. (대판 1995. 1. 12., 94누2602)
> - **지방의회 의장**에 대한 **불신임의결**은 의장으로서의 권한을 박탈하는 ★**행정처분의 일종**으로서 **항고소송의 대상**이 된다. (대결 1994. 10.11.자 94두23)
> ✓ 지방의회의 의장에 대한 **신임의결(의장선거)**와 **불신임의결** 모두 **행정처분** **[정답]** ㉠ X, ㉡ O

- '**지방의회 의장선거**'는 **항고소송의 대상**이 될 수 있다. (O) [14 국회8]
- **지방의회의 의장 신임결의**는 **행정행위의 일종**이다. (O) [07 국가9]

- **지방의회 의장**에 대한 **지방의회의 불신임의결**은 **처분성이 인정**된다. (O) [14 사복9]
- **지방의회 의장**에 대한 **불신임의결**은 **지방의회**의 ~~내부적 결정에 불과하므로 **행정처분에 해당**하지 않는다.~~ (X) [19 국가5 승진]

165 ★★☆☆

지방의회의원에 대한 징계의결은 사법심사의 대상이 아니다. **O X**

> **해설**
>
> 지방자치법 제78조 내지 제81조의 규정에 의거한 **지방의회의 의원징계의결**은 그로 인해 의원의 권리에 직접 법률효과를 미치는 **★행정처분의 일종**으로서 **행정소송의 대상**이 된다. (대판 1993. 11. 26, 93누7341)
>
> ✅ 통치행위에 속하는 국회의원에 대한 징계는 사법심사의 대상이 아니지만(17문 참고), **지방의회 의원**에 대한 **징계의결**은 **행정처분**이다. **정답** ✕

- '**지방의회 의원 제명행위**'에 대해 판례는 **처분성을 인정**한다. (O) [99 관세사]
- **지방의회의 의원 징계의결**은 행정소송법상 **처분으로 인정**된다. (O) [06 관세사]
- **지방의회 의원**에 대한 **징계처분**은 **행정소송으로 다툴 수 있다.** (O) [16 세무사]
- **국회의원에 대한 징계처분**에 대하여는 헌법 제64조 제4항이 법원에 제소할 수 없다고 규정하고 있으므로 **행정소송의 대상이 되지 아니하나**, 그러한 특별한 규정이 없는 **지방의회 의원에 대한 징계의결**은 **항고소송의 대상**이 된다. (O) [23 변시]
- **지방의회의원 징계의결**은 **항고소송의 대상**이 아니다. (✕) [18 행정사]

11 공공기관(공사·공단 등)의 행위

166 ★★☆☆

국민건강보험공단의 '직장가입자 자격상실 및 자격변동 안내' 통보는 취소소송의 대상이 되지 않는다. **O X**

> **해설**
>
> **국민건강보험공단**이 甲 등에게 '**직장가입자 자격상실 및 자격변동 안내**' 통보 및 '사업장 직권탈퇴에 따른 가입자 자격상실 안내' 통보를 한 사안에서, … (중략) … 이는 甲 등의 가입자 자격의 변동 여부 및 시기를 확인하는 의미에서 한 **사실상 통지행위에 불과**할 뿐, 위 각 통보에 의하여 가입자 자격이 변동되는 효력이 발생한다고 볼 수 없고, 또한 위 각 통보로 甲 등에게 지역가입자로서의 건강보험료를 납부하여야 하는 의무가 발생함으로써 甲 등의 권리의무에 직접적 변동을 초래하는 것도 아니라는 이유로, 위 각 통보의 **★처분성이 인정되지 않는다고** 보아 그 취소를 구하는 甲 등의 소를 모두 각하한 원심판단이 정당하다고 한 사례 (대판 2019. 2. 14. 2016두41729)
>
> **정답** O

- **국민건강보험공단**에 의한 '**직장가입자 자격상실 및 자격변동 안내**' 통보 및 '**사업장 직권탈퇴에 따른 가입자자격상실 안내**' 통보는 가입자 자격이 변동되는 효력을 가져 오므로 항고소송의 대상이 되는 처분에 해당한다. (✕) [20 지방7]

167 ★★☆☆

산업재해보상보험법상 장해보상금결정의 기준이 되는 장해등급결정은 처분으로 인정하지 않는다.

> **해설**
>
> 신체장해등급표상의 기준을 감안하여 가중된 장해에 대하여 조정 및 준용을 거쳐 **장해등급을 결정**한 **처분**을 수
> 긍한 사례에 비추어, <u>원고의 **장해등급**은 제8급에 준한다고 봄이 상당하여 그와 같은 취지로 피고가 한 <u>이 사건</u>
> **★처분은 적법**하다.(대판 2002. 4. 26. 2001두8155)
>
> ☑ 산업재해보상보험법상 **장해등급결정처분**을 **행정처분으로 전제**하여 **본안판단**한 사례이다.   **정답** ✕

💭 산업재해보상보험법상 장해보상금 결정의 기준이 되는 **장애등급결정**은 **항고소송의 대상**이 되는 **행정처
분으로 인정**된다. (○) [15 지방9]

168 ★★★☆

㉠ 행정권한의 행사가 아닌 공공기관의 행위는 항고소송의 대상으로 인정된다.

㉡ 한국마사회의 조교사 및 기수 면허 부여 또는 취소는 행정처분에 해당한다.

> **해설**
>
> - 행정소송의 대상이 되는 행정처분이란 행정청 또는 그 소속기관이나 법령에 의하여 행정권한의 위임 또는 위탁
>   을 받은 공공단체 등이 국민의 권리·의무에 관계되는 사항에 관하여 직접 효력을 미치는 공권력의 발동으로서 하
>   는 공법상의 행위를 말하며, 그것이 **★상대방의 권리를 제한하는 행위**라 하더라도 **행정청** 또는 그 **소속기관**이나
>   **권한을 위임받은 공공단체 등의 행위가 아닌 한** 이를 **행정처분이라고 ★할 수 없다.**
> - **한국마사회가 조교사 또는 기수의 면허를 부여하거나 취소**하는 것은 … (중략) … 국가 기타 행정기관으로부
>   터 위탁받은 **행정권한의 행사가 아니라** 일반 **사법상의 법률관계**에서 이루어지는 **★단체 내부에서의 징계 내
>   지 제재처분**이다. (대판 2008. 1. 31., 2005두8269)
>
> ☑ '**한국마사회**'는 행정청(또는 그 소속기관)이나 그로부터 **행정권한을 위임 또는 위탁받은 공공단체가 아니므로**, 비
>   록 한국마사회가 상대방의 권리를 제한하는 조치를 하였더라도 그 조치는 **행정처분이 아니라는** 판시이다.
>
>   **정답** ㉠ ✕, ㉡ ✕

💭 어떤 행위가 **상대방의 권리를 제한하는 행위**라 하더라도 **행정청 또는 그 소속기관이나 권한을 위임받은
공공기관의 행위가 아닌 한** 이를 행정소송의 대상이 되는 **행정처분이라고 할 수 없다.** (○) [21 서울7]

💭 **한국마사회가 조교사 또는 기수의 면허를 부여하거나 취소**하는 것은 일반**사법상의 법률관계**에서 이루어
지는 **단체 내부에서의 징계 내지 제재처분에 불과**하다. (○) [15 경행]

💭 **한국마사회**가 조교사 또는 기수의 면허를 부여하거나 취소하는 것은 국가 기타 행정기관으로부터 위탁
받은 행정권한의 행사에 해당하므로 처분성이 인정된다. (✕) [15 국회8]

169 ★★☆☆

㉠ 한국전력공사가 (구)정부투자기관회계규정에 의하여 행한 입찰참가자격을 제한하는 부정당업자제 재는 항고소송의 대상인 처분이다. [07 세무사] OX

㉡ 공기업이나 준정부기관의 입찰참가자격제한은 계약에 근거할 수도 있고, 행정처분에 해당할 수도 있다. [21 국회8] OX

> **해설**
>
> **한국전력공사**가 정부투자기관회계규정에 의하여 행한 입찰참가자격을 제한하는 내용의 **부정당업자제재처분은** 행정소송의 대상이 되는 **행정처분이 아니라** 단지 상대방을 위 공사가 시행하는 입찰에 참가시키지 않겠다는 뜻의 **사법상의 효력을** 가지는 **통지**행위에 불과하다. (대결 1999. 11. 26.자, 99부3)
>
> ✅ ㉠ 종래의 판례에서는, 국가나 지방자치단체와 같은 **행정청**이 행하는 **입찰참가자격제한조치(부정당업자제재처분)**는 행정처분으로 보는 반면에, **공사, 공단 등의 공공기관(공기업·준정부기관 등)**이 행하는 **입찰참가자격 제한조치**는 **사법상의 통지**로 보아 **처분성을 부정**해왔다.
>
> **공기업·준정부기관**이 **법령** 또는 **계약**에 근거하여 … (중략) … 계약상대방에 대한 **입찰참가자격 제한 조치**가 ★법령에 근거한 행정처분인지 아니면 ★계약에 근거한 권리행사인지는 원칙적으로 의사표시의 해석 문제이다. … (중략) … 피고(한국수력원자력 주식회사)가 한 **입찰참가자격 제한 조치**는 계약에 근거한 권리행사가 아니라 **공공기관운영법** 제39조 제2항에 **근거**한 ★**행정처분**으로 봄이 타당하다. (대판 2018. 10. 25., 2016두33537)
>
> ✅ ㉡ 그러나 근래의 판례는 **공공기관(공기업·준정부기관 등)**이 행한 **입찰참가자격제한조치**일지라도, 그것이 단순히 **계약상의 규정에 근거한 경우가 아니라**, '공공기관의 운영에 관한 법률' 제39조 제2항 등의 ★**법적 근거에 따른 경우**라면 **처분에 해당**하는 것으로 보고 있으므로, 지문의 취지에 주의하여 정답을 골라야 한다.
>
> **정답** ㉠ ✕, ㉡ ○

■ '입찰참가자격제한(부정당업자제재처분)'의 주체별 처분성 여부

	공공기관(공기업·준정부기관)이 행한 입찰참가자격제한 조치		국가·지방자치단체가 행한 입찰참가자격제한 조치
처분성 여부	**법령**에 근거할 경우	처분성 ○	처분성 ○
	계약상의 규정(일반·특수조건 등)에 근거할 경우	처분성 ✕	

■ ~~정부투자기관회계규정에 의하여 행한 입찰참가자격을 제한하는 내용의 부정당업자제재처분은 행정소송의 대상이 되는 행정처분이다.~~ (✕) [14 국회8]

■ 단순히 **계약상의 규정에 근거한 것이 아니라** 계약상의 규정과 중첩되더라도 **법령상의 근거**를 가진 **행위**에 대해서는 공권력성을 인정하여 이를 **처분으로 인정**하는 경우가 있다. (○) [20 국회8]

12 대집행·이행강제금

170 ★★☆☆

㉠ 대집행의 계고처분은 취소소송의 대상이 되는 처분으로 볼 수 있다. [08 세무사] O X

㉡ 대집행 영장에 의한 통지도 취소소송의 대상이 된다. [06 세무사] O X

㉢ 소의 이익 인정 여부는 별론으로 하더라도, 대집행 실행행위도 권력적 사실행위에 해당하므로 통설에 의할 때 처분성을 인정할 수 있다. [06 세무사] O X

> 해설
>
> 대집행의 **계고행위**는 ★행정소송법 소정의 **처분에 포함**되므로 계고처분 자체에 위법 있는 경우에도 **항고소송의 대상**이 된다. (대판 1966. 10. 31., 66누25)
>
> ✓ 행정**대집행**은 ① 대집행의 **계고** ➡ ② 대집행영장에 의한 **통지** ➡ ③ 대집행의 **실행** ➡ ④ 의무자로부터의 **비용징수**'의 순으로 일련의 절차를 거치는데, ★**4가지 절차 모두**에 대해 독자적인 **처분성이 인정**된다고 보는 것이 통설적 견해이다. **정답** ㉠ O, ㉡ O ,㉢ O

☐ **계고**는 **행정처분**으로서 **항고소송의 대상**이 된다. (O) [15 국가9]

☐ **대집행** 절차인 **계고**에 대해서는 **독자적**인 **처분성이 인정**되지 않는다. (✕) [11 경행]

☐ **대집행**의 **계고**와 **대집행**영장에 의한 **통지**는 그 자체가 **독립**하여 **취소소송의 대상**이 된다. (O) [15 지방7]

☐ **대집행**영장에 의한 **통지**는 준법률행위적 행정행위로서 **취소소송의 대상**이 될 수 없다. (✕) [13 행정사]

☐ **대집행의 실행행위**는 **권력적 사실행위**로서의 성질을 갖는다. (O) [00 행시] [13 서울9]

☐ **대집행의 실행행위** 자체도 **행정쟁송의 대상**이 될 수 있다는 견해도 있다. (O) [06 국가7]

➡ 대집행 실행은 '권력적 사실행위'로서 항고소송의 대상인 처분에 해당한다는 것이 통설이다.

171 ★★★★

㉠ 철거대집행 계고 후 제2차의 계고는 판례가 처분성을 인정하는 중간행위이다.

[07 세무사] 🅞 🅧

㉡ 가산금의 미납에 대해 반복된 제2차의 독촉처분은 처분에 해당한다.

[17 세무사] 🅞 🅧

> **[해설]**
>
> - 철거대집행 **계고처분을 고지**한 후 이에 **불응**하자 다시 제2차, 제3차 계고서를 발송하여 … (중략) … 대집행을 한다는 뜻을 고지하였다면 행정대집행법상의 건물철거의무는 제1차 철거명령 및 계고처분으로서 발생하였고 **제2차, 제3차의 계고처분**은 새로운 철거의무를 부과한 것이 아니고 다만 대집행기한의 **연기통지에 불과**하므로 **행정처분이 ★아니다.** (대판 1994. 10. 28., 94누5144)
> - 구 의료보험법제45조, 제55조, 제55조의2의 각 규정에 의하면, … (중략) … (의료)보험자 또는 (의료)보험자단체가 부당이득금 또는 **가산금의 납부를 독촉**한 후 다시 동일한 내용의 독촉을 하는 경우 **★최초의 독촉만이** 징수처분으로서 **항고소송의 대상**이 되는 **행정처분**이 되고 그 후에 한 동일한 내용의 독촉은 … (중략) … 항고소송의 대상이 되는 **행정처분이라 ★할 수 없다.** (대판 1999. 7. 13., 97누119)
>
> **[정답]** ㉠ ×, ㉡ ×

📘 행정대집행법상 **제1차 계고처분** 후 **반복된 제2차 계고처분**은 **항고소송의 대상**이 아니다. (○) [16 세무사]

📘 행정대집행법상 **제2차의 계고처분**은 대집행기한의 연기통지에 불과하므로 **행정처분이 아니다.** (○) [24 세무사]

📘 대집행 **1차 계고처분**에 불응한 경우에 발령되는 **2차, 3차 계고처분**도 취소소송의 대상으로 삼을 수 있다. (×) [06 세무사]

📘 국세징수법상 **가산금의 납부독촉** 후 **반복된 2차의 독촉처분**은 취소소송의 대상인 처분에 해당한다. (×) [11 세무사]

172 ★★★☆

[19 세무사]

구 「건축법」상 이행강제금 납부의 최초 독촉은 행정처분으로 인정되지 않는다.

🅞 🅧

> **[해설]**
>
> **이행강제금 납부의 ★최초 독촉**은 징수처분으로서 **항고소송의 대상**이 되는 **★행정처분**이 될 수 있다. (대판 2009. 12. 24., 2009두14507)
>
> **[정답]** ×

📘 구 건축법상 **이행강제금 납부**의 **최초 독촉**은 징수처분으로서 **항고소송의 대상**이 되는 **행정처분에 해당**한다. (○) [17 지방9 下]

📘 건축법상 **이행강제금 납부**의 **최초 독촉**은 **항고소송**으로 다툴 수 없다. (×) [15 세무사]

13 조세·압류 관련 행위

173 ★★★★

㉠ 과세관청의 소득금액변동통지는 행정처분으로 인정되지 않는다. [19 세무사] **O X**

㉡ 「소득세법 시행령」에 따른 소득의 귀속자에 대한 소득금액변동통지는 항고소송의 대상이다.

[17 서울7 변형] **O X**

> 해설
>
> - **과세관청의** 소득처분과 그에 따른 **소득금액변동통지**가 있는 경우 … (중략) … **원천징수의무자인 법인**으로서는 소득금액변동통지서에 기재된 소득처분의 내용에 따라 원천징수세액을 그 다음 달 10일까지 관할 세무서장 등에게 납부하여야 할 의무를 부담하며, 만일 이를 이행하지 아니하는 경우에는 가산세의 제재를 받게 됨은 물론이고 형사처벌까지 받도록 규정되어 있는 점에 비추어 보면, **소득금액변동통지**는 ★**원천징수의무자인 법인의 납세의무에 직접 영향**을 미치는 과세관청의 행위로서, 항고소송의 대상이 되는 ★**조세행정처분**이라고 봄이 상당하다. (대판 전합 2006.4.20., 2002두1878)
> - 구 소득세법 시행령 제192조 제1항 단서에 따른 ★**소득의 귀속자에 대한 소득금액변동통지**는 원천납세의무자인 소득 귀속자의 법률상 지위에 직접적인 법률적 변동을 가져오는 것이 아니므로, 항고소송의 대상이 되는 ★**행정처분이라고 볼 수 없다.** (대판 2015. 1. 29., 2013두4118)
>
> ■ '소득금액변동통지' 대상별 처분성 비교
>
> | | |
> |---|---|
> | **원천징수의무자(법인)**에 대한 소득금액변동통지 | **처분성 ○** |
> | **원천납세의무자(개인=소득의 귀속자)**에 대한 소득금액변동통지 | 처분성 ✕ |
>
> ✎ 세무사 시험에서 현재까지 '소득귀속자에 대한 소득금액변동통지(처분성 부정 사례)'에 관한 판례는 출제되지 않았으나, 출제 가능성을 배제할 수는 없으므로, 실제 수험시에는 상대적으로 주의하여 정답을 골라야 한다.
>
> **정답** ㉠ ✕, ㉡ ✕

🔲 **과세관청의** 소득처분에 따른 **원천징수의무자**에 대한 **소득금액변동통지**에 대하여 **원천징수의무자는 취소소송을 제기**할 수 있다. (O) [19 국가5 승진 변형]

🔲 **원천징수의무자인 법인에 대한** 과세관청의 소득처분에 따른 **소득금액변동통지**는 **행정처분에 해당**한다. (O) [20 세무사]

🔲 **과세관청의 소득금액변동통지**는 **항고소송의 대상**에 해당한다. (O) [24 세무사]

🔲 **원천징수의무자**에 대한 **소득금액변동의 통지**는 ~~**처분성이 인정**~~되지 않는다. (✕) [10 세무사]

🔲 **과세관청의 소득처분**에 따른 **소득금액변동통지**는 ~~**항고소송의 대상에 해당**하지 않는다.~~ (✕) [18 세무사]

🔲 **원천징수의무자인 법인에 대한** 과세관청의 소득처분에 따른 **소득금액변동통지**는 ~~**항고소송의 대상**에 해당하지 않는다.~~ (✕) [23 세무사]

🔲 구 「소득세법」 시행령에 따른 **소득 귀속자**에 대한 **소득금액변동통지**는 ~~원천납세의무자인 소득 귀속자의 법률상 지위에 직접적인 법률적 변동을 가져오므로 행정처분이다.~~ (✕) [17 국회8]

174 ★★★☆

㉠ 한국자산공사의 공매통지는 항고소송의 대상에 해당하지 않는다. **[18 세무사]** Ｏ Ｘ

㉡ 공매기일의 공고는 판례가 처분성을 인정하는 중간행위이다. **[07 세무사]** Ｏ Ｘ

> **해설**
>
> **한국자산공사**가 당해 부동산을 인터넷을 통하여 **재공매(입찰)하기로 한 결정** 자체는 **내부적인 의사결정**에 불과하여 항고소송의 대상이 되는 **행정처분이라고 볼 수 없고,** 또한 한국자산공사가 **공매통지**는 공매의 요건이 아니라 공매사실 자체를 체납자에게 알려주는 데 불과한 것으로서, 통지의 상대방의 법적 지위나 권리·의무에 직접 영향을 주는 것이 아니라고 할 것이므로 이것 역시 **행정처분에 해당한다고 ★할 수 없다.** (대판 2007. 7. 27., 2006두8464)
>
> ✔ 다만 위 내용 중 **공매통지**는 공매처분의 절차적 요건에 해당하는 것으로 판례가 변경되었으나(대판 2008.11.20., 2007두18154), 세무사 수험에 있어서는 아래의 내용을 정리하는 것만으로 충분하다.
>
> ■■ '공매처분' 관련 처분성 여부
>
> | Ⓐ 공매처분 | 처분성 ○ (대판 1984. 9. 25., 84누201) |
> |---|---|
> | Ⓑ 재공매 결정 | 처분성 ✕ (대판 2007. 7. 27., 2006두8464) |
> | Ⓒ 공매기일의 공고 및 공매통지 | |
>
> ➡ 공매(기일 포함)의 공고를 하였을 때에는, 즉시 체납자 등에게 공매통지를 하여야 한다. (국세징수법 제72조)
>
> **정답** ㉠ ○, ㉡ ✕

📋 한국자산공사의 **공매통지**는 공매의 요건이 아니라 공매사실 자체를 체납자에게 알려주는 데 불과한 것으로서 **행정처분에 해당한다고 할 수 없다.** (○) **[19 국회8]**

📋 한국자산공사의 **공매통지**는 ~~취소소송의 대상이다.~~ (✕) **[17 세무사]**

📋 **공매의 통지**는 ~~항고소송의 대상이 된다.~~ (✕) **[24 세무사]**

📋 체납처분절차에 있어서 **공매기일의 공고**는 ~~사인의 권리나 의무에 직접적인 영향을 미치기 때문에 취소소송의 대상이 될 수 있다.~~ (✕) **[08 지방9 변형]**

175 ★★★☆ **[24 세무사]**

과세관청의 결손금 감액경정 통지는 항고소송의 대상이 될 수 있다. Ｏ Ｘ

> **해설**
>
> 과세표준을 신고한 사업연도에 발생한 결손금 등에 대한 **과세관청의 결손금 감액경정**은 이후 사업연도의 이월 **결손금 공제와 관련**하여 법인세 납세의무자인 **법인의 납세의무에 직접 영향**을 미치는 **항고소송의 대상**이 되는 **행정처분에 해당**한다. (대판 2020. 7. 9. 2017두63788)
>
> ✔ 과세관청의 **결손금 감액**경정이 확정되면, 그 이후의 사업연도에서의 이월결손금(공제대상)이 축소되어 감액된 결손금만큼 납세의무자의 **과세표준이 증가**하는 셈이 되므로, 납세자로서는 행정처분에 해당하는 결손금 감액경정의 효력을 다툴 필요성이 있는 것이다.
>
> **정답** ○

176 ★★☆☆ [07 세무사]

체납처분절차에서 압류는 판례가 처분성을 인정하는 중간행위이다. **O X**

> **해설**
>
> 조세의 부과처분과 **압류 등**의 **체납처분**은 별개의 ★**행정처분**으로서 독립성을 가진다. (대판 1987. 9. 22., 87누383)
>
> ✓ '**압류**'는 법률상·사실상의 처분을 금지시켜 체납자의 재산을 보전하는 강제행위(권력적 사실행위)로 **행정쟁송의 대상**이 되는 **처분에 해당**한다. **정답 O**
>
> ■ 국세징수법에 의한 강제징수절차의 처분성
>
> | ① 독촉 | ⇒ | 체납처분 |
> |---|---|---|
> | | | ② 압류 → ③ 매각 → ④청산 |
> | ①, ②, ③, ④ 모두 처분성 인정 | | |

🔲 과세관청의 **압류처분**에 대해서는 심사청구 또는 심판청구 중 하나에 대한 결정을 거친 후 **행정소송을 제기하여야** 한다. (O) [15 국가9]

177 ★★★★ [15, 18 세무사]

세무조사결정은 항고소송의 대상에 해당하지 않는다. **O X**

> **해설**
>
> 부과처분을 위한 과세관청의 질문조사권이 행해지는 세무조사결정이 있는 경우 … (중략) … **세무조사결정**은 **납세의무자의 권리·의무에 직접 영향**을 미치는 공권력의 행사에 따른 행정작용으로서 ★**항고소송의 대상**이 된다. (대판 2011.3.10. 2009두23617)
>
> **정답 ✕**

🔲 **세무조사결정**은 항고소송의 대상인 **처분으로 인정**된다. (O) [14 세무사]

🔲 **세무조사(의) 결정**은 **항고소송의 대상**이 된다. (O) [17, 24 세무사]

🔲 **세무조사결정**은 **납세의무자의 권리·의무에 직접 영향**을 미치는 공권력의 행사에 따른 행정작용으로서 **항고소송의 대상**이 된다. (O) [20 소방간부]

🔲 판례에 의하면 **세무조사결정**은 납세의무자의 권리·의무에 직접 영향을 미치는 것이 아니라 행정내부의 행위로서 **항고소송의 대상**이 아니다. (✕) [17 국회8]

🔲 **세무조사결정**은 행정조사의 일종으로 사실행위에 불과하여 **취소소송의 대상**이 되지 아니한다. (✕) [21 국회9]

14 인가 관련 행위

178 ★★☆☆   [12 세무사]

국토의 계획 및 이용에 관한 법률상 토지거래허가구역의 지정은 항고소송의 대상이 되는 처분이 아니다. ⓞⓧ

> [해설]
>
> **토지거래계약**에 관한 **허가구역의 지정**은 개인의 권리 내지 법률상의 이익을 구체적으로 규제하는 효과를 가져오게 하는 **행정청의 처분에 해당**하고, 따라서 이에 대하여는 원칙적으로 **항고소송을 제기할 수 있다.** (대판 전합 1991. 12. 24., 90다12243)
>
> ✓ '부동산 거래신고 등에 관한 법률'에 따른 **토지거래계약 허가구역으로 지정**되면, 그 구역 안에 있는 토지의 거래계약의 경우 그에 대한 행정청의 인가가 있어야만 효력이 발생하는 등 **토지거래계약허가구역 안에 있는 토지의 소유자는 상당한 제한**을 받게 되므로 **처분성이 인정**된다.   정답 ✕

📖 「국토의 계획 및 이용에 관한 법률」상 **토지거래계약에 관한 허가구역의 지정**은 **항고소송의 대상에 해당**하지 않는다. (✕) **[23 세무사]**

179 ★★★☆   [07 세무사]

(구)도시재개발법상 재개발조합의 관리처분계획은 항고소송의 대상인 처분이다. ⓞⓧ

> [해설]
>
> **도시재개발법**에 의한 **재개발조합**은 조합원에 대한 법률관계에서 적어도 특수한 존립목적을 부여받은 특수한 **행정주체**로서 … (중략) … 분양신청 후에 정하여진 관리처분계획의 내용에 관하여 다툼이 있는 경우에는 그 **관리처분계획**은 토지 등의 소유자에게 구체적이고 결정적인 영향을 미치는 것으로서 ★**조합이 행한 처분**에 해당하므로 **항고소송**의 방법으로 그 **무효확인이나 취소**를 구할 수 있다. (대판 2002. 12. 10, 2001두6333)
>
> ✓ **재개발조합**은 재개발사업을 시행할 수 있는 권한을 갖는 **행정주체(공법인)**로서(아래 문제 참고), 재개발조합이 수립하는 '**관리처분계획**'은 조합원의 권리에 큰 영향(⑩ 甲이 가지게 될 신축 아파트의 층수, 평수 등)을 미치는 행위이므로 **처분성이 인정**된다.
> 참고로 구 '도시재개발법'은 현재의 '도시 및 주거환경정비법'으로 이해하면 된다. **관리처분계획**은 동법에 따라 토지.주택 등에 대한 **정비사업**으로 조성된 **토지와 건축물(신축아파트로 이해하면 용이)**에 관한 권리를, 재개발**조합원 등**(재개발 전의 토지 또는 건축물의 소유자)이 재개발 전에 가지고 있던 **권리관계(재산가치 등)를 고려**하여 **재개발조합원 등에게 새로이 배분**하기 위해 수립하는 계획   정답 ◯

📖 「도시재개발법」에 의한 **재개발조합의 관리처분계획**은 토지 등의 소유자에게 구체적이고 결정적인 영향을 미치는 것으로서 **조합이 행한 처분**에 해당한다. (◯) **[19 서울7 2월]**

📖 구 「도시 및 주거환경정비법」상 ~~주택재개발정비사업조합의 관리처분계획은 민사상의 행위로서 처분성을 갖지 못한다.~~ (✕) **[13 국회8]**

📖 ~~재개발조합의 관리처분계획의 취소를 구하는 소송은 당사자소송에 해당한다.~~ (✕) **[23 세무사]**

180 ★★★★

A시의 일정구역의 주민들은 주택재개발을 위하여 추진위원회를 구성하여 조합설립 준비를 하였다. 추진위원회는 해당 주민 등의 동의를 얻어 설립결의를 거쳐 설립인가를 신청하였고, A시의 시장 乙은 조합설립을 인가하였다. 주민 甲 등 일부 주민은 동의를 얻는 과정에서 하자가 있음을 주장하고 있다. 본 사례에서 甲은 乙을 피고로 조합설립인가의 취소 또는 무효확인을 구하는 항고소송을 제기할 수 있다. 🅞🅧

> **해설**
>
> **재개발조합설립인가신청**에 대한 행정청의 **조합설립인가처분**은 단순히 사인(私人)들의 조합설립행위에 대한 보충행위로서의 성질을 가지는 것이 아니라 법령상 일정한 요건을 갖추는 경우 **행정주체(공법인)의 지위를 부여**하는 일종의 **설권적 처분**의 성질을 가진다고 보아야 한다. 그러므로 구「도시 및 주거환경정비법」상 재개발조합설립인가신청에 대하여 행정청의 **조합설립인가처분이 있은 ★이후**에는, 조합설립동의에 하자가 있음을 이유로 재개발조합 설립의 효력을 부정하려면 **★항고소송**으로 **조합설립인가처분의 효력을 다투어야** 한다. (대판 2010.1.28, 2009두4845)

- ⓐ **재개발조합설립인가신청**에 대한 **조합설립인가처분**은 행정주체(공법인)의 지위를 부여하는 것이라는 점에서 그 **법적 성질**은 인가처분이 아니라, **설권적 처분**으로서 **강학상 특허**에 해당하기 때문에,

- ⓑ **설립인가처분이 있은 ★이후**에 조합설립동의의 하자를 이유로 **재개발조합 설립의 효력을 부정**하려면, 민사소송이 아닌 **★'항고소송'**으로써 **조합설립인가처분의 효력을 다투어야** 한다는 판시이다. 따라서 위 _사례_의 경우 **★인가청인 시장 乙을 피고**로 하여 '조합설립인가처분'을 다투어야 하므로 옳은 지문이다. **정답** O

▣ **재개발조합설립인가신청**에 대하여 행정청의 **재개발조합설립인가처분이 있은 이후**에는 재개발조합설립동의에 하자가 있음을 이유로 **재개발조합설립의 효력을 부정**하려면 **항고소송**으로 **재개발조합설립인가처분의 효력을 다투어야** 한다. (O) [13 국회8]

▣ **재개발조합설립인가신청**에 대하여 행정청의 **조합설립인가처분이 있은 이후**에 조합설립동의에 하자가 있음을 이유로 **재개발조합설립의 효력을 부정하려면** 조합설립동의의 효력을 소의 대상으로 하여야 한다. (X) [13 국가7]

▣ 조합설립결의에 하자가 있었으나 **조합설립인가처분이 이루어진 경우**에는 조합설립결의의 하자를 당사자소송으로 다툴 것이고 **조합설립인가처분에 대해 항고소송을 제기**할 수 없다. (X) [16 국회8]

⑮ 다단계 행정 관련 행위

181 ★★★☆

어업권면허에 선행하는 우선순위결정은 행정처분으로 인정되지 않는다. **O X**

> **해설**
>
> **어업권면허에 선행하는 우선순위결정**은 행정청이 우선권자로 결정된 자의 신청이 있으면 어업권면허처분을 하겠다는 것을 약속하는 행위로서 ★**강학상 확약**에 **불과하고 행정처분은 아니다.** (대판 1995. 1. 20., 94누6529)
>
> **정답 O**

- ▣ **어업권면허에 선행**하는 **우선순위결정**은 **강학상 확약**에 불과하고 **행정처분은 아니다.** (O) [12 세무사]
- ▣ **어업권면허에 선행**하는 **우선순위결정**은 행정청이 우선권자로 결정된 자의 신청이 있으면 어업권면허처분을 하겠다는 것을 약속하는 행위로서 **강학상 확약**에 불과하고 **행정처분은 아니다.** (O) [12 변시]
- ▣ **어업권면허에 선행**하는 **우선순위결정**은 판례가 처분성을 인정하는 중간행위이다. (✕) [07 세무사]
- ▣ **어업권면허에 앞서 행한 우선순위결정**은 처분에 해당한다. (✕) [17 세무사]

182 ★★☆☆
[16 세무사] **O X**

폐기물관리법상 폐기물처리업의 허가를 위한 사업계획에 대한 부적정통보는 처분이 아니다.

> **해설**
>
> 폐기물관리법 관계 법령의 규정에 의하면 **폐기물처리업의 허가**를 받기 위하여는 먼저 사업계획서를 제출하여 허가권자로부터 **사업계획에 대한 적정통보를 받아야** 하고, 그 적정통보를 받은 자만이 일정기간 내에 시설, 장비, 기술능력, 자본금을 갖추어 허가신청을 할 수 있으므로, 결국 ★**부적정통보**는 허가신청 자체를 제한하는 등 개인의 **권리** 내지 **법률상의 이익**을 개별적이고 구체적으로 **규제**하고 있어 **행정처분에 해당**한다. (대판 1998. 4. 28., 97누21086)
>
> ✓ **폐기물처리업의 신청인**에 대한 **적정통보 여부**는 **허가신청 자체를 좌우하는 선행조건**이 되므로, 폐기물처리업 **사업계획**에 대한 **부적정통보의 처분성을 인정**하지 않을 수 없다는 판시이다.
>
> **정답 ✕**

- ▣ 폐기물관리법 관계 법령상의 **폐기물처리업허가 전의 사업계획에 대한 적정통보 또는 부적정통보**는 **행정처분**이다. (O) [17 소방간부]
- ▣ 폐기물관리법령상의 **폐기물처리업허가전의 사업계획에 대한 적정통보**는 **행정처분에 해당**하지 않는다고 보았다. (✕) [05 노동9]
- ▣ **폐기물처리사업계획 부적합통보**는 **항고소송의 대상**이 아니다. (✕) [18 행정사]

183 ★★☆☆ [14 세무사]

세무당국이 소외(訴外) 회사에게 원고와의 주류거래를 일정기간 중지하여 줄 것을 요청한 행위는 처분으로 인정하지 않는다. OX

> 해설
>
> **세무당국**이 **소외 회사**에 대하여 원고와의 **주류거래를 일정기간 중지**하여 줄 것을 **요청한 행위**는 권고 내지 **협조**를 요청하는 **권고**적 성격의 행위로서 소외 회사나 원고의 법률상의 지위에 직접적인 법률상의 변동을 가져오는 **★행정처분이라고 볼 수 없는 것**이므로 **항고소송의 대상이 될 수 없다**. (대판 1980. 10. 27., 80누395)
>
> **정답** ○

🔲 판례는 **세무당국**이 **특정회사와의 주류거래를 중지**하여 달라고 한 **요청행위**에 대해 **처분성을 부인**하고 **취소소송의 대상이 될 수 없다**고 한 바 있다. (○) **[04 행시]**

🔲 **세무당국**이 **소외(訴外) 회사**에 대하여 **주류거래를 일정기간 중단**하여 줄 것을 **요청한 행위**는 **권고·협조요청**으로서 **항고소송의 대상이 되지 않는다**. (○) **[06 세무사]**

🔲 판례에 따르면 **세무당국**이 **주류거래를 일정기간 중지**하여 줄 것을 **요청한 행위**는 항고소송의 대상이다. (×) **[16 교행9]**

184 ★★★☆ [21 세무사]

방송통신심의위원회가 방송통신위원회의 설치 및 운영에 관한 법률에 따라 서비스제공자에게 한 시정요구는 항고소송의 대상이 된다. OX

> 해설
>
> 행정기관인 **방송통신심의위원회의 시정요구**는 정보통신서비스제공자 등에게 조치결과 통지의무를 부과하고 있고, 정보통신서비스제공자 등이 이에 **따르지 않는 경우** 방송통신위원회의 해당 정보의 취급거부·정지 또는 제한명령이라는 **법적 조치가 예정**되어 있으며, … (중략) … 이는 단순한 행정지도로서의 한계를 넘어 **규제적·구속적 성격**을 갖는 것으로서 헌법소원 또는 **★항고소송의 대상이 되는 공권력의 행사**라고 봄이 상당하다. (헌재 전원 2011헌가13, 2012. 2. 23.)
>
> **정답** ○

185 ★★★☆

㉠ 권력적 사실행위도 취소소송의 대상이 될 수 있다는 것이 다수설이다. [09 세무사] ⭕❌

㉡ 단수처분은 처분성이 인정된다. [09 세무사] ⭕❌

㉢ 교도소재소자의 이송조치는 항고소송의 대상에 해당하지 않는다. [18 세무사] ⭕❌

【해설】

☑ ⓐ 비권력적 사실행위는 행정쟁송의 대상이 되지 않지만,

　　ⓑ ❶지방자치단체장의 **단수조치**, ❷교도소장의 미결수용자에 대한 **교도소 이송조치** 등과 같은 **권력적 사실행위**의 경우 **행정쟁송의 대상이 되는 처분**으로 보는 것이 **통설·판례**이다.

- **단수처분**은 항고소송의 대상이 되는 ★**행정처분**에 해당한다. (대판 1979. 12. 28. 79누218)
- **미결수용 중 다른 교도소로 이송**된 피고인이 그 ★**이송처분의 취소**를 구하는 **행정소송**을 제기하고 아울러 그 ★**효력정지를 구하는 신청**을 제기한 데 대하여 법원에서 위 이송처분의 **효력정지신청을 인용**하는 결정을 하였고 … (중략) … 효력정지신청이 그 신청의 이익이 없는 부적법한 것으로 되는 것은 아니다. (대결 1992. 8. 7., 92두30)

【정답】 ㉠ ⭕, ㉡ ⭕, ㉢ ❌

🟦 **사실행위**는 행정쟁송의 대상이 될 수 있다. (○) [06 국회8]

🟦 **권력적 사실행위**도 항고소송의 대상인 **행정처분으로 인정**된다. (○) [98 입시]

🟦 행정청이 내리는 사실행위로서의 **단수조치**는 항고소송의 대상이 되는 **행정처분**이다. (○) [07 서울9]

🟦 지방자치단체의 장에 의한 **수도의 공급거부**는 항고소송의 대상이 된다. (○) [19 소방간부]

🟦 판례는 수도요금체납자에 대한 **단수조치의 처분성**은 부정한다. (×) [17 서울9]

🟦 **미결수용자의 이송**은 항고소송의 대상으로서의 **처분성이 인정**된다. (○) [08 선관위7]

17 기타 행위

186 ★★★☆
[16 세무사]

행정행위의 부관 중 부담은 항고소송의 대상이 될 수 없다.　ⓄⓍ

> **해설**
>
> 현행 행정쟁송제도 아래서는 부관 그 자체만을 독립된 쟁송의 대상으로 할 수 없는 것이 원칙이나 행정행위의 **부관 중**에서도 행정행위에 부수하여 그 행정행위의 상대방에게 일정한 의무를 부과하는 행정청의 의사표시인 **부담**의 경우에는 다른 부관과는 달리 행정행위의 불가분적인 요소가 아니고 그 존속이 본체인 행정행위의 존재를 전제로 하는 것일 뿐이므로 ★**부담 그 자체**로서 **행정쟁송의 대상**이 될 수 있다. (대판 1992. 1. 21., 91누1264)
>
> ✓ 행정행위의 부관 중 오로지 '**부담**'만이 **행정쟁송의 대상**이 되는 것으로 정리한다.　**정답** ×

- 행정행위의 **부관은** 부담인 경우를 제외하고는 **독립하여 행정소송의 대상이 될 수 없다.** (○) [18 서울9]
- **부담은 다른 부관과 달리** 그 자체로 취소소송의 **대상적격이 인정**된다. (○) [21 국회9]
- 행정행위의 부관 중 **부담은 항고소송의 대상**이 될 수 있다. (○) [22 세무사]
- 행정행위의 부관으로서 **부담은 처분성이 인정**되지 않는다. (×) [05 세무사]
- **부담**은 주된 행정행위와 독립하여 **행정쟁송의 대상**이 될 수 없다. (×) [14 경행]

187 ★☆☆☆

㉠ 청구인이 공공기관에 대하여 정보공개를 청구하였다가 거부처분을 받은 것 자체만으로도 법률상 이익의 침해에 해당한다.　[13 세무사] ⓄⓍ

㉡ 정보공개청구에 대한 거부결정은 취소소송의 대상이 되지 않는다.　[10 세무사] ⓄⓍ

> **해설**
>
> **정보공개청구권**은 법률상 보호되는 구체적인 권리이므로 청구인이 공공기관에 대하여 **정보공개를 청구**하였다가 ★**거부처분을 받은 것 자체**가 **법률상 이익의 침해에 해당**한다. (대판 2004. 8. 20. 2003두8302)
>
> ✓ 가령 甲이 A행정청에 대하여 **정보공개를 청구**가 **거부**된 경우, 그 거부 자체로 인하여 甲이 그 **정보**를 통하여 얻게 될 **법률상 이익이 침해**된 것이므로, 甲은 A행정청을 상대로 **공개 거부행위**에 대한 **취소소송을 제기할 수 있다**는 판시이다.　**정답** ㉠ ○, ㉡ ×

- 판례는 청구인이 공공기관에 대하여 **정보공개를 청구**하였다가 **거부처분을 받은 것 자체**가 **법률상 이익의 침해에 해당**한다고 할 수는 없다고 보았다. (×) [11 국회9]

- 공공기관이 **정보공개청구에 대해 이를 거부**하는 행위는 **취소소송의 대상**이 되는 **처분**이다. (○) [18 교행9]

188 ★★★☆

공공기관이 공개청구의 대상이 된 정보를 청구인이 신청한 공개방법 이외의 방법으로 공개하기로 하는 결정은 항고소송의 대상에 해당한다.　　　　　　　　　　　　　　　[23 세무사] ⓞ ⓧ

> **해설**
>
> 공공기관이 공개청구의 대상이 된 정보를 공개는 하되, **청구인이 신청한 공개방법 이외의 방법으로 공개하기로 하는 결정**을 하였다면, 이는 정보공개청구 중 **정보공개방법에 관한 부분**에 대하여 ★**일부 거부처분**을 한 것이고, 청구인은 그에 대하여 **항고소송으로 다툴 수 있다**. (대판 2016.11.10. 2016두44674)
>
> ✓ ⓐ 정보 공개의 **청구인에게는** 정보공개법에 따라 **특정한 공개방법을 지정**하여 **공개를 청구할 수 있는 신청권**을 가진다.
>
> ⓑ 따라서 **청구인이 특정한 공개방법을 지정**하여 정보공개를 **청구**한 경우에, 비록 **공공기관이 공개청구를 받은 정보를 공개**하였더라도, 청구인이 **신청한 공개방법이 아닌 다른 방법으로 공개**하기로 한 행정청의 **결정**은, 단순히 방법만 달리하는 것이 아니라 **공개방법에 대한 '일부 거부처분'에 해당**하기 때문에, 이 경우 청구인은 **항고소송을 제기**하여 **공개방법 거부를 다툴 수가 있다**는 것이다.
>
> **정답** O

🔲 공공기관이 공개청구의 대상이 된 정보를 공개는 하되, **청구인이 신청한 공개방법 이외의 방법으로 공개하기로 하는 결정**을 하였다면, 이는 정보공개청구 중 **정보공개방법에 관한 부분**만을 달리한 것이므로 **일부 거부처분**이라 할 수 없다. (✕) [22 지방7]

🔲 공공기관이 공개청구의 대상이 된 정보를 공개하였다면, 설령 **청구인이 신청한 공개방법 이외의 방법으로 공개하기로 하는 결정**을 하였더라도, 청구인은 그에 대하여 **항고소송**으로 다툴 수 없다. (✕) [19 국가 5 승진]

189 ★★★☆

도지사가 지방의료원을 폐업하겠다는 결정은 항고소송의 대상에 해당한다.　　　　　　　[23 세무사] ⓞ ⓧ

> **해설**
>
> **甲 경상남도도지사**가 도에서 설치·운영하는 **乙 지방의료원을 폐업하겠다는 결정**을 발표하고 그에 따라 폐업을 위한 일련의 조치가 이루어진 후 乙 지방의료원을 해산한다는 내용의 조례를 공포하고 乙 지방의료원의 청산절차가 마쳐진 사안에서, **甲 경상남도지사**의 이 사건 **폐업결정**은 행정청이 행하는 구체적 사실에 관한 법집행으로서의 공권력의 행사로서 입원환자들과 소속 직원들의 권리·의무에 직접 영향을 미치는 것이므로 ★**항고소송의 대상**에 해당한다. (대판 2016. 8. 30. 2015두60617)
>
> ✓ 2013년 당시 **홍준표** 경남도지사가 단행한 **진주의료원 폐업결정의 처분성을 인정**한 사안이다. 다만 대법원은 원상회복이 불가능하고 폐업결정의 취소로 회복될 수 있는 권리나 이익이 없다는 등의 이유로 **폐업결정의 취소를 구할 소의 이익은 인정하지 않았다**.
>
> **정답** O

🔲 **도지사**가 도에서 설치·운영하는 **지방의료원을 폐업하겠다는 결정**을 발표하고 그에 따라 폐업을 위한 일련의 조치를 한 경우, **폐업결정**은 공권력의 행사로서 **행정처분에 해당**한다. (O) [23 소방]

190 ★★★☆

㉠ 행정규칙을 근거로 국민의 권리·의무에 직접 영향을 미치는 행위는 항고소송의 대상이 아니다.

[16 세무사] **O X**

㉡ 항공사인 甲과 乙은 각각 A국제항공노선에 대한 운수권배분을 신청하였으나, 국토교통부장관은 내부지침에 따라서 甲에 대해서만 운수권배분을 행하고 乙에 해서는 아무런 조치를 취하지 않았다. 이 경우 甲에 대한 운수권배분이 행정규칙에 근거하였더라도 이는 행정처분에 해당한다.

[19 세무사] **O X**

[해설]

- 어떠한 **처분의 근거가 행정규칙에 규정**되어 있다고 하더라도, 그 처분이 상대방에게 권리의 설정 또는 의무의 부담을 명하거나 기타 **법적인 효과를 발생**하게 하는 등으로 그 ★**상대방의 권리의무에 직접 영향**을 미치는 행위라면, 이 경우에도 **항고소송의 대상**이 되는 ★**행정처분에 해당**한다.

- 정부 간 항공노선의 개설에 관한 **잠정협정 및 비밀양해각서와 건설교통부 내부지침**에 의한 ★**항공노선에 대한 운수권배분처분**이 항고소송의 대상이 되는 **행정처분**에 해당한다. (대판 2004. 11. 26., 2003두10251)

정답 ㉠ ×, ㉡ O

■ **행정청의 지침**에 의해 **내린 행위**가 상대방에게 **권리의 설정이나 의무의 부담을 명**하거나 기타 **법적 효과에 직접적 영향**을 미치는 경우에는 **처분성을 긍정**한다. (O) [16 사복9]

■ **어떠한 처분**이 상대방에게 권리의 설정 또는 의무의 부담을 명하거나 기타 법적인 효과를 발생하게 하는 등으로 그 **상대방의 권리의무에 직접 영향**을 미치는 행위라도 그 **처분의 근거가 행정규칙에 규정**되어 있다면, 이 경우에 그 처분은 **항고소송의 대상**이 되는 **행정처분에 해당**되지 않는다. (×) [13 국가9]

➡ **행정규칙에 근거**한 조치가 상대방의 **권리의무에 직접 영향**을 미치는 행위라면 **행정처분**이다. (131문과도 관련)

■ 정부 간 항공노선의 개설에 관한 **잠정협정 및 비밀양해각서와 건설교통부 내부지침**에 의한 **항공노선**에 대한 **운수권 배분처분**은 **항고소송의 대상**이 된다. (O) [10 경행]

■ **국토교통부(구 건설교통부) 내부지침**에 의한 **항공노선에 대한 운수권배분처분**은 **행정처분에 해당**한다. (O) [08 국가9]

191 ★★★☆

㉠ 불특정다수인에 대한 행위도 처분이 될 수 있다. [11 세무사] O X

㉡ 「청소년 보호법」에 따른 청소년유해매체물 결정·고시는 항고소송의 대상이 된다.

[17 세무사] O X

> **해설**
>
> 구 청소년보호법에 따른 **청소년유해매체물 결정 및 고시처분**은 당해 유해매체물의 소유자 등 특정인만을 대상으로 한 행정처분이 아니라 ★**일반 불특정 다수인을 상대방**으로 하여 일률적으로 표시의무, 포장의무, 청소년에 대한 판매·대여 등의 금지의무 등 각종 **의무를 발생시키는 행정처분**이다. (대판 2007. 6. 14., 2004두619)
>
> ✓ ⓐ **통상의 행정처분**은 **구체적 사실**에 관한 법적 규율로서 그 **상대방이 특정**되어 있는 '개별처분'이지만(개별적·구체적 규율),
>
>   ⓑ '**일반적**(* **불특정 다수**인 대상을 의미)·**구체적 규율**'에 해당하는 행위도 ★'**일반처분**'으로서 **항고소송의 대상**이 된다. 교통표지판·주차금지구역의 지정·횡단보도 설치 행위 등도 일반처분의 예이다.
>
> **정답** ㉠ O, ㉡ O

■ **일반적·구체적 규율**도 **행정처분에 속한다.** (O) [04 충남9]

■ 강학상 **일반처분**도 **처분에 해당**한다. (O) [10 세무사]

■ 강학상 **일반처분**은 **항고소송의 대상에 해당**~~하지 않는다.~~ (X) [15 세무사]

■ **청소년유해매체물 결정 및 고시처분**은 행정처분의 종류 중 하나인 **일반처분에 해당**한다. (O) [09 지방9]

■ **청소년유해매체물 결정 및 고시처분**은 항고소송상 **처분성이 인정**된다. (O) [16 국가5 승진]

■ 구 「청소년보호법」에 따른 **청소년유해매체물 결정 및 고시처분**은 당해 유해매체물의 소유자 등 특정인만을 대상으로 한 행정처분이 아니라 **일반 불특정 다수인을 상대방**으로 하여 일률적으로 각종 의무를 발생시키는 **행정처분**이다. (O) [18 소방]

192 ★★★☆

㉠ 과오납액에 대한 과세관청의 국세환급금 결정은 취소소송의 대상인 처분에 해당한다.

[11 세무사] **O X**

㉡ 조세과오납금환급거부결정에 대한 불복은 취소소송으로 다투어야 한다. [05 세무사] **O X**

> **해설**
>
> 구 국세기본법 제51조 제1항, 제52조 등의 규정은 환급청구권이 확정된 국세환급금 및 가산금에 대한 내부적 사무처리절차로서 과세관청의 환급절차를 규정한 것일 뿐 그 규정에 의한 국세환급금(가산금 포함) 결정에 의하여 비로소 환급청구권이 확정되는 것이 아니므로, **국세환급결정**이나 이 결정을 구하는 신청에 대한 **환급거부결정** 등은 납세의무자가 갖는 환급청구권의 존부나 범위에 구체적이고 직접적인 영향을 미치는 **처분이 아니어서** 항고소송의 대상이 되는 ★**처분으로 볼 수 없다.** (대판 2002. 11. 8. 2001두8780)
>
> ✅ 국세환급금(거부)결정＝조세과오납금환급(거부)결정   **정답** ㉠ ×, ㉡ ×

- 국세기본법 제51조에 의한 **국세환급금결정**은 국세환급금의 환급을 위한 **내부적 절차**로, 그 **처분성이 부인**된다. (O) [03 행시]
- **국세환급금결정**은 **항고소송의 대상이 아니다.** (O) [18 행정사]
- 「국세기본법」에 따른 (과세관청의) **국세환급금 결정**은 ~~항고소송의 대상이 되는 처분에 해당한다.~~ (×) [16 국가5 승진] [19 서울9]
- **국세환급금의 결정**은 ~~항고소송의 대상에 해당한다.~~ (×) [24 세무사]

- **조세 과오납금 환급거부결정**은 **취소소송의 대상이 될 수 없다**는 것이 대법원 판례이다. (O) [02 행시]
- **국세환급거부결정**은 **취소소송의 대상이 될 수 없다.** (O) [06 세무사]
- **납세자**가 세무서장에게 **국세환급금 지급청구**를 한 경우 **세무서장의 환급거부결정**은 항고소송의 대상이 되는 **처분에 해당하지 않는다.** (O) [09 세무사]
- **국세 과오납금의 환급 여부**에 관한 **과세관청의 결정**은 항고소송의 대상이 되는 **처분이 아니므로** 설사 과세관청이 **환급거부결정**을 하더라도 **거부처분취소소송으로 다툴 수 없다.** (O) [16 변시]
- 甲은 과세관청으로부터 과세처분을 받고 일단 그 세액의 일부를 자진 납부하였으나, 그 과세처분은 그 전부가 무효의 것임이 판명되었다. 이에 **甲은 과세관청에 대하여 환급신청**을 하였으나 **과세관청은 환급거부결정**을 하였다. 甲이 **환급거부결정을 대상**으로 하여 **취소소송을 제기**한 경우 법원은 **각하판결을 하여야** 한다. (O) [17 세무사]
- **국세환급금결정**이나 이 결정을 구하는 신청에 대한 **환급거부결정**은 **취소소송의 대상이 되지 않는다.** (O) [20 세무사]
- **납세의무자의 국세환급금결정신청**에 대한 **세무서장의 환급거부결정**은 ~~취소소송의 대상이 된다.~~ (×) [14 지방7]

193 ★★★☆

㉠ 일반적으로 처분이 주체·내용·절차와 형식의 요건을 모두 갖추고 외부에 표시된 경우에는 처분의 존재가 인정된다. **[21 군무원9] O X**

㉡ 행정의사가 외부에 표시되어 행정청이 자유롭게 취소·철회할 수 없는 구속을 받게 되는 시점에 처분이 성립하고, 처분의 성립 여부는 행정청이 행정의사를 공식적인 방법으로 외부에 표시하였는지를 기준으로 판단해야 한다. **[21 군무원9] O X**

㉢ 병무청장 A가 법무부장관 B에게 '재외동포 가수 甲의 입국 자체를 금지해 달라' 고 요청함에 따라 B가 甲의 입국금지 결정을 하고, 그 정보를 내부전산망인 '출입국관리정보시스템'에 입력하였으나, 甲에게는 통보하지 않았다. 이후 甲이 체류자격의 사증발급을 신청하자 재외공관장 C는 전화로 사증발급이 불허되었음을 통지하였다. 이 경우 B의 입국금지결정은 항고소송의 대상인 처분이다. **[23 세무사] O X**

> **[해설]**
>
> - 일반적으로 처분이 ★주체·내용·절차와 형식의 요건을 모두 갖추고 ★외부에 표시된 경우에는 처분의 존재가 인정된다. 행정의사가 외부에 표시되어 행정청이 자유롭게 취소·철회할 수 없는 ★구속을 받게 되는 시점에 처분이 성립하고, 그 성립 여부는 행정청이 행정의사를 ★공식적인 방법으로 ★외부에 표시하였는지를 기준으로 판단해야 한다.
>
> - 법무부장관이 甲(Steve Yoo)의 입국을 금지하는 결정을 하고, 그 정보를 내부전산망인 '출입국관리정보 시스템'에 입력하였으나, 甲에게는 통보하지 않은 사안에서, 행정청이 행정의사를 외부에 표시하여 행정청이 자유롭게 취소·철회할 수 없는 구속을 받기 전에는 '처분'이 성립하지 않으므로 법무부장관이 위 ★입국금지결정을 했다고 해서 '처분'이 성립한다고 볼 수는 없고, 위 입국금지결정은 법무부장관의 의사가 공식적인 방법으로 외부에 표시된 것이 아니라 단지 그 정보를 내부전산망인 ★'출입국관리정보시스템'에 입력하여 관리한 것에 지나지 않으므로, 위 입국금지결정은 항고소송의 대상이 될 수 있는 ★'처분'에 해당하지 않는다고 한 사례. (대판 2019. 7. 11. 2017두38874)

✓ ⓐ 가수 유승준에 대한 사증발급거부에 관한 사례이다. 행정행위(행정처분)는 내부적 성립요건과 외부적 성립요건(대외적 표시행위)가 모두 충족되어야만 성립할 수 있다.

ⓑ 위 사안에서 甲(스티브유)에 대한 입국금지결정을 법무부 내부전산망에만 입력하고 甲에게는 통보하지 않은 경우(=외부적 표시를 하지 않은 경우), 그 입국금지결정은 입국허가와 관련된 행정기관 내부상의 지시에 불과하여 처분으로 볼 수 없다고 하였다. 나아가 아직 처분으로 볼 수 없는 입국금지결정이 있었다는 이유만으로 甲의 사증신청을 거부한 처분도 위법하다고 보았다.

[정답] ㉠ O, ㉡ O, ㉢ X

▣ 일반적으로 **행정행위**가 주체·내용·절차와 형식의 요건을 모두 갖추고 **외부에 표시**된 경우에 **행정행위의 존재가 인정**된다. (O) **[21 소방]**

▣ **행정청의 의사가 외부에 표시**되어 행정청이 **자유롭게 취소·철회할 수 없는 구속을 받게 되는 시점에 행정행위가 성립**하는 것은 아니며, **행정행위의 성립 여부**는 행정청의 의사를 **공식적인 방법으로 외부에 표시하였는지 여부를 기준으로 판단**해야 한다. (X) **[21 소방]**

▣ **법무부장관의 입국금지결정**이 그 의사가 공식적인 방법으로 **외부에 표시된 것이 아니라** 단지 그 정보를 **내부 전산망인 출입국관리정보시스템에 입력하여 관리한 것**에 지나지 않은 경우, 이는 **항고소송의 대상에 해당되지 않는다.** (O) **[20 소방간부]**

194 ★★★☆

㉠ 인허가가 의제된 처분의 경우 주된 인허가처분 외에 의제된 인허가처분만의 취소를 구할 수 있다.

[24 세무사] Ⓞ Ⓧ

㉡ 주된 인·허가거부처분을 하면서 의제되는 인·허가 거부사유를 제시한 경우, 의제되는 인·허가거부를 다투려는 자는 주된 인·허가거부 외에 별도로 의제되는 인·허가거부에 대한 쟁송을 제기해야 한다.

[16 지방7] Ⓞ Ⓧ

> 해설
>
> - **주택건설사업계획 승인처분**에 따라 **의제된 인허가(*지구단위계획결정)가 위법함**을 다투고자 하는 이해관계인은, 주택건설사업계획 승인처분의 취소를 구할 것이 아니라 **의제된 인허가의 취소를 구하여야** 하며, ★ **의제된 인허가(*지구단위계획결정)는** 주택건설사업계획 승인처분과 **별도로 항고소송의 대상**이 되는 **처분에 해당**한다. (대판 2018. 11. 29. 2016두38792)
> - **건축불허가처분**을 하면서 그 처분사유로 건축불허가 사유뿐만 아니라 형질변경불허가 사유나 농지전용불허가 사유를 들고 있다고 하여 그 건축불허가처분 외에 별개로 형질변경불허가처분이나 농지전용불허가처분이 존재하는 것이 아니므로, **건축불허가처분을 받은 사람은** 그 ★**건축불허가처분에 관한 쟁송**에서 건축법상의 건축불허가 사유뿐만 아니라 같은 **도시계획법상의 형질변경불허가 사유나 농지법상의 농지전용불허가 사유**에 관하여도 **다툴 수 있는 것**이지, 그 건축불허가처분에 관한 쟁송과는 별개로 형질변경불허가처분이나 농지전용불허가처분에 관한 **쟁송을 제기하여 이를 다투어야 하는 것은 아니다.** (대판 2001. 1. 16. 99두10988)
>
> ✅ ㉠ '**인·허가의제제도**'란 하나의 인·허가를 받으면 그와 관련된 인·허가도 받은 것으로 보는 제도를 뜻한다. **주된 인·허가(주택건설사업계획 승인처분)**에 따라 관련된 인허가(지구단위계획결정)도 받은 것으로 **의제**된 경우, 그 처분들에 이의가 있는 제3자는 '**지구단위계획결정**'을 대상으로 항고소송을 제기하여야 한다.
>
> ㉡ 반대로 **주된 인·허가신청(건축허가신청)이 거부**된 경우, 신청인은 '**건축불허가처분**'을 대상으로 항고소송을 제기하여야 한다.
>
> 정답 ㉠ O, ㉡ X

■ '인·허가의제 제도' 관련 불복대상 정리

	소송의 대상
주된 인·허가처분 신청이 **인용된** 경우 (= 인·허가가 **의제된** 경우)	의제된 인·허가처분
주된 인·허가처분 신청이 **거부된** 경우 (= 인·허가가 **의제되지 않은** 경우)	주된 인·허가 거부처분

■ **주택건설사업계획 승인처분**에 따라 **의제된 인·허가의 위법함을 다투고자 하는 이해관계인**은 **의제된 인·허가의 취소**를 구할 것이 아니라, 주된 처분인 주택건설사업계획 승인처분의 취소를 구하여야 한다. (×) [22 소방]

■ 「건축법」에 따라 서울특별시장으로부터 **건축허가를 받으면** 「농지법」에 따른 **농지전용허가를 받은 것으로 보는 경우**에, **서울시장**이 **농지전용허가 요건 불비를 이유로 건축불허가**를 한 때에는 농지전용허가 거부처분에 대한 취소소송을 제기하여야 한다. (×) [16 서울9]

18 **거부처분**

195 ★★★★

㉠ 행정청에 대한 신청의 거부행위의 처분성과 관련하여, 신청한 행위가 공권력의 행사 또는 이에 준하는 행정작용이어야 한다. [19 세무사] **O X**

㉡ 행정청에 대한 신청의 거부행위의 처분성과 관련하여, 거부행위가 신청인의 법률관계에 어떤 변동을 일으켜야 하는데, 권리행사에 중대한 지장을 초래하는 것도 포함된다.

[19 세무사] **O X**

┌─ 해설 ─

국민의 적극적 행위 신청에 대하여 행정청이 그 신청에 따른 행위를 하지 않겠다고 **거부한 행위**가 항고소송의 **대상**이 되는 **행정처분**에 해당하는 것이라고 하려면, 그 **신청한 행위**가 **★공권력의 행사** 또는 이에 준하는 행정작용이어야 하고, 그 **거부행위**가 ★**신청인의 법률관계에 어떤 변동을 일으키는 것**이어야 하며, 그 국민에게 그 행위발동을 요구할 ★**법규상 또는 조리상의 신청권**이 있어야 하는바, 여기에서 '**신청인의 법률관계에 어떤 변동을 일으키는 것**'이라는 의미는 신청인의 ★**실체상의 권리관계**에 **직접적인 변동**을 일으키는 것은 물론, … (중략) … 신청인이 실체상의 권리자로서 ★**권리를 행사함에 중대한 지장을 초래**하는 것도 포함한다. (대판 2007. 10. 11., 2007두1316)

☑ 다음 3가지 요건을 갖추어야 이른바 **'거부처분'이 성립**한다.

신청인의 거부행위가 거부처분으로 성립하기 위한 요건
①	★**공권력 행사의 거부**일 것(신청인의 행위가 공권력의 행사나 이에 준하는 작용이어야 함)
②	거부가 신청인의 ★**법률관계에 변동(영향)**을 초래할 것 (권리관계에 직접적인 변동 초래 ✚ 권리행사에 중대한 지장을 초래)
③	신청인에게 처분의 ★**신청권(법규상·조리상)**이 있을 것

정답 ㉠ O, ㉡ O

🔲 **국민의 신청**행위에 대한 **거부행위가 처분**이 되기 위하여는 **신청한 행위**가 **공권력의 행사 또는 이에 준하는 행정작용**이어야 한다. (O) [23 세무사]

───────────────────────────

🔲 **거부처분**의 취소소송은 **신청인의 법률관계에 영향**을 미치는 **거부**이어야 제기할 수 있다. (O) [09 국회8]

🔲 **거부행위**가 **항고소송의 대상인 처분**이 되기 위해서는 그 **거부행위**가 신청인의 **실체상의 권리관계에 직접적인 변동**을 일으키는 것이어야 하며, **신청인이 실체상의 권리자**로서 **권리를 행사함에 중대한 지장을 초래**하는 것만으로는 부족하다. (✕) [22 지방9]

195-1 ★★★★

판례에 의할 때 행정청의 거부행위가 처분이 되기 위해서는 상대방에게 법규상 또는 조리상 신청권이
있어야 한다. [10 세무사] **O X**

> 해설
>
> 국민의 적극적 행위 신청에 대하여 행정청이 그 신청에 따른 행위를 하지 않겠다고 **거부한 행위**가 항고소송의
> 대상이 되는 **행정처분에 해당하는 것이라고 하려면**, 그 신청한 행위가 공권력의 행사 또는 이에 준하는 행정작
> 용이어야 하고, 그 거부행위가 신청인의 법률관계에 어떤 변동을 일으키는 것이어야 하며, 그 **국민에게 그 행위
> 발동을 요구할 ★법규상 또는 조리상의 신청권**이 있어야 한다. (대판 2007. 10. 11., 2007두1316)
>
> **정답** O

- **거부처분**의 경우에 판례는 **법규상·조리상 신청권을 고려**하여 **법률상 이익을 판단**한다. (O) [07 세무사]

- 판례는 **거부행위가 처분성**을 갖기 위해서는 **신청인인 국민에게 법규상 또는 조리상의 신청권이 있을
  것**을 요한다. (O) [08 세무사]

- **법령상 신청권이 인정**된 신청에 대한 **행정청의 거부행위**는 **항고소송의 대상**이다. (O) [14 세무사]

- 행정청에 대한 **신청의 거부행위의 처분성**에 관련하여, **행정청에** 대하여 **행위발동을 요구할 법규상 또는
  조리상 신청권이 요구**된다. (O) [19 세무사]

- **조리상 신청권**에 근거한 **신청**이 있는 경우 이에 대한 **거부행위는 처분**이 될 수 있다. (O) [11 세무사]

- **거부행위가 취소소송의 대상**이 되기 위해 **필요한 신청권**에는 **조리상의 신청권도 포함**된다. (O) [22 세
  무사]

- **국민의 신청**행위에 대한 **거부행위가 처분**이 되기 위하여는 행정청의 **행위발동을 요구할 신청권이 법규
  상 또는 조리상 인정**되어야 한다. (O) [23 세무사]

196 ★★★☆

직권취소를 할 수 있다는 사정만으로 이해관계인에게 처분청에 대하여 그 취소를 요구할 신청권이 부여된 것으로 볼 수는 없다. [23 세무사] **O X**

> **해설**
>
> 원래 행정처분을 한 처분청은 그 처분에 하자가 있는 경우에는 원칙적으로 별도의 법적 근거가 없더라도 스스로 이를 직권으로 취소할 수 있지만, 그와 같이 **직권취소를 할 수 있다는 사정**만으로 **이해관계인에게 처분청에 대하여** 그 **취소를 요구할 ★신청권이 부여된 것으로 볼 수는 없으므로**, 처분청이 위와 같이 법규상 또는 조리상의 **신청권이 없이 한** 이해관계인의 복구준공통보 등의 **취소신청을 거부**하더라도, 그 거부행위는 항고소송의 대상이 되는 **처분에 해당하지 않는다**. (대판 2006. 6. 30. 2004두701)
>
> ✅ ⓐ A군수가 甲회사에 대하여 채석허가기간의 만료에 따른 **적지(赤地, 채석작업에 따라 훼손된 토지) 복구준공 승인통보**를 하자, 甲회사와 이해관계(적지복구시행을 위임)에 있던 乙회사가 적지복구가 불완전하다는 이유로 A군수에게 적지복구준공 승인통보의 **취소를 신청**한 사안에서,
>
> ⓑ 비록 A군수가 적지복구준공 승인을 **직권으로 취소할 수 있는** 권한을 보유하고 있더라도, 甲회사와 이해관계가 있는 乙회사에게는 복구준공통보 취소를 요구할 수 있는 **★신청권이 없기 때문에**, 그 신청에 대한 **거부는 처분으로 볼 수 없다**고 한 판시 **정답** O

📄 행정청이 **직권취소를 할 수 있다는 사정**만으로 이해관계인인 **제3자에게** 행정청에 대한 **직권취소청구권이 부여된 것으로 볼 수 없다**. (O) [15 국회8]

📄 처분청이 법령의 근거가 없어도 **직권취소를 할 수 있다는 사정**이 있는 경우, **이해관계인에게 처분청에 대하여** 그 취소를 요구할 신청권이 부여된 것으로 볼 수 있다. (X) [14 경행]

📄 법률에서 **직권취소에 대한 근거**를 두고 있는 경우에는 **이해관계인이 처분청에 대하여** 위법을 이유로 행정행위의 취소를 요구할 신청권을 갖는다고 보아야 한다. (X) [19 국가7]

197 ★★☆☆ [24 세무사]

불가쟁력이 생긴 행정처분의 변경신청에 대해서 그 처분을 그대로 유지하기로 하는 거부결정은 항고소송의 대상이 될 수 없다. **O X**

> **해설**
>
> 원고들의 이 사건 **신청**은 **제소기간 경과**로 **★이미 불가쟁력이 생긴** 이 사건 사업계획승인상의 **부관에 대해 그 변경을 요구**하는 것으로서, 관련 법령에서 그러한 변경신청권을 인정하는 아무런 규정도 두고 있지 않을 뿐 아니라, 나아가 관계 법령의 해석상으로도 원고들에게 이를 구할 **법규상 또는 조리상의 신청권이 인정된다 할 수 없고**, 그러한 이상 **피고가** 원고들의 이 사건 **신청을 거부**하였다 하여도 그 거부로 인해 원고들의 권리나 법적 이익에 어떤 영향을 주는 것은 아니라 할 것이므로 **그 거부행위**인 이 사건 통지는 항고소송의 대상이 되는 **행정처분이 ★될 수 없다**. (대판 2007. 4. 26. 2005두11104)
>
> ✅ 제소기간이 경과하여 **불가쟁력이 발생**한 행정처분의 변경을 요구할 신청권이 없으므로, 그러한 신청에 대한 **거부행위**는 행정처분이 X **정답** O

📄 영업**허가를 취소하는 처분**에 대해 **불가쟁력이 발생**하였더라도 이후 **사정변경을 이유로** 그 **허가취소의 변경을 요구**하였으나 **행정청이 이를 거부**한 경우라면, **그 거부**는 원칙적으로 항고소송의 대상이 되는 처분이다. (X) [19 지방7]

198 ★★★☆

㉠ 행정청에 대한 신청의 거부행위의 처분성과 관련하여, 신청권은 일반 국민에게 그러한 신청권을 인정하고 있는가를 살펴 추상적으로 결정된다. **[19 세무사]** ⭕❌

㉡ 행정청에 대한 신청의 거부행위의 처분성에 관련하여, 신청의 인용이라는 만족적 결과를 얻을 권리를 의미한다. **[19 세무사]** ⭕❌

㉢ 국민의 신청행위에 대한 거부행위가 처분이 되기 위한 신청권의 존부는 관계 법규의 해석에 의하여 국민에게 신청권이 인정되는지 여부를 살펴 추상적으로 결정되는 것이고, 특정인의 신청이 인용될 수 있는가 하는 점은 본안에서 판단하여야 할 사항이다. **[23 세무사]** ⭕❌

┌─ 해설

거부처분의 처분성을 인정하기 위한 전제요건이 되는 **신청권의 존부**는 구체적 사건에서 **신청인이 누구인가를 고려하지 않고** 관계 법규의 해석에 의하여 ★**일반 국민에게** 그러한 **신청권을 인정하고 있는가**를 살펴 ★**추상적으로 결정**되는 것이고, 신청인이 그 신청에 따른 **단순한 응답을 받을 권리**를 넘어서 신청의 **인용이라는** ★**만족적 결과를 얻을 권리를 의미하는 것은 아니다**. 따라서 국민이 어떤 신청을 한 경우에 그 신청의 근거가 된 조항의 해석상 **행정발동에 대한 개인의 신청권을 인정**하고 있다고 보여지면 그 **거부행위는 항고소송의 대상이 되는 처분**으로 보아야 할 것이고, 구체적으로 그 ★**신청이 인용될 수 있는가** 하는 점은 **본안에서 판단하여야** 할 사항인 것이다. (대판 1996. 6. 11., 95누12460)

사례	甲이 B 행정청에게 어떤 **면허발급을 신청**하였는데, B 행정청이 **거부**한 사안
요건심리	추상적으로 **신청권 존부만 판단** (일반국민 기준 ○ / 구체적 사건에서의 신청인 기준 ✕) 예) **일반국민에게 신청권 有 ➡ 甲 역시 신청권 有 ➡ B 행정청의 거부**행위: **행정처분**
본안심리	**신청**에 대한 **인용여부**(면허의 발급여부) 판단

정답 ㉠ ○, ㉡ ✕, ㉢ ○

🔲 **거부행위의 처분성을 인정**하기 위한 전제요건이 되는 **신청권의 존부**는 **구체적 사건에서 신청인이 누구인가를 고려하지 말고** 관계 법규에서 **일반 국민에게** 그러한 **신청권을 인정하고 있는가를 살펴 추상적으로 결정하여야** 한다. (○) **[19 서울9 3월]**

🔲 **거부처분의 처분성을 인정**하기 위한 전제요건이 되는 **신청권의 존부**는 구체적 사건에서 신청인이 누구인지를 고려하여 **관계 법규의 해석**에 의하여 그러한 **신청권을 인정하고 있는가를 살펴** 구체적으로 **결정**한다. (✕) **[21 국회9]**

🔲 **거부행위가 취소소송의 대상**이 되기 위해 필요한 **신청권**은 신청인이 그 **신청에 따른 단순한 응답을 받을 권리**를 넘어서 신청의 **인용이라는 만족적 결과를 얻을 권리를 의미하는 것은 아니다.** (○) **[22 세무사]**

🔲 **거부처분의 처분성을 인정**하기 위한 **전제 요건이 되는 신청권**은 신청인이 그 신청에 따른 **단순한 응답을 받을 권리**를 넘어서 신청의 인용이라는 만족적 결과를 얻을 권리를 의미한다. (✕) **[21 지방9]**

🔲 **국민이 어떤 신청**을 한 경우에 그 신청의 근거가 된 조항의 해석상 행정발동에 대한 **개인의 신청권을 인정**하고 있다고 보이면 그 **거부행위는 항고소송의 대상이 되는 처분**으로 보아야 하고, **구체적으로 그 신청이 인용될 수 있는가** 하는 점은 **본안에서 판단하여야** 할 사항이다. (○) **[21 군무원9]**

199 ★★★★

○ 피해자의 의사와 무관하게 주민등록번호가 유출된 경우, 조리상 주민등록번호의 변경을 요구할 신청권을 인정함이 타당하다. [22 국가9] O X

○ 본인의 의사와 무관하게 주민등록번호가 유출된 사람의 주민등록번호변경신청에 대한 구청장의 거부행위는 처분에 해당한다. [22 세무사] O X

> **해설**
>
> 인터넷 포털사이트 등의 개인정보 유출사고로 피해자의 의사와 무관하게 자신들의 **주민등록번호 등 개인정보가 불법 유출**된 경우에는 ★**조리상** 주민등록번호의 **변경을 요구할 신청권을 인정**함이 타당하고, ★**구청장의 주민등록번호 변경신청 거부행위**는 항고소송의 대상이 되는 **행정처분에 해당**한다고 한 사례. (대판 2017. 6. 15., 2013두2945)
>
> ☑ **자신의 개인정보가** 본인 의사에 반하여 **불법 유출된 사람**의 경우 ★**주민등록번호변경신청권이 조리상으로 도출**되므로, 관할 **구청장**이 그 사람의 **주민등록번호변경신청을 거부한 행위**는 ★**항고소송의 대상**이 된다는 판시이다.
>
> **정답** ○ O, ○ O

🔲 피해자의 의사와 무관하게 **주민등록번호가 유출**된 경우에는 **조리상 주민등록번호의 변경을 요구할 신청권을 인정**함이 **타당**하고, **구청장의 주민등록번호 변경신청 거부행위**는 항고소송의 대상이 되는 **행정처분에 해당**한다. (O) [19 군무원9]

🔲 피해자의 의사와 무관하게 **주민등록번호가 유출**된 경우라고 하더라도 **주민등록번호의 변경을 요구할 신청권은 인정**되지 않으므로, **구청장의 주민등록번호 변경신청 거부행위**는 항고소송의 대상이 되는 **행정처분에 해당**하지 않는다. (X) [19 서울9 2월]

🔲 본인의 의사와 무관하게 유출된 **주민등록번호의 변경신청**에 대한 **구청장의 거부행위**는 **취소소송의 대상**이다. (O) [19 세무사]

🔲 인터넷 포털사이트의 개인정보 유출사고로 **주민등록번호가 불법 유출**되었음을 이유로 **주민등록번호 변경신청**을 하였으나 **관할 구청장이 이를 거부**한 경우, 그 **거부행위는 처분에 해당**하지 않는다. (X) [19 국가9]

🔲 **구청장의 주민등록번호 변경신청 거부**는 당사자소송**의 대상**이 된다. (X) [18 세무사]

🔲 **구청장의 주민등록번호변경신청 거부행위**를 다투는 소송은 공법상 당사자 소송**의 대상**이 된다. (X) [20 세무사]   ☑ 당사자소송 → 항고소송

200 ★★★★

거부처분 이후 동일한 내용의 신청에 대해 다시 반복된 거부행위는 처분이 아니다. ⓄⓍ

> **해설**
>
> - **거부처분**은 관할 행정청이 국민의 처분신청에 대하여 거절의 의사표시를 함으로써 성립되고, 그 이후 **동일한 내용의 새로운 신청**에 대하여 **다시 거절**의 의사표시를 한 경우에는 ★**새로운 거부처분**이 있는 것으로 **보아야** 할 것이다. (대판 2002.3.29. 2000두6084)
>
> - 수익적 행정행위 신청에 대한 거부처분은 당사자의 신청에 대하여 관할 행정청이 거절하는 의사를 대외적으로 명백히 표시함으로써 성립되고, **거부처분이 있은 후** 당사자가 ★**다시 신청**을 한 경우에는 신청의 **제목 여하에 불구**하고 그 내용이 ★**새로운 신청**을 하는 취지라면 관할 행정청이 **이를 다시 거절**하는 것은 ★**새로운 거부처분**으로 보아야 한다. (대판 2021. 1. 14. 2020두50324)
>   - ➤ **이주대책 대상자 선정 신청**에 대한 **한국주택토지공사**의 **이주대책 대상자 제외결정(1차 결정)**을 받은 원고가 **이의신청**을 하자, 위 공사가 다시 원고에게 이주대책 대상자 **제외결정(2차 결정)**을 통보하면서 불복방법을 안내한 경우, **원고의 이의신청**은 당초의 신청과 **별개의 새로운 신청**이므로 이의신청에 대한 **2차 결정**도 1차 결정과 **별도로 취소소송의 대상**이 되는 ★**처분에 해당**한다고 한 판시.
>
> ✓ ⓐ 법규에서 처분의 신청횟수를 제한하지 않아 **동일한 내용을 여러 차례 신청**할 수 있는 경우, 그 **신청들**에 대한 **수차례의 거부처분**은 ★**독립된 처분**이 된다.
>
>   ⓑ 또한 대법원은 최근 판례에서 **거부처분 이후에 다시 한 신청은 제목과는 관계없이 새로운 신청**으로 볼 수 있기 때문에, '**제목이 달라진 새로운 신청**'에 대한 **거절도 새로운 거부처분**이라고 판시하여 **독자적 처분성**을 **인정**하고 있다.   **정답** Ⓧ

🔲 **거부처분이 있은 후 동일한 내용의 신청**에 대하여 **다시 거절의 의사표시**를 한 경우에는 **새로운 처분**으로 본다. (Ⓞ) [17 지방9 下]

🔲 행정청의 **거부처분이 있은 후** 당사자가 **다시 신청**을 한 경우에는 그 내용이 **새로운 신청을 하는 취지**라면 행정청이 **이를 다시 거절**하는 것은 **새로운 거부처분**으로 봄이 원칙이다. (Ⓞ) [23 세무사]

🔲 판례에 의할 때 **거부처분 이후 동일한 내용의 새로운 신청**에 대한 **반복된 거부행위**는 **처분에 해당**하지 않는다. (Ⓧ) [10 세무사]

🔲 **이주대책대상제외결정**에 대한 **이의신청**을 **새로운 신청**으로 볼 수 있는 경우 그 **이의신청에 대한 기각결정**은 **항고소송의 대상**이 될 수 없다. (Ⓧ) [24 세무사]

201 ★★☆☆

개발부담금을 납부한 후 개발부담금에서 공제되어야 하는 학교용지부담금을 납부한 경우 그 금액에 대한 개발부담금의 환급을 신청한 것에 대한 거부결정은 항고소송의 대상이 될 수 없다.

> **해설**
>
> 개발사업시행자가 **납부한 개발부담금** 중 그 부과처분 후에 납부한 **학교용지부담금에 해당**하는 금액에 대하여는 **조리상 개발부담금의 환급에 필요한 처분**을 할 것을 **신청할 권리가 인정**되므로, 결국 이 사건 거부행위 중 이 사건 부과처분 후에 납부된 **학교용지부담금에 해당**하는 개발부담금의 환급을 거절한 부분은 **항고소송의 대상이 되는 행정처분에 해당**한다. (대판 2016. 1. 28. 2013두2938)
>
>   **정답** Ⓧ

202 ★★★★

㉠ 「건축법」상 건축협의의 취소는 항고소송의 대상인 처분으로 인정된다.　　　　[22 세무사] O X

㉡ 지방자치단체는 건축법령상 건축협의의 취소에 대한 취소를 구할 법률상 이익이 있다.

[19 세무사] O X

> 해설

- **건축협의 취소**는 상대방이 다른 지방자치단체 등 행정주체라 하더라도 '행정청이 행하는 구체적 사실에 관한 법집행으로서의 공권력 행사'로서 ★**처분에 해당**한다고 볼 수 있고, **지방자치단체인 원고**가 이를 다툴 **실효적 해결 수단이 없는 이상**, 원고는 건축물 소재지 관할 허가권자인 **지방자치단체의 장을 상대**로 ★**항고소송**을 통해 **건축협의 취소의 취소**를 구할 수 있다. (대판 2014. 2. 27., 2012두22980)

- 건축허가권자인 **지방자치단체의 장**이 한 **건축협의 거부행위**는 비록 그 상대방이 국가 등 행정주체라 하더라도, 행정청이 행하는 구체적 사실에 관한 법집행으로서의 공권력 행사의 거부 내지 이에 준하는 행정작용으로서 … (중략) … ★**처분에 해당**한다고 볼 수 있고, 이에 대한 법적 분쟁을 해결한 **실효적인 다른 법적 수단이 없는 이상, 국가 등은 허가권자를 상대**로 ★**항고소송**을 통해 그 **거부처분의 취소**를 구할 수 있다고 해석된다. (대판 2014. 3. 13. 2013두15934)

✓ ㉠ **국가나 다른 지방자치단체**가 공용목적을 위한 **건축물**을 다른 지방에 **설치**하려면 해당 지방자치단체장(기초시장, 군수)과 **건축협의 절차**를 거친 후에야 가능한데, 관할 지방자치단체장이 건축협의를 취소 또는 거부한 경우에는, 예외적으로 관할 **지방자치단체장**의 '**건축협의 취소(거부)행위**'는 행정소송법상의 ★'**처분**'에 해당하는바,

㉡ **건축협의를 취소(거부)받은 국가나 다른 지방자치단체**와 같은 **행정주체**도 그에 대하여 **항고소송 등을 제기할** ★**원고적격**을 예외적으로 가질 수 있다.

	관할 지방자치단체장의 행위	원고	피고
㉠	장애인 숙박시설 건축협의 **취소**	서울특별시	양양군수
㉡	교정시설(안양교도소) 재건축협의 **거부**	국가(법무부)	안양시장

정답 ㉠ O, ㉡ O

▨ 건축법상 공용건축물에 대한 **건축협의 취소**는 **항고소송의 대상**이 된다. (O) [19 소방간부]

▨ 건축물의 소재지를 관할하는 허가권자인 **지방자치단체의 장**이 **국가의 건축협의를 거부**한 행위는 항고소송의 대상인 **거부처분에 해당**한다. (O) [21 군무원7]

▨ **지방자치단체**가 건축물 소재지 관할 허가권자인 지방자치단체의 장을 상대로 **건축협의 취소의 취소**를 구하는 사안에서의 **지방자치단체**는 행정소송의 **원고적격을 가진다.** (O) [19 국회8]

▨ 구 건축법상 **지방자치단체장**이 국가와의 **건축협의를 거부한 행위**에 대해 **국가는 항고소송을 제기할 수 있다.** (O) [20 세무사]

▨ **행정주체**에 대해서도 **항고소송의 원고적격이 인정**될 수 있다. (O) [24 세무사]

▨ 건축법상 **지방자치단체를 상대방**으로 하는 **건축협의의 취소**는 **행정처분에 해당한다**고 볼 수 없으므로 지방자치단체가 건축물 소재지 관할 **건축허가권자를 상대**로 항고소송을 통해 **건축협의 취소의 취소**를 구할 수 없다. (×) [22 지방7]

▨ **지방자치단체**는 다른 지방자치단체장의 **건축협의 취소**에 대하여 **취소를 구할 법률상 이익**이 없다. (×) [24 경찰간부]

제3항 당사자적격

203 ★☆☆☆ [21 세무사]

행정소송법은 행정소송에서의 당사자능력에 관하여 규정하고 있지 않다. **O X**

> **해설**
>
> ✅ **행정소송**에서 **당사자**란 소송의 주체가 될 수 있는 **원고와 피고**를 뜻하는데, 현행 **행정소송법**에는 당사자가 될 수 있는 능력에 관하여 별도로 규정하고 있지 않으나, 민사법상의 법리와 소송실무 등에 의할 때 **당사자능력을 가지는 자**는 다음과 같다.
>
> ■ '당사자능력'이 있는 자(원고적격 기준)
>
> | 구분 | | 비고 |
> |---|---|---|
> | 원칙 | 자연인 | 외국인도 포함 |
> | | 법인 | |
> | 예외 | 법인격이 없는 사단·재단 | **대표자 또는 관리인**이 있는 경우에는 그 사단이나 재단의 이름으로 당사자능력 O |
> | | 국가기관 등 행정기관 | **권리를 침해받거나 의무를 부과받는** 등 **중대한 불이익**을 받았음에도 그 **처분을 다툴 다른 방법이 없고** 처분의 취소를 구하는 **항고소송을 제기하는 것이 유효·적절한 수단**인 경우, **예외적으로 원고적격성** O (216문 참고) |
> | | 국가 또는 지방자치단체 | • 행정처분의 상대방인 경우, 원고적격성 O (202문 참고)
 • 국가가 지방자치단체장의 기관위임사무를 다투는 경우에는 원고적격성 X (207문 참고) |
>
> **정답** O

204 ★☆☆☆ [08 국회8]

자연물의 일부인 동·식물에게는 행정소송을 청구할 법률상 이익이 인정되지 않는다. **O X**

> **해설**
>
> 원심이 도롱뇽은 천성산 일원에 서식하고 있는 도롱뇽목 도롱뇽과에 속하는 양서류로서 **자연물인 도롱뇽** 또는 그를 포함한 **자연 그 자체**로서는 이 사건을 수행할 ★**당사자능력을 인정할 수 없다**고 판단한 것은 정당하다. (대결 2006. 6. 2.자 2004마1148, 1149)
>
> **정답** O

▨ **자연물인 도롱뇽** 또는 그를 포함한 **자연 그 자체**로서는 소송을 수행할 **당사자능력을 인정할 수 없다**는 것이 판례의 태도이다. (O) [12 경행]

205 ★☆☆☆

자연인이 아닌 법인도 취소소송의 원고가 될 수 있다. **O X**

> **해설**
>
> ✓ 민법상 **권리능력**을 가지는 자연인과 **법인**은 소송의 주체가 될 수 있는 **당사자능력**을 가진다. **정답** ○

📋 자연인 이외의 **법인도 원고**가 될 수 있다. (○) **[01 관세사 변형]**

📋 ~~**권리주체가 아니라도** 항고소송의 청구가 가능하다.~~ (×) **[12 군무원9]**

📋 **학교법인** 또는 사립학교 경영자는 교원소청심사위원회의 결정에 대하여 **행정소송을 제기**할 수 없다.
(×) **[15 지방7]** ➡ **법인도 행정소송의 당사자**가 될 수 있다는 정도로만 이해하면 된다.

206 ★☆☆☆

법인격 없는 단체도 대표자를 통해서 단체의 이름으로 소를 제기할 수 있다. **O X**

> **해설**
>
> **【민사소송법】제52조(법인이 아닌 사단 등의 당사자능력)** 법인이 아닌 사단이나 재단은 ★대표자 또는 관리인이 있는 경우에는 그 **사단이나 재단의 이름으로 당사자**가 될 수 있다.
>
> ✓ 행정소송법 제8조 제2항에 따라 민사소송법이 준용되므로, **법인격 없는 단체**도 대표자 등을 통하여 단체의 명의로 소송을 제기할 수 있다. **정답** ○

📋 자연인 이외의 '**법인격 없는 단체**'도 **원고**가 될 수 있다. (○) **[01 관세사 변형]**

📋 **법인격 없는 단체**도 구체적인 법적 분쟁 대상과 관련하여 권리를 가질 수 있는 범위 안에서 **원고적격이 인정**될 수 있다. (○) **[08 군무원9]**

207 ★★★☆

국토이용계획과 관련한 지방자치단체의 장의 기관위임사무의 처리에 관하여 국가가 지방자치단체의 장을 상대로 한 취소소송은 허용된다. **O X**

> **해설**
>
> 국가가 국토이용계획과 관련한 **지방자치단체의 장의** ★기관위임사무의 처리에 관하여 지방자치단체의 **장을 상대로** ★취소소송을 제기하는 것은 **허용되지 않는다.** (대판 2007.9.20. 2005두6935)
>
> **정답** ×

📋 **국가**가 **국토이용계획**과 **관련**한 **기관위임사무의 처리**에 관하여 **지방자치단체의 장을 상대로 취소소송을 제기할 수 없다.** (○) **[12 경행]**

📋 ~~**국가**는 **국토이용계획**과 **관련**한 **지방자치단체장의 기관위임사무 처리**에 관하여 지방자치단체장을 상대로 취소소송을 제기할 수 있다.~~ (×) **[23 세무사]**

제4항 취소소송의 원고적격

1 원고적격 일반

208 ★★★☆   [20 세무사]

사실상 이익, 반사적 이익의 침해만으로 원고적격이 인정된다. **O X**

> 해설
>
> ✓ 행정소송은 구체적인 사건에서 법률상 이익이 침해된 경우에 제기하는 권리구제 절차이므로, **반사적(사실상) 이익의 침해는 행정소송으로 다툴 수 없고**, ★**법률상 이익(개인적 공권)을 침해받은 경우에만** 행정소송으로 다툴 수 있다.
>
> **정답** ✕

- **공권과 반사적 이익**은 **원고적격**에서 **차이**가 난다. (○) [06 선관위9]
- **행정소송**은 구체적인 법률관계에서 **법률상 이익이 침해된 자가 제기**할 수 있는바, 법의 보호를 받지 못하는 **단순한 반사적 이익이 침해**된 경우는 **행정소송의 대상이 되지 않는다.** (○) [06 세무사]
- 국민의 권리구제를 목적으로 하므로 **반사적 이익의 침해나 사실상 이익의 침해는 행정소송의 대상이 되지 않는다.** (○) [07 세무사]
- **반사적 이익의 보호를 주장**하는 **행정소송은 인정될 수 없다.** (○) [15 세무사]
- **개인적 공권이 침해된 경우 행정소송을 통한 구제가 가능**하나, **반사적 이익이 침해된 경우 소송을 통한 구제가 가능하지 않다.** (○) [16 군무원9]
- **반사적 이익**에 관한 **분쟁**은 행정소송의 대상이다. (✕) [04 서울9]
- **반사적 이익의 침해**는 행정소송으로 다툴 수 있다. (✕) [16 세무사]

209 ★★★★   [17 세무사]

취소소송의 원고적격은 처분등의 취소를 구할 법률상 이익이 있는 자이다. **O X**

> 해설
>
> **【행정소송법】 제12조(원고적격)** 취소소송은 **처분등의 취소를 구할** ★**법률상 이익이 있는** 자가 제기할 수 있다.
>
> **정답** ○

- **취소소송**은 **처분의 취소 또는 변경**을 구할 **법률상 이익**을 가지는 자만이 **제기**할 수 있다. (○) [04 경북9]
- **취소소송**은 **처분 등의 취소**를 구할 **법률상 이익**이 있는 자가 **제기**할 수 있다. (○) [10 지방9] [07, 14, 18, 19, 23 세무사]
- **취소소송**은 **처분등의 취소**를 구할 정당한 **이익**이 있는 자가 **제기**할 수 있다. (✕) [19 행정사]
  - ✓ 반사적·보호가치 있는·정당한 이익 → 법률상 이익

210 ★★☆☆

㉠ 헌법상 기본권에 근거해서도 원고적격이 인정될 수 있다. [11 세무사] O X

㉡ 추상적 기본권의 침해만으로는 원고적격이 인정되지 않는다. [20 세무사] O X

해설

☑ ⓐ **헌법상 기본권 규정**에 의해서도 **개인적 공권(법률상 이익)**이 **성립**할 수 있으나, 헌법상 **모든 기본권의 침해**를 이유로 **재판을 청구할 수는 없는바**, 모든 헌법상 기본권이 개인적 공권으로 직접 인정되는 것은 아니기 때문이다.

ⓑ 공권의 성립 조건에 따라 **구체적 기본권(자유권, 평등권 등)**과 **추상적 기본권(환경권, 사회보장수급권 등)**의 **재판상 주장가능성(원고적격 인정 가능성)**은 다음과 같이 **상이**하다.

■ '기본권의 종류'별 개인적 공권성 여부

종류	공권의 성립 시기	원고적격(재판청구권) 인정 여부
구체적 기본권 (자유권적 기본권, 평등권 등)	헌법상 **기본권 규정만으로** 개인적 공권 직접 성립(인정)	헌법으로부터 곧바로 인정되는 **공권**이 **침해**되었을 때 **재판청구 가능**
추상적 기본권 (사회권적 기본권: 환경권·사회보장 수급권 등)	해당 **기본권을 구체화한 법률이 제정**되었을 때 개인적 **공권 성립**(인정)	**법률로써 구체화된 공권**이 침해되었을 때에 **재판청구 가능**

정답 ㉠ O, ㉡ O

▨ **개인적 공권**은 헌법상 **기본권으로부터 직접 도출**될 수도 있다. (O) [00 행시] [01 관세사] [04 대구9]

▨ 판례는 **법률상 이익의 판단**에 있어서 **기본권을 고려**하기도 한다. (O) [07 세무사]

▨ 헌법상의 **기본권규정에 입각**한 **공권의 성립**은 인정할 수 없다. (×) [02 입시]

▨ **특정한 사익의 보호가 필요**한 경우에도 **헌법상의 기본권 규정만으로**는 특정한 개인의 이익보호를 위한 **공권을 도출**할 수 없다. (×) [12 사복9]

▨ 헌법상의 **모든 기본권**이 행정상 법률관계에 있어 **개인적 공권이 되는 것은 아니다.** (O) [06 대구교행9]

▨ 소극적 방어권인 헌법상의 **자유권적 기본권**은 법률의 규정이 없다고 하더라도 **직접 공권이 성립될 수도 있다.** (O) [17 지방9]

▨ **헌법상 기본권 중**에는 행정법적 **입법을 통해 구체화**가 되어야만, **비로소 구체적 권리성**을 띠게 되는 경우가 있다. (O) [04 전북9] ➡ 추상적 기본권의 공권화에 관한 설명이다.

▨ 헌법은 행정에 관한 최상위 법률이므로 헌법상에서 인정되는 모든 기본권은 행정상 법률관계에 있어 당연히 **공권이 인정**된다. (×) [07 광주9]

▨ 헌법상의 모든 기본권은 **법률에 의해 구체화**되지 않더라도 **재판상 주장될 수 있는 구체적 공권**이다. (×) [15 교행9]

211 ★★★★

㉠ 법률상 보호되는 이익은 당해 처분의 근거법규 및 관련법규가 보호하는 개별적·직접적·구체적 이익이 있는 경우를 말한다. [19 세무사] Ⓞ Ⓧ

㉡ 법률상 이익의 범위에는 공익보호의 결과로 발생한 간접적·사실적·경제적 이해관계가 포함된다. [14 세무사] Ⓞ Ⓧ

> **해설**
>
> 행정처분의 직접 상대방이 아닌 제3자라 하더라도 당해 행정처분으로 **법률상 보호되는 이익을 침해**당한 경우에는 **취소소송을 제기**하여 당부의 판단을 받을 자격이 있다. 여기에서 말하는 **법률상 보호되는 이익**은 당해 처분의 **근거 법규** 및 관련 법규에 의하여 **보호**되는 ★**개별적·직접적·구체적 이익**이 있는 경우를 말하고, 공익보호의 결과로 국민 일반이 공통적으로 가지는 ★**일반적·간접적·추상적** 이익과 같이 **사실적·경제적 이해관계를 갖는 데 불과한 경우**는 여기에 **포함되지 아니한다.** (대판 2015. 7. 23., 2012두19496,19502)
>
> **정답** ㉠ ○, ㉡ ✕

▣ **법률상 보호이익**으로 인정되기 위해서는 **개인**에 대하여 **개별적으로 보호**되는 **직접적·구체적 이익**이어야 한다. (○) [03 입시]

▣ 판례는 **원고적격의 요건**으로 당해 처분의 **근거법규 및 관련법규에 의하여 보호**되는 **개별적·직접적·구체적 이익의 침해**를 요구하고 있다. (○) [13 세무사]

▣ 처분의 **근거 법규 및 관련 법규에 의하여 보호**되는 **개별적·직접적·구체적 이익**이 있는 자는 **항고소송의 원고적격이 인정**된다. (○) [16 세무사]

▣ 당해 처분의 **근거 법률에 의하여 보호**되는 **직접적이고 구체적인 이익**이 있는 경우 **법률상 이익이 인정**될 수 있다. (○) [22 세무사]

▣ **근거법률**에 의해 **직접 보호되는 구체적인 이익**이 아닌 단지 **간접적인 사실상 이해관계**만으로는 **원고적격이 인정되지 않는다.** (○) [10 세무사]

▣ **간접적인 사실상의 이익**만으로는 **원고적격이 인정되지 않는다**는 것이 판례의 입장이다. (○) [11 세무사]

▣ 판례는 행정소송법 제12조의 **법률상 이익**은 **직접적이고 구체적·개인적 이익**을 말하고 **간접적이거나 사실상·경제적 이해관계**를 가지는 데 불과한 경우는 **포함되지 않는다**고 보고 있다. (○) [13 국회9 수정]

▣ 처분의 **근거법률에 의하여 보호**되는 **직접적·구체적인 이익**이 침해된 경우에 **원고적격이 인정**되는데, 여기에는 간접적인 이해관계도 포함된다. (✕) [12 세무사]

▣ 사실적·경제적 이해관계를 갖는 데 불과한 경우에도 **무효등 확인소송의 원고적격은 인정**된다. (✕) [24 세무사]

   ☑ 사실적·경제적 이해관계 → 개별적·직접적·구체적 이익

     ➥ 무효등확인소송도 법률상 이익이 있는 자가 제기 가능. (410문 참고)

212 ★☆☆☆

처분의 근거가 재량규정인 때에는 처분의 상대방은 당해 처분의 취소를 청구할 원고적격이 없다.

O X

> **해설**
> ⓒ 종래에는 처분의 근거가 기속규범인 경우, 즉 기속행위에 의해서만 개인적 공권이 침해된다고 보았으나, ★오늘날에는 **재량규정**에서도 **개인적 공권(법률상 이익)이 도출**된다고 보므로, 행정청의 **재량행위로** 인하여 **법률상 이익을 침해받은 사람도 행정소송을 제기할 수 있다.** **정답** ✕

- **재량행위**인 경우에도 **공권의 성립을 인정**할 수 있다. (O) [02 입시]
- 행정청의 **재량영역**일지라도 **법률상 이익** 내지 **주관적 공권이 도출**될 수 없는 것은 아니다. (O) [08 국회8]
- **개인적 공권**은 기속적 법규범에서만 성립된다. (✕) [00 행시]
- **재량행위**에 의해서는 **법률상 보호이익이 침해**될 수 없다. (✕) [03 입시]
- 처분의 **근거법규가 재량규정**으로 되어 있는 경우에는 **공권이 성립**될 수 없다. (✕) [15 교행9]

213 ★☆☆☆

㉠ 해당 규정이 행정청의 의무의 존재를 전제로 하여야 법률상 이익이 인정된다.

O X

㉡ 법에 의해 보호되는 개별적 이익이 아닌 공익의 침해만으로는 원고적격이 인정될 수 없다.

O X

> **해설**
> ⓒ ㉠ **[강행법규성]** 개인적 공권(법률상 이익)이 인정되기 위해서는 해당 규정이 ★**행정청에 일정한 행위를 하여야 할 의무(작위의무, 부작위의무 등)를 부과**하고 있는 **강행법규**이어야 한다.
> ㉡ **[사익보호성]** 또한 해당 강행법규의 목적·취지가 공익을 추구하면서 **개인의 특정한 이익(=사익)도 보호**하려는 경우이어야 **개인적 공권이 성립**할 수 있는바, 개인적 이익이 침해되지 않은 사람은 단지 공익이 침해되었다는 이유를 내세워 행정소송을 제기할 수는 없다. **정답** ㉠ O, ㉡ O

- **개인적 공권이 인정**되기 위해서는 **강행법규**에 의하여 **행정청에 일정한 행위 의무가 부과되어야** 한다. (O) [06 대구교행9]

- **법규의 취지**가 기본적으로 공익 추구에 있고 부수적으로 **사익을 보호**하고자 하는 경우에도 **공권성립이 가능**하다. (O) [06 대구교행9]
- **처분의 근거법규**가 공익뿐만 아니라 **개인의 이익도 아울러 보호**하고 있는 경우에 **공권이 인정**될 수 있다. (O) [11 사복9]
- **개인적 공권**은 **강행적인 행정법규**에 의하여 행정청을 기속함으로써 비로소 **성립**하는 것일 뿐 **개인의 사익보호성은 성립요건**이 아니라는 것이 일반적인 견해이다. (✕) [12 국가9]

2 원고적격성 사례

214 ★☆☆☆

㉠ 불이익처분의 상대방은 항고소송의 원고적격이 인정된다. [16 세무사] **O X**

㉡ 수익처분의 상대방에게도 당해 처분의 취소를 구할 이익이 인정될 수 있다. [18 국회8] **O X**

> 해설
>
> 행정처분에 있어서 **불이익처분의 상대방**은 직접 개인적 이익의 침해를 받은 자로서 ★**원고적격이 인정**되지만, **수익처분의 상대방**은 그의 권리나 법률상 보호되는 이익이 침해되었다고 볼 수 없으므로 달리 특별한 사정이 없는 한 ★**취소를 구할 이익이 없다.** (대판 1995. 8. 22., 94누8129)
>
> **정답** ㉠ O, ㉡ X

- **영업정지처분의 직접상대방**은 자신에 대한 **처분의 취소를 청구할 원고적격**이 있다. (O) [14 세무사]
  - ➡ 영업정지처분은 수험에서 대표적인 불이익처분

- 행정처분에 있어서 **불이익처분의 상대방**은 직접 개인적 이익의 침해를 받은 자로서 취소소송의 **원고적격이 인정**되지만, **수익처분의 상대방**은 그의 권리나 법률상 보호되는 이익이 침해되었다고 볼 수 없으므로 달리 특별한 사정이 없는 한 **취소를 구할 이익이 없다.** (O) [17 국가9]

- 행정**처분의 취소를 구할 이익**은 불이익처분의 **상대방**뿐만 아니라 수익처분의 상대방에게도 **인정**되는 것이 원칙이다. (X) [11 국가9]

215 ★★★☆

[21 세무사]

과세관청이 직권으로 법인세법상 소득처분을 경정하면서 일부 항목은 증액을 하고 동시에 다른 항목은 감액을 한 결과 전체로서 소득처분금액이 감소된 경우, 소득금액변동통지의 취소를 구할 이익이 있다. **O X**

> 해설
>
> 법인이 법인세의 과세표준을 신고하면서 배당, 상여 또는 기타소득으로 소득처분한 금액은 당해 법인이 신고기일에 소득처분의 상대방에게 지급한 것으로 의제되어 그때 원천징수하는 소득세의 납세의무가 성립·확정되며, 그 후 **과세관청이** 직권으로 **상대방에 대한 소득처분을 경정**하면서 **일부 항목에 대한 ★증액**과 **다른 항목에 대한 감액을 동시에 한** 결과, **전체로서 소득처분금액이 감소**된 경우에는 그에 따른 **소득금액변동통지가** 납세자인 당해 법인에 **불이익을 미치는 처분이 아니므로** 당해 법인은 그 ★**소득금액변동통지의 취소를 구할 이익이 없다.** (대판 2012. 4. 13., 2009두5510)
>
> **정답** X

- 법인세 과세표준과 관련하여 **과세관청**이 법인의 소득처분 상대방에 대한 **소득처분을 경정**하면서 **증액과 감액을 동시**에 한 결과 **전체로서 소득처분금액이 감소**된 경우, **법인**이 **소득금액변동통지의 취소**를 구할 **소의 이익이 없다.** (O) [20 군무원9]

216 ★★★★

㉠ A국가기관의 조치요구를 다툴 별다른 방법이 없고, 조치요구에 대한 취소소송이 유효·적절한 수단인 경우에 그 조치요구의 상대방인 B국가의 원고적격이 인정된다. **[16 세무사]** Ⓞ Ⓧ

㉡ 국민권익위원회가 소방청장에게 인사에 관한 부당한 지시를 취소하라는 조치요구를 통지한 경우 소방청장은 그 조치요구의 취소를 구할 당사자능력을 갖는다. **[21 세무사]** Ⓞ Ⓧ

> 【해설】
>
> - 국민권익위원회의 이 사건 **조치요구**(＊ 경기도 선거관리위원회 소속 공무원 甲에 대한 중징계요구 취소 등)의 **처분성이 인정**되는 이 사건에서 이에 불복하고자 하는 **시·도선거관리위원회 위원장**으로서는 위 **조치요구의 취소를 구하는 항고소송**을 제기하는 것이 ★**유효·적절한 수단**이라고 할 것이므로, 비록 **시·도선거관리위원회 위원장**이 국가기관에 불과하더라도 이 사건에서는 ★**당사자능력 및 원고적격을 가진다**고 봄이 상당하다. (대판 2013.7.25. 2011두1214)
>
> - **국민권익위원회**가 **소방청장**에게 인사와 관련하여 **부당한 지시**(＊지방소방본부장 甲에 대한 직위해제 및 해임처분)를 한 사실이 인정된다며 이를 취소할 것을 요구하기로 의결하고 그 내용을 통지하자 소방청장이 국민권익위원회 조치요구의 취소를 구하는 소송을 제기한 사안에서, **처분성이 인정**되는 국민권익위원회의 조치요구에 불복하고자 하는 **소방청장**으로서는 조치요구의 취소를 구하는 항고소송을 제기하는 것이 ★**유효·적절한 수단**으로 볼 수 있으므로 **소방청장**이 예외적으로 ★**당사자능력과 원고적격을 가진다**. (대판 2018. 8. 1., 2014두35379)
>
> ✅ ⓐ 대법원은, **국민권익위원회**가 **경기도선거관리위원회 위원장(또는 소방청장)**에게 소속 공무원 甲에 대한 **신분상의 불이익처분 등의 취소 조치**를 요구한 사안에서, 국가기관이 국민권익위의 조치요구를 다툴 수 있는 별다른 방법이 없다는 점을 이유로, **국가기관에게도 당사자능력과 원고적격이 예외적으로 인정**된다고 판시하였다.
>
> ⓑ '현재는 국민권익위원회의 신분상 조치요구를 받은 국가기관장이 이를 항고소송으로 다툴 수 있도록 '부패방지 및 국민권익위원회의 설치와 운영에 관한 법률'이 개정되어 있어, 입법적으로 해결된 상태로 볼 수 있다.
>
> 【정답】 ㉠ ○, ㉡ ○

🟦 **국민권익위원회**가 부패방지 및 국민권익위원회의 설치와 운영에 관한 법률 **소정의 조치를 요구**한 경우에 그 **요구에 불응하면 제재**를 받을 수 있는데도 불구하고 **기관소송을 제기할 수 없는 시·도선거관리위원회 위원장**으로서는 그 요구에 대해 **항고소송을 제기할 수 있다.** (○) [19 경행]

🟦 **국가기관**인 **시·도 선거관리위원회 위원장**은 **국민권익위원회**가 그에게 **소속직원에 대한 중징계요구를 취소하라는** 등의 **조치요구**를 한 것에 대해서 **취소소송을 제기할 원고적격을 가진다**고 볼 수 없다. (✕) [16 국가9]

🟦 **국민권익위원회**가 **시·도선거관리위원회 위원장**에게 **소속 직원에 대한 불이익처분을 하지 말 것을 요구하는 내용의 조치요구**에 대해서 그 **위원장이 제기하는 소송**은 행정소송법상 '법률이 정한 경우에 법률에 정한 자에 한하여' 제기할 수 있는 소송에 해당한다. (✕) [24 세무사]

> ➤ 행소법상 '법률이 정한 경우에 법률에 정한 자에 한하여 제기할 수 있는 소송'은 객관소송을 뜻하는바, 위 사례는 항고소송이므로 틀린 지문이다.

🟦 **국민권익위원회**가 **소방청장**에게 인사와 관련하여 **부당한 지시**를 한 사실이 인정된다며 이를 **취소할 것을 요구**하기로 의결하고 내용을 통지하자 그 **국민권익위원회 조치요구의 취소**를 구하는 사안에서의 **소방청장은 행정소송의 원고적격을 가진다.** (○) [19 국회8]

🟦 **국민권익위원회**가 **소방청장**에게 일정한 의무를 부과하는 내용의 조치요구를 한 경우 소방청장은 조치요구의 취소를 구할 당사자능력 및 원고적격이 인정되지 않는다. (✕) [22 국가9]

217 ★★★☆

㉠ 외국인이 사증발급 거부처분에 대하여 취소를 구하는 경우 원고적격이 인정된다.

[20 세무사] O X

㉡ 외국인이라고 하더라도 대한민국과의 실질적 관련성 내지 법적으로 보호가치가 있는 이해관계를 형성한 경우에는 사증발급 거부처분의 취소를 구할 원고적격이 인정된다. [21 국회8] O X

> **해설**
>
> 1. 사증발급의 법적 성질, 출입국관리법의 입법 목적, 사증발급 신청인의 대한민국과의 실질적 관련성, 상호주의 원칙 등을 고려하면, 우리 출입국관리법의 해석상 **외국인에게는 사증발급 거부처분의 취소를 구할 ★법률상 이익이 인정되지 않는다.** (대판 2018. 5. 15., 2014두42506)
>
> 2. **원고는 대한민국에서 출생**하여 **오랜 기간 대한민국 국적을 보유**하면서 **거주**한 사람이므로 이미 **대한민국과 ★실질적 관련성**이 있거나 대한민국에서 **★법적으로 보호가치 있는 이해관계**를 형성하였다고 볼 수 있다. … (중략) … 따라서 **원고는** 이 사건 **사증발급 거부처분의 취소를 구할 ★법률상 이익이 인정**된다. (대판 2019. 7. 11., 2017두38874)

	사안	원고적격 인정 여부
1번 판례	**중국 국적 여성**이 주중 영사관에 신청한 **사증발급**(F-6: **결혼이민** 체류자격) 신청이 거부된 경우	대한민국과의 실질적 관련성이 있거나 대한민국에서 법적으로 보호가치 있는 이해관계를 형성한 경우가 아니어서, **법률상 이익(원고적격) 불인정**
2번 판례	**외국국적의 재외동포인 외국인**(가수 유승준)이 주미 영사관에 신청한 **사증발급**(F-4: **재외동포** 체류자격) 신청이 거부된 경우	대한민국과의 **실질적 관련성**이 있거나 대한민국에서 **법적으로 보호가치 있는 이해관계를 형성**한 경우이고, 재외동포법상 법적 지위를 고려할 때, **법률상 이익(원고적격) 인정**

정답 ㉠ X, ㉡ O

▨ 사증 발급의 법적 성질과 출입국관리법의 입법목적을 고려할 때 **외국인**은 **사증발급 거부처분**의 취소를 구할 법률상 이익이 있다. (X) [20 군무원7]

▨ **중국 국적자**인 **외국인**이 **사증발급 거부처분의 취소**를 구하는 경우 항고소송의 원고적격이 인정된다. (X) [21 국가9]

▨ **사증발급 거부처분**을 받은 **외국인**은 그 거부처분에 대해 취소소송을 제기할 원고적격을 가진다. (X) [24 경찰간부]

▨ **대한민국에서 출생**하여 **오랜 기간 대한민국 국적을 보유**하면서 **거주**한 **재외동포**는 **사증발급 거부처분의 취소를 구할 법률상 이익이 있다.** (O) [22 국가9]

➤ 한편 대법원은 국내에서 합법적으로 체류하고 있는 **외국인**도 귀화불허처분, 체류자격변경불허처분, 강제퇴거명령을 다투는 경우에는 **법률상 이익**이 있다고 본다.

> 국적법상 **귀화불허가처분**이나 출입국관리법상 **체류자격변경 불허가처분, 강제퇴거명령** 등을 다투는 **외국인**은 대한민국에 **적법하게 입국**하여 **상당한 기간을 체류**한 사람이므로, 이미 대한민국과의 **실질적 관련성** 내지 대한민국에서 **법적으로 보호가치 있는 이해관계**를 형성한 경우이어서, 해당 처분의 취소를 구할 **★법률상 이익이 인정**된다. (대판 2018. 5. 15. 2014두42506)

218 ★★★☆

강학상 인가의 경우 기본행위의 하자를 이유로 인가처분의 취소를 구하는 소송은 항고소송의 소의 이익이 인정된다. **O X**

> 【해설】
>
> 기본행위에 하자가 있다고 하더라도 인가처분 자체에 하자가 없다면 따로 그 기본행위의 하자를 다투는 것은 별론으로 하고 **기본행위의 하자를 내세워** 바로 그에 대한 행정청의 **★인가처분의 취소를 구할 수는 없다**. (대판 2005. 10. 14. 2005두1046)
>
> ✔ 기본행위에만 하자가 있고, 기본행위에 대한 인가처분에는 하자가 없는 경우, **기본행위의 하자를 내세워 인가처분을 다툴 수 없다**. 세무사 시험에서는 3가지 사례가 출제된 바 있다. **정답** ✕

📄 **강학상 인가**의 경우 **기본행위의 하자를 이유로 인가처분의 취소를 구하는 소송은 소의 이익이 인정되지 않는다**. (O) [20 세무사]

📄 **기본행위에 하자가 있는 경우**에 그 기본행위의 하자를 다툴 수 있고, 기본행위의 하자를 이유로 인가처분의 취소 또는 무효확인도 소구할 수 있다. (✕) [15 국가9]

219 ★★☆☆

「도시 및 주거환경정비법」상 주택재건축사업시행계획의 하자를 이유로 사업시행인가처분의 취소를 구하는 경우는 실효적인 권리구제절차가 있음을 이유로 소의 이익이 부정되는 경우이다. **O X**

> 【해설】
>
> 구 도시 및 주거환경정비법에 기초하여 **주택재개발정비사업조합**이 수립한 **사업시행계획**은 관할 행정청의 **인가·고시**가 이루어지면 이해관계인들에게 구속력이 발생하는 **독립된 행정처분**에 해당하고, 관할 행정청의 사업시행계획 **인가처분**은 사업시행계획의 법률상 효력을 완성시키는 **보충행위**에 해당한다. 따라서 기본행위인 **사업시행계획에는 하자가 없는데** 보충행위인 **인가처분에 고유한 하자가 있다면** 그 **인가처분의 무효확인이나 취소를 구하여야** 할 것이지만, **인가처분에는 고유한 하자가 없는데 사업시행계획에 하자가 있다면 사업시행계획의 무효확인이나 취소를 구하여야** 할 것이지 사업시행계획의 무효를 주장하면서 곧바로 그에 대한 **인가처분의 무효확인이나 취소를 구하여서는 ★아니 된다**. (대판 2021. 2. 10. 2020두48031)
>
> ✔ (주택재건축 또는 주택재개발)사업시행계획에만 무효사유의 하자가 있고 그 사업시행계획에 대한 인가처분 자체에는 하자가 없는 경우에는, **기본행위인 사업시행계획의 무효사유를 이유로** 사업시행계획 **인가처분을 다툴 수 있는 ★소의 이익은 부정**된다. **정답** O

📄 **사업시행계획에 대한 인가처분에 하자가 없는 경우** 기본행위인 **사업시행계획의 무효를 들어** 사업시행계획 **인가처분의 취소 또는 무효를 구할 수 없다**. (O) [17 소방간부]

📄 **인가처분에는 고유한 하자가 없는데** 사업시행계획에 하자가 있다면 사업시행계획의 무효를 주장하면서 곧바로 인가처분의 무효확인이나 취소를 구할 수 있다. (✕) [21 서울7]

📄 주택재개발정비사업조합이 수립한 **사업시행계획에 하자**가 있는데 관할 행정청의 사업시행계획 **인가처분에는 고유한 하자가 없는 경우**에도 **사업시행계획의 무효를 주장**하는 경우 곧바로 그에 대한 인가처분의 무효확인이나 취소를 구할 수 있다. (✕) [23 서울7]

220 ★★☆☆

재단법인의 정관변경 결의의 하자를 이유로 정관변경 인가처분의 취소를 구하는 경우는 실효적인 권리구제절차가 있음을 이유로 소의 이익이 부정되는 경우이다. **OX**

> 해설
>
> 인가는 기본행위인 재단법인의 정관변경에 대한 법률상의 효력을 완성시키는 보충행위로서, … (중략) … 기본행위인 정관변경 결의가 적법 유효하고 보충행위인 인가처분 자체에만 하자가 있다면 그 인가처분의 무효나 취소를 주장할 수 있지만, **인가처분에 하자가 없다면** 기본행위에 하자가 있다 하더라도 따로 그 기본행위의 하자를 다투는 것은 별론으로 하고 ★**기본행위의 무효를 내세워** 바로 그에 대한 행정청의 **인가처분의 취소 또는 무효확인을 소구**할 **법률상의 이익이 없다**. (대판 전합 1996. 5. 16. 95누4810)
>
> 정답 ○

■ **사회복지법인인 甲**이 정관변경허가를 관할 행정청 乙에게 신청한 사례에서, **甲의 정관변경행위에 하자**가 있는 경우에, 해당 **정관변경행위의 하자를 이유**로 乙의 **정관변경허가의 취소 또는 무효확인을 소구**할 **법률상 이익이 없다.** (○) [16 국가5 승진 변형]

221 ★★☆☆

학교법인의 임원선임행위에 하자가 있음을 이유로 감독청의 취임승인처분의 취소를 구하는 경우 실효적인 권리구제절차가 있음을 이유로 소의 이익이 부정되는 경우이다. **OX**

> 해설
>
> 사립학교법 제20조 제2항에 의한 학교법인의 임원에 대한 감독청의 취임승인은 학교법인의 임원선임행위를 보충하여 그 법률상의 효력을 완성케 하는 보충적 행정행위로서 그 자체만으로는 법률상 아무런 효력도 발생할 수 없는 것인바, **기본행위인 사법상의 임원선임행위에 하자**가 있다는 이유로 그 선임행위의 효력에 관하여 다툼이 있는 경우에는 **민사쟁송으로 그 선임행위의 무효확인**을 구하는 등의 방법으로 분쟁을 해결할 것이지 보충적 행위로서 그 자체만으로는 아무런 효력이 없는 **승인처분만의 취소 또는 무효확인을 구하는 것**은 특단의 사정이 없는 한 분쟁해결의 유효적절한 수단이라 할 수 없어 소구할 ★**법률상의 이익이 없다**. (대판 2005. 12. 23., 2005두4823)
>
> 정답 ○

■ **이사회 개최 없는 사립학교임원선임**에 대한 관할**교육청의 승인처분**에 대해 취소소송을 제기하는 경우 소의 이익이 인정된다. (×) [14 세무사]

■ 甲은 사립학교법인 이사회에서 **이사로 선임되어 관할청의 취임승인**을 받았다. 그러나 해당 이사회의 **전임 이사였던 乙**은 甲에 대한 **학교법인의 이사선임행위에 하자가 있음을 주장**하며 이를 다투고자 한다. 이 때 甲에 대한 **학교법인의 이사선임행위에 하자**가 있는 경우 乙은 이를 이유로 취소소송을 통해 관할청의 취임승인처분의 취소를 구할 수 있다. (×) [16 변시]

「도시 및 주거환경정비법」상 주택재건축조합설립결의의 하자를 이유로 조합설립인가처분의 취소를 구하는 경우는 실효적인 권리구제절차가 있음을 이유로 소의 이익이 부정되는 경우이다.

> 해설

> 행정청이 **도시 및 주거환경정비법** 등 관련 법령에 근거하여 행하는 **조합설립인가처분**은 단순히 사인들의 조합 설립행위에 대한 **보충행위로서의 성질**을 갖는 것에 그치는 것이 아니라 법령상 요건을 갖출 경우 도시 및 주거 환경정비법상 주택재건축사업을 시행할 수 있는 권한을 갖는 **행정주체(공법인)로서의 지위를 부여**하는 일종의 **★설권적 처분의 성격**을 갖는다고 보아야 한다. 그리고 그와 같이 보는 이상 조합설립결의는 조합설립인가처분 이라는 행정처분을 하는 데 필요한 요건 중 하나에 불과한 것이어서, **조합설립결의에 하자**가 있다면 그 하자를 **이유**로 **★직접 항고소송**의 방법으로 **조합설립인가처분의 취소 또는 무효확인을 구하여야** 하고, 이와는 별도로 조합설립인가처분이 있은 **★후**에 조합설립결의 부분만을 따로 떼어내어 그 효력 유무를 다투는 확인의 소를 제 기하는 것은 원고의 권리 또는 법률상의 지위에 현존하는 불안·위험을 제거하는 데 **가장 유효·적절한 수단이라 할 수 없어** 특별한 사정이 없는 한 **확인의 이익은 인정되지 아니한다**. (대판 2009. 9. 24. 2008다60568)

> ☑ ⓐ 180문과 유사한 사례인데, **도시 및 주거환경정비법** 등에 의한 **주택개건축조합**에 대한 **조합설립인가처분**은 **행정주체(공법인)의 지위**를 부여하는 것이라는 점에서, 그 **법적 성질**은 인가처분이 아니라, **설권적 처분**으로 서 **강학상 '특허'**에 해당하기 때문에,

> ⓑ 조합설립 **★인가 후**에는, 조합설립결의의 하자를 내세워 곧바로 **조합설립인가처분 자체**를 항고소송으로 다툴 수 있는 **★소의 이익이 인정**되고, 오히려 조합설립결의 부분만을 따로 다투기 위하여 민사소송으로서 **확인소송**을 별도로 제기하는 경우에는 확인의 이익이 인정되지 않는 **부적법한 소송**으로서 **각하**된다.

> 정답 ✕

▨ 「도시 및 주거환경정비법」에 따른 **주택재건축사업조합**의 **설립인가**는 강학상 **특허**이다. (○) [18 경행]

▨ 「도시 및 주거환경정비법」상 **주택재건축조합**에 대해 **조합설립 인가처분이 행하여진 후**에는, **조합설립결 의의 하자를 이유**로 조합설립의 무효를 주장하려면 **조합설립 인가처분의 취소 또는 무효확인**을 구하는 **소송으로 다투어야** 하며, **따로 조합설립결의의 하자**를 다투는 **확인의 소를 제기할 수 없다.** (○) [21 국가 9]

▨ **주택재건축조합설립 인가 후 주택재건축조합설립결의의 하자를 이유**로 조합설립인가처분의 무효확인을 구하기 위해서는 **직접 항고소송의 방법**으로 확인을 구할 수 없으며, 조합설립결의부분에 대한 효력 유무를 민사소송으로 다툰 후 **인가의 무효확인을 구해야** 한다. (✕) [17 서울7]

> ➤ **참고판례**

> 도시 및 주거환경정비법 제86조에 따른 **이전고시가 그 효력을 발생**하게 된 **★이후**에는 주택재건축정비사업조합의 **조합원 등**이 사업시행계획과 사업시행인가, 관리처분계획과 관리처분계획인가의 취소 또는 무효확인을 구할 **법률상 이익**이 **★인정 되지 않는다**. (대판 2022. 1. 13. 2021두50772)

223 ★★★☆

㉠ 지방법무사회는 무효등 확인소송의 피고가 될 수 있다. [22 세무사] **O X**

㉡ 지방법무사회가 법무사의 사무원 채용승인 신청을 거부하여 사무원이 될 수 없게 된 자가 지방법무사회를 상대로 거부처분의 취소를 구하는 경우 항고소송의 원고적격이 인정된다.

[21 국가9] **O X**

> **해설**
>
> - **법무사가** 사무원 채용에 관하여 **지방법무사회로부터 채용승인을 얻어 사무원을 채용**할 의무는 법무사법에 의하여 강제되는 **공법적 의무이다.** ...(중략) **지방법무사회의 법무사 사무원 채용승인**은 단순히 지방법무사회와 소속 법무사 사이의 내부 법률문제라거나 지방법무사회의 고유사무라고 볼 수 없고, **법무사 감독**이라는 **국가사무를 위임받아 수행**하는 것이라고 보아야 한다. 따라서 **지방법무사회는** 법무사 감독 사무를 수행하기 위하여 법률에 의하여 설립과 법무사의 회원 가입이 강제된 공법인으로서 **법무사 사무원 채용승인에 관한 ★공권력 행사의 주체**라고 보아야 한다.
> - **법무사의 사무원 채용승인 신청**에 대하여 소속 **지방법무사회가 '채용승인을 거부'**하는 조치 또는 일단 채용승인을 하였으나 법무사규칙 제37조 제6항을 근거로 **'채용승인을 취소'**하는 조치는 공법인인 지방법무사회가 행하는 구체적 사실에 관한 법집행으로서 공권력의 행사 또는 그 거부에 해당하므로 항고소송의 대상인 **★'처분'**이라고 보아야 한다.
> - **지방법무사회가 법무사의 사무원 채용승인 신청을 거부**하거나 채용승인을 얻어 채용 중인 사람에 대한 **채용승인을 취소**하면, 상대방인 **법무사**로서도 그 사람을 사무원으로 **채용할 수 없게 되는 불이익**을 입게 될 뿐만 아니라, **그 사람도** 법무사 사무원으로 **채용되어 근무할 수 없게 되는 불이익**을 입게 된다. 법무사규칙 제37조 제4항이 이의신청 절차를 규정한 것은 채용승인을 신청한 **법무사**뿐만 아니라 **사무원이 되려는 사람의 이익도 보호**하려는 취지로 볼 수 있다. 따라서 **지방법무사회의 사무원 채용승인 거부처분** 또는 **채용승인 취소처분**에 대해서는 처분 상대방인 **법무사**뿐만 아니라 그 때문에 **★사무원이 될 수 없게 된 사람도** 이를 다툴 **원고적격이 인정되어야** 한다. (대판 2020. 4. 9. 2015다34444)

✓ ⓐ 지방법무사회는 법무사 사무원 채용승인 관한 공권력 행사의 주체에 해당하는바, **지방법무사회의 신청 거부나 채용승인 취소**는 행정처분에 해당하므로, 그러한 **처분을 다투려는 사람은 지방법무사회를 피고**로 삼아 **항고소송을 제기**하여야 한다.

ⓑ 한편 **채용승인을 신청**한(또는) **채용승인을 취소**당한) 법무사가 '채용승인 거부처분'이나 '채용승인 취소처분'을 항고소송으로 다툴 수 있음은 물론이고, 그러한 처분으로 인해 **'사무원으로 근무할 수 없게 된 사람'**도 이를 다툴 **원고적격이 있다**는 판시이다. **정답** ㉠ O, ㉡ O

■ **지방법무사회**는 **취소소송의 피고**가 될 수 있다. (O) [24 세무사]

■ **지방법무사회가 법무사의 사무원 채용승인 신청을 거부**하거나 채용승인을 얻어 채용 중인 사람에 대한 **채용승인을 취소**하는 것은 **처분에 해당**하고, 이러한 처분에 대해서는 **처분 상대방인 법무사뿐 아니라** 그 때문에 **사무원이 될 수 없게 된 사람**도 이를 다툴 **원고적격이 인정**된다. (O) [21 국회8]

■ **지방법무사회가 법무사의 사무원 채용승인 신청을 거부**한 경우 채용승인을 신청한 **법무사가 아닌 자**는 **취소소송을 제기**하지 못한다. (✕) [23 행정사]

3 제3자의 원고적격성

224 ★★☆☆

㉠ '공권의 확대'는 원고적격을 확대하려는 경향과 관련이 없다. [06 세무사] **O X**

㉡ 원고적격의 확대는 행정소송에 있어서 국민의 권익구제 확대방향이다. [13 세무사] **O X**

> **해설**
>
> ✓ ⓐ **개인적 공권(법률상 이익, 소의 이익)의 확대=원고적격의 확대**
> ⓑ **최근 원고적격이 확대**되고 있는 것은, 행정소송을 통한 국민의 주관적인 **권익구제의 가능성을 확대**하려는 데 목적이 있다. **정답** ㉠ ×, ㉡ ○

▣ 최근에는 **소의 이익을 점차 확대인정**하는 경향이 있다. (○) [98 국가9]
▣ **협의의 소의 이익의 확대**는 행정소송에 있어서 ~~**원고적격의 확대경향**과 거리가 멀다.~~ (×) [03 입시]

225 ★★★★ [10 세무사]

행정처분의 상대방이 아닌 제3자에게는 원고적격이 인정될 수 없다. **O X**

> **해설**
>
> 위법한 행정처분에 의하여 권리의 침해를 받은 자는 그 처분의 취소변경을 구하거나 무효확인을 구하기 위하여 처분청을 상대로 행정소송을 제기할 수 있고 이 경우 **위법한 행정처분**에 의하여 **권리의 침해를 받은 자**는 그 처분의 직접 상대방이 됨이 일반이라고 할 것이나 ★비록 **제3자**라고 하더라도 그 행정처분의 취소변경에 관하여 ★**법률상의 구체적 이익이 있으면** 다른 특단의 사정이 없는 한 **행정소송을 제기할 수 있다**. (대판 1985. 5. 28., 85누20)
>
> ✓ 가령 **A행정청**이 어떠한 행정처분을 甲에 대해서 한 경우에도, 그 **처분의 효력**이 **제3자인 乙의 법률상 직접적이고 구체적인 이익을 침해**하는 경우에는 乙은 자신의 법률상 이익이 침해되었다는 이유로 **행정소송을 제기할 원고적격이 있게 된다**는 것이 판례의 입장이다. **정답** ×

▣ 판례는 **처분으로** 인하여 **법률상 이익이 침해된 제3자**도 **원고적격**을 가질 수 있다고 본다. (○) [07 세무사]
▣ 처분의 **직접상대방이 아닌 제3자에게도** 취소소송의 **원고적격이 인정**될 수 있다. (○) [14 세무사]
▣ 행정**처분의 직접 상대방이 아닌 제3자**라고 하더라도 당해 행정**처분으로** 인하여 **법률상 보호되는 이익을 침해당한 경우**에는 **취소소송을 제기할 수 있다.** (○) [24 세무사]
▣ 행정처분으로 **권리를 침해**받은 직접 상대방이 아닌 **제3자에게는** 취소소송의 원고적격이 ~~인정되지 아니한다.~~ (×) [12 세무사]
▣ **처분의 직접 상대방이 아닌 경우**에는 처분의 근거법률에 의하여 **보호되는 법률상 이익이 있는 경우**에도 ~~**원고적격이 인정**될 수 없다.~~ (×) [13 국가9]
▣ 甲은 X처분에 대해 **무효확인소송을 제기**한 사안에서, X처분이 **甲에 대한 처분이 아닌 경우** 甲에게는 ~~**원고적격이 인정**되지 않는다.~~ (×) [24 세무사]
> ➡ 가령 X처분이 다른 누군가에게는 수익적 처분이지만 반대로 甲에게는 침익적인 경우, X처분의 상대방이 아닌 甲도 X처분을 다툴 수 있다.

226 ★★★★

㉠ '경원자소송', '경쟁자소송(경업자소송)', '이웃소송(인인소송)'은 판례상 인정되고 있는 행정소송이다.

[05 세무사] ⒪ⓧ

㉡ '경원자소송', '경업자소송', '인인(隣人)소송'는 원고적격을 확대하려는 경향과 관련이 없다.

[06 세무사] ⒪ⓧ

㉢ 주관적 소송으로서 환경소송은 판례상 인정되고 있는 행정소송이다. [05 세무사] ⒪ⓧ

> 해설
>
> ✔ ㉠ 대법원은 일찍이 **복효적(제3자효) 행정행위**와 관련하여, '**인인(隣人, 이웃)소송**'이나 '**경원자소송**', '**경업자소송**' 등에서 ★**제3자**(이웃주민, 기존업자, 인·허가신청 탈락자 등)의 **원고적격을 인정**(법률상 보호이익 인정)하는 판결을 다수 내놓음으로써,
>
> ㉡ ★**원고적격을 확대하려는 경향**(=공권의 확대화)을 보이고 있다.
>
> ㉢ 어떤 처분으로 인하여 개인의 환경상 이익이 침해당했을 때 제기하는 '**환경소송**'은 대표적인 '**인인(隣人, 이웃)소송**'에 해당한다. 정답 ㉠ O, ㉡ ×, ㉢ O

▨ **제3자에게 원고적격을 인정**하는 주관적 소송으로는 **경업자소송, 인인소송** 등을 들 수 있다. (O) [98 국가9]

▨ **인인소송(隣人訴訟)**과 **경업자소송(競業者訴訟)**에서는 **제3자도 원고적격**이 있다. (O) [01 입시]

▨ **경업자소송(또는 경쟁자소송)**에서는 **원고적격의 범위**와 관련된 문제가 **중요하다**고 볼 수 있다. (O) [05 세무사]

▨ **경업자소송**은 행정작용의 **직접 상대방이 아닌 당사자가 제기**하는 소송이다. (O) [05 세무사]

▨ 협의의 **복효적 행정행위** 개념은 **원고적격의 확대경향**과 밀접한 관련이 있다. (O) [02 입시]

▨ **제3자효 행정행위**에 있어 제3자를 보호하기 위해 **법적 불이익**을 받은 **제3자에게** 소송의 **원고적격 확대가 시도**되고 있다. (O) [06 대구9]

▨ **복효적 행정행위**는 **공권의 확대화 경향과 관련**이 없다. (×) [06 국회8]

227 ★★☆☆

국립대학교의 신임교수임용처분을 다투는 같은 학과의 기존교수는 처분의 취소를 구할 법률상 이익이 인정된다.

[12 세무사] ⒪ⓧ

> 해설
>
> **국립대학 교수에게 타인을 같은 학과 교수로 임용한 처분의 취소**를 구할 **법률상 이익이 ★없다**. (대판 1995. 12. 12., 95누11856)
>
> 정답 ×

▨ 판례는 **부교수임용처분**에 대하여 같은 학과의 **기존교수의 원고적격을 인정**하였다. (×) [18 소방]

228 ★★★☆

㉠ 대학교 총학생회는 교육부장관의 해당 대학교 학교법인의 임시이사선임처분의 취소를 구할 원고적
격이 있다.　　　　　　　　　　　　　　　　　　　　　　　　　　　[19 세무사] ☐O☐X

㉡ 교육부장관이 사학분쟁조정위원회의 심의를 거쳐 대학의 학교법인의 임시이사를 선임한 데 대하여
그 선임처분의 취소를 구하는 그 대학의 노동조합의 항고소송의 원고적격이 인정된다.
　　　　　　　　　　　　　　　　　　　　　　　　　　　　　　　[22 국회8] ☐O☐X

> **해설**
>
> 구 사립학교법과 구 사립학교법 시행령 및 乙 법인 정관 규정은 헌법 제31조 제4항에 정한 교육의 자주성과 대
> 학의 자율성에 근거한 甲 대학교 교수협의회와 총학생회의 학교운영참여권을 구체화하여 이를 보호하고 있다고
> 해석되므로, 甲 대학교 ★교수협의회와 ★총학생회는 이사선임처분을 다툴 법률상 이익을 가지지만, … (중략)
> … 학교의 직원으로 구성된 노동조합이 교육받을 권리나 학문의 자유를 실현하는 수단으로서 직접 기능한다고
> 볼 수는 없으므로, 개방이사에 관한 구 사립학교법과 구 사립학교법 시행령 및 乙 법인 정관 규정이 학교직원들
> 로 구성된 ★전국대학노동조합 乙 대학교지부의 법률상 이익까지 보호하고 있는 것으로 해석할 수는 없다. (대
> 판 2015. 7. 23., 2012두19496,19502)
>
> **정답** ㉠ O, ㉡ X

▣ 교육부장관이 사학분쟁조정위원회의 심의를 거쳐 **이사와 임시이사를 선임**한 데 대하여 대학 **교수협의회
와 총학생회**는 제3자로서 **취소소송을 제기할 자격이 있다.** (O) [17 지방9]

▣ **대학교 총학생회**는 교육부장관의 해당 대학교 **학교법인의 임시이사선임처분의 취소**를 구할 **법률상 이익
이 있다.** (O) [22 세무사]

▣ 교육부장관이 사학분쟁조정위원회의 심의를 거쳐 **대학의 학교법인의 임시이사를 선임**한 데 대하여 그
선임처분의 취소를 구하는 그 대학의 **노동조합**의 항고소송의 원고적격이 인정된다. (X) [22 국회8]

229 ★★☆☆　　　　　　　　　　　　　　　　　　　　　　　　　[12 세무사]

원천징수의무자에 대한 납세고지를 다투는 원천납세의무자는 처분의 취소를 구할 법률상 이익이 인정
된다.　　　　　　　　　　　　　　　　　　　　　　　　　　　　　　　　☐O☐X

> **해설**
>
> **원천납세의무자**는 과세권자가 직접 그에게 원천세액을 부과한 경우가 아닌 한 과세권자의 원천징수의무자에 대
> 한 납세고지로 인하여 자기의 원천세**납세의무의 존부나 범위에 아무런 영향을 받지 아니하므로** 이에 대하여
> ★**항고소송을 제기할 수 없다.** (대판 1994.9.9., 93누22234)
>
> **정답** X

▣ **원천납세의무자**는 **원천징수의무자**에 대한 **납세고지를 다툴** 수 있는 **원고적격이 없다.** (O) [14 서울7]

230 ★★★☆

㉠ 국세체납을 원인으로 한 부동산 압류처분 후에 압류부동산을 매수한 자는 압류처분의 취소를 구할 원고적격이 있다.   [12 세무사] O X

㉡ 부동산 압류처분에 대한 그 부동산의 가압류권자는 취소소송의 원고적격이 인정된다.

[13 세무사] O X

> **해설**
>
> - 국세체납처분을 원인으로 한 **압류등기 이후**에 **압류부동산을 매수한 자**는 위 압류처분에 대하여 사실상이며 간접적인 이해관계를 가진데 불과하여 위 **압류처분의 취소나 무효확인을 구할 ★원고적격이 없다**. (대판 2003.7.11. 2001두6289)
> - **과세관청**이 조세의 징수를 위하여 납세의무자 소유의 **부동산을 압류**한 경우, **그 부동산의 매수인이나 가압류권자**는 그 압류처분에 대하여 **사실상이고 간접적인 이해관계**를 가질 뿐 법률상 직접적이고 구체적인 이익을 가지는 것은 아니어서 그 **압류처분의 취소**를 구할 ★**당사자적격이 없다**. (대판 1997. 2. 14., 96누3241)
>
> ✓ 행정청의 ㉠**압류처분**이 있은 ★**이후**에 그 **부동산을 매수**하였거나, ㉡**압류처분**이 ★**걸린 부동산**을 가압류한 사람은 **압류처분을 직접 다툴만한** 직접적·구체적인 **법률상 이익이 없다**는 판시이다.   **정답** ㉠ X, ㉡ X

🔲 국세체납을 원인으로 한 **부동산 압류처분**에 대하여 **압류부동산을 매수**하고 아직 소유권이전등기를 완료하지 아니한 자는 항고소송의 **원고적격이 인정되지 않는다.** (O) [06 세무사]

🔲 국세체납을 원인으로 한 **부동산 압류처분 후**에 **압류부동산을 매수한 자**가 제기하는 **압류처분 취소소송**에서 원고적격이 인정된다. (X) [16 세무사]

231 ★★★☆

대한의사협회는 보건복지부 고시인 '건강보험요양급여행위 및 그 상대가치점수 개정'의 취소를 구할 원고적격이 없다.   O X

> **해설**
>
> 사단법인 **대한의사협회**는 의료법에 의하여 의사들을 회원으로 하여 설립된 사단법인으로서, 국민건강보험법상 요양급여행위, 요양급여비용의 청구 및 지급과 관련하여 직접적인 법률관계를 갖지 않고 있으므로, 보건복지부 고시인 '**건강보험요양급여행위 및 그 상대가치점수 개정**'으로 인하여 자신의 법률상 이익을 침해당하였다고 할 수 없다는 이유로 위 **고시의 취소**를 구할 **원고적격이 ★없다**. (대판 2006. 5. 25., 2003두11988)
>
>   **정답** O

🔲 '**건강보험요양급여행위 및 그 상대가치점수 개정**' 고시의 **취소소송**에서 사단법인 **대한의사협회**는 원고적격이 있다. (X) [12 국회8]

232 ★★★☆

㉠ 법인의 주주는 원칙적으로 법인에 대한 처분의 취소를 구할 원고적격이 있다.

[13 세무사] ⓞ Ⓧ

㉡ 판례는 법인의 주주에게 원고적격이 인정되지 않는다고 본다. [07 세무사] ⓞ Ⓧ

㉢ 은행의 주주는 은행이 업무정지처분 등으로 더 이상 영업 전부를 행할 수 없더라도 그 처분 등을 다툴 원고적격이 없다. [19 세무사] ⓞ Ⓧ

[해설]

- 일반적으로 **법인의 주주**는 당해 **법인에 대한 행정처분**에 관하여 **사실상이나 간접적인 이해관계를** 가질 뿐이어서 스스로 그 처분의 취소를 구할 **원고적격이 없는 것이 원칙**이라고 할 것이지만, **그 처분으로** 인하여 궁극적으로 **주식이 소각되거나 주주의 법인에 대한 권리가 소멸하는 등 주주의 지위에 중대한 영향을 초래**하게 되는데도 그 처분의 성질상 당해 법인이 이를 다툴 것을 기대할 수 없고 달리 ★**주주의 지위를 보전할 구제방법이 없는 경우**에는 **주주도** 그 처분에 관하여 **직접적이고 구체적인 법률상 이해관계를 가진다**고 보이므로 그 **취소를 구할 원고적격이 있다.** (대판 2004. 12. 23., 2000두2648)

- 부실금융기관의 정비를 목적으로 은행의 영업 관련 자산 중 재산적 가치가 있는 자산 대부분과 부채 등이 타에 이전됨으로써 더 이상 그 영업 전부를 행할 수 없게 되고, **은행업무정지처분** 등의 효력이 유지되는 한 **은행이 ★종전에 행하던 영업을 다시 행할 수는 없는 경우,** 은행의 주주에게 당해 은행의 업무정지처분 등을 다툴 **원고적격이 인정**된다. (대판 2005. 1. 27., 2002두5313)

법인 주주의 원고적격성	원칙	법인 등에 대한 행정처분에 관하여 직접적·구체적 법률상 이익이 없으므로, '**원칙적**'으로 **원고적격 불인정**
	예외	법인 등에 대한 행정처분의 효력으로 인하여 **법인 주주의 지위를 보전할 길이 없게 되거나 법인 등의 장래 존속여부가 불분명**해지는 경우, '**예외적**'으로 **원고적격 인정**

[정답] ㉠ ✕, ㉡ ✕, ㉢ ✕

▨ **법인의 주주**는 특별한 사정이 없는 한 **법인에 대한 행정처분**에 대하여 **법률상 직접적·구체적 이익을 가지지 않는다.** (○) [22 국회9 변형]

▨ **법인의 주주**는 당해 **법인에 대한 행정처분에** 관하여 **사실상이나 간접적인 이해관계를 가질 뿐**이어서 스스로 그 **처분의 취소를 구할 원고적격이 없는 것이 원칙**이라고 할 것이지만, 그 처분으로 인하여 궁극적으로 주식이 소각되거나 주주의 법인에 대한 권리가 소멸하는 등 그 처분의 성질상 당해 **법인이 이를 다툴 것을 기대할 수 없고** 달리 주주의 지위를 보전할 구제방법이 없는 경우에는 **주주도 그 처분의 취소를 구할 원고적격이 있다.** (○) [14 변시]

▨ **법인의 주주나 임원**이 당해 **법인에 대한 행정처분**에 관하여 **처분의 취소를 구할 원고적격을 가지는 경우**는 없다. (✕) [12 세무사]

233 ★★☆☆

이른바 예탁금회원제 골프장의 기존회원은 골프장시설업자의 회원모집계획서에 대한 시·도지사의 검토결과 통보의 취소를 구할 원고적격이 없다. **O X**

> **해설**
>
> 이른바 **예탁금회원제 골프장**에 있어서, 체육시설업자 또는 그 사업계획의 승인을 얻은 자가 회원모집계획서를 제출하면서 허위의 사업시설 설치공정확인서를 첨부하거나 사업계획의 승인을 받을 때 정한 예정인원을 초과하여 회원을 모집하는 내용의 회원모집계획서를 제출하여 그에 대한 시·도지사 등의 검토결과 통보를 받는다면 이는 **기존회원**의 골프장에 대한 **법률상의 지위에 영향**을 미치게 되므로, 이러한 경우 **기존회원**은 위와 같은 **회원모집계획서**에 대한 **시·도지사의 검토결과 통보의 취소**를 구할 ★**법률상의 이익이 있다**고 보아야 한다. (대판 2009. 2. 26., 2006두16243)
>
> **정답** ×

☐ '예탁금회원제 골프장에 가입되어 있는 **기존 회원 C**는 그 골프장 운영자가 당초 승인을 받을 때 정한 예정인원을 초과하여 회원을 모집하는 내용의 **회원모집계획서에 대한 시·도지사의 검토결과통보의 취소**를 구할 **법률상 이익이 있다**. (○) [16 지방9]

234 ★★★☆

개발제한구역 중 일부 취락을 개발제한구역에서 해제하는 내용의 도시관리계획변경결정의 취소를 구하고자 하는 경우, 개발제한구역 해제대상에서 누락된 토지의 소유자의 원고적격이 인정되지 않는다. **O X**

> **해설**
>
> **개발제한구역 중 일부 취락**을 개발제한구역에서 **해제**하는 내용의 <u>도시관리계획변경결정</u>에 대하여, **개발제한구역 해제대상에서 누락된 토지의 소유자**는 ★<u>위 결정의 취소를 구할 법률상 이익이 없다</u>. (대판 2008. 7. 10., 2007두10242)
>
> **정답** ○

☐ '개발제한구역 중 일부 취락을 개발제한구역에서 해제하는 내용의 도시관리계획변경결정에 대하여, **개발제한구역 해제대상**에서 **누락된 토지의 소유자**는 위 결정의 취소를 구할 **법률상 이익이 없다**. (○) [11 경행]

☐ 개발제한구역 중 일부 취락을 개발제한구역에서 해제하는 내용의 도시관리계획변경결정에 대하여 **개발제한구역 해제 대상**에서 **누락된 토지의 소유자**는 그 결정의 취소를 구할 법률상 이익이 있다. (×) [18 지방9]

235 ★★★★

㉠ 입주자가 건축물 사용검사처분의 취소를 구하는 소송은 항고소송의 소의 이익이 인정되지 않는다.

[17 세무사] O X

㉡ 건물의 신축과정에서 피해를 입은 인접주택 소유자는 신축건물에 대한 사용검사(사용승인)처분의 취소를 구할 소의 이익이 있다.

[22 세무사] O X

> **해설**
>
> - 건축물에 대한 사용검사처분의 무효확인을 받거나 처분이 취소된다고 하더라도 사용검사 전의 상태로 돌아가 건축물을 사용할 수 없게 되는 것에 그칠 뿐 … (중략) … 그리고 입주자나 입주예정자들은 … (중략) … 사용검사처분의 무효확인 또는 취소 여부에 의하여 법률적인 지위가 달라진다고 할 수 없다. … (중략) … 구 주택법상 ★**입주자나 입주예정자는 사용검사처분의 무효확인 또는 취소를 구할 법률상 이익이 없다.**(대판 2015.1.29., 2013두24976)
>
> - 건물에 대한 사용검사처분의 취소를 받는다 하더라도 그로 인하여 건축주는 건물을 적법하게 사용할 수 없게 되어 사용검사 이전의 상태로 돌아가게 되는 것에 그칠 뿐이고, … (중략) … 건축과정에서 인접주택 소유자에게 피해를 입혔다 하더라도, ★**인접주택의 소유자**로서는 건물에 대한 **사용검사처분의 취소를 구할 법률상 이익이 있다고 볼 수 없다.** (대판 1996. 11. 29. 96누9768)
>
> ☑ **입주(예정)자, 인접주택 소유자 모두** 건축물 **사용검사처분의 취소 등**을 구할 **법률상 이익이 없는 제3자**로 정리하면 된다.
>
> **정답** ㉠ O, ㉡ X

🔲 구 「주택법」상 **입주자나 입주예정자**는 주택의 사용검사처분의 무효확인 또는 취소를 구할 법률상 이익이 ~~있다.~~ (X) [17 지방9 下]

236 ★★★☆

[21 세무사] O X

임대주택 분양전환승인처분에 대하여 취소를 구하는 임차인대표회의는 제3자의 원고적격이 부정된다.

> **해설**
>
> 구 임대주택법의 내용과 입법 경위 및 취지 등에 비추어 보면 **임차인대표회의도** 당해 주택에 거주하는 임차인과 마찬가지로 **임대주택의 분양전환과 관련**하여 그 승인의 근거 법률인 구 **임대주택법**에 의하여 **보호되는 구체적이고 직접적인 이익이 있다**고 봄이 상당하다. 따라서 ★**임차인대표회의는** 행정청의 **(임대주택) 분양전환승인처분**이 승인의 요건을 갖추지 못하였음을 주장하여 그 **취소소송을 제기할 ★원고적격이 있다**고 보아야 한다. (대판 2010. 5. 13., 2009두19168)
>
> **정답** X

🔲 구 임대주택법상 **임차인 대표회의**가 **임대주택 분양전환승인처분**에 대하여 **취소를 구하는** 경우 **원고적격이 인정**된다. (O) [20 세무사]

237 ★★☆☆

㉠ 구 임대주택법 상 분양전환승인 중 분양전환가격을 승인하는 부분은 분양전환에 따른 분양계약의 매매대금 산정의 기준이 되는 분양전환가격의 적정성을 심사하여 그 분양전환가격이 적법하게 산정된 것임을 확인하고 임대사업자로 하여금 승인된 분양전환가격을 기준으로 분양전환을 하도록 하는 처분으로서 분양계약의 효력을 보충하여 그 효력을 완성시켜주는 강학상 인가에 해당한다.

[21 경행] O X

㉡ 공공건설임대주택에 대한 분양전환가격 산정의 위법을 이유로 임대사업자에 대한 분양전환승인의 효력을 다투고자 하는 경우, 임차인의 원고적격은 인정되지 않는다.

[22 세무사] O X

해설

- 구 **임대주택법** 제21조에 의한 **분양전환승인**은 … (중략) … **행정처분**에 해당하고, 그 중 **분양전환가격에 관한 부분**은 … (중략) … 분양전환가격의 적정성을 심사하여 그 분양전환가격이 적법하게 산정된 것임을 확인하고 임대사업자로 하여금 승인된 분양전환가격을 기준으로 분양전환을 하도록 하는 **처분**이다. … (중략) … **분양전환승인 중 분양전환가격에 대한 부분**은 임대사업자뿐만 아니라 **임차인의 법률적 지위에도 구체적이고 직접적인 영향**을 미친다. 따라서 분양전환승인 중 **분양전환가격을 승인하는 부분**은 단순히 분양계약의 효력을 보충하여 그 효력을 완성시켜주는 강학상 ★**'인가'에 해당한다고 볼 수 없고**,

- **임차인들**에게는 분양계약을 체결한 이후 분양대금이 강행규정인 임대주택법령에서 정한 산정기준에 의한 분양전환가격을 초과하였음을 이유로 부당이득반환을 구하는 민사소송을 제기하는 것과 별개로, 분양계약을 체결하기 전 또는 체결한 이후라도 항고소송을 통하여 ★**분양전환승인의 효력**을 다툴 **법률상 이익(원고적격)이 있다**고 보아야 한다. (대판 2020. 7. 23., 2015두48129.)

✓ ⓐ 구 임대주택법상 행정청의 분양전환에 대한 승인 중 '분양전환가격 부분'의 법적 성격 또는 효력적 측면이나 이에 전제한 매매계약 등의 성질에 비추어 분양전환승인처분을 대상으로 하는 항고소송에서 분양전환가격만을 다투는 것은 허용되지 않는다는 견해도 제기되어 왔으나,

ⓑ 최근 대법원은 '**분양전환승인 중 분양전환가격 부분**'은 강학상 **인가로 볼 수 없기 때문에**, **임차인**들에게 **분양전환승인의 효력을 대상**으로 항고소송을 제기하여 **분양전환가격의 하자를 다툴** 수 있는 ★**원고적격이 있다**고 보았다. 상당히 난해한 판례이므로, 키워드로 암기할 수밖에 없다.

'분양전환가격 승인 부분'	➡	강학상 인가 X	➡	임차인의 항고소송 원고적격 O

정답 ㉠ ×, ㉡ ×

238 ★★★☆

구속된 피고인은 교도소장의 접견허가거부처분의 취소를 구할 원고적격을 가진다. O X

> **해설**
>
> 구속된 피고인은 형사소송법 제89조의 규정에 따라 타인과 접견할 권리를 가지며 행형법 제62조, 제18조 제1
> 항의 규정에 의하면 **교도소에 미결수용된 자는 소장의 허가를 받아 타인과 접견할 수 있으므로** 구속된 피고인
> 이 사전에 접견신청한 자와의 접견을 원하지 않는다는 의사표시를 하였다는 등의 특별한 사정이 없는 한 **구속
> 된 피고인은** **교도소장의 접견허가거부처분**으로 인하여 자신의 **접견권이 침해**되었음을 주장하여 위 거부처분의
> **취소를 구할 ★원고적격을 가진다.** (대판 1992.5.8. 91누7552).
>
> ☑ **제3자의 접견허가신청**에 대한 **교도소장의 거부처분**을 교도소 안의 **재소자가 다툴 수 있다.**   정답 O

■ 판례는 **교도소장의 접견허가거부처분**에 대하여 그 **접견 신청의 대상자였던 미결수의 원고적격**을 부정하
였다. (×) [18 소방]

239 ★★★★

채석허가를 받은 자에 대한 관할 행정청의 채석허가취소처분에 대하여 수허가자의 지위를 양수한 양
수인은 그 처분의 취소를 구할 원고적격이 있다. O X

> **해설**
>
> **수허가자의 지위를 양수**받아 명의변경신고를 할 수 있는 **양수인의 지위**는 단순한 반사적 이익이나 사실상의 이
> 익이 아니라 산림법령에 의하여 **보호되는 직접적이고 구체적인 이익으로서 법률상 이익**이라고 할 것이고, 채석
> 허가가 유효하게 존속하고 있다는 것이 양수인의 명의변경신고의 전제가 된다는 의미에서 관할 행정청이 **양도
> 인에 대하여 채석허가를 취소하는 처분**을 하였다면 이는 **양수인의 지위에 대한 직접적 침해**가 된다고 할 것이
> 므로 **★양수인은 채석허가를 취소하는 처분의 취소를 구할 법률상 이익을 가진다.** (대판 2003.7.11. 2001두
> 6289)
>
> ☑ A행정청으로부터 **채석허가**를 받은 **甲이** '수허가자 지위 양도·양수계약'을 乙과 체결한 이후 A행정청이 **甲에게
> 채석허가를 취소**한 경우, **양수인인 乙은** 처분의 직접상대방이 아닌 **제3자라 하더라도** 甲에 대한 **채석허가취소
> 처분으로** 인하여 수허가자의 지위를 유지할 수 없게 되므로, 직접적인 **법률상 이익이 침해된 것**으로 볼 수 있다
> 는 판시이다.   정답 O

■ 법령상 **채석허가**를 받은 자의 명의변경제도를 두고 있는 경우 명의변경신고를 할 수 있는 **양수인**은 관할
행정청이 양도인의 허가를 취소하는 처분에 대해 **취소를 구할 법률상 이익이 인정**된다. (O) [13 국가7]

■ **채석허가를 받은 자로부터 영업양수** 후 명의변경신고 이전에 양도인의 법위반사유를 이유로 **채석허가가
취소**된 경우, **양수인**은 수허가자의 지위를 사실상 양수받았다고 하더라도 그 **처분의 취소를 구할 법률상
이익**을 가지지 않는다. (×) [17 국가7 下]

■ **양도계약이 있은 후** 신고 전에 행정청이 **종전의 영업자(양도인)에 대하여 영업허가를 위법하게 취소**한
경우에, **영업자의 지위를 승계한 자(양수인)는 양도인에 대한 영업허가취소처분을 다툴 원고적격**을 갖지
못한다. (×) [18 국회8]

240 ★★★☆

사업양도계약의 무효를 주장하는 양도인이 지위승계신고 수리처분의 취소를 구하는 소송은 항고소송의 소의 이익이 인정된다. **O X**

해설

> 사업양도·양수에 따른 허가관청의 지위승계신고의 수리는 적법한 사업의 양도·양수가 있었음을 전제로 하는 것이므로 그 수리대상인 사업양도·양수가 존재하지 아니하거나 무효인 때에는 수리를 하였다 하더라도 그 수리는 유효한 대상이 없는 것으로서 당연히 무효라 할 것이고, ★**사업의 양도행위가 무효라고 주장하는 양도자**는 민사쟁송으로 양도·양수행위의 무효를 구함이 없이 막바로 허가관청을 상대로 하여 ★**행정소송으로** 위 **신고수리처분의 무효확인**을 구할 **법률상 이익이 있다.** (대판 2005.12.23. 2005두3554).

✓ ⓐ **행정청**으로부터 **채석허가**를 받은 甲과 '**수허가자 지위 양도·양수계약**'을 체결한 乙이 관할 행정청에 '**수허가자 지위승계신고**'를 한 경우, 관할 행정청이 **乙의 신고를 수리하는 행위**는 甲에 대한 허가를 취소함과 동시에 乙에 대하여 허가를 승인해주는 이른바 **행정처분에 해당**하므로,

ⓑ 수리 이후에 甲과 乙 사이의 **양도·양수계약에 무효사유가 있음**을 발견한 **甲(양도자)**은 곧바로 그 **신고수리행위**를 대상으로 무효확인소송을 제기할 법률상 이익이 있는 제3자라는 판시이다.

정답 O

- 📖 **사업양수에 따른 지위승계신고**에 대한 **허가관청의 수리**에 대하여, **사업의 양도행위가 무효라고 주장하는 양도자**는 민사소송으로 양도행위의 무효를 구함이 없이 **곧바로 행정소송으로** 위 **신고수리처분의 무효확인**을 구할 **법률상 이익이 있다.** (O) [13 행정사]

- 📖 **甲은** 2024. 11. 6. **乙로부터** 유흥주점 **영업시설 일체를 양도받아** 2024. 12. 2. **A시장에게 영업자지위승계 신고**를 하고 주점을 운영해왔다. 이 경우 **영업양도가 무효이면 지위승계 수리**가 있었더라도 그 수리는 무효이므로, **乙은** 민사쟁송으로 양도행위의 무효를 구함이 없이 **막바로** 허가관청을 상대로 **신고수리처분의 무효확인**을 구할 **법률상 이익이 있다.** (O) [15 변시]

- 📖 **영업양도행위가 무효**임에도 **행정청이 승계신고를 수리**하였다면 **양도자**는 민사쟁송이 아닌 **행정소송으로 신고수리처분의 무효확인**을 구할 수 있다. (O) [22 지방9]

- 📖 **사업양도에 따른 지위승계신고가 수리**된 경우 **사업양도가 무효라는 이유**로 그 **수리처분의 무효확인을 구하는 경우**는 소의 이익이 인정되는 경우이다. (O) [24 세무사]

- 📖 **사업양도·양수에 따른 지위승계신고가 수리**된 경우 사업의 **양도·양수가 무효**라도 **허가관청을 상대로 신고수리처분의 무효확인을 구할 수**는 없다. (X) [17 사복9]

- 📖 수리대상인 **사업양도양수가 없었음에도 신고를 수리**한 경우에는 먼저 민사쟁송으로 양도·양수가 무효임을 구한 이후에 **신고 수리의 무효를 다툴 수 있다.** (X) [18 국회8]

- 📖 기본행위인 **사업의 양도·양수 계약이 무효**인 경우, 기본행위의 무효를 구함이 없이 **곧바로 영업자지위승계신고수리처분**에 대한 **무효확인소송을 제기할 법률상 이익**이 없다. (X) [22 국회8]

4 협의의 소익(권리보호의 필요성)

241 ★★★☆

㉠ 협의의 소의 이익(권리보호의 필요)은 명문의 규정이 없는 경우에도 요구되는 소송의 일반원칙이다.

[06 세무사] O X

㉡ 취소소송에 의해 보호되는 이익은 현실적인 이익이어야 한다.   [20 세무사] O X

㉢ 행정소송법에 항고소송의 협의의 소의 이익에 관한 규정이 있는지에 관하여 견해의 대립이 있다.

[06 세무사] O X

> [해설]
>
> **【행정소송법】제12조(원고적격)**
> **취소소송**은 **처분등의 취소**를 구할 **법률상 이익**이 있는 자가 **제기**할 수 있다. **처분등의 효과가** 기간의 경과, 처분 등의 집행 그 밖의 사유로 인하여 ★**소멸된 뒤에도** 그 **처분등의 취소로** 인하여 ★**회복되는 법률상 이익이 있는 자**의 경우에는 **또한 같다.**
>
> ✓ ㉠, ㉡ 취소소송에서의 '**협의의 소의 이익**'은 계쟁**처분의 취소**를 구할 ★**현실적인 이익이 있는지를 기준**으로 하기 때문에, **소송에서 승소하더라도** 실현될 수 있는 **현실적 이익이 없는 경우**에는 '**협의의 소의 이익**'이 없다는 이유로 **각하될 것**이다. 이러한 점에서 **협의의 소의 이익**은 ★**명문의 규정이 없는 경우**에도 재판상 당연히 인정되는 **원칙**으로 볼 수 있다.
>
> ㉢ 한편 **행정소송법 제12조 후단의 의미**에 관하여 견해가 대립하나, '**권리보호의 필요(=협의의 소의 이익)**'에 관한 **규정**으로 보고 있는 것이 다수설·판례이다.   정답 ㉠ O, ㉡ O, ㉢ O

242 ★★★☆

[10 세무사]

위법한 처분을 취소하더라도 원상회복이 불가능한 경우에는 원칙적으로 취소를 구할 소의 이익이 없다.

O X

> [해설]
>
> 행정처분의 무효확인 또는 취소를 구하는 소에서, 비록 행정처분의 위법을 이유로 **무효확인 또는 취소 판결을 받더라도** 처분에 의하여 발생한 ★**위법상태를 원상으로 회복시키는 것이 불가능**한 경우에는 원칙적으로 무효확인 또는 취소를 구할 ★**법률상 이익이 없다.** (대판 2016. 6. 10. 2013두1638)
>
> ✓ **협의의 소의 이익**과 관련하여, **소송에서 이기더라도 현실적 이익이 보장되지 못하는 경우**로는 처분이 취소되어도 **원상회복이 불가능한 경우**가 대표적이다.   정답 O

📘 **원상회복이 불가능**한 경우 취소를 구할 **소익은 인정되지 않는다.** (O) [01 관세사]

📘 위법한 행정처분의 취소를 구하는 소는 그 위법한 **처분을 취소한다 하더라도 원상회복이 불가능한 경우**에도 그 취소를 구할 법률상 이익이 있다. (X) [00 행시]

243 ★★★☆

대집행실행 후 대집행계고처분의 취소소송을 제기하는 경우 소의 이익이 인정된다. **O X**

> **해설**
>
> **대집행계고처분 취소소송**의 변론종결 전에 대집행영장에 의한 통지절차를 거쳐 <u>사실행위로서</u> **대집행의 실행이 완료된 경우**에는 행위가 위법한 것이라는 이유로 손해배상이나 원상회복 등을 청구하는 것은 별론으로 하고 **처분의 취소를 구할 ★법률상 이익은 없다.** (대판 1993. 6. 8., 93누6164)
>
> ✔ 소송 중에 **건축물이 철거**되어 버린 경우, **승소하더라도** 건축물이 **원상으로 회복되지 못한다.** **정답** ✕

- 🔲 **대집행의 실행이 완료**된 후에는 **계고처분 취소소송**을 제기할 **법률상 이익은 없다.** (○) [13 세무사]
- 🔲 **건물이 이미 철거**된 경우 당해 **건축물의 철거명령에 대한 취소**를 청구할 **법률상 이익이 부인**될 수 있다. (○) [14 세무사]
- 🔲 **건물의 철거명령**에 대한 **취소소송 중** 당해 건물이 **대집행의 실행**에 의해 **이미 철거**된 경우 소의 이익이 ~~있다~~. (✕) [05 세무사]
- 🔲 **대집행 실행행위**로서의 **건물철거가 완료된 후** 대집행**계고처분의 취소**를 구하는 경우 협의의 소익이 ~~인정된다~~. (✕) [12 세무사]
- 🔲 행정**대집행이 실행완료된 경우** 대집행**계고처분의 취소**를 구하는 **소송**에서 소의 이익이 ~~인정된다~~. (✕) [16 세무사]

244 ★★★☆

건축허가를 받아 건축공사를 완료한 경우 그 허가처분의 취소를 구하는 소송에서 소의 이익이 인정된다. **O X**

> **해설**
>
> **건축허가**에 기하여 **이미 건축공사를 완료**하였다면 그 **★건축허가처분의 취소를 구할 이익이 없다** 할 것이고, 이와 같이 건축허가처분의 취소를 구할 이익이 없게 되는 것은 **건축허가처분의 취소를 구하는 소를 제기하기 전**에 **건축공사가 완료**된 경우뿐 아니라 **소를 제기한 후** 사실심 **변론종결일 전에 건축공사가 완료**된 경우에도 **마찬가지**이다. (대판 2007.4.26., 2006두18409)
>
> ✔ **건축허가처분이 취소판결로 취소**되더라도, **건축되기 전의 상태로 회복될 수는 없다.** **정답** ✕

- 🔲 **건축허가**가 건축법상 이격거리 규정에 반하여 **위법**하더라도 **건축공사가 완료**되었다면 인접한 대지소유자는 **건축허가의 취소**를 구할 **법률상 이익이 없다.** (○) [13 세무사]
- 🔲 건축법 소정의 이격거리를 두지 않아 위법한 **건축물의 공사가 완료된 이후** 이웃주민이 **건축허가처분의 취소를 구하는 경우** 취소소송의 **소의 이익이 부정**된다. (○) [17 세무사]
- 🔲 **건축허가**에 따른 **건축공사가 완료된 경우** 이격거리 위반을 이유로 한 **건축허가처분의 취소**를 구하는 경우는 소의 이익이 ~~있다~~. (✕) [15 세무사]

245 ★★★☆

㉠ 조세부과처분에 대한 취소소송 중 처분청이 동 조세부과처분을 직권취소한 경우 소의 이익이 있다.

[05 세무사] **O X**

㉡ 행정처분에 대한 취소소송 계속 중 처분청이 다툼의 대상이 되는 행정처분을 직권취소하였음에도 불구하고 완전한 원상회복이 이루어지지 않아 취소로써 회복할 수 있는 다른 권리나 이익이 남아 있는 경우 소의 이익이 인정된다.

[20 세무사] **O X**

> **[해설]**
>
> - 행정**처분의 무효확인 또는 취소를 구하는 소**가 제소 당시에는 **소의 이익**이 있어 적법하였더라도, 소송 계속 중 **처분청**이 다툼의 대상이 되는 행정처분을 직권으로 **취소**하면 그 ★**처분은 효력을 상실**하여 더 이상 존재하지 않는 것이므로, 존재하지 않는 처분을 대상으로 한 **항고소송**은 원칙적으로 ★**소의 이익이 소멸하여 부적법**하다고 보아야 한다.
> - **처분청의 직권취소**에도 불구하고 **완전한 원상회복이 이루어지지 않아** 무효확인 또는 취소로써 ★**회복할 수 있는 다른 권리나 이익이 남아 있거나** 또는 **동일한 소송 당사자** 사이에서 그 행정처분과 동일한 사유로 **위법한 처분이 반복될 위험성**이 있어 행정처분의 위법성 확인 내지 불분명한 법률문제에 대한 **해명**이 필요한 경우 … (중략) … 예외적으로 그 처분의 취소를 구할 ★**소의 이익을 인정**할 수 있을 뿐이다. (대판 2019. 6. 27. 2018두49130)
>
> ✓ ㉠ **과세처분**에 대한 **항고소송** 중 과세관청이 그 **과세처분을 직권취소**하면 ★**소송물이 없는 부적법한 소송**으로서 **소의 이익이 없다**는 이유로 **각하될 것**이다.
>
> ㉡ 다만 행정청이 **처분을 직권취소**하였음에도 **원상회복이 불완전**하여 **권리보호의 필요성**이 인정되는 경우에는, ★**잔존하고 있는 불이익** 등에 대하여 **항고소송을 제기할 법률상의 이익**이 있게 된다.
>
> **[정답]** ㉠ X, ㉡ O

▣ A가 관할 행정청 B에 대하여 「여객자동차운수사업법」에 따른 **운수사업면허를 신청**하여 **B가 면허처분**을 하였는데, 이에 대하여 **경업자 C가 면허처분취소소송을 제기**하였고, **소송 계속 중 B가 면허처분을 직권으로 취소**하더라도 원칙적으로 **소의 이익이 소멸**하지 않는다. (×) [22 세무사]

▣ 취소소송의 계속 중 **행정청이 해당 처분을 직권으로 취소**한 경우는 소의 이익이 인정되는 경우이다. (×) [24 세무사]

▣ **처분청의 직권취소에도** 불구하고 **완전한 원상회복이 이루어지지 않아** 무효확인 또는 취소로써 **회복할 수 있는 다른 권리나 이익이 남아 있더라도** 그 **처분의 취소를 구할 소의 이익을 인정**할 수 없다. (×) [21 소방간부]

246 ★☆☆☆

[12 세무사]

부당해고구제 재심판정취소소송의 계속 중 회사가 폐업으로 소멸하여 복귀할 사업체가 없어진 경우 협의의 소익이 인정된다.

O X

> **[해설]**
>
> **근로자를 해고한 회사**가 실질적으로 **폐업**하여 법인격까지 소멸됨으로써 그 **복귀할 사업체의 실체가 없어졌다면** 기업의 존재를 전제로 하여 기업에 있어서의 노사의 대립관계를 유지하는 것을 목적으로 하는 ★**부당노동행위 구제신청의 이익도 없다**. (대판 1991.12.24., 91누2762)
>
> ✓ 승소하더라도 **복귀할 회사가 사라졌으므로 원상회복이 불가능**한 경우로 볼 수 있다.
>
> **[정답]** ×

247 ★★★★

처분등의 효과가 소멸된 뒤에도 그 처분등의 취소로 인하여 회복되는 법률상 이익이 있는 자는 그 처분등에 대하여 취소소송을 제기할 수 있다.　　　**O X**

> **해설**
>
> **【행정소송법】 제12조(원고적격) 취소소송**은 처분등의 **취소를 구할 법률상 이익**이 있는 자가 **제기할 수 있다. 처분의 효과가** 기간의 경과, 처분등의 집행 그 밖의 사유로 인하여 **소멸된 뒤**에도 그 **처분등의 취소로** 인하여 ★**회복되는 법률상 이익이 있는 자**의 경우에는 <u>또한</u> **같다**.
>
> **정답** O

- **효과가 소멸한 처분**에 대해서도 **취소소송을 제기할 수 있는 경우**가 있다. (O) [01 관세사]
- **처분의 효과가** 기간의 경과로 인하여 **소멸된 뒤에도** 그 처분의 취소로 인하여 **회복되는 법률상 이익이 있는 자**의 경우에는 **취소소송을 제기할 수 있다.** (O) [16 행정사]
- **처분의 효과가** 기간의 경과, 처분의 집행 그 밖의 사유로 인하여 **소멸된 뒤에도** 그 **처분의 취소로** 인하여 **회복되는 법률상 이익이 있는 자**는 **취소소송을 제기**할 수 있으며, 처분의 직접 상대방이 아닌 **제3자도 이에 해당**할 수 있다. (O) [18 국가5 승진]
  - ➡ 처분등의 취소로 회복 가능한 법률상 이익이 있는 자에는 제3자도 당연히 포함된다.
- 소송 계속 중 처분청이 **행정처분을 직권으로 취소**하면 그 처분은 더 이상 존재하지 않게 되어 소의 이익이 없지만 **예외적으로** 취소를 통해 **회복되는 권리나 이익이 남아 있는 경우**에는 그 **처분의 취소를 구할 소의 이익이 인정**된다. (O) [23 소방간부]
- **처분의 효과가 소멸된 뒤**에는 그 **처분의 취소로** 인하여 **회복되는 법률상 이익**이 있어도 그 처분에 대한 **취소소송을 제기**할 수 없다. (×) [23 행정사]

248 ★★★☆

협의의 소익에는 판결의 소급효로 인한 부수적인 법률상 이익도 포함된다.　　　**O X**

> **해설**
>
> ✓ Ⓐ 행정소송에서의 **승소를 통하여 회복**할 수 있는 **법률상 이익**에 '**부수적인 법률상 이익**'도 포함되는바, **승소함으로써 회복**되는 기본적인 권익 외에 **부수적인 이익이 회복될 수 있다면** 소의 이익이 있는 적법한 소송으로 인정된다.
>
> Ⓑ 가령 공무원 해임처분에 대한 **취소소송의 계속 중에** 이미 정년에 도달되어 복직할 수 없게 되더라도, **승소판결을 받는다면** ★'**급여**', '**명예회복**'과 같은 **부수적인 이익을 회복할 수 있는 경우**가 있다.
>
> **정답** O

- '**법률상 이익**'에는 **취소를 통하여 구제**되는 기본적인 법률상 이익뿐만 아니라 **부수적인 법률상 이익도 포함**된다. (O) [20 세무사]

249 ★★★★

지방의회의원에 대한 제명의결 취소소송 중 그 의원의 임기가 만료된 경우 취소소송의 소의 이익이 부정된다. **O X**

> **해설**
>
> **지방의회 의원**에 대한 **제명의결 취소소송 계속 중** 의원의 **임기가 만료**된 사안에서, 제명의결의 취소로 의원의 지위를 회복할 수는 없다 하더라도 제명의결시부터 임기만료일까지의 기간에 대한 ★**월정수당의 지급을 구할 수 있는 등** 여전히 그 **제명의결의 취소**를 구할 ★**법률상 이익이 있다.** (대판 2009.1.30. 2007두13487)
>
> ✅ 지방의원 제명의결 **취소소송이 '계속'되던 중**에 임기가 만료된 것이므로, **월정수당**과 같은 **'부수적인 법률상 이익'을** 회복할 수 있는 사례이다.　**정답** ✕

- **지방의회의원**에 대한 **제명의결 취소소송 계속 중** 그 의원의 **임기가 만료**된 경우 **소의 이익이 있다.** (O) [15 세무사]
- **지방의회 의원**에 대한 **제명의결처분 취소소송 계속 중** 그 의원의 **임기가 만료**된 경우 **소의 이익이 인정**된다. (O) [20 세무사]
- **지방의회 의원**의 **제명의결 취소소송 계속 중** 임기만료로 지방의원으로서의 지위를 회복할 수 없는 자는 **제명의결의 취소를 구할 소의 이익이** 없다. (✕) [17 지방9]
- **지방의회 의원** 제명의결 **취소소송 계속 중** 지방의회 의원의 **임기가 만료**되었으나 **월정수당**을 고자 하는 경우 **소의 이익**이 부정된다. (✕) [18 세무사]

250 ★★★☆

파면처분이 있은 후에 금고 이상의 형을 선고받아 당연퇴직사유가 발생한 경우, 파면처분의 취소를 구할 이익이 없다. **O X**

> **해설**
>
> **파면처분취소소송의 사실심변론종결전**에 동 원고가 허위공문서등작성 죄로 징역 8월에 2년간 집행유예의 형을 선고받아 확정되었다면 원고는 지방공무원법의 규정에 따라 위 판결이 확정된 날 **당연퇴직**되어 그 공무원의 신분을 상실하고, 최소한도 이 사건 **파면처분이 있은 때부터** 위 법규정에 의한 **당연퇴직일자까지의 기간**에 있어서는 **파면처분의 취소**를 구하여 그로 인해 ★**박탈당한 이익의 회복**을 구할 소의 이익이 있다 할 것이다. (대판 1985. 6. 25. 85누39)
>
> ✅ 만일 **파면처분취소소송에서 승소**하여 **파면처분이 취소**된다면, **파면처분일부터 당연퇴직일까지의 기간** 동안에 지급받을 수 있었던 **부수적인 이익(보수 등)이** 회복될 수 있다.　**정답** ✕

- **파면처분 취소소송의 사실심 변론종결 전**에 금고 이상의 형을 선고받아 **당연퇴직된 경우**에도 해당 공무원은 **파면처분의 취소를 구할 이익이 있다.** (O) [21 지방9]

251 ★★★★

해임처분 취소소송 제기 이후 정년에 도달하였더라도 그 기간에 대한 보수 지급을 구할 수 있는 경우에는 해임처분에 대한 취소를 구할 법률상 이익이 있다. 　O X

> **해설**
>
> 한국방송공사 사장 **해임처분** 무효확인 또는 취소**소송 계속 중 임기가 만료**되어 해임처분의 무효확인 또는 취소로 지위를 회복할 수는 없다고 할지라도, 그 무효확인 또는 취소로 **해임처분일부터 임기만료일까지 기간**에 대한 **★보수 지급**을 구할 수 있는 경우에는 **해임처분의 무효확인 또는 취소**를 구할 **★법률상 이익이 있다**. 해임권자와 보수지급의무자가 다른 경우에도 마찬가지이다. (대판 2012.2.23., 2011두5001)
>
> ✅ 위 문제와 동일하게 **해임처분에 대한 취소소송이 '계속'되던 중에 임기가 만료**된 것이므로, 보수과 같은 '**부수적인 법률상 이익**'을 **회복**할 수 있는 사례이다. 　**정답** O

📋 **해임처분 취소소송 계속 중 임기가 만료**된 경우에도 그 취소로 **해임처분일부터 임기만료일까지 기간**에 대한 **보수지급**을 구할 수 있는 경우라면 **해임처분의 취소**를 구할 **소의 이익이 인정**된다. (O) [22 세무사]

📋 **공무원의 해임처분취소소송 중 임기가 만료**되었으나 그 취소로 **해임처분일부터 임기만료일까지 기간**에 대한 **보수지급**을 구할 수 있는 경우 **소의 이익이 인정**되지 않는다. (✕) [19 세무사]

➡ 해임처분의 대상을 단순히 '한국방송공사 사장'에서 '공무원'으로 바꾸어 출제한 동일 지문이다.

252 ★★★☆

감봉처분이 있은 이후 자진퇴직하여 공무원의 신분이 상실된 자가 감봉처분을 다투는 경우 취소소송의 소의 이익이 부정된다. 　O X

> **해설**
>
> 징계처분으로서 **감봉처분이 있은 후 공무원의 신분이 상실된 경우**에도 위법한 감봉처분의 취소가 필요한 경우에는 위 **★감봉처분의 취소**를 구할 **소의 이익이 있다**. (대판 1977. 7. 12., 74누147)
>
> ✅ 자진퇴직하여 더 이상 공무원의 신분이 가지고 있지 않은 사람이더라도, 공무원의 신분 여부와는 별개로 **감봉처분이** 소송에서 취소된다면 감봉처분에 따른 불이익(삭감된 보수)이 회복될 수 있으므로, **소송의 이익이 있다**는 판시이다. 　**정답** ✕

📋 징계처분으로서 **감봉처분이 있은 후 공무원의 신분이 상실**된 경우에 위법한 **감봉처분의 취소**를 구하는 경우 **소의 이익이 인정**된다. (O) [16 군무원9]

📋 징계처분으로 **감봉처분이 있은 이후 자진퇴직하여 공무원의 신분이 상실**된 자가 **감봉처분을 다투는 경우 협의의 소의 이익**이 부인된다. (✕) [09 세무사]

253 ★★★☆ [18 세무사]

파면처분을 받은 공무원이 일반사면을 받은 이후 파면처분취소소송을 제기한 경우 소의 이익이 부정된다. **O X**

> **해설**
>
> **공무원**이었던 원고가 1980.1.25자로 이 사건 **파면처분을 받은 후** 1981.1.31 대통령령 제10194호로 **징계에 관한 일반사면령**이 공포시행되었으나, 사면법 제5조 제2항, 제4조의 규정에 의하면 징계처분에 의한 기성의 효과는 사면으로 인하여 변경되지 않는다고 되어 있고 이는 **사면의 효과가 소급하지 않음**을 의미하는 것이므로, 이와 같은 **일반사면이 있었다고 할지라도** 파면처분으로 이미 **상실된 원고의 공무원 지위가 회복될 수는 없는 것**이니 원고로서는 이 사건 ★**파면처분의 위법을 주장하여** 그 **취소를 구할 소송상 이익이 있다** 할 것이다. (대판 1983. 2. 8., 81누121)
>
> ☑ 일반사면의 효력이 징계처분에 따른 '기성(旣成)의 효과'(파면에 따른 해직)에는 미치지 않기 때문에, **사면으로도 회복되지 못한 이익(복직 등)**을 되찾기 위하여, **파면처분취소소송을 제기**할 수 있다. **정답** ✕

🔳 **파면처분을 받은 공무원**이 **일반사면을 받은 이후 파면처분취소소송을 제기**한 경우 **소의 이익이 인정**되~~지 않는다.~~ (✕) **[19 세무사]**

254 ★★☆☆ [15 세무사]

지방계약직공무원이 그 계약기간 만료 이전에 채용계약이 해지된 후 그 계약기간이 만료된 경우, 채용계약 해지의사표시의 무효확인을 구할 소의 이익이 없다. **O X**

> **해설**
>
> 지방자치단체와 채용계약에 의하여 채용된 **계약직공무원이 그 계약기간 만료 이전에 채용계약 해지** 등의 불이익을 받은 후 그 **계약기간이 만료**된 때에는 그 채용계약 해지의 의사표시가 무효라고 하더라도, 지방공무원법이나 지방계약직공무원규정 등에서 계약기간이 만료되는 계약직공무원에 대한 재계약의무를 부여하는 근거규정이 없으므로 **계약기간의 만료로** 당연히 **계약직공무원의 신분을 상실**하고 ★**계약직공무원의 신분을 회복할 수 없는 것**이므로, 그 해지의사표시의 무효확인청구는 과거의 법률관계의 확인청구에 지나지 않는다 할 것이고, … (중략) … 계약직공무원에 대한 채용계약이 해지된 경우에는 공무원 등으로 임용되는 데에 있어서 법령상의 아무런 제약사유가 되지 않을 뿐만 아니라, 계약기간 만료 전에 채용계약이 해지된 전력이 있는 사람이 공무원 등으로 임용되는 데에 있어서 그러한 전력이 없는 사람보다 사실상 불이익한 장애사유로 작용한다고 하더라도 그것만으로는 **법률상의 이익이 침해되었다고 볼 수는 없으므로** 그 **무효확인을 구할 이익이 ★없다.** (대판 2002. 11. 26., 2002두1496)
>
> ☑ 유사한 사안에서 종래의 판례(92누4611)는 '지방계약직 공무원 채용계약 해지 의사표시일'부터 '채용기간 만료 시'까지의 보수청구권을 회복할 수 있는 등의 법률상 이익이 있다고 판시한 적도 있으나, 현재는 **계약기간 만료 후** 지방전문직공무원 **채용계약 해지 의사표시의 무효확인**을 구할 ★**법률상 이익이 없는 것**으로 주의하여 정리하여야 한다. **정답** ◯

🔳 **지방자치단체의 계약직공무원이 계약해지**에 대해서 **계약기간 만료 이후에 무효확인소송을 제기한 경우**~~는 소의 이익이 인정되는 경우이다.~~ (✕) **[24 세무사]**

255 ★★★★

행정청이 공무원에 대하여 직위해제처분을 한 후 다시 새로운 직위해제사유에 기한 직위해제처분을 한 경우, 이전에 한 직위해제처분의 취소를 구할 이익이 있다. **O X**

> 해설
>
> - 행정청이 **공무원**에 대하여 __새로운__ 직위해제사유에 기한 **직위해제처분**을 한 경우 그 **이전에 한 직위해제처분**은 이를 **묵시적으로 철회**하였다고 봄이 상당하므로, 그 ★**이전 처분의 취소**를 구하는 부분은 __존재하지 않는 행정처분을 대상__으로 한 것으로서 그 **소의 이익이 없어 부적법**하다. (대판 2003.10.10., 2003두5945)
> - 어떤 사유에 기하여 **공무원을 직위해제한 후** 그 직위해제 사유와 **동일한 사유를 이유**로 공무원의 신분관계를 박탈하는 **파면처분**을 하였을 경우에는 그로써 ★**전자의 직위해제처분**은 그 **효력을 상실**한다(대판 1978.12.26. 77누148).
>
> ✓ **직위해제처분이 있은 후에 새로운 직위해제처분** 또는 **최종의 징계처분**이 내려지게 된 경우, **이전의 직위해제처분**은 그 **새로운 처분에 의해 효력이 상실**된 것으로 보기 때문에 __이전 직위해제처분을 다툴 협의의 소익이 부정__된다.
>
> **정답** ✕

☐ 행정청이 공무원에 대하여 **새로운** 직위해제사유에 기한 **직위해제처분을 한 경우**, 그 **이전 직위해제처분의 취소를 구하는 소송**은 항고소송의 **소의 이익이 인정되지 않는다.** (○) [17 세무사]

☐ 행정청이 공무원에 대하여 **새로운** 직위해제사유에 기한 **직위해제처분을 한 경우**라도 그 **이전에 한 직위해제처분을 철회한 것**은 아니므로, 그 이전 직위해제처분의 취소를 구할 소의 이익이 있다. (✕) [13 경행]

☐ 행정청이 공무원에 대하여 **새로운** 직위해제사유에 기하여 **직위해제처분을 한 경우**, 그 공무원에게는 이전의 직위해제처분의 취소를 구할 소의 이익이 인정된다. (✕) [22 세무사]

☐ 어떤 사유에 기하여 **공무원을 직위해제한 후** 그 직위해제 사유와 **동일한 사유를 이유로 징계처분을 하였다면** 뒤에 이루어진 징계처분에 의하여 그 **전에 있었던 직위해제처분은 그 효력을 상실**한다. (○) [17 국가7下]

256 ★★★☆

조례의 근거 없이 이루어진 지방의료원의 폐업결정 이후 해당 조례가 적법하게 제정된 경우 그 폐업결정에 대한 취소를 구하는 경우는 소의 이익이 인정되는 경우이다. **[24 세무사]** 🅾🅇

> **해설**
>
> **甲 경상남도지사**의 이 사건 **폐업결정** 후, **乙 지방의료원**을 **해산**한다는 **내용의 조례가 제정·시행**되었고 조례가 무효라고 볼 사정도 없어 **乙 지방의료원**을 **폐업 전의 상태**로 되돌리는 ★**원상회복은 불가능**하므로 법원이 폐업결정을 취소하더라도 단지 폐업결정이 위법함을 확인하는 의미밖에 없고, **폐업결정의 취소로 ★회복할 수 있는 다른 권리나 이익**이 **남아있다**고 보기도 어려우므로, **甲 도지사의 폐업결정**이 법적으로 권한 없는 자에 의하여 이루어진 것으로서 위법하더라도 **취소를 구할 소의 이익을 ★인정하기 어렵다.** (대판 2016. 8. 30. 2015두60617)
>
> ✅ 2013년 당시 **홍준표** 경남도지사가 단행한 **진주의료원 폐업결정**의 처분성을 인정한 사안이다(189문 참고). 다만 대법원은 **원상회복이 불가능**하고 폐업결정의 취소로 **회복될 수 있는 권리나 이익이 없다**는 등의 이유로 **폐업결정의 취소를 구할 소의 이익은 인정하지 않았다.** **정답** ✕

257 ★★★★

[18 세무사]

고등학교에서 퇴학처분을 받은 자가 고등학교졸업학력검정고시에 합격한 이후 경우 퇴학처분취소소송을 제기한 경우 소의 이익이 부정된다. 🅾🅇

> **해설**
>
> 고등학교졸업이 대학입학자격이나 학력인정으로서의 의미밖에 없다고 할 수 없으므로 <u>고등학교졸업학력검정고시에 합격하였다 하여</u> **고등학교 학생**으로서의 ★**신분과 명예가 회복될 수 없는 것**이니 퇴학처분을 받은 자로서는 **퇴학처분의 위법**을 주장하여 그 **취소를 구할 ★소송상의 이익이 있다.** (대판 1992.7.14., 91누4737)
>
> ✅ 대법원은 처분의 취소판결 등으로 '**회복될 수 있는 법률상 이익**'에는 명예·신용 등과 같은 사회적(인격적) 이익이 포함되지 않는 것으로 보고 있으나, 위 판결에서는 <u>이례적으로 '고교졸업자로서의 신분·명예 회복'을 소의 이익으로 인정</u>하였다. **정답** ✕

🔲 **퇴학처분을 받은 후** 고등학교졸업학력**검정고시에 합격**한 경우에는 퇴학처분의 위법을 주장하여 **퇴학처분의 취소를 구할 소익이 있다.** (○) [08 세무사]

🔲 **고등학교 퇴학처분 이후** 고등학교졸업학력 **검정고시에 합격한 경우**라도 **퇴학처분의 취소를 구할 소의 이익이 있다.** (○) [10 세무사]

🔲 공립**고등학교에서 퇴학처분을 받은 자**는 그 후 고등학교졸업학력 **검정고시에 합격한 경우**에도 **퇴학처분의 취소를 구할 법률상 이익이 있다.** (○) [13 세무사]

🔲 **고등학교에서 퇴학처분을 받은 자**가 고등학교졸업학력**검정고시에 합격한 경우** 퇴학처분을 다툴 법률상 이익이 인정된다. (○) [14 세무사]

🔲 **고등학교에서 퇴학처분을 받은 자**가 그 후 고등학교 졸업**검정고시에 합격한 후** 퇴학처분의 취소를 구하는 경우에는 **협의의 소익이 없다.** (✕) [07 세무사]

🔲 **고등학교에서 퇴학처분을 받은 자**가 이후 고등학교졸업학력**검정고시에 합격한 후** 그 **퇴학처분을 다투는 경우** 협의의 소의 이익이 부인된다. (✕) [09 세무사]

258 ★★★☆

서울대학교 불합격처분의 취소소송 계속중 당해 연도의 입학시기가 지난 경우 소의 이익이 부정된다. **O X**

> **해설**
>
> 어느 학년도의 합격자는 반드시 당해 연도에만 입학하여야 한다고 볼 수 없으므로 원고들이 (서울대학교 외교관 자녀 등 특별전형) **불합격처분의 취소**를 구하는 **소송계속 중 당해 연도의 입학시기가 지났더라도** 당해 연도의 합격자로 인정되면 ★**다음 연도의 입학시기에 입학할 수도 있다**고 할 것이고, … (중략) … **원고들**로서는 피고의 **불합격처분의 적법 여부를 다툴** 만한 ★**법률상의 이익이 있다**고 할 것이다. (대판 1990.8.28. 89누8255)
>
> **정답** ✕

🔲 **대학입학고사불합격처분의 취소**를 구하는 **소송의 계속 중 당해 연도의 입학시기가 지나버린 경우 소의 이익이 인정**된다. (O) [16 군무원9]

🔲 **국립대학교 불합격처분의 취소**를 구하는 **소송계속 중 당해 연도의 입학시기가 지난 경우 협의의 소의 이익**이 부인된다. (✕) [09 세무사]

🔲 **국립대학교 불합격처분에 대한 취소소송 중 당해 연도의 입학시기가 지난 경우** 취소소송의 **소의 이익**이 부정된다. (✕) [17 세무사]

259 ★★☆☆

공익근무요원 소집해제거부처분의 취소를 구하던 중, 복무기간 만료를 이유로 소집해제처분을 받은 경우 협의의 소익이 인정된다. **O X**

> **해설**
>
> 공익근무요원 **소집해제신청을 거부**한 후에 원고가 **계속하여** 공익근무요원으로 **복무**함에 따라 **복무기간 만료를** 이유로 **소집해제처분**을 한 경우, 원고가 입게 되는 권리와 이익의 침해는 **소집해제처분으로 해소**되었으므로 위 거부처분의 취소를 구할 ★**소의 이익이 없다.** (대판 2005. 5. 13., 2004두4369).
>
> **정답** ✕

🔲 **공익근무요원 소집해제신청을 거부**한 후에 원고가 **계속하여 공익근무요원으로 복무**함에 따라 **복무기간 만료**를 이유로 **소집해제처분을 한 경우**, 원고가 입게 되는 권리와 이익의 침해는 **소집해제처분으로 해소**되었으므로 **위 거부처분의 취소**를 구할 **소의 이익이 없다.** (O) [13 경행]

🔲 **공익근무요원의 소집해제신청이 거부**되어 **계속 근무**하였고 복무기간 만료로 소집해제처분을 받은 이후에 위 **거부처분의 취소**를 구하는 경우 소의 이익이 인정된다. (✕) [16 군무원9]

260 ★★★★

㉠ 현역입영대상자로서 현실적으로 입영을 한 자가 현역병입영통지처분을 다투는 경우 협의의 소의 이익이 부인된다. **[09 세무사]** 🅾🅇

㉡ 현역병입영 대상자로 병역처분을 받은 자가 그 취소소송 중 모병에 응하여 현역병으로 자진 입대한 경우, 소의 이익이 없다. **[13 경행]** 🅾🅇

해설

병역법상 현역입영대상자로서는 **현역병입영통지처분**이 위법하다 하더라도 법원에 의하여 그 처분의 집행이 정지되지 아니하는 이상 현실적으로 입영을 할 수밖에 없으므로 … (중략) … **현역입영대상자**로서는 ★**현실적으로 입영**을 하였다고 하더라도, 입영 이후의 법률관계에 영향을 미치고 있는 ★**현역병입영통지처분** 등을 한 관할지방병무청장을 상대로 위법을 주장하여 그 ★**취소를 구할 소송상의 이익이 있다**. (대판 2003.12.26. 2003두1875)

> ▌**비교판례** ▌ **현역병입영대상자로 병역처분을 받은 자**가 그 취소소송 중 ★**모병에 응하여** 현역병으로 **자진입대**한 경우, 그 처분의 위법을 다툴 실제적 효용 내지 이익이 없다는 이유로 ★**소의 이익이 없다**고 본 사례. (대판 1998.9.8. 98두9165)

■ **'현역병 관련 처분' 판례 비교**

소의 대상	현역병입영통지처분	현역병입영대상 병역처분
구분 **키워드**	• "현역병입영**통지처분**" • "**현실적으로 입영**" • "**입영 이후의 법률관계에 영향**"	• "현역병입영대상 **병역처분**" • "**모병**에 응하여" • "현역병으로 **자진입대**"
원고적격 여부	**인정**(소의 이익 ○)	**불인정**(소의 이익 ✕)

☞ **현역병에 관한 두 판례가 일견 상충**되는 것으로 보이나, 각 처분이 취소판결에 따른 법률관계의 변동 가능성이나 입영의 강제성 유무 등에 따라, **'소의 이익'의 인정여부가 달라지는바**, 수험적으로는 **지문상의 키워드를 중심으로 구분**하여 답을 택하여야 한다. **정답** ㉠ ✕, ㉡ ○

🔲 **현역병입영대상자**가 입영한 후에도 **현역입영통지처분의 취소**를 구할 **소의 이익이 있다**. (○) [08 세무사]

🔲 **현역병입영대상자**로서 **현실적으로 입영을 한 자**가 **현역병입영통지처분의 취소소송**을 제기하는 경우 **소의 이익이 인정**된다. (○) [14 세무사]

🔲 **현역입영통지처분 취소소송 계속 중 현역병으로 입영**한 경우 **소의 이익이 있다.** (○) [15 세무사]

🔲 **현역입영대상자**가 **입영**한 후에 **현역병입영통지처분의 취소**를 구하는 경우 **소의 이익이 인정**된다. (○) [20 세무사]

🔲 **현역입영대상자**가 **현역입영통지처분**에 따라 **입영한 후 현역입영통지처분의 취소**를 구하는 경우에는 ~~**협의의 소익**이 없다~~. (✕) [07 세무사]

🔲 **현역병입영통지처분**의 취소를 구하는 자가 **현실적으로 입영**한 경우 **소의 이익이 ~~인정되지 않는다~~.** (✕) [19 세무사]

🔲 **현역병입영대상자로 병역처분을 받은 자**가 그 취소소송 도중에 **모병에 응하여 현역병으로 자진 입대**한 경우에는 권리보호의 필요가 없는 경우로서 **소의 이익을 인정할 수 없다.** (○) [18 경행]

261 ★★★☆

㉠ 사법시험 1차시험 불합격처분 취소소송 계속중 사법시험 1차시험에 합격한 경우 소의 이익이 인정된다. [14 세무사] Ⓞ Ⓧ

㉡ 사법시험 제2차 시험 불합격처분 이후 새로 실시된 제2차 및 제3차 시험에 합격한 자는 불합격처분의 취소를 구할 협의의 소익이 없다. [15 국가9] Ⓞ Ⓧ

해설

- <u>사법시험 제1차 시험 불합격 처분 이후</u>에 ★<u>새로이 실시된 사법시험 제1차 시험에 합격</u>하였을 경우에는 더 이상 위 ★**불합격 처분의 취소**를 구할 **법률상 이익이 없다**. (대판 1996.2.23., 95누2685)
- <u>사법시험 제2차 시험에 관한 불합격처분 이후</u>에 ★<u>새로이 실시된 제2차 및 제3차 시험에 합격</u>하였을 경우에는 더 이상 위 ★**불합격처분의 취소**를 구할 **법률상 이익이 없다**. (대판 2007. 9. 21., 2007두12057)

정답 ㉠ ✕, ㉡ ○

📋 **사법시험 1차시험 불합격처분** 이후 **새로 실시된 시험에 합격**한 경우 불합격처분의 취소를 구할 **소의 이익이 없다.** (○) [10 세무사]

📋 **세무사 자격시험 제1차 시험 불합격 처분** 후 **새로 실시된 세무사 자격시험 제1차 시험에 합격**한 경우, 불합격 처분의 취소를 구할 **법률상 이익이 없다.** (○) [17 소방간부]

세무사 자격시험 제1차 시험 불합격 처분 이후에 새로이 실시된 **세무사 자격시험 제1차 시험에 합격**하였을 경우에는 더 이상 그 불합격 처분의 취소를 구할 **법률상 이익이 없다.** (대판 2014.4.24. 2013두26071)

📋 **사법시험 제1차시험 불합격처분 취소소송 계속 중 새로 실시된 사법시험 제1차시험에 합격한 경우**에도 그 불합격처분의 취소를 구할 법률상 이익이 있다. (✕) [13 세무사]

📋 **사법시험 제1차 시험 불합격 이후**에 **새로이 실시된 제1차 시험에 합격한 경우**, 불합격처분의 취소를 구하는 경우에는 소의 이익이 있다. (✕) [15 세무사]

📋 **사법시험 제1차시험 불합격처분** 후 **새로 실시된 제1차시험에 합격한 경우**, 그 불합격처분의 취소를 구하는 소송에서 소의 이익이 인정된다. (✕) [16 세무사]

📋 **사법시험 제2차 시험 불합격처분** 이후 **새로이 실시된 제2차와 제3차 시험에 합격한 자**는 이전의 제2차 시험 불합격처분의 취소를 구할 **법률상 이익이 없다.** (○) [14 사복9]

262 ★★★★

⑦ 치과의사국가시험 불합격처분을 받은 자가 새로 실시된 국가시험에 합격한 이후 불합격처분취소소송을 제기한 경우 소의 이익이 부정된다. [18 세무사] **O X**

ⓛ 국가자격시험 불합격처분에 대한 취소소송 중 당해 국가시험에 합격한 경우 인용판결을 받을 수 있다. [06 세무사] **O X**

> **해설**
>
> **치과의사국가시험** 합격은 치과의사 면허를 부여받을 수 있는 전제요건이 된다고 할 것이나 국가시험에 합격하였다고 하여 위 면허취득의 요건을 갖추게 되는 이외에 그 자체만으로 합격한 자의 법률상 지위가 달라지게 되는 것은 아니므로 **불합격처분** 이후 ★**새로 실시된 국가시험에 합격한 자**들로서는 더 이상 위 **불합격처분의 취소**를 구할 ★**법률상의 이익이 없다**. (대판 1996.2.23., 95누2685)
>
> ✓ 사법시험(차수 불문)이든 국가자격시험이든지 불문하고 **당초 시험에서 불합격처분을 받은 후에 새로 실시된 시험**에 **합격**하였을 때에는, **이전의 불합격처분의 취소**를 구할 수 있는 소의 이익이 인정되지 않는다.
>
> **정답** ⑦ O, ⓛ ×

■ **치과의사시험에 불합격된 자가 새로운 시험에 합격**하였다면 그 불합격처분의 취소를 구할 **소의 이익은 없다**. (O) [03 입시]

■ **치과의사국가시험 불합격처분** 이후 **새로 실시된 같은 국가시험에 합격한 자**가 불합격처분의 취소를 구하는 경우 **협의의 소의 이익이 부인**된다. (O) [09 세무사]

■ **치과의사국가시험 불합격처분을 받은 자**가 **새로 실시된 국가시험에 합격**한 이후 불합격처분취소소송을 제기한 경우 **소의 이익이 부정**된다. (O) [18 세무사]

■ **치과의사국가시험 불합격처분** 이후 **새로 실시된 같은 국가시험에 합격한 자**가 불합격처분의 취소를 구하는 소송은 항고소송의 소의 이익이 인정된다. (×) [17 세무사]

■ **치과의사국가시험에 불합격**한 후 **새로 실시된 국가시험에 합격한 경우**에도 명예등의 인격적 이익이 침해되었음을 이유로 불합격처분의 취소를 구할 소의 이익이 인정된다. (×) [22 세무사]

■ **의사국가시험에 불합격**한 후 **새로 실시된 의사국가시험에 합격**하면, 그 불합격처분의 취소를 구할 **소익이 없게 된다**. (O) [03 행시]

■ **의사국가시험에 불합격한 자**가 **새로 실시된 의사국가시험에 합격한 후** 그 불합격처분의 취소를 구하는 경우에는 협의의 소익이 있다. (×) [07 세무사]

■ **의사국가시험 불합격처분**에 대한 **취소소송 중에 새로 실시된 의사국가시험에 합격**한 경우, 소의 이익이 인정된다. (×) [08 관세사]

263 ★☆☆☆

채석불허가처분의 취소를 구하는 임야 임차인이 채석을 할 임야에 대한 사용·수익권을 잃는 등으로 인하여 허가요건을 구비하지 못하게 된 경우에는 협의의 소익이 있다. **O X**

> **해설**
>
> 채석불허가처분의 취소를 구하는 임야 임차인이 채석을 할 임야에 대한 사용·수익권을 잃는 등의 사정변경이 있어 허가요건을 구비하지 못하게 되었다면, 행정청은 이와 같은 새로운 사실에 근거하여 이를 이유로 다시 채석불허가처분을 하면 되고, 또 임야 임차인이 행정청의 채석불허가처분 후 **사용·수익권을 잃었다고 하더라도** 임야 임차인으로서는 **다시 이를 취득하여 보완할 수도 있는 것**이므로, ★**임야 임차인이 소송 도중에 사용·수익권을 잃었다는 것만으로** 위법한 **채석불허가처분의 취소**를 구할 ★**소의 이익이 없게 되는 것은 아니다.** (대판 1996. 10. 29., 96누9621)
>
> ✔ **채석허가신청을 거부받은 후**에 임야 임대차계약 해지 등의 사유로 그 **임야에 대한 사용·수익권을 일시적으로 상실**한 상태라 하더라도, **다시 새로운 임대차계약을 체결하여 사용·수익권을 회복**할 가능성도 있기 때문에, **채석불허가처분을 다툴 소의 이익이 있다**는 판시이다.
>
> **정답** O

264 ★☆☆☆

환지처분이 공고된 후 환지예정지지정처분의 취소를 구하는 경우에는 협의의 소익이 있다.

> **해설**
>
> 토지구획정리사업법에 의한 토지구획정리는 환지처분을 기본적 요소로 하는 것으로서 환지예정지지정처분은 사업시행자가 사업시행지구 내의 종전 토지 소유자로 하여금 환지예정지지정처분의 효력발생일로부터 환지처분의 공고가 있는 날까지 당해 환지예정지를 사용수익할 수 있게 하는 한편 종전의 토지에 대하여는 사용수익을 할 수 없게 하는 처분에 불과하고 **환지처분이 일단 ★공고되어 효력을 발생**하게 되면 **환지예정지지정처분은 그 ★효력이 소멸**되는 것이므로, **환지처분이 ★공고된 후에는 환지예정지지정처분에 대하여 그 취소**를 구할 **법률상 이익은 없다.** (대판 1999. 10. 8., 99두6873)
>
> **정답** X

▨ **환지예정지 지정**은 처분에 해당하므로 **환지처분이 일단 공고되어 효력을 발생한 후**에도 환지예정지지정처분에 대하여 그 취소를 구할 법률상 이익이 있다. (X) **[09 국회8]**

265 ★★★☆

거부처분이 재결에서 취소되었을 때 재결에 따른 후속처분이 아니라 그 재결의 취소를 구하는 경우는 실효적인 권리구제절차가 있음을 이유로 소의 이익이 부정되는 경우이다. **O** **X**

해설

> 당사자의 신청을 받아들이지 않은 **거부처분이 재결에서 취소된 경우**에 행정청은 종전 거부처분 또는 재결 후에 발생한 **새로운 사유**를 내세워 다시 거부처분을 할 수 있다. 또한 행정청이 **재결에 따라** 이전의 **신청을 받아들이는 후속처분**을 하였더라도 후속처분이 위법한 경우에는 재결에 대한 취소소송을 제기하지 않고도 곧바로 후속처분에 대한 항고소송을 제기하여 다툴 수 있다. 나아가 재결에 대한 항고소송을 제기하여 재결을 취소하는 판결이 확정되더라도 그와 별도로 **후속처분이 취소되지 않는 이상** 후속처분으로 인한 제3자의 권리나 이익에 대한 **침해 상태는 여전히 유지**된다. 이러한 점들을 종합하면, ★**거부처분이 재결에서 취소**된 경우 재결에 따른 ★ **후속처분**이 아니라 그 재결의 취소를 구하는 것은 실효적이고 직접적인 권리구제수단이 될 수 없어 **분쟁해결의 유효적절한 수단**이라고 할 수 없으므로 ★**법률상 이익이 없다**. (대판 2017.10.31, 2015두45045)

■ 소송 경위

①	A 건설사는 ○○군에서 아파트 건축을 내용으로 하는 '**주택건설사업계획 승인**'을 받았다.
②	그런데 이후 **B 건설사**가 A사로부터 **사업부지와 아파트**(건축 중)**를 양수**(경락 및 소유권 이전 등)받아 **주택건설 사업계획 변경승인**(사업주체 A사→B사 변경)을 ○○군청에 **신청**했으나,
③	○○군청은 증빙서류 미비를 이유로 **B사의 신청을 반려**하였다.
④	이에 **B사**는 행정심판위원회에 **반려처분 취소심판**을 청구하자,
⑤	행정심판위원회는 B사의 청구를 인용하여 Ⓐ라는 재결을 내렸고, ○○군청은 Ⓐ재결의 취지에 따라 Ⓑ 처분(B사의 사업계획 변경신청 승인)을 하였다.
⑥	그러자 **A사**가 행정심판위원회의 취소**재결**에 대한 **취소소송**을 제기하였고, 결국 **각하**되었다.

➤ 재결에 따른 Ⓑ **후속조치(사업계획변경 승인)에 불복**하려면, 그것의 전제가 된 Ⓐ **(재결)가 아니라 Ⓑ (후속처분)를 다투는 것이 실효적·직접적 권리구제**가 된다는 판시이다. 사실관계가 복잡하므로 이해보다는 키워드(재결에 따른 **후속처분 O, 재결 X**)로 정리하는 것이 이롭다. **정답** O

▨ **거부처분이** 행정심판의 **재결을 통해 취소된 경우** 재결에 따른 **후속처분이 아니라** 그 **재결의 취소를 구하는 것**은 분쟁해결의 유효적절한 수단이라고 할 수 없어 **소의 이익이 없다.** (O) [20 군무원7]

▨ 행정청이 **재결에 따라** 이전의 신청을 받아들이는 **후속처분을 하였더라도** 후속처분이 위법한 경우에는 재결에 대한 취소소송을 제기하지 않고도 **곧바로 후속처분**에 대한 **항고소송을 제기**하여 다툴 수 있다. (O) [24 국회9]

▨ **거부처분이 재결에 의해 취소**된 사안에서 **재결에 따른 후속처분**이 아니라 그 재결의 취소를 구하는 경우는, 취소소송에서 소의 이익이 인정되는 경우이다. (X) [22 국회9]

▨ **거부처분을 취소하는 재결에 따른 후속처분**이 아니라 그 재결의 취소를 구하는 경우는 **소의 이익이 인정**되는 경우이다. (X) [24 세무사]

266 ★★★☆

원고가 처분이 위법하다는 점에 대한 판결을 받아 피고에 대한 손해배상청구소송에서 이를 원용할 수 있는 이익은 소의 이익에 해당한다. **O X**

> **해설**
>
> 원고가 소음·진동배출시설 폐쇄 및 배출시설 설치허가 ★취소**처분이 위법하다는 점**에 대한 **판결**을 받아 피고에 대한 ★**손해배상청구소송에서 이를 원용할 수 있는 이익**은 ··· (중략) ··· **사실적·경제적 이익에 불과**하여 이 사건 처분의 취소를 구할 ★**법률상 이익에 해당하지 않는다.** ··· (중략) ··· 소음·진동배출시설에 대한 **설치허가가 취소된 후** 그 배출시설이 어떠한 경위로든 **철거되어 다시 복구 등을 통하여 배출시설을 가동할 수 없는 상태**라면 이는 배출시설 **설치허가의 대상이 되지 아니하므로** 외형상 설치허가취소행위가 잔존하고 있다고 하여도 특단의 사정이 없는 한 이제 와서 군이 위 처분의 취소를 구할 ★**법률상의 이익이 없다** 할 것이므로, 그 취소를 구하는 소는 ★**소의 이익이 없어 부적법**하다고 할 것이다. (대판 2002. 1. 11., 2000두2457)
>
> ✓ Ⓐ 소음.진동배출시설에 대한 설치허가가 취소된 후에 그 배출시설이 철거됨으로써 **원상회복(배출시설 재가동)이 불가능**하여 배출시설 설치(재)**허가 대상 자체가 될 수 없는 상황**이라는 점과,
>
> Ⓑ 만약 원고가 (배출시설설치허가취소처분에 대한) 취소판결을 받게 되어 (처분의 불법을 이유로 한) **손해배상청구소송에서 그 처분이 위법하다는 점을 유리하게 주장할 수 있는 이익** 또한 **사실상.경제적 이익에 지나지 않는다**는 점을 이유로 **소의 이익**을 부정하였다. **정답** ✕

📃 **배출시설에 대한 설치허가가 취소**된 후 그 배출시설이 철거되어 다시 가동할 수 없는 상태라도 그 **취소처분이 위법하다는 판결**을 받아 **손해배상청구소송에서 이를 원용할 수 있다면** 배출시설의 소유자는 당해 처분의 취소를 구할 법률상 이익이 있다. (✕) [18 지방9]

267 ★★★★

처분의 상대방이 위명(僞名)을 사용한 사람인 경우에는 처분의 취소를 구할 법률상 이익이 인정되지 않는다. **O X**

> **해설**
>
> 미얀마 국적의 甲이 **위명(僞名)인 '乙' 명의의 여권**으로 대한민국에 입국한 뒤 **乙 명의로 난민 신청**을 하였으나 법무부장관이 乙 명의를 사용한 甲을 직접 면담하여 조사한 후 甲에 대하여 난민불인정 처분을 한 사안에서, **처분의 상대방은 허무인이 아니라 '乙'이라는 위명을 사용한 甲**이라는 이유로, ★**甲이 처분의 취소를 구할 법률상 이익이 있다**고 한 사례. (대판 2017.3.9. 2013두16852)
>
> ✓ 비록 **甲이 타인의 이름을 도용**하여 난민 신청을 하였더라도, 애초에 존재하지 않은 사람(虛無人)이 아니라 **실존하는 甲에 대하여 난민신청불허처분**을 한 것이므로, 그 **취소를 구할 수 있다**는 판시이다. **정답** ✕

📃 **위명(僞名)으로 난민신청**을 하여 **난민불인정 처분을 받은 자**는 그 **처분의 취소를 구할 원고적격이 있다.** (O) [19 세무사]

📃 처분의 상대방이 허무인(虛無人)이 아니라 **위명(僞名)을 사용한 사람**인 경우에도 **처분의 취소를 구할 법률상 이익이 있다.** (O) [20 세무사]

268 ★★★★

㉠ 영업정지기간이 경과된 후에 제기된 영업정지처분의 취소소송이 인정되지 않는 이유는 '권리보호 필요의 결여' 때문이다.　　　　　　　　　　　　　　　　　　　　　　[08 세무사] Ｏ Ｘ

㉡ 취소소송의 계속 중에 제재적 처분의 효력이 소멸한 경우에도 협의의 소익이 인정될 수 있다.
　　　　　　　　　　　　　　　　　　　　　　　　　　　　　　　　　[11 세무사] Ｏ Ｘ

> 해설
>
> ✓ ㉠ **영업정지처분**의 경우 **영업정지기간이 경과**되면 그 **영업정지처분의 효력은 상실**되는바, 영업정지처분을 받은 甲이 **영업정지기간이 경과된 후**에 그 정지처분에 대하여 취소소송을 제기한다면 '**협의의 소의 이익(권리보호 필요성, Rechtsschutzbedürfnis)**'이 결여된 소송으로서 **각하를 면치 못하게** 된다.
>
> ㉡ 다만 형법에서의 '**누범가중**'과 유사하게, 행정법령에서 **이전에 받은 제재처분 전력**을 그 이후에 받을 수 있는 ★**제재처분의 가중요건**이 되도록 규정해놓은 경우에는 이전에 받은 **제재처분의 효력이 소멸하였다 하더라도**, 그 이전 제재처분을 취소할 '**협의의 소익**'이 **인정**된다.
>
> 가령 식당 영업정지의 처분기준에 있어서, 관계 법령의 1차 위반시 '영업정지 **3개월**', 2차 위반시 '영업정지 **6개월**', 3차 위반시 '영업**허가취소**'와 같이 법령의 위반횟수에 따라 **처분의 수위가 강해지는 경우**에는 이전의 제재처분(1차 처분 또는 2차 처분)을 취소할 **권리보호의 필요성이 인정**된다.
>
> **┃가중적 제재규정의 예시┃**
>
> 「**식품위생법 시행규칙**」 [별표 23] **행정처분기준**(제89조 관련)
> 3. 식품접객업
>
> | 위반사항 | 근거법령 | 행정처분 기준 | | |
> |---|---|---|---|---|
> | | | 1차 위반 | 2차 위반 | 3차 위반 |
> | 9. 법 제43조에 따른 영업시간 제한을 위반하여 영업한 경우 | 법 제71조 및 제75조 | 영업정지 15일 | 영업정지 1개월 | 영업정지 2개월 |
>
> **정답** ㉠ Ｏ, ㉡ Ｏ

▨ **영업정지처분을 받은 전력**이 **장래의 제재적 행정처분을 위한 가중사유가 되는 경우가 아니라면**, 영업정지처분에 정하여진 **기간이 경과되어 효력이 소멸한 경우**에는 그 **영업정지 처분의 취소를 구할 법률상 이익은 부정**된다. (Ｏ) [17 지방7 변형]　➡ 해설 중 ㉠에 관한 지문이다.

▨ **처분의 효과가 기간의 경과 등으로 소멸**하였다 하더라도 당해 처분이 **장래 불이익처분의 요건사실**이 되는 경우 **협의의 소익이 인정**된다. (Ｏ) [01 관세사]

▨ **선행의 업무정지처분**이 법률에 의해 **후행의 가중적 제재처분의 요건**이 될 때에는, **정지처분의 효력이 소멸한 이후**에도 그 **정지처분을 다툴 수 있다.** (Ｏ) [03 행시]

▨ **영업정지처분취소소송의 계속 중 영업정지기간이 도과**되었는데, 법령의 위임에 따른 **시행규칙상**의 처분기준에 **제재처분의 전력이 가중요건으로 규정**되어 있는 경우 **협의의 소익이 인정**된다. (Ｏ) [12 세무사]
　　➡ 가중적 제재처분 기준의 규정형식에 대해서는 다음 문제 참고

▨ **행정처분의 효력기간이 경과**하였다고 하더라도 **그 처분을 받은 전력이 장래에 불이익하게 취급**되는 것으로 **법정(법률)상의 가중요건**으로 되어 있고, 이후 그 법정**가중 요건**에 따라 **새로운 제재적인 행정처분**이 가해지고 있는 경우 **협의의 소의 이익(권리보호의 필요)이 인정**되지 않는다. (Ｘ) [08 지방7 변형]

▨ **제재적 행정처분**이 그 **처분에서 정한 제재기간의 경과**로 인하여 **그 효과가 소멸**되었다면, **그 처분이 후행처분의 가중적 요건사실이 되는 경우**라도 선행처분의 취소를 구할 소의 이익이 없다. (Ｘ) [20 소방간부]

269 ★★★★

제재적 행정처분이 그 처분에서 정한 제재기간의 경과로 인하여 그 효과가 소멸되었으나, 부령인 시행규칙으로 가중적 제재처분의 기준요건을 정하고 있는 경우 대법원은 일관되게 소의 이익을 부정하고 있다. **O X**

> **해설**

> 제재적 행정처분이 그 처분에서 정한 제재기간의 경과로 인하여 그 효과가 소멸되었으나, **부령인 시행규칙 또는 지방자치단체의 규칙**(이하 '**규칙**'이라 한다)의 **형식으로 정한 처분기준**에서 **제재적 행정처분**(이하 '**선행처분**'이라 한다)을 받은 것을 가중사유나 전제요건으로 삼아 **장래의 제재적 행정처분**(이하 '**후행처분**'이라 한다)을 하도록 정하고 있는 경우, **제재적 행정처분의 가중사유나 전제요건에 관한 규정**이 법령이 아니라 ★**규칙의 형식으로 되어 있다고 하더라도**, …(중략) … 관할 **행정청이나 담당공무원은 이를 준수할 의무**가 있으므로 이들이 그 규칙에 정해진 바에 따라 행정작용을 할 것이 당연히 예견되고, 그 결과 행정작용의 **상대방인 국민**으로서는 그 **규칙의 영향을 받을 수밖에 없다**. 따라서 그러한 규칙이 정한 바에 따라 **선행처분을 받은 상대방**이 그 처분의 존재로 인하여 **장래에 받을 불이익**, 즉 **후행처분의 위험**은 ★**구체적이고 현실적인 것**이므로, 상대방에게는 **선행처분의 취소소송**을 통하여 그 **불이익을 제거할 필요가 있다**고 할 것이다. (대판 전합 2006. 6. 22., 2003두1684)

> ✓ ⓐ 종전의 대법원은, 가중적 **제재적 처분기준**이 '**부령인 시행규칙**'이나 '**지자체의 규칙**'의 형식으로 규정된 경우, 그 기준의 성질은 행정규칙으로서 대외적 구속력이 없다는 이유로 제재적 처분(선행처분)의 효력이 소멸된 경우에는 일관되게 **선행처분의 취소**를 구할 법률상 이익이 없는 것으로 판시하여 왔으나,

>   ⓑ 위 판례에서는 **가중적 제재처분(선행처분)의 기준의 법적 성질**이 ★**법규명령인지 행정규칙인지 여부와 관계없이**(=부령 형식의 행정규칙의 법규성 유무를 따지지 않고), 제재적 처분(선행처분)의 잔존함에 따라 선행처분을 받은 사람이 **장래에 받을 수 있는 후행처분의 위험**은 구체적이고 현실적이라는 이유로 **선행처분의 취소를 구할** ★**법률상 이익**을 인정함으로써, 종전의 판례를 변경하였다.

>   ➤ **행정청과 담당공무원**은 어차피 행정규칙(가중적 제재처분 기준)을 준수해야 하기 때문에, **법규성이 없는 행정규칙**에 따라 **가중된 제재처분**을 내리더라도, **결과적으로 처분상대방**은 구체적·현실적인 불이익을 입게 될 것이라는 점 등을 논거로 들고 있다.

> **정답** ✕

📖 판례는 **제재적 행정처분**에 대한 취소소송에 있어서 **가중요건이** 법률 또는 **행정규칙으로 규정된 경우**, **제재기간 경과 후에도 권리보호의 필요가 있다**고 본다. (O) [05 세무사]

📖 **부령에서 제재적 처분의 존재**를 가중처분사유로 정하여 가중처분의 우려가 있는 때에는 **제재적 처분의 효력이 소멸한 이후**에도 그 **취소를 구할 소의 이익이 있다**. (O) [10 세무사]

📖 효력기간이 정해져 있는 **제재적 행정처분**이 그 후 **다른 제재적 행정처분의 가중요건**이 되어 있고, 이 가중요건이 그 법 **시행규칙에 의해 규정된 경우**, 그 효력기간이 경과한 제재적 행정처분의 취소를 구하는 경우 행정소송법 제12조상의 "**법률상 이익**"이 없다. (✕) [06 국회8]

📖 **제재적 행정처분**이 제재기간의 경과로 인하여 그 **효과가 소멸**되었고, **제재적 행정처분을 받은 것을 가중사유로** 삼아 **장래의 제재적 행정처분**을 하도록 **정한 처분기준이 부령인 시행규칙**이라면 **처분의 취소를 구할 이익**이 없다. (✕) [15 국가9]

270 ★★★☆

의사면허자격정지처분 기간이 이미 도과한 경우에도 자격정지처분의 취소를 청구할 법률상 이익이 인정될 수 있다. **OX**

> **해설**
>
> **의료법** 제52조 제1항 제3호는 보건복지부장관은 의료인이 **3회 이상 자격정지처분**을 받은 때에는 그 **면허를 취소**할 수 있다고 규정하고 있는바, ★**의료법**에서 의료인에 대한 제재적인 행정처분으로서 면허자격정지처분과 면허취소처분이라는 **2단계 조치**를 규정하면서 **전자의 제재처분**을 보다 무거운 **후자의 제재처분의 기준요건으로 규정**하고 있는 이상 자격정지처분을 받은 의사로서는 면허**자격정지처분에서 정한 기간이 도과되었다** 하더라도 그 처분을 그대로 방치하여 둠으로써 ★**장래 의사면허취소**라는 **가중된 제재처분**을 받게 될 우려가 있는 것이어서 의사로서의 업무를 행할 수 있는 법률상 지위에 대한 위험이나 불안을 제거하기 위하여 ★**면허자격정지처분의 취소를 구할 이익이 있다.** (대판 2005. 3. 25., 2004두14106)
>
> ✅ **가중적 제재처분의 기준**을 **의료법에서 직접 규정**하고 있는 사례이다. **정답** ○

- **가중 제재처분규정이 있는 의료법**에 의한 **의사면허**자격정지처분에서 정한 **자격정지기간이 지난 후** 그 처분의 취소를 구하는 소송에서 **소의 이익이 인정**된다. (○) [16 세무사]
- **가중 제재재처분 규정이 있는 의료법**에 의해 **의사면허자격정지처분**을 받은 경우 **자격정지기간이 지난 후**에는 **의사면허자격정지처분의 취소**를 구할 **소의 이익이 인정**~~되지 아니한다.~~ (✕) [22 세무사]

271 ★★☆☆

영치품에 대한 사용신청 불허처분 취소소송 중 다른 교도소로 이송된 경우 취소소송의 소의 이익이 부정된다. **OX**

> **해설**
>
> **수형자의 영치품에 대한 사용신청 불허처분 후** 수형자가 **다른 교도소로 이송되었다** 하더라도 수형자의 권리와 이익의 침해 등이 해소되지 않은 점 등에 비추어, 위 **영치품 사용신청 ★불허처분의 취소를 구할 이익이 있다.** (대판 2008.2.14. 2007두13203)
>
> ✅ 원고의 형기가 많이 남아 있는 데다, 원고가 **영치품 사용신청을 불허한 교도소로 재이송될 가능성**이 있는 점 등에 비추어, ★**불허처분의 취소를 구할 이익이 있다**는 판시이다. **정답** ✕

- **교도소장**이 **영치품인 티셔츠 사용을 재소자에게 불허한 행위**는 항소소송의 대상이 되는 **행정처분에 해당**한다. (○) [23 지방9]
- **수형자의 영치품**에 대한 **사용신청 불허처분 후** 수형자가 **다른 교도소로 이송된 경우** 원래 교도소로의 ~~재이송 가능성이 소멸되었으므로 그~~ **불허처분의 취소**를 구할 **소의 이익이~~ 없다.~~** (✕) [17 지방9]

5 원고적격의 확대 1: 인인소송

272 ★★☆☆ [08 세무사]

자동차 LPG충전소설치허가에 대한 인근주민은 항고소송의 원고적격을 인정하기 어렵다. **O X**

> **해설**
>
> 원심으로서는 모름지기 원고가 주장하는 이 사건 **엘피지(LPG)자동차충전소설치허가처분**의 하자가 그 처분의 상대방이 아닌 **제3자인 원고**들의 어떠한 **법률상 이익을 침해**한 것인지를 **심리**하여 원고들의 원고 적격유무를 먼저 판단하고 이 점에서 ★<u>**원고 적격이 인정**</u>된다면 나아가 **본안에 들어가 판단하여야** 할 것이다. (대판 1983. 7. 12., 83누5)
>
> ⓒ 대법원은 LPG자동차충전소 설치장소에 인접하여 거주하는 주민들의 환경상 이익을 법률상 이익으로 보았다.
>
> **정답** ✕

- 🟦 **석유액화가스(LPG)충전소설치허가**가 위법인 경우에 **설치장소에 인접하여 거주하는 주민**들은 **처분의 취소**를 구할 **원고적격이 인정**된다. (○) [03 행시]
- 🟦 대법원의 판례에 따를 경우, **자동차 LPG충전소설치허가**에 대한 **인근주민의 이익**은 이른바 반사적 이익이다. (✕) [05 노동부9]
- 🟦 **자동차 LPG충전소 설치허가**에 대한 **인근주민의 이익**은 반사적 이익으로 보아 **행정소송으로 구제**되지 않는다. (✕) [09 세무사]

273 ★★☆☆ [08 세무사]

연탄공장허가에 대한 인근주민은 항고소송의 원고적격을 인정하기 어렵다. **O X**

> **해설**
>
> **주거지역 내**에 위 법조 소정 제한면적을 초과한 **연탄공장 건축허가처분**으로 불이익을 받고 있는 **제3거주자**는 비록 당해 행정처분의 상대자가 아니라 하더라도 그 행정**처분으로** 말미암아 위와 같은 ★**법률에 의하여 보호되는 이익을 침해**받고 있다면 당해행정 **처분의 취소를 소구**하여 그 당부의 판단을 받을 ★**법률상의 자격이 있다.** (대판 1975. 5. 13., 73누96)
>
> **정답** ✕

- 🟦 **연탄공장 건축허가**에 대한 구 **도시계획법상 주거지역에 거주하는 인근주민**의 경우 **원고적격이 인정**된다. (○) [10 경행]
- 🟦 **연탄공장 건축허가**에 대한 구 「도시계획법」상 **주거지역에 거주하는 인근주민**의 **생활환경상 이익**은 행정소송법상 '**법률상 이익**'에 해당한다. (○) [20 국회9]
- 🟦 **연탄공장 설치허가**에 대한 **인근주민의 이익**은 반사적 이익으로 보아 **행정소송으로 구제**되지 않는다. (✕) [09 세무사]

274 ★★★☆

[22 세무사]

공장설립으로 수질오염발생 우려가 있는 취수장에서 물을 공급받는 주민이 당해 공장설립 승인처분의 취소를 구하는 경우 제3자의 원고적격이 부정된다. **O X**

> **해설**
>
> 김해시장이 낙동강에 합류하는 하천수 주변의 토지에 구 산업집적활성화 및 공장설립에 관한 법률 제13조에 따라 ★**공장설립을 승인하는 처분**을 한 사안에서, **공장설립**으로 **수질오염 등이 발생할 우려가 있는 취수장**에서 물을 공급받는 부산광역시 또는 양산시에 거주하는 주민들도 위 처분의 근거 법규 및 관련 법규에 의하여 **법률상 보호되는 이익**이 침해되거나 침해될 우려가 있는 주민으로서 ★**원고적격이 인정**된다. (대판 2010. 4. 15., 2007두16127)
>
> **정답** ×

- 공장설립승인처분으로 **환경상 이익에 대한 침해 또는 침해 우려**가 있는 것으로 사실상 추정되는 **주민의 원고적격을 인정**한다. (O) [12 서울9]
- 공장설립으로 **수질오염발생 우려**가 있는 **취수장에서 물을 공급받는 주민**은 당해 **공장설립 승인처분의 취소를 청구**할 **원고적격이 있다.** (O) [14 세무사]
- **김해시장**이 낙동강에 합류하는 하천수 주변의 토지에 **공장설립을 승인하는 처분**을 한 경우, **공장설립으로 수질오염 등이 발생할 우려**가 있는 **취수장에서 물을 공급받는 부산광역시 또는 양산시에 거주하는 주민들**도 **원고적격이 인정**된다. (O) [21 소방간부 변형]

275 ★★★☆

[14 세무사]

법률상 이익은 처분의 직접적 근거법규는 물론 관련법규에 의해서도 도출될 수 있다. **O X**

> **해설**
>
> ✓ 처분의 근거법규 외에도 ★**관련법규에서 사익을 보장하는 취지를 규정**하고 있는 경우에는, 그 처분의 취소를 구할 **법률상 이익(개인적 공권)이 인정**될 수 있다. 환경영향평가대상지역 안의 주민에게 **원고적격을 최초로 인정**한 '국립공원 내 용화온천집단시설지구개발사업에 관한 사례'가 대표적이다. (아래 문제 참고) **정답** O

- 판례는 **종전에는 근거법률만**을 기준으로 **법률상 이익을 판단**하였으나, **최근에는 관련법률도 고려**하여 판단한다. (O) [07 세무사]
- **처분의 직접적 근거법규**는 물론 **관련법규**에 의해서도 **원고적격의 근거인 법률상 이익이 도출**될 수 있다. (O) [10 세무사]
- **처분의 직접적인 근거법규**뿐만 아니라 **관계법규가 사익을 보호**하는 것으로 인정되는 경우에도 **공권이 성립**될 수 있다. (O) [15 교행9]
- 판례에 의하면 **처분의 직접적 근거규정**만으로 **공권의 성립요건의 충족여부를 판단**한다고 한다. (×) [08 지방9]
- **'법률상 보호되는 이익'**이라 함은 당해 **처분의 근거법규에 의하여 보호되는 개별적·구체적 이익**을 의미하며 **관련 법규에 의하여 보호되는 개별적·구체적 이익까지 포함**하는 것은 아니라는 것이 판례의 입장이다. (×) [17 국회8]

276 ★★★☆

국립공원 집단시설지구개발사업으로 인하여 직접적이고 중대한 환경피해를 입으리라고 예상되는 환경영향평가대상지역 안의 주민이 환경영향평가 대상사업에 관한 변경승인 및 허가처분의 취소를 구하는 경우 원고적격이 인정되지 않는다. **OX**

> 해설
>
> - **자연공원법령**뿐 아니라 ★**환경영향평가법령도** 환경영향평가대상사업에 해당하는 **국립공원집단시설지구개발사업**에 관한 기본설계변경승인 및 공원사업시행허가처분의 **근거 법률이 된다.**
> - 환경영향평가에 관한 자연공원법령과 환경영향평가법령의 규정의 취지 및 **환경영향평가대상**지역 ★**안의 주민**들이 당해 변경승인 및 허가처분과 관련하여 갖고 있는 **환경상의 이익**은 주민 개개인에 대하여 **개별적으로 보호**되는 **직접적·구체적인 이익**이다.
> - **국립공원 용화집단시설지구개발사업**으로 인하여 직접적이고 중대한 환경피해를 입으리라고 예상되는 **환경영향평가대상지역 ★안의 주민**에게 **환경영향평가대상사업**에 관한 **변경승인 및 허가처분의 취소**를 구할 ★**원고적격이 있다.** (대판 1998. 4. 24., 97누3286)

> ✍ ⓐ **국립공원** 내 **용화온천집단시설지구개발사업**에 관한 **사업시행허가** 등의 근거법령인 자연공원법령 외에 그 허가와 **관련된 절차법령**인 환경영향평가법령도 원고적격의 판단근거에 포함시킴으로써,
>
>   ⓑ 환경영향평가법령에 따른 환경영향평가제도에 의해 보호되는 지역주민의 이익을 개별적·직접적·구체적인 법률상 이익으로 보아 사업관련 시행허가 등의 취소를 구할 원고적격을 인정한 사례이다.
>
> **정답** ✕

📋 대법원은 속리산**국립공원 용화집단시설지구의 개발**을 위한 **공원사업시행허가**에 대한 **취소소송**사건에서 **자연공원법령뿐만 아니라** 허가와 불가분적으로 관계가 있는 **환경영향평가법령**도 공원사업시행허가처분의 **근거법령**이 된다고 판시하여 **근거 법률의 범위를 확대**하였다. (O) [11 국가9]

📋 **환경영향평가대상사업**에 해당하는 **국립공원 집단시설지구개발사업**에 있어 그 시설물기본설계 **변경승인처분** 등과 관련하여 **환경영향평가대상**지역 안의 주민들이 갖고 있는 **환경상의 이익**은 주민 개개인에 대하여 **개별적으로 보호**되는 **직접적·구체적인 이익에 해당**된다. (O) [17 소방간부]

📋 **환경영향평가대상사업**에 해당하는 **국립공원집단시설지구개발사업**에 관한 **공원사업시행허가처분**에 대한 **환경영향평가대상**지역 안의 주민은 항고소송의 **원고적격을 인정**하기 어렵다. (✕) [08 세무사]

📋 **국립공원 집단시설지구개발사업**에 관한 **공원사업시행허가처분**에 대한 **환경영향평가대상**지역 안의 주민의 이익은 반사적 이익으로 보아 **행정소송으로 구제**되지 않는다. (✕) [09 세무사]

277 ★★★☆

'환경영향평가대상지역 안의 주민'은 환경영향평가대상사업인 양수발전소건설에 대한 전원(電源)개발
사업실시계획승인처분을 다툴 수 있는 원고적격이 있는 자에 해당한다. 　　　　　　　　**O X**

> 해설

> 전원(電源)개발사업실시계획승인처분의 근거 법률인 전원개발에관한특례법령, 구 환경보전법령, 구 환경정책기
> 본법령 및 환경영향평가법령 등의 규정 취지는 … (중략) … 당해 사업으로 인하여 직접적이고 중대한 환경피해
> 를 입으리라고 예상되는 **환경영향평가대상**지역 ★**안의 주민들이 전과 비교**하여 수인한도를 넘는 환경침해를 받
> 지 아니하고 쾌적한 환경에서 생활할 수 있는 **개별적 이익**까지도 이를 **보호**하려는 데에 있으므로, 주민들이 위
> 승인처분과 관련하여 갖고 있는 위와 같은 환경상 이익은 … (중략) … **환경영향평가대상**지역 ★**안의 주민 개개**
> **인**에 대하여 **개별적으로 보호**되는 **직접적·구체적 이익**이라고 보아야 하고, 따라서 위 사업으로 인하여 직접적이
> 고 중대한 환경침해를 받게 되리라고 예상되는 **환경영향평가대상**지역 ★**안의 주민**에게는 위 승인처분의 취소를
> 구할 ★**원고적격이 있다.** (대판 1998. 9. 22., 97누19571)

> ✅ ⓐ 위 **전원(電源)개발사업실시계획승인처분에 관한 사례** 역시, 국립공원 집단시설지구개발사업에 관한 사례와
>   동일한 논지에 따라 **환경영향평가대상**지역 안의 주민에게 **원고적격을 인정**한 **이전 판결을 재확인**하면서,
>
>   ⓑ **환경영향평가대상**지역 **밖의 주민이나 일반국민·산악인·학자·환경보호단체** 등의 **원고적격은 부인**하였다. 한
>   사례이다. (다음 문제 참고)　　　　　　　　　　　　　　　　　　　　　　　　　　　**정답** O

🔲 **환경영향평가대상**지역 **안의 주민들이 전원개발사업실시계획승인처분의 취소를 구할** 경우 판례상 **원고**
적격이 인정된다. (O) [14 서울9]

🔲 대법원판례에 의할 때 **전원개발사업실시계획승인처분**을 다툴 **환경영향평가대상**지역 **내의 주민**에 대한
원고적격은 부인된다. (X) [06 국가9]

🔲 **전원(電源)개발사업실시계획승인처분**에 대한 취소소송에서 **환경영향평가대상**지역 **외의 주민들은 처분**
의 취소를 구할 **원고적격**이 인정된다. (X) [03 행시] [09 서울승진]

🔲 **환경영향평가대상사업**인 양수발전소건설에 대한 **전원(電源)개발사업실시계획승인처분을 다툴** 수 있는
원고적격이 있는 자로는, 댐 소재지의 하류에서 연어를 포획하여 재산적 이익을 얻는 발전소건설사업구
역 **밖의 주민, 환경보호단체**, 댐 건설로 수몰되는 산을 주로 등반하는 **산악인**, 전원(電源)개발사업구역
내에서 야생조류의 생태를 연구하는 **조류학자**가 있다. (X) [12 세무사]

> 환경영향평가대상지역 **밖의 주민 · 일반국민 · 산악인 · 사진가 · 학자 · 환경보호단체** 등의 환경상 이익이나 전원개발사업구
> 역 밖의 주민 등의 재산상 이익에 대하여는 근거 법률에 이를 그들의 **개별적·직접적·구체적 이익으로 보호**하려는 내용
> 및 취지를 가지는 규정을 두고 있지 **아니하므로**, 이들에게는 위와 같은 이익 침해를 이유로 전원(전원)개발사업실시계획승인
> 처분의 취소를 구할 **원고적격이 없다.** (대판 1998. 9. 22. 97누19571)

278 ★★★★

환경영향평가 대상사업 허가처분의 무효확인을 구하는 당해 환경영향평가 대상지역 안의 주민은 제3자의 원고적격이 부정된다. **O X**

> 해설
>
> ✅ 앞서 살펴본 바와 같이 **환경영향평가대상**지역 ★**내에 거주하는 주민**은 제3자로서 **환경영향평가대상**이 되는 사업의 **허가 등의 취소나 무효**를 구할 **원고적격이 인정**된다. **정답** ✕

- **환경영향평가대상**지역 **내에 사는 주민**은 당해 **환경영향평가대상사업 허가처분의 취소를 청구**할 **원고적격이 있다.** (○) [14 세무사]
- **환경영향평가대상**지역 **내에 사는 주민**이 제기하는 당해 **환경영향평가대상사업허가처분 취소소송**에서 **원고적격이 인정**된다. (○) [16 세무사]
- **환경영향평가대상사업의 인가 등**에 대하여 **자신의 환경상 이익이 침해되었다고 주장**하는 **환경영향평가대상**지역 **내의 주민**은 항고소송의 **원고적격이 인정**되지 않는다. (✕) [06 세무사]

279 ★★★★

구 공유수면매립법상 공유수면매립면허처분에 대하여 환경영향평가 대상지역 내에 사는 주민이 제기한 면허처분무효확인소송은 각하사유에 해당한다. **O X**

> 해설
>
> **공유수면매립**과 농지개량사업시행으로 인하여 직접적이고 중대한 환경피해를 입으리라고 예상되는 **환경영향평가 대상지역 안의 주민**들이 전과 비교하여 수인한도를 넘는 환경침해를 받지 아니하고 쾌적한 환경에서 생활할 수 있는 개별적 이익까지도 이를 보호하려는 데에 있다고 할 것이므로, **위 주민들이 공유수면매립면허처분 등과 관련하여 갖고 있는 위와 같은 환경상의 이익**은 주민 개개인에 대하여 ★**개별적으로 보호**되는 **직접적·구체적 이익**으로서 그들에 대하여는 특단의 사정이 없는 한 **환경상의 이익에 대한 침해 또는 침해우려가 있는 것으로 사실상 추정**되어 **공유수면매립면허처분 등의 무효확인**을 구할 **원고적격이 인정**된다. (대판 전합 2006. 3. 16., 2006두330)
>
> ✅ ⓐ **환경영향평가대상**지역 **안의 주민에게 원고적격을 인정**한 이전의 판결들을 재확인한 사례인바, **환경영향평가 대상지역 안의 주민**이 제기한 공유수면매립면허처분 무효확인소송은 ★**각하되지 않는다.**
>
> ⓑ 또한 본 사례는 ★**환경영향평가대상**지역 밖의 주민에게도 **원고적격을 예외적으로 인정**함으로써 그 인정 범위를 보다 확대한 사례이다. (다음 문제 참고) **정답** ✕

- **공유수면매립면허처분과 관련**된 **환경평가대상**지역 **안의 주민**은 항고소송의 **원고적격을 인정**하기 어렵다. (✕) [08 세무사]
- **공유수면매립면허처분과 관련**된 **환경평가대상**지역 **안의 주민의 이익**은 반사적 **이익**으로 보아 **행정소송으로 구제**되지 않는다. (✕) [09 세무사]

280 ★★★☆   [08 세무사]

환경영향평가대상지역 밖의 주민으로서 수인한도 내의 환경상 피해를 입은 주민은 항고소송의 원고적 격을 인정하기 어렵다. **O X**

> **[해설]**
>
> 환경영향평가 대상지역 ★밖의 주민이라 할지라도 공유수면매립면허처분 등으로 인하여 그 처분 전과 비교하여 ★수인한도를 넘는 환경피해를 받거나 받을 우려가 있는 경우에는, 공유수면매립면허처분 등으로 인하여 환경상 이익에 대한 침해 또는 침해우려가 있다는 것을 ★입증함으로써 그 처분 등의 무효확인을 구할 ★원고적격을 인 정받을 수 있다. (대판 전합 2006. 3. 16., 2006두330)
>
> ✓ 환경영향평가 대상지역 ★'밖의' 주민인 경우에도, 공유수면매립면허처분으로 인하여 수인한도를 넘어선 환경피 해나 그 피해 우려를 ★입증하는 경우에는 원고적격을 인정할 수 있다는 판시이다. **[정답]** O

- 환경영향평가 대상지역 밖의 주민이라 할지라도 공유수면매립면허처분 등으로 인하여 그 처분 전과 비 교하여 수인한도를 넘는 환경피해를 받거나 받을 우려가 있는 경우에는, 공유수면매립면허처분 등으로 인하여 환경상 이익에 대한 침해 또는 침해우려가 있다는 것을 입증함으로써 그 처분 등의 무효확인을 구할 원고적격을 인정받을 수 있다. (O) [17 경행]
- 환경영향평가 대상지역 밖의 주민들은 공유수면매립면허처분으로 인하여 그 처분 전과 비교하여 수인한 도를 넘는 환경피해를 받거나 받을 우려가 있다는 점을 입증할 경우 법률상 보호되는 이익이 인정된다. (O) [17 국회8]
- 공유수면매립면허처분에 있어서 환경영향평가 대상지역 밖에 거주하는 주민에게는 그 처분 전과 비교하 여 수인한도를 넘는 환경피해를 받거나 받을 우려가 있는 경우라 하더라도 당해 처분의 무효확인을 구할 원고적격을 인정할 수 없다. (X) [08 국가7]
- 환경영향평가 대상지역 밖의 주민은 자신에 대한 수인 한도를 넘는 환경피해를 입증하더라도 원고적격 이 인정될 수 없다. (X) [15 교행9]

281 ★★☆☆   [24 세무사]

환경영향평가 대상지역 내 주민이 공유수면매립면허의 취소를 신청한 것에 대한 거부결정은 항고소송 의 대상이 될 수 없다. **O X**

> **[해설]**
>
> 새만금간척종합개발사업을 위한 공유수면매립면허 및 사업시행인가처분의 취소신청에 대하여 처분청(* 농림부 장관) 구 공유수면매립법 제32조 제3호에 의한 취소권의 행사를 ★거부한 경우, ...(하략)....(대판 전합 2006. 3. 16., 2006두330)
>
> ✓ ⓐ 이른바 "새만금사건 판결"은, 앞서 살펴본 '농림부장관의 공유수면매립면허처분 등에 대한 무효확인 건'과 함 께, '농림부장관의 매립면허 취소신청 거부처분에 대한 취소' 건도 쟁점이 된 사건이다.
>
> ⓑ 1심과 2심 모두 환경영향평가대상지역 내에 거주하는 주민들의 환경상 이익을 이유로 처분청(농림부장관)에 면허의 ★취소를 요구할 조리상의 신청권이 있다고 보아 '공유수면매립면허 취소신청 거부행위'의 처분성을 인정하였으며, 대법원 역시 2심을 원용하여 처분성을 긍정하였다. **[정답]** X
>
> ➡ 환경상 이익과 관련되는 논점이어서 '원고적격' 단원에 배치하였다.

282 ★★☆☆

환경영향평가 대상지역 밖에 거주하는 주민이더라도 헌법상 환경권에 근거하여 공유수면매립면허처분의 무효확인을 구할 원고적격이 있다. **O X**

> 해설

헌법 제35조 제1항에서 정하고 있는 환경권에 관한 규정만으로는 그 권리의 주체·대상·내용·행사방법 등이 구체적으로 정립되어 있다고 볼 수 없고, 환경정책기본법 제6조도 그 규정 내용 등에 비추어 국민에게 구체적인 권리를 부여한 것으로 볼 수 없다는 이유로, **환경영향평가 대상지역 밖에 거주하는 주민**에게 ★**헌법상의 환경권 또는 환경정책기본법**에 근거하여 공유수면매립면허처분과 농지개량사업 시행인가처분의 <u>무효확인을 구할 **원고적격이 ★없다**.</u> (대판 전합 2006. 3. 16., 2006두330)

환경영향평가 대상지역 **안의 주민**		원고적격 **인정**
환경영향평가 대상지역 밖의 주민	**원칙**	• 수인한도 내의 환경상 이익의 침해이므로 원고적격 **불인정** • 헌법상의 환경권 또는 환경정책기본법에 근거한 원고적격 **불인정**
	예외	• 수인한도를 넘는 환경상 이익의 침해나 침해 우려를 **입증**할 경우 원고적격 **인정**
산악인·생물학자·생태연구가·사진가·일반시민·환경보호단체		원고적격 **불인정**

정답 ✕

📋 헌법 제35조 제1항에서 정하고 있는 환경권에 관한 규정만으로는 그 권리의 주체·대상·내용·행사방법 등이 구체적으로 정립되어 있다고 볼 수 없으므로, **환경영향평가 대상지역 밖에 거주하는 주민**에게 **헌법상의 환경권에 근거**하여 공유수면매립면허처분과 농지개량사업시행인가처분의 무효확인을 구할 **원고적격은 인정될 수 없다.** (○) [12 변시]

📋 **환경영향평가 대상지역 밖에 거주하는 주민**에게 **헌법상의 환경권 또는 환경정책기본법에 근거**하여 공유수면매립면허처분과 농지개량사업 시행인가처분의 무효확인을 구할 **법률상 이익은 인정되지 아니한다.** (○) [10 지방7] [20 서울7]

📋 **환경영향평가 대상지역 밖의 주민**은 헌법상 환경권 또는 환경정책기본법상 쾌적한 환경에서 생활할 권리에 근거하여 **공유수면매립면허처분의 무효확인**을 구할 법률상 이익이 있다. (✕) [08 국회8]

📋 **환경영향평가 대상지역 밖에 거주하는 주민**은 관계법령의 내용과는 상관없이 헌법상의 환경권에 근거하여 제3자에 대한 **공유수면매립면허처분을 취소**할 것을 **청구**할 수 있는 공권을 가진다. (✕) [17 국회8]

📋 **환경영향평가 대상지역 밖에 거주하는 주민**은 헌법상의 환경권 또는 「환경정책기본법」에 근거하여 **공유수면매립면허처분과 농지개량사업 시행인가처분의 무효확인**을 구할 원고적격이 있다. (✕) [21 지방7]

283 ★★★★

㉠ 방사성물질에 의하여 보다 직접적이고 중대한 피해를 입으리라고 예상되는 지역 내의 주민들이 제기하는 원자로시설부지 사전승인처분 취소소송에서 원고적격이 인정된다. [16 세무사] **O X**

㉡ 환경영향평가대상지역에 거주하는 원자로시설부지 인근 주민들은 원자로시설부지사전 승인처분의 취소를 구할 원고적격이 있다. [23 세무사] **O X**

해설

- 원자력법 제12조 제2호의 취지는 방사성물질 등에 의한 생명·건강상의 위해를 받지 아니할 이익을 일반적 공익으로서 보호하려는 데 그치는 것이 아니라 **방사성물질에 의하여 보다 직접적이고 중대한 피해를 입으리라고 예상되는 지역 ★내의 주민들**의 위와 같은 이익을 직접적·구체적 이익으로서도 보호하려는 데에 있다 할 것이므로, 위와 **같은 지역 ★내의 주민들**에게는 **★방사성물질 등에 의한 생명·신체의 안전침해를 이유**로 **부지사전승인처분의 취소를 구할 원고적격이 있다.**

- 위 환경영향평가법 제7조에 정한 환경영향평가대상지역 안의 주민들이 방사성물질 이외의 원인에 의한 환경침해를 받지 아니하고 생활할 수 있는 이익도 직접적·구체적 이익으로서 그 보호대상으로 삼고 있다고 보이므로, 위 **환경영향평가대상지역 ★안의 주민**에게는 방사성물질 이외에 **원전냉각수 순환시 발생되는 온배수로 인한 ★환경침해를 이유**로 부지사전승인처분의 취소를 구할 원고적격도 있다. (대판 1998.9.4., 97누19588)

✓ ㉠ **원자로 시설부지 인근 주민들**로서는 원자로시설 부지사전승인처분으로 인해서 **원자력법에 의해 보호되고 있는 법률상 이익(방사성물질 등에 의한 생명.신체의 안전)이 침해**될 수 있음을 이유로 **원자로시설 부지사전승인처분의 취소**를 구할 수 있는 **원고적격이 있다.**

㉡ 또한 **원자로건설사업을 위한 환경영향평가대상지역 안의 주민들**은 원자로시설 부지사전승인처분으로 인해서 **환경영향평가법령에 의해 보호되고 있는 법률상 이익(원전냉각수 순환으로 배출되는 온배수 인한 수질. 해양 환경침해)의 침해가능성**을 들어 **원자로시설 부지사전승인처분의 취소**를 구할 수 있는 **원고적격이 있다.**

▶ [**"원자로부지승인·방사성물질 문구 등장"** → **원고적격 有**]로 정리하면 충분하다. **정답** ㉠ O, ㉡ O

☐ **방사성물질 등**에 의하여 직접적이고 중대한 피해를 입으리라고 예상되는 **지역 내의 주민들**에게는 **방사성물질 등에 의한 생명.신체의 안전침해를 이유**로 한 **부지사전승인처분 취소소송의 원고적격이 인정**된다. (O) [18 변시]

☐ **원자로 시설부지 인근 주민들**이 **방사성물질 등에 의한 생명·신체의 안전침해**를 이유로 **부지사전승인처분의 취소**를 구하는 경우 **원고적격이 인정**되지 않는다. (X) [14 서울9]

☐ 판례는 **원자력 발전소건설**을 위한 **부지 사전승인처분**에 대하여 환경영향평가법령에 따른 **환경영향평가대상지역 안의 주민들**의 **법률상의 이익을 인정**하였다. (O) [08 지방9]

☐ **원자로 시설부지 인근주민들**이 **원자로의 부지사전승인처분의 취소**를 구하는 경우 행정소송법 제12조상의 **"법률상 이익"**이 없다. (X) [06 국회8]

284 ★★★★

㉠ 구 「원자력법 상」 원자로 및 관계 시설의 부지사전승인처분은 그 자체로서 건설부지를 확정하고 사전공사를 허용하는 법률효과를 지닌 독립한 행정처분이다. **[19 서울7] OX**

㉡ 원자로건설허가처분이 있은 후에 원자로부지 사전승인처분의 취소소송을 제기하는 경우 소의 이익이 인정되지 않는다. **[20 세무사] OX**

> **해설**
>
> 원자로 및 관계시설의 부지사전승인처분은 그 자체로서 건설부지를 확정하고 사전공사를 허용하는 법률효과를 지닌 독립한 행정처분이기는 하지만, 건설허가 전에 신청자의 편의를 위하여 미리 그 건설허가의 일부요건을 심사하여 행하는 **사전적 부분건설허가처분의 성질**을 갖고 있는 것이어서 **나중에 건설허가처분이 있게 되면** 그 ★ 건설허가처분에 흡수되어 독립된 존재가치를 상실함으로써 그 ★건설허가처분만이 쟁송의 대상이 되는 것이므로, ★부지사전승인처분의 취소를 구하는 소는 소의 이익을 잃게 된다. (대판 1998.9.4., 97누19588)

✓ ㉠ 원자로 및 관계시설의 부지사전승인처분은 일단 독립된 행정처분이기 때문에, 원자로사전부지 인근 주민들이 법률상 이익의 침해를 이유로 **원자로 부지사전승인처분을 다툴 수 있다.**

㉡ 그러나 **원자로 부지사전승인처분에 대한 취소소송**을 제기하여 **소송이 계속 중일 때, 원자로건설허가처분이 있게 되면!**, 선행처분인 **원자로시설 부지사전승인**은 후행처분인 **'원자로건설허가처분'으로 흡수되어 소멸**하게 되므로, 더 이상 존재하지 않는 **부지사전승인처분**을 대상으로 한 **원자로부지사전승인처분 취소소송**은 소의 이익을 잃은 소로서 **각하**된다. **정답** ㉠ O, ㉡ O

▨ 구 「원자력법」상 부지사전승인제도의 법적 성질은 **행정처분**이다. (O) [13 지방9]

▨ **원자력부지사전승인처분**은 **항고소송의 대상**이 될 수 있다. (O) [14 국회8]

▨ **원자력법상 시설부지 사전사용승인**은 그 **자체로서 독립적인 행정처분**이 아니므로 **취소소송**으로 이를 다툴 수 없다. (X) [14 서울9]

▨ **원자로 및 관계시설의 부지 사전승인처분**의 **처분성**은 부정된다. (X) [15 군무원9]

▨ **원자로시설부지사전승인처분 취소소송 중 건설허가처분**이 있게 되었을 때 **부지사전승인처분 취소소송**의 경우 **소의 이익이 인정되지 않는다.** (O) [19 세무사]

▨ 구 「원자력법」 제11조 제3항에 따른 **원자로 및 관계 시설의 부지사전승인처분**은 나중에 **건설허가처분**이 있게 되면 **부지사전승인처분의 취소**를 구하는 소는 **소의 이익을 잃게 된다.** (O) [21 소방간부]

▨ **원자로건설허가처분**이 있은 후에 **원자로부지사전승인처분의 취소**를 구하는 경우 협의의 소익이 인정된다. (X) [12 세무사]

▨ **원자로건설허가처분**이 있은 후에 **원자로부지 사전승인처분의 취소소송**을 제기하는 경우 소의 이익이 인정된다. (X) [14 세무사]

▨ **원자로 및 관계 시설의 부지사전승인처분**은 **나중에 건설허가처분**이 있게 되더라도 그 **건설허가처분에 흡수되어 독립된 존재가치를 상실**하는 것은 아니므로, **부지사전승인 처분의 취소**를 구할 이익이 있다. (X) [20 군무원9]

285 ★★☆☆

구(舊) 「자연환경보전법」에 따라 1등급 권역의 인근 주민들이 갖는 생활환경상 이익은 법률상 이익이다. ⓞⓧ

> **해설**
>
> **생태·자연도**는 토지이용 및 개발계획의 수립이나 시행에 활용하여 자연환경을 체계적으로 보전·관리하기 위한 것일 뿐, **1등급 권역의 인근 주민들이 가지는** 생활상 이익을 직접적이고 구체적으로 보호하기 위한 것이 아님이 명백하고, **1등급 권역의 인근 주민들이 가지는 이익**은 환경보호라는 공공의 이익이 달성됨에 따라 ★**반사적으로 얻게 되는 이익**에 불과하므로, **인근 주민**에 불과한 甲은 **생태·자연도 등급권역**을 1등급에서 일부는 **2등급으로**, 일부는 **3등급으로 변경**한 결정의 **무효확인**을 구할 ★**원고적격이 없다.** (대판 2014.2.21. 2011두29052)
>
> **정답** ✕

■ **환경부장관**이 **생태·자연도 1등급 지역**을 **2등급으로 변경하는 처분**에 대해 **1등급 권역 인근주민**은 이 처분의 무효확인을 구할 **원고적격이 없다.** (○) [21 세무사]

■ **생태·자연도 1등급**이었던 지역을 **2등급 또는 3등급으로 변경**한 경우, 그 **등급변경처분**의 무효확인을 청구한 **인근 주민**은 항고소송의 원고적격이 인정된다. (✕) [16 세무사]

286 ★★★☆

재단법인인 수녀원이 공유수면매립목적 변경 승인처분에 대하여 환경상의 이익 침해를 이유로 무효확인을 구하는 경우 원고적격이 인정된다. ⓞⓧ

> **해설**
>
> **재단법인 甲 수녀원**이, 매립목적을 택지조성에서 조선시설용지로 변경하는 내용의 **공유수면매립목적 변경 승인처분**으로 인하여 **법률상 보호되는 환경상 이익을 침해받았다면서** 행정청을 상대로 처분의 무효 확인을 구하는 소송을 제기한 사안에서, **甲 수녀원에는 처분의 무효확인을 구할 ★원고적격이 없다.** (대판 2012. 6. 28., 2010두2005)
>
> **정답** ✕

■ **재단법인 甲수녀원**이, 매립목적을 **택지조성에서 조선시설용지로 변경**하는 내용의 **공유수면매립목적 변경 승인처분**으로 인하여 법률상 보호되는 환경상 이익을 침해받았다면서 행정청을 상대로 처분의 무효확인을 구하는 소송을 제기한 경우, **甲수녀원**에는 처분의 무효확인을 구할 **원고적격이 없으므로 위 소송은 부적법**하다. (○) [17 국가5 승진]

■ **재단법인인 수녀원 D**는 소속된 수녀 등이 쾌적한 환경에서 생활할 수 있는 환경상 이익을 침해받는다면 매립목적을 **택지조성에서 조선시설용지로 변경**하는 내용의 **공유수면매립목적 변경 승인처분의 무효확인**을 구할 원고적격이 있다. (✕) [16 지방9]

■ 인근 **공유수면의 매립목적**을 **택지조성에서 조선시설용지로 변경**하는 **공유수면매립목적 변경 승인처분**으로 인하여 환경상의 이익을 침해받았다고 주장하는 **수녀원**의 항고소송의 원고적격이 인정된다. (✕) [22 국회8]

287 ★★★☆

산업집적활성화 및 공장설립에 관한 법률에 따라 공장설립승인처분 후에 공장건축허가처분이 있은 경우, 공장설립승인처분이 취소된 이후에는 공장건축허가처분의 취소를 구할 이익이 없다. **O X**

> **해설**
>
> 구 산업집적활성화 및 공장설립에 관한 법률에 따른 공장설립승인처분이 있고 난 뒤에 또는 그와 동시에 공장건축허가처분을 하는 것이 허용되므로, 개발제한구역 안에서의 **공장설립을 승인한 처분이 위법하다는 이유로 쟁송취소**되었다고 하더라도 그 **승인처분에 기초한 ★공장건축허가처분이 잔존**하는 이상, 공장설립승인처분이 취소되었다는 사정만으로 인근 주민들의 환경상 이익이 침해되는 상태나 침해될 위험이 종료되었다거나 이를 시정할 수 있는 단계가 지나버렸다고 단정할 수는 없고, **인근 주민들**은 여전히 **★공장건축허가처분의 취소를 구할 법률상 이익이 있다**고 보아야 한다. (대판 2018.7.12., 2015두3485)
>
> **정답** ✕

- **공장설립승인처분**이 위법하다는 이유로 **쟁송취소**되었다고 하더라도 그 **승인처분에 기초**한 **공장건축허가처분이 잔존**하는 이상, **인근 주민들**은 여전히 **공장건축허가처분의 취소**를 구할 **법률상 이익이 있다**. (○) [19 서울7]
- **쟁송취소**된 **공장설립 승인처분에 기초**한 **공장건축허가처분**에 대해 취소를 구하는 **인근 주민**은 취소소송에서의 **법률상 이익이 있다.** (○) [19 서울7]

288 ★★★☆

광업권설정허가처분으로 인하여 수인한도를 넘는 재산상 피해가 인정되는 토지소유자는 취소소송의 원고적격이 인정된다. **O X**

> **해설**
>
> **광업권설정허가처분**과 그에 따른 **광산 개발**로 인하여 **재산상·환경상 이익의 침해**를 받거나 받을 우려가 있는 **토지나 건축물의 소유자와 점유자 또는 이해관계인 및 주민들**은 그 처분 전과 비교하여 **★수인한도를 넘는 재산상·환경상 이익의 침해를 받거나 받을 우려**가 있다는 것을 **★증명**함으로써 그 **처분의 취소**를 구할 **★원고적격을 인정**받을 수 있다. (대판 2008. 9. 11. 2006두7577)
>
> **정답** ○

- **광업권설정허가처분의 취소**를 구하려는 경우, **광산개발**로 **재산상·환경상의 이익**을 **침해당할 우려**가 있는 **토지 소유자의 원고적격이 인정**된다. (○) [21 세무사]
- **광업권설정허가처분**과 그에 따른 **광산 개발**로 인하여 **재산상·환경상 이익의 침해**를 받거나 받을 우려가 있는 **토지나 건축물의 소유자와 점유자 또는 이해관계인 및 주민들**은 그 처분 전과 비교하여 **수인한도를 넘는 재산상·환경상 이익의 침해를 받거나 받을 우려**가 있다는 것을 **증명**하더라도 **원고적격을 인정**받을 수 없다. (✕) [21 군무원9]

6 원고적격의 확대 2: 경원자·경업자 소송

289 ★★★★

㉠ 甲과 乙은 관할 행정청 A에게 동일지역을 대상으로 하는 도로점용허가를 신청하였으나, A는 乙에게 허가를 하였다. 이 경우 甲에게는 乙에 대한 허가처분 취소소송을 제기할 원고적격이 인정된다.
[13 세무사] **O** **X**

㉡ 항공사인 甲과 乙은 각각 A국제항공노선에 대한 운수권배분을 신청하였으나, 국토교통부장관은 내부지침에 따라서 甲에 대해서만 운수권배분을 행하고 乙에 대해서는 아무런 조치를 취하지 않았다. 甲은 이에 불복하여 행정소송을 제기하고자 한다. 이 경우 운수권배분처분은 甲에 대한 것이고 乙은 그 처분의 직접 상대방이 아니므로, 乙은 운수권배분처분의 취소를 구할 원고적격이 없다.
[19 세무사] **O** **X**

【해설】

> 인·허가 등의 **수익적 행정처분을 신청한 수인**이 **서로 경쟁관계**에 있어서 **일방에 대한 허가 등의 처분**이 **타방에 대한 불허가 등으로 귀결**될 수밖에 없는 때 ★허가 등의 **처분을 받지 못한 자**는 비록 **경원자**에 대하여 이루어진 허가 등 **처분의 상대방이 아니라 하더라도** 당해 **처분의 취소를 구할 ★원고적격이 있다.** 다만, 명백한 법적 장애로 인하여 원고 자신의 신청이 인용될 가능성이 처음부터 배제되어 있는 경우에는 당해 처분의 취소를 구할 정당한 이익이 없다. (대판 2009.12.10. 2009두8359)

ⓐ 설문의 두 사례에서, **甲과 乙 모두** 행정청이 **자신에게 허가를 발급해주기를 원하는** 이른바 '**경원자(競願者) 관계**'에 있다. 이와 같이 행정청이 **2인 이상**으로부터 인·허가 등의 **수익적 행정처분의 신청**을 받은 경우에는, 그 중 **일부의 사람에 대해서만 인·허가**를 해 줄 수 있게 된다면, **나머지 사람**은 인·허가 등을 받지 못하게 되므로,

ⓑ 수익적 행정**처분을 받지 못한 사람**에게는 ★**다른 사람에게 발급해 준 인·허가처분의 취소**를 구하는 '**경원자 소송**'을 제기할 법률상 이익이 있다. **정답** ㉠ O, ㉡ ×

◾ **甲에 대한 허가**가 **乙에 대한 불허가로 귀결**될 수밖에 없는 관계에 있는 경우, **乙은 甲이 받은 허가처분의 취소**를 구할 **원고적격이 있다.** (O) [14 경행]

◾ **법학전문대학원 설치인가신청**을 하였으나 **인가처분을 받지 못한 대학**은 처분의 상대방이 아니더라도 **다른 대학**에 대하여 이루어진 **설치인가처분의 취소**를 구할 **법률상 이익이 있다.** (O) [22 소방간부]

◾ 인·허가 등 수익적 **처분을 신청**한 **여러 사람이 상호 경쟁관계**에 있다면, 그 **처분이 타방에 대한 불허가 등**으로 될 수밖에 없는 때에도 수익적 **처분을 받지 못한 사람**은 처분의 직접 상대방이 아니므로 원칙적으로 당해 **수익적 처분의 취소**를 구할 수 없다. (×) [17 지방9]

◾ **A항공사와 B항공사**는 각각 몰디브 직항 **항공노선 1개의 노선면허취득을 위한 신청**을 하였는데, 국토교통부장관은 심사를 거쳐 **A항공사에게 노선면허를 발급**하였다. 이 경우 **B항공사**는 **A항공사에의 노선면허발급처분**에 대한 **취소소송을 제기할 원고적격이 인정**되지 않는다. (×) [17 국가9 下]

290 ★★★★

㉠ 주유소 운영사업자 선정처분이 내려진 경우, 불선정된 사업자는 경원관계에 있는 사업자에 대한 선정처분의 취소를 구하지 않고 자신에 대한 불선정처분의 취소를 구할 이익이 있다.

[21 세무사] **O** X

㉡ 항공사인 甲과 乙은 각각 A국제항공노선에 대한 운수권배분을 신청하였으나, 국토교통부장관은 내부지침에 따라서 甲에 대해서만 운수권배분을 행하고 乙에 해서는 아무런 조치를 취하지 않았다. 甲은 이에 불복하여 행정소송을 제기하고자 한다. 이 경우 甲에 대한 운수권배분처분에는 乙에 대한 운수권배분거부처분이 포함되어 있다고 볼 수 있고 乙은 자신에 대한 운수권배분거부처분의 취소를 구할 원고적격이 있다.

[19 세무사] **O** X

> **해설**
>
> 인가·허가 등 수익적 행정처분을 신청한 여러 사람이 서로 경원 관계에 있어서 한 사람에 대한 허가 등 처분이 다른 사람에 대한 불허가 등으로 귀결될 수밖에 없을 때 허가 등 처분을 받지 못한 사람은 신청에 대한 **거부처분의 직접 상대방**으로서 원칙적으로 ★**자신에 대한 거부 처분의 취소를 구할 원고적격이 있고, 취소판결이 확정**되는 경우 판결의 직접적인 효과로 경원자에 대한 허가 등 처분이 취소되거나 효력이 소멸되는 것은 아니더라도 행정청은 **취소판결의 기속력에 따라** 판결에서 확인된 위법사유를 배제한 상태에서 취소판결의 **원고와 경원자의 각 신청에 관하여** 처분요건의 구비 여부와 ★**우열을 다시 심사하여야 할 의무**가 있으며, **재심사 결과** 경원자에 대한 수익적 처분이 직권취소되고 취소판결의 **원고에게 수익적 처분**이 이루어질 **가능성**을 완전히 배제할 수는 없으므로, 특별한 사정이 없는 한 **경원관계에서 허가 등 처분을 받지 못한 사람**은 ★**자신에 대한 거부처분의 취소를 구할 소의 이익이 있다.** (대판 2015.10.29. 2013두27517)
>
> ✓ ⓐ '**경원자(競願者) 관계**'에서 어느 **일방에 대한 인·허가 처분의 발급**은 인·허가 등을 받지 못한 타방에게는 곧 **거부처분**이라 할 수 있고, **자신에 대한 거부처분의 취소를 구하는 소송**을 제기하여 **승소할 경우**, 판결의 기속력에 따라 **행정청이** 각 신청의 우열을 재심사하게 되면, **인·허가처분의 발급대상이 바뀌질 가능성**도 있으므로,
>
> ⓑ 당초에 **인·허가를 받지 못한 사람**에게는 ★**자신에 대한 거부처분의 취소를 구할 원고적격이 있다**는 것이다.
>
> **정답** ㉠ O, ㉡ O

■ **경원관계에서** 경원자에 대한 수익적 처분의 취소를 구하지 아니하고, **자신에 대한 거부처분의 취소**만을 구하는 경우 **소의 이익이 인정**된다. (O) [20 세무사]

■ **A항공사와 B항공사는 각각** 몰디브 직항 **항공노선 1개의 노선면허취득을 위한 신청**을 하였는데, 국토교통부장관은 심사를 거쳐 **A항공사에게 노선면허를 발급**하였다. 이 경우 **B항공사**가 자신에 대한 노선면허 발급**거부처분에 대해 취소소송**을 제기하여 **인용판결**을 받더라도, A항공사에 대한 노선면허발급처분이 취소되지 않는 이상 **자신이 노선면허를 발급받을 수**는 없으므로 B항공사에게는 **자신에 대한 노선면허발급거부처분의 취소**를 구할 **소의 이익이 인정**되지 않는다. (X) [17 국가9 下]

■ **허가 등 처분을 신청한 甲과 乙이 서로 경원관계에 있는 경우**, **행정청이 甲에게 허가 등을 거부하는 처분** (이하 '이 사건 **거부처분**'이라 함)을 함과 **동시에 乙에게 허가 등 처분**을 하였다면, 이 사건 **거부처분에 대한 취소판결이 확정**되더라도 乙에 대한 허가 등 처분이 취소되거나 효력이 소멸되는 것은 아니므로, 甲은 이 사건 **거부처분의 취소를 구할 소의 이익**이 없다. (X) [21 변시]

291 ★★★☆

㉠ 甲과 乙은 관할 행정청 A에게 동일지역을 대상으로 하는 도로점용허가를 신청하였으나, A는 乙에게 허가를 하였고, 甲은 乙에 대한 허가처분의 취소를 구하는 소송을 제기하였다. 이 때 甲이 제기한 乙에 대한 허가처분 취소소송의 인용판결이 확정된 경우 A는 甲에게 도로점용을 허가하여야 한다.　[13 세무사] ⭕❌

㉡ 수익적 행정처분을 신청한 여러 사람이 서로 경원관계에 있어서 한 사람에 대한 허가 처분이 다른 사람에 대한 불허가로 귀결될 수밖에 없을 때 허가 처분을 받지 못한 사람의 신청에 대한 거부처분의 취소판결이 확정되는 경우 행정청은 취소판결의 기속력에 따라 경원자에 대한 수익적 처분을 취소하여야 할 의무가 있다.　[21 경행] ⭕❌

> **해설**
>
> 인가·허가 등 수익적 행정처분을 신청한 여러 사람이 서로 경원 관계에 있어서 한 사람에 대한 허가 등 처분이 다른 사람에 대한 불허가 등으로 귀결될 수밖에 없을 때 허가 등 처분을 받지 못한 사람은 신청에 대한 거부처분의 직접 상대방으로서 원칙적으로 자신에 대한 거부 처분의 취소를 구할 원고적격이 있고, **취소판결이 확정**되는 경우 **판결의 직접적인 효과로 경원자에 대한 허가 등 처분이 취소되거나 효력이 소멸되는 것은 아니더라도** 행정청은 <u>취소판결의 기속력</u>에 따라 판결에서 확인된 위법사유를 배제한 상태에서 취소판결의 ★**원고와 경원자의 각 신청에 관하여** 처분요건의 구비 여부와 ★**우열을 다시 심사하여야 할 의무**가 있으며, **재심사 결과 경원자**에 대한 **수익적 처분이 직권취소**되고 취소판결의 **원고에게 수익적 처분**이 이루어질 **가능성**을 완전히 배제할 수는 없다. (대판 2015.10.29. 2013두27517)

[문제상황] 경원자 관계인 甲과 乙의 허가신청에 대하여, 허가청이 乙에게만 허가처분을 한 상황	
	甲이 乙에 대한 허가처분에 대하여 취소소송을 제기하였을 경우
①	ⓐ **취소판결이 인용**되면, 행정청은 乙에 대한 허가처분은 취소되지만,
	ⓑ 甲과 乙의 **신청에 대한 재심사**를 한 결과, **여전히 乙이 적격자로 판명**될 경우에는 다시 乙에게 허가처분을 해줄 수 있기 때문에, 반드시 ★**甲에 대하여 허가처분을 해주어야 하는 것은 아니다.**
	甲이 자신에 대한 거부처분에 대하여 취소소송을 제기하였을 경우
②	ⓐ **취소판결이 인용**되면, **甲에 대한** 허가 **거부처분이 위법**하다는 판결의 취지에 따라,
	ⓑ 甲과 乙의 **신청에 대한 재심사**를 한 결과, → **甲이 새로운 적격자로 판명**될 경우에는, 乙에 대한 기존 허가**처분은 직권으로 취소**될 것이지만, → **여전히 乙이 적격자로 판명**될 경우에는, ★**乙에 대한 기존 허가처분은 유지**될 것이다.

정답 ㉠ ✕, ㉡ ✕

292 ★★★☆ [05 세무사]

경업자소송(또는 경쟁자소송)을 제기하기 위하여는 행정작용의 근거법령의 보호법익에 기존업자의 이해관계가 포함되어 있어야 한다. **O X**

해설

일반적으로 면허나 인·허가 등의 **수익적 행정처분의 근거가 되는 법률**이 해당 업자들 사이의 **과당경쟁**으로 인한 ★**경영의 불합리를 방지**하는 것도 그 **목적**으로 하고 있는 경우, 다른 업자에 대한 면허나 인·허가 등의 수익적 행정처분에 대하여 미리 같은 종류의 면허나 인·허가 등의 수익적 행정처분을 받아 영업을 하고 있는 **기존의 업자**는 **경업자에 대하여 이루어진** 면허나 인·허가 등 행정처분의 상대방이 아니라 하더라도 당해 ★**행정처분의 취소를 구할 당사자적격이 있다**. (대판 2002. 10. 25., 2001두4450)

☑ ⓐ **경업자관계**에서, 어떠한 제3자효 **행정처분의 근거법령**이 특정 시장분야에서 그 처분을 받은 ★**기존업자의 영업상 이익**을 '**법률상의 이익**'으로서 **보호**하고 있는 것으로 해석된다면, '**신규업자 허가처분**'으로 기존업자가 입게 되는 영업상의 불이익은 ★**법률상 이익이 침해**된 것이므로, **기존업자**에게는 신규 처분에 대하여 항고소송을 제기할 수 있는 **원고적격이 인정**된다.

ⓑ 해당 수익적 처분의 **근거법규**가 기존업자의 영업상 이익을 법률상 이익으로 보호하고 있는지 여부는, 해당 처분의 법적 성질이 ★**특허인지** 또는 **허가인지**에 따라 **달라지는 경우**가 일반적이다. **정답 O**

📖 **제3자에게 효력이 발생하는 처분**에 있어서는 **행정법규가 제3자의 이익을 보호**하고 있어야 **소송제기가 가능**하다. (O) **[01 관세사]** ➡ 제3자=경업자

293 ★★☆☆ [15 국가9]

허가를 받은 경업자에게는 원고적격이 인정되나, 특허사업의 경업자는 특별한 사정이 없는 한 원고적격이 부인된다. **O X**

해설

■ '**수익적 처분**'의 법적 성질에 따른 '**기존업자(경업자)**'의 원고적격성 여부

	특허 처분	허가 처분
수익적 처분으로 기존업자(경업자)가 받고 있는 이익	**법률상** 이익	**반사적·사실상** 이익
기존업자(경업자)의 **원고적격성** 여부	원고적격 O	원고적격 X

☑ 다만 **예외적**으로 '**허가**'처분으로 누리는 **영업상의 이익**이더라도, 그 허가의 **근거법규**가 기존업자의 이익을 **법률상 이익**으로 **보호**하고 있는 것으로 해석된다면, 허가처분을 받은 **기존업자도 원고적격이 있다**. **정답 X**

📖 **경업자소송**에서의 원고적격과 관련하여, **기존업자**는 **특허의 경우**에는 **법률상 이익이 인정**되나, **허가의 경우**에는 **반사적 이익**을 가진다. (O) **[03 행시]**

📖 **기존업자**가 특허인 경우에는 그 특허로 인하여 받는 영업상 이익은 **반사적 이익 내지 사실상 이익**에 불과한 것으로 보는 것이 일반적이나, 허가인 경우에는 **기존업자**가 그 허가로 인하여 받은 영업상 이익은 **법률상 이익**으로 본다. (X) **[17 국회8 변형]**

294 ★★☆☆

⊙ 숙박업구조변경허가처분에 대하여 인근의 기존 숙박업자가 그 취소를 구하는 경우 원고적격이 인정된다. [20 세무사] **O X**

ⓛ 공중목욕장 영업허가에 대한 기존업자의 이익은 반사적 이익으로 보아 행정소송으로 구제되지 않는다. [09 세무사] **O X**

ⓒ 신규 단란주점 영업허가를 다투는 기존 단란주점업자는 취소소송의 원고적격이 인정된다. [13 세무사] **O X**

[해설]

- **숙박업구조변경허가**를 함으로써 그곳으로부터 50미터 내지 700미터 정도의 거리에서 여관을 경영하는 원고들이 받게 될 **불이익**은 ★**간접적**이거나 **사실적, 경제적인 불이익**에 지나지 아니하므로 원고들에게 위 **숙박업구조변경허가처분의 무효확인** 또는 **취소**를 구할 **소익이 있다고 할 수 없다.** (대판 1990. 8. 14., 89누7900)

- **공중목욕장업 경영 허가**는 경찰금지의 해제로 인한 영업자유의 회복이라고 볼 것이므로 이 영업의 자유는 법률이 직접 공중목욕장업 피허가자의 이익을 보호함을 목적으로 한 경우에 해당되는 것이 아니고 … (중략) … 원고가 이 사건 **허가처분**(* 신규 목욕장업허가)에 의하여 **목욕장업에 의한 이익이 사실상 감소**된다 하여도 이 불이익은 본건 허가처분의 **단순한 사실상의** ★**반사적 결과에 불과**하고 … (중략) … 이 사건 **목욕장업허가처분**에 대하여 그 **취소를 소구**할 수 있는 ★**법률상 이익이 없다.** (대판 1963. 8. 31., 63누101)

✓ ⓐ 공중위생관리법령에 근거한 **숙박업영업허가** 또는 **공중목욕장업 허가**와 식품위생법령에 근거한 **단란주점영업허가** 또는 **음식점영업허가**의 법적 성질은 전형적인 **강학상 '허가'**에 해당하는바,

ⓑ 이러한 **허가**의 근거법령에서는 기존 허가업자의 사익을 보호하려는 것으로 해석되지 않는 경우가 일반적이므로, 해당 '**허가**'를 받은 **기존업자의 이익**은 반사적 이익에 해당하여 주변의 **기존업자**는 신규 영업허가처분을 다툴 **법률상 이익이 인정되지 않는다.** **[정답]** ⊙ X, ⓛ O, ⓒ X

📄 **숙박업구조변경허가처분을 받은** 건물의 인근에서 **여관을 경영하는 자**들은 그 **처분의 무효확인 또는 취소**를 구할 **소익이 없다.** (O) [06 국가7]

📄 **숙박업구조변경허가처분**에 대한 ~~주변 숙박업자의 원고적격이 인정된다.~~ (X) [10 서울9]

➡ (인근에서 여관을 경영하고 있던 자, 주변 숙박업자)=기존업자

📄 대법원의 판례에 따를 경우, **공중목욕장 영업허가**에 대한 **기존(旣存)업자의 이익**은 **반사적 이익**으로 **재판**에 의해서 **구제받기 어렵다.** (O) [05 노동9]

📄 **신규 목욕장 영업허가**를 다투는 **기존 목욕장업자**는 ~~처분의 취소를 구할 법률상 이익이 인정된다.~~ (X) [12 세무사]

📄 **기존 목욕장영업장 부근**에 **신설 영업장을 허가**한 경우 **기존 영업자**는 ~~허가처분의 취소소송을 제기할 법률상 이익이 있다.~~ (X) [18 세무사]

📄 甲은 **강학상 허가**에 해당하는 **「식품위생법」상 영업허가**를 신청하였고 甲에게 허가가 부여된 이후, 乙에게 **또 다른 신규허가**가 행해진 경우, 甲에게는 특별한 규정이 없더라도 乙에 대한 **신규허가를 다툴** 수 있는 ~~원고적격이 인정되는 것이 원칙이다.~~ (X) [19 지방9]

---

295 ★★★★

기존 노선버스사업자가 자신의 노선과 중복되는 신규 노선버스운송사업 인가처분의 취소를 구하는 청구소송은 각하사유에 해당한다. **O X**

> **[해설]**
>
> 자동차 운수사업법 6조 1호에 의한 **자동차운송사업의 면허**에 대하여 당해 **노선**에 관한 ★**기존업자**는 **신규 노선 연장인가처분의 취소**를 구할 ★**법률상의 이익이 있다**. (대판 1974.4.9, 73누173)
>
> ⓐ 자동차운수사업법에 따른 **자동차운송사업면허**는 강학상 **'특허'**에 해당하는바, 이러한 **특허 처분의 근거법규**에서는 기존 특허업자가 누리는 영업상 이익을 **법률상 이익으로 보호**하고 있는 것으로 **해석되는 경우가 일반적**이다.
>
> ⓑ 따라서 **자동차운송사업면허**로 특정 노선에 관하여 **기존업자가 누리는 영업상의 이익은 법률상 이익에 해당**하기 때문에, 이러한 **기존업자**가 경업자에 대한 **신규 노선버스 운송사업 인가처분(또는 신규 노선연장 인가처분)**의 취소를 구하는 **소송**은 적법한 소송으로서 **각하되지 아니한다.**
>
> **[정답]** ✕

▨ 판례에 의할 때 **(구)자동차운수사업법**에 의한 **노선연장인가처분**에 대해서는 **당해 노선의 기존업자**에게 이를 다툴 **법률상 이익이 인정**된다. (O) [05 세무사]

▨ **신규버스노선 연장인가처분**에 대한 **당해 노선의 기존사업자**의 취소청구에서 **기존사업자의 원고적격이 인정**된다. (O) [08 관세사]

▨ **동일 노선**상의 **신규 버스운송사업면허**를 다투는 **기존 버스운송사업자**는 취소소송의 **원고적격이 인정**된다. (O) [13 세무사]

▨ **기존 노선버스사업자**는 자신의 노선과 중복되는 **신규 노선버스운송사업 인가처분의 취소를 청구**할 **원고적격이 있다.** (O) [14 세무사]

▨ 구 「자동차운수사업법」 상 **자동차운송사업의 면허**와 관련하여 **당해 노선에 관한 기존업자**는 노선연장인가처분의 **취소**를 구할 **법률상 이익이 있다.** (O) [19 세무사]

296 ★★★★

직행형 시외버스운송사업자에 대한 사업계획변경인가처분의 취소를 구하는 기존의 고속형 시외버스
운송사업자는 항고소송의 원고적격이 인정된다. **O X**

> 해설
>
> **직행형 시외버스운송사업자**에 대한 **사업계획변경인가처분**으로 인하여 **기존의 고속형** 시외버스운송사업자의 노
> 선 및 운행계통과 **직행형** 시외버스운송사업자들의 그것들이 **일부 중복**되게 되고 **기존업자의 수익감소가 예상**된
> 다면, 기존의 고속형 시외버스운송사업자와 직행형 시외버스운송사업자들은 **경업관계**에 있는 것으로 봄이 상당
> 하므로, ★**기존의 고속형 시외버스운송사업자**에게 **직행형 시외버스운송사업자**에 대한 **사업계획변경인가처분의
> 취소**를 구할 **법률상의 이익이 있다**고 할 것이다. (대판 2010.11.11. 2010두4179)
>
> ✎ **자동차(버스)운송사업면허**(강학상 특허)와 관련된 **경업관계 사례**의 대부분은 기존업자의 법률상 이익이 있는 것으로
> 정리하면 용이하다. **정답** O

📃 **기존의 고속형 시외버스운송사업자** A는 경업관계에 있는 **직행형 시외버스운송사업자**에 대한 **사업계획
변경인가처분의 취소**를 구할 **법률상 이익이 있다**. (O) [16 지방9]

📃 **기존의 고속형 시외버스운송사업자**는 직행형 시외버스운송사업자에 대한 **사업계획변경인가처분의 취소**
를 구할 **법률상 이익이 있다**. (O) [22 소방간부]

297 ★★★★

기존 시외버스를 시내버스로 전환하는 사업계획변경인가처분에 대하여 노선이 중복되는 기존 시내버
스업자는 항고소송의 원고적격이 인정되지 않는다. **O X**

> 해설
>
> **시외버스운송사업계획변경인가처분**으로 인하여 **기존의 시내버스운송사업자의 노선 및 운행계통**과 **시외버스운송
> 사업자**들의 그것들이 **일부 중복**되게 되고 **기존업자의 수익감소가 예상**된다면, 기존의 시내버스운송사업자와 시
> **외버스운송사업자들**은 **경업관계**에 있는 것으로 봄이 상당하다 할 것이어서 ★**기존의 시내버스운송사업자**에게
> **시외버스운송사업계획변경인가처분의 취소**를 구할 **법률상의 이익이 있다**. (대판 2002. 10. 25. 2001두4450)
>
> **정답** ✕

📃 「여객자동차 운수사업법」상 **시외버스운송사업계획변경인가처분**으로 시외버스 운행노선 중 일부가 기존
의 시내버스 운행노선과 중복하게 된 경우 **기존 시내버스운송사업자의 영업상 이익**은 행정소송법상 '**법
률상 이익**'에 **해당**한다. (O) [20 국회9]

📃 기존 시외버스의 시내버스로의 전환을 허용하는 **사업계획변경인가처분**에 대하여 **노선이 중복**되는 **기존
시내버스업자**가 그 취소를 구하는 경우 ~~원고적격이 인정되지 않는다~~. (✕) [07 세무사]

📃 **시외버스를 시내버스로 전환**하는 **사업계획변경인가처분**으로 인하여 **노선이 중복**되어 그 인가처분의 취
소를 구하는 **기존의 시내버스운송업자**는 ~~제3자의 원고적격이 부정된다~~. (✕) [22 세무사]

298 ★★★☆

동일한 사업구역내의 동종의 사업용 화물자동차면허대수를 늘리는 보충인가처분에 대하여 기존업자가 그 취소를 구하는 경우 원고적격이 인정되지 않는다. **O X**

> 해설
>
> 자동차운수사업법 제6조 제1항 제1호에서 당해 사업계획이 당해 노선 또는 사업구역의 수송수요와 수송력공급에 적합할 것을 면허의 기준으로 정한 것은 … (중략) … 공공의 복리를 증진함과 동시에 **업자간의 경쟁**으로 인한 **경영의 불합리를 미리 방지**하자는 데 그 목적이 있다 할 것이므로 **개별화물자동차운송사업면허**를 받아 이를 영위하고 있는 ★**기존의 업자**로서는 **동일한 사업구역내의 동종의 사업용 화물자동차면허대수를 늘리는 보충인가처분**에 대하여 그 취소를 구할 **법률상 이익**이 있다. (대판 1992. 7. 10., 91누9107)
>
> **정답** ×

▨ 자신과 **동일한 사업구역 내**에서 **동종의 사업용화물자동차면허 대수**를 **늘리는 보충인가처분의 취소**를 구하고자 하는 경우, **기존 개별화물자동차운송사업자**의 **원고적격이 인정**된다. (O) [21 세무사]

▨ **동일한 사업구역 내의 동종의 사업용 화물자동차면허대수**를 **늘리는 보충인가처분**에 대하여 **기존업자**는 그 **취소를 구할 법률상 이익**이 없다. (×) [10 경행]

299 ★★☆☆

전국고속버스운송사업조합은 도지사의 시외버스운송사업자에 대한 사업계획변경인가처분의 취소를 구할 원고적격이 없다. **O X**

> 해설
>
> 피고인 **경상북도지사**가 **시외버스운송사업자에게**, 그가 보유하고 있던 대구−주왕산 노선의 운행계통을 일부 분리하여 기점을 영천으로 하고 경부고속도로를 경유하여 종점을 서울까지 연장하는 내용의 이 사건 **시외버스운송사업계획변동인가처분**을 함으로 인하여, 그 노선에 관계가 있는 고속버스운송사업자의 경제적 이익이 침해됨은 별론으로 하고 전국고속버스운송사업조합이 자신의 법률상 이익이 침해된다거나, 고속버스운송사업자가 아닌 ★**전국고속버스운송사업조합**이 이 사건 처분에 관하여 **직접적이고 구체적인 이해관계를 가진다고는 볼 수 없으므로**, ★**전국고속버스운송사업조합**이 이 사건 **시외버스운송사업계획변동인가처분의 취소**를 구하는 행정소송을 제기할 **원고적격은 없다**. (대판 1990. 2. 9., 89누4420)
>
> **정답** O

300 ★☆☆☆

신규업자에 대한 선박운송사업면허처분에 대하여 기존업자가 그 취소를 구하는 경우 원고적격이 인정되지 않는다. ⓄⓍ

> **해설**
>
> 해상운송사업법 제4조 제1호에서 당해 <u>선박운송사업의 개시로 인하여</u> 당해항로에서 <u>전 공급수송력이 전 수송수요량에 대하여 현저하게 공급 과잉이 되지 아니하도록</u> 규정하여 허가의 요건으로 하고 있는 것은 주로 해상운송의 질서를 유지하고 해상운송사업의 건전한 발전을 도모하여 공공의 복리를 증진함을 목적으로 하고 있으며 동시에 한편으로는 **업자간의 경쟁**으로 인하여 **경영의 불합리를 방지**하는 것이 공공의 복리를 위하여 필요하므로 허가조건을 제한하여 **기존업자의 경영의 합리화**를 보호하자는 데도 목적이 있다. 이러한 **기존업자의 이익**은 단순한 <u>사실상의 이익</u>이 아니고 **법에 의하여 보호되는 이익**이라고 해석되므로, **선박운항사업 면허처분**에 대하여 **★기존업자**는 행정처분 취소를 구할 **법률상 이익이 있다.** (대판 1969. 12. 30., 69누106)
>
> **정답** Ⓧ

📖 판례는 구 '해상운송사업법'에 근거한 **신규선박운항사업 면허허가 처분**에 대한 **당해 항로에 취항**하고 있는 **기존업자의 취소청구소송**에서 **제3자**에게 **법률상의 이익을 인정**하였다. (○) **[08 지방9]**

301 ★★☆☆

헌법재판소에 따르면, 일반법규에서 경쟁자를 보호하는 규정을 별도로 두고 있지 않은 경우에도 기본권인 경쟁의 자유가 바로 행정청의 지정행위의 취소를 구할 법률상의 이익이 된다. ⓄⓍ

> **해설**
>
> 행정처분의 직접 상대방이 아닌 제3자라도 당해처분의 취소를 구할 법률상 이익이 있는 경우에는 행정소송을 제기할 수 있다. 이 사건에서 보건대, 설사 **국세청장의 지정행위**의 근거규범인 이 사건 조항들이 단지 **공익만을 추구**할 뿐 청구인 개인의 이익을 보호하려는 것이 아니라는 이유로 청구인에게 취소소송을 제기할 법률상 이익을 부정한다고 하더라도, 청구인의 **★기본권인 경쟁의 자유**가 바로 행정청의 **지정행위의 취소**를 구할 **법률상 이익이 된다** 할 것이다. (헌재 전원 1998. 4. 30. 97헌마141)
>
> ✓ ⓐ 위 결정례는 **헌법재판소**가 '**병마개제조업자사건**'에서 행정처분의 근거규범에서 개인의 이익을 보호하려는 취지가 엿보이지 않는 경우에도, 헌법재판소답게 **★기본권(경쟁의 자유)으로부터 법률상 이익이 도출**될 수 있다고 본 사례인데,
>
> ⓑ 논리가 지나치게 형성적이어서 학자들로부터 주목받지 못하는 사례임에도 22년도에 출제된 바 있으니, 암기해둘 필요가 있다.
>
> **정답** ○

📖 **국세청장의 납세병마개 제조자 지정행위의 근거**가 되는 법령의 조항들이 **단지 공익만을 추구**할 뿐 개인의 이익을 보호하려는 것이 아니라는 이유로 취소소송을 제기할 법률상 이익을 부정한다고 하더라도, **위 지정행위**가 병마개 제조업자들 사이에 특혜에 따른 차별을 통하여 사경제 주체간의 경쟁조건에 영향을 미치고 이로써 **기업의 경쟁의 자유를 제한하는 것임이 명백한 경우**에는 **국세청장의 지정행위**로 말미암아 **기업의 경쟁의 자유를 제한받게 된 자**들에게는 **일반법규에서 경쟁자를 보호하는 규정을 별도로 두고 있지 않은 경우**에도 **기본권인 경쟁의 자유**가 바로 행정청의 지정행위의 취소를 구할 **법률상의 이익**이 된다. (○) **[14 변시]**

302 ★★★☆

자신의 영업허가지역 내로 영업소 이전을 허가하는 약종상영업소이전허가처분의 취소를 구하고자 하는 경우, 기존 약종상 영업자의 원고적격이 인정되지 않는다. **OX**

> **해설**
>
> 甲이 적법한 **약종상허가**를 받아 **허가지역내**에서 **약종상영업**을 **경영**하고 있음에도 불구하고 행정관청이 구 약사법시행규칙을 위배하여 같은 **약종상인 乙에게** 乙의 영업허가지역이 아닌 **甲의 영업허가지역내로 영업소**를 **이전**하도록 **허가**하였다면 **甲으로서는** 이로 인하여 ★**기존업자**로서의 **법률상 이익**을 **침해**받았음이 분명하므로 甲에게는 행정관청의 **영업소이전허가처분의 취소**를 구할 **법률상 이익이 있다.** (대판 1988. 6. 14., 87누873)
>
> **정답** ✕

🔲 **약종상 영업허가**를 받은 자의 이익은 **법률상 이익에 해당**한다. (○) [04 관세사]

303 ★★★☆

약사들의 한약조제시험 합격처분을 다투는 한의사는 처분의 취소를 구할 법률상 이익이 인정된다. **OX**

> **해설**
>
> **한의사 면허**는 경찰금지를 해제하는 **명령적 행위(강학상 허가)**에 해당하고, **한약조제시험**을 통하여 **약사에게 한약조제권을 인정**함으로써 **한의사들의 영업상 이익이 감소**되었다고 하더라도 이러한 이익은 ★**사실상의 이익**에 불과하고 약사법이나 의료법 등의 **법률에 의하여 보호되는 이익**이라고는 **볼 수 없으므로**, ★**한의사들**이 한약조제시험을 통하여 **한약조제권**을 **인정**받은 **약사들**에 대한 **합격처분의 무효확인**을 구하는 당해 소는 ★**원고적격이 없는 자들이 제기**한 소로서 **부적법**하다. (대판 1998. 3. 10., 97누4289)
>
> **정답** ✕

🔲 **한의사들**이 가지는 **한약조제권**을 **한약조제시험**을 통하여 **약사에게도 인정**함으로써 **감소**하게 되는 **한의사들의 영업상 이익**은 **법률에 의하여 보호되는 이익**이라 **볼 수 없다.** (○) [16 변시]

🔲 한의사면허는 허가에 해당하고, **한약조제시험**을 통해 **약사에게 한약조제권을 인정**함으로써 **한의사들의 영업이익이 감소**되었다고 하더라도 이는 **법률상 이익의 침해라고 할 수 없다.** (○) [22 군무원9]

🔲 **약사들**에 대한 **한약조제시험 합격처분의 무효확인**을 구하는 **한의사**는 **제3자의 원고적격이 부정**된다. (○) [22 세무사]

🔲 **약사에게 한약조제권을 인정**해주는 **한약조제시험 합격처분**의 효력에 대하여 **한의사가 무효등확인소송을 제기**한 경우 원고적격성을 갖는다. (✕) [12 서울9]

304 ★★★★

㉠ 제한거리내의 신규 담배일반소매인의 지정을 다투는 기존업자는 처분의 취소를 구할 법률상 이익이 인정된다. 　　　　　　　　　　　　　　　　　　　　　　　　　 [12 세무사] Ⓞ Ⓧ

㉡ 기존 담배 일반소매인은 신규 구내소매인 지정처분의 취소를 구할 원고적격이 있다.
　　　　　　　　　　　　　　　　　　　　　　　　　　　　　　　 [19 세무사] Ⓞ Ⓧ

> **해설**
>
> - 담배 일반소매인의 지정기준으로서 **일반소매인의 영업소** 간에 **일정한 거리제한**을 두고 있는 것은 공익목적을 달성하고자 함과 동시에 일반소매인 간의 **과당경쟁으로 인한 불합리한 경영을 방지**함으로써 **일반소매인의 경영상 이익을 보호**하는 데에도 그 목적이 있다고 보이므로, ★**일반소매인으로 지정**되어 영업을 하고 있는 기존 업자의 ★**신규 일반소매인에 대한 이익**은 단순한 사실상의 반사적 이익이 아니라 **법률상 보호되는 이익**이라고 해석함이 상당하다(대판 2008.3.27. 2007두23811)
> - 일반소매인의 입장에서 구내소매인과의 과당경쟁으로 인한 경영의 불합리를 방지하는 것을 그 목적으로 할 수 있다고 보기 어려우므로, ★**일반소매인으로 지정**되어 영업을 하고 있는 **기존업자**의 신규 ★**구내소매인에 대한 이익**은 법률상 보호되는 이익이 아니라 단순한 **사실상의 반사적 이익**이라고 해석함이 상당하므로, **기존 일반소매인**은 **신규 구내소매인 지정처분의 취소**를 구할 **원고적격이 없다.** (대판 2008.4.10. 2008두402)
>
> | 기존 소매인의 종류 | 신규 소매인의 종류 | 신규 소매인 지정처분에 대한 기존 소매인의 원고적격 인정여부 |
> |---|---|---|
> | 일반소매인 | 일반소매인일 경우 | 인정 |
> | | 구내소매인일 경우 | 부정 |
>
> **정답** ㉠ ○, ㉡ ✕

- **일반소매인으로 지정**되어 영업을 하고 있는 **기존업자**의 **신규 일반소매인**에 대한 이익은 **법률상 보호되는 이익**이다. (○) [16 사복9]

- 담배 **일반소매인으로 지정**되어 **영업을 하고 있는 기존업자**가 제기하는 **경업자에 대한** 면허나 인·허가 등의 수익적 행정**처분 취소소송**에서 **원고적격이 인정**된다. (○) [16 세무사]

- **甲은** A시 시장으로부터 「담배사업법」상 담배 **일반소매인으로서 지정을 받아 영업**을 하고 있는 경우, 甲의 영업소에서 70m 떨어진 장소에 **乙이 담배 일반소매인으로 지정**을 받은 경우, **甲은 乙의 일반소매인 지정의 취소**를 구할 **원고적격이 있다.** (○) [20 국회8]

- 담배 **일반소매인**으로 지정되어 있는 **기존업자**가 신규 담배 **구내소매인 지정처분**을 다투는 경우에는 원고적격이 있다. (✕) [15 국회8]

- 구 담배사업법에 따른 **기존 일반소매인**이 신규 **구내소매인 지정처분의 취소**를 구하는 경우 원고적격이 인정된다. (✕) [20 세무사]

- 담배소매인 중에서 **구내소매인 지정 처분의 취소**를 구하는 **일반소매인**은 판례상 **취소소송에서** 원고적격이 인정되는 자이다. (✕) [23 군무원7]

제5항 취소소송의 제소기간

305 ★★★★ [06 세무사]

취소소송은 처분등이 있음을 안 날로부터 (㉠), 처분등이 있은 날로부터 (㉡) 내에 제기하여야 한다. **O X**

> **해설**
>
> **【행정소송법】**
> **제20조(제소기간)**
> ① 취소소송은 **처분등이 ★있음을 안 날부터 90일 이내에 제기하여야** 한다.
> ② 취소소송은 **처분등이 ★있은 날부터 1년**을 **경과**하면 이를 **제기하지 못한다.** 다만, 정당한 사유가 있는 때에는 그러하지 아니하다.
>
> **정답** ㉠ 90일, ㉡ 1년

▢ **처분등이 있음을 안 경우**의 취소소송의 **제소기간**은 **처분등이 있음을 안 날부터 90일 이내**이다. (○) [05 세무사]

▢ 취소소송은 **처분등이 있음을 안 날로부터 90일 이내에 제기**하여야 한다. (○) [07 세무사]

▢ 취소소송은 **처분이 있음을 안 날부터 90일 이내에 제기**하여야 한다. (○) [18 세무사]

▢ 취소소송은 **처분등이** (㉠)부터 (㉡) **이내에 제기**하여야 한다. → (㉠: 있음을 안 날, ㉡: 90일) [20 지방9 변형]

▢ 취소소송은 **처분등이 있은 날**부터 ( )을 **경과**하면 이를 **제기하지 못한다.** 다만, 정당한 사유가 있는 때에는 그러하지 아니하다. → (1년) [19 소방] [20 지방9 변형]

▢ **처분등이 있은 날**부터 ~~180일~~을 **경과**하면 취소소송을 **제기하지 못한다.** (×) [01 관세사]

▢ 취소소송의 제기는 **처분이 있은 날**로부터 ~~180일~~ 이내에 **제기하여야** 한다. (×) [03 행시]

▢ 행정소송법상 취소소송의 **제소기간**은 처분이 **있음을 안 날로부터 90일** 또는 처분이 **있은 날부터 1년**이다. (○) [07 서울9]

▢ 취소소송은 처분등이 **있음을 안 날부터 90일 이내** 또는 처분 등이 **있은 날부터 1년 이내**에 제기하여야 한다. (○) [05 경기9] [09 국회9 수정]

▢ 취소소송은 처분등이 **있음을 안 날로부터 90일**, 처분 등이 **있은 날로부터** ~~180일~~ **이내**에 제기하여야 한다. (×) [08 세무사]

▢ 취소소송은 처분 등이 **있음을 안 날부터 90일** 또는 처분 등이 **있은 날부터** ~~180일~~이 경과하면 이를 제기하지 못한다. (×) [13 경행 변형]

306 ★★★★

처분이 있음을 알고 90일이 경과하였더라도 처분이 있은 날부터 1년이 경과하지 않았다면 소 제기가 가능하다. **O X**

> **[해설]**
>
> ✓ ⓐ 처분이 **있음을 안 날부터 90일이 지나버렸거나** 또는 처분이 **있은 날부터 1년이 지나버리게 되면** 제소기간이 **종료**된다. 즉, 양 기간은 선택적으로 적용되는 것이 아니기 때문에, ★**어느 한 기간만 경과하여도 취소소송을 제기할 수 없게 된다.**
>
> ⓑ 가령 처분이 있은 날로부터 1년이 경과하지 않은 시점이라도 처분이 있음을 알게 된 지 90일이 넘었다면 취소소송을 제기할 수 없으며, 반대로 처분이 있음을 알게 된 시점이 처분이 있은 날로부터 1년을 경과한 때라면 취소소송을 제기할 수 없다는 것이다. **[정답] ✗**

- '처분이 있음을 **안 날로부터 90일**'과 '처분이 **있은 날로부터 1년**' 중 **어느 하나의 기간만이라도 경과**하면 **제소기간은 종료**하게 된다. (O) [09 세무사]

- 처분등이 있음을 **안 날부터 90일**, 처분등이 **있은 날부터 1년** 중 **먼저 도래한 날이 경과**되면 **제소기간이 도과**된다. (O) [16 세무사]

- 처분이 **있음을 안 날부터 90일이 경과**하였으나, 아직 처분이 **있은 날부터 1년이 경과**되지 않은 시점에서 제기된 취소소송은 취소소송의 **소송요건을 충족하지 않은 경우**에 해당한다. (O) [18 지방7]

- 처분등이 있음을 **안 날로부터 90일**, 처분등이 **있은 날로부터 1년** 중 **어느 하나의 기간이 만료**되면 **제소기간은 종료**된다. (O) [22 세무사]

- 취소소송은 처분 등이 **있음을 안 날로부터 90일이 지났다** 하더라도 처분 등이 있는 날로부터 ~~1년 이내에 제기하면 된다.~~ (✗) [98 입시]

- 처분이 **있음을 알고 90일이 경과**하였더라도 처분이 **있은 날부터 1년이 경과하지 않았다면** ~~소 제기가 가능하다.~~ (✗) [11 세무사]

- 처분이 있음을 **안 날 기준**과 처분이 **있은 날 기준**이 ~~모두 경과하여야~~ **제소기간이 종료**된다. (✗) [12 국회9]

- 처분이 **있음을 안 날부터 100일이 지났더라도**, 처분이 **있은 날부터 1년을 넘지 않았다면** 취소소송의 제기는 적법하다. (✗) [20 세무사]

- **A**는 본인 소유의 토지에 대한 **개별공시지가결정에 있은 지 1년 넘게 지나고 나서야** 이 개별 공시지가가 자신의 토지에 대하여는 잘못된 사실판단으로 인하여 지나치게 높게 결정되었다는 사실을 **알게 된 경우**, **A**는 **개별공시지가결정을 대상으로** ~~취소소송을 제기하여 이를 다툴 수 있다.~~ (✗) [08 국가9 변형]

307 ★★★★

㉠ 처분등이 있음을 안 날부터 90일이라는 제소기간은 불변기간이 아니다.   [16 세무사] O X

㉡ 취소소송은 처분등이 있음을 안 날로부터 90일 이내에 제기하여야 하며, 법원은 직권으로 이 기간을 늘이거나 줄일 수 없다.   [22 세무사] O X

> **해설**
>
> · 【행정소송법】
> 제20조(제소기간)
> ① **취소소송**은 **처분등이 있음을 안 날**부터 **90일 이내에 제기**하여야 한다.
> ② 취소소송은 처분등이 있은 날부터 1년을 경과하면 이를 제기하지 못한다.
> ③ **제1항**의 규정에 의한 **기간**은 ★**불변기간**으로 한다.
>
> · 【민사소송법】
> 제172조 (기간의 신축, 부가기간) ① **법원**은 **법정기간** 또는 법원이 정한 기간을 늘이거나 줄일 수 있다. 다만, **불변기간**은 ★**그러하지 아니하다**.
> ② 법원은 **불변기간에 대하여** 주소 또는 거소가 멀리 떨어진 곳에 있는 사람을 위하여 **부가기간(附加期間)을** 정할 수 있다.
>
> ✓ **불변기간**은 법원이 재량으로 <u>신축(伸縮, 늘이거나 줄이는)</u>할 수 **없는** 기간이다.   **정답** ㉠ X, ㉡ O

▢ **처분등이 있음을 안 날**부터 **90일**의 기간은 **불변기간**이다. (O) [13 세무사]

▢ **처분 등이 있음을 안 날부터 90일 이내**에 제기하여야 한다는 취소소송의 제소기간은 **불변기간**이다. (O) [23 세무사]

▢ 행정심판을 거치지 않고 취소소송을 제기할 수 있으며, 이 경우에는 행정**처분이 있음을 안 날로부터 90일 이내** 또는 처분이 **있은 날로부터 1년 이내**에 제기하여야 하고, 양자 모두 **불변기간**이다. (X) [05 국회8 변형]

▢ 행정소송법상 **취소소송의 제소기간**은 전부가 **불변기간**이다. (X) [17 교행9 변형]
➡ '처분이 있은 날로부터 1년 이내'는 불변기간이 아니다.

▢ **법원**은 **취소소송의 제소기간**을 **확장하거나 단축할 수 없으나**, 주소 또는 거소가 멀리 떨어진 곳에 있는 자를 위하여 **부가기간을 정할 수 있다**. (O) [13 지방9]
➡ <u>'처분이 있음을 안 날로부터 90일</u>'과 같은 **불변기간**은 **늘리거나 줄일 수는 없고**, 다만 특별한 사정이 있는 경우에는 민사소송법 제172조 제3항을 준용하여 부가기간을 정할 수 있을 뿐이다.

308 ★★★★

처분이 있음을 안 날이란 처분을 받은 자가 위법 여부에 대한 판단을 한 날을 의미한다는 것이 판례의 입장이다. **O X**

> **해설**
>
> - 행정소송법 제20조 제2항 소정의 제소기간 기산점인 **"처분이 있음을 안 날"**이란 통지, 공고 기타의 방법에 의하여 당해 **처분이 있었다는 사실을 ★현실적으로 안 날**을 의미하고 구체적으로 그 행정 ★처분의 **위법 여부를 판단한 날을 가리키는 것은 아니다.** (대판 1991. 6. 28., 90누6521)
> - 취소소송의 제소기간 기산점으로 행정소송법 제20조 제1항이 정한 '**처분 등이 있음을 안 날**'은 유효한 행정 **처분이 ★있음을 안 날**을 의미한다. (대판 2019. 8. 9., 2019두38656)
>
> **정답** ✕

📘 판례는 **"처분이 있음을 안 날"**을 당사자가 당해 **처분이 있었다**는 사실을 **현실적으로 안 날**을 의미하는 것으로 본다. (○) [05 세무사]

📘 처분 등이 **있음을 안 날**이란 당해 **처분이 있었다**는 사실을 **현실적으로 안 날**을 말한다. (○) [08 세무사]

📘 행정소송법상 '**처분등이 있음을 안 날**'은 **유효한** 행정**처분이 있음을 안 날**을 의미한다. (○) [21 세무사 변형]

📘 취소소송의 제소기간을 판단함에 있어서 **"처분이 있음을 안 날"**이라 함은 **통지 등의 방법에 의하여** 고지받아 당사자가 **처분이 있었다는 사실을 현실적으로 안 날**을 의미한다. (○) [21 국회9]

📘 판례는 **처분등이 있음을 안 날**이라 함은, **통지·공고 기타의 방법에 의하여** 당해 **처분이 있었다는 사실을 현실적으로 안 날을 의미**하고 구체적으로 그 행정**처분의 위법여부를 판단한 날을 가리키는 것은 아니라고 본다.** (○) [07 세무사]

📘 제소기간의 적용에 있어 '**처분이 있음을 안 날**'이란 **처분의 존재를 현실적으로 안 날을 의미**하는 것이 아니라 처분의 위법 여부를 인식한 날을 말한다. (✕) [15 사복9]

📘 유흥주점을 운영하고 있는 甲은 유흥주점영업허가 **취소처분이 있음을 2021. 5. 24.** 알게 되었고, 2021. **8. 15.**(일요일) 그 **처분이 위법함을 알게 되었다.** 이 경우 유흥주점영업허가취소처분 **취소소송의 기산점은** ~~2021. 8. 15.~~이다. (✕) [21 세무사 변형]

☑ ~~2021. 8. 15.~~ → 2021. 5. 25.

➡ 위법함을 알게 된 2021. 8. 15.이 아니라, <u>처분이 **있음을 알게 된** 2021. 5. 24.의 익일부터 기산해야</u> 한다. 처분이 있음을 알게 된 날의 <u>익일인 5.25.부터 기산하는 이유</u>에 대해서는 **322문 및 322-1문을 참고할 것**

309 ★★★★

취소소송의 제기기간에 있어서, 처분의 통지가 도달한 때 그 처분이 있음을 알았다고 간주한다.

> **해설**
>
> > 처분서가 **처분상대방의 주소지에 송달**되는 등 사회통념상 **처분이 있음을 처분상대방이 ★알 수 있는 상태에 놓인 때**에는 **반증이 없는 한** 처분상대방이 **처분이 있음을 알았다고 ★추정**할 수 있다. 또한 **우편물이 등기취급의 방법**으로 **발송**된 경우 그것이 도중에 유실되거나 반송되었다는 등의 특별한 사정에 대한 반증이 없는 한 그 무렵 **수취인에게 배달**되었다고 **추정**할 수 있다. (대판 2017.3.9., 2016두60577)
>
> ✅ 간주가 아니라 '**추정**'이다. 그러므로 '처분이 있음을 **몰랐다**'는 주장을 뒷받침하는 **반증**이 제시될 경우 처분이 있음을 **알았던 것으로 볼 수 없게** 된다.
>
> **정답** ✕

- 🔲 **처분에 관한 서류**가 **당사자의 주소지에 송달**되는 등 사회통념상 **처분이 있음을 당사자가 알 수 있는 상태에 놓여진 때**에 그 **처분이 있음을 알았다고 추정**한다. (O) [15 세무사]

- 🔲 **처분서**가 **처분 상대방의 주소지에 송달**되는 등 사회통념상 **처분이 있음을 처분 상대방이 알 수 있는 상태에 놓인 때**에는 반증이 없는 한 **처분 상대방이 처분이 있음을 알았다고 추정**할 수 있다. (O) [20, 23 세무사]

- 🔲 A시장은 甲에 대한 **영업정지처분**을 하면서 처분서를 2023년 8월 1일 발송하였고 **처분서는 8월 3일 甲의 영업소에 배달**되었으나, 甲은 하계휴가가 끝난 다음 날인 8월 6일 아침에 비로소 처분서를 볼 수 있었던 경우, 甲은 **2023년 8월 3일부터 90일 이내에 취소소송을 제기하여야** 한다. (O) [04 행시]
  - ➡ <u>2023. 8. 3.에 영업소에 처분서가 송달됨으로써 甲이 처분이 있음을 알 수 있는 상태에 놓여진 것이므로, (하계휴가와 같은 甲의 개인적인 사유의 반증이 없다면) **2023. 8. 3.에 처분이 있음을 알았다고 추정**한다.</u>

310 ★★★☆

행정청이 처분을 하면서 법정 제소기간보다 긴 기간으로 제소기간을 고지하였다면 그 기간 내에 제기된 소는 제소기간을 준수한 것이 된다. OX

> **해설**
>
> > • 【행정심판법】 제27조(심판청구의 기간)
> > ① 행정심판은 **처분이 있음을 알게 된 날부터 90일 이내에 청구**하여야 한다.
> > ⑤ 행정청이 **심판청구 기간**을 제1항에 규정된 **기간보다 긴 기간으로 잘못 알린 경우** 그 **★잘못 알린 기간에 심판청구가 있으면** 그 행정심판은 **★제1항에 규정된 기간에 청구된 것으로 본다.**
> > • 행정청이 **법정 심판청구기간보다 긴 기간으로 잘못 알린 경우**에 그 **잘못 알린 기간 내에 심판청구가 있으면** 그 심판청구는 **법정 심판청구기간 내에 제기된 것으로 본다**는 취지의 **행정심판법 제27조 제5항의 규정**은 행정심판 제기에 관하여 **적용되는** 규정이지, **행정소송제기에도** 당연히 **적용되는** 규정이라고 할 수는 **★없다.** (대판 2001. 5. 8. 2000두6916)
>
> ✅ <u>**행정심판법상 오고지 규정**에 대한 **신뢰이익**이 행정소송에까지 확대 적용 ✕</u> (67문 관련)
>
> **정답** ✕

- 🔲 **행정심판**에서는 행정청이 **상대방**에게 **심판청구기간**을 법정심판청구기간보다 **긴 기간으로 잘못 알린 경우**에 그 **잘못 알린 기간 내에 심판청구**가 있으면 그 **심판청구는 법정 심판청구기간 내에 제기된 것으로** 보나 **행정소송에서는 그렇지 않다.** (O) [18 국가9]

311 ★★★★

㉠ 처분 등이 있은 날이란 당해 처분이 효력을 발생한 날을 말한다.   [08 세무사] 🅾🆇

㉡ '처분 등이 있은 날'이란 특별한 규정이 없는 한 상대방에게 고지되어 효력이 발생한 날이다.

      [09 세무사] 🅾🆇

> **해설**
>
> - 취소소송의 제소기간 기산점으로 행정소송법 제20조 제2항이 정한 '처분 등이 **있은 날**은 그 행정처분의 ★ **효력이 발생한 날**을 각 의미한다. (대판 2019. 8. 9., 2019두38656)
> - 행정처분은 정당한 권한있는 자가 그 권한내에서 실현가능한 사항에 관하여 정상적인 의사에 기하여 법정의 일련의 절차와 소정의 형식을 갖추어 행해져야 하고 또 **외부에 표시되어야만** 유효하게 성립하고 동시에 효력을 발생하지만 **상대방에게 고지를 요하는 행정행위**는 객관적으로 보아서 **상대방이 양지(인식)할 수 있는 상태**하에 두는 방법으로 ★**고지함으로써** 비로서 그 **효력이 발생**한다. (대판 1976. 6. 8. 75누63)
>
> **【행정절차법】 제15조(송달의 효력 발생)** ① 송달은 다른 법령등에 특별한 규정이 있는 경우를 제외하고는 해당 문서가 **송달받을 자**에게 **도달**됨으로써 그 **효력이 발생**한다.
>
> ☑ ㉠ '처분등이 **있은 날**'의 의미는 그 **처분의 효력이 발생한 날**을 뜻한다.
>
> ㉡ 또한 행정절차법 제15조 제1항에서는 '**도달주의**'를 **채택**하고 있기 때문에, **상대방이 있는 처분의 경우**, 처분의 내용이 단순히 행정기관 내부에서 결정된 것으로는 부족하고 **외부에 표시되면서 처분 상대방에게 고지 (=처분서의 도달** 등)까지 되어야 그 **처분의 효력이 발생**한다.
>
> ➡ 상대방이 있는 처분 등이 **있은 날**=상대방에게 고지되어 효력이 발생한 날   **정답** ㉠ O, ㉡ O

📙 행정소송법상 **'처분등이 있은 날'**은 특별한 규정이 없는 한 **처분등이 효력을 발생한 날**을 의미한다. (O) **[12 세무사]**

📙 행정소송법상 **'처분등이 있은 날'**은 행정**처분의 효력이 발생한 날**을 의미한다. (O) **[21 세무사 변형]**

📙 판례는 **처분이 있은 날**이란 처분이 **외부에 표시된 날** 또는 **상대방 있는 처분**의 경우에는 **상대방에게 고지되어 효력이 발생한 날**을 말한다고 본다. (O) **[07 세무사]**

📙 **처분 등이 있은 날**이란 당해 **처분이** 그 **효력을 발생한 날**을 말하며 **상대방이 있는 처분**의 경우에는 **상대방에게 도달되어야** 한다. (O) **[10 국회9]**

> ➤ **참고판례**
>
> **상대방 있는 행정처분**은 특별한 규정이 없는 한 의사표시에 관한 일반법리에 따라 **상대방에게 ★고지되어야 효력이 발생**하고, 상대방 있는 행정처분이 상대방에게 고지되지 아니한 경우에는 **상대방이 다른 경로를 통해 행정처분의 내용을 알게 되었다고 하더라도** 행정처분의 효력이 발생한다고 볼 수 없다. (대판 2019. 8. 9. 2019두38656)

312 ★★★★

㉠ 처분등이 있은 날로부터 1년이 경과하였더라도 정당한 사유가 있는 때에는 취소소송을 제기할 수 있다. [07 세무사] O X

㉡ 행정소송법 제20조 제2항 단서의 "정당한 사유"는 행정심판청구기간에 관한 행정심판법 제18조 제2항 소정의 "천재·지변·전쟁·사변 그 밖에 불가항력" 보다는 넓은 개념이다. [08 세무사] O X

> **해설**
>
> **【행정소송법】**
> **제20조(제소기간)**
> ② 취소소송은 처분등이 **있은 날부터 1년을 경과**하면 이를 **제기하지 못한다.** 다만, **★정당한 사유가 있는 때에는 그러하지 아니하다.**
>
> 「행정소송법」 제20조 제2항 소정의 "★정당한 사유"란 불확정개념으로서 그 존부는 사안에 따라 개별적·구체적으로 판단하여야 하나 「민사소송법」 제173조(소송행위의 추후보완)의 "당사자가 그 책임을 질 수 없는 사유"나 「행정심판법」 제27조(심판청구의 기간) 제2항 소정의 "천재지변, 전쟁, 사변 그 밖의 불가항력적인 사유"보다는 ★넓은 개념이라고 풀이되므로, 제소기간 도과의 원인 등 여러 사정을 종합하여 지연된 제소를 허용하는 것이 사회통념상 상당하다고 할 수 있는가에 의하여 판단하여야 한다. (대판 1991. 6. 28. 90누6521)
>
> ✂ **제3자의 경우,** 사후에라도 처분이 있음을 알게 된 때에는 그로부터 90일의 제소기간을 준수해야 하지만(아래 문제 참고), **처분이 있었다는 것을 바로 알 수 없는 처지**에 있기 때문에 **제3자가 1년의 제소기간을 준수하지 못한 것은 정당한 사유가 있는 경우**에 해당한다. 이 외에 담당공무원이 제소기간을 잘못 안내하여 제소기간을 도과한 경우도 정당한 사유가 있는 때로 볼 수 있다.
>
> **정답** ㉠ O, ㉡ O

🪧 취소소송은 처분등이 있음을 안 날부터 90일 이내에, 처분등이 있은 날부터 1년 이내에 제기할 수 있고, 다만 **처분등이 있은 날부터 1년이 경과**하여도 정당한 사유가 있다면 **취소소송을 제기할 수 있다.** (O) [20 소방]

🪧 필요적 행정심판전치주의가 적용되는 경우, **취소소송**은 **재결이 있은 날부터 90일을 경과하면 제기하지 못한다.** 다만 **정당한 사유가 있는 때에는 그러하지 아니하다.** (X) [24 세무사]
☑ 90일 → 1년

🪧 「**행정소송법**」 **제20조(제소기간) 제2항**의 규정상 소정의 "**정당한 사유**"란 「민사소송법」 제173조(소송행위의 추후보완)의 "**당사자가 책임질 수 없는 사유**"나 「행정심판법」 제27조(심판청구의 기간) 제2항의 "**불가항력적인 사유**"보다는 넓은 개념이다. (O) [16 국회8]

313 ★★★★

⊙ 제소기간의 요건은 처분의 제3자가 소송을 제기하는 경우에는 적용되지 아니한다.

[14 세무사] **O X**

⊙ 제3자효 행정행위의 경우 제3자가 어떠한 경위로든 행정처분이 있음을 안 이상 그 처분이 있음을 안 날로부터 90일 이내에 제기하여야 한다. [15 세무사] **O X**

> **[해설]**
>
> 행정처분의 상대방이 아닌 **제3자**는 일반적으로 처분이 있는 것을 **바로 알 수 없는 처지**에 있으므로 처분이 있은 날로부터 180일이 경과하더라도 특별한 사유가 없는 한 행정심판법 제27조 제3항 단서 소정의 정당한 사유가 있는 것으로 보아 심판청구가 가능하나, 그 **제3자가 어떤 경위로든 ★행정처분이 있음을 알았거나 쉽게 알 수 있는 등** 행정심판법 제27조 제1항 소정의 심판청구기간 내에 심판청구가 가능하였다는 사정이 있는 경우에는 그 때로부터 90일 이내에 행정심판을 청구하여야 한다. (대판 1996. 9. 6., 95누16233)
>
> ✅ ⓐ **제소기간의 요건**은 이른바 '**제3자효(복효적) 행정처분**'의 경우에도 **적용**된다. 현행 행정절차법 등에서는, 행정청이 제3자효(복효적) 행정처분을 내릴 경우에 그 처분과 이해관계 있는 **제3자에 대하여 고지할 의무를 규정하고 있지 않기 때문에**, 고지를 받지 못한 제3자로서는 자신과 관련이 있는 처분이더라도 그 **처분이 있다는 사실을 알게 될 가능성이** 희박하다.
>
> ⓑ 따라서 **복효적 처분이 있은 날로부터 1년이 경과**하였더라도 그와 관련된 **제3자**에게는 특별한 사유가 없는 한 행정소송법 제20조 제2항 단서의 '**정당한 사유'가 있는 때**로 볼 수 있기 때문에, 그 **복효적 처분이 있은 날로부터 1년이 경과**하였는지는 문제삼지 **않는다.** (위 문제 참고)
>
> 그러나! 복효적 처분이 있은 날로부터 1년이 경과한 시점에서라도, 그 처분과 이해관계가 있는 **제3자가 어떠한 경로로든 ★그 처분이 있음을 알게 되었다면**, 처분이 **있음을 알게 된 날로부터 90일 이내에 행정쟁송을 제기해야 한다**는 것이 일반적인 견해이다.
>
> ➤ 위 판례는 제3자의 행정심판의 청구기간에 관한 판시이나(72문 관련), 제3자의 취소소송 제소기간에도 적용이 가능한 논지이다. (310문과는 다른 논점이므로 혼동주의)   **[정답]** ⊙ ×, ⓒ O

📋 **제소기간의 요건**은 처분의 상대방이 소송을 제기하는 경우는 물론이고 법률상 이익이 침해된 **제3자가 소송을 제기하는 경우**에도 **적용**된다. (O) [19 국회8]

📋 처분의 상대방이 아닌 **제3자가 소송을 제기하는 경우**에는 **제소기간의 제한이 적용**되지 않는다. (×) [11 세무사]

📋 **복효적 처분**에서 처분의 상대방이 아닌 **제3자**는 처분이 **있은 날로부터 1년이 경과**하였다고 하더라도 처분이 있음을 알았다는 특별한 사정이 없는 한 처분이 **있음을 안 날로부터 90일 이내에 제소할 수 있다.** (O) [08 세무사]

📋 **제3자효 행정행위**의 경우 **제3자가 어떠한 경위**로든 행정**처분이 있음을 안 이상** 그 처분이 **있음을 안 날로부터 90일 이내에 취소소송을 제기하여야** 한다. (O) [12 사복9]

📋 **제3자효 행정행위**에 있어서, **제3자가 어떠한 방법**에 의하든지 행정**처분이 있었음을 안 경우**에는 **안 날로부터 90일 이내에 행정소송을 제기하여야** 한다. (O) [19 서울9]

314 ★★★★

고시에 의하여 불특정다수인을 대상으로 행정처분을 하는 경우, 그 행정처분에 이해관계를 갖는 자는 고시가 있었다는 사실을 현실적으로 안 날에 행정처분이 있음을 알았다고 보아야 한다. **O X**

> **해설**
>
> - 통상 <u>고시 또는 공고</u>에 의하여 **행정처분**을 하는 경우에는 그 처분의 상대방이 불특정 다수인이고 그 <u>처분의 효력이 **불특정 다수인에게 일률적으로 적용**되는 것이므로, 그 행정처분에 이해관계를 갖는 자가 <u>고시 또는 공고</u>가 있었다는 사실을 **현실적으로 알았는지 여부에 관계없이** ★<u>고시가 효력을 발생하는 날</u> 행정**처분이 있음을** ★<u>알았다고 보아야</u> 한다.
> - 구 청소년보호법에 따른 **청소년유해매체물 결정 및 고시처분**은 당해 유해매체물의 소유자 등 특정인만을 대상으로 한 행정처분이 아니라 **일반 불특정 다수인**을 상대방으로 하여 **일률적**으로 표시의무, 포장의무, 청소년에 대한 판매·대여 등의 금지의무 등 각종 의무를 발생시키는 **행정처분**으로서, 정보통신윤리위원회가 특정 인터넷 웹사이트를 청소년유해매체물로 결정하고 청소년보호위원회가 **효력발생시기를 명시하여 고시함**으로써 그 ★<u>명시된 시점에 효력이 발생</u>하였다고 봄이 상당하고, 정보통신윤리위원회와 청소년보호위원회가 위 처분이 있었음을 위 웹사이트 운영자에게 제대로 통지하지 아니하였다고 하여 그 효력 자체가 발생하지 아니한 것으로 볼 수는 없다. (대판 2007. 6. 14., 2004두619)
>
> **정답** ✕

- 판례에 의하면, **고시 또는 공고에 의하여 행정처분**을 하는 경우 **고시 또는 공고의 효력 발생일**이 **"처분이 있음을 안 날"**이다. (O) [05 세무사]

- **고시에 의한 행정처분**의 경우, 판례는 **고시가 효력을 발생하는 날 처분이 있음을 알았다**고 본다. (O) [11 세무사]

- **불특정 다수인**에게 **공고에 의하여 처분**을 하는 경우에는 **공고의 효력발생일에 그 처분이 있음을 알았던 것**으로 보아 **제소기간을 기산**하여야 한다. (O) [13 세무사]

- **고시 또는 공고**에 의하여 **불특정다수인을 대상으로 행정처분**을 하는 경우에는 **고시 또는 공고의 효력발생일**에 그 **행정처분이 있음을 알았다고 보아야** 한다. (O) [17 세무사]

- **고시**에 의해 **불특정 다수인에게 행정처분**을 하는 경우에는 그 행정처분에 이해관계를 갖는 자는 고시가 있었다는 사실을 **현실적으로 알았는지 여부에 관계없이 고시가 효력을 발생하는 날**에 행정**처분이 있음을 알았다고 보아야** 한다. (O) [23 세무사]

- 관할 행정청이 2019. 4. 17.에 「청소년보호법」의 규정에 따라 **효력발생일을 2019. 4. 24.**로 정하는 내용으로 「**청소년유해매체물 결정·고시**」를 한 경우, 위 결정·고시에 대한 취소소송의 제소기간을 계산함에 있어서는, A주식회사가 위 결정·고시가 있었다는 사실을 **현실적으로 알았는지 여부에 관계없이** ~~고시일인 2019. 4. 17.~~에 위 **결정·고시가 있음을 알았다고 보아야** 한다. (✕) [21 국가7 변형]

  ☑ ~~고시일인 2019. 4. 17.~~ → 효력발생일인 2019. 4. 24.

315 ★★★☆

고시·공고에 의하여 처분을 하는 경우에는 고시·공고의 효력이 발생하는 날이 제소기간의 기산일이다.

O X

해설

✎ 앞의 문제에서 살펴보았듯이, **고시 또는 공고에 의하여 행정처분**을 하는 경우에는 고시 또는 공고의 상대방(대상자가) 상대방 개개인이 '고시' 등이 있었다는 사실을 현실적으로 인지했는지를 불문하고 **고시 또는 공고의 효력이 발생하는 날에 일률적으로 '처분이 있음을 알았다'고 간주하여**, 그 때부터 제소기간이 개시되므로 ★**고시 또는 공고의 효력발생일로부터 90일 이내에 취소소송을 제기하여야** 한다.

정답 O

🔲 **고시에 의하여 행정처분**을 하는 경우 당사자가 **고시가 있음을 현실적으로 알았는지 여부를 불문**하고 그 **고시의 효력이 발생하는 날**이 **제소기간의 기산일**이 된다. (O) [12 국회9]

🔲 **불특정 다수인에게 공고에 의하여 처분**을 하는 경우에는 **공고의 효력발생일에 그 처분이 있음을 알았던 것**으로 보아 **제소기간을 기산**하여야 한다. (O) [13 세무사]

🔲 **고시에 의한 행정처분**의 상대방이 **불특정 다수인**인 경우, 그 행정처분에 이해관계를 갖는 자는 고시가 있었다는 사실을 현실적으로 알았는지 여부에 관계없이 **고시가 효력을 발생하는 날부터 90일 이내**에 취소소송을 **제기하여야** 한다. (O) [16 지방9]

🔲 제약회사 의약품의 요양급여대상 여부 결정에 관한 보건복지부 **고시의 경우, 고시의 효력발생일**을 처분이 ~~있은 날로 보아 그로부터 1년 이내에 취소소송을 제기~~하면 된다. (X) [13 국회8 변형]

☑ 처분이 있은 날 → 처분이 있음을 안 날 / 1년 이내 → 90일 이내

🔲 **고시 또는 공고**에 의하여 **불특정 다수인을 대상**으로 **행정처분**을 하는 경우에는, 그 행정처분에 이해관계를 갖는 자가 고서 또는 공고가 있었다는 사실을 현실적으로 알았을 때를 **제소기간의 기산점**으로 본다. (X) [20 세무사]

■ 고시·공고(314문 및 315문) vs 공시송달(316문)

	고시·공고	공시송달
근거	행정업무의 운영 및 혁신에 관한 규정 제6조 제3항	행정절차법 제14조, 제15조
대상	**불특정 다수인**	**특정인** (주소불상자, 해외도피자 등)
효력발생일	**고시·공고에서 명시**한 날짜 or **고시·공고일로부터 5일**이 지난 때	**공고일(=공시일)로부터 14일**이 지난 때
처분이 있음을 안 날 (= 제소기간의 기산점)	(고시가 있었다는 사실을 현실적으로 알았는지 여부에 관계없이) **고시가 효력을 발생**하는 날	(공고가 효력을 발생하는 날이 아니라) 처분**상대방**이 당해 **처분이 있었다는 사실**을 **현실적으로 안 날**

316 ★★★★

㉠ 송달이 불가능한 경우에는 송달받을 자가 알기 쉽도록 관보, 공보, 게시판, 일간신문 중 하나 이상에 공고하고 인터넷에도 공고하여야 한다.   [18 국가5 승진] **O X**

㉡ 특정인에 대한 행정처분을 행정절차법에 따른 공시송달의 방법으로 공고한 경우에는 공고가 있은 날부터 14일이 경과한 때에 그 행정처분이 있음을 알았다고 보아야 한다.

[21 세무사] **O X**

> **해설**
>
> • **【행정절차법】**
>   제14조(송달) ④ 다음 각 호의 어느 하나에 해당하는 경우에는 송달받을 자가 알기 쉽도록 관보, 공보, 게시판, 일간신문 중 하나 이상에 **공고**하고 인터넷에도 **공고**하여야 한다.
>   1. **송달받을 자의 주소등을 통상적인 방법**으로 **확인할 수 없는 경우**
>   2. **송달이 불가능**한 경우
>   제15조(송달의 효력 발생) ③ 제14조 제4항의 경우에는 다른 법령등에 특별한 규정이 있는 경우를 제외하고는 ★**공고일부터 14일이 지난 때**에 그 **효력이 발생**한다.
> • **특정인에 대한** 행정처분을 **주소불명 등**의 이유로 **송달할 수 없어** 관보·공보·게시판·일간신문에 **공고한 경우**에는 **공고가 효력을 발생하는 날에** 상대방이 그 행정**처분이 있음을 알았다고 ★볼 수는 없고**, 상대방이 당해 **처분이 있었다는 사실**을 ★**현실적으로 안 날**에 그 **처분이 있음을 알았다**고 보아야 한다. (대판 2006.4.28., 2005두14851)
>
> ✓ ㉠ '**공시송달**'이란 주소불명 등으로 특정한 상대방에 대한 **처분서의 송달이 불가능**한 경우에, 관보 등에 게재하는 방법으로 **공고**하고 일정 기간(보통 14일)이 지나면 **송달의 효력**이 발생한 것으로 **간주**하는 제도이다.
>
> ㉡ 이러한 **공시송달**의 경우에는, '고시 또는 공고' 등에 의한 행정처분을 하는 경우와 달리, 처분대상자가 해당 처분이 있음을 **현실적으로 인지한 날**(공시송달일로부터 14일이 지난 때 ✕)을 '**처분이 있음을 안 날**'(제소기간의 **기산점**)로 보아야 한다.   **정답** ㉠ O, ㉡ ✕

🔲 **송달받을 자의 주소 등을 통상의 방법으로 확인할 수 없을 때**에는 **공시송달 절차에 의해 송달**할 수 있다. (O) [20 국회8]

🔲 **특정인에 대한 행정처분을 주소불명 등의 이유로** 송달할 수 없어 **관보 등에 공고**한 경우에는 **상대방**이 당해 **처분이 있었다는 사실**을 **현실적으로 안 날**에 그 **처분이 있음을 알았다고 보아야** 한다. (O) [17 세무사]

🔲 **특정인에 대한 행정처분을 주소불명 등의 이유로** 송달할 수 없어 **관보·공보·게시판·일간신문 등에** 공고한 경우에는, **상대방**이 당해 **처분이 있었다는 사실**을 **현실적으로 안 날**에 그 **처분이 있음을 알았다고 보아야** 한다. (O) [20 세무사]

🔲 **특정인에 대한 처분**이 **송달불능으로 관보·게시판·일간신문 등에 공고**한 경우에는 공고가 효력을 발생하는 날이 **제소기간의 기산일**이다. (✕) [09 세무사]

🔲 **특정인에 대한 행정처분을** 송달할 수 없어 관보 등에 공고한 경우에는, **상대방**이 당해 **처분이 있었다는 사실**을 **현실적으로 알았다** 하더라도 공고가 효력을 발생하는 날에 **상대방**이 그 **처분이 있음을 알았다고 보아야** 한다. (✕) [15 세무사]

🔲 **특정인에 대한 처분을 주소불명의 이유로** 송달할 수 없어 **관보에 공고**한 경우 공고가 효력을 발생하는 날에 **상대방**이 그 **처분이 있음을 알았다고 보아야** 한다. (✕) [16 세무사]

317 ★★★☆

행정심판을 거쳐야 하는 경우에는 재결이 있은 날로부터 90일 이내에 소송을 제기하여야 한다.

🅾🆇

> 해설
>
> 【행정소송법】
> **제20조(제소기간)** ① 취소소송은 **처분등이 있음을 안 날부터 90일 이내**에 제기하여야 한다. 다만, 제18조 제1항 단서에 규정한 경우와 그 밖에 행정심판청구를 할 수 있는 경우 또는 행정청이 행정심판청구를 할 수 있다고 잘못 알린 경우에 **행정심판청구가 있은 때의 기간**은 ★**재결서의 정본을 송달받은 날부터** 기산한다.
>
> 정답 ✕

- **적법한 행정심판청구가 있은 때의 제소기간**은 **재결서의 정본을 송달받은 날**부터 **기산**한다. (○) [14 세무사]

- **행정심판을 거친 경우**에는 **재결서 정본을 송달받은 날**이 **제소기간의 기산점**이다. (○) [18 세무사]

- **적법한 행정심판청구가 있은 때의 제소기간**은 재결신청일부터 **기산**한다. (✕) [16 세무사]

  ☑ 재결신청일 → 재결서의 정본을 송달받은 날

- **행정심판을 거친 경우**에는 **재결서의 정본을** 발송한 날이 **제소기간의 기산점**이 된다. (✕) [20 세무사]

- **행정심판을 거친 후 취소소송을 제기**하는 경우에는 **재결서 정본을** 발송한 날이 **제소기간의 기산점**이 된다. (✕) [22 세무사]   ☑ 발송한 날 → 송달받은 날

- **행정심판전치주의가 적용**되는 경우의 취소소송의 **제소기간**은 행정심판 **재결서의 정본을 송달받은 날부터 90일 이내**이다. (○) [05 세무사]

- **행정심판을 거쳐 취소소송을 제기**하는 경우 취소소송은 **재결서의 정본을 송달받은 날부터 90일 이내에 제기**하여야 한다. (○) [12 세무사]

- **행정심판을 거친 후**에 원처분에 대하여 **취소소송을 제기**할 경우 **재결서의 정본을 송달받은 날부터** 60일 **이내에 제기**하여야 한다. (✕) [21 군무원7]

- **A시장**으로부터 3월의 영업정지처분을 받은 **숙박업자 甲**은 이에 불복하여 **행정쟁송을 제기**하고자 한다. 甲이 **2022. 1. 5. 영업정지처분**을 통지받았고, **행정심판을 제기**하여 2022. 3. 29. **1월의 영업정지처분으로 변경하는 재결**이 있었고 그 **재결서 정본을 2022. 4. 2. 송달**받은 경우 **취소소송의 기산점**은 ~~2022. 1. 5.~~이다. (✕) [22 지방9]   ☑ ~~2022. 1. 5.~~ → 2022. 4. 2.

318 ★★★☆

변경명령재결에 따른 변경처분의 경우 제소기간은 그 변경처분이 있음을 안 날로부터 90일 이내이다.

O X

> 해설
>
> ⓐ 행정소송법에서는 **행정심판을 거쳐 취소소송을 제기**하는 경우, 그 행정심판의 **재결서를 송달받은 날로부터 90일 이내에 제기하여 한다**고 규정하고 있는바,
>
> ⓑ **행정심판에서 처분변경명령재결**을 하였고 그 재결의 기속력에 따라 행정청이 **변경처분을 내린 경우**에도, 변경처분이 있음을 안 날이 아니라, ★그 **재결서의 정본을 송달받은 날로부터 90일 이내에 취소소송을 제기하여야** 한다.
>
> **정답** ✕

- **A시장**은 2016. 12. 23. 식품위생법 위반을 이유로 甲에 대하여 3월의 영업정지처분을 하였고, 甲은 2016. 12. 26. 처분서를 송달받았다. 甲은 이에 대해 **행정심판을 청구**하였고, **행정심판위원회**는 2017. 3. 6. "A시장은 甲에 대하여 한 3월의 영업정지처분을 **2월의 영업정지에 갈음하는 과징금부과처분으로 변경하라."**라는 **일부인용의 재결**을 하였으며, 그 **재결서 정본**은 2017. 3. 10. **甲에게 송달**되었다. A시장은 재결취지에 따라 **2017. 3. 13. 甲에 대하여 과징금부과처분**을 하였다. 甲은 여전히 자신이 식품위생법 위반을 이유로 한 제재를 받을 이유가 없다고 생각하여 **취소소송을 제기**하려는 경우, **'2017. 3. 10. 부터 90일 이내'에** 제기하여야 한다. (○) [18 국가9 변형]

  ➡ 변경명령재결(3개월 영업정지 → 과징금부과)에 따른 '재결서 정본의 송달일(2017.3.10.)'이 취소소송의 기산점이 된다.

- A부 소속 일반직 **국가공무원 甲**은 회식 중 동료 공무원을 폭행하였다는 이유로, A부 장관으로부터 **정직 3개월의 징계처분**을 받았다. 甲은 해당 징계처분이 과도하다고 생각하여 법적 구제수단을 통하여 불복하고자 한다. 본 사례에서 **소청심사위원회**가 정직 3개월의 처분을 **정직 2개월로 변경하라는 재결**을 하여 **A부 장관이 정직 2개월의 처분**을 한 경우, 甲이 이에 불복하여 제기하는 취소소송의 제소기간은 ~~정직 2개월 처분이 있음을 甲이 현실적·구체적으로 안 날로부터~~ **기산**한다. (✕) [17 지방7]

> 공무원 징계처분 등에 관한 **특별행정심판인 소청심사를 거친 경우**에도, 일반행정심판과 동일하게 '**소청심사결정서(=재결서)의 정본**'을 송달받은 날이 기산점이 된다. 위 사례문에서 소청심사결정서의 송달일자에 관한 내용은 없으나, <u>변경처분이 있음을 안 날은 기산점이 될 수 없으므로</u> 틀린 지문이다.

☑ ~~정직 2개월 처분이 있음을 甲이 현실적·구체적으로 안 날~~
  ↳ '소청심사결정서의 정본'을 송달받은 날

319 ★★★★

조세심판에서의 재결청의 재조사결정에 따른 행정소송의 제소기간의 기산점은 후속처분의 통지를 받은 날이다. **O X**

> 해설

재조사결정을 통지받은 이의신청인 등은 그에 따른 **후속 처분의 통지를 받은 후**에야 비로소 다음 단계의 **쟁송절차**에서 **불복할 대상과 범위를 구체적으로 특정**할 수 있게 된다. … (중략) … 그렇다면 **재조사결정**은 처분청의 **후속 처분에 의하여** 그 내용이 보완됨으로써 이의신청 등에 대한 **결정으로서의 효력이 발생**한다고 할 것이므로, ★**재조사결정에 따른** 심사**청구기간**이나 심판**청구기간** 또는 **행정소송의 제소기간**은 이의신청인 등이 ★**후속 처분의 통지를 받은 날부터 기산**된다고 봄이 타당하다. (대판 전합 2010. 6. 25. 2007두12514)

✓ ⓐ 조세심판에서의 **재조사결정**이란 납세자의 주장이 일견 신빙성이 있다고 인정하면서도, 과세처분을 곧바로 취소 또는 경정하지 않고, **처분청으로 하여금 '재조사하여 경정결정을 하라'는 취지의 결정**이므로,

ⓑ 처분청의 재조사에 따라 경정결정 등의 후속처분이 있게 되었을 때에 비로소 재조사결정의 효력이 진정하게 **발생**한다고 보아, 재조사결정에 따른 ★**후속처분의 통지를 받은 날**을, 쟁송절차(심판청구 또는 심사청구 또는 행정소송)의 **기산점**으로 삼아야 한다는 판시이다.   **정답** O

▨ **조세심판**에서의 **재결청의 재조사결정에 따른** 행정소송의 **제소기간**은 이의신청인 등이 **후속 처분의 통지를 받은 날**부터 **기산**된다. (O) [12 세무사]

▨ **조세심판**에서의 **재결청의 재조사결정에 따른** 행정소송의 **제소기간의 기산점**은 **후속 처분의 통지를 받은 날**이다. (O) [15 세무사]

▨ **조세심판**에서의 **재결청의 재조사결정에 따른** 행정소송의 **제소기간**은 이의신청인 등이 **후속 처분의 통지를 받은 날**부터 **기산**된다. (O) [15 지방9]

▨ **조세심판**에서 **재결청의 재조사결정에 따른** 행정소송의 **기산점**은 **후속처분의 통지를 받은 날**이다. (O) [16 국회8]

▨ **이의신청 등에 대한 결정**의 한 유형으로 실무상 행해지고 있는 **재조사결정에 따른** 심사**청구기간**이나 심판**청구기간** 또는 **행정소송의 제소기간**은 이의신청인 등이 **후속 처분의 통지를 받은 날**부터 **기산**된다. (O) [16 국가5 승진]

▨ **납세자의 이의신청**에 의한 **재조사결정에 따른** 행정소송의 **제소기간**은 이의신청인 등이 재결청으로부터 재조사결정의 통지를 받은 날부터 **기산**한다. (X) [17 지방9]

☑ 재조사결정의 통지를 받은 날 → **후속 처분의 통지를 받은 날**

320 ★★★☆

국세에 대한 소송을 제기하기 위하여는 원칙적으로 국세기본법이 정한 행정심판절차를 거쳐야 하고, 행정소송은 최종 특별행정심판 결정을 받은 때로부터 (   )이내에 제기하여야 한다. **O X**

> 해설

> **【국세기본법】 제56조(다른 법률과의 관계)**
> ② 제55조에 규정된 **위법한 처분에 대한 행정소송**은 「행정소송법」 제18조 제1항 본문, 제2항 및 제3항에도 불구하고 이 법에 따른 **심사청구 또는 심판청구**와 그에 대한 **결정을 거치지 아니하면 제기할 수 없다.** 다만, 심사청구 또는 심판청구에 대한 제65조 제1항 제3호 단서의 **재조사 결정에 따른 처분청의 처분에 대한 행정소송**은 그러하지 아니하다.
> ③ 제2항 본문에 따른 행정소송은 「행정소송법」 제20조에도 불구하고 **심사청구 또는 심판청구**에 대한 **결정의 통지를 받은 날**부터 ★**90일 이내**에 제기하여야 한다.
> ④ 제2항 단서에 따른 행정소송은 「행정소송법」 제20조에도 불구하고 다음 각 호의 기간 내에 제기하여야 한다.
> 2. 이 법에 따른 **심사청구 또는 심판청구**를 거쳐 제기하는 경우: **재조사 후 행한** 처분청의 처분에 대하여 제기한 **심사청구 또는 심판청구**에 대한 **결정의 통지를 받은 날**부터 ★**90일 이내**

> ✓ 전문성과 기술성을 요하는 **조세 사건**에서는 **다양한 특별행정심판 제도나 절차**가 존재하기 때문에, 납세자가 거친 **심판절차의 유형**에 따라 **제소기간의 기산점**은 사안별로 **제각기**이나, 그 **기산점으로부터는** ★**90일 이내**에 행정소송을 **제기하여야** 한다. **정답** 90일

321 ★★☆☆

A행정청은 자신의 명의로 甲에 대해 중대명백한 하자가 있는 X처분을 하였다. 甲이 X처분에 대해 이의신청을 거쳐 취소소송을 제기하는 경우 제소기간의 기산점은 X처분이 있음을 안 날이다. **O X**

> 해설

> **·【행정기본법】 제36조(처분에 대한 이의신청)**
> ① 행정청의 **처분에 이의가 있는 당사자**는 **처분을 받은 날부터 30일 이내**에 ★**해당 행정청**에 이의신청을 할 수 있다.
> ③ 제1항에 따라 **이의신청을 한 경우에도** 그 이의신청과 관계없이 「행정심판법」에 따른 **행정심판** 또는 「행정소송법」에 따른 **행정소송을 제기할 수 있다.**
> ④ **이의신청**에 대한 **결과를 통지받은 후** 행정심판 또는 **행정소송을 제기**하려는 자는 그 **결과를 통지받은 날**부터 **90일 이내**에 행정심판 또는 **행정소송을 제기**할 수 있다.
> · 청구인이 공공기관의 비공개 결정 또는 부분 공개 결정에 대한 **이의신청**을 하여 공공기관으로부터 이의신청에 대한 결과를 통지받은 후 **취소소송을 제기**하는 경우 그 **제소기간**은 **이의신청에 대한 결과를 통지받은 날**부터 **기산**한다고 봄이 타당하다.

> ✓ ⓐ 난이도 조절을 위해서 최근 제정된 행정기본법에 근거하여 불의타로 출제한 지문이다.

> ⓑ 처분에 불복하려는 사람이 **그 처분청에 대한 이의신청을 거쳐 행정소송을 제기**한 경우, **이의신청의 결과를 통지받은 날**로부터 **90일 이내**에 행정소송을 제기할 수 있다. **정답** ✕

■ 「**행정기본법**」상의 **이의신청에 대한 결과를 통지받은 후 행정소송을 제기**하려는 자는 그 **결과를 통지받은 날부터 90일 이내**에 행정소송을 제기할 수 있다. (○) **[23 군무원7 변형]**

322 ★★★☆

㉠ 행정법관계에서 기간의 계산에 관하여 특별한 규정이 없으면 민법의 기간 계산에 관한 규정이 적용된다. **[16 국가9 변형]** Ⓞ Ⓧ

㉡ 취소소송의 제기기간의 계산에 있어서 기간의 초일은 산입한다. **[07 세무사 변형]** Ⓞ Ⓧ

㉢ 취소소송의 제기기간의 계산에 있어서 기간의 말일이 공휴일에 해당하는 때에는 그 익일로 기간이 만료한다. **[07 세무사 변형]** Ⓞ Ⓧ

(해설)

> ·【행정기본법】
> **제6조(행정에 관한 기간의 계산)**
> ① 행정에 관한 **기간의 계산**에 관하여는 이 법 또는 다른 법령등에 특별한 규정이 있는 경우를 제외하고는 ★「**민법」을 준용**한다.
>
> ·【민법】
> **제157조(기간의 기산점)** 기간을 일, 주, 월 또는 연으로 정한 때에는 기간의 ★**초일은 산입하지 아니한다.** 그러나 그 기간이 오전 영시로부터 시작하는 때에는 그러하지 아니하다.
> **제161조(공휴일 등과 기간의 만료점)** 기간의 말일이 ★**토요일 또는 공휴일**에 해당한 때에는 기간은 ★**그 익일로 만료**한다.

✓ ㉠ 행정작용 관계 또는 행정소송 관계에서, 기간의 계산에 관한 법령상의 특별한 규정이 없는 경우에는 **민법상 기간 계산의 규정**을 준용할 수 있는바, **행정소송법**에서는 기간의 계산에 관한 특별한 규정이 없으므로, **제소기간에 관하여 민법의 규정을 준용**할 수 있다.

㉡ 행정소송에 있어서, **제소기간의 기산점**은 '**초일불산입**'의 원칙을 규정한 민법 제157조에 따라 **초일을 산입하지 않고 제소기간을 계산**하며,

㉢ 제소기간의 만료점의 경우, **제소기간의 말일이 토요일이나 공휴일**인 때에는 민법 제161조에 따라 그 **익일이 만료일**이 된다. 이러한 계산에 의하면 제소기간이 보다 길어지므로 **원고에게도 유리**하다.

정답 ㉠ Ⓞ, ㉡ Ⓧ, ㉢ Ⓞ

▨ **민법상 기간의 계산에 관한 규정**은 **행정법관계에도 원칙적으로 적용**된다. (Ⓞ) [04 전북9]

▨ **민법상 기간의 계산에 관한 규정**은 **행정법관계에도 준용**된다. (Ⓞ) [04 울산9]

▨ **행정에 관한 기간의 계산**에 관하여는 행정기본법 또는 다른 법령 등에 특별한 규정이 있는 경우를 제외하고는 「**민법」을 준용**한다. (Ⓞ) [22 국회8]

▨ **행정소송관계**에서의 **제소기간의 계산**에는 ~~초일산입의 원칙이 적용된다.~~ (Ⓧ) [09 국회9 변형]

▨ **행정소송법관계**에서 **제소기간의 계산**에 있어서 기간의 초일(初日)은 ~~원칙상 산입하여 계산한다.~~ (Ⓧ) [16 교행9 변형]

▨ **제소기간의 말일이 공휴일**인 때에는 그 **익일에 기간이 만료**된다. (Ⓞ) [09 국회9 변형]

322-1 ★★★☆

유흥주점을 운영하고 있는 甲은 유흥주점영업허가 취소처분이 있음을 2021. 5. 24. 알게 되었고, 2021. 8. 15.(일요일) 그 처분이 위법함을 알게 되었다. 이 경우 甲이 적법하게 취소소송을 제기할 수 있는 마지막 날은 2021. 8. (   ).이다.　　　　　　　　　　　　　　　　　　　　　**[21 세무사]** 🅞🅧

해설

> · **【행정소송법】**
> **제20조(제소기간)**
> ① 취소소송은 **처분등**이 ★**있음을 안 날부터 90일 이내**에 제기하여야 한다.
> ② 취소소송은 **처분등**이 ★**있은 날부터 1년**을 경과하면 이를 제기하지 못한다. 다만, 정당한 사유가 있는 때에는 그러하지 아니하다.
>
> · **【민법】**
> **제157조(기간의 기산점)** 기간을 일, 주, 월 또는 연으로 정한 때에는 기간의 ★**초일은 산입하지 아니한다.** 그러나 그 기간이 오전 영시로부터 시작하는 때에는 그러하지 아니하다.
> **제161조(공휴일 등과 기간의 만료점)** 기간의 말일이 ★**토요일 또는 공휴일**에 해당한 때에는 기간은 ★**그 익일로 만료**한다.

✓ ⓐ 취소소송은 (처분이 있은 날로부터 1년이 지나지 않은 경우라면). **처분이 있음을 알게 된 날로부터 90일 이내에 제기**하여야 한다.

ⓑ **甲이 5. 24에 처분이 있음을 알게 된 경우,** 민법 제157조에 따라 **초일(첫날)인 5. 24.은 산입하지 않기 때문에,** 취소소송의 **제소기간은 5. 25.부터 기산**되며,

ⓒ **5. 25.로부터 90일째가 되는 날은 8.22.**이 된다. 그러나 **8.22.은 공휴일(일요일)**이기 때문에 민법 제16조에 따라 그 **익일(다음날)인 8.23일까지는 취소소송을 제기하여야** 한다.

➤ 305문, 306문, 308문, 322문에서 다룬 논점들을 종합하는 문제로 볼 수 있다.　　　　　　**정답** 23

☐ 관할 행정청은 **2023. 4. 20. 甲에게 단란주점영업허가취소처분**을 하였고, 甲은 **2023. 4. 27.에 이처분이 있음을 알았다.** 甲이 이 처분에 대해 제소기간을 준수하여 **취소소송을 제기할 수 있는 마지막 날**은? **(마지막 날은 토요일 또는 공휴일이 아님).** → (2023. 7. 26.) **[24 경찰간부]**

➡ 처분이 있음을 알게 된 날인 4.27.의 **익일인 4.28.**로부터 기산하여 90일째 되는 날은 **7. 26.**이다. 설문의 말미에 민법 제161조가 적용되지 않게끔 조건을 가정해두었으므로, **7. 26.이 곧 취소소송을 제기할 수 있는 마지막 날**이 된다.

제6항 처분변경에 따른 소송대상·제소기간·소의 이익 문제

1 감액 경정처분

323 ★★★☆

㉠ 당초 과세처분에 대한 감액경정처분은 취소소송의 대상인 처분에 해당한다. [11 세무사] O X

㉡ 조세감액경정처분의 경우 당초처분의 일부효력을 취소하는 처분으로 감액되고 남은 부분은 항고소송의 대상이 되는 처분에 해당하지 않는다. [09 세무사] O X

해설

> 과세표준과 세액을 **감액하는 경정처분**은 당초의 부과처분과 **별개 독립의 과세처분이 아니라** 그 실질은 ★**당초의 부과처분의 변경**이고, … (중략) … 그 경정처분으로도 아직 취소되지 아니하고 남아 있는 부분이 위법하다 하여 다투는 경우, **항고소송의 대상**은 당초의 부과처분 중 ★**경정처분에 의하여 아직 취소되지 않고 남은 부분**이고, 그 **경정처분이 항고소송의 대상이 되는 것은 아니다.** (대판 2009. 5. 28., 2006두1640)

✓ ㉠ 가령 **100만원의 과세(과징금)부과처분**을 한 후 그 중 **30만원을 감액하는 처분**을 한 경우에, 그 **감액하는 처분은** 별개의 독립한 처분이 아니기에 **취소소송의 대상이 될 수 없고,**

　㉡ 감액처분으로 **감액되고 남은 '70만원 부과처분'**이 **취소소송의 대상**이다. 정답 ㉠ ×, ㉡ ×

🟦 **과징금 부과처분을 한 후** 부과처분의 하자를 이유로 **감액처분**을 하면 감액처분이 항고**소송의 대상**이 된다. (×) [19 세무사]

🟦 행정청이 **과징금 부과처분을 한 후** 부과처분의 하자를 이유로 **감액처분**을 한 경우, **감액처분**은 당초 부과처분과 별개 독립의 처분으로서 독립적인 취소소송의 대상이 된다. (×) [21 서울7]

🟦 **과세처분 후 감액경정결정**된 경우 **취소소송의 대상**은 당초의 부과처분 중 **경정결정에 의하여 취소되지 않고 남은 부분**이다. (O) [16 세무사]

🟦 행정청이 **과징금 부과처분한 후 감액처분한 경우**에 처음 부과처분 중 **감액처분에 의하여 취소되지 않고 남은 부분**은 항고소송의 대상이 되는 처분에 해당하지 않는다. (×) [09 세무사]

🟦 **과세처분 이후 감액경정처분**이 있는 경우, 처음의 과세처분 중 **감액경정처분에 의하여 취소되지 않고 남은 부분**은 항고소송의 대상에 해당하지 않는다. (×) [17 세무사]

🟦 甲은 관할 A행정청으로부터 **2011년 10월 1일 300만원의 과징금부과처분**을 받았고, **동년 10월 15일 200만원으로 감액**되었다. 甲은 과징금부과처분에 대하여 동년 10월 30일에 **취소소송을 제기**하려는 경우 **10월 1일 자 과징금 200만원 처분을 대상으로 제기하여야** 한다. (O) [11 국회9 변형]

　➡ 10.1.자 300만원에서 감액되고 남은 **10.1자 200만원**이 소의 대상이다. (제소기간은 다음 문제 참고)

324 ★★★☆

㉠ 행정청이 과징금 부과처분을 한 후 부과처분의 하자를 이유로 감액처분을 한 경우, 감액된 부분에 대한 부과처분의 취소를 구하는 경우에 소의 이익이 인정된다. [20 세무사] ⓞⓧ

㉡ 조세법률관계에서 감액경정처분이 있는 경우, 당초처분이 아니라 감액경정처분이 소송의 대상이 되므로 감액경정처분을 기준으로 제소기간의 준수여부를 결정한다. [06 세무사] ⓞⓧ

┌─ 해설 ──

- **과징금 부과처분**에 있어 행정청이 납부의무자에 대하여 부과처분을 한 후 그 부과처분의 하자를 이유로 **과징금의 액수를 감액하는 경우**에, 그 **감액처분**은 … (중략) … 당초 부과처분과 별개 독립의 과징금 부과처분이 아니라 그 실질은 **당초 부과처분의 변경**이고, … (중략) … 따라서 그 감액처분에 의하여 **감액된 부분에 대한 부과처분 취소청구**는 이미 **소멸하고 없는 부분**에 대한 것으로서 그 ★**소의 이익이 없어 부적법**하다고 할 것이다. (대판 2008.2.15. 2006두4226)

- 과세관청이 **조세부과처분을 한 뒤**에, … (중략) … 당초 부과처분의 일부를 취소, **감액하는 내용의 경정결정을 한 경우**, … (중략) … **항고소송의 대상**이 되는 것은 당초의 부과처분 중 **경정결정에 의하여 취소되지 않고 남은 부분**이 된다 할 것이고, 경정결정이 항고소송의 대상이 되는 것은 아니라 할 것이므로, 이 경우 **제소기간을 준수하였는지 여부**도 ★**당초처분을 기준으로** 하여 **판단**하여야 할 것이다. (대판 1991. 9. 13. 91누 391)

✓ ㉠ 가령 100만원의 과세(과징금)부과처분을 한 후, 그 중 30만원을 감액하는 처분을 하였다면 **감액되고 남아있는 '70만원 부과처분'**이 취소소송의 대상이므로, **감액된 부분(30만원)**에 대하여 **취소소송**을 제기하더라도 그 소송은 소의 이익이 없는 **부적법한 소로서, 각하**될 것이다.

㉡ 또한 제소기간의 준수여부도 당초 처분(**감액되고 남아있는** 70만원 부과처분)을 기준으로 판단하여야 한다.

정답 ㉠ ×, ㉡ ×

└──

▣ **과징금 부과처분**에 있어 행정청이 납부의무자에 대하여 부과처분을 한 후 그 부과처분의 하자를 이유로 **과징금의 액수를 감액하는 경우**에 그 **감액처분**은 당초 부과처분과 별개 독립의 과징금 부과처분이므로, 그 **감액처분에 의하여 감액된 부분에 대한 부과처분 취소청구**는 ~~소의 이익이 인정된다~~. (×) [17 지방7]

▣ **행정청의 감액처분**에 의하여 **감액된 부분에 대한 부과처분취소청구**는 이미 소멸하고 없는 부분에 대한 것이라 하여도 ~~소의 이익은 존재한다~~. (×) [18 경행]

───

▣ **감액처분에 의하여 취소되지 않고 남은 부분을 다투고자** 하는 경우 **제소기간은 당초처분을 기준**으로 한다. (○) [14 세무사]

▣ 산업재해보상보험법상 보험급여의 부당이득 징수결정의 하자를 이유로 **징수금을 감액하는 경우 감액처분으로도 아직 취소되지 않고 남아 있는 부분이 위법하다 하여 다툴 때**에는, **제소기간의 준수 여부**는 ~~감액처분을 기준으로 판단~~해야 한다. (×) [17 지방9]

325 ★★★☆

㉠ 행정청이 영업자에게 제재처분을 한 후 그 처분을 영업자에게 유리하게 변경하는 처분을 하였다면, 변경처분으로 유리하게 변경된 제재가 위법하다 하여 그 취소를 구하는 경우 취소소송의 대상은 변경된 내용의 당초 처분이 아니라 변경처분이다. [19 세무사] 〇Ⅹ

㉡ 행정심판에 의한 감액명령재결에 따른 감액처분이 있은 경우 취소소송의 제소기간은 감액처분이 있음을 안 날로부터 90일 이내이다. [21 세무사] 〇Ⅹ

> **해설**
>
> - 행정청이 식품위생법령에 따라 **영업자에게 행정제재처분을 한 후** 그 처분을 영업자에게 **유리하게 변경하는 처분을 한 경우, 변경처분에 의하여** 당초 처분은 소멸하는 것이 아니라 ★**당초부터 유리하게 변경된 내용의 처분으로 존재**하는 것이므로, 변경처분에 의하여 유리하게 변경된 내용의 행정제재가 위법하다 하여 그 취소를 구하는 경우 그 **취소소송의 대상**은 ★**변경된 내용의 당초 처분**이다.
> - 이 사건 소송에 있어서 위 청구취지는 이 사건 후속 변경처분에 의하여 당초부터 유리하게 변경되어 존속하는 2002. 12. 26.자 과징금부과처분의 취소를 구하고 있는 것으로 보아야 할 것이고, 일부기각(일부인용)의 이행재결에 따른 후속 변경처분에 의하여 변경된 내용의 당초처분의 취소를 구하는 이 사건 소 또한 ★행정심판재결서 정본을 송달받은 날로부터 90일 이내 제기되어야 한다. (대판 2007. 4. 27., 2004두9302)
>
> ✓ ㉠ 조세 등 금전부과처분의 감액경정처분에서와 마찬가지로, 영업자에게 유리하게 변경처분을 내린 경우에는, ★**유리하게 변경된 당초 처분**이 소송의 대상이 된다. (110문 참고)
>
> ㉡ 다만 영업자에게 유리하게 변경하는 처분이 행정심판위원회의 결정에 따른 것이라면, 유리하게 변경된 당초 처분을 대상으로 제기하여야 하는 것은 마찬가지이나, ★**재결서의 정본을 송달받은 날로부터 90일 이내에 소송을 제기**하여야 한다.
>
> ☑ 감액처분어 있음을 안날 → 재결서의 정본을 송달받은 날 (318문 참고)   **정답** ㉠ ×, ㉡ ×

📖 행정청이 **영업자에게 행정제재처분**을 한 후 **당초 처분을 영업자에게 유리하게 변경하는 처분**을 한 경우, **취소소송의 대상은 변경된 내용의 당초처분**이지 변경처분은 아니다. (〇) [09 국회8]

📖 행정청이 **영업자에게 행정제재**를 한 후 그 처분을 **영업자에게 유리하게 변경**하였고 그 변경처분에 의해 **유리하게 변경된 내용의 행정제재가 위법**하다고 **소를 제기**한 경우 **제소기간의 준수 여부**는 변경처분을 **기준으로 판단**한다. (×) [23 소방간부]

📖 A시장은 2016. 12. 23. 甲에게 **3월의 영업정지처분**을 하였다. 이에 甲은 제기한 행정심판에서 **2017. 3. 6.** "A시장은 甲에 대하여 한 3월의 영업정지처분을 2월의 영업정지에 갈음하는 **과징금부과처분으로 변경하라.**"라는 **일부인용의 재결**이 있었고, 그 **재결서 정본은 2017. 3. 10. 甲에게 송달**되었다. A시장은 재결취지에 따라 **2017. 3. 13. 甲에 대하여 과징금부과처분**을 하였다. 재결에 불만이 있는 甲이 취소소송을 제기하려면, **과징금부과처분으로 변경된 2016. 12. 23.자 원처분**을 대상으로 **2017. 3. 10.부터 90일 이내에 제기하여야** 한다. (〇) [18 국가9]

📖 **행정청 A**는 2024. 2. 1. 甲에게 **1월의 영업정지처분**을 하였다. 이에 대해 甲이 청구한 **행정심판에서 영업정지 1월에 갈음하는 과징금으로 변경을 명하는 재결**이 있었고, 이에 따라 A는 2024. 4. 29. **과징금 100만원을 부과하는 처분**을 하였다. 이 경우 甲이 제기하는 "**취소소송의 대상은 2024. 2. 1.자 100만원 과징금부과처분**"이고 **제소기간의 기산점**은 "**재결서의 정본을 송달받은 날**"이다. (〇) [24 세무사]

326 ★★★☆

㉠ 과세처분 이후 증액경정처분이 있는 경우, 증액경정처분은 항고소송의 대상에 해당하지 않는다.

[17 세무사] O X

㉡ 증액경정처분이 있는 경우 경우 당초처분의 절차적 하자는 증액경정처분에 승계되지 않는다.

[19 세무사] O X

해설

- 과세표준과 세액을 증액하는 **증액경정처분이 있는 경우 당초 신고나 결정**은 증액경정처분에 **흡수**됨으로써 독립한 존재가치를 잃게 되어 … (중략) … ★**증액경정처분만이** 항고소송의 **심판대상**이 된다. (대판 2009. 5. 14. 2006두17390)

- **증액경정처분이 있는 경우 당초처분**은 증액경정처분에 **흡수**되어 **소멸**하고, **소멸한 당초처분의 절차적 하자**는 존속하는 ★**증액경정처분에 승계되지 아니한다.** (대판 2010. 6. 24., 2007두16493)

☑ ㉠ 감액경정처분과는 반대로, 당초 과세처분에 대한 **증액경정처분이 있는 경우**에는, **당초의 과세처분은** 증액경정처분으로 **흡수**되어 소멸되기 때문에 '**증액경정처분' 그 자체**가 행정소송의 대상이 된다.

㉡ 다만, 이 때 당초 과세처분에 있던 절차적 하자까지 증액경정처분에 승계되지는 않는다.

정답 ㉠ X, ㉡ O

■ '증액'경정처분 vs '감액'경정처분

	증액경정처분시	감액경정처분시
소송의 대상	증액경정처분	감액되고 남은 당초처분
제소기간 준수기준	증액경정처분일	감액되고 남은 당초처분일

📃 관할 세무서장이 甲에게 **2011년 1월 10일자로 900만원의 과세처분**을 하였다가, **2011년 2월 10일자로 1,000만원으로 증액하는 증액경정처분**을 하였다. 甲이 **취소소송을 제기**하려는 경우, 판례에 의할 때 그 대상은 '**2011년 2월 10일자 1,000만원 증액경정처분**'이다. (O) [11 세무사]

📃 **과세처분 후 증액경정처분**이 있는 경우 **증액경정처분이 항고소송의 대상**이 된다. (O) [16 세무사]

📃 과세표준과 세액을 증액하는 **증액경정처분**의 경우 **증액경정처분이 취소소송의 대상**이 된다. (O) [24 세무사]

📃 이미 확정된 **과세처분에 대해 증액경정**한 경우 **행정소송의 대상**은 원처분이다. (X) [03 입시]

📃 **과세처분**에 있어 증액경정처분의 경우에 **증액경정처분**은 ~~당초처분에 흡수되어 독립한 존재가치를 상실하여 당연히 소멸하고 당초처분만이~~ **취소소송의 대상**이 된다. (X) [12 서울9]

📃 조세에 대한 **증액경정처분**이 있는 경우 당초의 조세부과처분은 증액경정처분에 흡수되어 소멸하고, **소멸한 당초처분의 절차적 하자**는 존속하는 **증액경정처분에 승계되지 아니한다.** (O) [20 국가5 승진]

📃 **과세처분에 대하여 증액경정처분**이 있는 경우 당초처분은 증액경정처분에 흡수되어 소멸하므로 **소멸한 당초처분의 절차적 하자**는 ~~존속하는 증액경정처분에 승계된다.~~ (X) [17 국가7]

327 ★★★☆

과세관청이 甲에게 2018.2.1. 500만원의 당초 과세처분을 하였다가 2018.3.15. 700만원으로 증액하는 경정처분을 하고, 다시 2018.4.20. 600만원으로 감액하는 재경정처분을 하였다. 이 경우 甲이 제기하는 항고소송의 대상은 2018.3.15. 600만원의 처분이다. **[18 세무사] 🅞🅧**

> **[해설]**
>
> ① 500만원 과세처분(2.1.) → ② 700만원으로 증액(3.15.) → ③ 600만원으로 감액(4.20.)
>
> ☑ 당초의 '2.1.자 500만원 과세처분'은 '3.15.자 700만원 증액경정처분'에 **흡수되어 소멸**되고, '3.15.자 700만원 **증액경정처분'만 존속**하는데, 여기에 다시 4.20.자로 100만원을 감액하는 감액재경정처분이 있게 되면, **감액되고 남은 '3.15.자 600만원'의 과세처분이 소송의 대상**이 된다. **[정답] ○**

📋 A세무서장이 B에게 **2007.1.15일자로 800만원의 과세처분**을 하였다가 **2007.2.15일자로 1,000만원으로 증액하는 과세처분**을 하고 **다시 2007.3.15일자로 900만원으로 감액**하는 과세처분을 하였을 경우, 위 과세처분을 다투는 **행정소송의 대상은 '2007.2.15일자 900만원 과세처분'**이다. (○) [07 세무사]

> ① 800만원(1.15.자) → ② 1,000만원으로 증액(2.15.자) → ③ 900만원으로 감액(3.15.)

➡ ②로 인하여 증액처분(2.15.자 1,000만원)만 존속하고, 다시 ③에 따라 감액되고 남은 처분(2.15.자 900만원)이 소송대상이 된다.

📋 甲세무서장은 乙에게 **2012년 1월 20일자로 1,000만원의 당초 과세처분**을 하였다가, **2012년 2월 20일자로 800만원으로 감액하는 과세처분**을 하였고, 각 과세처분은 乙에게 적법하게 송달되었다. 그 후 甲세무서장은 **다시 2012년 3월 20일자로 900만원으로 증액하는 과세처분**을 하였는데, **2012년 3월 20일자 과세처분**은 납세고지서의 **송달이 부적법하여 송달의 효력이 발생하지 아니하였다.** 乙이 과세처분취소소송을 제기하고자 하는 경우, **소송의 대상**은 "**2012년 1월 20일자 800만원 과세처분**"이다. (○) [12 세무사]

> ① 1,000만원(1.20.자) → ② 800만원으로 감액(2.20.자) → ③ 900만원으로 증액(3.20.)

➡ ③은 송달불능으로 <u>처분의 효력이 없기</u> 때문에, ②까지만 유효한 처분이어서, <u>감액된 당초처분(1.20.자 800만원)이 소송대상</u>이 된다.

📋 **과세처분**이 있은 후 **이를 증액하는 경정처분**이 있고, **다시 이를 감액하는 재경정처분**이 있으면 재경정처분은 위 증액경정처분과는 별개인 독립의 과세처분으로서 그 실질은 위 **증액경정처분의 변경**이고 그에 의하여 세액의 일부취소라는 납세의무자에게 유리한 효과를 가져오는 처분이라 할 것이므로, 감액재경정결정이 **항고소송의 대상**이 된다. (✕) [18 서울7 3월]

☑ 감액재경정결정 → 증액경정처분 중 감액재경정에 따라 감액되고 남은 부분

328　★★★☆

공정거래위원회가 부당한 공동행위를 한 사업자에게 과징금 부과처분을 한 뒤, 다시 자진신고 등을 이유로 감면처분을 한 경우, 선행 부과처분의 취소를 구하는 소에서 소의 이익이 인정된다. 　ⓞⓧ

해설

> 공정거래위원회가 **부당한 공동행위를 행한** 사업자로서 구 독점규제 및 공정거래에 관한 법률 제22조의2에서 정한 **자진신고자나 조사협조자**에 대하여 **과징금 부과처분**(이하 '**선행처분**'이라 한다)을 한 뒤, 독점규제 및 공정거래에 관한 법률 시행령 제35조 제3항에 따라 다시 자진신고자 등에 대한 사건을 분리하여 **자진신고 등을 이유로 한 과징금 감면처분**(이하 '**후행처분**'이라 한다)을 하였다면, **후행처분**은 자진신고 감면까지 포함하여 처분 상대방이 실제로 납부하여야 할 최종적인 과징금액을 결정하는 **종국적 처분**이고, **선행처분**은 이러한 종국적 처분을 예정하고 있는 일종의 **잠정적 처분**으로서 **후행처분이 있을 경우 ★선행처분은 후행처분에 흡수되어 소멸**한다. 따라서 위와 같은 경우에 **★선행처분의 취소를 구하는 소**는 이미 **효력을 잃은 처분의 취소를 구하는 것**으로 **부적법**하다. (대판 2015.2.12. 2013두987)

> ✓ 위 판례에서의 **선행처분**(당초 과징금부과처분)은 이른바 '**★가행정행위**'에 해당하기 때문에, 후행처분(과징금 감면처분)이 내려지게 되면 선행처분이 소멸되므로 후행처분에 대하여 다투어야 한다는 판시인바, 앞서 살펴본 ★ **감액경정처분과는 별개의 논점**이므로 주의하여 구별·암기해둔다. 　**정답**　✕

■ 공정거래위원회가 부당한 공동행위를 한 사업자에게 **과징금 부과처분을 한 뒤** 다시 자진신고 등을 이유로 **과징금 감면처분**을 하였다면, **선행 과징금 부과처분**은 일종의 **잠정적 처분**으로서 **후행 과징금 감면처분에 흡수되어 소멸**한다. (○) [19 변시]

■ 공정거래위원회가 부당한 공동행위를 한 사업자에게 **과징금 부과처분을 한 뒤** 다시 자진신고 등을 이유로 **과징금 감면처분**을 한 경우, **선행처분은 후행처분에 흡수되어 소멸**하므로 **선행처분의 취소를 구하는 소는 부적법**하다. (○) [22 국가9]

■ 공정거래위원회가 부당한 공동행위를 행한 사업자로서 구 「독점규제 및 공정거래에 관한 법률」상 자진신고자에 대하여 **과징금 부과처분(선행처분)을 한 뒤**, 동법 시행령에 따라 다시 자진신고자에 대한 사건을 분리하여 자진신고를 이유로 **과징금 감면처분(후행처분)을 한 경우**, 선행처분의 취소를 구하는 소를 구해야 한다. (✕) [21 소방간부]

329 ★★★☆

㉠ 후속처분의 내용이 종전처분의 유효를 전제로 내용 중 일부만을 철회하는 것이고 철회된 부분이 내용과 성질상 나머지 부분과 불가분적인 것이 아닌 경우, 특별한 사정이 없는 한 종전처분은 효력을 상실하고 후속처분만이 항고소송의 대상이 된다.　　　　　　　　　　　　　　　[18 국가5 승진] O X

㉡ 대규모점포에 대한 종전 영업시간 제한 및 의무휴업일 지정 처분의 내용 중 영업시간 제한부분만을 일부 변경하는 후속처분이 있는 경우, 종전 처분도 여전히 항고소송의 대상이 된다.　　　　　　　　　　　　　　　[19 세무사] O X

해설

기존의 행정처분을 변경하는 내용의 행정처분이 뒤따르는 경우, **후속처분이 종전처분을 완전히 대체**하는 것이거나 **주요 부분을 실질적으로 변경**하는 내용인 경우에는 특별한 사정이 없는 한 종전처분은 효력을 상실하고 **후속처분만이 항고소송의 대상**이 되지만, **후속처분의 내용이 종전처분의 유효를 전제로** 내용 중 **일부만을 추가·철회·변경**하는 것이고 추가·철회·변경된 부분이 내용과 성질상 **나머지 부분과 불가분적인 것이 아닌 경우**에는, 후속처분에도 불구하고 ★**종전처분이 여전히 항고소송의 대상**이 된다.
… (중략) … 사실관계를 앞서 본 법리에 비추어 보면, 2014. 8. 25.자 처분 [* 대형마트 및 준대규모점포의 **영업제한 시간만을** "오전 0시부터 **오전 8시까지 → '오전 0시부터 오전 10시'까지**"로 **변경**] 은 **종전처분** 전체를 대체하거나 그 주요 부분을 실질적으로 변경하는 내용이 아니라, 의무휴업일 지정 부분을 그대로 **유지**한 채 ★**영업시간 제한 부분만을 일부 변경**하는 것으로서, 2014. 8. 25.자 처분에 따라 **추가된 영업시간 제한 부분**[* 2시간 추가제한]은 그 성질상 **종전처분과 가분적**인 것으로 여겨진다. (대판 전합 2015. 11. 19., 2015두295)

✓ 종전처분(영업시간 제한 및 의무휴업일 지정처분)의 유효를 전제로, 처분 중 **나머지 부분과 가분성이 있는 일부 (영업시간 제한 부분)**만을 변경하는 경우에는 ★**종전처분의 효력이 유지**되기에, 종전처분도 소송의 대상이 된다.

정답 ㉠ ✕, ㉡ O

🔲 기존의 행정처분을 변경하는 **후속처분의 내용이 종전처분의 유효를 전제**로 내용 중 **일부만을 추가·철회·변경**하는 것이고 **그 부분이** 내용과 성질상 **나머지 부분과 불가분적인 것이 아닌 경우,** 종전처분이 **항고소송의 대상**이 된다. (O) [17 소방간부]

🔲 기존의 **행정처분을 변경**하는 내용의 행정처분이 뒤따르는 경우, **후속처분의 내용이 종전처분의 유효를 전제**로 그 내용 중 **일부만을 추가·철회·변경**하는 것이고 그 **추가·철회·변경된 부분이** 그 내용과 성질상 **나머지 부분과 불가분적인 것이 아닌 경우**에는 종전처분이 아닌 후속처분만이 **항고소송의 대상**이 된다고 보아야 한다. (✕) [16 국가5 승진]

🔲 **후속처분이 종전처분의 유효를 전제**로 그 내용 중 **일부만을 추가·철회·변경**하는 것이고 그 **추가·철회·변경된 부분이 나머지 부분과** 불가분적인 것인 경우에는 후속처분에도 불구하고 **종전처분이 여전히 항고소송의 대상**이 된다고 보아야 한다. (✕) [19 경행]

☑ 불가분적인 것 → 불가분적인 것이 아닌(또는 가분적인)

330 ★★★☆

㉠ 경미하지 않은 변경처분의 취소를 구하는 취소소송의 제소기간은 변경전 당초처분이 있음을 안 날 또는 있은 때를 기산점으로 한다.　　　　　　　　　　　　　　　　　　　**[18 세무사]** Ｏ Ｘ

㉡ 당초처분을 전부 변경하는 변경처분에 대한 취소소송의 제소기간은 변경처분시를 기준으로 한다.
　　　　　　　　　　　　　　　　　　　　　　　　　　　　　　　　　　　[19 세무사] Ｏ Ｘ

㉢ 후행처분이 선행처분의 내용을 일부 소폭 변경하는 경우, 선행처분취소소송에 후행처분취소청구를 추가하여 청구를 변경하였다면 후행처분에 관한 제소기간 준수는 청구변경 당시를 기준으로 판단한다.　　　　　　　　　　　　　　　　　　　　　　　　　　　　　　　　　　　**[19 세무사]** Ｏ Ｘ

해설

✓ ㉠ 행정청이 당초처분을 한 후에 **경미하지 않는 변경처분**(= 당초 처분과 **동일성이 유지되지 않는 변경처분**, = 당초처분의 내용을 **실질적으로 변경**하는 처분)을 한 경우에는, 사실상 변경된 처분으로 대체된 것이므로, '★ **변경된 처분**'을 기준으로 **제소기간의 준수여부를 판단**하여야 한다.

> 도시 및 주거환경정비법 관련 규정의 내용, 형식 및 취지 등에 비추어 보면, **당초 관리처분계획의 ★경미한 사항을 변경**하는 경우와 **달리** 관리처분계획의 <u>주요 부분을</u> ★**실질적으로 변경**하는 내용으로 새로운 관리처분계획을 수립하여 시장·군수의 인가를 받은 경우에는, **당초 관리처분계획**은 달리 특별한 사정이 없는 한 **효력을 상실**한다. (대판 전합 2012.3.22. 2011두6400)

㉡ 행정청이 당초처분을 한 후에, **당초처분을 전부 변경**하였다면, 당초처분은 소멸한 것이나 마찬가지이므로, 당연히 ★**변경된 처분을 기준**으로 **제소기간의 준수여부를 판단**하여야 한다.

㉢ **소의 추가적 변경**이 있는 경우이다. 선행처분이 후행처분에 의하여 소멸되지 않고 **선행처분의 내용의 일부만이 변경**될 뿐이어서, **선행처분과 후행처분이 병존**하고 있을 때에, **선행처분에 대한 취소청구를 유지**하면서, **후행처분**(일부변경처분)**에 대한 취소청구를 추가적으로 병합**하는 방식으로 청구를 변경하는 경우라면, **후행처분의 제소기간 준수여부는 ★**'청구의 (추가적) 변경 당시'**를 기준**으로 판단하여야 한다.

> **선행처분**이 후행처분에 의하여 **변경되지 아니한 범위 내**에서 **존속**하고 후행처분은 선행처분의 내용 중 **일부를 변경**하는 범위 내에서 효력을 가지는 경우에, **선행처분의 취소**를 구하는 **소를 제기한 후 후행처분의 취소**를 **구하는 청구를 추가**하여 청구를 **변경**하였다면 후행처분에 관한 제소기간 준수 여부는 ★**청구변경 당시를 기준**으로 **판단**하여야 하나, 선행처분에만 존재하는 취소사유를 이유로 후행처분의 취소를 청구할 수는 없다. (대판 2012.12.13. 2010두20782,20799)

정답 ㉠ ✕, ㉡ ○, ㉢ ○

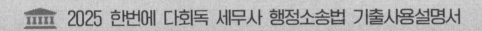
2025 한번에 다회독 세무사 행정소송법 기출사용설명서

제 6 절

취소소송의 심리

Administrative Litigation Law

제1항 · 기본적 심리원칙

331 ★★★☆

㉠ 취소소송에서 자유심증주의는 인정되지 아니한다.   [17 세무사] 〇 X

㉡ 취소소송은 서면심리주의를 원칙으로 한다.   [17 세무사] 〇 X

㉢ 공개심리주의는 행정소송에 적용되는 심리원칙이다.   [23 세무사] 〇 X

㉣ 쌍방심리주의는 행정소송에 적용되는 심리원칙이다.   [23 세무사] 〇 X

㉤ 항고소송의 심리에는 변론주의 원칙이 적용된다.   [11 세무사] 〇 X

해설

■ 소송심리의 여러 원칙

	심리원칙	내용	행정소송에서의 인정여부
㉠	자유심증주의	재판에서 ★증거의 증명력에 대한 평가를 법관의 자유로운 판단에 맡기는 원칙(민사소송법 제202조)	
㉡	구술심리주의	사건의 심리에서는 당사자 및 법원의 ★소송행위(변론,증거조사)가 말로 이루어져야 하는 원칙(민사소송법 제134조 제1항)	
㉢	공개심리주의	모든 ★재판은 공개하는 것을 원칙으로 한다. 【헌법】 제109조 재판의 심리와 판결은 공개한다.	행정소송에서도 모두 적용
㉣	쌍방심리주의	사건의 심리에 있어 ★양쪽 당사자를 평등하게 대우하여 공격방어방법을 제출할 수 있는 기회를 동등하게 주는 원칙	
㉤	변론주의	소송자료(사실과 증거 등)의 수집·제출은 당사자에게 그 책임이 있으며, 법원은 ★당사자가 제시한 주장과 증거에 의하여서만 심리·재판을 할 수 있는 원칙	

☑ 위 5가지 원칙 외 '처분권주의'는 다음 단원에서 별도로 살펴본다.

정답 ㉠ ×, ㉡ ×, ㉢ 〇, ㉣ 〇, ㉤ 〇

🟦 **구술심리주의**는 **행정소송에 적용**되는 **심리원칙**이다. (〇) [23 세무사]

🟦 **항고소송의 심리**에는 서면심리주의 **원칙이 적용**된다. (×) [11 세무사 변형]

🟦 **항고소송의 심리**에는 **공개심리주의 원칙**이 **적용**된다. (〇) [11 세무사]

🟦 **취소소송의 심리**에서 **공개주의**는 **원칙적으로 인정**되자 아니한다. (×) [17 세무사]

332 ★★★★

㉠ '구술심리주의'는 행정소송법상의 특수한 소송심리절차이다. [15 세무사] ⓞⓧ

㉡ '공개심리주의'는 행정소송법상의 특수한 소송심리절차이다. [15 세무사] ⓞⓧ

㉢ '쌍방심리주의'는 행정소송법상의 특수한 소송심리절차이다. [15 세무사] ⓞⓧ

㉣ '변론주의'는 행정소송법상의 특수한 소송심리절차이다. [15 세무사] ⓞⓧ

┌─해설─
│ ✅ 앞서 살펴본 **소송심리의 원칙**들은 본래 **'민사소송의 기본원칙'**으로서, **행정소송에도 모두 적용**되는 것이므로, **행
│ 정소송 절차**에만 **특유한 심리원칙은 아니다.** 정답 ㉠ ×, ㉡ ×, ㉢ ×, ㉣ ×

🔲 **'구술심리주의'**는 민사소송과 비교할 때 ~~행정소송의 특수한~~ **소송심리원칙**이다. (×) [05 세무사]

🔲 **'공개심리주의'**는 민사소송과 비교할 때 ~~행정소송의 특수한~~ **소송심리원칙**이다. (×) [05 세무사]

🔲 **'쌍방심리주의'**는 민사소송과 비교할 때 ~~행정소송의 특수한~~ **소송심리원칙**이다. (×) [05 세무사]

🔲 **'변론주의'**는 민사소송과 비교할 때 **행정소송의 특수한 소송심리원칙**이다. (×) [05 세무사]

제2항 처분권주의와 불고불리의 원칙

333 ★★★☆

㉠ 행정소송에도 처분권주의가 적용되므로 법원은 당사자의 소제기가 있어야만 심리를 개시할 수 있고, 분쟁대상도 원칙적으로 당사자가 청구한 범위에 한정된다. [07 세무사] **O X**

㉡ 법원이 원고가 청구하지 아니한 개별토지가격결정처분에 대하여 판결하는 것은 처분권주의에 반한다. [19 세무사] **O X**

> **해설**
>
> '**처분권주의**'란 소송의 **개시**, 소송의 **대상과 범위**, 소송의 **종료**에 대하여 ★**당사자(원고와 피고)가 주도적인 의사로 결정**할 수 있는 심리원칙으로, **행정소송에서도 적용**된다.
>
> · 【민사소송법】 제203조(처분권주의) 법원은 ★**당사자가 신청하지 아니한 사항**에 대하여는 **판결하지 못한다**.
> · 원고가 ★**청구하지 아니한** 개별토지가격결정**처분에 대하여 판결**한 것은 민사소송법 제188조 소정의 **처분권주의에 반하여 위법**하다. (대판 1993. 6. 8., 93누452)
>
> ✎ ㉠ **소송절차**에 있어 **당사자의 주도권을 인정**하는 원칙을 뜻하는 '**처분권주의**'는 행정소송에도 적용되므로, 당사자의 소송제기로서 심리가 개시되고 법원은 당사자가 청구한 사항에 대해서만 심리할 수 있다.
>
> ㉡ 따라서 **법원이 원고가 청구하지 않은**, 즉 소송의 제기가 없는 처분 등에 대하여 판결하는 것은 **처분권주의에 위배**되는 경우이다. **정답** ㉠ O, ㉡ O

📱 "**행정소송**에 있어서도 **소의 제기 및 종료, 심판의 대상**이 원칙적으로 **당사자에 의하여 결정**된다. 따라서 **법원**은 원고의 **소제기가 없는 사건**에 대하여 **심리·판결할 수 없음**은 물론 소제기가 있는 사건에 대하여도 **원고의 청구범위를 넘어서 심리하거나 재판할 수 없다.**"는 행정소송의 심리원칙 중 '**처분권주의**' 원칙에 대한 설명이다. (O) [06 세무사]

📱 **처분권주의**는 **행정소송에 적용**되는 **심리원칙**이다. (O) [23 세무사]

📱 소송에 있어서 **처분권주의**는 사적자치에 근거를 둔 법질서에 뿌리를 두고 있으므로 **취소소송에는 적용되지 않는다.** (X) [18 지방9]

📱 **법원**은 **소송제기가 없는 사건**에 대하여 **심리·재판할 수 없다.** (O) [14 국가9]

📱 **취소소송도** 민사소송과 마찬가지로 **처분권주의(불고불리의 원칙)가 적용**되므로 **법원**은 소제기가 없는 사건에 대하여 **심리**할 수 있다. (X) [09 세무사]

334 ★★★★

㉠ 행정소송에서는 불고불리의 원칙이 적용된다. [08 세무사] OX

㉡ 행정소송에서는 그 특성상 원고의 청구범위를 초월하여 그 이상의 청구를 심리·판결할 수 있다. [15 세무사] OX

㉢ 법원은 원고가 청구하지 아니한 부분에 대하여도 처분취소판결을 내릴 수 있다. [14 세무사] OX

해설

'**불고불리의 원칙(nemo judex sine actore)**'이란, 법원은 <u>소송의 제기가 없으면 재판할 수 없고</u>, 또한 당사자의 **청구범위를 넘어서 심리·판단할 수 없다**는 원칙으로, **행정소송에서도 적용**된다.

행정소송에 있어서도 행정소송법 제14조에 의하여 민사소송법 제188조가 준용되어 **법원은 ★당사자가 신청하지 아니한 사항**에 대하여는 **판결할 수 없는 것**이고 행정소송법 제26조에서 직권심리주의를 채용하고 있으나, 이는 행정소송에 있어서 **원고의** 청구범위를 초월하여 그 이상의 청구를 인용할 수 있다는 의미가 아니라 원고의 **★청구범위를 유지**하면서 그 **범위 내**에서 필요에 따라 **주장 외의 사실에 관하여도 판단**할 수 있다는 뜻이다. (대판 1987. 11. 10. 86누491)

☑ **행정소송에서도** 민사소송에서와 같은 **불고불리의 원칙**이 **적용**되므로, 당사자가 **청구하지 않은 부분**이나 당사자가 **청구한 범위를 넘어서 심리·판단할 수 없다.** **정답** ㉠ O, ㉡ ×, ㉢ ×

➤ 수험적으로는 '**처분권주의**'와 '**불고불리의 원칙**'은 거의 동일한 것으로 이해하여도 무방하다.

▣ **항고소송**의 경우에는 원칙적으로 **불고불리의 원칙**이 **적용**된다. (O) [04 관세사]

▣ **행정소송의 심리**에는 **불고불리의 원칙**이 **적용**된다. (O) [12 세무사]

▣ **항고소송의 심리**에는 **불고불리의 원칙**이 **적용**된다. (O) [18 세무사]

▣ **법원**은 원고의 **청구범위를 넘어서 인용할 수 없다.** (O) [10 세무사]

▣ **법원**은 원고의 **청구범위를 초월**하여 **판결할 수 없다.** (O) [19 세무사]

▣ **행정소송상 심리**에 있어서, **법원**은 행정소송에 있어서 **원고의 청구범위**를 초월하여 그 이상의 청구를 인용할 수 있다. (×) [16 세무사]

▣ **취소소송**에서 **법원이 직권심리**를 할 때 **원고의 청구범위**를 유지할 필요는 없다. (×) [20 세무사]

▣ **취소소송의 심리 및 판결**에는 **불고불리의 원칙**이 적용되지 않으므로 법원은 **당사자가 청구한 범위**를 넘어서까지 판결을 할 수 있다. (×) [22 세무사]

▣ **취소소송**에서 **일부취소를 청구**하였음에도 **처분의 전부를 취소**하는 것은 **심판의 범위를 벗어난다.** (O) [08 세무사]

▣ **법원**이 원고가 **취소를 청구하지도 않은 행정처분**에 대하여 **취소판결**을 한 것은 **처분권주의에 반하여 위법**하다. (O) [17 세무사]

➡ 원고가 **처분의 일부만을 취소청구**하였음에도 처분의 전부를 취소하는 판결을 내리거나, 원고가 **청구하지도 않은 처분**을 취소하는 판결을 내린 것은, **처분권주의 또는 불고불리의 원칙에 반한 것**으로 위법하다.

제3항 직권탐지주의와 변론주의

335 ★★★☆

㉠ 직권심리주의는 행정소송법상의 특수한 소송심리절차이다. [15 세무사] **O X**

㉡ 행정소송상 심리에서는 직권탐지주의가 원칙이고, 변론주의는 예외이다. [16 세무사] **O X**

> **해설**
>
> Ⓐ '**직권주의(직권탐지주의, 직권심리주의)**'란 법원이 당사자의 주장에 관계없이, 사건에 관한 **사실관계를 직권으로 탐지**하고 이에 **필요한 증거조사를 하여** 심리하는 원칙을 말한다.
>
> Ⓑ 행정소송에서는 그 **특수성**에 비추어 법원에게 **공익상 필요**에 따라 **직권으로 심리·판단할 책무**가 있다고 보아, 사실의 주장과 증거를 제출하는 책임을 당사자에게만 지우지 않고 법원이 **보충적 차원**에서 **직권으로 증거조사**를 하고, 당사자가 주장하지 않는 사실에 관해서도 판단할 수 있다고 하여 **직권주의를 ★가미**하고 있다.
>
> Ⓒ 그러므로 우리나라 행정소송의 심리에서는 어디까지나 **당사자주의(처분권주의＋변론주의)가** 원칙적인 **기본구도**이고, **★직권주의는 예외적·보충적**으로 적용된다고 보는 **★'변론주의보충설'**이 통설·판례이다.
>
> ➤ 변론주의에 관하여는 다음 문제 참고

원칙		보충
당사자주의 (처분권주의+변론주의)	**+**	직권심리주의

정답 ㉠ O, ㉡ ✕

🔲 '**직권심리주의**'는 민사소송과 비교할 때 **행정소송의 특수한 소송심리원칙**이다. (O) [05 세무사]

🔲 행정소송법 제26조는 **행정소송에서 직권심리주의가 적용**되도록 하고 있지만, **행정소송에서도 당사자주의나 변론주의의 기본구도**는 여전히 **유지된다.** (O) [17 국가9]

🔲 **직권주의가 가미**되어 있다고 하더라도 **여전히 변론주의를 기본구조**로 한다. (O) [22 세무사]

🔲 판례는 제26조의 규정이 '**행정소송에 있어서 원고의 청구범위를 유지**하면서 **그 범위 내에서** 필요에 따라 **주장 외의 사실에 관하여 판단**할 수 있다는 뜻' 이라고 하여 직권탐지주의설을 취하고 있다. (✕) [07 세무사]   ☑ 직권탐지주의설 → 변론주의보충설

🔲 **행정소송**에 있어서 **직권주의가 가미**되어 있다고 하더라도 **기본구조는 변론주의**이다. (O) [24 세무사]

🔲 **직권심리주의**는 행정소송에서 **변론주의**를 대체한다는 의미이다. (✕) [99 관세사]

🔲 **행정소송의 심리**에 있어서 **직권탐지주의**가 원칙이고, **당사자주의·변론주의**는 보충적으로 적용된다. (✕) [18 행정사]

🔲 **직권탐지우선주의**는 **행정소송에 적용**되는 **심리원칙**이다. (✕) [23 세무사]   ☑ 우선 → 보충

336 ★★☆☆

㉠ 변론주의보충설에 의하면 제26조는 행정소송절차 역시 변론주의를 원칙으로 하면서 다만 행정소송의 특수성에 따라 직권주의가 가미되어 당사자의 신청에 의하지 아니하고 직권으로 증거조사를 할 수 있다는 엄격한 의미의 직권증거조사를 규정한 것이라고 한다. [07 세무사] **O** **X**

㉡ 변론주의보충설의 논거는 비록 행정처분에 공익에 관한 면이 있다고 할지라도, 권리를 침해받은 원고 또는 제3자의 입장에서 보면 사익에 관한 것이므로 변론주의를 원칙으로 하고 그에 대한 보충으로 직권증거조사를 인정해야 한다는 것이다. [07 세무사] **O** **X**

㉢ 행정소송상 심리에서 법원이 당사자에게 새로운 청구를 할 것을 권유하는 것이 석명권의 한계를 넘어서는 것은 아니다. [16 세무사] **O** **X**

해설

- 행정소송법 제26조가 **법원은 필요하다고 인정할 때에는 직권으로 증거조사를 할 수 있고, 당사자가 주장하지 아니한 사실에 대하여도 판단할 수 있다고 규정**하고 있지만, 이는 **행정소송의 특수성에 연유하는 당사자주의, 변론주의에 대한 ★일부 예외 규정일 뿐 법원이 아무런 제한 없이** 당사자가 주장하지 아니한 사실을 **판단할 수 있는 것은 아니고,** 일건 기록에 현출되어 있는 사항에 관하여서만 직권으로 증거조사를 하고 이를 기초로 하여 판단할 수 있을 따름이고, 그것도 **법원이 필요하다고 인정할 때에 한하여 ★청구의 범위 내에서 증거조사를 하고 판단**할 수 있을 뿐이다. (대판 1994. 10. 11., 94누4820)
- **행정소송에 있어서 법원이 당사자에게 새로운 청구를 할 것을 권유**하는 것은 **★석명권의 한계를 넘어서는 것**이다. (대판 1992. 3. 10. 91누6030)
- **법원의 석명권 행사는** 당사자의 주장에 모순된 점이 있거나 불완전·불명료한 점이 있을 때에 이를 지적하여 정정·보충할 수 있는 기회를 주고, 계쟁 사실에 대한 증거의 제출을 촉구하는 것을 그 내용으로 하는 것으로, **당사자가 주장하지도 아니한** 법률효과에 관한 **요건사실**이나 독립된 **공격방어방법을 시사**하여 그 **제출을 권유함과 같은 행위**를 하는 것은 **변론주의의 원칙에 위배**되는 것으로 **★석명권 행사의 한계를 일탈**하는 것이 된다. (대판 1997. 12. 26., 97다39742)

✓ ⓐ 앞서 보았듯이, **행정소송에서의 직권심리주의**는 어디까지나 **당사자주의 또는 변론주의에 대하여 ★보충적·예외적으로만 인정(★변론주의 보충설)**되는 것이므로, 법원은 직권조사가 필요하다고 인정하는 경우에도 **원고의 청구범위 내에서만 증거조사**를 하거나 **증거에 관하여 판단**을 할 수 있다.

ⓑ 따라서 소송자료의 부실에 따른 억울한 패소 방지 등을 목적으로 한 **법원의 석명권의 행사는 변론주의를 벗어나지 않는 범위 내에서만 가능**하기 때문에, **법원이 당사자에게 ★①새로운 청구를 할 것을 권유**하거나 **★② 요건사실이나 공격방어방법의 제출을 권유**하는 **행위** 등은 **★석명권의 한계범위를 일탈**하여 **변론주의에 반한다.**

정답 ㉠ O, ㉡ O, ㉢ ✕

🔲 **당사자가 주장하지도 아니한** 법률효과에 관한 **요건사실이나 공격방어방법을 시사**하여 그 **제출을 권유**하는 행위는 **변론주의의 원칙에 위배**되고 **석명권 행사의 한계를 일탈**하는 것이 된다. (O) [16 소방간부]

🔲 **행정소송**의 경우 직권심리주의에 따라 변론주의가 완화되므로 행정의 적법성 보장과 권리보호를 위하여 **당사자가 주장하지 않은 법률효과**에 관한 **요건사실이나 공격방어방법**이라도 이를 **시사하고 그 제출을 권유**하는 것이 민사소송과 달라 허용된다. (✕) [18 변시]

🔲 **취소소송의 심리**에 있어서, **법원은 당사자가 주장하지 아니한 법률효과**에 관한 요건사실이나 독립된 공격방어방법을 시사하여 그 제출을 권유할 수 있다. (✕) [24 세무사]

337 ★★★☆

취소소송의 심리에서, 변론주의 원칙상 당사자에게는 주장책임이 있다. 〇⊠

> **해설**
>
> 행정소송에 있어서 **직권주의가 가미**되어 있다고 하더라도 여전히 **변론주의를 기본구조**로 하는 이상 행정처분의 위법을 들어 그 취소를 청구함에 있어서는 **직권조사사항을 제외**하고는 그 ★**취소를 구하는 자가 위법사유**에 해당하는 구체적 사실을 **먼저 주장하여야** 한다. (대판 2001. 1. 16. 99두8107)
>
> ☑ ⓐ 누차 살펴보았듯이, **행정소송에서도** 기본적으로 **변론주의가 원칙**인바, 당사자가 자신의 유리한 사실이나 증거들을 재판상 변론절차에서 **주장하지 않을 경우** 존재하지 않은 것으로 취급되어 **판결의 기초로 삼을 수 없게 되기 때문에,**
>
> ⓑ 행정소송에서 **당사자가 자신의 승소에 유리한 사실이나 증거**들이 있다면, 이를 **당사자가 변론절차에서 진술** 등의 방식으로 이에 관하여 ★**주장하여야 할 책임**이 따르게 되는데, 이를 변론주의 하에서의 **'주장책임'**이라고 한다.
>
> **정답** 〇

📋 행정소송의 심리에 있어서 **변론주의 원칙**상 당사자에게는 주장책임이 있다. (〇) [01 입시]

📋 **직권조사사항을 제외**하고는 **취소를 구하는 자**가 위법사유에 해당하는 **구체적 사실을 먼저 주장하여야** 한다. (〇) [22 세무사]

📋 **입증책임**은 **당사자가 변론에서 주장하지 않는 한 판결의 기초로 삼지 아니하는 것**을 말한다. (✕) [14 세무사] ☑ 입증책임 → 주장책임

338 ★★☆☆

항고소송상 직권탐지주의 하에서 주장책임의 의미는 완화된다. 〇⊠

> **해설**
>
> ☑ ⓐ 앞의 문제에서 살펴본 대로, **행정소송에서도 원칙적으로 변론주의가 적용**되기 때문에 당사자는 주장책임을 질 수밖에 없다.
>
> ⓑ 다만 행정소송에서는 **'직권심리주의'도 보충적으로 적용**되기 때문에, 가령 **당사자가 제시한 소송자료** 등에서 합리적인 **의심**이 들거나 증거부족으로 판단되는 때에는 **법원**이 **직권으로 요건사실 내지 증거를 탐지**하거나 **조사**를 할 수 있으므로, 이와 같이 **직권주의가 적용되는 한도 내에서** ★**주장책임의 의미가 완화**된다고 볼 수 있다.
>
> **정답** 〇

📋 **취소소송의 심리**에 있어서 **주장책임**은 **직권탐지주의를 보충적으로 인정**하고 있는 **한도 내**에서 그 **의미가 완화**된다. (〇) [18 지방9]

339 ★★★★

㉠ 직권심리는 행정소송의 특수성에서 연유하는 당사자주의, 변론주의에 대한 일부 예외규정이다.
[20 세무사] O X

㉡ 법원은 당사자의 신청이 있는 때에 한하여 증거조사를 할 수 있다. [08 세무사] O X

㉢ 행정소송상 심리에 있어서, 법원은 당사자가 주장하지 아니한 사실에 대해서는 판단할 수 없다.
[16 세무사] O X

> 해설
>
> · **행정소송법 제26조**에 **법원**은 필요하다고 인정할 때에는 **직권으로 증거조사를 할 수 있고 당사자가 주장하지 아니한 사실**에 대하여도 **판단**할 수 있다고 규정하고 있기는 하나 이는 ★**행정소송의 특수성에서 연유**하는 **당사자주의, 변론주의에 대한 일부 예외규정**일 뿐 **법원**이 아무런 제한없이 당사자가 주장하지도 않은 사실을 **판단할 수 있다는 것은 아니다.** (대판 1986. 6. 24 85누321)
> · 【**행정소송법**】 제26조(직권심리) **법원**은 ★**필요하다고 인정**할 때에는 ★**직권으로 증거조사를 할 수 있고, ★ 당사자가 주장하지 아니한 사실**에 대하여도 **판단할 수 있다.**
>
> 정답 ㉠ O, ㉡ X, ㉢ X

📋 **취소소송 심리의 일반원칙**에 있어서, **법원이 소송절차를 직권으로 진행**시키는 **직권주의는 인정**되지 아니한다. (X) [17 세무사]

➡ 변론주의(당사자주의)의 원칙에 따라 **소송절차의 진행에 관한 주도권은 당사자에게** 있으나, **행정소송법 제26조**에 따라 **보충적·부분적이나마 법원의 직권에 의한 소송진행**(법원의 증거조사 및 사실판단 등)도 **인정**되는 것이다.

📋 **행정소송법**은 **직권심리**에 관한 **명문의 규정**을 두고 있다. (O) [14 세무사]

📋 **행정소송의 직권심리**는 행정소송법에서 **명문으로 인정**하고 있고, **증거조사의 경우에도 적용**된다. (O) [99 관세사]

📋 **법원이(은) 필요하다고 인정**할 때에는 **직권으로 증거조사**를 할 수 있다. (O) [06, 09, 10, 16, 17, 20, 21, 22, 24 세무사]

📋 **법원은 필요**한 경우 **직권으로 증거조사**를 할 수 있고 **당사자가 주장하지 아니한 사실**에 대하여도 **판단**할 수 있다. (O) [13 세무사]

📋 **법원이(은) 필요하다고 인정**할 때에는 **당사자가 주장하지 아니한 사실**에 대하여도 **판단**할 수 있다. (O) [20, 22, 24 세무사]

📋 **행정소송**에서 **법원**은 **당사자가 주장하지 않는 사실**에 대해서는 **판단**할 수 없다. (X) [98 국가7]

📋 **행정소송상 심리**에 있어서, **법원**은 **당사자가 주장하지 아니한 사실**에 대해서는 **판단**할 수 없다. (X) [16 세무사]

📋 **법원은 필요하다고 인정**할 때에는 **직권으로 증거조사**를 할 수 있으나, **당사자가 주장하지 아니한 사실**에 대하여는 **판단**할 수 없다. (X) [19 세무사]

340 ★★★★

[19 세무사] O X

취소소송에서 기록상 자료가 나타나 있다 하더라도 당사자가 주장하지 않으면 판단할 수 없다.

> **해설**
>
> **행정소송**에서 **★기록상 자료가 나타나 있다면** 당사자가 **주장하지 않았더라도 판단**할 수 있고 당사자가 제출한 소송자료에 의하여 법원이 처분의 적법 여부에 관한 합리적인 의심을 품을 수 있음에도 단지 구체적 사실에 관한 **★주장을 하지 아니하였다는** 이유만으로 당사자에게 석명을 하거나 **직권으로 심리·판단하지 아니함**으로써 구체적 타당성이 없는 판결을 하는 것은 행정소송법 제26조의 규정과 행정소송의 특수성에 반하므로 **허용될 수 없다.** (대판 2011.02.10. 2010두20980)
>
> **정답** ✕

- 판례는 **당사자가 주장하지 않은 사실**이라 하더라도 당해 **사실이 제출된 서류에 나타나는 경우**에는 **법원이 직권으로 판단**할 수 있다고 본다. (○) [99 관세사 변형]
- 항고소송에서 **기록상 자료가 나타나 있다면 법원**은 **당사자가 주장하지 않더라도 판단**할 수 있다. (○) [11 세무사]
- **법원**은 **기록상 나타나 있는 사항**에 대해서는 **당사자가 주장하지 아니하였더라도 판단**할 수 있다. (○) [14 세무사]
- **법원**은 행정소송에서 **기록상 자료가 나타나 있다면 당사자가 주장하지 않았더라도 판단**할 수 있다. (○) [14 국가9]
- **법원**은 **기록상 자료가 나타나 있는 사항**에 관해서는 **당사자가 이를 주장하지 않았더라도 판단**할 수 있다. (○) [17 세무사]
- 행정소송에서는 **당사자가 주장하지 않은 사실**이라도 그에 관한 자료가 **기록에 나타나 있다면 법원**은 그 **사실에 대하여 판단**할 수 있다. (○) [18 국가5 승진]
- 행정소송에서 **기록상 자료가 나타나 있다** 하더라도 당사자가 주장하지 않았다면 행정소송의 특수성에 비추어 **법원은 이를 판단**할 수 없다. (✕) [15 지방7]
- **기록상 자료가 나타나 있다 하더라도 당사자가 주장하지 않으면 판단**할 수 없다. (✕) [19 세무사]

- **기록상 자료가 나타나 있음**에도 **당사자가 주장하지 아니하였다는 이유로 판단하지 아니한 것은 위법**하다. (○) [15 세무사]   ➡ 위 해설판례 중, 후단 참조

341 ★★☆☆

명의신탁등기 과징금 부과처분에 대하여 장기미등기 과징금 부과처분 사유가 존재한다는 이유로 적법하다고 판단하는 것은 직권심사주의 원칙상 허용된다. **O X**

> **해설**
>
> **명의신탁등기 과징금**과 **장기미등기 과징금**은 위반행위의 태양, 부과 요건, 근거 조항을 달리하므로, **각 과징금 부과처분의 사유**는 상호 간에 **기본적 사실관계의 동일성이 있다고 할 수 없다.** 그러므로 그 중 **어느 하나의 처분사유**에 의한 **과징금 부과처분**에 대하여 ★당해 처분사유가 아닌 **다른 처분사유가 존재한다는 이유로 적법하다고 판단**하는 것은 특별한 사정이 없는 한 행정소송법상 ★**직권심사주의의 한계를 넘는 것**으로서 **허용될 수 없다.** (대판 2011. 2. 10., 2010두20980)
>
> **정답** ✕

📖 법원이 **어느 하나의 사유에 의한 과징금부과처분**에 대하여 그 사유와 **기본적 사실관계의 동일성이 인정되지 아니하는 다른 처분사유가 존재**한다는 **이유**로 **적법하다고 판단**하는 것은 특별한 사정이 없는 한 **직권심사주의의 한계를 넘는 것**이 아니다. (✕) [22 지방7]

342 ★★★☆

취소소송의 직권심리에 관한 규정은 부작위위법확인소송에 준용된다. **O X**

> **해설**
>
> **【행정소송법】**
> **제26조(직권심리)** 법원은 필요하다고 인정할 때에는 <u>직권으로 증거조사</u>를 할 수 있고, <u>당사자가 주장하지 아니한 사실에 대하여도 판단</u>할 수 있다.
> **제38조(준용규정)** ① **제26조**의 규정은 **무효등 확인소송**의 경우에 **준용**한다.
> ② **제26조**의 규정은 **부작위위법확인소송**의 경우에 **준용**한다.
>
> ✓ '**직권심리주의**'는 **다른 항고소송(무효등확인소송, 부작위위법확인소송)**에도 **적용**된다. **정답** O

📖 **무효등확인소송**에는 **직권증거조사주의가 적용**되지 않는다. (✕) [22 경찰간부]

📖 취소소송 규정 중 '**직권심리주의**'는 **부작위위법확인소송에 준용**된다. (O) [06 세무사]

📖 행정소송법상 취소소송에 관한 규정 중 '**직권심리**'는 **부작위위법확인소송에 준용**되지 않는다. (✕) [21 세무사]

343 ★★★☆

㉠ 변론주의원칙이 지배하는 당사자소송에서도 주장책임의 법리가 적용된다. [14 세무사] ㅇⓧ

㉡ 당사자소송에서는 직권심리가 가능하다. [14 세무사] ㅇⓧ

㉢ 당사자소송에서 법원은 당사자가 주장하지 아니한 사실에 대하여는 판단할 수 없다.

[15 세무사] ㅇⓧ

해설

【행정소송법】
제26조(직권심리) 법원은 필요하다고 인정할 때에는 **직권으로 증거조사**를 할 수 있고, 당사자가 주장하지 아니한 사실에 대하여도 판단할 수 있다.
제44조(준용규정) ① **제26조**의 규정은 ★**당사자소송의 경우에 준용**한다.

ⓐ 행정소송 중에서 민사소송과 가장 유사한 성격을 가진 **당사자소송**에는 당연히 **변론주의가 적용**되기에 ★**주장책임의 법리도 동일하게 인정**된다.

ⓑ 그러나 **행정소송법**에서는 당사자소송에 대하여도 '**직권심리주의**'를 준용하는 규정을 두고 있으므로, **당사자소송에서도** 법원은 소송상 공익적 필요에 따라, ★**직권으로 증거조사**를 하거나 **당사자가 주장하지 않은 사실을 판단할 수 있다.**

➡ **직권심리주의**는 **모든 행정소송**에 **적용**　　　정답 ㉠ ㅇ, ㉡ ㅇ, ㉢ ✕

■ '**직권심리**'는 **항고소송**과 **당사자소송**에 **공통으로 적용**된다. (ㅇ) [15, 19 세무사]

■ "**법원**은 필요하다고 인정할 때에는 **직권으로 증거조사**를 할 수 있고 **당사자가 주장하지 아니한 사실**에 대하여도 **판단할 수 있다.**"라고 규정하고 있는 **행정소송법 제26조**는 **당사자소송에도 준용**된다. (ㅇ) [15 지방7]

■ **취소소송의 직권심리**에 관하여 규정하고 있는 「**행정소송법**」 **제26조**는 공법상 **당사자소송에 준용**된다. (ㅇ) [17 세무사]

■ **행정소송법 제26조의 직권심리주의**는 공법상 **당사자소송에 준용**된다. (ㅇ) [20 세무사]

■ **당사자소송**에는 **취소소송의 직권심리에 관한 규정이 준용**된다. (ㅇ) [20 군무원7]

■ **당사자소송**은 본질상 민사소송이므로 「행정소송법」상 **직권증거조사규정이 적용**될 수 없다. (✕) [12 지방7]

■ **당사자소송**에서 **법원**은 필요하다고 인정할 때에는 **직권으로 증거조사를 할 수 있다.** (ㅇ) [10 세무사]

■ **당사자소송**에서 **법원**은 필요하다고 인정할 때에는 **당사자가 주장하지 아니한 사실**에 대하여도 **판단**할 수 있다. (ㅇ) [16 세무사]

■ **당사자소송**의 경우 법원은 필요하다고 인정할 때에는 **직권으로 증거조사**를 할 수 있으나, **당사자가 주장하지 아니한 사실**에 대하여는 **판단**하여서는 안된다. (✕) [21 군무원9]

제4항 행정심판기록 제출명령

344 ★★★☆
[09 세무사]

현행 행정소송법은 행정심판기록제출명령제도를 채택하고 있다. **O X**

> **해설**
>
> **【행정소송법】**
> **제25조(행정심판기록의 제출명령)** ① **법원**은 당사자의 신청이 있는 때에는 결정으로써 **재결을 행한 행정청**에 대하여 ★**행정심판에 관한 기록의 제출을 명**할 수 있다.
>
> ✔ 행정심판의 재결을 거친 후에 행정소송을 제기하는 경우, **법원의 행정심판기록 제출명령제도**를 통하여, 재결청 (행정심판청)이 행정심판 과정에서 내부적으로만 수집·작성하였던 자료와 같이, ★**원고에게 소송상 유리한 증거**가 될 수 있는 **자료들을 간편하게 확보**할 수 있는 장점이 있다.
>
> ➡ 소송절차에서 필요한 경우에 활용되는 제도로, 반드시 명하여야 하는 것은 아님 **정답 O**

📃 **행정심판기록의 제출명령**은 **입증자료의 용이한 확보** 등 **당사자의 소송상 지위보장**을 위해 인정되는 **제도**이다. (○) [10 세무사]

345 ★★★☆
[10 세무사]

중앙행정심판위원회의 심판기록은 제출의 대상에 포함되지 않는다. **O X**

> **해설**
>
> ✔ 행정심판**청구서·준비서면·답변서·**심판위원회 회의록·재결서·각종 증거자료 등 **행정심판위원회**가 **심리절차상 확보**한 **기록 전부가 행정심판기록의 제출대상**이 된다. **정답 ✕**

📃 **행정심판기록제출명령**에 따라 **제출할 기록**은 당해 사건과 관련하여 **행정심판위원회에 제출된 일체의 서류를 의미**한다. (○) [14 세무사]

📃 **법원**은 **행정심판기록제출명령**으로 행정심판위원회의 회의록의 **제출을 요구**할 수는 없다. (✕) [11 세무사]

346 ★★★★

⊙ 행정심판기록제출명령은 당사자의 신청이 있어야 한다. [14 세무사] ⓞⓧ

ⓛ 행정심판기록의 제출명령은 법원의 결정으로 발령한다. [10 세무사] ⓞⓧ

ⓒ 행정심판기록제출명령은 재결을 행한 행정청에 대하여 한다. [14 세무사] ⓞⓧ

> **해설**
>
> **【행정소송법】**
> **제25조(행정심판기록의 제출명령)** ① 법원은 ★**당사자의 신청**이 있는 때에는 ★**결정**으로써 ★**재결을 행한 행정청**에 대하여 **행정심판에 관한 기록의 제출을 명**할 수 있다.
> ② 제1항의 규정에 의한 **제출명령을 받은 행정청**은 지체없이 당해 행정심판에 관한 기록을 **법원에 제출**하여야 한다.
>
> ■ '행정심판기록 제출명령' 절차
>
> | 당사자 | → | 법원 | → | 재결을
행한 행정청 | → | 법원 |
> |---|---|---|---|---|---|---|
> | 행정심판기록
제출 **신청** | | 행정심판기록
제출 **명령** | | 행정심판기록
제출 | | |
>
> **정답** ⊙ O, ⓛ O, ⓒ O

■ **소송당사자**는 법원에 **행정심판기록 제출명령**의 **발령을 신청**할 수 있다. (O) [10 세무사]

■ **법원**은 직권으로 **행정심판기록의 제출을 명**할 수 있다. (X) [17 세무사]

■ **행정심판기록의 제출명령**은 **법원의 결정**으로 **발령**한다. (O) [10 세무사]

■ **행정심판기록제출명령**은 **법원의 결정**으로 한다. (O) [14 세무사]

■ **법원**은 **당사자의 신청**이 있는 때에는 **재결을 행한 행정청**에 대하여 **행정심판에 관한 기록의 제출을 명**할 수 있다. (O) [06 세무사]

■ **법원**은 **당사자의 신청**이 있는 때에는 **결정**으로써 **재결을 행한 행정청**에 대하여 **행정심판에 관한 기록의 제출을 명**할 수 있다. (O) [08 세무사]

■ 행정소송에서 **법원**은 **당사자의 신청**이 있는 때에는 **결정**으로써 **재결을 행한 행정청**에 대하여 **행정심판에 관한 기록의 제출을 명**할 수 있다. (O) [12 세무사]

■ **당사자**는 법원에 **행정심판기록의 제출명령을 신청**할 수 있고, **법원**이 **재결을 행한 행정청**에 대하여 **결정**으로써 **행정심판에 관한 기록의 제출의 명령**을 행한다. (O) [17 세무사 변형]

■ **법원**은 **당사자의 신청**이 있는 때에는 **재결을 행한 행정청**에 대하여 **행정심판에 관한 기록의 제출을 명**할 수 있다. (O) [21 세무사]

■ **취소소송의 심리**에 있어서, **법원**은 **당사자의 신청**이 있는 때에는 **결정**으로써 **재결을 행한 행정청**에 대하여 **행정심판에 관한 기록의 제출을 명**할 수 있다. (O) [24 세무사]

■ **당사자의 신청**이 있는 경우 **법원**이 **재결을 행한 행정청**에 대하여 **행정심판기록의 제출을 명령**하는 것은 **행정소송법상 허용**되지 않는다. (X) [13 세무사]

347 ★★★☆

제출명령을 받은 행정청은 지체 없이 당해 행정심판에 관한 기록을 법원에 제출하여야 한다. OX

> **해설**
>
> **【행정소송법】**
> ② 제1항의 규정에 의한 **제출명령을 받은 행정청**은 ★**지체없이** 당해 행정심판에 관한 **기록**을 ★**법원에 제출**하여야 한다.
>
> 정답 ○

■ **행정심판기록의 제출명령을 받은 재결청**은 **지체없이** 당해 **행정심판**에 관한 **기록**을 **법원에 제출**하여야 한다. (○) [17 세무사]

■ **행정심판기록제출명령**에 따른 **행정심판기록의 제출기한**은 90일로 규정되어 있다. (×) [14 세무사]

348 ★★★☆

㉠ 행정소송법상 취소소송에 관한 규정 중 '행정심판기록의 제출명령'은 무효등확인소송에 준용된다.

OX

㉡ 취소소송에 관한 규정 중 '행정심판기록의 제출명령'은 부작위위법확인소송에 준용된다.

OX

㉢ 법원의 행정심판기록제출명령은 당사자소송에서는 인정되지 아니한다. OX

> **해설**
>
> **【행정소송법】**
> 제38조(준용규정) ① 제25조의 규정은 ★**무효등 확인소송**의 경우에 **준용**한다.
> ② 제25조의 규정은 ★**부작위위법확인소송**의 경우에 **준용**한다.
> 제44조(준용규정) ① 제25조의 규정은 ★**당사자소송**의 경우에 **준용**한다.
>
> 정답 ㉠ ○, ㉡ ○, ㉢ ×

■ **행정심판기록의 제출명령**에 관한 규정은 **무효등확인소송에는 준용**되지 않는다. (×) [20 행정사]

■ 행정소송법상 취소소송에 관한 규정 중 '**행정심판기록의 제출명령**'은 **부작위위법확인소송에 준용**되지 않는다. (×) [21 세무사]

■ **당사자소송**에서 **법원**은 **재결을 행한 행정청**에 대하여 **행정심판기록 제출**을 **명**할 수 있다. (○) [16 세무사]

■ **행정심판기록의 제출명령**은 공법상 **당사자소송에 준용**된다. (○) [17 세무사]

■ **당사자소송**에서 **법원**은 **당사자의 신청** 또는 직권에 의하여 **결정으로써 재결을 행한 행정청**에 대하여 **행정심판에 관한 기록의 제출**을 **명**할 수 있다. (×) [18 세무사]

➡ 당사자소송에서도 **당사자의 신청**에 따른 법원으로 결정으로서만 행정심판기록 제출명령 가능

제5항 입증책임

349 ★★☆☆ [08 세무사]

입증책임은 소송상 일정한 사실의 존부가 확정되지 않은 경우에 불리한 법적 판단을 받게 되는 일방 당사자의 부담을 말한다. **O X**

> **해설**
>
> ✓ ⓐ 소송심리 과정상 나타난 일체의 증거자료에 의해서도 **법원이 어떤 사실의 존부 여하를 결정할 수 없는 경우**에, ★**어느 한 쪽 당사자가 부담하는 불이익이나 위험**을 '**입증책임(=증명책임, 거증책임)**'이라 한다.
>
> ⓑ 쉽게 말해, 소송심리 과정에서 어떤 사실의 진위가 불명확할 경우, 결국 어느 한쪽 당사자에게는 불리한 결과(패소)로 귀착될 수밖에 없는 ★각 당사자로서는 자신에게 불이익(위험)한 판결을 면하기 위하여 유리한 증거제출을 하는 등 **입증책임**을 부담하게 된다. **정답 O**

■ **입증책임**은 소송상 **일정한 사실의 존부가 확정되지 아니할 경우**에 **불리한 법적 판단**을 받게 되는 **일방 당사자의 불이익 내지는 위험**을 말한다. (○) [09 세무사]

350 ★★☆☆ [09 세무사]

입증책임은 변론주의하에서 특히 중요한 의미를 가지는 것이나, 진위불명의 사태가 예견되는 한 직권 탐지주의하에서도 문제가 된다. **O X**

> **해설**
>
> **직권조사사항**에 관하여도 그 **사실의 존부가 불명**한 경우에는 **입증책임의 원칙이 적용되어야 할 것인바, 본안판결을 받는다는 것** 자체가 **원고에게 유리**하다는 점에 비추어 **직권조사사항인 소송요건에 대한 입증책임은 원고**에게 있다. (대판 1997. 7. 25., 96다3930)
>
> ✓ ⓐ '**입증책임**'은 소송의 심리원칙 중 **직권주의든 변론주의든** 어느 쪽을 취하든지 간에, **어떤 사실의 진위나 존부가 불분명**하여 **사실인정을 할 수 없는** ★**상태가 계속**되는 이상 **문제**되는 개념이다.
>
> ⓑ 즉 **입증책임**은 법원이 당사자가 제시한 주장과 증거에 의하여서만 심리·재판을 할 수 있는 **변론주의하에서 더욱 유의미한 개념**이라 할 것이나, ★**직권주의하에서도** 당사자의 주장에 관한 요건사실 등의 진위가 불분명할 때에는 **입증책임이 필요**한 경우가 있는 것이다.
>
> ⓒ 예컨대 **법원이 소송요건을 직권으로 조사하는 과정**에서 해당 **요건사실의 존부가 불분명한 때에는 원고가 입증책임을 부담**하여야 하는 경우가 그러하다. (43문 참고) **정답 O**

351 ★★★☆

㉠ 입증책임의 중심적 문제는 어떤 사실에 대하여 어느 당사자가 입증책임을 질 것인가의 문제로서 이를 입증책임의 분배라고 한다. **[09 세무사]** Ⓞ Ⓧ

㉡ 행정소송에 있어서 입증책임의 분배에는 민사소송의 일반원칙이 적용될 여지가 없다.

[15 세무사] Ⓞ Ⓧ

> **해설**
>
> 민사소송법 규정이 준용되는 **행정소송**에서의 **증명책임**은 원칙적으로 **민사소송 일반원칙**에 따라 ★**당사자 간에 분배**되고, **항고소송**의 경우에는 그 특성에 따라 처분의 적법성을 주장하는 피고에게 적법사유에 대한 **증명책임**이 있다. (대판 2016.10.27., 2015두42817)
>
> ✎ '입증책임의 분배'란 존부가 불명확한 사실에 대한 "**입증책임을 누구에게 지게 할 것인가?**"의 문제인데, 다수설·판례는 **행정소송**에서도 **민사소송**과 동일하게, 자신에게 유리한 요건사실의 존부에 대한 **입증책임의 부담**은 각 **당사자에게 분배**시켜야 한다는 '**법률요건분류설**'을 취한다. **정답** ㉠ ○, ㉡ ✕

📋 **입증책임**에 관하여는 **민사소송상의 원칙**인 **법률요건분류설**이 **통설**이다. (○) **[01 입시]**

📋 민사소송법 규정이 준용되는 **행정소송**에서 **증명책임**은 원칙적으로 **민사소송 일반원칙**에 따라 **당사자 사이에 분배**된다. (○) **[18 지방7 변형]**

📋 행정소송에서 **당사자소송의 입증책임**은 그 성질상 **민사소송**의 경우와 **다를 것이 없다**. (○) **[09 세무사]**

➡ **당사자소송**은 민사소송과 본질적인 차이가 거의 없으므로 **민사소송에서의 입증책임 분배의 원칙**이 더욱 **용이하게 적용**된다.

352 ★★★★
[06 세무사]

처분의 적법성은 피고인 행정청이 입증하여야 한다. Ⓞ Ⓧ

> **해설**
>
> **항고소송**의 경우에는 그 특성에 따라 ★**처분의 적법성을 주장**하는 피고(행정청)에게 적법사유에 대한 **증명책임**이 있다. (대판 2016. 10. 27., 2015두42817)
>
> ✎ **처분의 적법사유**에 관한 **입증책임**은 당연히 처분을 내린 **피고(행정청)가 부담**한다. **정답** ○

📋 취소소송에서 **처분의 기초를 이루는 사실**에 대한 **적법성**은 **피고가 입증책임**을 진다. (○) **[11 군무원9]**

📋 **처분의 적법성을 주장**하는 **피고**에게 그 **적법사유에 대한 증명책임**이 있다. (○) **[18 지방7 변형]**

📋 **취소소송**에서 **처분사유**에 관한 **입증책임**은 **행정청**에게 있다. (○) **[23 세무사]**

📋 **처분의 적법성**은 원고가 **입증**하여야 한다. (✕) **[14 군무원9]**

353 ★★★☆

㉠ 거부처분 취소소송에서 그 처분사유에 관한 증명책임은 원고에게 있다.   **[22 세무사]** Ⓞ Ⓧ

㉡ 허가신청에 대하여 허가기준 미달을 이유로 불허가한 처분이 적법하다는 주장·입증책임은 처분청에게 있다.   **[17 세무사]** Ⓞ Ⓧ

해설

- 결혼이민[F-6 (다)목] **체류자격 거부처분 취소소송에서 원고와 피고 행정청은 각자 자신에게 유리한 평가요소들을 적극적으로 주장·증명**하여야 하며, … (중략) … 결혼이민[F-6 (다)목] 체류자격 **거부처분 취소소송**에서도 그 ★**처분사유에 관한 증명책임은 피고 행정청**에 있다. (대판 2019.7. 4. 2018두66869)
- 중기대여업 **허가신청이 허가기준 미달**을 이유로 피고(건설부장관)의 **불허가처분이 적법**하다는 **주장과 입증의 책임은** ★**처분청인 피고**에게 있다. (대판 1986. 4. 8. 86누107)

✓ **처분의 적법성**에 관한 **입증책임**은 처분을 내린 **피고(행정청)**이 부담하는바, 불허가처분과 같은 **거부처분의 적법성**을 뒷받침하는 **처분사유의 정당성**도 **피고(행정청)**이 **입증**하여야 한다.   **정답** ㉠ ✕, ㉡ ○

📄 결혼이민[F-6 (다)목] **체류자격을 신청한 외국인**에 대하여 행정청이 그 **요건을 충족하지 못하였다**는 이유로 **거부처분**을 하는 경우, 결혼이민[F-6 (다)목] **체류자격 거부처분 취소소송**에서 그 **처분사유에 관한 증명책임**은 **피고 행정청**에 있다. (○) **[23 지방9 변형]**

📄 행정청이 폐기물처리사업계획서 **부적합 통보**에 대한 **취소소송**절차에서 **행정청**은 **그 처분을 하게 된 판단 근거나 자료 등을 제시**하여 **구체적 불허가사유를 분명히 하여야** 한다. (○) **[20 군무원9]**

> 피고인 **행정청**이 불허가 사유에 관한 **구체적인 판단 근거나 자료**로서, **부적합통보(불허가처분)의 정당성을 증명**하여야 한다. (대판 2019. 12. 24. 2019두45579)

---

354 ★★★☆

㉠ 처분절차의 적법성에 관한 입증책임은 피고에게 있다.   **[08 세무사]** Ⓞ Ⓧ

㉡ 납세고지서 공시송달의 적법성에 대한 입증책임은 피고인 행정청에 있다.   **[06 세무사]** Ⓞ Ⓧ

해설

> **납세고지서에 대한 공시송달이 적법**한지 여부에 관한 **입증책임**은 원칙적으로 ★**과세관청**에 있다. (대판 1996. 6. 28. 96누3562)

✓ 처분의 '**절차적 적법성**'도 처분의 '**적법성**'에 포함되는바, 처분이 피고지자에게 **적법하게 고지(송달)되었다**는 사실이나 **공시송달의 요건이 충족되었다**는 사실 등 ★**처분이 절차적으로 적법**하다는 점에 관한 **입증책임**은 당연히 처분을 내린 **행정청**에게 있다.   **정답** ㉠ ○, ㉡ ○

📄 당해 **과세처분**이 **절차적 적법요건을 구비**한 것이라는 사실에 대한 **입증책임자**는 **과세관청**이다. (○) **[18 세무사]**

📄 **납세고지서**에 대한 **공시송달이 적법한지 여부**에 관한 **입증책임**은 원칙적으로 **과세관청**에 있다. (○) **[03 행시]**

📄 **납세처분**이 피고지자에게 **적법하게 고지된 사실**에 대한 **입증책임자**는 **과세관청**이다. (○) **[18 세무사]**

355 ★★★★

㉠ 과세처분의 적법성에 대한 입증책임은 피고에게 있다. [08 세무사] **O X**

㉡ 과세처분취소소송에서 과세요건사실의 존부에 대하여는 과세관청에게 입증책임이 있다.
[14 세무사] **O X**

㉢ 어느 사업연도의 소득에 대한 과세처분의 적법성이 다투어지는 경우 과세관청은 과세소득이 있다는 사실 및 그 소득이 그 사업연도에 귀속된다는 사실을 증명하여야 한다. [22 세무사] **O X**

> **해설**
>
> - 과세처분의 위법을 이유로 그 취소를 구하는 행정소송에 있어서 **과세처분의 적법성 및 과세요건사실의 존재**에 관하여는 원칙적으로 **과세관청이 그 입증책임을 부담**한다. (대판 1994. 10. 14., 94누4134)
> - 과세처분의 적법성에 대한 입증책임은 과세관청에 있으므로 어느 사업연도의 소득에 대한 법인세 **과세처분의 적법성**이 다투어지는 경우 **과세관청**으로서는 ★**과세소득이 있다는 사실** 및 그 소득이 당해 사업연도에 **귀속되었다는 사실**을 **입증**하여야 한다. (대판 1994. 10. 14., 94누4134)
>
> ✓ ⓐ 과세처분취소소송에서 **과세처분의 적법성**이나 그것을 **뒷받침하는 과세요건 사실의 존부**에 대해서는 **과세관청 (피고)이 입증책임**을 부담한다.
>
> ⓑ 따라서 **소득을 원인으로 한 과세처분취소소송**에서는 **과세관청**이 '**과세소득의 존재**' 및 '**과세소득의 해당연도 귀속 사실**' 등을 **입증**함으로써, **과세처분의 정당성**을 **증명**하여야 한다.
>
> **정답** ㉠ O, ㉡ O, ㉢ O

■ **과세처분 취소소송**에서 **처분의 적법성**에 관하여는 원칙적으로 **과세청인 피고**가 그 **증명책임을 부담**한다. (O) [24 세무사]

■ **과세처분의 적법성** 및 **과세요건 사실의 존재**에 관하여는 원칙적으로 **과세관청인 피고**가 **입증책임**을 부담한다. (O) [06 국가9]

■ 일반적으로 **과세처분취소소송**에서 **과세요건사실**에 관한 **입증책임**은 원고에게 있다. (X) [16 세무사]

356 ★★☆☆ [08 세무사] **O X**

과세처분 취소소송에서 「소득세법」상 세액공제의 원인사실에 대한 입증책임자는 과세관청이다.

> **해설**
>
> 누락수입에 대하여 실지조사결정에 의해 **과세처분**할 때에는 누락수입에 대응하는 별도비용의 지출이 있었다고 볼 증거가 없는 한 수입액 전체가 소득액에 가산되어야 하고 **누락수입에 대응하는 비용**[* 세액 공제의 대상을 의미]도 **신고누락**되었다는 점에 관하여는 별도의 **공제를 구하는** ★**납세의무자가 주장·입증하여야** 한다.(대판 2008. 1. 31. 2006두953
>
> ✓ 위 문제에서처럼 '**원고에게 유리한 사실**'의 **입증책임**은 원고(**납세의무자**)에게 있다. 지엽적인 데다 재출제 가능성이 높지 않은 사례이므로, 아래 지문과 함께 단순히 암기해둔다. **정답** X

■ 법인세의 과세표준 등 신고에 있어 **손금에 산입될 비용의 신고를 누락**하였다는 사실에 대한 **입증책임자**는 **납세의무자**이다. (O) [18 세무사]

> 납세의무자가 법인세의 **과세표준 등 신고**에 있어 신고 누락한 매출액 등의 수입에 대응하는 **손금에 산입될 비용**에 관하여도 신고를 누락하였다는 점에 대한 **입증책임의 소재**(=**납세의무자**). (대판 1992.7.28. 91누1069)

357 ★★★★

㉠ 과세처분의 위법성에 대한 입증책임은 과세관청에 있다. [11 세무사] O X

㉡ 과세요건사실이 경험칙상 추정되는 경우 경험칙 적용의 대상이 되지 아니하는 사정은 원고인 납세의무자가 입증하여야 한다. [06 세무사] O X

㉢ 과세처분취소소송에서 처분의 적법성 및 과세요건사실의 존재와 관련하여 경험칙상 이례에 속하는 특별한 사정의 존재에 관하여는 납세의무자에게 입증책임이 있다. [19 세무사] O X

해설

- 일반적으로 과세요건사실에 대한 입증책임은 과세관청에 있으나 구체적인 소송과정에서 **경험칙에 비추어 과세요건사실이 추정되는 사실**이 밝혀지면 ★상대방(원고)이 경험칙 적용의 대상이 되지 아니하는 사정을 입증하지 않는 한 그 **조세부과처분을 위법하다고 할 수 없다**. (대판 1992. 7. 10., 92누6761, 92누6778, 92누6792)

- 과세처분의 위법을 이유로 그 취소를 구하는 행정소송에 있어서 **과세처분의 적법성 및 과세요건사실의 존재**에 관하여는 원칙적으로 과세관청이 그 입증책임을 부담하나 **경험칙상 이례에 속하는 특별한 사정의 존재**는 ★납세의무자에게 그 **입증책임** 내지는 **입증의 필요**가 돌아간다고 할 것이다. (대판 1990. 2. 13., 89누2851)

- ⓐ 앞의 문제에서 살펴본 것처럼 **과세처분의 적법성**에 대한 **입증책임**은 피고(과세관청)에 있고, 소송과정에서 **어떤 사실이 경험칙에 비추어 과세처분을 위한 과세요건사실로 밝혀지는 때**에는 일응 **적법한 과세처분으로 추정**될 수 있다.

- ⓑ 반대로 **과세처분의 ★위법성**에 대한 **입증책임**은 원고(납세의무자)가 부담하는 것이 원칙이므로, **어떤 사실이 경험칙상 과세처분을 위한 적용대상이 아니라는 이례적 사정**은 ★납세의무자인 원고가 입증하여야만 그 과세처분의 적법성(정당성)을 부정할 수 있다.

➤ 문제가 되는 **어떤 사실**이 **경험칙에 비추어 과세처분을 위한 과세요건사실로 추정**되고, 그러한 사실이 경험칙상 과세요건사실에 해당하지 않는다는 사정을 원고(납세의무자가) 입증하지 못하는 경우	과세처분의 **적법성** 추정 가능
➤ 문제가 되는 **어떤 사실**이 **경험칙상 과세처분을 위한 적용대상에 해당하지 않는다**는 사정을 원고(납세의무자)가 입증할 경우	과세처분의 **위법성** 추정 가능
➤ 문제가 되는 **어떤 사실**이 과세처분을 위한 **경험칙상 이례에 속한다**는 특별한 사정의 존재를 원고(납세의무자)가 입증할 경우	

정답 ㉠ ×, ㉡ O, ㉢ O

■ '입증책임의 주체' 기출사례 정리(352문~ 362문)

피고 행정청	원고
· 처분의 **적법성(적법사유)**	· **소송요건**
· **처분절차의 적법성**	· 처분의 **위법성(취소사유)**
· 과세처분에서 **과세요건 사실의 존재**	· 과세대상인 토지가 **비과세대상이라는 사실**
· **정보공개**거부처분 취소소송에서 **비공개사유**	· 처분에 **재량권을 일탈·남용한 사정**이 있다는 점
	· 무효등확인소송에서 **처분이 무효사유**라는 점

358 ★★★☆

항고소송에서 피고가 주장하는 일정한 처분의 적법성에 관하여 합리적으로 수긍할만한 증명이 있는 경우 처분은 정당하며, 이와 상반되는 주장과 증명은 원고에게 책임이 있다. **O X**

해설

민사소송법 규정이 준용되는 행정소송에서의 **증명책임**은 원칙적으로 **민사소송 일반원칙**에 따라 **당사자 간에 분배**되고, **항고소송의 경우**에는 그 특성에 따라 **처분의 적법성을 주장하는 피고**에게 **적법사유에 대한 증명책임**이 있다. 피고가 주장하는 일정한 **처분의 적법성**에 관하여 ★합리적으로 **수긍할 수 있는 일응의 증명**이 있는 경우에 **처분은 정당**하며, ★**이와 상반되는 주장과 증명**은 상대방인 **원고에게 책임**이 돌아간다. (대판 2016. 10. 27., 2015두42817)

입증책임의 주체	처분의 적법성(정당성)	처분의 위법성(부정당성)
	피고(행정청)	원고

정답 O

---

359 ★★★★

과세대상이 된 토지가 비과세대상이라는 사실에 대한 입증책임자는 납세의무자이다. **O X**

해설

과세대상이 된 토지가 비과세 혹은 면제대상이라는 점은 이를 주장하는 ★**납세의무자에게 입증책임**이 있는 것이다. (대판 1996. 4. 26., 94누12708)

⟳ 가령 **甲이 자신의 소유지**에 대한 **종합부동산세**를 부과받은 경우에, **납세의무를 면**하기 위해서는 **甲이 자신의 소유지**가 비과세나 면세대상이라는 **입증책임을 부담**하여야 한다. **정답** O

🔳 **과세대상인 토지가 비과세대상이라는 주장**은 **원고인 납세의무자가 입증책임**을 진다. (O) [06 세무사]

🔳 **과세대상이 된 토지가 비과세 혹은 면제대상**이라는 점은 이를 주장하는 **납세의무자에게 입증책임**이 있다. (O) [15 세무사]

🔳 **과세대상이 된 토지가 비과세대상이라는 점**에 대해서는(**비과세라는 점은**) 이를 주장하는 **납세의무자에게 입증책임**이 있다. (O) [17, 19 세무사]

🔳 과세처분취소소송에서 **과세대상이 된 토지가 비과세 혹은 면제대상**이라는 점은 이를 주장하는 **납세의무자에게 증명책임**이 있다. (O) [22 세무사]

🔳 **과세대상이 된 토지가 비과세대상**이라는 점은 이를 주장하는 **납세의무자에게 입증책임**이 있다. (O) [23 세무사]

360 ★★★★

[06 세무사]

행정청의 재량행위에 대한 일탈·남용을 이유로 한 취소소송에서는 피고인 행정청이 일탈·남용 사실에 대한 입증책임을 진다. **O X**

> **해설**
>
> 자유재량에 의한 행정**처분이 그 재량권의 한계를 벗어난 것이어서 위법하다는 점**은 그 ★행정**처분의 효력을 다투는 자**가 이를 **주장·입증하여야** 하고, 처분청이 그 재량권의 행사가 정당한 것이었다는 점까지 주장·입증할 필요는 없다. (대판 1987. 12. 8. 87누861)
>
> ✓ 행정청의 **재량행위에 해당하는 처분**이 재량권을 일탈·남용하였다는 사정은 그 처분의 효력을 다투는 **원고가 주장·입증하여야** 하며, 한편 **행정청**은 자신의 행정처분이 재량권을 일탈·남용하지 않았다는 점을 **스스로 입증하지 않아도 된다**는 판시이다.   **정답** ✕

- 재량권을 **일탈·남용한 특별한 사정**이 있다는 점은 **이를 주장하는 자**가 **증명하여야** 한다. (O) [21 세무사]
- 법령을 위반한 폐기물처리업자 甲에 대하여 A군수가 3개월의 영업정지 처분을 하자 甲은 취소소송을 제기한 경우, **재량권 일탈·남용에 해당하는 특별한 사정**은 **이를 주장하는 甲이 증명하여야** 한다. (O) [22 세무사]
- 처분이 **재량권을 일탈·남용하였다는 사정**은 **처분의 효력을 다투는 자**가 주장·증명하여야 한다. (O) [24 세무사]
- **재량권의 일탈·남용**에 대한 **입증책임**은 피고에게 있다. (✕) [08 세무사]
- 항고소송에서 **처분의 적법성을 주장하는 행정청**에게 그 **적법사유에 대한 증명책임**이 있으므로, 그 처분이 **재량권의 일탈·남용이 없다는 점을 증명할 책임**도 행정청이 **부담**한다. (✕) [20 변시]

361 ★★☆☆

[15 세무사]

정보공개거부처분취소소송에서 비공개사유의 입증책임은 피고에게 있다. **O X**

> **해설**
>
> 국민으로부터 보유·관리하는 **정보에 대한 공개를 요구받은** ★**공공기관**으로서는, … (중략) … 이를 **거부하는 경우**라 할지라도, 대상이 된 정보의 내용을 구체적으로 확인·검토하여, 어느 부분이 어떠한 법익 또는 기본권과 충돌되어 **정보공개법 제9조 제1항 몇 호**에서 정하고 있는 ★**비공개사유에 해당하는지를 주장·증명하여야**만 하고, 그에 이르지 아니한 채 개괄적인 사유만을 들어 공개를 거부하는 것은 허용되지 아니한다. (대판 2018. 4. 12., 2014두5477)
>
> ✓ 정보공개청구를 받은 공공기관이 해당 **정보의 비공개를 결정**하여, **비공개(거부)**에 대한 거부취소소송이 제기된 경우, **피고인 공공기관**이 비공개사유에 대한 **입증책임**을 지게 된다.   **정답** O

- **공개청구된 정보**를 해당 **공공기관이 공개하지 않기로 결정**하였다면, 법령에서 정하고 있는 **비공개사유에 해당하는지**를 (해당 공공기관이) 주장·입증하여야 한다. (O) [12 국회9]
- 정보공개거부처분 취소소송에서 **비공개사유의 주장·입증책임**은 **피고**에게 있다. (O) [23 세무사]
- 정보공개거부처분 취소소송에서 **비공개사유의 주장·입증책임**은 **원고**에게 있다. (✕) [17 세무사]

362 ★★★★

판례는 행정처분의 무효확인을 구하는 소송에서 행정청이 행정처분에 존재하는 하자가 중대하고 명백하지 않다는 것을 입증할 책임이 있다고 본다. **O X**

> **해설**
>
> - 행정처분의 당연**무효를 구하는 소송**에 있어서 그 ★**무효를 구하는 사람**에게 그 행정처분에 존재하는 하자가 중대하고 명백하다는 것을 **주장·입증할 책임**이 있다. (대판 1984. 2. 28., 82누154)
> - 행정처분의 **당연무효를 주장**하여 그 **무효확인을 구하는 소송**과 그 **무효확인을 구하는 뜻에서** 그 처분의 **취소를 구하는 소송**에 있어서는 그 ★**무효를 구하는 사람(원고)**에게 행정처분에 존재하는 하자(위법성)가 **중대하고 명백**하다는 것을 **주장·입증할 책임**이 있다. (대판 1976. 1. 13. 75누175)
>
> ✍ **무효등확인소송**에서는 **처분이 무효라고 주장**하는 **원고**가 처분의 하자가 중대명백하다는 점을 입증하면 되는 것이고, **피고인 처분청**은 자신의 행정처분이 **당연무효가 아니라는 점**을 스스로 입증하지 않아도 된다. (360문과 유사)
>
> **정답** ✕

☐ 판례상 행정**처분의 당연무효를 주장**하는 경우 행정**처분의 하자가 중대하고 명백하다는 것**은 (   )가 **주장·입증책임**을 **부담**한다. → (원고) [05 세무사]

☐ **처분이 무효인 사유**를 **주장·입증할 책임**은 **원고에게 있다**는 것이 판례의 입장이다. (O) [11 세무사]

☐ **행정처분의 무효를 구하는 소송**에서 **처분이 무효라는 사실**은 **원고가 입증책임**을 진다. (O) [14 군무원9]

☐ **무효확인을 구하는 소송**에서는 **원고에게** 그 행정**처분이 무효인 사유를 주장·입증할 책임**이 있다. (O) [15 세무사]

☐ **무효확인소송**에서 **처분이 무효인 사유를 주장·입증할 책임**은 **원고에게 있다.** (O) [16 세무사]

☐ **무효확인소송**에서 **무효원인**에 대한 **주장·입증책임**은 **원고가 부담**한다. (O) [17 세무사]

☐ 행정**처분의 당연무효를 주장**하여 그 **무효확인을 구하는 행정소송**에 있어서는 **원고에게** 그 행정**처분이 무효인 사유를 주장·입증할 책임**이 있다. (O) [17 국회8] [17 지방7]

☐ **무효확인소송**에서 **처분이 무효인 사유를 증명할 책임**은 **원고에게 있다.** (O) [22 세무사]

☐ 행정**처분의 당연무효를 주장**하여 그 **무효확인을 구하는 행정소송**에 있어서는 행정청이 **입증책임을 진다**는 것이 판례의 입장이다. (✕) [10 국가7]

☐ **행정소송의 입증책임**은 ~~피고 행정청에 있으므로 피고는 당해 행정처분에 중대·명백한 하자가 없어 무효가 아니라는 입증을 하여야 한다.~~ (✕) [12 변시]

☐ **무효확인소송**에서 **처분의 무효사유**에 대한 **주장·입증책임**은 ~~피고인 행정청이~~ **부담**한다. (✕) [18 행정사]

☐ 행정**처분이 무효인 사유**는 ~~피고에게~~ **입증책임**이 있다. (✕) [20 세무사]

☐ 행정**처분의 당연무효를 주장**하여 그 **무효확인을 구하는 행정소송**에 있어서는 ~~피고에게 그 행정처분이 무효가 아니라는 것을~~ **입증할 책임**이 있다. (✕) [23 세무사]

제6항 재량행위의 심리

363 ★★★★ [11 세무사]

재량권 행사가 그 한계를 일탈·남용하면 행정소송에 의하여 통제될 수 있다. **O X**

> **해설**
>
> 【행정소송법】 제27조(재량처분의 취소) 행정청의 **재량에 속하는 처분**이라도 ★**재량권의 한계를 넘거나 그 남용**이 있는 때에는 **법원은 이를 취소**할 수 있다.
>
> ⓐ **행정청이 처분**을 하면서 자신에게 부여된 **재량의 목적과 한계 내**에서 단순히 재량권을 **부당하게 행사**한 것은 **행정소송의 대상**이 될 수 없으나,
>
> ⓑ 그 재량권을 잘못 행사한 것이 ★**재량권의 한계를 일탈**하거나 **재량권을 남용**한 수준인 때에는, **위법한 처분**이 되어 **사법심사의 대상**이 된다. **정답** O

- **재량권의 일탈·남용** 등 **재량하자**는 **위법사유**이므로 **법원의 심리 대상**이 된다. (O) [06 세무사]
- **법원**은 **재량권의 일탈·남용**시 **(재량)처분을 취소**할 수 있다. (O) [09 세무사]
- 행정청의 **재량에 속하는 처분**이라도 **재량권의 일탈·남용**이 있는 때에는 **법원은 이를 취소**할 수 있다. (O) [10, 19 세무사]
- 행정청의 **재량행위**도 **행정소송으로 다툴 수 있다.** (O) [10 세무사]
- **재량행위**라도 **재량권의 일탈·남용**이 있는 때에는 **법원은 이를 취소**할 수 있다. (O) [12 세무사]
- **재량에 속하는 처분**이라도 **재량권의 남용**이 있는 때에는 **법원은 이를 취소**할 수 있다. (O) [14 세무사]
- 행정소송법 제27조 : 행정청의 **재량에 속하는 처분**이라도 **재량권의 한계를 넘거나 그 남용**이 있을 때에는 **법원**은 이를 (   )할 수 있다. → (취소) [15 세무사]
- 행정청의 **재량에 속하는 처분**이라도 **재량권의 한계를 넘거나 그 남용**이 있는 때에는 **법원은 이를 취소**할 수 있다. (O) [23 세무사]
- 행정청의 **재량에 속하는 처분**은 **재량권의 남용**이 있더라도 **법원은 이를 취소**할 수 없다. (×) [22 세무사]

364 ★★★☆

㉠ 재량행위에 대한 사법심사에서는 법원은 독자의 결론을 도출함이 없이 당해 행위에 재량권의 일탈·남용이 있는지 여부만을 심사하게 된다. [21 세무사] **O X**

㉡ 기속행위의 경우 법원이 사실인정과 관련 법규의 해석·적용을 통하여 일정한 결론을 도출한 후 그 결론에 비추어 행정청이 한 판단의 적법 여부를 독자의 입장에서 판정한다.

[20 국가7] **O X**

> [해설]
>
> - 행정행위가 그 재량성의 유무 및 범위와 관련하여 이른바 기속행위 내지 기속재량행위와 재량행위 내지 자유재량행위로 구분된다고 할 때, … (중략) … 이렇게 구분되는 **양자**에 대한 사법심사는,
> - **전자(기속행위)**의 경우 그 **법규**에 대한 원칙적인 **기속성**으로 인하여 **법원**이 사실인정과 관련 법규의 해석·적용을 통하여 ★**일정한 결론을 도출한 후** 그 **결론에 비추어** 행정청이 한 **판단의 적법 여부를 독자의 입장에서 판정**하는 방식에 의하게 되나,
> - **후자(재량행위)**의 경우 행정청의 재량에 기한 공익판단의 여지를 감안하여 **법원은** ★**독자의 결론을 도출함이 없이** 당해 행위에 **재량권의 일탈·남용**이 있는지 **여부만을 심사**하게 되고, 이러한 재량권의 일탈·남용 여부에 대한 심사는 사실오인, 비례·평등의 원칙 위배, 당해 행위의 목적 위반이나 동기의 부정 유무 등을 그 판단 대상으로 한다. (대판 2001. 2. 9. 98두17593)
>
> **정답** ㉠ O, ㉡ O

🔲 **재량행위에 대한 사법심사**의 경우 **법원**은 행정청의 재량에 기한 공익판단의 여지를 감안하여 **독자의 결론을 도출함이 없이** 당해 행위에 **재량권의 일탈·남용이 있는지 여부만을 심사**한다. (O) [14 경행]

🔲 대법원은 **재량행위에 대한 사법심사**를 하는 경우에 **법원**은 행정청의 재량에 기한 공익판단의 여지를 감안하여 **독자적인 판단을 하여 결론을 도출하지 않고,** 당해 처분이 **재량권의 일탈·남용에 해당하는지의 여부만을 심사**하여야 한다고 한다. (O) [17 국가9]

🔲 **기속행위에 대한 사법심사**는 **법원**이 사실인정과 관련 법규의 해석·적용을 통하여 **일정한 결론을 도출한 후** 그 **결론에 비추어** 행정청이 한 **판단의 적법 여부를 독자의 입장에서 판정**하는 방식에 의하게 된다. (O) [17 국가9 下]

🔲 **기속행위에 대한 사법심사**는 그 **법규**에 대한 원칙적인 기속성으로 인하여 **법원이** 사실인정과 관련 법규의 해석·적용을 통하여 **일정한 결론을 도출한 후 그 결론에 비추어** 행정청이 한 **판단의 적법 여부를 독자의 입장에서 판정**하는 방식에 의한다. (O) [18 경행]

🔲 재량행위에 대한 **사법심사**에 있어서 **법원**은 사실인정과 관련법규의 해석·적용을 통하여 **일정한 결론을 도출한 후** 그 **결론에 비추어** 행정청이 한 **판단의 적법 여부를 독자의 입장에서 판정**하는 방식에 의한다. (×) [21 국회8]

365 ★★★☆ [19 세무사]

'재량처분의 취소'는 항고소송과 당사자소송에 공통으로 적용된다. O X

> 해설
>
> **【행정소송법】**
> **제27조(재량처분의 취소)** 행정청의 **재량에 속하는 처분**이라도 **재량권의 한계를 넘거나 그 남용**이 있는 때에는 **법원은 이를 취소**할 수 있다.
> **제38조(준용규정)** ② 제9조, 제10조, 제13조 내지 제19조, 제20조, 제25조 내지 **★제27조**, 제29조 내지 제31조, 제33조 및 제34조의 규정은 **부작위위법확인소송의 경우에 준용**한다.
>
> ✅ **제27조(재량처분의 취소)**는 무효등확인소송 및 당사자소송의 준용대상에서 빠져있는바, '**재량처분의 취소**'는 ★ **취소소송과 부작위위법확인소송에만 적용되는** 조항으로 정리한다. **정답** ✕

■ **무효확인소송**에서는 취소소송에 관한 대부분의 규정이 적용되나, '**재량처분의 취소**'에 관한 규정은 **적용되지 않는다.** (○) [17 군무원9 변형]

366 ★★★☆ [21 세무사]

허가 기준에 맞지 않는다고 판단하여 개발행위허가신청을 불허가하였다면 이에 앞서 도시계획위원회의 심의를 거치지 않았다는 사정만으로 곧바로 그 불허가처분에 취소사유가 있다고 보기는 어렵다. O X

> 해설
>
> 개발행위허가에 관한 사무를 처리하는 행정기관의 장이 일정한 개발행위를 허가하는 경우에는 국토계획법 제59조 제1항에 따라 도시계획위원회의 심의를 거쳐야 할 것이나, 개발행위허가의 신청 내용이 허가 기준에 맞지 않는다고 판단하여 **개발행위허가신청을 불허가**하였다면 이에 앞서 **도시계획위원회의 심의를 거치지 않았다고 하여** 이러한 사정만으로 곧바로 **★그 불허가처분에 취소사유에 이를 정도의 절차상 하자가 있다고 보기는 어렵다**. 다만 행정기관의 장이 **도시계획위원회의 심의를 거치지 아니한 결과** 개발행위 불허가처분을 함에 있어 마땅히 **★고려하여야 할 사정을 참작하지 아니하였다면** 그 불허가처분은 **재량권을 일탈·남용한 것으로서 위법**하다고 평가할 수 있을 것이다.(대판 2015. 10. 29., 2012두28728)
>
> ✅ 도시계획위원회의 심의를 거치지 않은 결과로, 심의에서 당연히 **고려했어야 할 사정 참작이 누락되었을** 때에, 비로소 **재량권을 일탈·남용한 것으로 위법한 불허가처분**이 된다. **정답** ○

■ **개발행위허가 신청**에 대한 **불허가 처분**에서 **도시계획위원회 심의를 거치지 않았다는 사정**이 있는 경우 이러한 사정만으로 취소사유가 된다. (✕) [20 서울7]

367 ★★★☆

영업정지 기간의 감경에 관한 참작 사유가 있음에도 이를 전혀 고려하지 않은 나머지 영업정지 기간을 감경하지 아니하였다면 그 영업정지 처분은 위법하다. **O X**

> **해설**
>
> 행정청이 건설산업기본법 및 구 건설산업기본법 시행령 규정에 따라 건설업자에 대하여 **영업정지 처분을 할 때** 건설업자에게 **영업정지 기간의 감경**에 관한 **참작 사유가 존재**하는 경우, 행정청이 그 사유까지 고려하고도 영업정지 기간을 감경하지 아니한 채 시행령 제80조 제1항 [별표 6] '2. 개별기준'이 정한 영업정지 기간대로 영업정지 처분을 한 때에는 이를 위법하다고 단정할 수 없으나, **위와 같은 사유가 있음에도 ★이를 전혀 고려하지 않거나 그 사유에 해당하지 않는다고 오인**한 나머지 **영업정지 기간을 감경하지 아니하였다면** 영업정지 처분은 재량권을 일탈·남용한 위법한 처분이다. (대판 2001. 2. 9. 98두17593)
>
> ☑ 행정청이 **재량처분에 속하는 제재처분**을 하는 경우에, 근거법령상에 제재처분 강도의 감경사유가 나타나 있는 경우에도, **★감경사유를 전혀 고려하지 않고 제재강도를 정하거나**, 위반사실이 **★감경사유에 해당하지 않는 것으로 오판**하여, 감경하지 않은 채로 내린 제재처분은 재량권을 일탈·남용한 처분이라는 판시이다. **정답** O

📖 **법**이 과징금 부과처분에 대한 **임의적 감경규정**을 두었다면 감경 여부는 행정청의 재량에 속한다고 할 것이나, 행정청이 **감경사유가 있음에도** 이를 **전혀 고려하지 않았거나** 감경사유에 해당하지 않는다고 오인한 나머지 과징금을 **감경하지 않았다면** 그 과징금 부과처분은 **재량권을 일탈하거나 남용한 위법한 처분**으로 보아야 한다. (O) [20 소방]

📖 **법령상 감경사유**가 있는 경우 **이를 전혀 고려하지 않은** 과징금 부과**처분은 위법**하다. (O) [21 행정사]

📖 **법령에** 과징금의 **임의적 감경사유**가 있음에도 **감경사유에 해당하지 않는다고 오인**하여 과징금을 **감경하지 않은 경우**, 그 과징금 부과처분은 **재량권을 일탈·남용한 위법한 처분**이 아니다. (✕) [14 지방7]

📖 **제재처분**에 대한 **임의적 감경규정**이 있는 경우 감경 여부는 행정청의 재량에 속하므로 존재하는 **감경사유를 고려하지 않았거나** 일부 **누락시켰다** 하더라도 이를 **위법하다**고 할 수 없다. (✕) [15 국회8]

📖 甲은 값싼 외국산 수입재료를 국내산 유기농 재료로 속여 상품을 제조·판매하였음을 이유로 식품위생법령에 따라 관할 행정청으로부터 영업정지 3개월 처분을 받았다. 한편, 위 **영업정지의 처분기준**에는 1차 위반의 경우 영업정지 3개월, 2차 위반의 경우 영업정지 6개월, 3차 위반의 경우 영업허가취소 처분을 하도록 규정되어 있다. 甲은 영업정지 3개월 처분의 취소를 구하는 소송을 제기하였다. 본 사례에서 甲에 대하여 **법령상 임의적 감경사유**가 있음에도, 관할 행정청이 **이를 전혀 고려하지 않았거나 감경사유에 해당하지 않는다고 오인**하여 영업정지 3개월 처분을 한 경우에는 **재량권을 일탈·남용한 위법한 처분**이 된다. (O) [17 지방7]

제7항 취소소송에서의 일부 취소판결 가능성

368 ★★★☆

[11 세무사]

취소소송은 유효한 행위의 효력을 소멸시키는 것으로 확인소송이다.

O X

> 해설
>
> **【행정소송법】제4조(항고소송)** 항고소송은 다음과 같이 구분한다.
> 1. **취소소송**: 행정청의 위법한 처분등을 ★**취소** 또는 변경하는 소송
>
> ⓐ '**형성소송**'이란 **법률관계를 발생·변경·소멸**시키는 판결을 구하는 소송을 뜻하는바, **취소소송은 위법한 처분의 취소 또는 변경**을 구하는 소송이므로, '**형성소송**'의 **성격**을 갖는다.
>
> ⓑ 따라서 **취소판결**은 행정법상의 법률관계를 발생·변경·소멸시키는 '**형성판결**'에 **해당**하는데, 다만 취소소송에서 **적극적 형성판결**은 **인정되지 않는다.** (다음 문제 참고)
>
> ➡ **유효한 행위의 소멸**은 확인소송이 아닌 '**형성소송**'에 **의해서 가능**하다.　　**정답** ✕

■ 항고소송 중 **취소소송**은 가장 대표적인 **형성소송**의 예에 속한다. (O) [01 입시]

■ 다수설에 의하면 **취소소송**의 법적 성질은 **형성소송**이다. (O) [09 세무사 변형]

■ 취소소송은 위법한 처분으로 인해 발생한 위법상태의 제거를 위한 것이고, **취소소송의 판결**은 유효한 **행위의 효력을 소멸**시키는 것이므로 **형성소송**에 속한다. (O) [18 소방간부]

369 ★★★☆

취소소송에는 처분등의 일부 취소 및 적극적 변경을 구하는 소송이 포함된다. **O X**

> **해설**
>
> - **【행정소송법】 제4조(항고소송)** 항고소송은 다음과 같이 구분한다.
> 1. **취소소송**: 행정청의 위법한 처분등을 취소 또는 ★**변경**하는 소송
>
> - **법원**이 새로운 내용의 행정처분을 직접 **할 수는 없으나**, 조세부과**처분의 ★일부를 취소**하는 것은 **법원의 정당한 권한행사**라 할 것이다. (대판 1964. 5. 19. 63누177)
> - **법원**으로 하여금 행정청이 일정한 행정**처분**을 행한 것과 같은 **효과**가 있는 행정**처분을 직접 행하도록** 하는 **형성판결을 구하는 소송은 허용되지 아니한다.** (대판 1997. 9. 30. 97누3200)
>
> ☑ 행정소송법 제4조 제1호에서의 '**변경**'은 ★**처분 또는 재결의 일부에 대한 취소판결과 같은 '소극적 변경**'을 의미하는 것이지, 처분을 **적극적으로 변경하는** 의미에서의 **형성판결은 아니라는 것**이 다수설·판례의 입장이므로, 처분의 적극적 변경을 구하는 소송은 허용되지 않는다. **정답** X

🔲 **행정소송법 제4조 1호**의 "**변경**"은 **소극적 변경**만을 의미하므로 법원은 **적극적 형성판결을 할 수 없다.** (○) [06 세무사]

🔲 대법원 판례는 **적극적 형성판결**을 구하는 행정소송을 **인정하지 아니한다.** (○) [09 관세사]

🔲 행정소송의 종류 중 **법정항고소송**으로는 적극적 형성소송이 있다. (×) **[10 경북교행9 변형]**

🔲 적극적 형성소송은 행정소송법상 인정되고 있는 **행정소송**이다. (×) [17 세무사]

🔲 **현행 행정소송법상** 법원으로 하여금 행정청이 일정한 행정처분을 행한 것과 같은 효과가 있는 행정처분을 직접 행하도록 하는 형성판결을 구하는 소송은 허용된다. (×) **[20 세무사]**

🔲 **행정소송법 제4조 제1호**에서 **취소소송**을 행정청의 **위법한 처분 등**을 취소 또는 **변경하는 소송**으로 정의하고 있는데, 여기에서 '**변경**'은 **소극적 변경**뿐만 아니라 적극적 변경까지 포함하는 의미로 본다. (×) **[21 국회8]**

🔲 **쟁송취소**로써 **행정행위**의 적극적 변경도 가능하다고 보는 것이 통설 및 판례의 입장이다. (×) **[98 국가9]**

🔲 **취소소송**이란 **위법한 처분등**을 취소 또는 **변경**하는 소송이며, 여기서 '**변경**'이란 적극적 **의미의 변경을 의미**한다. (×) **[24 세무사]**

🔲 국가공무원 甲은 「국가공무원법」상의 성실의무를 위반하여 2개월의 정직처분을 받았다. 甲은 이 같은 징계처분이 비위사실에 비해 너무 가혹하다고 생각하여 그 **처분에 대해 항고소송을 제기**하고자 한다. 본 사례에서 법원은 **2개월의 정직처분**을 2개월 감봉처분으로 변경할 것을 명하는 판결을 할 수 있다. (×) **[20 세무사]**

🔲 **조세부과처분**을 다투는 **소송**에서 법원이 정당한 세금을 부과한다. (×) **[05 세무사]**

➡ 과세처분취소소송에서, 세무관청이 아닌 **법원이 적극적으로 정당한 세금을 직접 산정하여 부과할 수는 없다.**

370 ★★★☆

[15 세무사]

취소소송의 판결의 종류로서 '일부취소판결'이 있다.

OX

해설

✅ **행정소송법 제4조 제1호**에 따라 처분의 '**소극적 변경**'을 구하는 소송은 '**일부 취소판결**', 즉 처분 또는 재결의 **일부취소**를 뜻하는 '**소극적 변경판결**'을 청구하는 것이다.

정답 O

📋 **취소소송**은 행정청의 **위법한 처분등**을 취소 또는 **변경**하는 소송인바, 이때의 변경은 **일부취소**를 의미한다. (O) [13 세무사]

371 ★★★☆

㉠ 취소소송의 인용판결로 인하여 일부취소되는 부분은 분리가능하고 명확히 확정할 수 있어야 한다.

[16 세무사] OX

㉡ 하나의 행정처분이라 하더라도 가분성이 있다면 그 일부의 취소는 당해 취소부분에 관하여 효력이 생긴다.

[21 세무사] OX

해설

- **외형상 하나의 행정처분**이라 하더라도 ★**가분성**이 있거나 그 처분대상의 일부가 특정될 수 있다면 그 ★**일부만의 취소도 가능**하고 그 **일부의 취소**는 당해 ★**취소부분에 관하여 효력**이 생긴다.
- 구 임대주택법의 **임대사업자**가 **여러 세대의 임대주택**에 대해 분양전환승인신청을 하여 **외형상 하나의 행정처분으로 그 승인**을 받았다고 하더라도 이는 승인된 **개개 세대에 대한 처분으로 구성**되고 각 세대별로 ★**가분**될 수 있으므로 **임대주택에 대한 분양전환승인처분** 중 ★**일부 세대에 대한 부분만 취소**하는 것이 **가능**하다. (대판 2020. 7. 23. 2015두48129)

✅ **1개의 처분**으로부터 **일부분이 명확하게 분리**될 수 있거나, **1개의 처분** 내에서 **일부분이 구체적으로 특정**될 수 있다면, **1개의 처분 중에서 그 일부분에 대한 취소판결**도 가능하다.

정답 ㉠ O, ㉡ O

📋 **외형상 하나의 행정처분**이라 하더라도 **가분성이 있거나** 그 **처분대상의 일부가 특정**될 수 있다면 그 **일부만의 취소도 가능**하다. (O) [13 경행]

📋 **외형상 하나의 행정처분**이라 하더라도 그 **처분대상의 일부가 특정**될 수 있다면 그 **일부만의 취소도 가능**하다. (O) [14 세무사]

📋 **외형상 하나의 행정처분**이지만 **각 세대별로 가분**될 수 있는 **여러 세대의 임대주택분양전환승인**에 대해 **일부 세대가 그 승인의 취소**를 구하는 경우 **일부취소판결**을 **할 수 있다**. (O) [24 세무사]

📋 **외형상 하나의 행정처분**이라 하더라도 **가분성이 있거나** 그 **처분대상의 일부가 특정**될 수 있다면 그 **일부만의 취소도 가능**하고 그 **일부의 취소**는 당해 **취소부분에 관하여 효력**이 생긴다. (O) [18 국회8]

📋 **하나의 행정처분**이라 하더라도 **가분성이 있다면** 그 **일부의 취소**는 당해 **취소부분에 관하여 효력**이 생긴다. (O) [21 세무사]

📋 **외형상 하나의 행정처분**이라면 **가분성이 있거나** 그 **처분대상의 일부가 특정**될 수 있다 하더라도 그 **일부만의 취소(철회)**는 불가능하다. (×) [11 경행]

372 ★★★☆

하나의 제재처분의 사유가 된 여러 개의 위반행위 중 일부의 위반행위에 대한 제재처분 부분만이 위법하더라도 법원은 제재처분의 가분성에 관계없이 그 전부를 취소하여야 한다. **OX**

> **해설**
>
> 행정청이 **여러 개의 위반행위**에 대하여 **하나의 제재처분**을 하였으나, **위반행위별로 제재처분의 내용을 구분하는** 것이 **가능**하고 여러 개의 위반행위 중 ★**일부의 위반행위**에 대한 **제재처분 부분만이 위법**하다면, 법원은 제재처분 중 ★**위법성이 인정되는 부분만 취소**하여야 하고 제재처분 **전부를 취소하여서는 아니 된다.** (대판 2020. 5. 14. 2019두63515)
>
> ✍ ⑤ **수개의 위반행위**를 사유로 **1개의 제재처분**을 내린 경우, 그 **처분의 사유**가 되는 수개의 위반행위 중 '**일부 위반행위**에 따른 **제재처분**'만이 **위법**하고, 전체 처분으로부터 그 **위법한 제재처분만의 분리가 가능**하다면(≡ **가분성**이 있다면), 그 **위법한 제재처분만을 취소하여야** 한다.
>
> ⑥ **3가지(Ⓐ, Ⓑ, ©)의 위반행위(처분사유)**를 이유로 **총3개월(1개월 + 1개월 + 1개월)의 영업정지처분**을 내린 사안에서, **처분사유 중 Ⓑ, ©만 정당**하나 Ⓐ는 인정할 수 없는 경우, **Ⓐ에 따른 1개월의 영업정지처분(≡위법한 제재처분)만 취소**하여야지, 3개월의 **영업정지처분 전부를 취소해서는 안된다**는 판시이다. **정답** ✕

🔲 행정청이 **여러 개의 위반행위에 대하여 하나의 제재처분**을 하였으나, **위반행위별로 제재처분의 내용을 구분**하는 것이 가능하고 여러 개의 위반행위 중 **일부의 위반행위에 대한 제재처분 부분만이 위법**하다면, 법원은 **제재처분 전부를 취소하여서는 아니 된다.** (○) [22 국가7]

🔲 행정청이 **여러 개의 위반행위에 대하여 하나의 제재처분**을 하였으나, **위반행위별로 제재처분의 내용을 구분**하는 것이 가능하고 여러 개의 위반행위 중 **일부의 위반행위에 대한 제재처분 부분만이 위법**하다면, 법원은 **제재처분 중 위법성이 인정되는 부분만 취소하여야** 하고 제재처분 전부를 취소하여서는 아니된다. (○) [22 군무원7]

373 ★★★☆

비공개대상 정보에 해당하는 부분과 그와 분리될 수 있는 공개가 가능한 부분이 혼합되어 있는 정보의 공개 거부처분을 취소하는 경우 일부취소판결을 할 수 있다. **OX**

> **해설**
>
> **법원**이 행정기관의 **정보공개거부처분의 위법 여부**를 심리한 결과 **공개를 거부한 정보**에 **비공개대상정보에 해당하는 부분**과 그렇지 않은(* 공개가 가능한) **부분이 혼합**되어 있고, 공개청구의 취지에 어긋나지 않는 범위 안에서 **두 부분을 분리할 수 있음**을 인정할 수 있을 때에는 **공개가 가능한 정보에 국한하여 일부취소를 명할 수 있으며**, 판결의 주문에 정보공개거부처분 중 공개가 가능한 정보에 관한 부분만을 취소한다고 표시하여야 한다 (대판 2009. 12. 10. 2009두12785, 대판 2010. 2. 11. 2009두6001)
>
> **정답** ○

🔲 공개를 거부한 정보에 **비공개대상정보에 해당하는 부분**과 **공개가 가능한 부분이 혼합**되어 있는 경우라면 **법원**은 정보공개**거부처분** 전부를 취소해야 한다. (✕) [10 국가9]

374 ★★★☆ [22 세무사]

여러 개의 상이에 대한 국가유공자 요건 비해당결정처분에서 그중 일부 상이에 대해서만 국가유공자 요건이 인정될 경우 법원은 비해당결정처분 전부를 취소하여야 한다. **O X**

> **해설**
>
> 국가유공자 등 예우 및 지원에 관한 법률 제4조 제1항 제6호, 제6조의3 제1항, 제6조의4 등 관련 법령의 해석상, **여러 개의 상이에 대한 국가유공자 요건 비해당결정처분**에 대한 **취소소송에서 그중 일부 상이에 대해서만 국가유공자 요건이 인정될** 경우에는 비해당결정처분 중 ★요건이 인정되는 상이에 대한 **부분만을 취소하여야** 하고, 비해당결정처분 **전부를 취소할 것은 아니다.** (대판 2016.8.30., 2014두46034)
>
> **정답** ×

▣ 「국가유공자 등 예우 및 지원에 관한 법률」에 따른 **여러 개의 상이에 대한 국가유공자요건 비해당처분**에 대한 **취소소송**에서 그 중 **일부 상이만이 국가유공자요건이 인정되는 상이에 해당**하는 경우, **국가유공자 요건비해당처분 중 그 요건이 인정되는 상이에 대한 부분만을 취소**하여야 한다. (○) [18 지방9]

375 ★★★☆ [18 세무사]

제1종 보통, 대형 및 특수면허를 가지고 있는 자가 레이카크레인을 음주음전하여 적발되어 3종의 면허가 모두 취소된 경우 취소소송에서 일부취소가 가능하다. **O X**

> **해설**
>
> **제1종 보통, 대형 및 특수 면허를 가지고 있는 자가 레이카크레인을 음주운전한 행위는 제1종 ★특수면허의 취소사유에 해당될 뿐 제1종 보통 및 대형 면허의 취소사유는 아니므로,** 3종의 면허를 모두 취소한 처분 중 ★제1종 보통 및 대형 면허에 대한 부분은 이를 이유로 **취소하면 될 것**이다. (대판 전합 2009.6.23. 2007두18062)
>
> ✓ ⓐ **외형상 하나의 행정처분 중에서도 분리될 수 있거나 구체적으로 특정될 수 있는 일부분**의 경우 그 일부분만의 취소판결이 가능하다는 법리는, 한 사람이 여러 종류의 자동차 운전면허를 취득하고 있는 경우에 **각 운전면허를 취소**하거나 각 운전면허의 효력을 정지하는 경우에도 **적용이 가능**한바,
>
> ⓑ **레이카크레인은 특수면허로만 운전이 가능하고 제1종 보통면허나 대형면허로는 운전할 수 없다**는 점에서, **甲이 레이카크레인을 주취운전한 행위**는 甲이 보유하고 있는 여러 운전면허 중에서 다른 면허(제1종 보통, 대형)들과는 아무런 관련이 없이 ★**특수면허만의 취소사유에 해당**하므로,
>
> ⓒ 甲의 '운전면허 모두에 대한 취소처분' 중에서 **특수면허을 제외한** ★**다른 면허(제1종 보통, 대형) 취소처분**에 한하여 **일부취소 판결이 가능**하다는 판시이다.
>
> **정답** ○

▣ **제1종 보통, 대형 및 특수면허**를 가지고 있는 자가 **레이카크레인을 음주운전**한 행위에 대해서 위 **3종의 면허를 모두 취소**한 경우 판례상 **일부취소가 가능**하다. (○) [23 세무사]

376 ★★★☆

㉠ 공정거래위원회가 여러 개의 위반행위에 대하여 하나의 과징금 납부명령을 하였으나 여러 개의 위반행위 중 일부 위반행위에 대한 과징금 부과만이 위법하고 소송상 그 일부 위반행위를 기초로 한 과징금액을 산정할 수 있는 자료가 있는 경우에 그 일부 위반행위에 대한 과징금액에 해당하는 부분만을 취소하여야 한다. **[21 경행]** 🅞🅧

㉡ 수개의 위반행위에 대하여 하나의 과징금납부명령을 한 경우 일부의 위반행위만이 위법하더라도 그 일부의 위반행위를 기초로 한 과징금액을 산정할 수 없다면 과징금납부명령 전부를 취소할 수밖에 없다. **[21 세무사]** 🅞🅧

해설

- 공정거래위원회가 … (중략) … **여러 개의 위반행위에 대하여 하나의 과징금 납부명령**을 하였으나 **여러 개의 위반행위 중 일부의 위반행위만이 위법**하고 소송상 그 **일부의 위반행위를 기초로 한 과징금액을 산정할 수 있는 ★자료가 있는 경우**에는, 하나의 과징금 납부명령일지라도 그 중 위법하여 그 처분을 취소하게 된 **일부의 위반행위**에 대한 **과징금액에 ★해당하는 부분만을 취소**할 수 있다. (대판 2006. 12. 22., 2004두1483)

- 부당지원행위에 대한 과징금은 … (중략) … **수개의 위반행위에 대하여 하나의 과징금납부명령**을 하였으나 수개의 위반행위 중 **일부의 위반행위만이 위법**하지만, 소송상 그 **일부의 위반행위를 기초로 한 과징금액을 산정할 수 있는 ★자료가 없는 경우**에는 **하나의 과징금납부명령 ★전부를 취소**할 수밖에 없다. (대판 2004. 10. 14. 2001두2881)

■ 과징금 납부명령의 사유(수개의 위반행위) 중 일부행위만 위법한 경우

수개의 위반행위 중 **일부의 위반행위만 위법**하고, 소송상 그 **일부의 위반행위**에 대해서만 **별도로 과징금액을 산정할 근거 자료가 있는** 경우	➡ 과징금납부명령 일부취소
수개의 위반행위 중 **일부의 위반행위만이 위법**하지만, 소송상 그 **일부의 위반행위**에 대해서만 **별도로 과징금액을 산정할 근거 자료가 없는** 경우	➡ 과징금납부명령 전부취소

정답 ㉠ O, ㉡ O

■ 「독점규제 및 공정거래에 관한 법률」을 **위반한 수개의 행위**에 대하여 공정거래위원회가 **하나의 과징금 부과처분**을 하였으나 **수개의 위반행위 중 일부의 위반행위에 대한 과징금부과만이 위법**하고, 그 **일부의 위반행위를 기초로 한 과징금액을 산정할 수 있는 자료가 있는 경우**에도 법원은 과징금부과처분 전부를 취소하여야 한다. (×) **[19 서울9]**

■ **수개의 위반행위**에 대하여 **하나의 과징금 납부명령**을 한 경우, **일부의 위반행위에 대한 과징금부과만이 위법**하고 **일부의 위반행위를 기초로 한 과징금액의 산정자료가 없는 경우**에는 그 **전부를 취소해야** 하고 **일부취소는 허용되지 아니한다.** (O) **[23 소방간부]**

377 ★★★★

㉠ 과세처분 취소소송에서 당사자가 제출한 자료에 의하여 적법하게 부과될 정당한 세액이 산출되는 때에는 그 정당한 세액을 초과하는 부분만 취소하여야 한다. [13 세무사] Ⓞ Ⓧ

㉡ 개발부담금부과처분취소소송에서 정당한 부과금액을 산출할 수 없으면 그 전부를 취소하여야 한다. [16 세무사] Ⓞ Ⓧ

> 해설
>
> - **과세처분취소소송**에 있어 처분의 적법 여부는 **정당한 세액을 초과하느냐**의 여부에 따라 판단되는 것으로서, … (중략) … 이러한 자료에 의하여 **적법하게 부과될 정당한 ★세액이 산출되는 때**에는 그 ★정당한 세액을 **초과하는 부분만 취소**하여야 하나, **그렇지 아니한 경우**에는 **과세처분 전부를 취소**할 수밖에 없다. (대판 1995.4.28., 94누13527)
> - **개발부담금부과처분 취소소송**에 있어 당사자가 **제출한 자료**에 의하여 **적법하게 부과될 정당한 부과금액이 산출할 수 ★없을 경우**에는 **부과처분 ★전부를 취소**할 수 밖에 없으나, **그렇지 않은 경우**에는 그 **정당한 금액을 초과하는 부분만 취소**하여야 한다. (대판 2004. 7. 22., 2002두11233)
>
> ☑ ㉠ **정당한 부과금액(세액) 산출이 가능**한 경우 → **일부**(정당한 액수를 초과한 부분) **취소**
> ㉡ **정당한 부과금액(세액) 산출이 불가능**한 경우 → **전부 취소**   정답 ㉠ O, ㉡ O

🔲 **조세부과처분을 다투는 소송**에서 **일부취소가 인정**된다. (O) [05 세무사]

🔲 **과세처분취소소송**에서 **정당한 부과금액을 확정**할 수 있으면 그 **금액을 초과하는 부분만을 취소**하여야 한다. (O) [16 세무사]

🔲 **과세처분**은 하나의 처분 중 **법원이 적정하다고 인정하는 부분을 초과한 부분만 취소**할 수 있는 경우이다. (O) [17 세무사]

🔲 초과된 **양도소득세부과처분**에 대해 **당사자가 제출한 자료**에 의해 **적법하게 부과될 정당한 세액이 산출**될 수 있는 경우 취소소송에서 **일부취소가 가능**하다. (O) [18 세무사]

🔲 **과세처분취소소송**에서 **적법하게 부과될 정당한 세액이 산출되는 때**에는 그 **정당한 세액을 초과하는 부분만 취소**하여야 할 것이고 **전부를 취소할 것이 아니다.** (O) [22 세무사]

🔲 **조세부과처분**과 같은 금전부과처분이 **기속행위**인 경우로서 **당사자가 제출한 자료**에 의해 **정당한 부과금액을 산정**할 수 있는 경우 판례상 **일부취소가 가능**하다. (O) [23 세무사]

　➡ 금전부과처분 중 **조세부과처분은 기속행위**이다.

🔲 **개발부담금부과처분**은 하나의 처분 중 **법원이 적정하다고 인정하는 부분을 초과한 부분만 취소**할 수 있는 경우이다. (O) [17 세무사]

🔲 **개발부담금부과처분 취소소송**에서(취소소송에 있어) **당사자가 제출한 자료**에 의하여 **적법하게 부과될 정당한 부과금액을 산출**할 수 있는 경우에는 그 **정당한 금액을 초과하는 부분만 취소하여야** 한다. (O) [13, 21 세무사]

🔲 초과된 **개발부담금부과처분**에 대해 **당사자가 제출한 자료**에 의해 **적법하게 부과될 정당한 부과금액이 산출**될 수 있는 경우 **취소소송**에서 **일부취소가 가능**하다. (O) [18 세무사]

🔲 **개발부담금부과처분 취소소송**에서 **제출한 자료**에 의하여 **적법하게 부과될 부과금액이 산출될 수 없는 경우** 판례상 일부취소가 가능하다. (X) [23 세무사]

378 ★★★☆

㉠ 재량이 인정되는 과징금부과처분은 하나의 처분 중 법원이 적정하다고 인정하는 부분을 초과한 부분만 취소할 수 있는 경우이다. [17 세무사] **O X**

㉡ 재량처분인 과징금부과처분이 법이 정한 한도액을 초과하여 위법한 경우 법원은 한도액을 초과한 부분만을 취소할 수 있다. [13 세무사] **O X**

> **해설**
>
> - 처분을 할 것인지 여부와 처분의 정도에 관하여 **재량이 인정되는 과징금 납부명령**에 대하여 그 **명령이 재량권을 일탈**하였을 경우, 법원으로서는 ★**재량권의 일탈 여부만 판단**할 수 있을 뿐이지 **재량권의 범위 내에서 어느 정도가 적정한 것인지**에 관하여는 **판단할 수 없어** 그 ★**전부를 취소할 수밖에 없고**, 법원이 ★**적정하다고 인정하는 부분을 초과한 부분만 취소할 수는 없다.** (대판 2009.6.23. 2007두18062)
> - 자동차운수사업면허조건 등을 위반한 사업자에 대하여 행정청이 행정제재수단으로 사업 정지를 명할 것인지, **과징금을** 부과할 것인지, 과징금을 **부과키로 한다면** 그 금액은 얼마로 할 것인지에 관하여 ★**재량권이 부여**되었다 할 것이므로, **과징금부과처분이 법이 정한 한도액을 초과하여 위법**할 경우 법원으로서는 그 ★**전부를 취소할 수밖에 없고**, 그 **한도액을 초과한 부분**이나 **법원이 적정하다고 인정되는 부분을 초과한 부분만을** ★**취소할 수 없다.** (대판 1998.4.10. 98두2270)
>
> ✅ ⓐ **재량처분**에 속하는 **과징금 부과처분(과징금납부명령)**이 **재량권을 일탈**하였거나 **법이 정한 한도액을 초과하여 위법**한 경우, 법원은 **처분청의 재량권(1차적 판단권)을 존중**하는 취지에서 **일부금액만**(법이 정한 한도액을 넘어선 금액 또는 법원이 적정하다고 인정하는 부분을 넘어선 금액)**을 취소할 수 없고**, 과징금 부과처분(과징금납부명령) **'전부'를 취소하여야 한다**는 판시이다.
>
> ⓑ '여러 개의 위반행위 중 **일부의 위반행위만 위법**하여 그에 대한 **과징금의 별도 산정이 가능**함에 따라 과징금 부과처분의 일부만 취소'할 수 있는 **376문과는 전혀 다른 사안**이므로, **혼동에 주의**하여야 한다.
>
> **정답** ㉠ ✕, ㉡ ✕

📋 **재량이 인정**되는 **과징금납부명령**에 대한 **취소소송**에서 **정당한 부과금액을 산출할 수 있어도** 그 **전부를 취소하여야** 한다. (O) [16 세무사]

📋 처분에 관하여 **재량이 인정**되는 **과징금 납부명령**에 대하여 그 명령이 **재량권을 일탈**하였을 경우, 법원이 적정하다고 인정하는 부분을 초과한 부분만 **취소**할 수 있다. (✕) [14 지방7]

📋 **과징금부과처분**이 **법이 정한 한도액을 초과하여 위법**할 경우 **법원**은 그 **전부를 취소하여야** 한다. (O) [20 세무사]

📋 **재량행위**인 **과징금부과처분**이 **법이 정한 한도액을 초과하여 위법**할 경우 그 **한도액을 초과한 부분만을 취소할 수 없다.** (O) [21 세무사]

📋 대법원 판례는 **과징금부과처분**이 **법이 정한 한도액을 초과하여 위법**할 경우 법원은 그 초과된 부분을 **취소할 수 있다**고 보았다. (✕) [12 국가7]

📋 **과징금부과처분이 재량행위**라고 하더라도 **법이 정한 한도액을 초과하여 위법**한 경우에는 **부과처분의 전부를 취소**할 것이 아니라 한도액을 초과한 부분만 취소하여야 한다. (✕) [14 지방9]

📋 **재량행위**인 자동차운수사업면허조건 등을 위반한 사업자에 대한 **과징금부과처분**이 **법정 최고한도액을 초과하여 위법**한 경우 판례상 일부취소가 가능하다. (✕) [23 세무사]

📋 명의신탁자에 대한 **과징금부과처분**을 **재량권의 일탈·남용을 이유로** 취소하는 경우 일부취소판결을 할 수 있다. (✕) [24 세무사]

379 ★★★☆

㉠ 판례는 재량행위인 처분의 일부만이 위법한 경우에는 일부취소판결을 허용한다.

[09 세무사] O X

㉡ 영업정지처분취소소송에서 일정기간의 영업정지가 정당하다고 판단되면 그 기간을 초과하는 부분만을 취소하여야 한다.

[16 세무사] O X

> **해설**
>
> 행정청이 **영업정지처분**을 함에 있어서 그 **정지기간을 어느 정도로 할 것인지**는 행정청의 ★**재량권에 속하는 사항**인 것이며, 다만 그것이 공익의 원칙이나 평등의 원칙 또는 비례의 원칙등에 위반하여 재량권의 한계를 벗어난 **재량권 남용**에 해당하는 경우에만 위법한 처분으로서 **사법심사의 대상**이 되는 것이나, **법원**으로서는 **영업정지처분**이 **재량권 남용**이라고 판단될 때에는 **위법한 처분**으로서 그 ★**처분의 취소를 명**할 수 있을 뿐이고, 재량권의 한계 내에서 **어느 정도가 적정한 영업정지 기간**인지를 가리는 일은 ★**사법심사의 범위를 벗어난다.** (대판 1982. 9. 28., 82누2)
>
> ☑ ㉠ **재량행위**에 속하는 **처분의 일부가 위법**한 경우, 그 **일부에 대한 취소판결은 허용되지 않는다.**
>
> ㉡ 따라서 **재량행위에 해당**하는 **영업정지처분**에서의 **영업정지기간**이 **적정(정당)**한 수준을 **초과**하여 재량권을 **남용**한 것으로 판단될 경우에, 법원은 ★**적정(정당)**한 정지기간을 초과한 부분만을 취소할 수는 없고, 단지 그 영업정지**처분 자체를 취소할 수밖에** 없다는판시이다. **정답** ㉠ X, ㉡ X

🔲 **영업정지처분**이 **적정**한 **영업정지기간**을 **초과**하여 **재량의 남용**이라고 **판단**되는 경우에도 그 **초과부분만을 취소할 수는 없다.** (O) [13 세무사]

🔲 일반음식점 영업자에 대한 **영업정지처분**은 하나의 처분 중 **법원**이 적정하다고 인정하는 부분을 초과한 부분만 **취소**할 수 있는 경우이다. (X) [17 세무사]

🔲 **영업정지처분**이 **재량권 남용에 해당**한다고 판단되어 취소하는 경우 **취소소송**에서 일부취소가 가능하다. (X) [18 세무사]

🔲 법령을 위반한 폐기물처리업자 甲에 대하여 A군수가 **3개월의 영업정지 처분**을 하자 甲은 **취소소송을 제기**한 경우, **3개월의 영업정지 기간**이 **재량권을 넘는 과도한 것**이라면 **법원**은 적정하다고 인정되는 기간을 초과한 부분에 한하여 **처분을 취소**하여야 한다. (X) [22 세무사]

🔲 **6월의 영업정지처분**을 **재량권의 일탈·남용을 이유로** 취소하는 경우 일부취소판결을 할 수 있다. (X) [24 세무사]

■ '금전부과처분' 또는 '영업정지처분'의 일부취소 가부 정리

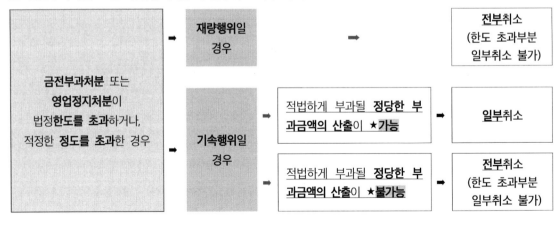

제8항 중복제소의 금지

380 ★★★☆ [16 세무사]

취소소송이 제기되어 계속 중이면 중복제소가 금지된다. **O X**

> **해설**
>
> - **【행정소송법】제8조(법적용예)** ② 행정소송에 관하여 이 법에 특별한 규정이 없는 사항에 대하여는 법원조직법과 **민사소송법** 및 민사집행법의 규정을 **준용**한다.
> - **【민사소송법】제259조(중복된 소제기의 금지)** 법원에 **계속**되어 있는 **사건**에 대하여 당사자는 ★**다시 소를 제기하지 못한다.**
>
> ✓ 민사소송법 제259조에서 **당사자와 청구(=소송물)가 동일한 사건**을 대상으로 **다시 소를 제기할 수 없도록** 정하고 있는 이른바 '**중복제소금지의 원칙**'은 행정소송에도 적용된다.   **정답** O

📋 **취소소송의 제기 후**에 **중복으로 동일사건**에 대하여 **제소할 수 없다.** (O) [07 경북9]
📋 **취소소송이 제기**되어 소송이 계속되면 **중복제소가 금지**된다. (O) [09 세무사]

제9항 처분사유의 사후변경(추가·변경)

381 ★★★☆ [10 세무사]

처분사유의 추가·변경은 처분청이 당초의 처분사유 외에 새로운 사실상·법률상의 근거를 취소소송의 심리과정에서 추가하거나 변경하는 것을 의미한다. **O X**

> **해설**
>
> ✓ ⓐ **모든 처분**은 **사실상의 기초와 법령상의 근거를 토대**로 행해지는데, 이와 같은 사실상의 기초와 법령상의 근거를 합쳐서 **처분사유**라고 한다.
>
> ⓑ 어떠한 처분에 대한 행정소송에서, 처분의 적법성에 관한 증명책임을 부담하는 **피고(처분 행정청)**가 처분을 **정당화**하기 위하여 **처분사유를 주장·제출**하게 되는데, **당초에 제시했던 처분사유로는 처분의 적법성을 인정받기 어렵다고 판단**될 때,
>
> ⓒ **피고(처분 행정청)**가 처분의 적법성을 **뒷받침**하기 위하여, **처분 당시에 이미 존재**했으나 당초에는 처분사유로 제시하지 않았던 <u>다른 처분사유(사실적·법적 근거)</u>를 사후적으로 **추가하거나 변경**하는 것을 '**처분사유의 추가·변경**'이라 한다. **정답** ○

■ **처분사유의 추가·변경**은 처분의 취소를 구하는 항고소송 등에서 **당초의 처분사유 외**에 **새로이 추가**하거나 **대체하는 처분사유를 내세워** 이를 **변경하는 것**을 말한다. (○) [09 세무사]

382 ★★★☆ [20 세무사]

처분사유의 추가·변경에 관한 「행정소송법」상 근거 규정은 없다. **O X**

> **해설**
>
> ✓ ⓐ **현행 행정소송법**에서는 **처분사유의 추가·변경**에 관하여 **아무런 규정을 두고 있지 않고**, 소송실무상 사안에 따라서 **제한적으로 허용**되고 오다가,
>
> ⓑ 최근 제정된 "**행정소송규칙**"에서 이를 명문화하였다. (★행소법에는 여전히 없다.) **정답** ○
>
> **【행정소송규칙】 제9조(처분사유의 추가·변경)** 행정청은 사실심 변론을 종결할 때까지 당초의 처분사유와 **기본적 사실관계가 동일한 범위** 내에서 **처분사유를 추가 또는 변경**할 수 있다.

■ 행정소송의 계속 중에 **처분사유의 추가·변경**을 허용할 것인가에 대하여 **행정소송법은 명문의 규정을 두고 있지 않다.** (○) [12 세무사]

■ **행정소송법**은 **처분사유의 추가·변경**에 관하여 **명문의 규정을 두고 있지 않다.** (○) [22 세무사]

■ **처분사유의 추가·변경**에 관해서는 **행정소송법**에 **명문의 규정이 없다.** (○) [24 세무사]

■ **행정소송법**은 처분사유의 추가·변경을 위하여 추가·변경되는 사유가 처분시에 존재하여야 한다고 규정하고 있다. (×) [10 세무사]

■ **행정소송법**은 추가·변경되는 (처분)사유를 구체적으로 적시하고 있다. (×) [15 세무사]

■ **행정소송법**상 **처분사유의 추가·변경**에 관한 명문의 근거규정이 존재한다. (×) [23 세무사]

383 ★★★☆

이유제시의 하자의 치유는 처분시에 존재하는 하자가 사후에 보완되어 없어지게 된다는 점에서 처분사유의 추가·변경과 구별된다. [O][X]

> **해설**

■ '하자의 치유'와 '처분사유의 추가·변경'과의 비교

하자의 치유	처분사유의 추가·변경
당초에 **처분**을 내리는 **과정**에서 발생한 **형식적(절차상)의 하자**를 **사후적으로 보완**하는 것	**소송과정**에서 처분의 **실체적 적법성**을 유지하고자 새로운 **처분사유**(내용상 보다 타당한 처분 논거 등)를 **추가 또는 변경**하는 것
➤ 행정**절차**상의 문제	➤ 행정**소송**상의 문제

☑ ⓐ '**이유제시의 하자**'란 행정청이 상대방에게 처분을 내리는 과정에서**처분서에 처분의 이유**(위반사실 등 처분 경위, 법적 근거)가 **누락**되거나 **불충분**하게 기재하여 발생하는 **형식적(절차적) 하자**로서,

ⓑ 이러한 **형식적(절차적) 하자**를 보완하는 '**이유제시의 하자의 치유**'는 소송과정에서 ★**처분의 내용성(실체적) 타당성(적법성)을 보완**하는 '**처분사유의 추가·변경과는** ★**별개**의 개념이다. **정답** O

■ 처분사유의 추가·변경이 **절차적 위법성을 치유**하는 것인데 반해, 처분이유의 사후제시는 처분의 **체법상의 적법성을 확보**하기 위한 것이다. (X) [17 국가9]

☑ 처분사유의 추가·변경 → **처분이유의 사후제시** / 처분어유의 사후제서 → **처분사유의 추가·변경**

384 ★★☆☆

㉠ 처분사유의 추가·변경은 원행위는 그대로 두고 처분의 사유만 추가·변경하는 것이므로 하자있는 행위를 새로운 행위로 대체하는 행정행위의 전환과는 구분된다. **[06 세무사]** [O][X]

㉡ 처분사유를 변경하기 위해 소의 변경을 하여야 하는 것은 아니다. **[14 세무사]** [O][X]

> **해설**

■ '하자 있는 행정행위의 전환'와 '처분사유의 추가·변경'과의 비교

하자의 전환	처분사유의 추가·변경
하자있는 처분(행정행위)을 **대체가능한 새로운 처분(행정행위)으로 변경(전환)**하는 것	소송과정에서 **소의 대상인** 처분의 **실체적 적법성**을 유지하고자 새로운 **처분사유만을 추가 또는 변경**하는 것

☑ ㉠ 하자없는 **새로운 행정행위로 변경**하는 **행정행위의 전환**과는 달리,

㉡ **처분사유의 추가·변경**은 소송의 대상인 **처분의 적법성을 뒷받침하는 사유를 추가·변경**하는 것이지, ★**처분을 변경하는 것은 아니므로**(=소의 대상은 유지되므로), 행정청이 ★'**처분변경으로 인한 소의 변경**'을 신청할 필요는 없는 것이다. **정답** ㉠ O, ㉡ O

■ **처분사유를 변경**하려면 소의 변경을 하여야 한다. (X) [11 세무사]

■ 관할 행정청은 甲에게 **A를 사유**로 **면허취소처분**을 내렸다가 甲이 이를 다투자 **소송계속 중**에 당해 면허 취소처분의 **새로운 사유로 B를 주장**하는 사례에서, **처분사유를 B로 추가·변경**한다는 관할 **행정청의 주장**이 법원에서 받아들여진 경우, 甲은 처분변경으로 인한 소의 변경을 신청하여야 한다. (X) [15 사복9]

385 ★★★★

취소소송의 계속 중 처분사유의 추가·변경에 관한 판례의 인정 기준은 '당초의 처분사유와 기본적 사실관계가 동일한 경우'이다. **O X**

> **해설**
>
> 행정처분의 취소를 구하는 항고소송에 있어서는 실질적 법치주의와 행정처분의 **상대방인 국민에 대한 신뢰보호**라는 견지에서 처분청은 **당초 처분의 근거로 삼은 사유**와 ★**기본적 사실관계에 있어서 동일성이 인정되는 한도 내에서만 새로운 처분사유를 추가하거나 변경**할 수 있을 뿐 **기본적 사실관계와 동일성이 인정되지 않는 별개의 사실**을 들어 **처분사유로 주장**하는 것은 **허용되지 아니하며** 법원으로서도 당초의 처분사유와 기본적 사실관계의 동일성이 없는 사실은 처분사유로 인정할 수 없는 것이다. (대판 1992.8.18. 91누3659)
>
> **정답** O

- **처분사유의 추가·변경**의 인정과 관련하여 판례는 **당초의 처분사유**와 **기본적인 사실관계의 동일성 여부를 기준**으로 판단한다. (O) [06 세무사]

- **甲이 건축허가를 신청**하였으나 **소방기본법상 화재예방규정에 위반됨을 이유로 거부**되자 甲은 이에 대하여 **취소소송**을 제기하였다. 그런데 **소송 계속 중**에 피고행정청이 처분의 적법성을 유지하기 위하여 **거부처분의 사유를 당초 주장하였던 사유에서** 건축법령상 **이웃과의 거리제한규정의 위반**으로 **변경**하고자 한다. 이 경우 판례상 그 허용여부를 판단하는 기준은 "**당초의 처분사유와 기본적 사실관계가 동일**할 것"을 요하는 것이다. (O) [08 세무사]

- **당초 처분사유**와 **기본적 사실관계가 동일**하다고 인정하는 한도 내에서만 **추가·변경**할 수 있다. (O) [09 세무사]

- **처분사유의 추가·변경**은 **당초 처분의 근거로 삼은 사유**와 **기본적 사실관계의 동일성이 인정되는 범위 내에서 허용**된다. (O) [10 세무사]

- **처분사유의 변경**은 **당초 처분의 근거로 삼은 사유**와 **기본적 사실관계가 동일**하다고 인정되는 한도 내에서만 **가능**하다. (O) [11 세무사]

- 행정청은 **당초의 처분사유와 기본적 사실관계의 동일성이 인정되는 한도 내**에서만 **다른 처분사유를 추가·변경**할 수 있다. (O) [12 세무사]

- **당초 처분의 근거로 삼은 사유**와 **기본적 사실관계의 동일성이 있다**고 인정되는 한도 내에서 **다른 처분사유를 추가·변경**할 수 있다. (O) [13 세무사]

- **구체적인 사실관계의 기초가 기본적으로 동일**한 경우에는 **처분사유의 추가·변경이 허용**된다. (O) [14 세무사]

- **처분사유의 사후변경**에서 **당초 처분의 근거로 삼은 사유**와 **기본적 사실관계가 동일**하다고 인정되는 한도 내에 **다른 처분사유로 변경**할 수 있다. (O) [19 세무사]

- 항고소송에 있어서 처분청이 **당초 처분의 근거로 삼은 사유**와 **기본적 사실관계의 동일성이 인정되지 않는** 별개의 사실을 들어 **처분사유로서 주장할 수는 없다.** (O) [23 세무사]

- 행정청은 소송계속 중 **기본적 사실관계의 동일성을 해치지 않는 범위 내**에서 **처분사유를 변경**할 수 있다. (O) [24 세무사]

- **피고의 방어권 보장**을 위해 **기본적 사실관계의 동일성**이 없더라도 처분사유의 추가·변경을 인정한다. (×) [13 국가7]

386 ★★★☆

㉠ 처분사유의 추가·변경을 부정적으로 보는 입장은 원고의 방어권과 신뢰의 침해를 근거로 제시한다.
[17 세무사] ⓞⓧ

㉡ 처분사유의 추가·변경에서 기본적 사실관계의 동일성을 요구하는 취지는 상대방의 방어권을 보장함으로써 실질적 법치주의를 구현하고 행정처분의 상대방에 대한 신뢰를 보호하고자 함에 둔다.
[09 세무사] ⓞⓧ

해설

행정처분의 취소를 구하는 항고소송에 있어서, 처분청은 **당초** 처분의 **근거로 삼은 사유**와 **기본적 사실관계가 동일성**이 있다고 인정되는 한도 내에서만 **다른 사유를 추가하거나 변경**할 수 있고, … (중략) … 이와 같이 **기본적 사실관계와 동일성이 인정**되지 않는 별개의 사실을 들어 처분사유로 주장하는 것이 허용되지 않는다고 **해석하는 이유**는 행정처분의 ★**상대방의 방어권을 보장**함으로써 ★**실질적 법치주의를 구현**하고 행정**처분의 상대방에 대한 ★신뢰를 보호**하고자 함에 그 취지가 있다. (대판 2003. 12. 11., 2001두8827)

✅ ㉠ 피고(처분청)의 '**처분사유의 추가·변경**'을 소송 도중에 **제한없이 인정**하게 되면 원고의 공격방어방법을 혼란하게 하여 ★**원고가 미처 예상할 수 없었던 불이익**을 입게 될 수 있는바,

㉡ 상대방(원고)의 ★**신뢰를 보호**하려는 견지에서, **당초의 처분사유와 기본적 사실관계에서의 동일성이 인정되는 처분사유의 추가·변경만이 허용**된다. 정답 ㉠ O, ㉡ O

🔲 **신뢰보호의 원칙**과 관련하여 **원래의** 행정**처분 이유**와 **기본적 사실관계에 있어서 동일성이 인정**되지 아니하는 행정**처분 이유의 사유·변경**은 **허용**되지 아니한다. (O) [05 관세사]

🔲 **처분사유의 추가·변경을 널리 허용**한다되면 **처분의 상대방**에게 **예기치 못한 불이익이 발생할 가능성**이 있다. (O) [15 사복9]

🔲 **처분사유의 추가·변경**은 **처분의 상대방의 신뢰를 보호**하기 위하여 **제한적으로 인정되어야** 한다. (O) [20 세무사]

🔲 **처분사유의 추가.변경의 제한**은 **상대방의 신뢰보호와도 관련**이 있다. (O) [23 세무사]

🔲 **처분사유의 추가.변경을 제한**하는 취지는 행정**처분의 상대방의 방어권을 보장**함으로써 **실질적 법치주의를 구현**하는 것이다. (O) [23 세무사]

387 ★★★☆

과세원인이 되는 기초사실이 같은 객관적 사실관계에 관하여 과세요건의 구성과 법적 평가만을 달리하는 처분사유의 추가는 허용되지 않는다. **O X**

> **해설**
>
> 증여추정에 의한 당초 과세처분을 명의신탁에 따른 증여의제로 **처분사유를 추가**한 것은 명의개서가 이루어진 **★하나의 객관적 사실관계**에 관하여 과세요건의 구성과 **★법적 평가만을 달리할 뿐** 과세원인이 되는 **기초사실을 달리하는 것은 아니므로** 처분의 동일성이 유지되는 범위 내에서 이루어진 **★처분사유의 추가·변경에 해당**하여 **허용**된다. (대판 2012. 5. 24., 2010두7277)
>
> ✓ 과세**처분을 위한 기초가 되는 사실**은 **동일성이 인정**되는 경우로서, 그 **동일한 사실**에 대하여 **법적 평가를 달리한 사유의 추가는 허용**된다는 판시이다. **정답** ✕

388 ★★★★

기본적 사실관계의 동일성 유무는 처분사유의 법률적 평가 이전의, 그 기초인 사회적 사실관계가 기본적인 점에서 동일한지 여부에 따라 결정된다. **O X**

> **해설**
>
> **처분사유의 추가·변경**에서 **기본적 사실관계의 동일성 유무**는 처분사유를 **★법률적으로 평가하기 이전의 구체적인 사실**에 착안하여 <u>그 **기초가 되는 사회적 사실관계가 기본적인 점에서 동일한지 여부**</u>에 따라 결정된다. (대판 2001. 3. 23., 99두6392)
>
> ✓ 처분사유의 **기초가 되는 사회적 사실관계**의 **기본적 동일성 여부**는 먼저 **법률적 평가가 이루어지지 않은**, 즉 법적 평가를 배제한 상태에서 판단하여야 한다는 판시이다. **정답** O

- **기본적 사실관계의 동일성의 유무**는 **처분사유를 법률적으로 평가하기 이전의 구체적인 사실**에 착안하여 그 **기초가 되는 사회적 사실관계가 기본적인 점에서 동일한지 여부**에 따라 판단한다. (O) [09 세무사]

- **처분사유의 추가·변경**이 인정되기 위한 요건으로서의 **기본적 사실관계의 동일성 유무**는, **처분사유를 법률적으로 평가하기 이전의 구체적인 사실에 착안**하여 그 **기초적인 사회적 사실관계가 기본적인 점에서 동일한지 여부**에 따라 결정된다. (O) [17 국가9]

- **처분사유의 추가·변경**에서, 그 허용 기준이 되는 **처분사유의 동일성 유무**는 **사회적 사실관계의 동일성**이 아니라 법적으로 평가할 때 동일한지 여부에 따라 결정된다. (✕) [22 세무사]

389 ★★★★

과세관청은 처분의 동일성이 유지되는 범위 내에서 그 사유를 변경할 수 있다. **O X**

> 〔해설〕
>
> 과세처분취소소송의 소송물은 과세관청이 결정한 세액의 객관적 존부이므로, 과세관청으로서는 소송 도중 사실심 변론종결시까지 당해 처분에서 인정한 과세표준 또는 세액의 정당성을 뒷받침할 수 있는 새로운 자료를 제출하거나 ★처분의 동일성이 유지되는 범위 내에서 그 사유를 교환·변경할 수 있는 것이다. (대판 2002. 10. 11. 2001두1994)
>
> ✓ ⓐ **처분사유의 추가·변경**은 당초의 처분의 적법성을 뒷받침하는 사유를 보완하는 것인바, 당연히 **처분의 동일성이 유지되는 한도 내**에서만 **가능**하다. 처분사유의 추가·변경으로 ★**처분의 동일성이 더 이상 유지되지 않는다는 의미**는, 사실상 **다른 처분으로 변경된 경우**로 볼 수 있기 때문이다.
>
> ⓑ 이러한 경우에는 처분사유의 추가·변경이 아니라, '**소송변경의 문제**', 즉 ★'**처분변경으로 인한 소의 변경**'의 **문제**로 넘어가게 된다. (소의 변경 단원 참고)   **정답** O

■ **처분사유의 추가·변경**은 **처분의 동일성을 해치지 않는 범위 내**에서 **허용**된다. (O) [10 세무사]

■ **처분사유의 사후변경**은 **소송물의 동일성을 해하지 아니하는 범위 안**에서 **인정**될 수 있다. (O) [19 세무사]

➡ 처분의 동일성이 달라질 경우, 당연히 **소송물도 달라진다**.

■ **처분사유의 변경**으로 **소송물이 변경**되는 경우, **반드시 청구가 변경**되는 것은 아니므로 처분사유의 추가·변경은 허용될 수 있다. (X) [17 국가7]

➡ **처분사유의 변경으로 소송물이 변경**될 경우, 원고의 **청구 자체도 변경**될 수밖에 없는바, 이러한 경우에는 처분사유의 추가·변경이 허용될 수 없고, '**처분변경으로 인한 소의 변경**'을 **신청하여야** 한다.

390 ★★★★

㉠ 처분사유의 추가·변경의 대상이 되는 처분사유는 처분시에 존재하던 사유이어야 한다.

O X

㉡ 행정청은 처분 이후에 발생한 새로운 사유를 들어 처분사유를 추가·변경할 수는 없다.

O X

> 〔해설〕
>
> ✓ ㉠ **처분의 위법성에 대한 판단 기준시점**은 '**처분시**'이므로, **추가·변경하려는 처분사유** 또한 ★'**처분 당시**'에 **객관적으로 존재**하던 **처분사유**이어야 한다.
>
> ㉡ 따라서 **처분이 있은 이후**에 발생한 **사실적 사유나 법적 사유**는, 처분사유의 **추가·변경의 대상이 될 수 없다.**   **정답** ㉠ O, ㉡ O

■ **처분사유의 추가·변경**은 판결시에 **객관적으로 존재하는 사유**에 **한정**된다. (X) [20 세무사]

■ **처분 후 소송계속 중에 발생한 사실관계나 법률관계도 처분사유의 추가·변경의 대상**이 된다. (X) [06 세무사]   ✓ '소송계속 중 '➝ 처분 이후 시점

■ **추가·변경**할 수 있는 **처분사유**는 **처분시에 존재하던 사유**에 **한정**되지 않으며, 처분시 이후라도 사실심 변론종결시까지 발생한 사정은 추가·변경할 수 있다. (X) [13 세무사]

■ **행정청**은 처분 이후에 발생한 새로운 사실적·법적 사유를 들어 **추가·변경**할 수도 있다. (X) [15 세무사]

391 ★★★☆

㉠ 처분사유의 사후변경은 당사자가 처분시에 존재하였음을 알고 있는 사유에 대해서만 인정된다.

[19 세무사] ⓞ Ⓧ

㉡ 추가 또는 변경된 사유가 처분 당시 이미 존재하고 있었거나 당사자가 그 사실을 알고 있었던 경우, 이러한 사정만으로도 당초의 처분사유와 동일성이 인정된다. [19 서울7] ⓞ Ⓧ

해설

✓ ㉠ 피고(처분청)가 **소송 도중**에 **추가·변경**하려는 **처분사유**는, 처분의 상대방인 **원고가 그 존재여부를 인지하였는지와는 무관**하게 **처분 당시에 객관적으로 존재하던 사유**이면 된다. 즉 당초의 처분사유와 **기본적 사실관계의 동일성**이 인정되는 사유로서 **처분 당시에 존재**하였더라면, **처분 당시에 처분의 상대방(원고)가 그 사유의 ★존재를 몰랐더라도**, 처분사유의 추가·변경의 대상이 될 수 있는 것이다.

㉡ 한편 당초의 처분사유와 추가·변경하려는 처분사유 사이의 '**기본적 사실관계의 동일성**'은 처분의 기초가 되는 사회적 사실관계가 기본적으로 동일한지 여부에 달려있는 것이지, 피고(처분청)가 **추가·변경하려는 처분사유**를 처분 당시에 처분의 상대방인 ★**원고가 인지했었는지 여부와는 아무런 관련이 없다.**

> 추가 또는 변경된 사유가 당초의 처분시 그 사유를 명기하지 않았을 뿐 **처분시에 이미 존재**하고 있었고 ★**당사자도 그 사실을 알고 있었다 하여** 당초의 처분사유와 **동일성이 있는 것이라 할 수 없다.** (대판 1992. 2. 14., 91누3895)

➤ 추가·변경하려는 처분사유를 처분당시에 **당사자(원고)가 알고 있었는지 여부**는, 처분사유의 추가·변경의 허용여부와 **아무런 관계가 없는 것**으로 정리하면 용이하다. **정답** ㉠ ✕, ㉡ ✕

▣ **추가·변경되는 사유**가 **처분시에 존재하였음**을 **당사자**가 **반드시 알아야 하는 것은 아니다.** (○) [10 세무사]

▣ **처분사유의 추가·변경**에 있어서, **당사자**는 추가·변경되는 사유가 **처분시에 존재하였음**을 반드시 알아야 하는 것은 아니다. (○) [14 세무사]

▣ **추가 또는 변경된 사유**가 당초의 처분 시 그 사유를 명기하지 않았을 뿐 **처분 시에 이미 존재**하고 있었고 **당사자도 그 사실을 알고 있었다 하여** 당초의 처분사유와 **동일성이 있는 것이라 할 수 없다.** (○) [15 경행] [17 서울9]

▣ **추가 또는 변경된 사유**가 당초의 처분시 그 사유가 명기되지 않았을 뿐 **처분시에 이미 존재**하고 있었고 **당사자도 그 사실을 알고 있었다면** 당초의 처분사유와 동일성이 인정된다. (✕) [17 국가9]

392 ★★★★

행정청의 처분사유의 추가·변경은 원심이 확정되기 전까지만 하면 된다. **OX**

> **해설**
>
> 행정청은 **기본적 사실관계의 동일성**이 있다고 인정되는 한도 내에서만 다른 **처분사유를 추가, 변경**할 수 있다고 할 것이나 이는 ★**사실심 변론종결시까지만 허용**된다. (대판 1999. 8. 20., 98두17043.)
>
> ✎ 그동안 **처분사유의 추가·변경 시한**에 관하여 판례에서 인정되어 왔던 법리가 "**행정소송규칙**"에도 명시되어 있다.
>
> **【행정소송규칙】** 제9조(처분사유의 추가·변경) 행정청은 ★**사실심 변론을 종결할 때까지** 당초의 처분사유와 기본적 사실관계가 동일한 범위 내에서 처분사유를 추가 또는 변경할 수 있다.
>
> **정답** ×

- **처분사유의 추가·변경**은 원칙적으로 행정**소송의 제기 이후부터 사실심 변론종결시 이전 사이**에 문제된다. (○) **[13 국가7]**

- **처분사유의 추가·변경**은 기본적 사실관계의 동일성이 인정되는 한도에서 **사실심 변론종결 시점까지 허용**된다는 것이 판례의 입장이다. (○) **[04 관세사]**

- **새로운 사실의 추가변경**은 **사실심변론종결시까지**만 **허용**된다. (○) **[11 세무사]**

- **처분사유의 추가·변경**은 **사실심 변론종결시까지 허용**된다. (○) **[13 세무사]**

- 행정소송에서 행정청은 **사실심 변론 종결시까지** 기본적 사실관계가 동일하다면 **다른 처분사유를 추가, 변경**할 수 있다. (○) **[14 국회8]**

- **처분사유의 추가·변경**은 **사실심 변론종결 시까지만 허용**된다. (○) **[15 사복9]**

- 취소소송에서 행정청의 **처분사유의 추가·변경**은 **사실심 변론종결시까지**만 **허용**된다. (○) **[17 서울9]**

- **과세처분취소소송**에서 과세관청은 **사실심변론종결시까지 처분사유를 추가**할 수 있다. (○) **[16 세무사]**

- **처분사유의 사후변경**은 **사실심 변론종결시까지만 허용**된다. (○) **[19 세무사]**

- **처분사유의 추가·변경**은 **사실심 변론종결시까지 허용**된다. (○) **[17, 20, 22, 24 세무사]**

- 행정청의 **처분사유의 추가·변경시한**은 **사실심 변론종결시까지**이다. (○) **[23 세무사]**

- 행정청의 **처분사유의 추가·변경**은 상고심에서도 허용된다. (×) **[12, 14 세무사]**

- **처분사유의 추가·변경**은 기본적 사실관계의 동일성이 인정되면 **사실심변론종결** 이후 상고심까지 가능하다. (×) **[14 군무원9]**

- **처분청**은 원고의 권리방어가 침해되지 않는 한도 내에서 당해 취소소송의 대법원 확정판결이 있기 전까지 **처분사유의 추가·변경**을 할 수 있다. (×) **[17 국가9]**

- **처분사유의 추가·변경**은 **사실심**의 확정판결시까지만 허용된다. (×) **[19 서울7]**

393 ★★★☆

㉠ 과세처분취소소송에서 과세관청은 당해 처분에서 인정한 과세표준 및 세액의 정당성을 뒷받침하는 새로운 자료를 제출할 수 있다. [16 세무사] **O X**

㉡ 과세관청이 처분사유를 추가·변경에 있어서, 과세관청은 처분 당시 제시했던 처분사유만을 주장할 수 있는 것은 아니다. [16 세무사] **O X**

> **해설**
>
> 과세처분취소소송의 소송물은 정당한 세액의 객관적 존부이므로 과세관청으로서는 소송도중이라도 **사실심변론종결시까지**는 당해 처분에서 인정한 ★**과세표준 또는 세액의 정당성을 뒷받침**할 수 있는 **새로운 자료를 제출하거나** 처분의 동일성이 유지되는 범위 내에서 그 **사유를 교환·변경**할 수 있는 것이고, ★**반드시 처분 당시의 자료만에 의하여** 처분의 적법 여부를 판단하여야 하거나 **처분사유만을 주장할 수 있는 것은 아니다.** (대판 1997. 10. 24., 97누2429)

✓ ㉠ **피고(처분청)**으로서는 **사실심변론종결시까지** 자신의 **처분의 정당성을 보완**할 수 있는 **새로운 자료를 제출**하거나 **사유를 추가·변경**할 수 있는바,

㉡ 반드시 **피고(처분청)**이 당초의 **처분 당시에 제시하였던 자료에 근거한 처분사유만을 주장**할 수 있는 것은 아니므로, <u>사실심변론종결시까지 제출한 자료</u> 등에서도 **처분 당시에 존재**하였고 당초의 처분사유와 **기본적 사실관계의 동일성이 인정**되는 **사유**가 나타나 있다면, 이러한 사유를 **주장(추가·변경)할 수 있다**는 판시이다.

정답 ㉠ O, ㉡ O

▨ **과세관청**은 소송 중 **사실심 변론종결시까지** 당해 처분에서 인정한 **과세표준 또는 세액의 정당성을 뒷받침**할 수 있는 **새로운 자료를 제출할 수 있다.** (O) [21 세무사]

394 ★★★★

㉠ 처분청이 처분당시에 적시한 구체적 사실을 변경하지 아니하는 범위 내에서 단지 처분의 근거법령만을 추가·변경하는 것은 새로운 처분사유의 추가라고 볼 수 없다. 　　　　　**[17 국가7] Ⓞ Ⓧ**

㉡ 처분의 사실관계에 변경이 없는 경우, 처분의 근거법령만을 변경하는 것은 허용되지 않는다. 　　　　　　　　　　　　　　　　　　　　　　　　　**[17 세무사] Ⓞ Ⓧ**

㉢ 근거 법령을 변경하는 것이 종전 처분과 동일성을 인정할 수 없는 별개의 처분을 하는 것과 다름없는 경우에는 처분사유의 추가·변경이 허용될 수 없다. 　　　**[15 세무사] Ⓞ Ⓧ**

> **해설**
>
> - **처분청**이 처분 당시 적시한 <u>구체적 사실을 변경하지 아니하는 범위</u> 내에서 단지 <u>처분의 근거 법령만을 추가·변경</u>하는 것은 ★새로운 처분사유의 추가라고 볼 수 없으므로,
> - 이와 같은 경우에는 처분청이 <u>처분 당시 적시한 구체적 사실</u>에 대하여 <u>처분 후 추가·변경한 법령을 적용</u>하여 **처분의 적법 여부를 판단하여도 무방**하다.
> - 그러나 <u>처분의 근거 법령을 변경</u>하는 것이 <u>종전 처분과 ★동일성을 인정할 수 없는 별개의 처분을 하는 것과 다름 없는 경우</u>에는 **★허용될 수 없다.** (대판 2011. 5. 26., 2010두28106)
>
> ✅ ⓐ 처분의 기초가 되는 <u>사실관계의 변동이 초래하지 않는 범위</u> 내에서, 처분청이 **처분의 근거법령만을 추가·변경**하는 것은, 새로운 **처분사유의 추가·변경이 아니라는 점**에서 **원칙적으로 허용**되지만,
>
> ⓑ 다만 **근거법령을 추가·변경함으로써**, 당초 처분과 동일성이 인정되지 않을 정도로 **사실상 새로운 처분이 되는 때**에는 **허용되지 않는다.** 　　　**정답** ㉠ ○, ㉡ ×, ㉢ ○

🔲 **처분청**이 처분 당시에 적시한 **구체적 사실을 변경하지 아니하는 범위 내**에서 단지 그 **처분의 근거법령만을 추가·변경**하는 것은 **새로운 처분사유를 추가하거나 변경하는 것이라고 볼 수 없다.** (○) [20 군무원9 변형]

🔲 **행정청**이 처분 당시에 적시한 처분사유를 변경하지 아니한 채 **처분의 근거 법령만을 변경**하더라도 이는 처분사유의 변경이라고 보아야 한다. (×) [24 변시 변형]

🔲 판례에 의할 때 **사실관계의 변경 없이** 단지 **적용법조만을 추가·변경**하는 것은 **허용**된다. (○) [06 세무사]

🔲 처분 당시 적시한 구체적 사실을 변경하지 않는 한 **처분의 법령상 근거만을 추가·변경**하는 것은 **허용**된다. (○) [12 세무사]

🔲 처분 당시 적시한 **구체적 사실을 변경하지 아니하는 범위 내**에서 **처분의 근거법령을 추가·변경**하는 것은 **허용**된다. (○) [13 세무사]

🔲 처분사유로 제시한 구체적 사실을 변경하지 않는 한 **처분의 근거가 된 법령만을 추가할 수 있다.** (○) [14, 19 세무사]

🔲 처분청이 처분 당시 적시한 **구체적 사실을 변경하지 아니하는 범위 내**에서 **처분의 근거법령만을 추가**하는 것은 **허용**된다. (○) [20 세무사]

🔲 **행정청**이 처분 당시에 적시한 처분사유를 변경하지 아니한 채 **처분의 근거 법령을 변경**하는 것이 **별개의 처분을 하는 것과 다름없는 경우**에도 처분사유의 변경이라고 보아야 한다. (×) [24 변시 변형]

395 ★★★☆

개인택시운송사업면허취소처분과 관련, 처분청이 처분 당시에 적시한 구체적 사실을 변경하지 아니하는 범위 안에서 단지 그 처분의 근거법령만을 추가·변경하는 것은 행정소송상 처분사유의 추가·변경에 있어서 기본적 사실관계의 동일성이 인정되는 경우이다. **O X**

> **해설**
>
> 피고는 원고가 주취 중 운전으로 교통사고를 내어 개인택시운송사업면허의 기본요건인 원고의 자동차운전면허가 취소되었음을 이유로 원고에 대한 이 사건 **개인택시운송사업면허취소처분**을 하면서 처음에는 그것이 자동차운수사업법 제31조 제1항 제3호 소정의 면허취소사유에 해당한다고 보아 같은 법조를 적용하였다가, 그 후 그 **★구체적 사실은 변경하지 아니한 채 적용법조로 같은 법 제31조와 같은법 시행규칙 제15조를 추가**하여 원고에게 통고한 사실이 인정되는 바, 사실이 위와 같다면 피고가 이 사건 운송사업면허의 취소사유로 삼은 것은 개인택시운송사업면허의 기본요건인 원고의 자동차운전면허가 취소되었다는 점이고 피고가 **처분 후에 적용법조를 추가하여 통고**한 것은 단순한 법령적용의 오류를 정정한 것일 뿐 그에 의하여 **★취소사유를 달리하는 것은 아니라 할 것**이므로 **원심**으로서는 처분당시에 적시한 구체적 사실 원고의 자동차운전면허가 취소된 점에 관하여 피고가 처분후에 **추가로 통고한 근거법령을 적용**하여 이 사건 **취소처분의 적법여부를 판단**하여야 할 것이다. (대판 1988. 1. 19. 87누603)

> ✓ 앞의 문제와 같다. **피고(처분청)**가 처분 당시에 적시한 **구체적 사실관계는 바꾸지 않는 범위** 내에서, **적용법조만을 추가·변경**하였다면, 추가·변경 전후의 **기본적 사실관계 동일성은 유지**된다. **정답 O**

396 ★★★☆

처분서에 다소 불명확하게 기재하였던 당초 처분사유를 좀 더 구체적으로 설명한 것은 새로운 처분사유를 추가로 주장한 것이 아니다. **O X**

> **해설**
>
> **처분청이 처분 당시에 적시한 구체적 사실을 변경하지 아니하는 범위 내**에서 단지 그 처분의 근거법령만을 추가·변경하거나 **★당초의 처분사유를 구체적으로 표시**하는 것에 불과한 경우에는 새로운 **★처분사유를 추가하거나 변경하는 것이라고 볼 수 없다.** (대판 2007.2.28. 2006두4899)
>
> **정답 O**

📋 처분청이 **처분 당시에 적시한 구체적 사실을 변경하지 아니하는 범위** 내에서 **당초의 처분사유를 구체적으로 표시하는 것에 불과**한 경우에는 **새로운 처분사유를 추가하거나 변경**하는 것이라고 **볼 수 없다.** (O) [20 군무원9 변형]

📋 **행정청 乙**은 **사업자 甲**에 대하여 '정당한 이유 없이 계약을 이행하지 않았다'는 사실을 **사유로 부정당업자제재처분**을 하였다. 甲이 그 **처분의 취소를 구하는 소**를 적법하게 제기하여 법원이 이를 심리하는 경우에, **乙**이 **처분서에 다소 불명확하게 기재**하였던 '**당초 처분사유**'를 좀 더 **구체적으로 설명**한 경우 이는 **새로운 처분사유의 추가가 아니다.** (O) [24 세무사]

397 ★★★☆ [18 세무사]

시세완납증명서발급거부처분 사유로서, 중기취득세체납에서 자동차세체납으로의 변경은 처분사유의 추가·변경이 인정된다. **O X**

> **해설**
>
> 당초의 시세완납증명발급거부처분사유인 **★중기취득세의 체납**과 그 후 추가된 처분사유인 **★자동차세의 체납**은 각 세목, 과세년도, 납세의무자의 지위 및 체납액 등을 달리하고 있어 **기본적 사실관계가 ★동일하다고 볼 수 없고**, 중기취득세의 체납이나 자동차세의 체납이 다 같이 지방세의 체납이고 그 과세대상도 다 같은 지입중기에 대한 것이라는 점만으로는 **기본적 사실관계의 동일성을 인정하기에 미흡**하다. (대판 1989.6.27, 88누6160)
>
> ✓ **기본적 사실관계의 동일성 유무에 관한 사례들은, 논거의 고찰을 통한 판례의 이해보다는, '키워드나 키센턴스'를 중심으로 암기**하여 정리하는 것이 수험에 이롭다. **정답** ×

▨ 당초의 처분사유인 **중기취득세의 체납**과 그 후 추가된 처분사유인 **자동차세의 체납**은 **기본적 사실관계의 동일성이 부정**된다. (○) [15 경행] [17 서울9]

398 ★★★☆ [06 세무사]

판례에 의할 때 종합소득세부과처분 취소소송에서 피고는 당초 주장하던 이자소득을 사업소득이라고 처분사유를 변경할 수 있다. **O X**

> **해설**
>
> **종합소득세등부과처분**에 있어서, 과세관청이 **과세대상 소득**에 대하여 **★이자소득**이 아니라 대금업에 의한 **★사업소득**에 해당한다고 처분사유를 변경한 것은 **처분의 ★동일성이 유지**되는 범위 내에서의 **처분사유 변경에 해당**하여 허용된다. (대판 2002. 3. 12., 2000두2181)
>
> **정답** ○

▨ **종합소득세 부과처분**에서 **과세대상 소득**에 대하여 **이자소득**이 아니라 **대금업에 의한 사업소득**으로의 변경은 **처분사유의 추가·변경이 인정**된다. (○) [18 세무사]

▨ **과세관청**이 **종합소득세부과처분**을 하면서 종합소득세 **과세대상 소득** 중 특정소득을 **이자소득으로 보았다가** 취소소송에서 이를 이자소득이 아니라 **대금업에 의한 사업소득에 해당**한다고 **처분사유를 변경**한 경우는 취소소송에서 **기본적 사실관계의 동일성이 인정**되어 **처분사유의 추가·변경이 허용**되는 경우이다. (○) [15 변시]

399 ★★☆☆

과세관청이 소득처분을 한 후, 그 소득처분과는 별도로 징수처분의 정당성을 뒷받침하기 위해 같은 소득금액이 현실적 소득으로 귀속되었다는 주장과 함께 합산과세되는 종합소득의 범위 안에서 그 소득의 원천만을 달리 주장하는 것은 처분사유의 추가·변경에 있어서 기본적 사실관계의 동일성이 인정되지 않는다. ⓞⓧ

> 해설

> **과세관청**이 사실심 변론종결시까지 구 법인세법시행령 제94조의2 규정에 근거하여 소득금액을 지급한 것으로 의제하는 **소득처분과는 별도**로, 당해 **원천징수처분의 정당성을 뒷받침**하기 위하여 **같은 소득금액이** 대표이사나 출자자에게 ★**현실적 소득으로 귀속되었다는 주장**과 함께 합산과세되는 **종합소득의 범위 안에서 그 소득의 원천만을 달리 주장**하는 것은 **처분의 ★동일성이 유지되는 범위 내의 처분사유 변경에 해당**하여 **허용**된다. (대판 2000. 3. 28. 98두16682)

> ☑ 법인의 익금이 **상여의 형식**으로 그 법인의 임원 또는 주주들에게 **사외유출**된 경우에, **과세관청**이 그 **소득금액** (사외유출분)에 대한 **상여 소득처분과는 별개**로, 그 소득금액에 대한 **원천징수처분**을 하기 위해서 **해당 소득금액**이 당해 **임원 또는 주주들에게 각기 현실적 소득**(기타소득 내지 근로소득)**으로 귀속되었다고 주장**하는 것은 **처분사유의 변경에 해당**한다는 판시이다. 출제가능성은 거의 없다. 정답 ✕

400 ★★☆☆

주류도매업허가의 취소사유로서, 무자료 주류판매에서 무면허판매업자에 대한 판매로의 변경은 처분사유의 추가·변경이 인정된다. ⓞⓧ

> 해설

> **주류면허** 지정조건 중 제6호 ★**무자료 주류판매 및 위장거래 항목**을 근거로 한 **면허취소처분**에 대한 항고소송에서, 지정조건 제2호 ★**무면허판매업자에 대한 주류판매**를 새로이 그 취소사유로 주장하는 것은 **기본적 사실관계가 ★다른 사유**를 내세우는 것으로서 **허용될 수 없다**. (대판 1996. 9. 6., 96누7427,)

> 정답 ✕

▣ **주류판매업자** 갑이 면허청의 **무자료주류판매를 이유**로 한 **주류면허취소처분**에 대하여 취소소송을 제기하자 면허청이 **무면허판매업자에게 주류를 판매**하였다는 것을 **새로운 취소사유로 제시**하였다면, 판례는 (   )의 법리에 따라 **면허청의 주장을 받아들이지 아니한다**. → (처분이유의 사후변경) [05 세무사]

▣ 주류면허 지정조건 중 제6호 **무자료 주류판매 및 위장거래 항목**을 근거로 한 **면허취소 처분**에 대한 항고소송에서, 지정조건 제2호 **무면허판매업자에 대한 주류판매**를 새로이 그 취소사유로 **주장**하는 것은 기본적 사실관계의 동일성이 인정된다. (✕) [15 경행] [17 서울9]

401 ★★☆☆

자동차매매업 불허가처분에 있어서 거리제한 규정의 위반사실과 최소주차용지미달 간에는 기본적 사실관계의 동일성이 인정된다. O X

> **해설**
>
> 피고(부산광역시)의 이 사건 **자동차관리사업 불허처분**사유인 **기존 공동사업장과의 ★거리제한규정에 저촉**된다는 사실과 피고 주장의 **★최소 주차용지에 미달**한다는 사실은 **기본적 사실관계를 ★달리하는 것**임이 명백하여 피고가 이를 새롭게 처분사유로서 주장할 수는 없는 것이다. (대판 1995. 11. 21., 95누10952)
>
> **정답** ✕

- 당초의 자동차관리사업 불허처분사유인 **기존 공동사업장과의 거리제한규정에 저촉**된다는 사실과 피고 주장의 **최소주차용지에 미달**한다는 사실은 처분사유의 추가·변경에 있어서 **기본적 사실관계의 동일성이 인정되지 않는다.** (○) [07 세무사]
- 행정청의 당초 처분사유인 **기존 공동사업장과의 거리제한 규정에 저촉**된다는 사실과 피고 주장의 **최소주차용지에 미달**한다는 사실은 기본적 사실관계에 있어서 동일성이 인정된다. (✕) [11 사복9]

402 ★★★☆

판례에 의하면 준농림지역에서의 행위제한이라는 사유와 나중에 거부처분의 근거로 추가한 자연경관 및 생태계의 교란 등 중대한 공익상의 필요로 하는 사유는 동일성이 인정되지 않는다. O X

> **해설**
>
> 주택신축을 위한 **산림형질변경허가신청**에 대하여 행정청이 거부처분을 하면서 당초 거부처분의 근거로 삼은 **★준농림지역에서의 행위제한**이라는 사유와 나중에 거부처분의 근거로 추가한 **★자연경관 및 생태계의 교란, 국토 및 자연의 유지와 환경보전 등 중대한 공익상의 필요**라는 사유는 **기본적 사실관계에 있어서 ★동일성이 인정**된다. (대판 2004. 11. 26., 2004두4482)
>
> **정답** ✕

- **준농림지역에서의 행위제한**이라는 사유와 나중에 거부처분의 근거로 추가한 **자연경관 및 생태계의 교란 국토 및 자연의 유지와 환경보전 등 중대한 공익상의 필요**라는 사유는, 처분사유의 추가·변경과 관련하여 **기본적 사실관계의 동일성이 인정**된다. (○) [10 경행]
- 당초 거부처분의 근거인 **준농림지역에서의 행위제한**이라는 사유와 나중에 거부처분의 근거로 추가한 **자연경관 및 생태계의 교란, 국토 및 자연의 유지 등 중대한 공익상의 필요**라는 사유는 처분사유의 추가·변경에 있어서 **기본적 사실관계의 동일성이 인정**되지 않는다. (✕) [07 세무사]

403 ★★☆☆ [18 세무사]

온천발견신고수리의 거부사유로서, 규정온도 미달에서 공공사업에의 지장등으로의 변경은 처분사유의 추가·변경이 인정된다. **ⓞ Ⓧ**

> **[해설]**
>
> 온천법 제2조 제1호 소정의 온천요건으로서 "지하로부터 용출되는 섭씨 25도 이상의 온수"라 함은 … (중략) … 이 사건 온천신고공에서 용출되는 온수의 실측온도는 섭씨 25.8도로서 온천법 제2조 소정의 온천에 해당하므로 피고의 이 사건 온천발견신고수리거부처분은 위법하다고 판단하였는바 … (중략) … 원심이 온천으로서의 이용가치, 기존의 ★도시계획 및 공공사업에의 지장 여부 등을 고려하여 이 사건 온천발견신고수리를 거부한 것은 적법하다는 취지의 피고의 주장에 대하여 아무런 판단도 하지 아니한 것은 소론이 지적하는 바와 같으나 기록에 의하면 그와 같은 사유는 피고가 당초에 이 사건 거부처분의 사유로 삼은 바가 없을 뿐만 아니라 ★규정온도가 미달되어 온천에 해당하지 않는다는 당초의 이 사건 처분사유와는 기본적 사실관계를 ★달리하여 원심으로서도 이를 거부처분의 사유로 추가할 수는 없다 할 것이다. (대판 1992. 11. 24., 92누3052)
>
> ✔ 온천법 소정의 '온천요건 규정온도 미달'과 '기존의 도시계획 및 공공사업에의 지장 여부 등'은 기본적 사실관계의 동일성이 없어, 후자는 온천발견신고수리 거부처분의 사유로 추가될 수 없다는 판시이다.
>
> **[정답] ✕**

404 ★★★☆ [18 세무사]

입찰참가자격의 제한사유로서, 정당한 이유없이 계약을 이행하지 않았다는 것에서 계약이행과 관련하여 관계공무원에게 뇌물을 주었다고 변경하는 것은 처분사유의 추가·변경이 인정된다. **ⓞ Ⓧ**

> **[해설]**
>
> 입찰참가자격을 제한시킨 당초의 처분 사유인 정당한 이유 없이 ★계약을 이행하지 않은 사실과 항고소송에서 새로 주장한 계약의 이행과 관련하여 관계 공무원에게 ★뇌물을 준 사실은 기본적 사실관계의 동일성이 없다. (대판 1999. 3. 9., 98두18565)
>
> **[정답] ✕**

- ▣ **A 구청장은 甲 건설회사와** 시설물 설치를 위한 지반공사를 위하여 **공사도급계약을 체결**하였는데, 이후 甲 건설회사가 공사를 하는 과정에서 규격미달의 저급한 자재를 사용하여 지반이 침하하는 사고가 발생하자, **A 구청장은 계약의 부실 이행을 이유**로 甲 건설회사에 대하여 3개월 간 **입찰참가자격을 제한한다는 통보**를 하였다. 이 경우 **입찰참가 제한조치에 대한 취소소송의 계속 중** 피고인 **A 구청장은** 甲 건설회사가 부실공사를 무마하기 위해 **관계 공무원에게 뇌물을 공여한 사실**이 있음을 **처분사유로 추가할 수 없다.** (○) [16 변시 변형]

- ▣ **행정청 乙은 사업자 甲에** 대하여 **'정당한 이유 없이 계약을 이행하지 않았다'**는 사실을 사유로 **부정당업자제재처분**을 하였다. 甲이 그 **처분의 취소를 구하는 소**를 적법하게 제기하여 **법원이 이를 심리**하는 경우에, **乙은** 소송계속 중 **'甲이 계약의 이행과 관련하여 공무원에게 뇌물을 주었다'**는 사실을 처분사유로 추가할 수 있다. (✕) [24 세무사]

제10항 판결의 종류 및 형식

405 ★★★☆

㉠ 중간판결은 종국판결의 종류에 해당한다.   [11 세무사] O X

㉡ 원고적격의 흠결로 인한 소송판결은 중간판결의 일종이다.   [20 세무사] O X

㉢ 기각판결은 종국판결의 종류에 해당한다.   [11 세무사] O X

㉣ 취소소송의 일부를 종료시키는 판결은 종국판결이 아니다.   [18 세무사] O X

㉤ 사정판결은 종국판결의 종류에 해당한다.   [11 세무사] O X

> 해설

■ 판결의 종류

중간판결(소송절차 중, 당사자 간에 쟁점이 된 사항을 정리·판단하여 종국판결을 용이하게 하는 판결)			
종국판결 (해당 심급에서 소송사건의 전부 또는 일부를 완결하는 판결)		소송판결(각하판결)	
	본안판결	인용판결	전 부 인 용 판 결
			일 부 인 용 판 결
		기각판결	(일반적) 기각판결
			사 정 판 결

정답 ㉠ ✕, ㉡ ✕, ㉢ O, ㉣ ✕, ㉤ O

■ **각하판결**은 **종국판결**의 종류에 해당한다. (O) [11 세무사]

■ **각하판결**은 **종국판결**이다. (O) [13 세무사]

■ 원고적격의 흠결로 인한 **소송판결**은 **종국판결**의 일종이다. (O) [16 세무사]

■ 일부**인용판결**은 **종국판결**의 종류에 해당한다. (O) [11 세무사]

406 ★★★☆

㉠ 판결서의 형식은 「행정소송법」에 규정되어 있다.   [18 세무사] O X

㉡ 취소소송 판결의 효력은 판결문이 당사자들에게 도달한 날에 발생한다.   [18 세무사] O X

> 해설

【민사소송법】

제208조(판결서의 기재사항 등) ① ★**판결서**에는 다음 **각호의 사항**(각호 생략, 하단 해설에 축약)을 적고, 판결한 법관이 **서명날인**하여야 한다.

제205조(판결의 효력발생) 판결은 ★**선고로 효력**이 생긴다.

✓ ㉠ **행정소송법**에는 **판결서의 형식**을 규정하고 있지 않고, 민사소송법 제208조를 준용하여 일정한 사항(당사자, 주문, 이유, 선고법원 등)을 기재한 **판결서의 형식**을 따른다.

㉡ 판결은 판결문이 도달한 때가 아닌, **판결을 선고한 때에 효력이 발생**한다.   정답 ㉠ ✕, ㉡ ✕

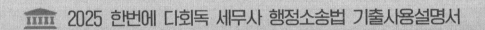

제 7 절

무효등 확인소송

Administrative Litigation Law

제1항 무효등 확인소송 일반론

407 ★★★☆ [08 세무사]

무효등 확인소송은 행정청의 처분등의 효력유무 또는 존재여부를 확인하는 소송이다. O X

> 해설
>
> 【행정소송법】제4조(항고소송) 항고소송은 다음과 같이 구분한다.
> 2. 무효등 확인소송: 행정청의 **처분등**의 ★**효력 유무** 또는 **존재여부**를 ★**확인**하는 **소송**
>
> ■ 소송의 유형에 따른 '판결종류'
>
> | 소송유형 | 판결종류 | 해당하는 행정소송 |
> |---|---|---|
> | 이행의 소(=이행청구) | 이행판결 | 당사자소송 |
> | 형성의 소(=형성청구) | 형성판결 | 당사자소송, 취소소송 |
> | 확인의 소(=확인청구) | 확인판결 | 당사자소송, 무효등 확인소송, 부작위위법확인소송 |
>
> 정답 O

- **무효등 확인소송**은 **행정청**의 **처분등의 효력 유무 또는 존재 여부**를 **확인**하는 소송이다. (O) [11, 23 세무사] [21 행정사]

- **행정청**의 **처분등의 효력 유무 또는 존재 여부**를 **확인**하는 소송은 **무효등 확인소송**이다. (O) [19 소방]

- **무효등확인소송에서의 인용판결**은 **확인판결**이다. (O) [18 세무사]

  ➡ 소송유형상 '**확인의 소**'에 해당하는 **무효등확인소송을 인용하는** 판결의 종류는 '**확인판결**'이 된다.

408 ★★☆☆

㉠ 취소소송과 무효등확인소송에 있어 소의 대상은 동일하다.　　　　　[11 세무사] **O X**

㉡ 무효확인소송의 대상은 처분등을 원인으로 하는 공법상 법률관계이다.　　[12 세무사] **O X**

> **해설**
>
> 【행정소송법】
> **제4조(항고소송)** 항고소송은 다음과 같이 구분한다.
> **2. 무효등 확인소송**: 행정청의 **처분등**의 효력 유무 또는 존재여부를 확인하는 소송
> **제19조(취소소송의 대상) 취소소송**은 ★**처분등**을 **대상**으로 한다. 다만, 재결취소소송의 경우에는 재결 자체에 고유한 위법이 있음을 이유로 하는 경우에 한한다.
> **제38조(준용규정)** ① **제19조**의 규정은 ★**무효등 확인소송**의 경우에 **준용**한다.
>
> ✓ ㉠ 위 조문과 같이 **행정소송법 제19조**에서는 **취소소송의 대상**에 관하여 별도 조항을 두면서 **무효등확인소송에도 준용**하고 있고, 이미 동법 제4조에서 **무효확인등 소송**은 '**처분등**'의 효력 유무 또는 존재여부를 확인하는 소송으로 정의하고 있는바, 결국 **소송의 대상**은 '**처분등**'으로 **취소소송과 동일**하다.
>
> ㉡ '**처분등을 원인**으로 하는 공법상 **법률관계**'에 관한 소송은 **당사자소송**이다. (후술 예정)
>
> **정답** ㉠ O, ㉡ ✕

🔲 **무효등확인소송**은 외관상의 **처분 등을 대상**으로 한다. (O) [09 세무사]

🔲 **무효등확인소송의 대상**은 **처분등**이다. (O) [10 세무사]

🔲 「행정소송법」상 취소소송에 대한 사항으로서의 '**취소소송의 대상**'은 **무효등확인소송의 경우에 준용**된다. (O) [16 사복9]

🔲 취소소송의 규정 중 **제19조(취소소송의 대상)**는 **무효등확인소송에 준용**되지 ~~않는다.~~ (✕) [10 서울9]

🔲 **무효등 확인소송**에서는 **취소소송 대상**에 관한 **규정이 준용**되지 않아 취소소송에 비하여 **대상적격**이 넓게 인정된다. (✕) [16 세무사]

🔲 조세부과**처분을 다투는 무효확인소송**이 **인정**된다. (O) [05 세무사]

🔲 **법률관계**는 **무효등확인소송의 대상**이 아니다. (O) [08 세무사]

409 ★★★☆

㉠ 처분존재확인소송은 무효등확인소송의 일종이다.   [10 세무사] Ⓞ Ⓧ

㉡ 부존재확인소송은 판례상 인정되고 있지 않는 행정소송이다.   [08 세무사] Ⓞ Ⓧ

㉢ 유효확인소송은 무효등확인소송에 포함된다.   [16 세무사] Ⓞ Ⓧ

㉣ 처분실효확인소송은 무효등확인소송의 유형에 해당한다.   [14 세무사] Ⓞ Ⓧ

해설

■ '무효등 확인소송'의 5가지 유형

소의 대상	유형	풀이
처분등의 **효력 유무**	처분등 **유효확인소송**	처분등의 **효력이 있음**을 확인하는 소송
	처분등 **무효확인소송**	처분등의 **효력이 없음**을 확인하는 소송
	처분등 **실효확인소송**	처분등이 **효력을 잃었음**을 확인하는 소송
처분의 **존재 여부**	처분등 **존재확인소송**	처분등이 **존재함**을 확인하는 소송
	처분등 **부존재확인소송**	처분등이 **존재하지 않음**을 확인하는 소송

정답 ㉠ O, ㉡ X, ㉢ O, ㉣ O

📋 **무효등 확인소송**에서는 **처분의 존재 여부**가 **심리의 대상**이 될 수 있다. (O) [17 세무사]

📋 **무효등 확인소송**에서는 **처분의 존재 여부**가 **심리의 대상**이 될 수 없다. (X) [22 세무사]

📋 **처분존재확인소송**은 **판례상 허용**되는 항고소송이다. (O) [10 세무사]

📋 **처분존재확인소송**은 무효등 확인소송의 유형에 해당한다. (O) [14 세무사]

📋 **처분의 존재확인**을 구하는 **소송**은 **항고소송에 해당**하지 않는다. (X) [12 세무사]

📋 **처분의 부존재확인소송**은 무효등 확인소송의 **유형**으로서 **허용**된다. (O) [14, 24 세무사]

📋 대집행계고**처분의 부존재확인**을 구하는 소송은 **행정소송**으로 다루어진다. (O) [12 세무사]

📋 **처분의 부존재확인**을 구하는 소송은 **무효등 확인소송에 속**하지 않는다. (X) [05 세무사]

📋 취소**처분 부존재확인소송**은 **현행법상 인정**하고 있지 않은 소송형태이다. (X) [07 세무사]

📋 **행정행위의 부존재확인**을 **청구**하는 것은 **허용**되지 않는다. (X) [08 선관위9]

📋 행정심판 **재결의 무효확인소송**은 **무효등 확인소송의 유형**으로서 **허용**된다. (O) [24 세무사]

  ➡ "처분등"에는 재결도 포함되므로, 재결무효확인소송도 허용된다.

📋 **처분 무효확인소송**은 **현행법상 인정**하고 있지 않은 소송형태이다. (X) [07 세무사]

📋 **처분의 무효확인**을 구하는 **소송**은 **항고소송에 해당**하지 않는다. (X) [12 세무사]

📋 **처분의 유효확인소송**은 **무효등 확인소송의 유형**으로서 **허용**된다. (O) [14, 24 세무사]

📋 **처분의 유효확인**을 구하는 **소송**은 **항고소송에 해당**하지 않는다. (X) [12 세무사]

📋 **처분의 실효확인소송**은 **무효등 확인소송의 유형**으로서 **허용**된다. (O) [24 세무사]

📋 **처분등의 실효확인소송**은 **무효등 확인소송의 일종**이 아니다. (X) [23 세무사]

📋 처분변경확인소송은 **무효등 확인소송의 유형**에 해당한다. (X) [14 세무사]

  ➡ 처분변경확인소송이라는 것은 없다.

제2항 무효등 확인소송의 원고적격

410 ★★★★

[13 세무사]

무효확인소송은 처분등의 무효확인을 구할 법률상 이익이 있는 자가 제기할 수 있다. **O X**

해설

> **【행정소송법】** 제35조(무효등 확인소송의 원고적격) 무효등 확인소송은 <u>처분등의 효력 유무</u> 또는 존재 여부의 확인을 구할 ★<u>법률상 이익이 있는 자가 제기</u>할 수 있다.

> ✔ 무효등 확인소송에서도 **취소소송과 동일**하게, **법률상 이익이 있는 자**가 제기할 수 있다. **정답 O**

📃 **무효등 확인소송**은 처분 등의 효력 유무 또는 존재 여부의 확인을 구할 **법률상 이익이 있는 자**가 제기할 수 있다. (O) [07, 16, 18, 20 세무사]

📃 **무효등 확인소송의 원고적격**은 처분 등의 효력 유무 또는 존재 여부의 확인을 구할 **법률상 이익이 있는 자**이다. (O) [17 세무사]

📃 **무효확인소송의 원고적격**으로서 '**법률상 이익이 있는 자**'의 의미는 **취소소송의 경우와 같다.** (O) [10 세무사]

> 행정처분으로 인하여 '**법률상 보호되는 이익**'을 **침해**당한 경우에는 그 처분의 '**취소나 무효확인**'을 구하는 **행정소송**을 제기하여 그 당부의 판단을 받을 자격이 있으며, 여기에서 말하는 **법률상 보호되는 이익**은 당해 처분의 **근거 법규** 및 **관련 법규에 의하여 보호**되는 **개별적·직접적·구체적 이익**을 말한다. (대판 2006. 7. 28., 2004두6716)

411 ★★★★

㉠ 보충성은 확인을 구할 법률상 이익의 의미와 관련된다. [13 세무사] OX

㉡ 보충성은 무효확인소송에서도 확인소송의 일반적 요건인 즉시확정의 이익이 필요하다는 의미이다. [11 세무사] OX

㉢ 판례는 무효확인소송의 보충성을 요구한다. [13 세무사] OX

㉣ 행정소송법은 무효등확인소송의 보충성을 명시적으로 규정하고 있다. [11 세무사] OX

해설	
확인소송의 보충성 요구 원칙 일반론	⊙ 소극적 소송유형에 속하는 '**확인소송**'은 다른 형태의 소송으로서는 직접적인 권리구제를 달성할 수 없는 때에, **보충적 권리구제수단으로서만 제기되어야** 하는 원칙을 '**확인소송의 보충성 요구 원칙**'이라 한다. ⊙ 따라서 '**확인의 이익(즉시확정의 법률상의 이익)**'이 있는 것으로 인정될 때에만, 즉 **확인판결을 받는 것만이 유효적절**한 권리구제 수단일 때에만 확인소송을 제기할 수 있다는 원칙이다.
우리나라 무효등확인소송의 경우	우리나라 행정소송법에는 **무효확인소송에서의 보충성 요구**에 관한 **명문의 규정은 없으며**, 무효등확인소송에서 보충성이 요구된다는 입장을 취하였던 **대법원**도 2008년 ★'**무효확인소송의 보충성이 요구되지 않는다**'고 판시함으로써 **판례를 변경**하였다.

> **판례**
> **무효확인소송의 보충성**을 규정하고 있는 외국의 일부 입법례와는 달리 **우리나라 행정소송법**에는 ★**명문의 규정이 없어** 이로 인한 **명시적 제한이 존재하지 않는다**. (대판 전합 2008. 3. 20. 2007두6342)

정답 ㉠ O, ㉡ O, ㉢ ✕, ㉣ ✕

■ 판례에 의하면 **민사소송의 확인소송에 요구되는 보충성**이 **무효등확인소송에는 그대로 통용되지 않는다**. (O) [04 국가9]

■ **무효등 확인소송의 제기요건**으로서 **보충성이 요구되지 않는다**. (O) [16 세무사]

■ **무효확인소송의 보충성**은 **요구되지 아니한다**. (O) [20 세무사]

■ **무효확인소송**에 있어서는 취소소송과 달리 확인소송의 보충성이 요구된다. (✕) [10 세무사]

■ 판례는 **무효확인소송**의 보충성을 요구한다. (✕) [13 세무사]

■ **무효확인소송**에는 보충성의 요건이 요구된다. (✕) [15 세무사]

■ 재산세부과처분에 따라 세금을 납부한 甲은 제소기간 도과 후 **과세처분이 무효**로 밝혀지자 **과세처분무효확인소송 또는 부당이득반환청구소송 중 하나를 제기**하고자 한다. **과세처분무효확인소송**의 경우 법원은 무효확인소송의 보충성 요건을 준수하지 않았다는 이유로 소를 각하할 것이다. (✕) [12 세무사]

■ **보충성을 인정**하는 행정소송법상 **명문규정은 없다**. (O) [13 세무사]

412 ★★★★

무효확인소송에서는 그 제기요건으로 보충성이 요구되므로, 행정처분의 무효를 전제로 한 이행소송 등과 같은 직접적인 구제수단이 있는지 여부를 따질 필요가 있다. **O X**

> **해설**
>
> 행정처분의 **근거 법률에 의하여 보호**되는 **직접적이고 구체적인 이익이 있는 경우**에는 행정소송법 제35조에 규정된 '**무효확인을 구할 법률상 이익'이 있다**고 보아야 하고, 이와 별도로 **무효확인소송의 ★보충성이 요구되는 것은 아니므로** 행정처분의 무효를 전제로 한 ★**이행소송 등과 같은 직접적인 구제수단이 있는지 여부를 따질 필요가 없다**고 해석함이 상당하다. (대판 전합 2008. 3. 20. 2007두6342)

■ 조세부과처분이 무효임에도 해당 세금을 납부한 경우

종전 판례	당해 과세처분이 무효라는 이유로 '부당이득금 반환청구'와 같은 직접적인 구제수단을 취하여 납부한 세금을 반환받을 수 있는바, 무효등확인소송으로서 과세처분이 무효라는 확인을 구할 '확인의 이익'은 없으므로, 과세처분 무효등확인소송은 허용불가
현재 판례	과세처분 무효확인소송을 청구하여 인용판결을 받을 경우, 기속력과 재처분 의무에 따라 **납부한 세금을 반환받을 수 있는바**, '부당이득금 반환청구'와 같이 보다 **직접적인 구제수단 유무를 먼저 따지지 않아도** 되므로, ★**과세처분 무효등확인소송은 허용가능**

정답 ×

📄 대법원은 종래 **무효확인소송**에서 요구해 왔던 **보충성을 더 이상 요구하지 않는 것으로 판례태도를 변경**하였다. (○) [18 교행9]

📄 행정처분의 **근거법률에 의하여 보호되는 직접적·구체적인 이익이 있는 경우**에는 행정소송법 제35조에 규정된 '**무효확인을 구할 법률상 이익'이 있다**고 보아야 하며, 이와 별도로 **무효확인소송의 보충성이 요구되는 것은 아니므로** 행정처분의 **무효를 전제로 한 이행소송 등**과 같은 **직접적인 구제수단이 있는지 여부를 따질 필요가 없다.** (○) [17 국회8]

📄 **무효확인소송**은 보충성이 요구되므로 '**무효 확인을 구할 법률상 이익'이 있는지를 판단**할 때 행정처분의 무효를 전제로 한 이행소송 등과 같은 직접적인 구제수단이 있는지 여부를 살펴보아야 한다. (×) [14 경행]

📄 행정소송법 제35조에 규정된 '**무효확인을 구할 법률상 이익'**이 있다고 보기 위하여는 **행정처분의 근거 법률에 의하여 보호**되는 **직접적이고 구체적인 이익이 있어야** 하며 이와는 별도로 무효확인소송의 보충성이 요구되므로 행정처분의 무효를 전제로 한 이행소송 등과 같은 직접적인 구제수단이 있는지 여부를 따질 필요가 있다. (×) [13 국가9]

413 ★★★★

㉠ 판례는 무효확인소송에서 확인의 이익이 요구된다고 본다. [06 세무사] O X

㉡ 무효확인소송에 있어서는 취소소송과 달리 즉시확정의 이익이 있어야 한다.

[11 세무사] O X

㉢ 당사자소송으로서 확인소송을 제기하는 경우에는 민사소송에서의 '확인의 이익'이 요구된다. [24 세무사] O X

> **해설**

'무효등확인소송'	'민사소송' 또는 '당사자소송'에서의 확인소송
• 보충성 원칙 요구 ×	• 보충성 원칙 요구 ○
• 확인의 이익 요구 ×	• 확인의 이익 요구 ○
• 즉시확정의 이익 요구 ×	• 즉시확정의 이익 요구 ○

✅ 당사자소송으로서 확인소송을 제기하려면 **여전히 보충성 원칙이 요구**됨을 주의하여야 한다.

정답 ㉠ ×, ㉡ ×, ㉢ ○

- 판례는 **확인의 이익**을 **무효확인소송의 소송요건의 하나로 보고 있지 않다.** (O) [99 국가7]
- **무효등확인소송**은 **확인소송의 일종이므로 무효등확인소송을 제기하기 위해서**는 '확인의 이익' 내지 '보충성'이 요구된다. (×) [13 서울9]
- 甲은 X처분에 대해 **무효확인소송을 제기**한 경우, 甲이 제기한 소송에 대해서는 민사소송에서의 '확인의 이익'이 요구된다. (×) [24 세무사]

- **무효등확인소송을 제기**하기 위해서는 **즉시 확정의 이익이 없어도 된다.** (O) [08 경기9]
- **무효확인소송**은 즉시확정의 이익이 있는 경우에만 보충적으로 허용된다는 것이 판례의 입장이다. (×) [15 교행9]
- **무효등 확인소송**에서는 즉시확정의 이익이 요구된다. (×) [17, 21 세무사]
- **중대명백한 하자가 있어 무효인 A처분**에 대해 甲이 소송을 제기하려고 하는 경우에, 甲이 A처분에 대해 **무효확인소송을 제기**하려면 확인소송의 일반적 요건인 즉시확정의 이익이 있어야 한다. (×) [21 국회8]

- **계약직 공무원 채용계약 해지의 의사표시의 무효확인**을 구하는 **당사자소송**의 경우 **즉시확정의 이익이 요구**된다. (O) [22 소방간부]

> 지방자치단체와 채용계약에 의하여 채용된 **계약직공무원**이 그 계약기간 만료 이전에 채용계약 해지 등의 불이익을 받은 후 그 계약기간이 만료된 때에는 그 **채용계약 해지의 의사표시가 무효**라고 하더라도, 침해된 급료지급청구권이나 사실상의 명예를 회복하는 수단은 바로 **급료의 지급을 구하거나** 명예훼손을 전제로 한 **손해배상을 구하는 등의 이행청구소송**으로 ★**직접적인 권리구제방법이 있는 이상** 무효확인소송은 적절한 권리구제수단이라 할 수 없어 **확인소송의 또 다른 소송요건을 구비하지 못하고 있다** 할 것이다. (대판 2008. 6. 12. 2006두16328)

➡ 직접적인 권리구제수단(이행청구소송)이 존재하는 이상, **당사자소송**으로서의 공법상 법률관계 무효확인소송은 즉시확정의 이익(=확인의 이익)이 없으므로 **허용 ×**

414 ★★★☆

㉠ 조세부과처분이 무효인 경우에 무효확인소송으로 다툴 수 있다면, 조세채무부존재확인소송으로는 다툴 수 없다.　　　　　　　　　　　　　　　　　　　　　　　　　　　　[11 세무사] ⓞⓧ

㉡ 무효인 과세처분에 의하여 세금을 납부한 자는 부당이득반환청구소송이 아닌 과세처분무효확인소송을 곧바로 제기할 수 있다.　　　　　　　　　　　　　　　　　　[13 세무사] ⓞⓧ

해설

☑ ㉠ **조세부과처분이 무효**라고 주장하는 사람은 **당사자소송**으로서 ★**조세채무부존재확인소송(=납세의무부존재확인소송)을 제기**하거나, 항고소송으로서 **무효등확인소송을 제기**할 수 있다.

㉡ 앞의 문제까지 살펴보았듯이, **무효등확인소송**에는 **보충성 요구 원칙이 적용되지 않으므로**, 무효인 과세처분에 응하여 **일단 세금을 납부한 사람**이, '**부당이득금 반환청구**'와 같은 **직접적인 구제수단**으로서 **납부한 세금을 반환받을 수 있더라도** ★**과세처분에 대한 무효확인소송을 곧바로 제기할 수 있다.**

무효인 과세처분에 대하여 해당 세금을 **납부하지 않은 경우**	과세처분 **무효확인소송** 또는 **조세채무부존재확인소송** 제기 가능
무효인 과세처분에 대하여 해당 세금을 **납부한 경우**	과세처분 **무효확인소송** 또는 **부당이득금 반환청구소송** 제기 가능

정답 ㉠ ✕, ㉡ ○

🔲 **무효인 조세부과처분**에 대해 **무효확인소송을 제기할 수 있다.** (○) [12 국회8 변형]

🔲 **무효인 조세부과처분**에 대한 **무효확인소송 중** 동 조세부과처분에 따라 **세금이 이미 납부**된 경우 **소의 이익이 있다.** (○) [05 세무사]

🔲 **무효인 과세처분**에 의해 **조세를 납부한 자가 부당이득반환청구소송을 제기할 수 있는 경우**에도 과세처분에 대한 **무효확인소송을 제기할 수 있다.** (○) [16 지방9]

🔲 **무효인 과세처분**에 근거하여 **세금을 납부한 경우 부당이득반환청구의 소로써 직접 위법상태의 제거**를 구할 수 있는지 **여부와 관계없이** 행정소송법 제35조에 규정된 '**무효확인을 구할 법률상 이익**'을 가진다. (○) [20 지방9]

🔲 **무효인 행정처분의 집행이 종료**된 경우에 **부당이득반환청구소송을 제기**하여 **직접 위법상태를 제거**할 수 있는 경우에도 **무효확인소송은 소의 이익이 있다.** (○) [23 경찰간부]

🔲 **무효인 과세처분**에 근거하여 **세금을 납부한 후**라 할지라도 과세**처분의 무효확인을 구할 소의 이익**이 없다. (✕) [00 행시]

🔲 **조세부과처분이 무효**임에도 불구하고 **납세자가 이미 세금을 납부**한 경우, **납세의무자**는 조세부과**처분의 무효확인을 구할 법률상 이익**이 없다. (✕) [07 경남9]

🔲 A행정청은 과징금부과처분을 받은 甲이 부과된 **과징금을 납부한 후** 과징금부과**처분에 대하여 무효확인의 소를 제기**한 경우, 甲은 **부당이득반환청구의 소**로써 직접 위법상태를 제거할 수 있다면 甲이 제기한 **무효확인의 소는 법률상 이익**이 없다. (✕) [21 변시 변형]

 제3항 **무효등 확인소송과 행정심판전치주의**

415 ★★★★

㉠ 행정심판전치주의는 무효확인소송에도 적용된다. [17 세무사] **O X**

㉡ 취소소송에서의 행정심판과의 관계에 관한 규정은 무효등 확인소송의 경우에 준용한다.
[22 세무사] **O X**

㉢ 무효확인소송의 경우에는 행정심판을 거칠 필요가 없다. [13 세무사] **O X**

> **해설**
>
> **【행정소송법】제38조(준용규정)** ① 제9조, 제10조, 제13조 내지 제17조, 제19조, 제22조 내지 제26조, 제29조 내지 제31조 및 제33조의 규정은 무효등 확인소송의 경우에 준용한다.
>
> ➡ **행정심판전치주의**에 관한 **행정소송법 제18조(행정심판과의 관계)**는 ★**무효등확인소송**에의 준용 규정에서 **빠져 있다.**
>
> ☑ **취소소송**에는 개별법에서 정한 바에 따라 **예외적 행정심판전치주의가 적용**되는 경우가 있으나, **무효등확인소송**에는 행정심판전치주의가 적용되지 아니하므로, ★**행정심판을 거치지 않고**도 곧바로 무효등확인소송을 제기할 수 있다. **정답** ㉠ ✕, ㉡ ✕, ㉢ ○

🟦 **무효등확인소송**에는 **행정심판전치주의가 적용되지 않는다.** (○) [05 세무사]

🟦 **행정심판전치주의**는 **무효확인소송에 적용되지 않는다.** (○) [20 군무원9 변형]

🟦 **국세부과처분**에 대하여 **무효확인소송을 제기**하는 경우에도 행정심판전치주의가 적용된다. (✕) [10 세무사]

🟦 **필요적 행정심판전치주의**는 무효확인소송에 적용된다. (✕) [15 세무사]

🟦 **무효등 확인소송**에는 취소소송의 **행정심판과의 관계에 관한 규정**이 **준용되지 않는다.** (○) [20 서울7]

🟦 「행정소송법」상 취소소송에 대한 사항으로서의 '**행정심판전치주의의 적용**'은 무효등 확인소송의 경우에 준용된다. (✕) [16 사복9]

🟦 취소소송의 규정 중 **행정심판과의 관계규정**은 무효확인소송에 적용된다. (✕) [23 세무사]

🟦 **무효확인소송**은 **행정심판을 거치지 아니하고 제기할 수 있다.** (○) [10 세무사]

🟦 재산세부과처분에 따라 세금을 납부한 甲은 제소기간 도과 후 과세처분이 무효로 밝혀지자 과세처분무효확인소송 또는 부당이득반환청구소송 중 하나를 제기하고자 하는 경우, 과세처분**무효확인소송의 경우** 조세소송의 **전치절차를 거치지 않아도 된다.** (○) [12 세무사]

> ➡ 심판청구 내지 심사청구를 안거치고 곧바로 무효확인소송을 제기할 수 있다는 의미이다.

🟦 행정심판의 **필요적 전치주의**가 적용되는 경우 **무효확인소송을 제기**하려면 무효확인심판의 재결을 거쳐야 한다. (✕) [19 행정사]

제 4 항 **무효등 확인소송의 제소기간**

416 ★★★★

㉠ 취소소송에 규정된 제소기간은 무효등확인소송에 준용되지 아니한다.   [08 세무사] O X

㉡ 취소소송과 무효등확인소송에 있어 제소기간은 동일하다.   [11 세무사] O X

㉢ 무효등확인소송의 전심절차로서 행정심판을 거친 경우에는 제소기간의 규정이 준용된다.
  [08 세무사] O X

> **해설**
>
> ✓ ⓐ 제소기간의 제한 있는 취소소송과는 달리, ★**무효등확인소송에는 제소기간의 제한이 없는바**, ★**무효등확인소송은 제소기간에 구애받지 않고 제기**할 수 있다.
>
>   ➡ 무효등확인소송에는 준용 규정에서 ★**취소소송의 제소기간에 관한 행정소송법 제20조는 빠져** 있다.
>
> ⓑ 즉 처분이 **있음을 안 날로부터 90일이 지났거나**, 처분이 **있은 날로부터 1년이 지났을 때에도** 무효등확인소송을 제기할 수 있는 것이다.
>
> ⓒ 무효확인소송에 앞서 **임의로** ★**행정심판을 거쳤을 때에도, 제소기간에 구애받지 않고 제기**할 수 있다.
>
> **정답** ㉠ O, ㉡ X, ㉢ X

▨ **무효등확인소송**은 **제소기간**의 **적용이 없다.** (O) [09 세무사]

▨ 과세처분의 **무효확인청구소송**에서는 **제소기간의 제한**에 관한 **규정**은 **적용되지 아니한다.** (O) [16 세무사]

▨ **무효확인소송**은 **불복기간의 제한**을 **받지 않는다.** (O) [08 관세사]

▨ **무효등확인소송**은 **제소기간의 제한이 없다.** (O) [05 세무사]

▨ **처분이 있음을 안 날**로부터 **2년이 지난 후 무효확인소송을 제기**한 경우 **인용판결을 받을 수 있다.** (O) [06 세무사]

▨ 행정**처분이 있은 후 2년이 지난 경우**에도 **무효확인소송을 제기할 수 있다.** (O) [10 세무사]

▨ 행정**처분이 있은 후 2년이 지난 경우**에 **청구하는 무효확인소송**은 현행 행정소송제도에서 **허용된다.** (O) [23 세무사]

▨ **무효확인소송**은 처분이 있음을 안 날부터 90일 이내에 제기하여야 한다. (X) [16 전환]

▨ 행정행위에 대한 **무효확인소송**에서도 제소기간을 준수하여야 한다. (X) [13 행정사]

▨ **무효확인소송**과 취소소송은 제소기간이 동일하다. (X) [14 세무사]

▨ **행정심판을 제기**하였다가 **기각재결**을 받은 후 **무효확인소송을 제기**하는 경우에는, 재결서 정본을 송달받은 날부터 90일 이내에 소송을 제기하여야 한다. (X) [19 국가5 승진]

▨ **무효확인소송의 전심절차**로서 **행정심판을 거친 경우**에는 제소기간을 준수하여야 한다. (X) [23 세무사]

제5항 **취소소송과 무효등 확인소송과의 관계**

417 ★★★★

㉠ 판례는 무효확인청구에는 그 취소를 구하는 취지도 포함되어 있는 것으로 본다.

[05 세무사] ⓞ ⓧ

㉡ 무효확인소송에서는 원고가 그 처분의 취소를 구하지 않는다고 명백히 밝힌 경우에도 그 취소를 구하는 취지가 포함되어 있다고 보아야 한다.

[15 세무사] ⓞ ⓧ

> **해설**
>
> 일반적으로 행정처분의 **무효확인을 구하는 소**에는 원고가 그 ★**처분의 취소를 구하지 아니한다고 밝히지 아니한 이상** 그 **처분**이 만약 **당연무효가 아니라면** ★**그 취소를 구하는 취지도 포함**되어 있는 것으로 보아야 한다. (대판 1994. 12. 23., 94누477)
>
> ▪ **취소사유의 처분에 대하여 무효확인소송을 제기한 경우**
>
> | **원칙**
(취소를 청구하지 아니한다고 **밝히지 않은 때**) | 처분이 무효가 아니라면 ★**취소를 청구하는 취지도 포함**된 것으로 보아, **취소소송으로 심리** |
> |---|---|
> | **예외**
(취소를 청구하지 아니한다고 ★**명백히 밝힌 때**) | 처분이 ★**무효인지 여부만 확인**하는 청구취지로 봄 |
>
> **【행정소송규칙】 제16조(무효확인소송에서 석명권의 행사)** 재판장은 **무효확인소송**이 법 제20조에 따른 기간 내에 제기된 경우에는 **원고에게 처분등의 취소를 구하지 아니하는 취지인지**를 **명확**히 하도록 **촉구**할 수 있다. 다만, 원고가 처분등의 취소를 구하지 아니함을 밝힌 경우에는 그러하지 아니하다.
>
> ➤ 위 조항은 **원고가 착오로** 취소소송이 아닌 **무효확인소송을 제기**한 것으로 보여지는 때에, **재판장이 원고의 의사**를 확인(석명)할 수 있게 하는 근거를 규정한 것이다. 이에 따라 **원고가 취소를 구하는 취지도 포함되어 있다는 의사**를 밝히면서도 **무효확인청구를 유지**할 경우, 법원은 **무효사유 여부부터 판단**하고 무효사유가 인정되지 않는다면, **취소사유 여부까지 판단**하게 될 것이다.
>
> **정답** ㉠ ○, ㉡ ×

▣ **무효확인의 청구**에는 원고가 "**취소를 구하지 아니한다**"고 **명백히 하지 아니하는 한 취소의 청구가 포함**되어 있다. (○) [06 세무사]

▣ 행정처분의 **무효확인을 구하는 소**에는 원고가 그 처분의 **취소를 구하지 아니한다고 밝히지 아니한 이상** 그 처분이 만약 **당연무효가 아니라면 그 취소를 구하는 취지도 포함**되어 있는 것으로 보아야 한다. (○) [12 국회8]

▣ 행정처분의 **무효확인을 구하는 소**에는 특단의 사정이 없는 한 그 **취소를 구하는 취지도 포함**되어 있다고 보아야 한다. (○) [19 서울7]

▣ 행정처분의 **무효확인을 구하는 청구**에는 특별한 사정이 없는 한 그 처분의 **취소를 구하는 취지까지도 포함되어 있다**고 볼 수 있다. (○) [22 세무사]

▣ 행정처분의 **무효확인을 구하는 소**에는 그 처분이 **당연무효가 아니라면 그 취소를 구하는 취지도 포함되어 있는 것**으로 볼 수 있다. (○) [23 세무사]

418 ★★★☆

甲은 X처분에 대해 무효확인소송을 제기한 경우, 甲이 제기한 소송에서 무효사유가 증명되지 아니하였다면 법원은 취소사유의 유무까지 심리할 필요는 없다. **[24 세무사]** O X

해설

- 행정처분의 **무효 확인을 구하는 소**에는 특단의 사정이 없는 한 취소를 구하는 취지도 포함되어 있다고 보아야 하므로, 해당 행정처분의 취소를 구할 수 있는 경우라면 **무효사유가 증명되지 아니한 때**에 **법원**으로서는 ★**취소사유에 해당하는 위법**이 있는지 **여부까지 심리하여야** 한다.

- 일반적으로 행정처분의 무효확인을 구하는 소에는 원고가 그 ★**처분의 취소를 구하지 아니한다고 밝히지 아니한 이상** 그 처분이 만약 **당연무효가 아니라면** ★**그 취소를 구하는 취지도 포함**되어 있는 것으로 볼 수는 있으나, **취소청구를 인용**하려면 먼저 **취소를 구하는 항고소송**으로서의 ★**제소요건을 구비한 경우**에 한한다. (대판 1994.12.3., 94누477)

✓ ⓐ 위의 문제에서 살펴보았듯이, **무효확인청구**에는 원고의 명시적인 반대의사("취소청구까지 하지 않겠다.")가 없는 이상, 원칙적으로 **취소청구도 포함**되어 있으므로,

ⓑ 법원은 ① 처분의 무효사유 유무를 따져본 후, 무효사유가 드러나지 않았을 때에는 ② 취소사유 유무도 판단하여 취소판결 또는 기각판결을 선고하게 된다. 이 경우 당해 무효확인소송은 당연히 **취소청구의 제소요건을 충족한 적법한 소송이어야** 한다. **정답** ✕

🔲 **무효확인소송을 제기**하였는데 해당 사건에서의 **위법이 취소사유에 불과**한 때, 법원은 **취소소송의 요건을 충족**한 경우 **취소판결**을 내린다. (O) **[17 국가7 下]**

🔲 **무효확인을 구하는 소**에는 당사자가 명시적으로 취소를 구하지 않는다고 밝히지 않는 한 **취소를 구하는 취지가 포함**되었다고 보아서 **취소소송의 요건**을 갖추었다면 **취소판결**을 할 수 있다. (O) **[22 군무원9]**

🔲 甲은 **단순위법인 취소사유가 있는 A처분**에 대하여 **무효확인소송을 제기**하였다. 무효확인소송에 A처분의 **취소를 구하는 취지도 포함**되어 있고 무효확인소송이 **취소소송의 적법요건을 갖추었다** 하더라도, 본 사례에서 법원은 A처분에 대한 **취소판결**을 할 수 없다. (✕) **[19 지방7]**

🔲 **무효등확인소송이 제기**되었으나 **취소원인인 흠만이 존재**하는 경우, 법원은 무효가 아니면 **취소라도 구하는 취지인지를 석명**하여 **소를 변경**토록 한 후에 **판결하여야** 한다. (O) **[08 세무사]**

❶ 본 지문은 08년도 지문답게, 정확히는 '**소변경필요설**'이라는 특정 학설에 근거한 지문이다. 이른바 '**소변경필요설**'은 무효확인소송의 대상 처분에 취소사유의 하자가 발견될 경우, 법원이 석명권을 행사하여 원고가 취소소송으로 청구취지를 변경토록 한 후에, **취소판결**을 해야 한다고 보는바, 학설의 관점에서는 옳은 지문이다.

❷ 그러나 **재판실무상으로는** 무효확인소송의 대상 처분에 취소사유의 하자가 발견되었을 경우에, 그 무효확인소송이 취소소송으로서의 제소요건을 구비하는 등 **적법한 소송**이라면, **취소소송으로 변경할 필요 없이**, 곧바로 **취소판결**을 내리게 된다. 즉 판례는 소변경이 불필요하다는 입장이다. (이른바 '취소판결설')

419 ★★★★

⊙ 무효인 처분의 무효확인을 취소소송으로 제기할 수 있다.　　　　　　　[11 세무사] Ⓞ Ⓧ

© 처분의 무효를 선언하는 취소판결도 있다.　　　　　　　　　　　　　[18 세무사] Ⓞ Ⓧ

> **해설**
>
> 행정처분의 **당연무효를 선언**하는 의미에서 그 **취소를 청구**하는 행정소송을 제기한 경우에도 전심절차와 제소기간의 준수 등 취소소송의 제소요건을 갖추어야 한다. (대판 1990. 12. 26., 90누6279)
>
> ✅ ⊙ 앞의 문제들과는 반대인 경우인데, **무효사유의 처분**에 대하여 무효확인소송이 아닌 ★'**무효선언을 구하는 의미의 취소소송**'을 제기하여 다툴 수 있다. 이는 취소청구에 엄밀한 의미의 취소를 구하는 취지 외에도 **무효를 선언하는 의미의 취소를 구하는 취지도 포함**되어 있기 때문이다.
>
> © 가령 甲이 자신에게 내려진 처분에 대하여 **취소소송을 제기**한 경우에, 법원이 그에 대하여 본안심리를 한 결과, 그 처분에 당연무효의 하자가 있는 것이 확인되는 때에는, 이른바 ★'**무효선언적 의미의 취소판결**'을 내리는 형식으로 甲의 청구를 인용할 수 있다.　　　　　　　**정답** ⊙ O, © O

🟦 **무효인 행정행위**에 대해서도 **취소소송을 제기할 수 있다**는 것이 판례의 입장이다. (O) **[06 대구교행9]**

🟦 **취소청구**에는 엄밀한 의미의 취소뿐만 아니라 무효를 선언하는 의미의 취소를 구하는 취지가 포함되어 있다. (O) **[06 세무사]**

🟦 행정쟁송 방식에 있어서 **무효인 행정행위**는 무효확인소송 외에 **무효선언을 구하는 취소소송 형식**으로 **제기**할 수 있다. (O) **[13 국회9]**

🟦 **무효인 행정행위**는 무효등확인심판 또는 무효등확인소송에 의해서만 다툴 수 있는 것이 아니고, **무효선언을 구하는 취소쟁송**으로 **다툴 수 있다.** (O) **[20 소방간부 변형]**

🟦 **무효인 처분**을 취소소송으로 다투는 경우 **취소청구**에는 **엄밀한 의미의 취소뿐 아니라 무효를 선언하는 의미의 취소를 구하는 취지가 포함**되어 있어야 한다. (O) **[23 세무사]**

　➡ 홍정선 교수의 교과서(신행정법특강)에서 그대로 인용출제한 지문으로, 문장의 느낌이 다소 당위적이다.

🟦 판례는 **무효선언을 구하는 취소소송을 인정**하자 아니한다. (X) **[08 세무사]**

🟦 **무효인 처분**에 대하여는 **무효확인청구소송**을 **제기**하여야 하고 **취소소송**을 **제기**할 수는 없다. (X) **[22 행정사]**

🟦 **무효인 처분**에 대하여 **취소소송이 제기**된 경우 소송제기요건이 구비되었다면 법원은 당해 소를 각하하여서는 아니되며, **무효를 선언하는 의미의 취소판결**을 하여야 한다. (O) **[14 지방9]**

🟦 당사자가 **무효인 처분**에 대해 **취소소송을 제기**한다면 **법원**은 **무효를 선언하는 의미의 취소판결**을 할 수 있다. (O) **[14 세무사]**

🟦 **무효인 처분**에 대해 **취소소송이 제기**된 경우, **법원**은 **취소판결을 할 수 있다.** (O) **[17 세무사]**

🟦 **처분의 무효선언**을 하는 **취소판결도 인정**된다. (O) **[20 세무사]**

🟦 판례에 의하면 **무효선언을 구하는 취소소송**은 각하된다. (X) **[08 관세사]**

🟦 중대명백한 하자가 있어 **무효인 A처분**에 대해 甲이 소송을 제기하려고 하는 경우에, 甲이 **취소소송을 제기**하였더라도 A 처분에 중대명백한 하자가 있다면 법원은 무효확인판결을 하여야 한다. (X) **[21 국회8]**

420 ★★★★

무효확인소송에서 법원이 취소판결을 하는 경우에는 취소소송의 제기요건을 갖추지 않아도 된다.

> **해설**
>
> 행정처분의 당연**무효를 선언하는** 의미에서 그 **취소를 청구하는** 행정소송을 제기한 경우에도 **전심절차와 제소기간**의 준수 등 ★**취소소송의 제소요건을 갖추어야** 한다. (대판 1990. 12. 26., 90누6279)
>
> ⟳ '**무효를 선언하는 의미의 취소소송**'도 **형식적으로는 취소소송**이기 때문에, 전심절차나 제소기간 등 취소소송으로서 갖추고 있어야 할 **소송요건을 충족**하여야 한다.　　　　　　　　　　**정답** ✕

📃 **무효선언을 구하는 취소소송**은 **취소소송의 제소요건을 갖추어야 한다.** (O) [06 세무사]

📃 **무효선언을 구하는 취소소송**도 취소소송인 이상 **제소요건을 구비하여야** 한다. (O) [08 세무사]

📃 처분의 **당연무효를 선언하는** 의미에서 취소소송을 제기한 경우에도 **취소소송의 요건을 갖추어야** 한다. (O) [11 세무사]

📃 행정처분의 **당연무효를 선언하는** 의미에서 그 **취소를 구하는 행정소송을 제기**하는 경우에는 전치절차와 그 제소기간의 준수 등 **취소소송의 제소요건을 갖추어야** 한다. (O) [12 국회8]

📃 **무효확인소송에서** 법원이 **취소판결**을 하는 경우에는 **취소소송의 제기요건**을 갖추지 않아도 된다. (✕) [10 세무사]

📃 무효인 행정행위에 대하여는 **무효선언을 구하는 의미에서의 취소소송**이 판례상 인정되고 있으며, 이 경우 **취소소송의 적법요건을 갖출 필요**는 없다. (✕) [10 지방7]

📃 행정처분의 **당연무효를 선언하는 의미**에서 그 **취소를 청구하는 행정소송**을 제기하는 경우 **취소소송의 제소요건을 갖출 필요**가 없다. (✕) [14 세무사]

421 ★★★★

㉠ 무효선언을 구하는 취소소송의 경우 제소기간의 제한이 없다. [21 세무사] **O X**

㉡ 무효선언을 구하는 취지의 취소소송의 경우에는 행정심판을 거쳐야 한다. [13 세무사] **O X**

> **해설**
>
> - 행정처분의 당연**무효를 선언하는 의미**에서 그 **취소를 청구하는 행정소송**을 제기한 경우에도 ★**전심절차와** ★**제소기간의 준수** 등 취소소송의 제소요건을 갖추어야 한다. (대판 1990. 12. 26., 90누6279)
> - 과세처분의 **무효선언을 구하는 의미**에서 취소를 구하는 소송이라도 ★**전심절차를 거쳐야** 한다. (대판 1990. 8. 28. 90누1892)
>
> ✓ 가령 당연**무효**의 조세부과처분에 대하여 **무효선언을 구하는 취지**에서 과세처분취소소송을 제기하고자 하는 경우, 제소에 앞서 ① **행정심판(심사청구 또는 심판청구)을 거쳐야** 하며 ② **적법한 제소기간**(심사청구 또는 심판청구에 대한 결정의 통지를 받은 날부터 90일 이내) 내에 제기하여야 한다. **정답** ㉠ ✕, ㉡ ○

▣ 행정처분의 당연**무효를 선언하는 의미**에서 그 **취소를 구하는 행정소송을 제기**하는 경우에는 제소기간을 **준수하여야** 한다. (○) [14 세무사]

▣ **처분의 무효를 주장**하며 **취소소송을 제기**하는 경우 **제소기간의 제한**이 있다. (○) [17, 18 세무사]

▣ 무효등 확인소송의 경우에는 제소기간의 제한이 없지만, **무효선언을 구하는 취소소송**의 경우에는 **제소기한의 제한**이 있다. (○) [20 세무사]

▣ **무효를 선언하는 의미의 취소소송**의 경우에는 **제소기간의 제한**이 ~~없다~~. (✕) [12 세무사]

▣ **무효선언을 구하는 취지의 취소소송**의 경우에는 **제소기간의 제한이** ~~적용되지 아니한다~~. (✕) [13 세무사]

▣ **무효를 선언하는 의미의 취소소송**은 **제소기간의 제한**을 ~~받지 않는다~~. (✕) [15 세무사]

▣ 처분의 당연**무효를 선언하는 의미**에서 그 **취소를 구하는 행정소송을 제기**한 경우 제소기간의 제한이 ~~없다~~. (✕) [22 세무사]

▣ **중대명백**한 하자가 있어 **무효인 A처분**에 대해 甲이 소송을 제기하려고 하는 경우에, 甲이 A 처분에 대해 **취소소송을 제기**하는 경우 제소기간의 제한을 ~~받지 않는다~~. (✕) [21 국회8]

▣ A행정청은 자신의 명의로 甲에 대해 **중대명백한 하자가 있는 X처분**을 하였다. 甲이 X처분에 대해 **취소소송을 제기**하는 경우 제소기간의 제한이 ~~없다~~. (✕) [24 세무사]

▣ **무효인 처분**에 대하여 취소소송을 제기하는 경우에도 **행정심판전치 요건을 구비하여야** 한다. (○) [11 세무사]

▣ 행정심판전치주의가 적용되도록 하는 규정이 있는 경우일지라도 처분의 무효를 구하는 소송에는 행정심판전치주의가 적용되지 않으므로 **무효사유의 하자를 취소소송으로 다투는 경우**에도 행정심판을 ~~거칠 필요가 없다~~. (✕) [14 국회8]

▣ 부가가치세부과처분의 **무효선언을 구하는 의미**에서 **취소를 구하는 소송**인 경우에는 **전심절차를 거쳐야** 한다. (○) [16 세무사]

▣ 「부가가치세법」상 과세**처분의 무효선언을 구하는 의미**에서 그 **취소를 구하는 소송**은 전심절차를 ~~거칠 필요가 없다~~. (✕) [14 사복9]

제6항 선결문제로서의 무효심사

422 ★★☆☆

[08 세무사]

다른 소송의 선결문제로서 행정행위의 당연무효를 심사할 수 있다. O X

해설

> **【행정소송법】** 제11조(선결문제) ① 처분등의 ★효력 유무 또는 존재 여부가 민사소송의 선결문제로 되어 당해 민사소송의 수소법원이 ★이를 심리·판단하는 경우에는 제17조, 제25조, 제26조 및 제33조의 규정을 준용한다.

> 민사소송에 있어서 어느 행정처분의 당연무효 여부가 선결문제로 되는 때에는 이를 ★판단하여 당연무효임을 전제로 판결할 수 있고, 반드시 행정소송 등의 절차에 의하여 그 취소나 무효확인을 받아야 하는 것은 아니다. (대판 2010. 4. 8., 2009다90092)

✅ ⓐ 행정소송법 제11조에서 규정되어 있듯이, 어떤 행정처분과 관련된 민사소송 등에서 어떤 행정처분의 효력유무 또는 존재여부가 선결문제가 되는 때에는, 그 효력유무나 존재여부를 심사할 수 있다.

　ⓑ 예컨대 甲이 자신에 대한 과세처분이 무효임을 주장하면서, 자신이 과오납한 세금에 대하여 부당이득반환청구(민사소송)를 한 경우, 민사법원은 먼저 과세처분의 하자가 당연무효인지 여부부터 심사(판단)하고 그 판단을 전제로 부당이득반환청구에 대한 판결을 내리게 된다.

정답 O

🔲 행정처분이 당연무효임을 전제로 하여 민사소송을 제기한 때에, 법원은 그 행정처분이 당연무효인지의 여부를 심사할 수 있다. (O) [15 서울7]

🔲 국유재산법상 변상금부과처분에 의해 변상금을 납부한 청구인이 변상금부과처분에 의하여 이미 납부했던 금원을 민사소송을 제기하여 부당이득으로 반환받으려고 할 때 변상금부과행위에 무효의 하자가 있는 경우 민사법원은 이를 판단할 수 있다. (O) [19 소방간부]

🔲 과·오납세금반환청구소송에서 민사법원은 그 선결문제로서 과세처분의 무효 여부를 판단할 수 있다. (O) [19 국가9]

🔲 甲이 조세부과처분의 무효를 이유로 이미 납부한 세금의 반환을 청구하는 부당이득반환청구소송을 제기하는 경우에 법원이 이를 심리·판단할 수 없다. (X) [16 서울7]

423 ★★☆☆

처분의 효력 유무 또는 존재 여부가 민사소송의 선결문제로 되어 당해 민사소송의 수소법원이 이를 심리·판단하는 경우에, 법원은 처분이 위법하다고 판단하는 때에는 이를 취소할 수 있다. **ОХ**

> **[해설]**
>
> ✅ ⓐ 앞의 문제에서 보았듯이, 甲이 자신에 대한 **과세처분이 무효임을 주장**하면서, 자신이 **과오납한 세금에 대하여 부당이득반환청구(민사소송)**를 한 경우, **민사법원**은 선결문제로서 과세**처분의 하자가 당연무효인지 여부를 심사(판단)**할 수 있지만,
>
> ⓑ 심사(판단)한 결과, 선결문제인 **과세처분의 하자가 ★무효사유로 판명**될 경우, **민사법원**으로서는 해당 과세**처분이 무효임을 논리적으로 전제**하여 **甲의 민사소송 청구를 인용하는 판결(부당이득반환청구 인용판결)**만 내릴 수 있을 뿐이고, 그 과세처분이 무효라고 확인하는 무효확인판결까지 직접 할 수는 없다.
>
> > **민사소송**에 있어서 어느 행정**처분의 당연무효 여부**가 **선결문제**로 되는 때에는 **이를 판단**하여 **당연무효임을 ★전제**로 판결할 수 있다. (대판 2010. 4. 8. 2009다90092)
>
> ⓒ 또한 심사(판단)한 결과, 선결문제인 **과세처분의 하자가 ★취소사유에 그치는 경우**라면, 공정력에 따라 **민사법원이 과세처분의 효력조차 부인(부정)할 수 없기 때문에**(=甲의 부당이득반환청구도 인용할 수도 없기 때문에), 직접 그 과세처분에 대한 **취소판결은 ★당연히 내릴 수 없다.**
>
> ➡ '**공정력**'은 "어떤 처분이 다소 위법하더라도 당연무효가 아닌 이상, 처분청이나 법원에 의해서 취소되기 전까지는 당분간 그 처분의 효력을 유지시켜주는 힘" 정도로 이해하면 충분하다.
>
> > • 과세처분이 당연무효라고 볼 수 없는 한 **과세처분에 취소할 수 있는 위법사유**가 있다 하더라도 그 과세처분은 **공정력 또는 집행력**에 의하여 그것이 **적법하게 취소되기 전까지는 유효**하다 할 것이므로, **민사소송절차**에서 그 과세**처분의 효력을 부인할 수 없다.**
> >
> > • 조세의 과오납이 부당이득이 되기 위하여는 납세 또는 조세의 징수가 실체법적으로나 절차법적으로 전혀 법률상의 근거가 없거나 과세처분의 하자가 중대하고 명백하여 당연무효이어야 하고, 과세처분의 하자가 단지 **취소할 수 있는 정도**에 불과할 때에는 **★과세관청이 이를 스스로 취소하거나 ★항고소송절차에 의하여 취소**되지 않는 한 그로 인한 조세의 납부가 **부당이득이 된다고 할 수 없다.** (대판 1994. 11. 11., 94다28000)
>
> ➤ **취소사유에 그치는 위법한 처분**은, 처분청에 의하여 **직권취소되거나**, 해당 처분에 대한 항고소송에서 **쟁송취소되지 않는 이상**, '**다른**' 법원이 이를 **취소할 수 없는 것**이다. **[정답]** ✕

제 8 절

부작위위법확인소송

Administrative Litigation Law

제1항　부작위위법확인소송 일반론

424 ★★★★

㉠ 부작위위법확인소송은 소극적인 위법상태를 제거하는 것이다.　　　　[11 세무사] O X

㉡ 부작위위법확인소송은 권리보호가 우회적이고 간접적이다.　　　　[11 세무사] O X

> **해설**
>
> **부작위위법확인의 소**는 행정청이 당사자의 법규상 또는 조리상의 권리에 기한 신청에 대하여 상당한 기간 내에 신청을 인용하는 적극적 처분 또는 각하거나 기각하는 등의 소극적 처분을 하여야 할 **법률상 응답의무가 있음에도** 불구하고 이를 **하지 아니하는 경우**, 그 **부작위가 위법하다는 것을 확인**함으로써 행정청의 응답을 신속하게 하여 **부작위 또는 무응답**이라고 하는 ★**소극적 위법상태를 제거**하는 것을 목적으로 하는 제도이다(대판 2000.2.25. 99두11455).
>
> ✓ ㉠ 행정청이 국민의 어떠한 신청에 대한 응답의무가 있음에도 아무런 응답을 하지 않고 있는 이른바 '**부작위**'를 다투는 부작위위법확인소송에서는 이러한 ★**행정청의 방치(무응답, 부작위)**가 위법한지 또는 적법한지만 확인해줄 수 있을 뿐이므로,
>
> ㉡ **행정소송 중**에서도 가장 ★**우회적·간접적·소극적**인 소송이라 할 수 있고, 이는 의무이행소송의 도입 주장으로도 이어진다.　　**정답** ㉠ O, ㉡ O

- **부작위위법확인소송**은 행정청의 **부작위의 위법확인**을 구하는 **가장 소극적인 쟁송**이다. (O) [07 경남9]
- **부작위위법확인소송**은 부작위의 **위법함을 확인**함으로써 행정청의 응답을 신속하게 하여 부작위 내지 무응답이라고 하는 **소극적인 위법상태를 제거**하는 것을 목적으로 한다. (O) [16 서울7]
- **부작위위법확인소송**은 **부작위 내지 무응답**이라고 하는 **소극적인 위법상태를 제거**하는 것을 목적으로 한다. (O) [20 세무사]
- **부작위위법확인소송**은 행정청의 응답을 신속하게 하여 **부작위 내지 무응답**이라는 **소극적 위법상태 제거**를 목적으로 한다. (O) [22 세무사]
- **부작위위법확인소송**은 행정청의 **부작위가 위법하다는 것을 확인**하는 항고소송이다. (O) [23 세무사]

425 ★★★★　　　　　　　　　　　　　　　　　　　[11 세무사]

부작위위법확인소송에서는 부작위의 위법성을 소송물로 본다.　　O X

> **해설**
>
> ✓ 부작위위법확인소송은 **행정청의 부작위(방치)가 위법**하다는 것의 **확인**을 구하는 소송인바, **부작위위법확인소송**에서는 ★'**부작위의 위법성**'이 **심리대상**이 된다.　　**정답** O

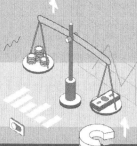

 제 2 항 # 부작위의 성립요건

426 ★★★★ [12 세무사]

행정소송법상 부작위란 행정청이 당사자의 신청에 대하여 상당한 기간 내에 일정한 처분을 하여야 할 법률상 의무가 있음에도 불구하고 이를 하지 아니하는 것을 말한다. **O X**

해설

> **【행정소송법】제2조(정의)** ① 이 법에서 사용하는 용어의 정의는 다음과 같다.
> 2. **"부작위"**라 함은 행정청이 ★**당사자의 신청**에 대하여 ★**상당한 기간 내**에 일정한 처분을 하여야 할 ★**법률상 의무**가 있음에도 불구하고 이를 ★**하지 아니하는 것**을 말한다.

■ **'부작위'의 성립요건**

①	**법규상 또는 조리상 신청권**에 근거한 **당사자의 신청**에 대하여,	**당사자의 처분 신청**
②	행정청에게 일정한 **처분을 하여야 할 법률상 의무**도 있으나,	**법률상 처분(응답) 의무**
③	당사자가 신청한 후에 **상당한 기간이 경과**하였음에도,	**상당한 기간의 경과**
④	행정청이 아무런 행위를 하지 않고 **방치하고 있어야** 한다.	**처분의 부존재**

정답 **O**

■ **부작위**란 행정청이 **당사자의 신청**에 대하여 **상당한 기간 내**에 일정한 **처분을 하여야 할 법률상의 의무**가 있음에도 불구하고 이를 **하지 아니하는 것**을 말한다. (O) [08 세무사]

■ **부작위**는 **법률상 작위의무**가 있음에도 불구하고 **상당한 기간이 경과**하도록 **아무런 처분이 없을 때** 성립하게 된다. (O) [09 세무사]

■ **부작위**는 행정청이 어떠한 **처분을 하여야 할 법률상 의무**가 있음에도 행정청이 **처분을 하지 않는 경우**에 성립하게 된다. (O) [21 세무사]

■ **부작위**란 행정청이 **당사자의 신청**에 대하여 **상당한 기간 내**에 일정한 **처분을 하여야 할 법률상 의무**가 있음에도 불구하고 **이를 하지 아니하는 것**을 말한다. (O) [21, 22 세무사]

■ 행정청의 단순한 **부작위**도 취소소송의 대상이 된다. (✕) [23 세무사]

> 행정청의 **단순한 부작위**는 항고소송의 대상이 되지 아니한다. (대판 1985. 11. 26., 85누607)

➡ 부작위는 원칙적으로 취소소송의 대상이 될 수 없으며, 부작위의 **성립요건을 충족하지 못하는 단순한 부작위**는 부작위위법확인소송의 대상이 될 수 없다.

427 ★★★★

㉠ 부작위가 성립하기 위해서는 당사자에게 법규상 혹은 조리상 신청권이 있어야 한다.

[13, 18 세무사] **O X**

㉡ 부작위위법확인소송에서 당사자의 신청은 반드시 내용상 적법하여야 한다. [21 세무사] **O X**

㉢ 행정청에 대한 사경제적 계약의 체결요구는 신청에 해당되지 않는다. [07 세무사] **O X**

> **[해설]**
>
> ■ '당사자의 적법한 신청'의 의미
>
> | 신청권에 근거한 적법한 신청 | '**적법한 신청**'이란 ★**법규상 또는 조리상 신청권**에 근거한 신청을 의미
➤ ★**내용상(실체적) 적법성**을 의미하는 것이 **아님**
(665문, 666문 기속력 단원 절차적 심리설 참고) |
> | --- | --- |
> | '**처분**'을 구하는 신청 | 행정청에 대하여 '★**공권력의 행사(발동)**'을 **구하는** 신청, 쉽게 말해 행정소송법상 '**처분**'을 **구하는** 신청을 의미
➤ 비권력적 사실행위나 사경제적 계약체결 등을 요구하는 신청 등에 대한 무응답은 부작위위법확인소송의 대상(부작위)이 아님 |
>
> **[정답]** ㉠ O, ㉡ X, ㉢ O

■ '**신청인**에게 **신청권이 있을 것**'은 부작위위법확인소송의 대상이 되는 **부작위의 요건**이다. (O) [05 세무사]

■ 판례에 의하면 **부작위의 성립**에는 **당사자에게** 처분을 구할 수 있는 **신청권이 있어야** 한다. (O) [09 세무사]

■ **부작위가 성립**하기 위해서는 **당사자의 신청**이 있어야 하며, 여기서 신청이란 **법규상 또는 조리상 신청권의 행사**로서의 **신청**을 말한다. (O) [13 국회8]

■ 부작위위법확인소송의 대상인 부작위의 성립요건으로는 거부처분의 경우와는 달리 ~~당사자에게~~ 처분을 구할 수 있는 **법규상 또는 조리상의 신청권이 있어야** 하는 것은 ~~아니다.~~ (X) [20 국회9]

■ **부작위위법확인소송의 대상**인 **부작위**가 되기 위해서는 **당사자의 신청**은 내용적으로 **적법한 것이어야 한다.** (X) [24 세무사]

➡ 부작위위법확인소송에서는 신청의 내용이 실체적으로 적법한지 여부는 따지지 않고 **신청에 대한 무응답의 위법여부만** 심리할 뿐이므로, 원고가 승소했더라도 사안에 따라 **행정청이 그 신청을 거부**할 수 있다. (666문 참고)

■ **부작위위법확인소송**은 **공권력의 발동 여부**에 관한 소송이다. (O) [11 세무사]

■ **부작위**가 되기 위해서는 원고가 **신청한 행정청의 행위**가 행정소송법상 **처분이어야** 한다. (O) [12 세무사]

■ **부작위가 성립**되기 위해서는 **당사자의 신청**이 있어야 하는데, 신청의 내용으로서는 ~~비권력적 사실행위의 요구 또는 사경제적 계약의 체결 요구 등도 이에 포함된다.~~ (X) [19 군무원9]

> **부작위위법확인소송**을 통하여 **구하는** 행정청의 응답행위는 행정소송법 제2조 제1항 제1호 <u>소정의 **처분에 관한 것이라야**</u> 한다. (대판 1995. 9. 15. 95누7345)

428 ★★★★

㉠ 행정소송법상의 부작위의 개념상 전제되는 의무는 법률상 의무일 필요는 없다.

[20 세무사] O X

㉡ '행정청에게 특정한 내용의 처분의무가 있을 것'은 부작위위법확인소송의 대상이 되는 부작위의 요건이다. [05 세무사] O X

㉢ 신청을 하여야 할 법률상 의무는 명문의 규정에 의하여 인정되는 경우만이 아니라 법령의 해석상 인정되는 경우도 포함한다. [07 세무사] O X

> **해설**
>
> **부작위위법확인의 소**는 행정청이 당사자의 ★**법규상 또는 조리상의 권리**에 기한 **신청에 대하여** 상당한 기간 내에 신청을 인용하는 ★**적극적 처분** 또는 각하거나 기각하는 등의 ★**소극적 처분**을 하여야 할 ★**법률상 응답의무**가 있음에도 불구하고 이를 하지 아니하는 경우, 그 부작위가 위법하다는 것을 확인함으로써 행정청의 응답을 신속하게 하여 부작위 또는 무응답이라고 하는 소극적 위법상태를 제거하는 것을 목적으로 하는 제도이다. (대판 2000.2.25. 99두11455).
>
> ✓ **법규상 또는 조리상 신청권**이 있는 사람의 **적법한 신청**에도 불구하고, 행정청이 그 신청에 대하여 '**일정한 처분**'을 하여야 할 '**법률상 의무**'를 이행하지 않고 **방치**할 경우 **부작위가 성립**한다.
>
> | 일정한 처분 | ① **적극적** 처분(당사자의 신청을 **인용**)의무
② **소극적** 처분(당사자의 신청을 **거부**) 의무 |
> | --- | --- |
> | 법률상 의무 | ① **법규상** 인정되는 의무(**법령의 ★명문 규정**에 의하여 인정되는 의무)
② **조리상** 인정되는 의무(★**법령의 해석상** 인정되는 의무) |
>
> **정답** ㉠ ×, ㉡ ×, ㉢ O

■ 행정청의 **부작위가 성립**하려면, 행정청에 **처분할 법률상 의무**가 있어야 한다. (O) [96 입시]

■ "행정청의 **일정한 처분의무**가 있어야 한다."는 행정상 **부작위의 성립요건**이다. (O) [05 경기9]

■ "행정청에게 신청을 인용하여야 할 **법률상의 의무**가 있어야 한다."는 것이 **부작위의 성립요건**이다. (×) [10 세무사] ☑ 신청을 인용하여야 할 → **신청을 인용하거나 거부하여야 할**

■ 공무원의 부작위로 인하여 **국민에게 중대하고 직접적인 권리 침해**가 있다 하더라도 **법령에 명문의 근거가 없으면** 그러한 **공무원의 부작위는 위법**이 아니다. (×) [06 경기9]

■ 부작위위법확인소송에 있어서, 행정청에게 **일정한 처분**을 하여야 할 **법률상 의무**가 있어야 하는데, 이 때 **법률상 의무**란 명문 규정에 의해 인정되는 경우만을 뜻한다. (×) [10 국회9]

➡ 비록 명문의 규정이 없더라도 **조리상(법령의 해석상)**으로 인정되는 **법률상 의무**를 이행하지 않는 경우도 위법한 부작위가 된다.

429 ★★★★　　　　　　　　　　　　　　　　　　　　　　[10 세무사]

"당사자의 신청이 있어야 한다."는 부작위의 성립요건이다.　　**O X**

> **해설**
>
> **부작위위법확인소송은** 처분의 **신청을 한** 자로서 부작위의 위법의 확인을 구할 법률상의 이익이 있는 자만이 제기할 수 있다 할 것이며,....(중략).... **당사자가** 행정청에 대하여 **어떠한 행정행위를 하여 줄 것을 ★신청하지 아니한 경우에는** 원고적격이 없거나 항고소송의 대상인 위법한 **★부작위가 있다고 볼 수 없어** 그 **부작위위법확인의 소는 부적법**하다. (대판 1995. 9. 15. 95누7345)
>
> ✅ 행정청에 대한 **당사자의 신청이** 먼저 있어야만, 그 **신청**에 대한 행정청의 **방치(무응답)**가 부작위위법확인소송의 대상이 되는 '**부작위**'로 **성립**될 수 있다.　　**정답** O

- **부작위가 성립**되기 위해서는 **당사자의 신청이 있어야** 한다. (O) [01 관세사 수정]
- '**당사자의 신청**'은 부작위위법확인소송의 대상이 되는 **부작위의 요건**이다. (O) [05 세무사]
- 처분에 대한 **신청이 없으면** 부작위위법확인소송의 대상이 되는 **부작위가 아니다.** (O) [18 세무사]
- 부작위위법확인소송의 대상이 되는 **부작위**는 **당사자의 신청**이 없더라도 **성립**할 수 있다. (✕) [15 교행9]
- **부작위위법의 확인**을 구할 **법률상 이익이 있는 자**는 신청을 하지 않았더라도 **부작위위법확인소송을 제기**할 수 있다. (✕) [16 세무사]

430 ★★★★　　　　　　　　　　　　　　　　　　　　　　[05 세무사]

'상당한 기간의 경과'는 부작위위법확인소송의 대상이 되는 부작위의 요건이다.　　**O X**

> **해설**
>
> 원심이 원고의 피고에 대한 이 사건 유선방송사업허가신청에 대하여 허가권자인 피고가 그 **★처리기간인 70일을 훨씬 지나** 3년 가까이 되도록 허부의 결정을 하지 아니하고 있는 것은 위법하다고 판단한 것은 정당하다. (대판 1992. 7. 28., 91누7361)
>
> ✅ ⓐ '**상당한 기간**'이 지났는데도 **행정청이** 방치로 일관하는 때에는 **부작위가 성립**하는데, 여기서 '**상당한 기간**'이란, **★사회통념상 당해 신청을 처리**하는데 **소요될 것으로 판단되는 기간**을 뜻한다.
>
> ⓑ **법령 등에 처리기간에 대한 규정이 있는 경우**에 그 규정이 **강행규정으로 해석**된다면, **★그 규정에서 정한 기간을 넘긴 때**에 '**상당한 기간**'의 요건이 **성립**되며,
>
> ⓒ **법령 등에 처리기간에 대한 규정이 있는 경우**에도 그 규정이 **훈시규정으로 해석**된다면, 합리적 관점에서 **★신청 처리에 통상 요구되는 기간을 넘긴 때**에 '**상당한 기간**'의 요건이 **성립**되는 것으로 본다.　　**정답** O

- "행정청이 **상당기간이 지나도록** 아무런 **조치를 취하지 않고 있어야** 한다."는 것이 행정상 **부작위의 성립요건**이다. (O) [05 경기9]
- "처분을 함에 있어 통상 요구되는 **상당한 기간이 경과하여야 한다**"는 것이 **부작위의 성립요건**이다. (O) [10 세무사]
- **상당한 기간이 경과하도록** 아무런 **처분이 없을 때 부작위는 위법**한 것이 된다. (O) [21 세무사]
- **개별 법령에서 처분의 기간**을 두고 있는 경우 그 규정이 강행규정이라면 그 **법정기간이 경과하도록** 아무런 **처분이 없는 부작위는 위법**한 것이 된다. (O) [15 세무사]

431 ★★★★

㉠ 행정청이 신청권이 인정되는 상대방의 신청에 대하여 아무런 처분을 하지 않고 있는 이상 행정청의 부작위는 그 자체로 위법하다. **[19 세무사]** OX

㉡ 행정청의 공사중지명령에 대해 상대방이 철회를 요구하였으나 상당한 기간 응답이 없는 경우 행정청의 부작위위법확인을 구하는 소송은 각하되지 않는다. **[14 세무사]** OX

> **해설**
>
> 행정청이 행한 **공사중지명령의 상대방**은 그 **명령 이후**에 그 **원인사유가 소멸**하였음을 들어 행정청에게 **공사중지명령의 철회를 요구**할 수 있는 <u>★조리상의 신청권이 있다</u> 할 것이고, 상대방으로부터 그 **신청을 받은 행정청**으로서는 상당한 기간 내에 그 신청을 인용하는 **적극적 처분**을 하거나 각하 또는 기각하는 등의 **소극적 처분**을 하여야 할 **법률상의 응답의무**가 있다고 할 것이며, 행정청이 상대방의 **신청에 대하여 아무런 적극적 또는 소극적 처분을 하지 않고 있는 이상 ★행정청의 부작위는 그 자체로 위법**하다고 할 것이고, 구체적으로 그 신청이 인용될 수 있는지 여부는 소극적 처분에 대한 <u>항고소송의 본안에서 판단하여야 할 사항</u>이라고 할 것이다. (대판 2005.4.14., 2003두7590)
>
> ✓ ㉠ **신청권에 근거한 신청**에 대하여 **아무런 응답도 없이 방치**하는 것은 **위법한 부작위**로서, **부작위위법확인소송의 대상적격(처분성)을 충족**한다.
>
> ㉡ 따라서 건설 중인 빌딩에 대한 **공사중지명령 이후**에 명령의 원인이 된 **사유가 소멸**하였다면, 공사중지명령을 받은 **甲에게는 행정청에 대하여 그 명령을 철회해줄 것을 요구**할 수 있는 **조리상의 신청권이 인정**되기 때문에, 甲의 명령 철회신청에 대하여 **아무런 응답조치 하지 않는 위법한 부작위**를 상대로 甲이 **부작위위법확인소송을 제기**하더라도 **각하되지 않는다**. **정답** ㉠ O, ㉡ O

▨ **공사중지명령의 상대방**은 **명령 이후**에 그 **원인사유가 소멸**하였음을 들어 그 **명령의 철회를 요구**할 수 있는 **조리상의 신청권**이 없다. (✕) **[23 세무사]**

▨ 행정청이 행한 **공사중지명령의 상대방**이 그 **명령 이후**에 그 **원인사유가 소멸**하였음을 들어 **공사중지명령의 철회를 신청**하였으나 행정청이 **아무런 응답을 하지 않고 있는** 경우 **행정청의 부작위는 그 자체로 위법**하다. (O) **[13 국회8]**

432 ★★☆☆

행정청에 대하여 제3자가 소유한 건축물의 철거명령을 요구하는 소송은 각하된다. **[14 세무사]** OX

> **해설**
>
> · **국민**이 행정청에 대하여 **제3자에 대한 건축허가와 준공검사의 취소** 및 **제3자 소유의 건축물에 대한 철거명령을 요구**할 수 있는 **★법규상 또는 조리상 권리가 인정된다고 볼 수도 없다.**
>
> · **법규상 또는 조리상 권리를 갖고 있지 아니한** 경우에는 원고적격이 없거나 항고소송의 대상인 위법한 부작위가 있다고 볼 수 없어 그 **부작위위법확인의 소는 부적법**하다. (대판 1999.12.7., 97누17568)
>
> ✓ **부적법한** 부작위위법확인소송이므로 **각하**된다. **정답** O

▨ **국민**이 **행정청**에 대하여 **제3자에 대한 건축허가와 준공검사의 취소** 및 **제3자 소유의 건축물에 대한 철거명령을 요구**할 수 있는 **법규상 또는 조리상 권리는 인정되지 않는다.** (O) **[08 지방7]**

433 ★★★★

㉠ '처분의 부존재'는 부작위위법확인소송의 대상이 되는 부작위의 요건이다.   [05 세무사] Ⓞ Ⓧ

㉡ '부작위의 개념은 국민의 권리구제의 확대를 위하여 거부처분을 포함하는 넓은 의미로 이해하여야
한다.   [16 세무사] Ⓞ Ⓧ

> **[해설]**
>
> 당사자의 신청에 대한 행정청의 **거부처분이 있는 경우**에는 행정청이 당사자의 신청에 대하여 상당한 기간 내에
> 일정한 처분을 하여야 할 법률상의 응답의무를 이행하지 아니함으로써 야기된 부작위라는 위법상태를 제거하기
> 위하여 제기하는 **부작위위법확인소송은 ★허용되지 아니한다.** (대판 1991. 11. 8., 90누9391)
>
> ✂ 행정청의 **'부작위'**란 당사자의 신청에 대하여 **아무런 응답이 없는, 즉 무응답으로 방치**하여 처분이 존재하지 않는
> 경우를 뜻하는바, **행정청이 당사자의 신청을 거부하는 행위**는 이른바 **★'거부처분'을 행한 것**이므로, 그에 불복하려
> 면 부작위위법확인소송이 아니라 **거부처분취소소송을 제기하여야** 한다.   [정답] ㉠ O, ㉡ X

🔲 **부작위위법확인소송**에서 **'부작위'**라 함은 행정청이 당사자의 신청에 대하여 상당한 기간 내에 **일정한
처분을 하여야 할 법률상 의무가 있음에도 불구하고** 처분을 하지 않는다는 의사를 통지하는 것을 말한
다. (✕) [13 서울9]

     ☑ 처분을 하지 않는다는 의사를 통지하는 것 → 이를 하지 아니하는 것 (* 처분의 부존재)

🔲 **부작위위법확인소송**에서 **신청에 대한 거부처분**은 행정청의 **부작위에 해당하지 않는다.** (O) [18 세무사]

🔲 **거부처분**의 경우 **부작위위법확인소송은 적법하지 않다.** (O) [21 세무사]

🔲 행정청이 당사자의 신청에 대하여 **거부처분을 한 경우**에는 부작위위법확인소송의 대상인 **위법한 부작위
가 있다고 볼 수 없어** 그 **부작위위법확인의 소는 부적법**하다. (O) [22 소방간부 변형]

🔲 당사자의 신청에 대한 **행정청의 거부처분**이 있는 경우에는 **부작위위법확인소송**은 **허용되지 않는다.** (O)
[23 세무사]

🔲 **부작위위법확인소송**은 행정청의 **부작위 또는 무응답**, 거부처분 등 **소극적 위법상태를 제거**하기 위한 제
도이다. (✕) [08 선관위9]

🔲 판례에 의하면 **행정청**이 거부처분을 하였을 경우에도 부작위가 성립할 수 있다. (✕) [09 세무사]

🔲 A는 관련법에서 정한 요건을 구비하여 행정청에 음식점영업**허가 신청**을 하였으나 행정청으로부터 **거부
처분**을 당한 경우, 부작위위법확인소송을 **청구할 수 있다.** (✕) [09, 13 군무원9 변형]

     ☑ 부작위위법확인소송 → 거부처분취소소송

🔲 **부작위위법확인소송**이란 행정청의 **부작위** 또는 거부처분이 **위법하다**는 것을 **확인하는 소송**이다. (✕)
[22 세무사]

434 ★★★★

법령이 일정한 조건 아래 부작위를 거부처분으로 보는 규정을 둔 경우에는 부작위가 성립하지 않는다. **O X**

> **해설**
>
> "당사자가 신청한 날부터 ○○일 이내에 행정청의 처분이 없는 경우 그 신청을 거부한 것으로 본다."
>
> ✍ 위와 같이, 법령이 일정한 상태나 조건 하에서 **부작위를 거부처분으로 간주**하는 이른바 **'간주거부'** 규정을 둔 경우, 이러한 **간주거부**는 부작위가 아니라 **거부처분**이므로, **간주거부**에 대한 불복은 부작위위법확인소송이 아닌 **★거부처분취소소송**에 의하여야 한다. **정답 O**

📋 행정청의 아무런 처분이 없는 경우에도 이를 **거부처분으로 간주**하는 **법규정**이 있는 때에는 **부작위에 해당하지 않는다.** (O) [10 세무사]

📋 **법령**에서 **일정한 기간이 지나면 거부한 것으로 의제**하는 경우 **부작위위법확인소송의 대상이 되지 아니한다.** (O) [13 세무사]

📋 **간주거부(看做拒否) 규정**이 있는 경우 부작위위법확인소송이 아니라 **거부처분취소소송으로 다투어야** 한다. (O) [06 세무사]

📋 **법령**상 **일정기간의 부작위를 거부처분으로 의제**하고 있는 경우, 부작위위법확인 소송을 제기할 수 있다. (X) [06 대구9]

435 ★★★★

검사가 피압수자의 압수물 환부신청에 대하여 아무런 결정이나 통지도 하지 않는 부작위는 부작위위법확인소송의 대상이 된다. **O X**

> **해설**
>
> 형사본안사건에서 무죄가 선고되어 확정되었다면 형사소송법 제332조 규정에 따라 검사가 압수물을 제출자나 소유자 기타 권리자에게 환부하여야 할 의무가 당연히 발생한 것이고, 권리자의 환부신청에 대한 검사의 환부결정 등 어떤 처분에 의하여 비로소 환부의무가 발생하는 것은 아니므로 … (중략) … **검사가** 피압수자의 **압수물 환부신청**에 대하여 **★아무런 결정이나 통지도 하지 아니하고 있다고 하더라도** 그와 같은 부작위는 현행 행정소송법상의 **★부작위위법확인소송의 대상이 되지 아니한다.**
>
> **정답 X**

📋 압수가 해제된 것으로 간주된 물건에 대한 **피압수자의 환부신청**에 대하여 **검사가 아무런 결정이나 통지를 하지 않았다고 하더라도** 그와 같은 부작위는 **부작위위법확인소송의 대상이 되지 않는다.** (O) [10 국회9]

📋 형사본안사건에서 무죄가 선고되어 확정됨에 따라 **압수물의 환부를 피압수자가 신청**하였는데, **검사가 아무런 결정이나 통지를 하지 않고 있으면** 그와 같은 **검사의 부작위**는 부작위위법확인소송의 대상이 될 수 있다. (X) [20 세무사]

📋 **검사**에게 **압수물 환부를 이행할 것을 청구**하는 소송은 현행 행정소송제도에서 허용된다. (X) [23 세무사]

제3항 부작위위법확인소송의 원고적격

436 ★★★★ [17 세무사]

부작위위법확인소송의 원고적격은 처분의 신청을 한 자로서 부작위의 위법의 확인을 구할 법률상 이익이 있는 자이다. **O X**

> **해설**
>
> 【행정소송법】 제36조(부작위위법확인소송의 원고적격) 부작위위법확인소송은 처분의 신청을 한 자로서 부작위의 위법의 확인을 구할 ★법률상 이익이 있는 자만이 제기할 수 있다.
>
> **정답** O

- 부작위위법확인소송의 원고적격은 행정소송법에 규정되어 있다. (O) [12 세무사]
- 부작위위법확인소송은 처분의 신청을 한 자로서 부작위의 위법의 확인을 구할 법률상 이익이 있는 자만이 제기할 수 있다. (O) [07, 08, 18, 21 세무사]
- 부작위위법확인소송의 원고가 될 수 있는 자는 처분에 대한 신청을 한 자로서 부작위의 위법을 구할 사실상 이익이 있는 자이다. (X) [20 국회9] ☑ 사실상 → 법률상

437 ★★★★ [18 세무사]

행정청의 부작위에 대한 제3자는 법률상 이익이 있는 경우에도 원고적격을 갖지 못한다. **O X**

> **해설**
>
> 행정소송법상 부작위위법확인소송에 있어서는 당해 부작위의 직접상대방이 아닌 ★제3자라 하더라도 부작위위법확인을 받을 ★법률상의 이익이 있는 경우에는 ★원고적격이 인정된다. (대판 1989. 5. 23., 88누8135)
>
> **정답** X

- 부작위의 직접상대방이 아닌 제3자라도 부작위위법확인을 받을 법률상의 이익이 있는 경우에는 원고적격이 인정된다. (O) [20 세무사]
- 부작위위법확인소송에 있어서는 당해 부작위의 직접 상대방이 아닌 제3자는 원고적격어 부정된다. (X) [04 국가9]
- 처분의 신청을 하자 않은 제3자도 부작위의 위법 확인을 구할 법률상 이익이 있으면 부작위위법확인소송을 제기할 원고적격이 있다. (X) [13 세무사]

  ☑ 처분의 신청을 하자 않은 → 처분의 신청을 한

  ➡ 부작위의 위법확인을 구할 법률상 이익이 있는 제3자라도 처분의 신청을 하지 않았다면 원고적격이 인정될 수 없다.

438 ★★★★

㉠ 판례는 부작위위법확인소송에서의 신청권의 존부를 대상적격의 문제가 아닌 원고적격의 문제로 본다.
[13 세무사] O X

㉡ 부작위위법확인소송의 원고에게 법규상 또는 조리상의 신청권이 있는지의 여부는 문제되지 않는다.
[17 세무사] O X

㉢ 당사자가 행정청에 어떠한 행정행위를 요구할 수 있는 법규상 또는 조리상 권리를 갖지 않는 경우 그 행정행위에 대한 부작위위법확인의 소는 허용되지 않는다. [18 세무사] O X

> **해설**
>
> 부작위위법확인의 소에 있어 당사자가 행정청에 대하여 어떠한 행정행위를 하여 줄 것을 요구할 수 있는 ★법규상 또는 조리상 권리를 갖고 있지 아니한 경우에는 ★원고적격이 없거나 항고소송의 대상인 ★위법한 부작위가 있다고 볼 수 없어 그 부작위위법확인의 소는 부적법하다. (대판 1999.12.7., 97누17568)

✓ ㉠, ㉡ 판례는 **법규상 또는 조리상의 신청권의 존부**를 ★**대상적격의 관점**에서는 물론 ★**원고적격의 관점**에서도 보아 어떤 처분을 신청할 수 있는 **법규상 또는 조리상 신청권이 있는 사람**만을 자신의 신청에 대한 행정청의 **부작위가 위법하다는 확인**을 구할 **법률상 이익**이 있는 **원고적격자**로 본다.

㉢ 따라서 **법규상 또는 조리상의 신청권이 없는 사람**이 자신의 신청에 대한 부작위의 위법확인을 구하는 소송은 부적법하여 허용되지 않는다. **정답** ㉠ X, ㉡ X, ㉢ O

🔲 **부작위위법확인소송**에서 사인의 **신청권의 존재여부**는 **부작위의 성립**과 **관련**하므로 **원고적격의 문제와 는 관련**이 없다. (X) [18 지방9]

🔲 **부작위위법확인소송**에서 **신청권의 존부**는 본안판단의 문제이다. (X) [21 세무사]

➡ 신청권의 존부는 대상적격성 또는 원고적격성 여부를 결정짓는바, 이는 소송요건의 문제이다.

🔲 판례는 **부작위위법확인소송**의 소송요건으로 행정청에 대하여 **신청에 따른 처분을 하여 줄 것을 요구**할 수 있는 **법규상 또는 조리상의 신청권을 요구**한다. (O) [06 세무사]

🔲 행정청에 대하여 행정행위를 하여 줄 것을 요구할 수 있는 **법규상 또는 조리상의 권리를 갖지 않은 자**는 **부작위위법확인소송**의 **원고적격이 부인된다.** (O) [06 경기9 변형]

🔲 **부작위위법확인소송**은 행정청에 대하여 **법규상 또는 조리상 신청권을 갖는 자**는 원고적격이 있다. (O) [15 세무사]

🔲 **부작위위법확인소송**에서 **원고적격이 인정**되기 위해서는 **법규상 또는 조리상 신청권이 있어야** 한다. (O) [15 군무원9]

🔲 어떠한 **처분을 신청한 자**가 그 처분에 대한 **법규상 또는 조리상의 신청권을 갖고 있지 않음에도** 그 신청에 대한 **부작위가 위법함을 확인**하는 **소송을 제기**하는 것은 적법하다. (X) [20 국가5 승진]

439 ★★★★

㉠ 소제기 이후 판결시까지 행정청이 그 신청에 대하여 적극 또는 소극의 처분을 함으로써 부작위상 태가 해소되면 대상적격은 상실하게 된다. [21 세무사] <u>O</u>X

㉡ 부작위위법확인소송 중 피고가 원고의 해당 신청에 대해 거부처분을 한 경우라도 소의 이익이 상 실되지 않는다. [17 세무사] O<u>X</u>

㉢ 판례는 부작위위법확인의 소제기 전후를 통하여 판결시까지 행정청이 그 신청에 대하여 적극 또는 소극의 처분을 하게 되면 소를 기각한다는 입장이다. [07 세무사] O<u>X</u>

> **해설**
>
> **부작위위법확인의 소**는 … (중략) … 판결(사실심의 구두변론 종결)시를 기준으로 그 부작위의 위법을 확인함으 로써 행정청의 응답을 신속하게 하여 부작위 내지 무응답이라고 하는 **소극적인 위법상태를 제거**하는 것을 **목적** 으로 하는 것이고, … (중략) … , **소제기의 전후**를 통하여 ★**판결까지** 행정청이 그 신청에 대하여 ★**적극 또는 소극의 처분**을 함으로써 ★**부작위상태가 해소**된 때에는 ★**소의 이익을 상실**하게 되어 당해 소는 ★**각하를 면할 수가 없는 것**이다. (대판 1990. 9. 25., 89누4758)
>
> ☑ 부작위로 방치하던 **행정청이 소송 도중**에 당사자의 신청에 대한 **적극적 처분(인용처분)**이나 소극적 처분(거부처분) 을 내리게 되면, **부작위상태가 해소**되는 것이므로 **부작위위법확인소송의 대상적격이 상실**되고 소의 이익도 같이 **상실**되어 그 **소송은 각하**된다. **정답** ㉠ O, ㉡ ×, ㉢ ×

▨ **부작위위법확인소송의 계속 중** 변론종결 전에 피고 행정청이 **처분을 한 경우**에는 **협의의 소익이 없게 된다.** (O) [11 세무사]

▨ **부작위위법확인소송의 제기 전후**를 통하여 **판결시까지** 행정청이 그 신청에 대하여 **적극 또는 소극의 처분**을 한 때에는 **소의 이익을 상실**한다. (O) [16 세무사]

▨ **부작위위법확인소송의 계속 중 소극적 처분**이 있게 되면 그 부작위위법확인소송은 **소의 이익을 잃게 된다.** (O) [20 세무사]

▨ **부작위위법확인소송**에서 소제기의 전후를 통하여 **판결시까지** 행정청이 신청에 대하여 **소극의 처분**을 하여 **부작위상태가 해소**된 때에는 **소의 이익을 상실**하게 된다. (O) [22 세무사]

▨ **부작위위법확인소송의 변론 중** 처분청이 **거부처분**을 한 경우 소의 ~~이익이 있다.~~ (×) [05 세무사]

▨ **부작위위법확인의 소제기 후 판결시까지** 행정청이 신청에 대한 **거부처분을 한 경우**에 소의 이익은 상실 ~~되지 않는다.~~ (×) [18 세무사]

▨ **부작위위법확인소송의 계속 중 소극적 처분**이 있게 되더라도 부작위위법확인의 소가 **소의 이익을 잃게 되는 것은** ~~아니다.~~ (×) [24 경찰간부]

▨ **부작위위법확인소송이 적법하게 제기**되었다면 **소송계속 중** 신청에 대한 **거부처분**이 있더라도 해당 소송 은 ~~적법하게 유지된다.~~ (×) [24 세무사]

▨ 허가처분 신청에 대한 부작위를 다투는 **부작위위법확인소송을 제기**하여 제1심에서 승소판결을 받았는 데 **제2심 단계에서** 피고**행정청이 허가처분**을 한 경우, 제2심 수소법원은 **각하판결을 하여야** 한다. (O) [16 국가9]

▨ **부작위위법확인소송 중** 처분청이 **허가처분**을 한 경우 인용판결을 받을 수 있다. (×) [06 세무사]

제 4 항 **부작위위법확인소송과 행정심판전치주의**

440 ★★★★

㉠ 부작위위법확인소송에 대해서는 행정심판전치에 관한 규정이 준용되지 않는다.

[10 세무사] O X

㉡ 부작위위법확인소송에 있어서, 개별법률에서 행정심판전치주의를 규정하고 있는 경우에는 부작위위법확인소송 제기 이전에 의무이행심판을 거쳐야 한다. [07 세무사] O X

> **해설**
>
> **【행정소송법】**
> **제18조(행정심판과의 관계)** ① 취소소송은 법령의 규정에 의하여 당해 처분에 대한 행정심판을 제기할 수 있는 경우에도 이를 거치지 아니하고 제기할 수 있다. 다만, 다른 법률에 당해 처분에 대한 ★행정심판의 재결을 거치지 아니하면 취소소송을 제기할 수 없다는 규정이 있는 때에는 그러하지 아니하다.
> **제38조(준용규정)** ② 제18조의 규정은 ★부작위위법확인소송의 경우에 준용한다.
>
> **정답** ㉠ ✕, ㉡ ○

🔲 행정소송법은 **행정심판전치주의**를 **부작위위법확인소송에 준용**하는 규정을 두고 있다. (○) [02 입시]

🔲 취소소송에 관한 규정 중 '**행정심판과의 관계**'는 **부작위위법확인소송에 준용**된다. (○) [14 세무사]

🔲 **부작위위법확인소송**에 대해서도 **행정심판과 취소소송의 관계를 준용**하여 **임의적 전치가 원칙**이며, 다른 법률이 정한 경우에만 **예외적으로 행정심판전치주의가 적용**된다. (○) [22 소방간부]

🔲 취소소송에 관한 규정 중 '**행정심판과의 관계**'는 **부작위위법확인소송에 준용**된다. (○) [14 세무사]

🔲 취소소송 규정 중 '**행정심판전치주의**'는 **부작위위법확인소송에 준용**되지 않는다. (✕) [06 세무사]

🔲 **부작위위법확인소송**에는 취소소송의 **행정심판전치에 관한 규정**이 **준용**되지 않는다. (✕) [15 세무사]

🔲 **부작위위법확인소송**에 대해서는 **행정심판의 전치에 관한 규정**이 **준용**되지 않는다. (✕) [17 세무사]

🔲 **부작위위법확인소송**에서 **예외적으로 행정심판전치가 인정**될 경우 그 **전치되는 행정심판은 의무이행심판**이다. (○) [16 서울7]

🔲 **부작위위법확인소송**에 있어서, 개별법률에서 **예외적 행정심판전치주의를 규정**하고 있는 경우에는 부작위위법확인심판을 거쳐 **부작위위법확인소송을 제기하여야** 한다. (✕) [05 국회8]

　☑ 부작위위법확인심판 → **의무이행심판** / 부작위위법확인심판 제도는 현행법상 존재하지 않는다.

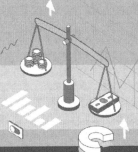

제5항 **부작위위법확인소송의 제소기간**

441 ★★★★ [19 군무원9]

부작위상태가 계속되는 한 부작위위법의 확인을 구할 이익이 있다고 보아야 하므로 (원칙적으로) 제소기간의 제한을 받지 않는다. **O X**

> 해설
>
> **부작위위법확인의 소**는 부작위상태가 계속되는 한 그 위법의 확인을 구할 이익이 있다고 보아야 하므로 **★원칙적으로 제소기간의 제한을 받지 않는다**. (대판 2009. 7. 23. 2008두10560)
>
> 정답 O

- 행정청의 부작위에 대하여 행정심판을 거치지 않고 **부작위위법확인소송을 제기**하는 경우에는 **제소기간의 제한을 받지 않는다**. (O) [19 지방9]
- **부작위위법확인의 소**는 부작위상태가 계속되는 한 그 위법의 확인을 구할 이익이 있다고 보아야 하므로 **원칙적으로 제소기간의 제한을 받지 않는다**. (O) [20 군무원7]
- **부작위위법확인소송**에는 (원칙적으로) 제소기간의 제한이 있다. (X) [01 관세사] [17 교행9 변형]

442 ★★★★ [15 세무사]

취소소송의 제소기간에 관한 규정은 부작위위법확인소송에도 준용된다. **O X**

> 해설
>
> **【행정소송법】**
> 제20조(제소기간) ① **취소소송은 처분등이 있음을 안 날부터 90일 이내에 제기하여야** 한다. 다만, 제18조 제1항 단서에 규정한 경우와 그 밖에 행정심판청구를 할 수 있는 경우 또는 행정청이 행정심판청구를 할 수 있다고 잘못 알린 경우에 행정심판청구가 있은 때의 기간은 재결서의 정본을 송달받은 날부터 기산한다.
> 제38조(준용규정) ② **★제20조의 규정은 부작위위법확인소송**의 경우에 **준용**한다.
>
> 정답 O

- 취소소송에 관한 규정 중 '**제소기간**'은 **부작위위법확인소송에 준용**된다. (O) [14 세무사]
- 취소소송의 **제소기간에 관한 규정**은 **부작위위법확인소송에서는 준용**되지 않는다. (X) [13 서울9]

443 ★★★★

㉠ 부작위위법확인소송은 그 특성상 행정심판을 거친 경우에도 제소기간의 제한을 받지 아니한다.

[17 세무사] O X

㉡ 행정심판을 거친 후 부작위위법확인소송을 제기하는 경우 행정심판재결서 정본을 송달받은 날로부 터 90일 이내에 소를 제기하여야 한다. [11 세무사] O X

> ┌ 해설 ┐
>
> **부작위위법확인의 소**는 **부작위상태가 계속되는 한** 그 위법의 확인을 구할 이익이 있다고 보아야 하므로 **원칙적 으로 제소기간의 제한을 받지 않는다**. 그러나 행정소송법 제38조 제2항이 **제소기간을** 규정한 같은 법 **제20조 를 부작위위법확인소송에 준용**하고 있는 점에 비추어 보면, **행정심판** 등 **★전심절차를 거친 경우**에는 행정소송 법 제20조가 정한 **★제소기간 내에** 부작위위법확인의 **소를 제기하여야** 한다. (대판 2009. 7. 23. 2008두 10560)
>
> ✓ ㉠ **의무이행심판을 거쳐 부작위위법확인소송을 제기**하는 경우에는 **제소기간의 제한**을 받으므로,
>   ㉡ 의무이행심판**재결서의 정본을 송달받은 날부터 90일 이내에 제기**하여야 한다고 규정하고 있다. (317문 참 고)
>
> 정답 ㉠ ×, ㉡ O

▨ **행정심판 등 전심절차를 거친 경우**에는 「행정소송법」 제20조의 **제소기간 내에 부작위위법확인의 소를 제기하여야** 한다. (O) [18 세무사]

▨ **부작위위법확인의 소**는 **부작위상태가 계속되는 한** 그 위법의 확인을 구할 이익이 있다고 보아야 하므로 **제소기간의 제한이 없음이 원칙**이나 **행정심판 등 전심절차를 거친 경우**에는 **제소기간의 제한**이 있다. (O) [19 국회8]

▨ **부작위위법확인소송**에 있어서, **행정심판 등 전심절차를 거친 경우**에는 행정소송법상 **제소기간을 준수**하 여 **소를 제기하여야** 한다. (O) [23 세무사]

▨ **행정심판을 거친 후 부작위위법확인소송을 제기**하는 경우에는 **제소기간이 적용**되지 ~~않는다~~. (×) [16 지방9]

▨ 행정심판 등 **전심절차를 거친** 경우 **부작위위법확인소송**은 **제소기간의 제한**이 ~~없다~~. (×) [16 세무사]

▨ **부작위위법의 확인을 구하는** 취지의 **행정심판을 거친 경우** 행정소송법 제20조가 정한 **제소기간 내에 부작위위법확인의 소를 제기하여야** 하는 것은 ~~아니다~~. (×) [20 세무사]

▨ **취소소송의 제소기간**에 관한 **규정**은 **부작위위법확인소송에 준용**되지 않으므로 행정심판 등 **전심절차를 거친 경우**에도 **부작위위법확인소송**에 있어서는 **제소기간의 제한**을 ~~받지 않는다~~. (×) [20 국가9]

▨ **부작위위법확인소송**은 행정심판 등 **전심절차를 거친 경우 제소기간의 제한**을 ~~받지 않는다~~. (×) [22 세 무사]

▨ 부작위상태가 계속되는 한 **행정심판을 거쳐 부작위위법확인소송을 제기**하는 경우에도 **제소기간의 제한** ~~을 받지 않는다~~. (×) [24 세무사]

▨ **부작위위법확인소송**에서 원칙적으로 제소기간의 제한을 받지 않으나, **행정심판의 재결을 거쳐야 하는 경우**에는 **재결서의 정본을 송달받은 날부터 90일 이내에 제기**하여야 한다. (O) [12 세무사]

제 9 절

당사자소송

Administrative Litigation Law

| 제1항 | 당사자소송 일반론 |

444 ★★★☆

㉠ 당사자소송은 행정청의 처분 등을 원인으로 하는 법률관계에 관한 소송 그 밖에 공법상의 법률관계에 관한 소송으로서 그 법률관계의 한쪽 당사자를 피고로 하는 소송이다. [17 세무사] **O X**

㉡ 처분을 원인으로 하는 법률관계에 관한 소송으로서 그 법률관계의 한쪽 당사자를 피고로 하는 소송은 항고소송에 해당하지 않는다. [12 세무사] **O X**

> **해설**
>
> **【행정소송법】제3조(행정소송의 종류)**
> 1. 항고소송: 행정청의 처분등이나 부작위에 대하여 제기하는 소송
> 2. **당사자소송**: 행정청의 ★**처분등을 원인으로** 하는 **법률관계에 관한 소송** 그 밖에 ★**공법상의 법률관계에 관한 소송**으로서 그 ★**법률관계의 한쪽 당사자를 피고로 하는 소송**
>
> **정답** ㉠ O, ㉡ O

- **당사자소송**이란 행정청의 **처분 등을 원인으로 하는 법률관계**에 관한 소송 **그 밖에 공법상의 법률관계**에 관한 **소송**으로서 그 **법률관계의 한쪽 당사자를 피고로 하는 소송**을 말한다. (O) [16 경행]
- 항고소송은 행정청의 **처분 등을 원인으로 하는 법률관계**에 관한 소송 **그 밖에 공법상의 법률관계**에 관한 소송으로서 그 **법률관계의 한쪽 당사자를 피고로 하는 소송**을 말한다. (X) [04 경기교행9]
- **당사자소송**은 **처분으로 형성된 법률관계**에 대하여는 **허용**되지 않는다. (X) [16 세무사]

445 ★★☆☆

[10 세무사]

당사자소송은 처분등 이외의 공법상 법률관계를 소송의 대상으로 하므로 이행소송의 형태는 인정되지 않는다. **O X**

> **해설**
>
> | 소송유형 | 판결종류 | 해당하는 행정소송 |
> |---|---|---|
> | **이행**의 소(=**이행**청구) | **이행**판결 | 당사자소송 |
> | **형성**의 소(=**형성**청구) | **형성**판결 | 당사자소송, 취소소송 |
> | **확인**의 소(=**확인**청구) | **확인**판결 | 당사자소송, 무효등확인소송, 부작위법위확인소송 |
>
> ✓ **당사자소송**에서는 **확인소송** 외에 **형성소송, 이행소송** 또한 **허용**된다. **정답** X

- **당사자소송의 재판**에서는 **확인판결**뿐만 아니라 **이행판결도 가능**하다. (O) [17 세무사]
- **공법상 계약**에 따른 **의무에 대한 이행청구소송**은 **행정소송법상 허용**된다. (O) [24 세무사]
  - ➡ 공법상 계약에 따른 의무**이행청구**소송은 **당사자소송**이므로 허용되는 소송이다.
- **당사자소송**은 주로 **확인소송**의 성격을 가지며, 권력분립의 원칙상 **이행소송은 허용**되지 않는다. (X) [16 세무사]

446 ★★☆☆

㉠ 당사자소송은 공법상 법률관계에 관한 것이라는 점에서 민사소송과 구별된다.

[12 세무사] **O X**

㉡ 당사자소송은 행정청의 우월적 지위에서의 공권력 행사·불행사를 다투는 소송이다.

[11 세무사] **O X**

─ 해설 ─

■ '당사자소송'과 '다른 소송'의 비교

	민사소송	당사자소송	항고소송
소송의 대상	사법상 법률관계	★공법상 법률관계	공권력의 행사 또는 불행사 (처분 및 처분의 부작위)
당사자 간 관계	★대등한 관계 (대등한 지위에 있는 당사자 사이의 법률관계를 다툼)		비대등한 관계 (행정청의 우월한 지위에 의한 공권력적 행정작용을 다툼)

정답 ㉠ O, ㉡ ×

▨ 당사자소송은 **공법상의 법률관계**를 그 **대상**으로 한다. (O) [09 세무사]

▨ 당사자소송은 **공법상 법률관계**를 소송의 대상으로 하는 점에서 **사법상 법률관계를 대상**으로 하는 **민사소송과 구별**된다. (O) [10 세무사]

▨ 당사자소송은 **공법상 법률관계**에 관한 소송이라는 점에서 **민사소송과 구별**된다. (O) [23 세무사]

▨ 당사자소송은 **대등한 당사자 간의 공법상 권리·의무**에 관한 소송이다. (O) [04 충남9]

➡ 공법상 권리·의무 관계=공법상 법률관계

▨ 당사자소송은 **공권력의 행사 또는 불행사 자체를 다투는 소송이 아니라** 공법상의 법률관계 자체를 다투는 소송이다. (O) [06 세무사]

▨ 당사자소송은 **원고와 피고가 소송법상 대등한 지위를 가지는 소송**이다. (O) [06 세무사]

▨ 당사자소송은 대등 당사자 간에 다투어지는 **공법상의 법률관계를 소송의 대상**으로 한다. (O) [13 지방9]

447 ★★☆☆

[16 세무사]

당사자소송은 취소원인인 하자가 있는 처분의 효력을 다툴 수 있다.

O X

─ 해설 ─

✓ **처분의 위법성**이나 **처분의 효력**을 **다투는 소송**은 **항고소송**이고, 당사자소송은 공법상의 법률관계를 다투는 소송이기 때문에, **당사자소송의 재판에서 행정처분이 소의 대상**이 된 경우 **그 소송은 원칙적으로 각하**되는 것이나, **현실적**(재판실무상)으로는 '**소의 변경**'(후술)이 이루어질 것이다.

정답 ×

▨ **당사자소송의 재판**에서 행정청의 **처분을 대상**으로 ~~하지 않은~~ 경우에는 **각하판결**을 하여야 한다. (×) [17 세무사] ✓ 하지 않은 → 하는

제2항 당사자소송의 원고적격

448 ★★★☆

㉠ 당사자소송은 취소소송의 원고적격 규정을 준용한다. [19 세무사] **O** **X**

㉡ 현행 행정소송법은 당사자소송의 원고적격을 당사자소송을 제기할 법률상 이익이 있는 자로 규정하고 있다. [08 세무사] **O** **X**

> **해설**
>
> 【행정소송법】
> **제12조(원고적격)** 취소소송은 <u>처분등의 취소를 구할 법률상 이익이 있는 자</u>가 제기할 수 있다.
> **제44조(준용규정)** ① 제14조 내지 제17조, 제22조, 제25조, 제26조, 제30조제1항, 제32조 및 제33조의 규정은 <u>당사자소송의 경우에 준용</u>한다.
>
> ⓐ <u>제12조(원고적격)는 당사자소송의 준용규정에서 빠져있는바</u>, ★당사자소송에는 원칙적으로 취소소송의 **원고적격 규정**이 **적용되지 않는다.**
>
> ⓑ 당사자소송은 대등한 당사자 사이의 공법상 법률관계를 다투는 소송이므로, 일반 민사소송의 원고적격과 유사하게 (공법상 법률관계에 관하여) ★**'권리보호의 이익'**이 **있는 자**, 즉 '자신에게 권리가 있다고 주장하는 사람'이면 **원고가 될 수 있다.**
>
> **정답** ㉠ ✕, ㉡ ✕

- **행정소송법**은 **당사자소송의 원고적격**에 관하여 **규정하고 있지 않다.** (○) [24 세무사]
- **당사자소송**은 취소소송의 원고적격이 준용된다. (✕) [01 입시]
- 행정소송법에 있어서 **취소소송**에 관한 규정 중 '**원고적격**'은 당사자소송에 준용된다. (✕) [02 관세사]
- **취소소송의 원고적격**에 관한 행정소송법의 **규정**은 당사자소송에 준용된다. (✕) [13 세무사]
- **당사자소송**은 공법상 또는 사법상 법률관계에 있어서 **권리보호의 이익이 있는 자**가 **제기할 수 있다.** (✕) [07 세무사]
- **당사자소송의 원고적격**은 법률에 정한 자이다. (✕) [17 세무사]
- **당사자소송**은 공법상 법률관계의 원인인 처분등의 취소를 구할 법률상 이익이 있는 자가 제기할 수 있다. (✕) [15 세무사]
- 「행정소송법」은 **당사자소송의 원고적격**을 당사자소송을 제기할 법률상 이익이 있는 자로 규정하고 있다. (✕) [16 교행9]
  - ➡ 위 2개 지문은 취소소송의 원고적격에 관한 규정을 변형한 함정지문이다.

제3항 당사자소송의 제소기간

449 ★★★★

㉠ 당사자소송은 취소소송의 제소기간에 따라 제기되어야 한다.   [20 세무사] O X

㉡ 당사자소송에 관하여 법령에 정한 제소기간은 불변기간으로 한다.   [11 세무사] O X

> 해설
>
> **【행정소송법】**
>
> **제20조(제소기간)** ① 취소소송은 처분등이 있음을 안 날부터 90일 이내에 제기하여야 한다.
>
> **제44조(준용규정)** ① 제14조 내지 제17조, 제22조, 제25조, 제26조, 제30조제1항, 제32조 및 제33조의 규정은 당사자소송의 경우에 준용한다.
>
> **제41조(제소기간)** 당사자소송에 관하여 ★**법령에 제소기간이 정하여져 있는 때**에는 그 기간은 ★**불변기간**으로 한다.
>
> ✓ 제20조(제소기간) 역시 당사자소송의 준용규정에서 빠져있는바, 당사자소송에는 <u>원칙적으로 제소기간의 적용이 없으며</u>, 다만 **특정 법령에서 당사자소송의 제소기간을 정해놓은 경우에는 불변기간**이 된다. **정답** ㉠ ✕, ㉡ O

▨ **취소소송**에 적용되는 **소송제기기간 규정**이 **당사자소송에는 준용되지 아니한다.** (O) [06 세무사 변형]

▨ **취소소송** 규정 중 **제소기간의 제한**은 **당사자소송에 준용되지 않는다.** (O) [23 세무사]

▨ ~~당사자소송의 제소기간에 대해서는 취소소송의 제소기간에 관한 규정이 준용된다.~~ (✕) [14 행정사]

▨ ~~취소소송의 제소기간의 규정은 당사자소송에 적용된다.~~ (✕) [16 세무사]

▨ **당사자소송**에 관하여 **법령에 제소기간이 정하여진 때**에는 그 기간은 **불변기간**으로 한다. (O) [07 서울9]

▨ **당사자소송**에서 **법령에 제소기간이 정하여져 있는 때**에는 그 기간은 **불변기간**으로 한다. (O) [16 세무사]

▨ **당사자소송**은 취소소송의 제소기간이 적용되지 않으나, **법령에 제소기간이 정해져 있는 경우**에 그 기간은 **불변기간**이다. (O) [16 국회8]

▨ **당사자소송**에 관하여 **법령에 제소기간이 정하여져 있는 경우(때)에는**, 그 기간은 **불변기간**으로 한다. (O) [10, 12, 14, 21 세무사]

▨ ~~당사자소송에 관하여 법령에 제소기간을 정한 경우, 그 기간은 불변기간이 아니므로 법원은 정당한 사유가 있다면 제소기간을 연장할 수 있다.~~ (✕) [24 세무사]

제4항 **당사자소송과 행정심판전치주의**

450 ★☆☆☆ [15 세무사]

당사자소송에는 취소소송의 행정심판전치에 관한 규정이 준용되지 않는다. O X

> 해설
>
> **【행정소송법】**
> **제18조(행정심판과의 관계)**
> **제44조(준용규정)** ① 제14조 내지 제17조, 제22조, 제25조, 제26조, 제30조제1항, 제32조 및 제33조의 규정은 당사자소송의 경우에 준용한다.
>
> ☑ 행정심판전치에 관한 제18조(행정심판과의 관계) 또한 **당사자소송의 준용규정에서 빠져있는바, ★당사자소송에는 원칙적으로 행정심판전치주의가 적용되지 않는다.** 다만 당사자소송의 제기에 앞서 임의로 행정심판을 거칠 수도 있다. 정답 O

▣ **행정심판제기**에 관한 전치절차는 **당사자소송에 적용되지 아니한다.** (O) [99 관세사 변형]

▣ 취소소송에 적용되는 **행정심판의 전치 규정**이 **당사자소송에는 준용되지 아니한다.** (O) [06 세무사 변형]

▣ **당사자소송**에는 취소소송의 **행정심판에 관한 규정**이 **준용되지 않는다.** (O) [20 군무원7]

 제5항 당사자소송의 사례

451 ★☆☆☆ [15 세무사] OX

지방소방공무원의 초과근무수당 지급청구는 당사자소송의 대상이 아니다.

해설

지방자치단체와 그 소속 경력직 공무원인 지방소방공무원 사이의 관계, 즉 지방소방공무원의 … (중략) … 근무관계의 주요한 내용 중 하나인 지방소방공무원의 보수에 관한 법률관계는 **공법상의 법률관계**라고 보아야 한다. … (중략) … 지방소방공무원이 자신이 소속된 지방자치단체를 상대로 초과근무수당의 지급을 구하는 청구에 관한 소송은 「행정소송법」 제3조 제2호에 규정된 ★당사자소송의 절차에 따라야 한다. (대판 2013.3.28. 2012다102629)

정답 ✕

📋 지방소방공무원이 자신이 소속된 지방자치단체를 상대로 초과근무수당의 지급을 구하는 청구에 관한 소송은 당사자소송의 절차에 따라야 한다. (O) [14 지방7]

452 ★☆☆☆ [07 세무사] OX

공립유치원 전임강사의 해임에 따른 수령지체된 보수지급청구소송은 공법상 당사자소송이다.

해설

교육부장관(당시 문교부장관)의 권한을 재위임 받은 공립교육기관의 장에 의하여 **공립유치원의 임용기간을 정한 전임강사**로 임용되어 지방자치단체로부터 보수를 지급받으면서 공무원복무규정을 적용받고 사실상 유치원 교사의 업무를 담당하여 온 유치원 교사의 자격이 있는 자는 교육공무원에 준하여 신분보장을 받는 정원 외의 임시직 공무원으로 봄이 상당하므로 그에 대한 해임처분의 시정 및 **수령지체된 보수의 지급을 구하는 소송**은 ★행정소송의 대상이지 민사소송의 대상이 아니다. (대판 1991.5.10. 90다10766)

✅ 판결문에는 행정소송으로만 표현되어 있으나, 청구내용 중 '**공립유치원 전임강사**의 해임에 따라 수령이 지체된 **보수지급청구**'는 행정소송 중 **당사자소송**임을 전제로 판시한 사례이다. '지방소방공무원 초과근무수당 청구소송' 사례와 함께 당사자소송으로 정리해둔다.

정답 O

📋 공립유치원 전임강사에 대한 해임처분의 시정 및 수령지체된 보수의 지급을 구하는 소송은 행정소송의 대상이다. (O) [18 서울9]

453 ★★☆☆

지방자치단체가 보조사업자에게 보조금 지급결정을 하면서 부관으로 보조금 반환의무를 부가한 경우, 해당 지방자치단체가 그 부관에 따라 보조금반환청구를 구하는 소송은 당사자소송에 해당한다. **O X**

> **해설**
>
> **지방자치단체**가 **보조금 지급결정**을 하면서 **일정 기한 내**에 **보조금을 반환하도록** 하는 **교부조건을 부가**한 사안에서, 보조사업자의 지방자치단체에 대한 보조금 반환의무는 행정처분인 위 보조금 지급결정에 부가된 부관상 의무이고, 이러한 부관상 의무는 보조사업자가 지방자치단체에 부담하는 공법상 의무이므로, **보조사업자에 대한 지방자치단체의 보조금반환청구**는 공법상 권리관계의 일방 당사자를 상대로 하여 **공법상 의무이행을 구하는 청구**로서 행정소송법 제3조 제2호에 규정한 ★**당사자소송의 대상**이다. (대판 2011. 6. 9., 2011다2951)
>
> **정답** O

- **지방자치단체**가 **보조금 지급결정**을 하면서 일정 기한 내에 **보조금을 반환하도록 하는 교부조건을 부가**한 사안에서, 이러한 부관상 의무는 보조사업자가 지방자치단체에 부담하는 공법상 의무이므로, **보조사업자에 대한 지방자치단체의 보조금반환청구**는 **당사자소송의 대상**이다. (O) [19 군무원9]
- **지방자치단체**가 **보조금 지급결정**을 하면서 일정 기한 내에 **보조금을 반환하도록 교부 조건을 부가**한 경우, **보조사업자에 대한 지방자치단체의 보조금반환청구**는 **당사자소송의 대상**이 된다. (O) [21 국가7]
- **지방자치단체**가 **보조금 지급결정**을 하면서 일정한 기한 내 보조금 반환을 교부조건으로 부가하였고, 그 부관상 의무에 따라 **보조사업자에 대하여 보조금의 반환을 청구**하는 경우는 **당사자소송**의 대상이 된다. (O) [24 세무사]

454 ★★☆☆

텔레비전방송수신료 통합징수권한부존재확인은 당사자소송의 대상이 될 수 없다. **O X**

> **해설**
>
> **텔레비전방송수신료 부과행위**는 **공권력의 행사**에 해당하므로, 피고(한국전력공사)가 피고 보조참가인으로부터 수신료의 징수업무를 위탁받아 자신의 고유업무와 관련된 고지행위와 결합하여 **수신료를 징수할 권한이 있는지 여부를 다투는** 이 사건 쟁송은 민사소송이 아니라 ★**공법상의 법률관계를 대상**으로 하는 것으로서 행정소송법 제3조 제2호에 규정된 ★**당사자소송에 의하여야** 한다고 봄이 상당하다. (대판 2008.7.24, 2007다25261)
>
> **정답** X

- **TV방송수신료 통합징수권한의 부존재확인**은 **당사자소송**으로 다툴 수 있다. (O) [16 교행9]
- 한국전력공사가 **KBS**로부터 위탁받은 **수신료 징수권한 여부**를 다투는 소송은 항고소송이다. (X) [11 경북교행9]

455 ★★★☆

㉠ 민주화운동관련자 명예회복 및 보상 등에 관한 법률에서 말하는 보상금 등의 지급에 관한 소송은 '민주화운동관련자 명예회복 및 보상 심의위원회'의 보상금 등의 지급신청에 관하여 전부 또는 일부를 기각하는 결정에 대한 불복을 구하는 소송이므로 (   )을 의미한다.

[16 세무사] OX

㉡ 광주민주화운동 관련자 보상등에 관한 법률상 보상금지급청구소송은 공법상 당사자소송이다.

[07 세무사] OX

> **해설**
>
> - ★'**민주화운동관련자** 명예회복 및 **보상** 심의위원회'의 **보상금 등의 지급 대상자에 관한 결정**이 **행정처분**인지 여부(**적극**) 및 '민주화운동관련자 명예회복 및 보상 등에 관한 법률'에 따른 **보상금 등의 지급을 구하는 소송의 형태**(=★**취소소송**) (대판 전합 2008. 4. 17., 2005두16185)
> - 「★**광주민주화운동** 관련자 **보상** 등에 관한 법률」에 의거하여 관련자 및 유족들이 갖게 되는 보상 등에 관한 권리는 … (중략) … 법률이 특별히 인정하고 있는 **공법상의 권리**라고 하여야 할 것이므로 그에 관한 소송은 「행정소송법」 제3조 제2호 소정의 ★**당사자소송에 의하여야** 할 것이며, 보상금 등의 지급에 관한 **법률관계의 주체는 대한민국**이다(대판 1992.12.24. 92누3335)
>
> **정답** ㉠ 취소소송, ㉡ O

📘 **민주화운동관련자** 명예회복 및 보상심의위원회의 **보상금 등의 지급대상자에 관한 결정**은 국민의 권리·의무에 직접 영향을 미치는 **행정처분에 해당**하지 ~~않는다.~~ (X) [09 국회8]

📘 "**민주화운동관련자** 명예회복 및 보상심의위원회"의 **보상금 등의 지급대상자에 관한 결정** 소송은 **항고소송**이다. (O) [11 경북교행9]

📘 **민주화운동관련자** 명예회복 및 보상 등에 관한 법률상 관련자 등이 제기하는 **보상금 등의 지급 신청을 기각하는 결정**에 대한 **불복을 구하는 소송**은 ~~국가를 상대로 하는 당사자소송에 의하여야 한다.~~ (X) [10 국회9]

📘 「**광주민주화운동관련자** 보상 등에 관한 법률」에 따른 **보상심의위원회의 결정**은 ~~처분성이 인정된다.~~ (X) [21 국회9]

📘 법원은 **광주민주화운동관련자** 보상과 관련한 소송이 **당사자소송에 해당**한다고 판시하였다. (O) [06 세무사]

📘 「**광주민주화운동관련자** 보상 등에 관한 법률」에 의하여 관련자 및 유족들이 갖게 되는 보상 등에 관한 권리는 **공법상 당사자소송의 대상**이다. (O) [11 국회8]

📘 구 「**광주민주화운동 관련자 보상** 등에 관한 법률」에 의한 **보상금청구소송**은 국가·공공단체 그 밖의 **권리주체를 피고로 하는 소송**에 해당하지 ~~않는다.~~ (X) [19 세무사]

456 ★★☆☆

구 「특수임무수행자 보상에 관한 법률」상 보상금 지급대상자의 기각결정을 다투는 소송은 공법상 당사자 소송의 대상이 된다. **O X**

> **해설**

> 구 **특수임무수행자 보상에 관한 법률** 제2조, 같은 법 시행령 제2조, 제3조, 제4조 등의 ★**규정들만으로는** 바로 법상의 **보상금 등**의 **지급대상자가 확정된다고 볼 수 없고**, ★**특수임무수행자보상심의위원회**의 **심의·의결**을 거쳐 특수임무수행자로 인정되어야만 비로소 **보상금 등의 지급대상자로 확정**될 수 있다. 따라서 그와 같은 **위원회의 결정**은 행정소송법 제2조 제1항 제1호에 규정된 ★**처분에 해당**하므로, 특수임무수행자 및 그 유족으로서 **보상금 등을 지급받고자 하는 자의 신청**에 대하여 <u>위원회</u>가 특수임무수행자에 해당하지 않는다는 이유로 <u>이를</u> **기각하는 결정**을 한 경우, 신청인은 **위원회를 상대**로 그 결정의 ★**취소를 구하는 소송을 제기**하여 보상금 등의 지급대상자가 될 수 있다. (대판 2008. 12. 11., 2008두6554)

> ■ '과거사 관련 보상금' 사례 비교

> | | 광주민주화운동 관련자 보상 | 민주화운동 관련자 명예회복 및 보상 | 특수임무수행자 보상 |
> |---|---|---|---|
> | **보상심의위원회 결정의 성질** | 행정처분 × | 행정처분 O | |
> | **결정에 대한 불복절차** | 당사자소송 | 항고소송 | |

> ➤ 위 3가지 사례들은 **한국의 정치적·역사적 배경 및 상황**을 고려한 판결례이므로, 소송유형에 대한 결론의 논거를 이해하려 들기보다는 **정리된 표를 중심으로 단순히 암기**하면 충분하다. **정답** ×

■ 「**특수임무수행자 보상에 관한 법률**」 및 **동법 시행령의 규정들만으로** 바로 특수임무수행자 중에서 **보상금 등 지급대상자가 확정된다고 볼 수 없고**, '**특수임무수행자 보상심의위원회**'의 **심의·의결**을 거쳐 **특수임무수행자로 인정**되어야만 비로소 **보상금 등 지급대상자로 확정**될 수 있다. (O) [22 소방간부]

457 ★★★☆

㉠ 공무원연금 지급거부를 다투는 소송은 항고소송이다. [14 세무사] **O** X

㉡ 군인연금법령상 급여를 받으려고 하는 사람이 국방부장관 등에게 급여지급을 청구하였으나 이를 거부한 경우, 곧바로 국가를 상대로 한 당사자소송으로 급여의 지급을 청구할 수 있다.

[22 소방승진] **O** X

> **[해설]**
>
> - 구 **공무원연금법**에 의한 **퇴직수당 등의 급여를 받을 권리**는 ★**법령의 규정에 의하여 직접 발생하는 것이 아니라** 위와 같은 급여를 받으려고 하는 자가 … (중략) … 신청함에 따라 **공무원연금관리공단**이 그 ★**지급결정**을 함으로써 **구체적인 권리가 발생**한다. … (중략) … 따라서 구 공무원연금법령상 **퇴직급여 등의 급여를 받으려고 하는 자**는 우선 관계 법령에 따라 **공단에 급여지급을 신청**하여 **공무원연금관리공단**이 이를 ★**거부하거나 일부 금액만 인정**하는 **급여지급결정**을 하는 경우 그 **결정을 대상**으로 ★**항고소송을 제기**하는 등으로 구체적 권리를 인정받은 다음 비로소 당사자소송으로 그 급여의 지급을 구하여야 하고, 구체적인 권리가 발생하지 않은 상태에서 **곧바로** 공무원연금관리공단 등을 상대로 한 **당사자소송으로 급여의 지급을 소구**하는 것은 ★**허용되지 않는다.** (대판 2010.5.27. 2008두5636)
>
> - 구 **군인연금법령상 급여를 받으려고 하는 사람**은 우선 관계 법령에 따라 **국방부장관 등에게 급여지급을 청구**하여 **국방부장관 등이 이를 ★거부하거나 일부 금액만 인정**하는 **급여지급결정**을 하는 경우 그 **결정을 대상**으로 ★**항고소송을 제기**하는 등으로 **구체적 권리를 인정받은 다음** 비로소 **당사자소송**으로 그 급여의 지급을 구해야 한다. 이러한 구체적인 권리가 발생하지 않은 상태에서 **곧바로** 국가를 상대로 한 **당사자소송으로 급여의 지급을 소구**하는 것은 ★**허용되지 않는다.** (대판 2021.12.16. 2019두45944)
>
> ✓ 공무원의 **퇴직급여**(=퇴직연금) 또는 군인의 **퇴역연금·보훈급여** 지급 등의 ★**신청**에 대한 공무원연금관리공단 또는 국방부장관의 ★**'급여지급 결정'**(지급**결정**, 일부지급**결정**, 지급거부**결정**)은 ★**행정처분에 해당**하므로, 그 결정을 다투려면 **항고소송을 제기**하여야 한다.
>
> ➤ 설문상 '**지급거부**'와 판례상 '**급여지급 신청에 대한 거부**'는 곧 '**지급거부결정**'을 의미하는 것
>
> 예컨대 2024년 12월 31일자로 **정년퇴직**하게 되어 2025년 1월부터 공무원연금(=퇴직급여)을 지급받아야 하는 **공무원 甲**이 퇴직일 전에 자신의 연금액을 **월 250만이 될 것으로 기대**하고 공무원연금공단에 연금을 **신청**하였으나, **공단이 甲의 연금을 월 200만원으로 결정**하였다면, 그 결정은 퇴직급여**일부거부처분**에 해당하기 때문에, 그 **결정을 대상으로 항고소송을 제기**하여야지, 신청이나 그에 대한 결정 절차를 거치지 않고 곧바로 당사자소송으로써 퇴직급여지급청구소송을 제기할 수 없다.
>
> **[정답]** ㉠ O, ㉡ ×

▨ **공무원연금관리공단의 급여결정**에 **불복**하는 자는 그 **급여결정을 대상**으로 **항고소송을 제기할 수 있다**는 것이 판례의 입장이다. (O) [04 행시]

▨ **공무원연금 지급거부결정**에 대한 불복은 **취소소송으로 다투어야** 한다. (O) [05 세무사]

▨ **공무원연금관리공단의 급여결정**에 관한 **소송**은 **당사자소송이 아니다.** (O) [15 국회8]

▨ **공무원연금법상 퇴직급여 결정**은 **처분성이 인정**되지 않는다. (×) [10 군무원9]

▨ **공무원연금관리공단의 공무원연금 지급거부를 다투는 소송**은 공법상 당사자 소송**의 대상**이 된다. (×) [20 세무사]

▨ **군인연금법령상 급여**를 받으려고 하는 사람이 **국방부장관에게 급여지급을 청구하였으나 거부**된 경우, 곧바로 국가를 상대로 한 당사자소송으로 급여의 지급을 청구할 수 있다. (×) [22 국가9]

458 ★★★☆

공무원의 미지급퇴직연금지급을 구하는 소송은 공법상 당사자소송이다. **O X**

> **해설**
>
> 공무원연금관리공단의 인정에 의하여 **퇴직연금을 지급받아 오던 중** 공무원연금**법령의 개정 등으로 퇴직연금 중 일부 금액의 지급이 정지**된 경우에는 당연히 **개정된 법령에 따라 퇴직연금이 확정**되는 것이지 구 공무원연금법 제26조 제1항에 정해진 공무원연금관리공단의 퇴직연금 결정과 통지에 의하여 비로소 그 금액이 확정되는 것이 아니므로, 공무원연금관리공단이 **퇴직연금 중 ★일부 금액에 대하여 지급거부의 의사표시**를 하였다고 하더라도 그 의사표시는 퇴직연금 청구권을 형성·확정하는 행정처분이 아니라 공법상의 법률관계의 한쪽 당사자로서 그 지급의무의 존부 및 범위에 관하여 나름대로의 사실상·법률상 의견을 밝힌 것에 불과하다고 할 것이어서, 이를 **행정처분이라고 볼 수는 없고**, 그리고 이러한 **★미지급 퇴직연금에 대한 지급청구권**은 공법상 권리로서 그 지급을 구하는 소송은 공법상의 법률관계에 관한 소송인 **★공법상 당사자소송**에 해당한다. (대판 2004. 12. 24., 2003두15195)

✎ ⓐ 가령 공무원연금관리공단의 퇴직급여 지급결정에 따라 **공무원 퇴직연금을 이미 지급받아 오던 중**에 연금법령이 개정되어 '**일부금액 지급정지 대상자**'가 된 甲에게

ⓑ 공무원 연금관리공단이 '**퇴직연금 일부금액 지급거부의 의사표시**'를 한 경우, 이는 법령의 내용에 따라 "○○부터 퇴직연금 중 일부 금액의 지급이 정지된다"라는 점을 알려주는 관념의 통지이지, **행정처분으로 볼 수 없으므로**,

ⓒ 甲이 공무원연금관리공단을 상대로 '**미지급(감액부분) 퇴직연금 지급청구소송**'을 제기할 경우 이는 **당사자소송에 해당**한다는 판시이다. **정답** O

▦ **공무원연금관리공단**의 **퇴직연금지급거부의 의사표시의 불복을 다투는 소송**의 유형은 **당사자소송**이다. (O) [13 지방9]

➡ 법령 개정 등에 따른 퇴직연금 일부금액 지급거부 의사표시는 행정처분 ✕

▦ **공무원 퇴직연금을 지급받아 오던 중** 공무원연금**법령의 개정**으로 퇴직연금 중 **일부 금액의 지급이 정지**된 경우, **미지급퇴직연금의 지급을 구하는 청구**는 **당사자소송으로 다투어야** 한다. (O) [15 세무사]

▦ **공무원연금법령 개정**으로 **퇴직연금 중 일부 금액의 지급이 정지**되어 **미지급된 퇴직연금의 지급**을 구하는 소송은 **공법상 당사자소송에 해당**한다. (O) [19 소방간부]

▦ **공무원연금관리공단**의 **미지급 퇴직연금**에 대한 **지급청구**는 **당사자소송의 대상**이 될 수 없다. (✕) [09 세무사]

▦ **퇴직연금 결정 후의 공무원연금관리공단**에 대한 **미지급퇴직연금지급청구소송**은 **국가·공공단체 그 밖의 권리주체를 피고로 하는 소송**에 **해당**하지 않는다. (✕) [19 세무사]

➡ 국가·공공단체 그 밖의 권리주체를 피고로 하는 소송은 당사자소송을 뜻한다. (피고적격 단원 참고)

▦ **공무원연금공단의 인정**에 의해 **퇴직연금을 지급받아 오던 중** 공무원연금**법령 개정 등으로 퇴직연금 중 일부 금액**에 대해 **지급이 정지**된 경우, **미지급퇴직연금**에 대한 **지급청구권**은 **공법상 권리로서 그의 지급을 구하는 소송**은 항고소송이다. (✕) [21 지방7]

459 ★★★☆

[20 세무사]

명예퇴직한 법관이 미지급 명예퇴직수당의 지급을 구하는 소송은 당사자소송에 해당한다. **O X**

> **해설**
>
> **명예퇴직수당 지급대상자로 결정된 법관**에 대하여 **지급할 수당액**은 **명예퇴직수당규칙** 제4조 [별표 1]에 **산정 기준이 정해져 있으므로,** 위 법관은 위 **규정에서 정한** 정당한 산정 **기준에 따라** 산정된 **명예퇴직수당액을 수령할 구체적인 권리를 가진다.** 따라서 위 법관이 이미 **수령한 수당액**이 위 규정에서 정한 **정당한 명예퇴직수당액에 미치지 못한다고 주장**하며 ★**차액의 지급을 신청**함에 대하여 **법원행정처장**이 ★**거부하는 의사를 표시**했더라도, 그 **의사표시**는 명예퇴직수당액을 형성·확정하는 **행정처분이 아니라** 공법상의 법률관계의 한쪽 당사자로서 지급 **의무의 존부 및 범위에 관하여 자신의 의견을 밝힌 것에** 불과하므로 ★**행정처분으로 볼 수 없다.** 결국 명예퇴직한 법관이 **미지급 명예퇴직수당액**에 대하여 **가지는 권리**는 명예퇴직수당 지급대상자 결정 절차를 거쳐 **명예퇴직수당규칙에 의하여 확정**된 **공법상 법률관계에 관한 권리**로서, 그 **지급을 구하는 소송**은 행정소송법의 ★**당사자소송에 해당**하며, 그 법률관계의 당사자인 **국가를 상대**로 제기하여야 한다. (대판 2016. 5. 24. 2013두14863)

✓ ⓐ **이미** 명퇴수당 **지급대상자로 결정된** 법관의 경우, '구 법관 및 법원공무원 **명예퇴직수당 지급규칙**'상 기준에 따라 **명퇴수당액을 지급받을 구체적 권리**를 가지는바,

ⓑ **정당한 명예퇴직수당액에 미달**하는 **수당차액의 신청**에 대한 **법원행정처장의 거부의사 표시**는 행정처분이 아니므로, **당사자소송**으로써 '**미지급(차액) 명예퇴직수당액 지급청구 소송**'을 제기하여야 한다는 판시이다.

	·공무원 퇴직연금 (일부)지급**결정** ·공무원 퇴직연금 지급거부**결정** ·군인 퇴역연금 (일부)지급**결정** ·군인 퇴역연금 지급거부**결정**	·공무원 퇴직연금 일부 금액 **지급거부 의사표시** ·군인 퇴역연금액 **감액조치** ·법관 명예퇴직수당 **차액지급신청**에 대한 법원행정처장의 **거부의사표시**
처분성 여부	행정**처분** O	행정처분 X
불복형태	**항고소송** (연금 지급**결정** 취소소송 등)	**당사자소송** (**미지급** 퇴직연금 **지급청구**소송, 퇴역연금 **차액 지급청구**소송, **미지급** 명퇴수당액 **지급청구**소송 등)

🔗 **키워드**(결정, 미지급, 차액 등)로 **소송유형을 구별**하여 암기해두어야 한다.   **정답** O

🔲 **명예퇴직한 법관이 미지급 명예퇴직수당액에 대하여 가지는 권리**는 명예퇴직수당 지급대상자 결정 절차를 거쳐 명예퇴직수당규칙에 의하여 확정된 **공법상 법률관계**에 관한 권리로서, 그 **지급을 구하는 소송**은 **당사자소송에 해당**하며, 그 법률관계의 **당사자인 국가를 상대로 제기**하여야 한다. (O) [23 지방9]

🔲 **명예퇴직한 법관**이 미지급 명예퇴직수당의 지급을 구하는 소송은 당사자소송에 해당한다. (O) [23 세무사]

🔲 **명예퇴직한 법관**이 미지급명예퇴직수당액의 지급을 구하는 경우는 당사자소송의 대상이 된다. (O) [24 세무사]

🔲 **명예퇴직한 법관**이 명예퇴직수당액의 차액 지급을 신청한 것에 대해 **법원행정처장이 거부하는 의사표시**를 한 경우 항고소송으로 이를 다투어야 한다. (X) [18 서울7]

460 ★★☆☆

석탄가격안정지원금 청구는 당사자소송의 대상이 아니다. O X

> **해설**
>
> **석탄가격안정지원금**은 석탄의 수요 감소와 열악한 사업환경 등으로 점차 경영이 어려워지고 있는 석탄광업의 안정 및 육성을 위하여 국가정책적 차원에서 지급하는 지원비의 성격을 갖는 것이고, 석탄광업자가 석탄산업합리화사업단에 대하여 가지는 이와 같은 **지원금지급청구권**은 석탄사업**법령에 의하여** 정책적으로 **당연히 부여되는 공법상의 권리**이므로, 석탄광업자가 석탄산업합리화사업단을 상대로 석탄산업법령 및 석탄가격안정지원금 지급요령에 의하여 **지원금의 지급을 구하는 소송**은 공법상의 법률관계에 관한 소송인 **공법상의 ★당사자소송**에 해당한다. (대판 1997. 5. 30. 95다28960)
>
> **정답** ×

- 대법원은 **석탄가격안정지원금 지급청구권**은 석탄산업**법령에 의하여 정책적으로 당연히 부여되는 공법상 권리**이므로, **지원금의 지급을 구하는 소송**은 **공법상 당사자소송의 대상**이 된다고 본다. (O) **[17 국회8]**

- **석탄가격안정지원금 청구소송**은 **공법상 당사자소송**으로 볼 수 없다. (×) **[06 군무원9]**

461 ★★★☆

납세의무부존재확인의 소는 당사자소송에 의하여야 한다. O X

> **해설**
>
> **납세의무부존재확인의 소**는 **공법상의 법률관계 그 자체를 다투는 소송**으로서 **★당사자소송**이라 할 것이므로 「행정소송법」 제3조 제2호, 제39조에 의하여 그 **법률관계의 한쪽 당사자인 국가·공공단체 그 밖의 권리주체가 피고적격**을 가진다. (대판 2000.9.8. 99두2765)
>
> ☑ **납세의무부존재확인의 소**는 **당사자소송**에 해당하므로, 납세의무부존재확인소송에서의 피고는 과세관청이 아니라, '국가나 공공단체(지방자치단체)'가 된다. (피고적격 단원 참고) **정답** O

- **납세의무부존재확인의 소**는 **공법상의 법률관계 그 자체를 다투는 소송**으로서 **당사자소송**이다. (O) **[13 세무사]**

- **공법상 당사자소송**으로서 **납세의무부존재확인의 소**는 과세처분을 한 과세관청이 아니라 행정소송법 제3조제2호, 제39조에 의하여 그 **법률관계의 한쪽 당사자**인 **국가·공공단체, 그 밖의 권리주체**가 **피고적격**을 가진다. (O) **[20 지방9]**

- **납세의무부존재확인의 소**는 과세관청을 피고로 한다. (×) **[18 세무사]**

> ➤ **참고판례**
>
> 국가 등 과세주체가 당해 확정된 조세채권의 소멸시효 중단을 위하여 납세의무자를 상대로 제기한 **조세채권존재확인의 소는 공법상 ★당사자소송**에 해당한다. (대판 2020. 3. 2. 2017두41771)

462 ★★★★

㉠ 국가의 부가가치세 환급세액 지급의무는 부가가치세법령의 규정에 의하여 직접 발생한다.

[18 세무사] Ⓞ Ⓧ

㉡ A회사는 관할 세무서장에게 부가가치세환급 확정신고를 하였다. A회사는 확정신고에 따른 부가가치세 환급세액을 지급받지 못하여, 국가를 상대로 부가가치세 환급세액 지급청구 소송을 제기하려한다. 본 사례에서 국가의 부가가치세 환급세액 지급의무는 A회사로부터 어느 과세기간에 과다하게거래징수된 세액상당을 국가가 실제로 납부받았는지와는 관계없다. **[18 세무사]** Ⓞ Ⓧ

㉢ 국가의 부가가치세 환급세액 지급의무는 공법상 의무이다. **[18 세무사]** Ⓞ Ⓧ

㉣ 부가가치세 환급세액 지급청구권의 법적 성질은 민법상 부당이득반환청구권이다. **[18 세무사]** Ⓞ Ⓧ

> **해설**
>
> 부가가치세법령의 내용, 형식 및 입법 취지 등에 비추어 보면, 납세의무자에 대한 국가의 **부가가치세 환급세액 지급의무**는 그 납세의무자로부터 어느 과세기간에 **과다하게 거래징수된 세액** 상당을 **국가가 실제로 납부받았는지와 관계없이 ★부가가치세법령의 규정**에 의하여 **직접 발생**하는 것으로서, 그 법적 성질은 정의와 공평의 관념에서 수익자와 손실자 사이의 재산상태 조정을 위해 인정되는 **부당이득 반환의무가 아니라 ★부가가치세법령**에 의하여 그 **존부나 범위가 구체적으로 확정**되고 조세 정책적 관점에서 특별히 인정되는 **★공법상 의무**라고 봄이 타당하다. 그렇다면 납세의무자에 대한 국가의 부가가치세 환급세액 지급의무에 대응하는 국가에 대한 납세의무자의 **부가가치세 환급세액 지급청구**는 **민사소송이 아니라** 행정소송법 제3조 제2호에 규정된 **★당사자소송**의 절차에 따라야 한다. (대판 2013.3.21. 2011다95564)
>
> | | | 부가가치세**'법령의 규정'에 따라 발생** |
> |---|---|---|
> | ① | 부가세 환급세액 지급의무 **발생 사유** | (납세의무자로부터 과다하게 거래징수된 세액 상당을 국가가 실제로 납부받은 경우) |
> | ② | 부가세 환급세액 지급의무의 **법적 성질** | **공법상 의무**(부당이득반환의무) |
> | ③ | 부가세 환급세액 지급청구 **소송 형태** | **당사자소송**(민사소송) |
>
> **정답** ㉠ O, ㉡ O, ㉢ O, ㉣ ✕

📄 국가의 **부가가치세 환급세액 지급의무**는 납세의무자로부터 어느 과세기간에 과다하게 거래징수된 세액 상당을 국가가 실제로 납부받았는지와 관계없이 **부가가치세법령의 규정에 의하여 직접 발생**한다. (O) **[14 국회8 변형]**

📄 납세의무자에 대한 국가의 **부가가치세 환급세액 지급의무**는 그 납세의무자로부터 어느 과세기간에 과다하게 거래징수된 세액 상당을 국가가 실제로 납부받았는지와 관계없이 **부가가치세법령의 규정에 의하여 직접 발생**하는 것으로서, 그 법적 성질은 **부당이득 반환의무가 아니다.** (O) **[22 국가7]**

📄 **부가가치세법령상** 납세의무자에 대한 **국가의 부가가치세 환급세액 지급의무**는 부당이득 반환의무이다. (✕) **[19 서울7 변형]**

📄 **납세의무자**가 국가에 대해 **부가가치세 환급세액 지급을 청구**하는 것의 **법적 성질**은 부당이득반환청구이다. (✕) **[14 지방7 변형]**

463 ★★★★

부가가치세 환급세액 지급청구는 당자사소송의 대상이 아니다. **O X**

> **해설**
>
> 부가가치세법령의 내용, 형식 및 입법 취지 등에 비추어 보면, 납세의무자에 대한 국가의 **부가가치세 환급세액** **지급의무**는 그 납세의무자로부터 어느 과세기간에 과다하게 거래징수된 세액 상당을 국가가 실제로 납부받았는 지와 관계없이 ★**부가가치세법령의 규정에 의하여 직접 발생**하는 것으로서, 그 법적 성질은 정의와 공평의 관념에서 수익자와 손실자 사이의 재산상태 조정을 위해 인정되는 **부당이득 반환의무가 아니라** ★**부가가치세법령에 의하여** 그 존부나 범위가 **구체적으로 확정**되고 조세 정책적 관점에서 특별히 인정되는 ★**공법상 의무**라고 봄이 타당하다. 그렇다면 납세의무자에 대한 국가의 부가가치세 환급세액 지급의무에 대응하는 국가에 대한 납세의무자의 **부가가치세 환급세액 지급청구**는 **민사소송이 아니라** 행정소송법 제3조 제2호에 규정된 ★**당자사소송**의 절차에 따라야 한다. (대판2013.3.21. 2011다95564)

☑ 부가가치세 환급세액 지급청구소송 = **당자사소송**　　　　　　　　　　　**정답** ✕

- **부가가치세 환급세액의 지급을 구하는 소송**은 **당사자소송**이다. (O) [14 세무사]
- 납세의무자로부터 어느 과세기간에 과다하게 거래징수된 세액 상당을 **국가가 실제로 납부받았는지와** **관계없이 부가가치세법령의 규정에 의하여 직접 발생**하는 국가의 부가가치세 환급세액 지급의무에 대응하는 납세의무자의 **부가가치세 환급세액 지급청구**는 **당사자소송**으로 다루어야 한다. (O) [14 국회8]
- 국가에 대한 납세의무자의 **부가가치세 환급세액 지급청구소송**은 **당사자소송**으로 다툴 수 있다. (O) [16 행정사]
- 국가의 납세의무자에 대한 **부가가치세 환급세액 지급의무**는 부가가치세법령의 규정에 의하여 직접 발생하는 것으로서, 납세의무자의 국가에 대한 **부가가치세 환급세액 지급청구**는 (　　　)의 절차에 따라야 한다. → (당사자소송) [16 세무사]
- **부가가치세 환급세액 지급청구소송**은 **공법상 당사자 소송의 대상**이 된다. (O) [20 세무사]
- 법령에 의해 확정된 **부가가치세 환급세액 지급청구**를 다투는 소송은 **당사자소송**이다. (O) [23 세무사]
- 납세의무자가 국가에 대해 **부가가치세 환급세액 지급을 청구**하는 것의 **법적 성질**은 부당어득반환청구이므로 민사소송절차에 따라야 한다. (✕) [14 지방7]
- 국가에 대한 납세의무자의 **부가가치세 환급세액 지급청구소송**은 **국가·공공단체 그 밖의 권리주체를 피고로 하는 소송에 해당**하지 않는다. (✕) [19 세무사]
  - ➡ 국가·공공단체 그 밖의 권리주체를 피고로 하는 소송은 **당사자소송**을 뜻한다. (피고적격 단원 참고)
- **부가가치세 환급세액의 지급청구**는 과세행정청을 피고로 하여 **당사자소송**으로 하여야 한다. (✕) [24 세무사]
  - ☑ 과세행정청 → 국가

464 ★★★★

㉠ 하천법상 손실보상금의 지급을 구하는 소송은 당사자소송이다. **[14 세무사]** OX

㉡ 보상금증액청구소송은 취소소송으로 다투어야 한다. **[05 세무사]** OX

> **〔해설〕**
>
> - **하천법** 부칙 제2조와 '법률 제3782호 하천법 중 개정법률 부칙 제2조의 규정에 의한 보상청구권의 소멸시효가 만료된 하천구역 편입토지 보상에 관한 특별조치법' 제2조, 제6조의 각 규정들을 종합하면, 위 규정들에 의한 **손실보상청구권**은 1984. 12. 31. 전에 토지가 하천구역으로 된 경우에는 당연히 발생되는 것이지, 관리청의 보상금지급결정에 의하여 비로소 발생하는 것은 아니므로, 위 규정들에 의한 ★**손실보상의 지급**을 구하거나 **손실보상청구권의 확인**을 구하는 소송은 행정소송법 제3조 제2호 소정의 ★**당사자소송**에 의하여야 한다. (대판 전합 2006. 5. 18., 2004다6207)
> - **토지수용법** 제75조의2 제2항의 규정은 그 제1항에 의하여 이의**재결**에 대하여 **불복**하는 행정소송을 제기하는 경우, 이것이 ★**보상금의 증감에 관한 소송**인 때에는 이의재결에서 정한 **보상금이 증액 변경**될 것을 전제로 하여 기업자를 상대로 보상금의 지급을 구하는 공법상의 ★**당사자소송을 규정**한 것으로 볼 것이다. (대판 1991. 11. 26. 91누285)

✍ 손실보상금의 지급을 구하는 **공법상 보상금청구에 관한 소송**과, 토지수용재결 이후의 **보상금증감청구에 관한 소송**은 **당사자소송**이다.

⟹ 후자인 '보상금증감청구소송'에 관한 자세한 내용은 480문 참고 **[정답]** ㉠ O, ㉡ ×

🔲 **공법상 보상금청구소송** 등은 **당사자소송**의 예이다. (O) **[11 세무사 변형]**

🔲 대법원은 구 **「하천법」상** 하천구역 편입토지에 대한 **손실보상청구**를 **공법상의 권리**라고 보아 **당사자소송**에 의하여야 한다고 보고 있다. (O) **[11 지방9]**

🔲 대법원 판례는 **하천법상 손실보상청구**를 **공권**으로 보고 있으나 **권리구제**는 민사소송절차에 따라야 한다고 하였다. (×) **[09 관세사]**

🔲 실무상 **손실보상청구소송**은 민사소송이다. (×) **[12 경행]**

🔲 토지수용재결의 내용 중 **손실보상액 결정에 대해 불복**하는 경우에는 **보상금만의 증액 또는 감액을 당사자소송**을 통하여 청구할 수 있다. (O) **[09 관세사 변형]**

🔲 공익사업을 위한 토지 등의 취득 및 보상에 관한 법률상의 **보상금증액청구소송과 보상금감액청구소송**은 **당사자소송**으로 다툴 수 있다. (O) **[16 행정사]**

🔲 **토지소유자**가 **사업시행자를 피고**로 하여 토지수용위원회가 정한 **보상금의 증액을 구하는 소송**은 **당사자소송**이다. (O) **[16 세무사]**

🔲 **보상금증액청구소송**은 **당사자소송**에 해당한다. (O) **[21 세무사]**

🔲 현행 공익사업을 위한 토지 등의 취득 및 보상에 관한 법률상 **보상금증감소송**을 민사소송으로 보고 있다. (×) **[11 국회9]**

🔲 토지수용재결이 있은 후 **토지소유자**가 **사업시행자를 피고**로 하여 제기하는 **보상금증액청구소송**은 ~~당사자소송이 아니다.~~ (×) **[22 세무사]**

🔲 **토지소유자**가 **보상금 증액을 구할 때**에는 **사업시행자를 피고**로 하여 수용재결 취소소송을 제기해야 한다. (×) **[22 국회9]**

465 ★★☆☆

㉠ 국토의 계획 및 이용에 관한 법률에 따른 토지의 '일시 사용'에 대한 동의의 의사표시를 할 의무의
존부를 다투는 소송은 공법상 당사자 소송의 대상이 된다. **[20 세무사] O X**

㉡ 부패방지법에 따른 보상금 지급거부를 다투는 소송은 공법상 당사자 소송의 대상이 된다.
[20 세무사] O X

> **해설**
>
> - ★**토지의 일시 사용**에 대한 **동의의 의사표시**를 할 **의무**는 '**국토의 계획 및 이용에 관한 법률**'에서 특별히 인
>   정한 **공법상의 의무**이므로, ★그 **의무의 존부**를 다투는 소송은 '**공법상의 법률관계**에 관한 **소송**으로서 그 법
>   률관계의 한쪽 당사자를 피고로 하는 소송', 즉 행정소송법 제3조 제2호에서 규정한 ★**당사자소송**이라고 보
>   아야 한다. (대판 2019. 9. 9., 2016다262550)
> - **부패행위의 신고자**가 법 제36조 제2, 3항에 의해 **가지는 보상금청구권**은 그 신고로 인하여 같은 법 시행령
>   제35조의2에 정한 부과 또는 환수 등의 처분이나 조치를 통해, 직접적인 공공기관 **수입의 회복**이나 증대 또
>   는 비용의 절감을 가져오거나 그에 관한 법률관계가 확정되는 것을 정지조건으로 하여 발생하는 것으로, …
>   (중략) … **부패행위의 신고에도 불구하고 공공기관 수입의 직접적인 회복 등의 객관적 결과가 발생하지 아
>   니한 경우**에는 … (중략) … , ★위 **정지조건의 성취**를 전제로 하는 보상금의 지급을 구할 수는 **없다** 할 것이
>   다. (대판 2008. 11. 13., 2008두12726)
>
> ✎ ㉠은 531문 참고
> ㉡의 경우, **부패행위의 신고**에도 아직 공공기관 **수입의 직접적인 회복** 등과 같은 **객관적인 결과가 발생하지 않
> 은 때**에는, **보상금의 지급**을 구할 수 있는 ★**법률관계가 형성된 경우로 볼 수 없기 때문에**, 곧바로 ★**당사자
> 소송으로서 보상금지급청구소송을 제기할 수 없다**는 판시이다. **정답** ㉠ O, ㉡ X

▪ 「국토의 계획 및 이용에 관한 법률」에 따라 **사업시행자가 토지 소유자를 상대**로 **토지의 일시 사용**에
대한 **동의의 의사표시를 구하는 소**는 **당사자소송에 해당**한다. (O) **[24 경찰간부]**

466 ★★★☆   **[19 세무사]**

공법상 신분·지위 확인소송은 당사자소송에 의한다.   **O X**

> **해설**
>
> ✎ 공법상 신분이나 지위와 같은 **권리관계(법률관계)의 확인**은 당사자소송으로서의 지위확인의 소송을 제기하여
> 다툴 수 있는데, ★**공무원의 신분의 확인, 국·공립학교 학생의 신분의 확인**을 구하는 **당사자소송이 전형적**이다.
> **정답** O

▪ **공법상 신분·지위 확인소송**은 **행정소송법상 허용**되는 **행정소송**이다. (O) **[16 세무사]**
▪ **공무원의 지위를 확인**하는 **소송**은 **당사자소송**의 절차에 따라야 한다. (O) **[22 세무사]**
▪ '**공무원이나 공립학교 학생의 신분 확인**'을 구하는 **공법상 신분·지위 확인소송**은 **당사자소송으로 다루어
야** 한다. (O) **[14 국회8]**

467 ★★★☆

㉠ 공무원 파면처분이 무효인 경우 파면처분무효확인소송과 함께 그 파면처분이 무효임을 전제로 한 공무원지위확인소송을 제기할 수 있다. [15 세무사] Ⓞ Ⓧ

㉡ 취소사유 있는 과세처분에 의하여 세금을 납부한 자는 과세처분취소소송을 제기하지 않고 납부한 세금의 반환을 구하는 소송을 곧바로 제기할 수 있다. [13 세무사] Ⓞ Ⓧ

> **해설**

	처분의 위법성 정도	제기가 가능한 소송
위법한 공무원 파면처분	당연무효인 경우	• 파면처분 무효등확인소송(항고소송) ★ • 공무원지위확인소송(당사자소송) ★
	단순위법인 경우	• 파면처분취소소송(항고소송) ★
위법한 조세부과처분	당연무효인 경우	• 과세처분 무효등확인소송(항고소송) • 부당이득반환청구소송(민사소송) ★ └ 세금을 **이미 납부**한 경우 • 조세채무부존재확인소송(당사자소송) ★ └ 세금을 **아직 납부하지 않은** 경우
	단순위법인 경우	• 과세처분취소소송(항고소송) ★

✓ ㉠ **처분의 위법성 정도**가 **당연무효**의 경우에는 **공정력이 인정되지 않는**바, **무효등확인소송**을 제기하거나, 처분의 **무효를 전제**로 한 **당사자소송·민사소송 등을 곧바로 또는 함께** 제기할 수도 있다.

㉡ 반면에, **처분의 위법성의 정도**가 **단순위법**하여 **취소사유**에 불과하다면, '**공정력**'에 따라 **일단 유효**한 처분으로 통용되므로 **취소소송으로서만 다툴 수 있다.**

> ➤ '**공정력**'은 "어떤 처분이 다소 위법하더라도 당연무효가 아닌 이상, 처분청이나 법원에 의해서 <u>취소되기 전</u>까지는 당분간 그 <u>처분의 효력을 유지시켜주는 힘</u>" 정도로 이해하면 충분하다.

정답 ㉠ ○, ㉡ ✕

📋 **무효인 파면처분**에 대하여 제기하는 **공무원지위확인소송**은 행정소송법상 **허용**된다. (○) [18 행정사]

📋 **단순 위법의 하자있는 파면처분**을 받은 공무원은 **파면처분취소소송을 제기하여야** 하고, **바로 당사자소송으로 공무원지위확인소송을 제기할 수는 없다.** (○) [06 세무사]

📋 **공무원이 파면처분**을 당한 경우, 그 처분에 **취소원인인 흠**이 있는 때에는 **파면처분취소소송을 제기하여야** 하고 직접 **당사자소송으로 공무원지위확인소송을 제기할 수 없다.** (○) [08 세무사]

📋 **취소사유 있는 파면처분**을 당한 공무원은 **파면처분취소소송**을 제기하여야 하고 **곧바로 공무원지위확인소송을 제기할 수 없다.** (○) [13 세무사]

📋 **위법한 과세처분**에 대하여 **세금을 납부한 자**는 그 과세**처분이 당연무효가 아닌 경우**에도 과세처분취소소송을 제기함 없이 곧바로 납부한 세금의 반환을 구하는 소송을 제기할 수 있다. (✕) [08 세무사]

> ➡ **과세처분이 취소사유에 해당**한다면 공정력으로 인하여 **처분의 효력이 일단 유지**되기 때문에, **과세처분취소소송을 제기할 수 있을 뿐**이고, 그 처분이 무효임을 전제로 한 부당이득반환청구소송은 제기할 수 없다.

📋 **조세부과처분취소소송 중 세금을 납부한 경우**에도 **소의 이익이 있다.** (○) [05 세무사]

> ➡ 단순위법한 **과세처분에 대한 취소소송 도중에 세금을 일단 납부**하였더라도, 과세처분의 위법성을 다툴 **소의 이익은 유지**된다. 취소소송에서 승소한다면, 이어서 부당이득반환청구소송도 제기할 수 있기 때문이다.

468 ★★☆☆

㉠ 재개발조합을 상대로 조합원자격 확인을 구하는 소송은 당사자소송의 대상이 아니다.

[15 세무사] **O X**

㉡ 구 도시 및 주거환경정비법상 재개발조합과 조합장 또는 조합임원 사이의 선임, 해임 등을 둘러싼 법률관계에 관한 소송은 공법상 당사자소송에 해당한다. [20 세무사] **O X**

해설

- 구 도시재개발법에 의한 **재개발조합**은 조합원에 대한 법률관계에서 적어도 특수한 존립목적을 부여받은 특수한 행정주체로서 국가의 감독하에 그 존립 목적인 특정한 공공사무를 행하고 있다고 볼 수 있는 범위 내에서는 공법상의 권리의무 관계에 서 있다. 따라서 조합을 상대로 한 쟁송에 있어서 강제가입제를 특색으로 한 ★**조합원의 자격 인정 여부**에 관하여 **다툼**이 있는 경우에는 그 단계에서는 아직 조합의 어떠한 처분 등이 개입될 여지는 없으므로 ★**공법상의 당사자소송**에 의하여 그 **조합원 자격의 확인**을 구할 수 있다. (대판 전합 1996. 2. 15. 94다31235)

- 구 도시 및 주거환경정비법상 재개발조합이 공법인이라는 사정만으로 **재개발조합과 조합장 또는 조합임원 사이의 선임·해임 등을 둘러싼 법률관계**가 공법상의 법률관계에 해당한다거나 그 조합장 또는 조합임원의 지위를 다투는 소송이 당연히 공법상 당사자소송에 해당한다고 볼 수는 없고, 구 도시 및 주거환경정비법의 규정들이 재개발조합과 조합장 및 조합임원과의 관계를 특별히 공법상의 근무관계로 설정하고 있다고 볼 수도 없으므로, ★**재개발조합과 조합장 또는 조합임원 사이의 선임·해임 등을 둘러싼 법률관계**는 **사법상의 법률관계**로서 그 **조합장 또는 조합임원의 지위를 다투는 소송**은 ★**민사소송**에 의하여야 할 것이다. (대결 2009. 9. 24., 자, 2009마168,169)

	법률관계	소송형태
도시재개발법에 의한 (주택개량)**재개발조합** **조합원 자격 인정(확인)**에 관한 다툼	**공법관계**	**당사자소송**
도시 및 주거환경정비법에 의한 (주택)**재개발조합과** **조합장(또는 조합임원) 사이의 선·해임**에 관한 다툼	**사법관계**	**민사소송**

정답 ㉠ ✕, ㉡ ✕

- 도시**재개발조합 조합원의 자격 인정 여부**에 관한 다툼은 **공법상 당사자소송**의 대상이다. (O) [11 국회8]
- **재개발조합**을 상대로 **조합원자격 유무에 관한 확인**을 구하는 소송은 **공법상 당사자소송**이다. (O) [22 군무원9]
- 구 도시재개발법에 의한 **재개발조합**에 대하여 **조합원 자격확인**을 구하는 소송은 **당사자소송**이 아니다. (✕) [06 국회8]

- 주택재개발정비사업조합은 공법인에 해당하기 때문에, **조합과 조합장 또는 조합임원 사이의 선임, 해임 등을 둘러싼 법률관계**는 공법상 법률관계로서, 그 **조합장 또는 조합임원의 지위를 다투는 소송**은 공법상 당사자소송에 의하여야 한다. (✕) [13 지방9]
- 구 「도시 및 주거환경정비법」상 **재개발조합과 조합장 사이의 선임.해임을 둘러싼 법률관계**에 관한 **소송**은 **당사자소송**에 해당한다. (✕) [23 세무사]
- 「도시 및 주거환경정비법」상 **재개발조합을 상대**로 **조합임원 선임결의의 무효확인**을 구하는 경우는 **당사자소송의 대상**이 된다. (✕) [24 세무사]

469 ★★☆☆

㉠ 공법상 계약에 관한 소송은 당사자소송의 예이다.   [11 세무사 변형] **O X**

㉡ 지방전문직공무원 채용계약의 해지에 대한 불복은 취소소송으로 다투어야 한다.

    [05 세무사] **O X**

㉢ 공중보건의사 전문직공무원 채용계약의 해지는 당사자소송의 대상이 될 수 없다.

    [09 세무사] **O X**

> 해설
>
> - ★**공법상 계약**의 한쪽 당사자가 다른 당사자를 상대로 그 **효력**을 다투거나 그 **이행**을 청구하는 소송은 **공법상의 법률관계**에 관한 **분쟁**이므로 분쟁의 실질이 공법상 권리·의무의 존부·범위에 관한 다툼이 아니라 손해배상액의 구체적인 산정방법·금액에 국한되는 등의 특별한 사정이 없는 한 ★**공법상 당사자소송으로 제기**하여야 한다. (대판 2021. 2. 4. 2019다277133)
> - 지방전문직공무원 **채용계약 해지**의 **의사표시**에 대하여는 대등한 당사자간의 소송형식인 ★**공법상 당사자소송**으로 그 **의사표시의 무효확인을 청구**할 수 있다. (대판 1993. 9. 14., 92누4611)
> - 공중보건의사 **채용계약 해지**의 **의사표시**에 대하여는 대등한 당사자간의 소송형식인 ★**공법상의 당사자소송**으로 그 **의사표시의 무효확인을 청구**할 수 있는 것이지, … (중략) … **항고소송을 제기할 수는 없다**. (대판 1996. 5. 31., 95누10617)
>
> ✓ ⓐ **공법상 계약**에 관하여 **권리·의무관계**에 다툼이 있는 경우 **공법상의 법률관계**에 관한 다툼으로서, '**당사자소송**'의 **대상**이 된다.
>
>   ⓑ **공중보건의사**와 같은 **지방전문직공무원 채용계약**도 **공법상 계약**에 **해당**하므로 그 **채용계약의 해지**에 관한 다툼은 '**당사자소송**'의 **대상**이 된다.   **정답** ㉠ O, ㉡ ✕, ㉢ ✕

🔳 **행정주체와 사인간**의 **공법상 계약**에 관한 소송은 **공법상 당사자소송**에 의한다. (O) [08 관세사]

🔳 **공법상 계약**에 관한 **분쟁**은 「행정소송법」 제3조 제2호가 정하는 **당사자소송의 대상**이 된다. (O) [14 서울7]

🔳 행정주체와 사인간의 **공법상 계약**에 관한 **소송**은 **행정소송법상 허용**되는 **행정소송**이다. (O) [16 세무사]

🔳 **공법상 계약**에 관한 **다툼**은 ~~항고소송으로 해결한다.~~ (✕) [02 관세사]

🔳 **공법상 계약**이더라도 한쪽 당사자가 다른 당사자를 상대로 **계약의 이행을 청구**하는 **소송**은 민사소송으로 제기하여야 한다. (✕) [22 지방9]

🔳 판례는 **지방전문직공무원 채용계약 해지**의 **의사표시**를 **당사자소송의 대상**으로 보았다. (O) [11 세무사]

🔳 **지방전문직공무원의 채용계약의 해지**는 **당사자소송의 대상**이 된다. (O) [18 세무사]

🔳 **지방전문직공무원 채용계약의 해지**에 대한 **불복**은 **당사자소송**이 아니라 항고소송으로 하여야 한다. (✕) [14 행정사]

🔳 **지방전문직공무원**인 **공중보건의사의 채용계약해지**를 다투는 소송은 **당사자소송**이다. (O) [23 세무사]

🔳 **공중보건의사 채용계약해지의 의사표시**는 ~~행정처분에 해당하여 그 취소를 구하는 항고소송을 제기할 수 있다.~~ (✕) [14 경행]

470 ★★☆☆

⊙ 계약직 시립합창단원의 재위촉거부를 다투는 소송은 항고소송이다. [14 세무사 변형] O X

ⓛ 서울특별시립무용단 단원의 해촉은 당사자소송의 대상이 될 수 없다. [09 세무사] O X

> **[해설]**
>
> - <u>광주광역시문화예술회관장의 **단원 위촉**</u>은 광주광역시문화예술회관장이 행정청으로서 공권력을 행사하여 행하는 행정처분이 아니라 **공법상의 근무관계**의 설정을 목적으로 하여 광주광역시와 단원이 되고자 하는 자 사이에 대등한 지위에서 의사가 합치되어 성립하는 ★**공법상 근로계약**에 해당한다고 보아야 할 것이므로 **광주광역시립합창단원**으로서 위촉기간이 만료되는 자들의 **재위촉 신청**에 대하여 광주광역시문화예술회관장이 실기와 근무성적에 대한 평정을 실시하여 **재위촉을 하지 아니한 것**을 항고소송의 대상이 되는 불합격**처분이라고 할 수는 ★없다.** (대판 2001. 12. 11. 2001두7794)
> - <u>서울특별시립무용단 단원의 위촉</u>은 ★**공법상의 계약**이라고 할 것이고, 따라서 그 **단원의 해촉**에 대하여는 ★**공법상의 당사자소송**으로 그 무효확인을 청구할 수 있다. (대판 1995.12.22. 95누4636)
>
> ☑ **공법상 근로계약**도 공법상 법률관계의 일종인바, 공법상 근로계약의 체결(위촉)이나 해지(위촉 거부 또는 해촉)는 **행정처분이 아니므로** 이에 관한 다툼은 항고소송이 아니라 **공법상 당사자소송의 대상**이다.
>
> **[정답]** ⊙ X, ⓛ X

🔲 **광주광역시립합창단원 재위촉거부**를 다투는 소송은 **공법상 당사자소송**이다. (O) [07 세무사]

🔲 **광주광역시문화예술회관장**의 **단원 위촉**은 ~~공법상 근로계약~~이 아니라 ~~행정청으로서 공권력을 행사하여 행하는 행정처분이다.~~ (X) [14 사복9]

🔲 **서울특별시립무용단 단원의 위촉**은 **공법상 계약**이고, 그 **단원의 해촉**에 대하여는 **공법상의 당사자소송**으로 **그 무효확인을 청구**할 수 있다. (O) [10 서울9]

🔲 **서울특별시립무용단 단원의 해촉**을 다투는 소송은 **당사자소송**이다. (O) [23 세무사]

🔲 판례에 의하면 **시립무용단원의 해촉**에 대하여는 ~~항고소송으로 다투어야 하고~~ **당사자소송**으로 다툴 수 없다. (X) [08 세무사]

🔲 **시립무용단원**이 **해촉의 무효확인을 구하는 소송**은 ~~항고소송으로 볼 수 있다.~~ (X) [13 세무사]

---

471 ★★☆☆ [20 세무사]

읍·면장에 의한 이장의 임명 및 면직은 공법상 당사자소송의 대상이 된다. O X

> **[해설]**
>
> **읍·면장의 이장**에 대한 **직권면직행위**는 행정청으로서 공권력을 행사하여 행하는 행정처분이 아니라 서로 대등한 지위에서 이루어진 ★**공법상 계약**에 따라 그 **계약을 해지하는 의사표시**로 봄이 상당하다. (대판 2012. 10. 25. 2010두18963)
>
> ☑ 지방공무원법상의 직업공무원이 아닌 **읍·면 이장**의 법적 지위를 **계약직 공무원과 유사**한 것으로 보아, 그 **임명 또는 면직행위**도 **공법상 계약의 해지**에 상당하다는 판시이므로, **읍·면 이장의 임명이나 면직**에 관한 **다툼**은 **당사자소송의 대상**이 된다.
>
> **[정답]** O

472 ★★☆☆

㉠ 지방계약직공무원에 대한 보수의 삭감조치를 처분으로 본 판례가 있다.　　[10 국회8]　O X

㉡ 지방계약직공무원에 대한 보수삭감은 당사자소송의 대상이 된다.　　[18 세무사]　O X

해설

- 근로기준법 등의 입법 취지, 지방공무원법과 지방공무원징계및소청규정의 여러 규정에 비추어 볼 때, 채용계약상 특별한 약정이 없는 한, **지방계약직공무원**에 대하여 지방공무원법, 지방공무원징계 및 소청규정에 정한 **징계절차에 의하지 않고서는 보수를 삭감할 수 없다**고 봄이 상당하다.
- **지방계약직공무원에 대한 보수의 삭감**은 이를 당하는 공무원의 입장에서는 ★**징계처분**의 일종인 **감봉과 다를 바 없다.** (대판 2008.6.12. 2006두16328)

☑ ㉠ 판례는 **지방계약직 공무원**에 대한 '**보수의 삭감조치**'를 '**행정처분(징계처분)**'으로 보는바,

　㉡ 행정처분(징계처분)에 해당하는 **지방계약직 공무원의 보수 삭감조치를 다투려면** 당사자소송이 아닌 **항고소송**을 제기하여야 한다.　　정답 ㉠ O, ㉡ X

🔲 **공법상 계약에 기초**한 **공무원의 근무관계**에서 **징계행위**는 **행정처분**이다. (O) [20 국회8]

　☑ 공법상 계약에 기초한 공무원 = 지방계약직 공무원

🔲 **지방계약직공무원**에 대한 **보수의 삭감조치**를 **처분**으로 본 판례가 있다. (O) [10 국회8]

🔲 **지방계약직공무원**이 **보수삭감의 취소**를 구하는 **소송**은 **항고소송**으로 볼 수 있다. (O) [13 세무사]

🔲 **지방계약직 공무원의 보수삭감행위**는 대등한 당사자 간의 계약관계와 관련된 것이므로 **처분성은 인정**되지 아니하며, 공법상 당사자소송의 대상이 된다. (X) [17 국회8]

473 ★★☆☆　　　　　　　　　　　　　　　　　　[20 세무사]

민간투자사업 실시협약에 따른 재정지원금의 지급을 구하는 소송은 공법상 당사자소송의 대상이 된다.　O X

해설

갑 광역자치단체가 을 유한회사와 터널 **민간투자사업 실시협약**을 체결하였는데, … (중략) … **민간투자사업 실시협약을 체결한 당사자가** ★**공법상 당사자소송**에 의하여 그 **실시협약에 따른 재정지원금의 지급**을 구하는 경우에, 수소법원은 … (중략) … 실시협약에 따른 적정한 재정지원금액이 얼마인지를 구체적으로 심리·판단하여야 한다.(대판 2019. 1. 31. 2017두46455)

정답 O

🔲 **지방자치단체와 유한회사 간 체결**한 터널 **민간투자사업 실시협약**은 **공법상 계약**에 해당한다. (O) [21 소방간부]

474 ★★☆☆

계약직공무원 공개채용에서 최종합격자로 공고된 자를 인사위원회 심의결과에 따라 임용하지 않겠다고 한 통보는 당사자소송의 대상이다. **O X**

> **해설**
>
> - '서울특별시 시민감사옴부즈만 운영 및 주민감사청구에 관한 조례'에 의한 이 사건 **옴부즈만 공개 채용** 과정에서 그 지원자 중 **최종합격자로 공고된 원고**에 대하여 피고가 **인사위원회의 심의 결과에 따라 임용을 하지 아니하겠다고 한 이 사건 통보**가 항고소송의 대상이 되는 **처분에 해당**한다고 판단하였다. 그러나 원심의 이러한 판단은 다음과 같은 이유로 **수긍하기 어렵다.**
> - '★**지방계약직공무원**'인 이 사건 **옴부즈만 채용행위**는 공법상 대등한 당사자 사이의 의사표시의 합치로 성립하는 ★**공법상 계약**에 해당한다. 이와 같이 이 사건 옴부즈만 채용행위가 공법상 계약에 해당하는 이상 원고의 채용계약 청약에 대응한 피고의 '승낙의 의사표시'가 대등한 당사자로서의 의사표시인 것과 마찬가지로 그 청약에 대하여 '**승낙을 거절하는 의사표시**' 역시 행정청이 ★**대등한 당사자의 지위에서** 하는 **의사표시**라고 보는 것이 타당하고,...(중략)...원고가 그 채용과정에서 **최종합격자로 공고되어** 채용계약 성립에 관한 강한 기대나 신뢰를 가지게 되었다는 사정만으로 이를 행정청이 우월한 지위에서 행하는 공권력의 행사로서 ★**행정처분에 해당한다고 볼 수는 없다.** (대판 2014. 4. 24., 2013두6244)
>
> ☑ 서울시 소속 **지방계약직공무원(시민감사 옴부즈만)**의 최종합격자로 공고된 사람에게 서울시장이 인사위원회 심의 결과에 따라 **임용을 하지 않겠다**고 한 통보는 ★**행정처분이 아니라,** 채용행위(공법상 계 약) 과정에서 최종합격자의 채용요청에 대하여 **서울시가** **최종합격자와 대등한 지위에서 임용거절의 의사표시**를 한 것이므로, ★ **당사자소송의 대상**이 된다는 판시이다. **정답 O**

■ '**서울특별시 시민감사옴부즈만** 운영 및 주민감사청구에 관한 조례'에 따라 **계약직으로 구성**하는 옴부즈만 공개채용과정에서 **최종합격자로 공고된 자**에 대해 **서울특별시장이** 인사위원회의 심의결과에 따라 **채용하지 아니하겠다고 통보**한 경우, 그 **불채용통보**는 **항고소송을 통해 다툴 수 없다.** (O) [17 변시]

■ **지방자치단체가 근무기간을 정하여 임용**하는 공무원으로 **시민옴부즈만을 채용**하는 행위는 **공법상 계약**에 해당한다. (O) [23 소방간부]   ➡ **공법상 계약관계에 관한 다툼은 당사자소송의 대상**

475 ★★☆☆

도시 및 주거환경정비법상 청산금 지급청구소송은 공법상 당사자소송의 대상이 된다. **O X**

> **해설**
>
> 도시개발법 제46조 제3항에 따라 도시개발사업조합이 관할 지방자치단체의 장에게 도시개발에 따른 청산금의 징수를 위탁할 수 있다 하더라도, 지방자치단체의 장이 징수위탁에 응하지 아니하는 등의 특별한 사정이 있는 때에는 **도시개발사업조합**은 직접 ★**공법상 당사자소송으로 청산금의 지급을 구할 수 있다.** (2017. 4. 28., 2013다1211)
>
> **정답 O**

476 ★★★☆

㉠ 부당이득반환청구소송의 경우 통설은 이를 당사자소송으로 본다. **[12 세무사]** OX

㉡ 조세과오납부액에 대한 반환청구는 당사자소송의 대상이 될 수 없다. **[09 세무사]** OX

해설

> - 국세환급금에 관한 「국세기본법」 및 구 「국세기본법」 제51조 제1항은 **이미 부당이득**으로서 존재와 범위가 확정되어 있는 ★**과오납부액**이 있는 때에는 국가가 납세자의 환급신청을 기다리지 않고 즉시 반환하는 것이 정의와 공평에 합당하다는 법리를 선언하고 있는 것이므로, 이미 존재와 범위가 확정되어 있는 **과오납부액**은 납세자가 **부당이득의 반환**을 구하는 ★'**민사소송**'으로 환급을 청구할 수 있다. (대판 2015.8.27. 2013다212639)
> - **조세부과처분이 당연무효임을 전제**로 하여 ★**이미 납부한 세금의 반환을 청구**하는 것은 민사상의 **부당이득반환청구**로서 ★**민사소송절차**에 따라야 한다. (대판 1995. 4. 28. 94다55019)

조세부과처분의 당연무효를 전제로 한 **이미 납부한 세금의 반환청구** 또는 법령상 이미 존재와 범위가 확정되어 있는 **조세과오납금 환급청구소송**	
학설	판례
당사자소송	민사소송

정답 ㉠ O, ㉡ O

- **판례**는 **공법상 부당이득반환청구소송**은 **사권(私權)에 해당**되며, 그에 관한 소송은 **민사소송절차에 따라야** 한다고 보고 있다. (O) [09 국회9]
- **부당이득반환청구소송**은 소송실무상 **민사소송**으로 취급되고 있다. (O) [12 세무사]
- **조세부과처분의 당연무효를 전제**로 한 **기납부 세금의 반환청구**는 당사자소송의 대상이 아니다. (O) [15 세무사]
- **조세부과처분이 당연무효임을 전제**로 하여 **이미 납부한 세금의 반환을 청구**하는 소송은 국가·공공단체 그 밖의 권리주체를 피고로 하는 소송에 해당하지 않는다. (O) [19 세무사]
- **조세부과처분의 당연무효를 전제**로 하여 **이미 납부한 세금의 반환을 청구**하는 것은 **민사상 부당이득반환청구**로서 당사자소송이 아니라 **민사소송절차**에 따른다. (O) [21 국가7]
- **공법상 부당이득반환청구소송**은 당사자소송이다. (×) [07 경남9, 대구9] [15 군무원9]

- 실무상 **조세과오납금청구소송**은 **민사소송**이다. (O) [01 관세사]
- **조세과오납금반환청구소송**은 형식적 당사자소송에 해당한다. (×) [10 세무사]
- **조세부과처분이 당연무효임을 전제**로 하여 **이미 납부한 세금의 반환을 청구**하는 **과오납금반환청구소송**은 공법상 당사자소송으로 **취급**되고 있다. (O) [12 변시]
- **조세과오납금반환청구소송**은 항고소송으로 볼 수 있다. (×) [13 세무사]

477 ★★☆☆

㉠ 토지의 협의취득시 미지급 보상금의 지급청구소송은 형식적 당사자소송에 해당한다.
[10 세무사] **O X**

㉡ 사업시행자로서의 사인과 토지소유자 간의 토지에 관한 보상합의는 항고소송으로 다툴 수 없다.
[15 세무사] **O X**

> **해설**
>
> 구 공공용지의취득및손실보상에관한특례법은 **사업시행자**가 **토지** 등의 **소유자**로부터 토지 등의 협의취득 및 그 손실보상의 기준과 방법을 정한 법으로서, 이에 의한 **협의취득** 또는 **보상합의**는 공공기관이 **사경제주체**로서 행하는 ★**사법상 매매** 내지 **사법상 계약**의 실질을 가진다. (대판 2004. 9. 24., 2002다68713)
>
> ☑ '공익사업을 위한 토지 등의 취득 및 보상에 관한 법령'에 따라 **사업시행자**가 **토지소유자**와 **협의를 거쳐 토지를 취득**하는 이른바 '★**협의취득**'과 그 협의의 성립에 따라 **손실보상금**에 관하여 **합의**하는 이른바 '★**보상합의**'는 **사법상 법률행위**에 해당하므로, **협의취득**이나 **보상합의**에 관한 **법적 분쟁**은 ★**민사소송의 대상**이지 행정소송의 대상은 될 수 없는 것이다.
>
> | | 당사자 | 성질 | 관련 분쟁의 소송형태 |
> |---|---|---|---|
> | **협의취득** | 사업시행자-토지소유자 | **사법상 법률행위** (매매 또는 계약) | 민사소송 |
> | **보상합의** | 사업시행자-토지소유자 | | |
>
> **정답** ㉠ ×, ㉡ O

■ 구 도시계획법상 도시계획**사업의 시행자**가 그 사업에 필요한 **토지를 협의취득하는 행위**는 사경제주체로서 행하는 **사법상 법률행위**이므로 **행정소송의 대상이 되지 않는다.** (O) [18 국가9]

■ **공익사업**을 위한 **토지 등의 취득 및 보상에 관한 법령**에 의한 **협의취득**은 **사법상의 법률행위**이므로, 이에 관한 분쟁은 **민사소송의 대상**이다. (O) [19 국가9]

■ 구 「공공용지의 취득 및 손실보상에 관한 특례법」에 의한 **협의취득** 또는 **보상합의**는 공공기관이 **사경제 주체**로서 행하는 **사법상 매매** 내지 **사법상 계약**의 실질을 가진다. (O) [16 경행]

■ **공익사업**을 위한 토지 등의 취득 및 보상에 관한 법률에 의한 **보상합의**는 공공기관이 공행정주체로서 행하는 공법상 계약의 실질을 갖는다. (×) [18 국가5 승진]

■ **공익사업법**상의 **협의취득** 또는 **보상합의**는 공법상 계약에 해당한다. (×) [19 군무원9]

478 ★★★★

⊙ 「도시 및 주거환경정비법」상의 주택재건축정비사업조합을 상대로 관리처분계획안에 대한 조합 총회결의의 효력을 다투는 소송은 국가·공공단체 그 밖의 권리주체를 피고로 하는 소송에 해당하지 않는다. [19 세무사] **O X**

⊙ 「도시 및 주거환경정비법」상 재건축조합을 상대로 관리처분계획에 대한 관할 행정청의 인가 · 고시가 있은 후에 그 관리처분계획에 대한 조합 총회결의의 무효확인을 구하는 경우 당사자소송의 대상이 된다. [24 세무사] **O X**

[해설]

- 도시 및 주거환경정비법상 행정주체인 **주택재건축정비사업조합**을 상대로 **관리처분계획안**에 대한 **★조합 총회결의의 효력 등을 다투는 소송**은 행정처분에 이르는 절차적 요건의 존부나 효력 유무에 관한 소송으로서 그 소송결과에 따라 행정처분의 위법 여부에 직접 영향을 미치는 **공법상 법률관계**에 관한 것이므로, 이는 행정소송법상의 **★당사자소송**에 해당한다.

- 도시 및 주거환경정비법상 주택재건축정비사업조합이 같은 법 제48조에 따라 수립한 관리처분계획(안)에 대하여 **관할 행정청의 인가·고시**까지 있게 되면 **관리처분계획**은 **행정처분**으로서 **효력**이 발생하게 되므로, 총회결의의 하자를 이유로 하여 행정처분의 효력을 다투는 **항고소송**의 방법으로 **관리처분계획의 취소 또는 무효확인**을 구하여야 하고, 그와 별도로 행정처분에 이르는 절차적 요건 중 하나에 불과한 총회결의 부분만을 따로 떼어내어 효력 유무를 다투는 확인의 소를 제기하는 것은 특별한 사정이 없는 한 허용되지 않는다. (대판 2009. 9. 17. 2007다2428)

☑ ⊙ '도시 및 주거환경정비법'상 조합설립인가에 따른 **주택재건축정비사업조합과 조합원의 관계**는 공법상 법률관계이므로 조합원이 **주택재건축정비사업조합**을 상대로 '**관리처분계획(안)'**에 대한 **총회결의의 효력**을 다투려면, **★'당사자소송'으로 총회결의의 무효확인을 청구**하여야 한다.

⊙ 그러나 조합이 설립한 **관리처분계획(안)**이 관할 행정청으로부터 **인가·고시**를 받게 되면 **행정처분**으로서 전환하기 때문에, 관할 행정청의 인가·고시가 있은 **★후**에는 '**관리처분계획**' 자체를 **★항고소송**으로 다투어야 한다. (179문과도 관련됨) **[정답]** ⊙ ×, ⊙ ×

📋 구 「도시 및 주거환경정비법」상 주택재건축정비사업조합을 상대로 **관리처분계획안**에 대한 **조합 총회결의의 효력을 다투는** 소송은 **당사자소송**에 해당한다. (○) **[20, 23 세무사]**

📋 「도시 및 주거환경정비법」상 **관리처분계획안**의 **인가 전** 조합총회결의의 하자를 다투고자 하는 경우 **조합총회결의의 무효확인**을 구하는 **당사자소송을 제기**할 수 있다. (○) **[23 서울7]**

📋 「도시 및 주거환경정비법」상의 주택재건축정비사업조합을 상대로 **관리처분계획안**에 대한 **조합총회결의의 효력**을 **다투기 위해선** 항고소송을 제기하여야 한다. (×) **[11 국가7]**

📋 주택재건축조합이 수립한 **관리처분계획**은 **관할 행정청의 인가·고시**가 있게 되면 **행정처분으로서 효력이 발생**한다. (○) **[16 국가7]**

📋 구 「도시 및 주거환경정비법」상 **관리처분계획안**에 대한 **관할 행정청의 인가 · 고시 이후** 관리처분계획에 대한 **조합총회 결의의 하자**를 다투고자 하는 경우에는 **관리처분계획**을 **항고소송으로 다투어야** 한다. (○) **[16 국가7]**

📋 구 「도시 및 주거환경정비법」상 주택재건축조합이 수립한 **관리처분계획안**에 대한 **행정청의 인가·고시가 있은 후**에도 관리처분계획안에 대한 **총회결의의 하자를 이유**로 당사자소송으로 총회결의의 무효확인을 구하는 것은 원칙적으로 허용된다. (×) **[17 국가5 승진]**

■ 「도시 및 주거환경정비법」상 '관리처분계획(안)' 및 '사업시행계획(안)'의 하자에 대한 소송 정리

[시 기]	다투는 하자	소송대상	소송유형
관리처분계획안 *or* 사업시행계획안에 대한 인가·고시 ★전	총회결의에 있는 하자	총회결의의 효력	당사자소송
관리처분계획안 *or* 사업시행계획안에 대한 인가·고시 ★후		관리처분계획 *or* 사업시행계획 자체	항고소송

☑ '사업시행계획'에 관한 판례는 479문 5번째 보충지문 참고(관리처분계획과 논리는 동일)

■ '행정소송규칙' 제19조에서 예시하고 있는 '당사자소송'

1. 손실보상금에 관한 소송	· 「공익사업을 위한 토지 등의 취득 및 보상에 관한 법률」에 따른 이주정착금, 주거이전비 등에 관한 소송 · 「하천편입토지 보상 등에 관한 특별조치법」에 따른 보상금에 관한 소송 · 「공익사업을 위한 토지 등의 취득 및 보상에 관한 법률」에 따른 보상금의 증감(增減)에 관한 소송
2. 그 존부 또는 범위가 구체적으로 확정된 공법상 법률관계 그 자체에 관한 다음 각 목의 소송	· 납세의무 존부의 확인청구 · 「부가가치세법」제59조에 따른 환급청구 · 「석탄산업법」에 따른 재해위로금 지급청구 · 「5·18민주화운동 관련자 보상 등에 관한 법률에 따른 관련자 또는 유족의 보상금 등 지급청구 · 공무원의 보수·퇴직금·연금 등 지급청구 · 공법상 신분·지위의 확인청구
3. 처분에 이르는 절차적 요건의 존부나 효력 유무에 관한 다음 각 목의 소송	· 「도시 및 주거환경정비법」에 따른 인가 이전 조합설립변경에 대한 총회결의의 효력 등을 다투는 소송 · 「도시 및 주거환경정비법」에 따른 인가 이전 사업시행계획에 대한 총회결의의 효력 등을 다투는 소송 · 「도시 및 주거환경정비법」에 따른 인가 이전 관리처분계획에 대한 총회결의의 효력 등을 다투는 소송
4. 공법상 계약에 따른 권리·의무의 확인 또는 이행청구 소송	

제6항 | **실질적 당자사소송 VS 형식적 당사자소송**

479 ★★☆☆ [10 세무사]

실질적 당사자소송은 대등 당사자 간의 공법상의 권리 또는 법률관계 그 자체를 소송물로 한다. **O X**

> 해설
>
> ✅ '**실질적 당사자소송**'이란 **공법상의 법률관계(권리관계)에 관한 다툼**으로서, 법률관계에서의 한쪽 당사자를 피고로 하는 소송으로서 **일반적인 당사자소송**을 뜻하는바, 다음 문제에서 다룰 '**보상금증감청구소송**'을 **제외**한, **★나머지 모두**를 **실질적 당사자소송**의 사례로 정리하면 된다. **정답 O**

📘 각종 사회보험 급부청구소송에 관한 소송은 '**실질적 당사자 소송**'이다. (O) [05 국가7]

📘 공법상 신분확인에 관한 소송은 '**실질적 당사자 소송**'이다. (O) [05 국가7]

📘 공무원의 신분이나 지위의 확인을 구하는 소송은 '**실질적 당사자소송**'에 속한다. (O) [08 세무사]

📘 도시 및 주거환경정비법상의 주택재건축정비사업조합을 상대로 관리처분계획안에 대한 조합총회결의의 효력 등을 다투는 소송은 '**실질적 당사자소송**'에 해당한다. (O) [12 세무사]

📘 주택재건축정비사업조합을 상대로 **사업시행계획의 인가·고시 전**에 **사업시행계획 결의의 효력**을 다투는 소송은 '**실질적 당사자소송**'에 **해당**한다. (O) [17 세무사]

> 재건축정비사업조합이 행정주체의 지위에서 수립한 **사업시행계획에 대한 인가·고시가 있기 ★전**에는 행정소송법상 (실질적) 당사자소송으로 **사업시행계획안**에 대한 **총회결의의 무효를 다툴 수 있으나**, 인가·고시를 통해 **사업시행계획이 ★확정**되고 나면 이해관계인(조합원 등)에 대한 구속적 행정계획으로서 **독립된 행정처분**이 되므로, **항고소송**으로 **사업시행계획의 무효확인 또는 취소**를 구할 수 있을 뿐, 사업시행계획안에 대한 총회결의 부분만을 따로 떼어 그 효력을 다투는 것은 허용되지 않는다. (대결 2009. 11. 2.자 2009마596)

📘 공중보건의사 채용계약해지 의사표시의 무효확인 또는 서울특별시립무용단원의 해촉의 무효확인을 구하는 소송은 '**실질적 당사자소송**'에 해당한다. (O) [12 세무사]

📘 지방소방공무원이 소속 지방자치단체를 상대로 초과근무수당의 지급을 청구하는 소송은 '**실질적 당사자소송**'에 해당한다. (O) [17 세무사]

📘 지방자치단체가 보조사업자에 대해 지급한 보조금의 반환을 청구하는 소송은 '**실질적 당사자소송**'에 해당한다. (O) [17 세무사]

📘 구 석탄산업법상 석탄가격안정지원금의 지급을 구하는 소송은 '**실질적 당사자소송**'에 해당한다. (O) [12 세무사]

📘 명예퇴직한 법관이 미지급 명예퇴직수당액의 지급을 청구하는 소송은 '**실질적 당사자소송**'에 해당한다. (O) [17 세무사]

📘 공법상 계약에 관한 소송은 형식적 **당사자소송**에 해당한다고 볼 수 있다. (X) [05 세무사]

📘 조세채무부존재확인소송은 형식적 **당사자소송**에 해당한다. (X) [10 세무사]

480 ★★☆☆

㉠ 형식적 당사자소송은 소송형식상 당사자소송이지만, 처분등의 효력에 관한 다툼으로서의 실질을 가진다. [10 세무사] **O X**

㉡ 형식적 당사자소송은 분쟁의 신속한 해결을 도모하려는데 그 존재 이유를 찾을 수 있다. [05 세무사] **O X**

> **해설**
>
> - **【행정소송법】 제3조(행정소송의 종류)** 행정소송은 다음의 네가지로 구분한다.
>   2. **당사자소송**: 행정청의 **처분등을 원인**으로 하는 **법률관계**에 관한 **소송** 그 밖에 공법상의 법률관계에 관한 소송으로서 그 법률관계의 한쪽 당사자를 피고로 하는 소송
>   ➡ **형식적 당사자소송은 "처분등을 원인으로 하는 법률관계에 관한 소송"**에 해당된다.
> - **【공익사업을 위한 토지 등의 취득 및 보상에 관한 법률】 제85조(행정소송의 제기)**
>   ① 사업시행자, 토지소유자 또는 관계인은 제34조에 따른 **재결에 불복**할 때에는 재결서를 받은 날부터 90일 이내에, 이의신청을 거쳤을 때에는 이의신청에 대한 재결서를 받은 날부터 60일 이내에 각각 **행정소송을** 제기할 수 있다.
>   ② **제1항에 따라** 제기하려는 **행정소송이 ★보상금의 증감(增減)**에 관한 **소송**인 경우 그 소송을 제기하는 자가 **토지소유자 또는 관계인**일 때에는 **★사업시행자**를, **사업시행자**일 때에는 **★토지소유자 또는 관계인**을 각각 **피고**로 한다.
>
> ✓ ㉠ '**형식적 당사자소송**'은 **★당사자소송의 형식**으로써 **처분 등을 원인**으로 하는 **법률관계의 당사자들**이 그 **법률 관계를 다투는 소송**으로서, 항고소송에서처럼 처분을 소송의 대상으로 하거나 처분청을 피고로 하지 않으면서도 **★'실질적으로는 행정처분 등을 다투는 소송'**이다.
>
> ㉡ 이러한 **형식적 당사자소송**의 **취지**는 **★'신속한 권리구제'**에 있으며, **우리 실정법**에서는 **토지수용재결과 관련** 한 '**보상금증감청구소송**'이 대표적이다.
>
> > ➤ 수용할 토지구역 및 보상액 등을 정하는 **당초의 재결**이 재결취소소송에서 **판결로 취소**됨에 따라, 토지수용위원회가 다시 재결을 하더라도 여전히 증액 또는 감액된 **보상액에 불만족**하는 당사자(토지소유자, 사업시행자)들은 각자 자신이 불복하는 재결들을 대상으로 계속해서 취소소송을 제기하는 등 **재결에 대한 불복이 무한히 상호반 복**될 여지가 있다.
> >
> > ➤ 그리하여 토지 수용재결(처분)에 불복이 있는 **토지소유자 등의 실질적인 불복의사**가 수용재결의 내용 중에서도 **보상가액의 증감**에 있는 경우, 항고소송의 형식으로 토지수용위원회의 원처분(수용재결)을 다투게 하는 것보다는, 보상금에 관하여 직접적인 이해관계에 있는 토지소유자 등과 사업시행자를 **당사자소송의 형식**으로써 곧바로 당해 법률관계(보상금액)만을 다투게 하는 것이, 다툼의 실질을 **신속히 해결**하는 데에 적합하다는 취지에서, 제2항에 '**형식적 당사자소송**'을 규정하고 있는 것이다.
>
> **정답** ㉠ O, ㉡ O

◼ **형식적 당사자소송**은 **실질적**으로는 행정청의 **처분등을 다투는 소송**이라고 말할 수 있다. (O) [05 세무사]

◼ **형식적 당사자소송**은 **처분등을 원인으로 하는 법률관계**의 **한쪽 당사자를 피고**로 한다. (O) [05 세무사]

◼ **형식적 당사자소송**이란 **실질적**으로 행정청의 **처분 등을 다투는 것**이나 **형식적**으로는 처분 등의 효력을 다투지도 않고, 또한 처분청을 피고로 하지도 않고, 그 대신 **처분 등으로 인해 형성된 법률관계를 다투기 위해** 관련 **법률관계의 일방 당사자를 피고**로 하여 **제기하는 소송**을 말한다. (O) [17 서울7]

481 ★★☆☆

형식적 당사자소송은 판례상 인정되고 있지 않는 행정소송이다. **O X**

> **해설**
>
> 토지보상법 제85조 제2항은 토지소유자 등이 보상금 증액 청구의 소를 제기할 때에는 사업시행자를 피고로 한다고 규정하고 있다. 위 규정에 따른 **보상금 증액 청구의 소**는 토지소유자 등이 사업시행자를 상대로 제기하는 **당사자소송의 형식**을 취하고 있지만, 토지수용위원회의 재결 중 보상금 산정에 관한 부분에 불복하여 그 증액을 구하는 소이므로 **실질적으로는** 재결을 다투는 **항고소송의 성질**을 가진다. (대판 전합 2022. 11. 24. 2018두67)
>
> ✓ 앞의 문제에서 살펴보았듯이, '**공익사업을 위한 토지 등의 취득 및 보상에 관한 법률**'에서 규정하고 있는 이른바
> ★'**보상금증감청구소송**'이 **현행법상** 대표적인 **형식적 당사자소송**으로, 이에 관한 다수의 판례들이 존재한다.
>
> **정답** ✕

- **실정법**상 **형식적 당사자소송**의 유형은 **인정**되고 있다. (O) [05 세무사]
- **소송형태는 당사자소송의 형식**을 취하지만 **실질적으로는 처분 등의 효력을 다투는** 항고소송의 성질을 가지는 **소송**은 **현행법상 인정**되지 아니한다. (✕) [20 지방7]

- 토지수용에 있어 **보상금증감소송**은 **형식적 당사자소송**이다. (O) [04 경남9]
- 손실**보상금 증감청구소송**은 **형식적 당사자소송**이다. (O) [05 국가7]
- 수용재결에 의한 **보상금의 증감청구소송**은 **형식적 당사자소송**에 해당한다. (O) [10 세무사]
- **보상금의 증감에 관한 소송**은 **형식적 당사자소송**이다. (O) [17 지방7 변형]
- 「공익사업을 위한 토지 등의 취득 및 보상에 관한 법률」에 따른 수용재결에 의한 **보상금증감청구소송**은 **형식적 당사자소송**에 해당한다. (O) [23 세무사]
- 공익사업을 위한 토지 등의 취득 및 보상에 관한 법률 제85조 제2항에 의한 **손실보상금의 증감에 관한 소송**은 실질적 **당사자소송**에 해당한다. (✕) [12 세무사]

제 **10** 절

위법성

- 제1항 위법성의 정도
- 제2항 위법성 판단의 기준시점
- 제3항 기타 위법성 관련 문제

Administrative Litigation Law

제1항 위법성의 정도

482 ★★☆☆

㉠ 무효등확인소송에서 인용판결을 위한 위법의 정도는 취소판결과 동일하다.

[09 세무사] O X

㉡ 판례는 무효와 취소의 구별기준에 관하여 명백성보충요건설을 취하고 있다.

[08 관세사] O X

> **해설**
>
> ☑ ⓐ **처분의 위법성(하자)**은 '**무효**'와 '**취소**'로 **대별**할 수 있는데, 그 구별기준은 '**중대명백설**'이라는 것이 통설·판례이다.
>
> ⓑ 처분의 **하자가 중대하면서**(중요한 법률요건을 위반) **명백한**(일반인의 관점에서도 위법하다고 인식) 경우에는 **무효사유**가 되는 반면에, 처분의 하자가 **중대 '또는' 명백**한 경우에는 **취소사유**에 그치므로, **처분의 위법성 정도에 따라 항고소송별 인용판결의 가능성**이 달라진다.
>
> | 소송유형 | 인용판결을 위한 처분의 위법성 정도 |
> |---|---|
> | 무효등 확인소송 | 당연무효(중대**하면서** 명백하여야 함) |
> | 취소소송 | 단순위법(중대**하거나** 명백하여야 함) |
>
> **정답** ㉠ ✕, ㉡ ✕

🔲 **무효등확인소송**에서 **인용판결**을 위한 **처분의 위법의 정도**는 취소소송의 경우와 동일하다. (✕) [12 세무사]

🔲 **행정행위의 무효와 취소의 구별기준**으로는 **중대·명백설**이 통설 및 판례이다. (○) [13 국회9]

🔲 통설·판례는 **행정행위의 하자가 내용상 중대**하고, **외관상 명백**한 경우에 **무효사유**가 된다는 **중대명백설**을 취하고 있다. (○) [11 국회8]

🔲 **중대명백설**은 하자있는 **행정처분이 당연무효**이기 위해서는 그 **하자가 적법요건의 중대한 위반**과 일반인의 관점에서도 **외관상 명백**한 것을 기준으로 한다. (○) [13 서울7]

제2항 위법성 판단의 기준시점

---

1 처분시설 vs 판결시설

483 ★★☆☆

㉠ 행정소송상 위법판단의 기준시에 있어서, 처분시설은 처분시의 법령과 사실상태를 기준으로 한다.

[09 세무사] **O X**

㉡ 행정소송상 위법판단의 기준시에 있어서, 판결시설은 판결시(변론종결시)의 법령과 사실상태를 기준으로 한다.

[09 세무사] **O X**

> **해설**
>
> ☑ 행정청이 **처분을 내린 후**에, 해당 **처분의 근거**가 된 **사실관계나 법령이 변경**되어 버린 경우, 행정소송(취소소송과 무효등확인소송)에서 그 **처분이 위법한지 여부를 판단**하는 **기준시점을 언제로 삼아야 하는지**에 관하여, '**처분시설**'과 '**판결시설(변론종결시설)**'이 대립되고 있는바, **판례는 '★처분시설**'을 취하고 있다.
>
> | | 처분의 위법여부에 대한 판단기준 시점 |
> |---|---|
> | **처분시설** | **'처분 당시'**의 법령 및 사실상태 |
> | **판결시설** | **'(사실심)구두변론종결 당시'**의 법령 및 사실상태 |
>
> **정답** ㉠ O, ㉡ O

484 ★★☆☆

[19 세무사]

취소소송의 위법성판단의 기준시에 있어서, 판결시기준설은 판결을 처분의 사후심사가 아니라 처분에 계속적으로 효력을 부여할 것인가의 문제로 본다. **O X**

> **해설**
>
> ☑ ⓐ 위법성의 판단시기에 관하여, ❶ 처분에 계속적으로 효력을 부여할 것인가의 문제로 보는 '**판결시기준설**'과, ❷ 취소소송의 속성을 처분의 적법성의 사후심사로 보는 '**처분시기준설**'이 대립하는데,
>
> ⓑ 위에서 보았듯이, **판례**는 행정처분의 적법여부는 처분 당시의 사유와 사정을 기준으로 판단한다고 하여 원칙적으로 '**★처분시기준설**'을 취하고 있다. **정답** O

485 ★★★★

㉠ 판례에 의할 때 취소소송의 대상이 되는 처분의 위법성 판단 시점 '처분시'이다.

[05 세무사] **O** **X**

㉡ 판례에 의하면 행정처분이 있을 때의 법률과 사실상태를 기준으로 판단하여야 한다.

[09 세무사] **O** **X**

> 해설
>
> - 행정처분의 취소를 구하는 항고소송에 있어서 그 **처분의 위법 여부**는 **★처분 당시를 기준으로** 판단하여야 하는 것이다. (대판 2005. 4. 15. 2004두10883)
> - 행정소송에서 행정**처분의 위법 여부**는 **★행정처분이 행하여졌을 때의 법령과 사실상태를 기준**으로 하여 판단하여야 하고, 처분 후 법령의 개폐나 사실상태의 변동에 의하여 영향을 받지는 않는다. (대판 2007. 5. 11., 2007두1811)
>
> ✓ 판례는 '처분시설'을 취하는바, **처분의 위법여부**는 **처분이 행하여졌을 당시의 법령과 사실상태를 기준으로 판단**하여야 한다고 본다.   정답 ㉠ O, ㉡ O

🔲 판례는 **쟁송취소**의 경우 **위법판단의 기준시점**을 **처분시**라고 본다. (O) [02 행시]

🔲 판례는 행정**처분의 적법 여부**는 특별한 사정이 없는 한 그 **'처분 당시'를 기준으로 판단**하여야 한다는 입장이다. (O) [16 군무원9]

🔲 **행정행위의 위법성의 판단**은 처분시의 **사실상태 및 법상태**를 기초로 한다. (O) [03 입시]

🔲 행정**처분의 위법여부**는 행정**처분이 행하여졌을 때**의 **법령과 사실 상태를 기준**으로 판단해야 한다. (O) [19 서울9 2월]

🔲 **취소소송**에서 행정**처분의 위법 여부**는 행정**처분이 있을 때**의 **법령과 사실상태를 기준**으로 판단한다. (O) [19 세무사]

🔲 원칙적으로 **항고소송**에서 행정**처분의 위법 여부**는 행정**처분이 있을 때의 법령과 사실 상태를 기준으로** 판단한다. (O) [23 세무사]

🔲 **취소소송**에서 행정**처분의 위법성 여부**에 대한 **판정의 기준시**는 '판결시'라고 하는 것이 통설, 판례의 입장이다. (X) [06 관세사]

🔲 **취소소송**에서 행정**처분의 위법 여부**는 판결 선고 당서의 **법령과 사실상태를 기준**으로 판단한다. (X) [17 교행9]

🔲 **취소소송**에서 법원은 사실심변론종결 당서에 존재하는 사실 및 법률상태를 **기준으로 처분의 위법 여부**를 **판단**하여야 한다. (X) [21 국회8]

🔲 **처분 후 법령의 개정**이 있었다면 그 개정 법령을 **기준으로 처분의 위법을 판단**해야 한다. (X) [24 세무사]
   ✓ 개정법령 → 처분 당시의 법령

🔲 계속효가 있는 **처분에 대한 취소소송**의 경우에는 판결서를 **기준으로** 한다. (X) [24 세무사]

> 계속효가 있는(일정 기간 동안 효력이 지속되는) 처분에 대해서는 예외적으로 판결시를 기준으로 위법성을 판단하여야 한다는 '절충설'을 차용함으로써, 수험생을 당황케 하여 체감난이도를 높인 지문인데, 계속효 유무와 관계없이 '**처분**'에 대한 **취소소송**에서는 당연히 '**처분시'를 기준으로 판단**하여야 하는 것이 **다수설·판례**이다

3　**기타 항고소송에서의 위법성 판단 기준시**

486 ★★★★

㉠ 거부처분취소소송에서는 (　　　)의 법령과 사실상태를 기준으로 행정처분의 위법 여부를 판단한다.
[16 세무사] **O X**

㉡ 과세처분 무효확인소송의 위법성은 (　　　)를 기준으로 판단한다.　　　　[12 세무사] **O X**

> **해설**
>
> ✓ 일반적인 **취소소송**에서와 같이, ★**거부처분취소소송과 무효등확인소송**에서도 '**처분 당시**'가 **위법성 판단의 기준**
> **시점**이 되므로, **거부처분이 위법한지 여부**나 **처분이 무효사유에 해당하는지 여부**는 ★'**처분시**'의 **법령과 사실상**
> **태를 기준**으로 **판단**한다.　　　　　　　　　　　**정답** ㉠ 처분시, ㉡ 처분시

🔲 판례는 **거부처분취소소송**에서 **위법판단의 기준시점**을 **처분시**로 본다. (O) [03 행시]

🔲 판례상 **거부처분취소소송**에 있어서 **거부처분의 위법성판단의 기준시점**은 '**처분시**'이다. (O) [08 세무사]

🔲 판례에 의하면 **거부처분에 대한 취소소송**에서는 **처분시**로 본다. (O) [09 세무사]

🔲 **거부처분취소소송**에서의 **위법판단의 기준시**는 **처분시**이다. (O) [18 세무사]

🔲 **거부처분취소소송**의 **위법성판단의 기준시점**은 판결시이다. (×) [19 세무사]

🔲 甲은 2021. 5. 24. 영업허가**거부처분**을 받고 그 다음 날 그 처분에 대해 취소소송을 제기하였다. 법원은
심리를 진행한 후 **2021. 12. 3. 변론을 종결**하였고, 선고기일은 2021. 12. 17.이다. 이 경우 법원은
~~2021. 12. 17.~~ **당시의 법령과 사실상태를 기준**으로 하여 **처분의 위법 여부를 판단**하여야 한다. (×) [21
세무사]　 ✓ ~~2021. 12. 17.~~ → 2021. 5. 24. (영업허가거부처분일)

🔲 **거부처분 취소소송**에서 **위법판단의 기준시**는 판결시이다. (×) [24 세무사]

🔲 과세**처분무효확인소송**에서 **위법성판단의 기준시점**은 '**처분시**'이다. (O) [10 세무사]

🔲 **무효등확인소송**에서 **위법성판단의 기준시점**은 **취소소송과 같다**. (O) [11 세무사]

🔲 **무효확인소송**에서 **처분의 위법성 판단 기준시점**은 **처분시**이다. (O) [13 세무사]

🔲 **무효확인소송**의 **위법성 판단의 기준시점**은 판결시이다. (×) [19 세무사]

🔲 **항고소송**에서 **처분의 위법 여부**는 **처분시의 법령과 사실상태를 기준**으로 **판단**한다. (O) [11 세무사]

➡ 위 지문들에서의 '**항고소송**'은 부작위위법확인소송을 제외한 **취소소송과 무효등확인소송**을 뜻한다.

🔲 **항고소송**에서 **위법판단 기준시**는 판결시이다. (×) [99 국가7]

🔳 '**항고소송**'에서의 '**위법성 판단 기준시점**' 정리

	위법성 판단 기준 시점
취소소송에서의 **처분의 위법성**	처분시
거부처분취소소송에서의 **처분의 위법성**	
무효등 확인소송에서의 **처분의 위법성**	
부작위위법확인소송에서의 **부작위의 위법여부**	사실심변론종결시(판결시)

487 ★★★★

부작위위법확인소송에서는 (   )의 법령과 사실상태를 기준으로 부작위의 위법 여부를 판단한다.

[16 세무사] **O X**

> 해설
>
> 부작위위법확인소송에서 **부작위 위법 여부의 판단 기준시**는 ★**사실심의 구두변론종결시**이므로 행정청이 원심판 결선고 이후에 위 신고인의 위 신청에 대하여 거부처분을 함으로써 부작위 상태가 해소되었다 하더라도 달리 볼 것은 아니다. (대판 1991. 7. 9., 91누971)

✓ 취소소송이나 무효등확인소송에서와는 달리, **부작위위법확인소송**에서는 ★**처분이 존재하지 않는바**, 부작위위법 확인소송의 심판대상은 일정한 처분(소극적인 처분이든 적극적인 처분이든) 의무의 존부이므로, ★**판결시(사실 심 변론종결시)**를 기준으로 부작위의 위법여부를 판단할 수밖에 없다.

    ➡ 즉 사실에 관한 심급의 변론이 종결될 때까지도 부작위가 계속 존재하는지 판단하는 것이다. **정답** 판결시

☐ **부작위위법확인소송**에서 **부작위의 위법성 판단의 기준시**는 '**판결시(구두변론종결시)**'이다. (O) [06 경기 9]

☐ 판례에 의할 때 **부작위위법확인소송**의 **위법성 판단시점**은 '**판결시**'이다. (O) [06 세무사]

☐ 판례상 **부작위위법확인소송**에 있어서 **부작위의 위법성판단의 기준시점**은 '**사실심 변론종결시**'이다. (O) [08 세무사]

☐ **부작위위법확인소송**의 **위법성 판단의 기준시점**은 **판결시**이다. (O) [12 세무사]

☐ **부작위위법확인소송**에서 **위법성 판단 기준시점**은 **판결시**이다. (O) [13 세무사]

☐ **부작위위법확인소송**에서 **위법판단의 기준시점**은 처분시가 아니라 **사실심변론종결시**로 보아야 한다. (O) [13 국회8]

☐ **부작위위법확인소송**에서의 **위법성 판단의 기준시**점은 '**변론종결시**'이다. (O) [16 소방간부]

☐ **부작위위법확인소송**의 **위법판단의 기준시**는 **판결시**이다. (O) [18 세무사]

☐ **부작위위법확인소송**의 **위법성판단의 기준시점**은 **판결시**이다. (O) [19 세무사]

☐ **부작위위법여부의 판단 기준시**는 사실심의 구두변론종결시로서 **판결시**이다. (O) [20 세무사]

☐ **부작위위법확인소송**에서 행정청의 **부작위가 위법**하다는 것은 **사실심의 구두변론종결시를 기준**으로 확 인한다. (O) [23 세무사]

    ➡ 수험적으로는 '판결시'='변론종결시'='사실심(구두)변론종결시'로 정리하면 된다.

☐ **부작위위법확인소송**에서 **위법성의 판단시점**은 처분시이다. (X) [07 경남9]

☐ 판례에 의하면 **부작위위법확인소송**에서는 처분시로 본다. (X) [09 세무사]

☐ **부작위위법확인소송**에서의 **위법판단의 기준시**는 처분시이다. (X) [13 서울9] [05 국회8]

☐ **부작위위법확인소송**에서 법원이 **위법성 여부를 판단**하는 **기준시점**은 처분시이다. (X) [17 세무사]

☐ 행정심판의 재결을 거친 **부작위위법확인소송**에서 **위법판단의 기준시**는 처분시이다. (X) [24 세무사]

    ➡ 지문 중 "행정심판의 재결을 거친"은 수험생을 당황하게 하려는 **단순 함정** 표현에 불과하다.

488 ★★★☆

㉠ 행정소송에서 행정처분의 위법 여부는 처분 후 법령의 개폐나 사실상태의 변동에 의하여 영향을 받는다. **[13 경행] O X**

㉡ 난민인정거부처분이후 국적국의 정치적 상황이 변화하였다고 하여도 처분시를 기준으로 처분의 위법성을 판단해야 한다. **[18 세무사] O X**

㉢ 공정거래위원회의 과징금 납부명령은 행하여진 의결일 당시의 사실상태와 법령을 기준으로 판단한다. **[18 세무사] O X**

해설

- 행정소송에서 행정**처분의 위법 여부**는 행정**처분이 행하여졌을 때의 법령과 사실 상태를 기준**으로 하여 판단하여야 하고, **처분 후 법령의 개폐나 사실상태의 변동**에 의하여 **영향을 받지는 않으므로**, 난민 인정 거부처분의 취소를 구하는 **취소소송**에서도 그 거부**처분을 한 후 ★국적국의 정치적 상황이 변화**하였다고 하여 **처분의 적법 여부가 달라지는 것은 아니다.** (대판 2008. 7. 24., 2007두3930)

- 행정소송에서 행정**처분의 위법 여부**는 행정**처분이 행하여졌을 때의 법령과 사실상태를 기준**으로 하여 판단해야 하고, 이는 독점규제 및 공정거래에 관한 법률에 기한 **공정거래위원회의 시정명령 및 과징금 납부명령**에서도 **마찬가지**이다. 따라서 **공정거래위원회의 과징금 납부명령 등이 재량권 일탈·남용으로 위법한지**는 다른 특별한 사정이 없는 한 **과징금 납부명령 등이** 행하여진 **★'의결일' 당시의 사실상태를 기준**으로 판단하여야 한다. (대판 2015. 5. 28. 2015두36256)

✓ ⓐ **처분 후에 법령이 개폐**되었거나 **사실상태가 변동**되었다고 하여, **처분의 적법여부가 달라지지 않는다.**

ⓑ 즉 **처분 후의 법령개폐나 사실상태가 변동**되었다고 해서, **처분 당시를 기준**으로 **위법하였던 처분이 적법한 처분인 것으로 판단이 달라진다거나**, **처분 당시 기준**으로 **적법하였던 처분이 위법한 처분인 것으로 판단이 달라질 수 없는 것이다.** **정답** ㉠ X, ㉡ O, ㉢ O

▨ 원칙적으로 항고소송에서 **처분의 위법여부**는 **처분 후에 생긴 법령의 개폐나 사실 상태의 변동**에 **영향을 받지 않는다.** (O) [23 세무사]

▨ **甲이** 관할 행정청으로부터 **영업허가취소처분**을 받았고, 이에 대해 **취소소송을 제기하여 취소판결이 확정**된 경우, 위 **영업허가취소처분**에 대한 **취소판결**은 처분 이후부터 사실심 변론종결시까지의 법령의 개폐 및 사실상태의 변동을 고려하여 내려진 것이다. (X) [16 국회8 변형]

➡ **처분 이후에 이루어진 법령의 개폐 및 사실상태의 변동**은 고려하지 않는다.

▨ 행정소송에서 행정**처분의 위법 여부**는 행정**처분이 있을 때의 법령과 사실상태를 기준**으로 하여 판단하여야 하고 처분 후 법령의 개폐나 사실상태의 변동이 있다면 그러한 법령의 개폐나 사실상태의 변동에 의하여 처분의 위법성이 치유될 수 있다. (X) [20 소방]

➡ **처분 당시에 위법**하였다면, **처분 이후**에 법령의 개폐나 사실상태가 변동되더라도, **처분이 적법하게 되지 않는다.**

▨ **난민인정거부처분취소소송**에 있어서 **거부처분을 한 후 국적국의 정치적 상황이 변화**하였다고 하여 **처분의 적법여부가 달라지는 것은 아니다.** (O) [19 세무사]

▨ 공정거래위원회의 **과징금 납부명령**이 **재량권 일탈남용으로 위법한지**는 다른 특별한 사정이 없는 한 **과징금 납부명령**이 행하여진 **'의결일' 당시의 사실상태를 기준으로 판단**하여야 한다. (O) [18 국회8]

489 ★★★☆

㉠ 처분 당시의 사실상태에 대한 입증은 사실심변론종결시까지 할 수 있다.   [17 세무사] **O X**

㉡ 취소소송의 위법성 판단 기준시점은 처분시이므로 법원은 처분 당시 존재하였던 자료만으로 위법 여부를 판단하여야 한다.   [13, 23 세무사] **O X**

> 해설
>
> 항고소송에 있어서 행정처분의 위법 여부를 판단하는 기준 시점에 대하여 판결시가 아니라 <u>처분시</u>라고 하는 의미는 행정처분이 있을 때의 **법령과 사실상태**를 기준으로 하여 위법 여부를 판단할 것이며 <u>처분 후 법령의 개폐나 사실상태의 변동에 영향을 받지 않는다는 뜻이지, 처분 당시 존재하였던 자료나 행정청에 제출되었던 자료만으로 위법 여부를 판단한다는 의미는 아니므로, **처분 당시의 사실상태 등**에 대한 ★**입증은 사실심 변론종결 당시까지 할 수 있고**, 법원은 행정처분 당시 행정청이 알고 있었던 자료뿐만 아니라 ★**사실심 변론종결 당시까지 제출된 모든 자료를 종합**하여 **처분 당시 존재하였던 객관적 사실을 확정**하고 **그 사실에 기초**하여 **처분의 위법 여부를 판단**할 수 있다. (대판 1995.11.10. 95누846)
>
> ✓ ㉠ 처분의 경위 등 **처분당시의 사실**에 관한 **제반 자료 등**의 입증은 **사실심변론종결시까지 가능**한바,
>
>   ㉡ **법원으로서는 처분 당시에 관한 제반 자료**를 ★**사실심변론종결시까지 제출**받은 후 **이를 종합**하여 **처분의 위법성 여부를 판단**하여야 한다는 판시이다.   **정답** ㉠ O, ㉡ ×

▣ 항고소송에서 **당사자**는 **소송변론종결시**까지 **주장과 증거를 제출**할 수 있다. (O) [24 세무사]

   ➡ 소송변론종결시=사실심변론종결시

▣ **甲**은 **2021. 5. 24.** 영업허가**거부처분**을 받고 그 다음 날 그 처분에 대해 취소소송을 제기하였다. 법원은 심리를 진행한 후 **2021. 12. 3. 변론을 종결**하였고, 선고기일은 2021. 12. 17.이다. 이 경우 甲은 **사실상태에 대한 입증**을 ~~2021. 12. 17.~~까지 할 수 있다. (×) [21 세무사]

   ☑ ~~2021. 12. 17.~~ → 2021. 12. 3. (사실심변론종결일)

▣ **법원**은 **사실심 변론종결시**까지 **제출된 모든 자료를 종합**하여 **처분의 위법 여부를 판단**할 수 있다. (O) [19, 24 세무사]

▣ **甲**은 **2021. 5. 24.** 영업허가**거부처분**을 받고 그 다음 날 그 처분에 대해 **취소소송을 제기**하였다. 법원은 심리를 진행한 후 **2021. 12. 3. 변론을 종결**하였고, 선고기일은 2021. 12. 17.이다. 이 경우 **법원**은 **2021. 12. 3.까지 제출**된 **모든 자료를 종합**하여 **2021. 5. 24. 당시 존재**하였던 **객관적 사실을 확정**하고 **그 사실에 기초**하여 **처분의 위법 여부를 판단**할 수 있다. (O) [21 세무사]

▣ **행정소송**에서 **처분시를 기준**으로 하면 행정청이 처분 당시 보유하였던 자료만으로 **위법판단**을 해야 한다. (×) [18 세무사]

▣ **甲**은 **2021. 5. 24.** 영업허가**거부처분**을 받고 그 다음 날 그 처분에 대해 **취소소송을 제기**하였다. 법원은 심리를 진행한 후 **2021. 12. 3. 변론을 종결**하였고, 선고기일은 2021. 12. 17.이다. 이 경우 **법원**은 ~~2021. 5. 24. 당시 존재하였던 자료나 행정청에 제출되었던 자료만으로~~ **2021. 5. 24. 당시 존재**하였던 **객관적 사실을 확정**하고 **그 사실에 기초**하여 **처분의 위법 여부를 판단**하여야 한다. (×) [21 세무사]

▣ **법원**은 행정처분 당시 행정청이 알고 있었던 자료만을 종합하여 **처분 당시 존재하였던 객관적 사실을 확정**하고 **그 사실에 기초**하여 **판단**하여야 한다. (×) [22 세무사]

 제3항 **기타 위법성 관련 문제**

490 ★★★☆

㉠ 허가 등의 행정처분은 원칙적으로 허가 신청시의 법령과 허가기준에 의하여 처리되어야 한다.

[19 서울7] ⓞⓧ

㉡ 당사자의 신청에 따른 처분은 다른 법령에 특별한 규정이 있는 경우를 제외하고는 신청 당시의 법령 등에 따른다.

[21 지방7] ⓞⓧ

해설

- 허가 등의 행정**처분**은 원칙적으로 **처분시**의 법령과 허가기준에 의하여 처리되어야 하고 허가**신청 당시의 기준**에 **따라야 하는 것은 아니다.** (대판 2006.8.25. 2004두2974)
- **【행정기본법】 제14조(법 적용의 기준)** ② **당사자의 신청에 따른 처분**은 법령등에 특별한 규정이 있거나 처분 당시의 법령등을 적용하기 곤란한 특별한 사정이 있는 경우를 제외하고는 ★**처분 당시의 법령등**에 **따른다.**

✓ 당사자의 신청에 따른 처분은 주로 각종 인·허가처분을 뜻하는바, 인·허가의 **신청에 대한** 인·허가 등의 **행정처분**은 ★'인·허가**처분 당시**'의 법령과 허가기준에 따라 처분을 내려줄 것인지를 **판단**하여야 한다. 이러한 '**처분시주의 원칙**'은 최근에 제정된 행정기본법에도 명문화되어 있다. **정답** ㉠ ✕, ㉡ ✕

▣ 항고소송에서 **처분의 위법 여부**는 특별한 사정이 없는 한 그 **처분 당시를 기준으로 판단하여야** 하지만, **신청에 따른 처분**의 경우에는 신청 **당시의 법령 등에 따른다.** (✕) [22 경찰간부]

☑ 신청 → 처분

▣ **당사자의 신청에 따른 처분**은 법령에 특별한 규정이 있거나 처분 당시의 법령을 적용하기 곤란한 특별한 사정이 있는 경우를 제외하고는 **처분 당시의 법령에 따른다.** (ⓞ) [23 소방]

491 ★★★☆

㉠ 허가신청이 있은 후 그에 대한 결정이 있기 전에 허가기준을 정한 법령이 개정된 경우에는 처분청은 원칙적으로 개정된 법령을 적용하여야 한다는 것이 판례의 입장이다. [23 세무사] O X

㉡ 허가신청 후 허가기준이 변경되었다 하더라도 그 허가관청이 허가신청을 수리하고도 정당한 이유 없이 그 처리를 늦추어 그 사이에 허가기준이 변경된 것이 아닌 이상 변경된 허가기준에 따라서 처분을 하여야 한다. [23 세무사] O X

> **[해설]**
>
> 비록 허가**신청 후** 허가기준이 **변경**되었다 하더라도 그 허가 관청이 허가**신청을 수리하고도** ★**정당한 이유 없이** 그 처리를 늦추어 그 사이에 허가기준이 변경된 것이 아닌 이상 ★**변경된 허가기준**에 따라서 처분을 하여야 한다. (대판 2006.8.25. 2004두2974)
>
> ✅ ㉠ 인·허가의 신청 후에 근거**법령의 개정 등**으로 인해 **인·허가의 기준이 변경**된 경우에도, '**처분시주의**'에 따라 ★**변경된**(=개정된) **인·허가 기준**에 따라 **처분**을 내려줄 것인지를 **판단**하여야 한다.
>
> ㉡ 다만 **인·허가 관청(공무원)의 고의나 중과실**로 인해서 **신청에 대한 업무처리가 현저히 지연**되고 있던 와중에 **인·허가의 기준이 변경**된 경우에는, **변경되기** ★**전의 허가기준**에 따라 **판단**하여야 한다.
>
> **[정답]** ㉠ O, ㉡ O

📘 인·허가**신청 후 처분 전에 관계법령이 개정·시행**된 경우, 행정행위는 신청 **당시에 시행 중인 법령과 허가기준에 의하여** 하는 것이 원칙이다. (✕) [15 행정사]

    ☑ 신청 → 처분

📘 **신청 후 허가기준이 변경**된 경우에는 원칙적으로 **처분시**가 ~~아닌 신청서의~~ **법령과 기준**에 의해 **처리되어야** 한다. (✕) [15 경행]

📘 판례에 의하면 소관**행정청이 허가신청을 수리**하고도 **정당한 이유없이 처리를 늦추어 그 사이**에 **법령 및 허가기준이 변경**된 경우에 **새로운 법령 및 허가 기준에 따라서 한 불허가처분은 위법**하다. (O) [02 입시]

    ➡ **신청 당시의 기준**에 따르면 **허가가 가능**하고 개정된 기준에 따르면 **허가가 불가능한 경우**라면, **행정청의 귀책사유로** 허가신청에 대한 **업무처리가 지연되는 도중에 허가기준이 변경**된 것이기 때문에, 신청인에게 불이익하지 않도록 **신청 당시의 기준을 적용**해서 **허가를 해주어야** 한다.

📘 허가**신청 후 허가기준이 변경**되었다 하더라도 그 허가**관청이 허가신청을 수리**하고도 **정당한 이유 없이** 그 **처리를 늦추어 그사이에 허가기준이 변경**된 것이 아닌 이상 **변경**~~되가 이전의~~ **허가기준에 따라서 처분**을 하여야 한다. (✕) [23 소방간부]

492 ★★☆☆

과징금 부과기준에 관한 처분시의 시행령이 행위시의 시행령보다 불리하게 개정되었고 적용법령에 대한 특별한 규정이 없다면 행위시의 시행령을 적용하여야 한다. [23 세무사] ⓄⓍ

구 건설업법 시행 당시에 **건설업자가 도급받은 건설공사 중 전문공사를** 그 전문공사를 시공할 **자격 없는 자**에게 **하도급**한 행위에 대하여 건설산업기본법 제5조 제1항에 의하여 피적용자에게 유리하게 개정된 건설산업기본법 제82조 제2항에 따르되, **구체적인 부과기준에 대하여는 처분시의 시행령이** 행위시의 시행령보다 **불리하게 개정**되었고 어느 시행령을 적용할 것인지에 대하여 특별한 규정이 없으므로, **행위시의 시행령을 적용**하여야 한다.(대판 2002.12.10, 2001두3228)

☑ 행정법규 위반자에 대한 **과징금처분을 부과하려는** 당시의 부과기준이 위반 **행위시보다 불리하게 개정**되었다면, 피적용자에게 불리한 처분시의 시행령이 아니라, **피적용자에게 유리한 행위시의 시행령을 적용**하여야 한다는 판시이다.

정답 ○

🔲 **건설업자**가 **시공자격 없는 자**에게 전문**공사를 하도급한 행위**에 대하여 **과징금부과처분**을 하는 경우, 구체적인 부과기준에 대하여 **처분시의 법령이 행위시의 법령보다 불리하게 개정**되었고 어느 법령을 적용할 것인지에 대하여 특별한 규정이 없다면 **행위시의 법령을 적용**하여야 한다. (○) **[15 국가9]**

493 ★★☆☆

[18 세무사]

개발부담금의 부과에 있어서는 특별한 사정이 없는 한 개발사업이 종료될 당시의 법률이 적용된다.

ⓄⓍ

개발부담금의 부과에 있어서는 특별한 사정이 없는 한 소급입법금지의 원칙상 ★**개발사업의 종료라는 부과요건 사실이 완성**될 당시의 **법률을 적용**하여야 하고, 그 후 법률이 개정되었다 하더라도 개정된 법률을 적용할 것은 아니다. (대판 2003. 3. 14., 2001두4627)

☑ ⓐ '**개발부담금**'은 **사업시행자의 개발사업 시행**으로 인하여, **개발대상 토지의 지가의 상승분이 정상지가상승분**을 초과할 정도로 **상승**하는 경우에, 그 **초과분의 개발이익 중 일부를 나라가 환수**하는 제도인바,

　　ⓑ ★**개발사업이 종료된 시점**에 비로소 **개발부담금 부과가 가능**해지므로, 개발부담금 **부과의 근거법령은** ★**개발부담금 부과 요건사실의 완성시점(개발사업 종료시)** 당시의 법령이라는 판시이다.

정답 ○

494 ★★★☆

㉠ 「산업재해보상보험법」상 장해급여 지급에 관한 처분은 수급권자가 지급청구권을 취득할 당시의 법령에 따르는 것이 원칙이다. [18 세무사] **O** **X**

㉡ 「국민연금법」상 장애연금 지급을 위한 장애등급결정은 가입자가 지급청구권을 취득할 당시의 법령에 따르는 것이 원칙이다. [18 세무사] **O** **X**

해설

- 「산업재해보상보험법」상 **장해급여**는 근로자가 업무상의 사유로 부상을 당하거나 질병에 걸려 치료를 종결한 후 신체 등에 **장해가 있는 경우** 그 **지급사유가 발생**하고, 그 때 근로자는 **장해급여지급청구권을 취득**하므로, 장해급여지급을 위한 **장해등급결정** 역시 ★**장해급여지급청구권을 취득할 당시**, 즉 그 ★**지급사유 발생 당시**의 **법령**에 따르는 것이 원칙이다. (대판 2007.2.22. 2004두12957)

- 국민연금법상 **장애연금**은 국민연금 가입 중에 생긴 질병이나 부상으로 완치된 후에도 신체상 또는 정신상의 장애가 있는 자에 대하여 그 장애가 계속되는 동안 장애 정도에 따라 지급되는 것으로서, 치료종결 후에도 신체 등에 **장애가 있을 때 지급사유가 발생**하고 그 때 가입자는 **장애연금 지급청구권을 취득**한다. 따라서 장애연금 지급을 위한 **장애등급 결정**은 ★**장애연금 지급청구권을 취득할 당시**, 즉 치료종결 후 ★**신체 등에 장애가 있게 된 당시**의 법령에 따르는 것이 원칙이다. (대판 2014.10.15. 2012두15135)

산업재해보상보험법상 장해등급 결정을 위한 법령 적용 기준시점	국민연금법상 장애등급 결정을 위한 법령 적용 기준시점
장해급여 지급청구권 취득 당시의 법령 = ★**지급사유 발생** 당시의 법령 ┗ 근로자가 업무상의 사유로 부상을 당하거나 질병에 걸려 치료종결 후에도 신체 등에 장해가 있게 된 때	**장애연금 지급청구권 취득** 당시의 법령 = ★**지급사유 발생** 당시의 법령 ┗ 국민연금 가입 중에 생긴 질병이나 부상에 대한 치료종결 후에도 신체상, 정신상 장애가 있게 된 때

✓ '처분시설'의 예외로 볼 수 있는 사안인데, **장애연금(장해등급) 결정**할 때에는 결정 처분 당시의 근거법령이 아니라, 신체 등에 '**장해(장애)가 있게 된 때**'(지급사유 발생시)를 뜻하는 **장애연금(장해등급)** ★'**지급청구권 취득 당시**'의 근거법령을 **따라야** 한다는 판시이다.   **정답** ㉠ O, ㉡ O

■ **장해급여 지급**을 위한 **장해등급결정**과 같이 행정청이 확정된 법률관계를 확인하는 처분을 하는 경우에는 처분시 **법령을 적용**하여야 한다. (✕) [14 지방7]

   ☑ 처분시 법령 → '장해급여지급청구권 취득' 당시(장해급여 지급사유 발생시)

■ 국민연금법상 **장애연금 지급**을 위한 **장애등급결정**을 하는 경우에는 원칙상 **장애연금 지급청구권을 취득할 당시**가 아니라 장애연금지급을 결정할 당시의 **법령을 적용**한다. (✕) [17 국가7 下]

   ☑ 장애연금지급 결정 당시 → '장애연금지급청구권 취득' 당시(장애연금 지급사유 발생시)

495 ★★★☆

「국민건강보험법」상 과다본인부담금 확인 처분 등의 위법여부에 관하여 진료행위시와 처분시 사이 요양급여기준이 개정되었을 경우 처분시의 법령을 적용하여야 한다. **O X**

> **해설**
>
> 요양기관이 **진료행위**를 하고 **대가**로 지급받은 비용이 **과다본인부담금에 해당하는지**는 해당 **진료행위를 하고 그 비용을 수수한 때** 시행되는 법령에 의하여 정해진 요양급여기준과 요양급여비용 산정기준에 따라 정해지는 것이므로, 요양기관이 **진료행위의 대가로 지급받은 비용**이 구 국민건강보험법 제43조의2 제1항, 제2항에 의하여 **과다본인부담금에 해당하는지**는 개정된 요양급여기준 등의 법령이 아니라 ★**진료행위 당시** 요양급여기준 등의 법령을 기준으로 **판단**해야 하고, … (중략) … 진료행위 이후 개정된 요양급여기준 등에 관한 법령을 진료행위 당시로 소급하여 적용할 수는 없다. (대판 2012. 8. 17. 2011두3524)
>
> ☑ 위 문제와 유사한 '처분시설'의 예외인데, 국민건강보험법상 **병원이** 진료행위의 대가로써 **지급받은 비용**이 과다본인부담금에 해당하는지 여부를 **판단하는 기준 법령**은 과다본인부담금 확인·통보 처분 당시가 아니라, '**진료행위 당시 시행 법령**'이라는 판시이다. **정답** ✕

496 ★★★☆

세금의 부과는 특별한 사정이 없는 한 납세의무의 성립시에 유효한 법령의 규정에 의한다.

O X

> **해설**
>
> **세금의 부과**는 ★**납세의무의 성립시에 유효한 법령의 규정**에 의하여야 하고, 세법의 개정이 있을 경우에도 특별한 사정이 없는 한 개정 전후의 법령 중에서 ★**납세의무가 성립될 당시**의 법령을 적용하여야 할 것이다. (대판 1997. 10. 14. 97누9253)
>
> ☑ 가령 **취득세**의 경우, **과세물건을 취득하는 때**에 **납세의무가 성립**하는 것이므로, 과세물건을 취득하는 때의 법령을 **적용**하여 **취득세를 부과**하여야 한다. **정답** ○

497 ★★★☆

여러 처분사유에 관하여 하나의 제재처분을 하였을 때 그 중 일부가 적법하지 않다면 나머지 처분사유만으로 정당성이 인정되더라도 그 처분을 취소해야 한다. **O X**

> **해설**
>
> **여러 처분사유**에 관하여 **하나의 제재처분**을 하였을 때 그 중 일부가 적법하지 않다고 하더라도 **나머지 처분사유들만으로도** 그 **처분의 정당성이 인정**되는 경우에는 그 처분을 위법하다고 보아 **취소하여서는 아니 된다**. (대판 2017. 6. 15., 2015두2826)
>
> ☑ 제재처분의 여러 사유들 중에서 비록 일부가 위법하더라도, **다른 처분사유들**이 그 **제재처분의 정당성을 뒷받침할 수 있을 때**에는 그 **처분을 위법하다고 볼 수 없다**는 판시이다. **정답** ✕

▨ 행정처분에 있어 **여러 개의 처분사유 중** 일부가 적법하지 않으면 **다른 처분사유로써** 그 **처분의 정당성이 인정**된다고 하더라도, **그 처분**은 위법하게 된다. (✕) [20 국가9]

498 ★★★★

⊙ 판례에 의할 때 항고소송의 원고는 전심절차에서 주장하지 아니한 공격방어방법을 소송절차에서 주장할 수 없다. [06, 24 세무사] O X

ⓛ 교원소청심사 결정 전의 사유라 하더라도 소청심사 단계에서 주장하지 아니한 사유에 대해서 법원은 심리·판단할 수 없다. [19 세무사] O X

> **해설**
> - 행정소송이 전심절차를 거쳤는지 여부를 판단함에 있어서 **전심절차에서의 주장**과 **행정소송에서의 주장**이 전혀 별개의 것이 아닌 한 그 주장이 ★**반드시 일치하여야 하는 것은 아니고**, 당사자는 **전심절차에서 미처 주장하지 아니한 사유**를 ★**공격방어방법으로 제출할 수 있고, 법원은 이를 심리하여 행정처분의 적법 여부를 판단할 수 있는 것이다.** (대판 1999.11.26., 99두9407, 1996.6.14. 96누754)
> - 교원소청심사위원회가 한 결정의 취소를 구하는 소송에서 그 결정의 적부는 결정이 이루어진 시점을 기준으로 판단하여야 하지만, 그렇다고 하여 소청심사 단계에서 이미 주장된 사유만을 ★**행정소송의 판단대상으로 삼을 것은 아니다.** 따라서 소청심사 결정 후에 생긴 사유가 아닌 이상 **소청심사 단계에서 주장하지 아니한 사유도 ★행정소송에서 주장**할 수 있고, **법원도 이에 대하여 심리·판단할 수 있다.** (대판 2018. 7. 12., 2017두65821)
>
> ✓ ⓐ 일반행정심판, 소청심사 등의 **전심절차 단계에서 주장하지 않았던 처분의 위법사유**와 행정소송 단계에서 새로이 주장하는 처분의 위법사유는 전혀 별개의 것이 아닌 이상 **기본적 관점에서 상호부합하면 충분**하기 때문에,
>
> ⓑ **행정심판 단계**에서는 ★**주장하지 않았던 처분의 위법사유를, 행정소송** 단계에서 **처분의 위법성을 뒷받침**하기 위한 ★**새로운 공격방어방법**으로 내세울 수 있으며, **법원**도 이와 같은 **새로운 주장을 심리**함으로써 **처분의 적법여부를 판단**하게 된다. **정답** ⊙ ✕, ⓛ ✕

■ **행정심판절차에서 주장하지 아니한 사항**에 대해서도 원고는 **취소소송에서 주장할 수 있다.** (O) [13 국가7]

■ **행정심판 등 전심절차에서의 주장**과 **행정소송에서의 주장**이 전혀 별개의 것이 아닌 한 그 주장이 **반드시 일치하여야 하는 것은 아니다.** (O) [16 세무사]

■ **항고소송**에 있어서 **원고**는 **전심절차에서 주장하지 아니한 공격방어방법을 소송절차에서 주장할 수 있다.** (O) [23 세무사]

■ 원고가 **전심절차에서 주장하지 아니한** 처분의 **위법사유를 소송절차에서 새로이 주장**한 경우 다시 그 처분에 대하여 별도의 전심절차를 거쳐야 한다.(✕) [13 국가9]

> 항고소송에 있어서 원고는 **전심절차에서 주장하지 아니한 공격방어방법을 소송절차에서 주장**할 수 있고 법원은 **이를 심리**하여 행정**처분의 적법 여부를 판단**할 수 있는 것이므로, 원고가 전심절차에서 주장하지 아니한 처분의 위법사유를 소송절차에서 새롭게 주장하였다고 하여 다시 **그 처분**에 대하여 **별도의 전심절차를 거쳐야 하는 것은 아니다.** (대판 1996. 6. 14., 96누754)
> ➤ 위의 판례와 동일한 취지이다. 행정심판단계에서 주장하지 않았던 위법사유를 행정소송절차에서 새로이 주장할 수 있으므로, 새로운 주장을 이유로 당해 처분에 대한 행정심판을 다시 거칠 필요가 없다는 판시이다.

■ **소청심사결정의 취소를 구하는 소송**에서 **소청심사단계에서 이미 주장된 사유만**을 행정소송에서 **판단대상으로 삼을 것은 아니고** 소청심사결정 후에 생긴 사유가 아닌 이상 **소청심사단계에서 주장하지 않은 사유도 행정소송에서 주장하는 것이 가능**하다. (O) [21 국회8]

499 ★★☆☆

신청에 따른 처분에 대하여 절차의 위법을 이유로 하는 취소소송은 행정소송법상 허용되는 행정소송이다. **O X**

> **해설**
>
> 식품위생법 제64조, 같은법시행령 제37조 제1항 소정의 청문절차를 전혀 거치지 아니하거나 거쳤다고 하여도 그 **절차적 요건**을 제대로 **준수하지 아니한** 경우에는 가사 영업정지사유 등 위 법 제58조 등 소정 사유가 인정된다고 하더라도 그 **처분은 위법**하여 ★**취소를 면할 수 없다.** (대판 1991.7.9., 91누971)
>
> ✓ **행정처분**에 있는 **절차상 하자**가 **독자적 위법사유**가 될 수 있는지 여부에 대하여 학설의 대립이 있으나, 다수설·판례는 행정**처분에서의 ★절차적 하자의 독자성을 인정**하여 실체적 하자가 없고 ★**절차상 하자만 있는 경우에**도 **취소판결을 할 수 있다**고 본다. **정답 O**

■ 판례는 **행정행위**의 **절차의 흠**을 **독립된 위법사유**로 본다. (O) **[01 관세사]**

■ 판례에 의하면, **행정처분이 실체법상 적법**하다고 하더라도 일정한 경우에는 **절차상의 하자만을 이유로도 취소될 수 있다**고 한다. (O) **[01 입시]**

■ **행정처분이 절차상 중대한 하자**가 있다고 하더라도 실체적 하자가 없다면 **취소판결**을 할 수 없다. (X) **[18 교행9]**

■ **행정처분**에 실체적 위법이 없는 한 **절차적 하자**만으로 **독립된 취소사유**가 되지 못한다. (X) **[20 행정사]**

500 ★☆☆☆

불가쟁력이 발생한 단순 위법한 철거명령을 이유로 대집행계고처분의 취소를 구할 수는 없다. **O X**

> **해설**
>
> | ① **철거명령** ➡ | ② 대집행 **계고** ➡ ③ 대집행 **영장통지** ➡ ④ 대집행 **실행** ➡ ⑤ 대집행 실행**비용징수** |
>
> **(하자의 승계 불인정)** 의무부과행위(①)과 대집행의 실행절차(②·③·④·⑤) 사이
> **(하자의 승계 인정)** 대집행의 실행절차(②-③-④-⑤) 사이
>
> ✓ ⓐ **둘 이상의 행정행위**가 **연속**적으로 행해지는 경우(예 행정청이 **불법건축물을 적발**하여 불법건축물의 소유자에게 **철거할 것을 명령**하였음에도 소유자가 행정청의 **철거명령에 불응**할 경우, **행정청이 대집행을 실행**하여 **대신 철거**하고 그 **철거비용을 소유자에게 징수**하는 대집행절차)에서,
>
> ⓑ 이 때 **선행처분**인 '**철거명령**'과 **후행처분**인 '**대집행실행절차**(계고-영장통지-실행-비용징수)' 사이에는 **위법성(하자)가 승계되지 않는 관계**에 있기 때문에, **철거명령**에 단순위법한 하자가 있는 경우에는 그 하자를 이유로 대집행계고처분의 위법성을 ★**주장할 수가 없다.** **정답 O**

■ **건물철거명령**이 당연무효가 아니고 불가쟁력이 발생하였다면 **건물철거명령의 하자를 이유**로 후행 **대집행계고처분의 효력을 다툴 수 없다.** (O) **[22 국가9]**

■ 건물의 **철거명령**이 무효가 아닌 **단순위법**인 경우, 그 **철거명령**과 **대집행의 계고(戒告)** 사이에는 행정행위의 하자승계가 인정된다. (X) **[07 국가7]**

■ **건물철거명령에 취소사유**가 있음을 들어 대집행계고처분의 위법을 주장할 수 있다. (X) **[13 행정사]**

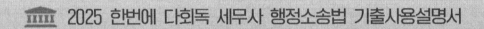

제 11 절

소송절차

- 제1항 피고적격
- 제2항 재판관할

Administrative Litigation Law

제1항 **피고적격**

---

1 **원칙적 피고적격자**

501 ★★★★

취소소송은 다른 법률에 특별한 규정이 없는 한 그 처분 등을 행한 행정청을 피고로 한다.

> 해설
>
> · 【행정기본법】
> 제2조(정의) 이 법에서 사용하는 용어의 뜻은 다음과 같다.
> 2. "**행정청**"이란 다음 각 목의 자를 말한다.
>   가. **행정**에 관한 **의사를 결정하여** 표시하는 **국가 또는 지방자치단체의 기관**
>   나. 그 밖에 법령등에 따라 **행정**에 관한 **의사를 결정하여** 표시하는 **권한**을 가지고 있거나 그 **권한을 위임 또는 위탁**받은 **공공단체** 또는 그 **기관**이나 **사인(私人)**
> · 【행정소송법】
> 제13조(피고적격) ① **취소소송**은 다른 법률에 특별한 규정이 없는 한 ★그 **처분등을 행한 행정청**을 피고로 한다.
>
> ✓ **행정**에 관한 **의사를 결정**하여 **외부에 표시**하는 **권한**을 가진 국가 또는 지방자치단체의 **행정기관** 등을 이른바 '**행정청**'이라고 하는바, **취소소송의 원칙적 피고**는 '**처분 등을 자신의 명의로 행한 행정청**', 즉 ★**처분청**이 된다.
>
> 정답 O

🔲 법률에 특별한 규정이 없는 한 **처분청이 항고소송의 피고적격**이 있다. (○) [04 국회8]

🔲 **취소소송**은 원칙적으로 그 **처분을 행한 행정청을 피고**로 한다. (○) [12 세무사]

🔲 **취소소송**은 다른 법률에 특별한 규정이 없는 경우 그 **처분등을 행한 행정청을 피고**로 한다. (○) [14 세무사]

🔲 **취소소송**은 원칙적으로 **소송의 대상**인 행정**처분을 외부적으로 그의 명의로 행한 행정청**을 피고로 하여야 한다. (○) [17 국가5 승진]

🔲 **항고소송**은 소송의 대상인 **처분등을 외부적으로 그의 명의로 행한 행정청을 피고**로 한다. (○) [18 세무사]

🔲 **취소소송**에서 **처분을 한 행정청**은 **행정소송의 피고**가 될 수 없다. (✕) [05 세무사]

🔲 **취소소송**은 그 **처분을 행한** 정당한 권한을 가진 **행정청을 피고**로 한다. (✕) [19 세무사]
   ☑ 처분을 행한 정당한 권한을 가진 행정청 → **처분을 행한 행정청**

502 ★★☆☆

㉠ 취소소송 제도에서 피고는 행정주체가 된다. [14 사복9] ⓞⓧ

㉡ 서울특별시는 원칙적으로 항고소송의 피고가 될 수 있다. [08 세무사] ⓞⓧ

> **해설**
>
> **항고소송**은 원칙적으로 소송의 대상인 행정**처분 등**을 ★**외부적**으로 **그의 명의**로 행한 **행정청을 피고**로 하여야 하는 것이다. (대판 1994. 6. 14., 94누1197.)
>
> ✓ ㉠ 국가나 지방자치단체 등과 같은 이러한 행정주체는 스스로 행정작용(권한행사 등)을 하지 않고 '**행정청**'을 통해서 **행정작용**을 행하는바, **취소소송**에서는 '**자신의 명의로 처분을 행한 행정청(처분청)에게 피고적격**이 있으므로, 스스로 행정작용을 하지 않는 ★**행정주체는 피고가 되지 못한다.**
>
> ㉡ 따라서 서울특별시의 경우를 살펴보면, '**서울특별시**'는 지방자치단체로서 **행정주체**이고, '**서울특별시장**'은 서울특별시의 **의사**를 결정하여 **자신의 명의로 처분**을 행하는 **행정청**이므로, ★**서울특별시장의 행정처분**에 대한 **취소소송**에서 **서울특별시는 피고가 될 수 없고**, 당연히 ★'**서울특별시장'이 피고**가 된다.
>
> **정답** ㉠ ×, ㉡ ×

▦ **취소소송**에 있어서 국가 또는 지방자치단체와 같은 권리주체에게만 **피고적격**이 있다. (×) [02 관세사]

▦ **취소소송의 피고**는 원칙적으로 당해 **처분을 한 행정청**이 소속하는 국가 또는 공공단체이다. (×) [12 지방9]

▦ **행정청의 행위**에 대한 **항고소송의 피고적격**은 행정주체에게 인정된다. (×) [19 군무원9]

▦ **지방자치단체**는 **행정주체**의 지위를 갖는다. (○) [11 경행]

▦ **서울특별시**는 **행정주체가** 될 수 없다. (×) [13 국가9]

▦ **서울특별시장**은 행정소송법상 **행정청**에 포함된다. (○) [06 군무원9]]

▦ **서울특별시교육감**의 사립고등학교장 임명승인**처분 취소소송**에서의 피고적격은 서울특별사장이다. (×) [13 세무사]

  ☑ 서울특별시장 → 서울특별시교육감

    ➡ **서울특별시교육감**도 **서울특별시의 행정청**인바, 서울특별시**교육감** 명의의 **처분**에 대한 **취소소송의 피고**는 당연히 '**서울특별시교육감**'이므로, 서울특별시나 서울특별시장은 피고가 될 수 없다.

      ↪ 참고로 '**교육감**'은 시·도의 행정사무 중 **교육·학예에 관한 행정사무**만 관장하는 **행정청**

▦ **A시장**은 청소년에게 주류를 판매하였다는 이유로 식품위생법령에 따라 甲에게 **영업정지 2개월에 해당하는 처분**을 하였다. 이 경우 A시가 이 사건 처분에 대한 **취소소송의 피고**이다. (×) [23 세무사]

  ☑ A시 → A시장

503 ★★☆☆

㉠ 수원시장, 춘천시장, 국세청장, 국무총리는 항고소송의 피고가 될 수 있다.

[08 세무사] O X

㉡ 조세부과처분에 대한 항고소송의 피고는 당해 처분을 행한 세무서장이다.

[14 세무사] O X

해설

■ '항고소송의 피고'가 될 수 있는 '행정청'의 구체적 예시

행정권의 **수반** 및 **행정통할**의 **주체**	대통령, ★국무총리
대통령 직속기관	국가정보원장, 감사원장
행정부 **각 부처의 장** 및 **부(部)의 외청장**	행정안전부장관, 보건복지부 장관, 식품의약품안전처장, 국가보훈처장, ★국세청장, 경찰청장, 병무청장 등
각 부처의 하부기관의 장	★세무서장, 지방병무청장, 경찰서장 지방고용노동지청장 등
지방자치단체의 장 (시장·도지사·교육감·구청장·군수)	서울특별시장, 대전광역시장, 경상남도지사, 경상북도교육감 종로구청장, 광주광역시 북구청장 전주시장, ★수원시장, 춘천시장, 부안군수, 횡천군수 등
합의제 행정청	공정거래위원회, 토지수용위원회, 감사원 중앙노동위원회 등
권력분립에 따른 **독립기관** 등	국회의장, 국회사무총장, 대법원장, 법원행정처장 등

정답 ㉠ O, ㉡ O

■ 甲은 음주운전의 사유로 **서울지방경찰청장**으로부터 제2종 **원동기장치자전거 면허**에 대한 **취소처분**을 받은 사례에서, 甲이 이 사건 **처분에 대한 취소소송을 제기**하는 경우 **서울지방경찰청장을 피고**로 하여야 한다. (O) [16 국가5 승진 변형]

■ 국세를 부과하는 **세무서장**은 **행정청**이다. (O) [04 행시]

■ **세무서장**의 **조세부과처분**에 대한 행정소송의 **피고적격**은 당해 **세무서장**이다. (O) [07 세무사]

■ 세무서는 행정조직 내에서 사무분담기구일 뿐이고 대외적으로 의사를 결정·표시할 권한을 가진 행정청이 아니므로 행정소송에서의 **피고**는 **행정청인 세무서장**이 된다. (O) [08 국회8]

504 ★★★☆

㉠ 「행정소송법」상 행정청에는 법령에 의하여 행정권한을 위임 또는 위탁받은 사인도 포함된다.

[15 경행] Ⓞ Ⓧ

㉡ 법령에 의하여 행정권한을 위탁받은 사인도 처분을 행할 수 있다. [10 세무사] Ⓞ Ⓧ

㉢ 사인은 법령에 의하여 행정권한의 위탁을 받은 경우에도 취소소송의 피고가 될 수 없다.

[22 세무사] Ⓞ Ⓧ

해설

【행정소송법】 제2조(정의)

② 이 법을 적용함에 있어서 **행정청**에는 법령에 의하여 ★**행정권한의 위임 또는 위탁을 받은** 행정기관, 공공단체 및 그 기관 또는 ★**사인**이 포함된다.

☑ ㉠ **행정권한**을 위임받거나 위탁받은 이른바 **공무수탁사인**은 행정소송법상 **'행정청'에 해당**하는바,

  ㉡ **위임 또는 위탁**받은 권한의 범위 내에서 **자신의 이름으로 행정처분**을 할 수 있으므로,

  ㉢ **공무수탁사인**이 **자기 이름**으로 **행정처분**을 한 경우, 그 처분에 불복이 있는 사람은 **공무수탁사인**을 피고로 하여 **항고소송을 제기**할 수 있다. 정답 ㉠ Ο, ㉡ Ο, ㉢ ✕

▨ **공무수탁사인**은 행정소송법상 **행정청**에 포함된다. (Ο) [06, 07 군무원9]]
▨ **공무수탁사인**은 행정소송법상 **행정청**이다. (Ο) [08 군무원9]

▨ 법령에 의하여 **행정권한을 위탁받은 사인의 행위**도 **처분**이 될 수 있다. (Ο) [11 세무사]
▨ **공무수탁사인**의 **공무**를 수행하는 **공권력 행사**도 **처분에 해당**한다. (Ο) [18 소방]
▨ **공무수탁사인**의 위법한 **처분**은 **행정쟁송의 대상**이 된다. (Ο) [17 군무원9]
▨ **권한의 위탁을 받은 사인**도 **자신의 이름으로 처분**을 한 경우에는 **처분청**이 된다. (Ο) [17 세무사]
▨ **공무수탁사인의 행위**는 **행정청의 행위**가 아니기 때문에 **행정행위**라 할 수 없다. (✕) [04 국가7]

▨ **공무를 수탁받은 사인이 한 처분**에 있어서는 **공무수탁사인을 피고**로 하여야 한다. (Ο) [08 경기9]
▨ **행정권한을 위탁받은 사인**이 **자신의 이름**으로 **처분**을 한 경우에는 그 **사인이 항고소송의 피고**가 된다. (Ο) [17 국가9 下 변형]
▨ 법령에 의하여 **행정권한의 위탁을 받은 사인**도 **피고**가 될 수 있다. (Ο) [24 세무사]
▨ **공무수탁사인**이 **자신의 이름으로 처분**을 한 경우에는 **공무수탁사인이 피고**가 된다. (Ο) [19 세무사]
▨ **무효확인소송**에서 법령에 의해 **행정권한을 위탁받은 사인(私人)**은 **행정소송의 피고**가 될 수 없다. (✕) [05 세무사]
▨ 법령에 의하여 **공무를 위탁받은 공무수탁사인이 행한 처분**에 대하여 **항고소송을 제기**하는 경우 **피고**는 위임행정청이 된다. (✕) [10 지방9]

505 ★★★☆

㉠ 공공단체의 기관은 법령에 의하여 행정권한의 위탁을 받은 경우에도 행정청에 포함되지 않는다.

[22 세무사] O X

㉡ 무효확인소송에서 법령에 의해 행정권한을 위탁받은 공공단체는 행정소송의 피고가 될 수 없다.

[05 세무사] O X

> **해설**
>
> **【행정소송법】 제2조(정의)**
> ② 이 법을 적용함에 있어서 **행정청**에는 법령에 의하여 ★**행정권한의 위임 또는 위탁**을 받은 **행정기관**, ★**공공단체** 및 ★**그 기관** 또는 사인이 포함된다.
>
> ✅ 공무수탁사인과 마찬가지로, 행정권한을 위임 또는 위탁받은 '**공공단체**'나 '**공공단체의 기관**'도 행정소송법상 **행정청**으로서, **취소소송이나 무효확인소송의 피고적격**이 있다.
>
>   ➡ **취소소송의 피고적격**에 관한 제13조는 **무효등확인소송에도 준용**   **정답** ㉠ ✕, ㉡ ✕

📋 **행정소송법**을 적용함에 있어서 **행정청**에는 법령에 의하여 **행정권한의 위임 또는 위탁**을 받은 행정기관, **공공단체** 및 **그 기관** 또는 사인이 포함된다. (O) [18 세무사]

📋 **행정권한을 위탁**받은 **공공단체**가 **자신의 이름으로 처분**을 한 경우에는 그 **공공단체가 항고소송의 피고**가 된다. (O) [17 국가9 下]

506 ★★★☆

[19 세무사]

대외적으로 의사표시를 할 수 없는 내부기관은 실질적인 의사가 그 기관에 의하여 결정되더라도 피고적격을 갖지 못한다.

O X

> **해설**
>
> '**행정청**'이라 함은 국가 또는 공공단체의 기관으로서 국가나 공공단체의 의견을 **결정**하여 **외부에 표시할 수 있는 권한**, 즉 **처분권한을 가진 기관**을 말하고, **대외적으로 의사를 표시할 수 있는 기관이 아닌** ★**내부기관**은 실질적인 의사가 그 기관에 의하여 결정되더라도 ★**피고적격을 갖지 못한다.** (대판 2014. 5. 16. 2014두274)
>
> ✅ 대외적인 처분권한이 없는, 즉 **처분명의자가 될 수 없는** 처분청 **내부의 기관**은 처분을 위한 실질적 의사결정을 내리는 기관이라 하더라도, 항고소송의 **피고가 될 수 없다.**   **정답** O

📋 **대외적으로 의사를 표시하지 않은 내부기관**은 실질적인 의사가 그 기관에 의하여 결정되더라도 **피고적격을 갖지 못한다.** (O) [24 세무사]

📋 **대외적으로 의사를 표시할 수 없는 내부기관**이라도 행정처분의 실질적인 의사가 그 기관에 의하여 결정되는 경우에는 그 내부기관에게 **항고소송의 피고적격**이 있다. (✕) [17 국가9 下]

📋 **취소소송에서 피고가 될 수 있는 행정청**에는 **대외적으로 의사를 표시할 수 있는 기관**이 아니더라도 국가나 공공단체의 의사를 실질적으로 결정하는 기관이 포함된다. (✕) [20 국가9]

   ➡ 처분을 **외부에 표시할 수 있는 권한**이 있는 **행정청**만이 **항고소송의 피고**가 될 수 있다.

507 ★☆☆☆

[13 세무사]

세무사 자격시험 제1차시험 불합격처분 취소소송에서의 피고적격은 기획재정부장관이다. ⓄⓍ

> **해설**
>
> - 비록 **세무사자격시험**의 시행과정이나 합격자 결정과정에 **세무사자격시험위원회**나 그 **위원장이 관여**하고 합격자명단을 발표한 재무부의 공고가 그 **위원장의 이름으로 공고되었다 하더라도** 이는 **내부적으로 재무부장관을 돕기 위하여 한 것에 불과**하고 대외적인 합격 여부의 ★**처분권은 재무부장관**(*現 기획재정부 장관)에게 있다고 보아야 하므로 그 ★(세무사자격시험)**위원장에 대하여** 자격시험 합격거부**처분의 취소를 구하는 소**는 **처분청이 아닌 자를 상대로 제기**한 것이어서 ★**부적법**하다. (대판 1994. 12. 23., 94누5915)
>   - ➡ 세무사자격시험 불합격처분의 처분청은 재무부장관(당시 기준)이므로, 이에 불복하려면 세무사자격시험위원장이 아닌 '**재무부장관(당시 기준)**'을 **피고로 소를 제기하여야** 한다는 판시이다.
> - 【**세무사법 시행령**】 **제34조의2(위임 및 위탁)**
>   ② 법 제20조의3제2항에 따라 **기획재정부장관**의 업무 중 **세무사 자격시험의 시행**에 관한 별표 4의 업무는 「한국산업인력공단법」에 따른 ★**한국산업인력공단의 이사장**에게 **위탁**한다.
>
> ✓ ⓐ 현재에는 **세무사자격시험의 실시 및 합격자 발표** 등에 관한 권한이 기획재정부로부터 한국산업인력공단에게 **위탁**되어 한국산업인력공단의 주관하에 실시되고 있는바, 505문에서 살펴보았듯이, **행정권한을 위탁**받은 '**공공단체**'나 '**공공단체의 기관**'은 행정소송법상 **행정청**으로서 **항고소송의 피고적격**이 있으므로,
>
> ⓑ 현행법상 세무사자격시험의 불합격처분에 불복하려는 사람은 ★'**한국산업인력공단 이사장**'을 피고로 하여 **항고소송을 제기**하여야 할 것이고, 세무사자격시험 출제위원장은 여전히 피고가 될 수 없다.
>
> **정답** ✕

▦ **세무사자격시험 불합격처분취소소송**에서의 **세무사자격시험 출제위원회 위원장**은 항고소송의 **피고가 될 수 없다.** (○) [06 세무사]

508 ★★★☆

㉠ 대통령이 행한 공무원의 징계처분에 관한 행정소송의 피고는 소속장관이다.

[19 세무사] ⭕ ❌

㉡ 검사임용거부처분 취소소송에서의 법무부장관은 항고소송의 피고가 될 수 없다.

[06 세무사] ⭕ ❌

해설

- **【국가공무원법】 제16조(행정소송과의 관계)**
  ② **행정소송**을 제기할 때에는 ★**대통령**의 **처분 또는 부작위**의 경우에는 ★**소속 장관**을, 중앙선거관리위원회위원장의 처분 또는 부작위의 경우에는 중앙선거관리위원회사무총장을 각각 **피고로 한다.**
- **검사임용처분**에 대한 **취소소송의 피고**는 ★**법무부장관**으로 함이 상당하다고 할 것이다. (대결 1990. 3. 14., 자, 90두4)

✓ ㉠ **국가공무원**이 대통령의 명의로 행해진 **징계**에 관한 **처분**이나 부작위에 대하여 **행정소송을 제기**하려면 **자신의 소속 부처 장관을 피고**로 하여야 한다.

㉡ 따라서 **검사**가 자신에 대한 **징계처분을 대상**으로 취소소송을 제기할 경우, **소속 장관인 법무부장관**을 피고로 하여야 한다는 것이다. **정답** ㉠ ○, ㉡ ✕

🔲 **공무원**에 대한 **징계처분의 처분청**이 **대통령**인 경우의 **피고적격은 소속 장관**이다. (○) [07 세무사]

🔲 **공무원**에 대한 **불이익처분청**이 **대통령**인 경우 **소속장관이 피고**가 된다. (○) [09 세무사]

🔲 **대통령이 임명권자**인 **국가공무원**에 대한 **징계처분**에 관한 **취소소송의 피고**는 **소속 장관**이다. (○) [14 세무사]

🔲 **대통령이 행한 처분**의 경우 국무총리가 **피고**가 된다. (✕) [14 지방7]

🔲 **검사임용거부처분**에 대한 **취소소송**에서는 **법무부장관이 피고**가 된다. (○) [16 세무사]

🔲 **공무원**에 대한 **징계·면직 기타** 본인의 의사에 반하는 **불이익처분**에 있어서 그 **처분청이 대통령**인 때에는 법무부장관을 피고로 하여야 한다. (✕) [08 국회8]

☑ 법무부장관 → 공무원 소속 부처의 장관

🔲 **경찰공무원 징계처분취소소송**에서의 **경찰청장 또는 해양경찰청장**은 **항고소송의 피고**가 될 수 없다. (✕) [06 세무사]

┃**경찰공무원법**┃ 제34조(행정소송의 피고) 징계처분, 휴직처분, 면직처분, 그 밖에 의사에 반하는 불리한 처분에 대한 행정소송은 **경찰청장** 또는 **해양경찰청장**을 피고로 한다.

☞ 별도의 특별법으로 신분 등이 규율되는 경찰공무원의 경우, 경찰청장이나 해경청장이 경찰공무원 징계처분 등에 대한 행정소송의 피고가 되는데, 이 역시 일반공무원의 경우와 같은 이치에 있다.

509 ★★★☆

㉠ 대법원장이 행한 처분에 대하여 항고소송을 제기할 경우 피고적격 있는 자는 '법원행정처장'이다.

[08 세무사] **O** **X**

㉡ 헌법재판소장이 소속직원에게 내린 징계처분에 대한 취소소송의 피고는 헌법재판소 사무처장이다.

[18 지방9] **O** **X**

㉢ 국회의장이 행한 처분에 대한 불복의 소는 국회의장을 피고로 한다. [06 국회8] **O** **X**

㉣ 중앙선거관리위원회위원장이 행한 처분의 피고적격은 중앙선거관리위원회 사무총장이다.

[07 세무사] **O** **X**

해설

- **【법원조직법】** 제70조(행정소송의 피고) **대법원장**이 한 **처분**에 대한 행정소송의 **피고**는 ★**법원행정처장**으로 한다.

- **【헌법재판소법】** 제17조(사무처)
  ⑤ **헌법재판소장**이 한 **처분**에 대한 행정소송의 **피고**는 ★**헌법재판소 사무처장**으로 한다.

- **【국회사무처법】** 제4조(사무총장) ③ **의장**(*국회의장)장이 한 **처분**에 대한 행정소송의 **피고**는 ★**사무총장** (**국회사무총장**)으로 한다.

- **【국가공무원법】** 제16조(행정소송과의 관계) ② **중앙선거관리위원회위원장의 처분** 또는 부작위의 경우에는 ★**중앙선거관리위원회사무총장**을 각각 **피고**로 한다.

✓ **권력분립**에 따른 **헌법상 독립기관의 장이 행한 처분** 등은, 각 개별법에서 독립기관별 **소관 사무처리 기구의 장이 피고**가 되도록 정하고 있다.   **정답** ㉠ O, ㉡ O, ㉢ X, ㉣ O

처분청	피고
대법원장	법원행정처장
국회의장	국회사무처 사무총장
헌법재판소장	헌법재판소 사무처장
중앙선거관리위원회	중앙선거관리위원회 사무총장

▨ **대법원장이 한 처분**에 대한 **행정소송의 피고**는 대법원장이다. (×) [17 경행]

▨ **법원의 기관**은 **행정청**이 아니므로 **피고적격에 해당**되지 않는다. (×) [09 세무사]

　➡ 위에서 살펴본 법원행정**처장**은 법원의 **기관**으로서, 행정청에 해당하고 **피고적격**을 가진다.

▨ **헌법재판소장이 한 처분**에 대한 **행정소송의 피고**는 헌법재판소 **사무처장**으로 한다. (O) [17 경행]

▨ **헌법재판소장이 행한 처분**의 경우 헌법재판관이 피고가 된다. (×) [08 관세사]

▨ **국회의장이 행한 처분**에 대한 **취소소송의 피고**는 **국회 사무총장**이 된다. (O) [05 관세사]

▨ **국회의장이 행한 처분**에 대한 **행정소송의 피고**는 국회부의장이 된다. (×) [17 경행]

▨ **국회의 기관**은 **피고적격이 인정**될 수 없다. (×) [24 세무사]

　➡ 위에서 살펴본 국회사무**총장**도 국회의 **기관**으로서, **행정청**에 해당하고 **피고적격**을 가진다.

510 ★★★☆ [19 세무사]

재결이 항고소송의 대상이 되는 경우에는 재결을 한 행정심판기관이 피고가 된다. Ⓞ🅧

> **해설**
> ☑ Ⓐ **재결이 항고소송의 대상이 되는 경우**란, **원처분**과는 무관하게 '**행정심판위원회**'가 내린 **재결의 고유한 위법을 다투는 재결취소소송** 또는 **재결무효확인소송**이 제기되었음을 의미하는바,
> Ⓑ 취소소송의 원칙적 피고는 '**처분등**'을 행한 **행정청**이므로(행정소송법 제13조), **재결취소소송** 또는 **재결무효확인소송**에서의 **적법한 피고**는 그 ★**재결을 한 행정심판위원회**가 된다. **정답** O

🔲 인용**재결에 대한 항고소송의 피고**는 인용**재결을 한 행정심판위원회**이다. (O) [20 세무사]
🔲 **행정심판의 재결**이 **항고소송의 대상**이 되는 경우에는 **재결을 한 행정심판위원회가 피고**가 된다. (O) [21 세무사]
🔲 A국립대학교의 총장으로부터 **해임처분을 받은 교원 甲**은 이에 불복하여 교원소청심사위원회에 **소청심사를 청구**하였으나 **청구가 기각**되었고, 甲은 **교원소청심사위원회의 결정에 고유한 위법**이 있다는 이유로 **소청심사결정 취소소송을 제기**하려고 한다. 이 경우 甲은 **교원소청심사위원회를 피고**로 하여야 한다. (O) [16 변시 변형]

511 ★★★☆

㉠ 합의제행정기관의 경우 원칙적으로 당해 행정기관의 장이 피고가 된다. [10 세무사] Ⓞ🅧
㉡ 공정거래위원회의 처분에 대한 취소소송의 피고는 공정거래위원회 위원장이다. [11 세무사] Ⓞ🅧
㉢ 토지수용위원회가 처분청인 경우 토지수용위원회 위원장이 아니라 토지수용위원회가 피고가 된다. [21 세무사] Ⓞ🅧
㉣ 방송통신위원회의 처분은 방송통신위원회가 피고가 된다. [09 세무사] Ⓞ🅧

> **해설**
> ☑ ⓐ **합의제 행정기관이 내린 처분**의 경우, 처분청인 ★**합의제 행정기관 자체가 행정청으로서 피고**가 되는 것이 원칙인바, 따라서 **공정거래위원회, 토지수용위원회, 방송통신위원회 등**이 내린 **처분**에 대한 취소소송의 **피고는** 원칙적으로 ★**공정거래위원회, 토지수용위원회, 방송통신위원회** 등이 된다.
> ⓑ 다만 **예외적으로** 합의제 행정청의 **장(長)**을 피고로 삼아 소송을 제기하여야 한다고 규정하고 있는 개별법이 있다. (다음 문제 참고) **정답** ㉠ ✕, ㉡ ✕, ㉢ O, ㉣ O

🔲 **합의제 행정청의 처분**에 대해서는 **합의제 행정청**이 **취소소송의 피고**가 된다. (O) [05 관세사]
🔲 **피고적격이 인정**되는 **행정청**에는 **합의제 행정청도 포함**된다. (O) [24 세무사]
🔲 개별법령에 합의제 행정청의 장을 피고로 한다는 명문규정이 없는 한 **합의제 행정청 명의**로 한 **행정처분**의 **취소소송의 피고적격자**는 당해 **합의제 행정청**의 장이다. (✕) [21 군무원9]

🔲 **공정거래위원회의 처분**에 대한 소는 **공정거래위원회를 피고로 하여 제기**하여야 한다. (O) [06 국회8]
🔲 **공정거래위원회의 과징금부과처분 취소소송**에서의 **피고적격**은 공정거래위원회위원장이다. (✕) [13 세무사] ☑ 공정거래위원회위원장 → 공정거래위원회

512 ★★★☆　　　　　　　　　　　　　　　　　　　　　　　[15 세무사]

중앙노동위원회의 처분에 대한 소송의 피고는 중앙노동위원회이다.　　　**O X**

> **해설**
>
> > **【노동위원회법】**
> > **제27조(중앙노동위원회의 처분에 대한 소송)** ① **중앙노동위원회의 처분에 대한 소송은 중앙노동위원회 ★위원장을 피고(被告)로** 하여 처분의 송달을 받은 날부터 15일 이내에 제기하여야 한다.
> >
> > ✅ **중앙노동위원회의 처분에 대한 소**는 **노동위원회법**에서 '**중앙노동위원회 위원장**'을 피고로 삼도록 규정하고 있으므로, **중앙노동위원회의 처분**(부당노동행위 구제명령, 중재회부결정 재심판정 등)에 **불복**하려는 경우에는 '**중앙노동위원회 위원장**'을 피고로 **행정소송을 제기하여야** 한다.　　**정답 ✕**

- 💬 **중앙노동위원회의 처분**에 대하여 **항고소송을 제기**할 경우 **피고적격 있는 자**는 '**중앙노동위원회위원장**'이다. (O) **[08 세무사]**
- 💬 **중앙노동위원회의 처분**은 **중앙노동위원회위원장이 피고**가 된다. (O) **[09 세무사]**
- 💬 **중앙노동위원회의 처분**에 대한 **취소소송**은 **중앙노동위원회위원장을 피고**로 한다. (O) **[12 세무사]**
- 💬 **중앙노동위원회의 처분**에 대한 **취소소송의 피고**는 **중앙노동위원회 위원장**이다. (O) **[24 세무사]**
- 💬 합의제 행정청인 **중앙노동위원회의 처분**에 대한 소송의 **피고**는 중앙노동위원회가 된다. (✕) **[17 세무사]**
- 💬 **합의제 행정청이 처분청**인 경우에는 **합의제 행정청이 피고**가 되므로, **중앙노동위원회의 처분**에 대한 **취소소송의 피고**는 중앙노동위원회이다. (✕) **[20 세무사]**

513 ★★★★　　　　　　　　　　　　　　　　　　　　　　　[24 세무사]

행정소송법상 재결취소소송에서, 변경재결이 있는 경우 원처분을 소송대상으로 행정심판위원회를 피고로 취소소송을 제기하여야 한다.　　**O X**

> **해설**
>
> ✅ **불이익 처분**이 행정심판위원회의 **재결에서 다소 감경**된 경우에도 **원처분은 여전히 감경된 상태로 존속**하고 있기 때문에, 변경★**재결서의 정본을 받은 날**로부터 90일 이내에 ★**감경된 원처분**을 대상으로 ★**처분청을 피고**로 삼아 **취소소송을 제기**하여야 한다.(110문 및 325문 참고).　　**정답 ✕**
>
> | 변경재결로 감경된 처분을 다투기 위한 소송요건 | 제소기간의 기산점 | 소송대상 | 피고 |
> |---|---|---|---|
> | | 재결서의 정본을 송달받은 날 | 감경된 원처분 | 원처분청 |

- 💬 **소청심사위원회가 해임처분을 정직 2월로 변경**한 경우 처분의 상대방은 소청심사위원회를 **피고**로 하여 **정직 2월의** 재결에 대한 **취소소송을 제기**할 수 있다. (✕) **[19 국회8]**
  - ☑ 소청심사위원회 → (징계)처분청 / 정직 2월의 재결 → 정직 2월로 변경된 원처분
- 💬 징계혐의자에 대한 **감봉 1월의 징계처분**을 **견책으로 변경한 소청심사위원회의 결정**이 있는 경우 견책으로 처한 소청결정에 대한 **항고소송의 피고**는 원칙적으로 소청심사위원회가 된다. (✕) **[21 소방간부]**
  - ☑ 소청심사위원회 → (징계)처분청

514 ★★★☆

㉠ 甲이 중앙토지수용위원회의 수용재결의 취소를 구하려는 경우에, 甲은 중앙토지수용위원회를 피고로 수용재결취소소송을 제기할 수 있다. [21 세무사] **O** **X**

㉡ 甲이 중앙토지수용위원회의 수용재결에서 정한 보상금의 증액을 청구하는 소송을 제기하려는 경우에, 甲은 사업시행자를 피고로 보상금증액청구소송을 제기할 수 있다. [21 세무사] **O** **X**

> **해설**
>
> **수용재결에 불복**하여 **취소소송을 제기**하는 때에는 이의신청을 거친 경우에도 ★**수용재결을 한** ★**중앙토지수용위원회** 또는 ★**지방토지수용위원회를 피고**로 하여 **수용재결의 취소**를 구하여야 하고, 다만 이의신청에 대한 재결 자체에 고유한 위법이 있음을 이유로 하는 경우에는 그 이의재결을 한 중앙토지수용위원회를 피고로 하여 이의재결의 취소를 구할 수 있다고 보아야 한다. (대판 2010.1.28. 2008두1504)
>
> ✓ ㉠ 현행법(공익사업을 위한 토지 등의 취득 및 보상에 관한 법률)상 **수용재결에 불복**하려면 '**수용재결을 한 (중앙 또는 지방)토지수용위원회**'를 피고로 **수용재결취소소송을 제기**하여야 한다.
>
>   또한 수용재결취소소송을 제기하기에 앞서 수용재결에 대한 불복절차(특별행정심판에 해당)인 **이의신청을 거친 경우**에도 취소소송의 대상은 '**원처분주의**'에 따라 이의재결이 아닌 '**수용재결**'이 되기 때문에, **피고 또한** 이의재결이 아닌 '**수용재결을 한 (중앙 또는 지방)토지수용위원회**'가 된다.
>
>   ➡ 116문을 반드시 참고할 것
>
> **【공익사업을 위한 토지 등의 취득 및 보상에 관한 법률】 제85조(행정소송의 제기)** ② 제1항에 따라 제기하려는 행정소송이 **보상금의 증감(增減)에 관한 소송**인 경우 그 소송을 제기하는 자가 **토지소유자 또는 관계인**일 때에는 ★**사업시행자**를, 사업시행자일 때에는 ★**토지소유자 또는 관계인**을 각각 피고로 한다.
>
> ✓ ㉡ **형식적 당사자소송**에 해당하는 **보상금증감청구소송**의 경우, 실질적 다툼을 신속히 해결시키려는 취지에서, **사업시행자 및 토지소유자(또는 관계인)**를 각각 **피고**로 규정하고 있다.
>
>   ➡ 형식적 당사자소송에 관하여는 480문 참고   **정답** ㉠ O, ㉡ O

▢ 토지수용위원회의 **수용재결에 불복**하여 **취소소송을 제기**하는 때에는 **이의신청을 거친 경우에도** 원칙적으로 **수용재결을 한 지방토지수용위원회 또는 중앙토지수용위원회를 피고**로 하여 **수용재결의 취소**를 구하여야 한다. (O) [16 지방9]

▢ 「공익사업을 위한 토지 등의 취득 및 보상에 관한 법률」상 **수용재결에 불복**하여 **이의신청을 거쳐 취소소송을 제기하는 때**에는 이의재결을 한 중앙토지수용위원회를 **피고**로 해야 한다. (X) [17 사복9]

▢ **토지소유자가 손실보상금의 증액을 구하는 행정소송을 제기**하는 경우에는 토지수용위원회가 아니라 **사업시행자를 피고**로 하여야 한다. (O) [14 국가7]

▢ **토지소유자가 손실보상금의 액수를 다투고자** 할 경우에는 **사업시행자**가 아니라 토지수용위원회**를 상대**로 **보상금의 증액을 구하는 소송**을 제기하여야 한다. (X) [16 서울9]

▢ **수용재결 취소소송, 수용재결 무효확인소송, 수용재결 부존재확인소송, 이의재결 취소소송**, 보상금증액청구소송에서의 **피고는 동일**하다. (X) [24 세무사 변형]

  ☑ (수용재결·이의재결에 대한 항고소송의 피고) → 수용재결을 한 중앙토지수용위원회 또는 지방토지수용위원회

  ☑ (보상금증·감액청구소송의 피고) → 사업시행자 및 토지소유자(또는 관계인)

515 ★★☆☆

㉠ 지방의회 의장선거에 대한 취소소송의 피고는 지방의회이다. [20 세무사] **O X**

㉡ 지방의회의장 불신임결의에 대한 취소소송의 피고는 지방의회이다. [19 세무사] **O X**

㉢ 지방의회의원에 대한 징계의결에 대한 취소소송의 피고는 지방자치단체의 장이 된다.

[15 세무사] **O X**

해설

- 지방의회의 의사를 결정공표하여 그 당선자에게 이와 같은 의장으로서의 직무권한을 부여하는 **지방의회의 의장선거**는 ★**행정처분**의 일종으로서 **항고소송의 대상**이 된다고 할 것이다. (대판 1995. 1. 12. 94누2602)
- **지방의회 의장**에 대한 **불신임의결**은 의장으로서의 권한을 박탈하는 ★**행정처분**의 일종으로서 **항고소송의 대상**이 된다. (대결 1994. 10. 11 94두23)
- 지방자치법 제78조 내지 제81조의 규정에 의거한 **지방의회의 의원징계의결**은 그로 인해 의원의 권리에 직접 법률효과를 미치는 ★**행정처분**의 일종으로서 **행정소송의 대상**이 된다. (대판 1993. 11. 26. 93누7341)

	처분성 여부	피고
지방의회 의장선거(의장선임의결)	행정처분 ○	지방의회
지방의회 의장의 불신임의결		
지방의원에 대한 징계의결		

📌 **지방의회**는 지방자치단체 **내부의 의결기관**이지, 대외적 의사표시 기관이 못되므로 항고소송의 피고가 될 수 없으나, 상기 3가지 판례는 **지방의회 내부에서 발생한 사안**이라는 점에서 **예외적으로 지방의회가 피고**임을 전제로 내려진 판결례이다. **정답** ㉠ O, ㉡ O, ㉢ X

🔲 **지방의회의 의장선임의결**에 대한 **항고소송**에서는 **지방의회가 피고**가 된다. (○) [16 세무사]

🔲 **지방의회 의장선임의결의 무효확인**을 구하는 소송의 **피고**는 **지방의회** 의장이다. (×) [15 변시]

🔲 **지방의회 의장의 불신임의결**과 **지방의회 의원의 징계**는 취소소송 등의 대상이 되며, 이 때 소송의 **피고는 지방의회**가 된다. (○) [12 국회8]

🔲 **지방의회의원의 징계의결**에 대한 항고소송의 경우 **지방의회가 항고소송의 피고적격**이 있다. (○) [04 국회8]

🔲 **지방의회 의원**에 대한 **지방의회의 제명징계의결**에 대하여 항고소송을 제기하는 경우 **지방의회가 피고**가 된다. (○) [06 국회8]

🔲 **지방의회의원에 대한 징계의결**에서의 **지방의회**는 **항고소송의 피고가 될 수 없다.** (×) [06 세무사]

🔲 **지방의회의원의 징계의결**에 대해서는 지방자치단체장이 **피고**가 된다. (×) [09 세무사]

🔲 지방의회의 **지방의회의원에 대한 징계의결**에 대한 **항고소송의 피고**는 지방의회의장이다. (×) [15 국가9]

516 ★★★★

⊙ 조례에 대한 항고소송은 지방의회가 피고가 된다.　　　　　　　　　[18 세무사] **O X**

ⓒ 교육에 관한 조례의 무효확인소송의 피고는 교육감이다.　　　　　　[19 세무사] **O X**

> **해설**
>
> - **조례**에 대한 **무효확인 소송**을 제기함에 있어서 행정소송법 제38조 제1항, 제13조에 의하여 **피고적격이 있는** 처분 등을 행한 **행정청**은, 행정주체인 지방자치단체 또는 지방의회가 아니라, 구 지방자치법에 의하여 **조례** 로서의 **효력**을 발생시키는 **공포권**이 있는 **★지방자치단체의 장**이라고 할 것이다.
> - 「지방교육자치에 관한 법률」에 의하면 시·도의 교육·학예에 관한 사무의 집행기관은 시·도 교육감이고 **시·도 교육감**에게 지방교육에 관한 **조례안의 공포권**이 있다고 규정되어 있으므로, **교육에 관한 조례의 무효 확인소송**을 제기함에 있어서는 그 집행기관인 **★시·도 교육감을 피고로 하여야** 한다. (대판 1996. 9.20. 95 누8003)
>
> | | 피고(조례 공포권자) |
> |---|---|
> | **(일반)조례에 대한 무효확인소송** | 지방자치단체의 장(시장·도지사·군수·구청장 등) |
> | **교육조례에 대한 무효확인소송** | 시·도 교육감 |
>
> **정답** ⊙ ✕, ⓒ ○

🔲 **조례가 항고소송의 대상**이 되는 경우에는 **조례를 공포한 지방자치단체의 장**이 **피고**가 된다. (○) [12 국회9]

🔲 서울특별시의 **처분적 조례를 항고소송**으로 다투는 경우, **피고는 '서울특별시 시장'**이다. (○) [05 세무 사]

🔲 지방의회가 의결한 **처분적 조례**에 대한 **항고소송**은 ~~지방의회~~를 **피고**로 한다. (✕) [12 세무사]

🔲 **조례가 항고소송의 대상**이 되는 경우 ~~지방의회~~를 **피고**로 하여야 한다. (✕) [13 세무사]

🔲 **조례가 항고소송의 대상**이 되는 경우 조례를 ~~의결한 지방의회~~가 **피고**가 된다. (✕) [16 세무사]
　　☑ 의결한 지방의회 → 공포한 지방자치단체의 장

🔲 **조례에 대한 무효확인소송**의 경우 해당 ~~지방의회와 의장~~이 **피고**가 된다. (✕) [20 행정사]

🔲 **교육에 관한 조례가 항고소송의 대상**이 되는 경우에는 **시·도교육감이 피고**가 된다. (○) [15 세무사]

🔲 **교육조례에 대한 무효확인소송**의 경우 의결기관인 지방의회가 아니라 **시·도교육감이 피고**가 된다. (○) [21 세무사]

🔲 **교육·학예 관련 조례가 항고소송의 대상**이 되는 경우 해당 **시·도교육감**은 **항고소송의 피고가 될 수 없** 다. (✕) [06 세무사]

🔲 **교육·학예에 관한 도의회의 조례**에 대한 **항고소송의 피고**는 ~~도의회~~이다. (✕) [15 국가9]

517 ★★★☆

행정권한의 위임이 있는 경우에는 위임기관인 행정청이 피고가 된다. **◯ Ⅹ**

> 해설

> - 지방자치법에 근거하여 제정된 <u>조례에 의한</u> **권한의 위임**은 단순한 사무의 위임 또는 촉탁의 경우와 달리 **권한자체**가 위임청에서 **수임청으로 이양**되어 그 범위내에서 ★**위임청의 권한은 소멸**한다. (대구고법 1981. 10. 19., 80구228)
> - 행정**권한의 위임**은 <u>위임관청이 법률에 따라 하는 **특정권한**에 대한 법정**귀속의 변경**이고 … (중략) … <u>권한위임의 경우에는 ★**수임자가 자기의 명의**로 <u>권한을 행사</u>할 수 있다. (대판 1989. 3. 14., 88누10985)

> ✅ ⓐ '**권한의 위임 또는 위탁**'이 있게 되면 위임청(위임기관) 또는 위탁청(위탁기관)은 해당 권한을 잃게 되고 그 권한을 위임받은 **수임청(수임기관)** 또는 **수탁청(수탁기관)**은 자신의 책임하에 '**자신의 명의**'로 해당 권한을 **행사**할 수 있게 되는바,
>
> ⓑ 즉 **수임청(수임기관)** 또는 **수탁청(수탁기관)**이 자신의 명의로 **행정처분**을 할 경우, 그 처분에 대한 항고소송에서는 ★**처분의 명의자**인 '**수임청(수임기관)** 또는 **수탁청(수탁기관)**'이 피고가 된다.
>
> **정답** ✕

📱 **권한이 위임**된 경우는 위임청이 아닌 **권한을 위임받은 수임청**을 취소소송의 **피고로 하여야** 한다. (◯) [08 세무사]

📱 행정**권한의 위임·위탁**이 있으면 **수임·수탁청**이 원칙적으로 **피고가 된다.** (◯) [09 세무사]

📱 **권한위임**에 따른 **수임행정청의 처분**에 대한 취소소송의 **피고는 수임행정청**이다. (◯) [14 세무사]

📱 행정청의 **권한의 위임**이 있는 경우 **위임청은** 그 사무를 처리할 **권한을 상실**하고 **그 사항**은 수임청의 **권한**으로 되고 항고소송에서 **수임청이 피고**가 된다. (◯) [22 소방간부]

📱 **권한의 위임**이 있는 경우에는 **처분의 명의자가 수임기관**으로 되어 있다 하더라도 그 처분에 대한 **취소소송의 피고**는 위임기관이 된다. (✕) [13 행정사]

📱 **권한의 위임**이 있는 경우, **수임청**은 **그 권한**을 위임청의 **이름으로 행사**하며 그에 관한 **소송의 피고**는 위임청이 된다. (✕) [14 서울7] ☑ 위임청 → 수임청

📱 행정청의 **권한이 위임**된 경우에는 위임행정청이 **피고가 된다.** (✕) [15 세무사]

📱 법령에 의한 행정**권한의 위임**에 따라 **수임청이 행한 처분**에 대한 **취소소송의 피고**는 위임기관이 된다. (✕) [18 세무사]

518 ★★★☆

㉠ 시장으로부터 권한을 위임받은 B공사의 이주대책에 관한 처분에 대하여 취소소송을 제기할 경우 피고는 B공사이다. **[19 세무사]** Ⓞ🅧

㉡ 세무서장이 압류재산의 공매를 한국자산관리공사에 대행하게 한 경우 공매를 다투는 항고소송의 피고는 한국자산관리공사이다. **[13 세무사]** Ⓞ🅧

> **해설**
>
> **에스에이치공사**가 택지개발사업 시행자인 **서울특별시장으로부터** 이주대책 수립권한을 포함한 **택지개발사업에** 따른 ★**권한을 위임 또는 위탁**받은 경우, 이주대책 대상자들이 ★**에스에이치공사** 명의로 이루어진 **이주대책에 관한 처분**에 대한 **취소소송**을 제기함에 있어 정당한 **피고는** ★**에스에이치공사**가 된다. (대판 2007. 8. 23. 2005두3776)
>
> ✅ 505문에 관한 사례로 볼 수 있다.
>
> **성업공사**가 체납**압류된 재산을 공매**하는 것은 **세무서장의** ★**공매권한 위임**에 의한 것으로 보아야 할 것이므로, **성업공사**가 한 그 **공매처분**에 대한 취소 등의 **항고소송을 제기**함에 있어서는 **수임청**으로서 실제로 공매를 행한 ★**성업공사를 피고로 하여야** 하고, **위임청**인 세무서장은 **피고적격이 없다.** (대판 1997. 2. 28., 96누1757)
>
> ✅ 구 '성업공사'=현 '한국자산관리공사'　　　**정답** ㉠ O, ㉡ O

■ **서울특별시장의 무한**이 **구청장에게 위임**된 경우, **위임 사항**에 관한 **구청장의 처분에 불복**하는 때에는 (　　　)을 **피고**로 하여 소송을 제기하여야 한다. → (구청장) [06 세무사]

■ **시장의 위임**에 의한 **구청장의 처분의 피고적격**은 당해 **구청장**이다. (O) [07 세무사]

■ **서울특별시장의 권한**이 **부시장에게 위임**된 경우, **위임사항**에 관한 **부시장의 처분에 불복**하는 때에는 서울특별시장을 **피고로 하여 소송을 제기**하여야 한다. (✕) [11 군무원9]

　☑ 서울특별시장 → 서울특별시 부시장

■ **행정안전부장관의 위임**을 받아 **디지털정부국장이 행한 행위**에 대한 항고소송에서 행정안전부장관이 **피고**가 된다. (✕) [14 국회8]

　☑ 행정안전부장관 → 디지털정부국장

■ **서울지방국토관리청**이 **기획재정부장관**으로부터 관할 **행정재산 관리사무**를 **법률에 따라 위임받아** 특정 **행정재산의 사용허가**를 한 경우, 그 허가의 취소나 철회에 대하여는 **항고소송**을 통해 다툴 수 있으며, 이때 **피고**는 해당 사무를 위임한 기획재정부장관이다. (✕) [16 서울7]

　☑ 위임한 기획재정부장관 → 수임한 서울지방국토관리청장

■ **한국자산관리공사의 공매처분**에 대하여 **항고소송을 제기**할 경우 **피고적격 있는 자**는 '**한국자산관리공사**'이다. (O) [08 세무사]

■ **한국자산관리공사**가 체납**압류한 재산의 공매처분**에 대한 **소송**에서 **피고**는 세무서장이 아니라 **한국자산관리공사**이다. (O) [08 지방9]

■ **성업공사**가 체납**압류한 재산을 공매**하는 것은 **세무서장의** 공매**권한 위임에 의한 것**이므로 성업공사의 **공매처분**에 대한 **취소소송의 피고**는 세무서장이다. (✕) [12 국회9]

519 ★★★☆

㉠ 내부위임의 경우에 항고소송의 피고는 원칙적으로 처분청인 위임청이 된다. [17 세무사] **O X**

㉡ 내부위임에 따라 경기도지사 명의로 부지사가 행한 허가처분 취소소송에서의 피고적격은 경기도부지사이다. [13 세무사] **O X**

> **해설**
>
> 행정관청이 특정한 권한을 법률에 따라 다른 행정관청에 이관한 경우와 달리 **내부적인 사무처리의 편의를 도모**하기 위하여 그의 보조기관 또는 하급행정관청으로 하여금 그의 **권한을 사실상 행하도록** 하는 ★**내부위임**의 경우에는 **수임관청**이 그 (내부)위임된 바에 따라 ★**위임관청의 이름**으로 권한을 행사하였다면 그 **처분청은 위임관청**이므로 그 처분의 취소나 무효확인을 구하는 소송의 ★**피고는 위임관청**으로 삼아야 한다. (대판 1991.10.8. 91누520)
>
> ✓ 가령 **경기도지사**가 경기도부지사에게 허가에 관한 **권한**을 **내부위임**하였다면, **경기도부지사**로서는 **경기도지사의 명의**로 허가**처분**을 하여야 하는바, **처분청**은 결국 **처분명의자**인 경기도지사(위임청)이므로, 허가처분취소소송의 피고는 '**경기도지사**'가 된다. **정답** ㉠ O, ㉡ X

■ '권한의 위임'과 '내부위임'의 비교

	권한의 **위임**	권한의 **내부위임**
권한의 이전여부	수임청으로 이전 (**수임청이** 이전된 권한을 **자신의 책임하에 행사**)	위임청에 존속 (**수임청이** 위임청의 권한을 **사실상 행사**)
처분시 명의자	**수임청** (수임청이 '**자신**'의 명의로 처분)	**위임청** (수임청이 '**위임청**'의 **명의**로 처분하여야 함)
원칙적 피고	처분 명의자인 **수임청**	처분 명의자인 **위임청**

📝 **항고소송**의 경우 **권한을 내부위임**한 경우로서 **위임청의 명의로 처분**을 발하면 **위임청이 피고**가 된다. (O) [13 서울9]

📝 **수임관청이 내부위임**된 바에 따라 **위임관청의 이름으로 권한을 행사**하였다면, 그 **처분의 취소나 무효확인**을 구하는 소송의 **피고는 위임관청**이다. (O) [14 지방7]

📝 **A시장으로부터 내부위임**을 받은 **D공원 관리사업소장**이 **A시장 명의**로 행한 **사용료 부과처분**에 대하여 **취소소송을 제기**할 경우 **피고는 A시장**이다. (O) [19 세무사]

📝 **행정안전부장관**이 **경기도지사에게 내부위임**하여 **행한 행위**에 대한 **항고소송**에서 경기도지사가 피고가 된다. (×) [14 국회8] ☑ 경기도지사 → 행정안전부장관

520 ★★★☆

내부위임의 경우 처분권한이 이전되지 않으므로 수임기관이 자신의 이름으로 처분을 하였더라도 위임청이 피고가 된다. **O X**

해설

> - **내부위임**을 받은 데 불과하여 원행정청 명의를 밝히지 아니하고는 그의 명의로 처분 등을 할 **권한이 없는 행정청**이 ★**권한 없이 그의 명의로 한 처분**에 대하여도 ★**처분명의자인 행정청**이 피고가 되어야 할 것이다 (대판 1995.12.22. 95누14688)
> - 행정처분의 취소 또는 무효확인을 구하는 **행정소송**은 다른 법률에 특별한 규정이 없는 한 그 **처분을 행한 행정청**을 피고로 하여야 하며, 행정처분을 행할 적법한 권한 있는 **상급행정청**으로부터 **내부위임을 받은 데 불과한 하급행정청**이 ★**권한 없이 행정처분을 한 경우**에도 ★**실제로 그 처분을 행한 하급행정청**을 피고로 하여야 할 것이지 그 처분을 행할 적법한 권한 있는 상급행정청을 피고로 할 것은 아니다. (대판 1994.8.12. 94누2763)

> ☑ ⓐ **상급행정청**으로부터 단순히 **권한을 내부위임받은 하급행정청**으로서는 그 권한과 관련된 처분을 하고자 할 때에도 **원행정청(상급행정청)의 명의로 할 수 있을 뿐**이므로 자신의 명의로는 할 수는 없다.
>
> ⓑ 그럼에도 **하급행정청**(내부수임청) **자신의 명의로 처분을 내린 경우**에는, 그 처분에 대한 **항고소송의 피고**는 실제의 ★**처분명의자인 '하급행정청(내부수임청)'**이 되어야 한다는 판시이다. **정답** ✕

📋 판례에 의할 때 **내부위임된 행정권한**을 수임기관이 자신의 **명의로 행사**한 경우에는 **수임기관이 피고**가 된다. (○) [10 세무사]

📋 행정**권한의 내부위임**임에도 불구하고 **수임기관**이 **자기의 이름으로 처분**을 한 경우 **항고소송의 피고**는 **실제로 처분을 한 수임기관**이 된다. (○) [17 행정사]

📋 **권한의 내부위임**이 있는 경우 **내부수임기관**이 착오 등으로 **원처분청의 명의가 아닌 자기 명의로 처분**을 하였다면, **내부수임기관**이 그 처분에 대한 **항고소송의 피고**가 된다. (○) [20 국가7]

📋 **A행정청**은 자신의 **명의**로 甲에 대해 **중대명백한 하자가 있는 X처분**을 하였다. 법령상 X처분에 대한 **권한**은 **B행정청**에 있고 **A행정청에 내부위임**되어 있다. 甲이 X처분에 대해 **무효확인소송을 제기**하는 경우 **A행정청을 피고**로 하여야 한다. (○) [24 세무사]

📋 **항고소송**의 경우 **권한을 내부위임**한 경우로서 **수임청의 이름으로 처분**을 발하면 위임청이 **피고**가 된다. (✕) [13 서울9]

📋 **내부위임**의 경우 **수임기관이 자신의 명의로 처분**을 하였다면, 위임기관이 **항고소송의 피고**가 된다. (✕) [18 행정사]

📋 **상급행정청**으로부터 **내부위임**을 받은데 불과한 **하급행정청**이 권한 없이 **자신의 명의로 처분**을 한 경우에 그 처분에 대한 **취소소송의 피고**는 상급행정청이 된다. (✕) [18 세무사]

521 ★★★☆

A시장으로부터 내부위임을 받은 C공원 관리사업소장이 자신의 명의로 행한 사용료 부과처분에 대하여 취소소송을 제기할 경우 피고는 공원 관리사업소장이다. O X

해설

> **부산직할시장**의 산하기관인 부산직할시 금강**공원 관리사업소장**이 한 공단**사용료 부과처분**에 대하여 가사 위 사업소장이 부산직할시로부터 단순히 **내부위임**만을 받은 경우라 하더라도 이의 취소를 구하는 소송은 위 ★금강 **공원 관리사업소장을 피고**로 하여야 한다. (대판 1991. 2. 22., 90누5641)

✅ 공원관리소장이 **권한없이** 자신의 **명의로** 사용료부과처분을 내린 사안이다.

		처분청 (처분명의자)	피고적격자
내부수임청 A가	'**내부위임청 B의 명의**'로 권한을 행사하여 행정처분을 한 경우	내부위임청 B	내부위임청 B
	권한 없이 **자신의 명의로** 행정처분을 한 경우	내부수임청 A	내부수임청 A

정답 O

☑ 대법원 판례에 따르면 법률상 처분권한을 가진 **A행정청**이 자신의 권한을 하급행정청인 **B행정청에 내부위임**하였고, **B행정청**이 **자신의 이름으로 처분**을 한 경우에는 **B행정청이 피고**로 된다. (O) [09 관세사]

☑ **서울지방경찰청장**은 운전면허와 관련된 **처분권한**을 각 **경찰서장에게 내부위임**하였다. 이에 따라 **종로경찰서장**은 자신의 명의로 甲에게 **운전면허정지처분**을 하였다. 甲이 적법한 절차에 따라 **운전면허정지처분 취소소송**을 제기하고자 하는 경우 **피고적격자는 종로경찰서장**이다. (O) [15 지방9]

☑ **상급행정청 X**로부터 **권한을 내부위임받은 하급행정청 Y**는 2017. 1. 10. **Y의 명의**로 甲에 대하여 2,000만원의 **부담금부과처분**을 하였다가, 같은 해 2. 3. 부과금액의 과다를 이유로 위 부담금을 1,000만원으로 **감액하는 처분**을 하였다. 甲이 이에 대해 취소소송을 제기하는 경우, **피고적격은 'Y'**이다.' (O) [17 지방9 下]

☑ **특별시장의 권한**을 **내부위임 받은 구청장**이 **자신의 이름으로 처분**을 한 경우에 처분권자인 특별시장이 **피고적격**이 있다. (X) [08 경기9]　　☑ 처분권자인 특별시장 → 처분명의자인 **구청장**

☑ (**지방경찰청장**으로부터) **내부위임을 받은 경찰서장의 권한 없는 자동차운전면허정지처분**에 대한 **항고소송의 피고**는 지방경찰청장이다. (X) [15 국가9]　　☑ 지방경찰청장 → **경찰서장**

522 ★★★★

권한의 대리의 경우에는 원칙적으로 피대리관청이 처분청으로서 피고가 된다. 🔘❌

> **해설**
>
> 항고소송은 다른 법률에 특별한 규정이 없는 한 원칙적으로 소송의 대상인 행정처분을 외부적으로 행한 행정청을 피고로 하여야 하는 것이고, 다만 **대리기관이 대리관계를 표시**하고 **피대리 행정청을 대리**하여 **행정처분을 한** 때에는 ★**피대리 행정청이 피고로 되어야 할 것이다.** (대결 2006.2.23. 2005부4)
>
> ✅ ⓐ 대리관계는 내부위임관계와 거의 동일하다. 단순히 **권한을 대리**하는 것은 **권한 자체를 이전시키지 않기 때문에** 해당 **권한의 주체**는 여전히 **피대리행정청(=원행정청)**에 있다.
>
> ⓑ 따라서 **대리청이 대리행위로써 행정처분**을 하는 경우에는 ❶**자신이 피대리행정청과 대리관계에 있다는 점**을 표시하면서 ❷**그 처분이 피대리행정청을 위한 것이라는 점도 표시**해야 하는바, 대리행위에 의한 ★**처분의 명의자는 피대리행정청**이라 할 것이므로, **대리행정청의 행정처분**에 대한 항고소송의 ★**피고도 피대리행정청(=원행정청)**이 된다. **정답** ◯

■ **대리기관이 대리관계를 표시**하고 **피대리 행정청을 대리**하여 **행정처분**을 한 때에는 **피대리 행정청이 취소소송의 피고**가 된다. (◯) [20 세무사]

■ 행정권한을 대리하는 **대리기관이 대리관계를 표시**하고 **피대리행정청을 대리**하여 **처분**을 한 경우, 그에 대한 항고소송의 **피고는 피대리행정청**이 된다. (◯) [21 국회8]

■ **대리기관이 대리관계를 표시**하고 **피대리 행정청을 대리**하여 **행정처분**을 한 때에는 **피대리 행정청이 피고로 되어야 한다.** (◯) [22 세무사]

523 ★★☆☆

시장의 사고로 인하여 부시장이 대리하여 처분한 경우의 피고적격은 당해 부시장이다. 🔘❌

> **해설**
>
> ✅ ⓐ 가령 **세종특별자치시장의 사고**로 인하여 **행정부시장이 직무대리로서 행정처분**을 행할 경우, 행정**처분서** 하단의 발신명의란에는 [**"세종특별자치시장 직무대리 행정부시장 김◯◯"**]와 같이 **직무대리가 표시**되어 있어야 하는바,
>
> ⓑ 이러한 대리관계의 표시로써 **피대리청인 '세종특별자치시장'**의 행위로서 **처분의 효과가 발생**하기 때문에, 그에 대한 취소소송은 **처분청인 세종특별자치시장을 피고**로 삼아 제기되어야 한다. **정답** ✕

■ **서울특별시장**이 사고로 인하여 직무를 수행할 수 없게 되어 **부시장이 대리하여 처분을 행한 경우** 그에 대한 **취소소송의 피고**는 (   )이다. → (서울특별시장) [06 세무사]

■ **행정안전부장관을 대리**하여 **디지털정부국장이 행한 행위**에 대한 **항고소송**에서 디지털정부국장이 피고가 된다. (✕) [14 국회8]   ☑ 디지털정부국장 → 행정안전부장관

524 ★★★★

처분청과 그 처분을 통지한 자가 다른 경우 처분청이 취소소송의 피고가 된다. **O X**

> **해설**
>
> 국무회의에서 건국훈장 독립장이 수여된 망인에 대한 서훈취소를 의결하고 **대통령이 결재**함으로써 **서훈취소가 결정**된 후 **국가보훈처장**이 망인의 **유족 甲에게** '독립유공자 **서훈취소결정 통보**'를 하자 甲이 국가보훈처장을 상대로 서훈취소결정의 무효 확인 등의 소를 제기한 사안에서, 甲이 **서훈취소 ★처분을 행한 행정청(대통령)**이 아니라 **국가보훈처장을 상대**로 제기한 위 소는 **피고를 잘못 지정**한 경우에 해당한다. (대판 2014. 9. 26., 2013두 2518)
>
> ✆ **서훈취소결정**의 **처분청(대통령)**과 서훈취소결정 **처분을 통지한 자(국가보훈처장)**가 다른 경우, **처분청인 ★대통령**에게 **피고적격이 있다**는 판시이다. **정답** O

- **처분청**과 **통지한 자**가 **다른 경우**에는 **처분청이 피고**가 된다. (O) [17 세무사]

- **농림축산식품부장관**이 甲에 대한 **농지보전부담금 부과처분**을 한다는 의사표시가 담긴 **납부통지서**를 수납업무 대행자인 **한국농어촌공사를 통해 甲에게 전달**하였다. **甲이 그 부과처분에 대하여 항고소송을 제기**한다면 **피고**는 '**농림축산식품부장관**'이다. (O) [23 세무사]

  ☑ 농림축산식품부 ✕, 한국농어촌공사 ✕, 한국농어촌공사사장 ✕

- 대법원은 **처분청**과 **통지한 자**가 **다른 경우**에는 통지한 자가 **피고**가 된다고 보았다. (✕) [08 국가9]

- 건국훈장 독립장이 수여된 망인에 대하여 사후적으로 친일행적이 확인되었다는 이유로 **대통령에 의하여** 망인에 대한 **독립유공자서훈취소가 결정**되고, 그 서훈취소에 따라 훈장 등을 환수조치하여 달라는 당시 행정안전부장관의 요청에 의하여 **국가보훈처장**이 망인의 **유족에게 독립유공자서훈취소결정을 통보**한 사안에서, **독립유공자서훈취소결정**에 대한 **취소소송**에서의 **피고적격**이 있는 자는 국가보훈처장이다. (✕) [16 지방9] ☑ 국가보훈처장 → 대통령

525 ★★★★
[16 세무사] **O X**

처분에 관계되는 권한이 다른 행정청에 승계된 때에는 이를 승계한 행정청을 피고로 한다.

> 해설
>
> 【행정소송법】
> 제13조(피고적격)
> ① **취소소송**은 다른 법률에 특별한 규정이 없는 한 그 처분등을 행한 행정청을 피고로 한다. 다만, **처분등이 있은 뒤에 그 처분등에 관계되는 권한이 다른 행정청에 승계**된 때에는 이를 ★**승계한 행정청을 피고로 한다.**
>
> **정답** O

■ 처분등이 있은 뒤에 그 **처분등에 관계되는 권한**이 **다른 행정청에 승계**된 때에는 **이를 승계한 행정청을 피고**로 한다. (O) [19, 22 세무사]

■ 처분 후 그 **처분권한**이 **다른 행정청에 승계**된 경우에도 본래의 처분을 행한 행정청이 피고가 된다. (X) [01 관세사]

■ 처분 등에 관계되는 권한이 **다른 행정청에 승계**된 경우에도 승계 전의 행정청이 피고가 된다. (X) [09 세무사]

■ 처분이 있은 후 그 **처분등에 관한 권한**이 **다른 행정청에 승계**되어도 당초 처분을 행한 행정청이 피고가 된다. (X) [14 세무사]

■ **A 세무서장**은 관할 거주자인 **甲에 대해 과세처분**을 하였는바, 처분 이후 **B 세무서의 신설**로 甲에 대한 **관할이 B 세무서로 변경**되었다. **관할변경 이후** 甲이 위 **과세처분에 대해 취소소송**을 제기할 경우에 **피고적격자는 'B 세무서장'**이다. (O) [11 세무사]

■ 甲은 관할 **A행정청**으로부터 2011년 **10월 1일** 300만원의 **과징금부과처분**을 받았고, **이후** 동년 **10월 20일** 甲에 대한 **과징금부과권한**이 **A행정청에서 B행정청으로 승계**가 되었고, 甲은 과징금부과처분에 대하여 동년 **10월 30일에 취소소송을 제기**하려 한다. 판례에 의할 때, 취소소송은 **B행정청을 피고로 제기**하여야 한다. (O) [11 국회9 변형]

526 ★★★★

㉠ 취소소송에서 행정청이 없게 된 때에는 그 처분에 관한 사무가 귀속되는 국가 또는 공공단체에 속한 다른 행정청을 피고로 한다. [18 세무사] **O X**

㉡ 피고 행정청이 폐지된 경우는 행정소송의 종료 사유가 아니다. [06 세무사] **O X**

[해설]

【행정소송법】 제13조(피고적격)
① 취소소송은 다른 법률에 특별한 규정이 없는 한 그 처분등을 행한 행정청을 피고로 한다. 다만, 처분등이 있은 뒤에 그 처분등에 관계되는 권한이 다른 행정청에 승계된 때에는 이를 승계한 행정청을 피고로 한다.
② 제1항의 규정에 의한 **행정청이 없게 된 때**에는 그 처분등에 관한 ★**사무가 귀속되는** ★**국가 또는 공공단체**를 **피고로 한다.**

☑ ㉠ **처분청이 폐지**되고 그 처분에 관한 **사무를 승계하는 행정청도 없게 된 때**에는 그 처분에 관한 사무가 귀속되는 행정주체를 피고로 **취소소송**을 제기하면 되는바, 예컨대 **과세처분을 한 어떤 세무서**가 (그 처분에 관한 권한을 승계하는 행정청도 없이) **폐지**되었다면, 국세사무가 귀속되는 **국가를 상대**로 과세처분취소소송을 제기하면 된다.

㉡ 따라서 피고 행정청이 폐지되었다고 하여, 해당 **소송이 종료되는 것은 아니다.** **[정답]** ㉠ ✕, ㉡ O

▢ **처분을 행한 행정청이 없게 된 때**에는 그 **처분에 관한 사무가 귀속**되는 **국가 또는 공공단체**를 취소소송의 **피고로 한다.** (O) [12 세무사]

▢ **행정청이 없게 된 때**에는 그 **처분등에 관한 사무가 귀속되는 국가 또는 공공단체를 피고**로 한다. (O) [16 세무사]

▢ 국세부과**처분 이후** 처분**권한을 승계하는 행정청이 없이 처분청이 없게 된 경우**에는 **국가를 피고로 소를 제기**하여야 한다. (O) [10 세무사]

▢ **취소소송**에서 피고가 될 행정청이 없게 된 경우에 그 **처분등에 관한 사무가 귀속되는 국가 또는 공공단체**는 행정소송의 **피고가 될 수 없다.** (✕) [05 세무사]

▢ **처분이 있은 뒤**에 **처분을 한 행정청이 없어진 때**에는 국무총리가 **피고가 된다.** (✕) [13 세무사]

▢ **취소소송**에서 **행정청이 없게 된 때**에는 그 **처분에 관한 사무가 귀속되는 국가 또는 공공단체**에 속한 타른 행정청을 **피고로 한다.** (✕) [18 세무사]

▢ **피고 행정청의 폐지**로 인하여 **소송은 종료되지 아니한다.** (O) [11 세무사]

▢ **항고소송**에서 **피고인 행정청이 없게 된 경우**에 소송은 종료된다. (✕) [08 지방9 변형]

▢ **피고 행정청이 없게 된 경우**, 법원은 소송종료를 선언하여야 한다. (✕) [17 세무사]

▢ **무효등 확인소송의 피고**는 언제나 그 처분등을 행한 행정청이다. (✕) [17 세무사]

➡ 무효등 확인소송에서도 행정소송법 제13조가 준용되므로, 원칙적 피고는 처분등을 행한 행정청이라 할 것이나, 처분에 관한 권한이 다른 행정청으로 승계되거나 처분청이 없어지게 된 경우에는 권한승계청이나 처분사무 귀속주체를 피고로 삼아야 한다.

527 ★★★★

㉠ 행정소송법의 규정상 '피고적격'은 무효등 확인소송이 취소소송과 구별되는 사항이다.

[12 세무사] O X

㉡ 취소소송에 관한 규정 중 '피고적격'은 부작위위법확인소송에 준용되지 않는다.

[10 세무사] O X

해설

【행정소송법】
제13조(피고적격) ① **취소소송**은 다른 법률에 특별한 규정이 없는 한 ★<u>그 처분등을 행한 행정청을 피고로 한다</u>.
제38조(준용규정)
① <u>제13조의 규정은 **무효등 확인소송**의 경우에 **준용**</u>한다.
② <u>제13조의 규정은 **부작위위법확인소송**의 경우에 **준용**</u>한다.

✓ ㉠ **취소소송의 피고적격 규정**은 **무효등확인소송에 준용**되므로, **취소소송과 무효등확인소송의 피고적격은 동일**하다. 즉 원고가 무효라고 주장하는 **처분 등을 한 행정청**이 **무효등확인소송의 피고**가 된다.

㉡ **취소소송의 피고적격 규정**은 부작위위법확인소송에도 **준용**되므로, **취소소송과 부작위위법확인소송의 피고적격 또한 동일**하다. 즉 국민이 어떤 행정청에 **일정한 처분 등**을 내려줄 것을 신청하였다면, 그 **신청을 받은 행정청**이 **부작위위법확인소송의 피고**가 된다. 정답 ㉠ ×, ㉡ ×

■ **무효등확인소송**에 있어서의 **피고**는 효력 유무나 존재 여부의 확인대상이 되는 **처분등을 한 행정청**이다.
  (O) [08 국회8]
■ **취소소송과 무효등 확인소송**에 있어 **피고적격은 동일**하다. (O) [11 세무사]
■ **취소소송**에 관한 규정은 **피고적격**은 **무효확인소송**에 **준용**된다. (O) [13 세무사]
■ **취소소송**에서의 **피고적격**에 관한 **규정**은 **무효등 확인소송의 경우에 준용**한다. (O) [22 세무사]
■ **취소소송**의 규정 중 **제13조(피고적격)**는 ~~무효등확인소송에 준용되지 않는다.~~ (×) [10 서울9]
■ **무효등확인소송의 피고**는 ~~국가 또는 지방자치단체이다.~~ (×) [06 충남9]
  ☑ ~~국가 또는 지방자치단체~~ → **처분을 행한 행정청**
■ **무효등 확인소송**에서는 ~~피고적격에 관한 규정이 준용되지 않아, 무효등 확인소송의 피고는 국가·공공단체 그 밖의 권리주체가 된다.~~ (×) [16 세무사]

■ 행정상 **부작위위법확인소송**에 취소소송의 **'피고적격'**에 관한 **규정**이 **준용**된다. (O) [06 관세사]
■ **취소소송**에 관한 규정 중 **'피고적격'**은 **부작위위법확인소송에 준용**된다. (O) [14 세무사]
■ **취소소송**에 관한 규정 중 **피고적격**은 ~~부작위위법확인소송의 경우에 준용되지 않는다.~~ (×) [08 세무사]

528 ★★★★

㉠ 취소소송의 피고적격 규정은 당사자소송에도 준용된다. [14 세무사] O X

㉡ 당사자소송은 국가·공공단체 그 밖의 권리주체 외에 항고소송의 경우처럼 행정청도 피고로 할 수 있다. [06 세무사] O X

┌─해설─┐

【행정소송법】
제13조(피고적격) ① 취소소송은 다른 법률에 특별한 규정이 없는 한 그 처분등을 행한 행정청을 피고로 한다.
제39조(피고적격) 당사자소송은 국가·공공단체 그 밖의 권리주체를 피고로 한다.

✓ 취소소송의 피고적격에 관한 제13조는 당사자소송에 준용되지 않고, 제39조에서 당사자소송의 피고적격을 별도로 규정하고 있다. 당사자소송은 대등한 당사자 간의 공법상 법률관계를 다투는 소송이기 때문에, 행정청은 피고가 될 수 없고 행정주체(국가, 지방자치단체 등)와 같은 권리주체가 피고가 된다. **정답** ㉠ ×, ㉡ ×

🔲 취소소송의 규정 중 피고적격은 당사자소송에는 준용되지 않는다. (O) [23 세무사]

🔲 당사자소송에는 취소소송의 피고적격에 관한 규정이 준용된다. (×) [20 군무원7]

🔲 형식적 당사자소송의 피고적격은 취소소송의 경우와 동일하다. (×) [10 세무사]

───────────────────────────

🔲 당사자소송은 국가·공공단체 그 밖의 권리주체를 피고로 한다. (O) [10, 12, 13, 19, 20, 21 세무사]

🔲 공법상 당사자소송에 있어서의 피고는 국가 또는 공공단체(지방자치단체)이다. (O) [95 국가9 변형]

🔲 당사자소송에서 주무행정청은 행정소송의 피고가 될 수 없다. (O) [05 세무사]

🔲 행정소송법 제39조(피고적격)에 의할 때 공법상 당사자소송의 피고는 '국가 또는 공공단체'이다. (O) [07 세무사]

🔲 국가나 공공단체도 당사자소송의 당사자가 될 수 있다. (O) [09 세무사]

🔲 당사자소송은 국가·공공단체 그 밖의 권리주체가 피고가 된다. (O) [14 지방7]

🔲 국가나 지방자치단체는 행정청과는 달리 당사자소송의 당사자가 될 수 있다. (O) [17 서울9]

🔲 판례는 처분청도 당사자소송의 피고가 될 수 있다고 본다. (×) [09 세무사]

🔲 당사자소송의 피고는 행정청이다. (×) [11 세무사]

🔲 당사자소송의 피고는 원칙적으로 (당해) 처분을 행한 행정청(처분청)이 된다. (×) [14 행정사]

🔲 당사자소송에서는 다른 법률에 특별한 규정이 없는 한 그 처분등을 행한 행정청을 피고로 한다. (×) [16 세무사]

🔲 당사자소송의 피고는 행정청이 된다. (×) [22 세무사]

529 ★★☆☆

강원도지사는 공법상 당사자소송의 피고가 될 수 있다. **O X**

> **해설**
>
> ☑ ⓐ 당사자소송에서는 **행정주체(국가, 지방자치단체 등)와** 같은 **권리주체만이** 피고가 될 수 있으므로, **행정청은 피고가 될 수 없다.** 시장, 도지사, 군수, 구청장 등과 같은 **지방자치단체의 장은 행정청**이지, 지방자치단체가 아니므로 **당사자소송의 피고가 될 수 없다.**
>
> ⓑ 따라서 '**강원도**'는 공법상 **당사자소송의 피고**가 될 수 있지만, '강원도지사'는 당사자소송의 피고가 될 수 없다. **정답** ✕

📋 **경기도**는 공법상 **당사자소송의 피고**가 될 수 있다. (○) **[08 세무사]**

📋 **강남세무서장, 행정안전부장관**은 공법상 당사자소송의 피고가 될 수 있다. (✕) **[08 세무사 변형]**

　➡ 세무서장이나 각 부의 장관도 **행정청이므로 항고소송의 피고**가 될 수 있을 이다.

530 ★★☆☆

국가를 당사자로 하는 소송에서는 법무부장관이 국가를 대표한다. **O X**

> **해설**
>
> 【국가를 당사자로 하는 소송에 관한 법률】 제2조 (국가의 대표자)
> **국가를 당사자 또는 참가인**으로 하는 **소송**에서는 ★**법무부장관**이 **국가를 대표**한다.
>
> ☑ ⓐ 국가를 상대로 한 당사자소송이나 민사소송 등에서 **국가가 당사자(피고 등)**인 경우에는, 국가를 당사자로 하는 소송에 관한 법률에 따라 **법무부장관이 국가를 대표**하게 되지만,
>
> ⓑ 참고로 '지방자치단체를 당사자로 하는 소송에 관한 법률'은 현존하지 않으므로, 지방자치단체를 상대로 한 당사자소송이나 민사소송 등에서 **지방자치단체가 당사자(피고 등)**인 경우, **지방자치단체의 '장'**이 소송수행자로서 **지방자치단체를 대표**하게 된다. **정답** ○

📋 **국가를 당사자로 하는 소송**에서 **국가를 대표**하는 기관은 '**법무부장관**'이다. (○) **[06 군무원9]**

📋 **국가를 당사자 또는 참가인으로 하는 소송**에서는 **법무부장관이 국가를 대표**한다. (○) **[17 서울7 변형]**

📋 **국가를 상대로 하는 손해배상청구소송**에서 **국가를 대표하는 자**는 **법무부장관**이다. (○) **[97 경간] [98 국가9]**

📋 **국가를 당사자 또는 참가인으로 하는 소송**에서 **국가를 대표하는 자**는 태통령이다. (✕) **[07 군무원9]**

　☑ 태통령 → 법무부장관

📋 **지방자치단체를 당사자로 하는 소송**의 경우에는 **지방자치단체의 장**이 당해 **지방자치단체를 대표**한다. (○) **[04 충남9]**

📋 **지방자치단체를 당사자로 하는 소송**에서는 **지방자치단체의 장**이 해당 **지방자치단체를 대표**한다. (○) **[17 서울7 변형]**

531 ★★★☆

㉠ 공무수탁사인은 당사자소송의 피고가 될 수 없다. [23 세무사] O X

㉡ 사인을 피고로 하는 당사자소송은 제기될 수 없다. [20 세무사] O X

> **[해설]**

국토의 계획 및 이용에 관한 법률 제130조 제3항에서 정한 **토지의 소유자·점유자** 또는 **관리인**이 **사업시행자의 일시 사용**에 대하여 정당한 사유 없이 **동의를 거부**하는 경우, **사업시행자는 해당 ★토지의 소유자 등을 상대로 동의의 의사표시를 구하는 소를 제기할 수 있다.** 이와 같은 **토지의 일시 사용**에 대한 **동의의 의사표시를 할 의무**는 '국토의 계획 및 이용에 관한 법률'에서 특별히 인정한 **공법상의 의무**이므로, 그 의무의 존부를 다투는 소송은 '**공법상의 법률관계에 관한 소송**'으로서 그 **법률관계의 한쪽 당사자를 피고로 하는** 소송', 즉 행정소송법 제3조 제2호에서 규정한 **당사자소송이라고 보아야 한다.** 행정소송법 제39조는, "**당사자소송은 국가·공공단체 그 밖의 권리주체를 피고로 한다.**"라고 규정하고 있다. 이것은 **당사자소송의 경우 항고소송과 달리** '행정청'이 아닌 '권리주체'에게 피고적격이 있음을 규정하는 것일 뿐, **피고적격이 인정되는 권리주체를 ★행정주체로 한정한다는 취지가 아니므로,** 이 규정을 들어 **★사인을 피고로 하는 당사자소송을 제기**할 수 없다고 볼 것은 아니다. (대판 2019.9.9. 2016다262550)

✓ ⓐ **행정소송법 제39조**에서는 "**당사자소송의 피고**는 국가 또는 공공단체 **그 밖의 권리주체**가 된다."고 규정하고 있는데,

ⓑ 여기서 '**그 밖의 권리주체**'에는 공권력을 수여받은 행정주체로서 '**공무수탁사인**'도 포함된다. **★공무수탁사인은 행정주체이면서** 행정소송법상으로는 **행정청에도 해당**하기 때문에, **항고소송의 피고**가 될 수 있으면서, **당사자소송의 피고가 될 수도 있다.**

ⓒ 또한 '**그 밖의 권리주체**'에는, **민간의 사인(私人)도 포함**된다. 위 판례의 취지는 행정권에 속하는 권리주체, 즉 행정주체만이 '그 밖의 권리주체'에 해당하는 것으로 제한하여 볼 것이 아니므로, **민간의 사인(私人)까지 포함**된다는 것이다. 따라서 **★민간의 사인(私人)도 권리주체로서 당사자소송의 피고가 될 수 있다.**

[정답] ㉠ X, ㉡ X

①	'**행정주체(국가, 지방자치단체 등)**'를 **상대**로 **당사자소송** 제기 가능 O	
②	'**공무수탁사인**'을 **상대**로 **당사자소송** 제기 가능 O	
③	'**민간의 사인**'을 **상대**로 **당사자소송** 제기 가능 O	

📖 **공무수탁사인**은 **당사자소송의 피고**가 될 수 있다. (O) [08 국가9]

📖 국토의 계획 및 이용에 관한 법률상 토지소유자 등이 도시·군계획시설 사업시행자의 토지의 일시 사용에 대하여 정당한 사유 없이 동의를 거부한 경우, **사업시행자가 토지소유자를 상대**로 동의의 의사표시를 구하는 소송은 **당사자소송**으로 보아야 한다. (O) [20 국가7]

📖 **사인을 피고로** 하는 **당사자소송은 허용**되지 않는다. (X) [22, 24 세무사]

532 ★★★★

㉠ 행정소송법 제14조에 의할 때 취소소송에서 원고가 피고를 잘못 지정한 경우, 원고는 적법한 피고를 상대로 다시 소송을 제기하여야 한다. [07 세무사] OX

㉡ '피고경정'은 행정소송법에 규정되어 있다. [08 세무사] OX

㉢ 원고가 피고를 잘못 지정한 경우에는 법원은 원고의 신청에 의하여 결정으로써 피고의 경정을 허가할 수 있다. [19 세무사] OX

> **해설**
>
> **【행정소송법】**
> 제14조(피고경정) ① <u>원고가 피고를 잘못 지정</u>한 때에는 <u>법원은 원고의 신청</u>에 의하여 <u>결정</u>으로써 <u>피고의 경정을 허가</u>할 수 있다.
>
> ⓐ 항고소송에서의 원칙적 피고는 행정주체가 아닌 **행정청이라는** 피고의 특수성, **행정소송의 형태**에 따라 **피고 적격자가 달라지는 특성** 등에 말미암아 **민사소송에서보다 피고를 잘못 지정**하는 경우가 많은 점,
>
> ⓑ **제소기간의 제한**과 같은 행정소송의 특성을 감안하면 피고경정을 허용하지 않을 경우 **국민의 권리구제에 중대한 장애**를 가져올 수 있는 점 등을 고려하여,
>
> ⓒ ★**행정소송법은** 일찍이 **피고경정에 관한 규정을 신설**하여 일정한 요건하에 **피고경정을 허용**해오고 있는바, 피고가 잘못 지정된 경우에도 기존 소송을 취하하고 적법한 피고를 상대로 ★**새로운 소송을 제기할 필요가 없이**, 피고경정 절차를 통하여 **피고를 바로 잡을 수 있다.** **정답** ㉠ ✕, ㉡ ○, ㉢ ○

■ **피고경정**이란 소송의 계속 중 **피고를 다른 자로 변경**하는 것이다. (○) [06 대구교행9]

■ 항고소송의 경우 권리주체가 아닌 행정청을 피고로 하고 있으므로 **피고를 잘못 지정하는 경우가 발생**할 가능성이 있어 **피고경정을 인정할 필요**가 있다. (○) [09 세무사]

■ 취소소송의 경우에는 제소기간의 제한이 있어 **피고경정을 허용**하지 않으면 **권리구제에 중대한 장애**를 가져올 수 있다. (○) [09 세무사]

■ ~~'피고경정'에 대하여는 행정소송법에 규정을 두고 있지 않다.~~ (✕) [05 세무사]

■ **원고가 피고를 잘못 지정**한 때에는 **법원은 원고의 신청**에 의하여 **결정**으로써 **피고의 경정을 허가**할 수 있다. (○) [09 세무사]

■ 행정소송법 제14조에 의할 때 취소소송에서 **원고가 피고를 잘못 지정**한 경우, **법원은 원고의 신청**에 의하여 **결정**으로써 **피고의 경정을 허가**할 수 있다. (○) [07 세무사]

■ **원고가 피고를 잘못 지정**한 때에는 **법원은 원고의 신청**에 의하여 **결정**으로써 **피고의 경정을 허가**할 수 있다. (○) [22 세무사]

533 ★★★★

㉠ 법원이 원고의 신청에 의하여 피고경정을 허가하는 것은 행정소송법상 허용되지 않는다.

[13 세무사] O X

㉡ 원고가 피고를 잘못 지정한 때에는 법원은 직권으로 피고를 경정하여야 한다.

[10 세무사] O X

> **해설**
>
> **【행정소송법】**
> **제14조(피고경정)**
> ① <u>원고가 **피고**를 잘못 지정</u>한 때에는 **법원**은 ★<u>**원고의 신청**</u>에 의하여 **결정**으로써 피고의 경정을 허가할 수 있다.
>
> ☑ '**피고경정**'은 법원이 **직권으로 결정할 수 없**고, 원칙적으로 ★<u>**원고의 신청이 있을 때에만**</u> 법원이 그 신청에 대하여 **경정허가를 결정**할 수 있다.　　　　　　　　　　　　　　**정답** ㉠ ×, ㉡ ×

▨ **피고경정**은 행정소송법상 **원고의 신청에 의하여만 가능**하다. (O) [19 세무사]

▨ **피고경정**은 법원의 ~~직권에 의하여만~~ **가능**하다. (×) [05 세무사]

▨ 행정소송법 제14조에 의할 때 취소소송에서 **원고가 피고를 잘못 지정**한 경우, 법원은 ~~직권에 의하여~~ **피고를 경정**해야 할 ~~의무를 진다~~. (×) [07 세무사]

▨ **원고가 피고를 잘못 지정한 때**에는 법원은 ~~직권에 의하여~~ **피고를 경정**할 수 있다. (×) [18 세무사]

534 ★★★☆

[15 세무사] O X

원고가 피고를 잘못 지정한 경우 법원은 원고가 무과실인 경우에만 피고의 경정을 허가할 수 있다.

> **해설**
>
> ☑ 원고가 피고를 잘못 지정한 것에 대해서, ★<u>**원고의 고의·과실**</u>이 그 이유였는지는 **묻지 않**고, 법원이 피고경정의 필요성이 있다고 인정하면 **경정허가 결정**을 하게 된다.　　　　　　　　　　**정답** ×

▨ **피고경정이 인정**되기 위해서는 **피고의 잘못 지정**에 ~~고의·과실이 있어야 한다~~. (×) [98 입시]

▨ 행정소송법 제14조에 의할 때 취소소송에서 **원고가 피고를 잘못 지정**한 경우, ~~원고의 고의 또는 과실이 없는 때에만~~ **피고의 경정이 허용**된다. (×) [07 세무사]

▨ **피고의 경정**시에는 ~~원고의 고의·과실을 요한다~~. (×) [09 세무사]

▨ **원고가 피고를 잘못 지정**한 때에는 ~~원고에게 고의 또는 중대한 과실이 없는 경우에 한하여~~ **피고의 경정이 허용**된다. (×) [13 세무사]

▨ **피고를 잘못 지정**한 경우 ~~고의 또는 중대한 과실이 있으면 법원은~~ **피고의 경정을 허가**할 ~~수 없다~~. (×) [19 세무사]

535 ★★★☆

처분 후 처분청이 없게 된 경우에 피고를 경정하는 행위는 취소소송의 제1심 수소법원이 직권으로 할 수 없는 행위이다. O X

> 【해설】
>
> **【행정소송법】**
> **제13조(피고적격)**
> ① 취소소송은 다른 법률에 특별한 규정이 없는 한 그 처분등을 행한 행정청을 피고로 한다. 다만, 처분등이 있은 뒤에 그 **처분등에 관계되는 권한이 ★다른 행정청에 승계된 때**에는 이를 승계한 행정청을 피고로 한다.
> ② 제1항의 규정에 의한 **★행정청이 없게 된 때**에는 그 처분등에 관한 사무가 귀속되는 국가 또는 공공단체를 피고로 한다.
>
> **제14조(피고경정)**
> ⑥ 취소소송이 제기된 후에 **제13조 제1항 단서** 또는 **제13조 제2항**에 해당하는 사유가 생긴 때에는 **법원**은 **★당사자의 신청** 또는 **★직권**에 의하여 **피고를 경정**한다.
>
> ✓ ⓐ 533문에서 정리하였듯이, **피고경정은 원고의 신청이 있을 때에만** 법원이 그 신청에 대하여 경정허가를 결정할 수 있음이 원칙이지만,
>
> ⓑ 다만 **처분이 있은 뒤**에, **처분권한이 '다른 행정청으로 승계'**되거나, **'행정청이 폐지'된 때**에는 법원이 행정소송법 제13조 제1항 단서 및 제2항에 따른 **피고로 경정**할 것을 **★직권으로 결정**할 수 있다. 물론 이 경우에도 **원고의 경정신청**에 대한 결정으로 경정을 허가할 수 있다.   **정답** ✕

- 처분 후 **처분청이 없게 된 경우의 피고경정은** 법원이 직권으로 할 수 있다. (O) [13 세무사]
- 취소소송 제기 후 **처분청의 권한이 다른 행정청에 승계**된 경우 **법원은 피고를 경정**한다. (O) [14 세무사]
- **'처분 등에 관계되는 권한이 다른 행정청에 승계된 경우**에 있어서 **'피고의 경정'**은 「행정소송법」상 **법원이 직권으로 할 수 있다.** (O) [21 소방간부]
- **처분권한 승계**에 따른 **피고의 경정**은 법원의 **직권**으로 할 수 없다. (✕) [11 세무사]
- 취소소송 제기 후 당해 **처분권한이 다른 행정청에 승계**된 경우 **피고경정**은 **당사자의 신청**에 의하여야 하고, **법원이 직권으로**는 할 수 없다. (✕) [13 세무사]
  - ➡ 법원은 당사자의 신청에 대하여 경정허가를 결정하거나 **자신의 직권으로** 경정허가를 결정할 수 있다.

536 ★★★☆

원고가 피고를 잘못 지정하였다면 법원은 원고로 하여금 피고를 경정하게 하여 소송을 진행하여야 한다. **O X**

해설

- **원고가 피고를 잘못 지정**한 것으로 보이는 경우 **법원**으로서는 마땅히 **석명권을 행사**하여 ★**원고로 하여금** 정당한 **피고로 경정**하게 하여 **소송을 진행**케 하여야 할 것이지, 그러한 조치를 취하지 아니한 채 피고의 지정이 잘못되었다는 이유로 막바로 **소를 각하할 것은 아니다.** (대판 2006. 11. 9., 2006다23503)

- 세무서장의 위임에 의하여 성업공사가 한 공매처분에 대하여 피고 지정을 잘못하여 **피고적격이 없는 세무서장을 상대**로 그 **공매처분의 취소를 구하는 소송이 제기**된 경우, **법원**으로서는 ★**석명권을 행사**하여 **피고를 성업공사로 경정**하게 하여 **소송을 진행**하여야 한다. (대판 1997. 2. 28., 96누1757)

☑ 법원이 피고경정을 직권으로 결정할 수 없으나, 피고가 잘못 지정된 것을 법원이 인지한 경우에는 ★**원고로 하여금 피고경정을 신청토록 석명권을 행사하여 소를 유지시켜야지** 곧바로 각하해서는 안된다는 판시이다.

정답 O

▨ 항고소송에서 **원고가 피고를 잘못 지정**하였다면 **법원**은 **석명권을 행사**하여 **피고를 경정하게 하여 소송을 진행**하여야 한다. (O) [16 서울7]

▨ 세무서장의 위임에 의하여 **한국자산관리공사가 한 공매처분**에 대하여 **세무서장을 피고로 하여 취소소송을 제기**한 경우 **법원**은 **석명권을 행사**하여 **피고를 한국자산관리공사로 경정하게 하여야** 한다. (O) [21 세무사]

▨ **원고가 피고를 잘못 지정**하였다면 **법원**으로서는 **석명권을 행사**하여 원고로 하여금 **피고를 경정하게 하여 소송을 진행**케 하여야 한다. (O) [24 세무사]

▨ 취소소송에서 **원고가** 처분청 아닌 행정관청을 **피고로 잘못 지정**한 경우, **법원**은 석명권의 행사 없어 소송요건의 불비를 이유로 소를 각하할 수 있다. (X) [20 국가9]

537 ★★★☆

㉠ 피고경정결정이 있은 때에는 종전의 피고에 대한 소송은 취하된 것으로 본다.

[19 세무사] **O** **X**

㉡ 취소소송에서 피고 경정에 대한 법원의 허가가 있으면 새로운 피고에 대한 소송은 처음에 소를 제기한 때에 제기된 것으로 본다.

[15 세무사] **O** **X**

㉢ 취소소송이 제기된 후에 피고를 경정하는 경우 제소기간의 준수 여부는 피고를 경정한 때를 기준으로 판단한다.

[17 지방9 下] **O** **X**

> **해설**
>
> **【행정소송법】 제14조(피고경정)**
> ① 원고가 피고를 잘못 지정한 때에는 법원은 원고의 신청에 의하여 결정으로써 피고의 경정을 허가할 수 있다.
> ④ 제1항의 규정에으 의한 결정이 있은 때에는 새로운 피고에 대한 소송은 ★처음에 소를 제기한 때에 제기된 것으로 본다.
> ⑤ 제1항의 규정에 의한 결정이 있은 때에는 종전의 피고에 대한 소송은 ★취하된 것으로 본다.
>
> ☑ ㉠ 피고경정을 허가하는 결정이 있게 되면, '종전의 피고'에 대한 소송은 '취하'된 것으로 보고,
>
> ㉡ '새로이 경정된 피고'에 대한 소송은, 처음에 소송을 제기하였던 당시에 이미 제기되었던 것으로 본다.
>
> ㉢ 따라서 소송요건도 ★'처음에 소송을 제기할 당시'가 기준이 되므로, 처음에 소송을 제기할 당시에 제소기간을 준수하였다면, 새로운 피고에 대한 소송 또한 제소기간을 준수한 것이 된다. **정답** ㉠ O, ㉡ O, ㉢ ✕

📖 **법원**의 **피고경정결정**이 있으면 **종전 피고에 대한 소송**은 **취하된 것**으로 **본다.** (O) [05 세무사]

📖 **피고경정의 결정**이 있은 때에는 **종전의 피고에 대한 소송**은 **취하된 것**으로 **본다.** (O) [24 세무사]

📖 **피고경정의 허가가 있는 때**에는 **종전의 피고에 대한 소송**은 각하된 **것**으로 **본다.** (✕) [22 세무사]

　☑ 각하 → 취하

📖 **피고경정**이 있으면 **종전의 피고에 대한 소**는 **취하된 것**으로 보고, 새로운 피고에 대한 소송은 처음에 **소를 제기한 때에 제기된 것**으로 **본다.** (O) [98 입시]

📖 **피고를 경정**하는 것에 대한 **허가결정**이 있을 때는 **새로운 피고에 대한 소송**은 처음 소를 제기한 때에 **제기된 것**으로 **본다.** (O) [06 대구교행9]

📖 **법원**의 **피고경정결정의 효력**은 소를 제기한 때로 소급하지 않는다. (✕) [05 세무사]

　➡ 피고경정의 허가결정의 효력이 소급하기 때문에, 경정된 피고에 대한 소송은 처음에 소를 제기한 당시에 이미 제기되었다고 간주하는 것이다.

📖 **피고의 경정**이 있으면 **종전의 피고에 대한 소**는 **취하된 것**으로 보고, **새로운 피고에 대한 소송**은 경정아 있은 ~~때~~에 **제기된 것**으로 **본다.** (✕) [11 경북교행9]

　☑ 경정아 있은 때 → 처음에 소를 제기한 때

📖 **피고를 경정**하는 경우 **제소기간의 준수 여부**는 피고를 ~~경정한 때~~를 **기준으로 판단**한다. (✕) [15 변시 변형]　☑ 피고를 경정한 때 → 처음에 소를 제기한 때

538 ★★★☆

㉠ 당사자소송에서의 피고경정은 허용되지 않는다. [08 세무사] **O X**

㉡ 피고경정은 행정소송법상 취소소송에 관한 규정 중 무효등확인소송에 준용되지 않는다.

[18 행정사] **O X**

> **해설**
>
> **【행정소송법】**
> **제14조(피고경정)**
> ① 원고가 **피고를 잘못 지정**한 때에는 법원은 **원고의 신청**에 의하여 결정으로써 **피고의 경정을 허가**할 수 있다.
>
> **제38조(준용규정)**
> ① **제14조**의 규정은 ★**무효등 확인소송**의 경우에 **준용**한다.
> ② **제14조**의 규정은 ★**부작위법확인소송**의 경우에 **준용**한다.
>
> **제44조(준용규정)** ① **제14조**의 규정은 ★**당사자소송**의 경우에 **준용**한다.
>
> ✓ '피고경정'은 다른 항고소송과 당사자소송에도 준용되므로, **모든 행정소송에 적용**되는 제도이다.
>
> **정답** ㉠ ✕, ㉡ ✕

- **취소소송**의 **피고경정 규정**은 **당사자소송에도 준용**된다. (O) [14 세무사]

- **'피고의 경정'**은 **항고소송과 당사자소송**에 **공통으로 적용**된다. (O) [15 세무사]

- **당사자소송**에서도 **피고경정이 인정**된다. (O) [09 세무사]

- **당사자소송**에서는 **피고경정이 가능**하다. (O) [19 세무사]

- **당사자소송**에서 **원고가 피고를 잘못 지정**한 때에는 **법원**은 **원고의 신청**에 의하여 **결정**으로써 **피고의 경정을 허가**할 수 있다. (O) [10 세무사]

- **세무서장**을 **피고**로 하여 **납세의무부존재확인**을 구하는 경우에는 **피고의 경정을 허가할 수 있다.** (O) [17 세무사]

  ➡ **당사자소송**에 해당하는 **납세의무부존재확인소송**의 경우, **정당한 피고는 국가**가 되어야 하므로, 원고가 **피고의 경정(예** 세무서장 → 국가)을 신청한다면, 법원이 **피고경정**을 **허가**할 수 있다.

- **당사자소송**에서는 **원고가 피고를 잘못 지정**한 경우 **법원**은 **원고의 신청**에 의하여 **결정**으로써 **피고의 경정을 허가**할 수 없다. (✕) [20 세무사]

- 재산세부과처분에 따라 **세금을 납부한 甲**은 제소기간 도과 후 과세처분이 무효로 밝혀지자 **과세처분무효확인소송 또는 부당이득반환청구소송 중 하나를 제기**하고자 한다. **부당이득반환청구소송**의 경우 **피고를 잘못 지정**하였다면 甲은 **피고경정을 신청할 수 있다.** (O) [12 세무사]

  ➡ 다수설에 의하면 **부당이득반환청구소송은 당사자소송**이기 때문에 **행정소송법 제14조**에 따른 **피고경정의 신청이 가능**하며, 판례에 따라 **부당이득반환청구소송을 민사소송**으로 보더라도, **민사소송법 제260조(피고의 경정)**에 따른 **피고경정의 신청이 가능**하다. 즉 학설이나 판례 중 어느 쪽에 의하더라도 甲은 피고경정을 신청할 수 있다.

539 ★★★☆

㉠ 원고의 신청이 있으면 법원은 당연히 피고를 경정해야 한다. [07 세무사] ⓞⓧ

㉡ 피고경정신청의 각하결정에 대하여 원고는 즉시항고할 수 있다. [19 세무사] ⓞⓧ

㉢ 피고경정결정에 대하여 경정 전의 피고는 즉시항고할 수 있다. [19 세무사] ⓞⓧ

【해설】

- **【행정소송법】 제14조(피고경정)**
  ① **원고가 피고를 잘못 지정**한 때에는 법원은 **원고의 신청**에 의하여 결정으로써 **피고의 경정을 허가**할 수 있다.
  ③ 제1항의 규정에 의한 **신청을 각하**하는 **결정**에 대하여는 ★**즉시항고**할 수 있다.
- 행정소송에서 **피고경정신청**이 이유 있다 하여 **인용한 결정**에 대하여는 **종전 피고**는 ★**항고제기의 방법**으로 **불복신청할 수 없다**. (대결 2006. 2. 23., 자, 2005부4)

✍ ㉠ **법원이** 석명을 통하여 **피고경정 여부를 결정**하는바, 경정신청을 '인용'하거나 "각하'할 수도 있을 것이므로, 원고의 신청에 따라 **당연히 피고를 경정해야 하는 것은 아니다.**

㉡ 그러므로 법원이 원고의 **피고경정신청**을 '**각하**'하는 **결정**을 내린 경우, **원고**는 그 결정에 대하여 '**즉시항고**'할 수 있다.

㉢ 반면에 법원이 원고의 **피고경정신청**을 '**허가**'하는 **결정**에 내린 경우, ★**종전의 피고가 항고를 제기하는 방법**으로 **불복할 수 없다**는 것이 판례의 입장이다.   [정답] ㉠ ✕, ㉡ ○, ㉢ ✕

🔲 **피고경정의 신청**을 **각하하는 결정**에 대하여는 **즉시항고할 수 있다.** (○) [22 세무사]

🔲 **피고경정신청 각하결정**에 대하여 신청인은 **즉시항고할 수 없다.** (✕) [05 세무사]

🔲 **피고경정의 신청**을 **각하한 결정**에 대하여는 **불복**할 수 없다. (✕) [08 선관위7]

🔲 **원고**의 **피고경정 신청**에 대한 **각하결정**에 대하여 **즉시항고(卽時抗告)**할 수 없다. (✕) [13 세무사]

🔲 **피고경정신청을 인용한 결정**에 대하여는 **종전 피고**는 **항고제기의 방법**으로 **불복신청할 수 없다.** (○) [24 세무사]

540 ★★☆☆

법원은 피고경정 허가결정을 하면 그 결정의 정본을 새로운 피고에게 송달하여야 한다. [O][X]

> **해설**
>
> **【행정소송법】**
> **제14조(피고경정)**
> ① **원고가 피고를 잘못 지정**한 때에는 법원은 **원고의 신청**에 의하여 **결정**으로써 **피고의 경정을 허가**할 수 있다.
> ② 법원은 제1항의 규정에 의한 ★**결정의 정본을 새로운 피고에게 송달**하여야 한다.
>
> **정답** O

541 ★★★☆

피고경정은 제1심에서만 허용된다. [O][X]

> **해설**
>
> 행정소송법 제14조에 의한 **피고경정**은 ★**사실심 변론종결에 이르기까지 허용**되는 것으로 해석하여야 할 것이고, 굳이 제1심 단계에서만 허용되는 것으로 해석할 근거는 없다. (대결 2006.2.23., 자, 2005부4)
>
> ☑ '**행정소송규칙**'에서는 **피고경정**의 **허용 시점**에 관한 판례의 법리를 **명문화**하였다.
>
> **【행정소송규칙】 제6조(피고경정)** 법 제14조제1항에 따른 **피고경정**은 **사실심 변론을 종결할 때까지** 할 수 있다.
>
> ➤ **행정소송규칙** 제6조에서는 행정소송법 제14조 제1항(원고가 피고를 잘못 지정한 때)에 따른 피고경정만 사실심 변론종결시까지 할 수 있다고 정하고 있다. 왜냐하면 행정소송법 제14조 제6항(처분에 관한 권한이 다른 행정청으로 승계되거나 처분청이 없어지게 된 때)에 따른 피고경정은 상고심에서도 허용되기 때문이다.
>
> **정답** X

■ **피고경정**은 법률에 다른 규정이 없는 한 **사실심변론종결시까지 가능**하다. (O) [14 세무사]

■ **피고경정**은 **사실심 변론종결시까지 가능**하다. (O) [19 세무사]

■ 원고가 피고를 잘못 지정한 경우 **피고경정**은 취소소송과 당사자소송 모두에서 **사실심 변론종결에 이르기까지 허용**된다. (O) [21 군무원9]

■ **피고경정**은 **상고심에서는 허용되지 않는다.** (O) [23 서울7 변형]

■ **피고의 경정**은 ~~**사실심의 변론종결** 이후에도 가능하다.~~ (X) [09 세무사]

■ **피고경정**은 **사실심**은 물론 법률심인 상고심에서도 **허용된다**는 것이 판례의 입장이다. (X) [09 세무사]

■ **피고경정**은 제1심의 **변론종결 후**에는 **허용되지 않는다.** (X) [11 세무사]

　　☑ ~~제1심~~의 변론종결 후 → **사실심**의 변론종결 후

제2항　재판관할

1　심급관할

542 ★★☆☆

1994년 행정소송법의 개정에 따라 행정소송에 3심제가 도입되었다. **O X**

> **해설**
>
> **【법원조직법】**
> **제40조의4(심판권) 행정법원**은 「행정소송법」에서 정한 **행정사건**과 다른 법률에 따라 **행정법원의 권한에 속하는 사건**을 **★제1심**으로 심판한다.
>
> **제28조(심판권) 고등법원**은 다음의 사건을 심판한다.
> 1. 지방법원 합의부, 가정법원 합의부, 회생법원 합의부 또는 **행정법원의 제1심** 판결·심판·결정·명령에 대한 **★항소 또는 항고사건**
>
> **제14조(심판권) 대법원**은 다음 각 호의 사건을 **종심(終審)**으로 심판한다.
> 1. 고등법원 또는 항소법원·특허법원의 판결에 대한 **★상고사건**
>
> ✓ **종래** 행정소송은 **2심제**였으나, 1994년의 행정소송법 개정에서 **3심제를 채택**함으로써, **1998. 3. 1.부터**는 행정소송법과 법원조직법에 따라 행정소송 사건의 **제1심**은 행정법원(지방법원급), **제2심(항소심)**은 고등법원, **제3심(상고심)**은 대법원이 관할한다. **정답** O

■ **행정소송**은 1998년 3월 1일부터 **3심제**이다. (O) **[96 행시 변형]**

■ 행정법원의 재판에 대하여 고등법원에 항소할 수 있고, 고등법원의 재판에 대하여 대법원에 상고할 수 있으므로 **행정소송 역시 삼심제도**를 취하고 있다. (O) **[06 세무사]**

543 ★★☆☆

㉠ 모든 행정소송은 3심제로 한다. [15 세무사] O X

㉡ 특허심판원의 심결에 불복하는 경우 그 취소를 구하는 소송은 서울행정법원에 제기하여야 한다.
[21 세무사] O X

해설

【법원조직법】
제28조(심판권) **고등법원**은 다음의 사건을 심판한다. 다만, 제28조의4제2호에 따라 ★**특허법원의 권한**에 속하는 사건은 제외한다.

제14조(심판권) **대법원**은 다음 각 호의 사건을 **종심(終審)**으로 심판한다.
1. 고등법원 또는 항소법원·**특허법원**의 판결에 대한 **상고사건**

☑ ⓐ 대부분의 **행정소송**은 원칙적으로 **3심제로** 운영되나, ★**예외적으로 1심제나 2심제**를 취하고 있는 경우가 있는데, 이른바 **특허소송**은 **특허법원 → 대법원**으로 이어지는 **2심제로 운영**되고 있다.

ⓑ 따라서 **특허심판원의 심결·결정에 대한 불복**이 있을 경우에는 **고등법원급**의 전문법원으로 설치되어 있는 ★**특허법원에 소송을 제기**하여야 하고, **특허법원의 판결에 대하여 불복**이 있는 때에는 **대법원에 상고**하여야 한다.

ⓒ 또한 **3심제 행정소송의 예외**로서, 1심제 또는 2심제로 운영되는 **객관적 쟁송(민중소송·기관소송)**의 경우도 있다.

정답 ㉠ ×, ㉡ ×

▨ **특허청의 심결에 대한 취소소송**은 **특허법원과 대법원**으로 연결되는 **2심제**를 취하고 있다. (○) [08 세무사]

▨ **특허청의 심결에 대한 취소소송**은 **고등법원에 해당**하는 **특허법원과 대법원**으로 연결되는 **2심제**를 취하고 있다. (○) [09 국회8]

▨ **대통령선거**와 **국회의원선거**에 관한 **선거소송**의 경우 **제1심 재판관할**은 **대법원**이 된다. (○) [11 군무원9]

【공직선거법】 제222조(선거소송) ① 대통령선거 및 국회의원선거에 있어서 선거의 효력에 관하여 이의가 있는 선거인·정당 또는 후보자는 선거일부터 30일 이내에 당해 선거구선거관리위원회위원장을 피고로 하여 **대법원에 소를 제기**할 수 있다.

➡ **민중소송** 중에서 **1심제로 운영**되는 경우이다.

544 ★★☆☆

06 세무사]

행정법원의 관할에 속하는 사건은 지방법원급인 행정법원이 제1심 관할법원이 된다. **O X**

> **해설**
>
> - **【행정소송법】 제9조(재판관할)** ① 취소소송의 ★**제1심 관할법원**은 피고의 소재지를 관할하는 ★**행정법원**으로 한다.
> - **【법원조직법】 제40조의4(심판권)** ★**행정법원**은 「행정소송법」에서 정한 **행정사건**과 다른 법률에 따라 **행정법원의 권한에 속하는 사건**을 ★**제1심**으로 심판한다.
> - **【법원조직법】 제2조 (행정사건에 관한 경과조치)** 부칙 제1조 제1항 단서의 규정에 의한 행정법원에 관한 사항의 시행 당시 ★**행정법원이 설치되지 않은 지역**에 있어서의 **행정법원의 권한에 속하는 사건**은 행정법원이 설치될 때까지 해당 ★**지방법원 본원**이 관할한다.
>
> ✅ ⓐ 행정소송 사건의 심급관할 살펴보면, 제1심은 **행정법원(지방법원급)**, 제2심(항소심)은 **고등법원**, 제3심(상고심)은 **대법원**이 관할한다.
>
> ⓑ 따라서 **행정소송 사건의 제1심 관할**은 지방법원급의 '**행정법원**'이 되어야 하지만, **현재 행정법원**은 서울시 서초구에 위치한 **서울행정법원 하나뿐**이므로, **서울을 제외한 나머지 지역**에서는 ★**지방법원 본원**이 행정소송 **사건을 관할**하고 있다.
>
> ⓒ 예컨대 **부산 지역**에는 부산행정법원이 없으므로 **부산지방법원**이 제1심 행정소송 사건을 관할하며, **전남 지역**에는 광주행정법원(또는 전남행정법원)이 없으므로 **제1심 행정소송 사건을 광주지방법원**이 관할한다.
>
> **정답** O

📋 **서울특별시 서대문구청장**의 건축허가**취소처분을 다투는 소**의 **1심 관할법원**은 '**행정법원**'이다. (O) **[05 세무사]**

   ➡ 서울특별시에는 행정법원이 설치되어 있으므로, '서울행정법원'이 제1심 관할법원이다.

📋 **취소소송의 제1심**은 **피고의 소재지를 관할**하는 고등법원의 **전속관할**이다. (✕) **[02 관세사]**

   ✅ 고등법원 → 행정법원

📋 **항고소송의 제1심 관할법원**은 지방법원급인 **행정법원**이 되나, **행정법원이 설치되지 않은 지역**에 있어서는 행정법원이 설치될 때까지 **지방법원이 당해 재판을 관할**한다. (O) **[96 행시 변형]**

📋 **서울 이외의 지역**에서의 **행정사건**에 관한 **제1심 관할법원**은 (피고의 소재지를 관할하는) **지방법원 본원**이다. (O) **[00 국가9 변형]**

📋 甲은 **부산광역시의 건축 관련 처분**에 대하여 **행정소송**을 제기하려는 경우에, **관할법원**은 **부산지방법원**이 된다. (O) **[08 군무원9 변형]**

545 ★★★★

㉠ 취소소송의 제1심 관할법원은 원고의 소재지를 관할하는 행정법원으로 한다.

[22 세무사] **O X**

㉡ 피고의 소재지가 서울특별시인 취소소송의 제1심 관할법원은 서울행정법원이다.

[09, 14 세무사] **O X**

해설

【행정소송법】 제9조(재판관할) ① 취소소송의 제1심 관할법원은 ★피고의 소재지를 관할하는 행정법원으로 한다.

정답 ㉠ ✕, ㉡ O

- 취소소송의 재판관할은 행정소송법에 규정되어 있다. (O) [12 세무사]
- 원칙적으로 취소소송은 피고 행정청의 소재지 관할 행정법원에 제기한다. (O) [06 세무사]
- 행정소송법은 취소소송의 제1심 관할법원을 원칙적으로 피고의 소재지를 관할하는 행정법원으로 한다. (O) [07 세무사]
- 취소소송의 제1심 관할법원은 원칙적으로 피고의 소재지를 관할하는 행정법원이다. (O) [10 세무사]
- 취소소송의 제1심 관할법원은 원칙적으로 피고 행정청의 소재지를 관할하는 행정법원에 제기하여야 한다. (O) [11 세무사]
- 취소소송의 제1심 관할법원은 피고의 소재지를 관할하는 행정법원으로 한다. (O) [15, 17 세무사]
- 취소소송은 원고의 소재지를 관할하는 법원에 제기하는 것이 원칙이다. (✕) [05 경기9]
- 취소소송의 제1심 관할법원은 (원칙적으로) 원고의 소재지를 관할하는 행정법원으로 한다. (✕) [15 서울7]
- 세무서장의 과세처분에 대한 취소소송의 제1심 관할법원은 원칙적으로 당해 세무서의 소재지를 관할하는 행정법원이 된다. (O) [13, 18, 20 세무사]
- 「식품위생법」에 따른 서울특별시 서초구청장의 음식점영업허가취소처분에 대한 취소소송은 서울행정법원에 제기한다. (O) [16 지방7]
- 서울지방국토관리청이 기획재정부장관으로부터 관할 행정재산 관리사무를 법률에 따라 위임받아 특정 행정재산의 효력을 제한하는 사용허가를 한 경우, 사용허가의 일부거부를 취소하는 소송을 제기할 때 그 소송의 제1심 관할법원은 피고의 소재지를 관할하는 행정법원이 아니다. (✕) [16 서울7 변형]
  - ➡ 서울지방국토관리청은 서울에 소재하므로 행정소송법 제9조 제1항에 따라 피고(서울지방국토관리청장)의 소재지를 관할하는 서울행정법원에 사용허가거부처분취소소송을 제기할 수 있다.

546 ★★★★

㉠ 중앙행정기관의 장이 피고인 취소소송은 피고의 소재지를 관할하는 행정법원을 제1심 관할법원으로 할 수 없다. 　　　　　　　　　　　　　　　　　　　　　　[20 세무사] O X

㉡ 국세청장의 처분에 대한 소송은 원칙적으로 대전지방법원에 제기하여야 한다. 　　　　　　　　　　　　　　　　　　　　　　　　　　　　　　[11 세무사] O X

해설

【행정소송법】
제9조(재판관할) ① 취소소송의 제1심 관할법원은 ★피고의 소재지를 관할하는 행정법원으로 한다.
② 제1항에도 불구하고 **다음 각 호**의 어느 **하나**에 해당하는 **피고**에 대하여 취소소송을 제기하는 경우에는 ★대법원 소재지를 관할하는 행정법원에 제기할 수 있다.
　1. ★중앙행정기관, 중앙행정기관의 ★부속기관과 ★합의제행정기관 또는 그 장

☑ ⓐ 가령 **국세청장의 처분**에 불복할 경우에는 원칙적으로 행정소송법 **제9조 제1항**에 따라 **피고인 국세청장**이 소재한 '세종특별자치시'를 관할하는 **대전지방법원**에 취소소송을 제기하여야 하는 것이 **원칙**이지만,

　ⓑ **국세청장**은 중앙행정기관의 장에 해당하므로, 행정소송법 **제9조 제2항 제1호**에 따라, **예외적으로 대법원 소**재지의 관할 행정법원인 **서울행정법원**에 제기할 수도 있다. 　　　　**정답** ㉠ ✕, ㉡ O

■ **예외적**으로 **중앙행정기관 또는 그 장**이 피고인 경우의 **관할법원**은 **대법원 소재지의 행정법원**으로 할 수 있다. (O) [07 세무사]

■ **중앙행정기관 또는 그 장**이 피고인 경우의 **대법원소재지의 행정법원**을 제1심 관할법원으로 하여 제기할 수 있다. (O) [09 세무사]

■ **중앙행정기관의 장**이 피고인 취소소송의 경우 **대법원소재지의 행정법원**을 제1심 관할법원으로 하여 제기할 수 있다. (O) [14 세무사]

■ **중앙행정기관의 장**이 피고인 경우 취소소송은 **대법원소재지를 관할**하는 행정법원에 제기할 수 있다. (O) [15 세무사]

■ **중앙행정기관**에 대한 취소소송은 **서울행정법원**에 제기할 수 있다. (O) [16 세무사]

■ **중앙행정기관**을 피고로 하여 **취소소송을 제기**하는 경우 **대법원 소재지를 관할하는 행정법원**에 제기할 수 있다. (O) [22 세무사]

■ **중앙행정기관**의 부속기관을 피고로 하여 **취소소송을 제기**하는 경우 **대법원소재지를 관할하는 행정법원**에 **제기할 수 있다.** (O) [22 세무사]
　➡ 중앙행정기관의 부속기관의 예로는 **지방국세청, 세무서** 등이 있다.

■ **중앙행정기관 또는 그 장**이 피고인 경우에는 **원칙적**으로 대법원이 제1심 관할이 된다. (✕) [06 세무사 수정] 　☑ (원칙) 피고의 소재지 관할 행정법원/ (예외) 대법원 소재지 관할 행정법원

■ **국세청장의 처분**에 대한 취소소송의 제1심 관할법원은 원칙적으로 **대전지방법원**이 된다. (O) [13 세무사]

■ **세종특별자치시**에 위치한 **해양수산부의 장관**이 한 처분에 대한 취소소송은 **서울행정법원**에 제기할 수 있다. (O) [16 지방7]
　➡ 국세청과 해양수산부는 **세종특별자치시**에 소재하고 있기 때문에, 국세청장이나 해수부장관의 처분에 대한 취소소송은 세종시 관할 법원인 **대전지방법원(본원)**에 제기하는 것이 **원칙**이지만, 중앙행정기관에 해당하므로 예외적으로 **서울행정법원**에도 제기할 수 있는 것이다.

547 ★★★★

국가의 사무를 위탁받은 공공단체를 피고로 하는 경우, 대법원의 소재지를 관할하는 행정법원은 관할법원이 아니다. 　　O X

해설

【행정소송법】
제9조(재판관할) ① 취소소송의 제1심 관할법원은 ★피고의 소재지에 관할하는 행정법원으로 한다.
② 제1항에도 불구하고 다음 각 호의 어느 하나에 해당하는 피고에 대하여 취소소송을 제기하는 경우에는 ★대법원 소재지를 관할하는 행정법원에 제기할 수 있다.
　2. 국가의 사무를 ★위임 또는 위탁받은 ★공공단체 또는 그 장

【행정소송규칙】
제5조(재판관할) ① 국가의 사무를 위임 또는 위탁받은 공공단체 또는 그 장에 대하여 그 지사나 지역본부 등 종된 사무소의 업무와 관련이 있는 소를 제기하는 경우에는 그 종된 사무소의 소재지를 관할하는 행정법원에 제기할 수 있다.

ⓐ 국가사무를 위임(위탁)받은 공공단체(장)의 예시는 507분 참고

ⓑ 최근 제정된 '행정소송규칙'에서는 국가사무를 위임 또는 위탁받은 공공단체(장)를 상대로 하는 소송상 원고의 편의를 도모하고자 해당 업무를 취급하는 종된 사무소 소재지 행정법원에도 관할이 있다고 규정하고 있는바,

ⓒ 가령 국민연금공단의 춘천지사가 '국민연금공단' 명의로 내린 연금환수처분에 불복하려는 사람은, 전주지방법원(본사 소재지 관할), 서울행정법원(대법원 소재지 관할), 춘천지방법원(해당 업무 수행 사무소 소재지 관할) 3곳 중 1곳을 택하여 행정소송을 제기할 수 있다. 　　정답 ✕

▢ 취소소송의 제1심 관할법원은 피고의 소재지를 관할하는 행정법원으로 하지만, 국가의 사무를 위임 또는 위탁받은 공공단체 또는 그 장을 피고로 하는 때에는 대법원 소재지를 관할하는 행정법원에 제기하여도 무방하다. (O) [18 국가5 승진]

▢ 국가의 사무를 위탁받은 공공단체를 피고로 하여 취소소송을 제기하는 경우 대법원소재지를 관할하는 행정법원에 제기할 수 있다. (O) [22 세무사]

▢ 경상북도 김천시에 위치한 한국도로공사가 국토교통부장관의 국가사무의 위임을 받아 한 처분에 대한 취소소송은 서울행정법원에 제기할 수 없다. (✕) [16 지방7]
　➡ 한국도로공사는 국가사무를 위임받은 공공단체에 해당하므로, 대법원 소재지 관할인 서울행정법원에 제소 가능

▢ 국가의 사무를 위탁받은 공공단체를 피고로 하여 취소소송을 제기하는 경우 대법원소재지를 관할하는 행정법원에 제기하는 것은 관할 위반이다. (✕) [21 세무사]

548 ★★★★

특정 장소에 관계되는 처분에 대한 취소소송을 그 장소 소재지를 관할하는 행정법원에 제기하는 것은 행정소송법상 허용되지 않는다.　　　　　　　　　　　　　　　　　　　　　　　[13 세무사] O X

> 해설

> **【행정소송법】 제9조(재판관할)**
> ③ ★토지의 수용 기타 ★부동산 또는 특정의 장소에 관계되는 처분등에 대한 취소소송은 ★그 부동산 또는 장소의 소재지를 관할하는 행정법원에 이를 제기할 수 있다.
>
> **【행정소송규칙】**
> 제5조(재판관할) ② 법 제9조제3항의 '기타 부동산 또는 특정의 장소에 관계되는 처분등'이란 부동산에 관한 권리의 설정, 변경 등을 목적으로 하는 처분, 부동산에 관한 권리행사의 강제, 제한, 금지 등을 명령하거나 직접 실현하는 처분, 특정구역에서 일정한 행위를 할 수 있는 권리나 자유를 부여하는 처분, 특정구역을 정하여 일정한 행위의 제한·금지를 하는 처분 등을 말한다.

> ✓ ⓐ 행정소송법 제9조 제3항에서는 **토지의 수용이나, 기타 부동산 또는 특정장소에 관계되는 처분**에 대한 **취소소송의 관할**에 관하여, 이른바 '**특별재판적**'을 규정하고 있다.
>
> ⓑ 최근 제정된 '**행정소송규칙**'에서는 대법원 결정례에서 설시한 내용을 토대로, 기타 부동산 또는 특정장소에 관계되는 처분을 4가지로 보다 세분화하여 규정하고 있다.
>
> ㉠ 광업권 설정, 토지거래허가처분, 자동차 운수사업면허, 국·공유재산 허가처분, 개발제한구역 지정 등
> 　　　　　　　　　　　　　　　　　　　　　　　　　　　　　　　　　　정답 ✕

■ 토지의 수용 기타 부동산 또는 특정의 장소에 관계되는 **처분등**에 대한 취소소송은 그 **부동산 또는 장소의 소재지를 관할**하는 **행정법원**에 이를 제기할 수 있다. (O) [06 세무사]

■ 토지의 수용에 관계되는 **처분등**에 대한 취소소송은 그 **부동산 또는 장소의 소재지를 관할**하는 **행정법원**에 제기**할 수 있다.** (O) [07, 23 세무사]

■ 토지수용에 대한 **취소소송**은 그 **토지의 소재지를 관할**하는 **행정법원**에 제기**할 수 있다.** (O) [14 세무사]

■ 토지의 수용 등 특정의 장소에 관계되는 **처분등**에 대한 취소소송은 그 **토지의 소재지를 관할**하는 **행정법원**에 이를 제기**할 수 있다.** (O) [15 세무사]

■ 부동산에 관계되는 **처분등**에 대해 취소소송을 제기하는 경우 그 **부동산의 소재지를 관할**하는 **행정법원**에 제기**할 수 있다.** (O) [10 세무사]

■ 경기도 토지수용위원회가 수원시 소재 부동산을 수용하는 재결처분을 한 경우 **이에 대한 취소소송**은 **수원지방법원본원**에 제기**할 수 있다.** (O) [16 지방7]

■ 특정의 장소에 관계되는 **처분**에 대한 취소소송은 그 **장소의 소재지를 관할하는 행정법원**에 이를 제기**할 수 있다.** (O) [17, 22 세무사]

■ 부동산에 관계되는 **처분 등**에 대한 **취소소송**은 서울행정법원에만 **제기**하여야 한다. (✕) [09 세무사]

549 ★★★★

토지의 수용재결에 대한 취소소송을 그 토지의 소재지를 관할하는 행정법원에 제기하려면 당사자 간의 합의가 필요하다. [13 세무사] OX

> **해설**
>
> 【행정소송법】제9조(재판관할)
> ③ ★토지의 수용 기타 ★부동산 또는 특정의 장소에 관계되는 처분등에 대한 취소소송은 ★그 부동산 또는 장소의 소재지를 관할하는 행정법원에 이를 제기할 수 있다.
>
> ✓ 토지의 수용이나, 기타 부동산 또는 특정장소에 관계되는 처분에 대한 취소소송은 ★당사자 간에 합의가 없더라도, 소송편의에 따라 위 법조를 근거로 해당 부동산이나 그 장소의 소재지를 관할하는 행정법원에 제소할 수 있다.
>
> 정답 ✕

📘 토지의 수용재결에 대한 취소소송은 당사자 간의 합의없이도 그 토지의 소재지를 관할하는 행정법원에 제기할 수 있다. (○) [20 세무사]

📘 토지수용에 관계되는 처분에 대해 당해 토지의 소재지를 관할하는 행정법원에 소를 제기하려면 당사자 간의 합의가 있어야 한다. (✕) [11 세무사]

550 ★★★☆ [16 세무사]

취소소송의 토지관할은 전속관할이라 할 수 없다. OX

> **해설**
>
> 행정소송법 제9조나 제40조에 항고소송이나 당사자소송의 토지관할에 관하여 이를 ★전속관할로 하는 명문의 규정이 없는 이상 이들 소송의 토지관할을 ★전속관할이라 할 수 없다. (대판 1994. 1. 25., 93누18655)
>
> ✓ ⓐ '토지관할'의 문제란 제1심 소송사건을 어느 곳의 지방법원이 담당하느냐의 문제이다. 행정소송법 제9조(재판관할)에서는 항고소송 또는 당사자소송의 토지관할에 관하여 이른바 '전속관할'이라는 명문의 규정을 두고 있지 않으므로, 행정소송상의 토지관할은 ★'임의관할'이 되고,
> ⓑ 따라서 민사소송법상 합의관할 또는 변론관할에 관한 규정의 적용이 가능해진다.
> ➤ [전속관할] 특정법원만이 배타적으로 재판할 수 있는 관할
> [임의관할] 당사자 간의 합의나 피고의 변론(응소)에 의하여 재판법원을 변경할 수 있는 관할
>
> 정답 ○

📘 행정소송법은 항고소송이나 당사자소송의 토지관할에 대하여 전속관할로 규정하고 있다. (✕) [15 세무사]

551 ★★★★

㉠ 관할의 결정에 대해서는 민사소송법상의 합의관할, 응소관할(변론관할)에 관한 규정이 준용될 수 있다. [15 세무사] ⓞⓧ

㉡ 소송의 당사자는 합의로 제1심 관할법원을 정할 수 있다. [10 세무사] ⓞⓧ

㉢ 관할 없는 법원에 소가 잘못 제기되었더라도 피고가 항변하지 않고 본안변론을 하는 경우 당해 법원에 관할권이 발생한다. [11 세무사] ⓞⓧ

> 해설
>
> · 【민사소송법】
> 제29조(합의관할) ① 당사자는 ★합의로 제1심 관할법원을 정할 수 있다.
> 제30조(변론관할) 피고가 제1심 법원에서 관할위반이라고 ★항변(抗辯)하지 아니하고 본안(本案)에 대하여 ★변론(辯論)하거나 변론준비기일(辯論準備期日)에서 진술하면 그 법원은 ★관할권을 가진다.
> · 민사소송인 이 사건 소가 서울행정법원에 제기되었는데도 피고는 제1심법원에서 ★관할위반이라고 항변하지 아니하고 본안에 대하여 변론한 사실을 알 수 있는바, 공법상의 당사자소송 사건인지 민사사건인지 여부는 이를 구별하기가 어려운 경우가 많고 … 심리절차면에서 민사소송절차와 큰 차이가 없는 점 등에 비추어 보면, 행정소송법 제8조 제2항, 민사소송법 제30조에 의하여 ★제1심법원에 변론관할이 생겼다고 봄이 상당하다. (대판 2013. 2. 28. 2010두22368)
>
> ✓ ㉠ 앞의 문제에서 살펴보았듯이, 행정소송의 재판관할은 전속관할이 아닌 **임의관할**이므로, **민사소송법 제29조(합의관할) 및 제30조(변론관할)을** 준용함으로써,
> ㉡ 당사자 쌍방의 합의로 관할법원을 정하거나,
> ㉢ 관할권이 없는 법원에 제기된 변론절차에서 피고가 관할위반의 항변없이 본안에 관한 변론 등을 하였다면 법정 관할법원 아닌 다른 법원에서 재판을 받을 수 있게 된다. **정답** ㉠ O, ㉡ O, ㉢ O

🔲 **토지의 수용 기타 부동산 또는 특정의 장소에 관계되는 처분 등**에 대한 **취소소송**은 그 부동산 또는 장소의 소재지를 관할하는 행정법원에 제기해야 하므로, **민사소송법상의 합의관할 및 변론관할에 관한 규정은 적용**되자 않는다. (×) [10 국가7]

➡ 행정소송의 재판관할은 **임의관할**이므로, 처분의 종류와 관계없이[=부동산 관련 처분이든지 금전부과처분이든지 불문] 민소법 제29조 및 제30조 적용 가능

🔲 **당사자가 합의**하는 경우 **원고 소재지 관할법원**에 소를 **제기할 수 있다.** (O) [11 세무사]

🔲 **당사자가 합의**하면 **원고 소재지 관할법원**을 제1심 **관할법원으로 할 수 있다.** (O) [13, 20 세무사]

🔲 **민사소송**으로 제기할 것을 당사자소송으로 **행정법원에 제기**하고 **피고가 관할위반이라고 항변하지 아니하고 본안에 대한 변론**을 한 경우, **행정법원에 변론관할이 생겼다**고 본다. (O) [21 세무사]

🔲 **민사소송**으로 제기할 것을 당사자소송으로 **행정법원에 제기**한 경우 **피고가 관할위반이라고 항변하지 않고 본안에 대한 변론**을 한 경우 **법원에 변론관할이 생겼다**고 본다. (O) [23 세무사]

552 ★★★☆

㉠ 취소소송과 무효등확인소송에 있어 관할법원은 동일하다. [11 세무사] O X

㉡ 취소소송에 관한 규정 중 재판관할은 부작위위법확인소송의 경우에 준용되지 않는다.

[08 세무사] O X

해설

【행정소송법】
제9조(재판관할) ① **취소소송의 제1심 관할법원**은 <u>피고의 소재지를 관할</u>하는 **행정법원**으로 한다.

제38조(준용규정)
① **제9조**의 규정은 ★**무효등 확인소송**의 경우에 **준용**한다.
② **제9조**의 규정은 ★**부작위위법확인소송**의 경우에 **준용**한다.

✓ <u>**취소소송의 재판관할**에 관한 **행정소송법 제9조**의 규정은 취소소송 외의 다른 항고소송인 **무효등확인소송, 부작위위법확인소송**에도 **준용**된다.</u> 　　　　　　[정답] ㉠ O, ㉡ ×

🔲 행정소송법 **제9조(재판관할)** 규정은 **무효등확인소송에도 준용**된다. (O) [07 세무사]

🔲 **재판관할**은 **무효확인소송에 준용**된다. (O) [13 세무사]

🔲 취소소송의 규정 중 **제9조(재판관할)**는 **무효등확인소송에 준용**되지 않는다. (×) [10 서울9]

🔲 행정소송법의 규정상 '**재판관할**'은 **무효등 확인소송**이 **취소소송**과 구별되는 사항이다. (×) [12 세무사]

🔲 행정상 **부작위위법확인소송**에 **취소소송의** '**재판관할**'에 관한 **규정**이 **준용된다**. (O) [06 관세사]

🔲 행정소송법상의 **취소소송의 재판관할** 규정은 취소소송 **이외의 항고소송**에도 **준용된다**. (O) [09 세무사]

🔲 행정소송법상 **취소소송**에 관한 규정 중 **재판관할**은 **부작위위법확인소송에 준용**되지 않는다. (×) [02 국가7]

🔲 행정소송법상 **취소소송**에 관한 규정 중 '**재판관할**'은 **무효등 확인소송에는 준용**되나 **부작위위법확인소송에는 준용**되지 않는다. (×) [22 세무사]

🔲 **취소소송의 재판관할** 규정은 **부작위위법확인소송의 경우에 준용**되지 않는다. (×) [24 경찰간부]

553 ★★★★

㉠ 행정소송법 제9조(재판관할) 규정은 당사자소송에는 준용되지 않는다. [07 세무사] Ⓞ Ⓧ

㉡ 당사자소송의 피고가 국가 또는 공공단체인 경우, 관계행정청의 소재지를 관할하는 행정법원이 관할법원으로 된다. [17 세무사] Ⓞ Ⓧ

> **[해설]**
>
> **【행정소송법】**
> **제9조(재판관할)**
> ① **취소소송의 제1심 관할법원**은 **피고의 소재지**를 관할하는 **행정법원**으로 한다.
> ③ **토지의 수용** 기타 **부동산 또는 특정의 장소에 관계되는 처분등**에 대한 취소소송은 그 **부동산 또는 장소의 소재지**를 관할하는 행정법원에 이를 제기할 수 있다.
> **제40조(재판관할)** 제9조의 규정은 ★**당사자소송의 경우에 준용**한다. 다만, **국가 또는 공공단체가 피고인 경우**에는 ★**관계행정청의 소재지를 피고의 소재지로 본다.**
>
> ✓ ㉠ <u>취소소송의 재판관할</u>에 관한 행정소송법 제9조의 규정은 **당사자소송에도 준용**된다.
>   ㉡ 다만 **당사자소송의 피고**는 항고소송과는 달리, 처분청이 아닌 '**국가·공공단체 그 밖의 권리주체**'가 된다는 점에서(피고적격 단원 참고), **국가·공공단체가 피고인 경우**에는 다툼의 대상인 **법률관계나 법률관계의 원인이 된 처분 등**과 직접적인 관계가 있는 '**관계행청정의 소재지를 관할**하는 **행정법원**'에 재판관할이 있다.
>
>   **[정답]** ㉠ ✕, ㉡ ○

🔲 **당사자소송의 재판관할**에는 **취소소송의 규정이 준용**된다. (○) [11 세무사]

🔲 **취소소송의 관할법원**에 관한 규정은 **당사자소송에도 준용**된다. (○) [13 세무사]

🔲 **취소소송의 재판관할**(에 관한) 규정은 **당사자소송에도 준용**된다. (○) [14, 18 세무사]

🔲 '**재판관할**'은 **항고소송과 당사자소송에 공통**으로 **적용**된다. (○) [15 세무사]

🔲 **당사자소송**에서는 **재판관할**에 관하여 **취소소송 규정**이 **준용**된다. (○) [23 세무사]

🔲 **당사자소송의 제1심 관할법원**은 **피고의 소재지**를 관할하는 ~~고등법원이다.~~ (✕) [10 세무사]

    ☑ 고등법원 → 행정법원

🔲 국가를 상대로 하는 **토지의 수용에 관계되는 당사자소송**은 **관계행정청의 소재지를 관할하는 행정법원**에 ~~제기하여야 한다.~~ (✕) [18 세무사]

    ☑ ~~제기하여야 한다.~~ → 제기할 수 있다.

    ➡ 당사자소송에 행정소송법 제9조 <u>제3항도 준용</u>됨을 유의, 즉 수용토지 소재지 관할 행정법원에도 제기 가능

🔲 **국가 또는 공공단체**가 **당사자소송의 피고**인 경우에는 **관계행정청의 소재지를 피고의 소재지**로 본다. (○) [10 국가7]

🔲 **당사자소송의 제1심 재판관할**을 정함에 있어 **국가 또는 공공단체가 피고**인 경우에는 **관계행정청의 소재지를 피고의 소재지**로 본다. (○) [13 세무사]

🔲 취소소송의 **재판관할**에 관한 규정을 **당사자소송에 준용**하는 경우, **국가 또는 공공단체가 피고인 때**에는 **관계행정청의 소재지를 피고의 소재지**로 본다. (○) [22 세무사]

🔲 **당사자소송**에 있어서 **국가가 피고**인 경우의 제1심 **관할법원**은 ~~대법원소재지의 행정법원이다.~~ (✕) [14 세무사]   ☑ ~~대법원 소재지~~ → 관계행정청의 소재지

제 12 절

보완적 소송절차

Administrative Litigation Law

제1항 관할이송

554 ★☆☆☆ [18 세무사]

관할위반으로 인한 이송과 편의에 의한 이송 및 관련청구소송의 이송이 인정된다. **O X**

해설

■ '이송'의 종류

이송 일반론	어느 법원에 일단 **계속된 소송**을 그 법원의 재판에 의하여 **다른 법원에 이전**하는 것
❶ **관할위반에 따른 이송**	관할권 **없는** 법원에서 관할권 **있는** 법원으로 이송 ✔ (관할위반) 관할권이 **없는** 법원에 **제소**한 경우(민소법 제34조 제1항) ✔ (심급위반) 잘못된 심급법원에 **제소**한 경우(행소법 제7조) 　　☑ 예컨대 **제1심 소송**을 **고등법원**에 제기한 경우
❷ **관련청구소송의 이송**	**취소소송**과 그와 **관련된 청구**소송을 **취소소송이 계속된 법원**으로 이송
❸ **편의이송**	관할권 **있는** 법원에서 관할권 **있는** 다른 법원으로 이송 ✔ 손해나 지연을 피하기 위한 이송(민소법 제35조) ✔ 지식재산권 등에 관한 소송의 이송(민소법 제36조)

✓ ⓐ **소송의 이송**은 **실무상** 위와 같이 크게 **3가지**로 **구별**할 수 있는데

　ⓑ **객관식 행정(소송)법** 관련 수험에서는 '**관할이송**'과 '**관련청구소송의 이송**' 2가지에서 대부분 출제되고 있다.

정답 O

555 ★★★☆

㉠ 관할위반을 이유로 한 소송의 이송은 원고의 신청이 있어야 한다. [11 세무사] **O X**

㉡ 법원의 이송결정에 대해서는 즉시항고할 수 있다. [11 세무사] **O X**

> **해설**
>
> - **【민사소송법】**
>   제34조(관할위반 또는 재량에 따른 이송) ① **법원은** 소송의 전부 또는 일부에 대하여 **관할권이 없다고 인정**하는 경우에는 ★**결정으로** 이를 **관할법원에 이송**한다.
>
>   제39조(즉시항고) **이송결정**과 이송**신청의 기각결정(棄却決定)**에 대하여는 ★**즉시항고(即時抗告)**를 할 수 있다.
>
> - 수소법원의 **재판관할권 유무**는 법원의 **직권조사사항**으로서 **법원이 그 관할에 속하지 아니함을 인정**한 때에는 민사소송법 제34조 제1항에 의하여 ★**직권으로 이송결정**을 하는 것이고, 소송**당사자에게 관할위반을 이유**로 하는 ★**이송신청권이 있는 것은 아니다.** 따라서 **당사자가 관할위반을 이유**로 한 **이송신청**을 한 경우에도 이는 단지 법원의 ★**직권발동을 촉구하는 의미**밖에 없다. 한편 **법원이 당사자의 신청에 따른 직권발동으로 이송결정**을 한 경우에는 ★**즉시항고가 허용**되지만(민사소송법 제39조), 위와 같이 당사자에게 이송신청권이 인정되지 않는 이상 항고심에서 당초의 **이송결정이 취소**되었다 하더라도 이에 대한 신청인의 **재항고는 허용되지 않는다.** (대결 2018. 1. 19., 2017마1332)
>
> ☑ ㉠-1 **법원의 직권조사사항**에 속하는 **재판관할**을 법원이 **직권으로 조사**한 결과 **관할위반이 확인되는** 때에는, 당사자의 신청과는 무관하게 민사소송법 제34조 1항에 따라 ★**직권으로 이송을 '결정'**하는 것이므로, ★**'관할위반을 이유**로 한 **이송신청권'**은 당사자에게 인정되지 **않는다.**
>
> ㉠-2 따라서 **당사자가 관할위반을 이유로 이송신청**을 하였더라도 이는 **법원의 직권 이송결정을 재촉하는 의미**에 불과하기 때문에, 법원은 그 신청에 대한 결정을 하지 않아도 되며, 설령 **법원이 착오로 이송신청에 대한 '기각결정'을 하였더라도** 그에 대하여 **즉시항고의 방법으로 불복할 수 없다.**
>
> ㉡ 다만 **법원이** (여하한 이유에 의하든) **직권으로 이송을 '결정'**한 경우, 그 **'이송결정'**에 대해서는 **당사자가 즉시항고**할 수 있다.
>
> | | | |
> |---|---|---|
> | ❶ 관할위반에 따른 이송 | 기각결정 | 즉시항고 **불가능** (* 당사자의 이송신청권이 없기 때문) |
> | | 이송결정 | |
> | ❷ 관련청구소송의 이송 ❸ 편의이송 | 이송결정 | 즉시항고 **가능** |
> | | 기각결정 | |
>
> **정답** ㉠ ×, ㉡ O

🔳 **관할 위반으로 인한 이송**의 경우 **당사자의 신청권**은로 **인정되지 않는다.** (O) [18 세무사]

🔳 **관할위반으로 인한 이송**은 **법원이 직권으로** 한다. (O) [15 세무사]

🔳 **법원은** 소송의 **전부**에 대하여 **관할권이 없다고 인정**하는 경우에는 **결정으로** 이를 **관할법원에 이송**한다. (O) [23 세무사] ☑ 결정으로=직권으로

🔳 **관할위반을 이유**로 한 **소송의 이송**은 **법원의 직권**으로 할 수 없다. (×) [11 세무사]

🔳 소송**당사자에게 관할위반을 이유**로 하는 **이송**신청권을 인정하고 있다. (×) [23 세무사]

556 ★★★☆

관할이송은 원고가 중대한 과실없이 취소소송을 심급을 달리하는 법원에 잘못 제기한 경우에도 인정된다. **O X**

> **해설**
>
> · 【민사소송법】
> 제34조(관할위반 또는 재량에 따른 이송) ① 법원은 **소송의 전부 또는 일부**에 대하여 ★관할권이 없다고 인정하는 경우에는 ★**결정**으로 이를 **관할법원에 이송**한다.
>
> · 【행정소송법】
> 제7조(사건의 이송) 민사소송법 제34조 제1항의 규정은 ★**원고의 고의 또는 중대한 과실없이** 행정소송이 **심급을 달리하는 법원에 잘못 제기된 경우에도 적용**한다.
>
> ✓ 따라서 가령 **지방법원에 제기해야 할 사건**을 **고등법원이나 대법원에 제소**한 경우에도, 소송을 받은 **고등법원 또는 대법원**은 관할법원인 **지방법원으로 이송**하게 된다. **정답** O

▣ **원고의 고의 또는 중대한 과실 없이** 행정소송이 **심급을 달리하는 법원에 잘못 제기**된 경우에 **수소법원은 관할법원에 이송**한다. (O) [10 국가7]

▣ **관할이송**은 **원고가 중대한 과실 없이** 행정소송을 **심급을 달리하는 법원에 잘못 제기**한 경우에도 **인정**된다. (O) [14 세무사]

▣ **법원**은 **원고의 고의 또는 중대한 과실없이** 행정소송이 **심급을 달리하는 법원에 잘못 제기**된 경우에는 **결정**으로 이를 **관할법원에 이송**한다. (O) [16 세무사]

▣ **행정소송**이 **심급을 달리하는 법원에 잘못 제기**되어도 **원고의 고의 또는 중대한 과실이 없는 경우 관할법원에 이송**한다. (O) [18 세무사]

557 ★★★★

㉠ 민사소송으로 제기할 것을 당사자소송으로 행정법원에 제기한 경우 피고가 관할위반이라고 항변하지 않고 본안에 대한 변론을 한 경우 법원에 변론관할이 생겼다고 본다.

[23 세무사] O X

㉡ 당사자소송으로 제기할 사건을 민사소송으로 서울중앙지방법원에 제기하여 판결이 난 경우에는 관할위반이다.

[18 세무사] O X

> **해설**
>
> - ★**민사소송인** 이 사건 소가 **서울행정법원에 제기**되었는데도 **피고는** 제1심법원에서 **관할위반이라고** ★**항변하지 아니하고 본안**에 대하여 ★**변론**을 한 사실을 알 수 있는바, 공법상의 **당사자소송 사건인지 민사사건인지** 여부는 이를 구별하기가 어려운 경우가 많고 **행정사건의 심리절차**에 있어서는 … (중략) … 심리절차면에서 **민사소송절차**와 ★**큰 차이가 없는 점** 등에 비추어 보면, 행정소송법 제8조 제2항, 민사소송법 제30조에 의하여 ★**제1심법원에 변론관할이 생겼다**고 봄이 상당하다. (대판 2013. 2. 28. 2010두22368)
>
> - **이 사건 소**는 제1심 관할법원인 서울**행정법원**에 제기되었어야 할 것인데도 서울북부**지방법원**에 제기되어 **심리**되었으므로 확인의 이익 유무에 앞서 ★**전속관할을 위반**한 위법이 있다. (대판 2009. 9. 24. 2008다60568)
>
> - **관할 위반의 소**를 부적법하다고 하여 각하하는 것보다 관할 법원에 이송하는 것이 당사자의 권리구제나 소송경제의 측면에서 바람직하므로, **원고가 고의 또는 중대한 과실 없이** ★**행정소송으로 제기하여야 할 사건을 민사소송으로 잘못 제기**한 경우, **수소법원**으로서는 만약 그 행정소송에 대한 관할도 동시에 가지고 있다면 이를 **행정소송으로 심리·판단**하여야 하고, 그 ★**행정소송에 대한 관할을 가지고 있지 아니하다면** … (중략) … 행정소송으로서의 **소송요건**을 결하고 있음이 명백하여 행정소송으로 제기되었더라도 **어차피 부적법하게 되는 경우가 아닌 이상** 이를 부적법한 소라고 하여 **각하할 것이 아니라** ★**관할 법원에 이송하여야** 한다. (대판 1997. 5. 30. 95다28960)
>
> ■ 관할 아닌 법원에 잘못 제기한 경우의 '관할위반' 여부
>
> | 민사사건을 행정법원에 제기한 경우 (관할위반 ✕) | 행정사건을 민사법원에 제기한 경우 (관할위반 ○) |
> |---|---|
> | 피고가 관할위반의 **항변을 하지 않고 본안**에 대하여 **변론**을 한 경우, 그 법원에 (변론)**관할성립**(=관할위반 ✕) | • **민사법원**이 **행정소송 관할권이 있는** 경우 ↳ **행정사건으로 심리·판단**
 • **민사법원**이 **행정소송 관할권이 없는** 경우 ↳ 행정소송 **관할법원으로 이송** |
>
> **정답** ㉠ O, ㉡ O

■ **민사소송으로 제기할 것**을 당사자소송으로 행정법원에 제기하고 피고가 관할위반이라고 항변하지 아니하고 본안에 대한 변론을 한 경우, **행정법원에 변론관할이 생겼다**고 본다. (○) **[21 세무사]**

■ **민사소송인 소**가 서울행정법원에 제기되었는데도 피고가 **제1심법원에서 관할위반이라고 항변하지않고 본안에서 변론**을 한 경우에는 **제1심법원에 변론관할**이 생긴다. (○) **[23 국가9]**

■ **당사자소송**으로 서울**행정법원에 제기**할 것을 **민사소송**으로 **지방법원에 제기**하여 **판결이 난 경우**에는 **전속관할 위반**이라는 것이 판례의 입장이다. (○) **[17 세무사]**

■ **당사자소송**으로 서울**행정법원에 제기**할 것을 **민사소송**으로 **지방법원에 제기**하여 **판결이 내려진 경우**, 그 판결은 **관할위반에 해당**한다. (○) **[23 국가9]**

558 ★★★★

취소소송을 민사법원에 제기한 경우 관할이송이 적용되지 않는다. ⓄⓍ

> **해설**

관할 위반의 소를 부적법하다고 하여 각하하는 것보다 **관할 법원에 이송**하는 것이 당사자의 **권리구제나 소송경제**의 측면에서 바람직하므로, **원고가 고의 또는 중대한 과실 없이** ★행정소송으로 제기하여야 할 사건을 민사소송으로 잘못 제기한 경우, **수소법원**으로서는 만약 그 **행정소송**에 대한 **관할도 동시에 가지고 있다면** 이를 **행정소송으로 심리·판단**하여야 하고, 그 **행정소송**에 대한 **관할을 가지고 있지 아니하다면** 당해 소송이 이미 행정소송으로서의 전심절차 및 제소기간을 도과하였거나 행정소송의 대상이 되는 처분 등이 존재하지도 아니한 상태에 있는 등 행정소송으로서의 소송요건을 결하고 있음이 명백하여 행정소송으로 제기되었더라도 어차피 **부적법하게 되는 경우가 아닌 이상** 이를 부적법한 소라고 하여 각하할 것이 아니라 ★**관할 법원에 이송하여야** 한다. (대판 1997. 5. 30. 95다28960)

✅ 앞에서 구별하였듯이, 행정소송으로 제기하여야 하는 **행정사건을 민사법원에 잘못 제기**한 경우, 원칙적으로 **관할위반**이라 할 것이지만, 당사자의 권리구제나 소송경제를 위하여,

   ⓐ 그 민사법원이 **행정사건의 관할권이 있다면**(지방법원 본원), **행정소송으로 심리·판단**하여야 하고,

   ⓑ 반면에 그 민사법원이 **행정사건의 관할권도 없다면**(지방법원 지원 또는 서울 소재 지방법원), **행정소송 관할법원으로 ★이송하여야** 한다. **정답** ✕

▢ **원고의 고의 또는 중대한 과실 없이 행정사건이 민사법원에 제기**된 경우 **관할이송이 가능**하다. (Ⓞ) [10 세무사]

▢ **서울중앙지방법원**은 계쟁사건의 **관할이 행정법원인 경우** 당해 **사건을 서울행정법원으로 이송하여야** 한다. (Ⓞ) [18 세무사]

▢ **당사자소송으로 제기해야 할 사건을 민사소송으로 잘못 제기**한 경우, **수소법원이 행정소송에 대한 관할을 가지고 있지 않다면** 당해 소송이 당사자소송으로서의 소송요건을 갖추지 못하였음이 명백하지 않는 한 **당사자소송의 관할 법원으로 이송하여야** 한다. (Ⓞ) [20 군무원7]

▢ **원고가 고의 또는 중대한 과실 없이 행정소송으로 제기하여야 할 사건을 민사소송으로 잘못 제기**한 경우, **수소법원**으로서는 만약 그 **행정소송에 대한 관할**도 동시에 **가지고 있다면** 이를 **행정소송으로 심리·판단**하여야 하고, 그 **행정소송**에 대한 **관할을 가지고 있지 아니하다면 관할법원에 이송**하여야 한다. (Ⓞ) [21 군무원9]

▢ **원고가 고의 또는 중대한 과실 없이 행정소송으로 제기할 사건을 민사소송으로 잘못 제기**한 경우 **수소법원**이 행정소송의 **관할권이 없으면 관할법원에 이송하여야** 한다. (Ⓞ) [23 세무사]

▢ **행정소송으로 제기할 사항을 민사소송으로 제기**한 경우 **수소법원**은 원칙적으로 각하하여야 한다. (✕) [03 입시]

   ☑ 각하하여야 → 행정소송에 대한 관할유무에 따라, **행정소송으로 심리·판단**하거나 **관할법원에 이송**하여야

▢ **취소소송을 민사법원에 제기**한 경우 **관할이송이 적용**되지 않는다. (✕) [11 세무사]

▢ **고의 또는 중과실 없이 행정소송으로 제기하여야 할 사건을 민사소송으로 잘못 제기**한 경우, 나머지 소송요건을 모두 갖추었더라도 법원은 각하해야 한다. (✕) [21 세무사]

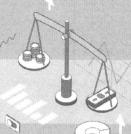
제2항 관련청구소송의 이송·병합

1 일반론

559 ★★☆☆ [16 세무사]

취소소송이 제기되면 관련청구소송의 이송 및 병합이 가능해진다. O X

> **해설**
>
> **【행정소송법】 제10조(관련청구소송의 이송 및 병합) ①** **취소소송**과 다음 각호의 1에 해당하는 소송(이하 "**關聯請求訴訟**"이라 한다)이 **각각 다른 법원에 계속**되고 있는 경우에 ★**관련청구소송이 계속된 법원이 상당하다고 인정 때에는** 당사자의 신청 또는 직권에 의하여 이를 **취소소송이 계속된 법원으로 이송**할 수 있다.
> 1. 당해 처분등과 관련되는 손해배상·부당이득반환·원상회복등 청구소송
> 2. 당해 처분등과 관련되는 취소소송
>
> **정답** O

📋 행정소송법상 **관련청구소송의 이송 및 병합이 허용**된다. (O) [14 군무원9]

📋 **취소소송이 제기**될 경우 **관련청구소송의 이송**이 금지된다. (×) [09 세무사]

560 ★★☆☆

㉠ 관련청구소송의 이송은 심리의 중복, 재판상의 모순의 방지 및 소송경제를 도모하기 위한 제도이다.

[09 세무사] O X

㉡ 관련청구소송은 당연히 이송하므로 심리의 필요성과 무관하다. [09 세무사] O X

> **해설**
>
> ☑ ㉠ '**관련청구소송의 이송·병합**'은, 처분과 관련된 **여러 청구소송**을 '**병합**'하여 1개의 소송절차에서 일괄로 심리하여, **심리 중복, 재판상 저촉·모순** 등을 피하고, **당사자와 법원의 부담을 경감**함으로써, 모순없고 신속한 재판을 진행시키려는 데에 그 취지가 있는 제도이므로,
>
> ㉡ 그 취지에 비추어 **이송을 통한 병합심리가 상당한 것으로 법원이 인정**하는 경우에, 관련청구소송의 이송결정을 하는 것이므로, 당연히 이송하는 것은 아니다. **정답** ㉠ O, ㉡ ×

📋 **관련청구소송의 이송**은 **심리의 중복**과 **재판상의 모순을 방지**하고 **소송경제를 도모**하기 위하여 인정되는 제도이다. (O) [10 세무사]

📋 **관련청구소송을 이송**하는 경우 **소의 병합**이 이루어진다. (O) [05 세무사]

➡ 취소소송과 관련된 여러 청구들을 **병합**하여 일괄로 **심리**하고자, 관련청구소송을 이송하는 것이다.

561 ★★★★

㉠ 무효등 확인소송에는 관련청구소송의 이송이 허용된다. [17 세무사] O X

㉡ 관련청구소송의 이송 및 병합은 부작위위법확인소송에는 준용되지 않는다. [14 서울7] O X

㉢ 당사자소송에는 관련 민사소송을 병합할 수 없다. [16 세무사] O X

> **해설**
>
> 【행정소송법】
> 제10조(관련청구소송의 이송 및 병합)
>
> 제38조(준용규정)
> ① 제10조의 규정은 ★무효등 확인소송의 경우에 준용한다.
> ② 제10조의 규정은 ★부작위위법확인소송의 경우에 준용한다.
>
> 제44조(준용규정)
> ② 제10조의 규정은 ★당사자소송과 관련청구소송이 각각 다른 법원에 계속되고 있는 경우의 **이송**과 이들 소송의 **병합의 경우에** 준용한다.
>
> **정답** ㉠ O, ㉡ X, ㉢ X

■ 관련청구소송의 **이송·병합**은 **무효확인소송에** 준용된다. (O) [13 세무사]

■ 관련청구소송의 **이송 및 병합**은 **무효등확인소송에** 준용된다. (O) [14 서울7 변형]

■ 관련청구소송의 **이송 및 병합**의 규정은 **무효등 확인소송의 경우에도** 준용된다. (O) [23 세무사]

■ 관련청구소송의 **병합**은 **무효등확인소송에** 준용되지 않는다. (X) [20 행정사]

■ 甲에 대한 **처분을 다투는 항고소송**이 A **행정법원에 계속 중**이며 당해 처분과 관련되는 **부당이득반환소송**이 B **지방법원에 계속**되는 경우에, 甲이 **무효확인소송을 제기**한 경우 B 지방법원은 **직권으로 이송결정**을 할 수 없다. (X) [23 세무사]

■ 관련청구소송의 **이송·병합**은 취소소송뿐만 아니라 **무효등 확인소송과 부작위위법확인소송에도 허용**된다. (O) [10 세무사]

■ 행정소송법상 취소소송에 관한 규정 중 '**관련청구소송의 이송·병합**'은 **부작위위법확인소송에** 준용되지 않는다. (X) [21 세무사]

■ 행정소송법에 있어서 취소소송의 관한 규정 중 '**관련청구소송의 이송·병합**'은 **당사자소송에** 준용된다. (O) [02 관세사]

■ 관련청구소송의 **이송**은 항고소송은 물론 **당사자소송 등에도** 준용된다. (O) [09 세무사]

■ **당사자소송**에 대해서도 **관련청구소송의 이송이 허용**된다. (O) [11 세무사]

■ 관련청구소송의 **이송·병합**에 관한 규정은 **당사자소송에도** 준용된다. (O) [15 세무사]

■ **당사자소송**에서는 **관련된 민사소송청구를 병합**할 수 있다. (O) [14 세무사]

■ 관련청구소송의 **이송**에 관한 규정은 **당사자소송에는** 준용되지 않는다. (X) [12 세무사]

562 ★★★☆

민사소송이 행정소송에 관련청구로 병합되기 위해서는 원칙적으로 그 청구의 발생원인 등이 처분 등과 법률상 또는 사실상 공통되거나, 그 처분의 효력이나 존부 유무가 선결문제로 되는 등의 관계가 있어야 한다. **[23 세무사]** **O X**

> 【해설】
>
> 행정소송법 제10조 제1항 제1호는 **행정소송에 병합**될 수 있는 **관련청구**에 관하여 '당해 **처분 등과 관련**되는 **손해배상·부당이득반환·원상회복** 등의 청구'라고 규정함으로써 그 병합요건으로 본래의 **행정소송과의 관련성**을 요구하고 있는바, 이는 행정소송에서 계쟁 처분의 효력을 장기간 불확정한 상태에 두는 것은 바람직하지 않다는 관점에서 병합될 수 있는 청구의 범위를 한정함으로써 사건의 심리범위가 확대·복잡화되는 것을 방지하여 그 심판의 신속을 도모하려는 취지라 할 것이므로, 손해배상청구 등의 **민사소송**이 행정소송에 **관련청구로 병합**되기 위해서는 그 **★청구의 내용 또는 발생원인**이 행정소송의 대상인 **처분 등과 법률상 또는 사실상 공통**되거나, 그 **처분의 효력이나 존부 유무가 ★선결문제**로 되는 등의 **관계에 있어야** 함이 원칙이다. (대판 2000. 10. 27. 99두561)
>
> **정답** O

📖 **관련청구소송이 취소소송과 병합**되기 위해서는 **그 청구의 내용 또는 발생원인**이 취소소송의 대상인 **처분 등과 법률상 또는 사실상 공통**되거나, 그 **처분의 효력이나 존부가 선결문제**로 되는 등의 **관계에 있어야** 하는 것이 원칙이다. (O) **[20 변시]**

563 ★★★☆ [09 세무사]

관련청구의 이송에 있어서, 당해 처분등과 관련되는 손해배상·부당이득반환·원상회복 등 청구소송은 관련청구소송에 해당된다. **O X**

> 【해설】
>
> **【행정소송법】 제10조(관련청구소송의 이송 및 병합)** ① **취소소송**과 다음 각호의 1에 해당하는 소송(이하 "**關聯請求訴訟**"이라 한다)이 각각 다른 법원에 계속되고 있는 경우에 **관련청구소송**이 계속된 법원이 상당하다고 인정하는 때에는 당사자의 신청 또는 직권에 의하여 이를 **취소소송이 계속된 법원으로 이송**할 수 있다.
> 1. 당해 **처분등과 관련**되는 **★손해배상·부당이득반환·★원상회복등 청구**소송
> 2. 당해 **처분등과 관련**되는 **취소소송**
>
> ✓ 처분등과 **관련된 청구소송별**로 다수의 지문이 출제된 바 있다.(다음 문제 참고) **정답** O

📖 **관련청구소송**은 당해 **처분등과 관련**되는 **손해배상·부당이득반환·원상회복등청구소송** 또는 당해 **처분등과 관련되는 취소소송**을 말한다. (O) **[15 세무사]**

📖 **손해배상청구소송**, 손실보상청구소송, **부당이득반환청구소송**, **원상회복청구소송**은 「행정소송법」 제10조가 취소소송에 병합할 수 있는 **관련 청구소송으로 열거**하고 있는 것에 해당한다. (X) **[08 경기9]**

564 ★★★☆

관련청구소송의 병합에 있어서, 취소소송과 손해배상청구소송의 병합은 불가능하다. **O X**

> **해설**
>
> **【행정소송법】 제10조(관련청구소송의 이송 및 병합)** ① 취소소송과 **다음 각호의 1에 해당**하는 소송이 각각 다른 법원에 계속되고 있는 경우에 **관련청구소송**이 계속된 법원이 상당하다고 인정하는 때에는 당사자의 신청 또는 직권에 의하여 이를 취소소송이 계속된 법원으로 이송할 수 있다.
> 1. 당해 **처분등과 관련**되는 **★손해배상**·부당이득반환·원상회복등 청구소송
>
> ✓ 처분과 관련된 '손해배상청구소송'(국가배상청구소송)도 관련청구소송으로서의 **이송·병합이 가능**하다.
>
> **정답** ×

■ **처분으로 인한 손해**에 대한 **국가배상청구소송**을 당해 처분에 대한 **무효확인소송이 계속된 법원으로 이송**할 수 있다. (O) [05 세무사]

■ 행정소송법 제10조(관련청구소송의 이송 및 병합) 제1항에서 정한 **관련청구소송의 유형**으로 당해 **처분등과 관련되는 손해배상청구소송**이 있다. (O) [07 세무사]

■ 행정처분 취소소송과 그 **위법한 행정처분으로 인하여 손해**를 입었음을 이유로 **국가배상을 구하는 소**는 행정소송법상 **관련청구소송에 해당**한다. (O) [18 세무사]

■ **영업정지 1개월 처분**을 받은 甲은 **처분에 대한 취소**를 구하고 당해 **영업정지로 발생하는 영업피해도 구제받고자** 한다. 이 경우 甲은 **취소소송**과 **영업피해에 대한 소송**을 관할 **행정법원에 병합**하여 **제기**할 수 있다. (O) [23 세무사]

  ☑ 영업피해에 대한 소송=처분등과 관련되는 손해배상청구소송

■ 원고는 **취소소송이 계속된 법원**에 당해 행정청에 대한 **손해배상청구 등을 병합하여 제기**할 수 없다. (×) [20 소방 변형]

■ **영업정지 1개월 처분**을 받은 甲은 **처분에 대한 취소를 구하고** 당해 **영업정지로 발생하는 영업피해도 구제받고자** 한다. 이 경우 甲이 제기하는 국가배상소송**과 취소소송**은 **행정법원**에서 다루어지므로 **소의 이송문제가 발생**하지 않는다. (×) [23 세무사]

  ➡ 국가배상소송은 소송실무상 민사법원에서 관할하고 있다.('추가지문'편 36문 참고) 따라서 **취소소송**과 관련 **국가배상청구 소송**이 각기 다른 법원에 제기된 경우, 민사법원 쪽에서 **취소소송이 계속된 행정법원으로 이송**하여 **취소소송과 병합심리**하게 된다.

565 ★★★☆

㉠ 관련청구소송의 이송·병합에 있어서, 취소소송과 당해 처분등과 관련되는 부당이득반환청구소송은 병합이 가능하다. [20 세무사] ○Ⓧ

㉡ 원상회복청구소송은 당해 처분등과 관련되는 경우라도 관련청구소송에 해당되지 않는다. [16 세무사] ○Ⓧ

해설

・【행정소송법】
제10조(관련청구소송의 이송 및 병합) ① 취소소송과 다음 각호의 1에 해당하는 소송(이하 "**關聯請求訴訟**"이라 한다)이 각각 다른 법원에 계속되고 있는 경우에 **관련청구소송**이 계속된 법원이 상당하다고 인정하는 때에는 당사자의 신청 또는 직권에 의하여 이를 취소소송이 계속된 법원으로 이송할 수 있다.
1. 당해 **처분등과 관련**되는 손해배상·★**부당이득반환**·★**원상회복등 청구소송**

・행정소송법 제10조는 처분의 취소를 구하는 취소소송에 당해 처분과 관련되는 **부당이득반환소송을 관련 청구로 병합**할 수 있다고 규정하고 있는바, … (중략) … **취소소송에 병합**할 수 있는 당해 **처분과 관련**되는 ★**부당이득반환소송**에는 당해 ★**처분의 취소를 선결문제**로 하는 **부당이득반환청구가 포함**된다. (대판 2009.4.9. 2008두23153)

☑ 처분등과 관련된 '**부당이득반환청구소송**'도 관련청구소송으로서의 **이송·병합이 가능**하므로, 그 **처분의 취소를 선결문제**로 하는 부당이득반환청구 소송도 **이송·병합이 가능**하다. **정답** ㉠ ○, ㉡ ✕

📖 행정소송법 제10조(관련청구소송의 이송 및 병합) 제1항에서 정한 **관련청구소송의 유형**으로 당해 **처분등과 관련**되는 **부당이득반환청구소송**이 있다. (○) [07 세무사]

📖 **취소소송에 병합**할 수 있는 당해 **처분과 관련된 부당이득반환소송**은 당해 **처분의 취소를 선결문제로 하는 부당이득반환청구가 포함**된다. (○) [14 국회8]

📖 행정처분 취소소송과 그 **처분의 취소를 선결문제로 하는 부당이득의 반환을 구하는 소**는 행정소송법상 **관련청구소송에 해당**한다. (○) [18 세무사]

📖 과세처분이 당연무효가 아닌 경우, 청구권자는 **부당이득반환청구 소송**을 제기하기 전에 **과세처분 취소소송**을 제기하거나 **양자를 병합하여 제기**할 수 있다. (○) [04 행시 변형]

📖 **취소소송에는 부당이득반환청구소송을 병합**할 수 없다. (✕) [00 국가9]

📖 행정소송법 제10조(관련청구소송의 이송 및 병합) 제1항에서 정한 **관련청구소송의 유형**으로 당해 **처분등과 관련**되는 **원상회복청구소송**이 있다. (○) [07 세무사]

📖 **처분에 관련**된 **원상회복청구소송**이 계속된 법원은 그 처분을 대상으로 한 **취소소송이 계속된 법원**으로 **원상회복청구소송을 이송**할 수 있다. (○) [17 세무사]

566 ★★☆☆

취소소송과 취소소송 간에는 관련청구인 경우에도 병합이 허용되지 않는다.　　　　　OX

> **해설**
>
> 【행정소송법】
> **제10조(관련청구소송의 이송 및 병합)** ① 취소소송과 다음 각호의 1에 해당하는 소송(이하 **"關聯請求訴訟"**이라 한다)이 각각 다른 법원에 계속되고 있는 경우에 **관련청구소송**이 계속된 법원이 상당하다고 인정하는 때에는 당사자의 신청 또는 직권에 의하여 이를 취소소송이 계속된 법원으로 이송할 수 있다.
> 2. 당해 **처분등과 관련되는 ★취소소송**
>
> ✅ ⓐ 처분등과 관련된 '취소소송'도 관련청구소송으로서의 **이송이 가능**하다.
>
> ⓑ 예컨대 **甲**과 **乙**이 행정청에 대하여 어떤 **허가를 동시에 신청**하였는데, 행정청이 **甲에게만 허가**를 내주었다면, 乙로서는 '**甲에 대한 허가 취소청구**'과 '**자신에 대한 허가거부 취소청구**'를 제기할 수 있게 되는데, 이 때 2개의 청구는 **관련청구소송**이므로 **이송·병합이 가능**하고,
>
> ⓒ 체납처분(압류처분−공매처분), 대집행절차(대집행계고−영장통지−대집행비용징수) 등과 같이, 어떤 처분과 **절차적으로 연결**되는 **일련의 행정처분**에 대한 **각각의 취소청구**들도 관련청구소송이므로 **이송·병합**할 수도 있으며,
>
> ⓓ 고시 등에 의한 **일반처분**이 다수인의 권익을 **침해**하였을 때에는, 그 **처분대상자들**이 **각기 제기하는 취소청구**들도 관련청구소송으로서 **이송·병합**하여 심리할 수 있다.　　　**정답** ✕

■ **관련청구소송**의 병합은 **취소소송 사이의 병합도 가능**하다. (○) [06 세무사]

■ 행정소송법 제10조(관련청구소송의 이송 및 병합) 제1항에서 정한 **관련청구소송의 유형**으로 당해 **처분등과 관련되는 취소소송**이 있다. (○) [07 세무사 변형]

■ **경원자에 대한 면허처분의 취소**를 구하는 소와 **자신에 대한 면허거부처분의 취소**를 구하는 소는 행정소송법상 **관련청구소송**에 해당한다. (○) [18 세무사]

567 ★★★☆

㉠ 피고 외의 자를 상대로 한 관련청구소송도 병합의 대상이 될 수 있다.   [16 세무사] ⭕❌

㉡ 관련청구의 병합은 동일한 피고에 대해서만 가능하다.   [08 세무사] ⭕❌

〔해설〕

> **【행정소송법】**
> **제10조(관련청구소송의 이송 및 병합)**
> ② **취소소송에는** 사실심의 변론종결시까지 관련청구소송을 병합하거나 **★피고외의 자**를 상대로 한 **관련청구소송**을 취소소송이 계속된 법원에 **병합하여 제기**할 수 있다.

> ■ '주된 청구소송'과 '관련청구소송'의 피고가 다른 경우

> | 위법한 행정처분으로 인하여 甲이 손해를 입은 경우 | 위법한 과세처분을 받은 甲이 세금을 납부해버린 경우 |
> |---|---|
> | ① '**처분청**'을 상대로 한 **처분취소소송**에다
 ② '**국가**'를 상대로 한 국가배상청구소송을 이송·병합 가능 | ① '**과세관청**'을 상대로 한 과세처분취소소송에다
 ② '**국가**'를 상대로 한 부당이득반환청구소송을 이송·병합 가능 |

> ✓ 피고를 달리한다는 점에서, 민사소송에서의 '주관적 병합'과 관련되는 내용이지만, 법조문과 출제지문을 대조하여 포인트만 정리하는 것이 수험상 이롭다.   〔정답〕 ㉠ ○, ㉡ ×

📝 취소소송에는 **피고 외의 자를 상대**로 한 **관련청구소송**을 취소소송이 계속된 법원에 **병합하여 제기**할 수 있다. (○) [11 군무원9 변형]

📝 **피고 외의 자를 상대**로 한 **관련청구소송**을 취소소송이 계속된 법원에 **병합하여 제기**할 수 있다. (○) [14, 20 세무사]

📝 **관련청구소송의 병합이 허용**되기 위해서는 **관련청구소송의 피고**가 **주된 소송의 피고**와 동일하여야 한다. (×) [11 세무사]

📝 **관련청구소송의 피고**는 **취소소송의 피고**와 동일할 것을 요한다. (×) [15 세무사]

📝 소송의 병합에 있어서, **주된 청구소송**과 **관련청구소송**의 **피고가** 동일하여야 한다. (×) [18 세무사 변형]

📝 甲이 중앙토지수용위원회의 **수용재결의 취소**를 구하거나 **보상금의 증액을 청구**하는 소송을 제기하려는 경우에, **수용재결취소소송**과 **보상금증액청구소송**은 **병합하여 제기**할 수 없다. (×) [21 세무사 수정]

    ➡ '**토지수용위원회**'를 **피고**로 한 수용재결취소소송(공익사업법 제85조 제1항)을 주위적으로 청구하고, 주위적 청구의 기각에 대비하여, '**사업시행자**'를 **피고**로 한 보상금증액청구소송(공익사업법 제85조 제2항)을 예비적으로 청구하는 **주위적·예비적 병합도 가능**하다.

📝 **관련청구의 병합**이 있는 경우 법원의 피고경정결정을 받아야 한다. (×) [24 세무사]

> 행정소송법 제10조 제2항의 **관련청구의 병합**은 그것이 관련청구에 해당하기만 하면 당연히 병합청구를 할 수 있으므로 법원의 **피고경정결정을 받을 필요가 없다.** (대결 1989. 10. 27. 자 89두1)

    ➡ 생소한 판례를 토대로 수험생을 당황하게 하려고 삽입한 지문으로 보이나, "**피고 외의 자를 상대로 한 관련청구의 병합**"을 수험장에서 상기하였다면 오답임을 능히 추론할 수 있다.

568 ★★☆☆

취소소송에는 피고 외의 자를 상대로 한 당해 처분등과 관련되는 취소소송을 병합하여 제기할 수 있다. [O X]

> **[해설]**
>
> ☑ ⓐ **❶ 취소소송과 취소소송 간의 이송·병합이 가능한 점**과, **주된 청구소송과 관련청구소송의 ❷ 피고가 다를 수 있는 점**은 앞의 두 문제에서 살펴보았는데, 이 **2가지 쟁점이 혼재**된 경우가 있다.
>
> ⓑ 가령 **원처분취소청구와 재결취소청구가 별도로 제기**되었을 때, 두 청구 **모두 취소소송**이라는 점에서 공통되지만, 원처분취소청구의 피고는 '**처분청**'이고 재결취소청구의 피고는 '**재결청**'이므로 **피고가 상이**하다.
>
> ⓒ 이 경우, 어느 **한쪽의 청구가 인용**될 경우 **다른 청구에 상호영향**을 미칠 수 있으므로 **관련청구소송으로서 이송·병합할 수 있다**고 보는 견해가 유력하다. **[정답]** O

569 ★★☆☆

수인이 각각 별도로 제기한 동일한 처분의 취소를 구하는 소는 행정소송법상 관련청구소송에 해당한다. [O X]

> **[해설]**
>
> ☑ ⓐ 고시 등에 의한 **일반처분이 다수인의 권익을 침해**하였을 때에는, 그 **처분대상자들 수인(數人, 여러명)**이 **각자 제기하는 취소청구**들도 **관련청구소송에 해당**한다.
>
> ⓑ 한편 **여러 명이 동일한 납세의무**에 대하여 각각 독립하여 전액을 납부할 의무를 지는 **연대납세의무**에 관한 경우도 상정할 수 있는데, 가령 **공동상속인들에 대하여 상속세를 부과처분**을 하였을 경우, 이에 **불복하는 연대납세의무자들 각자가 별도로 상속세부과취소청구소송을 제기**하게 되면, 각 청구를 **관련청구소송으로 보아 이송·병합하여 심리**할 수도 있다. **[정답]** O

▣ **소송의 병합**에 있어서, **주된 청구소송**과 **관련청구소송**의 **원고**가 동일하여야 한다. (×) **[18 세무사 변형]**

➡ 수인이 소송을 제기할 경우 원고가 동일할 수가 없다.

570 ★★★☆

㉠ 취소소송과 관련청구소송이 각각 다른 법원에 계속되고 있어야 한다. [12 세무사] **O X**

㉡ 관련청구소송이 계속된 법원이 이송이 상당하다고 인정하여야 한다. [12 세무사] **O X**

> **해설**
>
> 【행정소송법】
> **제10조(관련청구소송의 이송 및 병합)** ① 취소소송과 다음 각호의 1에 해당하는 소송(이하 "**關聯請求訴訟**"이라 한다)이 ★**각각 다른 법원에 계속되고 있는 경우**에 관련청구소송이 계속된 ★**법원**이 **상당하다고 인정하는 때**에는 당사자의 신청 또는 직권에 의하여 이를 <u>취소소송이 계속된 법원으로 이송</u>할 수 있다.
> 1. 당해 처분등과 관련되는 손해배상·부당이득반환·원상회복등 청구소송
> 2. 당해 처분등과 관련되는 취소소송
>
> ✒ '**관련청구소송의 이송·병합**'은
> ❶ 취소소송과 '**관련된 청구소송**'이 **각기 다른 법원에 계속**되고 있는 경우에,
> ❷ 관련청구소송이 계속되고 있는 법원이 취소소송의 계속 법원으로 **이송하는 것**이 **상당하다고 인정하여야** 가능하다.
>
> **정답** ㉠ O, ㉡ O

▨ **취소소송과 관련청구소송**이 **각각 다른 법원에 계속되고 있는 경우**에 관련청구소송이 계속된 법원은 이를 취소소송이 계속된 법원으로 이송할 수 있다. (O) [10 세무사]

▨ **취소소송과 관련청구소송**이 **각각 다른 법원에 계속되어야** 한다. (O) [24 세무사]

▨ **관련청구소송의 이송**은 **그 소송이 계속되어 있는 법원**이 당해 소송을 취소소송이 계속되어 있는 법원에 이송하는 것이 **상당하다고 인정하는 때**에 당사자의 신청 또는 직권에 의하여 할 수 있다. (O) [09 지방 7]

▨ **관련청구소송이 계속된 법원**이 이송이 **상당하다고 인정하여야** 한다. (O) [24 세무사]

571 ★★★★

관련청구소송의 이송은 당사자가 신청하는 경우에만 가능하다.

> **【행정소송법】**
> 제10조(관련청구소송의 이송 및 병합) ① 취소소송과 다음 각호의 1에 해당하는 소송(이하 "**關聯請求訴訟**"이라
> 한다)이 **각각 다른 법원에 계속되고 있는** 경우에 관련청구소송이 계속된 **법원이 상당하다고 인정하는 때**에는 ★당사
> 자의 **신청** 또는 ★**직권**에 의하여 이를 **취소소송이 계속된 법원으로** 이송할 수 있다.
> 1. 당해 처분등과 관련되는 손해배상·부당이득반환·원상회복등 청구소송
> 2. 당해 처분등과 관련되는 취소소송
>
> ✂ '관련청구소송의 이송·병합'은 **당사자의 신청**이나 **법원의 직권**에 의하여 가능하다. 　　　　　　**정답** ✕

- **당사자의 신청** 또는 **직권**에 의해 **법원**이 **관련청구소송의 이송을 결정**한다. (○) [05 세무사]
- **관련청구소송의 이송**은 **당사자의 신청** 또는 **법원의 직권으로 이송**할 수 있다. (○) [09 세무사]
- **관련청구소송의 이송**은 관련청구소송의 **당사자의 신청** 또는 **직권에 의하여** 법원의 결정으로 행한다. (○) [10 세무사]
- **관련청구소송의 이송**은 **법원이 직권**으로도 **할 수 있다.** (○) [11 세무사]
- **관련청구소송의 이송**은 **법원이 직권**으로 할 수 있다. (○) [13 세무사]
- **당사자의 신청** 또는 **법원의 직권**에 의해 **이송결정이 있어야** 한다. (○) [24 세무사]
- **취소소송**과 이와 **관련된 부당이득반환청구소송**이 **각각 다른 법원에 계속되고 있는 경우**, 관련청구소송이 계속된 법원은 당사자의 신청이 있는 경우에 한하여 취소소송이 계속된 법원에 **관련청구소송을 이송**할 수 있다. (✕) [08 세무사]
- **관련청구소송의 병합**은 **법원의 직권**으로 할 수 없다. (✕) [11 세무사]
- **관련청구소송의 이송**은 **당사자가 신청**하는 경우에만 가능하다. (✕) [12 세무사]
- **관련청구소송의 이송**은 **당사자의 신청**에 의해서는 할 수 없다. (✕) [15 세무사]
- **법원**은 **관련청구소송의 이송**을 **당사자의 신청**과 무관하게 **직권**으로는 할 수 없다. (✕) [17 세무사]
- **관련청구소송의 이송**은 행정소송법상 원고의 신청에 의하여만 **가능**하다. (✕) [19 세무사]
- 甲에 대한 **처분을 다투는 항고소송**이 A **행정법원에 계속 중**이며 당해 **처분과 관련**되는 **부당이득반환소송**이 B **지방법원에 계속**되는 경우에, 법원은 甲의 신청이 없다면 **이송결정**을 할 수 없다. (✕) [23 세무사]
- 甲에 대한 **처분을 다투는 항고소송**이 A **행정법원에 계속 중**이며 당해 **처분과 관련**되는 **부당이득반환소송**이 B **지방법원에 계속**되는 경우에, 甲이 무효확인소송을 제기하였다면 B 지방법원은 **직권으로 이송결정**을 할 수 없다. (✕) [23 세무사]
- 甲에 대한 **처분을 다투는 항고소송**이 A **행정법원에 계속 중**이며 당해 **처분과 관련되는 부당이득반환소송**이 B **지방법원에 계속되는 경우**에, 두 소송이 **관련청구**이면 A 행정법원에 자동이송된다. (✕) [23 세무사]
  - ➡ 법원이 **관련청구소송의 이송**이 타당하다고 인정하는 경우에, 당사자의 **이송신청** 또는 법원이 **직권**으로 이송시키는 것이지, 관련청구소송이라고 해서 **당연히 이송해야** 한다거나, **자동으로 이송되는** 것은 아니다.
- **당사자소송**과 **관련청구소송**이 **각각 다른 법원에 계속**되고 있는 경우 **당사자의 신청**이 없으면 법원은 **직권**으로 **관련청구소송을 이송**할 수 없다. (✕) [24 세무사]

572 ★★★★

취소소송을 관련청구소송에 병합하기 위하여 취소소송을 관련청구소송이 계속된 법원으로 이송할 수 있다. Ｏ Ｘ

> **해설**
>
> **【행정소송법】**
> **제10조(관련청구소송의 이송 및 병합)** ① 취소소송과 다음 각호의 1에 해당하는 소송(이하 "關聯請求訴訟"이라 한다)이 각각 다른 법원에 계속되고 있는 경우에 **관련청구소송이 계속된 법원**이 상당하다고 인정하는 때에는 당사자의 신청 또는 직권에 의하여 이를 ★**취소소송이 계속된 법원으로 이송**할 수 있다.
>
> ✓ 취소소송과 **관련된** 청구소송들을 '**취소소송이 계속된 법원**'으로 이송하여 병합심리한다.
>
> | 관련청구소송 ➡ **취소소송이 계속된 법원** | 취소소송 ➡ 관련청구소송이 계속된 법원 |
> |:---:|:---:|
> | ○ | × |
>
> **정답** ×

- 법원은 **관련청구소송**을 **취소소송이 계속된 법원에 이송**할 수 있다. (○) [09 세무사]
- **관련청구소송**을 **취소소송에 병합**하기 위하여 **취소소송이 계속된 법원으로 이송**할 수 있다. (○) [14 세무사]
- **취소소송과 관련청구소송**의 병합은 **취소소송에 병합하여야** 한다. (○) [15 세무사]
- **취소소송과 관련청구소송**이 각각 다른 법원에 계속된 경우 취소소송을 관련청구소송아 계속된 법원으로 이송할 수 있다. (×) [15 세무사]
- **처분으로 인한** 손해에 대한 **국가배상청구소송**을 당해 처분에 대한 **무효확인소송이 계속된 법원으로 이송**할 수 있다. (○) [05 세무사]
- 압류**처분취소소송에** 압류등기말소청구소송을 **병합할 수 있다.** (○) [06 세무사]

    ➡ 이는 취소소송에 '원상회복등청구소송'을 **병합**하는 경우라 할 수 있다. (대판 2001. 11. 27. 2000두69)

- **처분과 관련**되는 **손해배상청구소송이 계속된 법원에** 당해 **처분에 대한 취소소송을 병합할 수는 없다.** (○) [11 세무사]
- **조세부과처분취소소송**을 조세과오납금환급청구소송아 계속된 법원으로 **이송**할 수 있다. (×) [05 세무사]
- 조세과오납환급청구소송에 조세부과처분취소소송을 **병합**할 수 있다. (×) [06 세무사]
- 국세부과**처분과 관련**되는 **손해배상청구소송이 제기**된 경우 손해배상청구소송아 계속된 법원에 취소소송을 **병합하여 제기**하여야 한다. (×) [10 세무사]
- **처분의 취소소송**은 **처분과 관련**된 부당이득반환청구소송아 계속된 법원에 병합해야 한다. (×) [16 세무사]
- **영업정지 1개월 처분**을 받은 甲은 **처분에 대한 취소를 구하고** 당해 **영업정지로 발생하는 영업피해도 구제**받고자 한다. 이 경우 甲은 민사법원에 영업정지처분의 취소를 **병합하여 제기**할 수 있다. (×) [23 세무사]

    ☑ 민사법원에 영업정지처분의 취소를 → 영업정지**처분 취소소송이 계속된 법원에** 국가배상청구소송을

- 취소소송을 관련청구소송아 **계속된 법원으로 이송할 수 있다.** (×) [24 세무사]

573 ★★★★

관련청구소송의 병합은 사실심변론종결 이후에도 가능하다. **O X**

> **해설**
>
> **【행정소송법】**
> **제10조(관련청구소송의 이송 및 병합)** ① 취소소송과 다음 각호의 1에 해당하는 소송(이하 "關聯請求訴訟"이라 한다)이 각각 다른 법원에 계속되고 있는 경우에 **관련청구소송**이 계속된 법원이 상당하다고 인정하는 때에는 당사자의 신청 또는 직권에 의하여 이를 **취소소송이 계속된 법원**으로 **이송**할 수 있다.
> 1. 당해 처분등과 관련되는 손해배상·부당이득반환·원상회복등 청구소송
> 2. 당해 처분등과 관련되는 취소소송
> ② 취소소송에는 ★**사실심의 변론종결시까지** 관련청구소송을 **병합**하거나 피고외의 자를 상대로 한 관련청구소송을 취소소송이 계속된 법원에 병합하여 제기할 수 있다.
>
> ☑ 관련청구소송의 후발적 병합, 즉 이미 **계속**되고 있는 취소소송에 **관련청구소송을 후발적으로 병합**하려면, 그 **취소소송은 사실심**이어야 하고 ★**변론이 종결되기 전**이어야 한다. **정답** ✕

◻ **관련청구소송의 병합**에 있어서, **후발적 병합**의 경우 **주된 청구소송**이 **사실심 변론종결 전이어야** 한다. (○) [06 세무사]

◻ **관련청구의 병합**은 **사실심의 변론종결시까지만 허용**된다. (○) [08 세무사]

◻ **관련청구소송의 병합**은 **사실심의 변론종결시까지** 하여야 한다. (○) [09 세무사]

◻ **관련청구소송의 병합**은 **소송계속 중에도 가능**하다. (○) [14 세무사]

　　☑ 정확히는 "계속되고 있는 소송(사실심)의 변론이 종결되기 전"까지

◻ 행정소송법상 **관련청구소송의 추가적 병합이 인정**되며, 이 경우 **사실심의 변론종결 시까지**는 하여야 한다. (○) [04 국가7]

◻ 취소소송이 계속된 법원은 **관련청구소송을 병합**하여 심리할 수 있으나, 그 병합은 **취소소송의 사실심의 변론종결시까지만 허용**된다. (○) [10 지방7]

◻ **관련청구소송의 병합**에 있어서, **사실심변론종결 전에 관련청구가 병합**되어야 한다. (○) [10 국회8 변형]

◻ 취소소송에는 **사실심의 변론종결시까지 관련청구소송을 병합하여 제기**할 수 있다. (○) [11 군무원9 변형]

◻ 행정소송법상 **관련청구소송의 병합**은 **주된 청구가 사실심의 변론종결 전이어야** 한다. (○) [15 세무사]

◻ **취소소송에는 사실심의 변론종결시까지 관련청구소송을 병합**할 수 있다. (○) [18 세무사]

◻ **관련청구소송의 병합**은 **주된 청구가 사실심의 변론종결 전이어야 가능**하다. (○) [20 세무사]

◻ **취소소송에는 사실심의 변론종결시까지 관련청구소송을 병합하여 제기**할 수 있다. (○) [23 세무사]

◻ **취소소송의 사실심변론종결 후라도 관련청구소송의 병합이 가능**하다. (✕) [11 세무사]

◻ **영업정지 1개월 처분**을 받은 甲은 **처분에 대한 취소를 구하고** 당해 **영업정지로 발생하는 영업피해도 구제받고자** 한다. 이 경우 **甲이 제기한 취소소송**의 확정판결이 나오지 않았다면 **사실심 변론종결후라도 손해배상소송이 사후병합**될 수 있다. (✕) [23 세무사]

574 ★★★☆

㉠ 취소소송의 소송요건이 갖추어졌다면 관련청구소송은 소송요건을 갖추지 않아도 된다.

[16 세무사] **O X**

㉡ 주된 청구가 소송요건을 갖추지 못하여 부적법한 경우 그에 병합된 관련 민사상의 청구도 각하하여야 한다는 것이 판례의 입장이다.

[15 세무사] **O X**

> **해설**
>
> 행정소송법 제38조, 제10조에 의한 **관련청구소송의 병합**은 ★**본래의 항고소송**이 **적법할 것을 요건**으로 하는 것이어서 **본래의** ★**항고소송이 부적법**하여 **각하**되면 그에 **병합된** ★**관련청구도** 소송요건을 흠결한 **부적합한 것으로 각하되어야** 한다. (대판 2001. 11. 27., 2000두697)
>
> ☑ ㉠ **관련청구소송의 병합**을 위해서는, **주된 청구**는 물론이고, **병합될 청구도** 각각 소송요건을 구비하는 등 당연히 **적법성을 갖추고 있어야** 한다.
>
> ㉡ **주된 청구소송의 적법성**이 병합심리의 전제요건이므로, **주된 청구소송이** 소송요건을 결하여 **각하될 경우**, 그에 **병합된 관련청구** 역시 부적법한 소송이 되므로 **동반 각하**된다.　**정답** ㉠ X, ㉡ O

⬛ **관련청구소송의 이송과 병합**에 있어서, **병합될 취소소송**은 그 자체로 **소송요건을 구비하여 적법하여야** 한다. (O) [09 세무사]

⬛ **관련청구소송의 병합**에 있어서는 **취소소송의 적법성이 전제되어야** 한다. (O) [10 국회8 변형]

⬛ **관련청구소송의 병합**은 각 **청구소송이 적법하여야** 한다. (O) [06 세무사]

⬛ **관련청구의 병합**을 위해서는 **각 청구가 소송요건을 구비하여야** 한다. (O) [08 세무사]

⬛ **주된 청구와 병합하는 관련청구**는 각각 소송요건을 모두 **적법하게 갖추어야** 한다. (O) [15 세무사]

⬛ **주된 취소소송과 관련청구소송**은 각각 소송요건을 **갖추어야** 한다. (O) [20 세무사]

⬛ **취소소송이 소송요건을 갖추는** 한 **병합되는 관련청구소송**은 소송요건을 흠결하여도 무방하다. (X) [11 세무사]

⬛ **관련청구소송의 병합**은 본래의 항고소송이 적법할 것을 요건으로 하는 것이어서 **본래의 항고소송이 부적법하여 각하**되면 그에 **병합된 관련청구도** 소송요건을 흠결한 **부적합**한 것으로 **각하**되어야 한다. (O) [09 지방7]

⬛ **당사자소송에 관련청구소송을 병합**한 경우, **당사자소송이 부적법하여 각하**되면 **관련청구소송도 각하**하여야 한다. (O) [17 세무사]

⬛ **당사자소송에 관련청구소송이 병합**된 경우 **당사자소송이 부적법하여 각하**되면 그에 **병합된 관련청구소송도** 소송요건을 흠결하여 **부적합**하므로 **각하되어야** 한다. (O) [24 경찰간부]

⬛ **당사자소송이 부적법하여 각하**되는 경우 그에 **병합된 관련청구소송 역시 부적법 각하되어야** 하는 것은 아니다. (X) [13 지방9]

　➡ 관련청구소송의 이송·병합은 당사자소송에도 준용된다.(561-㉡문 참고)

⬛ **관련청구소송을 취소소송에 병합**한 경우, 법원은 **취소소송이 부적법**하더라도 관련청구소송에 대하여 본안판결을 내릴 수 있다. (X) [18 행정사]

575 ★★★☆

동일한 행정처분에 대하여 무효확인의 소를 제기하였다가 그 후 그 처분의 취소를 구하는 소를 추가적으로 병합한 경우, 주된 청구인 무효확인의 소가 취소소송의 제소기간 내에 제기되었다면 추가로 병합된 취소청구의 소도 적법하게 제기된 것으로 본다. **O X**

> **해설**
>
> 행정처분의 무효확인을 구하는 소에는 특단의 사정이 없는 한 그 취소를 구하는 취지도 포함되어 있다고 보아야 하는 점 등에 비추어 볼 때, **동일한 행정처분에 대하여 무효확인의 소를 제기하였다가 그 후 그 처분의 취소를 구하는 소를 추가적으로 병합**한 경우, ★**주된 청구인 무효확인의 소가 적법한 제소기간 내에 제기되었다면** ★**추가로 병합된 취소청구의 소도 적법하게 제기된 것**으로 봄이 상당하다. (대판 2005. 12. 23. 2005두3554)
>
> **정답** O

- **동일한 행정처분**에 대하여 **무효확인소송을 제기**하였다가 **그 후** 그 처분에 대한 **취소소송을 추가적으로 병합**한 경우, 무효확인소송이 취소소송의 제소기간 내에 제기되었다면 제소기간 도과 후 병합된 취소소송도 적법하게 제기된 것으로 볼 수 있다. (O) [17 지방7]

- **동일한 행정처분**에 대하여 **무효확인의 소를 제기**하였다가 그 후 그 처분의 **취소를 구하는 소를 추가적으로 병합**한 경우, 주된 청구인 무효확인의 소가 취소소송의 **제소기간 내에 제기**되었다면 **추가로 병합된 취소청구의 소도 적법하게 제기된 것**으로 본다. (O) [20 세무사]

- **무효확인소송에 취소소송을 추가적으로 병합**하는 경우, **무효확인소송이** 행정소송법 제20조의 **제소기간 내에 제기**되었다면 **병합하는 취소소송도 제소기간을 준수한 것**으로 본다. (O) [20 국가5 승진]

- 甲이 **취소사유**가 있는 압류**처분에 대해 무효확인소송을 제기**하였다가 압류처분에 대한 **취소소송을 추가로 병합**하는 경우, **무효확인의 소가 취소소송 제소기간 내에 제기**됐더라도 **취소청구의 소의 추가 병합이 제소기간을 도과**했다면 **병합된 취소청구의 소는 부적법**하다. (X) [19 국가7 변형]

- 甲이 **단순위법인 취소사유가 있는 A처분**에 대하여 「행정소송법」상 **무효확인소송을 제기**한 경우에, 무효확인소송이 「행정소송법」상 **취소소송의 적법한 제소기간 안에 제기**되었더라도, **적법한 제소기간 이후에는 A처분의 취소를 구하는 소를 추가적·예비적으로 병합하여 제기할 수 없다.** (X) [19 지방7]

- 처분에 대한 **무효확인의 소**에 그 처분의 **취소를 구하는 소를 추가적으로 병합**하는 경우, **추가로 병합된 취소청구의 소는 제소기간의 제한을 받지 않는다.** (X) [24 세무사]

  ➡ 위의 경우는 예비적 병합에 해당하는데, **주된 청구(무효확인청구)의 제소기간 준수 여하에 좌우**되므로, 취소청구가 제소기간의 제한을 받지 않는 것은 아니다.

■ '관련청구소송'의 병합요건

주된 소송과 관련청구소송이 각각 적법할 것	**주된** 행정소송이 **각하**될 경우, **관련청구소송도 각하**
주된 행정소송이 사실심변론종결 전일 것	후발적(=추가적, =사후적) 병합인 경우
주된 행정소송에 관련청구소송을 병합할 것	⑩ 처분과 관련된 국가배상소송의 수소법원(민사법원)에 주된 행정소송을 이송·병합할 수 **없음**

576 ★★★☆

㉠ 관련청구소송의 이송결정은 이송받은 법원을 기속하며 다른 법원으로 다시 이송하지 못한다.

[09 세무사] ⭕❌

㉡ 관련청구소송은 이송결정이 확정된 때부터 이송 받은 법원에 계속된 것으로 본다.

[10 세무사] ⭕❌

> **해설**
>
> 【민사소송법】
> **제38조(이송결정의 효력)**
> ① 소송을 <u>이송**받은**</u> 법원은 ★**이송결정에 따라야** 한다.
> ② 소송을 <u>이송**받은**</u> 법원은 사건을 ★**다시 다른 법원에 이송하지 못한다.**
>
> **제40조(이송의 효과)**
> ① <u>**이송결정이 확정**</u>된 때에는 소송은 ★**처음부터** 이송받은 법원에 계속(係屬)된 것으로 **본다.**
>
> ✅ ㉠ 소송을 **이송받은** 법원은 이송결정에 기속되므로, 그 소송을 다른 법원으로 재이송할 수 없게 되며,
>   ㉡ 소송의 <u>이송결정이 확정</u>되면, 그 소송은 ★**처음부터** 이송받은 법원에 **계속되어 있었던 것**으로 간주한다.
>   **정답** ㉠ O, ㉡ ×

🔲 **소송을 이송받은 법원**은 사건을 **다시 다른 법원에 이송하지 못한다.** (O) [23 세무사]
🔲 **관련청구소송을 이송받은 법원**은 이를 **다시 다른 법원에 이송할 수 없다.** (O) [24 세무사]

🔲 **이송된 소송**은 **처음부터** 이송받은 **법원에 계속된 것**으로 본다. (O) [11 세무사]
🔲 **관련청구소송**은 이송결정이 확정된 때부터 이송**받은 법원에 계속된 것**으로 본다. (×) [09 세무사]

577 ★★★☆

甲에 대한 처분을 다투는 항고소송이 A 행정법원에 계속 중이며 당해 처분과 관련되는 부당이득반환소송이 B 지방법원에 계속되는 경우에, 甲의 이송신청에 대하여 B 지방법원이 각하결정을 하였다고 하더라도 즉시항고 할 수 없다. **[23 세무사]** Ｏ Ⓧ

> **해설**
>
> > **┃민사소송법┃**
> > **제39조(즉시항고)** 이송결정과 이송신청의 **기각결정(棄却決定)**에 대하여는 ★즉시항고(卽時抗告)를 할 수 있다.
>
> ☑ ⓐ **당사자의 이송신청**(관할위반을 이유로 한 이송신청을 **제외**한)에 대한 **이송결정**이나 법원의 **직권에 의한 이송결정**에 대해서 당사자는 ★**즉시항고**할 수 있다.
>
> ⓑ **당사자의 이송신청**(관할위반을 이유로 한 이송신청을 **제외**한)에 대한 **기각결정**에 대해서 당사자는 ★**즉시항고**할 수 있다.
>
> ⓒ 따라서 **관련청구소송의 이송신청**에 대한 **법원의 기각(또는 각하)결정**에 대하여 **즉시항고**할 수 있다.
>
> **정답** ✕
>
> ■ '소송의 이송결정' 등에 대한 '즉시항고 가부' 정리 (555문 참조)
>
> | ① 관할위반에 따른 이송 | ✔ 법원의 ★**직권**으로만 **이송결정** 가능 (=당사자의 **이송신청** 불가능)
↳ 따라서 법원이 착오로 당사자의 이송신청에 대하여 행한 '**기각결정**'에 대해서는 **즉시항고로써 불복 불가능** |
> |---|---|
> | | ☞ (**법원의 직권**에 의한) '**이송결정**'에 대해서만 **즉시항고로써 불복가능** |
> | ② 관련청구소송의 이송
③ 편의이송 | ✔ 법원의 직권에 의한 또는 당사자의 이송신청에 대한 '**이송결정**'
✔ 당사자의 이송신청에 대한 '**기각결정**' |
> | | ☞ '**이송결정**'과 신청에 대한 '**기각결정**' ★**모두 즉시항고로써 불복가능** |
>
> ◉ 행소법이 준용하는 **민소법 제39조**에서는 **이송신청의 '기각'결정**에 대해서 **즉시항고할 수 있다**고 규정하고 있음에도 **해당 지문**에서는 이송신청의 '**각하**'결정으로 표현되어 있다.
>
> ◉ **2002년 개정 민소법** 해당 조문에서는 '**각하결정 → 기각결정**'으로 **법문을 변경**한 바 있고, **기각결정**에는 **각하결정이 포함**되는 것으로 해석하는 것이 일반적이어서 **기각과 각하의 구별을 전제하지 않고 출제**한 것으로 보인다.

🔲 **법원의 이송결정**에 대해서는 **즉시항고**할 수 있다. (O) [11 세무사]

제3항 기타 소의 병합 문제

578 ★★★☆　　　　　　　　　　　　　　　　　　　[17 세무사]

취소소송에 부당이득반환청구가 병합된 경우에 부당이득반환청구가 인용되려면 취소판결이 확정되어야 하는 것은 아니다. **O X**

> **해설**
>
> 행정소송법 제10조는 처분의 취소를 구하는 취소소송에 당해 처분과 관련되는 부당이득반환소송을 관련 청구로 병합할 수 있다고 규정하고 있는바, 이 조항을 둔 취지에 비추어 보면, **취소소송에 병합**할 수 있는 당해 **처분과 관련되는 부당이득반환소송**에는 당해 **처분의 취소를 선결문제로 하는 부당이득반환청구가 포함**되고, 이러한 **부당이득반환청구가 인용되기 위해서는** 그 소송절차에서 ★**판결에 의해 당해 처분이 취소되면 충분**하고 그 ★**처분의 취소가 확정되어야 하는 것은 아니라고 보아야** 한다. (대판 2009.4.9. 2008두23153)
>
> ✓ ⓐ 예컨대 甲이 국민건강보험공단을 상대로 제기한 **건강보험료부과처분취소소송**에다 관련청구소송으로서 **부당이득**(부과처분에 따라 일단 납부한 보험료)**의 반환청구를 병합**한 경우에,
>
> ⓑ 주된 소송인 **건강보험료부과처분 취소소송**인에서 내려진 건강보험료부과에소처분 취소판결이 비록 **확정판결이 아니라 하더라도**(=최종심 판결이 아니더라도), 그 심급 소송의 부과처분 **취소판결**을 전제로 甲의 부당이득반환청구에 대한 **인용판결**을 할 수 있다.　**정답 O**

🟫 **취소소송에 부당이득반환청구가 병합**된 경우, **부당이득반환청구가 인용**되려면 그 소송절차에서 **판결에 의해** 당해 **처분이 취소되면 충분**하고 그 **처분의 취소가 확정되어야 하는 것은 아니라**고 보아야 한다. (○) [12 국회8]

🟫 처분의 취소를 구하는 **취소소송**에 당해 **처분의 취소를 선결문제**로 하는 **부당이득반환소송이 병합**된 경우, 처분을 취소하는 판결어 확정되어야 법원은 **부당이득반환청구를 인용**할 수 있다. (×) [15 서울7]

🟫 **취소소송에 부당이득반환청구소송이 병합**된 경우 **부당이득반환청구가 인용**되려면 **취소판결**이 확정되어야 한다. (×) [23 세무사]

🟫 **영업정지 1개월 처분**을 받은 甲은 **처분에 대한 취소**를 구하고 당해 **영업정지로 발생하는 영업피해도 구제받고자** 한다. 이 경우 甲이 제기하는 **국가배상소송이 인용**되려면 영업정지처분의 취소가 확정되어야 한다. (×) [23 세무사]

➡ 영업정지처분 취소소송에 국가배상청구소송이 관련청구로서 병합된 경우, 영업정지처분 취소판결이 확정판결이 아니더라도, 해당 소송절차에서의 **취소판결**을 전제로 국가배상청구를 **인용**할 수 있다.

579 ★★★★

무효확인소송과 취소소송은 주위적·예비적 청구로 병합이 불가능하다. 　O X

> **해설**
>
> 행정처분에 대한 **무효확인과 취소청구**는 서로 **양립할 수 없는 청구**로서 ★**주위적·예비적 청구로서만 병합이 가**능하고 ★**선택적 청구로서의 병합**이나 **단순 병합은 허용되지 아니한다.** (대판 1999. 8. 20., 97누6889)
>
> ✓ 1개의 행정처분에 대한 **무효확인청구와 취소청구**는 **양립이 불가능**한(=동시에 성립할 수 없는) 관계에 있으므로, ★**주위적·예비적** 청구로서만 **병합**할 수 있고, **선택적 병합이나 단순병합은 불가능**하다는 판시이다.
>
> 　　　　　　　　　　　　　　　　　　　　　　　　　　　　　　　　　　　**정답** ✕

- 판례에 의하면 **무효확인과 취소청구** 사이에는 **선택적 청구로서의 병합이나 단순병합은 허용되지 아니한다.** (○) [08 세무사]

- 행정처분에 대한 **무효확인과 취소청구**는 서로 **양립할 수 없는 청구**로서 **주위적·예비적 청구로서만 병합이 가능**하다. (○) [08 세무사]

- **취소소송과 무효확인소송**은 서로 **단순병합이나 선택적 병합은 불가능**하고, **예비적 병합만이 가능**하다. (○) [12 세무사]

- 행정처분에 대한 **무효확인청구와 취소청구**는 **주위적·예비적 청구로서만 병합이 가능**하다. (○) [14 세무사]

- **동일한 처분**에 대하여 **무효확인청구를 주위적 청구**로 하면서 **취소청구를 예비적으로 병합**할 수 있다. (○) [15 세무사]

  ➡ 소송실무상 주위적으로는 무효확인을 청구하고, 예비적으로 취소를 청구함이 일반적이다.

- 행정처분에 대한 **무효확인과 취소청구**는 서로 **양립할 수 없는 청구**로서 **주위적·예비적 청구로서만 병합이 가능**하고 **선택적 청구로서의 병합은 허용되지 않는다.** (○) [15 국가9]

- **무효확인청구와 취소청구의 단순병합은 허용되지 아니한다.** (○) [17 세무사]

- **행정처분**에 대한 **무효확인과 취소청구**는 서로 **양립할 수 없는 청구**로 **단순 병합은 허용되지 않는다.** (○) [23 세무사]

- A시장은 **청소년에게 주류를 판매**하였다는 이유로 식품위생법령에 따라 甲에게 **영업정지 2개월에 해당하는 처분**을 하였다. 甲은 이 사건 처분에 대해 **취소소송과 무효확인소송을 단순 병합하여 제기할 수 없다.** (○) [23 세무사]

- **무효확인과 취소청구**는 서로 **양립할 수 없는 청구**이므로 **예비적 병합**은 불가능하고, 단순병합이나 선택적 병합만이 가능하다. (✕) [06 세무사]

- **동일한 처분**에 대한 **무효확인소송과 취소소송을 병합**하는 경우 선택적 청구로서의 병합만이 허용되고 **단순병합은 허용되지 않는다.** (✕) [20 국가5 승진]

- **행정처분**에 대한 **취소소송과 무효확인소송**은 단순 병합이나 선택적 병합의 방식으로 제기할 수 있다. (✕) [22 군무원9]

- 甲은 X처분에 대해 **무효확인소송을 제기**한 경우, 甲이 제기한 소송에 X**처분의 취소청구**를 선택적 청구로서 **병합할 수 있다.** (✕) [24 세무사]

580 ★★★☆

국가유공자 비해당결정처분과 보훈보상대상자 비해당결정처분의 취소를 청구하는 것은 동시에 인정될 수 없는 양립불가능한 관계에 있다. **O X**

> **해설**
>
> 국가유공자법과 보훈보상자법은 사망 또는 상이의 원인이 된 직무수행 또는 교육훈련이 국가의 수호 등과 직접적인 관련이 있는지에 따라 국가유공자와 보훈보상대상자를 구분하고 있으므로, **국가유공자 비해당결정처분**과 **보훈보상대상자 비해당결정처분의 취소**는 ★**동시에 인정될 수 없는 양립불가능**한 관계에 있다고 보아야 하고, **두 처분의 취소** 청구는 **국가유공자 비해당결정처분** 취소청구를 **주위적** 청구로 하는 ★**주위적·예비적** 관계에 있다고 보아야 한다. (대판 2016. 12. 15. 2015두38313)

ⓐ 비록 원고가 '**국가유공자 비해당결정처분**'과 '**보훈보상대상자 비해당결정처분**'에 대한 각 취소청구를 단순병합의 형태로 제기하였더라도, 국가유공자의 요건이나 보훈보상대상자의 요건 측면에서 상호 논리적 관련성이 있기 때문에, **두 처분에 대한 취소청구를 동시에 인용할 수 없다**.

ⓑ 즉 두 처분에 대한 각각의 취소청구는 **동시에 성립할 수 없는**(=서로 양립불가능한) 관계에 있으므로, 법원은 **주위적**으로 '**국가유공자 비해당결정**처분 **취소청구**'를 따져보고, 주위적 청구를 인용할 수 없을 때에야, 비로소 **예비적**으로 '**보훈보상대상자 비해당결정**처분 **취소청구**'를 따져 보아야 한다는 판시이다. **정답 O**

제4항   소의 변경

1   소의 종류의 변경

581 ★★☆☆

㉠ 소의 변경이란 원고가 소송대상인 청구의 일부나 전부를 변경하는 것을 말한다.

[03 관세사] Ⓞ Ⓧ

㉡ 행정소송법은 "소의 종류의 변경"과 "처분변경으로 인한 소의 변경" 두 가지를 명문으로 인정하고 있다.

[03 관세사] Ⓞ Ⓧ

㉢ 소의 종류의 변경은 소송경제 및 권리보호의 관점에서 인정된다.

[08 선관위] Ⓞ Ⓧ

> 【해설】
> ✅ ㉠ '소의 변경'이란 소송의 계속 중에 원고가 ★소송의 대상인 청구의 전부나 일부를 변경하는 것을 뜻하는바,
>
> ㉡ 행정소송법에서는 '소의 종류의 변경'과 '처분변경으로 인한 소의 변경' 2가지를 규정하고 있으며,
>
> ㉢ 당사자의 권리구제나 소송경제의 도모라는 관점에서 인정된다.   정답 ㉠ ○, ㉡ ○, ㉢ ○

582 ★★★☆

[14 세무사]

항고소송을 민사소송으로 변경하는 경우는 행정소송법상 허용되는 소의 변경이다.

Ⓞ Ⓧ

> 【해설】
> **【행정소송법】 제21조(소의 변경)** ① 법원은 **취소소송**을 당해 처분등에 관계되는 사무가 귀속하는 국가 또는 공공단체에 대한 ★당사자소송 또는 취소소송외의 항고소송으로 변경하는 것이 상당하다고 인정할 때에는 … (중략) … 소의 변경을 허가할 수 있다.
>
> ✅ '행정소송법상 소의 변경'은 일정한 요건하에 어떠한 **행정소송을 다른 행정소송의 유형으로 변경**하는 것을 뜻하는바, **민사소송을 행정소송으로 변경**하거나 반대로 **행정소송을 민사소송으로 변경**하는 것은 ★행정소송법에 따른 소의 변경이 아니다.
>
> ☑ '행정소송법상의 소의 변경' (당사자소송 ↔ 항고소송, 취소소송 ↔ 다른 항고소송)   정답 ✕

🟦 **소의 종류의 변경**의 요건으로 "**취소소송을** 당해 처분 등에 관계되는 사무가 귀속하는 국가 또는 공공단체에 대한 **당사자소송 또는 취소소송 외의 항고소송으로 변경**하는 것일 것"이 있다. (○) **[08 세무사]**

🟦 **무효확인소송**의 민사소송인 **부당이득반환청구소송으로의 변경**은 행정소송법상 명문의 규정에 의한 소의 변경이다. (✕) **[05 세무사]**

➡ 민사소송과 행정소송 간의 변경은 '행정소송법'상 허용되는 소의 변경이 아니다.

583 ★★★★

청구의 기초에 변경이 있더라도 소의 변경은 가능하다.　🅾🅇

> 해설
>
> ✅ ⓐ __소의 변경__은 ★__"청구의 기초에 변경이 없는 한"__에서만 __인정__되는데, '__청구의 기초__'에 관한 명문의 규정은 없으나 __당초의 소송으로써 구제받으려는 권리·이익__을 뜻하는 것이므로,
>
> ⓑ 소의 변경에서 __"청구의 기초에 변경이 없을 것"__이란 ★__종전의 소송으로 달성하려던 권리이익과 동일성이 유지되는 범위__ 내에서 __새로운 소송으로 변경__되어야 함을 뜻한다.
>
> ⓒ 예컨대, __공무원지위확인소송(당자사소송)을 파면처분취소소송(항고소송)으로 변경__하는 경우는, ★__동일한 청구의 기초(원고의 복직)__하에 다른 청구로 변경하는 것이므로, __청구의 기초에 변경이 없는 소의 변경__에 해당한다.　정답 ✕

- 📋 __소의 종류의 변경__은 __청구의 기초에 변경이 없어야__ 한다. (○) [16 세무사]
- 📋 __소의 종류의 변경__의 요건으로 __"청구의 기초에 변경이 없을 것"__이 있다. (○) [08 세무사]
- 📋 __소의 변경__을 위해서는 __청구의 기초에 변경이 없어야__ 한다. (○) [09 세무사]
- 📋 __소의 종류의 변경__의 요건으로 __"청구의 기초에 변경이 없을 것"__이 있다. (○) [10 세무사]
- 📋 __소의 종류의 변경__은 __청구의 기초에 변경이 없어야__ 가능하다. (○) [11 세무사]
- 📋 「__행정소송법__」상 취소__소송의 변경__은 '__청구의 기초에 변경이 없을 것__'을 요한다. (○) [14 서울9]
- 📋 __소의 종류의 변경__은 __청구의 기초에 변경이 없을 것__이 요구된다. (○) [19 세무사]
- 📋 __청구의 기초에 변경이 없어야 소의 변경이 가능__하다. (○) [22 세무사]
- 📋 __소의 변경__은 __청구의 기초__에 변경이 있더라도 가능하다. (✕) [13 세무사]

584 ★★★☆

소의 종류의 변경의 요건으로 "변경되는 새로운 소에 소송요건의 흠결이 없을 것"이 있다.

> 해설
>
> ✅ 소의 변경을 위한 ★__새로운 소송(新訴, 신소)__ 또한 __적법한 요건__을 __갖추고 있어야__ 한다. 가령 __당사자소송을 취소소송으로 변경__하고자 하는 경우, ★__변경되는 취소소송__에서도 행정심판전치주의, 제소기간과 같은 __소송요건__이 준수되고 있어야 한다.　정답 ○

- 📋 행정소송법상 __소의 종류의 변경__으로, __변경되는 새로운 소__는 그 자체 __소송요건의 흠결이 없어야__ 한다. (○) [12 세무사]
- 📋 __당사자소송을 취소소송으로 변경__하는 경우 __취소소송__의 제소기간 등 __소송요건을 갖추어야__ 한다. (○) [21 세무사]
- 📋 __소의 종류의 변경__에 있어서, __구소가 적법하게 제기__되었다면 __변경되는 신소__는 __적법요건을 구비__하지 않아도 된다. (✕) [13 세무사]

585 ★★★★

㉠ 사실심의 변론종결시까지 소의 변경이 가능하다. [22 세무사] Ⓞ Ⓧ

㉡ 사실심의 변론이 일단 종결되었더라도 그 후 변론이 재개되었다면 사실심 법원은 소의 변경을 허가할 수 있다. [21 세무사] Ⓞ Ⓧ

㉢ 소의 변경은 상고심에서도 가능하다. [20 세무사] Ⓞ Ⓧ

> (해설)
>
> **【행정소송법】 제21조(소의 변경)** ① **법원**은 취소소송을 당해 처분등에 관계되는 사무가 귀속하는 국가 또는 공공단체에 대한 당사자소송 또는 취소소송외의 항고소송으로 **변경**하는 것이 상당하다고 인정할 때에는 청구의 기초에 변경이 없는 한 ★**사실심의 변론종결시까지** 원고의 신청에 의하여 결정으로써 **소의 변경을 허가**할 수 있다.
>
> ☑ ㉠ 행정소송이 **사실심에 계속 중이고 변론종결 전**이라면, 행정소송법 제21조에 따른 **소의 변경이 가능**하다.
>
>   ㉡ **사실심변론이 일단 종결되었다가, ★다시 변론이 열릴 경우**에는 사실심변론 절차가 유지되고 있는 것이므로, **소의 변경을 신청할 수 있고**, 법원도 그 **신청의 허부를 결정할 수 있다.**
>
>   ㉢ 따라서 **소의 변경**은 사실심인 **1심(원심)**과 **2심(항소심)**에서만 허용되고 법률심인 **상고심에서는 허용되지 않는다.** 정답 ㉠ O, ㉡ O, ㉢ ×

🔲 **소의 종류의 변경**의 요건으로 "취소소송이 **사실심에 계속 중이고 변론종결 전일 것**"이 있다. (O) [08 세무사]

🔲 **소의 변경**은 취소소송의 **사실심의 변론종결시까지** 원고가 신청하여야 한다. (O) [09 세무사]

🔲 **소의 종류의 변경**의 요건으로 "취소소송이 적법하게 제기되어 **사실심에 계속중이고 변론종결 전일 것**"이 있다. (O) [10 세무사]

🔲 **소의 종류의 변경**은 청구의 기초에 변경이 없는 한 **사실심의 변론종결시까지** 인정된다. (O) [15 세무사]

🔲 **소의 변경**은 변경의 대상이 되는 소는 **사실심변론종결 전이어야** 한다. (O) [17 세무사]

🔲 **사실심의 변론종결시까지 소의 변경이 가능**하다. (O) [22 세무사]

🔲 **소의 변경**은 사실심의 **변론캐서전까지 신청하여야** 한다. (×) [16 세무사]

  ☑ 캐서전 → 종결전

🔲 청구의 기초에 변경이 없는 한, **사실심변론종결시까지** 원고의 **신청**에 의하여 **당사자소송은 항고소송으로 변경**될 수 있다. (O) [11 세무사]

🔲 ~~**소의 종류의 변경**의 요건으로 "최초의 소 제기 후 60일 이내에 신청할 것"이 있다.~~ (×) [08 세무사]

  ➡ 제소 후 60일 이내라는 요건은 제22조에 의한 '처분변경으로 인한 소의 변경'에서의 신청기한이다. (후술 예정)

🔲 **항소심**에서 **소의 종류를 변경**하는 것은 **허용**된다. (O) [12 세무사]

🔲 상고심에서도 **소의 변경은 가능**하다. (×) [11 세무사]

🔲 상고심에서도 **소의 변경이 가능**하다. (×) [13 세무사]

🔲 상고심에서도 **소의 변경이 허용**된다. (×) [18 세무사]

586 ★★★★

⊙ 원고의 신청이 없더라도 법원은 직권에 의하여 소의 변경을 결정할 수 있다.

[22 세무사] O X

ⓛ 소의 종류의 변경의 요건으로 "소의 변경이 상당하다고 인정될 것"이 있다.　**[08 세무사] O X**

ⓒ 소의 종류의 변경을 위해서는 법원의 허가결정이 있어야 한다.　　　**[18 세무사] O X**

> ┌ 해설 ┐
>
> **【행정소송법】**
> **제21조(소의 변경)** ① **법원**은 취소소송을 당해 처분등에 관계되는 사무가 귀속하는 국가 또는 공공단체에 대한 당사자소송 또는 취소소송외의 항고소송으로 **변경**하는 것이 ★**상당하다고 인정**할 때에는 청구의 기초에 변경이 없는 한 사실심의 변론종결시까지 ★**원고의 신청**에 의하여 ★**결정**으로써 **소의 변경을 허가**할 수 있다.
>
> ☑ ⓐ **법원**은 **소의 변경**이 필요한지를 **직권**으로 판단하여 결정할 수는 없고,
>
> ⓑ **원고가 소의 변경을 신청**하였을 때, 법원이 그 **신청**을 판단하여 **소의 변경이 상당**한 것으로 **인정**될 때에는, **허가결정**을 할 수 있다.
>
> ■ **행정소송법 제21조에 따른 '소의 변경'의 요건 정리**
>
> | | |
> |---|---|
> | ① | **청구의 기초**에 **변경이 없을 것** |
> | ② | **새로운 소**에도 **소송요건의 흠결이 없을 것**(변경되는 **새로운 소송**도 **적법**할 것) |
> | ③ | 행정소송이 **사실심에 계속 중**이고 **변론종결 전**일 것 |
> | ④ | **원고의 신청**이 있을 것(=원고가 소의 변경을 신청할 것) |
> | ⑤ | 법원이 **상당하다고 인정**할 것 |
> | ⑥ | **법원의 허가결정**이 있을 것 |
>
> **정답** ⊙ ✕, ⓛ O, ⓒ O

■ **원고의 신청없이** 법원이 **직권**으로 **소의 종류를 변경**하는 것은 **허용되지 않는다.** (O) [18 세무사]

■ 취소소송의 무효확인**소송으로의 변경**은 **법원의 직권**으로 **할 수 없다.** (O) [11 세무사]

■ 항고소송의 당사자**소송으로의 변경**은 법원이 직권으로 할 수 있다. (✕) [13 세무사]

■ **법원**은 **소의 변경의 필요**가 있다고 판단될 때에는 원고의 신청이 없더라도 사실심의 변론종결시까지 직권으로 소를 변경할 수 있다. (✕) **[08 선관위9]**

■ **원고의 신청**이 없더라도 **법원**은 직권에 의하여 **소의 변경을 결정**할 수 있다. (✕) [22 세무사]

■ **소의 변경**을 위해서는 **법원**이 **소의 변경을 상당하다고 인정해야** 한다. (O) [09 세무사]

■ **소의 종류의 변경**의 요건으로 **"소의 변경이 상당하다고 인정**될 것"이 있다. (O) [10 세무사]

■ 「행정소송법」상 취소**소송의 변경**은 **법원이 상당하다고 인정**하여 **허가결정**을 할 것'을 요한다. (O) [14 서울9]

■ **법원**은 **결정**으로써 **소의 변경을 허가**할 수 있다. (O) [16 세무사]

587 ★★★☆

청구를 이유 있게 하기 위한 공격·방어 방법의 변경은 소의 변경에 포함되지 않는다. ⓄⓍ

> **[해설]**
>
> ✓ ⓐ **동일한 소송물**로서 단지 그 **공격방어방법을 달리하는 것은 소의 변경이 아니다.**
>
> ⓑ **공격방어방법**은 당사자가 자신의 ★**청구를 이유 있게** 하기 위한 **법률상·사실상의 소송자료에 불과한 것**이어서, **청구를 이유 있게** 하기 위하여 **공격방어방법을 바꾸더라도** 결국 청구는 동일하게 유지될 뿐이고, **청구 그 자체가 변경되지는 않기 때문**이다.
>
> **[정답]** ○

588 ★★★☆

㉠ 소의 청구취지변경을 불허하는 결정에 대해서는 독립하여 항고할 수 있다. ⓄⓍ

㉡ 소의 변경을 허가하는 결정에 대하여는 즉시항고할 수 있다. ⓄⓍ

> **[해설]**
>
> **청구취지변경**을 **불허**한 **결정**에 대하여는 **독립하여 항고할 수 없고** ★**종국판결에 대한 상소로써만 다툴 수 있다.** (대판 1992. 9. 25. 92누5096)
>
> **【행정소송법】**
> **제21조(소의 변경)** ① **법원**은 <u>취소소송</u>을 당해 처분등에 관계되는 사무가 귀속하는 국가 또는 공공단체에 대한 <u>당사자소송 또는 취소소송외의 항고소송으로 변경</u>하는 것이 상당하다고 인정할 때에는 청구의 기초에 변경이 없는 한 사실심의 변론종결시까지 원고의 신청에 의하여 **결정**으로써 **소의 변경을 허가**할 수 있다.
> ③ 제1항의 규정에 의한 **허가결정**에 대하여는 ★**즉시항고**할 수 있다.
>
> ✓ ㉠ 소의 변경에 관한 불허가결정은 중간판결적 성질을 가지기 때문에 **소의 변경(청구취지의 변경)을 불허가하는 결정**에 대하여, 항고와 같은 ★**독립적인 방법으로는 불복할 수 없고**, ★**종국판결에 대한 상소로써만 불복**할 수 있어, 상소심 법원이 불허가결정의 당부에 관해서 판단하게 된다.
>
> ㉡ 한편 **소의 변경**을 허가하는 ★**변경허가결정**에 대하여는 행정소송법에서 **즉시항고의 방법으로 독립하여 불복**할 수 있도록 특별히 **규정**하고 있으므로, ❶ **종전의 피고 행정청**이나 ❷ **새로이 피고가 될 행정청**이 즉시항고를 제기하여 변경허가결정을 **다툴 수 있다.**
>
> **[정답]** ㉠ ✕, ㉡ ○

- 🔲 **소의 종류의 변경허가**에 대해서는 **독립하여 불복**할 수 있다. (○) [11 세무사]
- 🔲 **소의 변경 허가결정**에 대하여는 **즉시항고할 수 있다.** (○) [22 세무사]
- 🔲 원고의 **소의 변경 신청**에 대한 **허가결정**에 대하여 **즉시항고(卽時抗告)**할 수 없다. (✕) [13 세무사]
- 🔲 **소의 변경을 허가하는 결정**에 대하여 **새로운 소의 피고**는 **즉시항고**할 수 없다. (✕) [23 세무사]
  - ➡ 종전의 피고와 새로운 피고 모두 즉시항고 가능

589 ★★★★

㉠ 무효등 확인소송을 취소소송으로 변경하는 것이 가능하다. [21 세무사 변형] OX

㉡ 부작위위법확인소송을 무효등확인소송으로 변경하는 것은 허용된다. [07 세무사] OX

해설

【행정소송법】
제21조(소의 변경) ① 법원은 **취소소송을** 당해 처분등에 관계되는 사무가 귀속하는 국가 또는 공공단체에 대한 당사자소송 또는 ★**취소소송외의 항고소송으로 변경**하는 것이 상당하다고 인정할 때에는 청구의 기초에 변경이 없는 한 사실심의 변론종결시까지 원고의 신청에 의하여 결정으로써 **소의 변경을 허가**할 수 있다.
제37조(소의 변경) 제21조의 규정은 **무효등 확인소송**이나 **부작위위법확인소송을** ★**취소소송** 또는 당사자소송**으로 변경**하는 경우에 **준용**한다.

✐ **취소소송을 다른 항고소송으로 변경**하거나, **다른 항고소송을 취소소송으로 변경**하는 것은 **허용**되지만, 행정소송법 제37조에 따르면 다른 항고소송 간, 즉 **무효등 확인소송과 부작위위법확인소송** 사이에서는 **소의 변경이 허용되지 않음**을 주의한다.

종전(또는 새로운) 소송		새로운(또는 종전) 소송	변경 가능여부
취소소송	↔	무효등 확인소송	가능
	↔	부작위위법확인소송	
무효등 확인소송	↔	취소소송	
	⇎	부작위위법확인소송	불가능
부작위위법확인소송	⇎	무효등 확인소송	
	↔	취소소송	가능

정답 ㉠ O, ㉡ X

▦ **취소소송과** 취소소송 **외의 항고소송간의 소의 변경이 가능**하다. (O) [14 서울9 변형]

▦ **무효등확인소송을 취소소송으로 변경**하는 것은 **허용**된다. (O) [07 세무사]

▦ **무효확인소송을 취소소송으로 변경**하는 경우는 행정소송법상 **허용되는 소의 변경**이다. (O) [14 세무사]

▦ **취소소송을 무효등 확인소송으로 변경**하는 것은 **허용**된다. (O) [07 세무사]

▦ **취소소송의 무효확인소송으로의 변경**은 행정소송법상 **명문의 규정**에 의한 **소의 변경**이다. (O) [05 세무사]

▦ **부작위위법확인소송**은 **소의 변경이 인정**된다. (O) [02 입시]

▦ 취소소송에서의 **소의 변경**에 관한 **규정(제21조)**은 **부작위위법확인소송을 취소소송으로 변경**하는 경우에 **준용**한다. (O) [22 세무사]

▦ **부작위위법확인소송의 취소소송으로의 변경**은 행정소송법상 **명문의 규정**에 의한 **소의 변경**이다. (O) [05 세무사]

590 ★★★★

항고소송과 당사자소송 간의 소의 종류의 변경이 가능하다. **O X**

> **해설**
>
> **【행정소송법】**
> **제21조(소의 변경)** ① 법원은 **취소소송**을 당해 처분등에 관계되는 사무가 귀속하는 국가 또는 공공단체에 대한 **★당사자소송** 또는 취소소송외의 항고소송**으로 변경**하는 것이 상당하다고 인정할 때에는 청구의 기초에 변경이 없는 한 사실심의 변론종결시까지 원고의 신청에 의하여 결정으로써 **소의 변경**을 허가할 수 있다.
> **제37조(소의 변경)** **제21조**의 규정은 **무효등 확인소송**이나 **부작위위법확인소송**을 취소소송 또는 **★당사자소송으로 변경**하는 경우에 **준용**한다.
> **제42조(소의 변경)** **제21조**의 규정은 **★당사자소송을 항고소송으로 변경**하는 경우에 **준용**한다.
>
> ✓ 행정소송법 제21조, 제37조, 제47조를 종합하면 **모든 항고소송과 당사자소송 사이**에서는 **소의 변경이 허용**됨을 알 수 있다. **정답 O**

- 📃 **당사자소송을 항고소송으로 소의 변경**을 할 수 있다. (O) [10 세무사]
- 📃 **항고소송과 당사자소송 간 소의 종류를 변경**하는 것은 **허용**된다. (O) [12 세무사]
- 📃 **당사자소송을 항고소송으로 변경**할 수 있다. (O) [17 세무사]
- 📃 **소의 변경**에 관한 행정소송법 **제21조**의 규정은 **당사자소송을 항고소송으로 변경**하는 경우에 **준용**한다. (O) [21 세무사]
- 📃 **당사자소송을 항고소송으로 변경**하는 것은 ~~허용되지 않는다~~. (✕) [08 세무사]
- 📃 **항고소송과 당사자소송 간의 소의 변경**은 ~~허용되지 아니한다~~. (✕) [13 세무사]
- 📃 **항고소송과 당사자소송 사이**에서는 **소의 변경**이 ~~허용되지 않는다~~. (✕) [15 세무사]

591 ★★★☆

원고가 고의 또는 중대한 과실 없이 당사자소송으로 제기하여야 할 것을 항고소송으로 제기한 경우 당사자소송의 소송요건을 갖추었다면 법원은 당사자소송으로 소를 변경하도록 하여야 한다.

> **해설**
>
> **원고가 ★고의 또는 중대한 과실 없이 당사자소송으로 제기하여야 할 것**을 **항고소송으로 잘못 제기**한 경우에, 당사자소송으로서의 소송요건을 결하고 있음이 명백하여 당사자소송으로 제기되었더라도 **어차피 부적법하게 되는 경우가 아닌 이상**, **법원**으로서는 원고가 **★당사자소송으로 소 변경**을 하도록 하여 **심리·판단하여야** 한다. (대판 2016. 5. 24. 2013두14863)
>
> ✓ 당사자소송의 대상을 항고소송으로 잘못 제기한 경우, 원고에게 고의나 중과실이 없었고 당사자소송의 소송요건도 충족하고 있다면 **★원고가 당사자소송으로 소의 변경을 신청**할 수 있도록 석명권을 행사하여, **당사자소송으로 변경토록 한 후**에 **당사자소송의 절차에 따라 심리·판단하여야** 한다는 판시이다. **정답 O**

- 📃 관할 행정법원에 원고가 **당사자소송으로 제기하여야 할 것**을 **항고소송으로 잘못 제기한 경우**에, 원고의 **고의·과실 여부**에 관계없이 법원은 각하판결을 내려야 한다. (✕) [18 국가5 승진]

  ☑ 고의·과실 여부에 관계없이 → 고의나 중과실이 없다면

  각하판결을 내려야 → 당사자소송으로 소의 변경을 신청하도록 하여 심리·판단하여야

592 ★★★★

㉠ 당사자소송과 취소소송 간에는 소 변경이 가능하다. [14 세무사] **O X**

㉡ 무효등 확인소송을 당사자소송으로 변경하는 것이 가능하다. [21 세무사 변형] **O X**

㉢ 부작위위법확인소송의 계속중 당사자소송으로 소의 변경이 가능하다. [21 세무사] **O X**

해설

종전(또는 새로운) 소송		새로운(또는 종전) 소송	변경 가능여부
당사자소송	↔	취소소송	전부 가능
	↔	부작위위법확인소송	
	↔	무효등 확인소송	

☑ 행정소송법에 의한 소의 변경은 '**부작위위법확인소송과 무효등 확인소송 사이에서만 불가능**'하고, 나머지 **행정소송들** 사이에서는 **소의 변경이 전부 가능**한 것으로 정리하면 된다. **정답** ㉠ O, ㉡ O, ㉢ O

📖 **취소소송을 당사자소송으로 변경**하는 것은 **허용**된다. (O) [07 세무사]

📖 **취소소송의 당사자소송으로의 변경**은 행정소송법상 **명문의 규정**에 의한 **소의 변경**이다. (O) [05 세무사]

📖 **당사자소송의 취소소송으로의 변경**은 행정소송법상 **명문의 규정**에 의한 **소의 변경**이다. (O) [05 세무사]

📖 **취소소송과 당사자소송 간의 변경**도 **가능**하다. (O) [14 서울9 변형]

📖 법원은 **당사자소송을 취소소송으로 변경**하는 것이 상당하다고 인정할 때에는 청구의 기초에 변경이 없는 한 사실심의 변론종결시까지 원고의 신청에 의하여 결정으로써 **소의 변경을 허가할 수 있다.** (O) [21 군무원9] ➡ 행정소송법 제21조 및 제42조 참고

📖 **공무원지위확인의 소를 파면처분취소의 소로 변경**하는 것은 **허용**되지 않는다. (X) [12 세무사]
➡ 당사자소송을 취소소송으로 변경하는 것이다.

📖 **당사자소송** 계속 중 법원의 허가를 얻어도 **취소소송으로 변경**할 수 없다. (X) [17 교행9]

📖 **무효등 확인소송**이나 부작위위법확인소송을 취소소송 또는 **당사자소송으로 변경**할 수 있다. (O) [19 세무사]

📖 **당사자소송을 무효확인소송으로 변경**하는 경우는 **행정소송법상 허용**되는 **소의 변경**이다. (O) [14 세무사]

📖 청구의 기초에 변경이 없는 한 **당사자소송을** 취소소송으로 변경할 수는 있으나 **무효등 확인소송으로는 변경**할 수 없다. (X) [13 세무사]

📖 **무효등 확인소송**이나 부작위위법확인소송을 취소소송 또는 **당사자소송으로 변경**할 수 없다. (X) [22 세무사]

📖 **부작위위법확인소송을 당사자소송으로 변경**할 수 있다. (O) [08 세무사]

📖 **부작위위법확인소송을 당사자소송으로 변경**하는 경우는 **행정소송법상 허용**되는 **소의 변경**이다. (O) [14 세무사]

593 ★★☆☆

㉠ 처분변경으로 인한 소의 변경이 허용된다. [07 세무사] ⭕❌

㉡ '처분변경으로 인한 소의 변경'은 원고에게 책임 없는 사유로 인한 무용한 절차의 반복을 피하고, 행정소송의 권리구제제도로서의 기능을 살리기 위해 인정한 제도이다. [06 세무사] ⭕❌

해설

【행정소송법】
제22조(처분변경으로 인한 소의 변경) ① 법원은 ★행정청이 소송의 대상인 처분을 소가 제기된 후 변경한 때에는 원고의 신청에 의하여 결정으로써 **청구의 취지 또는 원인의 변경을 허가**할 수 있다.

☑ ㉠ **행정소송의 계속 중**에 소송의 대상인 **처분**이 처분청이나 재결청 등에 의하여 **변경될 수 있으므로**, 행정소송법에서 '**처분의 변경으로 인한 소의 변경**'을 규정하고 있다.

㉡ '**처분변경으로 인한 소의 변경**' 역시, 당사자의 권리구제나 소송경제를 도모할 수 있다는 측면에서 인정되고 있다. **정답** ㉠ ⭕, ㉡ ⭕

📖 판례는 피고가 **하천점용료 부과처분**을 하였다가 **절차상 하자를 이유로 이를 취소**하고 **다시 동일한 내용의 하천점용료 부과처분**을 한 경우, 원고가 **당초의 부과처분에 대한 취소청구를 새로운 부과처분에 대한 취소청구로 변경**하는 것을 **인정**한다. (⭕) [20 세무사]

> 피고(남원시장)가 원고에게 **하천점용료 부과처분**을 하였다가 절차상 하자를 이유로 이를 취소하고 **다시 동일한 내용의 처분**을 한 경우에 , 원고가 **당초의 부과처분에 대한 취소청구를 새로운 부과처분에 대한 취소청구로 변경**하더라도 두 처분이 모두 동일한 내용의 하천점용료를 대상으로 한 것으로서 … (중략) … 그 **청구의 기초에 변경이 없다**고 볼 것이다. (대판 1984. 2. 28., 83누638)

➡ 행정청이 절차상 하자를 이유로 처분을 변경한 경우, 신고와 구소 간에 청구의 기초(하천점용료 부과취소)가 동일하다는 이유로 **처분변경에 따른 소의 변경**을 허용한 판시이다.

📖 "행정청이 **소송의 대상인 처분**을 **소가 제기된 후 변경한 때**에는 원고의 신청에 의하여 법원의 결정으로써 청구의 취지 또는 원인의 **변경을 허가**할 수 있다."는 **행정소송법 제22조**는 소의 각하나 새로운 소의 제기라는 **무용한 절차의 반복을 배제**하여 **간편하고도 신속하게 개인의 권익구제를 확보**할 수 있다. (⭕) [10 국회8]

➡ '**처분변경으로 인한 소의 변경**'은 원고의 책임 없는 사유로 인한 **불필요한 소송절차의 반복**을 피하게 한다.

📖 **공무원 직위면직처분**에 대한 **취소소송의 계속 중**에 **처분청**이 이를 **감봉처분으로 변경**한 경우에, 소의 **변경이 인정**된 경우 **소의 대상**은 **감봉처분**이 아니라 ~~원처분인 직위면직처분~~이다. (❌) [15 세무사]

> 행정청이 처분을 변경함에 따라 법원이 청구취지나 청구원인의 변경을 허가하였다는 것은, 행정청의 변경처분에 대한 청구로 변경되었음을 뜻하는바, 설문의 경우 원처분인 직위면직처분이 아니라 ★**변경된 감봉처분이 소의 대상**이 된다.

➡ 이와 같이 **처분변경으로 인한 소의 변경 제도**를 통해서 (직위면직처분 취소소송의 각하 및 감봉처분에 대한 새로운 소송의 제기와 같은) 불필요한 소송절차를 거칠 필요가 없이, **변경된 처분을 다툴 수 있게 된다.**

594 ★★★☆

법원은 행정청이 소송의 대상인 처분을 소가 제기된 후에 변경한 때에는 원고의 신청에 의하여 청구의 취지 또는 원인의 변경을 허가할 수 있다. ⓄⓍ

> **해설**
>
> **【행정소송법】**
> 제22조(처분변경으로 인한 소의 변경) ① 법원은 행정청이 소송의 대상인 ★처분을 소가 제기된 후 변경한 때에는 원고의 신청에 의하여 결정으로써 ★청구의 취지 또는 원인의 변경을 허가할 수 있다.
>
> ✓ '처분변경으로 인한 소의 변경'이란 처분청이 소송대상인 처분을 변경한 경우, 그에 따라 '청구취지나 청구원인을 변경'하는 것을 의미한다.   **정답** O

■ 취소소송의 대상인 처분이 소 제기 후 변경되어 청구의 취지나 원인을 변경하는 경우는 행정소송법상 허용되는 소의 변경이다. (O) [14 세무사]

■ 청구의 원인을 변경하는 형태의 소의 변경은 허용~~되지 아니한다~~. (✕) [21 세무사]

595 ★★★☆

처분변경으로 인한 소 변경의 요건으로는 "소 제기 후 처분의 변경이 있을 것"이 있다. ⓄⓍ

> **해설**
>
> **【행정소송법】**
> 제22조(처분변경으로 인한 소의 변경) ① 법원은 행정청이 ★소송의 대상인 처분을 소가 제기된 ★후 변경한 때에는 원고의 신청에 의하여 결정으로써 청구의 취지 또는 원인의 변경을 허가할 수 있다.
>
> ✓ ⓐ 처분변경에 따른 소의 변경에서의 '처분의 변경'이란, 처분청이 소송의 대상이 되고 있는 처분을 소송 ★제기 후에 변경한 경우를 의미하므로,
>
>   ⓑ 소가 제기되기 전에 처분을 변경한 경우나, 관련된 처분을 변경한 경우는 처분변경에 따른 소의 변경의 요건이 될 수 없다.   **정답** O

■ 행정소송법상 처분의 변경으로 인한 소의 변경은 행정청이 소송의 대상인 처분을 소가 제기된 후 변경한 경우 적용된다. (O) [16 세무사]

■ "처분변경으로 인한 소의 변경"에 있어서, "처분변경"에는 소송의 대상인 처분 자체의 변경 뿐 아니라 ~~당해 처분과 관련된 처분이 변경된 경우도 포함된다~~. (✕) [06 세무사]

➡ 소송의 대상과 관련된 것에 불과한 처분이 변경된 경우는, 청구취지나 청구원인의 변경사유가 되지 못한다.

596 ★★★☆ [19 세무사]

처분변경으로 인한 소의 변경을 위해서는 소가 계속 중이고 사실심 변론종결전이어야 한다. **O X**

> 해설
> ✅ **처분변경으로 인한 소의 변경이 허용**되려면, 당연히 **소송이 계속 중**이어야 하고, ★사실심변론종결 전이어야 한다. 따라서 **법률심(=상고심) 중**에 **처분이 변경**되었다면, 처분변경으로 인한 소의 변경은 **인정되지 않는다**.
> **정답** O

- 📋 **"처분변경으로 인한 소의 변경"**은 구 청구가 **사실심 변론종결 전이어야** 한다. [06 세무사 변형]
- 📋 **처분변경으로 인한 소 변경**의 요건으로는 **"소송이 계속 중**이고 **사실심변론종결 전일 것"**이 있다. (O) [12 세무사]
- 📋 **처분변경으로 인하여 소를 변경**하려면 변경의 대상이 되는 **소가 계속**되어 있고 **사실심 변론종결 전이어야** 한다. (O) [13 세무사]

597 ★★★☆ [06 세무사 변형]

"처분변경으로 인한 소의 변경"은 변경되는 신 청구가 적법하여야 한다. **O X**

> 해설
> ✅ **처분변경으로 인한 소의 변경**에 있어서도, 당연히 **새로운 소송(新訴, 신소)이 적법한 요건을 갖추고 있어야** 한다.
> **정답** O

598 ★★★☆ [15 세무사 변형]

처분변경으로 인하여 소를 변경할 때에는 처분청의 사전승낙을 구해야 한다. **O X**

> 해설
> ✅ **법원이 원고의 신청을 판단**하여 **허가여부를 결정**할 뿐이므로, **처분청의 의견을 필요로 하지 않으며**, 행정소송법 제22조(처분변경으로 인한 소의 변경)에서도, **처분행정청의 사전승낙에 관한 내용은 존재하지 않는다.** **정답** ✕

599 ★★★★

㉠ 소가 제기된 후 행정청이 소송대상인 처분을 변경한 경우 법원은 직권으로 소를 변경할 수 있다.
[13, 20 세무사] ⓞⓧ

㉡ 처분변경으로 인한 소의 변경은 원고의 신청에 의하여 법원의 결정으로 허가한다.
[19 세무사] ⓞⓧ

해설

【행정소송법】
제22조(처분변경으로 인한 소의 변경) ① **법원**은 행정청이 소송의 대상인 **처분을 소가 제기된 후 변경**한 때에는
★**원고의 신청**에 의하여 ★**결정**으로써 **청구의 취지 또는 원인의 변경**을 ★**허가**할 수 있다.

✓ ㉠ **처분변경으로 인한 소의 변경**은, 법원이 ★**직권으로 판단하여 결정할 수는 없고,**

㉡ **원고가 신청**하였을 때, 법원이 그 **신청을 판단**하여 **청구원인 또는 청구취지의 변경의 허가 여부를 결정**할 수
있다.

■ 행정소송법 제22조상 '처분변경으로 인한 소의 변경'의 요건 정리

①	소송이 제기된 후 처분의 변경이 있을 것
②	행정소송이 **사실심에 계속** 중이고 **변론종결 전**일 것
③	새로운 소에도 **소송요건의 흠결이 없을 것**(변경되는 새로운 소송도 적법할 것)
④	**원고의 신청**이 있을 것(=원고가 소의 변경을 신청할 것)
⑤	**법원의 허가결정**이 있을 것
⑥	**처분변경**이 있음을 안 날로부터 **60일 이내**에 신청할 것

정답 ㉠ ×, ㉡ ○

■ **공무원 직위면직처분**에 대한 취소**소송의 계속** 중에 처분청이 이를 **감봉처분으로 변경**한 경우, **원고의 신청**이 있으면 법원은 **청구취지 또는 청구원인의 변경을 허가**할 수 있다. (○) [15 세무사]

■ **'처분변경으로 인한 소의 변경'**은 「행정소송법」상 법원이 직권으로 할 수 있다. (×) [21 소방간부]

■ **행정청이 처분을 변경**한 경우 법원은 직권으로 **청구취지 또는 청구원인을 변경**할 수 있다. (×) [21 세무사]

■ **법원**은 행정청이 소송의 대상인 **처분을 소가 제기된 후 변경한 때**에는 **원고의 신청**이 없더라도 **결정**으로써 **청구의 취지 또는 원인을 변경**할 수 있다. (×) [18 경행]

■ **처분변경으로 인한 소 변경의 요건**으로는 **"법원의 변경허가결정이 있을 것"**이 있다. (○) [12 세무사]

■ **처분의 변경으로 인한 소의 변경**에 있어서, **법원**은 **결정**으로써 **청구의 취지 또는 원인의 변경을 허가**할 수 있다. (○) [16 세무사]

600 ★★★★

처분변경으로 인한 소의 변경 신청은 처분이 변경된 날로부터 60일 이내에 하여야 한다.　O X

> **해설**
>
> **【행정소송법】 제22조(처분변경으로 인한 소의 변경)** ① 법원은 행정청이 소송의 대상인 ★처분을 소가 제기된 후 변경한 때에는 ★원고의 신청에 의하여 결정으로써 청구의 취지 또는 원인의 변경을 허가할 수 있다.
> ② 제1항의 규정에 의한 신청은 처분의 변경이 있음을 ★안 날로부터 60일 이내에 하여야 한다.
>
> 　**정답** ×

■ "처분변경으로 인한 소의 변경"은 원고가 당해 **처분의 변경이 있은 것을 안 날**로부터 **60일 이내**에 소변경 신청을 하여야 한다. (○) [06 세무사]

■ 처분변경으로 인한 소의 변경은 원고가 당해 **처분의 변경이 있음을 안 날**로부터 (　　)일 이내에 소의 변경을 신청하여야 한다. → (60일) [10 세무사]

■ 처분변경으로 인한 소의 변경의 신청은 처분의 변경이 있음을 안 날부터 60일 이내에 하여야 한다. (○) [11, 23 세무사]

■ 처분변경으로 인한 소 변경의 요건으로는 "원고가 **처분의 변경이 있음을 안 날**로부터 **60일 이내**에 소 변경 신청을 할 것"이 있다. (○) [12 세무사]

■ 처분변경으로 인한 소의 변경 신청은 처분의 변경이 있음을 안 날부터 60일 이내에 하여야 한다. (○) [13 세무사]

■ 처분의 변경이 있음을 안 날로부터 60일 이내에 원고가 신청해야 한다. (○) [16 세무사]

■ 처분의 변경으로 인한 소의 변경 시 그 변경이 있음을 안 날로부터 60일 이내에 소의 변경을 신청하여야 한다. (○) [17 세무사]

■ 처분변경으로 인한 소의 변경은 처분의 변경이 있음을 안 날부터 60일 이내에 하여야 한다. (○) [19 세무사]

■ 처분변경으로 인한 소의 변경신청은 처분의 변경이 있음을 안 날부터 60일 이내에 하여야 한다. (○) [20 세무사]

■ 공무원 **직위면직처분**에 대한 **취소소송의 계속** 중에 처분청이 이를 **감봉처분으로 변경**한 경우 **원고의 소변경허가신청**은 처분의 변경이 있음을 안 날로부터 90일 이내에 하여야 한다. (×) [15 세무사]

■ 법령을 위반한 폐기물처리업자 甲에 대하여 A군수가 **3개월의 영업정지 처분**을 하자 甲은 취소소송을 제기한 경우, 소송이 제기된 후 A군수가 **영업정지 기간을 1개월로 변경**한 경우 **그 날로부터 60일 이내**에 甲은 **처분변경으로 인한 소의 변경**을 신청할 수 있다. (×) [22 세무사]

　☑ 그 날 → 변경을 안 날

601 ★★★★

⊙ 처분변경으로 인한 소의 변경은 당사자소송에서는 인정되지 않는다. [19 세무사] **O X**

ⓒ "처분변경으로 인한 소의 변경"은 취소소송 외에 무효등확인소송 및 당사자소송에서도 인정된다. [06 세무사] **O X**

ⓒ 처분변경으로 인한 소의 변경은 부작위위법확인소송에는 적용되지 않는다. [21 세무사] **O X**

> ### 해설
>
> **【행정소송법】**
> **제22조(처분변경으로 인한 소의 변경)** ① **법원**은 행정청이 소송의 대상인 **처분을 소가 제기된 후 변경**한 때에는 원고의 신청에 의하여 결정으로써 **청구의 취지 또는 원인의 변경**을 **허가**할 수 있다.
> **제38조(준용규정) 제22조**의 규정은 ★**무효등 확인소송**의 경우에 **준용**한다.
> **제44조(준용규정)** ① **제22조**의 규정은 ★**당사자소송**의 경우에 **준용**한다.
>
> ✓ ⓐ '부작위위법확인소송'에서는 소송의 대상이 되는 ★**처분이 존재하지 않으므로**, 행정소송법 제22조(처분변경으로 인한 소의 변경)의 규정이 ★**준용되지 않는다.**
>
> ⓑ 따라서 '**처분변경으로 인한 소의 변경**' 제도는 **취소소송, 무효등 확인소송, 당사자소송 3가지 소송유형**에서 **인정**된다.
>
> **정답** ⊙ X, ⓒ O, ⓒ O

■ '**처분변경으로 인한 소의 변경**'은 항고소송과 **당사자소송에 공통으로 적용**된다. (O) [19 세무사]

■ **처분변경으로 인한 소의 변경**에 관한 규정은 **당사자소송에 준용**된다. (O) [20 세무사]

■ **처분변경으로 인한 소의 변경**은 **무효확인소송에는 준용**된다. (O) [14 서울7 변형]

■ 행정소송법상 취소소송에 관한 규정 중 '**처분변경으로 인한 소의 변경**'은 **무효등 확인소송에는 준용**된다. (O) [22 세무사 변형]

■ **처분 변경으로 인한 소의 변경**은 취소소송, **무효등 확인소송** 및 **당사자소송**에서 **인정**된다. (O) [22 세무사]

■ **처분변경으로 인한 소의 변경**은 행정소송법상 취소소송에 관한 규정 중 **무효등확인소송에 준용**되지 않는다. (X) [18, 20 행정사]

■ 취소소송에 관한 규정 중 **처분변경으로 인한 소의 변경**은 **부작위위법확인소송**의 경우에 **준용되지 않는다.** (O) [08 세무사]

■ **처분변경으로 인한 소의 변경**에 관한 규정은 **부작위위법확인소송에는 준용되지 않는다.** (O) [20 세무사]

■ 행정소송법상 취소소송에 관한 규정 중 '**처분변경으로 인한 소의 변경**'은 **부작위위법확인소송에는준용되지 않는다.** (O) [22 세무사 변형]

■ **부작위위법확인소송**에는 **처분변경으로 인한 소의 변경**에 관한 행정소송법 제22조가 **준용되지 않는다.** (O) [24 세무사]

■ **부작위위법확인소송**에 대해서는 「행정소송법」상 처분변경으로 인한 소의 변경에 관한 규정이 준용된다. (X) [13 국회8]

602 ★★★★

㉠ 소의 종류의 변경이 있게 되면, 신소(新訴)는 구소(舊訴)가 처음 제기된 때에 제기된 것으로 보고, 구소는 취하된 것으로 본다. [11 세무사] O X

㉡ 처분의 변경으로 인한 소변경이 있으면 종전의 소는 기각된 것으로 본다. [16 세무사] O X

해설

【행정소송법】
제14조(피고경정)
① 원고가 피고를 잘못 지정한 때에는 **법원은** … (중략) … 결정으로써 **피고의 경정을 허가**할 수 있다
④ 제1항의 규정에 의한 **결정이 있은 때**에는 ★**새로운 피고에 대한 소송**은 ★**처음에 소를 제기한 때에 제기된 것**으로 본다.
⑤ 제1항의 규정에 의한 **결정이 있은 때**에는 ★**종전의 피고에 대한 소송**은 ★**취하된 것으로 본다.**

제21조(소의 변경)
① 법원은 취소소송을 … (중략) … **결정으로써 소의 변경을 허가**할 수 있다.
④ 제1항의 규정에 의한 ★**허가결정에 대하여는** 제14조 제2조 ★**제4항 및** ★**제5항의 규정을 준용**한다.

✓ ㉠ '**소의 종류의 변경**'을 허가하는 **결정이 확정**되면, 행정소송법 제21조 제4항에 따라, **새로운 소송**은 '**종전의 소송(舊訴)**'을 **제기하였던 당시**에 이미 **제기되었던 것**으로 보고, **종전의 소송(舊訴)**은 ★'**취하**'된 것으로 본다.

　㉡ 한편 '**처분변경으로 인한 소의 변경**'의 경우에도, 행정소송법 제21조 제4항과 같은 명문의 준용규정은 없으나, '**소의 종류의 변경**'과 **동일한 효과가 발생**한다고 보는 견해가 일반적이다.

정답 ㉠ O, ㉡ ×

⬛ **소의 변경을 허가**하는 **법원의 결정**이 있게 되면 **새로운 소**는 **구소(舊訴)를 제기한 때**에 제기된 것으로 **본다.** (O) [15 세무사]

⬛ **소변경허가결정이 확정**되면 **신소(新訴)**는 **구소(舊訴)를 제기한 때에 제기된 것으로 본다.** (O) [18 세무사]

⬛ 취소소송에 있어 **소의 변경을 허가하는 결정이 확정**되면 **새로운 소**는 제소기간과 관련하여 **변경된 소(舊訴)를 제기한 때 제기된 것으로 보며**, **변경된 소(舊訴)는 취하된 것으로 본다.** (O) [08 세무사]

⬛ **소의 변경을 허가**하는 **법원의 결정**이 있게 되면 **구소(舊訴)는 취하된 것으로 본다.** (O) [15 세무사]

⬛ **처분변경으로 인한 소의 변경을 허가하는 결정**이 있으면 **구소는 취하된 것으로 본다.** (O) [13 세무사]

　➡ 소의 종류의 변경에 따른 효과와 동일하게, '**처분변경으로 인한 소의 변경**'이 있을 때에도 신소는 구소가 제기되었던 때에 제기된 것으로 보고 **구소는 취하된 것으로 본다.**

603 ★★★★

㉠ 피고의 변경이 수반되는 소의 변경도 허용된다.   [13 세무사] O X

㉡ 소의 변경에 따라 피고를 달리하게 될 때에는 새로운 피고의 의견을 청취하지 않아도 된다.

[09 세무사] O X

> 해설
>
> **【행정소송법】 제21조(소의 변경)**
> ① 법원은 취소소송을 … (중략) … 당사자소송 또는 취소소송외의 항고소송으로 변경하는 것이 상당하다고 인
> 정할 때에는 … (중략) … 원고의 신청에 의하여 결정으로써 **소의 변경을 허가**할 수 있다.
> ② 제1항의 규정에 의한 허가를 하는 경우 ★**피고를 달리하게 될 때**에는 **법원은** ★**새로이 피고로 될 자의 의견**
> **을 들어야** 한다.
>
> ✓ 예컨대, 당사자소송의 피고는 국가·지방자치단체 등이 되고 항고소송의 피고는 행정청이므로, 당사자소송을 항
> 고소송으로 변경하는 경우 피고의 변경이 불가피하다.   정답 ㉠ O, ㉡ X

- 소의 변경시에는 **피고의 경정이 인정**된다.(O) [09 세무사]
- 소의 변경시에도 **피고경정이 인정**되는 경우가 있다. (O) [14 세무사]
- 소의 종류의 변경 시에도 **피고의 경정이 인정**된다. (O) [20 행정사]
- **피고의 변경을 포함**한 소의 종류의 변경도 **가능**하다. (O) [11 세무사]
- **당사자소송을 항고소송으로 변경**하는 경우 **피고의 변경이 수반**된다. (O) [19 세무사]
- **피고의 변경을 수반하는 소의 변경**은 **허용**되지 않는다. (X) [03 관세사]
- **소의 종류의 변경의 요건**으로 "피고의 변경을 수반하지 않을 것"이 있다. (X) [10 세무사]
- 행정소송법상 **취소소송**은 **피고의 변경을 수반**하는 **다른 종류의 소송으로 변경**할 수 없다. (X) [06 관세
사]

- **법원**이 소의 종류의 변경을 **허가**함으로써 **피고를 달리하게 될 때**에는 새로이 피고가 될 자의 의견을
(반드시) 들어야 한다. (O) [08 선관위9] [20 국회9]
- **소의 종류의 변경을 허가**하는 경우 **피고를 달리하게 될 때**에는 **법원은 새로이 피고로 될 자의 의견을**
들어야 한다. (O) [12 세무사]
- **항고소송을 당사자소송으로 변경**을 **허가**하는 경우 **피고의 변경이 수반**되는데, 이 경우 **법원은 새로이**
피고로 될 자의 의견을 들어야 한다. (O) [20 세무사]
- **법원**이 소의 변경을 **허가**하는 경우 **피고를 달리하게 될 때**에는 **새로이 피고로 될 자의 의견을 들어야**
한다. (O) [22 세무사]

604 ★★☆☆　　　　　　　　　　　　　　　　　　　　　　[19 세무사]

소의 종류의 변경에 따른 피고의 변경은 교환적 변경에 한한다.　　🅞🅧

> **해설**
>
> 소위 주관적, 예비적 병합은 행정소송법 제28조 제3항과 같은 예외적 규정이 있는 경우를 제외하고는 원칙적으로 허용되지 않는 것이고, 또 행정소송법상 **소의 종류의 변경**에 따른 **당사자(피고)의 변경**은 ★**교환적 변경에 한한다**고 봄이 상당하므로 예비적 청구만이 있는 피고의 ★**추가경정신청은 허용되지 않는다.** (대결 1989. 10. 27., 자, 89두1)
>
> ☑ **소의 변경 자체가 교환적 변경**, 즉 구청구는 취하되고 신청구로 대체되는 것이므로, 소의 변경에 따른 피고의 변경 또한 기존 피고에 갈음하여 새로운 피고로 대체될 뿐이다.　　　**정답** ○

📰 **소의 종류의 변경에 따른 피고의 변경**은 **교환적 변경에 한한다**고 봄이 상당하므로 예비적 청구만이 있는 **피고의 추가경정신청**은 원칙적으로 **허용되지 않는다.** (○) [20 국가9 변형]

605 ★★★★

㉠ 소의 변경의 결정이 있는 때에는 새로운 피고에 대한 소송은 원고가 소의 변경을 신청한 때에 제기된 것으로 본다.　　　　　　　　　　　　　　　　　[20 세무사]　🅞🅧

㉡ 소의 변경의 결정이 있는 때에는 종전의 피고에 대한 소송은 각하된 것으로 본다.
　　　　　　　　　　　　　　　　　　　　　　　　　　　　[20 세무사]　🅞🅧

> **해설**
>
> 【행정소송법】
> 제14조(피고경정) ④ 제1항의 규정에 의한 **결정**이 있는 때에는 ★**새로운 피고에 대한 소송**은 ★**처음에 소를 제기한 때**에 **제기된 것으로 본다.**
> ⑤ 제1항의 규정에 의한 **결정**이 있는 때에는 ★**종전의 피고에 대한 소송**은 ★**취하된 것으로 본다.**
> 제21조(소의 변경) ④ 제1항의 규정에 의한 ★**허가결정**에 대하여는 제14조 제2조 ★**제4항 및** ★**제5항**의 규정을 **준용**한다.
>
> ☑ 소의 변경에 따른 일반적 효과(597문)와 동일하다.　　　**정답** ㉠ ✕, ㉡ ✕

📰 **소의 변경**으로 **피고의 변경**이 있는 경우 **새로운 피고에 대한 소송**은 ~~소변경 신청이 있은 때~~에 제기된 것으로 본다. (✕) [16 세무사]　　☑ ~~소변경 신청이 있은 때~~ → 종전 피고에 대한 소를 제기한 때

📰 **소의 변경**에 따라 **피고의 변경**이 있는 경우 **종전의 피고에 대한 소송**은 **취하된 것으로 본다.** (○) [17 세무사]

📰 항고소송에서 당사자소송으로 **소의 종류를 변경**함으로써 **피고의 변경**이 있는 경우 법원은 **종전의 피고에 대한 소**를 ~~각하하여야~~ 한다. (✕) [21 세무사]　　☑ ~~각하하여야~~ → 취하된 것으로 본다.

4 **기타 소의 변경**

606 ★★★☆ [21 세무사]

행정소송법이 정하는 소의 변경은 그 법조에 의하여 특별히 인정되는 것으로서 민사소송법상의 소의 변경을 배척한다. **O X**

> **해설**
>
> **행정소송법** 제21조와 제22조가 정하는 **소의 변경**은 그 법조에 의하여 특별히 인정되는 것으로서 ★**민사소송법 상의 소의 변경**을 **배척하는 것이 아니므로**, 행정소송의 원고는 행정소송법 제8조 제2항에 의하여 준용되는 ★ **민사소송법 제235조에 따라** 청구의 기초에 변경이 없는 한도에서 ★**청구의 취지** 또는 **원인을 변경**할 수 있다. (대판 1999. 11. 26. 99두9407)
>
> ☑ 행정소송법 제21조 및 제22조에 의한 소의 변경 외에도, **민사소송법의 준용에 따른 소의 변경(민사소송 ↔ 행정 소송)**이 **가능**하다. **정답** ✕

📙 **무효확인소송**의 **민사소송인 부당이득반환청구소송으로의 변경**은 행정소송법상 명문의 규정에 의한 소의 변경이다. (✕) **[05 세무사]** ☑ 행정소송법상 명문의 규정에 의한 → 민사소송법의 준용에 의한

607 ★★★★ [14 세무사]

민사소송으로 잘못 제기된 소송을 항고소송으로 소 변경하는 것은 불가능하다. **O X**

> **해설**
>
> 원고가 고의 또는 중대한 과실 없이 행정소송으로 제기하여야 할 사건을 ★**민사소송으로 잘못 제기**한 경우 **수소 법원**으로서는 만약 그 **행정소송에 대한 관할도 동시에 가지고 있는 경우**라면, … (중략) … 행정소송으로서의 소송요건을 결하고 있음이 명백하여 … (중략) … **어차피 부적법하게 되는 경우가 아닌 이상**, 원고로 하여금 ★**항고소송으로 소 변경**을 하도록 하여 그 **1심법원으로 심리·판단**하여야 한다. (대판 1999. 11. 26. 97다42250)
>
> ☑ 관할이송 단원에서 학습하였듯이(558문 참고), 항고소송을 민사소송으로 잘못 제기한 경우, 그 **수소법원이 행정소송 관할권도 가지고 있다면** 원고가 **항고소송으로 소의 변경을 신청**할 수 있도록 **석명권을 행사**하여 행정소송 절차에 따라 심리·판단하여야 한다는 판시이다. **정답** ✕

📙 **민사소송을 항고소송으로 변경**하는 것은 **허용**될 수 있다. (O) **[21 세무사]**

📙 **원고가 고의 또는 중대한 과실 없이 행정소송으로 제기할 사건을 민사소송으로 제기한 경우**라도 **행정소송으로의 소의 변경**은 **허용되지 않는다.** (✕) **[19 세무사]**

📙 **항고소송을 제기할 것**을 **민사소송으로 잘못 제기**한 경우 **수소법원이** 그 **항고소송에 대한 관할도 동시에 가지고 있다면** 민사소송으로 심리·판단할 수 있다. (✕) **[21 세무사]**
☑ 민사소송 → 행정소송

➤ **참고판례**

> **공법상 당사자소송**에 대하여도 청구의 기초가 바뀌지 아니하는 한도 안에서 **민사소송으로 ★소 변경이 가능**하다고 해석하는 것이 타당하다. (대판 2023. 6. 29. 2022두44262)

➡ 최근 대법원은 **(공법상 당사자소송 → 민사소송)**으로 소변경이 허용됨을 판시한 바 있다.

608 ★★★★

㉠ 소의 종류가 변경된 경우에는 새로운 소에 대한 제소기간의 준수는 소의 변경이 허가된 때를 기준으로 하여야 한다.　　　　　　　　　　　　　　　　　　　[21 세무사] **O X**

㉡ 부작위위법확인소송을 제기하였다가 취소소송으로 변경한 경우, 부작위위법확인소송이 적법한 제소기간 내에 제기되었다면 제소기간을 준수한 것으로 본다.　　　　　　　　[16 세무사] **O X**

> **해설**
>
> **【행정소송법】**
> **제14조(피고경정)**
> ④ 제1항의 규정에 의한 **결정**이 있은 때에는 ★**새로운 피고에 대한 소송**은 ★**처음에 소를 제기한 때에 된 것으로 본다.**
> **제21조(소의 변경)**
> ④ 제1항의 규정에 의한 ★**허가결정**에 대하여는 제14조 제2조 ★**제4항** 및 제5항의 규정을 **준용**한다.
>
> ✓ ㉠ **행정소송법 제21조에 따라 소를 변경**한 경우, 변경 전의 소송이 제기된 때, 즉 **처음의 소를 제기한 때**를 기준 **시점**으로 삼아 **제소기간 준수여부**를 **판단**하여야 한다.
>
> 　㉡ 따라서 가령 **어떠한 항고소송을 취소소송으로 변경**한 경우에, 변경 전의 항고소송이 적법한 제소기간 안에 제기되었더라면, **변경된 취소소송도 제소기간을 준수**한 것이 된다.　　**정답** ㉠ X, ㉡ O

🗐 **소의 변경시 제소기간**은 **처음에 소를 제기한 때**를 **기준**으로 한다. (O) [14, 19 세무사]

🗐 **당사자소송을 취소소송으로 변경**하는 경우 **제소기간 준수 여부**는 변경하는 때를 **기준으로 판단**한다. (X) [11 세무사]

🗐 **소의 변경을 허가하는 결정**이 **확정**되면 **새로운 소**는 **제소기간**과 관련하여 원칙적으로 소가 변경된 때에 **제기된 것으로 본다.** (X) [17 세무사]　　☑ 소가 변경된 때 → 처음의 소를 제기한 때

🗐 법원은 **당사자소송을 취소소송으로 변경**을 허가하는 경우, **제소기간**은 애초에 **당사자소송을 제기한 시점을 기준**으로 **계산**한다. (O) [13 변시 변형]

🗐 **취소소송**을 제기하였다가 나중에 **당사자소송으로 변경**하는 경우, **당초의 취소소송이 적법한 기간 내에 제기된 경우**에는 **당사자소송의 제소기간을 준수**한 것으로 본다. (O) [22 세무사]

🗐 **취소소송**을 **당사자소송으로 변경**하는 경우 **처음에 소를 제기한 때 제기된 것으로 본다.** (O) [24 세무사]

🗐 **무효확인소송**을 **취소소송으로 변경**하는 경우 **처음에 소를 제기한 때 제기된 것으로 본다.** (O) [24 세무사]

🗐 **당사자소송**을 **취소소송으로 변경**하는 경우 **처음에 소를 제기한 때 제기된 것으로 본다.** (O) [24 세무사]

🗐 甲이 자신에 대한 압류처분에 대해 **무효확인소송**을 제기하였다가 **취소소송으로 소의 종류를 변경**하는 경우, **제소기간의 준수 여부**는 취소소송으로 변경되는 때를 **기준으로 한다.** (X) [19 국가7]

　　☑ 취소소송으로 변경되는 때 → 무효확인소송을 제기하였던 때

609 ★★★☆

청구취지를 교환적으로 변경하여 종전의 소가 취하되고 새로운 소가 제기된 것으로 보게 되는 경우에 새로운 소에 대한 제소기간의 준수는 원칙적으로 소의 변경이 있은 때를 기준으로 하여 판단된다.

> **해설**
>
> 청구취지를 ★변경하여 **구소가 취하**되고 **새로운 소**가 제기된 것으로 **변경**되었을 때 **새로운 소**에 대한 **제소기간의 준수** 등은 원칙적으로 ★**소의 변경이 있은 때를 기준**으로 하여야 한다. (대판 1974.2.26. 73누171)
>
> ✅ **민사소송법의 준용**에 따른 ★**소의 변경**이 있는 경우, 원칙적으로 **행정소송법상 제소기간의 특례(제21조 제4항)** 가 적용되지 않으므로, 새로운 소에 대한 **제소기간의 준수** 등은 ★**소의 변경이 있은 때**를 기준으로 하여야 한다.
>
> **정답** O

📄 판례는 **청구취지의 변경**으로 **구소가 취하**되고 **신소가 제기**된 것으로 되었을 때, **신소에 대한 제소기간의 준수여부**는 원칙적으로 **소의 변경이 있은 때**를 기준으로 한다. (O) [07 서울9]

📄 **청구취지를 변경**하여 **종전의 소가 취하**되고 **새로운 소가 제기**된 것으로 변경되었다면 **새로운 소에 대한 제소기간 준수여부**는 원칙적으로 **소의 변경이 있은 때를 기준**으로 한다. (O) [17 지방9]

610 ★★★☆

청구취지를 추가한 경우 추가된 청구취지에 대한 제소기간의 준수는 원칙적으로 청구취지의 추가·변경 신청이 있는 때를 기준으로 판단하여야 한다.

> **해설**
>
> 청구취지를 ★추가하는 경우, **청구취지가 추가된 때에 새로운 소를 제기한 것**으로 보므로, **추가된 청구취지에 대한 제소기간 준수** 등은 원칙적으로 **청구취지의 ★추가·변경 신청이 있는 때를 기준**으로 판단하여야 한다. (대판 2018. 11. 15., 2016두48737)
>
> ✅ **청구취지를 ★추가하는 것**은 **청구취지를 후발적으로 병합**하는 경우에 해당하여, **새로운 소송을 제기하는 것**과 마찬가지이기 때문에, **추가된 청구에 대한 제소기간의 준수 여부** 등의 판단은 ★**청구취지의 추가·변경 신청이 있는 때**를 기준으로 하여야 한다.
>
> **정답** O

📄 보충역편입처분취소처분에 이어 공익근무요원 복무중단처분 및 현역병입영대상편입처분을 순차로 받은 원고가 **보충역편입처분취소처분의 취소를 구하는 소**를 제기하였다가 **공익근무요원 복무중단처분의 취소 및 현역병입영대상편입처분의 취소를 청구취지로 추가**한 경우, **추가된 부분의 제소기간은 청구취지의 추가신청이 있은 때를 기준**으로 **계산**한다. (O) [13 변호사 변형]

📄 어느 하나의 **처분의 취소를 구하는 소**에 당해 **처분과 관련되는 처분의 취소를 구하는 청구를 추가적으로 병합**한 경우, **추가적으로 병합된 소의 소제기 기간의 준수 여부**는 그 **청구취지의 추가신청이 있은 때**를 기준으로 한다. (O) [22 지방7]

611 ★★★★

민사소송으로 잘못 제기하였다가 이송결정에 따라 관할법원으로 이송하여 취소소송으로 소를 변경한 경우, 제소기간의 준수 여부는 민사소송을 제기한 때를 기준으로 한다. **O X**

> **해설**
>
> 원고가 행정소송법상 항고소송으로 제기해야 할 사건을 **민사소송으로 잘못 제기**한 경우에 수소법원이 그 항고소송에 대한 관할을 가지고 있지 아니하여 **관할법원에 이송**하는 결정을 하였고, 그 **이송결정이 확정**된 후 원고가 **항고소송으로 소 변경**을 하였다면, **그 항고소송**에 대한 **제소기간의 준수 여부**는 원칙적으로 ★**처음에 소를 제기한 때**를 **기준**으로 **판단**하여야 한다. (대판 2022. 11. 17. 2021두44425)
>
> ✅ 대법원은 **관할법원에의 이송결정**에 따라 **소를 변경(민사소송 → 항고소송)**한 경우에는 행정소송법에 따른 '소의 종류의 변경'시에 인정되는 제소기간의 특례와 마찬가지로, **변경된 항고소송**에 대한 **제소기간의 기준시**를 "**처음에 소를 제기한 때**"로 삼아, 당사자의 권리구제에 충실하도록 판시하였다.
>
> **정답** O

- 원고가 「행정소송법」상 **항고소송으로 제기해야 할 사건**을 **민사소송으로 잘못 제기**한 경우에 **수소법원이** 그 항고소송에 대한 관할을 가지고 있지 아니하여 **관할법원에 이송하는 결정**을 하였고, 그 **이송결정이 확정**된 후 원고가 **항고소송으로 소 변경**을 하였다면, 그 **항고소송에 대한 제소기간의 준수 여부**는 원칙적으로 **처음에 소를 제기한 때**를 **기준으로 판단**하여야 한다. (O) [23 군무원9]

- **이송결정이 확정**된 후 **민사소송을 취소소송으로 변경**하는 경우 **처음에 소를 제기한 때 제기된 것**으로 본다. (O) [24 세무사]

  ➡ 민사소송이 제기된 시점에 취소소송이 제기되었던 것으로 간주하는 것이다.

■ '소의 변경'과 관련된 '제소기간 기준시점' 정리

유형	제소기간 기준시점
행정소송법에 의하여 변경된 소송	처음에 소를 제기한 때
관할법원으로의 이송결정에 따라 변경된 소송	
청구취지의 교환적 변경에 따른 새로운 소송	소의 변경이 있는 때
청구취지의 추가적 변경으로 추가된 청구	청구취지의 추가 신청이 있는 때

제5항 공동소송

612 ★★★★

⊙ 수인에 대한 청구가 처분등의 취소청구와 관련되지 않는 청구인 경우에도 그 수인은 취소소송의 공동소송인이 될 수 있다. [22 세무사] O X

ⓛ 행정소송법상 취소소송에 관한 규정 중 '공동소송'은 무효등 확인소송에는 준용되나 부작위위법확인소송에는 준용되지 않는다. [22 세무사] O X

ⓒ 취소소송의 규정 중 '공동소송'에 관한 규정은 당사자소송에 준용된다. [23 경찰간부] O X

해설

【행정소송법】
제15조(공동소송) ★수인의 청구 또는 수인에 대한 청구가 처분등의 ★취소청구와 관련되는 청구인 경우에 ★한하여 그 수인은 ★공동소송인이 될 수 있다.

제38조(준용규정)
① 제13조 내지 제17조의 규정은 무효등 확인소송의 경우에 준용한다.
② 제13조 내지 제19조의 규정은 부작위위법확인소송의 경우에 준용한다.

제44조(준용규정) ① 제14조 내지 제17조의 규정은 당사자소송의 경우에 준용한다.

ⓐ 공동소송은 '다수당사자소송'으로도 불리는데, 가령 동종의 과세처분을 다투는 수인이 제기한 여러 개의 취소소송이나, 어떤 처분에 대한 취소소송과 관련된 국가배상청구소송 등과 같은 소송에서, 그와 관계된 수인의 원고나 피고는 공동소송인이 될 수 있다.

ⓑ 공동소송의 대상인 수개의 청구는 ★'처분등의 취소청구'와 관련된 청구이어야만 가능하다.
  ➤ 공동소송=처분등의 취소청구 ➕ 취소청구와 관련된 청구

ⓒ 이러한 공동소송은 모든 행정소송에 적용된다. 정답 ⊙ ×, ⓛ ×, ⓒ O

▨ **행정소송법**은 **공동소송에** 대해 **규정**하고 있다. (O) [01 관세사]

▨ **수인의 청구**가 **처분등의 취소청구와 관련된 청구**인 경우 그 **수인은 공동소송인**이 될 수 있다. (O) [07, 14 세무사]

▨ **수인의 청구** 또는 **수인에 대한 청구**가 **처분등의 취소청구와 관련되는 청구**인 경우에 **한하여** 그 **수인은 공동소송인**이 될 수 있다. (O) [17, 18 세무사]

▨ 행정소송법상 취소소송에 관한 규정 중 **'공동소송'**은 **무효등확인소송에 준용**된다. (O) [20 세무사]

▨ 행정소송법의 규정상 **'공동소송'**은 **무효등 확인소송**이 **취소소송**과 구별되는 사항이다. (×) [12 세무사]

▨ 취소소송 규정 중 **'공동소송'**은 **부작위위법확인소송에 준용**되지 않는다. (×) [06 세무사]

▨ 행정소송법의 규정 중 **'공동소송'**은 **취소소송과 당사자소송에 공통으로 적용**된다. (O) [21 세무사]

제6항 소송참가

1 제3자의 소송참가

613 ★★★☆

㉠ 경원자(競願者) 甲과 乙 중 甲에 대하여 허가가 발령되어 乙이 甲에 대한 허가처분 취소소송을 제기하여 적법한 소송이 계속중인 경우, 甲이 소송의 결과에 따른 자신의 권리 또는 이익의 침해를 방지하기 위하여 판결선고 전까지 활용할 수 있는 행정소송법상 제도로 (   )가 있다.

[08 세무사] **O X**

㉡ 취소소송이 제기될 경우 이해관계 있는 제3자의 소송의 참가가 가능해진다.

[09 세무사] **O X**

> **해설**
>
> 【행정소송법】
> 제16조(제3자의 소송참가) ① 법원은 <u>소송의 결과</u>에 따라 <u>권리 또는 이익의 침해를 받을 제3자</u>가 있는 경우에는 … (중략) … 그 <u>제3자를 ★소송에 참가</u>시킬 수 있다.
>
> ⓐ '소송참가'란 타인 간에 계속 중인 소송에 제3자가 그 소송절차에 관여하는 것을 말하는데,
>
> ⓑ 소송결과에 따른 판결의 효력(기속력, 대세효)으로 인하여 직접 권리나 이익을 침해받을 우려가 있는 제3자가 존재하는 경우,
>
> ⓒ 그를 소송에 참가시켜 변론하고 자료를 제출하게 하여 제3자가 자신의 이익을 방어하는 기회를 보장받게 하는 제도가 필요하기에, 행정소송법에서는 「제3자의 소송참가」를 규정하고 있다.
>
> **정답** ㉠ 제3자의 소송참가, ㉡ O

▨ **행정소송법**은 **제3자의 소송참가를 규정**하고 있다. (O) [08, 19 세무사]

▨ **법원**은 **소송의 결과**에 따라 **권리의 침해를 받을 제3자**가 있는 경우 그 **제3자를 소송에 참가**시킬 수 있다. (O) [23 세무사]

▨ **제3자**에 의해 **항고소송이 제기**된 경우에 **제3자효 행정행위의 상대방**은 **소송참가**를 할 수 있다. (O) [14 국가7]

▨ **甲과 乙**은 관할 행정청 A에게 동일지역을 대상으로 하는 **도로점용허가를 신청**하였으나, **A는 乙에게 허가**를 하였고, **甲은 乙에 대한 허가처분의 취소를 구하는 소송**을 제기하였다. 이 경우 **乙에 대한 허가처분 취소소송**에 **乙은 참가**할 수 있다. (O) [13 세무사]

➡ 만일 <u>甲의 취소청구가 인용</u>된다면, <u>乙에 대한 도로점용허가처분이 취소</u>될 것이므로, 도로점용권리를 상실할 수 있는 <u>乙로서는</u> 자신의 이익방어를 위하여 <u>소송참가가 필요</u>하다.

614 ★★★★

㉠ 제3자의 소송참가가 허용되기 위하여는 당해 소송의 결과에 따라 제3자의 권리 또는 이익이 침해되어야 한다. [19 세무사] ⓞⓧ

㉡ 취소소송에 있어서 제3자의 소송참가는 취소판결의 기속력, 형성력과 관련이 있다. [08 세무사] ⓞⓧ

해설

【행정소송법】
제16조(제3자의 소송참가) ① 법원은 ★소송의 결과에 따라 ★권리 또는 이익의 침해를 받을 제3자가 있는 경우에는 당사자 또는 제3자의 신청 또는 직권에 의하여 결정으로써 그 **제3자를 소송에 참가**시킬 수 있다.

✅ ㉠ **소송의 결과**에 따라 **권리 또는 이익이 침해받을 제3자**만이 **소송참가**를 할 수 있으며,

㉡ 이와 같이 **소송결과에 따른 권리나 이익의 침해**는 **판결의 효력**으로 말미암아 **발생**하는바, 제3자가 어떤 **판결의 '형성력(제3자효)'**에 의하여 **직접적으로 권리나 이익을 침해**받을 수도 있고, 어떤 **판결의 '기속력'**에 따른 **행정청의 새로운 처분으로** 인하여 **권리나 이익을 침해받을 수도** 있는 것이다. (판결의 효력은 후술예정)

정답 ㉠ ○, ㉡ ○

▣ **제3자의 소송참가**에서, **제3자**는 소송의 결과에 따라 **권리 또는 이익의 침해를 받을 자**이어야 한다. (○) [05 세무사]

▣ **제3자의 소송참가**는 소송의 결과에 따라 **권리 또는 이익의 침해를 받을 제3자**에게 **인정**될 수 있다. (○) [07 세무사]

▣ **제3자의 소송참가**에 있어서 **소송의 결과**에 따라 **권리·이익의 침해를 받을 자**는 법원에 **소송참가를 신청**할 수 있다. (○) [09 세무사]

▣ **소송참가**에 있어서 **제3자**란 **소송의 결과**에 따라 **권리 또는 이익의 침해를 받는 자**를 의미한다. (○) [09 서울승진]

▣ **제3자의 소송참가**에 있어서 **제3자**는 소송의 결과에 따라 **권리 또는 이익을 침해받을 제3자**이어야 한다. (○) [11 세무사]

▣ 행정**소송의 결과**에 따라 **권리 또는 이익의 침해 우려**가 있는 **제3자**는 당해 행정**소송에 참가할 수 있다.** (○) [18 지방9 변형]

▣ **소송참가**는 **취소판결의 효력**에 따른 **제3자의 권익보호**를 위한 제도이다. (○) [09 서울승진]

▣ **甲과 乙**은 관할 행정청 A에게 동일지역을 대상으로 하는 **도로점용허가를 신청**하였으나, **A는 乙에게 허가**를 하였고, **甲은 乙에 대한 허가처분의 취소를 구하는 소송을 제기**하였다. 이 경우 **乙에 대한 허가처분 취소소송**에 **乙은 참가**할 수 있다. (○) [13 세무사]

➡ 만일 甲의 취소청구가 인용된다면, 취소**판결의 '형성력'**에 따라 乙에 대한 **도로점용허가처분이** 취소될 것이므로, <u>도로점용권리를 상실</u>할 수 있는 <u>乙로서는 자신의 이익방어를 위하여 소송참가</u>가 필요하다.

615 ★★★☆ [13 세무사] O X

㉠ 제3자가 소송에 참가하기 위해 필요한 권리 또는 이익이란 법률상 이익을 의미한다.
㉡ 제3자의 소송참가를 위해 요구되는 이익에는 단순한 경제상의 이익도 포함된다. [17 세무사] O X

> **해설**
>
> 행정소송법 제16조 소정의 **제3자의 소송참가가 허용**되기 위하여는 당해 **소송의 결과**에 따라 **제3자의 권리 또는 이익이 침해**되어야 하고, 이 때의 이익은 ★**법률상 이익**을 말하며 ★**단순한 사실상의 이익**이나 **경제상의 이익**은 **포함되지 않는다**. (대판 2008. 5. 29., 2007두23873)
>
> **정답** ㉠ O, ㉡ X

- **제3자의 소송참가의 요건**은 당해 **소송의 결과**에 따라 **제3자의 권리 또는 이익이 침해**되어야 하고, 이때의 이익에는 **단순한 사실상의 이익은 포함되지 않는다**. (O) [15 세무사]
- **제3자의 소송참가가 허용**되기 위하여는 당해 **소송의 결과**에 따라 **제3자의 권리 또는 이익이 침해**되어야 하고, 이 때의 이익은 **법률상 이익** 및 ~~단순한 사실상의 이익을 포함한다.~~ (X) [20 세무사]

616 ★★★☆

특정 소송사건에서 당사자 일방을 보조하기 위해 보조참가를 하려면 소송결과에 법률상 이해관계가 있어야 한다. [23 세무사] O X

> **해설**
>
> **특정 소송사건에서 당사자 일방을 보조**하기 위하여 **보조참가**를 하려면 당해 **소송의 결과**에 대하여 **이해관계**가 있어야 하고, 여기서 말하는 **이해관계**라 함은 **사실상·경제상 또는 감정상의 이해관계**가 아니라 ★**법률상의 이해관계**를 가리킨다. (대판 2014. 8. 28. 2011두17899)
>
> ☑ 위의 지문과 유사한 것으로 이해하면 된다. (**법률상** 이익=**법률상** 이해관계) **정답** O

- **소송결과**에 대하여 **사실상의 이해관계**가 있다는 것만으로는 **소송참가가 인정되지 않는다**. (O) [16 세무사]
- **특정 소송사건에서 당사자 일방을 보조**하기 위하여 **보조참가를 하려면** 당해 **소송의 결과**에 대하여 ~~사실상, 경제상 또는 감정상의 이해관계가 있으면 충분하며 법률상의 이해관계가 요구~~되는 것은 아니다. (X) [15 국가9]

617 ★★★☆ [17 세무사]

제3자의 소송참가에서 제3자에 국가 또는 지방자치단체는 포함되지 아니한다. O X

> **해설**
>
> ☑ **제3자의 소송참가**에 있어서, 소송의 결과에 따라 권리 또는 이익을 침해받을 **제3자**에는 ★**국가 또는 공공단체도 포함**될 수 있다. 이에 반해, **행정청**은 권리주체가 아니어서 **당사자능력이 없기 때문에**, 행정소송법 제17조에 의한 '**행정청의 소송참가**'만 할 수 있을 뿐이다. **정답** X

- **제3자의 소송참가**에서, **참가하는 제3자**에는 **국가 또는 지방자치단체도 포함**될 수 있다. (O) [20 세무사]

618 ★★★★

㉠ 원고 甲과 행정청 사이의 소송 결과에 따라 권리침해를 받을 乙이 존재하는 경우, 법원은 甲의 신청에 의하여 乙을 소송에 참가시킬 수 있다. [10 세무사] **O X**

㉡ 원고 甲과 행정청 사이의 소송 결과에 따라 권리침해를 받을 乙이 존재하는 경우, 법원은 乙의 신청에 의하여 乙을 소송에 참가시킬 수 있다. [10 세무사] **O X**

㉢ 원고 甲과 행정청 사이의 소송 결과에 따라 권리침해를 받을 乙이 존재하는 경우, 법원은 피고 행정청의 신청에 의하여 乙을 소송에 참가시킬 수 있다. [10 세무사] **O X**

> 해설
>
> **【행정소송법】**
> **제16조(제3자의 소송참가)** ① 법원은 <u>소송의 결과에 따라 권리 또는 이익의 침해를 받을 제3자</u>가 있는 경우에는 ★**당사자** 또는 ★**제3자의 신청** 또는 **직권**에 의하여 결정으로써 그 **제3자를 소송에 참가**시킬 수 있다.
>
> ✅ 제3자의 소송참가 신청 주체는 소송의 **양 당사자(원고, 피고)**나 **제3자 본인**이 될 수 있는바, 따라서 항고소송에서 피고인 **행정청도 신청주체**가 될 수 있다.
>
> ➡ 행정청의 신청의 경우, 617문과 비교하여 참가주체와 신청주체와의 구별 유의
>
> **정답** ㉠ O, ㉡ O, ㉢ O

📋 **법원**은 **신청에 의하여**도 **제3자를 소송에 참가**시킬 수 있다. (O) [11 세무사]

📋 **제3자의 소송참가**의 경우, 소송의 **당사자 또는 제3자가 신청**할 수 있다. (O) [05 세무사]

📋 법원은 **소송의 결과에 따라 권리를 침해받을 제3자**가 있는 경우에는 **당사자의 신청**에 의하여 결정으로써 그 **제3자를 소송에 참가**시킬 수 있다. (O) [15, 20 세무사]

📋 법원은 **소송의 결과**에 따라 **권리의 침해를 받을 제3자**가 있는 경우에는 **제3자의 신청**이 있는 경우에 한하여 그 **제3자를 소송에 참가**시킬 수 있다. (X) [18 세무사]

　➡ 소송의 **당사자(원고, 피고)**도 신청가능

📋 **제3자의 소송참가**는 행정소송법상 **원고의 신청**에 의하여만 가능하다. (X) [19 세무사]

📋 甲이 A행정청을 피고로 하여 제기한 취소소송에서, 乙은 그 소송의 결과에 따라 권리의 침해를 받을 수 있는 경우에, **乙의 소송참가**는 **당사자의 신청** 또는 법원의 직권에 의하여 할 수 있을 뿐 **乙 자신이 소송참가를 신청**할 수는 없다. (X) [21 세무사]

　➡ 원고, 피고, 본인(제3자)이 신청가능

619 ★★★☆

원고 甲과 행정청 사이의 소송 결과에 따라 권리침해를 받을 乙이 존재하는 경우, 법원은 직권에 의하여 乙을 소송에 참가시킬 수 없다. **O X**

> **[해설]**
>
> **【행정소송법】**
> **제16조(제3자의 소송참가)** ① 법원은 <u>소송의 결과에 따라</u> **권리 또는 이익의 침해를 받을 제3자**가 있는 경우에는 당사자 또는 제3자의 신청 또는 ★**직권에 의하여** 결정으로써 그 **제3자를 소송에 참가**시킬 수 있다.
>
> ☑ **법원의 직권**에 의한 **결정**으로도, 제3자를 소송에 참가시킬 수 있다.　　**[정답]** ✕

- **법원**은 **소송의 결과**에 따라 **권리 또는 이익을 침해받을 제3자**가 있는 경우 당사자 또는 제3자의 신청 또는 **직권에 의하여 결정**으로써 **제3자를 소송에 참가**시킬 수 있다. (O) [20 국회9]
- **법원**은 당사자 또는 제3자의 신청 또는 **직권에 의하여 결정**으로써 **제3자를 소송에 참가**시킬 수 있다. (O) [07 세무사]
- **제3자의 소송참가**에는 신청에 의한 경우와 **직권에 의한 경우**가 있다. (O) [12 국가9]
- **제3자의 소송참가**는 법원이 **직권**으로 **할 수 있다.** (O) [13 세무사]
- **법원**은 **소송의 결과**에 따라 **권리의 침해를 받을 제3자**가 있는 경우에는 **직권으로** 그 **제3자를 소송에 참가**시킬 수 있다. (O) [14 세무사]
- **법원**은 **직권으로 제3자의 소송참가를 결정**할 수 있다. (O) [16 세무사]
- **제3자의 소송참가**는 당사자 또는 제3자의 신청 또는 **직권에 의하여 법원이 결정**한다. (O) [19 세무사]
- **법원**은 **직권으로 제3자를 소송에 참가**시킬 수 있다. (O) [22 세무사 변형]
- **제3자의 소송참가 결정**은 법원의 **직권으로** 할 수 없다. (✕) [11 세무사]
- **소송의 결과**에 따라 **권리 또는 이익의 침해를 받을 제3자**를 그 **소송에 참가시키는 행위**는 취소소송의 **제1심 수소법원**이 **직권으로** 할 수 없는 **행위**이다. (✕) [21 세무사]

620 ★★☆☆

제3자는 원고·피고 어느 쪽을 위해서도 소송참가 할 수 있다. **O X**

> **[해설]**
>
> ☑ 제3자는 **원고와 피고 중에서 자신의 법률상 이익에 부합**하는 **어느 한쪽에 가담**할 수 있다. 즉 **제3자**는 원고와 피고 중 **소송결과(승소)**에 대하여 **자신의 법률상 이해관계와 일치하는 어느 한쪽**을 위하여 **참가**할 수 있는 것이다.　　**[정답]** O

621 ★★★☆ [11, 16 세무사]

법원이 제3자의 소송참가를 결정할 때에는 미리 당사자의 동의를 얻어야 한다. ⓞⓧ

> 해설

> **【행정소송법】**
> **제16조(제3자의 소송참가)**
> ① **법원**은 … (중략) … **결정**으로써 그 **제3자**를 **소송**에 **참가**시킬 수 있다.
> ② 법원이 제1항의 규정에 의한 **결정**을 하고자 할 때에는 ★**미리 당사자 및 제3자의 의견을 들어야** 한다.

> ✅ **원고, 피고, 제3자의 의견을 듣는 것**이지, 동의를 얻어야 하는 것은 아니다.   정답 ×

- **법원**은(이) **제3자의 소송참가를 결정**하고자 할 때에는 **미리 당사자 및 제3자의 의견을 들어야** 한다. (○) [15, 24 세무사]

- **A가** 관할 **행정청 B에** 대하여 「여객자동차운수사업법」에 따른 운수사업**면허를 신청**하여 B가 면허처분을 하였는데, 이에 대하여 **경업자 C가 면허처분취소소송**을 제기하였고, **법원이** 직권으로 **A를 소송에 참가시키는 결정**을 하고자 할 때에는 **미리 A, B, C의 의견을 들어야** 한다. (○) [22 세무사]
  ➡ A(제3자), B(피고 행정청), C(원고)

- **법원**이 **제3자를 소송에 참가시킬 결정**을 하고자 할 때에는 **미리 당사자 및 제3자의 의견을 들어야** 한다. (○) [23 세무사]

- **법원**이 **직권**으로 **제3자의 소송참가 결정**을 할 때에는 **당사자 및 제3자의 의견**을 듣지 않아도 된다. (×) [07 세무사]

- **법원**은 **당사자 및 제3자의 의견**을 듣지 않고 **소송참가를 결정**할 수 있다. (×) [09 세무사]

622 ★★★☆

㉠ 소송참가는 소송이 계속중일 것을 요건으로 한다. [09 세무사] ⓞⓧ
㉡ 제3자의 소송참가는 상고심에서 인정될 수 없다. [05 세무사] ⓞⓧ

> 해설

> ✅ **소송참가**는 당연히 **소송이 계속 중일 때에만** 가능하나, **어느 심급에 있는지는 불문**한다. 즉 ★**모든 심급(1심, 항소심, 상고심)**에서 **소송참가가 가능**하다.   정답 ㉠ ○, ㉡ ×

- **제3자의 소송참가**의 경우, **소송이 당사자 사이에 계속 중**이어야 한다. (○) [05 세무사]

- **제3자의 소송참가**를 위해서는 타인 사이에 **적법한 소송이 제기되어 계속되고 있어야** 한다. (○) [11 세무사]

- **제3자의 소송참가**는 **법률심인 상고심에서도 허용**된다. (○) [08 세무사]

- **소송참가**는 **상고심에서도 허용**된다.(**가능**하다.) (○) [14, 24 세무사]

- **제3자의 소송참가**는 소송이 **어느 심급에 있는가**는 **불문**한다. (○) [16 세무사]

- **제3자의 소송참가**는 타인의 취소**소송이 적법하게 제기되고 있어야** 하나, 소송이 **어느 심급에 있는가**는 **불문**한다. (○) [20 세무사]

- 제1심에서 소송참가 하지 않은 **제3자도 제2심에서 소송참가** 할 수 있다. (○) [10 세무사]

623 ★★★★

소송참가에서 제3자는 소송참가신청이 각하되면 즉시항고할 수 있다. ⭕✖️

> **해설**
>
> > **【행정소송법】 제16조(제3자의 소송참가)**
> > ① **법원**은 … (중략) … 당사자 또는 **제3자의 신청** 또는 직권에 의하여 **결정**으로써 그 **제3자를 소송에 참가**시킬 수 있다.
> > ③ 제1항의 규정에 의한 **신청을 한 제3자**는 그 **신청을 ★각하한 결정**에 대하여 **★즉시항고**할 수 있다.
>
> ✓ **소송참가 신청**은 당사자(원고, 피고) 및 제3자 모두가 할 수 있으나, **각하결정에 대해서는 제3자만이 즉시항고**할 수 있다. 제3자 소송참가 제도의 주된 목적이 <u>제3자의 권리보호</u>에 있기 때문이다.
>
> **정답** ⭕

- **소송참가신청**을 한 **제3자**는 그 **신청을 각하한 결정**에 대하여 **즉시항고**할 수 있다. (O) [14, 16 세무사]
- **소송에 참가하는 제3자**는 그 **신청을 각하한 결정**에 대하여 **즉시항고**할 수 있다. (O) [20 세무사]
- **소송참가 신청을 한 제3자**는 그 **신청을 각하한 결정**에 대하여 **즉시항고**할 수 있다. (O) [22, 24 세무사]
- **제3자가 참가신청**을 하였으나 **각하**된 경우 그 **제3자**는 **각하결정**에 대하여 **즉시항고**할 수 있다. (O) [23 세무사]
- **제3자의 소송참가 신청**에 대한 **각하결정**에 대하여 **즉시항고(卽時抗告)**할 수 없다. (✕) [13 세무사]

624 ★★★☆

제3자가 소송참가인의 지위를 취득하였다 하더라도 실제 소송에 참가하여 소송행위를 하지 않은 경우 그 자에게는 당해 판결의 효력이 미치지 않는다. ⭕✖️

> **해설**
>
> > 행정소송 사건에서 **참가인이 한 보조참가**가 행정소송법 제16조가 규정한 제3자의 소송참가에 해당하지 않는 경우에도, **★판결의 효력이 참가인에게까지 미치는 점** 등 행정소송의 성질에 비추어 보면 <u>그 참가는 민사소송법 제78조에 규정된</u> **공동소송적 보조참가**이다. (대판 2013.3.28. 2011두13729)
>
> ✓ 참가인의 지위를 획득한 **제3자**는 **공동소송적 보조참가인의 지위가 인정**되므로, <u>실제로 소송에 참가하여</u> **★소송행위를 하였는지 여부에 관계없이 판결의 효력**을 받게 된다.
>
> **정답** ✕
>
> ➤ **(공동소송적 보조참가)** 재판의 효력이 제3자에게 미치는 소송에서, 그 제3자가 하는 보조참가를 의미

- 판례는 **참가인으로 결정된 제3자**는 소송에 참가하여 **실제 소송행위를 하였는지 여부를 불문**하고 당연히 **판결의 효력을 받는다**고 본다. (O) [07 세무사]
- 甲이 A행정청을 피고로 하여 제기한 취소소송에서, 乙은 그 소송의 결과에 따라 권리의 침해를 받을 수 있는 경우에, **乙을 소송에 참가시키는 법원의 결정**이 있었을 뿐 **乙이 현실적으로 소송에 참가하여 소송행위를 하지 않았다면** 乙에게는 **판결의 효력**이 ~~미치지 않는다~~. (✕) [21 세무사]

625 ★★★★

㉠ 제3자의 소송참가에는 민사소송법 규정이 준용될 수 있다.   [05 세무사] O X

㉡ 행정소송에 있어서 '제3자의 소송참가'의 성질은 공동소송적 보조참가이다.   [18 세무사] O X

> **[해설]**
>
> - **【행정소송법】 제16조(제3자의 소송참가)**
>   ④ 제1항의 규정에 의하여 **소송에 참가한 제3자**에 대하여는 ★**민사소송법 제67조의 규정을 준용**한다.
> - **【민사소송법】 제67조(필수적 공동소송에 대한 특별규정)**
>   ① **소송목적이 공동소송인 모두에게 합일적으로 확정되어야 할 공동소송의 경우**에 공동소송인 가운데 **한 사람의 소송행위는 모두의 이익을 위하여서만 효력**을 가진다.
>   ② 제1항의 공동소송에서 **공동소송인 가운데 한 사람에 대한 상대방의 소송행위**는 **공동소송인 모두에게 효력이 미친다.**
>
> ☑ 행정소송법 제16조 제4항이 ★민사소송법 제67조를 준용하고 있는바, **소송에 참가한 제3자**는 필수적 공동소송에서의 공동소송인에 준한 지위에 서는 것이나, 당사자와 같이 **독자적인 청구는 할 수 없다**는 점에서, 피참가인과의 관계에서 강학상 ★**'공동소송적 보조참가인'의 지위**에 있다고 보는 것이 통설적 견해이다.
>
> **[정답]** ㉠ ○, ㉡ ○

- **소송참가의 형태**로서 **제3자의 소송참가**는 **공동소송형태**이다. (O) [09 서울승진]
- 행정소송에 있어서 **"제3자의 소송참가"**의 성질은 '**공동소송적 보조참가**'이다. (O) [06 세무사]
- 판례는 **소송에 참가한 제3자**에게 **공동소송적 보조참가인의 지위**를 인정한다. (O) [07 세무사]
- 취소소송의 **소송참가인**은 공동소송적 보조참가인으로 보는 것이 통설이다. (O) [09 세무사]
- **소송참가인의 지위**의 성질에 대해서는 **공동소송적 보조참가와 비슷**하다는 것이 통설이다. (O) [10 국회8]
- **제3자 소송참가인**은 **공동소송적 보조참가인의 지위**를 가진다. (O) [12 군무원9]
- **제3자의 소송참가**의 경우 **참가인의 지위**는 **필요적 공동소송인에 준한 지위**를 갖는다. (O) [09 서울승진]
- **제3자의 소송참가**에서, **소송참가인**은 피참가인과의 관계에서 **필수적 공동소송의 공동소송인에 준하는 지위**에 서게 된다. (O) [11 세무사]
- **소송에 참가한 제3자**는 단순한 **보조참가인**으로서 **소송수행**을 한다. (X) [24 세무사]
  ➡ 단순한(=통상의) 보조참가인에 대해서는 634문 ㉠해설 참고

626 ★★★☆

㉠ 소송에 참가한 제3자는 피참가인의 소송행위에 어긋나는 행위를 할 수 없다. **[13 세무사]** 🅞 🅧

㉡ 행정소송법상 제3자 소송참가의 경우 참가인이 상소를 하였더라도, 소송당사자 본인인 피참가인은 참가인의 의사에 반하여 상소취하나 상소포기를 할 수 있다. **[20 지방9]** 🅞 🅧

> **[해설]**
>
> - **【행정소송법】 제16조(제3자의 소송참가)**
>   ④ 제1항의 규정에 의하여 <u>소송에 **참가한 제3자**에 대하여는 ★**민사소송법 제67조**의 규정을 **준용**</u>한다.
> - **【민사소송법】 제67조(필수적 공동소송에 대한 특별규정)**
>   ① <u>**소송목적**이 공동소송인 모두에게 합일적으로 확정되어야 할 **공동소송**의 경우에 **공동소송인 가운데 한 사람의 소송행위**는 ★**모두의 이익을 위하여서만 효력**</u>을 가진다.
>   ② 제1항의 공동소송에서 **공동소송인 가운데 한 사람에 대한 상대방의 소송행위**는 **공동소송인 모두에게 효력**이 미친다.
>
> 민사소송법 제78조의 **공동소송적 보조참가**에는 필수적 공동소송에 관한 민사소송법 제67조 제1항, 즉 "**소송목적**이 공동소송인 모두에게 합일적으로 확정되어야 할 **공동소송**의 경우에 **공동소송인 가운데 한 사람의 소송행위**는 ★**모두의 이익을 위하여서만 효력**을 가진다."라고 한 규정이 준용되므로, **피참가인의 소송행위는 모두의 이익을 위하여서만 효력**을 가지고, ★**공동소송적 보조참가인에게 불이익**이 되는 것은 **효력이 없으므로**, ★**참가인이 상소를 할 경우에**, **피참가인이 상소취하나 상소포기를 할 수는 없다**. (대판 2017. 10. 12. 2015두36836)
>
> ✅ ⓐ '행정청의 소송참가(후술예정)'와 달리, 제3자의 소송참가에서는 **민사소송법 제76조가 준용되지 아니하므로**, **참가인인 제3자**는 피참가인의 소송행위와 ★**어긋나는 행위를 할 수 있지만**,
>
> ⓑ 제3자의 소송참가에서는, 민사소송법 제67조 제1항이 준용되는 결과로, **참가인과 피참가인 중에 1인이 소송에 ★유리한 행위를 한 경우에만**, 참가인과 피참가인 모두에게 그 **행위의 효력이 있는바**, 참가인과 피참가인 중 1인만이 소송에 불리한 행위를 한다면 그 행위는 효력이 없게 된다.
>
> > 쉽게 말해, 참가인과 피참가인 중 **1인이라도 변론기일에 출석**하여 상대방의 주장을 다투었다면 **모두가 다투었던 것**이 되고 **1인이 상소**를 하였다면 **모두가 상소를 한 것**이 되는 반면, 소의 취하와 같이 **소송에 불리한 행위**는 모두가 하여야 하므로 **1인만 하였다면 효력이 인정되지 않는다.**
>
> ⓒ 따라서 **참가인이 소송에 유익한 상소를 한 경우**라면, **피참가인(당초의 당사자)도 ★소송에 불이익한 행위인 상소취하 또는 상소권포기를 할 수 없게 된다.** **[정답]** ㉠ ✕, ㉡ ✕

627 ★★★★

⊙ 무효확인소송에서도 제3자의 소송참가가 인정된다. [13 세무사] O X

ⓛ 부작위위법확인소송에서 제3자의 소송참가는 허용되지 아니한다. [17 세무사] O X

ⓒ 당사자소송에서도 제3자의 소송참가가 인정된다. [12 세무사] O X

> **해설**
>
> **【행정소송법】**
> **제16조(제3자의 소송참가)**
> **제38조(준용규정)**
> ① **제16조**의 규정은 **★무효등 확인소송**의 경우에 **준용**한다.
> ② **제16조**의 규정은 **★부작위위법확인소송**의 경우에 **준용**한다.
> **제44조(준용규정)** ① **제16조**의 규정은 **★당사자소송**의 경우에 **준용**한다.
>
> ✓ '제3자의 소송참가'는 **모든** 행정소송에 적용되는 제도이다. **정답** ⊙ O, ⓛ ×, ⓒ O

- **무효등 확인소송**의 경우에는 **제3자의 소송참가가 인정**된다. (O) [08 세무사 변형]
- **소송참가**는 **무효등 확인소송과 부작위위법확인소송**에서도 **허용**된다. (O) [10 세무사]
- **취소소송과 무효등 확인소송**에 있어 **제3자의 소송참가는 동일**히 **적용**된다. (O) [11 세무사 수정]
- 취소소송에 관한 규정 중 '**제3자의 소송참가**'는 **무효등 확인소송**에 **준용**된다. (O) [20 세무사]
- **소송참가제도**는 **당사자소송과 무효등확인소송**에는 **준용**되나, **부작위위법확인소송**에는 **준용**되지 않는다. (×) [09 서울승진]
- 행정소송법의 규정상 '**소송참가**'는 **무효등 확인소송**이 **취소소송**과 구별되는 사항이다. (×) [12 세무사]
- **무효등 확인소송**에서는 **제3자의 소송참가가 허용**되지 않는다. (×) [17 세무사]
- 취소소송 규정 중 '**소송참가**'는 **부작위위법확인소송**에 **준용**되지 않는다. (×) [06 세무사]
- 행정소송법상 취소소송에 관한 규정 중 '**제3자의 소송참가**'는 **무효등 확인소송**에는 **준용**되나 **부작위위법확인소송**에는 **준용**되지 않는다. (×) [22 세무사]

- **취소소송의 소송참가**에 관한 규정은 **당사자소송에 준용**된다. (O) [10 세무사]
- **제3자의 소송참가**는 **당사자소송에도 인정**된다. (O) [11 세무사 변형]
- **소송참가**는 항고소송에서는 물론 **당사자소송에서도 인정**된다. (O) [13 세무사]
- '**소송참가**'는 **항고소송과 당사자소송**에 **공통으로 적용**된다. (O) [15 세무사]

628 ★★★☆

㉠ 행정청의 소송참가는 행정소송법에 규정되어 있다.   [12 세무사] Ⓞ Ⓧ

㉡ 행정청은 피고 행정청을 위해서는 소송참가 할 수 없다.   [10 세무사] Ⓞ Ⓧ

㉢ 행정청의 소송참가는 상고심에서도 가능하다.   [06 세무사] Ⓞ Ⓧ

해설

【행정소송법】
제17조(행정청의 소송참가) ① **법원은 ★다른 행정청을 소송에 참가시킬 필요가** 있다고 인정할 때에는 **당사자** 또는 당해 **행정청의 신청 또는 직권에** 의하여 **결정**으로써 그 **★행정청을 소송에 참가**시킬 수 있다.

✎ ㉠ 행정소송법 제17조에서 '**행정청의 소송참가**'를 **규정**하고 있다.

    ㉡ 행정청의 **소송참가**는 **다른 행정청이 피고 행정청을 위하여** 해당 **소송에 참가**하는 것이다.

       ➤ '**다른 행정청**'에는 처분청에 대하여 지휘.감독권을 가지는 **상급감독청**, 해당 **처분과 관계되는 행정청**, 재결이 소송의 대상인 때에는 **원처분청** 등이 해당한다.

    ㉢ **소송참가**는 **소송이 계속 중**일 때에는 당연히 가능하므로, **모든** 심급(1심, 항소심, 상고심)에서 행정청의 소송 참가가 허용된다.   정답 ㉠ Ⓞ, ㉡ Ⓧ, ㉢ Ⓞ

🔲 **행정소송법**은 **행정청의 소송참가를 규정**하고 있다. (○) [08, 19 세무사 변형]

🔲 처분청의 **감독청**은 **소송참가 할 수 있는 행정청**에 해당한다. (○) [06 세무사]

🔲 행정심판의 **재결이 취소소송의 대상**이 된 경우 **원처분청을 소송에 참가**시킬 수 있다. (○) [14, 20 세무 사]

629 ★★★★

㉠ 행정청의 소송참가는 행정소송법상 원고의 신청에 의하여만 가능하다. [19 세무사] O X

㉡ 법원은 다른 행정청의 신청이 있는 경우에 한하여 그 행정청을 소송에 참가시킬 수 있다.

[18 세무사] O X

㉢ 피고가 아닌 다른 행정청을 소송에 참가시키는 행위는 취소소송의 제1심 수소법원이 직권으로 할
수 없는 행위이다. [21 세무사] O X

> 해설
>
> **【행정소송법】**
> **제17조(행정청의 소송참가) ①** 법원은 다른 행정청을 소송에 참가시킬 필요가 있다고 인정할 때에는 ★당사자
> 또는 ★당해 행정청의 신청 또는 ★직권에 의하여 결정으로써 그 행정청을 소송에 참가시킬 수 있다.
>
> ☑ 행정청의 소송참가는 __원고의 신청__, __피고 행정청__의 신청, __해당 행정청__(=참가대상 행정청)의 신청이나 법원의 __직권__에 따라 __참가여부를 결정__할 수 있다. **정답** ㉠ ×, ㉡ ×, ㉢ ×

🔲 법원은 다른 행정청을 당사자 또는 당해 행정청의 신청 또는 직권에 의하여 결정으로써 소송에 참가시킬
수 있다. (O) [24 세무사]

🔲 행정청의 소송참가는 당사자의 신청이나 법원의 직권에 의하여 결정되나, 당해 행정청이 소송참가를 신
청할 수 없다. (×) [20 세무사]

🔲 법원의 직권에 의한 행정청의 소송참가결정도 가능하다. (O) [06 세무사]

🔲 법원은 다른 행정청을 소송에 참가시킬 필요가 있다고 인정할 때에는 직권에 의하여 결정으로써 그 행정
청을 소송에 참가시킬 수 있다. (O) [15 세무사]

🔲 법원은 다른 행정청을 취소소송에 참가시킬 필요가 있다고 인정할 때에는 당사자 또는 당해 행정청의
신청 또는 직권에 의하여 결정으로써 그 행정청을 소송에 참가시킬 수 있다. (O) [18 국가7]

🔲 취소소송에서는 법원이 필요하다고 인정한 때에는 당사자의 신청 없이도 관계행정청을 소송에 참가시킬
수 있다. (O) [01 행시]

🔲 법원은 직권으로 다른 행정청을 소송에 참가시킬 수 있다. (O) [22 세무사 변형]

🔲 '행정청의 소송참가'는 「행정소송법」상 법원이 직권으로 할 수 없다. (×) [21 소방간부 변형]

630 ★★★☆

㉠ 법원은 관계행정청의 소송참가 신청이 있는 경우 참가를 인정하여야 한다.　　[06 세무사] **O X**

㉡ 법원이 참가결정을 하고자 할 때에는 당사자 및 당해 행정청의 의견을 들어야 하며, 그 의견에 기속된다.　　[14 세무사] **O X**

> **해설**
>
> 【행정소송법】
> 제17조(행정청의 소송참가) ① 법원은 다른 행정청을 소송에 **참가시킬 필요**가 있다고 **인정**할 때에는 … (중략) … **결정**으로써 그 행정청을 소송에 **참가★시킬 수 있다**.
> ② 법원은 제1항의 규정에 의한 **결정**을 하고자 할 때에는 ★당사자 및 당해 행정청의 **의견을 들어야** 한다.
>
> ☑ ㉠ **법원**이 다른 **행정청의 참가가 필요**하다고 **인정**하는 때에는 **참가를 허가하는 결정**을 할 수 있고, **불필요한 것으로 인정**될 때에는 **참가를 불허가하는 결정**을 할 수도 있는 것이다.
>
> 　㉡ 원고, 피고 행정청, 다른 행정청(참가대상)의 **의견을 들어야** 하는 것일 뿐이고, 이들의 **동의를 얻어야 한다**거나 이들의 **의견에 구속되는 것은 아니다**.　　**정답** ㉠ ×, ㉡ ×

🔲 **법원**이 **행정청의 소송참가를 결정**하고자 할 때에는, **당사자 및 당해 행정청의 의견을 들어야** 한다. (O) [20 세무사]

🔲 **甲이 A행정청을 피고**로 하여 제기한 취소소송에서, **법원이 피고가 아닌 B행정청의 소송참가를 결정**할 때에는 **甲과 A행정청의 의견을 들어야** 할 뿐 **B행정청의 의견까지 들어야** 하는 것은 아니다. (×) [21 세무사]

631 ★★☆☆　　[13 세무사]

행정청의 소송참가 신청에 대한 각하결정에 대하여 즉시항고(卽時抗告)할 수 없다.　　**O X**

> **해설**
>
> ☑ '**즉시항고**'란 법률에서 특별히 명문으로 "○○○하는 **결정(명령)**에 대하여는 **즉시항고를 할 수 있다**"고 규정된 경우에만 **허용되는 불복방법**인바, 현행 행정소송법에서는 ★행정청의 소송참가 신청에 대한 결정에 관하여는 ★즉시항고를 규정하고 있지 않다.　　**정답** O

632 ★★★★

㉠ 행정소송법상 취소소송에 관한 규정 중 '행정청의 소송참가'는 무효등 확인소송에는 준용되나 부작
위위법확인소송에는 준용되지 않는다. **[22 세무사]** O X

㉡ '행정청의 소송참가'는 항고소송과 당사자소송에 공통으로 적용된다. **[19 세무사]** O X

> **해설**
>
> **【행정소송법】**
> **제17조(행정청의 소송참가)**
>
> **제38조(준용규정)**
> ① 제13조 내지 **제17조**의 규정은 **무효등 확인소송**의 경우에 **준용**한다.
> ② 제13조 내지 제19조의 규정은 **부작위위법확인소송**의 경우에 **준용**한다.
>
> **제44조(준용규정)** ① 14조 내지 **제17조**의 규정은 **당사자소송**의 경우에 **준용**한다.
>
> ✓ '제3자의 소송참가'와 '행정청의 소송참가'는 **모든 행정소송**에 적용되는 제도이다. **정답** ㉠ X, ㉡ O

■ **소송참가**는 **무효등 확인소송과 부작위위법확인소송**에서도 **허용**된다. (○) [10 세무사]

■ 취소소송에 관한 규정 중 '**행정청의 소송참가**'는 **부작위위법확인소송에 준용**된다. (○) [10 세무사]

■ 취소소송 규정 중 '**소송참가**'는 **부작위위법확인소송에 준용**되지 않는다. (X) [06 세무사]

■ 취소소송에 있어서 **행정청의 소송참가에 관한 규정**은 취소소송 이외의 **다른 항고소송에는 준용**되지 아니한다. (X) [08 세무사]

■ **소송참가제도**는 당사자소송과 무효등확인소송에는 준용되나, **부작위위법확인소송에는 준용**되지 않는다. (X) [09 서울승진]

■ 행정소송법의 규정상 '**소송참가**'는 **무효등 확인소송이 취소소송**과 구별되는 사항이다. (X) [12 세무사]

■ **행정청의 소송참가**는 행정소송법상 취소소송에 관한 규정 중 **무효등확인소송에 준용**되지 않는다. (X) [18 행정사]

■ **행정청의 소송참가**는 **당사자소송에도 인정**된다. (○) [11 세무사]

■ **행정청의 소송참가**는 **당사자소송에서도 허용**된다. (○) [18 국가7]

■ **당사자소송**에는 **행정청의 소송참가가 허용**되지 않는다. (X) [14 행정사]

633 ★★★☆

㉠ 행정청의 소송참가에서, 참가인은 참가할 때의 소송의 진행정도에 따라 할 수 없는 소송행위를 제외하고, 소송에 관하여 공격·방어·이의·상소, 그 밖의 모든 소송행위를 할 수 있다.

[20 세무사] O X

㉡ 참가행정청의 소송행위가 피참가인의 소송행위와 어긋나는 때에는 그 효력이 없다.

[19 세무사] O X

해설

- **【행정소송법】제17조(행정청의 소송참가)**
  ③ 제1항의 규정에 의하여 **소송에 참가한 행정청**에 대하여는 ★**민사소송법 제76조**의 규정을 **준용**한다.
- **【민사소송법】제76조(참가인의 소송행위)**
  ① **참가인**은 소송에 관하여 ★**공격·방어·이의·상소, 그 밖의 모든 소송행위를 할 수 있다**. 다만, 참가할 때의 소송의 진행정도에 따라 할 수 없는 소송행위는 그러하지 아니하다.
  ② **참가인의 소송행위**가 ★**피참가인의 소송행위에 어긋나는 경우**에는 그 **참가인의 소송행위**는 **효력을 가지지 아니한다.**

✓ ㉠ **행정청의 소송참가**에서는 민사소송법 **제76조**가 준용됨에 따라, **소송에 참가한 행정청**은 소송에 관한 **모든 소송행위**(공격·방어·이의·상소 등)를 **할 수 있으나,**

㉡ 소송상의 지위는 '통상의 보조참가인'(아래 문제 해설 참고)에 불과하기 때문에, **피참가인의 소송행위와 저촉되는 소송행위**는 ★**할 수 없고,** 설사 **하더라도 무효**가 된다. 이러한 점에서 행정소송법 제16조(제3자의 소송참가)에 따른 참가인과 **구별**된다. (626문 참고)

■ '제3자'의 소송참가 vs '행정청'의 소송참가

	제3자의 소송참가	행정청의 소송참가
피참가인 (참가하려는 대상)	원고 측 또는 피고 행정청 측	피고 행정청 측
참가인의 지위	공동소송적 보조참가인	(통상의) 보조참가인
소송행위	피참가인의 소송행위와 저촉되는 소송행위 **가능**	피참가인의 소송행위와 저촉되는 소송행위 **불가능**

정답 ㉠ O, ㉡ O

■ **취소소송에 참가한 행정청**에 대하여는 **민사소송법 제76조(참가인의 소송행위)**의 **규정을 준용**한다. (O) [22 세무사]

■ **소송에 참가한 행정청의 소송행위**는 **피참가인의 소송행위에 어긋나는 경우 효력을 가지지 아니한다.** (O) [13 세무사]

■ **행정청의 소송참가**에서, **참가인의 소송행위**가 **피참가인의 소송행위에 어긋나는 경우**에는 그 **참가인의 소송행위는 효력을 가지지 않는다.** (O) [20 세무사]

634 ★★★★

㉠ 행정청은 「민사소송법」상 보조참가를 할 수 없고 「행정소송법」상 행정청의 소송참가를 할 수 있을 뿐이다. [17 세무사] **O X**

㉡ 행정소송 사건에서 참가인이 한 보조참가는 「행정소송법」상 제3자의 소송참가에 해당하지 않는다면 「민사소송법」상 보조참가의 요건을 갖춘 경우라도 허용되지 아니한다.

[17 세무사] **O X**

> **해설**
>
> - 타인 사이의 항고소송에서 소송의 결과에 관하여 이해관계가 있다고 주장하면서 **민사소송법 제71조에 의한 보조참가를 할 수 있는 제3자**는 민사소송법상의 **당사자능력 및 소송능력을 갖춘 자**이어야 하므로 그러한 당사자능력 및 소송능력이 없는 **행정청**으로서는 ★**민사소송법상의 보조참가를 할 수는 없고** 다만 ★**행정소송법 제17조 제1항에 의한 소송참가를 할 수 있을 뿐**이다. (대판 2002. 9. 24., 99두1519)
> - **행정소송사건에서 참가인이 한 보조참가**는 행정소송법 제16조에서 정하는 제3자의 소송참가에 해당하지 아니하더라도 ★**민사소송법상 보조참가의 요건을 갖추었다면** ★이를 **할 수 있고**, 그 성격은 ★**공동소송적 보조참가**라고 할 것이다. (대결 2013. 6. 18., 자, 2012무257)
>
> ✔ ㉠ **권리의무의 주체가 아닌 행정청**은 소송능력이 아닌 **소송참가능력만을 가질 뿐**이므로, **민사소송법 제71조(보조참가)에 의한 보조참가는 ★할 수 없다**. 따라서 행정소송법 제17조 제1항에 따라 **소송에 참가한 행정청**은 '**(통상의) 보조참가인**'에 준하는 지위에서만 소송수행을 할 수 있다.
>
>> ➤ "**(통상의) 보조참가**"란 타인 간의 소송결과에 관하여 이해관계 있는 제3자가 당사자 일방의 승소를 보조하기 위하여 그 소송에 참가하는 것으로서, '**(통상의) 보조참가인**'은 피참가인의 승소를 위한 보조자에 그친다.
>
> ㉡ 그러나 **제3자의 경우** 행정소송법 제16조에 따른 제3자의 소송참가 외에도, **민사소송법 제71조(보조참가)에 의한 보조참가를 ★할 수 있다**는 것이 다수설·판례이다. **정답** ㉠ O, ㉡ ✕

■ **행정청의 소송참가**에서 **참가 행정청**은 **보조참가인에 준하는 지위**에서 **소송수행**을 한다. (O) [06 세무사]

■ 甲이 A행정청을 피고로 하여 제기한 취소소송에서, 피고가 아닌 **B행정청**은 **행정소송법상 행정청의 소송참가**를 할 수 있을 뿐 **민사소송법상 보조참가를 할 수는 없다.** (O) [21 세무사]

■ **행정청**은 「민사소송법」의 보조참가를 할 수 있을 뿐만 아니라 「**행정소송법**」에 의한 소송참가를 할 수 있다. (✕) [24 지방9 변형]

■ **행정소송법 제16조에 따른 소송참가가 허용되지 않는 제3자**라 하더라도 **민사소송법에 따라 공동소송적 보조참가**를 할 수 있다. (O) [18 행정사]

■ 甲이 A행정청을 피고로 하여 제기한 취소소송에서, 乙은 그 소송의 결과에 따라 권리의 침해를 받을 수 있는 경우에, **乙은** 행정소송법상 **제3자의 소송참가**를 할 수 있을 뿐 **민사소송법상 보조참가의 요건**을 갖추었더라도 「민사소송법」상 **보조참가**를 할 수는 없다. (✕) [21 세무사]

■ **행정소송** 사건에서 「**민사소송법**」상 **보조참가의 요건**을 갖춘 경우에도 「**민사소송법**」상 보조참가가 허용되는 것은 아니다. (✕) [23 세무사]

 제 7 항 | 행정소송법 제11조(선결문제)에 대한 준용 문제

635 ★★★★

[21 세무사] O X

처분의 효력 유무 또는 존재 여부가 민사소송의 선결문제로 되어 당해 민사소송의 수소법원이 이를 심리·판단하는 경우에, 법원은 당사자의 신청에 의하여 다른 행정청을 소송에 참가시킬 수 있다.

> 해설
>
> 【행정소송법】
> 제11조(선결문제) ① **처분등의 효력 유무 또는 존재 여부**가 **민사소송의 선결문제**로 되어 당해 **민사소송의 수소법원**이 이를 **심리·판단**하는 경우에는 **★제17조**, 제25조, 제26조 및 제33조의 규정을 **준용**한다.
> 제17조(★**행정청의 소송참가**)
>
> 정답 O

- 행정소송법 제11조 (선결문제) ① 처분등의 (   ) 유무 또는 존재 여부가 민사소송의 선결문제로 되어 당해 **민사소송의 수소법원**이 이를 심리·판단하는 경우에는 제17조, 제25조, 제26조 및 제33조의 규정을 준용한다. → (효력) [12 세무사 변형]

- **"행정청의 소송참가(행정소송법 제17조)"**은 처분 등의 효력유무가 민사소송의 선결문제가 되어 당해 **민사소송의 수소법원이 이를 심리·판단하는 경우에 준용**되는 행정소송법상의 규정이다. (O) [08 세무사]

- 행정소송법(의) 규정 중 '**행정청의 소송참가**'는 처분등의 효력 유무 또는 존재 여부가 민사소송의 선결문제로 되어 당해 **민사소송의 수소법원이 이를 심리·판단하는 경우 준용**된다. (O) [13, 16, 19 세무사]

- 처분의 효력 유무를 민사소송의 수소법원이 선결문제로 심리·판단하는 경우에, **행정청의 소송참가 규정이 적용**된다. (O) [20 세무사]

- '**행정청의 소송참가에 관한 규정**'은 행정소송법상 **처분등의 효력 유무 또는 존재 여부가 민사소송의 선결문제로 되어 당해 민사소송의 수소법원이 이를 심리·판단하는 경우에 준용**되는 취소소송에 관한 규정이다. (O) [22 세무사]

- 처분등의 효력 유무가 민사소송의 선결문제가 되어 당해 **민사소송의 수소법원이 이를 심리·판단하는 경우**, 그 심리절차와 관련하여 '**행정청의 소송참가**' 규정은 준용되지 않는다. (×) [10 세무사]

- '**행정청의 소송참가**'은 처분등의 효력 유무 또는 존재 여부가 민사소송의 선결문제로 되어 당해 **민사소송의 수소법원이 이를 심리·판단하는 경우에 준용**되지 않는다. (×) [14 세무사]

636 ★★★★

"행정심판기록의 제출명령 (행정소송법 제25조)"은 처분 등의 효력유무가 민사소송의 선결문제가 되어 당해 민사소송의 수소법원이 이를 심리·판단하는 경우에 준용되는 행정소송법상의 규정이다. 🅞🅧

> **해설**
>
> 【행정소송법】
> 제11조(선결문제) ① **처분등**의 **효력 유무 또는 존재 여부**가 **민사소송의 선결문제**로 되어 당해 **민사소송의 수소 법원**이 이를 **심리·판단**하는 경우에는 제17조, **★제25조**, 제26조 및 제33조의 규정을 **준용**한다.
> 제25조(★행정심판기록의 제출명령)
>
> **정답** ○

- 행정소송법(의) 규정 중 **'행정심판기록의 제출명령'**은 **처분등의 효력 유무 또는 존재 여부가 민사소송의 선결문제**로 되어 당해 **민사소송의 수소법원이 이를 심리·판단하는 경우 준용**된다. (○) [13, 16, 19 세무사]

- **'행정심판기록의 제출명령에 관한 규정'**은 행정소송법상 **처분등의 효력 유무 또는 존재 여부가 민사소송의 선결문제**로 되어 당해 **민사소송의 수소법원이 이를 심리·판단하는 경우에 준용**되는 취소소송에 관한 규정이다. (○) [22 세무사]

- **처분등의 효력 유무가 민사소송의 선결문제**가 되어 당해 **민사소송의 수소법원이 이를 심리·판단하는 경우**, 그 심리절차와 관련하여 **'행정심판기록의 제출명령'** 규정은 ~~준용~~되지 ~~않는다~~. (✕) [10 세무사]

- **'행정심판기록의 제출명령'**은 **처분등의 효력 유무 또는 존재 여부가 민사소송의 선결문제**로 되어 당해 **민사소송의 수소법원이 이를 심리·판단하는 경우에 준용**~~되지 않는다~~. (✕) [14 세무사]

637 ★★★★

처분등의 효력 유무가 민사소송의 선결문제가 되어 당해 민사소송의 수소법원이 이를 심리·판단하는 경우, 그 심리절차와 관련하여 '직권심리' 규정은 준용되지 않는다. **O X**

> **해설**
>
> **【행정소송법】**
> **제11조(선결문제)** ① 처분등의 **효력 유무 또는 존재 여부**가 **민사소송의 선결문제**로 되어 당해 **민사소송의 수소법원**이 이를 **심리·판단**하는 경우에는 제17조, 제25조, ★**제26조** 및 제33조의 규정을 **준용**한다.
> **제26조(★직권심리)**
>
> **정답** ✕

- "직권심리 (행정소송법 제26조)"은 처분 등의 효력유무가 민사소송의 선결문제가 되어 당해 **민사소송의 수소법원이 이를 심리·판단하는 경우**에 준용되는 행정소송법상의 규정이다. (O) [08 세무사]

- 처분의 효력 유무가 민사소송의 선결문제로 되어 당해 소송의 수소법원이 이를 심리·판단하는 경우 수소법원은 필요하다고 인정할 때에는 **직권으로 증거조사를 할 수 있고, 당사자가 주장하지 아니한 사실에 대하여도 판단할 수 있다.** (O) [18 국가7]

- 행정소송법(의) 규정 중 '직권심리'는 처분등의 효력 유무 또는 존재 여부가 민사소송의 선결문제로 되어 당해 **민사소송의 수소법원이 이를 심리·판단하는 경우** 준용된다. (O) [13, 16, 19 세무사]

- 처분의 효력 유무 또는 존재 여부가 민사소송의 선결문제로 되어 당해 **민사소송의 수소법원이 이를 심리·판단하는 경우**에, 법원이 필요하다고 인정할 때에는 **직권으로 증거조사를 할 수 있다.** (O) [21 세무사]

- '직권심리에 관한 규정'은 행정소송법상 처분등의 효력 유무 또는 존재 여부가 민사소송의 선결문제로 되어 당해 **민사소송의 수소법원이 이를 심리·판단하는 경우**에 준용되는 취소소송에 관한 규정이다. (O) [22 세무사]

- '직권심리'는 처분등의 효력 유무 또는 존재 여부가 민사소송의 선결문제로 되어 당해 **민사소송의 수소법원이 이를 심리·판단하는 경우**에 준용되지 않는다. (✕) [14 세무사]

638 ★★★★

'소송비용에 관한 재판의 효력'은 처분등의 효력 유무 또는 존재 여부가 민사소송의 선결문제로 되어 당해 민사소송의 수소법원이 이를 심리·판단하는 경우에 준용되지 않는다. **O X**

> ┌해설┐
>
> **【행정소송법】**
> 제11조(선결문제) ① 처분등의 효력 유무 또는 존재 여부가 민사소송의 선결문제로 되어 당해 민사소송의 수소법원이 이를 심리·판단하는 경우에는 제17조, 제25조, 제26조 및 ★제33조의 규정을 준용한다.
> 제33조(★소송비용에 관한 재판의 효력)
>
> 정답 ×

- "소송비용에 관한 재판의 효력 (행정소송법 제33조)"은 처분 등의 효력유무가 민사소송의 선결문제가 되어 당해 민사소송의 수소법원이 이를 심리·판단하는 경우에 준용되는 행정소송법상의 규정이다. (O) [08 세무사]

- 행정소송법의 규정 중 '소송비용에 관한 재판의 효력'은 처분등의 효력 유무 또는 존재 여부가 민사소송의 선결문제로 되어 당해 민사소송의 수소법원이 이를 심리·판단하는 경우 준용된다. (O) [13 세무사]

- 행정소송법 규정 중 '소송비용에 관한 재판의 효력'은 처분등의 효력 유무 또는 존재 여부가 민사소송의 선결문제로 되어 당해 민사소송의 수소법원이 이를 심리·판단하는 경우에 준용된다. (O) [19 세무사]

- '소송비용에 관한 재판의 효력에 관한 규정'은 행정소송법상 처분등의 효력 유무 또는 존재 여부가 민사소송의 선결문제로 되어 당해 민사소송의 수소법원이 이를 심리·판단하는 경우에 준용되는 취소소송에 관한 규정이다. (O) [22 세무사]

- 처분등의 효력 유무가 민사소송의 선결문제가 되어 당해 민사소송의 수소법원이 이를 심리·판단하는 경우, 그 심리절차와 관련하여 '소송비용에 관한 재판의 효력' 규정은 준용되지 않는다. (X) [10 세무사]

639 ★★★☆

㉠ 행정소송법 규정 중 '공동소송'은 처분등의 효력 유무 또는 존재 여부가 민사소송의 선결문제로 되어 당해 민사소송의 수소법원이 이를 심리·판단하는 경우에 준용된다.

[19 세무사] O X

㉡ "재판관할(행정소송법 제9조)"은 처분 등의 효력유무가 민사소송의 선결문제가 되어 당해 민사소송의 수소법원이 이를 심리·판단하는 경우에 준용되는 행정소송법상의 규정이다.

[08 세무사] O X

㉢ 처분등의 효력 유무가 민사소송의 선결문제가 되어 당해 민사소송의 수소법원이 이를 심리·판단하는 경우, 그 심리절차와 관련하여 '재판관할' 규정은 준용되지 않는다. [10 세무사] O X

㉣ 행정소송법 규정 중 '재판관할'은 처분등의 효력 유무 또는 존재 여부가 민사소송의 선결문제로 되어 당해 민사소송의 수소법원이 이를 심리·판단하는 경우에 준용된다. [16 세무사] O X

㉤ '사정판결'은 처분등의 효력 유무 또는 존재 여부가 민사소송의 선결문제로 되어 당해 민사소송의 수소법원이 이를 심리·판단하는 경우에 준용되지 않는다. [14 세무사] O X

㉥ 행정소송법 규정 중 '사정판결'은 처분등의 효력 유무 또는 존재 여부가 민사소송의 선결문제로 되어 당해 민사소송의 수소법원이 이를 심리·판단하는 경우에 준용된다. [16 세무사] O X

㉦ '제3자의 소송참가에 관한 규정'은 행정소송법상 처분등의 효력 유무 또는 존재 여부가 민사소송의 선결문제로 되어 당해 민사소송의 수소법원이 이를 심리·판단하는 경우에 준용되는 취소소송에 관한 규정이다. [22 세무사] O X

> **해설**
>
> **【행정소송법】**
> 제11조(선결문제) ① 처분등의 효력 유무 또는 존재 여부가 민사소송의 선결문제로 되어 당해 민사소송의 수소법원이 이를 심리·판단하는 경우에는 ★제17조, ★제25조, ★제26조 및 ★제33조의 규정을 준용한다.
>
> ✓ 처분의 효력유무나 존재여부가 민사소송의 선결문제가 되어 민사법원이 심리·판단하는 경우에는 '제17조(행정청의 소송참가), 제25조(행정심판기록의 제출명령), 제26조(직권심리), 제33조(소송비용에 관한 재판의 효력)과 같은 4가지 조항만 적용된다.
>
> ※ [두 문 자] **행참-록-직-비**   **정답** ㉠ X, ㉡ X, ㉢ O, ㉣ X, ㉤ O, ㉥ X, ㉦ X

제13절

판결의 효력

제1항 자박력

640 ★★★☆

판결이 확정되면 선고법원도 스스로 그 판결을 철회하거나 변경할 수 없다. **O X**

> 해설
>
> ☑ '**자박력(불가변력)**'이란 판결을 한 법원은 ★자신이 선고한 판결에 구속되어 그 판결을 **취소, 철회, 변경**을 할 수 **없게 하는 효력**이다. 즉 판결을 선고한 법원 스스로가 판결의 내용에 기속된다는 점에서, ★'**선고법원에 대한 구속력**'이라 한다.
> **정답** O

- **자박력(불가변력)**의 적용대상은 **선고법원**이다. (O) [07 세무사]
- **종국판결 후** 수소**법원의 당해 판결에 대한 철회금지**는 취소판결의 기속력의 내용에 해당한다. (X) [12 세무사]
- **당사자소송의 확정판결**은 **자박력**을 가진다. (O) [17 세무사 변형]

  ➡ 모든 소송은 자박력을 가진다.

제2항 기판력(실질적 확정력)

1 기판력 일반론

641 ★★★☆ [10 세무사]

판결이 확정되면 당사자는 이후의 소송에서 동일한 사항에 대하여 판결의 내용과 모순되는 주장을 할 수 없다. **OX**

[해설]

> **확정판결**의 **기판력**이라 함은 **확정판결의 주문**에 포함된 **법률적 판단의 내용**은 이후 그 소송당사자의 관계를 규율하는 **새로운 기준**이 되는 것이므로 **동일한 사항이 소송상 문제**가 되었을 때 ★**당사자는** 이에 저촉되는 **주장을 할 수 없고** ★**법원도 이에 저촉되는 판단을 할 수 없는** 기속력을 의미하는 것이다. (대판 1987. 6. 9., 86다카2756)

☑ 취소소송 판결의 확정으로, 확정된 법원의 판단내용은 당사자와 법원을 구속하는바, 이후에 **동일한 사항이 다시** 다른 소송에서 문제된 경우에도, 당사자 또는 법원이 확정판결의 내용과 ★모순되는 주장이나 판단을 할 수 없게 하는 효력을 ★'**기판력(실질적 확정력)**'이라 한다.

> ➤ 판결이 확정되면 같은 사건으로 다시 판결을 받거나 판결을 번복할 수 없게 하는 소송법적인 구속력으로 이해하면 충분하다. **[정답]** O

▣ **기판력**은 **확정판결의 판단에 부여**되는 **통용성 내지 구속력**을 말하는 것으로 **판결의 실질적 확정력**이라고도 한다. (○) [07 세무사]

▣ 커속력은 일단 **판결이 확정된 때**에는 **동일한 사항이 다시 소송상 문제**되었을 때 **당사자와 법원**은 이에 **저촉되는 주장이나 판단을 할 수 없는 효력**을 의미한다. (✕) [10 국가9]

642 ★★★★

[16 세무사]

행정소송법은 기판력을 명시적으로 규정하고 있다. O X

> 해설

> **【민사소송법】**
> **제216조(기판력의 객관적 범위)** ① **확정판결(確定判決)**은 **주문에 포함**된 것에 한하여 **기판력(旣判力)**을 가진다.
> **제218조(기판력의 주관적 범위)** ① **확정판결**은 **당사자**, 변론을 종결한 뒤의 **승계인** 또는 그를 위하여 청구의 목적물을 소지한 사람에 대하여 **효력이 미친다.**

> ✅ **행정소송법**에는 ★**기판력에 관한 규정이 없으나**, 행정소송법 제8조 제2항에 의한 **민사소송법상 관련 규정 준용**에 따라, <u>모든 **행정소송**의 ★**확정판결**에는 기판력이 인정</u>된다. 정답 ✕

📋 **행정소송법**에 기판력에 관한 **명문 규정은 없다.** (O) [05 세무사]
📋 **행정소송법**은 기판력에 관하여 **명시적으로 규정하고 있지 않다.** (O) [11, 14 세무사]
📋 「**행정소송법**」은 커판력에 관한 명문의 규정을 두고 있다. (✕) [18 세무사]
📋 **당사자소송**의 **확정판결**은 **확정력을 가진다.** (O) [17 세무사] ☑ 실질적 확정력=기판력

643 ★★☆☆

㉠ 소송물이라 함은 소송상 심판의 대상을 말한다고 할 수 있다. [06 세무사] O X

㉡ 소송물은 기판력의 객관적 범위를 정함에 있어서 의미를 갖는다. [16 세무사] O X

> 해설

> • **【민사소송법】제216조(기판력의 객관적 범위)** ① **확정판결(確定判決)**은 ★**주문에 포함**된 것에 **한하여** ★**기판력(旣判力)**을 가진다.
> • <u>확정판결의 **기판력**은 ★**소송물**로 주장된 **법률관계의 존부**에 관한 **판단**에 미치는 것이다.</u> (대판 2014. 3. 27., 2011다49981)

> ✅ 기판력은 판결주문에 포함된 판단에 미치는 것이 원칙이다. 여기서 '판결의 주문'은 곧 **소송물에 관한 판단**을 뜻하므로, **기판력의 객관적 범위**는 주문에 표시된 '**소송물에 관한 판단**'에만 미친다.
> ➡ '**소송물**'이란 심판의 대상이 되는 기본 단위인 **소송의 객체**를 의미한다. 정답 ㉠ O, ㉡ O

📋 **기판력의 객관적 범위**는 소송물을 **대상**으로 하여 **인정**되는 것이다. (O) [05 세무사]

644 ★★★★

판결의 기판력은 소송물로 된 행정처분의 위법성 존부에 관한 판단 그 자체에만 미친다. **O X**

> 해설

> - 확정**판결의 기판력**은 **소송물로 주장**된 ★**법률관계의 존부**에 관한 **판단에 미치는 것**이다. (대판 2014. 3. 27., 2011다49981)
> - 취소**판결의 기판력**은 **소송물로 된** ★행정처분의 위법성 존부에 관한 **판단 그 자체에만 미치는 것**이다. (대판 1996. 4. 26. 95누5820)

> ⓒ ⓐ 앞서 살펴본 대로, **기판력의 객관적 범위**는 '**소송물에 관한 판단**'에만 미치고
> ⓑ 다수설·판례는 **취소소송의 소송물**은 ★'**처분의 위법성 일반**'으로 보고 있으므로,
> ⓒ **취소판결의 기판력**은 행정'**처분의 위법성 존부에 관한 판단**' 그 자체까지만 미친다.
> ➤ 행정처분의 위법성 존부=소송물로 주장된 법률관계의 존부   **정답** O

■ 취소**판결의 기판력**은 **소송물**로 된 행정**처분의 위법성 존부**에 관한 **판단 그 자체에만** 미친다. (O) [15 사복9] [21 세무사]

■ **기판력의 객관적 범위**는 소송물로 주장된 **법률관계의 존부**에 관한 **판단의 결론 그 자체에만** 미치는 것이다. (O) [15 경행]

■ 취소**판결의 기판력**은 **소송물**로 된 행정**처분의 위법성 존부**에 관한 **판단 그 자체에만** 미친다. (O) [16 국회8] [18 세무사]

■ **기판력**은 **소송물로 주장**된 **법률관계의 존부**에 관한 **판단의 결론**뿐만 아니라 전제가 되는 법률관계의 존부에도 미친다. (X) [09 세무사]

■ 확정**판결의 기판력**은 **소송물로 주장**된 **법률관계의 존부**에 관한 **판단** 및 그 전제가 되는 법률관계의 존부에 미친다. (X) [11 국회8]

> 확정**판결의 기판력**은 **소송물로 주장**된 **법률관계의 존부**에 관한 **판단의 결론 그 자체에만** 미치는 것이고 그 전제가 되는 법률관계의 존부에까지 미치는 것이 아니다. (대판 1996. 11. 15. 96다31406)

645 ★★★☆

㉠ 과세처분취소소송의 소송물은 '과세처분의 위법성 일반'이다. [05 세무사] Ⓞ Ⓧ

㉡ 조세의 종목과 과세기간에 의하여 구분되는 각 과세단위에 관한 개개의 부과처분이 조세소송의 소송물이 된다. [21 세무사] Ⓞ Ⓧ

㉢ 감액경정청구에 대한 거부처분 취소소송에서 과세표준 및 세액의 인정이 위법이라고 내세우는 개개의 위법사유는 공격방어방법에 불과하다. [21 세무사] Ⓞ Ⓧ

해설

- 과세처분 취소소송의 소송물은 그 취소원인이 되는 ★위법성 일반이다. (대판 2009. 1. 15. 2006두14926)
- 조세의 종목과 과세기간에 의하여 구분되는 각 과세단위에 관한 ★개개의 부과처분이 조세소송의 소송물이 된다. (대판 1986. 3. 25., 84누216)
- 통상의 과세처분 취소소송에서와 마찬가지로 감액경정청구에 대한 거부처분 취소소송 역시 그 거부처분의 실체적·절차적 위법 사유를 취소 원인으로 하는 것으로서 그 심판의 대상은 과세표준신고서에 기재된 과세표준 및 세액의 객관적인 존부라 할 것이고, 그 과세표준 및 세액의 인정이 위법이라고 ★내세우는 개개의 위법사유는 자기의 청구가 정당하다고 주장하는 ★공격방어방법에 불과한 것이다. (대판 2004. 8. 16., 2002두9261)

✓ ㉠ 다수설·판례는 기판력의 대상이 되는 취소소송의 소송물을 '위법성 일반'으로 보는바, 과세처분취소소송에서의 소송물도 ★'과세처분의 위법성 일반'이라는 것이다.

㉡ 즉 ★개개의 조세부과처분의 위법성 일반이 조세소송의 소송물이라고 볼 수 있고, 과세처분취소소송에서의 심판대상은 ★과세처분을 위한 법률관계(과세표준 및 세액)의 존부가 되므로,

㉢ 청구원인 등에서 그 소송물을 뒷받침하는 개개의 주장 또는 위법사유는 공격방어방법에 불과하다.

정답 ㉠ O, ㉡ O, ㉢ O

▣ 과세처분무효확인소송에서 당사자가 청구원인에서 무효사유로 내세운 개개의 주장은 공격방어방법에 불과하다. (O) [20 세무사]

과세처분무효확인소송의 경우 소송물은 권리 또는 법률관계의 존부 확인을 구하는 것이며, 이는 청구취지만으로 소송물의 동일성이 특정된다고 할 것이고 따라서 당사자가 청구원인에서 무효사유로 ★내세운 개개의 주장은 공격방어방법에 불과하다고 볼 것이다.(대판 1992. 2. 25. 91누6108)

▣ 판례는 취소소송의 소송물을 처분의 위법성과 그로 인해 원고의 권리가 침해되었다는 원고의 '법적 주장' 이라고 보고 있다. (X) [11 지방9]

▣ 항고소송은 주관소송으로 보는 것이 통설이며, 취소소송의 소송물은 당해 처분의 개개의 위법사유이다. (X) [16 국회8]

➡ 항고소송에서 처분의 위법성을 뒷받침하는 원고의 법적 주장이나 개개의 위법사유는 공격방어방법에 불과하다.

646 ★★★★

㉠ 확정판결은 주문에 포함된 것에 한하여 기판력을 가진다.   [21 세무사] O X

㉡ 기판력은 판결이유에 설시된 그 전제가 되는 법률관계의 존부에까지 미친다.

[16 세무사] O X

해설

확정판결의 **기판력**은 그 **판결**의 ★**주문에 포함**된 것, 즉 ★**소송물로 주장**된 **법률관계의 존부에 관한 판단의 결론** 그 자체에만 생기는 것이고, ★**판결이유에 설시**된 **그 전제가 되는 법률관계의 존부에까지 미치는 것은 아니다.** (대판 2010. 12. 23., 2010다58889)

'**기판력**'은 판결의 **주문에 포함**된 것, 즉 판결의 **주문에 나타나고 있는** 법률관계의 존부에 관한 판단의 **결론** 자체에만 발생하므로, 판결의 이유에 설시되어 있는 사실관계 인정 부분이나 소송물의 전제가 되는 법률관계의 존부, 항변 등에 대하여는 발생하지 않는다.

■ '**판결문**'에서의 기판력 범위 예시

> 판 결 문
>
> **주 문**
>
> 1. **피고가 2021년 1월에 원고에 대하여 한 ○○○영업허가취소처분을 취소한다.**
> 2. 소송비용은 피고가 부담한다.
>
> 이 유
>
> 1. 이 사건 처분경위 (내용생략)
> 2. 이 사건 처분의 적법 여부 (내용생략)

➤ '**주문**'에 **나타난 판단**(영업허가취소처분의 위법성)   ← **기판력 발생 O**

'이유' 1.(처분경위와 같은 사실관계 인정 부분)   ← 기판력 발생 ✕

'이유' 2.(처분의 적법여부 판단부분과 같은 주문의 전제가 되는 법률관계)   ← 기판력 발생 ✕

정답 ㉠ O, ㉡ ✕

■ **기판력**의 객관적 범위는 **판결주문에 나타난 판단**에만 미친다. (O) [09 세무사]

■ **기판력**은 **판결의 주문에 포함된 것**에 한하여 발생한다. (O) [11 세무사]

■ 판례에 의하면 **판결의 이유**가 된 **처분의 위법사유**에 대해서는 **기판력이 미치지 않는다.** (O) [05 세무사]

■ 취소소송의 **판결 이유 중**에서 **판단된 사실인정, 선결적 법률관계** 등에 대하여는 **기판력이 미치지 않음**이 원칙이다. (O) [09 관세사]

■ 판례는 **기판력**이 판결이유 중에서 판단된 사실인정, 선결적 법률관계에 대하여도 미친다고 본다. (✕) [07 세무사]

■ **기판력**은 소송물로 주장된 **법률관계의 존부에 관한 판단의 결론**뿐만 아니라 전제가 되는 법률관계의 존부에도 미친다. (✕) [09 세무사]

647 ★★★★

㉠ 취소소송의 기각판결에는 기판력이 인정되지 않는다. [16 세무사] O X

㉡ 처분의 취소소송에서 청구가 기각된 확정판결의 기판력은 그 처분의 무효확인을 구하는 소송에도 미친다. [22 세무사] O X

㉢ 판례에 의하면 취소소송의 본안패소 판결이 확정된 후 무효확인소송을 제기하는 것은 기판력에 반하지 않는다. [05 세무사] O X

> **해설**
>
> 과세처분취소 청구를 기각하는 판결이 확정되면 ★그 처분이 적법하다는 점에 관하여 기판력이 생기고 그 후 원고가 다시 이를 무효라 하여 그 무효확인을 소구할 수는 없는 것이어서, 과세처분의 취소소송에서 청구가 기각된 확정판결의 기판력은 그 과세처분의 ★무효확인을 구하는 소송에도 미친다. (대판 1996. 6. 25. 95누1880)
>
> ✓ ㉠ 기판력은 인용판결은 물론 ★기각판결에서도 발생한다. 쉽게 말해 어떠한 처분에 대한 취소소송에서, 법원이 인용판결을 내리게 되면 그 처분의 위법성에 관하여 기판력이 발생하고, 법원이 기각판결을 내리게 되면 그 처분의 적법성에 관하여 기판력이 발생하는 것이다.
>
> ㉡ 이와 같이 처분 취소소송의 기각판결에서 발생한 기판력은 그 후에 원고가 다시 제기한 무효확인소송에도 미치게 되는데,
>
> ㉢ 쉽게 말해, 어떤 처분에 대한 취소소송에서 본안패소(=청구기각)의 확정판결을 받았다면 그 처분이 적법하다는 점에서 기판력이 발생하기 때문에, 그 후에 해당 처분을 대상으로 한 무효확인소송의 제기는 기판력에 반하는 소송이라는 점에서 허용되지 않는다.
>
> **정답** ㉠ X, ㉡ O, ㉢ X

📝 기판력은 청구를 기각하는 확정판결에 대해서도 인정된다. (O) [13 세무사]

📝 기판력은 인용판결과 기각판결 모두에 대해서 인정된다. (O) [19 세무사 변형]

📝 과세처분 취소청구를 기각하는 판결이 확정되면 그 처분이 적법하다는 점에 관하여 기판력이 생긴다. (O) [24 세무사]

📝 기판력은 인용판결에만 인정된다. (X) [06 세무사]

📝 처분의 취소소송에서 청구를 기각하는 확정판결의 기판력은 다시 그 처분에 대해 무효확인을 구하는 소송에 대해서는 미치지 않는다. (X) [21 국회8]

📝 판례는 행정처분의 취소소송에 대한 기각판결이 확정된 경우에 원고는 당해 처분을 대상으로 다시 무효확인소송을 제기할 수 없다고 본다. (O) [07 세무사]

📝 취소소송의 청구기각판결이 확정되면 처분의 적법함에 관하여 기판력이 발생하므로 무효확인청구도 할 수 없다. (O) [08 국가9]

📝 "행정처분취소청구의 기각판결로 당해 처분이 위법하지 아니하다는 점이 확정된 이상 원고가 다시 이를 무효로 하여 그 무효등 확인소송을 제기할 수 없다."는 '기판력'에 대한 설명이다. (O) [08 세무사]

📝 청구기각판결이 확정되었어도 당해 처분의 무효확인소송은 제기할 수 있다. (X) [04 입시]

648 ★★★★

⊙ 과세처분의 취소소송에서 청구가 기각된 확정판결의 기판력은 다시 그 과세처분의 무효확인을 구하는 소송에는 미치지 아니한다. **[14, 24 세무사]** O X

ⓒ 과세처분취소소송에서 패소한 자가 과세처분의 무효를 주장하며 과오납금반환청구소송을 제기하더라도 취소소송 판결의 기판력에 반하는 것은 아니다. **[13 세무사]** O X

> **해설**
>
> - 과세**처분의 취소소송**에서 **청구가 기각된 확정판결**의 **기판력**은 그 과세처분의 ★**무효확인을 구하는 소송**에도 **미친다.**
> - 과세**처분의 무효확인청구**가 **기판력**에 **저촉**되는 경우에는 … (중략) … **★청구를 기각하여야** 한다. (대판 1993. 4. 27., 92누9777)
>
> ✔ 취소판결의 **기판력에 반하는 무효확인소송**은, 기각을 면치 못한다. **정답** ⊙ ×, ⓒ ×

🔲 과세**처분의 취소청구가 기각된 확정판결**의 **기판력**은 그 **무효확인을 구하는 소송**에도 미친다. (○) **[09 세무사]**

🔲 과세**처분의 취소소송**에서 **청구가 기각된 확정판결**의 **기판력**은 (다시) 그 과세**처분의 무효확인을 구하는 소송**에도 **미친다.** (○) **[11, 20 세무사]**

🔲 과세**처분취소소송**에서 **청구가 기각된 확정판결**의 **기판력**은 그 과세**처분의 무효확인을 구하는 소송**에 **미친다.** (○) **[18 세무사]**

🔲 세무서장을 피고로 하는 과세**처분취소소송**에서 **패소**하여 그 **판결이 확정**된 자가 국가를 피고로 하여 과세**처분의 무효를 주장**하여 **과오납금반환청구소송**을 **제기**하더라도 **취소소송의 기판력에 반하는 것**은 아니다. (×) **[19 서울9]**

649 ★★★☆ [07 세무사]

판례는 전소(前訴)와 후소(後訴)가 그 소송물을 달리하는 경우에는 전소(前訴)의 기판력이 후소(後訴)에는 미치지 않는다고 본다. O X

> **해설**
>
> 취소판결의 기판력은 소송물로 된 행정처분의 위법성 존부에 관한 판단 그 자체에만 미치는 것이므로 **전소와 후소가 그 소송물을 ★달리하는 경우**에는 **전소** 확정판결의 **기판력**이 **★후소에 미치지 아니한다.** (대판 1996. 4. 26. 95누5820)
>
> ✔ **전소와 후소의 소송물이 다를 경우**, 후소가 전소의 **기판력에 저촉되지 않는다.** **정답** ○

🔲 취소**판결의 기판력**은 **판결의 대상이 된 처분에 한하여** 미치고 **새로운 처분에 대해서는 미치지 아니한다.** (○) **[18 국회8]** ➡ 따라서 기판력이 미치지 않는 새로운 처분을 대상으로 소송을 제기할 수 있다.

🔲 취소 **확정판결의 기판력**은 소송물인 행정처분의 위법성 존부에 관한 판단 그 자체에만 미치는 것이므로 **전소와 후소가 그 소송물을 달리하는 경우**에는 **전소 확정판결의 기속력이 후소에 미치지 아니한다.** (○) **[24 경찰간부]**

650 ★★★☆

동일한 소송물에 대한 반복제소금지는 취소판결의 기속력의 내용에 해당한다. ⓄⓍ

> **해설**
>
> **'기판력'**이란 **기판력 있는 전소 판결의 소송물**과 동일한 **★후소를 허용하지 않는 작용**을 한다. (대판 2016. 3. 24., 2015두48235)
>
> ✓ **취소소송에서 청구기각판결**이 있게 되면, **처분이 적법하다**는 것에 대해 **★기판력이 발생**하므로, 당사자는 **동일한 소송물을 대상**으로 하여 **처분의 위법성을 다시 주장하는 소송을 제기할 수 없다**는 것이 '**동일한 소송물에 대한 반복제소금지**' 원칙이다.
>
> 정답 Ⓧ

- **취소소송의 확정판결**이 있으면 당사자는 **동일한 소송물을 대상**으로 **다시 소를 제기할 수 없다.** (○) [14 지방9 수정]
- **취소소송**에서 소각하**판결**이 있게 되면 대상**처분의 적법성이 확정**된 것이므로 원고는 **그 처분의 효력을 다시 다툴 수 없다.** (✕) [04 행시] ✓ 소각하판결 → 소기각판결
- **취소소송의 소송물**을 **처분의 위법성 일반**으로 보게 되면, 어떠한 **처분에 대한 청구기각의 확정판결**이 있는 경우에도 **후에 제기되는 취소소송**에서 그 처분의 위법성을 주장할 수 있다. (✕) [18 지방9]
- 법원은 지방자치단체장 A가 공무원 甲에게 한 **파면처분이 재량권의 범위를 벗어나 위법한 처분**이라는 이유로 **취소판결**을 하였고 이 **판결은 확정**되었다. 그 후 A는 다시 인사위원회의 의결을 거쳐 **동일한 사유로** 甲에게 **해임처분**을 한 경우, 甲은 **해임처분에 대해 취소소송을 제기**할 수 있다. (○) [20 세무사]
  ➡ 소송물이 다르므로(파면처분의 위법성 ≠ 해임처분의 위법성), 허용되는 후소이다.

651 ★★★☆

㉠ 소송요건의 흠결에 관한 전소 확정판결의 기판력은 후소에 미친다. [21 세무사] ⓄⓍ

㉡ 소송요건이 흠결로 각하판결이 선고된 경우, 원고는 흠결된 요건을 보완하여 다시 소를 제기할 수 있다. [16, 20 세무사] ⓄⓍ

> **해설**
>
> **소송판결의 기판력**은 그 판결에서 확정한 **★소송요건의 흠결에 관하여 미치는 것**이지만, 당사자가 그러한 **★소송요건의 흠결을 보완**하여 **다시 소를 제기**한 경우에는 그 **기판력의 제한을 받지 않는다.** (대판 2003. 4. 8., 2002다70181)
>
> ✓ ㉠ '**소송판결(각하판결)**'의 기판력은 소송요건의 흠결에 관하여 발생하므로
>
> ㉡ 흠결이 있던 **소송요건을 보완**하였을 경우에는, **동일한 소송물을 대상으로 다시 소송을 제기**하는 것은 무방하다.
>
> 정답 ㉠ ○, ㉡ ○
>
> '**각하판결로 발생**하는 **기판력**'은 **소송요건에 관한 판단**에 미친다는 점에서, **소송물에 관한 판단**에 미치는 '**본안판결(인용 또는 기각)의 기판력**'과는 **구별**됨을 주의한다.

- **각하판결**에는 동일한 소송물에 대하여 **다시 소를 제기할 수 없는 기판력**이 인정된다. (✕) [13 세무사]
  ✓ 동일한 소송물 → 흠결이 있던 소송요건

652 ★★★☆

공사중지명령의 상대방은 그 명령의 취소를 구한 소송에서 그 명령이 적법함을 이유로 패소하여 확정된 이후에도 그 명령의 해제신청을 거부한 처분의 취소를 구하는 소송에서 그 명령의 적법성을 다툴 수 있다. [21 세무사] **O X**

해설

> 행정청이 관련 법령에 근거하여 행한 **공사중지명령의 상대방이 명령의 취소를 구한 소송에서 패소**함으로써 그 **명령이 적법**한 것으로 **이미 확정**되었다면, 이후 이러한 공사중지명령의 상대방은 그 **명령의 해제신청을 거부한 처분의 취소**를 구하는 소송에서 그 ★**명령의 적법성을 다툴 수 없다.**(대판 2014. 11. 27. 2014두37665)

- ⓐ **청구기각 판결이 확정된 때**에는, 그 후에 동일한 소송물을 대상으로 소송을 제기할 수 없는데, 만약 패소한 원고가 다시 **동일 소송물을 대상으로** 소송을 제기하였더라도, 당사자는 이미 **기판력이 발생한 전소판결의 판단에 반하는(=모순되는) 내용을 후소에서 주장할 수 없다.**

- ⓑ 따라서 '**공사중지명령 취소소송**'에서 원고가 패소하여 **판결이 확정**되었음에도, 다시 '공사중지명령 해제신청 거부처분 취소소송'을 제기한 경우라면, '**공사중지명령**'의 적법성에 관한 기판력이 후소인 '공사중지명령 해제신청 거부처분 취소소송'에까지 미치기 때문에, 원고는 공사중지명령 해제신청 거부처분 취소소송에서 **공사중지명령의 적법성 자체를 다툴 수 없는 것**이다. **정답** ✕

▨ 관할 **행정청**으로부터 **공사중지명령**을 받은 **甲이 앞서 공사중지명령 취소소송에서 패소**하여 그 **판결이 확정**되었더라도, **甲은 그 후 공사중지명령의 해제를 신청**한 후 **해제신청 거부처분 취소소송**에서 다시 그 **공사중지명령**의 적법성을 다툴 수 있다. (✕) [21 국가9]

653 ★★☆☆ [24 세무사]

A행정청은 자신의 명의로 甲에 대해 중대명백한 하자가 있는 X처분을 하였다. 甲이 X처분에 대해 제기한 무효확인소송에서 기각판결이 있은 경우 기판력에 의해 甲은 X처분에 대해 다시 취소소송을 제기할 수 없다. **O X**

해설

- ⓐ 취소소송에서 청구기각의 확정판결에 따른 기판력은 그 처분의 무효확인을 구하는 소송에도 미치기 때문에 그 처분을 대상으로 무효확인청구를 할 수 없는 경우(647문 및 648문 참고)와 반대이다.

- ⓑ X처분에 대한 **무효확인소송에서 청구기각의 확정판결**이 있게 되면, X처분이 **무효가 아니라는 점**에 대해서만 **기판력이 발생**하므로, 대신에 甲은 **X처분이 취소사유**라는 주장으로 **취소소송을 제기**할 수 있는 것이다.

	기판력의 발생대상	후소 허용여부
X처분에 대한 취소소송의 기각판결	**X처분이 적법하다**는 점에 대해 **발생**	**무효확인소송** 제기 **불가능**
X처분에 대한 무효확인소송의 기각판결	**X처분이 무효가 아니라는** 점에 대해 **발생** ➡ **적법할 수도** *or* **취소사유일 수도**	**취소소송** 제기 **가능**

정답 ✕

654 ★★★☆

기판력은 사실심의 변론종결시를 기준으로 하여 발생한다.　　　　　　　[09 세무사] O X

> **해설**
>
> 확정된 **종국판결**이 있으면 그 판결의 ★**사실심변론종결 이전에 발생하고 제출할 수 있었던 사유**에 기인한 주장
> 이나 항변은 확정판결의 **기판력에 의하여 차단**되므로 당사자가 그와 같은 사유를 원인으로 확정판결의 내용에
> 반하는 주장을 새로이 하는 것은 허용되지 아니하나, ★**사실심변론종결 이후에 새로 발생한 사실을 주장**하여 전
> **판결내용과 반대되는 청구**를 하는 것은 기판력에 저촉되지 아니하므로 **허용**된다. (대판 1988. 9. 27., 88다
> 3116)
>
> ⌾ **기판력의 시간적 범위**는 ★'**사실심변론종결시**'를 **기준**으로 한다는 판시이다. 소송 당사자는 '**사실심변론종결시**'까
> 지 소송자료를 제출할 수 있고 법원도 '**사실심변론종결시**'까지 현출된(=나타난) 자료를 기초로 종국판결을 내리
> 기 때문에, 그 시점에서 기판력이 발생하는 것이다.　　　　　　　　　　　　　**정답** O

- **기판력의 시간적 범위**는 사실심 **변론종결시를 기준**으로 한다. (O) [05 세무사]
- 취소소송에서의 **기판력**은 **사실심 변론종결시를 기준**으로 하여 **발생**한다. (O) [08 세무사]
- 항고소송에서 **당사자**는 **소송변론종결시**까지 **주장과 증거를 제출**할 수 있다. (O) [24 세무사]
  - ☑ 소송변론종결시=사실심변론종결시
- **취소판결의 기판력**은 처분서를 **기점으로 발생**한다. (X) [04 입시]

655 ★★★☆

㉠ 취소소송에서 패소한 원고는 그 소송의 사실심변론종결시까지 주장할 수 있었던 다른 사유를 들어
　소송상 다시 그 처분의 취소를 구할 수 없다.　　　　　　　　　　　　　[12 세무사] O X

㉡ 취소판결이 확정되면 당사자가 사실심의 변론종결시를 기준으로 그때까지 제출하지 않은 공격방어
　방법은 그 뒤 다시 동일한 소송을 제기하여 이를 주장할 수 없다.　　　　　[22 세무사] O X

> **해설**
>
> - **취소소송이나 무효확인소송**에서 ★**패소한 원고**는 그 소송의 ★**사실심 변론종결일까지 주장할 수 있었던 다**
>   **른 사유**를 들어서 **다시** 그 **처분의 취소나 무효확인을 구할 수는 없다**. (부산고법 2008.6.17. 2007나22033)
>   - ➡ 반대로 피고 행정청이 패소하였다면, 사실심변론종결 이전에 주장할 수 있었던 처분사유를 들어 확정판결의
>   기판력에 저촉되는 새로운 처분을 할 수 없다.
> - **확정된 종국판결**은 그 **기판력**으로서 당사자가 ★**사실심의 변론종결시를 기준**으로 ★**그때까지 제출하지 않은**
>   **공격방어방법**은 그 뒤 **다시 동일한 소송을 제기**하여 이를 **주장할 수 없다**. (대판 1992. 2. 25., 91누6108)
>
> 　　　　　　　　　　　　　　　　　　　　　　　　**정답** ㉠ O, ㉡ O

- **확정**된 **종국판결**은 그 **기판력**으로서 당사자가 **사실심의 변론종결시를 기준**으로 **그때까지 제출하지 않은**
  공격방어방법은 그 뒤 **다시 동일한 소송을 제기**하여 이를 **주장할 수 없다**. (O) [18 세무사]

656 ★★★☆

㉠ 기판력은 당해 소송의 당사자 및 당사자와 동일시할 수 있는 자에게도 미친다.

[11 세무사] O X

㉡ 판결의 기판력은 당해 처분이 귀속되는 국가 또는 공공단체에는 미치지 않는다.

[16 세무사] O X

㉢ 기판력은 소송참가를 한 제3자에게는 미치지 않는다. [06 세무사] O X

해설

과세처분 취소소송의 피고는 처분청이므로 **행정청을 피고로** 하는 **취소소송에 있어서의 기판력**은 당해 ★**처분이 귀속**하는 **국가 또는 공공단체에 미친다.** (대판 1998. 7. 24., 98다10854)

㉠ **기판력**은 소송의 **당사자(원고, 피고)**는 물론이고, 분쟁해결의 실효성을 보장하기 위하여 ★**당사자와 동일시 할 수 있는 승계인**에게까지 미치게 되므로 (642문 해설 민소법 218조 참고),

㉡ 소송편의상 처분청을 피고로 하는 **항고소송의 기판력**은 피고(처분청)와 동일시할 수 있는 ★**국가 또는 공공 단체에까지 미친다.** 즉 **처분의 법적 효과가 귀속**하는 **국가나 공공단체에까지** 미치게 된다.

> 예컨대 **세무서장**을 피고로 하는 과세처분취소소송에서 패소한 원고가, 동일한 과세처분의 무효를 이유를 들어 **국가**를 상대로 과오납금반환청구소송을 제기하는 것은 기판력에 반하는 경우이다.

㉢ 옳은 지문으로 출제되었는데, 출제오류로 보인다. 당해 소송과 무관한 일반적인 제3자에게는 기판력이 미치 지 않지만, ★**소송참가를 한 제3자에게**는 필수적 공동소송의 규정이 준용되어(626-㉡문 참고) ★**당사자와 동일한 수준의 절차보장**이 주어지므로, **기판력이 미치는 것**으로 보아야 한다.

정답 ㉠ O, ㉡ ×, ㉢ ×

- **실질적 확정력(기판력)**의 적용대상은 **후소법원, 당사자**이다. (O) [07 세무사]
- **기판력의 주관적 범위**는 소송의 **당사자** 외에 그 **소송승계인에게도 미친다.** (O) [05 세무사]

- **기판력**은 피고인 행정청 외에 처분**행정청이 속하는 국가나 공공단체**에도 미친다. (O) [06 세무사]
- **기판력**은 당해 행정소송의 **당사자** 및 **당사자와 동일시할 수 있는 자**에게 미치므로, 피고인 **행정청이 속 하는 국가 또는 공공단체**에도 미친다. (O) [07 세무사]
- **기판력(실질적 확정력)**은 당해 **처분이 귀속**하는 **국가 또는 공공단체**에도 미친다. (O) [09 세무사]
- **기판력**은 당해 **처분이 귀속**되는 **국가 또는 공공단체**에 미친다. (O) [18 세무사]
- 처분취소판결의 **기판력**은 피고인 **행정청이 속하는 국가 또는 공공단체**에는 미치지 않는다. (×) [11 세무 사]
- **취소소송의 피고**는 권리주체가 아닌 **처분청**이므로 **국가 또는 공공단체**는 취소소송에서 당해 **처분이 위 법으로 확정된 경우**에도 위법이 아님을 주장할 수 있다. (×) [99 관세사]
  ➡ 국가 또는 공공단체에 대한 기판력에 따라, 처분의 위법성이 재판에서 확정된 후에는 적법성 주장 불가

- **기판력**은 당해 소송의 **당사자** 및 **당사자의 동일시할 수 있는 자에게만** 미치고, **제3자에게는 미치지 않는 다.** (O) [09 관세사]
  ➡ 소송에 참가하지 않은 **일반**의 제3자에게는 기판력이 미치지 않는다.

657 ★★☆☆

취소판결의 기판력이 국가배상청구소송에 미치는지 여부는 국가배상에서의 위법 개념과 관련이 있다.

해설

■ '취소소송의 위법성'과 '국가배상청구소송의 위법성'

	위법성 개념의 범위	취소소송의 기판력 영향 여부
일원설	취소소송의 위법성 ≒ 국가배상청구소송의 위법성	취소소송의 기판력이 국가배상청구 소송에 미침
이원설	취소소송의 위법성 ≠ 국가배상청구소송의 위법성	취소소송의 기판력이 국가배상청구 소송에 미치지 않음
제한적 이원설	취소소송의 위법성 ≪ 국가배상청구소송의 위법성	① **취소소송**의 **청구인용**판결인 경우, 후소인 **국가배상청구소송**에도 **기판력이 미침** ② **취소소송**의 **청구기각**판결인 경우, 후소인 **국가배상청구소송**에 기판력이 미치지 **않음**

✅ ⓐ 국가배상청구에서의 위법성을 더 넓게 보는 **제한적 이원설**에 의하면, **취소소송에서 청구가 인용되어 처분의 위법성이 인정된다면**, 인용판결의 기판력에 따라 **국가배상청구소송에서도 청구가 인용**될 것이며,

ⓑ 반대로 **취소소송에서 청구가 기각되어 처분의 적법성이 인정되더라도**, 기각판결의 기판력이 국가배상청구소송이 미치지 않기 때문에(=국가배상청구소송에서 혹여 다른 이유에 따른 처분의 위법성이 밝혀질 수 있기 때문에), **국가배상청구소송에서 그 청구가 인용될 수도 있다.**
정답 O

🔲 **청구기각판결이 확정**되면 원고는 **그 후의 국가배상청구소송에서** 당해 **처분의 위법을 주장**하자 못한다는 것이 통설·판례이다. (×) [04 입시]

🔲 **국가배상법상 위법**을 **항고소송의 위법보다 넓은 개념**으로 보는 **견해**에 의하면 **취소소송**의 판결 중에서 **인용판결의 기판력**은 **국가배상소송에 영향**을 미치지 않지만, **기각판결의 기판력**은 국가배상소송에 영향을 미친다. (×) [13 서울7]

☑ (미치지 않지만 → **미치지만** / 미친다 → **미치지 않는다.**) 제한적 이원설에 따른 지문이다.

658 ★★☆☆ [09 세무사]

처분의 취소소송에 대한 기각판결이 확정된 경우 행정청이 직권으로 그 처분을 취소하는 것은 기판력에 반한다. **O X**

> **해설**
>
> ⟲ **처분의 취소소송**에서 **청구기각판결이 확정**된 경우에도, ★**처분청은 그 처분을 직권취소할 수 있다**. 기판력은 전소의 판결을 내린 법원과 후소의 관할법원 사이의 구속력 문제이지, **처분청의 직권취소와는 직접적인 관련성이 없기 때문**이다. **정답** ✕

- **기각판결이 확정**되더라도 **처분청**은 당해 **처분을 직권으로 취소할 수 있다.** (○) [10 세무사]
- **취소소송**에서 **기각판결**이 내려진 후에도 **처분청**은 해당 **처분을 직권취소할 수 있다.** (○) [24 세무사]
- **청구기각판결**의 경우에도 **행정청**은 그 **판결에 저촉되는 행위**를 해서는 ~~안된다.~~ (✕) [12 국회8]
  - ➡ 기각판결로 처분이 적법하다는 점이 확인되었음에도, 그에 반하는 직권취소가 가능하다.

659 ★★★☆ [21 세무사]

어떠한 행정처분이 후에 항고소송에서 취소되었다고 할지라도 그 기판력에 의하여 곧바로 그 행정처분이 공무원의 고의 또는 과실로 인한 불법행위를 구성한다고 단정할 수 없다. **O X**

> **해설**
>
> - **어떠한 행정처분이 후에 항고소송에서 취소되었다고 할지라도** 그 기판력에 의하여 당해 ★행정**처분이 곧바로 공무원의 고의 또는 과실로 인한** 것으로서 ★**불법행위를 구성한다고 단정할 수는 없는 것**이다.
> - 개간허가 취소**처분**이 후에 행정심판 또는 **행정소송**에서 **취소되었으나** 담당공무원에게 객관적 주의의무를 결한 직무집행상의 과실이 없다는 이유로 **국가배상책임을 부인**한 사례 (대판 2000.5.12. 99다70600)
>
> ⟲ ⓐ **위법한 처분**으로 인하여 **국가배상책임까지 인정**되기 위해서는, 그 처분을 내린 행정청에 소속된 **공무원의 직무행위**가 당해 **공무원의 고의 또는 과실로 기하여 위법한 경우**여야 한다.
>
>   ⓑ 그러나 **어떠한 처분**에 대한 **취소판결의 기판력**은 처분의 위법성을 인정하는 효력일 뿐이지, 처분청에 소속된 **공무원의 직무행위**가 고의 또는 과실로 인한 것이었음을 인정하는 효력은 아니기 때문에, 처분의 위법성에 관한 **기판력의 발생**이, **국가배상책임의 성립으로까지 이어지지는 않는다**는 판시이다. **정답** ○

- 어떠한 **행정처분이 항고소송에서 취소**되었을지라도 그 **기판력**에 의하여 당해 **행정처분이 곧바로 공무원의 고의 또는 과실로 인한** 것으로서 **국가배상책임이 성립한다고 단정할 수는 없다.** (○) [19 국가7]
- **처분이 항고소송에서 위법을 이유로 취소**되었다 하더라도 곧바로 그 처분이 **공무원의 고의 또는 과실에 의한 불법행위를 구성한다고 볼 수 없다.** (○) [20 국가5 승진]
- 어떠한 **행정처분**이 후에 **항고소송에서 취소**되었다면 그 **기판력**에 의하여 당해 행정처분은 곧바로 「국가배상법」 제2조의 공무원의 고의 또는 과실로 인한 불법행위를 구성한다. (✕) [17 국가9]
- 어떠한 **행정처분이 항고소송에서 취소**되었다면 그 **기판력**으로 인해 곧바로 국가배상책임이 인정될 수 있다. (✕) [22 소방승진]

제3항 **기속력**

---

1 **기속력 일반론**

660 ★★★★

㉠ 기속력은 확정되지 않은 1심판결에도 인정된다. [05 세무사] **O X**

㉡ 처분을 취소하는 확정판결의 기속력은 당사자인 행정청에 대해서만 미친다.

[19, 22 세무사] **O X**

> [해설]
>
> **【행정소송법】**
> 제30조(취소판결등의 기속력) ① 처분등을 취소하는 ★**확정판결**은 그 사건에 관하여 ★**당사자인 행정청**과 그 밖의 ★**관계행정청**을 기속한다.
>
> ✓ ㉠ 기속력을 포함한 <u>모든 판결의 효력</u>은 '**판결이 확정되는 때**', 즉 **확정판결이 난 때**에 발생한다.
>
> ㉡ **기속력**은 피고 행정청 및 관계 행정청에 미친다. **정답** ㉠ ✕, ㉡ ✕

🟦 **기속력**은 **관계행정청**에도 미친다. (○) [05 세무사]

🟦 **처분등을 취소하는 확정판결**은 **처분청 등을 기속**한다. (○) [07 세무사]

🟦 **재결을 취소하는 확정판결**은 그 소송에 참가하지 않은 **원처분청도 기속**한다. (○) [08 세무사]

> ➡ 행정소송법 제30조 제1항에서의 '처분등'에는 재결도 포함됨에 따라, 재결취소소송이 제기되었을 경우 <u>원처분청이 관계행정청에 해당하므로 원처분청도 재결취소판결에 기속된다.</u>

🟦 **기속력**은 그 사건에 관하여 **당사자인 행정청**과 그 밖의 **관계행정청**을 **기속**한다. (○) [11 세무사]

🟦 **처분 등을 취소하는 확정판결**은 그 사건에 관하여 **당사자인 행정청**과 그 밖의 **관계행정청**을 **기속**한다.
(○) [14 세무사]

🟦 **처분등을 취소하는 확정판결**은 그 사건에 관하여 **관계 행정청**을 **기속**한다. (○) [15 세무사]

🟦 **기속력**은 그 사건의 **당사자인 행정청** 및 그 **권한을 승계한 행정청**에 한하여 미친다. (✕) [13 세무사]

> ➡ <u>피고 행정청, 피고 행정청의 권한을 승계한 행정청</u>은 물론 관계행정청까지도 미친다.

🟦 **판결의 기속력**은 **당사자인 행정청**을 **기속**하지만 그 밖의 **관계행정청**을 **기속**하지는 않는다. (✕) [16 세무사]

🟦 법원은 **지방자치단체장 A가** 공무원 甲에게 **한 파면처분**이 재량권의 범위를 벗어나 **위법한 처분이라는 이유로 취소판결**을 하였고 이 **판결**은 **확정**된 경우에, **확정판결의 기속력**은 **A만 기속**할 뿐 **관계행정기관을 기속**하지는 않는다. (✕) [20 세무사]

🟦 甲이 **행정청 乙을 상대로** 제기한 **거부처분 취소소송**에서 **인용판결이 확정**된 경우, **판결**은 **관계행정청을 기속하지 않는다.** (✕) [24 세무사]

🟦 **기속력**은 당사자인 **원고에게는 미치지 아니한다.** (○) [24 세무사]

> ➡ 판결의 **기속력**은 <u>피고 측(처분청 및 관계 행정청)</u>에게만 미치는 효력이다.

661 ★★☆☆

기속력을 기판력의 한 효과로 보는 견해도 있다. **O** **X**

> **해설**

■ '기속력'의 법적 성질

		내 용
학설	**기판력설**	**기판력과 동일한 효력**으로 본다. 즉 **기판력의 효과에 포함**되는 것으로 본다.
	특수효력설	**행정소송에만 인정되는 특수한 효력**으로 본다. 즉 취소판결의 실효성 확보를 위하여 **행정소송법에서 특별히 인정하는 효력**으로 본다.
판례		**종래 대법원**은 특수효력설을 취한 듯한 판례도 있고, 기판력설을 취하는 듯한 판례도 있는 등 **기속력과 기판력 용어를 혼용**해왔으나, ★**최근에는 양자를 구별하려는 논지**를 보인다.
		취소 확정판결의 ★**'기속력'**은 취소 청구가 인용된 판결에서 인정되는 것으로서 **당사자인 행정청**과 그 밖의 **관계행정청**에게 확정**판결의 취지에 따라 행동하여야 할 의무**를 지우는 작용을 한다. / 이에 비하여 행정소송법 제8조 제2항에 의하여 행정소송에 준용되는 민사소송법 제216조, 제218조가 규정하고 있는 ★**'기판력'**이란 기판력 있는 **전소 판결의 소송물과 동일한 후소를 허용하지 않음**과 동시에, **후소의 소송물이 전소의 소송물과 동일하지는 않더라도** 전소의 소송물에 관한 판단이 후소의 선결문제가 되거나 모순관계에 있을 때에는 후소에서 전소 판결의 판단과 다른 주장을 하는 것을 허용하지 않는 **작용**을 한다. (대판 2016. 3. 24., 2015두48235)

정답 **O**

■ **기속력**은 **기판력 있는 전소 판결의 소송물과 동일한 후소를 허용하지 않는 효력**과는 **다르다.** (○) [24 세무사]

■ **기속력의 성질**에 관하여는 **기판력설과 특수효력설**이 대립하는바, **학설과 판례**는 ~~기판력설~~을 취한다. (×) [09 군무원9]

662 ★★☆☆

취소소송에서 처분의 동일성 내에서 개개의 위법사유는 항고소송의 심리의 범위에 속한다.

> **해설**

ⓒ ⓐ 어떤 **처분의 동일성 범위 내**에서의 '**개개의 위법사유**'란, 취소의 대상이 되는 행정**처분의 위법성을 뒷받침하는 모든 위법사유**를 뜻한다.

ⓑ 가령 **영업허가취소처분의 취소사유**가 *① 근거법규의 오적용, ② 비례의 원칙 위반*이라면, ①, ②가 개개의 위법사유인데, 법원이 취소처분의 위법성을 확인하기 위하여는 **당연히 ①, ②를 심리**하여야 하는 것이다.

ⓒ 이에 대한 심리의 결과로 영업허가취소처분에 대하여 취소판결이 내려졌을 때, **판결문 중 '이유' 부분**에서는 **개개의 위법사유가 적시**(근거법규 조항을 잘못 적용하였다거나 영업정지처분만으로 충분함에도 영업취소처분을 내려 과도하다는 등)되는데, 이는 ★**기속력의 범위**에 속한다. (다음 문제 참고)

정답 **O**

663 ★★★★

기속력은 판결주문에만 미치고, 판결이유에 설시된 개개의 위법사유에는 미치지 않는다. **O X**

> **해설**
>
> 「행정소송법」 제30조 제1항에 의하여 인정되는 취소소송에서 처분 등을 취소하는 확정판결의 **기속력**은 주로 **판결의 실효성 확보**를 위하여 인정되는 효력으로서 ★**판결의 주문**뿐만 아니라 그 전제가 되는 ★**처분 등의 구체적 위법사유에 관한 이유 중의 판단**에 대하여도 인정된다(대판 2001.3.23. 99두5238)
>
> ✓ **기속력의 객관적 범위**
> ① 판결의 **주문**
> ② 판결의 **이유에서 판단된 처분의 구체적 위법사유**(=판결 **이유 중에 설시된 개개의 위법사유**)
>
> **정답** ✕

- **기속력**은 **판결의 주문**과 **판결의 이유에 제시된 위법사유**에 대하여 미친다. (○) [05 세무사]
- **기속력**은 **판결의 주문**뿐만 아니라 그 전제가 되는 **처분등의 구체적 위법사유에 관한 이유 중의 판단**에도 **인정**된다. (○) [15 세무사]
- **기속력**은 **판결의 주문**뿐만 아니라 **이유에서 판단된 처분의 구체적 위법사유**에도 미친다. (○) [17 세무사]
- **기속력**은 판결**주문의 전제가 되는 처분등의 구체적 위법사유에 관한 이유 중의 판단**에 대하여도 인정된다. (○) [22 세무사]
- **기속력**은 **판결의 주문에 포함된 것**에 한하여 미친다. (✕) [13 세무사]
- **판결의 기속력**은 **판결주문에 나타난 판단**에만 미친다. (✕) [14 국회8]
- 취소**판결의 기속력**은 확정**판결의 주문에 포함된 것**에 한하여 발생하고, 그 전제가 되는 **처분등의 구체적 위법사유에 관한 이유 중의 판단**에 대하여는 **인정**되지 않는다. (✕) [15 서울7]
- **기속력**은 **판결의 주문**에만 미치고, 그 전제가 되는 **처분 등의 구체적 위법사유에 관한 이유 중의 판단**에 대하여는 미치지 않는다. (✕) [16 세무사]
- **판결의 기속력**은 **처분의 구체적 위법사유에 관한 이유 중의 판단**에 대하여는 **인정**되지 아니한다. (✕) [24 세무사]

■ 기판력 vs 기속력

	기판력	기속력
효력의 대상	당사자(원고, 피고) 및 후소법원	피고 행정청 및 관계 행정청
객관적 범위	판결의 주문에 나타난 판단 (= 처분의 위법성 존부에 관한 판단)	판결의 주문에 나타난 판단 및 판결의 이유에서 판단된 처분의 구체적 위법사유 (= 판결 이유 중에 설시된 개개의 위법사유)
시간적 범위	사실심변론종결시	처분시
적용대상 판결	인용판결, 기각판결	인용판결

664 ★★★★

㉠ 확정판결의 기속력에 관한 취소소송의 규정은 무효등확인소송에 준용된다.   [11 세무사] O X

㉡ '취소판결 등의 기속력'은 부작위위법확인소송에 준용되는 취소소송의 법리가 아니다.

                                                          [07 세무사] O X

㉢ 취소판결의 기속력에 관한 규정은 당사자소송에는 준용되지 않는다.   [15 세무사] O X

> **해설**
>
> 【행정소송법】
> **제30조(취소판결등의 기속력)**
> ① 처분등을 취소하는 확정판결은 그 사건에 관하여 당사자인 행정청과 그 밖의 관계행정청을 기속한다.
> ② 판결에 의하여 취소되는 처분이 당사자의 신청을 거부하는 것을 내용으로 하는 경우에는 그 처분을 행한 행정청은 판결의 취지에 따라 다시 이전의 신청에 대한 처분을 하여야 한다.
> **제38조(준용규정)**
> ① 제30조의 규정은 ★무효등 확인소송의 경우에 준용한다.
> ② 제30조의 규정은 ★부작위위법확인소송의 경우에 준용한다
> **제44조(준용규정)** 제30조 제1항의 규정은 ★당사자소송의 경우에 준용한다.
>
> ✓ **모든** 행정소송의 확정판결에는 기속력이 인정된다.   **정답** ㉠ O, ㉡ X, ㉢ X

🔲 **무효등확인소송**의 판결에도 **기속력이 발생**한다. (O) [06 경남9]

🔲 **기속력**은 **무효등 확인소송에 준용**된다. (O) [11 세무사]

🔲 처분 등의 **무효를 확인하는 확정판결**은 그 사건에 관하여 **당사자인 행정청**과 그 밖의 **관계행정청**을 **기속**한다. (O) [20 세무사]

🔲 **무효확인소송**의 **무효확인판결**에는 **기속력이 인정**된다. (O) [24 세무사]

🔲 **부작위위법확인판결이 확정**된 경우에, 그 사건에 관하여 **당사자인 행정청**과 그 밖의 **관계행정청**을 **기속**한다. (O) [21 세무사]

🔲 **부작위위법확인소송의 인용판결이 확정**되면 피고는 **판결의 취지**에 따라 **이전의 신청에 대한 처분을 하여야** 한다. (O) [17 세무사]

🔲 **부작위위법확인판결이 확정**된 경우에, 행정청은 **판결의 취지**에 따라 **다시 이전의 신청에 대한 처분을 하여야** 한다. (O) [21 세무사]

🔲 취소소송에 관한 규정 중 **'판결의 효력(기속력)'**은 **부작위위법확인소송에 준용**되지 않는다. (X) [10 세무사 변형]

🔲 **취소판결의 기속력**은 **무효확인소송에는 준용**되나 **부작위위법확인소송에는 준용**되지 않는다. (X) [13 세무사]

🔲 **당사자소송의 확정판결**은 **기속력을 가진다.** (O) [17 세무사 변형]

🔲 **당사자소송의 확정판결**은 그 사건에 관하여 **당사자인 행정청**과 그 밖의 **관계행정청**을 **기속**한다. (O) [18 세무사]

🔲 **당사자소송**의 이행판결에는 **기속력이 인정**된다. (O) [24 세무사]

🔲 **당사자소송**의 **판결의 기속력**은 소송당사자에게만 미친다. (X) [12 세무사]

665 ★★★☆

㉠ 부작위위법확인소송에서의 심리의 범위에 대하여 판례는 실체적 심리설을 취한다.

[19 세무사] O X

㉡ 부작위위법확인소송에 있어서의 판결은 행정청의 특정 부작위의 위법 여부를 확인하는 데 그치고, 적극적으로 행정청에 대하여 일정한 처분을 할 의무를 직접 명하지는 않는다.

[20 군무원7] O X

해설

■ 부작위위법확인소송의 심리범위에 따른 '재처분의무' 이행여부

	심리·판단의 범위	거부처분만 할 경우 기속력에 위반하는지 여부
절차적 심리설 (응답 의무설)	① 법원은 단순히 **행정청의 부작위(방치)의 위법여부만** 심리·판단	행정청이 **거부처분만 하여도** 부작위는 아니므로, **재처분의무를 이행한 것으로, 기속력 위반 ×**
실체적 심리설 (특정처분 의무설)	① 법원은 단순히 행정청의 부작위(방치)의 위법여부 심리·판단 ✚ ② 적극적으로 **행정청이 원고의 신청**에 대하여 **특정한 처분을 해야 하는지도** 심리·판단	행정청이 특정처분을 해 주어야 할 의무가 있는지를 법원이 확인하였음에도, 행정청이 **거부처분만 할 경우, 재처분의무를 이행하지 못한 것으로, 기속력 위반 ○**

✔ ㉠ 부작위위법확인소송에서의 심리범위에 대하여 **다수설·판례는 ★'절차적 심리설'의 입장**에 있는바, **법원**으로서는 **행정청의 부작위가 위법한지 여부만 심리·판단**할 뿐이다.

　㉡ 따라서 행정청에게 원고의 **신청에 따른 특정처분 의무가 있는지**까지는 **심리할 필요가 없다.**

정답 ㉠ ×, ㉡ ○

🔲 **부작위위법확인소송**에서 부작위의 위법 여부에서 **더 나아가 신청에 따른 처분의무가 있는지는 심리의 범위에 포함되지 아니한다.** (○) [17 세무사]

🔲 **부작위위법확인소송**에서 **본안심리의 범위**와 관련하여 판례는 실체적 심리설의 입장이다. (×) [06 세무사]

🔲 **부작위위법확인소송**에서 법원은 부작위에 대하여 위법임을 확인할 뿐 **행정청에 대하여 적극적으로 어떤 처분을 할 것을 명하는 것은 아니다.** (○) [06 경기9 수정변형]

666 ★★★☆

㉠ 부작위위법확인소송의 인용판결이 있는 경우 행정청은 재처분의무가 있다. [06 세무사] O X

㉡ 부작위위법확인판결의 효력으로서 재처분의무는 어떠한 처분을 하기만 하면 되는 게 아니라 당초 신청된 특정 처분을 해야 하는 것이다. [16 세무사] O X

> **해설**
>
> **부작위위법확인의 소**는 행정청이 당사자의 법규상 또는 조리상의 권리에 기한 신청에 대하여 상당한 기간 내에 그 신청을 인용하는 적극적 처분을 하거나 각하 또는 기각하는 등의 소극적 처분을 하여야 할 법률상의 응답의무가 있음에도 불구하고 이를 하지 아니하는 경우, 그 **부작위의 위법을 확인**함으로써 행정청의 응답을 신속하게 하여 부작위 내지 무응답이라고 하는 **소극적인 위법상태를 제거**하는 것을 **목적**으로 하는 것이고, 나아가 그 ★**인용판결의 기속력**에 의하여 행정청으로 하여금 ★**적극적이든 소극적이든 어떤 처분을 하도록 강제**한 다음, 그에 대하여 불복이 있을 경우 그 처분을 다투게 함으로써 최종적으로는 당사자의 권리와 이익을 보호하려는 제도이다. (대판 2002. 6. 28. 2000두4750)

> ☑ ㉠ **부작위위법확인소송**의 **인용판결의 기속력**에 따라 행정청에게는 **재처분 의무**가 주어진다.
>
> ㉡ 다만 판례는 ★**'절차적 심리설'**에 입각히여, **부작위위법확인소송**에서는 **법원이 단지 행정청의 방치행위(부작위, 무응답)의 위법여부만을 확인**하는 **절차적 심리**만 하면 되는 것이고, 실체적 내용까지 심리·판단할 필요는 없다고 보는바, **부작위위법확인판결**이 난 경우에도 행정청이 **원고의 신청**에 대한 ★**특정의 처분이 아닌, 거부처분만 하더라도 재처분의무를 이행**한 것이므로, 부작위위법확인판결의 **기속력**에 반하지 않는 것이다.
>
> **정답** ㉠ O, ㉡ ×

🔲 **부작위위법확인소송의 청구를 인용하는 판결이 확정**된 경우 행정청은 **거부처분**을 하여도 **처분의무를 이행한 것**이 된다. (O) [20 세무사]

🔲 **부작위위법확인소송에서 인용판결**이 있을 경우, 행정청은 원고의 **신청을 받아들이는 적극적 처분을 하거나** 원고의 **신청을 기각하는 처분을 하면 된다**고 보는 것이 **다수설의 입장**이다. (O) [04 입시]

🔲 **절차적 심리설(응답의무설)**에 의하면, **부작위위법확인소송의 인용판결**의 경우에 **행정청이 신청에 대한 가부의 응답만 하여도** 「행정소송법」 제2조 제1항 제2호의 **'일정한 처분'을 취한 것**이 된다. (O) [15 국가7]

🔲 **부작위위법확인소송에서 인용판결**이 있을 경우, **행정청은 원고의 신청**을 받아들이는 적극적 처분만을 할 수 있다. (×) [05 국회8]

🔲 판례의 태도에 비추어 볼 때, **부작위위법확인소송에서 인용판결(확인판결)이 확정**되면 **행정청**은 이전의 **신청에 대한 처분**을 하여야 하고 **거부처분**을 할 수는 없다. (×) [08 세무사]

🔲 **부작위위법확인소송**에서 **인용판결의 기속력**으로서 **재처분의무**는 신청에 따른 특정한 내용의 처분의무를 의미한다. (×) [23 세무사]

➡ 부작위위법확인소송에서 인용판결이 내려졌더라도, 행정청이 원고의 신청을 다시 검토한 결과, 당초 신청을 인용하는 특정처분이 불가능한 것으로 판단될 때에는 당초 신청을 거부하는 처분을 할 수도 있다.

🔲 **부작위의 위법을 확인**하는 **법원의 판결이 확정**되면 **행정청**은 **원고의 신청**태로 **처분하여야 할 의무가** 있다. (×) [24 세무사]

☑ 신청태로 → 신청에 대하여

667 ★★★★

무효등 확인소송의 기각판결은 기속력이 있다.

O X

> **해설**
>
> ☑ 취소판결의 기속력은 <u>오로지</u> **청구★인용판결**에서만 인정되고, **청구기각판결**이나 **청구각하판결**에서는 인정될 수 <u>없다</u>.
>
> **정답** ✕

🔲 **기속력**은 **인용판결**에 한하여 인정되고 **기각판결**에는 인정되지 않는다. (O) [05 세무사]

🔲 판결의 **기속력**은 **원고승소판결**에만 인정되며 원고**청구를 기각하는 패소판결**에 대해서는 **인정되지 않는 다.** (O) [06 세무사]

🔲 취소소송의 **기각판결이 확정**되면 기판력은 발생하나 **기속력은 발생하지 않는다.** (O) [16 국가9]

🔲 **기속력**은 **인용판결에만 인정**된다. (O) [12, 19 세무사 변형]

🔲 **기속력**은 취소소송의 **기각판결에는 인정되지 않는다.** (O) [15 세무사]

🔲 취소소송과 관련하여 '**인용판결**'에는 기속력이 인정된다. (O) [16 세무사 변형]

🔲 취소소송의 **일부취소판결**에는 **기속력이 인정**된다. (O) [24 세무사]

  ➡ '일부취소판결'은 원고의 청구 중 일부가 인용되는 <u>인용판결</u>의 일종이다.

🔲 무효확인소송의 **무효확인판결**에는 **기속력이 인정**된다. (O) [24 세무사]

🔲 **당사자소송**의 **이행판결**에는 **기속력이 인정**된다. (O) [24 세무사]

  ➡ 당사자소송의 이행판결은 국가, 공공단체 등에 대하여 일정한 급부를 명하는 인용판결의 일종이다.

🔲 **기속력**은 **인용판결**과 기각판결에서는 **인정**되나 각하판결에서는 인정되지 않는다. (✕) [17 세무사]

🔲 무효등 확인소송의 **기각판결**은 기속력이 있다. (✕) [22 세무사]

🔲 A가 관할 행정청 B에 대하여 「여객자동차운수사업법」에 따른 운수사업면허를 신청하여 B가 면허처분을 하였는데, 이에 대하여 경업자 C가 면허처분취소소송을 제기하였고, **기각판결이 확정**된 경우 그 **판결**은 B를 기속한다. (✕) [22 세무사]

🔲 甲이 **행정청 乙을 상대**로 제기한 **거부처분 취소소송**에서 **인용판결이 확정**된 경우, **판결**은 **관계행정청**을 기속하지 않는다. (✕) [24 세무사]

🔲 취소소송의 **각하판결**에는 기속력이 인정된다. (✕) [24 세무사]

🔲 취소소송의 **사정판결**에는 기속력이 인정된다. (✕) [24 세무사]

  ➡ '사정판결'은 <u>기각판결</u>의 일종이다. (후술 예정)

🔲 행정청의 **동일내용 처분금지의무**는 통상적으로 취소소송의 **인용판결이 확정된 경우에만** 인정되며, **기각 판결의 경우**에는 인정되지 않는다. (O) [09 관세사]

🔲 **확정판결**에 따르는 **반복금지효**는 **청구인용판결**뿐만 아니라 청구기각판결에도 미친다. (✕) [06 관세사]

  ➡ 동일내용 처분금지의무와 반복금지효는 아래 문제들에서 다룰 행정청에 대한 <u>기속력의 내용</u>에 해당한다.

🔲 **취소판결의 기속력**과 관련하여, **취소소송에서 기각판결이 내려진 후에도 처분청**은 해당 **처분을 직권취 소할 수 있다.** (O) [24 세무사]

  ➡ 판결의 기속력은 인용판결에서만 인정된다. 즉 **처분을 취소하는 인용판결**은 처분청 및 관계행정청을 기속하지만, 기각 판결이 내려진 경우 처분청 스스로 그 **처분을 직권취소**해도 판결의 효력에 저촉되는 것이 아니다.

668 ★★★★

판결의 기속력에 따라 처분청과 관계행정청은 동일한 사실관계 하에서 동일한 이유에 의하여 동일한 당사자에게 동일한 내용의 처분을 반복하여서는 안 된다. O X

> 해설
>
> ✓ 처분의 취소판결이 확정되면, 확정판결에 저촉되는 처분을 할 수 없게 되므로, 이른바 **기속력의 ★'소극적 효력** (=**반복금지효, 동일처분 반복금지 의무)'**에 따라 행정청은 **★'동일한 사실관계'** 아래에서 **★'동일한 당사자'**에 대하여 **★'동일한 내용'**의 처분을 반복하여서는 안 된다. 정답 O

🔲 처분행정청은 **기속력의 소극적 효력**에 의하여 확정판결에 저촉되는 처분을 할 수 없다는 의미에서 **동일 처분의 반복금지의무**를 진다. (O) [08 선관위9]

🔲 처분청은 **사실관계가 변화하지 않은 상황**에서 종전과 **동일한 내용의 처분**을 **할 수 없다.** (O) [05 세무사]

🔲 **취소판결이 확정**되면 행정청은 **동일한 사실관계**에 대하여 **동일한 내용의 처분**을 **반복할 수 없다.** (O) [07 세무사]

🔲 **인용판결이 확정**되면 처분청은 **동일 당사자**에 대하여 **같은 사유**로 이전의 처분과 **동일한 내용의 처분**을 **할 수 없다.** (O) [10 세무사]

🔲 **'처분을 취소**하는 **판결이 확정**되면 당사자인 행정청과 그 밖의 관계행정청은 **동일한 사실관계**에 대하여 **동일한 사유**로 취소된 처분과 **동일한 처분**을 **할 수 없다.'**와 관련된 취소소송의 판결의 효력은 **'기속력'**이다. (O) [13 국가7]

🔲 **A행정청**은 자신의 명의로 甲에 대해 **중대명백한 하자가 있는 X처분**을 하였다. X처분이 甲에 대한 징계처분인 경우 **X처분을 취소하는 판결이 확정**되면 A행정청은 **기속력에 따라** 재처분을 하여야 한다. (×) [24 세무사]

> ☑ 재처분을 하여야 → 동일한 사실관계하에 동일한 징계사유로 동일한 징계처분을 하지 말아야
>
> ➡ '재처분 의무'는 '신청에 대한 거부처분 또는 부작위'와 관련이 있는 기속력의 적극적 효력이다.

▪ 기속력의 내용

동일 내용의 반복금지의무	취소소송에서 **인용판결**이 확정되면, 행정청은 **동일 사실관계 아래**에서 **동일한 이유**를 들어 **동일 당사자**에 대하여 **동일한 내용의 처분**을 **할 수 없다.**
재처분의무(적극적 처분의무)	거부처분취소판결 또는 **부작위위법확인판결**이 확정되면, 행정청은 판결의 취지에 따른 **처분을 하여야** 한다. **【행정소송법】 제30조(취소판결등의 기속력)** ② 판결에 의하여 취소되는 처분이 당사자의 신청을 거부하는 것을 내용으로 하는 경우에는 그 처분을 행한 행정청은 **판결의 취지**에 따라 다시 **이전의 신청**에 대한 **처분을 하여야** 한다.
결과제거의무	취소소송에서 **인용판결**이 확정되면, 행정청은 위법처분으로 인해 야기된 상태를 제거하여야 한다.

669 ★★★★

㉠ 기본적 사실관계가 다르면, 처분 당시에 있었던 사유로 재처분하여도 기속력 위반은 아니다.

[17 세무사] **O X**

㉡ 甲이 행정청 乙을 상대로 제기한 거부처분 취소소송에서 인용판결이 확정된 경우에, 乙은 종전 처분의 처분사유와 기본적 사실관계가 동일하지 않은 사유가 종전 처분 당시 이미 존재하고 있었고 당사자가 이를 알고 있었더라도 이를 내세워 새로이 처분을 할 수 있다. [24 세무사] **O X**

> **[해설]**
>
> 취소 확정판결의 기속력은 판결의 주문 및 전제가 되는 처분 등의 구체적 위법사유에 관한 판단에도 미치나, 종전 **처분이 판결에 의하여 취소되었더라도 종전 처분과 다른 사유를 들어서 새로이 처분을 하는 것은 기속력에 저촉되지 않는다.** 여기에서 동일 사유인지 다른 사유인지는 확정판결에서 위법한 것으로 판단된 ★종전 처분사유와 기본적 사실관계에서 ★동일성이 인정되는지 여부에 따라 판단되어야 하고, 새로운 처분의 처분사유가 종전 처분의 처분사유와 **기본적 사실관계에서 동일하지 않은 다른 사유에 해당하는 이상,** 처분사유가 종전 처분 당시 **이미 존재하고 있었고 당사자가 이를 알고 있었더라도** 이를 내세워 새로이 처분을 하는 것은 **확정판결의 기속력에** ★**저촉되지 않는다** (대판 2016.3.24., 2015두48235)
>
> ☑ ⓐ **법원이 어떤 취소사유를 지적**하면서 그 **처분의 취소판결**을 선고한 경우에도, 행정청이 **법원의 지적사유와 동일하지 않은 다른 사유**를 들어서, **당초의 처분과 동일한 내용의 재처분**을 하더라도 **기속력(동일처분 반복금지 의무)에** 반하지 않는다.
>
>   ⓑ 여기서 **당초처분의 사유와 재처분의 사유가 동일한지 아닌지의 여부**는, 사유들의 기초가 되는 ★**기본적 사실관계의 동일성 유무**에 따라 **결정**되고, 새로운 처분사유가 **처분 당시에 존재하고 있었는지 여부나 처분당사자가 새로운 사유를 알고 있었는지 여부와는 ★관계없다.** **[정답]** ㉠ O, ㉡ O

🔲 **취소된 처분**과 **동일한 내용의 처분**을 하여도 **기속력에 반하지 않는 경우**가 있다. (O) [05 세무사]

🔲 **처분의 사실관계가 동일하지 않으면** 취소판결이 확정된 후 **동일 당사자에 대하여 동일한 내용의 처분**을 하여도 **기속력에 반하는 것이 아니다.** (O) [06 세무사]

🔲 **기본적 사실관계가 다르면, 처분 당시에 있었던 사유로 재처분**하여도 **기속력 위반은 아니다.** (O) [17 세무사]

🔲 **종전 처분 사유**와 **기본적 사실관계에서 동일성이 인정되지 않는 다른 사유**를 들어서 **새로이 처분**을 하는 것은 **기속력에 저촉되지 않는다.** (O) [21 세무사]

🔲 **A구 구청장**은 관내에서 음식점을 운영하고 있는 甲에게 **'청소년 주류판매'를 이유**로 甲에게 **영업정지 2개월의 처분**을 하였고, 이에 대하여 甲이 취소소송을 제기하여 **원고(甲) 승소판결이 확정**되었는데, 그 후 구청장이 **'영업시간제한 위반'을 이유**로 재차 甲에게 **영업정지 2개월의 처분**을 한 경우, **후행 영업정지처분**은 취소판결의 **기속력에 반하지 아니한다.** (O) [23 변시]

🔲 행정**처분이 판결에 의해 취소**된 경우, **취소된 처분의 사유**와 **기본적 사실관계에서 동일성이 인정되지 않는 다른 사유**를 들어 **새로이 처분**을 하는 것은 **기속력에 반한다.** (X) [20 국가9]

🔲 **취소된 처분의 사유**와 **기본적 사실관계에서 동일하지 않다** 하더라도, **종전 처분 당시에 이미 존재**하고 있었고 **당사자가 이를 알고 있었던 사유**라면 그러한 사유로 **동일한 재처분**을 할 수 없다. (O) [18 국가5 승진]

🔲 행정청은 취소**판결에서 위법하다고 판단된 처분사유**와 **기본적 사실관계의 동일성이 없는 사유**이더라도 **처분시에 존재한 사유**를 들어 **종전의 처분과 같은 처분**을 다시 할 수 없다. (X) [22 지방9]

670 ★★★☆

취소소송의 확정판결에서 적시된 위법사유를 보완하여 새로이 행한 과세처분도 기속력에 반하는 재처분이다. ⭕❌

> **해설**
>
> 과세처분 시 납세고지서에 과세표준, 세율, 세액의 산출근거 등이 누락되어 있어 이러한 **절차 내지 형식의 위법을 이유로 과세처분을 취소하는 판결이 확정**된 경우에 그 확정판결의 기판력은 확정판결에 적시된 절차 내지 형식의 위법사유에 한하여 미친다고 할 것이므로 과세처분권자가 그 ★**확정판결에 적시된 위법사유를 보완**하여 행한 **새로운 과세처분**은 확정판결에 의하여 취소된 **종전의 과세처분과는 별개의 처분**으로서 확정판결의 ★**기판력(=기속력)에 저촉되는 것은 아니다.** (대판 1986.11.11., 85누231)
>
> ✅ 기속력과 기판력을 혼용하던 시절의 판례로서, 취소**판결에서 지적된 위법사유를 보완**한 후에 새로이 내린 재처분은 **기속력(동일처분 반복금지 의무)에 반하지 않는다**는 판시이다.   **정답** ✕

📋 확정**판결에 적시된 위법사유를 보완**하여 행한 **새로운 행정처분**은 확정판결의 **기판력에 저촉되지 않는다.** (○) [09 세무사]

📋 취소 확정판결의 기판력은 판결에 적시된 위법사유에 한하여 미치므로 행정청이 그 확정**판결에 적시된 위법사유를 보완**하여 행한 **새로운 행정처분**은 확정판결에 의하여 **취소된 종전처분과는 별개의 처분**으로서 확정판결의 **기판력에 저촉되지 않는다.** (○) [17 국회8]

📋 과세**처분의 절차에 위법**이 있어 과세처분을 취소하는 판결이 확정된 경우 과세관청은 그 **위법사유를 보완**하여 **다시 새로운 과세처분을 할 수 있다.** (○) [12 변시]

📋 과세의 **절차 내지 형식에 위법**이 있어 과세**처분을 취소하는 판결이 확정**되었을 경우 과세관청은 그 **위법사유를 보완**하여 다시 **새로운 과세처분을 할 수 있고**, 그 **새로운 과세처분**은 확정판결에 의하여 취소된 **종전의 과세처분과는 별개의 처분**이다. (○) [23 지방9]

671 ★★★☆

법규위반을 이유로 내린 영업허가취소처분이 비례원칙위반으로 취소된 경우에 동일한 법규위반을 이유로 다시 영업정지처분을 내리는 것은 (   )에 반하지 않지만, 법규위반 사실이 없었다는 이유로 영업허가취소처분이 취소된 경우에 다시 동일한 법규위반을 이유로 영업정지처분을 내리는 것은 (   )에 반한다. **OX**

> **해설**
>
> | 처분내용 | → | 처분 취소판결 사유 | → | 재처분 | 기속력 위반 여부 |
> |---|---|---|---|---|---|
> | 식품위생법 위반사유
(甲이 유해음식물을 판매한 사실)에 따른
영업허가 '취소'처분 | | ① 식품위생법 위반사실은 인정되나, 비례의 원칙을 위반하여 과도한 처분이므로 취소대상 | | 이전과 동일한
식품위생법 위반 사유
(甲이 유해음식물을 판매한 사실)에 따른
영업허가 '정지'처분 | ①
위반
아님 |
> | | | ② 식품위생법 위반사실 자체가 인정되지 않으므로, 취소대상 | | | ②
위반 |
>
> ✅ 위 사례에서의 ①과 같이, **甲의 식품위생법 위반사실은 인정**되지만 **영업허가'취소'처분**이 비례의 원칙을 위반하여 과도한 처분이라는 이유로 취소판결을 받은 경우라면, 당초 처분보다 ★완화된 수위의 영업'정지'처분은 기속력(반복금지의무)에 반하지 않는 재처분이 된다. **정답** 기속력

📰 **법규 위반을 이유**로 내린 **영업허가취소처분**이 **비례의 원칙 위반**으로 **취소**된 경우에 **동일한 법규 위반을 이유**로 **영업정지처분**을 내리는 것은 **기속력에 반하지 않는다**. (O) [17 서울9]

➡ 비례의 원칙위반 (재량권 일탈·남용)

📰 유흥주점영업자 甲은 A시장으로부터 연령을 확인하지 않고 **청소년을 주점에 출입**시켜 **청소년보호법을 위반**하였다는 사실을 **이유**로 한 **영업허가취소처분**을 받았다. 甲은 이에 불복하여 취소소송을 제기하였고 **영업허가취소처분은 지나치게 가혹하다는 이유**로 **취소확정판결**이 내려졌다면, A시장은 甲에게 연령을 확인하지 않고 **청소년을 출입시켰다는 이유**로 **영업허가정지처분**을 **할 수 있다**. (O) [17 국가9]

☑ '지나치게 가혹하다는 이유'=비례의 원칙위반(재량권 일탈·남용)

📰 법원은 지방자치단체장 **A가 공무원 甲에게 한 파면처분**이 **재량권의 범위를 벗어나 위법한 처분**이라는 **이유**로 **취소판결**을 하였고 이 판결은 **확정**되었다. 그 후 **A는 다시** 인사위원회의 의결을 거쳐 **동일한 사유로 甲에게 해임처분**을 한 경우, A가 한 **해임처분**은 **확정판결의 효력에 저촉된다고 볼 수 없다**. (O) [20 세무사]

> 파면처분이 재량권의 범위를 벗어난 위법한 것이라는 판결이 확정된 후에 다시 징계위원회의 의결을 거쳐 원고를 파면보다 가벼운 해임에 처한 이 사건 처분이 위 확정판결의 기속력에 저촉된다고 볼 수는 없다. (대판 1985. 4. 9. 84누747)

➡ 파면처분이 재량권을 벗어나 과도한 처분이라는 이유로 취소판결을 받았다면, 비례의 원칙을 준수하여 그보다 낮은 징계수위의 해임처분을 내리는 것은 기속력에 반하지 않는다.

672 ★★★★

㉠ 현행 행정소송법은 기속력의 내용으로 재처분의무를 명문으로 규정하고 있다.

[06 세무사 변형] O X

㉡ 거부처분취소판결이 확정되면 그 처분을 행한 행정청은 판결의 취지에 따라 다시 이전의 신청에 대한 처분을 하여야 한다. [11 세무사] O X

해설

> **【행정소송법】**
> **제30조(취소판결등의 기속력)**
> ② 판결에 의하여 **취소되는 처분**이 당사자의 **신청을 거부하는 것을 내용**으로 하는 경우에는 그 처분을 행한 행정청은 **판결의 취지에 따라 ★다시 이전의 신청에 대한 처분을 하여야** 한다.

✓ 행정소송법에서는, 행정청의 **거부처분에 대한 취소판결**이 내려진 경우, **신청인이 처분을 다시 신청하지 않더라**도, 그 행정청이 **판결의 취지에 따라서 ★**이전 신청에 대하여 새로운 처분을 하여야 하는 이른바 **'재처분의무'**를 **규정**하고 있다. **정답** ㉠ O, ㉡ O

▨ 처분행정청은 **기속력의 적극적 효력**에 의하여 **판결의 취지에 따른 처분을 하여야** 하는 **재처분 의무**를 진다. (O) [08 선관위9]

▨ **거부처분의 취소판결**인 경우에는 **판결의 취지**에 따라 **다시 이전의 신청에 대한 처분을 하여야** 한다. (O) [05 세무사]

▨ **거부처분의 취소판결이 확정**되면, 당해 거부처분을 한 행정청은 **판결의 취지에 따라 다시 이전의 신청에 대한 처분을 하여야** 한다. (O) [06 세무사]

▨ **판결에 의하여 취소되는 처분이 거부처분**인 경우에는 처분청은 **판결에 따라 이전에 신청한 처분을 하여야** 한다. (O) [07 세무사]

▨ **판결에 의하여 취소되는 처분**이 당사자의 **신청을 거부하는 것을 내용**으로 하는 경우, 그 처분을 행한 행정청은 **판결의 취지**에 따라 **다시 이전의 신청에 대한 처분을 하여야** 한다. (O) [08 세무사]

▨ **거부처분취소판결이 확정**된 경우 피고 행정청은 **판결의 취지**에 따라 **이전의 신청에 대한 처분을 하여야** 한다. (O) [10 세무사]

▨ **판결에 의하여 취소되는 처분**이 당사자의 **신청을 거부하는 것을 내용**으로 하는 경우에는 그 처분을 행한 행정청은 **판결의 취지**에 따라 **다시 이전의 신청에 대한 처분**을 할 수 있다. (X) [15 경행]
  ☑ 할 수 있다. → 하여야 한다.

▨ **신청에 대한 인용처분**이 **실체적 위법**을 이유로 **취소**되는 경우에 그 **처분을 행한 행정청**은 **판결의 취지**에 따라 **다시 이전의 신청에 대한 처분**을 **하여야** 한다. (X) [24 세무사]
  ☑ 인용 → 거부

673 ★★★★

거부처분 취소판결이 확정된 후, 그 취소소송 계속 중에 관련법령이 개정되었다는 이유로 처분청이 다시 거부처분을 하는 것은 기속력에 반한다. **O X**

> **해설**
>
> 행정처분의 적법 여부는 그 행정처분이 행하여진 때의 법령과 사실을 기준으로 하여 판단하는 것이므로 ★**거부 처분 후에 법령이 개정·시행**된 경우에는 **개정된 법령 및 허가기준을 새로운 사유**로 들어 **다시** 이전의 신청에 대한 ★**거부처분을 할 수 있으며** 그러한 처분도 행정소송법 제30조 제2항에 규정된 **재처분에 해당**된다(대결 1998.1.7. 97두22)
>
> ✓ 처분 후의 개정법령에 따른 **새로운 사유**를 들어 **거부처분**을 하는 것은 **기속력에 반하지 않는다.** **정답** ✕

- 취소판결의 경우 **처분 당시의 법령에 변동이 있을 때**에는 종전의 규정에 의한다는 경과규정이 없는 한, 행정청은 **확정판결에 의하여 취소된 처분**과 **동일한 이유로 동일한 내용의 처분**을 **다시 할 수 있다.** (O) [06 세무사]
  - ➡ 법령이 개정된 경우에도 종전법령에 의한다는 규정이 없는 이상, 개정법령에 부합하는 새로운 사유를 내세워 재거부처분하는 것이 가능하다.

- **거부처분에 대한 취소판결이 확정**되었어도 **사실심변론종결 이후의 법령변경**에 따라 **신법상의 사유를 들어 재차 거부처분**하는 것은 **기속력에 반하지 않는다.** (O) [07 세무사]

- 취소**판결의 확정 이후 사실관계나 법률관계가 변경**된 경우 행정청은 **새로운 사유에 근거**하여 **동일한 내용의 처분**을 **할 수 있다.** (O) [10 세무사 변경]

- 취소소송에 있어서 위법성판단 기준시점인 **처분시 이후**에 생긴 **개정된 법령**과 같이 **새로운 처분사유**를 들어 **동일한 내용의 처분을 하는 것은 가능**하다. (O) [14 국회8 변형]

- **거부처분 후에 법령이 개정·시행**된 경우, 거부처분취소의 확정판결을 받은 행정청이 **개정된 법령을 새로운 사유로 들어 다시 거부처분을 한 경우도 재처분에 해당**한다. (O) [19 서울9 2월]

- **거부처분 후에 법령이 개정·시행**된 경우에는 **개정된 법령을 새로운 사유로 들어 다시 이전의 신청에 대한 거부처분을 할 수 있다.** (O) [21 세무사]

- **거부처분 후 법령이 개정·시행**된 경우에 **거부처분 취소의 확정판결**을 받은 행정청이 **개정법령상의 새로운 사유를 내세워 다시 거부처분**을 하는 것은 행정소송법상의 **재처분의무에 반한다.** (✕) [12 변시]

- ~~거부처분 취소판결이 확정된 후, 그 취소소송 계속 중에 관련법령이 개정되었다는 이유로 처분청이 다시 거부처분을 하는 것은 기속력에 반한다.~~ (✕) [13 세무사]

- **거부처분취소소송에서 취소판결이 확정**되었다면, 행정청이 취소된 **처분 이후**에 **개정된 법령 및 허가기준을 근거로 다시 거부처분을 하는 것은 허용**~~되지 않는다.~~ (✕) [20 국가5 승진]

674 ★☆☆☆ [05 세무사]

재량권의 일탈·남용을 이유로 거부처분이 취소된 경우 행정청에게 재처분의무가 있다. 🅞🅧

> **해설**
> ☑ 당초의 **거부처분**이 **재량권을 일탈·남용**하였다는 **이유로 취소**되었다면, **행정청은** ★**재량권의 한계범위 내**에서 **새로이 재처분을 하여야 할 의무**를 진다. 이 경우의 **재처분**도 사안에 따라 **신청을 재차 거부하는 처분**일 수도 있고, 반대로 **인용하는 처분**일 수도 있다.　　　　　　　　　　　**정답** O

675 ★★★☆ [19 세무사]

임용기간이 만료된 국립대학 교원의 재임용거부처분이 판결로 취소되면 임용권자는 다시 재임용 여부를 결정할 의무를 부담할 뿐이고, 교원의 신분관계가 소급하여 회복되는 것은 아니다. 🅞🅧

> **해설**
> **임용기간이 만료**된 **교원의 재임용이 거부**되었다가 그 **재임용거부처분이 법원의 판결**에 의하여 **취소**되었다고 하더라도 **임용권자는** ★**다시 재임용 심의**를 하여 **재임용 여부**를 결정할 의무를 부담할 뿐, 위와 같은 **취소 판결**로 인하여 당연히 그 교원이 재임용★**거부처분 당시로 소급하여 신분관계를 회복**한다고 볼 수는 없다. (대판 2009. 3. 26. 2009두416)
>
> ☑ **재임용여부를 다시 결정**하여야 할 **재처분 의무는 부담**하지만, 재임용에 대한 재심의 결과, **재임용신청을** ★**다시 거부할 수도 있다**는 판시이다.　　　　　　　　　　　**정답** O

◼ 임용기간이 만료된 **국·공립대학 교원**의 **재임용거부처분**이 법원의 **판결에 의하여 취소**되었다고 하더라도 임용권자는 **다시 재임용 심의**를 하여 **재임용여부를 결정할 의무를 부담할 뿐**이다. (O) [18 국가5 승진]

676 ★★★★

㉠ 신청에 따른 처분이 절차의 위법을 이유로 취소되는 경우 처분청은 재처분의무가 있다.

[12 세무사] ⓞⓧ

㉡ 거부처분이 절차의 하자를 이유로 취소된 경우, 처분청은 적법한 절차를 거쳐 다시 거부처분을 할 수 있다.

[16 세무사] ⓞⓧ

> **해설**
>
> ⊙ **【행정소송법】제30조(취소판결등의 기속력)**
>   ② 판결에 의하여 **취소되는 처분**이 당사자의 **신청을 거부하는 것을 내용**으로 하는 경우에는 그 처분을 행한 행정청은 **판결의 취지**에 따라 ★**다시 이전의 신청에 대한 처분을 하여야** 한다.
>   ③ 제2항의 규정은 **신청에 따른 처분**이 ★**절차의 위법을 이유로 취소**되는 경우에 **준용**한다.
>
> ⊙ **(거부처분)** 취소사유가 행정처분의 **절차, 방법의 위법**으로 인한 것이라면 그 **처분 행정청**은 그 확정판결의 취지에 따라 그 **위법사유를 보완**하여 다시 종전의 신청에 대한 **거부처분**을 할 수 있고, 그러한 처분도 위 조항에 규정된 **재처분에 해당**한다. (대판 2005. 1. 14. 2003두13045)
>
> ☑ ㉠ **거부처분**이 ★**형식상 또는** ★**절차상 하자를 이유로 취소**된 경우, 행정청에게는 그 **하자를 보완하여 재처분할 의무**가 있다.
>
> ㉡ 이 때 행정청이 **절차상 하자를 보완**하였으나, **이전의 신청이 실체적 요건에 부합하지 않을 때**에는 다시 **거부처분**을 내릴 수 있는데, 이러한 **재거부처분도 재처분**에 해당한다. **정답** ㉠ O, ㉡ O

▨ 청문**절차의 흠결**을 이유로 **거부처분이 취소**된 경우 행정청에게 **재처분의무**가 있다. (O) [05 세무사]

▨ 건축허가**처분이 절차의 위법을 이유로 취소**된 경우 행정청에게 **재처분의무**가 있다. (O) [05 세무사]

▨ **거부처분**이 **형식의 하자를 이유로 취소**된 경우 행정청에게 **재처분의무**가 있다. (O) [05 세무사]

▨ A가 관할 행정청 B에 대하여 「여객자동차운수사업법」에 따른 운수사업**면허를 신청**하여 B가 면허처분을 하였는데, 이에 대하여 **경업자** C가 면허**처분취소소송을 제기**하였고, 면허**처분이 절차의 위법을 이유로 취소판결이 확정**된 경우 B는 **판결의 취지**에 따라 **다시 이전의 신청에 대한 처분을 할 필요**가 없다. (×) [22 세무사]

▨ **취소판결**이 **처분의 절차상 위법을 이유**로 하는 경우, 행정청이 **적법한 절차를 밟아 동일한 내용의 처분**을 하더라도 **기속력에 반하지 않는다.** (O) [17 세무사]

▨ **절차상 하자**로 인하여 **무효인 행정처분**이 있은 후 행정청이 관계 법령에서 정한 **절차를 갖추어 다시 동일한 행정처분**을 하였다면 당해 행정처분은 **종전의 무효인 행정처분과 관계없는 새로운 행정처분**이다. (O) [21 세무사]

▨ **절차상 위법을 이유**로 한 과세**처분취소판결이 확정**된 후 과세관청이 **판결에 적시된 위법사유를 보완**하여 **동일한 내용의 과세처분**을 하는 것은 **행정소송법상 허용**되지 않는다. (×) [13 세무사]

> 과세처분 시 납세고지서에 과세표준, 세율, 세액의 산출근거 등이 누락되어 있어 이러한 **절차 내지 형식의 위법을 이유로 과세처분을 취소하는 판결이 확정된 경우**에 … (중략) … 과세처분권자가 그 ★**확정판결에 적시된 위법사유를 보완**하여 행한 **새로운 과세처분**은 확정판결에 의하여 취소된 종전의 과세처분과는 별개의 처분으로서 확정판결의 기판력(=기속력)에 **저촉되는 것은 아니다.** (대판 1986.11.11., 85누231)

677 ★★★☆

㉠ 거부분을 취소하는 판결이 확정된 경우 처분청이 사실심 변론종결 이후의 사유를 내세워 다시 거부처분을 하는 것은 기속력에 저촉된다. [22 세무사] **O** **X**

㉡ 종전 거부처분 후에 발생한 새로운 사유를 내세워 다시 하는 거부처분은 기속력의 내용으로서 재처분에 해당할 수 없다. [16 세무사] **O** **X**

> **해설**
>
> - 행정소송법 제30조 제2항에 의하면, 행정청의 **거부처분을 취소하는 판결이 확정**된 경우에는 … (중략) … 확정판결의 당사자인 처분 행정청은 그 행정소송의 **★사실심 변론종결 이후 발생**한 **새로운 사유**를 내세워 '**다시 이전의 신청**'에 대하여 **거부처분**을 할 수 있으며, **그러한 처분**도 이 조항에 규정된 **★재처분에 해당**한다. (대판 1999.12.28. 98두1895)
>
> - 「행정소송법」 제30조 제2항에 의하면, 행정청의 **거부처분을 취소하는 판결이 확정**된 경우에는 처분을 행한 행정청이 **판결의 취지**에 따라 **이전 신청**에 대하여 **재처분을 할 의무**가 있다. 행정처분의 적법 여부는 행정처분이 행하여진 때의 법령과 사실을 기준으로 판단하는 것이므로 확정판결의 당사자인 처분행정청은 **종전 ★처분 후에 발생**한 **새로운 사유**를 내세워 **다시 거부처분을 할 수 있고**, 그러한 처분도 위 조항에 규정된 **★재처분에 해당**한다. (대판 2011.10.27. 2011두14401)
>
> ✓ ⓐ 종래의 판례가 **기판력과 기속력**을 명확히 **구별하지 않고 혼용**하였던 결과로, **판례1**과 **판례2**에서 판시하고 있는 **기속력의 시간적 범위기준**이 **상이**하다.
>
> > ⓑ **기속력의 시간적 기준**은 당초의 '**처분당시**'이므로, 거부처분취소판결을 받았더라도 **당초의 거부처분 ★후에 발생한 새로운 사유**가 있다면, 행정청은 그 사유를 내세워 다시 거부처분을 하는 것은 **기속력에 반하지 않는 재처분**으로 정리하되,
> >
> > ⓒ 판례1과 같이 **기속력의 시간적 기준**을 **★사실심변론종결시로 판시**(…'**사실심변론종결**' 이후에 발생한 새로운 사유를 이유로…)한 지문들도 **옳은 것**으로 정리해두어야 한다. **정답** ㉠ ×, ㉡ ×

▪ **거부처분 취소판결이 확정**된 후, 처분청이 **★사실심 변론종결 이후 발생한 새로운 사유**로 이전의 신청에 대해 **거부처분**을 하는 것은 **기속력에 반하지 않는다.** (○) [13 세무사]

▪ **거부처분 취소판결이 확정**된 후, **★사실심 변론종결 이후에 발생한 새로운 사유**를 근거로 **다시 거부처분을 하는 것**은 기속력에 위반된다. (×) [15 국가7]

▪ 취소소송에 있어서 위법성판단 기준시점인 **★처분시 이후**에 생긴 **새로운 사실관계**와 같이 새로운 처분사유를 들어 **동일한 내용의 처분**을 하는 것은 **가능**하다. (○) [14 국회8 변형]

▪ **거부처분의 취소판결이 확정**된 경우에 그 처분을 행한 행정청은 **종전 ★처분 후에 발생한 새로운 사유**를 내세워 **다시 거부처분을 할 수 있다.** (○) [16 국가7]

▪ 甲이 **행정청 乙을 상대**로 제기한 **거부처분 취소소송**에서 **인용판결이 확정**된 경우, 乙은 **처분 후에 발생한 새로운 사유**를 내세워 **다시 처분**을 할 수 없다. (×) [24 세무사]

> ➤ 참고판례
>
> **거부처분을 ★실체법상의 위법사유**에 기하여 **취소하는 판결이 확정**된 경우에는 당해 거부처분을 한 행정청은 원칙적으로 **신청을 인용**하는 **처분을 하여야** 하고, 사실심 변론종결 이전의 사유를 내세워 **다시 거부처분을 하는 것**은 확정판결의 **기속력에 저촉되어 허용되지 아니한다.** (대판 2001. 3. 23. 99두5238)

678 ★★★★

행정청이 취소판결의 기속력에 반하는 행정처분을 하는 것은 허용되지 않지만 그 하자가 중대하고 명백한 것은 아니다. **O X**

> 해설
>
> - 확정판결의 당사자인 처분**행정청**이 그 행정소송의 사실심 변론종결 이전의 사유를 내세워 다시 **확정판결과 ★저촉되는 행정처분**을 하는 것은 **허용되지 않는 것**으로서, 이러한 행정처분은 그 하자가 ★**중대하고도 명백**한 것이어서 **당연무효**라 할 것이다(대판 1990.12.11. 90누3560)
> - **재처분**을 하였다 하더라도 그것이 종전 거부처분에 대한 취소의 **확정판결**의 ★**기속력에 반하는** 등으로 ★**당연무효**라면 이는 아무런 재처분을 하지 아니하는 때와 마찬가지라 할 것이다. (대결 2002.12.11.2002무22)
>
> ✅ 기속력에 위반한 처분 등은 그 하자가 중대하고도 명백하여 **당연무효**이다. **정답** ✕

🖥 판례에 의할 때 **기속력에 위반**하여 한 **행정청의 행위**는 **당연무효**가 된다. (O) [05 세무사]

🖥 **기속력에 반하는 행정청의 처분**은 그 **하자가 중대·명백**하여 **당연무효**이다. (O) [08 세무사]

🖥 당해 처분행정청이 행정소송의 **사실심 변론종결 이전의 사유**를 들어 **확정판결과 저촉되는 행정처분**을 하는 경우 **무효가 된다.** (O) [09 세무사]

🖥 **취소판결이 확정**된 후에 그 **기속력에 위반**하여 같은 사유에 의한 동일한 내용의 처분은 그 **하자가 중대하고도 명백**하여 **당연무효**이다. (O) [10 국가9]

🖥 **처분취소판결이 확정**된 후 **처분 이전의 사유를 내세워** 다시 **확정판결에 저촉되는 처분**을 하였을 경우, 판례는 **새로운 처분이 당연무효**인 것으로 본다. (O) [11 세무사]

🖥 취소판결이 확정된 후 **기속력에 반하여 행한 처분**은 그 **하자가 중대·명백**하여 **당연무효**이다. (O) [12 세무사]

🖥 **기속력에 위반**한 **행정행위**는 **당연무효**가 된다. (O) [15 세무사]

🖥 취소판결의 **기속력에 위반**되는 **처분**은 **무효**이다. (O) [17 세무사]

🖥 취소판결의 **기속력에 위반**하여 **행정청이 행한 처분**은 취소의 대상이 될 뿐이고 무효는 아니라는 것이 판례의 입장이다. (✕) [09 지방9]

🖥 **기속력에 반하는 처분**은 취소사유에 해당한다. (✕) [16 세무사]

🖥 판결의 **기속력에 위반**하여 한 **행정청의 행위**는 그 **하자가 중대하지만 명백**하지 아니하여 취소사유가 된다. (✕) [19 세무사]

🖥 **기속력에 저촉되는 행정처분**이 **당연무효**인 것은 아니다. (✕) [22 세무사]

🖥 취소판결의 **기속력에 위반**하여 행한 **처분청의 행위**는 위법하나, 이는 **무효사유**가 아니라 취소사유에 해당한다. (✕) [24 경찰간부]

679 ★★★☆

㉠ 행정청은 취소판결의 기속력에 따라 위법한 결과를 제거하는 조치를 할 의무가 있다.

[21 세무사] Ⓞ Ⓧ

㉡ 현행 행정소송법은 기속력의 내용으로 원상회복의무를 명문으로 규정하고 있다.

[06 세무사] Ⓞ Ⓧ

해설

> 어떤 **행정처분**을 위법하다고 판단하여 **취소하는 판결이 확정**되면 행정청은 <u>취소판결의 기속력</u>에 따라 그 판결에서 확인된 위법사유를 배제한 상태에서 다시 처분을 하거나 그 밖에 ★**위법한 결과를 제거하는 조치를 할 의무**가 있다. (대판 2020. 4. 9. 2019두49953)

✓ ㉠ **처분의 취소판결이 확정**되면, 행정청은 결과적으로 **위법한 처분에 의하여 초래된 위법한 상태를 제거**하고 **원상회복할 의무**가 있다.

  ㉡ 행정소송법에서 **원상회복의무를 명문으로 규정하고 있지는 않다.**　　　정답 ㉠ O, ㉡ ×

📘 **위법상태의 제거 및 원상회복의무**는 취소판결의 **기속력의 내용에 해당**한다. (O) [12 세무사]

📘 어떤 행정**처분을 위법하다고 판단하여 취소하는 판결이 확정**되면 행정청은 **취소판결의 기속력**에 따라 그 판결에서 확인된 위법사유를 배제한 상태에서 다시 처분을 하거나 그 밖에 **위법한 결과를 제거하는 조치를 할 의무**가 있다. (O) [21 경행]

📘 행정**처분의 취소판결이 확정**되면 그 판결에서 확인된 위법사유를 배제한 상태에서 다시 처분을 하거나 그 밖에 **위법한 결과를 제거하는 조치를 할 의무**가 있다. (O) [21 군무원7]

📘 취소**판결의 기속력**에 따라 **행정청**은 **위법한 결과를 제거하는 조치를 할 의무**가 있다. (O) [24 세무사]

📘 **자동차의 압류처분이 판결로 취소**되면 행정청은 그 **자동차를 원고에게 반환해야** 한다. (O) [12 국회8]

📘 **파면처분에 대한 취소판결이 확정**되면 **파면되었던 원고를 복직시켜야** 한다. (O) [17 서울9]

📘 병무청장의 인적사항 공개**처분이 (판결로) 취소**되면 병무청장은 **취소판결의 기속력**에 따라 **위법한 결과를 제거하는 조치를 할 의무**가 있다. (O) [22 국회8]

> **병무청장**이 인터넷 홈페이지 등에 게시하는 사실행위를 함으로써 공개 대상자의 인적사항 등이 <u>이미 공개되었더라도</u>, 재판에서 **병무청장의 공개결정이 위법함이 확인되어 취소판결이 선고**되는 경우, **병무청장**은 <u>취소판결의 기속력</u>에 따라 <u>위법한 결과를 제거하는 조치를 할 의무</u>가 있다. (대판 2019. 6. 27. 2018두49130)

📘 법령을 위반한 폐기물처리업자 甲에 대하여 A군수가 3개월의 **영업정지 처분**을 하자 甲은 취소소송을 제기한 경우, **취소판결이 확정**되면 A군수는 판결에 기속되나, 그 밖에 **위법한 결과가 있더라도 이를 제거하는 조치를 할 의무**는 없다. (×) [22 세무사]

680 ★★★☆

㉠ '거부처분 취소판결의 기속력에 따른 직접처분'은 행정소송법에 규정되어 있다.

[08 세무사] ⭕❌

㉡ 간접강제는 판결의 기속력 확보수단이다. [18 세무사] ⭕❌

㉢ 간접강제는 「행정소송법」 제30조 제2항의 재처분의무를 전제로 한다. [20 세무사] ⭕❌

> **해설**
>
> **【행정소송법】**
> **제34조(거부처분취소판결의 간접강제)** ① 행정청이 제30조 제2항의 규정에 의한 **처분을 하지 아니하는 때**에는 **제1심 수소법원**은 당사자의 신청에 의하여 **결정으로써 상당한 기간**을 정하고 **행정청이** 그 **기간내에 이행하지 아니하는 때**에는 ★그 지연기간에 따라 **일정한 배상을 할 것을** 명하거나 **즉시 손해배상을 할 것을** 명할 수 있다.
>
> ☑ ㉠ 행정심판법과 달리, **행정소송법**에는 **직접처분은 규정되어 있지 않고,**
>
> ㉡, ㉢ **제34조**에서 행정청이 **거부처분취소판결의 기속력**에 따른 **재처분의무**가 있음에도, 이를 **불이행할 경우**를 대비하여 '**간접강제**'를 규정하고 있다. **정답** ㉠ ✕, ㉡ ⭕, ㉢ ⭕

■ 행정소송의 **판결의 실효성을 담보**하기 위한 **간접강제제도**는 **거부처분취소판결**에 **인정**된다. (⭕) [03 입시]

■ **간접강제제도**는 **거부처분의 취소판결의 경우 인정**된다. (⭕) [05 세무사]

■ "행정청이 **거부처분취소판결의 취지**에 따라 **다시 처분을 하지 아니하는 때**에는 제1심 수소법원은 **당사자의 신청**에 의하여 **결정**으로써 **상당한 기간**을 정하고 **행정청**이 그 기간 내에 **이행하지 아니하는 때**에는 그 지연기간에 따라 **일정한 배상을 할 것을** 명하거나 **즉시 손해배상을 할 것을** 명할 수 있다."와 같은 행정소송법상 제도는 '**간접강제**'이다. (⭕) [16 세무사]

■ 甲이 **행정청 乙**을 상대로 제기한 **거부처분 취소소송**에서 **인용판결이 확정**된 경우에, 乙이 **재처분의무를 이행하지 아니할 때**, **법원**은 직접처분으로 **판결의 실효성을 확보**할 수 있다. (✕) [24 세무사]

■ **간접강제**는 **판결의 기속력과 관련**된다. (⭕) [17 세무사]

■ 행정소송의 **판결의 실효성을 담보**하기 위한 **간접강제제도**는 판결의 기속력에 따른 **재처분의무의 이행을 강제**하기 위한 제도이다. (⭕) [03 입시]

■ **거부처분취소**에 따르는 **재처분의무의 실효성 확보**를 위해 **행정소송법**에 간접강제제도를 두고 있다. (⭕) [17 소방간부]

■ 정보공개청구소송에서 정보공개 **거부처분에 대한 취소판결이 확정**되었다면 행정청에 대해 판결의 취지에 따른 **재처분의무가 인정**될 뿐 그에 대하여 **간접강제까지 허용**~~되는 것은 아니다.~~ (✕) [18 군무원9]

681 ★★★☆

지연기간에 따라 일정한 배상을 할 것을 명할 수 있으나 즉시 손해배상을 명할 수는 없다. **O X**

> **해설**
>
> **【행정소송법】**
> **제34조(거부처분취소판결의 간접강제)** ① 행정청이 제30조 제2항의 규정에 의한 **처분을 하지 아니하는 때**에는 제1심 수소법원은 **당사자의 신청**에 의하여 **결정으로써 상당한 기간**을 정하고 **행정청이 그 기간내에 이행하지 아니하는 때**에는 ★그 **지연기간에 따라 일정한 배상을 할 것을 명**하거나 **즉시 손해배상을 할 것을 명**할 수 있다.
>
> ✓ 재처분의 지연기간에 따라 배상을 명하거나, 즉시 배상을 명할 수도 있다.   **정답** ✕

💬 **간접강제제도**는 법원이 **상당한 재처분기간**을 정하고 그 **기간내에 재처분하지 아니할 경우**에는 **손해배상을 할 것을 명**하는 제도이다. (O) [03 입시]

💬 행정소송상 **간접강제**는 지연기간에 따라 일정한 배상을 할 것을 명할 수 있으며 **즉시 손해배상을 명**할 수도 있다. (O) [14 세무사]

💬 **간접강제 결정**시 **지연기간에 따라 일정한 배상**을 할 것을 **명**하거나 **즉시 손해배상**을 할 것을 **명**할 수 있다. (O) [23 세무사]

💬 **간접강제**제도는 **법원**은 **재처분기간을 정하지 않고 즉시 손해배상**을 할 것을 **명**할 수 없다. (✕) [03 입시]

682 ★★★☆

간접강제결정에 기한 배상금은 확정판결의 취지에 따른 재처분의 지연에 대한 제재이다.

> **해설**
>
> 행정소송법 제34조 소정의 **간접강제결정에 기한 배상금**은 거부처분취소판결이 확정된 경우 그 처분을 행한 행정청으로 하여금 확정판결의 취지에 따른 재처분의무의 이행을 확실히 담보하기 위한 것으로서, … (중략) … 이는 확정판결의 취지에 따른 **재처분의 ★지연에 대한 제재나 손해배상이 아니고 재처분의 이행에 관한 ★심리적 강제수단**에 불과한 것으로 보아야 한다.(대판 2004. 1. 15. 2002두2444)
>
>   **정답** ✕

💬 **간접강제결정에 따른 배상금**은 **재처분의 이행**에 관한 **심리적 강제수단**에 해당한다. (O) [20 세무사]

💬 **간접강제결정에 기한 배상금**은 확정판결에 따른 재처분의 지연에 대한 제재 또는 손해배상이라는 것이 판례의 입장이다. (✕) [13 국가7]

683 ★★☆☆

"피신청인은 이 결정의 정본을 받은 날로부터 ○○일 이내에 신청인에 대하여 이 법원 2006구합127 ××거부처분취소사건의 확정판결의 취지에 따른 처분을 하지 않을 때에는 신청인에 대하여 위 기간이 마치는 다음날부터 처분시까지 1일 금 ○○○원의 비율에 의한 금원을 지급하라."와 같은 판결 주문은 '간접강제'에 관한 주문례이다. **O X**

> 해설
>
> ☑ ⓐ "○○일 이내에 … 확정**판결의 취지에 따른 처분을 하지 않을 때**"와 "**금원을 지급하라**"와 같은 문구에서 **간접강제 결정**의 주문임이 추론된다.
>
> ⓑ 이러한 **간접강제 결정**에도 **재처분의무를 이행하지 않을 때**에는, 간접강제 신청인이 **간접강제 결정**을 **집행권원**으로 하는 **집행문**을 부여(법원 → 신청인)받아 **배상금을 강제집행**하는 등 **추심절차를 진행**할 수 있다.
>
> **정답** O

🔲 **간접강제제도**는 일정한 **배상금의 추심**을 통해 **행해진다**. (O) [05 세무사]

684 ★★★★

간접강제결정의 신청은 확정판결을 선고한 법원에 하여야 한다. **O X**

> 해설
>
> **【행정소송법】**
> **제34조(거부처분취소판결의 간접강제)** ① 행정청이 제30조 제2항의 규정에 의한 **처분을 하지 아니하는 때**에는 ★**제1심 수소법원**은 당사자의 신청에 의하여 **결정**으로써 상당한 기간을 정하고 행정청이 그 기간내에 이행하지 아니하는 때에는 그 지연기간에 따라 일정한 배상을 할 것을 명하거나 즉시 손해배상을 할 것을 명할 수 있다.
>
> ☑ 판결이 확정된 심급을 불문하고, **간접강제의 신청**은 **제1심 수소법원**에 하여야 한다. **정답** X

🔲 **간접강제**는 당사자가 **제1심 수소법원에 신청**하여야 한다. (O) [13, 23 세무사]

🔲 **간접강제 신청**은 **제1심 수소법원**에 하여야 한다. (O) [17, 18 세무사]

🔲 甲이 **거부처분**에 대해 제기한 **항고소송**(X)에서 **인용판결이 확정**되었으나 **재처분 의무가 이행되고 있지 않다**. X가 **취소소송**인 경우, 甲은 **제1심수소법원**에 **간접강제결정을 신청**할 수 있다. (O) [24 세무사]

🔲 甲의 도로점용허가 신청에 대하여 처분청 X는 거부처분을 한 경우, 甲이 **거부처분취소소송**을 제기하여 **인용판결이 상고심에서 확정**되었음에도 X가 아무런 조치를 취하지 아니하면 상고심 **법원**은 **甲의 신청**에 의해 **간접강제 결정**을 할 수 있다. (X) [20 행정사]

685 ★★★☆

[20 세무사]

제1심 수소법원은 당사자의 신청에 따라 간접강제 명령을 할 수 있다. OX

> 해설

> **【행정소송법】제34조(거부처분취소판결의 간접강제)** ① 행정청이 제30조 제2항의 규정에 의한 처분을 하지 아니하는 때에는 **제1심 수소법원은 ★당사자의 신청**에 의하여 **결정**으로써 상당한 기간을 정하고 행정청이 그 기간 내에 이행하지 아니하는 때에는 그 지연기간에 따라 일정한 배상을 할 것을 명하거나 즉시 손해배상을 할 것을 명할 수 있다.

> ✓ 간접강제는 **당사자의 ★신청을 전제**로 한다. **정답** O

📋 **행정청**이 판결의 취지에 따른 **처분**을 하지 않는 경우에 **제1심 수소법원**은 **당사자의 신청에 의하여** 상당한 기간을 정하여 **처분**하도록 **결정**할 수 있다. (O) [07 세무사]

📋 **행정청**이 **상당한 기간 내에도 이행하지 않는 경우**에는 **제1심 수소법원**은 그 **지연기간에 따라 일정한 배상을 명**할 수 있다. (O) [07 세무사]

📋 행정청이 **거부처분취소판결**에 따른 **재처분의무를 이행하지 않아** 그 지연기간에 따라 **일정한 배상을 할 것을 명하는 행위**는 취소소송의 **제1심 수소법원**이 직권으로 할 수 있다. (×) [21 세무사]

686 ★★★★

[07 세무사]

간접강제에는 행정소송법 제33조와 민사집행법 제262조가 준용된다. OX

> 해설

> · **【행정소송법】**
> 　**제34조(거부처분취소판결의 간접강제)** ② **★제33조**와 **★민사집행법 제262조**의 규정은 제1항의 경우(* 간접강제명령)에 **준용**한다.
> 　**제33조(소송비용에 관한 재판의 효력)** 소송비용에 관한 재판이 확정된 때에는 **피고 또는 참가인**이었던 **★행정청**이 소속하는 **국가 또는 공공단체**에 그 **효력을 미친다.**
> · **【민사집행법】**
> 　**제262조(채무자의 심문)** 제260조 및 **제261조(간접강제)의 결정**은 **★변론 없이 할 수 있다.** 다만, 결정하기 전에 채무자를 심문하여야 한다.

> ✓ ⒜ 민사집행법 제262조의 준용에 따라, **법원은 ★변론없이도 간접강제 결정**을 할 수 있다.
> 　　➡ 다만 변론을 열지 않고 결정하는 때에도 채무자(처분 의무자)인 행정청을 심문하여야 한다.
> 　⒝ 또한 행정소송법 33조를 준용하여 **간접강제(배상명령)의 효력**이 피고 행정청 등이 소속하는 **★국가 또는 공공단체에도 미치도록 규정**하여 간접강제의 **실효성**을 보장하고 있다. **정답** O

📋 **간접강제의 결정**은 **변론 없이 할 수 있다.** (O) [14, 18, 23 세무사]

📋 **간접강제의 결정**은 **피고 또는 참가인**이었던 **행정청이 속하는(소속하는) 국가 또는 공공단체**에 그 **효력**을 미친다. (O) [14, 23 세무사]

📋 **간접강제결정**은 **피고 행정청 외에** 그가 **속하는 국가 또는 공공단체**에는 **효력**을 미치지 않는다. (×) [24 세무사]

687 ★★★☆

거부처분에 대한 취소판결이 확정된 뒤 행정청이 재처분을 하였지만 그것이 취소판결의 기속력에 반하는 경우, 간접강제가 허용된다. **O X**

> **해설**
>
> **거부처분에 대한 취소의 확정판결**이 있음에도 행정청이 아무런 재처분을 하지 아니하거나, **재처분을 하였다 하더라도** 그것이 종전 거부처분에 대한 취소의 ★**확정판결의 기속력에 반하는 등**으로 **당연무효라면** 이는 아무런 **재처분을 하지 아니한 때와 마찬가지**라 할 것이므로 이러한 경우에는 행정소송법 제34조 제1항 등에 의한 ★**간접강제 신청에 필요한 요건을 갖춘 것**으로 보아야 한다. (대결 2002.12.11., 자, 2002무2)
>
> **정답** O

- **거부처분취소판결이 확정된 이후** 행정청이 **다시 거부처분**을 하였으나 **당해 거부처분이 당연무효인 경우**라면 판결의 취지에 따른 **처분을 하지 아니한 경우에 해당**한다. (O) [07 세무사]
- **거부처분에 대한 취소판결의 확정 후** 행정청이 행한 **재처분이 당연무효**인 경우에 **간접강제를 신청할 수 있다.** (O) [11 세무사]
- **처분청이 재처분을 하였더라도 기속력에 위반**되어 **무효인 경우**에는 **간접강제가 허용**된다. (O) [13 세무사]
- 甲이 **거부처분**에 대해 제기한 **취소소송**(X)에서 **인용판결이 확정**되었고, 만약 **재처분**을 하였더라도 **기속력에 반하는 것이라면** 甲은 **간접강제결정을 신청할 수 있다.** (O) [24 세무사 수정]

688 ★★★★

㉠ 간접강제 결정의 주문에서 정한 기간을 경과한 재처분은 무효이다. [20 세무사] **O X**

㉡ 간접강제결정에서 정한 의무이행기간이 경과한 후에 행정청이 재처분을 한 경우에도 행정청에 대하여 배상금을 추심할 수 있다. [14 세무사] **O X**

> **해설**
>
> 특별한 사정이 없는 한 ★**간접강제결정에서 정한 의무이행기한이 경과한 후**에라도 확정판결의 취지에 따른 **재처분의 이행이 있으면** 배상금을 추심함으로써 **심리적 강제를 꾀할 목적이 상실**되어 처분상대방이 ★**더 이상 배상금을 추심하는 것은 허용되지 않는다.** (대판 2004. 1. 15. 2002두2444)
>
> ✓ 법원이 간접강제 결정문에서 정한 **재처분의무이행 기간이 경과한 후**에라도 재처분을 하였다면, **간접강제의 목적**(=재처분의무의 이행)은 달성되었다 할 것이므로, ★**이후의 배상금 추심은 허용되지 않게 된다.**
>
> **정답** ㉠ X, ㉡ X

- **간접강제결정**에서 정한 **의무이행기간이 경과한 후**라도 **처분청**이 확정판결의 취지에 따른 **재처분을 행한 경우**에는 **배상금을 추심할 수 없다.** (O) [13 세무사]
- **간접강제결정**에서 정한 **이행기간이 경과한 후**에 **재처분의무를 이행**한 경우 처분상대방은 **더 이상 배상금을 추심할 수 없다.** (O) [17 세무사]
- 甲이 거부처분에 대해 제기한 항고소송(X)에서 인용판결이 확정되었으나 재처분 의무가 이행되고 있지 않다. **간접강제결정**에서 정한 **의무이행기한이 경과한 후**라도 **재처분의 이행**이 있으면 甲은 더 이상 **배상금을 추심할 수 없다.** (O) [24 세무사]

689 ★★★★

부작위위법확인소송은 간접강제가 인정되는 소송이다.　　　　　　　　　O X

> **해설**
>
> 【행정소송법】
> 제34조(거부처분취소판결의 간접강제)
> 제38조(준용규정) 제34조의 규정은 ★<u>부작위법확인소송</u>의 경우에 <u>준용</u>한다.
>
> ✔ <u>간접강제</u>는 ★**거부처분취소소송**과 ★**부작위위법확인소송**에만 **적용**되는 제도이다.　　**정답** O

- **부작위위법확인소송**에는 거부처분취소소송에서의 **간접강제에 관한 규정이 준용**된다. (O) [06 세무사]
- **부작위위법확인판결**과 **거부처분취소판결**에는 행정소송의 실효성을 담보하기 위한 **간접강제제도가 인정**된다. (O) [06 경남9]
- **부작위위법확인판결**이 확정된 경우에도 취소판결의 **간접강제에 관한 규정이 준용**된다. (O) [13 세무사]
- 취소소송에 관한 규정 중 '**거부처분취소판결의 간접강제**'는 **부작위위법확인소송에 준용**된다. (O) [14 세무사]
- **간접강제가 허용**되기 위해서는 **거부처분취소판결이나 부작위위법확인판결이 확정되어야** 한다. (O) [14, 18 세무사]
- 건축허가의 신청에 대한 행정청의 **부작위가 위법함을 확인하는 판결**은 **간접강제를 할 수 있는 판결**이다. (O) [22 세무사]
- '**거부처분취소판결의 간접강제**'는 **부작위위법확인소송에 준용**되는 취소소송의 법리가 아니다. (X) [07 세무사]
- 취소소송에 관한 규정 중 **간접강제**는 **부작위위법확인소송의 경우에 준용**되지 않는다. (X) [08 세무사]
- **부작위위법확인소송**의 경우에는 **간접강제에 관한 규정이 준용**되지 아니한다. (X) [11 세무사]

690 ★★★★

㉠ 무효등 확인소송은 간접강제가 인정되는 소송이다.   [15 세무사] Ⓞ Ⓧ

㉡ 토지의 수용재결을 취소하는 판결은 간접강제를 할 수 있는 판결이다.   [22 세무사] Ⓞ Ⓧ

㉢ 공무원지위확인소송은 간접강제가 인정되는 소송이다.   [15 세무사] Ⓞ Ⓧ

> 해설
>
> 행정처분에 대하여 **무효확인 판결**이 내려진 경우에는 그 행정처분이 거부처분인 경우에도 행정청에 판결의 취지에 따른 재처분의무가 인정될 뿐 그에 대하여 ★**간접강제까지 허용되는 것은 아니라고 할 것**이다. (대판 2004. 1. 15. 2002두2444)
>
> ✅ 간접강제 제도는 ★**거부처분취소소송**과 ★**부작위위법확인소송에만 적용**된다.
>   따라서 ㉠ **무효등 확인소송**, ㉡ 거부처분이 아닌 처분에 대한 **일반적 취소소송**, ㉢ **당사자소송**(공무원지위확인소송)에서는 **간접강제가 불가능**하다.   정답 ㉠ ×, ㉡ ×, ㉢ ×

🔲 **무효등 확인소송**에 취소판결의 기속력에 관한 규정은 준용되지만, 재처분의무에 따른 **간접강제에 관한 규정은 준용되지 않는다**. (○) [16 세무사]

🔲 거부처분에 대하여(대해) **무효확인판결**이 내려진 경우에는 이에 대한 **간접강제는 허용되지 않는다**. (○) [21, 23 세무사]

🔲 甲이 **거부처분**에 대해 제기한 항고소송(X)에서 **인용판결이 확정**되었으나 **재처분 의무가 이행되고 있지 않다**. X가 **무효확인소송**인 경우, 甲은 **간접강제결정을 신청할 수 없다**. (○) [24 세무사]

🔲 **간접강제**는 취소소송 이외의 모든 항고소송에 **준용**된다. (×) [07 세무사 수정]

🔲 판례에 의할 때 거부처분 **무효확인판결**의 경우에 간접강제가 허용된다. (×) [10 세무사]

🔲 **무효등 확인소송**의 경우 간접강제에 관한 규정이 준용된다. (×) [11 세무사]

🔲 행정소송법은 거부처분무효확인소송의 인용판결의 실효성을 확보하기 위하여 **간접강제제도**를 규정하고 있다. (×) [12 세무사]

🔲 **거부처분에 대한 무효확인판결이 확정**되었음에도 행정청(처분청)이 재처분(아무런 처분)을 하지 않는 경우, 간접강제가 허용된다. (×) [13, 17 세무사]

🔲 재개발조합 설립인가 신청에 대한 거부처분이 **무효임을 확인하는 판결**은 간접강제를 할 수 있는 판결이다. (×) [22 세무사]

🔲 **간접강제**는 모든 항고소송에 **준용**된다. (×) [23 세무사]

🔲 취소소송 규정 중 **간접강제**는 무효등 확인소송에 준용된다. (×) [23 세무사]

🔲 기반시설부담금 부과**처분의 일부를 취소**하는 **판결**은 간접강제를 할 수 있는 판결이다. (×) [22 세무사]

🔲 **당사자소송**에는 취소판결의 **간접강제**에 관한 규정이 **준용되지 않는다**. (○) [16 세무사]

🔲 **당사자소송**은 간접강제가 인정되는 소송이다. (×) [15 세무사]

🔲 행정소송법의 규정 중 '**간접강제**'는 **취소소송**과 당사자소송에 공통으로 **적용**된다. (×) [21 세무사]

🔲 지방자치단체에 대하여 소속 **공무원의 초과근무수당 지급을 명령**하는 **판결**은 간접강제를 할 수 있는 판결이다. (×) [22 세무사]   ➡ 초과근무수당지급청구소송의 형태는 **당사자소송**(451문 참고)

제4항 형성력

691 ★☆☆☆ [12 세무사]

처분의 효력 상실 내지 배제는 취소판결의 기속력의 내용에 해당한다. **O X**

해설

✓ 판결의 '**형성력**'이란 판결의 내용에 따라 ★**법률관계의 발생·변동·소멸**을 가져오는 **효력**을 뜻하는바, 어떤 처분에 대한 **취소판결이 확정**되면, 그 처분은 판결의 **형성력**에 의하여 **자연히 효력**을 ★**상실(배제)**하여 **처음부터 처분이 없었던 것과 같은 상태**가 된다. **정답** ✕

📖 판결의 **내용**에 따라 기존의 **법률관계의 변동을 가져오는 효력**을 말한다. (O) [10 세무사]
📖 처분의 **효력상실 내지 배제(형성효)**는 **취소판결의 형성력의 내용**에 해당한다. (O) [09 세무사]

692 ★★☆☆

㉠ "파면처분을 받은 세무공무원이 전심절차를 거쳐 파면처분취소소송을 관할법원에 제기하여 그 취소판결이 있게 되면 소급하여 공무원의 신분을 회복하게 된다."는 형성력과 관련된다.
[06 세무사] **O X**

㉡ 과세처분을 취소하는 판결이 확정되면 그 과세처분은 처분시에 소급하여 소멸한다.
[18 세무사] **O X**

해설

"**과세처분을 취소하는 판결**이 확정되면 그 ★**과세처분은 처분시에 소급하여 소멸**하므로 그 뒤에 과세관청에서 그 과세처분을 경정하는 경정처분을 하였다면 이는 존재하지 않는 과세처분을 경정한 것으로서 그 하자가 중대하고 명백한 당연무효의 처분이다."(대판 1989.5.9., 88다카)

✓ 파면처분**취소판결**이나 과세처분**취소판결**이 확정되면, 그 **처분들의 효력**은 소급하여 당연히 **상실**되므로, 원래부터 그 ★**처분들이 없었던 것과 같은 상태**로 돌아간다. **정답** ㉠ O, ㉡ O

📖 **파면처분을 받은 공무원**은 법원으로부터 그 **취소판결**이 있게 되면 **소급하여 공무원의 신분을 회복**하게 하는 판결의 효력은 '**형성력**'이다. (O) [98 국가7]

📖 '**과세처분을 취소하는 판결이 확정**되면 그 **과세처분은 처분시에 소급하여 소멸**하는 것이므로 과세처분을 취소하는 판결이 확정된 뒤에는 **그 과세처분을 경정하는 이른바 경정처분을 할 수 없다.**' 이와 관련된 취소소송의 판결의 효력은 '**형성력**'이다. (O) [13 국가7]

693 ★★★★

취소소송에서 인용판결이 확정된 경우 처분청이 당해 처분을 직권으로 취소해야만 그 취소의 효과가 발생한다. **O X**

> **해설**
>
> 행정**처분을 취소한다는 확정판결**이 있으면 그 **취소판결의 형성력**에 의하여 당해 행정**처분의 취소나 취소통지등의 ★별도의 절차를 요하지 아니하고** 당연히 **취소의 효과가 발생**한다. (대판 1991. 10. 11. 90누5443)
>
> ✅ 취소판결이 있게 되면, **처분청이 별도의 행위를 하지 않더라도** 처분의 효력이 **소급하여 소멸**한다.
>
> **정답** ✕

■ **취소판결이 확정**되면, 행정상 법률관계는 **행정청의 별도의 집행행위 없이 당연형성의 효과를 발생**한다. (○) [06 서울9]

■ 행정**처분을 취소한다는 확정판결**이 있으면 그 취소판결의 ( )에 의하여 당해 행정처분의 **취소나 취소통지 등의 별도의 절차를 요하지 아니하고** 당연히 **취소의 효과가 발생**한다. → (형성력) [08 세무사]

■ **취소확정판결**이 있으면 **처분의 취소 등 별도의 절차 없이** 당연히 **취소의 효과가 발생**한다. (○) [09 세무사]

■ **취소판결이 확정**되면 행정청의 **별도의 절차를 요하지 아니하고** 당연히 **취소의 효과가 발생**한다. (○) [10 세무사]

■ 행정**처분을 취소한다는 확정판결**이 있으면 그 **취소판결의 형성력**에 의하여 당해 행정**처분의 취소나 취소통지 등의 별도의 절차를 요하지 아니하고** 당연히 **취소의 효과가 발생**한다. (○) [15 경행]

■ **취소판결이 확정**되면 당해 처분은 **처분청의 취소를 기다릴 필요 없이** 당연히 **효력이 상실**된다. (○) [18 세무사]

■ **취소판결이 확정**되더라도 **처분의 효력을 소멸**시키기 위하여는 처분청 등에 의한 취소처분이 필요하다. (✕) [01 행시]

■ 행정**처분의 취소판결이 확정**되면 처분청은 판결의 취지에 따라 처분을 취소하여야 할 의무가 있다. (✕) [04 행시]

■ **취소소송의 인용판결이 확정**되면 처분청은 당해 처분을 직권으로 취소하여야 한다. (✕) [10 세무사]

■ **취소판결이 확정**되면 처분청은 당해 처분을 취소하여야 한다. (✕) [11 세무사]

■ 영업정지처분에 대한 **취소소송**에서 **취소판결이 확정**되면 처분청은 **영업정지처분의 효력을 소멸**시키기 위하여 영업정지처분을 취소하는 처분을 하여야 할 의무를 진다. (✕) [22 지방9]

■ **취소판결이 확정**될 경우, 처분청이 취소소송의 대상인 처분에 대해 취소절차를 취하여 원고에게 취소통지를 한 때 **취소의 효과가 발생**한다. (✕) [24 경찰간부]

694 ★★★★

㉠ 취소판결의 형성력에 따라 확정된 취소판결에 대해서는 원칙적으로 소급효가 인정된다.

[10 세무사] 🔘❌

㉡ 제3자에게도 효력이 미침(대세효)은 취소판결의 형성력의 내용에 해당한다.　　**[09 세무사]** 🔘❌

> **해설**
>
> **【행정소송법】**
> 제29조(취소판결등의 효력) ① 처분등을 취소하는 확정판결은 ★제3자에 대하여도 효력이 있다.
>
> ✓ 형성력 = 형성효 ➕ 소급효 ➕ 제3자효(대세효)　　　　　　　　　　　**정답**　㉠ O, ㉡ O

■ 처분 효과의 처분시로의 소급(소급효)은 취소판결의 형성력의 내용에 해당한다. (O) **[09 세무사]**

■ 취소판결이 있게 되면 처분청의 별도의 행위를 기다릴 것 없이 처분의 효력이 소급하여 소멸된다. (O) **[05 세무사]**

■ 형성소송설에 따를 경우 취소판결이 확정되면 당해 처분의 효력은 행정청이 취소하지 않더라도 소급하여 효력을 상실한다. (O) **[12 지방9]**

■ 행정처분을 취소하는 판결이 확정되면 당해 행정처분의 효력은 처분 시에 소급하여 소멸하고 처음부터 당해 처분이 행하여지지 않았던 것과 같은 상태로 된다. (O) **[21 세무사]**

■ 현행 행정소송법상 항고소송 판결에 대한 대세적 효력을 인정하고 있다. (O) **[05 관세사]**

■ 항고소송에서 행정처분이 취소되면 원칙적으로 그 처분의 효력은 소급적으로 소멸하고, 그 효력은 제3자에게도 미친다. (O) **[06 관세사]**

■ 취소판결은 대세적 효력을 가진다. (O) **[18 세무사]**

■ "처분등을 취소하는 (　　)은 제3자에 대하여도 효력이 있다."에서 공란에 들어갈 '용어'와 밑줄 친 '효력'의 의미는 각각 확정판결, 형성력이다. (O) **[12 세무사]**

695 ★★★☆

조합설립인가처분이 판결에 의하여 취소된 경우에 주택재개발사업조합이 그 취소판결 전에 사업시행자로서 한 처분은 달리 특별한 사정이 없는 한 소급하여 효력을 상실한다.　　**[21 세무사]** 🔘❌

> **해설**
>
> 도시 및 주거환경정비법상 주택재개발사업조합의 조합설립인가처분이 법원의 재판에 의하여 취소된 경우 그 조합설립인가처분은 ★소급하여 효력을 상실한다. 이에 따라 당해 주택재개발사업조합 역시 조합설립인가처분 당시로 소급하여 행정주체인 공법인으로서의 지위를 상실하므로, 당해 주택재개발사업조합이 조합설립인가처분 취소 전에 도시정비법상 적법한 행정주체 또는 사업시행자로서 한 결의 등 처분은 달리 특별한 사정이 없는 한 ★소급하여 효력을 상실한다. (대판 2012. 3. 29. 2008다95885)
>
> ✓ 조합설립인가처분에 대한 취소판결의 형성력에 따라 조합의 지위가 소급하여 상실됨은 물론, 조합의 지위에서 행했던 처분도 원래부터 없었던 것처럼 그 효력이 소급하여 상실된다.　　　　　　**정답**　O

■ 취소판결이 있으면 판결의 형성력에 의해 당해 처분은 소급하여 취소되므로 취소된 처분을 전제로 하여 행하여진 처분이나 법률관계도 특별한 사정이 없는 한 소급하여 효력을 상실한다. (O) **[23 서울연구직]**

696 ★★★★

처분 등을 취소하는 확정판결은 제3자에 대하여도 효력이 있다. **O X**

> 해설
>
> **【행정소송법】**
> 제29조(취소판결등의 효력) ① 처분등을 취소하는 확정판결은 ★제3자에 대하여도 효력이 있다.
>
> ✅ 취소판결의 효력(대세효)이 미치는 제3자는 소송당사자 외의 **모든** 제3자를 뜻한다. **정답 O**

🔲 **처분을 취소하는 확정판결**은 **소송에 관여하지 않은 제3자**에 대해서도 **효력을 미친다.** (O) [99 관세사]

🔲 **취소판결의 효력**은 **소송당사자**에 대하여 미치며 **제3자**에게는 미치지 않는다. (X) [05 세무사]

🔲 **확정된 청구인용판결의 형성력**은 소송당사자인 **원고와 피고 행정청** 사이에 발생할 뿐 아니라 **제3자에게도 미친다.** (O) [08 국가9 변형]

🔲 **취소판결의 형성력**은 **당사자**뿐만 아니라 **제3자에게도 미친다.** (O) [10 세무사]

🔲 **제3자효적 행정행위**에 대한 **처분 등을 취소하는 확정판결**은 제3자에 대하여도 효력이 있다. (O) [10 군무원9 변형]

🔲 **처분을 취소하는 확정판결**은 **제3자에 대하여도 효력**이 있다. (O) [11, 24 세무사]

🔲 **처분 등을 취소하는 확정판결**은 **제3자에 대하여도 효력**이 있다. (O) [21 세무사]

🔲 A가 관할 행정청 B에 대하여 「여객자동차운수사업법」에 따른 운수사업면허를 신청하여 B가 면허처분을 하였는데, 이에 대하여 경업자 C가 면허**처분취소소송**을 제기하였고, **A가 소송에 참가**할 경우, 면허**처분을 취소하는 확정판결**은 **A에 대해서는 효력**이 없다. (X) [22 세무사]

> ➡ 취소판결의 <u>형성효</u>는 소송당사자 이외의 모든 제3자에 미치므로, <u>소송에 참가하였던 제3자에게도 당연히 취소판결 효력이 미친다.</u>

🔲 지방세부과**처분의 취소청구**를 각하하는 **판결**은 **제3자에 대하여도 효력**이 있다. (X) [22 세무사]

> ✅ 각하 → 인용 / 처분을 취소하는 인용판결만 제3자에 대하여 효력이 있다. (후술 예정)

🔲 **처분 등을 취소하는 확정판결**은 양 ~~당사자 사이에서만~~ **발생**한다. (X) [01 관세사]

🔲 **처분 등을 취소하는 확정판결**은 **당사자 이외의 제3자에게는 효력**이 ~~없다.~~ (X) [10 지방9]

🔲 행정소송법상 **취소판결의 효력**은 **제3자**에게 ~~미치지 않는다.~~ (X) [12 군무원9]

🔲 **취소소송의 인용판결**에는 **제3자효가 인정**되지 ~~않는다.~~ (X) [17 세무사]

🔲 **처분등을 취소하는 확정판결**은 **당사자 간에 효력**이 있고, **제3자에 대하여는 효력**이 ~~미치지 아니한다.~~ (X) [19 행정사]

🔲 **제3자효 행정행위를 취소하는 확정판결**은 **제3자에 대해서 효력**을 ~~미치지 않는다.~~ (X) [14 국가7]

697 ★★★★

㉠ 무효확인소송의 인용판결에는 제3자효가 인정되지 않는다.　　　　　[17 세무사] Ⓞ Ⓧ

㉡ 부작위위법확인판결의 효력은 제3자에게는 미칠 수 없다.　　　　　[16 세무사] Ⓞ Ⓧ

해설

> **【행정소송법】**
> **제29조(취소판결등의 효력)** ① <u>처분등을 취소하는 확정판결</u>은 ★제3자에 대하여도 **효력**이 있다.
> **제38조(준용규정)**
> ① <u>제29조의 규정</u>은 ★**무효등 확인소송**의 경우에 **준용**한다.
> ② <u>제29조의 규정</u>은 ★**부작위위법확인소송**의 경우에 **준용**한다.

✓ **취소판결**의 <u>제3자효(대세효)</u>는 모든 **항고소송**에서 **준용**되는 효력이다.　　　정답 ㉠ ✕, ㉡ ✕

- **확정판결의 효력**이 **제3자에게도 미치는 소송형태**는 **항고소송**이다. (O) [06 세무사]
- **무효등확인판결**은 **제3자에 대하여 효력**이 미친다. (O) [10 세무사]
- 처분등의 **무효를 확인하는 확정판결**은 **제3자에 대하여도 효력**이 있다. (O) [13 세무사]
- **무효등을 확인하는 확정판결**은 **제3자에 대하여도 효력**이 있다. (O) [18 세무사]
- 행정처분의 **무효확인판결**은 비록 형식상은 확인판결이라 하여도 그 **확인판결의 효력**은 그 취소판결의 경우와 같이 소송의 당사자는 물론 **제3자에게도 미친다.** (O) [24 국회8]

  > 행정처분의 **무효확인판결**은 비록 형식상은 확인판결이라 하여도 그 **확인판결의 효력**은 그 <u>취소판결의 경우와</u> 같이 소송의 당사자는 물론 **제3자에게도 미친다.** (대판 1982. 7. 27. 82다173)

- 처분 등의 **무효를 확인하는 확정판결**은 소송당사자 이외의 <u>제3자에 대하여는</u> ~~효력이 미치지 않는다.~~ (✕) [19 서울9]
- 제3자효 행정행위의 **무효를 확인하는 확정판결**은 ~~제3자에 대해서 효력을 미치지 않는다.~~ (✕) [14 국가7 변형]

- 취소소송에 관한 규정 중 '판결의 효력(제3자효)'은 **작위위법확인소송에 준용**된다. (O) [10 세무사 변형]
- **부작위가 위법함을 확인하는 확정판결**은 **제3자에 대하여도 효력**이 있다. (O) [20 세무사]
- 행정소송법상 취소소송에 관한 규정 중 **판결의 대세효**는 ~~부작위위법확인소송에 준용되지 않는다.~~ (✕) [02 국가7]
- '**취소판결 등의 제3자효**'은 ~~부작위위법확인소송에 준용되는 취소소송의 법리가 아니다.~~ (✕) [07 세무사]
- 취소소송에 관한 규정 중 **판결의 제3자효**는 ~~부작위위법확인소송의 경우에 준용되지 않는다.~~ (✕) [08 세무사]
- **부작위의 위법을 확인하는 확정판결**은 ~~제3자에 대하여 효력이 없다.~~ (✕) [11 세무사]
- **부작위위법확인소송의 인용판결**에는 ~~제3자효가 인정되지 않는다.~~ (✕) [17 세무사]
- 귀화허가 신청에 대한 **행정청의 부작위가 위법하다고 확인하는 판결**은 **제3자에 대하여도 효력**이 있다. (O) [22 세무사]

698 ★★★☆

[22 세무사]

부가가치세 환급세액의 지급을 명하는 판결은 제3자에 대하여도 효력이 있다. ⓞⓧ

> **해설**
> ☑ **취소판결의 제3자효**는, 부가가치세 환급세액 지급청구소송과 같은 **당사자소송에는 ★적용될 수 없다.**
> ➡ 부가가치세 환급청구의 소송형태에 관하여는 462문, 463문 참고 　　　　　　　　　　　 정답 ✕

- 🔲 **당사자소송의 인용판결**에는 **제3자효가 인정되지 않는다.** (○) [17 세무사]
- 🔲 취소소송에는 **대세효(제3자효)**가 있으나 **당사자소송**에는 **인정되지 않는다.** (○) [17 교행9]
- 🔲 행정소송법의 규정 중 '**판결의 제3자효**'는 **취소소송**과 당사자소송에 공통으로 적용된다. (✕) [21 세무사]
- 🔲 **당사자소송**의 확정판결은 제3자에 대하여도 효력이 있다. (✕) [18 세무사]

699 ★★☆☆

[07 세무사]

'취소판결 등의 형성력'은 부작위위법확인소송에 준용되는 취소소송의 법리가 아니다. ⓞⓧ

> **해설**
> ☑ **부작위위법확인소송**은 ★**확인소송의 일종**으로서, 부작위위법확인판결이 자체로는 **법률관계의 변동을 가져오지 않으므로**, 취소**판결의 형성력** 중 '제3자효'를 제외한 '**형성효**', '**소급효**'는 **부작위위법확인판결에 준용될 수 없는 효력**이다. 　　　　　　　　　　　　　　　　　　　　　　　　　　　　　　　　　　　정답 ○

700 ★★★☆

[21 세무사]

'취소판결 자체의 효력으로써 행정처분을 기초로 하여 새로 형성된 제3자의 권리까지 당연히 그 행정처분 전의 상태로 환원되는 것은 아니다. ⓞⓧ

> **해설**
> 행정처분을 취소하는 확정판결이 제3자에 대하여도 효력이 있다고 하더라도 일반적으로 판결의 효력은 주문에 포함한 것에 한하여 미치는 것이니 그 취소**판결 자체의 효력으로써** 그 행정처분을 기초로 하여 ★**새로 형성된 제3자의 권리까지** 당연히 그 행정처분 전의 상태로 ★**환원되는 것이라고는 할 수 없다.** (대판 1986. 8. 19. 83다카2022)
>
> ☑ 환지계획변경처분에 대한 취소판결에 따른 사인 간 소유권 분쟁사안인데, 사안이 대단히 복잡하므로, 수험상으로는 ★표시로 강조된 판례문구를 암기하는 식으로 정리하는 것이 이롭다. 　　　　　　정답 ○

- 🔲 **취소된 행정처분을 기초로** 하여 **새로 형성된 제3자의 권리**가 **취소판결 자체의 효력에 의해** 당연히 그 행정**처분 전의 상태로 환원되는 것은 아니다.** (○) [20 국가9]
- 🔲 행정**처분을 취소하는 확정판결**이 있으면 그 취소판결 자체의 효력에 의해 그 행정**처분을 기초로** 하여 **새로 형성된 제3자의 권리**는 당연히 그 행정**처분 전의 상태**로 환원된다. (✕) [23 국가7]

701 ★★★★

[14 세무사]

기각판결의 효력은 제3자에게도 미친다. **O X**

> (해설)
> ✓ **형성력**은 ★**인용판결(=원고승소판결)**이 있을 때에만 **인정된다.** 따라서 형성력의 내용 중 **제3자효**는 **기각판결**에서는 인정될 수 없다. **정답** ✕

- **형성력**은 취소소송의 **인용판결에 한하며, 기각판결에는 인정되지 않는다.** (○) [03 관세사]
- **형성력**은 **인용판결에만 인정**된다. (○) [12 세무사 변형]
- 취소소송의 **인용판결**은 **형성력을 갖는다.** (○) [13 세무사]
- 취소소송에서 **인용판결**은 **형성력을 갖는다.** (○) [18 세무사]
- **형성력**은 **원고승소판결**과 원고패소판결 모두에 **인정**된다. (✕) [08 세무사]
- **취소판결의 형성력**은 **인용판결**뿐만 아니라 기각판결에 **대해서도 인정**된다. (✕) [10 세무사]
- **형성력**은 **인용판결**과 기각판결 모두에 **대해서 인정**된다. (✕) [19 세무사 변형]
- 지방세부과**처분의 취소청구**를 기각하는 **판결**은 **제3자에 대하여도 효력**이 있다. (✕) [22 세무사]

  ☑ 기각 → 인용 / 처분을 취소하는 **인용**판결만 제3자에 대하여 효력이 있다.

702 ★★☆☆

[19 세무사]

운전면허취소처분을 취소하는 판결이 확정된 경우 운전면허취소처분은 행정행위의 공정력으로 인하여 장래에 향하여서만 효력을 잃게 된다. **O X**

> (해설)
> > 피고인이 행정청으로부터 **자동차 운전면허취소처분**을 받았으나 나중에 <u>그 행정처분 자체가 행정쟁송절차에 의하여 취소</u>되었다면, 위 <u>운전면허취소처분</u>은 그 **처분시에** ★**소급하여 효력을 잃게 되고**, 피고인은 위 <u>운전면허취소처분에</u> ★**복종할 의무가 원래부터 없었음**이 후에 **확정**되었다고 봄이 타당할 것이고, 행정행위에 공정력의 효력이 인정된다고 하여 **행정소송에 의하여 적법하게 취소**된 <u>운전면허취소처분</u>이 단지 ★**장래에 향하여서만 효력을 잃게 된다고 볼 수는 없다.** (대판 1999. 2. 5., 98도4239)
>
> ✓ **취소판결**의 형성력 중 **소급효**로 인하여 **운전면허취소처분**이 원래부터 없었던 상태로 돌아가므로, 운전면허취소처분을 받은 후에 운전을 하였더라도 이를 **무면허운전으로 볼 수 없게 된다.** **정답** ✕

- **운전면허취소처분**을 받았으나 나중에 **행정쟁송절차에 의해 취소**되었다면, **운전면허취소처분**은 그 **처분시에 소급하여 효력을 잃게 되고**, 운전면허**취소처분에 복종할 의무가 원래부터 없었음이 후에 확정**된 것이다. (○) [18 국회8]

- **영업허가취소처분을 취소하는 판결이 확정**되었다면 그 **영업허가취소처분 이후의 영업행위를 무허가영업이라고 볼 수는 없다.** (○) [24 경찰간부] ➡ 형성력에 관한 동일한 취지의 판례이다.

  > 영업의 금지를 명한 영업허가취소처분 자체가 나중에 **행정쟁송절차에 의하여 취소**되었다면 그 <u>영업허가취소처분</u>은 그 처분시에 **소급하여 효력을 잃게 되며**, 그 영업허가취소처분에 **복종할 의무가 원래부터 없었음**이 확정되었다고 봄이 타당하고, 영업허가취소처분이 장래에 향하여서만 효력을 잃게 된다고 볼 것은 아니므로 그 <u>영업허가취소처분 이후의 영업행위를 무허가영업이라고 볼 수는 없다.</u> (대판 1993. 6. 25. 93도277)

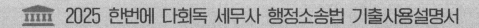
2025 한번에 다회독 세무사 행정소송법 기출사용설명서

제 14 절

가구제(잠정적 권리보호)

- 제1항 집행정지
- 제2항 행정소송에서의 가처분 및 가집행의 인정가능성

Administrative Litigation Law

제1항 **집행정지**

1 집행부정지의 원칙과 집행정지 제도

703 ★★★☆

㉠ 행정소송법은 집행부정지원칙을 채택하고 있다. [09 세무사] **O X**

㉡ 행정소송상 집행부정지원칙의 근거로 '행정작용의 신속한 집행의 필요성'이 있다.

[05 세무사] **O X**

㉢ 법령을 위반한 폐기물처리업자 甲에 대하여 A군수가 3개월의 영업정지 처분을 하자 甲은 취소소송을 제기한 경우, 취소소송을 제기한 때부터 처분의 효력은 정지된다. [22 세무사] **O X**

해설

> **【행정소송법】 제23조(집행정지)** ① <u>취소소송의 제기는 처분등의 효력이나 그 집행 또는 절차의 속행에 영향을 주지 아니한다.</u>

✎ ㉠, ㉡ **행정작용의 신속·원활한 실현**을 도모하고 **소송남용을 예방**하려는 입법정책적 관점에서, 행정소송법은 제23조 제1항에서 이른바 ★'**집행부정지의 원칙**'을 **채택**하고 있다.

㉢ 따라서 어떠한 처분에 대하여 **취소소송이 제기된다** 하더라도, 그 **처분의 효력, 집행, 절차의 진행은 정지되지 않는다.**   **정답** ㉠ O, ㉡ O, ㉢ ×

📋 **취소소송제도**에서 **집행부정지 원칙을 택**하고 있다. (O) [14 사복9]

📋 **현행 행정소송법**은 **집행**정지의 **원칙**을 취하고 있다. (×) [07 국가7]

📋 **현행 행정소송법**은 **취소소송을 제기**하면 처분의 효력이 정지되는 집행정지를 원칙으로 한다. (×) [15 교행9]

📋 의사 甲은 진료비 허위청구 이유로 의료법에 의하여 **의사면허정지**을 받은 경우, 甲이 **취소소송을 제기**하더라도 **면허정지의 효력**이 **부정되는 것은 아니다.** (O) [05 경북9]

📋 **취소소송이 제기**되어도 원칙적으로 해당 **처분의 효력**은 **정지되지 않는다.** (O) [09 군무원9]

📋 **행정소송을 제기**하여도 **처분의 집행**은 **중단되지 않는다.** (O) [10 군무원9]

📋 **취소소송이 제기**되면 원칙적으로 대상 **처분의 효력**은 판결의 확정시까지 정지된다. (×) [16 교행9]

📋 **취소소송을 제기**하면 **처분등의 효력은 정지되지 아니하나** 그 집행 또는 절차의 속행은 정지된다. (×) [17 국가5 승진]

704 ★★★☆

행정처분에 대한 취소소송을 제기할 경우 당해 처분의 효력에는 어떠한 영향도 미치지 아니한다. **O X**

> 〔해설〕
>
> **【행정소송법】 제23조(집행정지)** ① **취소소송의 제기**는 **처분등의 효력**이나 그 **집행** 또는 **절차의 속행**에 **영향을 주지 아니한다.**
>
> ✓ 앞서 살펴본 대로, **집행부정지의 원칙**에 따라 **취소소송이 제기된다** 하더라도, 그 **처분의 효력, 집행, 절차의 진행**은 정지되지 않는바, 이는 취소소송의 제기가 ★**처분의 효력, 집행, 절차의 진행에 영향을 미치지 않는다**는 것과 **동일한** 의미이다.   **정답** O

🔲 **취소소송의 제기**는 **처분 등의 효력**이나 그 **집행** 또는 **절차의 속행**에 **영향을 주지 아니한다.** (O) [13 경행]

🔲 **취소소송의 제기**는 **처분등의 효력**에 **영향을 주지 아니한다.** (O) [23 세무사]

🔲 **취소소송의 제기**는 **처분등의 효력**이나 그 **집행** 또는 **절차의 속행**에 영향을 준다. (×) [15 행정사]

705 ★★★☆

㉠ 무효등 확인소송의 경우에 집행부정지원칙은 적용되지 아니한다.　　　　　[20 세무사] **O X**

㉡ 무효등 확인소송의 제기는 처분등의 집행에 영향을 주지 아니한다.　　　　[11 세무사] **O X**

> 〔해설〕
>
> **【행정소송법】**
> **제23조(집행정지)** ① **취소소송의 제기**는 **처분등의 효력**이나 그 **집행** 또는 **절차의 속행**에 ★**영향을 주지 아니한다.**
> **제38조(준용규정)** ① **제22조 내지 제26조**의 규정은 ★**무효등 확인소송**의 경우에 **준용**한다.
>
> ✓ **무효등확인소송**에서도 '**집행부정지의 원칙**'은 적용되므로, ★**무효등확인소송이 제기**되더라도, **처분의 효력, 집행, 절차의 진행**이 정지되지 않음을 의미한다.   **정답** ㉠ ×, ㉡ O

🔲 **무효등 확인소송**은 **집행부정지를 원칙**으로 한다. (O) [09 세무사]

🔲 취소할 수 있는 행정행위에 대한 취소소송에서와 달리 **무효인 행정행위**에 대한 **무효확인소송을 제기한 때**에는 집행정지원칙이 적용된다. (×) [03 행시]

🔲 **무효확인소송**은 집행정지를 원칙으로 한다. (×) [12 세무사]

🔲 **무효등확인소송의 제기**는 **처분 등의 효력**이나 그 **집행** 또는 **절차의 속행**에 **영향을 주지 아니한다.** (O) [17 지방7]

🔲 **무효확인소송의 제기**는 **처분등의 집행**에 **영향을 주지 아니한다.** (O) [12 세무사]

706 ★★★★

무효확인소송에서는 집행정지가 인정되지 않는다. **O X**

> 해설
>
> 【행정소송법】
> 제23조(집행정지) ② 취소소송이 제기된 경우에 … (중략) … **처분등의 효력**이나 그 **집행** 또는 **절차의 속행**의 ★**전부 또는 일부의 정지**를 **결정**할 수 있다.
> 제38조(준용규정) ① **제22조 내지 제26조**의 규정은 ★**무효등 확인소송**의 경우에 **준용**한다.
>
> ✓ **집행정지** 제도는 **무효등확인소송**에서도 **인정**된다. 　　　　　　　　　　　 **정답** ✕

- 집행정지제도는 취소소송에서만 인정되는 것은 아니다. (O) [16 소방간부]
- 현행 행정소송법상 취소소송의 경우에만 집행정지가 허용된다. (✕) [06 경북9]
- 집행정지는 취소소송과 무효등확인소송에 인정된다. (O) [09 군무원9]
- 취소소송, 무효확인소송은 집행정지가 인정되는 소송이다. (O) [15 세무사]
- 무효등확인소송에 있어서도 집행정지결정이 허용된다. (O) [04 국가9] [05 대구7]
- 무효등 확인소송의 경우 집행정지신청이 가능하다. (O) [10 세무사]
- 집행정지는 무효확인소송에 준용된다. (O) [13 세무사]
- 무효등 확인소송에는 집행정지 규정이 준용된다. (O) [18 세무사]
- 본안소송이 무효확인소송인 경우에도 집행정지가 가능하다. (O) [18 서울7]
- 무효확인소송 및 처분부존재확인소송은 집행정지가 인정되는 소송이다. (O) [21 세무사]
- 무효등 확인소송은 처분등에 대한 집행정지가 인정되는 소송이다. (O) [22 세무사]
- 무효등 확인소송에도 집행정지규정이 준용된다. (O) [23 세무사]
- 무효등확인소송에는 취소소송에 인정되는 집행정지 결정이 준용되지 않는다. (✕) [08 경기9]
- 취소소송의 규정 중 제23조(집행정지)는 무효등확인소송에 준용되지 않는다. (✕) [10 서울9]
- 집행정지는 항고소송 중 취소소송에만 가능하고 무효확인소송에는 허용되지 아니한다. (✕) [13 세무사 변형]
- 집행정지는 무효등확인소송에는 준용되지 않는다. (✕) [20 행정사]
- 무효등 확인소송에서 가처분이 이용될 수 있어, 집행정지의 규정이 준용되지 않는다. (✕) [16 세무사]
  - ➡ 항고소송에는 가처분이 적용될 수 없으므로, 가구제 제도로서는 집행정지만이 허용된다.(후술 예정)

707 ★★★★

부작위위법확인소송은 처분등에 대한 집행정지가 인정되는 소송이다.   🅞🅧

해설

【행정소송법】
제23조(집행정지) ② 취소소송이 제기된 경우에 ··· (중략) ··· **처분등의 효력**이나 그 **집행 또는 절차의 속행**의 **★전부 또는 일부의 정지**를 **결정**할 수 있다.

제38조(준용규정) 제9조, 제10조, 제13조 내지 제19조, 제20조, 제25조 내지 제27조, 제29조 내지 제31조, 제33조 및 제34조의 규정은 **부작위위법확인소송의 경우에 준용**한다

☑ **제23조(집행정지)**는 부작위위법확인소송에서 **준용되지 않는다**. 왜냐하면 **부작위**란 아무런 처분이 없었던 상태로서, 집행정지의 대상 자체가 존재하지 않기 때문이다.   **정답** ✕

- 취소소송에 관한 규정 중 '**집행정지**'는 부작위위법확인소송에 **준용되지 않는다.** (O) [10 세무사]
- **부작위위법확인소송**에는 **집행정지가 허용될 수 없다.** (O) [11 세무사]
- **부작위위법확인소송**에는 집행정지에 관한 규정은 **준용되지 아니한다.** (O) [13 세무사]
- **집행정지**는 항고소송 중 **부작위위법확인소송**에는 **허용되지 아니한다.** (O) [13 세무사 변형]
- **부작위위법확인소송**에서는 취소소송에 관한 대부분의 규정이 적용되나, '**집행정지 및 집행정지의 취소**'에 관한 규정은 **적용되지 않는다.** (O) [17 군무원9 변형]
- **부작위위법확인소송**에는 집행정지가 인정되지 않는다. (O) [20 세무사]
- 행정소송법상 취소소송에 관한 규정 중 '**집행정지**'는 **부작위위법확인소송**에 준용되지 않는다. (O) [21 세무사]
- **집행정지**는 취소소송 외에 **무효등 확인소송**, 부작위위법확인소송에서도 **인정**된다. (✕) [06 세무사]
- **집행정지**는 **취소소송**과 부작위위법확인소송의 경우에 **인정**된다. (✕) [12 세무사]
- 취소소송에 관한 규정 중 '**집행정지**'는 부작위위법확인소송에 준용된다. (✕) [14 세무사]
- **부작위위법확인소송**은 집행정지가 인정되는 소송이다. (✕) [15 세무사]
- **부작위위법확인소송**에는 집행정지에 관한 규정은 준용된다. (✕) [18 세무사]
- 본안소송이 **부작위위법확인소송**인 경우 집행정지가 가능하다. (✕) [19 세무사]
- **집행정지신청**은 처분의 부작위에도 적용된다. (✕) [04 경기9]
- **법원**은 부작위에 대하여 집행정지 결정을 할 수 있다. (✕) [06 대구9]
- **부작위위법확인소송**에서 **법원**은 부작위의 효력이나 그 집행 또는 절차의 속행의 정지를 결정할 수 있다. (✕) [16 세무사]   ➡ 일정한 행위 자체가 없는 부작위에 대한 정지는 존재할 수 없다.

제14절 가구제(잠정적 권리보호) ◆ 543

708 ★★★★

대법원 판결에 의할 때 거부처분에 대해서도 집행정지가 인정된다. **O X**

> **해설**
>
> 신청에 대한 **거부처분의 효력을 정지**하더라도 ★**거부처분이 없었던 것과 같은 상태**, 즉 거부처분이 있기 전의 ★**신청시의 상태로 되돌아가는** 데에 **불과**하고 행정청에게 신청에 따른 처분을 하여야 할 의무가 생기는 것이 아니므로, **거부처분의 효력정지**는 그 ★**거부처분으로** 인하여 신청인에게 **생길 손해를 방지하는 데 아무런 보탬이 되지 아니하여** 그 **효력정지를 구할 이익이 없다.** (대결 1995. 6. 21.자 95두26)
>
> ✓ 거부처분의 효력을 정지하더라도 신청인의 법적 지위는 거부가 없는 상태(신청 직전의 상태)로 다시 돌아가는 것에 그칠 뿐이므로, 그 효력정지를 신청할 이익이 없다.　　　　　**정답** ✕

- **불허가처분·거부처분 등**과 같은 **소극적 처분**에 대하여는 **집행정지를 할 수 없다**는 것이 통설이다. (○) [04 국회8]

- **거부처분**에 대하여는 **집행정지결정을 할 수 없다.** (○) [09 세무사]

- **거부처분의 효력정지**는 그 거부처분으로 인하여 **신청인에게 생길 손해를 방지하는 데에 아무런 소용이 없어** 그 **효력정지를 구할 이익이 없다.** (○) [10 국회8]

- 신청에 대한 **거부처분의 효력을 정지**하더라도 거부처분이 있기 전의 **신청 시 상태로 되돌아가는 데에 불과**하므로, 신청인에게는 **거부처분**에 대한 **효력정지를 구할 이익이 없다.** (○) [16 지방9]

- 항공사인 甲과 乙은 각각 A국제항공노선에 대한 **운수권배분을 신청**하였으나, 국토교통부장관은 내부지침에 따라서 **甲에 대해서만 운수권배분**을 행하고 **乙에 대해서는 아무런 조치를 취하지 않았다.** 乙은 이에 불복하여 행정소송을 제기하고자 한다. 이 경우 **乙이 자신에 대한** 운수권배분**거부처분**에 대하여 **효력정지를 구할 이익**은 **인정되지 않는다.** (○) [19 세무사]

- 행정소송법상 **집행정지가 거부처분**에 대해서도 가능한지에 대해 긍정과 부정설이 대립하지만 **판례의 입장은 부정설**을 취하고 있다. (○) [22 서울7]

- **거부처분**에 대해서는 **집행정지가 인정되지 않는다.** (○) [23 세무사]

- 불허가처분·거부처분 등과 같은 소극적 처분에 대하여는 집행정지를 할 수 있다는 것이 통설 및 판례이다. (✕) [05 서울9]

- **거부처분의 효력정지**는 그 거부처분으로 인하여 신청인에게 생길 손해를 방지하는 데 보탬이 되므로 효력정지를 구할 이익이 있다. (✕) [12 지방7]

- **집행정지결정에 의하여 효력이 정지되는 처분**이 당사자의 신청을 거부하는 것을 내용으로 하는 경우에는 그 처분을 행한 행정청은 집행정지결정의 취지에 따라 다시 이전의 신청에 대한 처분을 하여야 한다. (✕) [18 국가7]

- 개인택시운송사업**면허가 거부**된 경우, **거부처분**에 대해 **취소소송**과 함께 제기한 甲의 집행정지 신청은 법원에 의해 허용된다. (✕) [17 지방9]

709 ★★★☆ [08 세무사]

집행정지는 처분이 소멸된 후에도 허용된다. **O X**

> 해설

> ✓ 집행정지를 위해서는 당연히 그 전제로 **집행정지의 대상**이 되는 **처분이 존재하여야** 하는바, 처분의 ★효력이 발생하기 전이나 처분의 ★효력이 소멸한 후에는 **집행정지가 불가능**하다. **정답** ✕

- 행정상 **집행정지를 위해서는 정지의 대상**으로서 집행적 성질을 가진 집행적 **처분이 존재하여야** 한다. (○) [04 전북9]
- **'집행정지의 대상인 처분등의 존재'**는 **집행정지의 요건**이다. (○) [05 세무사]
- **집행정지를 위해서는** 집행정지대상인 **처분등이 존재하여야** 한다. (○) [07 세무사]
- **집행정지의 요건**으로 "**집행정지의 대상**이 되는 **처분이 존재할 것**"이 있다. (○) [08 관세사]

710 ★★☆☆

㉠ 처분이 가분적인 경우에는 처분의 일부에 대한 집행정지도 가능하다. [14 세무사] **O X**

㉡ 재량행위의 경우 처분의 일부에 대한 집행정지는 허용되지 않는다. [09 세무사] **O X**

> 해설

> **【행정소송법】 제23조(집행정지)** ② 취소소송이 제기된 경우에 … (중략) … <u>처분등의 효력이나 그 집행 또는 절차의 속행</u>의 전부 또는 ★<u>일부의 정지</u>를 결정할 수 있다.

> ✓ ㉠ 처분 중 분리될 수 있는 **처분의 ★일부에 대한 집행정지도 가능**한바, 행정소송법에서도 **처분의 일부에 대한 집행정지가 가능**함을 규정하고 있다.

> ㉡ 또한 **처분이 ★재량행위**인 경우에도, 그 **처분의 일부에 대한 집행정지가 ★가능**하다고 보는 것이 다수설이다. **정답** ㉠ ○, ㉡ ✕

- **가분적인 처분의 일부에 대한 집행정지결정도 가능**하다. (○) [11 세무사]
- **처분의 내용이 가분적**인 경우에는 **처분의 일부에 대하여 집행정지를 할 수 있다.** (○) [13 세무사]
- 적법한 건축물에 **철거명령**이 내려진 경우 원고가 취소소송을 제기하면서 철거명령 **집행의 전부나 일부의 정지를 신청할 수 있다.** (○) [17 군무원9]
- **집행정지결정**은 **처분등의 일부**에 대해서는 ~~허용되지 않는다.~~ (✕) [10 세무사]
- **처분이 가분적**이더라도 **처분의 일부에 대한 집행정지는** ~~허용되지 않는다.~~ (✕) [24 행정사]

711 ★★★☆

집행정지의 대상은 처분의 효력, 처분의 집행, 처분절차의 속행 등이다. **O X**

해설

■ '집행정지'의 내용(대상)

처분의 **'효력'** 정지	처분의 **내용상의 효력**(구속력, 집행력 등)을 **정지**함으로써, 잠정적으로 마치 처분 자체가 존재하지 않는 상태로 만드는 경우 ⑩ 영업정지처분에 대한 집행정지결정이 있게 되면, 결정 이후 한시적으로 영업을 할 수 있게 된다.
처분의 **'집행'** 정지	처분의 **내용**에 따른 **집행**(공권력 행사 등)을 **잠정적으로 정지**하는 경우 ⑩ 강제 국외퇴거명령을 받은 자에 대하여, 명령내용의 집행조치인 '강제 국외퇴거조치'를 일시적으로 정지할 수 있다.
처분**'절차의 속행'** 정지	처분의 효력은 유지시키되, **후속절차의 진행만 잠정적으로 정지**시키는 경우 ⑩ 토지수용절차에서 사업인정에 따른 후속절차(수용재결 등)의 진행만을 정지할 수 있다.

정답 O

📖 **집행정지의 대상**이 되는 것은 **처분의 효력, 처분의 집행 및 절차의 속행**이다. (O) [05 서울9]

📖 **집행정지**는 **처분 등의 효력**이나 **그 집행** 또는 **절차의 속행의 정지**를 **내용**으로 한다. (O) [09 세무사]

📖 **집행정지의 대상**은 **처분 등의 효력, 그 집행** 또는 **절차의 속행**이다. (O) [15 사복9]

📖 행정소송법상 **집행정지가 인용**될 경우 그 효력으로는 **처분등의 효력정지, 처분등의 집행정지, 절차속행의 전부 또는 일부의 정지**가 있다. (O) [22 서울7]

📖 **압류처분취소소송**의 계속 중 **후행** 공매처분**절차의 속행을 정지**할 수 있다. (O) [10 세무사]

➡ 행정상 강제징수절차[독촉 → 압류 → 매각(공매) → 청산]에서, **각 후속 절차에 대한 속행 정지가 가능**

📖 A시장은 청소년에게 주류를 판매하였다는 이유로 **식품위생법령**에 따라 甲에게 **영업정지 2개월**에 해당하는 처분을 하였다. **이 사건 처분**과 같은 청소년에 관한 사건에 대해서는 **행정소송법상 집행정지가 인정되지 않는다.** (✕) [23 세무사]

➡ 음식점영업정지처분에 대하여 **집행정지를 신청할 수 있다.** 위에서 보았듯이 영업정지처분에 대한 집행정지 신청이 인용되면, 한시적으로나마 음식점영업을 할 수 있다.

➤ 거부처분과 같이 그 성질상 집행정지가 허용되지 않는 경우는 있더라도, 처분의 분야에 따라 집행정지의 허용 여부가 달라지는 경우는 존재할 수 없다.

712 ★★★★

㉠ 처분의 효력정지는 집행정지결정 내용 중 가장 약한 수단으로 평가된다.　　　[05 세무사] O X

㉡ 처분 등의 효력정지는 처분 등의 집행·절차정지로 목적을 달성할 수 있는 경우에는 허용되지 않는다.　　　[09 세무사] O X

> **[해설]**
>
> **【행정소송법】**
> **제23조(집행정지)** ② 취소소송이 제기된 경우에 … (중략) … 처분등의 효력이나 그 집행 또는 절차의 속행의 전부 또는 일부의 정지를 결정할 수 있다. 다만, **처분의 효력정지는 ★처분 등의 집행 또는 절차의 속행을 정지함으로써 목적을 달성할 수 있는 경우**에는 **★허용되지 아니한다.**
>
> ✅ ㉠ 앞의 문제서 살펴본 집행정지의 대상(내용) 3가지 중, **처분의 효력 자체를 정지시키는** '**처분의 효력정지**'가 **가장 강력한 수단**인바,
>
> 　㉡ **처분의 집행** 또는 **처분절차의 속행**만으로 **정지의 목적달성이 가능**한 경우는 처분의 효력까지 정지시킬 필요는 없으므로, **처분의 효력정지는 허용되지 않는다.**　　　**[정답]** ㉠ ×, ㉡ O

🔲 **처분의 효력정지**는 **처분의 효력**인 **집행력**의 행사만을 정지하는 것이다. (×) [05 세무사]

　　✅ 집행력의 행사만 → 집행력을 / 처분의 **집행력 행사**뿐만이 아니라, 처분의 **집행력 자체도 정지**시킨다.

🔲 **처분의 효력 자체를 정지**하는 것은 보다 신중한 판단이 요구되는 까닭에 **처분의 집행이나 처분절차의 속행을 정지**하여도 그 **목적을 달성할 수 없는 때**에만 **제한적으로 인정**된다. (O) [06 세무사]

🔲 **처분의 효력정지**는 처분 등의 집행 또는 절차의 속행을 정지함으로써 **목적을 달성할 수 있는 경우**에는 **허용되지 아니한다.** (O) [11, 14, 16, 22 세무사]

🔲 **처분 등의 효력정지**는 **처분 등의 집행·절차정지**로 목적을 달성할 수 있는 경우에는 **허용되지 않는다.** (O) [09 세무사]

🔲 **처분등의 집행을 정지**함으로써 **목적을 달성할 수 있는 경우**에는 **처분등의 효력정지가 허용되지 않는다.** (O) [10 세무사]

🔲 **처분등의 집행 또는 절차의 속행 정지**를 통하여 **목적을 달성할 수 있는 경우** 처분의 효력정지는 **허용되지 않는다.** (O) [12 세무사]

🔲 **처분의 효력정지**는 **처분의 집행의 속행을 정지**함으로써 **목적을 달성할 수 있는 경우**에는 **허용되지 아니한다.** (O) [20 세무사]

🔲 적법한 건축물에 철거명령이 내려진 경우, 철거명령 **집행의 전부나 일부의 정지를 신청할 수 있는 경우**에도 철거명령의 효력정지를 신청할 수 있다. (×) [17 군무원9 변형]

713 ★★★★

㉠ 집행정지는 본안소송이 법원에 계속되어 있을 것을 요건으로 하지 않는다.

[08 세무사] **O X**

㉡ 법원은 취소소송이 제기되기 전이라도 처분의 집행정지결정을 할 수 있다.

[16 세무사] **O X**

㉢ 甲과 乙은 관할 행정청 A에게 동일지역을 대상으로 하는 도로점용허가를 신청하였으나, A는 乙에게 허가를 하였다. 이 경우 甲은 乙에 대한 허가처분 취소소송을 제기하면서 집행정지를 신청할 수 있다. [13 세무사] **O X**

> **해설**
>
> ✓ ㉠ 민사소송에서는 소송제기 전이라도, 가처분을 먼저 신청함으로써 임시적으로나마 권리보전을 도모할 수 있는 반면에, 행정소송상 **집행정지**는 ★**본안소송이 계속되어 있는 중에만 가능**하다.
>
> ㉡ 따라서 행정소송이 제기되기 ★**전이라면 집행정지신청**을 할 수가 없으나,
>
> ㉢ **행정소송을 제기하면서**, 즉 **행정소송의 제기**와 ★**동시**에 집행정지를 신청할 수 있다.
>
> > 민사소송에서는 소송을 제기하기 전에도 가압류 또는 가처분 신청을 하면서 가압류.가처분신청서에 "향후 본안소송을 제기할 예정입니다."라는 문구를 기재하면 되지만, **행정소송에서**는 집행정지만 먼저 신청할 수 없기 때문에 소송의 제기와 동시에 신청하는 경우, 소장을 먼저 쓴 다음에 집행정지신청서를 작성하여 첨부하는 경우가 일반적이다. 이와 같이 행정소송의 제기와 함께 집행정지를 신청한다면 본안소송의 계속 중이어야 한다는 요건을 충족하게 된다.
>
> **정답** ㉠ X, ㉡ X, ㉢ O

- **집행정지**는 **본안이 심리 중이어야 한다**는 것을 요건으로 한다. (O) **[04 경기9]**
- **'본안소송의 계속'**은 **집행정지의 요건**이다. (O) **[05 세무사]**
- **집행정지**는 **본안소송이 법원에 계속되어 있을 것**을 요건으로 한다. (O) **[09 세무사]**
- **집행정지**결정의 요건으로 **본안소송이 계속될 필요**가 없다. (X) **[18 세무사]**
- **집행정지**는 민사소송법상의 가처분에서와 같이 **본안소송이 법원에 계속되어 있을 것을 요건**으로 하지 않는다. (X) **[04 국회8]**
- **집행정지**는 민사소송상의 가처분과는 달리 **본안소송이 법원에 계속되어 있을 것을 요건**으로 하지않는다. (X) **[07 세무사]**

- 손해를 예방할 긴급한 필요가 있는 때에도 본안**소송 제기 전**에 **집행정지만 신청할 수는 없다.** (O) **[06 관세사]**
- 취소**소송이 제기되면** 처분의 **집행정지결정이 가능**해진다. (O) **[09 세무사]**

- **행정소송법상 집행정지**는 **적법한 본안소송이 법원에 계속되어 있을 것**을 요하지만, **본안소송의 제기와 집행정지신청이 동시**에 행하여지는 경우도 **허용된다.** (O) **[15 사복9]**
- 적법한 건축물에 철거명령이 내려진 경우 원고가 취소**소송을 제기하면서** 철거**집행의** 전부나 일부의 **정지를 신청**할 수 있다. (O) **[17 군무원9]**
- **집행정지신청**은 반드시 제소서에 하여야 한다. (X) **[05 국회8 변형]**
    - ➡ 제소 후에는 당연히 **신청이 가능**하다.

714 ★★★★

집행정지 사건 자체에 의하여도 신청인의 본안청구가 적법한 것이어야 한다는 것은 집행정지의 요건
이 아니다. **O X**

> **해설**
>
> **행정처분의 효력정지나 집행정지를 구하는 신청사건**에 있어서는 행정처분 자체의 적법 여부는 궁극적으로 본안
> 재판에서 심리를 거쳐 판단할 성질의 것이므로 원칙적으로 판단할 것이 아니고, … (중략) … **집행정지사건 자체**
> 에 의하여도 신청인의 **본안청구가 ★적법한 것이어야 한다는 것을 ★집행정지의 요건에 포함**시켜야 할 것이다.
> (대결 1995. 2. 28., 자, 94두36)
>
> ✓ ⓐ **행정소송에서의 집행정지는** 민사소송과는 달리, **본안소송이 계속되어 있는 중에만 가능**하고, 이러한 **본안소**
> **송**은 소송요건을 갖추고 있는 등 **★적법한 청구이어야** 하는바,
>
> ⓑ 요컨대, **집행정지는 ★적법한 본안소송**이 **법원에 계속 중**이어야 **가능**하게 된다. **정답** ✕

🔲 행정**처분의 효력정지나 집행정지**를 구하는 신청사건에 있어서 **집행정지사건 자체**에 의하여도 **본안청구**
가 적법한 것이어야 한다. (○) [10 국회8]

🔲 본안문제인 행정처분 자체의 적법여부는 **집행정지 신청의 요건**이 되지 아니하는 것이 원칙이지만, **본안**
소송의 제기 자체는 적법한 것이어야 한다. (○) [14 국가9]

🔲 **집행정지**와 관련하여, **계속된 본안소송은 소송요건을 갖춘 적법한 것이어야** 한다. (○) [15 세무사]

🔲 **A구 구청장**은 관내에서 음식점을 운영하고 있는 甲이 청소년에게 주류를 판매하였다는 이유로, **甲에게**
영업정지처분을 하였고, 이에 대하여 **甲이 취소소송을 제기하면서 집행정지를 신청**한 경우, 甲이 **제기한**
취소소송이 적법하여야 한다는 것이 **집행정지의 요건에 포함**된다. (○) [23 변시]

🔲 행정상 **집행정지**제도는 긴급한 필요를 전제로 하는 만큼 **반드시 본안소송이 적법하게 제기되어 있을**
필요가 없다. (✕) [04 전북9]

🔲 **집행정지 사건 자체**에 의하여도 **신청인의 본안청구가 적법한 것이어야 한다**는 것은 **집행정지의 요건어**
아니다. (✕) [19 세무사]

🔲 **A시장으로부터 3월의 영업정지처분**을 받은 **숙박업자 甲은 이에 불복하여 행정쟁송을 제기**하고자 하는
경우에, **甲이 취소소송을 제기하면서 집행정지신청**을 한 경우 법원이 **집행정지**결정을 하는 데 있어 **甲의**
본안청구의 적법 여부는 집행정지의 요건에 포함되지 않는다. (✕) [22 지방9]

🔲 **집행정지**의 요건으로 "**적법한 본안소송이 법원에 계속되어 있을 것**"이 있다. (○) [08 관세사]

🔲 취소소송상 **집행정지의 신청**은 **적법한 본안소송이 계속 중일 것**을 요한다. (○) [20 행정사]

🔲 **집행정지**는 행정처분의 집행부정지원칙의 예외로 인정되는 것이므로 **본안청구의 적법과는 상관**이 없기
때문에 **적법한 본안소송의 계속을 요건**으로 하지 않는다. (✕) [18 경행]

715 ★★★★ [22 세무사]

행정소송법상 집행정지는 처분등이나 그 집행 또는 절차의 속행으로 인하여 생길 중대한 손해를 예방하기 위하여 긴급한 필요가 있을 때에 인정된다. **O X**

> **해설**
>
> 【행정소송법】
> **제23조(집행정지)** ② 취소소송이 제기된 경우에 처분등이나 그 집행 또는 절차의 속행으로 인하여 생길 ★**회복하기 어려운 손해를 예방**하기 위하여 긴급한 필요가 있다고 인정할 때에는 본안이 계속되고 있는 법원은 당사자의 신청 또는 직권에 의하여 처분등의 효력이나 그 집행 또는 절차의 속행의 전부 또는 일부의 **정지를 결정**할 수 있다.
>
> **정답** ✕

- 처분 집행 또는 효력의 정지는 **회복하기 어려운 손해를 예방**하기 위하여 필요하다고 인정되는 때에만 **예외적으로 인정**되고 있다. (O) **[01 입시]**
- 집행정지결정은 **회복하기 곤란한 손해의 예방**을 위한 것이어야 한다. (O) **[04 경기9]**
- 집행정지는 행정처분의 집행으로 인하여 **당사자에게 회복하기 어려운 손해를 예방**하기 위한 것이어야 한다. (O) **[04 전북9]**
- **'회복하기 어려운 손해발생의 가능성'**은 **집행정지의 요건**이다. (O) **[05 세무사]**
- 집행정지결정을 위해서는 처분의 집행으로 인하여 **회복하기 어려운 손해가 발생할 우려**가 있어야 한다. (O) **[07 세무사]**
- 집행정지의 요건으로 "**회복하기 어려운 손해발생의 우려**가 있을 것"이 있다. (O) **[08 군무원9]**
- 「행정소송법」은 **집행정지의 적극적 요건**으로 '**회복하기 어려운 손해를 예방**하기 위하여 긴급한 필요가 있다고 인정할 때'를 요구하고 있다. (O) **[16 사복9 변형]**
- 「행정심판법」상 집행정지에서 손해의 요건으로 중대성을 요구하지만, 「**행정소송법**」은 **회복하기 어려운 손해**를 그 **요건**으로 한다. (O) **[22 서울7]**
- 행정소송법이 **집행정지**의 요건 중 하나로 '**중대한 손해**'가 생기는 것을 예방할 필요성에 관하여 규정하고 있다. (✕) **[17 국회8 변형]**
- 「행정소송법」이 정하는 **집행정지**의 요건은 '중대한 **손해**'의 예방 필요성이다. (✕) **[18 서울7 3월]**
- **집행정지신청이 인용되려면** 취소소송이 제기된 경우에 처분 등이나 그 집행 또는 절차의 속행으로 인하여 생길 중대한 **손해를 예방하기 위한 경우**이어야 한다. (✕) **[19 행정사]**
  - ☑ 중대한 → 회복하기 어려운 / 참고로 '중대한' 손해의 예방 필요성은 '**행정심판법**상 집행정지의 요건'이다.(구별주의)

716 ★★★★

㉠ 집행정지의 요건인 '회복하기 어려운 손해'라 함은 금전보상이 불능인 경우뿐만 아니라 금전보상으로는 사회관념상 행정처분을 받은 당사자가 참고 견딜 수 없거나 또는 참고 견디기가 현저히 곤란한 경우의 유형, 무형의 손해를 일컫는다. [20 세무사] O X

㉡ 형사피고인을 현재 수감 중인 교도소에서 타교도소로 이송함으로써 발생할 수 있는 피해는 집행정지의 요건인 회복하기 어려운 손해에 해당한다. [19 세무사] O X

해설

판례
- 행정처분의 집행정지나 효력정지결정을 하기 위하여는 행정소송법 제23조 제2항에 따라 **회복하기 어려운 손해를 예방**하기 위하여 긴급한 필요가 있어야 하고, 여기서 말하는 **"회복하기 어려운 손해"**라 함은 특별한 사정이 없는 한 ★금전으로 보상할 수 없는 손해라 할 것이며 이는 **금전보상이 불능**한 경우뿐만 아니라 **금전보상으로는** 사회관념상 행정처분을 받은 **당사자가** ★참고 견딜 수 없거나 또는 **참고 견디기가 현저히 곤란한** 경우의 **유형, 무형의 손해**를 일컫는다.
- 상고심에 계속중인 형사**피고인을** 안양**교도소로부터** 진주★**교도소로 이송**함으로써 **"회복하기 어려운 손해"**가 발생할 염려가 있다. (대결 1992. 8. 7., 자, 92두30)

☑ **회복하기 어려운 손해**'라 함은 ① **원상회복이 불가능한 손해** 또는 ② **금전배상이 불가능한 손해**는 물론, 결과적으로 **금전배상이 가능하게 되더라도** 사회통념상 그 처분을 받은 사람이 ③ **금전배상만으로는 보전되지 못할(참고 견디기 어렵거나 불가능할)** 정도의 **유·무형의 현저한 손해**를 뜻한다.

   예) 입영명령, 외국인 강제퇴거처분, 국·공립학교의 학생 퇴학·정학 처분 등   정답 ㉠ O, ㉡ O

▣ 집행정지의 요건의 하나인 **'회복하기 어려운 손해'**란 **원상회복이 불가능하거나** 사회통념상 **금전으로는 그 실질적 보상이 이루어지기 어려운 손해**를 말한다. (O) [09 국회8]

▣ **'회복하기 어려운 손해'**란 금전보상이 불가능한 경우뿐만 아니라 **금전보상으로는** 사회관념상 행정처분을 받은 **당사자가 참고 견딜 수 없거나** 또는 **참고 견디기가 현저히 곤란한** 경우의 **유형·무형의 손해**를 말한다. (O) [15 사복9]

▣ **'회복하기 어려운 손해'**란 특별한 사정이 없는 한 **금전으로 보상할 수 없는 손해**로서 이는 **금전보상이 불가능한 경우** 내지는 **금전보상으로는** 사회관념상 행정처분을 받은 **당사자가 참고 견딜 수 없거나** 또는 **참고 견디기가 현저히 곤란한** 경우의 **유형·무형의 손해**를 일컫는다 할 것이다. (O) [15 변시]

▣ 집행정지의 요건인 **'회복하기 어려운 손해'**에는 **금전으로 보상할 수 없는 유형의 손해**뿐만 아니라 **무형의 손해**도 포함된다. (O) [17 세무사]

▣ 집행정지의 요건으로서 **"회복하기 어려운 손해"**란 ~~원상회복이 가능하거나 금전으로 보상할 수 있는 손해~~를 말한다. (×) [08 세무사]

▣ 집행정지 요건인 **'회복하기 어려운 손해'**라 함은 **금전배상이 불가능한 경우**와 사회통념상 금전배상이 가능하더라도 **금전배상만으로 수인할 수 없거나 수인하기 어려운 유· 무형의 손해**를 의미하고 ~~손해의 규모가 현저하게 큰 것임을 요한다.~~ (×) [10 국회8]

➡ '회복하기 어려운 손해'에서 손해액이나 금전보상 예상액의 **규모는 고려하지 않는다.**

717 ★★☆☆

㉠ 집행정지결정을 위해서는 원고의 권리구제를 위하여 처분등의 집행을 정지시킬 긴급한 필요가 있어야 한다.　　　　　　　　　　　　　　　　　　　　　　　　[07 세무사] **O X**

㉡ 과세처분의 취소를 본안으로 하는 경우에 통상적으로 집행정지가 인용된다.
　　　　　　　　　　　　　　　　　　　　　　　　　　　　　[11 세무사] **O X**

> 【해설】
> - '**긴급한 필요**'라 함은 회복하기 어려운 **손해의 발생**이 ★**시간적으로 절박**하여 **손해를 회피**하기 위하여 ★**본안판결을 기다릴 여유가 없는 것**을 말한다. (내결 1994. 1. 17., 자 93두79)
> - **과세처분**에 의하여 입은 **손해**는 ★**배상청구가 가능**하므로 그 처분을 정지함에 회복할 수 없는 손해를 피하기 위하여 **긴급한 사유**가 있는 경우에 ★**해당하지 아니한다.** (대결 1971. 1. 28., 자 70두7)
> - ✅ ㉡과 같이 **금전의 납부를 명하는 처분**에 따른 '**재산적 손해**'의 경우, **손해배상청구소송**을 제기하여 승소하면 이미 납부한 **금전**과 그에 대한 **환급이자**를 반환받음으로써 **손해의 회복**이 가능하다는 점에서 원칙적으로 **긴급한 사유로 인정되지 못한다.** (예외사례도 있으나, 세무사 시험에서는 미출제됨)　　　　**정답** ㉠ O, ㉡ X

🔲 '**긴급한 필요**의 존재'는 **집행정지의 요건**이다. (O) [05 세무사]

🔲 **집행정지요건**으로 긴급한 필요란 회복하기 어려운 **손해발생**가능성이 **절박**하여 **본안판단을 기다릴**만한 **시간적 여유가 없음**을 말한다. (O) [08 선관위9]

718 ★★★☆

㉠ 본안소송의 원고는 집행정지의 신청인이 될 수 있다.　　　　　[09 세무사] **O X**

㉡ 처분에 대한 효력정지를 구하려면 법률상 이익이 있어야 한다.　[13 세무사] **O X**

> 【해설】
> ✅ ㉠ **집행정지를 신청**할 수 있는 사람은, **본안소송의 당사자**(대부분 원고)로서,
> ㉡ **집행정지의 신청을 구할 법률상 이익이 있는 자**여야 한다.　　**정답** ㉠ O, ㉡ O

🔲 **집행정지를 신청할 수 있는 자**는 **본안소송의 당사자**로서 집행정지를 구할 **법률상 이익이 있어야** 한다. (O) [12 세무사]

🔲 **집행정지의 요건**으로 "집행정지의 신청을 구할 **법률상 이익이 있을 것**"이 있다. (O) [08 관세사]

🔲 행정**처분에 대한 효력정지신청**을 구함에 있어서 이를 구할 **법률상 이익이 있어야** 하는 것은 ~~아니다~~. (X) [10 국회8]

719 ★★★★

㉠ '공공복리에 중대한 영향을 미칠 우려가 있을 것'은 집행정지의 요건이다. [05 세무사] Ⓞ Ⓧ

㉡ 집행정지의 요건인 공공복리는 그 처분의 집행과 관련된 구체적이고도 개별적인 공익을 말한다. [12 국회9] Ⓞ Ⓧ

┌─ 해설 ─

- **【행정소송법】 제23조(집행정지)** ③ **집행정지**는 ★**공공복리에 중대한 영향을 미칠 우려가 있을 때**에는 **허용되지 아니한다.**

- 행정**처분의 집행을 정지**하려면 **소극적 요건**으로서 그 **집행의 정지**가 ★**공공의 복리에 중대한 영향을 미치게 할 우려가** ★**없어야** 한다. (대결 1971. 3. 5.자 71두2)

- 집행정지의 요건으로 규정하고 있는 '**공공복리에 중대한 영향을 미칠 우려**'가 **없을 것**이라고 할 때의 '**공공복리**'는 그 **처분의 집행과 관련된** ★**구체적이고도 개별적인 공익**을 말하는 것이다. (대결 1999. 12. 20.자 99무42)

- 행정소송법 제23조 제3항에서 규정하고 있는 집행정지의 장애사유로서의 '**공공복리에 중대한 영향을 미칠 우려**'라 함은 일반적·추상적인 공익에 대한 침해의 가능성이 아니라 당해 **처분의 집행과 관련된** ★**구체적·개별적인 공익에 중대한 해를 입힐 개연성**을 말하는 것이다. (대결 2004. 5. 12., 자 2003무41)

✓ ㉠ **집행정지**를 위해서는 **공공복리에 중대한 영향**을 미칠 우려가 '**없어야**' 하고,
㉡ '**공공복리**'란 해당 **처분의 집행과 관련된 구체적이면서 개별적인 공익**을 뜻한다. 정답 ㉠ ✕, ㉡ Ⓞ

└─

▨ **집행정지**는 **공공복리에 중대한 영향을 미칠 우려가 있을 때**에는 **허용되지 아니한다.** (○) [08, 10, 12, 22, 23 세무사]

▨ **집행정지가 허용되지 않는 경우**에는 사인이 입게 될 손해보다도 **공공복리에 미칠 영향이 중대한 때**가 포함된다. (○) [05 서울9]

▨ **집행정지**로 인하여 **공공의 복리에 중대한 영향을 미칠 우려가 없어야** 한다. (○) [04 경기9]

▨ **집행정지**의 결정을 위해서는 **공공복리에 중대한 영향이 없어야** 한다. (○) [06 충남9]

▨ **집행정지결정**을 위해서는 **공공복리에 중대한 영향을 미칠 우려가 없어야** 한다. (○) [07 세무사]

▨ **집행정지**의 요건으로 "**공공복리에 중대한 영향을 미칠 우려가 있을 것**"이 있다. (✕) [08 관세사]

▨ **집행정지**는 **공공복리에 중대한 영향을 미칠 우려**가 있을 때에도 허용된다. (✕) [15 행정사]

▨ **집행정지의 소극적 요건**으로서 '**공공복리에 중대한 영향을 미칠 우려가 없을 것**'이라고 할 때의 **공공복리**는 그 **처분의 집행과 관련된 구체적.개별적인 공익**을 말한다. (○) [18 변시 변형]

720 ★★★★

㉠ 집행정지를 구하는 신청사건에서는 행정처분 자체의 적법 여부는 원칙적으로 법원의 판단 대상이 아니다. **[20 세무사]** O X

㉡ 집행정지는 본안에 관하여 이유 없음이 명백한 때를 요건으로 한다. **[08 세무사]** O X

㉢ 행정소송법은 집행정지의 요건으로서 본안에 대한 승소 개연성을 명시적으로 요구하지는 않는다. **[10 세무사]** O X

> **해설**
>
> 행정**처분의 효력정지나 집행정지를 구하는 신청사건**에서 행정**처분 자체의 적법 여부**는 궁극적으로 본안재판에서 심리를 거쳐 판단할 성질의 것이므로 ★**원칙적으로는 판단할 것이 아니고**, 그 행정★**처분의 효력이나 집행을 정지할 것인가**에 대한 행정소송법 제23조 제2항,제3항에 정해진 **요건의 존부만이 판단의 대상**이 된다고 할 것이지만, **효력정지나 집행정지**는 신청인이 본안소송에서 **승소판결을 받을 때까지 그 지위를 보호**함과 동시에 후에 받을 **승소판결을 무의미하게 하는 것을 방지**하려는 것이어서 **본안소송에서 처분의 취소가능성이 없음에도** 처분의 효력이나 집행의 **정지를 인정한다는 것**은 **제도의 취지에 반하므로** 효력정지나 집행정지사건 자체에 의하여도 ★신청인의 **본안청구가 이유 없음이 명백하지 ★않아야 한다**는 것도 **효력정지나 집행정지의 요건에 포함시켜야** 한다. (대결 1997.4.28., 자, 96두75)
>
> ✓ ㉠ **처분의 적법여부**는 원칙적으로 **본안소송에서의 판단대상**이므로, **집행정지 신청사건에서는** 법원의 **판단대상이 되지 못하는 것**이지만,
>
> ㉡ **'집행정지'** 제도가 **원고의 승소 가능성을 전제**로 한 **권리보호수단**이라는 점에서, **본안청구가 이유없음이 ★'명백하지 않아야'** 한다는 점도 그 **요건**이라는 것이 판례의 태도이다.
>
> ㉢ 이와 같이 **판례**에서는 **본안소송에서의 승소가능성**을 집행정지 요건의 **전제요소로 고려**하고 있으나, 현행 **행정소송법**에는 그에 관한 규정을 두고 있지 않다.   **정답** ㉠ O, ㉡ X, ㉢ O

🔲 행정**처분의 효력정지나 집행정지를 구하는 신청사건**에서는 **행정처분 자체의 적법 여부를 판단할 것은 아니고** 행정처분의 **효력이나 집행 등을 정지시킬 필요가 있는지 여부**가 **판단대상**이 된다. (O) [15 변시]

🔲 '신청인의 **본안청구가 이유 없음이 명백하지 않을 것'**을 **집행정지의 요건**으로 포함시키는 판례가 있다. (O) [99 국가7]

🔲 신청인의 **본안청구가 이유 없음이 명백할 때**에는 처분의 **집행정지를 명할 수 없다.** (O) [11 세무사]

🔲 신청인의 **본안청구가 이유 없음이 명백할 때**에는 **집행정지를 명할 수 없다.** (O) [22 세무사]

🔲 **본안청구가 이유 없음이 명백**한 경우에도 법정요건이 충족되면 집행정지는 인정된다. (X) [16 세무사]

🔲 판례에 따르면 **집행정지신청에 대한 심리**에 있어서는 **본안소송의 승소의 개연성은 고려**되지 아니한다. (X) [01 입시]

🔲 현행 행정소송법은 **집행정지신청의 요건**으로서 **본안에 대한 승소 개연성**을 명시적으로 요구하고 있다. (X) [06 세무사]

721 ★★★★

㉠ 집행정지의 적극적 요건에 관한 주장·소명책임은 원칙적으로 피고 행정청에 있다.

[12 세무사] O X

㉡ 집행정지의 소극적 요건에 대한 소명책임은 행정청에게 있다.   [22 세무사] O X

해설

■ 집행정지의 요건별 '입증책임(=주장·소명책임)' 주체

집행정지의 적극적 요건	집행정지의 소극적 요건
· **적법한 본안소송이 계속**되고 있을 것 · 집행정지의 대상이 되는 **처분 등이 존재**할 것 · **회복하기 어려운 손해를 예방**할 필요가 있을 것 · **긴급**한 필요가 있을 것 · 집행정지의 **신청을 구할 법률상 이익**이 있을 것	· 공공복리에 중대한 영향을 미칠 **우려가 없을 것** · 본안청구가 이유없음이 **명백하지 않을 것**
☞ 입증책임자: **원고(집행정지 신청인)**	☞ 입증책임자: **피고 행정청(집행정지 피신청인)**

정답 ㉠ ×, ㉡ ○

■ **본안이 계속중**이라는 점에 대한 **주장·소명책임**은 원칙적으로 **신청인**에게 있다. (O) [17 세무사]

■ 집행정지의 요건으로서 '**회복하기 어려운 손해**'의 **소명책임**은 **신청인**에게 있다. (O) [10 세무사]

■ '**회복하기 어려운 손해**'의 **소명책임**은 처분청에게 있다. (×) [15 세무사]

■ 회복하기 어려운 손해의 **주장·소명책임**은 처분청에 있다. (×) [16 세무사]

■ '**공공복리에 중대한 영향을 미칠 우려**'에 대한 **주장·소명책임**은 **행정청**에게 있다. (O) [14 세무사]

■ 집행정지의 소극적 요건에 대한 **주장·소명책임**은 **행정청**에 있다. (O) [16 서울9]

■ **공공복리에 중대한 영향을 미칠 우려**가 있어 집행정지를 불허할 경우의 **입증책임**은 **행정청**에게 있다. (O) [21 군무원7]

■ **집행정지의 소극적 요건**에 대한 **주장·소명책임**은 **행정청**에게 있다. (O) [24 세무사]

■ **공공복리에 중대한 영향을 미칠 우려**에 대한 **주장·소명책임**은 산청인에게 있다. (×) [18 세무사]

722 ★★★★

㉠ 집행정지결정은 당사자의 신청에 의해서만 가능하다. [12 세무사] O X

㉡ 집행정지의 절차는 법원의 직권에 의하여 개시될 수는 없다. [09 세무사] O X

> **해설**
>
> **【행정소송법】**
> **제23조(집행정지)** ② 취소소송이 제기된 경우에 처분등이나 그 집행 또는 절차의 속행으로 인하여 생길 회복하기 어려운 손해를 예방하기 위하여 긴급한 필요가 있다고 인정할 때에는 본안이 계속되고 있는 **법원은 ★당사자의 신청** 또는 **★직권**에 의하여 **처분등의 효력이나 그 집행** 또는 **절차의 속행의 전부 또는 일부의 정지를 결정할 수 있다.**
>
> **정답** ㉠ ×, ㉡ ×

- 집행정지의 결정은 당사자의 신청 또는 법원의 직권에 의하여 이루어진다. [14 세무사]
- 집행정지결정은 당사자의 신청이 있는 경우는 물론 법원의 직권에 의해서도 행해질 수 있다. (O) [15 교행9]
- 집행정지는 당사자의 신청이나 직권에 의해 행해진다. (O) [09 군무원9]
- 법원은 당사자의 신청이 있을 때에만 집행정지결정을 할 수 있다. (×) [07 국가7]
- 집행정지결정은 당사자의 신청에 의해서만 가능하다. (×) [10 세무사]

- 법원은 직권에 의해서 필요한 경우에 처분의 집행정지결정을 할 수 있다. (O) [98 국가7]
- 집행정지는 법원이 직권으로 할 수 있다. (O) [13 세무사]
- '집행정지'는 「행정소송법」상 법원이 직권으로 할 수 있다. (O) [21 소방간부]
- 집행정지결정은 행정청의 직권으로만 가능하다. (×) [04 경기9]
- 처분의 효력정지는 법원은 직권으로 결정할 수 없다. (×) [05 세무사]
- 집행정지의 절차는 법원의 직권에 의하여 개시될 수는 없다. (×) [09 세무사]
- 법원의 직권에 의한 집행정지결정은 불가능하다. (×) [18 세무사]
- 긴급한 필요가 있다고 인정할 때에는 본안이 계속되고 있는 법원은 직권에 의하여 처분 등의 효력의 전부 또는 일부의 정지를 결정할 수 없다. (×) [15 행정사]

723 ★★★☆

당사자는 집행정지결정의 취소를 신청하는 경우에 그 신청이유를 제시하면 되고 그 이유에 대한 소명은 하지 않아도 된다. **O X**

> **해설**
>
> **【행정소송법】**
> **제23조(집행정지)** ④ 제2항의 규정에 의한 **집행정지의 ★결정을 신청**함에 있어서는 그 ★**이유에 대한 소명**이 **있어야** 한다.
>
> **제24조(집행정지의 취소)**
> ② 제1항의 규정에 의한 **집행정지결정의 ★취소결정**과 이에 대한 불복의 경우에는 **★제23조 제4항** 및 제5항의 규정을 **준용**한다.
>
> ☑ **집행정지 결정의 신청** 및 **취소결정을 신청**하려면 신청**이유를 소명**하여야 한다. **정답** ×

▨ **집행정지결정을 신청**함에 있어서는 집행정지**신청의 이유**에 대한 **소명이 있어야** 한다. (O) [12 세무사]

▨ **집행정지의 결정을 신청**함에 있어서는 그 **이유에 대한 소명이 있어야** 한다. (O) [20 세무사]

▨ **집행정지의 결정을 신청**함에 있어서는 그 **이유에 대한 소명을 반드시 필요로 하는 것**은 아니므로 정당한 사유 등 특별한 사정이 있다면 재판부는 그 소명 없어 직권으로 집행정지에 대한 결정을 하여야 한다. (×) [20 소방]

724 ★★★☆

집행정지신청은 항소심과 상고심에서는 불가능하다. **O X**

> **해설**
>
> ☑ **집행정지의 관할법원**은 본안소송이 계속되고 있는 법원인바, 본안소송이 계속되고 있는 ★**모든 심급법원[** 1심 - 2심(항소심) - 3심(상고심) **]**에서 **집행정지가 가능**하다. **정답** ×

▨ **집행정지의 관할법원**은 본안소송이 **계속되고 있는 법원**이다. (O) [09 세무사]

▨ **집행정지의 관할법원**은 본안소송이 **계속 중인 법원**이다. (O) [12 세무사]

▨ **집행정지**신청은 **상고심에서도 가능**하다. (O) [12 세무사]

▨ **집행정지**신청은 **항소심과 상고심**에서는 불가능하다. (×) [09 군무원9]

▨ **집행정지결정의 관할법원**은 본안이 **계속된 법원**이며, **상고심법원은 포함**되자 않는다. (×) [14 세무사]

▨ **집행정지결정사건**은 **본안이 계속**된 제1심 **법원**의 전속관할이다. (×) [16 세무사]

725 ★★★★

㉠ 집행정지의 결정에 대하여는 즉시항고할 수 있다. [15 세무사] OX

㉡ 집행정지결정의 취소결정에 대하여 즉시항고(卽時抗告)할 수 없다. [13 세무사] OX

㉢ 집행정지의 결정에 대해서는 즉시항고할 수 있고, 즉시항고에는 결정의 집행을 정지하는 효력이 있다. [20 세무사] OX

㉣ 집행정지결정의 취소결정에 대한 즉시항고는 취소결정의 집행을 정지하는 효력이 있다. [09 세무사] OX

해설

【행정소송법】

제23조(집행정지) ⑤ 제2항의 규정에 의한 **집행정지의** ★**결정 또는 기각의 결정**에 대하여는 ★**즉시항고할 수 있다**. 이 경우 **집행정지의 결정**에 대한 **즉시항고에는** 결정의 ★**집행을 정지하는 효력이 없다**

제24조(집행정지의 취소)
② 제1항의 규정에 의한 **집행정지결정의** ★**취소결정**과 이에 대한 **불복**의 경우에는 **제23조** ★**제5항의 규정을 준용**한다.

☑ ㉠ **집행정지**신청의 **인용결정·기각결정 및 취소결정**에 대하여는 **즉시항고**할 수 있다.

㉡ 그러나 **집행정지의 인용결정·기각결정 및 취소결정**에 대해서 **즉시항고를 제기**하더라도 해당 **결정들의 집행이 정지되지 않는다**.

결정의 종류	즉시항고의 주체
집행정지의 인용결정	행정청(피고)
집행정지결정의 취소결정	신청인(원고)
집행정지의 기각결정	

정답 ㉠ O, ㉡ ×, ㉢ ×, ㉣ ×

- **집행정지기각결정**에 대하여는 **즉시항고를 할 수 있다.** (O) [12 세무사]
- **집행정지 기각결정**에 대한 **신청인의 즉시항고**는 **행정소송법상 허용**된다. (O) [18 행정사]
- **집행정지결정**에 대해서는 **즉시항고** 할 수 없다. (×) [10 세무사]
- **집행정지신청**에 대한 **기각의 결정**에 대하여는 **즉시항고**할 수 없다. (×) [23 세무사]

- **집행정지결정의 취소결정**에 대하여는 **즉시항고**할 수 있다. (O) [07 세무사]

- **집행정지결정**에 대한 **즉시항고**에는 **결정의 집행을 정지**하는 **효력이 없다.** (O) [11 세무사]
- **집행정지의 결정**에 대한 **즉시항고**에는 (그) **결정의 집행을 정지**하는 **효력이 없다.** (O) [17, 19, 24 세무사]
- **집행정지**에 대해 **즉시항고**를 할 경우 결정의 집행은 정지된다. (O) [05 대구9]
- **집행정지의 결정 또는 기각의 결정**에 대하여는 **즉시항고 할 수 있고**, 이 경우 **집행정지의 결정**에 대한 **즉시항고에는** 결정의 집행을 정지하는 효력이 있다. (×) [06 세무사]
- **집행정지의 결정**에 대한 **즉시항고**에는 결정의 집행을 정지하는 효력이 있다. (×) [16 세무사]

- **집행정지결정의 취소결정**에 대한 **즉시항고**는 취소결정의 집행을 정지하는 효력이 있다. (×) [18 세무사]

726 ★★★★

⊙ 집행정지의 취소는 행정소송법상 원고의 신청에 의하여만 가능하다. [19 세무사] O X

ⓛ 집행정지의 결정이 확정된 후 그 정지사유가 없어진 경우 직권에 의하여 결정으로써 집행정지의 결정을 취소할 수 있다. [22 세무사] O X

ⓒ 집행정지가 공공복리에 중대한 영향을 미치는 때에는 집행정지결정의 취소가 가능하다. [07 세무사] O X

해설

【행정소송법】 제24조(집행정지의 취소)
① 집행정지의 결정이 확정된 후 집행정지가 ★공공복리에 중대한 영향을 미치거나 그 ★정지사유가 없어진 때에는 ★당사자의 신청 또는 직권에 의하여 결정으로써 집행정지의 결정을 취소할 수 있다.

정답 ⊙ ×, ⓛ ○, ⓒ ○

▣ '집행정지의 취소'는 행정소송법에 규정되어 있다. (○) [08 세무사]

▣ 처분의 효력정지결정을 법원은 취소할 수 없다. (×) [05 세무사]

▣ 집행정지의 결정이 확정된 후 집행정지사유가 없어졌다는 이유로 집행정지의 결정을 취소하는 행위는 취소소송의 제1심 수소법원이 직권으로 할 수 없는 행위이다. (×) [21 세무사]

▣ 집행정지결정이 공공복리에 중대한 영향을 미치더라도 법원은 당사자의 신청이 있어야 그 결정을 취소할 수 있다. (×) [20 세무사]

▣ 집행정지사유가 소멸한 때에는 법원은 직권으로 집행정지결정의 취소가 가능하다. (○) [07 세무사]

▣ 집행정지결정을 한 후에 정지사유가 없어진 때에는 법원은 당사자의 신청 또는 직권에 의하여 결정으로써 집행정지결정을 취소할 수 있다. (○) [12 세무사]

▣ 집행정지의 결정이 확정된 후 그 정지사유가 없어진 경우 직권에 의하여 결정으로써 집행정지의 결정을 취소할 수 있다. (○) [22 세무사]

▣ 집행정지의 결정이 확정된 후라도 집행정지가 공공복리에 중대한 영향을 미치는 경우 당사자의 신청 또는 직권에 의해 집행정지결정을 취소할 수 있다. (○) [16 서울9]

▣ 집행정지의 결정이 확정된 후라 할지라도 법원은 집행정지가 공공복리에 중대한 영향을 미친다는 이유로 집행정지의 결정을 취소할 수 있다. (○) [17 세무사]

▣ 집행정지결정 후 당해 집행정지결정을 취소할 수 있는 경우는 없다. (×) [10 세무사]

727 ★★★★

처분의 효력정지결정은 장래효와 소급효를 모두 가진다.   [20 세무사] **O X**

┌─ 해설 ─

✅ Ⓐ 집행정지결정이 있게 되면, **집행정지**의 ★**결정시점부터 '장래에 향해서 집행정지의 효력'이 발생**하게 되므로, 집행**정지 대상처분의 발령(발효)**시점으로 **소급하여 효력이 발생하지는 않는다.**

   Ⓑ 가령 식당을 운영하는 甲이 관할 구청으로부터 2024. 3. 1. 부터 2024. 3. 31.까지 영업정지처분을 받자, 甲이 그 영업정지처분에 대한 집행정지를 신청하여 2024. 3. 10.에 **인용결정**이 있게 되면, 영업정지처분의 개시일(2024. 3. 1.)로 소급하여 정지되는 것이 아니라, 2024. 3. 10.(* **집행정지결정을 한 때)부터 영업정지처분이 정지**되므로 甲은 2024. 3. 10.부터 식당영업을 재개할 수 있다.

   Ⓒ 따라서 **정지대상처분의 발령(발효)**시점부터 집행정지결정 시점 사이에서 **이미 처분의 효과가 진행되었던 부분**에는 **집행정지결정의 영향이 미치지 않으므로** 그 부분의 효력은 **변동이 없다.** Ⓑ의 사례로 설명하면, 집행정지결정이 있기 전에 영업정지처분으로 **이미 영업정지가 진행된 기간(* 2024. 3. 1.부터 2024. 3. 9.까지)은 아무런 변동없이 유지**된다.   **정답** ╳

└─

- 🔲 **집행정지결정**은 **장래에 향하여서만 효력**이 **발생**한다. (○) [09 국회8 변형]
- 🔲 **집행정지결정** 중 효력정지결정은 효력 그 자체를 잠정적으로 정지시키는 것이므로 행정처분이 없었던 원래 상태와 같은 상태를 가져오지만 **장래에 향하여 효력을 발생**하는 것이 원칙이다. (○) [11 국가9]
- 🔲 **집행정지결정**에는 **소급효가 인정되지 않는다.** (○) [12 세무사]
- 🔲 **집행정지결정**은 **장래에 향하여 효력**을 가진다. (○) [14 세무사]
- 🔲 **집행정지결정**에는 **장래에 대한 효력**뿐만 아니라 소급효도 인정되는 것이 원칙이다. (╳) [03 행시]
- 🔲 **집행정지결정의 효력**은 정지결정의 대상인 처분의 발령시점에 소급하여 발생한다. (╳) [06 세무사]
- 🔲 **집행정지결정**에는 소급효가 인정된다. (╳) [10 세무사]
- 🔲 **집행정지결정의 효력**은 소급한다. (╳) [11 세무사]
- 🔲 **집행정지결정의 효력**은 정지결정의 대상인 처분의 발령시점에 소급한다. (╳) [17 세무사]

- 🔲 **처분의 효력정지결정**이 내려지더라도 효력정지**결정 전**에 **이미 집행된 부분**에는 **영향을 미치지 아니한다.** (○) [13 세무사]

728 ★★★★

㉠ 효력정지결정의 효력은 결정주문에서 정한 시기까지 존속하고 그 시기의 도래와 동시에 효력이 당연히 소멸한다.　　　　　　　　　　　　　　　　　　　[20 세무사] Ⓞ Ⓧ

㉡ 집행정지결정의 효력은 집행정지기간이 만료되면 소급하여 효력을 상실한다.

　　　　　　　　　　　　　　　　　　　　　　　　　　　　　　　　[23 세무사] Ⓞ Ⓧ

㉢ 법원이 집행정지결정을 취소하면 그 때부터 집행정지결정의 효력이 소멸한다.

　　　　　　　　　　　　　　　　　　　　　　　　　　　　　　　　[07 세무사] Ⓞ Ⓧ

【해설】

- 행정소송법 제23조에 의한 **집행정지결정의 효력**은 ★**결정주문에서 정한 시기까지 존속**하며 ★**그 시기의 도래**와 동시에 **효력이 당연히 소멸**하는 것이다. (대판 1999. 2. 23. 98두14471)
- **집행정지결정의 효력**은 결정 주문에서 정한 기간까지 존속하다가 그 **기간이 만료**되면 ★**장래에 향하여 소멸**한다. (대판 2020. 9. 3. 2020두34070)

☑ ⓐ **집행정지결정의 효력**은 결정의 주문에서 정한 시기까지만 존속하므로 만료시점이 도래하면 **장래에 향해서** 결정의 효력이 소멸됨으로써, ★**만료시점 이후부터** 정지대상이었던 **처분의 효과가 부활**하게 된다.

ⓑ **법원이 집행정지 결정을 취소**하는 경우에도, **취소결정**이 내려지면 **그때부터 집행정지의 효력이 소멸**되므로, 정지대상이었던 **처분의 효과**도 ★**취소결정 시점 이후부터 다시 살아나게 되는 것**이다.

➡ **집행정지**에 관한 **효력**은 모두 **장래효**인 것으로 정리한다.　　　【정답】 ㉠ Ⓞ, ㉡ Ⓧ, ㉢ Ⓞ

🔲 **집행정지결정의 효력**은 당해 **결정의 주문에 표시된 때**에 **소멸**한다. (Ⓞ) [11 세무사]

🔲 **집행정지의 효력**은 당해 **결정의 주문에 표시된 시기까지 존속**한다. (Ⓞ) [15 세무사]

🔲 **집행정지결정의 효력**은 **결정 주문에서 정한 시기까지 존속**하며 그 **시기의 도래와 동시에 효력이 당연히 소멸**한다. (Ⓞ) [16 사복9]

🔲 **보조금 교부결정의 취소처분**에 대한 **취소소송**에서 **본안판결 선고시까지 그 효력을 정지하는 결정**이 있는 경우에, **본안소송의 판결 선고**에 의하여 **집행정지결정의 효력은 소멸**한다. (Ⓞ) [24 세무사]

> **집행정지결정의 효력**은 결정서의 **주문에서 표시된 시점까지 존속**한다. 그러므로 위와 같이 보조금 교부결정의 취소처분에 대한 **효력정지결정의 주문**에서 그 효력 기간을 "**본안판결 선고시까지**"로 정한 경우, **본안판결이 선고된 때부터** 당해 **집행정지결정의 효력이 소멸**(=보조금 교부결정의 취소처분이 부활)하게 된다.

🖥️ ## 집행정지의 종기

집행정지의 효력은 그 주문에 적힌 종기에 당연히 효력이 소멸함과 동시에 원처분의 효력이 부활(예 바로 위의 사례와 같이 보조금 교부결정의 취소처분이 부활)하기 때문에, ① 본안소송에서 **원고가 승소**한 경우에도 불이익처분의 효력이 즉시 부활하는 문제가 있는 점과, ② 반대로 **원고가 패소**한 경우에도 상소와 함께 집행정지의 재신청여부를 판단할 시간의 확보가 필요하다는 점 등을 고려하여, 원고가 집행정지를 신청할 때나 법원이 집행신청을 인용할 때에는 그 신청서(결정서)의 주문에 해당 심급의 "**본안 판결선고일로부터 30일까지**"로 종기를 정하는 실무례가 정착되어 왔는데, 이번 **행정소송규칙**에서 이러한 실무관행을 **명문화**하였다.

> **【행정소송규칙】** 제10조(집행정지의 종기) 법원이 법 제23조제2항에 따른 **집행정지를 결정**하는 경우 그 **종기**는 **본안판결 선고일부터 30일 이내의 범위**에서 정한다. 다만, 법원은 당사자의 의사, 회복하기 어려운 손해의 내용 및 그 성질, 본안 청구의 승소가능성 등을 고려하여 달리 정할 수 있다.

729 ★★★☆ [19 세무사]

기간을 정한 제재처분 취소소송에서 집행정지결정이 있었으나 집행정지 중 처분이 정한 기간이 경과한 경우 소의 이익이 인정되지 않는다. **O X**

> **해설**
>
> **영업정지처분**에 대하여 그 **효력정지결정**이 있으면 그 처분의 집행자체 또는 그 효력발생이 정지되고 그 효력정지결정이 취소되거나 실효되면 그때부터 다시 영업정지기간이 진행되는 것이므로 **영업정지처분이 그 효력정지결정으로 효력이 정지되어 있을 동안**에 **영업정지기간이 경과되었다고 하여도** 그 **처분의 취소를 구할 ★소송상이익이 있다.** (대판 1982. 6. 22. 81누375)
>
> ✅ 집행정지의 만료시점 이후부터는, 잠정적으로 정지되었던 **제재기간이 부활**하기 때문이다. **정답 ✕**

- 🔲 **영업정지처분**에 대해 본안판결 확정시까지 **집행을 정지한다는 결정**이 있은 후, **본안심리 도중** 처분시 표시된 **영업정지기간이 경과**한 경우 **소의 이익이 있다.** (○) [05 세무사]
- 🔲 **자격정지처분**에 대해 **집행정지결정**이 있더라도 처분시 표시된 **자격정지기간이 경과**한 경우 **소의 이익이 없다.** (✕) [03 행시]

730 ★★★★ [19 세무사] **O X**

집행정지결정이 있은 후 본안소송이 취하된 경우, 법원은 집행정지결정을 취소하여야 한다.

> **해설**
>
> 행정**처분의 집행정지결정**을 하려면 이에 대한 **본안소송이 법원에 제기되어 계속중임을 요건**으로 하는 것이므로 **집행정지결정을 한 후**에라도 **본안소송이 취하**되어 소송이 계속하지 아니한 것으로 되면 ★**집행정지결정은 당연히 그 효력이 소멸**되는 것이고 ★**별도의 취소조치를 필요로 하는 것이 아니다.** (대판 1975. 11. 11., 75누97)
>
> ✅ 집행정지결정은 본안판결에 부종하는 성질을 가지고 있으므로, **본안소송이 취하되면 집행정지결정의 효력도 당연히 소멸**될 뿐이고 **법원이 별도의 취소조치를 할 필요가 없다**는 판시이다. **정답 ✕**

- 🔲 **본안소송이 취하**되면 **집행정지결정**은 당연히 **실효**된다. (○) [12 세무사]
- 🔲 집행정지결정 후 **본안소송이 취하**되면 **집행정지결정은 당연히 실효**된다. (○) [14 세무사]
- 🔲 집행정지결정 후 **본안소송이 취하**되더라도 **집행정지결정이 당연히 소멸**되는 것은 아니다. (✕) [10 세무사]
- 🔲 집행정지결정을 한 후에는 **본안소송이 취하**되어도 집행정지결정의 효력은 유지된다. (✕) [19 세무사]
- 🔲 집행정지결정을 한 후 **본안소송이 취하**되더라도 **집행정지결정**은 그 효력을 유지한다. (✕) [20 세무사]
- 🔲 집행정지결정을 한 후 **본안소송이 취하**되어도 **집행정지결정의 효력**은 결정 주문에서 정한 기간까지 존속한다. (✕) [23 세무사]
  - ➡ **집행정지결정서의 주문**에서 표시한 **결정의 존속시점이 도래하기 전에 본안소송이 취하**되었더라도, 본안소송이 없게 된 이상, 결정서에 표시된 시점과는 무관하게 당연히 **집행정지결정 효력도 소멸**한다.

731 ★★☆☆

집행정지결정이 고지되면 행정청의 별도의 절차가 없더라도 결정에서 정한 대로 처분의 효력 등이 정지된다. **O X**

> (해설)
>
> ✓ ⓐ 법원의 **결정, 명령**은 판결과 달리 **상당한 방법으로 고지**하면 그 **효력이 발생**하는바(민사소송법 제221조 제1항 참고),
>
> ⓑ 집행정지의 신청에 따라 심문절차를 거쳐 **집행정지결정**이 나고, 그 **결정문**이 **상당한 방법**(당사자의 결정문 수령 · 변호사의 별도 확인 · 전화, 팩스 등)으로 **고지**되었다면, 행정청에 의한 **별도의 절차**(처분 집행정지 통지문 송달 등)가 없더라도 ★**집행정지결정문에 표시**된 대로 행정**처분의 효력**이 **정지**된다. **정답 ○**

🔲 **집행정지결정**은 행정청의 별도의 집행정지결정통지가 있어야 **효력을 발생**한다. (×) [10 세무사]

732 ★★☆☆

집행정지결정에는 기판력이 인정되지 않는다. **O X**

> (해설)
>
> ✓ ⓐ '**집행정지결정**'은 **잠정적으로 인정**되는 **법원의 '결정'**으로서, 실체관계를 종국적·확정적으로 판단하는 **판결에 해당하지 않기 때문에**, 집행정지결정이 있더라도 확정판결에서만 발생할 수 있는 ★**기판력이 발생할 수 없다.**
>
> ⓑ 따라서 **어떤 집행정지결정에서 내려진 사항**과 **동일한 사항**이 다시 **본안소송이나 관련된 소송에서 문제**가 되었을 때에도, **당사자와 법원은 이와 저촉되는 주장이나 판단을 할 수 있다.** **정답 ○**

🔲 **집행정지결정**에는 **기판력이 인정되지 않는다.** (○) [09 군무원9]

🔲 **집행정지결정**이 내려지면 동일한 사항이 다시 소송상 문제되었을 때에 당사자와 법원은 이에 저촉되는 주장이나 판단을 할 수 없다. (×) [08 세무사]

733 ★★☆☆

집행정지결정에 반한 행정처분은 무효이다. **O X**

> (해설)
>
> **집행정지결정에 반하는** 행정**처분**은 **발할 수 없고**, 만일 다른 행정기관이 **집행정지결정에 위배되는 내용**의 **처분**을 하면, **그 처분은 하자가 ★중대하고 명백**하여 **무효**가 된다. (대판 1961. 11. 23, 4294행상3)
>
> ✓ **집행정지결정**에도 **기속력**이 있으므로(734문 先학습 필요), 행정청이 동일한 내용으로 새로운 처분을 하는 등 **집행정지결정의 기속력에 반하는 처분**을 할 경우 그 처분은 **무효**가 된다. **정답 ○**

🔲 **집행정지결정**의 **기속력에 위반**하는 **행정처분**이라도 **당연무효**인 것은 아니다. (×) [10 세무사]

734 ★★★★

㉠ 집행정지 결정에는 기속력에 관한 행정소송법 제30조제1항의 규정이 준용된다.

[23 세무사] OX

㉡ 집행정지결정은 관계행정기관에는 미치지 않는다.

[23 세무사] OX

> **해설**
>
> **【행정소송법】**
> **제23조(집행정지) ⑥ 제30조 제1항**의 규정은 제2항의 규정에 의한 **집행정지의 결정**에 이를 ★**준용**한다.
> **제30조(취소판결등의 기속력) ① 처분등을 취소**하는 확정**판결**은 그 사건에 관하여 ★**당사자인 행정청**과 그 밖의 **관계행정청**을 **기속**한다.
>
> ✅ 취소판결의 **기속력** 규정이 **집행정지결정**에도 준용되므로, '**피고 행정청**' 및 '**관계행정청**'은 집행정지 결정에 기속된다.
> **정답** ㉠ O, ㉡ ×

◻ **집행정지 결정** 시 **기속력이 인정**된다. (O) **[08 군무원9]**

◻ 취소소송과 관련하여 '**집행정지결정**'에는 **기속력이 인정**된다. (O) **[16 세무사 변형]**

◻ **집행정지결정**은 판결이 아니므로 ~~**기속력은 인정**되지 않는다.~~ (×) **[16 국가9]**

◻ 「행정소송법」상 **집행정지결정**의 경우 **취소판결의 기속력**에 관한 **원칙규정**과 ~~재처분의무의 규정을 준용~~하고 있다. (×) **[14 국회8]**

> ➡ 앞서 살펴본 대로 거부처분에는 집행정지가 인정되지 않으므로, 거부처분취소판결에 따른 재처분의무규정(제30조 제2항)은 집행정지제도에 준용되지 않는다.

◻ **집행정지결정**은 **당해 사건**에 관하여 **당사자인 행정청**과 그 밖의 **관계행정청**을 **기속**한다. (O) **[06, 08, 12 세무사]**

◻ **집행정지결정**은 **당사자인 행정청**과 그 밖의 **관계행정청**을 **기속**한다. (O) **[11 국가9]**

◻ **집행정지결정의 효력**은 **당해 사건**에 관하여 **당사자인 행정청**과 **관계행정청**을 **기속**한다. (O) **[11 세무사]**

◻ **집행정지의 결정**은 **당사자인 행정청**과 그 밖의 **관계 행정청**을 **기속**한다. (O) **[14 세무사]**

◻ **집행정지결정**은 당해 사건에 관하여 **당사자인 행정청과 관계행정청**을 **기속**한다. (O) **[19 세무사]**

◻ **집행정지결정**은 당해 사건에 관하여 **당사자인 행정청**과 ~~모든 국가기관을~~ **기속**한다. (×) **[20 세무사]**

> ☑ ~~모든 국가기관~~ → 관계행정청

◻ **집행정지의 효력**은 **신청인**과 ~~**피고 행정청**에만~~ 미친다. (×) **[05 대구9]**

> ☑ ~~피고 행정청에만~~ → 피고 행정청 및 관계행정청

◻ **집행정지결정**이 있더라도 **당사자인 행정청**과 그 밖의 **관계행정청**에 대하여 ~~**법적 구속력은 발생**하지 않~~는다. (×) **[15 교행9]**

735 ★★★★

㉠ 취소판결의 형성력에 관한 규정은 집행정지결정에 준용된다. [12 세무사] 🆗🆇
㉡ 집행정지결정에 위반하는 후속 행정처분은 무효가 된다. [11 세무사] 🆗🆇

> **〔해설〕**
>
> 【행정소송법】 제29조(취소판결등의 효력)
> ① **처분등을 취소**하는 **확정판결**은 ★**제3자**에 대하여도 **효력**이 있다.
> ② **제1항**의 **규정**은 제23조의 규정에 의한 ★**집행정지의 결정** 또는 제24조의 규정에 의한 그 **집행정지결정의 취소결정**에 **준용**한다
>
> ✅ ㉠ **집행정지결정**에도 **형성력이 인정**되는바, 제3자효 행정행위의 경우에는 **제3자에 대하여도 집행정지결정의 효력**이 미치게 된다.
>
> ㉡ 또한 **집행정지결정 형성력**에 따라 집행정지결정이 있게 되면 ① **처분의 효력정지**의 경우에는 행정처분의 효력을 일단 정지시킴으로써 당해 **처분이 없었던 것과 같은 상태**가 되고, ② **처분의 집행정지**의 경우에는 당해 행정처분이 가지는 **집행력을 저지**함으로써 그 내용의 실현이 정지되며, ③ **절차의 속행정지**의 경우에는 **후속 절차의 속행까지 저지**한다.
>
> 따라서 어떠한 처분의 집행정지가 **결정**된 이후에 처분청이 그 **처분이 유효**함을 전제로 ★**후속처분**을 하였다면, **그 처분은 무효**이다. **〔정답〕** ㉠ ○, ㉡ ○

🔲 **집행정지결정** 시 **형성력이 인정**된다. (○) [08 군무원9]
🔲 **집행정지결정**은 소위 **복효적 행정행위**의 경우 **제3자에게도 집행정지의 효력이 미친다.** (○) [06 세무사 변형]
🔲 **제3자효 행정행위**에 대한 **집행정지결정 효력**은 **제3자에게도 미친다.** (○) [08 세무사]
🔲 **제3자에 대한 효력**은 **집행정지의 결정에도 준용**된다. (○) [11 세무사]
🔲 현역병 입영**처분의 효력을 정지하는 결정**은 **제3자에 대하여도 효력**이 있다. (○) [22 세무사]
🔲 **집행정지의 결정**은 **제3자에 대하여도 효력**이 있다. (○) [24 세무사]
🔲 처분등을 취소하는 **확정판결의 제3자효**에 관한 규정은 **집행정지결정에 대하여 준용되지 않는다.** (×) [10 세무사]
🔲 **집행정지결정**에는 **제3자효가 인정**되지 않는다. (×) [17 세무사]

🔲 **집행정지결정의 취소결정**은 **제3자에 대하여도 효력**이 있다. (○) [13, 24 세무사]
🔲 **집행정지결정의 취소결정**은 **제3자에 대하여 효력**이 없다. (×) [18 세무사]

🔲 판례상 **집행정지결정**이 있게 되면 당해 **처분이 효력 있음을 전제**로 한 **후속행위는 무효가 된다.** (○) [08 세무사]

736 ★★★☆

보조금 교부결정의 취소처분에 대한 취소소송에서 본안판결 선고시까지 그 효력을 정지하는 결정이 있는 경우에, 집행정지결정의 효력이 소멸하는 경우 특별한 사정이 없는 한 집행정지기간 동안 교부된 보조금의 반환을 명할 수 없다. **[24 세무사] OX**

> **해설**
>
> 1. 행정소송법 제23조에 의한 **효력정지결정의 효력은 결정주문에서 정한 시기까지 존속**하고 그 시기의 도래와 동시에 효력이 당연히 소멸하므로, 보조금 교부결정의 일부를 취소한 행정청의 처분에 대하여 법원이 **효력정지결정**을 하면서 주문에서 그 법원에 계속 중인 ★**본안소송의 판결 선고 시까지 처분의 효력을 정지한다**고 선언하였을 경우, **본안소송의 판결 선고**에 의하여 **정지결정의 효력은 소멸**하고 이와 **동시에** 당초의 ★**보조금 교부결정 취소처분의 효력**이 **당연히 되살아난다.**
>
> 2. 따라서 **효력정지결정의 효력이 소멸**하여 보조금 교부결정 취소처분의 효력이 **되살아난 경우**, 특별한 사정이 없는 한 **행정청**으로서는 보조금법 제31조 제1항(* 보조금의 교부결정을 취소한 경우에 취소된 부분의 보조사업에 대하여 이미 보조금이 교부되어 있을 때에는 취소한 부분에 해당하는 보조금의 반환을 명하여야 한다.)에 따라 취소처분에 의하여 취소된 부분의 보조사업에 대하여 **효력정지기간 동안 교부된 보조금의 반환을 명하여야** 한다. (대판 2017. 7. 11. 2013두25498)
>
> ✅ **보조금 교부결정 취소처분에 불복**하여 제기된 **소송**에서(* 당초의 보조금 교부결정에 근거하여 보조금은 이미 교부된 상황이다), 법원이 일단 원고의 편을 들어 **보조금 교부결정**을 유지시킨 **집행정지결정의 효력**이 소멸하면 그와 **동시에 보조금 교부결정 취소처분**도 부활하게 되므로, **행정청**은 보조금법 제31조 제1항에 따라 **이미 교부한 보조금의 반환을 명하여야** 하는 것이다. **정답** ✕

■ **보조금 교부결정 취소처분**에 대하여 **법원이 효력정지결정을 하면서 주문에서** 그 법원에 계속 중인 **본안소송의 판결 선고시까지 처분의 효력을 정지한다**고 선언하였을 경우, **본안소송의 판결 선고**에 의하여 **정지결정의 효력은 소멸**하고 이와 **동시에 당초의 보조금 교부결정취소처분의 효력이 당연히 되살아난다.** (○) [18 국가7]

■ **보조금 교부결정의 일부를 취소**한 행정청의 처분에 대하여 **법원이 효력정지결정을 하면서 주문에서** 그 법원에 계속 중인 **본안소송의 판결 선고시까지 처분의 효력을 정지한다**고 선언하였을 경우, **본안소송의 판결 선고**에 의하여 **정지결정의 효력은 소멸**하지만 당초의 **보조금교부결정취소처분의 효력이 당연히 되살아나는 것**은 아니다. (✕) [22 소방간부]

제 2 항 **행정소송에서의 가처분 및 가집행의 인정가능성**

737 ★★☆☆

㉠ 잠정적 권리구제수단으로서의 임시처분은 행정소송법에 규정되어 있다. 　　　[12 세무사] Ｏ Ｘ

㉡ 현행 행정소송법은 가처분제도에 대한 명문의 규정을 두고 있지 않다. 　　　[06 세무사] Ｏ Ｘ

> 해설
>
> ☑ 행정심판법과는 다르게, **행정소송법**에서는 **임시처분 제도에 해당**하는 이른바 **'가처분'을 규정하고 있지 않으며**,
> 그 인정여부에 대하여 다수설은 부정하는 입장이다. 　　　정답 ㉠ ×, ㉡ ○

▨ 행정심판법에서 인정되는 **임시처분제도**가 **행정소송법에는 없다.** (○) [19 행정사]

▨ 현행 **행정소송법**은 적극적인 **가구제수단**으로서 임시처분을 명문으로 규정하고 있다. (×) [15 교행9]

▨ 행정소송법은 **취소소송**의 경우에 **집행정지** 외에 임시처분까지 **규정**하고 있다. (×) [18 교행9]

▨ **행정소송법**은 **가처분에 관한 규정**을 두고 있지 **않다.** (○) [07 서울9]

▨ **행정소송법**상 **가처분**이 **인정되지 않고 있다.** (○) [10 서울9]

▨ **행정소송법**은 **가처분제도**를 두고 있지 **않다.** (○) [16 소방간부]

▨ 우리나라의 **행정소송법**에서 민사상 가처분제도를 인정하고 있다. (×) [04 경남9]

▨ **행정소송법**에서는 **집행정지제도** 외에 가명령제도를 명문화하고있다. (×) [07 국가7]

▨ 현행 「**행정소송법**」은 법원은 다툼이 있는 법률관계에 관하여 당사자의 중대한 불이익을 피하거나 급박한 위험을 막기 위하여 임시의 지위를 정하여야 할 필요가 있는 경우에는 당사자의 신청에 따라 결정으로써 가처분 할 수 있다고 규정하고 있다. (×) [06 대구9]

▨ 「**행정소송법**」은 다툼이 있는 법률관계에 대하여 임시의 지위를 정하기 위한 가처분신청의 경우 현저한 손해나 급박한 위험을 피할 것을 목적으로 한다고 규정하고 있다. (×) [14 국가9]

738 ★★★☆

㉠ 취소소송에서의 가구제로서 민사집행법상의 가처분이 인정된다. [14 세무사] O X

㉡ 「민사집행법」상의 가처분으로써 행정청의 행정행위의 금지를 구하는 것은 허용되지 않는다.

[19 세무사] O X

> 해설
>
> - **행정소송법**이 정한 소송 중 특히 행정처분의 취소 또는 변경에 관한 소위 **항고소송**에 있어서는 **민사소송법**의 규정 중 ★**가처분에 관한 규정은 적용할 수 없다**고 해석함이 타당할 것이다. (대판 1962. 1. 20., 4294행항13)
> - **항고소송**의 대상이 되는 행정**처분의 효력이나 집행 혹은 절차속행의 정지를 구하는 신청**은 「행정소송법」상 **집행정지신청의 방법**으로서만 **가능**할 뿐 민사소송법상의 ★**가처분의 방법**으로는 **허용될 수 없다.**(대결 2009. 11. 2, 2009마596)
> - **민사소송법**상의 ★**가처분으로써** 행정청의 어떠한 **행정행위의 금지를 구하는 것**은 허용될 수 없다 할 것이다. (대결 1992. 7. 6. 자 92마54)
>
> ☑ 판례는 **항고소송**에서 민사집행법상 **가처분 제도는 인정될 수 없다**고 본다. [정답] ㉠ ×, ㉡ O

▣ 판례 및 다수설에 의하면 **항고소송**에는 민사집행법상의 **가처분** 규정이 **준용되지 않는다.** (O) [09 세무사 수정]

▣ 판례에 의할 때 **취소소송**에는 민사집행법상의 **가처분**에 관한 **규정이 준용되지 않는다.** (O) [12 세무사]

▣ **취소소송**에서는 민사집행법상의 **가처분**이 **인정되지 않는다.** (O) [20 행정사]

▣ 「민사소송법」상 **가처분**은 항고소송에서 허용된다. (×) [17 사복9]

▣ **무효등 확인소송**에서는 **집행정지가 준용**되지 않으므로 「민사집행법」의 가처분이 적용된다. (×) [18 서울7 3월]

▣ **무효등 확인소송**에서 가처분이 이용될 수 있어, **집행정지의 규정이 준용**되지 않는다. (×) [16 세무사]

▣ **거부처분**에 대한 가처분소송은 행정소송법상 허용되는 행정소송이다. (×) [16 세무사]

▣ **거부처분**에 대한 가처분도 가능하다. (×) [19 세무사]

▣ **취소소송**에서 잠정적 권리구제를 위하여 민사소송법상 **가처분으로써** 행정청의 어떠한 **행정행위의 금지를 구하는 것**은 **인정되지 않는다.** (O) [08 국회8]

▣ (㉠)의 대상이 되는 행정**처분의 효력이나 집행 혹은 절차속행 등의 정지를 구하는 신청**은 「행정소송법」상 (㉡)**의 방법으로서만 가능**할 뿐 「민사소송법」상 **가처분의 방법**으로는 **허용될 수 없다.** → (㉠: 항고소송, ㉡: 집행정지) [12 국가9 변형]

739 ★★★☆

㉠ 당사자소송은 처분등에 대한 집행정지가 인정되는 소송이다.   [22 세무사] ⓄⓍ

㉡ 당사자소송에 대하여는 민사집행법상 가처분에 관한 규정이 준용되지 않는다.

    [22 세무사] ⓄⓍ

> **해설**
>
> 1. **당사자소송**에 대하여는 행정소송법 제23조 제2항의 ★**집행정지**에 관한 규정이 **준용되지 아니하므로**, 이를 본안으로 하는 가처분에 대하여는 행정소송법 제8조 제2항에 따라 **민사집행법상 ★가처분에 관한 규정**이 **준용되어야** 한다. (대결 2015. 8. 21.자 2015무26)
>
> 2. **당사자소송**에 대하여는 행정소송법 제8조 제2항에 따라 민사집행법상 가처분에 관한 규정이 준용되므로, 사업시행자는 민사집행법 제300조 제2항에 따라 현저한 손해를 피하기 위해 필요한 경우 '임시의 지위를 정하기 위한 **가처분**'을 통하여 공익사업을 신속하고 원활하게 수행할 수 있다. (대판 2019. 9. 9. 2016다262550)
>
>   **정답** ㉠ ✕, ㉡ ✕

▦ 취소소송에 적용되는 **집행정지 규정**이 **당사자소송**에는 **준용되지 아니한다.** (Ⓞ) [06 세무사 변형]

▦ **당사자소송**에는 취소소송의 **집행정지**에 관한 규정이 **준용되지 아니한다.** (Ⓞ) [12 세무사]

▦ **당사자소송**에서는 행정소송법상의 **집행정지가 인정되지 않는다.** (Ⓞ) [20 행정사]

▦ **당사자소송**에서는 **집행정지가 인정되지 않는다.** (Ⓞ) [19 세무사]

▦ 공법상 **당사자소송**은 집행정지가 인정되는 소송이다. (✕) [15 세무사]

▦ 회복하기 어려운 손해를 예방하기 위하여 긴급한 필요가 있는 경우 **당사자소송**을 제기하면서 집행정지를 신청할 수 있다. (✕) [24 세무사]

▦ 행정소송법상의 **당사자소송**에는 **민사집행법상의 가처분**에 관한 규정이 **준용된다.** (Ⓞ) [16 행정사]

▦ 「**민사집행법**」상 **가처분**은 **당사자소송에서 허용**된다. (Ⓞ) [17 사복9]

▦ **당사자소송**에 대하여는 행정소송법 제23조 제2항의 **집행정지에 관한 규정**이 **준용되지 아니하므로**, 이를 본안으로 하는 가처분에 대하여는 **민사집행법상의 가처분에 관한 규정이 준용되어야** 한다. (Ⓞ) [19 경행]

▦ 「도시 및 주거환경정비법」상 **주택재건축정비사업조합**을 상대로 **관리처분계획안**에 대한 **조합 총회결의의 효력을 다투는 소송**을 본안으로 하는 가처분에 대하여는 「**민사집행법**」상의 가처분에 관한 **규정이 준용**된다. (Ⓞ) [24 군무원5 변형]

    ➡ 조합의 관리처분계획'안'에 대한 조합 총회결의의 효력을 다투는 소송은 478-㉠ 참고

▦ **당사자소송**에 대하여는 행정소송법의 **집행정지에 관한 규정**이 **준용되지 아니하므로**, 민사집행법상 **가처분에 관한 규정** 역시 준용되지 아니한다. (✕) [18 지방7]

▦ **당사자소송**에 대하여는 「**민사집행법**」상 **가처분에 관한 규정을 적용**할 수 없다. (✕) [21 국회9]

740 ★★★☆

㉠ 공법상 당사자소송에서 재산권의 청구를 인용하는 판결을 하는 경우 법원은 가집행선고를 할 수 있다. [20 세무사] Ⓞ Ⓧ

㉡ 국가를 상대로 하는 당사자소송의 경우 가집행선고를 할 수 있다. [10 세무사] Ⓞ Ⓧ

해설

행정소송법 제8조 제2항에 의하면 행정소송에도 민사소송법의 규정이 일반적으로 준용되므로 법원으로서는 **공법상 당사자소송에서 ★재산권의 청구를 인용하는 판결**을 하는 경우 **★가집행선고를 할 수 있다.** (대판 2000.11. 28. 99두3416)

【행정소송법】
제43조(가집행선고의 제한) 국가를 상대로 하는 당사자소송의 경우에는 가집행선고를 할 수 없다.

☑ ㉠ **"가집행선고"**란 미확정된 판결에서도 마치 **확정판결과 같은 집행력을 부여**함으로써 **판결내용의 실현을 가능케 하는 재판**을 뜻하는데, (항고소송은 이행소송이 아니기에 가집행선고 가부를 논할 실익이 없고), **당사자소송의 경우 이행판결에 부수한 가집행선고가 가능한지가 문제**되는데, 일찍이 **판례는 공법상 당사자소송에서 재산권의 청구에 관해서는 법원이 가집행선고**를 할 수 있다고 판시하였다.

   ■ **'가집행 선고문'의 예시**

주 문
1. 피고는 원고에게 1억원 및 이에 대하여 2024. 1. 1.부터 2024. 3. 31.까지는 다 갚는 날까지는 연 12%의 각 비율로 계산한 돈을 **지급하라.**
2. 소송비용 피고가 부담한다.
3. **제1항**은 **가집행**할 수 있다.

㉡ 한편 국가를 상대로 한 당사자소송에서 가집행선고를 할 수 없도록 규정하고 있던 **행정소송법 제43조**는 위헌소지가 많다는 비판을 받아오다가, 결국 **헌법재판소 위헌결정(2022. 2. 24. 2020헌가12)으로 효력이 상실**되었는바, **국가를 상대로 하는 당사자소송에서도 가집행선고를 할 수 있게 된다.**

➤ 다만 행정소송법이 아직 개정되지 않았으므로, 출제가능성은 높지 않다. **정답** ㉠ O, ㉡ O

▣ 판례에 의할 때 **당사자소송에서 재산권의 청구를 인용하는 판결**을 하는 경우 **가집행선고를 할 수 있다.** (O) [12 세무사]

▣ **지방자치단체**에 대하여 **재산권의 청구를 인용하는 판결**을 하는 경우 **가집행선고를 할 수 있다.** (O) [19 세무사]

▣ **국가를 상대로 하는 (   )**의 경우에는 **가집행선고**를 할 수 있다. → (당사자소송) [09 세무사]

▣ **국가를 상대로 하는 당사자소송**의 경우(에는) **가집행선고**를 할 수 있다. (O) [10, 17 세무사]

▣ **국가를 상대로 하는 당사자소송**의 경우에는 **가집행선고**를 할 수 없다. (X) [11, 14 세무사]

▣ **국가를 상대로 하는 당사자소송**의 경우 **가집행선고**를 할 수 없다. (X) [13 세무사]

▣ **국가·공공단체를 상대로 하는 당사자소송**의 경우에는 **가집행선고**를 할 수 없다. (X) [18 세무사]

▣ 행정소송법은 **국가를 상대로 하는 당사자소송**의 경우에도 **가집행선고를 할 수 있다**고 규정하고 있다. (X) [21 세무사]

▣ **국가를 상대로 하는 당사자소송**의 경우에는 **가집행선고**를 할 수 없다. (X) [24 경찰간부]

제 15 절

사정판결

Administrative Litigation Law

제1항 사정판결 일반론

741 ★★★☆

사정판결은 원고의 청구가 이유가 있음에도 공공복리를 위하여 청구를 기각하는 판결이다.

[15 세무사] **O X**

> 해설
>
> **【행정소송법】 제28조(사정판결)**
> ① 원고의 청구가 **이유있다**고 인정하는 경우에도 **처분등을 취소**하는 것이 **현저히 공공복리에 적합하지 아니하다고 인정**하는 때에는 법원은 **원고의 ★청구를 기각**할 수 있다.
>
> ✅ 취소소송에서 **처분이 위법한 것으로 판단**되어 **원고의 청구가 이유있다고 인정**되는 경우에는 법원이 처분을 취소하는 판결을 내리는 것이 원칙이지만, **처분을 취소하는 판결이 공공복리에 현저히 적합하지 않는다고 인정**되는 때에는, **법원**으로서는 오히려 **★원고의 청구를 '기각'하는 판결**을 선고할 수 있는바, 이를 '**사정판결**'이라 한다.
>
> **정답** O

📋 **사정판결**은 처분이 위법하여 **원고의 청구가 이유가 있음**에도 불구하고, **공익을 이유**로 법원이 **원고의 청구를 기각**하는 **판결**을 말한다. (O) [18 군무원9]

📋 **사정판결**이란 **원고의 청구가 이유 있다고 인정하는 경우** 처분등을 취소하는 것이 원칙이지만, **현저히 공공복리에 적합하지 아니하다고 인정**하는 때 법원이 **원고의 청구를 기각하는 판결**을 말한다. (O) [19 군무원9]

📋 **사정판결**은 본안심리 결과 **원고의 청구가 이유 있다고 인정**됨에도 불구하고 **처분을 취소**하는 것이 **현저히 공공복리에 적합하지 아니하다고 인정**하는 때 **원고의 청구를 기각**하는 **판결**을 말한다. (O) [21 지방9]

📋 **원고의 청구**가 (㉠)고 인정하는 경우에도 **처분등을 취소**하는 것이 현저히 (㉡)에 적합하지 아니하다고 인정하는 때에는 법원은 **원고의 청구**를 (㉢)할 수 있다. → (㉠: 이유있다, ㉡: 공공복리, ㉢: 기각) [22 군무원7]

742 ★★★☆

㉠ 사정판결은 공공복리와 사익을 비교형량하여 행하는 판결이다. **[10 세무사]** Ⓞ Ⓧ

㉡ 사정판결은 사익의 보호를 우선하는 제도이다. **[05 세무사]** Ⓞ Ⓧ

㉢ 사정판결은 공익을 위해 널리 활용되어져야 한다. **[18 세무사]** Ⓞ Ⓧ

[해설]

> 행정처분이 위법한 때에는 이를 취소함이 원칙이고 그 위법한 처분을 취소·변경하는 것이 도리어 현저히 공공의 복리에 적합하지 않은 경우에 극히 예외적으로 위법한 행정처분의 취소를 허용하지 않는다는 사정판결을 할 수 있으므로, **사정판결의 적용은 ★극히 엄격한 요건 아래 제한적**으로 하여야 하고, 그 요건인 **'현저히 공공복리에 적합하지 아니한가'**의 여부를 판단할 때에는 위법·부당한 행정처분을 **★취소·변경하여야 할 필요**와 그 취소·변경으로 발생할 수 있는 **★공공복리에 반하는 사태 등을 비교·교량**하여 그 적용 여부를 판단하여야 한다. (대판 2009. 12. 10., 2009두8359)

✓ ㉠ **사정판결**은 재판상 심리과정에서 상호 충돌하는 **★공익(= 공공복리)과 사익을 비교형량**한 결과,

 ㉡ **'공익의 보호'**가 사익의 보호보다 더욱 중대하다고 판단되는 때에는 **사익을 후퇴**시키고 **★공익을 우선**시키는 지극히 예외적인 제도이다.

 ㉢ 따라서 사정판결은 행정의 **법률적합성의 원칙의 중대한 예외**적 현상이라는 점에서, **★엄격한 요건하에 극히 제한적**으로만 **인정**되어야 하는 제도이다. **[정답]** ㉠ O, ㉡ ×, ㉢ ×

▨ **사정판결**의 적용요건인 **현저히 공공복리에 적합하지 아니한지 여부**는 위법·부당한 행정**처분을 취소·변경하여야 할 필요**와 그 **취소·변경으로 인하여 발생할 수 있는 공공복리에 반하는 사태** 등을 **비교교량**하여 **그 적용 여부를 판단**하여야 한다. (O) **[19 군무원9]**

▨ **사정판결**은 **극히 예외적인 제도**이므로 위법한 행정**처분을 취소하여야 할 필요**와 그 **취소로 발생할** 수 있는 **공공복리에 반하는 사태** 등을 **비교·교량**하여 **엄격하게 판단**하여야 한다. (O) **[22 서울7]**

 ☑ **[사익]** 처분이 위법하여 **처분을 취소·변경하여야 할 필요**
  [공익] 위법한 처분의 취소·변경으로 인하여 발생할 수 있는 **공공복리에 반하는 사태를 방지할 필요**

▨ **사정판결**은 행정의 **법률적합성 원칙의 예외**적 현상이다. (O) **[13 지방7]**

▨ **사정판결**은 **공공복리**의 유지를 위해 **예외적으로 인정**된 제도이므로 그 적용은 **엄격한 요건 아래 제한적으로** 하여야 한다. (O) **[08 세무사]**

▨ **사정판결**의 적용은 **극히 엄격한 요건 아래 제한적으로** 하여야 한다. (O) **[23 세무사]**

▨ **사정판결**의 **요건** 완화는 행정소송에 있어서 국민의 권익구제 확대방향이다. (×) **[13 세무사]**

 ➡ 사정판결의 요건을 엄격히 강화해야 사익(국민의 권익) 구제가 확대된다.

743 ★★★★

㉠ 사정판결은 취소소송에 적용된다. [05 세무사] ⭕❌

㉡ 무효확인소송에서도 취소소송과 같이 사정판결을 할 수 있다. [14 세무사] ⭕❌

㉢ 부작위위법확인소송에서 사정판결을 할 수 있다. [16 세무사] ⭕❌

㉣ 당사자소송은 행정소송법상 사정판결을 할 수 있는 소송이다. [08 세무사] ⭕❌

해설

☑ 행정소송법 제28조(사정판결)은 다른 행정소송에는 준용되지 않는바, **사정판결은 오로지 ★취소소송에서만 인정**되고, 다른 항고소송이나 당자사소송에는 **인정되지 않는다.** 정답 ㉠ ⭕, ㉡ ✕, ㉢ ✕, ㉣ ✕

- 판례에 의하면 **사정판결**은 **취소소송에만 인정**된다. (⭕) [02 국가7]
- **취소소송**은 행정소송법상 **사정판결을 할 수 있는 소송이다.** (⭕) [08 세무사]
- **무효확인소송**에서는 **사정판결을 할 수 없다.** (⭕) [09 세무사]
- **무효확인소송**이 **제기**된 경우 법원은 **사정판결을 할 수 없다.** (⭕) [10 세무사]
- **무효등 확인소송**에는 **사정판결**에 관한 취소소송의 규정은 **준용되지 않는다.** (⭕) [11 세무사]
- 행정소송법의 규정상 **'사정판결'**은 **무효등 확인소송**이 **취소소송과 구별**되는 사항이다. (⭕) [12 세무사]
- **사정판결**은 **취소소송**의 경우에는 **허용**되나 **무효확인소송**의 경우에는 **허용되지 않는다.** (⭕) [17 세무사]
- **무효등 확인소송**은 행정소송법상 사정판결을 할 수 있는 소송이다. (✕) [08 세무사]
- **무효확인소송**에서도 사정판결은 가능하다. (✕) [11 세무사]
- **사정판결**은 무효확인소송에 준용된다. (✕) [13 세무사]
- **무효확인소송**에는 사정판결이 인정된다. (✕) [15 세무사]
- **무효등 확인소송**에서도 사정판결을 할 수 있다. (✕) [16 세무사]
- 행정소송법상 취소소송에 관한 규정 중 **'사정판결'**은 무효등확인소송에 준용된다. (✕) [20 세무사]

- **사정판결**은 **취소할 수 있는 행정행위에만 적용**된다. (⭕) [05 대구7] [10 경북교행9]
- **당연무효**의 처분을 소송목적물로 하는 **행정소송**에서는 **사정판결을 할 수 없다.** (⭕) [13 세무사]
- **당연무효의 행정처분**을 소송목적물로 하는 **행정소송**에서는 **사정판결을 할 수 없다.** (⭕) [21 세무사]
- 취소소송은 물론 당연무효의 **행정처분을 소송목적물**로 하는 행정소송에서도 **사정판결**을 할 수 있다. (✕) [22 서울7]

  당연무효의 행정처분을 소송목적물로 하는 행정소송에서는 행정소송법 제12조 소정의 이른바 <u>사정판결을 할 수 없다.</u> (대판 1985. 2. 26. 84누380)

- **사정판결**에 관한 규정은 **부작위위법확인소송**에 **준용되지 않는다.** (⭕) [12 세무사]
- **부작위위법확인소송**에는 **사정판결**에 관한 규정은 **준용되지 않는다.** (⭕) [18 세무사]
- **부작위위법확인소송**에는 **사정판결이 인정되지 않는다.** (⭕) [20 세무사]
- **사정판결**에 관한 규정은 **무효등 확인소송과 부작위위법확인소송**에는 **준용되지 않는다.** (⭕) [22 세무사]
- **부작위위법확인소송**은 행정소송법상 사정판결을 할 수 있는 소송이다. (✕) [08 세무사]

744 ★★★★

㉠ 사정판결을 할 경우 인용판결을 하여야 한다. [20 세무사] Ⓞ Ⓧ

㉡ 사정판결은 원고의 청구가 이유 있는 경우에도 공공복리를 이유로 각하하는 판결이다.

[20 세무사] Ⓞ Ⓧ

〔해설〕

【행정소송법】 제28조(사정판결)

① **원고의 청구가 이유있다고 인정**하는 경우에도 **처분등을 취소**하는 것이 **현저히 공공복리에 적합하지 아니하다고 인정**하는 때에는 법원은 원고의 **청구를 ★기각**할 수 있다.

☑ '사정판결'은 원고의 청구가 이유있다고 인정하는 경우에도 **공공복리를 이유로 원고의 청구를 ★기각하는 판결**이지, 원고의 청구를 인용하거나 각하하는 판결이 아니다. **정답** ㉠ ✕, ㉡ ✕

▨ **사정판결**은 성질상 **기각판결**의 일종이다. (○) [06 세무사]

▨ **사정판결**은 처분의 위법성에도 불구하고 **원고가 패소**하는 **기각판결**의 일종이다. (○) [09 국회9]

▨ **사정판결**은 **기각판결**의 일종이다. (○) [12, 13 세무사]

▨ **사정판결**은 인용**판결**의 일종이라 할 수 있다. (✕) [99 관세사 변형]

▨ **사정판결**도 인용**판결**의 한 유형으로 볼 수 있다. (✕) [05 세무사]

▨ **사정판결**은 **처분의 위법을 인정**하므로 인용**판결**의 일종이다. (✕) [10 세무사]

▨ **사정판결**은 인용**판결**의 일종이다. (✕) [11 세무사]

▨ **사정판결**은 **청구기각**이나 인용판결이 아닌 특수한 **판결**의 형식을 취한다. (✕) [16 소방간부]

▨ 아래와 같은 판결주문은 **'사정판결'의 주문**이다. (○) [17 세무사 변형]

주 문

1. **원고의 청구를 기각**한다.
2. 다만, 피고가 2017. 2. 1. 원고에 대하여 한 ○○처분은 위법하다.
3. 소송비용은 피고의 부담으로 한다.

▨ **사정판결**은 소송요건을 충족하지 못한 경우에 행하는 판결이다. (✕) [09 세무사]

➡ 소송요건을 충족하지 못한 경우에 행하는 판결은 **각하판결**이다. (37문 참고)

▨ **원고의 청구가 이유가 있다고 인정**하는 경우에도 **처분 등을 취소**하는 것이 **현저히 공공복리에 적합하지 아니하다고 인정**하는 때에는 **법원**은 **원고의 청구**를 각하할 수 있다. (✕) [17 경행]

제2항 사정판결의 요건

745 ★★★★

㉠ 사정판결은 처분이 적법한 경우에도 할 수 있다. [18 세무사] O X

㉡ 사정판결을 위해서는 청구를 인용하는 것이 현저히 공공복리에 적합하지 아니하여야 한다. [07 세무사] O X

㉢ 취소소송에서 행정심판의 재결을 취소하는 것이 현저히 공공복리에 적합하지 아니하다고 인정하는 때에는 법원은 원고의 청구를 기각할 수 있다. [22 세무사] O X

> 해설
>
> **【행정소송법】제28조(사정판결)**
> ① 원고의 ★**청구가 이유있다**고 인정하는 경우에도 ★**처분등을 취소**하는 것이 ★**현저히 공공복리에 적합하지 아니하다고 인정**하는 때에는 법원은 원고의 청구를 **기각**할 수 있다.
>
> ☑ ㉠ 소송의 심리결과, **처분이 적법한 경우**는 원고의 청구를 배척하는 **원칙적 기각판결의 대상이 될 뿐**이다.
>
> ㉡ **처분등이 위법**한 것으로 판단되어 원고의 **청구가 이유있다**고 인정되는 경우에도 **처분을 취소하는 판결**이 '공공복리에 현저히 적합하지 않다고 인정'되는 때에 원고의 청구를 기각하는 판결이 **사정판결**이다.
>
> ㉢ '**처분등**'에는 '**재결**'도 포함되므로, 재결취소소송에서도 '**재결**'이 위법한 것으로 판단되지만 재결을 취소하는 것이 공공복리에 현저히 적합하지 않을 때에는, 사정판결을 할 수 있다. 정답 ㉠ ✕, ㉡ O, ㉢ O

🔲 **사정판결**을 위해서는 **원고의 청구가 이유있다고 인정**되어야 한다. (O) [07 세무사]

🔲 **사정판결**은 **처분등이 위법한 경우**에 이루어진다. (O) [05 세무사]

🔲 **사정판결**을 하기 위해서는 **처분이 위법**하여 **청구가 이유 있는 경우**이어야 한다. (O) [15 국가9]

🔲 **처분이 적법한 경우**에는 **사정판결의 대상이 되지 않는다.** (O) [23 세무사]

🔲 **취소를 구하는 행정처분**이 적법하더라도 그 행정처분어 **현저히 공공의 복리에 적합하지 아니하다고 인정**되는 경우, 법원은 **사정판결**로 그 처분을 취소할 수 있다. (✕) [08 세무사]

   ☑ 적법 → 위법 / 처분어 → 처분등을 취소하는 것이 / 처분을 취소 → 원고의 청구를 기각

🔲 적법한 **행정처분**에 대해서도 그 처분의 취소가 현저히 공공복리에 반하는 경우에는 **사정판결**을 할 수 있다. (✕) [12 서울9]

🔲 **사정판결**이 행해지기 위해서는 원고의 청구에 이유가 있어야 되고 **처분 등의 취소가 현저히 공공복리에 적합하지 아니할 것**을 요건으로 한다. (O) [05 서울9]

🔲 **사정판결**을 하기 위해서는 **청구의 인용판결**이 **현저히 공공복리에 적합하지 아니하여야** 한다. (O) [15 국가9]

제3항 사정판결의 절차 등

746 ★★☆☆

㉠ 피고인 행정청의 청구에 의해 사정판결이 행해질 수도 있다. [23 세무사] Ⓞ Ⓧ

㉡ 사정판결을 할 사정에 관한 주장·입증책임은 피고 행정청에게 있다. [12 세무사] Ⓞ Ⓧ

〔해설〕

✓ ㉠ **사정판결**은 원고의 청구가 이유있는 경우에도 공익(공공복리)을 위하여 원고의 청구를 기각함으로써 처분을 유지시키는 판결이므로, **사정판결이 이루어져야 한다는 주장**은 ★**피고 행정청**이 하게 된다.

㉡ **사정판결을 해야 하는 사정(필요성)**에 관한 구체적인 **입증책임**, 즉 **처분 등을 취소하면 공공복리에 현저히 반한다는 사실을 입증할 책임** 또한 ★**피고 행정청**이 부담한다. 〔정답〕 ㉠ ○, ㉡ ○

🟦 **사정판결의 필요성**은 **처분청이 주장**하는 경우가 일반적이다. (○) [06 경기7급]

🟦 **사정판결을 할 사정**에 관한 **주장책임**은 피고 처분청에 있다. (○) [17 국회8 변형]

🟦 **사정판결**을 하여야 **할 사정**에 관한 **입증책임**은 피고 처분청에 있다. (○) [06 세무사]

🟦 **사정판결을 할 사정**에 관한 **주장·입증책임**은 원고에게 있다. (×) [11 세무사]

747 ★★★★

㉠ 법원의 직권에 의한 사정판결은 허용되지 않는다.   [13 세무사] **O X**

㉡ 사정판결에서 당사자의 명백한 주장이 없으면 법원이 직권으로 판단할 수 없다.

[16 세무사] **O X**

> (해설)
>
> **법원**은 **사정판결**을 할 필요가 있다고 **인정**하는 때에는 ★**당사자의 명백한 주장이 없는 경우에도** 일건 기록에 나타난 사실을 기초로 하여 ★**직권으로 사정판결**을 할 수 있다. (대판 1995. 7. 28. 95누4629)
>
> ⟡ **법원이 스스로 판단하여 사정판결을 할 필요가 있다고 인정**하면 **직권으로 사정판결**을 내릴 수도 있다.
>
> **정답** ㉠ ✕, ㉡ ✕

■ 당사자의 신청이 없어도 **법원**은 **직권으로 사정판결을 할 수 있다**고 보는 것이 판례의 입장이다. (O)
[08 세무사]

■ **법원**은 **직권으로 사정판결을 할 수 있다**는 것이 판례의 입장이다. (O) [10 세무사]

■ **법원**은 **직권으로 사정판결**할 수 있다 (O) [18 세무사]

■ **법원의 직권에 의한 사정판결**은 불가능하다. (✕) [11 세무사]

■ 당사자의 신청이 없는 한 **법원**은 **직권으로 사정판결**을 할 수 없다. (✕) [12 세무사]

■ **법원**은 **신청이 있는 경우**에만 **사정판결**을 할 수 있으며, **직권으로** 할 수는 없다. (✕) [24 세무사]

■ 판례에 의할 때 **법원**은 **당사자의 주장 없이**도 **직권으로 사정판결**을 할 수 있다. (O) [05 세무사]

■ **법원**은 **직권으로 증거조사**를 하여 **사정판결**을 할 수 있다. (O) [15 세무사]

■ **당사자의 명백한 주장이 없는 경우**에도 법원은 **기록에 나타난 여러 사정**을 기초로 하여 **직권으로 사정판결**을 할 수 있다. (O) [17 세무사]

■ **사정판결**에 관하여는 **당사자의 명백한 주장이 없는 경우**에도 **기록에 나타난 여러 사정**을 기초로 **직권으로 판단**할 수 있다. (O) [21 세무사]

■ **당사자의 명백한 주장이 없는 경우**에도 법원은 **일건기록에 나타난 사실**을 기초로 하여 **직권으로 사정판결을 할 수 있다.** (O) [24 경찰간부]

■ 판례는 **당사자의 명백한 주장이 없는 경우**에는 **법원이 사정판결을 할 필요가 있다고 인정**하는 경우에도 일건 **기록에 나타난 사실**을 기초로 하여 **직권으로 사정판결**을 할 수는 없다고 본다. (✕) [07 세무사]

■ 당사자의 명백한 주장이 없으면 **법원**은 **직권으로 사정판결**을 할 수 없다. (✕) [09 세무사]

■ **사정판결**에서 당사자의 명백한 주장이 없으면 **법원이 직권으로 판단**할 수 없다. (✕) [16 세무사]

■ **당사자가 주장하지 아니한 사실**에 대하여 **법원이 직권으로 판단**하여 **사정판결**을 할 수는 없다. (✕) [22 세무사]

748 ★★★★

법원은 원고가 입게 될 손해의 정도와 그 배상방법을 판결 이후에 조사·보고하도록 해야 한다. **O X**

해설

> **【행정소송법】 제28조(사정판결)**
> ② **법원**이 **제1항의 규정**에 의한 **판결**을 함에 있어서는 **★미리 원고가 그로 인하여 입게 될 손해의 정도와 배상 방법 그 밖의 사정을 조사**하여야 한다.

> ✓ 법원은 사정판결을 '하기 전'에 예상되는 **손해수준, 배상방법, 기타 사정** 등을 조사하여야 한다.

정답 ✕

- **법원**은(**법원**이) **사정판결**을 함에 있어서(는) **미리** 원고가 그로 인하여 **입게 될 손해의 정도와 배상방법 그 밖의 사정**을 **조사하여야** 한다. (○) [07, 08, 24 세무사]

- **사정판결**을 함에 있어 **법원**은 **미리** 원고가 그로 인하여 **입게 될 손해의 정도와 배상방법 그밖의 사정**을 **조사하여야** 한다. (○) [10 세무사]

- **사정판결을 하는 법원**은 **미리** 원고가 그로 인하여 **입게 될 손해의 정도와 배상방법 그 밖의 사정**을 **조사하여야** 한다. (○) [16 세무사]

- 원고가 손해배상청구를 병합하지 않은 경우에 **법원이 사정판결을 함에 있어** 그로 인하여 원고가 **입게 될 손해의 정도와 배상방법 그 밖의 사정**을 **미리 조사하여야** 하는 것은 ~~아니다.~~ (✕) [17 세무사]

  ➡ 관련청구로서의 손해배상청구의 **병합여부와 무관**하게, **행정소송법 제28조 제2항에 따라 조사**하는 것이다.

- **사정판결**을 함에 있어서 법원은 원고에 대하여 상당한 구제방법을 취하거나 피고행정청에 상당한 구제방법을 취할 것을 명하여야 한다. (✕) [08 국회8]

- **사정판결** 시, 법원은 원고에 대하여 상당한 구제방법을 취하거나 상당한 구제방법을 취할 것을 피고에게 명할 수 있다. (✕) [21 세무사]

> 행정심판법 제44조(사정재결) ② **위원회**는 제1항에 따른 **재결**을 할 때에는 청구인에 대하여 **상당한 구제방법을 취하거나 상당한 구제방법을 취할 것을 피청구인에게 명**할 수 있다.

> ➤ **위 지문의 내용**은 행정심판상 '**사정재결**'에 따른 **권리보전방법**이므로, **사정판결에 따른 권리보전 방법과 구별**해 두어야 한다.

제15절 사정판결 ◆ 579

749 ★★★☆

원고는 피고인 행정청이 속하는 국가 또는 공공단체를 상대로 손해배상, 제해시설의 설치 그 밖에 적당한 구제방법의 청구를 당해 취소소송등이 계속된 법원에 병합하여 제기할 수 있다. **O X**

> **해설**
>
> **【행정소송법】제28조(사정판결)**
> ③ **원고는** 피고인 **행정청이 속하는 ★국가 또는 공공단체를 상대로 ★손해배상, 제해시설의 설치 그 밖에 적당한 구제방법의 청구를** 당해 **취소소송등이 계속된 법원에 병합**하여 제기할 수 있다.
>
> ✓ 행정청을 피고로 한 **주위적 청구(처분취소청구)가 사정판결로 기각될 경우에 대비**해서, 국가나 지방자치단체를 피고로 **예비적 청구(손해배상청구)를 병합**할 수 있다. **정답** O

- 🔲 **사정판결**에 있어서 **원고는** 피고 **행정청이 속하는 국가 또는 공공단체를 상대로 손해배상 등 적당한 구제방법의 청구**를 당해 **취소소송 등이 계속된 법원에 병합하여 제기**할 수 있다. (O) [14 서울7]
- 🔲 **원고는** 처분을 한 **행정청을 상대로 손해배상, 제해시설의 설치 그 밖에 적당한 구제방법의 청구**를 당해 **취소소송이 계속된 법원에 병합하여 제기**할 수 있다. (X) [16 국가7]
- 🔲 **원고는 손해배상이 필요**하더라도 **손해배상청구소송**을 당해 **취소소송이 계속된 법원에 병합하여 제기**할 수 없다. (X) [24 세무사]

750 ★★★☆

사정판결에서 처분의 위법판단의 기준시는 변론종결시이다. **O X**

> **해설**
>
> 행정소송에서 행정**처분의 위법 여부**는 행정**처분이 ★행하여졌을 때의 법령과 사실상태를 기준**으로 하여 판단하여야 하고, **처분 후 법령의 개폐나 사실상태의 변동에 의하여 영향을 받지는 않는다**. (대판 2007. 5. 11., 2007두1811)
>
> ✓ **처분의 위법성 판단 기준시점**은 이른바 **★'처분시'**인바, **사정판결의 대상이 되는 처분**에 대해서도 그 **처분당시를 기준**으로 **위법여부를 판단**하여야 한다. **정답** X

- 🔲 **사정판결**의 대상이 되는 **처분의 위법여부**는 **처분시를 기준**으로 판단하여야 한다. (O) [12 군무원9]
- 🔲 **사정판결**의 대상이 되는 **처분의 위법 여부**에 대한 **판단**은 **처분시를 기준**으로 한다. (O) [14 서울7 변형]
- 🔲 **사정판결**의 경우 **처분 등의 위법성**은 판결시를 **기준**으로 **판단**하여야 한다. (X) [12 지방9]
- 🔲 **사정판결**을 하는 경우, **처분의 위법성**은 변론종결시를 **기준**으로 **판단**하여야 한다. (X) [16 국가9]

751 ★★★★

사정판결에서 공공복리 적합 여부에 관한 판단은 처분시를 기준으로 한다. 🅞🅧

> **해설**

【행정소송규칙】 제14조(사정판결) **법원**이 법 제28조제1항에 따른 판결을 할 때 그 **처분등을 취소**하는 것이 **현저히 공공복리에 적합하지 아니한지 여부**는 ★**사실심 변론을 종결할 때를 기준으로 판단**한다.

☑ **사정판결**은 **처분 이후의 사정변경까지 고려**하는 관점에서 인정되는 제도이므로, 처분의 위법성 판단 기준시점과 달리, **사정판결의 필요성(=공공복리에의 적합 여부)**은 **'판결시(사실심 변론종결시)'**를 기준으로 판단하여야 한다. 최근 제정된 '**행정소송규칙**'에서도 동일한 시점으로 **명문화**하였다

■ '위법성' 판단 기준시점 정리

	위법성 판단 기준 시점
취소소송에서의 **처분의 위법성**	처분시
거부처분취소소송에서의 **처분의 위법성**	
무효등 확인소송에서의 **처분의 위법성**	
사정판결에서의 **처분의 위법성**	
부작위위법확인소송에서의 **부작위의 위법여부**	사실심변론종결시(판결시)
사정판결의 필요성	

정답 ✕

🔲 **사정판결의 필요성**은 **변론종결시**를 **기준**으로 **판단**한다. (○) [05 세무사]

🔲 **사정판결**을 하여야 할 **공익성의 판단 기준시점**은 **변론종결시**이다. (○) [06 세무사]

🔲 **사정판결의 대상**이 되는 **처분의 위법 여부는 처분시를 기준**으로 판단하여야 하지만, **사정판결의 필요성**은 **판결시를 기준**으로 판단하여야 하는 것이 다수설 및 판례이다. (○) [08 국회8]

🔲 **사정판결의 필요성**은 **판결시를 기준**으로 한다. (○) [11 경북교행9]

🔲 **사정판결**을 함에 있어 **처분등을 취소함**이 **현저히 공공복리에 적합하지 아니한지 여부**는 (   )를 **기준으로 판단**한다. → (판결시) [12 세무사]

🔲 **사정판결이 필요한가의 판단의 기준시**는 **판결시점(변론종결시)**이 된다. (○) [13 지방7]

🔲 **사정판결의 필요성 판단**은 **판결시를 기준**으로 한다. (○) [14 서울7 변형]

🔲 법원은 **사정판결**을 함에 있어서 **사실심변론종결시를 기준**으로 하여 **공익성 판단**을 하여야 한다. (○) [17 세무사]

🔲 법원이 **사정판결**을 함에 있어 **공공복리 적합성 여부의 판단시점**은 **변론종결시**이다. (○) [24 경찰간부]

🔲 **사정판결**의 경우 **공공복리를 위한 사정판결의 필요성**은 처분시를 **기준**으로 한다. (✕) [07 서울9]

🔲 **사정판결의 필요여부**에 관한 **판단시점**은 처분시이다. (✕) [09 세무사]

🔲 공공복리를 위한 **사정판결의 필요성**은 처분시를 **기준으로 판단**한다. (✕) [13, 23 세무사]

🔲 **사정판결의 필요성 판단의 기준**은 처분시가 된다. (✕) [15 세무사]

🔲 공공복리를 위한 **사정판결의 필요성**은 처분시를 **기준으로 판단**한다. (✕) [16 세무사]

🔲 **사정판결**에서 '**공공복리**'의 **판단 기준시**는 처분시이다. (✕) [24 세무사]

제4항 사정판결의 효과

752 ★★★★ [09 세무사]

사정판결에서 소송비용은 양 당사자가 공동으로 부담한다. ⓄⓍ

> **해설**
>
> **【행정소송법】**
> 제28조(사정판결)
> 제32조(소송비용의 부담) 취소청구가 ★제28조의 규정에 의하여 기각된 경우에는 소송비용은 ★피고의 부담으로 한다.
>
> **정답** ✕

- **사정판결**의 경우 **소송비용 부담자**는 **행정소송법에 규정**되어 있다. (O) [12 세무사]
- **사정판결**의 경우 **소송비용**은 **피고의 부담**으로 한다. (O) [06 세무사]
- **사정판결**을 한 경우에 **소송비용**은 **피고가 부담**한다. (O) [07 세무사]
- **사정판결**에서의 **소송비용**은 **피고가 부담**한다. (O) [10 세무사]
- **사정판결**에 따른 **소송비용**은 **피고의 부담**으로 한다. (O) [11 세무사]
- **사정판결**을 한 경우 **소송비용**은 **피고의 부담**으로 한다. (O) [22 세무사]
- **사정판결**을 한 경우 **소송비용**은 원고가 **부담**한다. (✕) [13 세무사]

753 ★★★☆ [13 서울7]

사정판결은 처분이 위법함에도 청구가 기각되는 것으로 이로 인하여 당해 처분은 위법성이 치유되어 적법하게 된다. ⓄⓍ

> **해설**
>
> ✓ 사정판결은 위법성이 인정되는 처분을 공익적 관점에서 기각판결을 통하여 처분의 효력을 유지시키지만, 사정판결로 계쟁처분의 위법성이 치유되는 것은 아니다. **정답** ✕

- **사정판결이 있으면** 취소소송의 대상인 처분은 당해 **처분이 위법**함에도 그 **효력이 유지**된다. (O) [17 행정사]

- **사정판결을 받은 사건**에 대해서는 **대상처분의 위법성**이 부정된다. (✕) [99 관세사]
- **사정판결**은 원고의 주장을 기각하는 판결이므로 **당해 처분**은 적법한 처분으로 인정된다. (✕) [09 지방 9]

754 ★★★★

사정판결을 하는 법원은 그 판결의 주문에 그 처분의 위법함을 명시할 필요는 없다. **O X**

> **해설**
>
> **【행정소송법】 제28조(사정판결)**
> ① 원고의 청구가 이유있다고 인정하는 경우에도 처분등을 취소하는 것이 현저히 공공복리에 적합하지 아니하다고 인정하는 때에는 법원은 **원고의 청구를 기각**할 수 있다. 이 경우 **법원은 그 판결의 ★주문에서 그 처분등이 위법함을 명시**하여야 한다.
>
> ✓ 사정판결문의 주문에 <u>처분의 위법성을 선언</u>함으로써, **기판력이 발생**한다. **정답** ✕

🖥 **사정판결**을 하는 경우 법원은 그 **판결의 주문에서 처분등이 위법함을 명시**하여야 한다. (O) [08 세무사]

🖥 **사정판결**을 할 경우 법원은 **판결의 주문에서 처분등이 위법함을 명시**하여야 한다. (O) [12 세무사]

🖥 **사정판결의 주문에는 그 처분등의 위법함이 명시**되어야 한다. (O) [14 세무사]

🖥 **사정판결 시** 법원은 그 **판결의 주문에서 그 처분등이 위법함을 명시**하여야 한다. (O) [21 세무사]

🖥 **사정판결을 하는 경우** 법원은 그 **판결의 주문에서 그 처분등이 위법함을 명시**하여야 한다. (O) [23 세무사]

🖥 **사정판결**을 하는 경우 법원은 **처분의 위법함을 판결의 주문에 표기**할 수 없으므로 판결의 내용에서 그 처분 등이 위법함을 명시하여야 한다. (✕) [20 소방 변형]

🖥 법원은 **사정판결의 이유에서 처분등이 위법함을 나타내었다면**, 그 **판결의 주문에서 처분등이 위법함을 명시할 필요**는 없다. (✕) [24 세무사]

755 ★★★☆

사정판결의 경우에도 처분등의 위법성에 대하여 기판력이 발생한다. **O X**

> **해설**
>
> ✓ 행정소송법 제28조 제1항 후문에 따라 **법원이 사정판결의 주문에서 그 처분 등이 위법함을 명시**하게 되면, 이로써 **★처분의 위법성에 대하여 기판력이 발생**한다. **정답** O

🖥 **사정판결**에서는 원고의 청구가 기각되지만 **처분의 위법함이 주문에 명시**되므로 처분이 위법하다는 점에 대하여 **기판력이 생긴다.** (O) [06 세무사]

🖥 **사정판결**에서는 원고의 청구가 기각되지만 **처분이 위법하다는 점**에 대해서는 **기판력이 생긴다.** (O) [09 세무사]

🖥 **사정판결**의 경우에는 처분의 적법성이 아닌 **처분의 위법성에 대하여 기판력이 발생**한다. (O) [19 서울9]

756 ★★☆☆

사정판결과 관련하여, 징계면직된 검사의 복직이 검찰조직의 안정과 인화를 저해할 우려가 있다는 사정은 현저히 공공복리에 반하는 사유라고 볼 수 없다. **O X**

> **해설**
>
> 위법한 행정처분을 존치시키는 것은 그 자체가 공공복리에 반하는 것이므로 행정처분이 위법함에도 이를 취소하는 것이 현저히 공공복리에 적합하지 아니하다고 인정하여 **사정판결**을 함에 있어서는 극히 **엄격한 요건 아래 제한적으로** 하여야 할 것이고 그 요건인 현저히 공공복리에 적합하지 아니한가의 여부를 판단함에 있어서는 위법·부당한 행정**처분을 취소·변경하여야 할 필요성**과 그로 인하여 발생할 수 있는 **공공복리에 반하는 사태** 등을 ★**비교·교량**하여 그 적용 여부를 판단하여야 한다. 이른바 심재륜 사건에서 ★**징계면직된 검사의 복직**이 **검찰조직의 안정과 인화를 저해할 우려가 있다는 등의 사정**은 검찰 내부에서 조정·극복하여야 할 문제일 뿐이고 준사법기관인 검사에 대한 **위법한 면직처분의 취소 필요성**을 부정할 만큼 ★**현저히 공공복리에 반하는 사유**라고 볼 수 **없으므로** ★**사정판결을 할 경우**에 해당하지 않는다. (대판 2001. 8. 24. 2000두7704)
>
> **정답** O

📋 위법하게 **징계면직된 검사의 복직**이 상명하복의 검찰조직의 안정과 인화를 저해할 우려가 있는 경우, 사정판결이 허용된다. (✕) [12 국회8]

➡ 비례의 원칙을 위반하여 **위법한 검사장 징계면직처분의 취소(=해당 검사장의 복직)**가 공공복리에 현저히 적합하지 경우가 아니기 때문에, **사정판결의 대상이 되지 못한다**는 판시이다.

➤ (위법한 검사장 면직처분에 대한) **취소판결**의 필요성 ≫ **사정판결**의 필요성

757 ★★☆☆

사정판결은 공공복리를 위한 최종판결이므로 원고의 상소가 제한된다. **O X**

> **해설**
>
> ✅ ⓐ **사정판결**이 있게 되면, **원고로서는** 법원이 사정판결을 내릴 만한 사정이 없는데도 **자신의 청구가 기각되었다는 이유로 상소**할 수 있는 한편,
>
> ⓑ **피고 행정청도** 자신의 처분이 적법함에도 법원이 사정판결로써 **처분의 위법성을 선언**한 점에 대한 **불복**으로 **상소**할 수 있다. **정답** ✕

📋 **원고가 사정판결에 불복**하면 **상소할 수 있다.** (O) [08 관세사]

📋 **사정판결**에 대하여 **원고는 상소**할 수 있으나 **피고는 상소**할 수 없다. (✕) [13 세무사]

📋 **사정판결**은 기각판결의 일종이므로 **원고는 상소**할 수 있지만 **피고는 상소**할 수 없다. (✕) [16 변시]

제5항 기타 사정판결의 문제

758 ★★☆☆　　　　　　　　　　　　　　　　　　　　　[06 세무사]

사정판결의 요건이 갖추어지면 법원은 사정판결을 하여야 한다.　　O X

> **해설**
>
> ☑ **사정판결을 내릴지**, 원고청구의 **인용판결을 내릴지**는 여부는 당연히 **법원이 공익과 사익을 비교·교량 후 ★심리·판단**하여 **결정하여야 할 사항**인 것이다.　　**정답** ✕

■ **취소소송**에서 **사정판결을 할 것인지의 여부**는 **심리의 대상에 포함**~~되지 아니한다.~~ (✕) [17 세무사]

759 ★★☆☆　　　　　　　　　　　　　　　　　　　　　[17 세무사]

사정판결에 있어서 원고가 적당한 구제방법의 청구를 간과하였음이 분명하다면, 법원은 적절하게 석명권을 행사하여 그에 관한 의견을 진술할 수 있는 기회를 주어야 한다.　　O X

> **해설**
>
> 사정판결의 요건을 갖추었다고 판단되는 경우 법원으로서는 행정소송법 제28조 제2항에 따라 원고가 입게 될 손해의 정도와 배상방법, 그 밖의 사정에 관하여 심리하여야 하고, 이 경우 **원고**는 행정소송법 제28조 제3항에 따라 **손해배상, 제해시설의 설치 그 밖에 적당한 구제방법의 청구를 병합하여 제기**할 수 있으므로, **★당사자가 이를 간과하였음이 분명**하다면 **적절하게 석명권을 행사**하여 그에 관한 **★의견을 진술할 수 있는 기회를 주어야** 한다. (대판 2016. 7. 14., 2015두4167)　　**정답** O

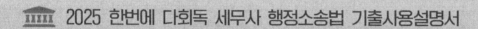

제16절

소송의 불복과 소송비용

- 제1항 불복제도: 재심
- 제2항 소송비용

Administrative Litigation Law

제1항 **불복제도: 재심**

1 **재심 일반론**

760 ★★★☆

㉠ 확정된 종국판결에 대하여 제3자가 청구할 수 있는 행정소송법상의 제도로 '재심'이 있다.

[10 세무사] **O X**

㉡ 제3자에 의한 재심청구에서, 제3자가 침해받은 권리 또는 이익이란 법률상 이익을 의미한다.

[14 세무사] **O X**

㉢ 제3자에 의한 재심청구에서, 재심은 처분등을 취소하는 종국판결의 확정을 전제로 한다.

[14 세무사] **O X**

> 해설
>
> 【행정소송법】제31조(제3자에 의한 재심청구) ① **처분등을 취소하는** 판결에 의하여 **권리 또는 이익의 침해**를 **받은 제3자**는 자기에게 책임없는 사유로 소송에 참가하지 못함으로써 판결의 결과에 영향을 미칠 공격 또는 방어방법을 제출하지 못한 때에는 이를 이유로 ★**확정된 종국판결**에 대하여 **재심의 청구**를 할 수 있다.
>
> ✓ ⓐ **행정소송법**에서는 **원고의 청구**를 **인용**하는 ★**종국 판결이 확정**된 경우에, 그 **판결의 효력** 등으로 인하여 자신의 **권리나 이익**을 침해받은 **제3자**가 **일정한 요건**을 **충족**하는 경우에, **확정판결**에 대한 **재심을 청구**할 수 있도록 규정하고 있다.
>
> ⓑ 여기서 **소송의 결과**에 따라 **침해받을 수 있는 권리나 이익**은 제3자의 소송참가에서와 동일하게 ★**'법률상 이익'**을 뜻한다. (615문 참고) **정답** ㉠ O, ㉡ O, ㉢ O

🔲 협의의 **복효적 행정행위**와 관련하여 행정소송에서 **제3자의 재심청구가 허용**될 수 있다. (O) [02 입시]

🔲 **행정소송법**은 **제3자 보호**를 위하여 **제3자의 소송참가** 외에 **제3자의 재심청구를 인정**하고 있다. (O) [12 국가9]

🔲 **행정소송법**은 **제3자에 의한 재심청구**에 대해 **명문으로 규정**하고 있지 않다. (X) [06 국회8]

🔲 **처분을 취소하는 판결**에 의하여 **권리의 침해**를 받은 **제3자**는 자기에게 책임 없는 사유로 인하여 소송에 참가하지 못함으로써 판결의 결과에 영향을 미칠 공격 또는 방어방법을 제출하지 못한 때에는 이를 이유로 **확정된 종국 판결**에 대하여 **재심의 청구**를 할 수 있다. (O) [18 지방9]

🔲 취소소송에서 **취소판결이 확정**되면 **제3자**는 **재심을 청구**할 수 없다. (X) [04 행시 변형]

🔲 각하판결에 대하여도 **제3자에 의한 재심청구**가 인정된다. (X) [11 세무사]

➡ 재심은 처분등을 취소하는 **인용판결**로 인하여 **법률상 이익**을 **침해받는 제3자**가 청구하는 제도이므로, **각하판결**에 대하여는 재심을 청구할 필요가 없다.

761 ★★★★

㉠ 취소소송에서의 제3자에 의한 재심청구에 관한 규정은 무효등 확인소송에 준용된다.

[21 세무사] **O X**

㉡ 제3자에 의한 재심청구'는 부작위위법확인소송에 준용되는 취소소송의 법리가 아니다.

[07 세무사] **O X**

㉢ 제3자에 의한 재심청구'는 항고소송과 당사자소송에 공통으로 적용된다.   [15 세무사] **O X**

┌─ 해설 ─

【행정소송법】
제31조(제3자에 의한 재심청구)
제38조(준용규정)
① <u>제31조의 규정</u>은 <u>무효등 확인소송</u>의 경우에 <u>준용</u>한다.
② <u>제31조의 규정</u>은 <u>부작위위법확인소송</u>의 경우에 <u>준용</u>한다.

✓ 제3자의 재심청구는 모든 항고소송에서 인정되나, 당사자소송에서는 인정되지 않는다.

정답 ㉠ O, ㉡ ×, ㉢ ×

▨ **제3자에 의한 재심청구**는 **무효확인소송에는 준용**된다. (O) [14 서울7 변형]

▨ 행정소송법상 취소소송에 관한 규정 중 '**제3자에 의한 재심청구**'는 **무효등 확인소송에 준용**된다. (O) [20 세무사]

▨ **무효등 확인소송**의 경우에는 **제3자**에 의한 **재심청구가 인정**된다. (O) [08 세무사 변형]

▨ **무효등 확인소송의 인용판결**에 대해서는 **제3자의 재심청구 규정이 준용**된다. (O) [23 세무사]

▨ **무효확인소송의 인용판결**에 대해서는 **제3자의 재심청구가 허용**되지 않는다. (×) [12 세무사]

▨ **부작위위법확인소송**에 대하여 **제3자에 의한 재심청구가 가능**하다. (O) [02 입시]

▨ **부작위위법확인소송**에서는 **제3자** 보호를 위하여 **재심청구가 인정**된다. (O) [03 행시 변형]

▨ **제3자에 의한 재심청구**는 **부작위위법확인소송에는 준용**되지 않는다. (×) [14 서울7 변형]

▨ **부작위위법확인소송**의 경우에는 **재심청구가 인정**되지 않는다. (×) [24 세무사]

▨ **제3자**에 의한 **재심청구 규정**은 **당사자소송에 준용되지 않는다.** (O) [23 세무사]

▨ 취소소송 규정 중 **제3자의 재심청구 규정**은 **당사자소송에 준용되지 않는다.** (O) [23 세무사]

▨ **제3자의 재심청구**에 관한 규정은 **당사자소송에는 준용되지 않는다.** (O) [24 세무사]

▨ **당사자소송의 인용판결**에 대하여 제3자는 확정판결이 있음을 안 날로부터 30일 이내에 재심을 청구할 수 있다. (×) [22 세무사]

➡ '**재심**'은 확정판결의 제3자효로 인하여 **권익**을 침해받은 제3자가 청구하는 제도인데, **당사자소송**에서의 원고 **승소판결**은 제3자효(대세효)가 없으므로, 당사자소송에서는 재심제도가 인정될 수 없는 것이다.

762 ★★★★

㉠ (   )는 자기에게 책임없는 사유로 소송에 참가하지 못함으로써 판결의 결과에 영향을 미칠 공격 또는 방어방법을 제출하지 못한 때에는 이를 이유로 확정된 종국판결에 대하여 재심의 청구를 할 수 있다. [12 세무사] **O X**

㉡ 자기에게 책임있는 사유로 취소소송에 참가하지 못했던 제3자도 판결의 결과에 영향을 미칠 공격 또는 방어방법을 제출하지 못한 때에는 재심을 청구할 수 있다. [22 세무사] **O X**

㉢ 소송에 참가한 제3자는 확정된 종국판결에 대하여 행정소송법상 재심의 청구를 할 수 없다. [13 세무사] **O X**

해설

【행정소송법】 제31조(제3자에 의한 재심청구) ① 처분등을 취소하는 판결에 의하여 <u>권리 또는 이익의 침해를 받은 제3자</u>는 ★<u>자기에게 책임없는 사유로</u> ★<u>소송에 참가하지 못함</u>으로써 ★<u>판결의 결과에 영향을 미칠 공격 또는 방어방법을 제출하지 못한 때</u>에는 이를 이유로 <u>확정된 종국판결</u>에 대하여 <u>재심의 청구</u>를 할 수 있다.

✓ ⓐ **처분등을 취소하는 종국판결**로 인하여 **권익을 침해받게 되는 제3자**가,
   ➡ 여기서 **제3자**에는 소송당사자 외의 자로서, **개인**은 물론, **국가 또는 공공단체**까지 포함한다.

ⓑ **자신**에게 **책임★없는 사유**로 **소송에 참가하지 못하였어야** 하고,

ⓒ 재심 이전에 **소송참가를 하지 못함**으로써 판결의 결과에 영향을 미칠 **공격이나 방어방법을 제출하지 못한 때**에, **재심청구**를 할 수 있다.

정답 ㉠ 처분을 취소하는 판결에 의하여 권리의 침해를 받는 제3자, ㉡ ✕, ㉢ O

■ **제3자의 재심청구**에서, **제3자**란 당해 소송**당사자 이외의 자**를 말하는 것으로 개인에 한하지 않고 **국가 또는 공공단체도 포함**된다. (O) [14 세무사]

■ 소송참가할 수 있는 행정청이 **자기에게 책임없는 사유로 소송에 참가하지 못함**으로써 **판결의 결과에 영향을 미칠 공격·방어방법을 제출하지 못한 때**에는 이를 이유로 **확정된 종국판결에 대하여 재심을 청구할 수 있다.** (✕) [18 국가7]

■ **제3자에 의한 재심청구**는 제3자가 **자기에게 책임 없는 사유로 소송에 참가하지 못한 경우이어야** 한다. (O) [11 세무사]

■ **자기에게 책임있는 사유**로 취소소송에 참가하지 못했던 제3자도 판결의 결과에 영향을 미칠 공격 또는 **방어방법을 제출하지 못한 때**에는 **재심을 청구**할 수 있다. (✕) [22 세무사]

■ **소송에 참가한 자**라도 **자기에게 책임없는 사유로 공격 또는 방어방법을 제출하지 못한 제3자**는 재심을 **청구**할 수 있다. (✕) [24 세무사]

■ 원고 甲과 행정청 사이의 **소송 결과에 따라 권리침해를 받을** 乙이 존재하는 경우, **乙이 소송에 참가한 경우** 乙은 행정소송법상의 **재심을 청구**할 수 없다. (O) [10 세무사]

■ **소송참가를 하였지만 패소한 제3자가 제기**하는 행정소송법 제31조에 따른 **재심청구**는 행정소송법상 허용된다. (✕) [18 행정사]

763 ★★★★

㉠ 제3자에 의한 재심청구는 확정판결이 있음을 안 날로부터 (A)이내, 판결이 확정된 날로부터
(B)이내에 제기하여야 한다.   [09, 19 세무사] **O X**

㉡ 제3자에 의한 재심청구에서, 재심청구기간은 불변기간이다.   [14 세무사] **O X**

㉢ 행정소송법에 의한 기간의 계산에 있어서 국외에서의 소송행위추완에 있어서는 그 기간을 14일에
서 (A)일로, 제3자에 의한 재심청구에 있어서는 그 기간을 30일에서 (B)일로, 소의 제기에
있어서는 그 기간을 60일에서 90일로 한다.   [14 세무사] **O X**

해설

【행정소송법】
제31조(제3자에 의한 재심청구)
② 제1항의 규정에 의한 **청구**는 확정판결이 있음을 ★안 날로부터 ★30일 이내, 판결이 ★확정된 날로부터 ★1
년 이내에 제기하여야 한다.
③ 제2항의 규정에 의한 기간은 ★불변기간으로 한다.
제5조(국외에서의 기간) 이 법에 의한 기간의 계산에 있어서 **국외**에서의 **소송행위추완**에 있어서는 그 기간을 14
일에서 **30일**로, 제3자에 의한 **재심청구**에 있어서는 그 기간을 30일에서 ★**60일**로, **소의 제기**에 있어서는 그
기간을 60일에서 ★**90일**로 한다.

정답 ㉠ A: 30일, B 1년, ㉡ O, ㉢ A: 30일, B 60일

📓 **제3자가 취소판결**에 대하여 **재심청구**를 할 수 있는 기간은 **확정판결이 있음을 안 날**로부터 **30일 이내**,
판결이 확정된 날로부터 **1년 이내**이다. (O) [07 세무사]

📓 부작위위법확인**판결이 확정**된 경우에, **제3자에 의한 재심청구**는 확정판결이 있음을 안 날로부터 **30일**
이내, 판결이 확정된 날로부터 **1년 이내**에 **제기하여야** 한다. (O) [21 세무사]

📓 **처분등을 취소하는 판결**에 의하여 **권리 또는 이익의 침해**를 받은 **제3자**는 자기에게 책임없는 사유로
소송에 참가하지 못함으로써 판결의 결과에 영향을 미칠 공격 또는 방어방법을 제출하지 못한 때에는
이를 이유로 **확정된 종국판결**에 대하여 **확정판결이 있음을 안 날**로부터 (㉠)**이내, 판결이 확정된**
날로부터 (㉡) **이내**에 **제기하여야** 한다. → [㉠: 30일, ㉡: 1년] [23 세무사]

📓 제3자에 의한 **재심청구**는 확정**판결이 있음을 안 날**로부터 **30일** 이내, **판결이 확정된 날**로부터 9̶0̶일̶
이내에 **제기하여야** 한다. (×) [11 세무사]

📓 **취소판결**에 의하여 권리 또는 이익의 침해를 받은 **제3자**가 그 확정**판결에 대해 재심을 청구**할 경우,
확정판결이 있음을 안 날로부터 9̶0̶일̶ 이내, **판결이 확정된 날**로부터 **1년** 이내에 **제기하여야** 한다. (×)
[17 세무사]

📓 무효확인**판결이 확정된 날**로부터 1̶8̶0̶일̶이 지나면 **제3자**는 **재심을 청구**할 수 없다. (×) [22 세무사]

📓 **재심청구**는 확정판결이 있음을 안 날로부터 9̶0̶일̶ **이내에 제기**하여야 한다. (×) [24 세무사]

📓 '**판결이 확정된 날로부터 1년 이내**'라는 **재심청구기간**은 **불변기간**이̶ 아̶니̶다̶. (×) [24 세무사]

📓 '**국외에서의 기간 산정**에 관한 **특례**'는 **행정소송법에 규정**되어 있다. (O) [08 세무사]

📓 행정소송법에 의한 **기간의 계산**에 있어서 **국외에서의 소송행위추완**에 있어서는 그 기간을 **14일에서**
(㉠)**일로, 제3자에 의한 재심청구**에 있어서는 그 기간을 30일에서 (㉡)**일로, 소의 제기**에 있어서
는 그 기간을 **60일에서** (㉢)**일로** 한다. → [㉠: 30일, ㉡: 60일, ㉢: 90일] [22 세무사]

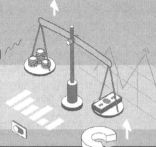

제2항　소송비용

764　★★★☆

㉠ 취소소송의 청구인용 판결의 경우 소송비용의 부담주체는 피고이다.　　　　[19 세무사] O X

㉡ 취소사유만 있음에도 무효확인소송을 제기하여 청구가 기각된 경우 소송비용의 부담주체는 피고이다.　　　　[19 세무사] O X

> **해설**
>
> ☑ **소송비용**은 당사자 중 **패소자가 부담**하는 것이 **원칙**이다.
>
> | | 승소자 | 패소자 ➡ 소용비용 부담주체 |
> |---|---|---|
> | **청구인용판결** | 원고 | 피고 |
> | **청구각하판결** | 피고 | 원고 |
> | **청구기각판결** | | |
>
> **정답** ㉠ O, ㉡ ✕

■ **취소소송**에서 **청구가 전부인용**된 경우에는 **소송비용은 피고가 부담**한다. (O) [23 세무사]

■ **무효확인소송**을 제기하였으나 **청구가 기각**된 경우에는 **소송비용은 원고가 부담**한다. (O) [23 세무사]

765 ★★★☆

행정청이 처분을 취소 또는 변경함으로 인하여 청구가 각하 또는 기각된 경우, 소송비용은 패소자인 원고의 부담으로 한다.

[17 세무사] ⭕ ❌

> **해설**
>
> > **【행정소송법】 제32조(소송비용의 부담)** **취소청구**가 제28조의 규정에 의하여 기각되거나 **행정청이 ★처분등을 취소 또는 변경함으로 인하여 청구가 각하 또는 기각**된 경우에는 **소송비용은 ★피고의 부담**으로 한다.
>
> ✓ **처분청의 처분 취소(변경)**에 따른 **원고의 패소(청구의 각하 또는 기각)**는 행정청의 소송대상 변경에 따른 것이므로, 행정소송법에서는 형식적 승소자인 ★**피고(행정청)가** 부담하도록 규정하고 있다.
>
> > **【행정소송규칙】 제17조(부작위위법확인소송의 소송비용부담)** **법원**은 **부작위위법확인소송** 계속 중 **행정청이** 당사자의 신청에 대하여 **상당한 기간이 지난 후 처분등을** 함에 따라 **소를 각하**하는 경우에는 **소송비용의 전부 또는 일부를 ★피고가 부담**하게 할 수 있다.
>
> > 행소법 제32조의 경우와 유사하게, **부작위위법확인소송**의 계속 중에도 행정청이 어떠한 **처분을 하여 청구가 각하**됨으로써 원고가 **소송비용을 부담**하게 되는 경우가 억울하게 발생할 수 있는데, 실제로 이러한 경우 **피고에게 소송비용의 전부 또는 일부를 부담**시켜 오던 재판실무 관행을 행정소송규칙에 반영한 것이다.
>
> **정답** ✕

☐ **'소송비용의 부담'**은 **행정소송법에 규정**되어 있다. (O) [08 세무사]

☐ **행정청**이 **처분등을 취소 또는 변경**함으로 인하여 **청구가 각하 또는 기각**된 경우 **소송비용**은 (　　　)가 부담한다. → (피고) [06 세무사]

☐ **취소청구**가 **사정판결**에 의하여 (㉠)되거나 **행정청**이 **처분등을 취소 또는 변경**함으로 인하여 **청구가** (㉡)된 경우에는 **소송비용**은 피고의 **부담**으로 한다. (㉠: 기각, ㉡: 각하 또는 기각) [16 세무사]

☐ **취소소송의 계속** 중 **행정청**이 **처분등을 취소**하여 그 **청구가 각하 또는 기각**된 경우에 **소송비용**은 피고의 **부담**으로 한다. (O) [18 세무사]

☐ **행정청**이 **처분을 변경**함으로 인하여 **청구가 기각**된 경우 **소송비용의 부담주체**는 피고이다. (O) [19 세무사]

☐ 소송 계속 중 **행정청이 처분등을 취소**하여 그 **청구가 각하**된 경우에 **소송비용**은 피고의 **부담**으로 한다. (O) [22 세무사]

☐ **행정청**이 **처분을 변경함**으로 인하여 **청구가 기각**된 경우에는 **소송비용**은 **피고가 부담**한다. (O) [23 세무사]

☐ **행정청**이 **처분을 취소함**으로 인하여 **청구가 각하**된 경우에는 **소송비용**은 **피고가 부담**한다. (O) [23 세무사]

766 ★★★★

'소송비용의 부담'은 항고소송과 당사자소송에 공통으로 적용된다. ⓞⓧ

> **해설**
>
> **【행정소송법】제32조(소송비용의 부담)**
> **제44조(준용규정)** ① 제32조의 규정은 ★당사자소송의 경우에 준용한다.
>
> ✓ 제32조(소송비용의 부담) 규정은 취소소송과 당사자소송에 적용된다.   정답 ○
> ➡ 다른 항고소송에는 적용되지는 않으므로 오답으로 보아야 하나, 최종적으로 정답처리되었다.

📋 행정소송법의 규정 중 '소송비용의 부담'은 취소소송과 당사자소송에 공통으로 적용된다. (○) [21 세무사]

📋 소송비용에 관한 행정소송법의 규정은 당사자소송에도 준용된다. (○) [22 세무사]

767 ★★★★

㉠ 항고소송의 소송비용에 관한 재판이 확정된 때에는 피고 또는 참가인이었던 행정청이 소속하는 국가 또는 공공단체에 그 효력을 미친다. [18 세무사] ⓞⓧ

㉡ 행정소송법상 취소소송에 관한 규정 중 '소송비용에 관한 재판의 효력'은 부작위법확인소송에 준용되지 않는다. [21 세무사] ⓞⓧ

> **해설**
>
> **【행정소송법】**
> **제33조(소송비용에 관한 재판의 효력)** 소송비용에 관한 재판이 확정된 때에는 피고 또는 참가인이었던 ★행정청이 소속하는 ★국가 또는 공공단체에 그 효력을 미친다.
> **제38조(준용규정)** ① 제33조의 규정은 ★무효등 확인소송의 경우에 준용한다.
> **제38조(준용규정)** ① 제33조의 규정은 ★부작위법확인소송의 경우에 준용한다.
> **제44조(준용규정)** ① 제33조의 규정은 ★당사자소송의 경우에 준용한다.
>
> 정답 ㉠ ○, ㉡ ×

📋 소송비용에 관한 재판이 확정된 때에는 피고였던 행정청이 소속하는 국가에 그 효력이 미친다. (○) [17, 22 세무사]

📋 소송비용에 관한 재판이 확정된 때에는 (㉠) 또는 (㉡)이었던 행정청이 소속하는 국가 또는 공공단체에 그 효력을 미친다. → (㉠: 피고 ㉡: 참가인) [20 세무사]

📋 소송비용에 관한 재판이 확정된 때에는 참가인이었던 행정청이 소속하는 국가에 그 효력을 미친다. (○) [21 세무사]

📋 소송참가인이었던 행정청이 소속하는 공공단체에는 소송비용 재판의 효력이 미치지 않는다. (×) [22 세무사]

제17절

객관적 소송

- 제1항 객관적 소송 일반론
- 제2항 민중소송
- 제3항 기관소송

Administrative Litigation Law

제1항) 객관적 소송 일반론

768 ★★☆☆ [06 세무사]

민중소송이나 기관소송에서는 통상의 경우 소의 이익이 문제되지 않는다. **O X**

> **해설**
>
> ✓ 민중소송 내지 기관소송은 국민이 자신의 **법률상 이익에 관계없는 입장**에서 제기하는 소송, 즉 **개인의 권리구제와는 무관**하게 행정작용의 적법성 확보와 같은 **공익적 목적**을 지향하는 '**객관적 소송**'이기 때문에, 구체적인 권리관계 또는 법률관계에 관한 분쟁사건(이른바 주관적 쟁송)에서 요구되는 ★**소의 이익 또는 권리보호의 필요성**은 **문제되지 않는다.** **정답 O**

🔲 **원고적격**은 취소소송이 **민중소송과 구별**되는 데에도 의미가 있다. (O) [07 세무사]

➡ 주관적 소송인 취소소송에서는 원고적격이 문제되지만, **객관소송에서는 원고적격이 문제되지 않는다.**

🔲 **기관소송**은 **주관적인 권익보호를 목적으로 하는 것이 아니라** 행정법규의 적정한 작용을 보장하기 위한 **객관적 소송**이다. (O) [07 세무사]

🔲 **민중소송**은 **당사자 사이의 구체적 권리·의무에 관한 분쟁의 해결이 목적이 아니므로** 법률상 쟁송에 해당하지 아니한다. (O) [08 세무사]

➡ 위 지문에서의 **법률상 쟁송**은 구체적 법률관계를 다투는 **주관적 쟁송**을 뜻하는 것이다.

🔲 우리나라에서 **객관소송**은 **당사자의 구체적인 권리·의무에 관한 분쟁해결이 아니라** 행정 감독적 견지에서 **행정법규의 정당한 적용을 확보**하거나 선거 등의 **공정의 확보를 위한 소송**으로 이해된다. (O) [10 국회9]

769 ★★☆☆ [05 세무사]

기관소송은 개괄주의 방식으로 규정되어 있다. **O X**

> **해설**
>
> **【행정소송법】**
> 제19조(취소소송의 대상) 취소소송은 **처분등을 대상**으로 한다.
> 제45조(소의 제기) 민중소송 및 기관소송은 ★**법률이 정한 경우**에 **법률에 정한 자**에 한하여 제기할 수 있다.
>
> ✓ 행정소송법은 취소소송에 대해서는 모든 처분에 대하여 소송의 제기가 가능하도록 '**개괄주의**'를 채택하고 있지만, **민중소송과 기관소송**은 **법률에 정한 경우**와 **법률에 정한 자**에 한하여 제기할 수 있도록 규정함으로써, ★'**열기주의**'를 채택하고 있다.(=**객관소송 법정주의**) **정답 ✕**

🔲 「**행정소송법**」은 행정소송사항에 관하여 **개괄주의**를 채택하였지만, **민중소송**은 **예외적**으로 **열기주의**를 채택하였다. (O) [19 소방]

제2항 민중소송

770 ★★★★

㉠ 민중소송은 원고의 법률상 이익과 관계없이 국가 등의 위법한 행위에 대해 시정을 구하는 소송이다.
[15 세무사] O X

㉡ 민중소송은 개별법률이 허용하고 있는 경우에만 인정되는 소송이다. [05 세무사] O X

㉢ 민중소송의 원고와 피고는 개별법률의 규정 내용에 따른다. [05 세무사] O X

해설

> **【행정소송법】제3조(행정소송의 종류)**
> 3. **민중소송**: **국가** 또는 **공공단체의 기관**이 **법률에 위반되는 행위**를 한 때에 직접 ★**자기의 법률상 이익과 관계 없이** 그 **시정**을 구하기 위하여 **제기**하는 소송
> 제45조(소의 제기) **민중소송** 및 기관소송은 **법률이 정한 경우**에 **법률에 정한 자에 한하여** 제기할 수 있다.

> ✂ 개인의 법률상 이익과 관계없는 입장에서 제기하는 **민중소송**은 **개별법**(ⓔ 지방자치법, 주민투표법, 공직선거법 등)에 **명문의 규정**이 있어야 **인정**되며, 이러한 각 **개별법**에서는 소송을 제기할 수 있는 사람(=원고)과 소송을 당하는 기관 등(=피고)을 별도로 **규정**하고 있다. **정답** ㉠ O, ㉡ O, ㉢ O

▫ **민중소송**은 개인의 법적 이익의 구제를 목적으로 한다. (X) [05 세무사]

▫ **민중소송**은 권리 또는 법률상 이익이 침해된 자만 **제기**할 수 있다. (X) [14 세무사]

▫ **민중소송**은 국가 또는 공공단체의 기관의 행위에 대하여 자기의 법률상 이익이 있는 자가 **제기**하는 소송이다. (X) [16 세무사]

▫ **민중소송**은 (직접) 법률상 이익이 있는 자만이 **제기**할 수 있다. (X) [18, 23 세무사]

▫ **민중소송**은 개인의 법적 이익의 구제를 목적으로 하므로 법률상 이익이 침해되는 경우에만 **제기**할 수 있다. (X) [18 세무사]

▫ **민중소송**은 개인의 구체적 권리·의무에 직접 관련되므로, **법률규정**과 무관하게 **인정**된다. (X) [20 세무사]

▫ **위법행정의 시정을 구하는 자**는 누구나 개별법률의 근거가 없더라도 행정소송법에 따라 일반적으로 **민중소송을 제기**할 수 있다. (X) [23 세무사]

▫ **민중소송**은 **법률이 정한 경우**에 **법률에 정한 자에 한하여 제기**할 수 있다. (O) [11 세무사]

▫ **민중소송**은 국민이면 누구나 제기할 수 있다. (X) [13 세무사]

▫ **민중소송**은 선거인이라는 지위만 있으면 기본권의 주체로서 제기할 수 있는 주관적 소송이다. (X) [18 세무사]

▫ **민중소송**은 **법률상 특별한 요건이 규정**되어 있지 않고 주권자로서의 지위만 있으면 제기할 수 있다. (X) [18 세무사]

▫ **민중소송**은 **법률이 정한 경우에 인정**되지만, **법률에 정한 자에 한하여 제기할 수 있는 소송**은 아니다. (X) [24 세무사]

771 ★★★★

기관소송은 공공단체의 기관이 법률에 위반되는 행위를 한 때에 직접 자기의 법률상 이익과 관계없이 그 시정을 구하기 위하여 제기하는 소송이다. **O X**

> 해설
>
> **【행정소송법】 제3조(행정소송의 종류)**
> 3. **민중소송**: ★국가 또는 공공단체의 기관이 **법률에 위반되는 행위**를 한 때에 직접 ★**자기의 법률상 이익과 관계없이 그 시정을 구하기 위하여 제기**하는 소송
>
> ✎ 기관소송이 아닌 **민중소송**에 관한 정의이다. **정답** ×

🔲 **민중소송**은 **행정소송법상 인정**되고 있는 **행정소송**이다. (O) [17 세무사]

🔲 현행 **행정소송법**은 **민중소송을 인정**하지 않는다. (×) [04 경기교행9 변형]

🔲 **민중소송**은 국가 또는 공공단체의 기관이 **위법한 행위**를 한 때에, 직접 **자기의 법률상 이익과 관계없이** 그 시정을 구하기 위하여 제기하는 소송이다. (O) [09 세무사]

🔲 **민중소송**은(이란) 국가 또는 공공단체의 기관이 **법률에 위반되는 행위**를 한 때에 직접 **자기의 법률상의 이익과 관계없이** 그 시정을 구하기 위하여 제기하는 소송이다. (O) [10, 13, 21 세무사]

🔲 **민중소송**은 국가 또는 공공단체의 기관이 **법률에 위반되는 행위**를 한 때에 그 시정을 구하기 위해서 제기하는 '**공익소송**'이다. (O) [18 세무사]

🔲 **민중소송**은 국가 또는 공공단체의 기관이 **위법한 행위**를 한 때에 제기하는 소송이다. (O) [20 세무사]

🔲 ~~기관소송~~이란 국가 또는 공공단체의 기관이 **법률에 위반되는 행위**를 한 때에 직접 **자기의 법률상 이익과 관계없이** 그 시정을 구하기 위하여 제기하는 소송이다. (×) [99 국가7]

🔲 국가 또는 공공단체의 기관이 **법률에 위반되는 행위**를 한 때에 직접 **자기의 법률상 이익과 관계없이** 그 시정을 구하기 위하여 제기하는 소송은 ~~기관소송~~이라 한다. (×) [21 소방]

772 ★★★★

㉠ 지방자치법상 주민소송은 기관소송에 해당한다. [16 세무사] O X

㉡ 지방자치법상 공금의 지출에 관한 사항을 감사청구한 주민은 일정한 경우에 그 감사청구한 사항과 관련이 있는 위법한 행위나 업무를 게을리 한 사실에 대하여 해당 지방자치단체의 장을 상대방으로 하여 소송을 제기할 수 있다. 이러한 소송은 (   )에 속한다. [21 세무사] O X

> 해설
>
> **【지방자치법】 제22조(주민소송)** ① 제21조 제1항에 따라 ★**공금의 지출**에 관한 사항, ★**재산의 취득·관리·처분**에 관한 사항, 해당 지방자치단체를 당사자로 하는 ★**매매·임차·도급 계약**이나 그 밖의 ★**계약의 체결·이행**에 관한 사항 또는 ★**지방세·사용료·수수료·과태료 등 공금의 부과·징수**를 게을리한 사항을 감사 청구한 ★**주민**은 다음 각 호의 어느 하나에 해당하는 경우에 그 감사 청구한 사항과 관련이 있는 위법한 행위나 업무를 게을리한 사실에 대하여 해당 **지방자치단체의 장**을 **상대방**으로 하여 ★**소송을 제기**할 수 있다.
>
> ☑ ㉠ 「**지방자치법**」상 **주민소송**은 행정소송법상의 **민중소송에 해당**한다.
> ㉡ 「**지방자치법**」상 **주민소송의 대표적 유형**이다. **정답** ㉠ ✕, ㉡ 민중소송

■ 「**지방자치법**」이 정한 **주민소송**은 **민중소송의 예**에 해당한다. (O) [08 세무사]

■ 「**지방자치법**」상 **주민소송**은 **민중소송**에 속한다. (O) [11 세무사]

■ 「**지방자치법**」에 의한 **주민소송**은 **민중소송**이다. (O) [12 세무사]

■ 「**지방자치법**」상의 **주민소송**은 **행정소송법**상 **민중소송**에 해당한다. (O) [14 행정사]

■ 「**지방자치법**」상의 **주민소송**은 **민중소송의 일종**이다. (O) [19 세무사]

■ 「**지방자치법**」상 **주민소송**은 **국가 또는 공공단체의 기관**이 **법률에 위반되는 행위**를 한 때에 직접 **자기의 법률상 이익과 관계없이** 그 **시정**을 구하기 **위하여 제기**하는 **소송**에 해당한다. (O) [17 세무사]

■ 「**지방자치법**」상의 **주민소송**은 **기관소송에 해당하지 않는다.** (O) [18 세무사]

■ 「**지방자치법**」상의 **주민소송**은 **민중소송**이다. (O) [20 세무사]

■ 「**지방자치법**」상 **주민소송**은 **민중소송에 해당**한다. (O) [24 세무사]

■ 「**지방자치법**」상의 **주민소송**은 **민중소송에 해당~~하지 않는다.~~** (✕) [09 세무사]

■ 「**지방자치법**」상의 **주민소송**은 **민중소송에 해당~~하지 않는다.~~** (✕) [22 세무사]

■ **주민**이 **지방자치단체장의 위법한 재무행위를 시정**하기 위하여 **제기하는 소송**은 ~~기관소송이다.~~ (✕) [13 세무사]

■ **공금의 지출**에 관하여 **이의**있는 **주민**이 ~~지방의회의장~~을 **상대방으로 제기하는 소송**은 현행법상 인정되고 있는 **민중소송**이다. (✕) [07 세무사] ☑ 지방의회의장 → **지방자치단체장**

■ 특허법상의 **특허관련소송**은 **민중소송에 해당하지 않는다.** (O) [09 세무사]

➡ **특허관련소송**은 특허를 출원한 개인의 권익구제를 위한 취소소송 또는 당사사소송이지, **민중소송과는 무관**하다.

773 ★★★★

「공직선거법」상의 선거소송은 민중소송에 해당하지 않는다. **O X**

> **해설**
>
> ✔ 「**공직선거법**」 제222조, 제223조에서 정하고 있는 **선거소송과 당선소송은 전형적인 민중소송**이다. **정답** ×

📑 「**공직선거법**」상의 **'당선소송' 및 '선거소송'**은 **민중소송**이다. (O) [14 서울7]

📑 「**공직선거법**」 제222조의 **선거소송**은 **민중소송**이다. (O) [20 세무사]

📑 「**공직선거법**」상 **선거소송**은 **민중소송에 해당**한다. (O) [20 군무원7]

📑 「**공직선거법**」상 **선거소송**은 **국가 또는 공공단체의 기관이 법률에 위반되는 행위를 한 때**에 직접 **자기의 법률상 이익과 관계없이 그 시정을 구하기 위하여 제기**하는 **소송**에 해당한다. (O) [17 세무사]

📑 「**공직선거법**」상의 **선거소송**은 **민중소송에 해당**~~하지 않는다.~~ (×) [09 세무사]

📑 「**공직선거법**」 제222조의 **선거소송**은 **민중소송에 해당**~~하지 않는다.~~ (×) [22 세무사]

📑 **국회의원선거의 효력에 관하여 이의**가 있는 **선거인**이 **대법원에 제기하는 소**는 **민중소송**이다. (O) [12 세무사]

📑 **교육감선거 효력에 이의**가 있는 **후보자**가 **대법원에 제기하는 소송**은 현행법상 인정되고 있는 **민중소송**이다. (O) [07 세무사]

📑 **지방의회의원선거 효력에 이의**있는 **선거인**이 **고등법원에 제기하는 소송**은 현행법상 인정되고 있는 **민중소송**이다. (O) [07 세무사]

📑 **지방의회의원 선거**에 있어서 **선거의 효력에 이의**가 있는 **후보자가 제기**하는 **당선소송**은 **민중소송**이다. (O) [15 세무사]

📑 **당선무효소송**은 일반 선거인은 제소할 수 없고 **후보자와 후보자를 추천한 정당에 한하여 제기**할 수 있다. (O) [08 세무사]

> ➡ 당선무효소송은 민중소송에 해당하므로, 공직선거법에서 <u>소송을 제기할 수 있는 사람이나 단체를 별도로 규정</u>하고 있는 것이다.

📑 **국회의원 선거**에 있어 **선거의 효력에 이의가 있는 후보자**는 고등법원에 **선거소송을 제기**할 수 있다. (×) [08 세무사]

> ☑ 고등법원 → 대법원 / 위 2지문은 이례적으로 공직선거법상 조문을 지문화한 것으로, 제출제 가능성은 낮다.

774 ★★★★

국민투표무효의 소송은 항고소송으로 볼 수 있다. **O X**

> ┌ 해설 ┐
> ☑ 「국민투표법」 또는 「주민투표법」상 **국민투표소송**이나 **주민투표소송**도 전형적인 **민중소송**이다. **정답** ×

- 「**주민투표법**」상 **주민투표소송**은 **민중소송에 해당**한다. (O) [13 세무사]
- 「**주민투표법**」상 **주민투표소송**은 **민중소송에 해당**하지 않는다. (×) [09 세무사]
- 개별법상의 **선거소송**과 **국민투표무효소송**은 **민중소송에 해당**한다. (O) [05 세무사]
- 「**국민투표법**」상 **국민투표무효소송**은 **민중소송**에 속한다. (O) [10, 11 세무사]
- **국민투표 효력**에 관하여 **이의있는 투표인**이 **중앙선거관리위원회위원장을 피고로 제기하는 소송**은 현행 법상 인정되고 있는 **민중소송**이다. (O) [07 세무사]
- **국민투표의 효력에 이의**가 있는 **투표인**이 **대법원에 제기하는 소송**은 **민중소송**이다. (O) [15 세무사]
- **국민투표의 효력**에 관하여 **이의**가 있는 **투표인**이 **대법원에 제기하는 소송**은 **민중소송**이다. (O) [19 세무사]
- 「**국민투표법**」상 **국민투표무효소송**은 **국가 또는 공공단체의 기관이 법률에 위반되는 행위**를 한 때에 **직접 자기의 법률상 이익과 관계없이 그 시정을 구하기 위하여 제기하는 소송**에 해당한다. (O) [17 세무사]
- 「**국민투표법**」상 **국민투표무효소송**은 **민중소송**이다. (O) [22 세무사]
- 「**국민투표법**」상의 **국민투표무효소송**은 **민중소송에 해당**하지 않는다. (×) [09 세무사]

775 ★★★★

민중소송에도 그 성질에 반하지 아니하는 한 취소소송, 무효등확인소송 또는 당사자소송에 관한 규정이 준용된다. **O X**

> **해설**
>
> **【행정소송법】 제46조(준용규정)**
> ① **민중소송** 또는 기관소송으로서 **처분등의 취소를 구하는 소송**에는 그 성질에 반하지 아니하는 한 ★**취소소송**에 관한 규정을 **준용**한다.
> ② **민중소송** 또는 기관소송으로서 **처분등의 효력 유무 또는 존재 여부나 부작위의 위법의 확인**을 구하는 소송에는 그 성질에 반하지 아니하는 한 각각 ★**무효등 확인소송** 또는 **부작위위법확인소송**에 관한 규정을 **준용**한다.
> ③ **민중소송** 또는 기관소송으로서 **제1항 및 제2항**에 규정된 소송**외의 소송**에는 그 성질에 반하지 아니하는 한 ★**당사자소송**에 관한 규정을 준용한다.
>
> ✎ 민중소송의 성질에 따라, ★**해당하는** 행정소송에 관한 **규정을 준용**할 수 있다.　**정답** O

- 처분등의 취소를 구하는 민중소송인 경우에는 그 성질에 반하지 아니하는 한 **취소소송에 관한 규정을 준용**한다. (O) [13 세무사]
- 민중소송으로서 **처분등의 취소를 구하는 소송**에는 그 성질에 반하지 아니하는 한 **취소소송에 관한 규정을 준용**한다. (O) [15, 19, 22, 24 세무사]
- 민중소송이 **처분의 취소를 구하는 취지**의 소송일 때에는 그 성질에 반하지 아니하는 한 **취소소송에 관한 제소기간의 제한**을 받는다. (O) [15 세무사]
- 처분의 취소를 구하는 민중소송에는 당사자소송에 관한 규정을 **준용**한다. (×) [18 세무사]
- 취소소송에서의 행정청의 소송참가 규정은 민중소송에는 준용되자 아니한다. (×) [19 세무사]
  - ➡ 취소소송의 '제소기간'에 관한 규정이나 '행정청의 소송참가'에 관한 규정도 사안에 따라 처분등의 취소를 구하는 민중소송에 적용될 수 있다.
- 민중소송에는 취소소송에 관한 규정은 준용되자 않는다. (×) [23 세무사]

- 민중소송으로써 **처분등의 효력 유무 또는 존재 여부의 확인을 구하는 소송**에는 그 성질에 반하지 아니하는 한 무효등 확인소송에 관한 규정을 준용한다. (O) [21 세무사]
- 민중소송으로써 **부작위의 위법의 확인을 구하는 소송**에는 그 성질에 반하지 아니하는 한 **부작위위법확인소송에 관한 규정을 준용**한다. (O) [14, 24 세무사]

- 민중소송은 항고소송 또는 **당사자소송에 관한 규정이 준용**될 수 있다. (O) [05 세무사]
- 행정소송법에는 당사자소송에 관한 규정을 민중소송에 준용하는 조항이 없다. (×) [21 세무사]
- 당사자소송에 관한 규정은 민중소송에 준용될 수 없다. (×) [22 세무사]

제3항 기관소송

776 ★★★★ [12 세무사]

민중소송은 법률이 규정하고 있는 경우에 한하여 제기할 수 있으나, 기관소송은 개별 법률에 특별한 규정이 없어도 제기할 수 있다. **O X**

> **해설**
>
> 【행정소송법】
> 제3조(행정소송의 종류)
> 4. 기관소송: ★국가 또는 공공단체의 기관상호간에 있어서의 권한의 존부 또는 그 행사에 관한 다툼이 있을 때에 이에 대하여 제기하는 소송
> 제45조(소의 제기) 민중소송 및 기관소송은 ★법률이 정한 경우에 법률에 정한 자에 한하여 제기할 수 있다.
>
> ✓ 기관소송도 민중소송과 마찬가지로 '열기주의'에 따라, 법률이 정한 경우에만 인정된다. **정답** ✕

- 기관소송은 법률이 정하는 경우에 한하여 인정된다. (O) [07 세무사]
- 기관소송은 법률이 정한 경우에 한하여 제기할 수 있다. (O) [13 세무사]
- 기관소송은 법률이 정한 경우에만 제기할 수 있다. (O) [14 세무사]
- 기관소송은 법률이 정한 경우에 한하여 제기할 수 있다. (O) [18 세무사]
- 기관소송은 개별 법률에 별도의 명시적인 규정이 없는 경우에도 인정된다. (✕) [08 세무사]
- 행정소송법은 기관소송이 주관적 소송이라는 전제 하에 기관소송법정주의를 규정하고 있다. (✕) [10 세무사]
- 민중소송은 법률이 규정하고 있는 경우에 한하여 제기할 수 있으나, 기관소송은 개별 법률에 특별한 규정이 없어도 제기할 수 있다. (✕) [12 세무사]
- 기관소송은 법률적 쟁송이므로 당연히 사법권에 속하며 법령에 의해 비로소 인정되는 것이다. (✕) [15 세무사]

  ➡ 위 지문에서의 법률상 쟁송은 구체적 법률관계를 다투는 주관적 쟁송을 뜻하는바, 법률적 쟁송에 속하지 않는 기관소송은 특정 '법률'이 별도로 정하고 있는 경우에 비로소 인정된다. 한편 기관소송 역시 사법부(법원)가 심사하는 제도이므로, 사법권에 속하는 작용에 해당하는 것은 맞다.

777 ★★★★

㉠ 기관소송은 법률이 정한 경우에 법률에 정한 자에 한하여 제기할 수 있다.

[07, 16, 19, 20 세무사] O X

㉡ 기관소송의 원고적격은 법률에 정한 자이다.

[17 세무사] O X

> 해설

> **【행정소송법】**
> **제45조(소의 제기)** 민중소송 및 **기관소송은 법률이 정한 경우에 ★법률에 정한 자에 한하여 제기**할 수 있다.

✓ **기관소송도 객관적 소송**에 해당하므로, 민중소송과 마찬가지로 **법률이 특별히 규정한 자만이 기관소송을 제기할 수 있는 원고적격**을 가진다. 예컨대「지방자치법」상의 기관소송에서는 지방자치단체장(시장, 도지사, 군수 등)에게 원고적격이 인정된다.

정답 ㉠ O, ㉡ O

🔲 **기관소송**은 **개별 법률에 특별한 규정이 있는 경우에 인정**되고 그 **법률에 정한 자만이 제기**할 수 있다. (O) [09 국가7]

🔲 **기관소송**은 **개별 법률에서 특별히 정한 자에 한하여 제기**할 수 있다. (O) [15 세무사]

🔲 **민중소송 및 기관소송**은 **법률이 정한 자에 한하여 제기**할 수 있다. (O) [21 소방]

🔲 **기관소송**의 **원고적격**은 **법률에서 따로 정한다.** (O) [14, 18 세무사]

🔲 **기관소송**은 취소소송의 경우와 같이 권리침해를 받은 당사자가 원고가 된다. (X) [05 세무사]

🔲 **기관소송**은 헌법 또는 법률에 의하여 부여받은 권한이 침해되었거나 침해될 현저한 위험이 있는 자가 **제기할 수 있다.** (X) [19 경행]

🔲 **기관소송**은 **법률에 정함**이 없는 경우에도 정당한 이익이 있으면 **제기할 수 있다.** (X) [22 세무사]

🔲 「**지방자치법**」상의 **기관소송**에 있어서는 **지방자치단체의 장이 원고적격**을 가진다. (O) [01 입시]

> **【지방자치법】** 제192조(지방의회 의결의 재의와 제소) **지방자치단체의 장**은 제3항에 따라 (지방의회에서) 재의결된 사항이 법령에 위반된다고 판단되면 재의결된 날부터 20일 이내에 **대법원에 소를 제기할 수 있다.**

🔲 "**군수의 소속 공무원에 대한 승진임용처분을 도지사가 취소한 처분**에 대해서 **군수가 제기하는 소송**"은 행정소송법상 '**법률이 정한 경우에 법률에 정한 자에 한하여 제기할 수 있는 소송**에 해당한다. (O) [24 세무사]

> **원고(부안군수)**가 지방공무원법위반 등으로 처벌된바 있는 산하 공무원(내무과장)에 대하여 징계의결요구를 하지 않고 오히려 지방서기관으로 승진임용한 경우 **피고(전라북도지사)**가 지방자치법 제157조 제1항에 의하여 원고의 위법한 **승진임용의 시정**을 명하고 원고가 그 기간 내에 이를 이행하지 아니하자 위와 같이 그 **승진임용을 취소**한 것은 적법하다고 보아야 할 것이다. (대판 1998.7.10. 97추67)

> ➤ "법률(지방자치법)이 정한 경우"에 "법률이 정한 자(부안군수)"가 제기한 **기관소송**에 해당한다. (780문-㉡ 참고)

778 ★★★☆

기관소송이란 국가 또는 공공단체의 기관상호간에 있어서의 권한의 존부 또는 그 행사에 관한 다툼이 있는 때에 이에 대하여 제기하는 소송이다. **[O] [X]**

> **해설**
>
> **【행정소송법】**
> **제3조(행정소송의 종류)**
> 4. <u>기관소송</u>: ★<u>국가 또는 공공단체의 기관상호간</u>에 있어서의 **권한의 존부 또는 그 행사에 관한 다툼**이 있을 때에 이에 대하여 **제기**하는 소송
>
> **정답** O

- **기관소송**은 **국가 또는 공공단체의 기관 상호간**에 있어서 **권한의 존부** 또는 **그 행사에 관한 다툼**이 있을 때 **제기하는 소송**이다. (O) [07 세무사]

- **기관소송**은 **국가 또는 공공단체의 기관 상호간**에 있어서의 **그 권한의 존부** 또는 **그 행사에 관하여 다툼**이 있는 경우 **제기하는 소송**이다. (O) [08 세무사]

- **기관소송**은 **국가나 공공단체의 기관상호간**에 **권한의 존부** 또는 **그 행사에 관한 다툼**이 있을 때에 **제기하는 소송**이다. (O) [09 세무사]

- **국가 또는 공공단체의 행정기관 상호 간**에 **권한의 존부** 또는 **권한행사에 관한 분쟁**이 있는 경우, 이에 관한 소송을 **기관소송**이라고 한다. (O) [09 국가7]

- **기관소송**은 **국가 또는 공공단체의 기관 상호간**에 있어서의 **권한의 존부** 또는 **그 행사에 관한 다툼**이 있을 때에 이에 대하여 **제기하는 소송**이다. (O) [10 세무사]

- **기관소송**은 **국가 또는 공공단체의 기관 상호간**에 있어서의 **권한의 존부** 또는 **그 행사에 관한 다툼**이 있을 때 **제기하는 소송**이다. (O) [11 세무사]

- **기관소송**은 **기관 상호간**의 **권한의 존부** 또는 **그 행사에 관한 다툼**에 대하여 **제기하는 소송**이다. (O) [13 세무사]

- **기관소송**이란 **국가 또는 공공단체의 기관 상호간**에 있어서의 **권한의 존부** 또는 **그 행사에 관한 다툼**이 있을 때에 이에 대하여 **제기하는 소송**을 말한다. (O) [15 세무사]

- **행정소송법**상 **기관소송**은 **국가 또는 공공단체의 기관 상호간**에 있어서의 **권한의 존부** 또는 **그 행사에 관한 다툼**이 있을 때 **제기하는 소송**이다. (O) [23 세무사]

779 ★★★★

㉠ 기관소송은 국가기관과 지방자치단체 간에 권한의 유무 또는 범위에 관하여 다툼이 있을 때에 제기하는 소송이다. [19, 22 세무사] Ⓞ Ⓧ

㉡ 충청남도와 세종특별자치시 간의 권한쟁의심판은 기관소송에 해당한다. [23 세무사] Ⓞ Ⓧ

> 해설
>
> · 【행정소송법】
> 제3조(행정소송의 종류)
> 4. 기관소송: 국가 또는 공공단체의 기관상호간에 있어서의 <u>권한의 존부 또는 그 행사</u>에 관한 다툼이 있을 때에 이에 대하여 제기하는 소송. 다만, 헌법재판소법 제2조의 규정에 의하여 ★<u>헌법재판소의 관장사항으로 되는 소송은 제외</u>한다.
>
> · 【헌법재판소법】
> 제2조(관장사항) 헌법재판소는 다음 각 호의 사항을 관장한다.
> 4. ★<u>국가기관 상호간, 국가기관과 지방자치단체 간 및 지방자치단체 상호간</u>의 ★<u>권한쟁의(權限爭議)</u>에 관한 심판
> 제61조(청구 사유) ① ★<u>국가기관 상호간</u>, ★<u>국가기관과 지방자치단체 간 및</u> ★<u>지방자치단체 상호간</u>에 권한의 <u>유무 또는 범위</u>에 관하여 다툼이 있을 때에는 해당 국가기관 또는 지방자치단체는 헌법재판소에 ★<u>권한쟁의 심판</u>을 청구할 수 있다.
>
> ☑ ⓐ 헌법재판소의 권한쟁의심판의 대상이 되는 사항은 기관소송의 대상에 해당하지 않는다.
>
> ⓑ 따라서 ★국가기관 상호간이나 국가기관과 지방자치단체 간, 그리고 지방자치단체 상호간에 권한의 유무 또는 범위에 관하여 다툼이 있는 경우에는 헌법재판소에 권한쟁의심판을 제기하여야지, 행정소송법에 따른 기관소송을 제기할 수는 없다. 이와 같이 기관소송은 헌법재판소의 권한쟁의심판에 대하여 보충적으로 인정되고 제도이다. 정답 ㉠ ✕, ㉡ ✕

▦ 헌법재판소의 관장사항으로 되어 있는 권한쟁의심판은 기관소송에서 제외된다. (O) [15 세무사]
▦ 헌법재판소 권한쟁의심판의 관장사건도 ~~기관소송의~~ 대상이 된다. (O) [11 세무사]

▦ 헌법재판소법 제2조의 규정에 의하여 헌법재판소의 관장사항이 되는 소송은 기관소송으로부터 제외된다. (O) [08 세무사]
▦ 헌법재판소법의 규정에 의하여 헌법재판소의 관장사항으로 되는 소송은 기관소송으로부터 제외된다. (O) [10 세무사]
▦ 기관소송에서(에는) 헌법재판소법에 의하여 헌법재판소의 관장사항으로 되는 소송은 제외한다. (O) [13, 18 세무사]
▦ 기관소송은 헌법재판소법상 헌법재판소의 관장사항으로 되는 소송을 포함한다. (✕) [16 세무사]
▦ 기관소송은 헌법재판소법 제2조의 규정에 의하여 헌법재판소의 관장사항으로 되는 소송도 포함한다. (✕) [22 세무사]

▦ 국가기관 상호 간의 권한의 존부에 관한 다툼이 있는 경우 행정소송인 기관소송을 제기할 수 없다. (O) [10 국회9]
▦ 국가와 지방자치단체사이의 분쟁도 ~~기관소송의~~ 대상이 된다. (✕) [05 세무사]
▦ 지방자치단체 상호간의 권한쟁의는 행정법원의 관할에 속한다. (✕) [09 국가7]

780 ★★★★

㉠ 지방의회의 재의결에 대하여 당해 지방자치단체의 장이 대법원에 제기하는 소는 기관소송이다.
[12 세무사] O X

㉡ 지방자치단체의 장은 자치사무에 관한 감독청의 명령이나 처분의 취소 또는 정지에 대하여 대법원에 제소할 수 있다.
[17 세무사] O X

> **해설**
>
> **【지방자치법】**
> **제192조(지방의회 의결의 재의와 제소)**
> ① **지방의회의 의결**이 **법령에 위반**되거나 **공익을 현저히 해친**다고 **판단**되면 시·도에 대해서는 주무부장관이, 시·군 및 자치구에 대해서는 시·도지사가 해당 지방자치단체의 장에게 ★**재의를 요구**하게 할 수 있다.
> ④ **지방자치단체의 장**은 제3항에 따라 (* 지방의회에서) **재의결된 사항**이 **법령**에 **위반**된다고 **판단**되면 재의결된 날부터 20일 이내에 ★**대법원에 소를 제기**할 수 있다.
> **제188조(위법·부당한 명령이나 처분의 시정)**
> ⑥ **지방자치단체의 장**은 제1항, 제3항 또는 제4항에 따른 (* 주무부 장관 또는 시·도지사의) **자치사무에 관한 명령이나 처분의 취소 또는 정지**에 대하여 **이의**가 있으면 그 취소처분 또는 정지처분을 통보받은 날부터 15일 이내에 ★**대법원에 소를 제기**할 수 있다.
>
> ⌘ ㉠ **지방자치단체장**이 지방의회의 의결(조례안 등)에 대한 **재의결**을 지방의회에 요구하고, 이에 대하여 **지방의회가 재의결한 사항**도 법령위반 등으로 판단되는 때에는, **지방자치단체장**이 **지방의회의 ★재의결을 대상**으로 **대법원에 기관소송을 제기**할 수 있다.
>
> ㉡ 또한 지방자치단체장의 명령·처분 등에 관하여 **주무부장관 또는 상위 지방자치단체장(시·도지사)이 시정명령·취소처분·정지처분**을 내린 경우, 해당 **지방자치단체장**이 그에 대하여 **불복**할 때에도 ★**대법원에 기관소송을 제기**할 수 있다. (⑩ 777문 최하단 보충지문)
>
> **정답** ㉠ O, ㉡ O

■ **지방자치단체장**이 **지방의회의 재의결의 위법성을 이유로 제기**하는 **소송**은 **행정소송법상 기관소송**이라는 것이 통설이다. (O) [01 입시]

■ **지방자치단체장**은 **지방의회의 의결**에 대하여 **대법원에 제소**할 수 있다. (O) [07 세무사]

■ **지방자치단체의 장의 재의요구**에도 불구하고 **지방의회가 조례안을 재의결**한 경우 **단체장이 지방의회를 상대로 제기하는 소송**은 **기관소송**이다. (O) [18 교행9]

■ **조례안의 재의결**은 **행정소송의 대상**이 될 수 있다. (O) [21 세무사]

■ 「**지방자치법**」상 **지방의회 재의결**에 대한 **지방자치단체 장의 소송**은 국가 또는 공공단체의 기관이 법률에 위반되는 행위를 한 때에 직접 자기의 법률상 이익과 관계없이 그 시정을 구하기 위하여 제기하는 소송에 **해당**한다. (X) [17 세무사]

　☑ **국가 또는 공공단체의 기관상호간**에 있어서의 **권한의 존부 또는 그 행사에 관한 다툼**이 있을 때에 이에 대하여 **제기하는 소송**

■ 「**지방자치법**」상 **지방의회재의결**에 대한 **지방자치단체장의 소송**은 민중소송이다. (X) [23 세무사]

781 ★★★★

교육감은 시·도의회의 의결에 대하여 대법원에 제소할 수 없다. **O X**

> **해설**
>
> **【지방교육자치에 관한 법률】**
> **제28조(시·도의회 등의 의결에 대한 재의와 제소)**
> **교육감**은 **교육·학예**에 관한 **시·도의회의 의결**이 **법령에 위반**되거나 **공익을 현저히 저해**한다고 판단될 때에는 그 의결사항을 이송받은 날부터 20일 이내에 이유를 붙여 ★**재의를 요구**할 수 있다.
> ③ 제2항의 규정에 따라 **재의결된 사항**이 **법령에 위반**된다고 판단될 때에는 **교육감**은 재의결된 날부터 20일 이내에 ★**대법원에 제소**할 수 있다.
>
> ✓ 「**지방교육자치에 관한 법률**」에서도 「**지방자치법**」에서의 지방자치단체장과 같이, '**교육감**'이 **교육·학예**에 관한 지방의회의 의결(조례안 등)에 대한 **재의결**을 지방의회에 요구하고, 이에 대하여 **지방의회가 재의결한 사항**도 법령위반 등으로 판단되는 때에는, **교육감**이 지방의회의 재의결을 **대상**으로 ★**대법원에 기관소송을 제기**할 수 있도록 규정하고 있다.
>
> > **기관소송**은 헌법재판소의 권한쟁의심판에 대하여 **보충적 역할**만 하므로, 국가기관 상호간, 국가기관과 공공단체의 기관 상호간, 공공단체의 기관상호간 권한의 존부나 행사에 관한 다툼 중에서 **권한쟁의심판의 대상이 될 수 없는 사안들**에 대해서만 **기관소송이 허용**되는 것이다. 이런 까닭에 현실적으로 다투어지는 기관소송은 780문과 781문에서 다룬 내용과 같이 지방자치단체 내부기관과 관련된 분쟁이 다수이다. **정답** ✕

🔲 **기관소송**의 예로는 **지방의회의 재의결**에 대하여 **교육감이 제기하는 소송**을 들 수 있다. (O) [05 세무사]

🔲 **지방교육자치에 관한 법률** 제28조 제3항에 따라 **교육감**이 **시·도의회를 상대**로 대법원에 제기하는 소송은 **객관소송**이다. (O) [10 국회9]

🔲 **시·도의회의 재의결**에 대해 **교육감이 제기**하는 **소송**은 **기관소송**이다. (O) [13 세무사]

🔲 **교육·학예에 관한 시·도의회의 재의결**에 대하여 **교육감이 대법원에 제기**하는 **소송**은 **기관소송**의 일종이다. (O) [19, 22, 23 세무사]

🔲 「**지방교육자치에 관한 법률**」상 **지방의회재의결**에 대한 **교육감의 소송**은 국가 또는 공공단체의 기관이 법률에 위반되는 행위를 한 때에 직접 자기의 법률상 이익과 관계없이 그 시정을 구하기 위하여 제거하는 소송에 해당한다. (✕) [17 세무사]

> ☑ 국가 또는 공공단체의 기관상호간에 있어서의 **권한의 존부 또는 그 행사에 관한 다툼**이 있을 때에 이에 대하여 제기하는 소송

782 ★★★★

㉠ 민중소송에는 그 성질에 반하지 아니하는 한 취소소송에 관한 규정을 준용하지만, 기관소송의 경우에는 그러하지 아니하다. [16 세무사] O X

㉡ 기관소송이 처분의 취소를 구하는 취지의 소송일지라도 취소소송에 관한 제소기간의 규정은 준용되지 않는다. [22 세무사] O X

해설

【행정소송법】
제46조(준용규정)
① 민중소송 또는 **기관소송으로서 처분등의 취소를 구하는 소송**에는 <u>그 성질에 반하지 아니하는 한</u> ★**취소소송에 관한 규정을 준용**한다.

✅ **기관소송의 성질**에 따라, **취소소송에 관한 규정을 준용**할 수 있다. 정답 ㉠ ✕, ㉡ ✕

🔲 **기관소송**으로서 **처분 등의 취소를 구하는 소송**에는 그 성질에 반하지 아니하는 한 **취소소송에 관한 규정을 준용**한다. (O) [08 세무사]

🔲 **기관소송**으로서 **처분등의 취소를 구하는 소송**에는 그 성질에 반하지 아니하는 한 **취소소송에 관한 규정이 준용**된다. (O) [09 국가7] [14, 23 세무사]

🔲 **기관소송**으로써 **처분등의 취소를 구하는 경우** 그 성질에 반하지 않는 한, **취소소송에 관한 규정을 준용**한다. (O) [11 세무사]

🔲 **기관소송**으로써 **처분의 취소를 구하는 소송**에는 그 성질에 반하지 아니하는 한 **취소소송에 관한 규정을 준용**한다. (O) [12, 15, 17 세무사]

🔲 **기관소송**에는 **취소소송에 관한 규정이 준용**되지 않는다. (✕) [18 세무사]

🔲 **관련청구소송의 이송·병합에 관한 규정**은 **기관소송**으로서 **처분등의 취소를 구하는 소송에도 준용**된다. (O) [15 세무사]

🔲 **기관소송**은 **소송제기기간의 제한**이 없다. (✕) [05 세무사]

🔲 **기관소송**은 객관적 소송이므로 **처분의 취소를 구하는 취지의 소송**일지라도 **취소소송에 관한 제소기간의 규정은 준용**되지 않는다. (✕) [20 세무사]

  ➡ 취소소송의 제소기간에 관한 규정이나 관련청구소송의 이송병합에 관한 규정도 사안에 따라 처분등의 취소를 구하는 기관소송에 적용될 수 있다. 780문과 781문에서 보았듯이 **각 개별법상 기관소송을 제기기간을 별도로 규정**한 경우도 있다.

783 ★★★★

기관소송에는 당사자소송에 관한 규정이 준용되는 경우도 있다. O X

> **해설**
>
> **【행정소송법】**
> **제46조(준용규정)**
> ② 민중소송 또는 ★**기관소송**으로서 **처분등의 효력 유무 또는 존재 여부나 부작위의 위법의 확인을 구하는 소송**에는 그 성질에 반하지 아니하는 한 각각 ★**무효등 확인소송** 또는 **부작위위법확인소송**에 관한 규정을 **준용**한다.
> ③ 민중소송 또는 ★**기관소송**으로서 제1항 및 제2항에 규정된 **소송** ★**외의 소송**에는 그 성질에 반하지 아니하는 한 ★**당사자소송**에 관한 규정을 **준용**한다.
>
> ✓ 기관소송의 성질에 따라, ★**해당하는 행정소송**에 관한 **규정을 준용**할 수 있다. **정답** O

🔲 **기관소송**으로서 **처분 등의 효력유무 또는 존재여부를 구하는 소송**에는 그 성질에 반하지 아니하는 한 **무효등확인소송에 관한 규정을 준용**한다. (O) [08 세무사]

🔲 **기관소송**으로써 **처분등의 존재 여부의 확인을 구하는 소송**에는 그 성질에 반하지 아니하는 한 **무효등확인소송에 관한 규정을 준용**한다. (O) [19 세무사]

🔲 **기관소송**으로써 **부작위의 위법의 확인을 구하는 소송**에는 그 성질에 반하지 아니하는 한 **부작위위법확인소송에 관한 규정을 준용**한다. (O) [20, 21 세무사]

🔲 **기관소송**으로써 **부작위의 위법의 확인을 구하는 소송**에는 그 성질에 반하지 아니하는 한 **부작위위법확인소송에 관한 규정이 준용**된다. (O) [23 세무사]

🔲 **기관소송**으로서 **항고소송에 관한 규정을 준용**하는 **소송 의의 소송**에는 그 성질에 반하지 아니하는 한 **당사자소송에 관한 규정을 준용**한다. (O) [19 세무사]

제 18 절

추가 지문

01 甲은 X처분에 대해 무효확인소송을 제기한 경우, 법원은 X처분의 일부에 대해 무효확인판결을 할 수도 있다. [24 세무사]

┃해설┃ **외형상 하나의 행정처분**이라 하더라도 **가분성**이 있거나 그 처분대상의 **일부가 특정**될 수 있다면 **일부만의 무효확인**도 가능하고 그 일부에 대한 무효확인은 해당 무효확인 부분에 관하여 효력이 생긴다. (대판 2016. 7. 14. 2015두46598)

➤ 처분의 일부만이 위법한 경우의 **일부취소에 관한 법리**(371문 참고)는 **무효확인소송**에도 **적용**된다. 즉 처분의 일부의 위법한 정도가 중대명백하고 일부취소 법리의 요건(기속행위성, 가분성, 특정성 등)을 충족하는 경우에는 그 **일부**에 대한 **무효확인판결이 가능**하다. **정답** ○

02 이주자가 이주대책대상자 결정이 있기 이전에 사업시행자를 상대로 이주대책상의 수분양권의 확인을 구하는 경우, 당사자소송의 대상이 된다. [24 세무사]

┃해설┃ **수분양권**은 이주자가 이주대책을 수립·실시하는 사업시행자로부터 이주대책대상자로 확인·결정을 받음으로써 취득하게 되는 택지나 아파트 등을 분양받을 수 있는 공법상의 권리라고 할 것이므로, 이주자가 사업시행자에 대한 이주대책대상자 선정신청 및 이에 따른 확인·결정 등 절차를 밟지 아니하여 구체적인 수분양권을 아직 취득하지도 못한 상태에서 곧바로 사업시행자를 상대방으로 하여 민사소송이나 공법상 **당사자소송으로 이주대책상의 수분양권의 확인 등을 구하는 것**은 **허용될 수 없다**. (대판 전합 1994.5.24.., 92다35783) **정답** ✕

03 '보건소장의 국립대학교 보건진료소 직권폐업처분에 대해서 국가가 제기하는 소송'은 행정소송법상 '법률이 정한 경우에 법률에 정한 자에 한하여 제기할 수 있는 소송에 해당한다. [24 세무사]

┃해설┃ **관악구 보건소장**이 **서울대학교 보건진료소**에 **직권폐업을 통보**하였고, 이에 **국가가** 관악구 보건소장의 직권폐업처분에 대하여 **무효확인등소송을 제기**한 사안에서, 서울대학교는 법인도 아니고 대표자 있는 법인격 있는 사단 또는 재단도 아닌 교육시설의 명칭에 불과하여 권리능력과 당사자능력을 인정할 수 없고 **서울대학교를 상대**로 하는 **법률행위**의 효과는 서울대학교를 설립·경영하는 주체인 **국가**에게 귀속되므로, 그 법률행위에 대한 **쟁송**은 행정소송법 제8조 제2항과 민사소송법 제51조 등 관계 규정에 따라 행정소송상의 당사자능력이 있는 **국가가 당사자**가 되어 **다룰 수 밖에 없다**. (서울행법 2009구합6391) **정답** ✕

➤ 예외적으로 **국가**에게 **원고로서의 당사자적격**이 있다고 본 사례(기관소송이 ✕)

04 '지방자치단체의 장이 건축협의를 취소한 것에 대해서 상대 지방자치단체가 제기하는 소송'과 '지방자치단체의 장이 건축협의를 거부한 것에 대해서 국가가 제기하는 소송'은 행정소송법상 '법률이 정한 경우에 법률에 정한 자에 한하여' 제기할 수 있는 소송에 해당한다. **[24 세무사]**

▎해설▎ 행소법상 법률이 정한 경우에 법률에 정한 자에 한하여 제기할 수 있는 소송은 객관소송을 뜻하는바, **위 사례**들은 **항고소송**이므로 틀린 지문이다. (202문 참고)　　　　**정답** ✕

➤ 예외적으로 **국가와 지방자치단체**에게 **원고로서의 당사자적격**이 있다고 본 사례(기관소송이 ✕)

05 '보조금 교부결정의 취소처분에 대한 취소소송에서 본안판결 선고시까지 그 효력을 정지하는 결정'이 있는 경우에, 그 결정에 대한 즉시항고는 재판이 고지된 날부터 1주 이내에 하여야 한다. **[24 세무사]**

▎해설▎ **【법원조직법】 제444조(즉시항고)** ① **즉시항고**는 재판이 고지된 날부터 **1주 이내**에 하여야 한다.　　　　**정답** ○

06 보조금 교부결정의 취소처분에 대한 취소소송에서 보조금 교부결정에 대한 취소처분이 취소되어 확정되었다면 사후적으로 보조금을 지급하는 것이 취소판결의 기속력에 부합한다. **[24 세무사]**

▎해설▎ 보조금 교부결정의 취소처분에 대한 취소판결이 확정된 경우, 당초의 보조금 교부결정의 효력은 유지되고 있는 셈이므로, 패소한 처분청이 보조금 교부결정에 따라 보조금을 교부 또는 지급하여도 확정판결의 기속력에 저촉되지 않는다.　　　　**정답** ○

07 장래 처분에 대한 예방적 확인소송은 행정소송법상 허용된다. **[24 세무사]**

▎해설▎ 예방적 확인소송이라는 소송형태는 허용되지 않고 있다. 비법정행정소송 중 '예방적 금지(부작위청구)소송'과 작위의무확인소송을 혼합하여 출제한 것으로 보인다.　　　　**정답** ✕

08 병무청장 A가 법무부장관 B에게 '재외동포 가수 甲의 입국 자체를 금지해 달라' 고 요청함에 따라 B가 甲의 입국금지 결정을 하고, 그 정보를 내부전산망인 '출입국관리정보시스템'에 입력하였으나, 甲에게는 통보하지 않았다. 이후 甲이 체류자격의 사증발급을 신청하자 재외공관장 C는 전화로 사증발급이 불허되었음을 통지하였다.

㉠ 재외동포에 대한 사증발급은 A의 기속행위이다. **[23 세무사]**

㉡ C의 사증발급 불허 통지는 상급행정기관의 지시를 따른 것이라면 적법하다. **[23 세무사]**

㉢ B의 입국금지결정에는 공정력과 불가쟁력이 있다. **[23 세무사]**

㉣ 처분청이 甲에 대한 입국금지결정을 함에 있어 공익과 甲이 입게 되는 불이익을 전혀 비교형량 하지 않았다면 이는 위법하다. **[23 세무사]**

┃해설┃

㉠ **재외동포**에 대한 **사증발급**은 행정청의 **재량행위**에 속하는 것이다.

㉡ 이 사건 입국금지결정은 위 가.에서 본 바와 같이 항고소송의 대상인 '처분'에 해당하지 않지만, 행정기관 내부에서 사증발급이나 입국허가에 대한 지시로서의 성격이 있다...(중략)...그러나 이 사건 **사증발급 거부처분**이 재외공관장 등에 대한 **법무부장관의 지시에 해당하는 입국금지결정을 그대로 따른 것**이라고 해서 <mark>적법성이 보장되는 것이 아니다</mark>. 그 **적법 여부**는 **헌법**과 **법률**, 대외적으로 구속력 있는 **법령**의 규정과 입법 목적, 비례·평등원칙과 같은 **법의 일반원칙**에 적합한지 여부에 따라 판단해야 한다.

㉢ **입국금지결정**은 항고소송의 대상이 될 수 있는 '**처분'에 해당하지 않는데도**, 위 입국금지결정이 처분에 해당하여 **공정력과 불가쟁력이 있다고 본** 원심**판단에 법리를 오해한 잘못**이 있다.

㉣ **처분의 근거** 법령이 행정청에 처분의 요건과 효과 판단에 일정한 **재량을 부여**하였는데도, 행정청이 자신에게 재량권이 없다고 오인한 나머지 처분으로 달성하려는 **공익**과 그로써 처분상대방이 입게 되는 **불이익**의 내용과 정도를 전혀 <mark>비교형량 하지 않은 채</mark> 처분을 하였다면, 이는 재량권 불행사로서 그 자체로 **재량권 일탈·남용**으로 해당 **처분을 취소**하여야 할 **위법사유**가 된다.
(대판 2019. 7. 11., 2017두38874)

정답 ㉠ ✕, ㉡ ✕, ㉢ ✕, ㉣ ○

---

09 집행정지신청이 신청요건을 결여하여 부적법하면 법원은 그 신청을 기각하여야 한다.
[23 세무사]

┃해설┃ **집행정지의 신청**이 요건을 갖추지 못해 **부적법**한 경우에는 원칙적으로 법원이 '**각하**'해야 한다는 점에서 **틀린 지문으로 출제**한 것으로 보인다. **정답** ✕

집행정지 신청에 대한 **기각과 각하를 구별하여 전개한 논의는 소수**(「법원 실무제요: 행정」)에 불과하였으나(이하 참고), 최근 "2024년 보건복지부 장관의 의대 정원 증원처분"에 관한 **집행정지신청 사건**에서 서울고등법원과 대법원은 '신청인 적격' 및 '처분성 여부'와 관련하여 **기각결정과 각하결정을 구별**하고 있다.

> Ⓐ 집행정지 신청이 본안의 계속, 당사자적격 등의 요건을 불비한 경우, 주장 자체가 이유 없는 경우, 적극요건의 소명이 없는 경우, 소극요건의 소명이 있는 경우에는 결정으로 이를 기각한다. 이론상 형식적인 요건이 흠결된 경우에는 각하하여야 할 것이나, 법문은 기각만 규정하고 있어, 이를 구별하지 않고 모두 기각결정을 하고 있는 것이 실무이다. (하명호,「행정쟁송법」, 2019)
>
> Ⓑ 집행정지의 형식적 요건이나 실체적 요건을 갖추지 못하였을 때는 기각결정을 한다. 행정소송법 제23조 제5항의 기각결정에는 각하결정도 포함된다고 볼 것이다. 신청이 부적법하여 각하하여야 할 것을 기각하였다 하더라도 각하나 기각 모두 신청을 배척한 결론에 있어서는 마찬가지라 할 것이다. (사법연수원,「행정소송법」, 2017)
>
> Ⓒ 부적법하여 각하되어야 할 (집행정지) 신청을 기각한 원심결정은 신청을 배척한 결론에 있어서는 정당하므로, 그 표현상의 잘못을 들어 원심결정을 특별히 파기할 것은 아니다. (대결 1995. 6. 21., 자, 95두26)

10 수익적 행정처분에 대한 취소판결은 기득권의 침해를 정당화할 만한 중대한 공익상의 필요 또는 제3자의 이익보호의 필요가 있는 때에 한하여 허용될 수 있다. [21 세무사]

┃해설┃ **수익적 행정처분**에 대한 **취소권 등의 행사**는 **기득권의 침해를 정당화**할 만한 **중대한 공익상의 필요 또는 제3자의 이익보호의 필요**가 있는 때에 한하여 **허용될 수 있다는 법리**는, 처분청이 **수익적 행정처분을 직권으로 취소·철회하는 경우에 적용**되는 **법리**일 뿐 **쟁송취소의 경우에는 적용되지 않는다**. (대판 2019. 10. 17. 2018두104) 정답 ✕

┄┄

유제 수익적 행정처분에 대한 취소권 등의 행사는 기득권의 침해를 정당화할 만한 중대한 공익상의 필요 또는 제3자의 이익보호의 필요가 있는 때에 **한하여 허용**될 수 있다는 **법리**는, 처분청이 수익적 행정처분을 직권으로 취소·철회하는 경우에 적용되는 법리일 뿐 **쟁송취소의 경우에는 적용되지 않는다**. (O) [21 경행]

유제 취소소송에 의한 행정처분 취소의 경우에도 수익적 행정처분의 직권취소 제한에 관한 법리가 적용된다. (✕) [24 경찰간부]

---

11 특허심판원의 심결에 대한 취소소송에서 당사자는 심결에서 판단되지 않은 처분의 위법사유도 주장·입증할 수 있다. [21 세무사]

┃해설┃ 심판은 **특허심판원**에서의 행정절차이며 **심결은 행정처분**에 해당하고, 그에 대한 불복의 소송인 **심결취소소송은 항고소송**에 해당하여 그 소송물은 심결의 실체적, 절차적 위법성 여부라 할 것이므로 당사자는 **심결에서 판단되지 않은 처분의 위법사유**도 **심결취소소송단계**에서 **주장·입증할 수 있다**. (대판 2002.6.25. 2000후1290) 정답 O

---

12 공무원에 대한 징계처분에는 공무원 승진임용처분에서와 비교할 수 없을 정도의 광범위한 재량이 부여되어 있다. [21 세무사]

┃해설┃ **공무원 승진임용**에 관해서는 임용권자에게 일반 국민에 대한 행정처분이나 공무원에 대한 징계처분에서와는 비교할 수 없을 정도의 **광범위한 재량**이 부여되어 있다. (대판 2018. 3. 27. 2015두47492) 정답 ✕

---

13 부당해고 등의 구제신청에 관한 중앙노동위원회의 재심판정 취소소송에서 법원은 중앙노동위원회가 재심판정에서 인정한 징계사유에 한하여 심리한다. [21 세무사]

┃해설┃ 중앙노동위원회의 재심판정이 징계처분의 정당성에 관한 판단을 그르쳤는지를 가리기 위해서는 징계위원회 등에서 징계처분의 근거로 삼은 징계사유에 의하여 징계처분이 정당한지를 살펴보아야 한다. 따라서 **여러 징계사유**를 들어 **징계처분**을 한 경우에는 **중앙노동위원회**가 재심판정에서 **징계사유로 인정한 것 이외**에도 **징계위원회 등에서 들었던 징계사유 전부를 심리**하여 **징계처분이 정당한지를 판단**하여야 한다. (대판 2016. 12. 29., 2015두38917) 정답 ✕

14 행정청에게 행정에 대한 1차적 판단권이 귀속되어야 한다는 점은 의무이행소송 및 예방적 부작위소송의 부정설이 취하는 논거이다. [20 세무사]

| 해설 | 의무이행소송과 예방적 부작위청구소송을 부정하는 견해는, **행정권의 1차적 판단권**에 대한 **존중** 및 **권력분립원칙의 관점**에서 행정청의 상급기관이 아닌 <u>법원이 행정청에 의한 처분이 있기 전에 해당 처분을 할 것을 명하거나, 하지 말 것을 명할 수 없다</u>고 본다. **정답** O

15 행정소송에서 사실의 증명은 추호의 의혹도 없어야 한다는 자연과학적 증명일 것을 요한다. [20 세무사]

| 해설 | 민사소송이나 행정소송에서 **사실의 증명**은 **추호의 의혹도 없어야 한다는 자연과학적 증명이 아니고**, 특별한 사정이 없는 한 경험칙에 비추어 모든 증거를 종합적으로 검토하여 볼 때 어떤 사실이 있었다는 점을 시인할 수 있는 **고도의 개연성을 증명**하는 것이면 **충분**하다. (대판 2018. 4. 12. 2017두74702) **정답** ✕

16 19세 이상의 주민이 일정한 요건을 갖추어 조례의 개정을 청구하는 것은 민중소송의 일종이다. [19 세무사]

| 해설 | 주민조례발안에 관한 법률에 의한 조례 제정·개정·폐지에 관한 청구는 '지방의회에 대한 주민의 청구권 행사'의 일종으로, <u>민중소송과는 관계없다.</u> **정답** ✕

17 위헌법률 무효화 소송은 행정소송법상 인정되고 있는 행정소송이다. [17 세무사]

| 해설 | <u>위법법률무효화소송이라는 제도는 한국의 공법체계에서 존재하지 않는다.</u> 다만 유사한 제도로서 헌법재판소가 법률의 위헌여부를 판단하는 위헌법률심판 제도는 헌법재판소법에 규정되어 있다. **정답** ✕

18 직권탐지주의설은 행정의 적법성 통제도 행정소송의 목적이라는 것을 강조한다. [17 세무사]

| 해설 | **직권탐지주의설**은 **행정소송**이 **행정작용**에 대한 **적법성 통제**의 기능도 수행한다는 점에 중점을 두어, **법원의 직권**에 의한 사실조사나 증거조사가 인정되어야 한다는 견해를 취한다. **정답** O

유제 **직권탐지주의설의 논거**는 행정법관계에는 사적자치의 원칙은 타당하지 아니하고, **행정소송의 목적**도 단순한 분쟁의 해결이 아니라 분쟁의 해결을 통한 국민의 권리보호와 **행정작용의 적정성 보장**에 있으므로 **법원은 적극적으로 소송에 개입하여 재판의 적정·타당을 기하여야 한다**는 것이다. (O) **[07 세무사]**

유제 **직권탐지주의설**에 의하면 제26조에 의하여 법원은 **당사자가 주장한 사실**에 더하여 보충적으로 증거를 조사할 수 있을 뿐만 아니라 더 나아가 **당사자가 주장하지 않은 사실**에 대하여도 직권으로 증거를 조사하여 판단의 자료로 삼을 수 있다고 한다. (O) **[07 세무사]**

19 위법판단의 기준시와 관련하여 판결시설을 취하는 경우, 피고인 처분청은 소송계속 중 처분 이후의 사실적·법적 상황을 주장할 수 있다. [17 세무사]

▌해설▐
[처분시설에 의할 경우] 처분청은 **처분 당시까지** 발생한 사실적·법적 상황만을 처분사유로 주장 가능
[판결시설에 의할 경우] 처분청은 처분당시까지는 물론, **처분 당시부터 사실심변론종결시까지** 발생한 사실적·법적 상황도 처분사유로 주장 가능   **정답** ○

....

유제 위법성 판단시점을 **처분시**로 보면, **처분 이후에 발생**한 새로운 **사실적·법적 사유**는 처분사유로 **추가·변경할 수 없다.** (○) **[12 세무사]**

20 형식적 의미의 무하자재량행사 청구소송은 행정소송법상 인정되고 있는 행정소송의 유형에 해당한다. [17 세무사]

▌해설▐
무하자재량행사청구권에 근거한 청구의 형태는 이행소송인바, 항고소송으로서의 이행소송이 인정되지 않는 현행 행정소송법 체계에서는 **각하**될 것이다   **정답** ×

21 부작위의 상태가 계속되는 경우에는 법원은 결정으로써 상당한 기간을 제소기간으로 정할 수 있다. [16 세무사]

▌해설▐ 행정청의 **부작위의 상태가 계속되는 한** 부작위위법확인소송을 제기할 수 있는바, 부작위위법확인소송에서는 의무이행심판절차를 거친 예외적인 경우를 제외하고는 제소기간이 문제되지 않는다.

➤ 법원이 결정으로써 상당한 기간을 재처분의무 이행 기간으로 정할 수 있도록 규정한 행소법 제34조 제1항(간접강제결정 규정)의 표현을 변형한 오지문에 불과하다.   **정답** ×

22 다른 공동상속인의 상속세에 대한 연대납부의무를 지는 상속인이 제기하는 다른 공동상속인에 대한 상속세 과세처분 자체의 취소소송에서 원고적격이 인정된다. [16 세무사]

▌해설▐ 공동상속인들 중 1인의 연대납부의무에 대한 별도의 확정절차가 없을 뿐만 아니라 그 징수처분에 대한 쟁송단계에서도 다른 공동상속인들에 대한 과세처분 자체의 위법을 다툴 수 없는 점에 비추어 보면, **다른 공동상속인들의 상속세에 대한 연대납부의무를 지는 상속인**의 경우에는 **다른 공동상속인들에 대한 과세처분 자체의 취소**를 구함에 있어서 법률상 직접적이고 구체적인 이익을 가진다고 할 것이므로 그 취소를 구할 **원고적격을 인정**함이 상당하다. (대판 2001.11.27. 98두9530)   **정답** ○

....

유제 다른 공동상속인에 대한 **상속세부과처분**에 대하여 그 상속세에 대한 상속세법 소정의 **연대납부의무를 지는 공동상속인**은 항고소송의 **원고적격이 인정**되지 않는다. (×) **[06 세무사]**

23 지방병무청장이 공익근무요원 소집통지를 한 후 직권으로 그 기일을 연기한 다음 다시 한 공익근무요원 소집통지는 처분이 아니다. [16 세무사]

| 해설 | **지방병무청장**이 **보충역 편입처분을 받은 자**에 대하여 복무기관을 정하여 **공익근무요원 소집통지를 한 후** 지방병무청장이 공익근무요원 소집대상자의 **원에 의하여 또는 직권으로 그 기일을 연기**한 다음 다시 공익근무요원 소집통지를 하였다고 하더라도 이는 **최초의 공익근무요원 소집통지**에 관하여 다시 의무이행기일을 정하여 알려주는 **연기통지에 불과**한 것이므로, 이는 항고소송의 대상이 되는 **독립한 행정처분으로 볼 수 없다.** (대판 2005. 0. 8.,2003두14550)   정답 O

....

유제 지방병무청장이 복무기관을 정하여 **공익근무요원 소집통지를 한 후** 소집대상자의 원에 의하여 그 **기일을 연기**한 다음 **다시 한 공익근무요원 소집통지**는 항고소송의 대상이 되는 **독립된 행정처분이 아니다.** (O) **[17 소방간부]**

24 국가지정문화재의 보호구역에 인접한 나대지 소유자의 건물 신축을 위한 국가지정문화재 현상변경 신청에 대한 거부는 항고소송의 대상이다. [16 세무사]

| 해설 | 문화재청장이, 국가지정문화재의 보호구역에 인접한 나대지에 건물을 신축하기 위한 국가지정문화재 현상변경신청을 허가하지 않은 경우, 그 **불허가처분**이 재량권을 일탈·남용한 위법한 처분이라고 단정하기 어렵다. (대판 2006. 5. 12., 2004두9920)   정답 O

25 경정청구기간을 도과한 후에 납세자가 제기한 경정청구에 대한 거부는 항고소송의 대상이다. [16 세무사]

| 해설 | **경정청구기간이 도과한 후 제기**된 **경정청구는 부적법**하여 과세관청이 과세표준 및 세액을 결정 또는 경정하거나 거부처분을 할 의무가 없으므로, **과세관청이 경정을 거절하였다고 하더라도** 이를 항고소송의 대상이 되는 **거부처분으로 볼 수 없다.** (대판 2017.8.23. 2017두38812)

➤ 청구 자체가 **기간을 도과하여 부적법**하기에, **부적법한 청구의 거절**은 처분성을 가질 수 없다.   정답 ✕

....

유제 「국세기본법」에 정한 **경정청구기간이 도과한 후** 제기된 **경정청구에 대하여**는 과세관청이 과세표준 및 세액을 결정 또는 경정하거나 거부처분을 할 의무가 없으므로, **과세관청의 경정거절에 대하여 항고소송을 제기할 수 없다.** (O) **[19 지방7]**

26 취소소송이 제기되면 법원은 이를 심리·판결하여야 한다. [16 세무사]

| 해설 | 취소소송이 제기되면 법원은 그 사건을 심리·판결해야 하는 구속을 받게 된다.   정답 O

....

유제 취소소송이 제기될 경우 법원은 **소송을 심리하여 판결할 의무**를 진다. (O) **[09 세무사]**

27 행정소송법은 민사소송법상 화해에 관한 규정을 준용하는 규정을 명시적으로 두고 있다.

[15 세무사]

┃해설┃ '소송상 화해'란, 소송 계속 중에 당사자 쌍방이 권리 주장을 양보하여 소송을 종료시키기로 합의하는 제도를 뜻하는데, **행정소송법**에서는 민사소송법상의 **소송상 화해**를 준용하는 **명문의 규정을 두고 있지는 않으나**, 행정소송 **실무상(특히 당사자소송)에서는 화해제도가 인정**되고 있으며, 행정소송에서의 소송상 화해의 허용을 긍정하는 견해도 유력하다. **정답** ✕

┄┄

유제 행정소송법은 소송상 화해를 규정하고 있지 않다. (O) [11 세무사]
유제 행정소송법상 화해권고결정에 관한 규정은 없다. (O) [12 세무사]

28 취소소송의 소송물을 개개의 위법사유라고 보는 견해에 의하면 분쟁의 일회적 해결을 기할 수 있다.

[15 세무사]

┃해설┃ 취소소송의 **소송물**을 **처분의 구체적 위법사유(개개의 위법사유)**에 한정되는 것으로 볼 경우, 취소소송에서 청구기각판결이 받은 원고가 다시 취소소송을 제기하여 앞의 소송에서 기각된 위법사유와 다른 사유를 주장할 수 있으므로, 오히려 분쟁의 1회적 해결을 기대할 수 없게 된다. 반면에 특정 **처분의 위법성 일반**으로 보는 다수견해는 소송물의 범위를 확대하여 보기 때문에, 분쟁의 1회적 해결에 기여한다. **정답** ✕

29 원처분에 대한 형성적 취소재결이 확정된 후 처분청이 다시 원처분을 취소한 경우 그 취소재결이 항고소송의 대상이 된다.

[15 세무사]

┃해설┃ **원처분**에 대한 **취소재결**이 있으면 **그 처분은 재결의 형성력**에 의하여 **당연히 취소**되어 소멸되는바, 따라서 취소**재결 이후**에 **처분청이 원처분을 직권으로 취소**하더라도, 이러한 행위는 **형성재결의 결과를 통보**하는 것에 **불과**한 것이지, 항고소송의 대상이 되는 **처분으로 볼 수 없는 것**이므로, **취소재결을 대상**으로 **항고소송을 제기**하여야 한다. **정답** O

> 당해 **의약품제조품목허가처분취소재결**은 보건복지부장관이 **재결청의 지위**에서 스스로 제약회사에 대한 위 **의약품제조품목허가처분을 취소**한 이른바 **형성재결**임이 명백하므로, 위 회사에 대한 ★**의약품제조품목허가처분**은 당해 **취소재결에 의하여** 당연히 **취소·소멸**되었고, 그 이후에 **처분청이 다시 위 허가처분을 취소한 당해 처분**은 … (중략) … 위 **허가처분을 취소·소멸**시키는 ★**새로운 형성적 행위가 아니므로** 항고소송의 대상이 되는 **처분이라고 할 수 없다** (대판 1998. 4. 24., 97누17131)

┄┄

유제 원처분인 의약품제조품목허가처분에 대하여 **제3자가 행정심판을 청구**하여 **재결청이 원처분을 취소하는 형성재결**을 하여 확정된 후, **처분청이 다시 원처분을 취소**하는 행위는 항고소송의 대상으로 인정된다. (✕) [14 변시]

30 처분의 근거법령이 폐지된 경우 당해 법령에 근거한 신청에 대한 거부처분의 취소를 청구할 법률상 이익이 부인될 수 있다.

[14 세무사]

┃해설┃ 처분의 근거 법령의 개폐로 제도가 폐지되는 경우에는, 그 거부처분으로 인하여 침해된 이익이 다시 회복될 가능성조차 없게 되므로 소의 이익은 인정되지 않는다. **정답** O

31 자동차등록의 직권말소행위를 다투는 소송은 항고소송이다. [14 세무사]

┃해설┃ 甲이 자신 명의로 이전등록된 **자동차의 등록을 직권말소**한 **처분**에 대한 **취소소송** 계속 중에 위 자동차에 관하여 종전과 다른 번호로 乙과 공동소유로 신규등록을 한 사안에서, 위 직권말소 처분의 취소를 구할 소의 이익이 있다. (대판 2013.5.9. 2010두28748) 정답 ○

32 재심법원이 사실심이라고 하여도 새로운 공격방어방법을 제출할 수는 없다. [14 세무사]

┃해설┃ 재심사유가 있는 것으로 인정되어 재심의 대상이 된 확정판결 사건의 본안에 대하여 다시 변론을 한다는 것은 전 소송의 변론이 재개되어 재심 이전의 상태에 돌아가 속행되는 것을 말하며, 따라서 **재심법원**이 **사실심**이라면 **새로운 공격방어방법을 제출**할 수도 있다. (2001.6.15. 2000두 2952) 정답 ✕

➤ 재심소송에서도 그 심급이 사실심인 때에는 재심의 필요성에 관한 새로운 공격방어방법을 제출할 수 있다.

33 부가가치세 부과처분에 대하여 제2차 납세의무자에게는 원고적격이 인정되지 아니한다. [14 세무사]

┃해설┃ 제2차 납세의무자는 주된 납세의무의 위법 여부에 대한 확정에 관계없이 자신에 대한 제2차 납세의무 부과처분의 **취소소송**에서 주된 납세의무자에 대한 부과처분의 하자를 주장할 수 있다. (대판 2009. 1. 15. 2006두14926)

➤ 한편 국세기본법 제55조 제2항에서는, 제2차 납세의무자로서 납부고지서를 받은 자의 경우 그 과세처분에 대하여 불복을 할 수 있다고 규정하고 있다. 정답 ✕

34 행정계획의 처분성 확대는 행정소송에 있어서 국민의 권익구제 확대방향이다. [13 세무사]

┃해설┃ 행정계획의 처분성을 인정하는 범위를 확대하면, 행정계획을 대상으로 한 행정소송 제기 가능성이 높아지게 되므로, 국민의 권익구제 확대에 기여한다. 정답 ○

35 사실행위에 대한 결과제거청구권 인정은 행정소송에 있어서 국민의 권익구제 확대방향이다. [13 세무사]

┃해설┃ 비권력적 사실행위에 대한 결과제거청구권을 적극적으로 인정하면, 비권력적 사실행위로 인한 위법한 침해상태를 제거하여 원상회복시킴으로써, 국민의 권익구제에 기여한다. 정답 ○

36 국가배상청구소송은 항고소송으로 볼 수 있다. [13 세무사]

┃해설┃ 국가배상에 관한 소송은 재판실무상 **민사소송**으로 다루고 있다. 정답 ✕

유제 **국가배상청구소송**은 형식적 당사자소송에 해당한다. (✕) **[10 세무사]**
유제 공무원의 불법행위를 이유로 **국가배상을 구하는 소송**은 행정소송으로 다루어진다. (✕) **[12 세무사]**
유제 **국가배상심의회의 배상결정**에 대한 **불복**은 취소소송으로 다투어야 한다. (✕) **[05 세무사]**

37 제소기간이 지난 후에도 처분청은 직권으로 당해 처분을 취소할 수 있다.   [13 세무사]

┃해설┃ 제소기간이 경과하면, 불가쟁력이 발생하여 취소소송을 제기할 수 없게 되지만, 이 때에도 처분청은 불가쟁력과 무관하게 직권으로 그 처분을 취소시킬 수 있다.   **정답** O

....

유제 불가쟁력이 발생한 행위라도 행정청은 직권으로 취소할 수 있다. (O) [12 경행]
유제 불가쟁력이 발생한 행정행위에 대해 직권취소는 허용~~되자 아니한다~~. (X) [20 국가5 승진 변형]

38 취소사유 있는 영업정지처분에 대한 취소소송의 제소기간이 도과한 경우에도 처분의 상대방은 국가배상청구소송을 제기하여 손해의 전보를 구할 수 있다.   [13 세무사]

┃해설┃ 영업정지처분에 불가쟁력이 발생하였다고 하더라도, 당해 처분이 적법하게 되는 것은 아니므로, 그 처분의 상대방은 처분의 위법을 이유로 국가배상청구를 할 수 있다.   **정답** O

....

유제 취소사유 있는 영업정지처분에 대한 취소소송의 제소기간이 도과한 경우 처분의 상대방은 국가배상청구소송을 제기하여 재산상 손해의 배상을 구할 수 있다. (O) [19 서울9]
유제 불가쟁력이 발생한 행정행위에 대해 국가배상청구는 허용~~되자 아니한다~~. (X) [20 국가5 승진]

39 문화재지정처분으로 인하여 선조의 명예 내지 명예감정이 손상된 개인은 당해 문화재지정처분의 취소를 구할 원고적격이 없다.   [12 세무사]

┃해설┃ 구 문화재보호법 제55조 제1항, 제5항, 구 경상남도문화재보호조례 제11조 제1항에 의하여 행하여지는 도지사의 도지정**문화재 지정처분**은, … (중략) … 그 입법목적이나 취지는 지역주민이나 국민 일반의 문화재 향유에 대한 이익을 공익으로서 보호함에 있는 것이지, 특정 개인의 문화재 향유에 대한 이익을 직접적·구체적으로 보호함에 있는 것으로 해석되지 아니하고, … (중략) … 설령 위 지정처분으로 인하여 어느 개인이나 그 선조의 명예 내지 명예감정이 손상되었다고 하더라도, 그러한 **명예 내지 명예감정**은 위 지정처분의 근거 법규에 의하여 직접적·구체적으로 보호되는 이익이라고 할 수 없으므로 그 처분의 취소를 구할 **법률상의 이익에 해당하지 아니한다.** (대판 1991. 11. 26., 91누1219)   **정답** O

40 행정소송법이 민사조정법을 준용하므로 항고소송에 있어서 조정은 허용된다.   [11 세무사]

┃해설┃ 행정소송법은 민사조정법을 준용하지 않으므로, 민사조정법상의 분쟁조정절차는 행정소송에서 허용되지 않는다. 다만 행정재판 실무상 '조정권고'는 민사소송법상의 '화해권고결정'이나 민사조정법상의 '조정성립'과는 달리 법적 구속력이 인정되지 않음에도 공법상 분쟁의 신속하고 조화로운 해결에 유용하기 때문에, '**사실상의 조정**'으로서 활용되어 왔고, 최근 제정된 '**행정소송규칙** 제15조'에서 '**조정권고**'를 **명문화**하였는바, 이로써 '조정권고'가 더욱 활성화될 수 있을 것으로 기대된다.   **정답** X

➤ 민사조정법이 준용되지 않고, '조정'과 '조정권고' 또한 상이하므로 틀린 지문

> **【행정소송규칙】**
> 제15조(조정권고) ① **재판장**은 신속하고 공정한 분쟁 해결과 국민의 권익 구제를 위하여 필요하다고 인정하는 경우에는 소송계속 중인 사건에 대하여 **직권**으로 소의 취하, 처분등의 취소 또는 변경, 그 밖에 다툼을 적정하게 해결하기 위해 필요한 사항을 서면으로 **권고할 수 있다.**
> ② 재판장은 제1항의 권고를 할 때에는 권고의 이유나 필요성 등을 기재**할 수 있다.**
> ③ 재판장은 제1항의 권고를 위하여 필요한 경우에는 당사자, 이해관계인, 그 밖의 참고인을 심문**할 수 있다.**

41 제3자가 아닌 당사자에 의한 재심청구는 민사소송법의 규정에 따라야 한다.　　　**[11 세무사]**

┃해설┃ 행정소송법에서는 제3자의 재심청구만 규정하고 있는바, **당사자가 재심을 청구하고자 할** 때에는 **민사소송법 제451조(재심사유)를 준용**하여 재심청구소송을 제기할 수밖에 없다.　**정답** ○

42 행정소송상 소송의 종료와 관련하여, 변론주의와 처분권주의를 강조하면 청구의 포기를 인정할 여지가 있다.　　　**[11 세무사]**

┃해설┃ 민사소송에서의 '**청구의 포기**'는 원고가 자신의 소송사의 청구가 이유 없음을 법원에 진술하는 것이고, '**청구의 인낙**'은 피고가 원고의 소송상의 청구가 이유 있음을 인정하여 법원에 진술하는 것인데, 행정소송에서도 '청구의 포기나 인낙'이 소송의 종료사유가 될 수 있는지에 관하여 견해가 대립한다. 당사자자치를 중시하는 <u>변론주의나 처분권주의를 강조한다면</u> 청구의 포기나 인낙를 <u>인정할 가능성이 높아질 것</u>이나, 항고소송에서는 '청구의 포기나 인낙'이 허용될 수 없다고 보는 견해가 지배적이다.　**정답** ○

43 민사소송법상 판결의 경정제도는 취소소송에도 적용된다.　　　**[10 세무사]**

┃해설┃ <u>민사소송법 제211조(판결의 경정)</u>에 의한 판결의 경정제도는 판결에 오계산, 오기재 사항 등이 있을 때 법원이 경정결정을 하는 제도를 의미하는데, 행정소송의 판결에서도 이러한 잘못이 있을 때에는 <u>행정소송법 제8조 제2항에 따라 위 규정을 준용하여 판결을 경정</u>할 수 있다.

정답 ○

44 (취소소송을 당사자소송으로 변경하는 경우), 소의 변경 후의 청구는 당해 처분 등에 관한 사무가 귀속하는 국가나 공공단체를 피고로 하여야 한다.　　　**[09 세무사]**

┃해설┃ 지문이 불완전하여 보완하였다(괄호부). 항고소송을 **당사자소송으로 변경**하는 때에는, 이른바 '피고의 변경을 수반한 소의 변경(603문 참고)'이 되어 당해 처분등에 관계되는 사무가 귀속하<u>는 **국가 또는 공공단체를 피고**로 삼아야 하므로, 옳은 지문이 된다.　**정답** ○

> **【행정소송법】 제21조(소의 변경)** ① 법원은 <u>취소소송</u>을 당해 **처분등에 관계되는 사무가 귀속하는 국가 또는 공공단체**에 대한 **당사자소송** 또는 취소소송외의 항고소송<u>으로 **변경**</u>하는 것이 상당하다고 인정할 때에는 … (중략) … 소의 변경을 허가할 수 있다.

45 중간판결에 의하여 당해 소송의 전부나 일부를 그 심급으로서 종료시킬 수 없다. **[09 세무사]**

┃해설┃ 당해 소송의 전부나 일부를 그 심급으로서 완결하여 <u>종료시키는 것은 종국판결</u>을 뜻한다. <u>중간판결에 의해서는</u> 해당 심급에서 <u>소송을 종료시킬 수 없다.</u>　**정답** ○

46 행정법원은 합의부의 결정에 의해 단독판사가 심판권을 행사할 수 있다. [09 세무사]

┃해설┃ **【법원조직법】제7조(심판권의 행사)** ③ 고등법원·특허법원 및 **행정법원**의 심판권은 판사 3명으로 구성된 **합의부**에서 행사한다. 다만, 행정법원의 경우 단독판사가 심판할 것으로 **행정법원 합의부가 결정한 사건**의 심판권은 **단독판사**가 행사한다. 〔정답〕 ○

➤ 이를 '재정단독사건'이라 칭하는데 수험상 중요치 않다.

47 민사소송법에 의한 소송참가 중 계속 중인 소송당사자 쌍방에 대하여 제3자가 독립한 당사자로서 참가하는 것은 행정소송에서는 허용되지 않는다는 것이 다수설이다. [09 세무사]

┃해설┃ **행정소송**에서의 소송참가는 소송에서 대립하는 당사자(원고 : 피고) 중 어느 한 쪽의 편에 가담하는 것이므로, 원고와 피고 모두를 상대방으로 한 제3자의 지위에서 자신의 청구의 심판을 동시에 구하려는 **독립당사자참가는 허용될 수 없다**. (대판 1970.8.31. 70누70.71) 〔정답〕 ○

48 현행 행정소송법상 처분 개념 중 "그 밖에 이에 준하는 행정작용"의 의미는 학설과 판례에 의하여 보다 발전되어야 할 부분이다. [08 세무사]

┃해설┃ 처분성의 확대 가능성을 놓고, 강학상 행정행위 외의 행정작용이 행정소송법 제2조 제1항에서의 "그 밖에 이에 준하는 행정작용"에 포함되는지 여부에 관하여 견해가 대립하고 있다. (91문과 관련 有) 〔정답〕 ○

49 형식적 행정행위 개념을 도입하여, 그것이 실체법상 행정행위는 아니지만 항고소송의 대상인 처분에 포함될 수 있다는 견해도 있다. [08 세무사]

┃해설┃ '형식적 행정행위'는 행정행위의 실체가 없으면서도, 국민의 권리, 이익에 계속적으로 사실상의 지배력(영향)을 미치는 행위에 대한 적절한 구제수단이 없는 경우에 이들을 쟁송법적 관점에서 처분으로 파악하려는 개념이다. 〔정답〕 ○

50 형집행정지취소처분은 취소소송의 대상이 되는 처분으로 볼 수 있다. [08 세무사]

┃해설┃ 형집행정지취소처분은 행정처분으로 볼 수 없으므로, 이에 불복할 때에는 형사소송법에 의한 이의신청을 할 수밖에 없다. 〔정답〕 ✕

51 쟁송법상 처분을 실체법상 행정행위와 별개의 것으로 파악하는 이원설에 의하면 처분 중에는 성질상 공정력이 인정되지 않는 것도 있다. [08 세무사]

┃해설┃ **공정력**은 당연무효가 아닌 **'행정행위'에 인정**되는 효력이다(467문 참고). 권력적 사실행위의 경우 행정행위가 아니기에 공정력은 인정되지 않지만, 항고소송의 대상이 되는 행정처분에는 속한다. 〔정답〕 ○

52 행정심판법은 의무이행소송에 대응하는 의무이행심판제도를 채택하고 있다. [08 세무사]

┃해설┃

> **【행정심판법】제5조(행정심판의 종류)** 행정심판의 종류는 다음 각 호와 같다.
> 3. **의무이행심판**: 당사자의 신청에 대한 행정청의 위법 또는 부당한 거부처분이나 부작위에 대하여 일정한 처분을 하도록 하는 행정심판

정답 O

....

유제 의무이행심판은 행정심판법에 규정되어 있다. (O) **[05 관세사 변형]**
유제 행정소송법에는 의무이행소송이 **규정되어 있지 않은 반면**, 행정심판법에는 **의무이행심판이 규정되어 있다.** (O) **[16 행정사]**

53 법원은 재량권 행사가 부당한 것인지 여부를 심리·판단할 수 없다. [08 세무사]

┃해설┃ 행정심판과는 달리 **행정소송**에서는 처분의 위법성만 심리할 수 있을 뿐, 처분의 부당성까지는 심리할 수 없으므로, **재량처분**의 경우에도 재량권 행사의 일탈·남용 여부까지만 심리할 수 있는 것이지, 재량권의 행사의 **부당성 여부까지 심리할 수는 없다**. **정답** O

54 제재적 처분을 취소하는 확정판결에는 성질상 강제집행 할 수 있는 집행력이 인정되지 아니한다. [08 세무사]

┃해설┃ 판결에서의 '**집행력**'이란 이행판결에서 명령된 이행의무를 강제집행절차를 통하여 실현할 수 있는 효력을 뜻하는데, 당사자소송에서의 이행판결에서는 집행력이 인정될 수 있지만, 처분취소판결의 경우 형성판결이기에 별도의 집행행위 없이도 취소의 효력이 발생한다는 점에서 집행력 자체가 문제되지 않는다. 다만 거부처분취소판결 또는 부작위위법확인판결에 있어서는 행정청의 재처분의무와 관련하여 집행력이 문제될 수 있는바, 현행법상 판결의 취지에 따른 재처분의무의 실효성을 담보하기 위하여 간접강제 제도가 채택되어 있다. **정답** O

55 요건심리의 결과 소송요건을 모두 갖추었다고 인정되는 경우에도 공공복리를 이유로 청구를 각하할 수 있다. [07 세무사]

┃해설┃ 법원이 요건심리에서 소송요건이 모두 구비된 것으로 인정하는 때에는 본안심리로 넘겨 청구의 인용여부를 판단하여야 한다. 위 지문은 본안심리에서 원고의 청구가 이유있는 경우에도 공공복리를 이유로 청구를 '기각'하는 사정판결의 표현을 교묘히 변형한 함정지문에 불과하다. **정답** X

56 도로부지 위에 점용허가를 받음이 없이 무허가건물을 축조·점유하여 온 자가 행정청이 제3자에게 한 같은 도로부지의 점용허가처분에 대하여 그 취소를 구하는 경우 원고적격이 인정되지 않는다. [07 세무사]

┃해설┃ 도로부지 위에 점용허가를 받음이 없이 무허가건물을 축조, 점유하여 온 원고가 행정청이 제3자에 대하여 한 같은 도로부지의 점용허가처분으로 인하여 어떠한 불이익을 입게 되었다고 하더라도 처분의 직접상대방이 아닌 제3자인 원고로서는 위 처분의 취소에 관하여 법률상으로 보호받아야 할 직접적이고 구체적인 이해관계가 있다고 할 수 없어 위 처분의 취소를 구할 원고적격이 없다. (대판 1991. 11. 26., 91누1219) **정답** ○

57 토지구획정리사업에 의한 토지수용조처로서 보상금청구소송은 공법상 당사자소송이다. [07 세무사]

┃해설┃ 피고(지방자치단체장)가 토지구획정리 사업에 의한 **수용조처**로서 원고 소유의 본건 토지를 수용하여 도로를 개설하여 사용한 행위가 공법상의 적법한 행위라고 본다 하더라도 위에서 본 토지구획정리 시행규칙 제6조에 의한 보상을 피고가 거부할 때에는, 원고로서는 그 보상금 청구를 **민사소송**으로서 청구할 수 있다고 봄이 상당할 것이다. (대판 1969. 5. 19., 67다2038) **정답** ×

58 전통사찰의 등록말소신청에 대한 거부는 항고소송의 대상인 처분이다. [07 세무사]

┃해설┃ 전통사찰의 등록말소신청을 거부한 행정청의 거부회신이 항고소송의 대상이 되는 거부처분에 해당하지 아니한다. (대판 1999. 9. 3. 97누13641) **정답** ×

59 (구) 토지수용법상 중앙토지수용위원회의 이의재결에 대한 불복은 원처분중심주의의 예외인 재결주의를 취하고 있었다. [07 세무사 변형]

┃해설┃ 종래의 토지수용법(2003.1.1.부터 폐지)에서는 수용재결에 대한 이의신청을 거친 경우는 소송의 대상이 이의재결이라고 하여 '재결주의'를 취하고 있었으나, **현재는 '원처분주의'**를 취하고 있다. **정답** ○

60 국가유공자의 부상여부 및 정도를 판정하기 위하여 하는 신체검사판정은 판례가 처분성을 인정하는 중간행위이다. [07 세무사]

┃해설┃ **국가유공자** 예우 등에 관한 법률 시행령 제15조에 의한 재심**신체검사시 행하는 판정**은 위 법률의 적용대상 여부를 결정하기 위한 일련의 절차 중의 하나를 이루는 것에 불과하고, 그 자체가 어떠한 권리나 의무를 설정하거나 법률상 이익에 직접적인 변동을 초래하는 별도의 행정**처분이 된다고 할 수 없다**. (대판 1993. 5. 11. 91누9206)

➤ 상이등급 구분 신체검사 판정처분에 대해서는 행정소송법에 의한 행정소송을 제기할 수 있다고 한 판시도 존재하나(헌재 2014. 1. 7. 2013헌마852), '**국가유공자**의 부상 여부 및 정도를 판정하기 위하여 실시하는 **신체검사판정**'은 '군의관이 하는 신체등위판정'과 동일하게 **행정기관 내부의 행위**로서 직접 국민의 권리의무에 영향을 미치지 않아 **항고쟁송의 대상이 될 수 없는 것**으로 정리한다. **정답** ×

61 판례는 (구)공공용지의취득및손실보상에관한특례법상 이주대책대상자선정신청권을 법규상 또는 조리상 신청권으로 인정한다.　　　　　　　　　　　　　　　　　　　　[07 세무사]

▎해설▎ 구 공공용지의취득및손실보상에관한특례법에 따른 이주대책상의 수분양권의 취득을 희망하는 이주자가 소정의 절차에 따라 **이주대책대상자 선정신청**을 한 데 대하여 사업시행자가 이주대책대상자가 아니라고 하여 위 확인·결정 등의 처분을 하지 않고 이를 **제외**시키거나 또는 **거부조치**한 경우에는, 이주자로서는 당연히 사업시행자를 상대로 항고소송에 의하여 그 **제외**처분 또는 **거부처분의 취소**를 구할 수 있다고 보아야 한다. (대판 전합 1994. 5. 24. 92다35783)

➤ **이주대책대상자 선정신청**은 **법규상 또는 조리상 신청권에 근거**한 신청이기 때문에 그에 대한 **거부(제외) 행위**를 **항고소송(거부처분취소소송)으로 다툴 수 있다**는 판시이다.　　　　　　　　정답 ○

62 판례는 산림훼손용도변경신청권, 철거민의 시영아파트 특별분양신청권, 당연퇴직공무원의 복직신청권을 법규상 또는 조리상 신청권으로 인정한다.　　　　　　　　　　　[07 세무사]

▎해설▎
1 법규상 또는 조리상 근거없이 신청한 산림훼손 용도변경신청을 반려한 행위는 항고소송의 대상이 되는 행정처분에 해당하지 않는다. (대판 1998.10.13. 97누13764)

2 서울특별시의 "철거민에 대한 시영아파트 특별분양지침"은 서울특별시 내부에 있어서의 행정지침에 불과하여 그 지침 소정의 자에게 공법상의 분양 신청권이 부여되는 것은 아니므로 시영아파트 특별분양 진정에 대하여 구청장이 한 분양불허의 판시는 항고소송의 대상이 되는 신청거부의 행정처분이라고 할 수 없다. (대판 1989. 4. 25. 88누5389)

3 과거에 법률에 의하여 당연퇴직된 공무원의 복직 또는 재임용신청에 대한 행정청의 거부행위가 항고소송의 대상이 되는 행정처분에 해당하지 않는다. (대판 2006.3.10. 2005두562)

➤ 상기 사례들은, 행정청의 행위발동을 요구할 **법규상 또는 조리상 신청권에 근거하지 않은 신청**에 대한 **거부(반려) 행위**에 해당하기 때문에 행정청의 **거부처분으로 성립되지 못하는 것**이다.　　　정답 ✕

┈┈

유제 서울특별시의 '철거민에 대한 **시영아파트특별분양개선지침**'에 의한 **분양신청**에 대하여 **구청장이 한 분양불허의 의사표시**는 처분성이 인정된다. (✕) [06 강원9]

유제 법률에 의하여 ~~당연퇴직된 공무원의 복직~~ 또는 ~~재임용신청~~에 대한 행정청의 ~~거부행위~~는 ~~항고소송의 대상이 되는 행정처분에 해당한다.~~ (✕) [15 국회8]

63 가처분제도란 금전채권 이외의 계쟁물에 대한 청구권의 집행을 보전하거나 쟁의 있는 권리관계에 대한 가지위를 정하여 후일 법률관계가 확정될 때까지 잠정적으로 법률관계를 정하는 것을 말한다.　　　　　　　　　　　　　　　　　　　　　　　　　　　　　　　[06 세무사]

▎해설▎ '**가처분 제도**'란 금전 이외의 특정한 급부를 목적으로 하는 **청구권의 집행보전을 도모**하거나 다툼이 있는 **권리관계**에 관하여 **임시의 지위**를 정함을 목적으로 하는 가구제제도를 뜻한다.

　　정답 ○

64 ⑤ 가처분제도에 대한 적극설은 행정소송법 제8조 제2항에 따라 민사소송법상 가처분제도를 당연히 준용할 수 있다고 주장한다. 　　　　　　　　　　　　　　　　　[06 세무사]

⑥ 가처분제도에 대한 소극설은 집행정지에 관한 행정소송법 제23조 제2항이 민사소송법상 가처분에 대한 특례규정이기 때문에 가처분을 준용할 수 없다고 주장한다. 　　[06 세무사]

❚해설❚
⑤ 적극설은 행정소송법에서 가처분에 관하여 아무런 규정을 두고 있지 않기 때문에, 동법 제8조 제2항에 따라 <u>민사집행법상 가처분규정을 준용할 수 있다</u>고 본다.
⑥ <u>소극설</u>은 행정소송법에는 민사소송법 내지 민사집행법의 특별규정으로서 집행정지에 관한 제23조 제2항을 두고 있기 때문에, 민사집행법상의 가처분 규정을 준용할 수 없다고 한다.

　　　　　　　　　　　　　　　　　　　　　　　　　　　　　정답 ⑤ O, ⑥ O

65 가처분제도가 권력분립의 원칙과는 관계가 없다고 보는 기본적 시각에 있어서는 적극설과 소극설이 동일하다. 　　　　　　　　　　　　　　　　　　　　　　　　[06 세무사]

❚해설❚ <u>소극설</u>에 의하면, <u>사법권은 구체적 사건에 관한 법적용판단의 기능을 수행하는 것이므로</u>, <u>구체적 소송에서만 행정처분의 위법여부를 판단할 수 있는 것이지</u>, 그에 앞서 <u>민사집행법을 무리하게 준용하여 행정권이 행한 처분에 대하여 가처분하는 것은 사법권의 한계를 벗어나 권력분립의 원칙에 위배된다</u>고 본다. 반면 <u>적극설은 사법권이 민사집행법을 준용하여 가구제조치를 취함으로써 개인의 권익구제를 도모하는 것을 당연한 것으로 본다.</u>

　　　　　　　　　　　　　　　　　　　　　　　　　　　　　정답 ✕

66 행정소송의 심리에서, 법원은 법률문제 외에 사실문제에 대해서도 심리할 수 있다.

　　　　　　　　　　　　　　　　　　　　　　　　　　　　　[06 세무사]

❚해설❚ 행정소송에 있어서 <u>법원</u>은 소송의 대상이 된 <u>처분이 법률에 적합한지를 따져보는</u> **법률문제**는 물론이고, <u>처분의 전제가 되는 사실이 법률요건에 해당하는지를 따져보는</u> **사실문제**에 대하여도 심리할 수 있다. 　　　　　　　　　　　　　　　　　　　　　　　**정답** O

유제 **취소소송의 심리**에서, 법원은 **심리의 범위**는 법률문제뿐만 아니라 **사실문제**에 대하여도 **심리할 수 있다.** (O) [10 세무사]

유제 **항고소송의 심리**의 범위는 **법률문제**에만 미치고 **사실문제**에는 미치자 않는다. (✕) [04 관세사]

67 취소소송의 소송물을 소송법적 관점에서 보아야 한다는 견해가 있다. 　　　[06 세무사]

❚해설❚ '소송물'을 실체법적 관점이 아닌 <u>소송법적 관점에서 원고가 실제로 청구하는, 즉 소장에서의 청구취지와 판결서의 주문에 해당하는 부분이 심판의 대상이라고 보는 소송법설(신소송물이론)</u>이 제기되고 있다. 　　　　　　　　　　　　　　　　　　　　　　　**정답** O

68 행정행위의 부관 중 독립된 처분으로서의 성질을 갖는 "부담"에 대해서는 집행정지가 가능하다.

[06 세무사]

Ⅰ해설Ⅰ 행정행위에 대한 여러 부관 중에서 '부담'의 경우 주된 행정행위로부터 분리될 수 있는 성격을 가진다는 점에서 **부담만을 독립적으로 항고소송으로 다룰 수 있다.** 따라서 부담을 다투는 소송에서는, 그 **부담에 대한 집행정지**도 가능하다.

정답 O

69 현행 행정소송법상 집행정지의 신청은 서면으로 하여야 한다.

[06 세무사]

Ⅰ해설Ⅰ 행정소송법에는 민사소송규칙에서와 달리 **집행정지의 신청방식**에 관한 **규정이 없다.** 따라서 집행정지신청서를 제출하거나, 본안소송의 절차 등에서 **구술에 의한 신청도 가능**하다.

정답 ✕

70 성질상 승계가 허용될 수 없는 소송에서 원고가 사망한 경우는 행정소송의 종료 사유가 아니다.

[06 세무사]

Ⅰ해설Ⅰ 소송은 본래 두 당사자의 대립을 필요로 하는 것이 원칙이므로, 당사자 대립구조가 깨지게 된다면 소송이 종료하게 된다. 소송물의 권리관계가 일신전속적인 성질로 말미암아 승계가 불가능한 경우에는 소송은 종료된다. 가령 세무공무원이 자신에 대한 징계처분취소소송을 제기하였을 경우, 징계에 관한 권리관계는 상속인에게 승계될 성질이 못되므로 원고가 소송 도중에 사망하게 된다면 그 소송은 종료되는 것이다.

정답 ✕

- -

유제 원고가 **사망**하거나 **소송물인 권리관계**의 성질상 이를 **승계할 자가 없는 경우**에 소송은 **종료**된다. (O) **[08 지방9]**

유제 의원면직처분에 대한 **무효확인소송**의 계속 중 **원고가 사망**하면 **소송은 종료**된다. (O) **[11 세무사]**

71 ㉠ 상소기간의 도과에 의해 종국판결이 확정된 경우는 행정소송의 종료 사유가 아니다

[06 세무사]

㉡ 상소권의 포기에 의해 종국판결이 확정된 경우는 행정소송의 종료 사유가 아니다.

[06 세무사]

㉢ 소가 취하된 경우는 행정소송의 종료 사유가 아니다.

[06 세무사]

Ⅰ해설Ⅰ

소송의 종료 사유	종국판결에 의한 종료	· 종심법원의 종국판결이 있을 때 · 상소기간의 도과 · 상소권의 포기
	소 취하에 따른 종료	· 소의 취하 · 상소의 취하 등

정답 ㉠ ✕, ㉡ ✕, ㉢ ✕

72 대집행에 대한 취소소송 제기와 동시에 집행정지 신청을 하는 것이 권리구제의 실효성 제고에 도움이 된다. [06 세무사]

┃해설┃ 예컨대 甲이 건물에 대한 철거명령에 따라 대집행 계고처분을 받은 경우, 甲이 이에 불복하여 계고처분에 대한 취소소송을 제기하더라도, 소송 도중에 **대집행의 실행이 완료**된다면, **소의 이익이 없다**는 이유로 **각하**판결을 받을 수 있는바, **취소소송을 제기하면서 동시에 집행정지도 같이 신청**할 경우 대집행 실행 절차를 정지시킬 수 있으므로, **소송이 유지**되어 각하판결을 면할 수 있게 된다.
정답 O

73 '사익보호성의 엄격해석'은 원고적격을 확대하려는 경향과 관련이 없다. [06 세무사]

┃해설┃ 원고적격의 범위는 근거법규나 관련법규에서 사익보호성이 도출되는지 여부에 따라 정해진다. 즉 어떠한 처분의 근거법규나 관련법규가 공익과 아울러 사익을 보호하려는 것으로 해석된다면 그러한 법규에 근거하여 해당 처분을 다툴 수 있는 원고적격이 인정된다. 그러므로 어떤 법규에서의 **사익보호성** 인정유무를 **완화하여 해석하여야** 사익보호성의 도출 가능성이 높아지게 되어 **원고적격의 인정범위도 확대**된다.
정답 O

74 피상속인에 대한 과세처분에 대하여 그 재산상속인은 항고소송의 원고적격이 인정되지 않는다. [06 세무사]

┃해설┃ 가령 양도소득이 있는 자가 사망한 경우 피상속인의 양도소득세 납세의무자는 상속인이 되는바, 세무관청이 피상속인에 대하여 부과처분을 하는 경우에도 그에 따른 납세고지는 살아 있는 상속인에게 하여야 하므로, **상속인**으로서는 이를 대상으로 양도소득세 **부과처분 취소소송을 제기**할 수 있다.
정답 X

75 거부처분은 원칙적으로 집행정지의 대상이 아니다. 다만 예외적으로 집행정지가 필요한 경우, 예컨대 외국인의 체류기간갱신허가가 거부된 경우 외국인이 소송 중에는 국내에 체류할 수 있도록 갱신허가거부처분의 효력을 정지할 수도 있다. [06 세무사]

┃해설┃ '외국인의 체류기간갱신 불허가처분'의 경우에서 집행정지가 인정된다면 갱신 신청에 대한 처분이 수리되지 않는 동안의 신청인의 지위를 일응 위법한 것으로 볼 수 없게 된다는 이유로, 집행정지 신청을 승인한 일본국의 판례(東京高決 소화 45. 11. 25.)에 비추어, 거부처분으로 인한 법적 불이익이 집행정지결정의 효력으로 일정 부분 회복될 수 있다면, 그러한 한도에서 '거부처분에 대한 신청의 이익(⑩ 강제출국을 당하지 않을 이익)'을 인정하자는 견해가 있는바, 위 지문은 이러한 소수 견해에 따른 것으로, 재출제될 여지는 전혀 없다.
정답 O

76 건축허가처분이 실체상 위법을 이유로 취소된 경우 행정청에게 재처분의무가 있다.

[06 세무사]

┃해설┃

ⓐ 예컨대 **A행정청**이 **甲에게 건축허가**를 내주었고, 甲의 옆 건물에 거주하는 **乙이** 조망권 침해가능성을 이유로 당해 **건축허가처분에 대하여 취소소송을 제기**한 사안에서,

ⓑ 그 **건축허가처분에 실체법상 위법사유**가 있다는 이유로 **취소판결**이 내려진 경우, **A행정청**은 기속력의 소극적 효력인 **동일처분 반복금지의무**에 따라 판결에서 지적된 **위법사유를 보완하지 않고서는 다시 동일한 건축허가를 내줄 수 없을 뿐**이지, <u>재처분의무와는 관련이 없다.</u> **정답** ✕

77 행정소송법은 고지제도에 관한 규정을 두고 있다.

[05 세무사]

┃해설┃ **'고지제도'**란 행정청이 처분을 할 때에는, 처분**상대방**에 대하여 **불복여부나 그 절차 등을 알리는 제도**를 뜻하는바, 행정절차법 제26조(고지)나 행정심판법 제58조(행정심판의 고지)에서와는 달리 **행정소송법**에서는 **고지제도**에 관한 **규정이 없다.** **정답** ✕

┄┄

유제 행정소송법에는 행정소송의 제기에 필요한 사항의 **고지의무에 관한 규정이 없다.** (○) [23 세무사]

78 객관적 소송으로서 소비자소송은 판례상 인정되고 있는 행정소송이다.

[05 세무사]

┃해설┃ '소비자기본법'에 근거하는 **소비자소송**은 단체소송의 형태를 띄지만, 소비자의 권리구제를 목적으로 한다는 점에서, 환경단체소송과는 달리 <u>객관적 소송으로서의 행정소송으로는 보기 어렵다.</u> **정답** ✕

79 담당재판부를 변경하는 것은 소송의 이송이 아니다.

[05 세무사]

┃해설┃ <u>동일법원 내에서</u> 단독판사 사이에 또는 합의부 사이에 <u>담당 재판부를 변경하는 것은,</u> 단순히 **'사건의 재배당'**에 불과하므로, <u>소의 이송과는 구별</u>된다. **정답** ○

80 경업자소송은 객관소송적 성격을 갖는다.

[05 세무사]

┃해설┃ 제3자인 <u>경업자가 자신의 권리구제를 도모하려는 소송</u>이므로, 당연히 <u>주관소송</u>이다.

정답 ✕

제 19 절

준용규정 등 정리

무효등확인소송 미적용 규정	
제18조(행정심판과의 관계) 제20조(제소기간) 제28조(사정판결)	무효등 확인소송은 처분의 하자가 중대명백하여 효력이 없음을 전제로 제기되는 소송이므로, ① 행정심판을 거치지 않아도 되고, ② 제소기간의 제한도 받지 않으며, ③ 사정판결조차 허용되지 않는다.
제34조(거부처분취소판결의 간접강제)	무효확인판결에서도 재처분의무가 주어짐에도, 준용규정에서 제외되어 있는 것은 입법불비라고 보는 견해가 유력하나, **무효등확인소송에서는 ④ 간접강제가 허용되지 않음**을 유의하여 암기해두어야 한다.
제27조(재량처분의 취소)	재량처분에 대한 무효확인판결도 가능함에도 준용규정에서 빠져 있어, 이를 입법불비로 보는 견해도 있으나, **무효확인소송에서 ⑤ 재량처분의 취소는 인정되지 않음**을 유의하여 암기해두어야 한다.

※ [두문자] **행 - 사 - 제 - 거 - 재**

부작위위법확인소송 미적용 규정	
제22조(처분변경으로 인한 소의 변경)	처분이 아닌 '부작위'를 대상으로 하는 소송이므로, ① **처분변경에 따른 소의 변경은 인정될 수 없고,** ② 집행을 **정지할 대상처분이 없으며,** ③ 처분의 위법성을 전제하는 **사정판결 자체가 불가능**하다.
제23조(집행정지) 및 제24조(집행정지의 취소)	
제28조(사정판결)	

부작위위법확인소소송에의 예외적 적용 규정

제27조(재량처분의 취소)
➡ 행정청이 재량으로서 무응답으로 일관하는 경우, **재량에 기한 부작위의 위법을 확인**할 수 있다.

제34조(거부처분취소판결의 간접강제)
➡ **부작위위법확인판결**에도 불구하고 재처분의무를 이행하지 않을 때에는 **간접강제가 허용(준용)**된다.

※ [두문자] **집 - 처 - 사**

당사자소송 미적용 규정	
제13조(피고적격)	국가 또는 공공단체 등 권리주체를 피고로 하므로 행정청을 피고로 하는 항고소송의 **피고적격** 규정은 **준용되지 않으나,** 다만 행정청 등으로 피고를 잘못 지정할 가능성이 있다는 점에서 **피고경정 규정은 준용**된다.
제12조(원고적격)	**당사자소송**은 처분이 아닌 **공법상 법률관계를 대상**으로 하는 소송이므로, **처분을 전제로 한 규정들은 적용되지 않는다.**
제19조(취소소송의 대상)	
제20조(제소기간)	
제23조(집행정지) 및 제24조(집행정지의 취소)	
제27조(재량처분의 취소)	
제28조(사정판결)	
제34조(거부처분취소판결의 간접강제)	
제31조(제3자에 의한 재심청구)	당사자소송에서의 원고 승소판결은 제3자효(대세효)가 없으므로, **당사자소송에서는 제3자의 재심제도가 인정될 수 없다.**
당사자소송에의 예외적 적용 규정	

제22조(처분변경으로 인한 소의 변경)

➡ 처분변경으로 인하여 처분등을 원인으로 하는 법률관계가 변동될 가능성이 있으므로, **당자사소송에서도 처분변경에 따른 소의 변경은 허용된다.**

제30조(취소판결등의 기속력)

➡ **당사자판결**이 있게 되면, **처분청이나 관계 행정청은 판결의 결과에 기속되어야** 한다.

제25조(행정심판기록의 제출명령)

➡ **당사자소송의 제기 전에 임의적으로 행정심판을 거칠 수 있기 때문에,** 당사자소송 절차의 신속성·적정성 등을 위하여 **당사자소송에서도** 법원이 **행정심판기록제출명령을 할 수 있다.**

※ 당사자소송의 미준용규정은 단순암기보다 이해하여 정리해둔다면, (미)준용규정을 묻는 문제에서 즉각적 판단에 따른 소거방법으로, 보다 정확하게 정답을 고를 수 있다.

즉시항고를 할 수 없는 경우
행정청의 소송**참**가
피고경정 결정에 대한 경정 **전**의 **피**고

※ [두문자] **행참 - 전피**

당사자의 신청으로만 가능한 경우
피고경정
소의 **변경**(소의 종류의 변경, 처분변경으로 인한 소의 변경)
행정심판기**록**의 제출명령
간**접**강제

※ [두문자] **녹(록) - 줍(접) - 변 - 피**

상고심에서까지 허용되는 절차
제3자의 소송참가, 행정청의 소송참가
집행정지 신청